2012 年世界发展指标

世界银行　著

中国财政经济出版社

World Development Indicators 2012
Copyright © 2012 by the International Bank
for Reconstruction and Development/The World Bank
1818 H Street NW, Washington, D. C. 20433 USA

2012 年世界发展指标
© 2012 年，版权所有
国际复兴开发银行/世界银行

图书在版编目（CIP）数据

2012 年世界发展指标/世界银行著；王辉等译. —北京：中国财政经济出版社，2013. 8
书名原文：World Development Indicators 2012
ISBN 978 - 7 - 5095 - 3740 - 4

Ⅰ. ① 2…　Ⅱ. ①世…　②王…　Ⅲ. ①世界经济 - 经济发展 - 综合指标 - 2012　Ⅳ. ①F112

中国版本图书馆 CIP 数据核字(2012)第 131776 号

中国财政经济出版社出版
URL：http://www.cfeph.cn
E-mail：cfeph@cfeph.cn

社址：北京市海淀区阜成路甲 28 号　邮政编码：100142
营销中心电话：010 - 88190406　北京财经书店电话：64033436　84041336
北京中兴印刷有限公司印刷　各地新华书店经销
889 × 1194 毫米　16 开　27. 25 印张　1 400 000 字
2013 年 8 月第 1 版　2013 年 8 月北京第 1 次印刷
定价：120. 00 元
ISBN 978 - 7 - 5095 - 3740 - 4/F · 3065
图字：01 - 2013 - 6179
（图书出现印装问题，本社负责调换）
反盗版举报热线：88190492、88190446

前　言

《2012年世界发展指标》收集了大量有关全球发展和居民生活水平的高质量、国际性并具有可比性的统计数据。本书由六个章节组成：世界概览、人口、环境、经济、政府与市场、全球联系，希望该书能够为政策制定者、专家学者和学生提供有用的信息。我们欢迎并鼓励人们使用书中的数据，以解决全球面临的紧迫的发展难题。

《世界发展指标》系列丛书涵盖了216个经济体的1000余项指标，其中许多数据序列甚至可以回溯至1960年。读者还可通过网站 http：//data. worldbank. org 和 DataFinder（一种在移动设备上进行数据索引和图表制作的应用软件）找到更多可视、互动和多种文字的相关信息。作为“世界银行开放数据倡议”的主要组成部分，这些数据都是向使用者免费开放的。与该书同时发行的还有《2012年世界发展数据手册》，该书收集了各经济体的相关指标。此外，还有反映人口较少的发展中国家数据指标的双年刊《小国统计年鉴》。

该书是《世界发展指标》的第16版，其中收纳的统计数据大多来自各国权威机构和统计部门。由于各国统计能力的提升，这一版本中数据的数量和质量相对于1997年的创刊版已有了巨大改观。但是，仍然还有许多方面有待提高：统计数据的应用范围较为局限；数据分类亟需细化（比如，按性别、年龄或地理区域划分）；农业等重要领域的数据常常缺失或过时。2011年11月，各国首脑在韩国釜山召开的第四届援助效率高层论坛上发起了全球统计行动计划（www. paris21. org/busan - action - plan），旨在解决全球面临的难题，将统计数据与决策相结合，推进数据开放和数据使用，拓展统计体系的数据源。

许多非常优秀的机构向《世界发展指标》提供了数据，在此，我们谨向这些合作者表示感谢：联合国、国际货币基金、国际电信联盟和经济合作与发展组织、200多个国家和地区的统计机构，以及其他许许多多为这一数据库作出贡献的机构。

我们一如既往地期待您的意见和建议，让《世界发展指标》中的数据变得更加实用，更加有助于提高全世界人民的生活水平。

Shaida Badiee
发展数据局局长

致 谢

本书是在 Neil Fantom 的管理下由 Soong Sup Lee 领导的小组编撰，小组成员有 Awatif Abuzeid、Azita Amjadi、Maja Bresslauer、David Cieslikowski、Liu Cui、Mahyar Eshragh - Tabary、Shota Hatakeyama、Masako Hiraga、Wendy Ven - dee Huang、Bala Bhaskar Naidu Kalimili、Buyant Khaltarkhuu、Elysee Kiti、Alison Kwong、Ibrahim Levent、Hiroko Maeda、Johan Mistiaen、Maurice Nsabimana、Sulekha Patel、Beatriz Prieto - Oramas、William Prince、Premi Rathan Raj、Evis Rucaj、Emi Suzuki、Eric Swanson、Jomo Tariku 和 Estela Zamora。小组与世界银行发展经济学副行长办公室发展数据组的其他小组开展了密切合作。《世界发展指标》的电子产品由 Reza Farivari 领导的小组制作，小组成员有 Ramvel Chandrasekaran、Ying Chi、Jean - Pierre Djomalieu、Ramgopal Erabelly、Federico Escaler、Shelley Fu、Gytis Kanchas、Ugendran Makhachkala、Vilas Mandlekar、Nacer Megherbi、Shanmugam Natarajan、Parastoo Oloumi、Atsushi Shimo、Maryna Taran、Malarvizhi Veerappan 和 Vera Wen。本项工作是在 Shaida Badiee 的领导下进行的。Zia M. Qureshi 和 David Rosenblatt 提出了宝贵建议。

本书指标的选择和正文内容是通过与世界银行的四个主题网络——金融与私营部门发展、人类发展、减贫与经济管理和可持续发展——以及国际金融公司和多边投资担保机构的工作人员密切磋商形成的，并得到了这些人员的大力帮助。更为重要的是，我们还得到了外部合作者的大量帮助、指导及其提供的数据。向为本书内容作出贡献的个人的致谢，见“作出贡献的其他人员”一节；本书主要合作者名单见“合作者”一节。

由 Meta de Coquereaumont、Bruce Ross - Larson 和 Christopher Troot 领导的通信发展公司为本书的总体设计提供了指导，并负责封面设计，Rob Elson 也提供了帮助。Elaine Wilson 负责本书的封面设计、地图设计和排版。Joseph Caponio 给生产提供了帮助。通信发展公司在伦敦的合作伙伴 Peter Grundy of Peter Grundy Art & Design 对本报告进行了设计。对外事务部门的工作人员负责监督本书的印制和发行。

目　录

前缀

1　世界概览

2 人口

3 环境

4 经济

5 政府与市场

6 全球联系

后缀

合 作 者

本书所定义、收集并公布的国际统计数据是许多人士和组织集体努力的结果。《世界发展指标》提供的各种指标数据是各个不同层次的工作人员几十年工作的结晶，他们包括在世界各地实际从事人口普查和家庭调查的现场工作人员、各种委员会及各国和国际统计机构的工作人员。这些委员会和统计机构确定的术语、分类方法和标准，为国际统计体系奠定了基础。非政府组织和私人部门也在收集基础数据、组织和出版其成果方面作出了重要贡献。另外，学术研究人员也在建立统计方法方面发挥了重要作用，并就统计指标的质量和解释开展了持续对话。所有这些人员都拥有一个强烈的信念，那就是获得精确的数据有利于提高公共决策和私人决策的质量。

通过与以下机构共享它们的数据和专业知识，这本《世界发展指标》才有可能出版。更为重要的是，这些机构提供的合作为世界银行致力于发展的努力作出了贡献，同时也对其他旨在提高人类生活质量的努力作出了贡献。我们要对那些努力帮助我们建立了有关这个世界及其人民的综合的、丰富翔实的信息基础的人们表示谢意。

为方便大家查询，我们在此列出了有关组织所拥有的网址。这些网址在2012年3月1日时仍然有效。这里也提供了有关世界银行的信息。

国际和政府机构

二氧化碳信息分析中心

二氧化碳信息分析中心（CDIAC）是美国能源部主要的全球气候变化数据与信息分析中心。CDIAC的研究范围包括对与关注温室效应和全球气候变化的人可能有价值的任何事物，包括二氧化碳浓度和大气中其他放射性活跃气体；地球生物圈与海洋在温室气体生物地球化学循环中的作用；大气中的二氧化碳排放情况；长期气候变化趋势；二氧化碳浓度上升对植物生长的影响；以及沿海地区对海平面上升的承受能力。

欲了解更多信息，见 http：//cdiac. esd. ornl. gov。

灾害流行病学研究中心

世界卫生组织的灾害流行病学研究中心自1988年以来一直维护着紧急灾难数据库，该数据库由比利时政府创建并提供支持。该数据库的主要宗旨就是服务于国家层面和国际层面的人道主义行为。其目的在于使灾害预防决策合理化，并为脆弱性评估以及优先设置提供一个客观的基础。该数据库包含了一些自1900年以来已经发生的18,000多件重大灾害及其影响的重要核心数据，而且这些数据都是汇编自各种各样的机构，其中包括联合国相关机构、非政府组织、保险公司、研究所以及出版机构。

欲了解更多信息，见 www. emdat. be。

德国技术合作公司

德国技术合作公司（GIZ）是一家德国政府拥有的在全世界范围开展国际合作业务的公司。GIZ 的宗旨是在伙伴国家中积极推动政治学、经济学、生态学和社会发展，从而改善人们的生活条件和前景。

欲了解更多信息，见 www. giz. de。

联合国粮食与农业组织

联合国粮食与农业组织（FAO）是联合国的一个专门机构，成立于 1945 年 10 月。其宗旨是提高营养和生活水准，提高农业生产率，改善农村人口的生存条件。该组织负责提供直接的发展援助；收集、分析并传播各种信息；为各国政府提供政策和计划咨询；为与粮食及农业有关的争议问题提供国际论坛平台。

欲了解更多信息，见 www. fao. org。

国内流离失所监测中心

国内流离失所监测中心由挪威难民理事会于 1998 年建立，是一个检测世界范围内由于冲突导致国内人口流离失所的主要国际组织。该中心主要致力于提高在国内和国际层面上保护和援助全球数百万由于冲突或者人权侵害而背井离乡的难民的能力。

欲了解更多信息，见 www. internal – displacement. org。

国际民用航空组织

国际民用航空组织（ICAO）是联合国的一个专门机构。主要负责建立与国际民用航空业务有关的技术、经济和法律等方面的国际标准，并就其实际操作和程序提供建议。ICAO 的战略目标包括加强全球航空的安全保障，提高航空业务的效率，将全球民航活动对环境的负面影响降到最小，保持航空业务的持续性，加强对国际民用航空的法制管理。

欲了解更多信息，见 www. icao. int。

国际能源署

国际能源署（IEA）成立于 1974 年，其使命在于在保护环境的同时，促进国际能源署成员国之间的合作以提高能源的使用效率，推动清洁能源和清洁技术的使用，使能源来源多样化。国际能源署定期发布年度和季度统计出版物，内容涵盖 OECD 成员国和非 OECD 成员国有关石油、天然气、煤炭、电力、可再生能源、能源供应和消耗以及能源价格和税收的统计资料。同时，国际能源署还致力于全球可持续发展方面的研究并提出政策建议。

欲了解更多信息，见 www. iea. org。

合 作 者

国际劳工组织

国际劳工组织（ILO）是联合国的一个专门机构。该组织谋求促进社会公正及国际公认的人权和劳工权利。国际劳工组织帮助推动创造体面的就业机会，提高各种经济和工作条件，使工作的人们和商业人士拥有一个永久和平、繁荣和进步的环境。作为其使命的一部分，国际劳工组织拥有一个内容广泛的统计出版计划。

欲了解更多信息，见 www. ilo. org。

国际货币基金组织

国际货币基金组织（IMF）是由 187 个成员国组成的国际机构。它的建立在于促进国际货币合作、汇率体系的稳定、国际贸易的平稳扩展以及促进经济增长、提高就业率。IMF 审议各国、各地区以及全球经济和金融发展状况，为其成员国提供政策建议。同时 IMF 还是讨论这些政策对各国、各地区以及全球影响的场所。

IMF 还为各成员国提供临时性资金，以帮助其解决国际收支问题。IMF 的核心任务之一就是收集和发布高质量的宏观经济与金融统计信息，这些信息是制定适当政策所必不可少的先决条件。IMF 在其核心专业领域为其成员国提供技术援助和培训，包括依照国际标准的经济和金融发展方面的数据。

欲了解更多信息，见 www. imf. org。

国际电信联盟

国际电信联盟（ITU）是联合国负责信息和通讯技术的一个专门机构。ITU 的使命不仅要确保电信和信息网络的增长和持续发展，而且还要为全球准入提供便利，进而任何地方的人都可以参与这一新兴信息社会和全球经济并从中受益。在构建所谓的数字鸿沟中，关键的问题就是加强信息通讯基础设施建设和适当的能力建设，通过提高网络安全增强人们使用电脑空间的信心。针对疾病的预防和消除，国际电信联盟还关注加强应急通讯。

欲了解更多信息，见 www. itu. int。

国家自然科学基金会

国家自然科学基金会（NSF）是独立于美国政府的一个机构，其使命是推动科学技术进步，提高国民的健康和福利以及保卫国家安全。NSF 的目标——探索、学习、基础研究和管理——为推动前沿知识提供一个整体战略，培养世界级、范围宽泛的科学工程人员，提高所有公民的科学知识普及率，通过对先进工具和设备的投资，增强国家研究能力，通过有能力并负责任的机构支持强化科技、工程研究和教育。

欲了解更多信息，见 www. nsf. gov。

美国外国灾害援助办公室

1961 年 11 月 3 日，美国总统约翰·肯尼迪创建美国第一个对外援助机构——美国国际发展署（USAID），其工作重点就是向外国提供长期经济和社会发展援助。美国外国灾害援助办公室是美国国际发展署的直属机构，主要负责提供非食物类人道主义援助来应对国际危机和灾难。美国国际发展署的行政长官还被任命为总统的国际灾难救援特定协调员，协调美国外国灾害援助办公室的救援工作。

欲了解更多信息，见 www. globalcorps. com/ofda. html 或者 www. usaid. gov/our_work/humanitarian_assistance/disaster_assistance。

经济合作与发展组织

经济合作与发展组织（OECD）包括 34 个成员国，其共同的信念就是建立民主政府和市场经济，以推动经济的可持续发展、增加就业、提高生活水平、维持金融稳定、帮助其他国家的经济发展，并且为世界贸易的增长作出贡献。该组织与其他 100 多个国家积极合作，并试图延伸到全球任何角落。其最为著名的出版物和统计项目内容涵盖贸易宏观经济学、教育、发展以及科研与创新等领域的经济与社会问题。

发展援助委员会（DAC，www. oecdorg/dac）是 OECD 最主要的机构，OECD 通过该机构来处理与发展中国家合作的相关问题。DAC 也是主要双边捐赠者的一个重要论坛，捐赠者在此一同工作，以提高它们为支持可持续发展所作出的共同努力的效率。DAC 关注于两个重要的领域：国际发展对发展中国家参与全球经济的能力的贡献，以及人们战胜贫困，充分参与到其社会中的能力。

欲了解更多信息，见 www. new. oecd. org。

斯德哥尔摩国际和平研究所

斯德哥尔摩国际和平研究所（SIPRI）从事有关冲突以及国际和平与安全方面的合作重要性等问题的研究，旨在帮助人们了解和平解决国际冲突和实现稳定的和平所需具备的条件。SIPRI 的主要出版物《SIPRI 年鉴》是有关武装力量和武力控制以及其他冲突与安全问题的权威的、独立的信息来源。

欲了解更多信息，见 www. sipri. org。

理解儿童工作项目规划小组

作为制定长期、有效的童工解决方案的广泛尝试的一部分，国际劳工组织、联合国儿童基金会和世界银行于 2000 年 12 月共同组建了“理解儿童工作及其影响”机构联合研究项目规划小组。理解儿童工作项目规划小组（UCW）一直位于意大利佛罗伦萨的联合国儿童基金会的 Innocenti 研究中心，直到 2004 年 6 月，UCW 才搬到罗马的经济增长国际研究中心。

UCW 致力于满足人们对数量更多、质量更好的童工数据的需求。UCW 的在线数据库包括各国提供的有关劳工和儿童状况的数据。

欲了解更多信息，见 www. ucw - project. org。

合　作　者

联合国

联合国（UN）目前已拥有193个成员国。正如其宪章所指出的，联合国的宗旨是维护世界和平与安全；发展国与国之间的友好关系；在解决国际经济、社会、文化与人道主义问题以及促进尊重人权与基本自由方面进行合作；实际已成为一个协调中心，以协调各国为实现这些目标而采取的行动。

欲了解更多信息，见 www. un. org。

联合国人类居住中心全球城市观测计划

联合国人类居住中心全球城市观测计划是为解决全球对提高关于城市的知识的迫切需求而设立的，旨在帮助各国和城市在城市一级设计、收集和使用以政策为导向的与城市发展有关的指标。

根据城市指标和最佳惯例方案，全球城市观测计划正在建立一个全球信息、评估和能力培养网络，以帮助各级政府、地方当局、私营部门、非政府组织和其他市民社会组织。

欲了解更多信息，见 www. unhabitat. org。

联合国儿童基金会

联合国儿童基金会（UNICEF）为改善190多个发展中国家儿童的生活，通过各种教育和医疗卫生项目与其他联合国机构及政府组织和非政府组织一起努力。UNICEF 主要关注以下5个领域：儿童的生存与发展、基础教育与性别平等（包括女性教育）、儿童保护、艾滋病以及政策倡导和伙伴关系。

欲了解更多信息，见 www. unicef. org。

联合国贸易与发展会议

联合国贸易与发展会议（UNCTAD）是联合国大会在贸易与发展领域的主要机构。其使命就是加速经济增长和发展，尤其是发展中国家的经济增长和发展。该组织通过政策分析，政府间磋商、建立共识以及谈判，监控、执行与跟踪调查以及技术合作等途径履行其使命。

欲了解更多信息，见 www. unctad. org。

联合国维持和平行动部

联合国维持和平行动部主要致力于联合国的一项最重要的功能——维护国际和平和安全。联合国维持和平行动部帮助受冲突之患的国家创造实现持久和平的条件。第一个维持和平特派团成立于1948年，为了应对各种不同的冲突和不断变化的政治格局，联合国维持和平也经历了变革。今天的维持和平人员担负着多种多样的复杂任务，从协助建立可持续的施政机构，到人权监督、安保部门改革、前战斗员解除武装、复员和重返社会，不一而足。

欲了解更多信息，见 www. un. org/en/peacekeeping。

联合国教育、科学及文化组织，统计研究所（UIS）

联合国教育、科学及文化组织（UNESCO）是联合国的一个专门机构，以促进成员国和准成员国之间在教育、科学、文化和交流方面的国际合作。UNESCO 的统计研究所是该机构的统计部门，成立于 1999 年 7 月，目的就是为了满足 UNESCO 的成员国和国际社会日益增长的对在这些方面的更为广泛的相关政策、及时和可靠的统计信息的需求。

欲了解更多信息，见 www. uis. unesco. org。

联合国环境规划署

联合国环境规划署（UNEP）的使命是为全球环境保护提供指引，促进伙伴关系的建立，激励各国政府及其人民，向他们提供信息，提高其能力，以改善他们的生活质量，而不危及后代人的利益。

欲了解更多信息，见 www. unep. org。

联合国工业发展组织

联合国工业发展组织（UNIDO）是为了充当工业活动的核心协调机构，促进工业发展以及全球、地区、国家和部门各层次上的合作而建立的。其使命在于帮助公共部门、合作团体和私营部门制订科技计划和工业化方案。

欲了解更多信息，见 www. unido. org。

联合国国际减灾战略组织

联合国国际减灾战略组织作为“国际减少自然灾害十年”的继承者，创立于 1999 年 12 月，其秘书处的使命就是充当联合国减灾协调系统的领军机构，并确保减灾行动的协调。

欲了解更多信息，见 www. unisdr. org。

联合国药物管制与预防犯罪办事厅

联合国药物管制与预防犯罪办事厅创建于 1977 年，是全球打击非法药物和国际犯罪的领导者。该办事厅不仅通过帮助成员国增强自身的能力，协助其打击非法药物、犯罪和恐怖主义；还从事研究分析工作，帮助签订和执行相关国际协议，帮助各国在药物、犯罪和恐怖主义方面立法。

欲了解更多信息，见 www. unodc. org。

联合国难民署

联合国难民署（UNHCR）的使命是领导和协调国际行动以保护难民，解决世界范围内的难民问题。其主要目的就是保护灾民的权利和福利。UNHCR 还收集和发布有关难民的统计信息。

欲了解更多信息，见 www. unhcr. org/。

合 作 者

乌普萨拉大学冲突数据库

乌普萨拉大学冲突数据库收集自 1946 年以来有关武装冲突的信息，它是有关全球武装冲突最准确、最实用的数据资料来源。其对武装冲突的定义已成为系统定义和研究冲突的标准。此外，该机构还收集有关武装冲突的数据，其研究人员基于理论和经验对武装冲突的原因、升级、扩散、预防以及解决进行分析。

欲了解更多信息，见 www. pcr. uu. se/research/UCDP。

UCDP

世界银行集团

世界银行集团是为发展中国家提供资金和技术援助的重要来源。世界银行集团拥有 187 个成员国，由两个特有的机构组成——国际复兴开发银行和国际开发协会。这两个机构在推动具有包容性的、可持续发展的全球化方面发挥着不同却又相互协调的作用。国际复兴开发银行关注中等收入国家和贫困国家，国际开发协会则关注最贫困国家。它们共同为发展中国家提供低息贷款、无息贷款和赠款，用于各种用途，其中包括对教育、卫生、公共管理、基础设施、金融和私营部门的发展、农业以及环境和自然资源管理的投资。世界银行集团的工作重点是通过与合作伙伴的共同努力，消除贫困，最终实现千年发展目标。

欲了解更多信息，见 http：//data. worldbank. org。

世界卫生组织

作为联合国的专门机构，世界卫生组织（WHO）的目标是使所有人都能获得最大可能的健康水平。世界卫生组织负责对全球卫生事项提供领导、制定卫生研究议程、制定规范和标准、阐明以证据为基础的政策方案，为各国提供技术支持、检测并评估健康趋势。

欲了解更多信息，见 www. who. int。

世界知识产权组织

世界知识产权组织（WIPO）是联合国的一个专门机构，致力于创建一个平稳可行的国际知识产权体系，该体系在保护公众利益的同时，通过奖励发明、激励创新，来推动经济的发展。世界知识产权组织还执行一些与知识产权保护相关的大量不同的任务，其中包括制定国际知识产权法；提供全球国际知识产权保护服务；鼓励在经济发展中运用国际知识产权，促进对国际知识产权的更好理解；为争端提供一个平台。

欲了解更多信息，见 www. wipo. int。

WIPO

世界旅游组织

世界旅游组织是受联合国之托负责促进和发展旅游业的政府间组织。它是旅游政策问题和旅游知识资源的一个国际论坛。

欲了解更多信息，见 www. unwto. org。

UNWTO

世界贸易组织

世界贸易组织（WTO）是处理国家间贸易全球规则的唯一的国际组织。其主要职能是确保贸易流量尽可能地平稳、可预测和自由。为达此目的，它对各种贸易协定进行管理，为各种贸易谈判提供平台，寻求解决贸易争端的途径，评估各国贸易政策，并通过技术援助和培训计划，为发展中国家解决贸易政策中的问题提供援助，以及与其他国际机构开展合作。众所周知的多边贸易体制是 WTO 协定的核心体系，它由世界上大多数参与贸易的国家参加谈判并签署，并得到各自议会的批准。

欲了解更多信息，见 www. wto. org。

私人组织与非政府组织

国际地球科学信息网络中心

国际地球科学信息网络中心作为哥伦比亚大学地球研究所的一个研究中心，从事社会科学、自然科学以及信息科学的学科交叉研究，专门研究在线数据和信息的管理、空间数据的整合以及与一定环境中人类相互影响有关的各学科间的研究工作。

欲了解更多信息，见 www. ciesin. org。

国际集装箱化组织

《国际集装箱化年鉴》是集装箱产业最为权威的参考资料之一。该年鉴的信息可在国际集装箱化组织的网站上获取，该网址还可提供有关集装箱产业全面的每日商务在线新闻以及信息服务。

欲了解更多信息，见 www. ci – online. co. uk。

DHL

DHL 为顾客提供 220 多个国家和地区间的物流和传统的运输解决方案。该公司在快递、空运与海运、陆运、合同物流解决方案及国际邮递等领域提供专业性服务。

欲了解更多信息，见 www. dhl. com。

国际战略研究所

国际战略研究所（IISS）就战略性趋势提供信息和分析，为政府领导人、商业人士和分析家之间的交往提供便利，这些有可能在国际安全和国际关系方面制定出更好的公共政策。国际战略研究所是关于国际战略问题准确、客观的信息的主要来源。

欲了解更多信息，见 www. iiss. org。

合 作 者

国际道路联合会

国际道路联合会（IRF）是一个非政府、非营利性组织。它的任务是鼓励和促进更好、更安全和更具可持性的道路以及道路网络的发展与维护。IRF 与其成员和合作者一起努力，以便从规划良好并且有利于环境的交通网络中获取社会效益和经济效益。同时，它帮助实施技术解决方案和管理，以从国家道路投资中获得最大的经济回报和社会回报。国际道路联合会与政府、金融机构、其成员和道路专业人员团体共同致力于世界范围内的道路政策和发展。

欲了解更多信息，见 www. irfnet. org。

网络行会

网络行会（Netcraft）提供网络完全服务，例如，反欺诈和反网络钓鱼服务、应用测试、编码审查、自动渗透测试。同时，它还提供有关互联网诸多方面的研究数据和分析。它是一个在网络服务商、操作系统、托管服务提供商、互联网服务提供商、加密转换、电子商务、书写语言，以及互联网内容技术领域，在市场所占份额可观的权威机构。

欲了解更多信息，见 www. netcraft. com。

普华永道会计师事务所

普华永道会计师事务所（PWC）主要提供行业所关注的保险、税收、人力资源、交易、业绩改善以及危机管理服务，以帮助顾客和股东解决问题。

欲了解更多信息，见 www. pwc. com。

标准普尔

标准普尔是世界上最主要的独立信用评级、数据指数、风险评估、投资研究以及相关数据的提供方。标准普尔《全球股票市场概况》中的数据主要取自标准普尔的新兴市场数据库（EM-DB），以及其他资料来源，其中涵盖了 82 个国家 100 个市场全方位的数据。标准普尔利用每个新兴市场数据库中的样本股票计算出相关指数，以作为跨境不变的基准。

欲了解更多信息，见 www. standardandpoors. com。

世界保护监测中心

世界保护监测中心（WCMC）负责提供有关全世界生物资源保护和可持续利用方面的信息，帮助其他机构建立它们各自的信息系统。它与其他许多组织和个人密切合作，以增进人类对世界生物资源进行明智管理所需要的信息的了解。

欲了解更多信息，见 www. unep－wcmc. org。

世界经济论坛

世界经济论坛是一个独立的国际组织，致力于通过合作伙伴领导人的参与，改善世界形势，制定全球、地区及行业议程。世界经济论坛的经济研究成果——全球竞争力计划——主要关注于鉴别阻碍经济增长的因素，以便制定实现经济可持续发展、减少贫困并增强经济活力的战略。世界经济论坛的竞争力报告涵盖的范围从全球层面，例如，《全球竞争力报告》，到地区和主题层面，例如，《非洲竞争力报告》、《里斯本评论》和《全球信息技术报告》。

欲了解更多信息，见 www. weforum. org。

世界资源研究所

世界资源研究所是一家就全球环境与发展问题进行政策研究和技术援助的独立机构。该研究所提供（并帮助其他机构提供）有利于强化环境、实现社会公平发展的政策方面和制度变革的客观信息和实践建议。该研究所目前的工作领域包括贸易、森林、能源、经济、技术、生物多样性、人类健康、气候变化、可持续的农业、资源和环境信息以及国家环境和资源管理战略。

欲了解更多信息，见 www. wri. org。

使用指南

表格

表格按部分编号并给出了各部分的编码。国家和经济体则按字母顺序排列（中国香港例外，它排在中国之后）。表格中的数据给出了人口在100万以上的158个经济体的情况，个别表格中还列出了中国台湾的数据。表1.6列出的是另外58个经济体的部分指标，它们包括人口在3万到100万之间的小型经济体以及更小型经济体，如果它们是国际复兴开发银行（或者人们通常说的世界银行）的成员。《世界发展指标》的CD－ROM和“《世界发展指标》在线（http：//data.worldbank.org）”则给出了这些经济体的指标数据。国家这个术语与经济体是通用的，它并不意味着政治上的独立，而是指其当局单独呈报了社会或经济统计数据的任何地区。如果可能的话，表末还列出了所属收入和地区组别的合计数值。

统计指标反映的是最近一年或者最近一个时期可获得的数据，在大多数表格中还提供了前一年或前一时期的数据（本书中通常是1990年或者2000年）。《世界发展指标》的CD－ROM和“《世界发展指标》在线（http：//data.worldbank.org）”还给出了所有216个经济体的时间序列数据。

对已知的与标准定义的偏离或跨时间、跨国家可比性的中断，均在表后以脚注的形式做了说明或者在“关于数据的说明”中加以解释。如果有些现有数据被认为不足以提供可靠的水平估计值，或者有可能或不完全符合国际标准，这些数据就没有在表中给出。

各收入组别的合计数值

各收入组别的合计数值包括了216个经济体（即主表中列出的经济体加上表1.6中的经济体），而无论其数据是否可获得。为保持各时期之间与不同表格之间合计数值的一致性，缺失的数据尽可能作了推算。这些合计数为总数（如果该合计数包括为缺失数据而填补的估计数，则以“t”表示；如果是简单加总数，则以“s”表示），平均值（m）、加权平均值（w）或者简单（未加权的）平均值（u）。没有将填补缺失的数据划归到具体国家可能会导致分组别合计值与总数不符。对合计数值计算方法的进一步讨论见“统计方法”。

各地区的合计数值

各地区的合计数值仅包括低收入经济体和中等收入经济体，并且这些数值包括表1.6中列出的人口不足100万的经济体。

各地区的国家构成基于世界银行为进行分析而做的地区划分，可能与通用的地理划分法不同。地区划分见封三的地图和封底勒口的国家列表。有关合计方法进一步的讨论，见“统计方法”。

统计数据

数据给出的是2010年各经济体的情况，历史数据经过修订以便反映当前的政治安排。所有表格都对例外的情况做了说明。

“基本数据文献”一节提供了关于数据的额外信息。该节概括了各国和国际机构为改进基本数据收集工作所做的努力，并提供了关于基本来源、人口普查年份、财政年度、统计方法和使用的概念以及其他背景信息。“统计方法”一节则提供了本书使用的一些基本计算方法和公式等技术性信息。

数据的连续性、可靠性和可比性

尽管我们尽了最大努力以使数据标准化，但不能确保它们具有充分的可比性，因而，在对指标进行解释时应谨慎。许多因素影响着数据的可获得性、可比性和可靠性：许多发展中国家的统计系统还比较薄弱；统计方法、口径、实际操作和定义差别较大；跨国和跨时期的比较涉及复杂的技术和概念上的问题，这些问题尚得不到明确的解决。由于一些特殊的情况（例如，武装冲突）影响到数据的收集与公布，使得数据覆盖面可能不完整。

由于这些原因，尽管数据具有最权威的来源，但它们只能作为主要用来反映各经济体之间的差别的趋势性指标和特征性指标，而并不能为这些差距提供精确的量化测算值。不同年份的《世界发展指标》所提供的数据之间的差异反映了各国对数据的更新以及对历史数据的修订，或者统计方法的改变。因此，读者应避免对不同年份的《世界发展指标》或不同的世界银行出版物中的数据进行比较。1960—2010年间连贯的时序数据可以从《世界发展指标》CD－ROM和“《世界发展指标》在线（http：//data.worldbank.org）”中获得。

除非另有说明，增长率均指实际值（欲了解增长率的计算方法，见“统计方法”一节）。一些经济体的某些经济指标是按财政年度而非日历年度给出的，见“基本数据文献”一节。“统计方法”一节还介绍了各国货币兑换的方法。

国别说明

- 除非另有说明，有关中国的数据不包括中国香港、中国澳门和中国台湾。
- 印度尼西亚的数据包括1999年以来东帝汶的数据，除非另有说明。
- 黑山于2006年6月3日从塞尔维亚独立。如果数据可以获得，两国的数据就分别给出。然而，2005年塞尔维亚的一些指标仍然包括黑山的数据，这些数据在表中都加了脚注。此外，对于塞尔维亚自1999年以来的数据，大多数指标都不包括科索沃的数据，按照联合国安全理事会第1244条决议（1999年）。2009年6月29日科索沃成为世界银行的成员国，如果数据可以获得，其数据就在表中给出。
- 荷属安的列斯于（其数据在本书前几版中都给出了）2010年10月10日起解体，库拉索岛与圣马丁岛成为荷兰王国的构成国家，其数据目前单独给出。波内赫、圣尤斯特歇斯与萨巴岛则成为荷兰的特别行政区，其数据包含在荷兰的数据中。
- 南苏丹于2011年7月9日宣布独立，如果数据可得，则单独给出南苏丹的数据；除非另有说明，苏丹的数据包括南苏丹。

对各经济体的分类

为便于操作和分析，世界银行对世界各经济体分类的主要标准是（按照“世界银行Atlas方法”计算的）人均国民总收入（GNI）。每一个经济体被划分为低收入、中等收入（又分为下中等收入和上中等收入两个亚组）或高收入三个组别。欲了解收入分类情况，请查阅封二的地图及封面勒口上的国家列表。低收入和中等收入经济体有时也指发展中经济体。使用该术语是出于方便，并不意味着该组别的所有经济体都经历着相同的发展阶段，或者其他经济体达到了更高的或最终的发展阶段。请注意，根据收入进行的分类并不一定反映发展状况。因为随着时间的推移，人均国民总收入会发生变化，因此，各收入组别的国别构成会出现该版《世界发展指标》不同于下一版的情况。某一版的分类一旦确定，则所有的历史数据就都根据同一组别中可得到的最近一年的人均国民总收入数据（本书为2010年的数据）计算。

低收入经济体是指2010年人均国民总收入为1,005美元或以下者。中等收入经济体是指人均国民总收入为1,006—12,275美元者。下中等收入和上中等收入经济体以人均国民总收入3,976美元为界限划分。高收入经济体是指人均国民总收入为12,276美元或以上者。欧元区17个成员国作为高收入经济体组别中的一个亚组列示。

符号的使用

..

表示该数据无法获得或者由于该年度数据遗漏无法计算合计数值。

0 或 0.0

表示零或者数值非常小，小数位的值都归于零。

/

用于日期中表示跨越两个日历年的一段时间（通常是12个月），例如2009/2010年，也指一个收成年度、一个调查年度或者一个财政年度。

$

为现值美元，除非另有说明。

>

为大于符号。

<

为小于符号。

数据表示惯例

- 空格表示不适用，或在合计数中表示没有分析上的意义。
- 10亿为1,000个百万。
- 万亿为1,000个10亿。
- 斜体数字表示非特定年份或时期的数据，或者是非整个特定时期计算的增长率。
- 脚注中给出了超过所示范围3年以上的年份的数据。

数据截止日期为2012年2月1日。

世界概览

我们现在已经可以评估千年发展目标在第一个10年里所取得的进展。各领域的发展初见成效，我们可以更清楚地知道到2015年千年发展目标完成情况。当然，我们无法实现当初设定的全部目标，但相比1990年的起点状态，我们已在过去10年中取得了长足进步：数百万人口脱离贫困，数百万儿童接受到学校教育，可预防的死亡率大幅下降。我们之所以能够得出这样的判断，是因为数据统计显著改善。

其实早在2000年千年发展目标发布之前，人们就已经认识到及时可靠的统计数据的重要性，而各界对于量化指标的广泛关注则进一步提升了对标准化、定期发布的关键数据的需求。经济合作与发展组织于1996年提出了涵盖7个目标21项指标的国际发展目标（OECD DAC，1996），它们当时就提到了千年发展目标。世界银行1992年版的《削减贫困手册》也曾提到需要对国家统计能力和制度建设进行全面规划。

为了解决国际数据统计问题，21世纪促进发展的统计伙伴关系联盟（PARIS21）于1999年成立，旨在帮助发展中国家提高统计能力。2004年，管理发展成效第二轮圆桌会议签署了马拉喀什统计行动计划，建立了一个帮助发展中国家提高统计能力的国际议程。随后，援助国和受援国在阿克拉行动议程上达成广泛共识：完善国家统计体系；根据性别、区域和经济状况细化统计分类；“为发展中国家统计能力建设和信息系统建设提供资金，其中包括帮助发展中国家进行援助管理”（OECD，2008a）。2009年，达喀尔统计发展宣言再次重申：“需要群策群力提高统计数据的使用效率，用数据为减贫政策和减贫项目提供支持，建设和改善各国尤其是发展中国家的统计体系”（PARIS21，2009a）。

我们已在这方面取得了可喜成绩。当最近一轮人口普查到2014年结束时，全球将有98%的人口被统计在内。援助国自2008年开始公布本国对外提供的发展援助，承诺援助资金在2008—2010年间增长60%至16亿美元。超过55个发展中国家改善了家庭调查数据的采集、管理和传播。为了监测千年发展目标各项指标的完成情况，联合国专门成立了机构间专家组，旨在提高全球各区域的MDG监测质量并每年公布进展情况。根据世界银行统计能力指数计算的全球统计质量也从1999年的54上升至2011年的67。同时，监测千年发展目标的数据量也大幅增加：2003年，千年发展目标22个主要指标中有16个以上指标可采集到2个数据点的国家只有4个，而2009年能满足这一条件的国家已经增加至118个（PARIS21，2009b）。

面对千年发展目标取得的各项成绩，我们也应该清醒地认识到，还有许多空白、缺陷和不尽如人意的地方有待完善。有一些目标我们可能无法如期实现，统计数据也不甚全面。我们必须全心投入才能继续前进。

目标 1

虽然贫困与饥饿依然存在，但极端贫困人口数量却在减少。每日收入不到 1.25 美元的人口比例已从 1990 年的 43.1% 下降至 2008 年的 22.2%。在过去 4 年中，尽管食物、燃料和金融危机使弱势群体的境况恶化并延缓了部分国家减贫的步伐，全球贫困率却持续下降。2005—2008 年间，全球所有发展中地区的贫困人口绝对量和相对量都有所下降，这一现象前所未有。一项初步调查估计，2010 年的贫困率已降至千年发展目标设定的水平，提前 5 年完成计划。

如果发展中国家能够保持在过去十年中的经济增长速度，那么许多目标都有可能在 2015 年前提前实现。但即便如此，数百万人口仍将深陷贫困泥沼，尤其在撒哈拉以南非洲国家和南亚，以及医疗卫生和教育资源匮乏的国家和地区，这些地方的居民由于不能获得雇佣机会而无法脱贫；环境资源正消耗殆尽；腐败、冲突和治理不当浪费了公共资源并阻碍了私人投资。

新千年以来贫困率显著下降 1a

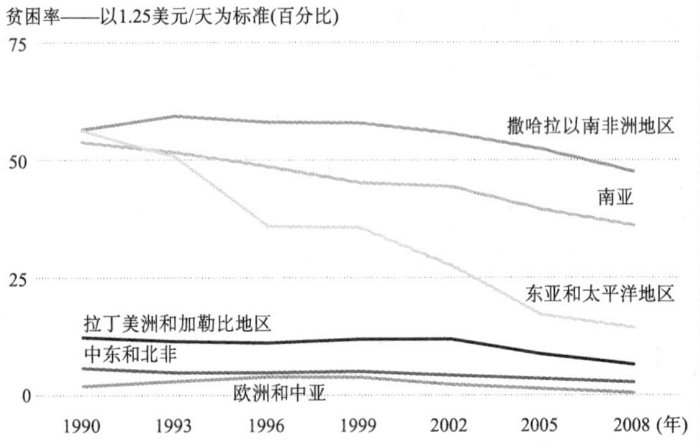

资料来源：世界银行工作人员的估算。

东亚和太平洋地区的贫困率下降速度最快，其中，中国的极端贫困率从 1990 年的 60% 下降至 13%。除中国以外的发展中国家的贫困率从 37% 降至 25%。撒哈拉以南非洲地区和南亚的贫困状况依然十分严重，但也取得了显著进步。南亚的贫困率从 1990 年的 54% 下降至 2008 年的 36%。在 2005—2008 年间，撒哈拉以南非洲地区的贫困率降低了 4.8 个百分点至 50% 以下，这是该地区自统计贫困率以来最大的降幅。

极端贫困人口减少 1b

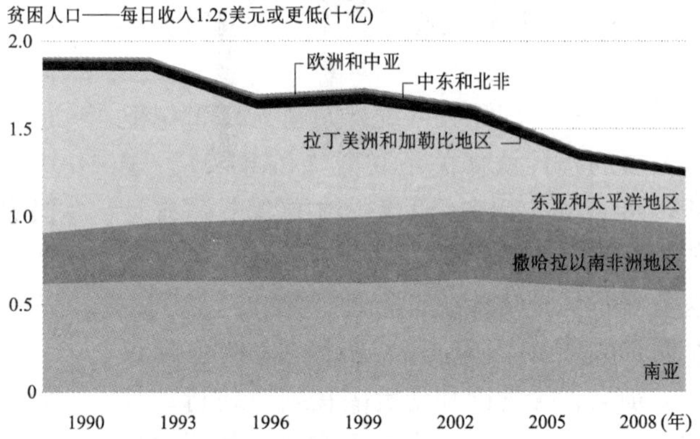

资料来源：世界银行工作人员的估算。

2008 年，全球仍有 12.8 亿人口每日收入不到 1.25 美元。自 1990 年以来，全球极端贫困人口数量持续下降，但撒哈拉以南非洲地区除外。由于该地区人口增长速度超过减贫速度，使得这一地区的极端贫困人口从 1990 年的 2.9 亿上升至 2008 年的 3.56 亿。南亚仍然还是全球贫困人口最多的地区，该地区有 5.71 亿人口每日收入不到 1.25 美元，相对于 2002 年的峰值 6.41 亿略有下降。

减贫进程 1c

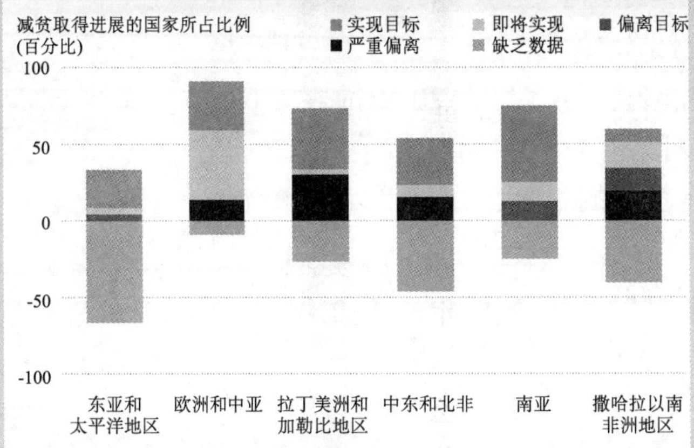

资料来源：世界银行工作人员的估算。

收入分配情况 1e

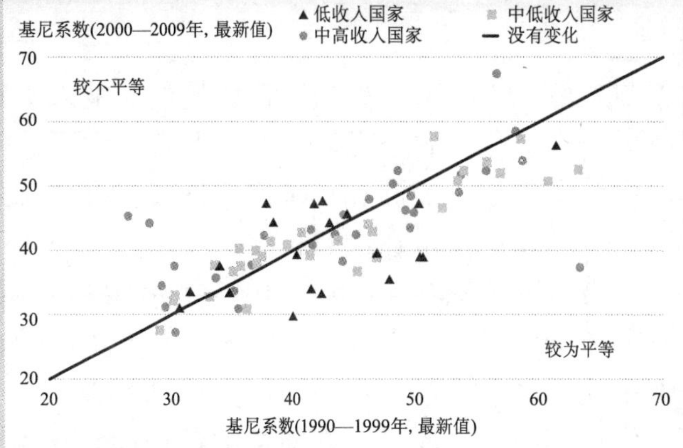

资料来源：世界发展指标数据库。

为了在25年中将贫困比例降低一半，我们设定了一个平均减贫速度。通过比较单个国家的减贫进程与这一速率，我们可以评估该国的减贫成效。已经实现目标的国家归入“实现目标”。进展速度等于或超过实现目标所需速度的国家归入“即将实现”。不能如期实现目标，但以过去的进展速度到2040年才能完成计划的国家归入“偏离目标”。需要更长时间才能实现目标或者贫困率不降反升的国家归入“严重偏离”。

收入分配失衡是否有所改善？我们发现，无论个人收入在什么水平，收入分配差距越大，贫困率就越高。基尼系数是衡量收入分配失衡程度的最常见指标，该指标数值越高，意味着收入差距越大。穷国的收入差距通常大于富国，但不同地区的情况也大不相同。根据2000年前后对81个国家进行检测的结果显示，基尼系数降至44，其中包括许多低收入经济体。

营养不良改善进程 1d

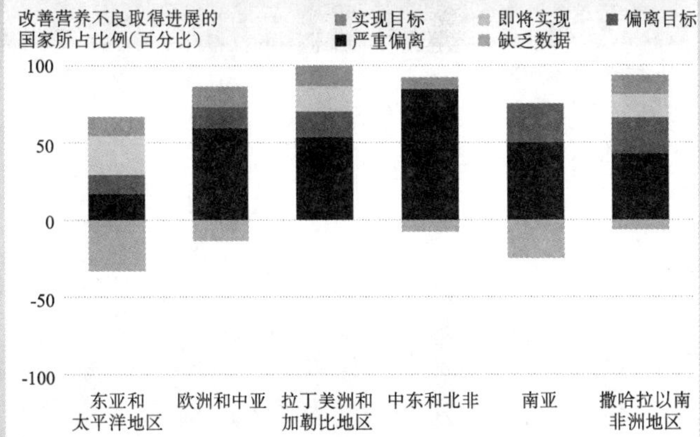

资料来源：世界银行工作人员的估算。

营养不良的儿童仍然很多 1f

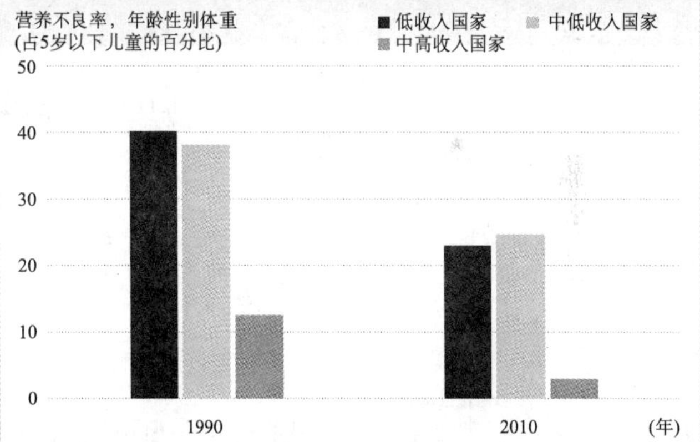

资料来源：世界卫生组织和世界发展指标数据库。

营养不良衡量的是食物摄入量与身体基本能量需求的差距。千年发展目标计划到2015年将全球营养不良人口的比例减半，但只有极少数国家才能实现该目标。虽然全球粮食产量高于人口增长速度，但由于食品价格高企和越来越多的粮食作物用于生产燃料，营养不良率在2004—2006年间开始回升。据联合国粮食及农业组织估计，2008年全球约7.39亿人口每日摄入食物不足。

虽然自1990年以来营养不良率已大幅度下降，但全球仍有超过1亿的5岁以下儿童处于营养不良状态。在90个有足够统计数据的国家中，只有40个国家能够实现千年发展目标——将饥饿人口比例减半。营养不良儿童往往一出生就患此疾病，因为缺乏营养的母亲生育的婴儿体重不足。营养不良儿童往往发育迟缓、入学较晚，且成绩欠佳。如果能够鼓励母乳喂养，并改善孕妇和儿童的饮食，那么将有助于扭转这一局面。

目标 2

让每一个儿童接受初等教育是最先纳入千年发展目标的，早在20年前在泰国宗迪恩召开的全民教育大会上就设立了这一目标。虽然这一目标似乎近在咫尺，但目前只有拉丁美洲和加勒比地区实现了普及初等教育的目标，东亚和太平洋地区以及欧洲和中亚也在向目标靠近。

最贫困国家在20世纪90年代进展缓慢，但自2000年以来进步很快，尤其是南亚和撒哈拉以南非洲地区成效显著。但即便如此，离全民普及初等教育还差很远。许多儿童虽然入学，但后来由于学费、路程、人身安全及成绩落后等种种原因没有完成初等教育。而且，即使各国都在向全民普及初等教育这一目标迈进，但现代经济对教育的要求也在不断提高。在21世纪，初等教育不过是通向中等教育和高等教育的垫脚石。

离全民普及初等教育仅有一步之遥　1g

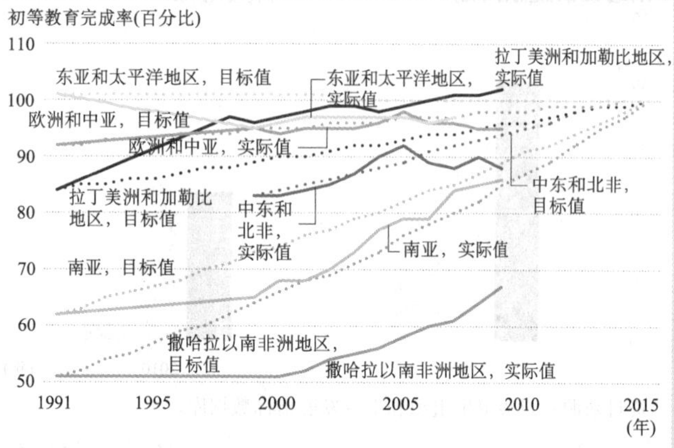

资料来源：联合国教科文组织统计研究所和世界发展指标数据库。

2009年，发展中国家儿童初等教育普及率为87%。2000年千年发展目标发布时，全球初等教育普及率为80%，大多数地区的入学率在之后都有所上升。撒哈拉以南非洲地区和南亚的初始情况最糟，但这两个地区在这方面取得了巨大进步。当然，距离实现目标还差很远。中东和北非的普及率一直停留在90%附近，欧洲和中亚以及东亚和太平洋地区几乎已经触及目标，但在最近5年进展缓慢。

6,400万儿童失学　1h

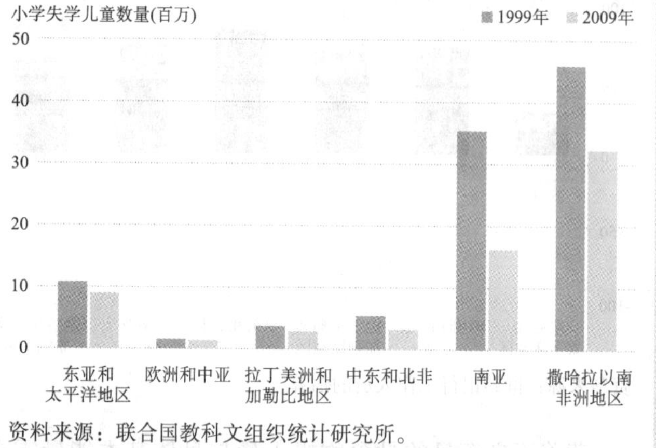

资料来源：联合国教科文组织统计研究所。

许多儿童只是在学校登记注册，并没有完成初等教育。这种情况对于女童十分普遍，因为她们通常都在家劳动。在农村地区，男童和女童在播种和收割时节都需要帮家里干活。此外，设施不便、教师缺乏和学费等原因也使家长不愿意让子女上学。这一问题在南亚和撒哈拉以南非洲地区尤为严重，在这些地区有超过4,800万的学龄儿童失学。

全民普及初等教育进程 1i

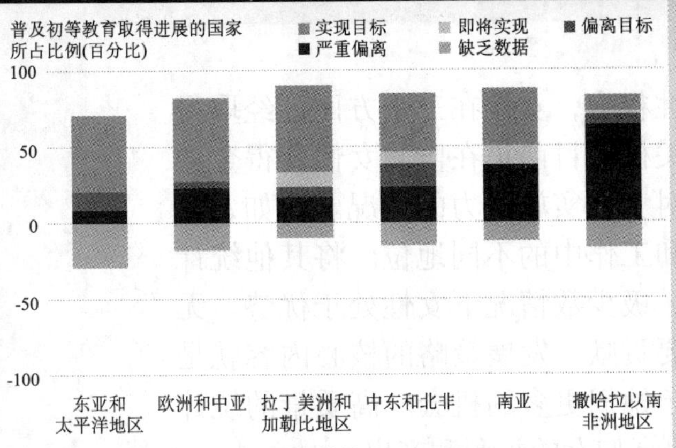

资料来源：世界银行工作人员的估算。

在120个有足够统计数据的发展中国家中，只有60个国家已经或即将实现所有儿童普及初等教育这一千年发展目标。12个以上的发展中国家按照目前进程无法在2015年实现这一目标。将近48个国家严重偏离目标，鲜有进展，其中30个集中在撒哈拉以南非洲地区。

哪些儿童失学 1j

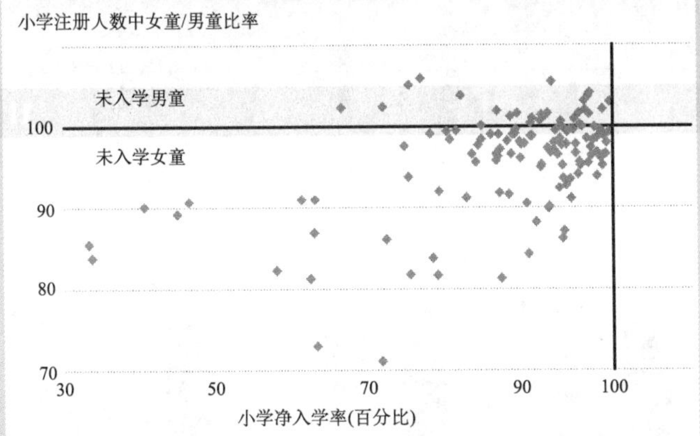

资料来源：联合国教科文组织统计研究所和世界发展指标数据库。

初等教育难以全面普及的一个重要原因就是女童的入学率太低。几乎在所有低入学率的教育体系中，初等教育阶段的女童入学率都很低。只有少数地方的男童入学率低于女童。由于一开始就处于这样的不利地位，女童很难比男童获得更好的发展。要实现千年发展目标，就必须要提高女童入学率并让她们完成学业。

有多少儿童接受学校教育 1k

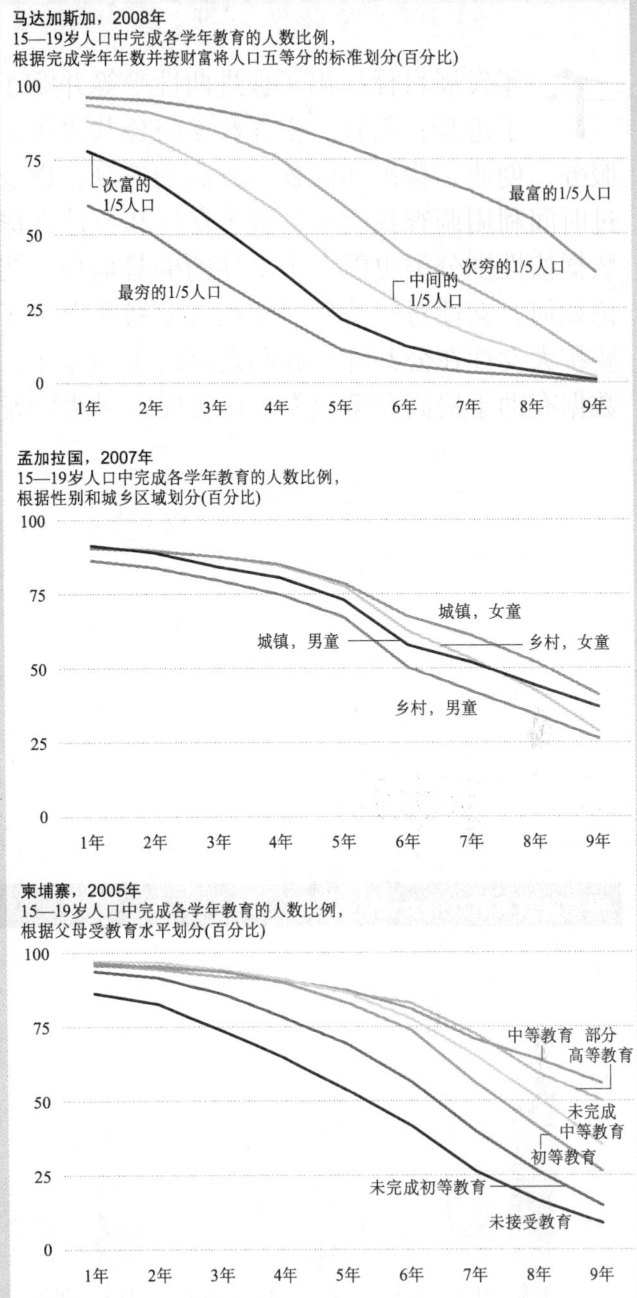

资料来源：人口与健康调查。

很多因素都影响着儿童能否接受学校教育。贫困家庭的儿童很难入学或完成学业。大多数国家的农村儿童入学机会也很少，但孟加拉国却实施了鼓励女童上学的激励政策。在柬埔寨和其他国家，受教育程度低的父母很少会让子女读书。要实现千年发展目标，就必须要打破受教育程度低——贫困——入学率低的恶性循环。

目标3

千年发展目标提出了促进两性平等并赋予女性权力，女性在三个方面已经取得了进步：教育、工作和参与公共决策。相关机构目前正在监测女性获得金融服务、创业、移民和汇款等方面的信息，以及针对女性实施暴力的情况。比如，通过时间利用调查我们可以看出女性和男性在家庭和工作中的不同地位。将其他统计数据按性别分类也能看出女性的弱势地位，当然，极少数情况下女性处于优势。无论如何，女性对经济发展和社会发展都作出了重要贡献，发展策略的核心内容就是要扩大女性在公共部门和私人部门中的作用，给予她们更多的机会。高质量的统计数据有助于提高政策效率，切实促进两性平等并提高妇女的福利和产出。

提高各教育层次的女性的入学率 11

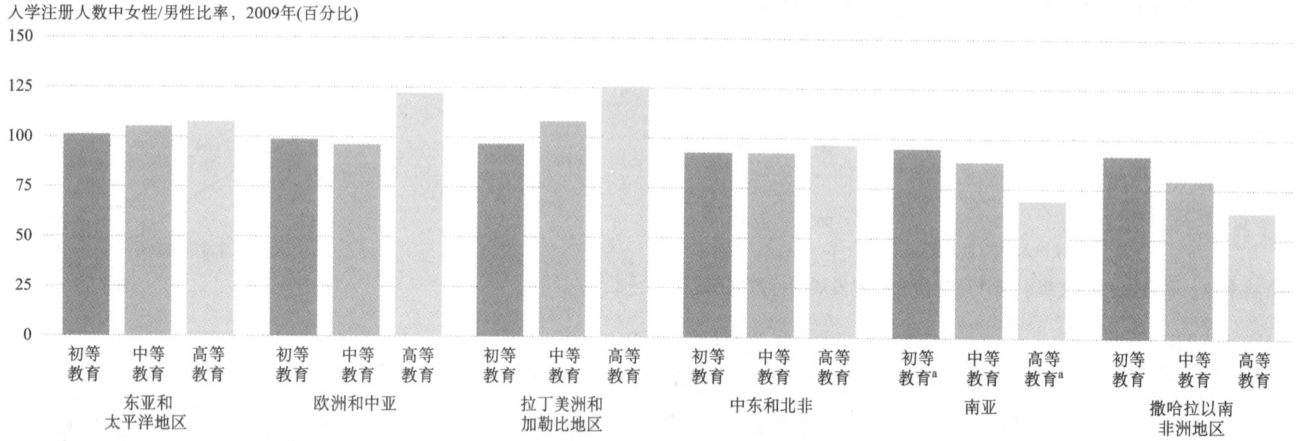

a. 2008年的数据。

资料来源：联合国教科文组织统计研究所和世界发展指标数据库。

女童入学率在初等教育和中等教育阶段大幅上升。许多国家的女童入学率甚至高于男童，尤其在中等教育中更加明显。越来越多的女童能够完成学业。1991年，发展中国家只有73%的女童能够完成初等教育。到2010年，这一数字上升至86%。但这些数据让我们忽略了一个根本问题：女童入学率太低。女童很难获得接受初等教育或完成初等教育的机会。在部分国家的中等教育阶段，这一情况有所改善。完成初等教育的女童很可能继续接受下一阶段的教育，而男童则有可能辍学。在欧洲和中亚以及拉丁美洲和加勒比地区的高等教育阶段，女性和男性的受教育比例相差很大。这不是实现性别平等的完美途径。要实现迅速增长和减贫就需要让全民接受教育。

受教育人群性别平等进程　1m

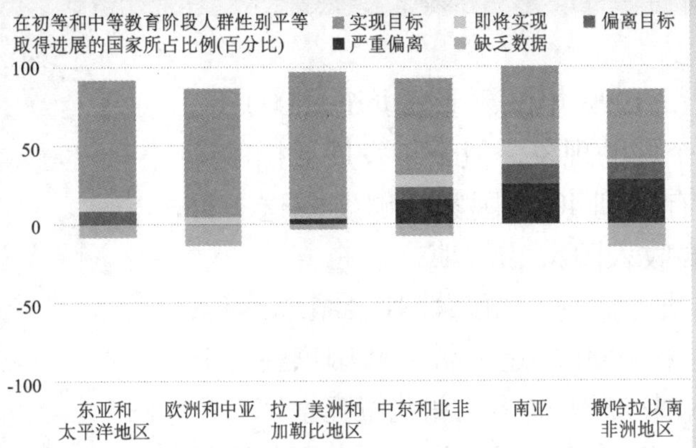

资料来源：世界银行工作人员的估算。

更多妇女拥有决策权　1o

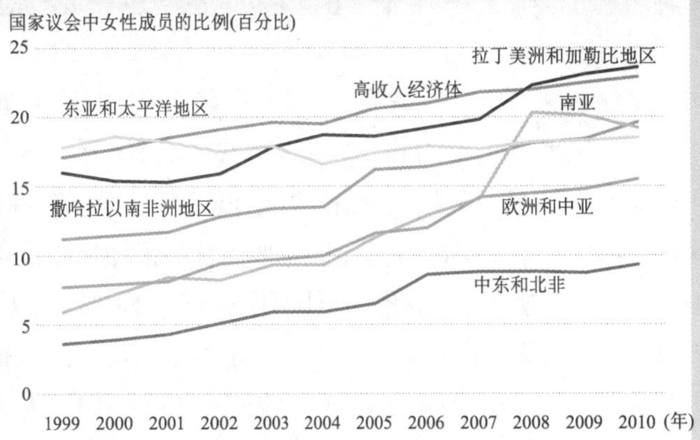

资料来源：国际议会联盟和世界发展指标数据库。

女性在初等教育和中等教育阶段的入学率大幅度上升。在2009—2010学年末，96个国家已经实现了入学率的性别平等，7个以上国家到2015年也将实现这一目标。27个国家目前还偏离目标或严重偏离目标，大多数是中东和北非、南亚和撒哈拉以南非洲地区的低收入和中低收入国家。还有14个国家缺乏足够的数据评估其进程。

各国议会中女性成员的比例呈上升状态。拉丁美洲和加勒比地区议会中女性成员比例为24%。南亚在这方面进步最为显著，在1999—2000年期间，女性议员的比例增加3倍。在撒哈拉以南非洲地区，卢旺达的女性议员比例最高，2008年该国议会中女性所占席位创纪录高达56%。中东和北非则远远落后。

女性已成为主要劳动力　1n

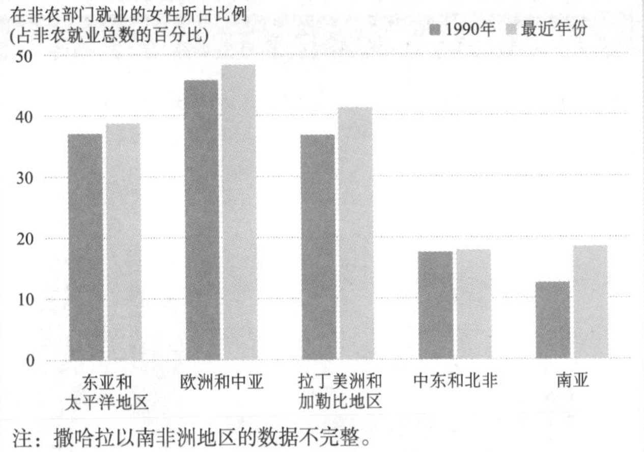

注：撒哈拉以南非洲地区的数据不完整。

资料来源：国际劳工组织和世界发展指标数据库。

女童营养不良率略微下降　1p

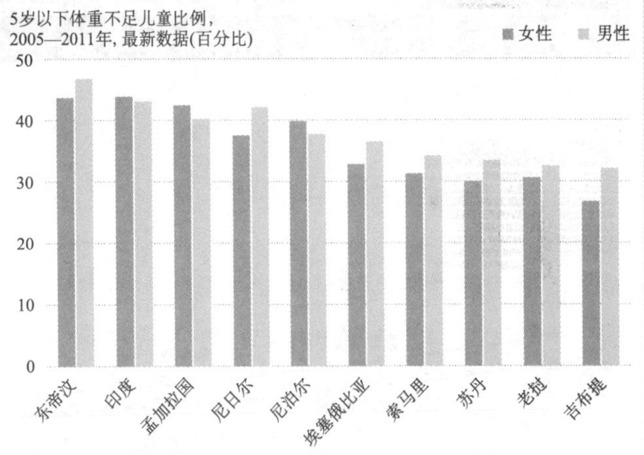

资料来源：世界卫生组织和世界银行工作人员的估算。

在中东和北非以及南亚等地区，非农就业部门中的女性比例略有上升，但是仍然低于20%。许多国家的女性劳动力大多在正规部门之外从事着没有保障的工作。总体来讲，女性劳动力比例在各地区都非常相近，但在撒哈拉以南非洲地区最高，该地区15岁及以上的女性中有60%都在劳动，当然许多妇女都从事着没有报酬的家庭劳动。

女性在上学、获得有保障的工作和在政府机构任职等方面都处于弱势，但女性营养不良率却比男性稍低。2005—2011年，在99个有数据的国家中，19个国家体重不足的女童比例高于男童；74个国家体重不足的女童比例低于男童；6个国家没有显著差别。上图给出了同期全球体重不足儿童比例最高的十个国家的性别分布情况。

目标 4

1990 年，全球有 1, 200 万名 5 岁以下儿童死亡。1999 年该数字减少至 1, 000 万，到 2010 年进一步减少至 750 万。这是一个好的现象，但千年发展目标的计划是将 5 岁以下儿童死亡率降低 2/3，目前来看只有不到 40 个国家能够实现这一目标，主要是位于拉丁美洲和加勒比地区的国家和中高收入国家。

大多数儿童的死亡原因用现有手段是可以预防或治愈的，如急性呼吸系统感染、腹泻、麻疹和疟疾。而且患病儿童大多在一岁时死亡。1990 年之前，一些国家在降低儿童死亡率方面成效卓著，曾经一度让我们认为在未来 25 年里婴儿和儿童死亡率有可能大幅度降低。但 1990 年后，几乎各国都停滞不前，以致千年目标发布时各国都距目标水平相差甚远。目标定得太高了吗？也许是。但最重要的问题是：千年发展目标是否能够推动各国有效利用资源以取得最大进步？

距离降低 5 岁以下儿童死亡率这一目标还相差很远　1q

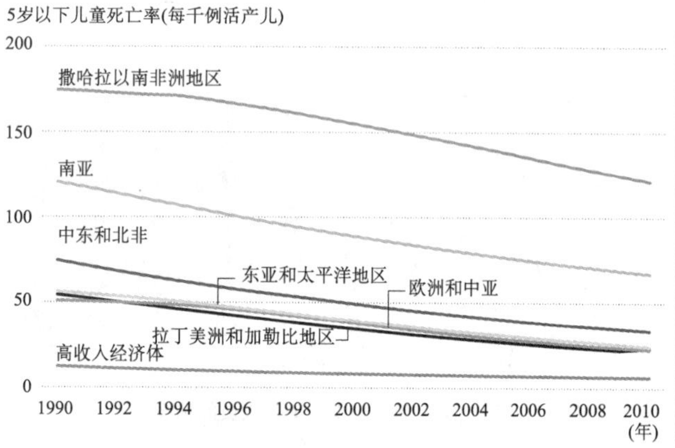

资料来源：世界卫生组织和世界发展指标数据库。

全球死亡率持续下降。发展中国家每千例活产儿的平均死亡人数从 1990 年的 98 下降至 2010 年的 63。但许多国家的死亡率仍然偏高，尤其在撒哈拉以南非洲地区国家和部分南亚国家。在撒哈拉以南非洲地区，每 8 个儿童中就有 1 个在 5 岁之前死亡。南亚的这一数字稍微好些——1/15。但这些地区中仍有部分国家有效地降低了儿童死亡率。

大多数死亡发生在一岁　1r

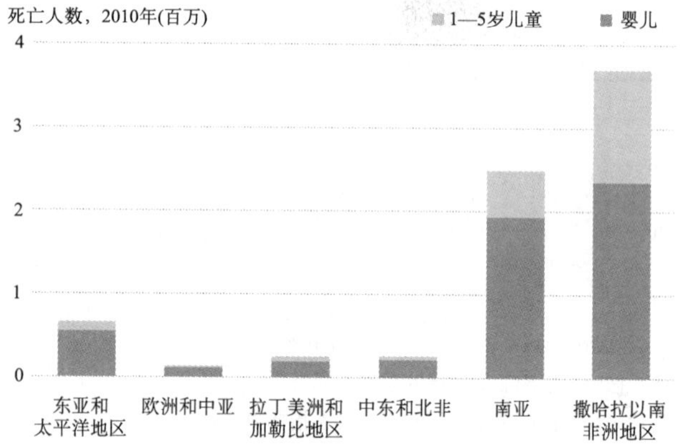

资料来源：世界卫生组织和世界发展指标数据库。

在 5 岁以下死亡儿童中，有 70% 在一岁时死亡，50% 在出生后一个月内死亡。因此，降低儿童死亡率的关键就是排除新生儿和婴儿的致死因素：缺乏出生和产后护理、营养不良、卫生条件恶劣以及感染急性或慢性疾病。对于大多数国家来说，降低婴儿和儿童死亡率能够最有效地延长国民寿命。

降低儿童死亡率进程 **1s**

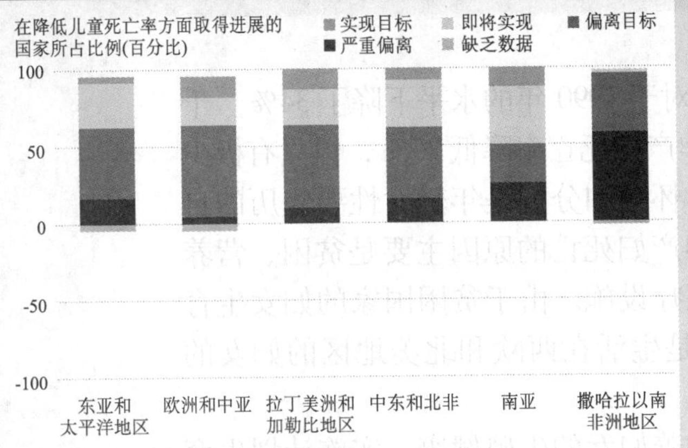

资料来源：世界银行工作人员的估算。

经过专家学者和国际统计机构的共同努力，监测婴儿和儿童死亡率的测量方法已有了很大改进。尽管许多国家并没有对这一指标进行监测，但我们已经能够掌握绝大多数国家的相关数据。自1990以来，有10个国家已经实现了将5岁以下儿童死亡率降低2/3，26个国家到2015年即将实现这一目标。但还有105个国家偏离甚至严重偏离目标，这些国家的人口占到发展中国家总人口的一半。

预防儿童疾病 **1t**

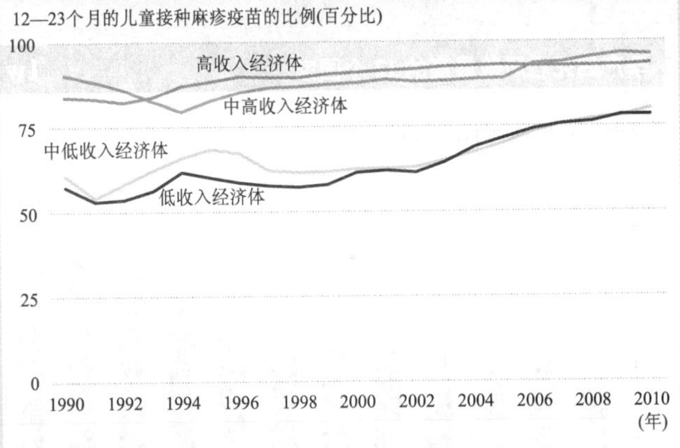

资料来源：世界卫生组织和世界发展指标数据库。

许多儿童死于可以通过早期接种疫苗预防的疾病。虽然接种疫苗行动已经开展了数年，但是许多生活在低收入和中低收入国家的儿童仍然没有注射疫苗。麻疹就是一例。其他需要接种的疫苗还有白喉、百日咳、破伤风以及肺结核卡介苗。要有效预防儿童疾病，就需要让所有儿童接种疫苗并坚持下去。

部分国家的进展情况好于预期 **1u**

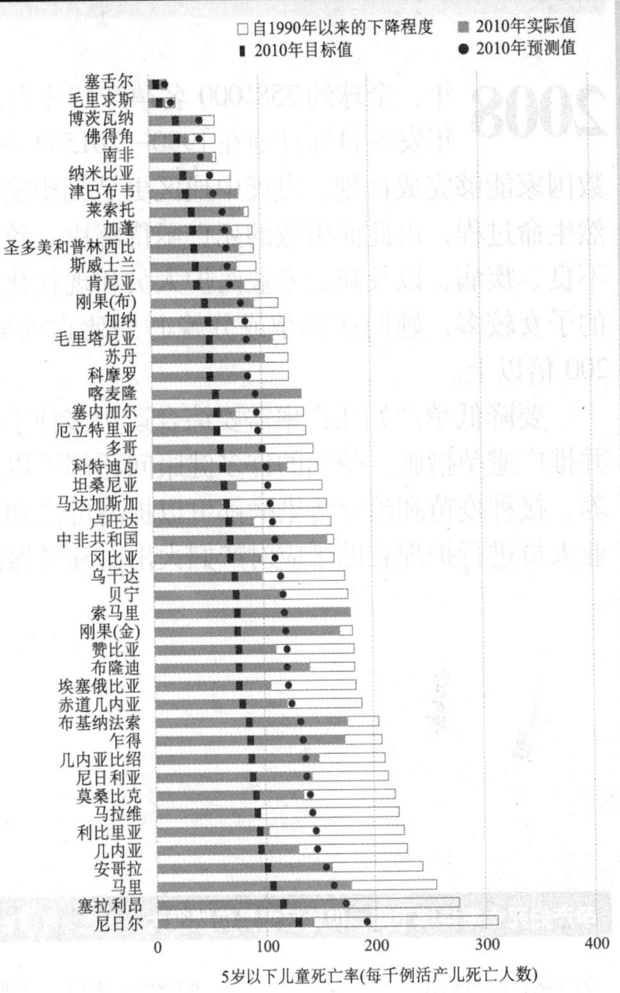

资料来源：世界银行工作人员的估算。

1990年，尼日利亚每千例活产儿中就有311个在5岁之前死亡，这一死亡率位居全球最高。同年，塞舌尔的5岁以下儿童死亡率只有1.6%，在撒哈拉以南非洲地区情况最好。这两个国家日后发展情况如何？2010年，即千年发展目标基年的20年后，尼日利亚的儿童死亡率减少了16.8%，在该地区进展最快，而塞舌尔只减少了0.3%。从比例上看，尼日利亚的儿童死亡率降低了54%——该地区第二大降幅——而塞舌尔降低了16%。虽然两个国家距离千年发展目标都相差很远，但尼日利亚后来居上，进步显著。这样的案例具有代表性吗？总体来看，撒哈拉以南非洲地区的国家起点都很低，而进展较快。但不同国家情况却大不相同：像刚果（金）和索马里这样局势动荡的国家几乎没有任何作为，而同样饱受战乱之苦的乌干达和赞比亚却降低了儿童死亡率。马达加斯加和马拉维即将实现这一千年发展目标。厄立特里亚、尼日尔和坦桑尼亚等国家已接近目标。只有津巴布韦一个国家出现倒退。

目标 5

2008 年，全球约 358,000 名孕产妇死亡，相对于 1990 年的水平下降了 34%。千年发展目标计划在 1990—2015 年间将孕产妇死亡率降低 75%，但只有极少数国家能够完成计划，发展中地区更是无望实现。怀孕和分娩是年轻女性要经历的自然生命过程，由此而引致的死亡亟待解决。致使孕产妇死亡的原因主要是贫困、营养不良、疾病，以及缺乏专业医护人员和现代化的医疗设施。由于贫困国家的妇女生育的子女较多，她们在怀孕或分娩时期死亡的概率是生活在西欧和北美地区的妇女的 200 倍以上。

要降低孕产妇死亡率需要综合运用多种手段改善妇女的生殖健康、实施计划生育并推广避孕措施。孕妇的许多健康问题都可以通过专业产检得到预防或治疗。增加营养、接种疫苗和治疗传染病都可以提高母亲和产儿的健康状况。产妇入院分娩并有专业人员进行护理有助于应对产妇大出血和妊娠高血压等致命情况。

孕产妇死亡率持续下降，但地区差异仍然很大 **1v**

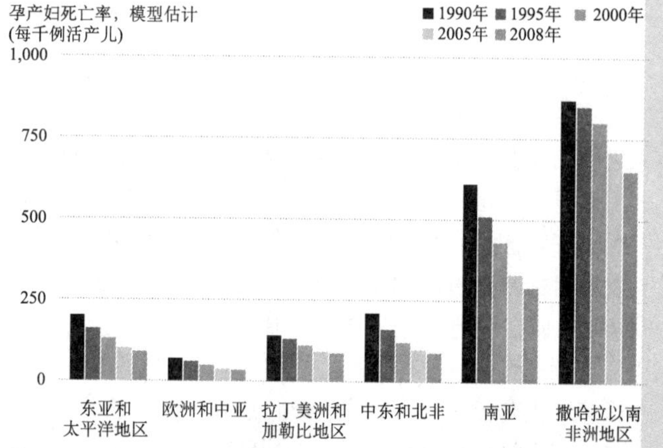

资料来源：世界卫生组织和世界发展指标数据库。

全球孕产妇死亡案例约一半发生在撒哈拉以南非洲地区，1/3 发生在南亚，其他地区的孕产妇也面临很大风险。脆弱和动乱国家的孕产妇死亡率比其他治理良好、医疗体系健全的国家高若干倍。

孕产妇死亡风险最高的 12 个国家 **1w**

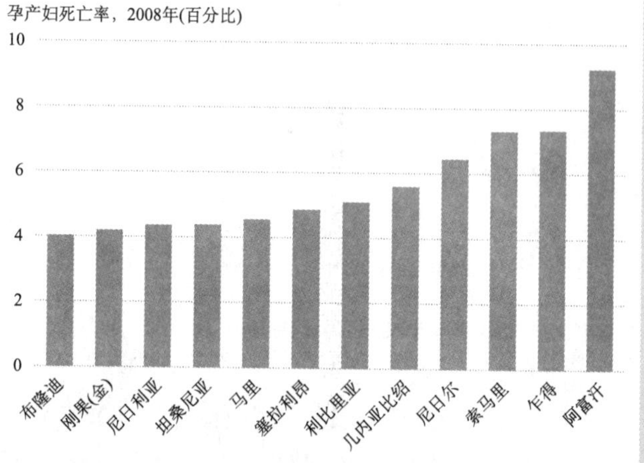

资料来源：世界卫生组织和世界发展指标数据库。

在高生育率的国家中，孕产妇反复受到死亡的威胁。2008 年，阿富汗的孕产妇死亡率超过 9%，即每 11 名孕产妇中就有 1 名死于妊娠；布隆迪每 25 名孕产妇中有 1 名面临死亡风险。而高收入经济体的孕产妇死亡率不到 0.03%，即每 3,500 名孕产妇中的死亡人数不到 1 名。

降低孕产妇死亡率进程　1x

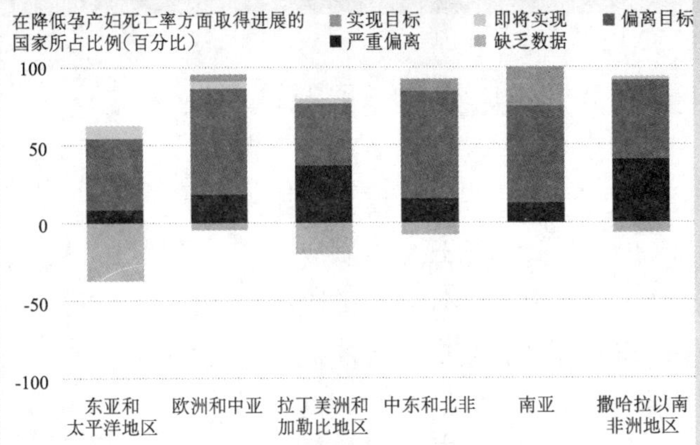

资料来源：世界银行工作人员的估算。

相比千年发展目标将孕产妇死亡率从1990年的水平下降75%而言，全球在这方面进展缓慢。目前只有4个国家实现了这一目标，还有5个即将实现。准确测量孕产妇死亡率的难度很大，需要进行专门调查并准确报告人口数据。虽然近年来统计学家已提高了预测数据的准确性，但许多国家有关孕产妇健康数据的监测质量仍有待提高，即使2015年后也不能松懈。

未成年女性怀孕人数有所减少　1z

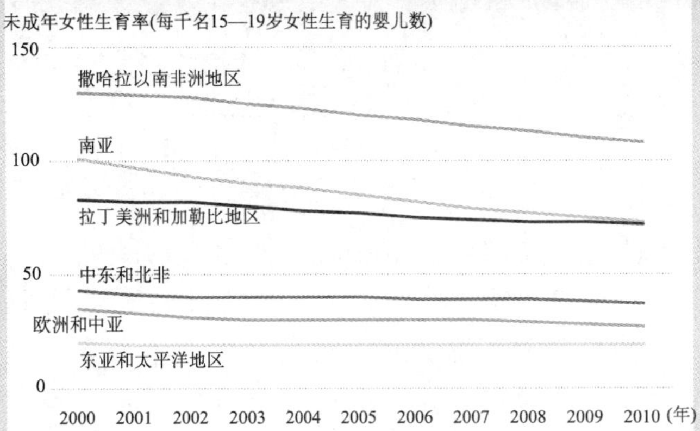

资料来源：世界卫生组织和世界发展指标数据库。

撒哈拉以南非洲地区未成年女性怀孕率位居首位，且下降速度很慢。生育第一胎时年龄较小的女性往往会孕育更多子女，因此她们死于或罹患孕期综合症的风险也更高。在许多发展中国家，15—19岁曾生育子女或正处于怀孕阶段的女性人数持续增长。防止意外受孕且推迟生育时间将使年轻女性拥有更多机会接受学校教育并获得有酬工作。

计划生育　1y

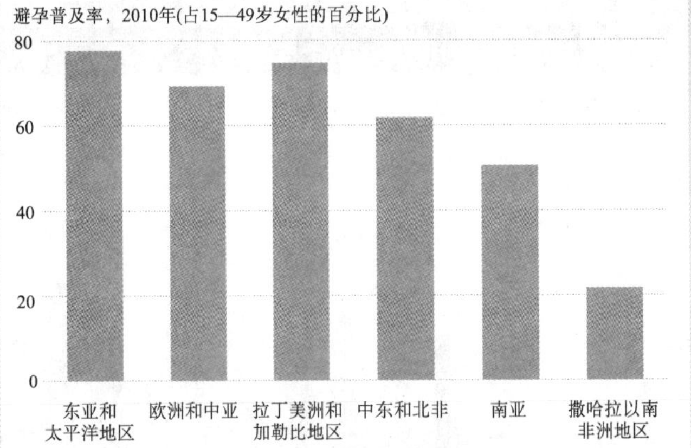

资料来源：世界卫生组织和世界发展指标数据库。

从有数据的发展中国家来看，越来越多的人开始采取避孕措施。几乎所有地区超过一半的已婚女性和有伴侣的女性都或多或少采取了节育措施。超过2亿女性希望推迟或停止受孕，但目前意外受孕的女性比例仍然很高。据估计，全球约1.2亿女性意外受孕。

帮助母亲　1aa

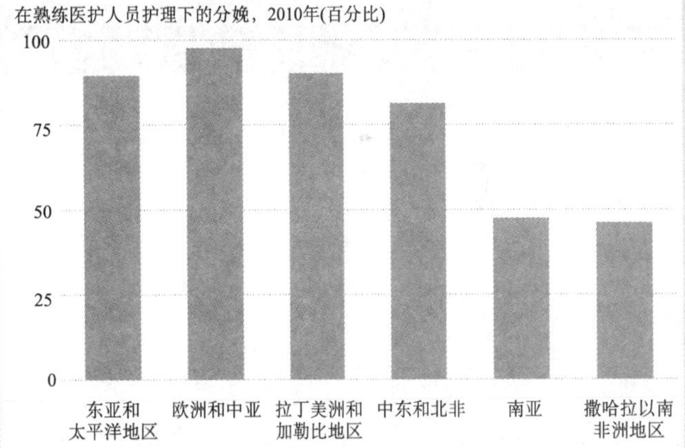

资料来源：世界卫生组织和世界发展指标数据库。

在南亚和撒哈拉以南非洲地区，只有不到一半的产妇分娩时有医生、护士或专业助产人员在场护理。如果孕产妇生育时能够得到专业医护人员护理，那么孕产妇死亡率将大幅降低。而在许多地方，产妇分娩时只有未经过专业训练的护理人员或家庭成员在场。熟练的医护人员知道如何在产前、产中和产后对母婴进行护理；他们能够独立接生，并在出现紧急情况时唤来帮助。

目标 6

传染性疾病在全球范围内夺走了数百万人的生命，并严重阻碍了经济发展。贫困、武装冲突和自然灾害助长了疾病传播，而疾病传播又反过来恶化了这些困境。在非洲，艾滋病的传播使该地区的居民寿命缩短了数十年，使数百万儿童成为孤儿，使教师人数和教育质量大为降低。

全球每年有 3 亿—5 亿人感染疟疾，其中超过 100 万人因此死亡。贫困是滋生疟疾的温床。感染疟疾的人群几乎全部集中在撒哈拉以南非洲地区，该地区存在大量致命疟原虫。死于疟疾的人群大多是 5 岁以下儿童，成年人感染该疾病的几率较低。

每年死于肺结核的人口约为 200 万，主要集中在 15—45 岁人群。抗生素曾一度有效地抑制了该疾病，但由于病原体抗药性的出现使得该疾病传播重新抬头。艾滋病病毒携带人群对肺结核免疫力差，极易感染该疾病。此外，难民、流浪人口以及被关押在封闭牢房、卫生环境糟糕的囚犯都是易感染人群。辅以药物治疗的医疗干预有助于降低肺结核传播。

控制 HIV/AIDS 的传播 **1bb**

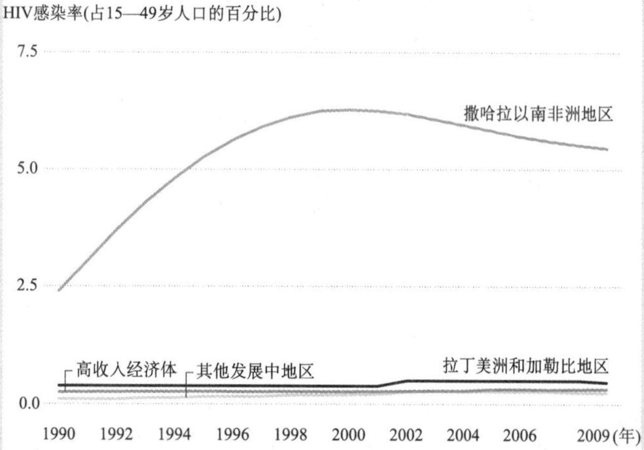

资料来源：世界卫生组织、联合国艾滋病规划署和世界发展指标数据库。

撒哈拉以南非洲地区仍然是艾滋病的重灾区，虽然使用抗逆转录病毒药物患者的存活率有所上升，但艾滋病病毒携带人群的死亡人数却不见下降。整个非洲约 58% 的艾滋病成年患者都是女性。在 15—24 岁的年轻人群中，女性的染病率是男性的两倍以上。艾滋病发病率第二高的是拉丁美洲和加勒比地区，约 0.5% 的成年人感染该疾病。

数百万人口仍饱受 HIV/AIDS 之苦 **1cc**

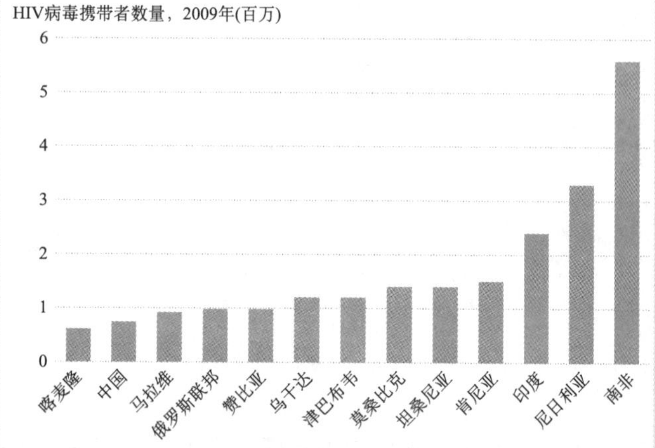

资料来源：世界卫生组织、联合国艾滋病规划署和世界发展指标数据库。

2009 年，全球约 3,100 万—3,300 万人口身患艾滋病，其中 150 万在 15 岁以下。有 1,690 万儿童或其父母死于艾滋病，这些儿童中有 1,480 万生活在撒哈拉以南非洲地区。截至 2009 年底，525 万艾滋病患者接受了抗逆转录病毒药物治疗，占世界卫生组织计划治疗人口的 36%。

防治艾滋病进程 1dd

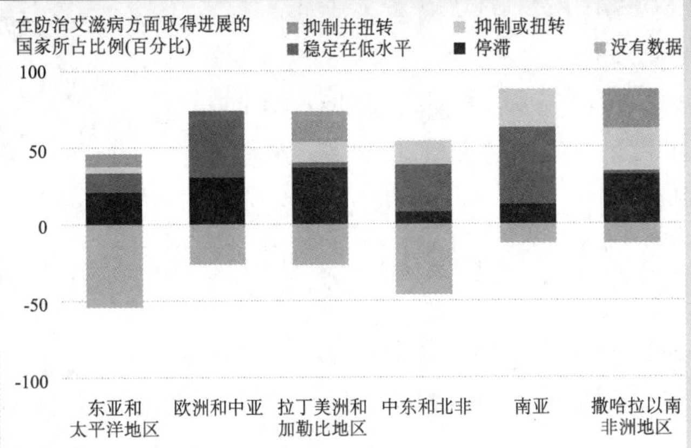

资料来源：世界银行工作人员的估算。

千年发展目标计划在2015年前抑制并降低艾滋病传播。图1bb给出了15—49岁人群患病比例。一些国家已经抑制了艾滋病传播势头，自2005年以来这些国家的患病率持续下降；还有些国家成功降低了艾滋病的传染率，这些国家患病率的最新数据已低于早期观测值。我们将患病率低于0.2%的国家归入情况稳定，将患病率高于0.2%且没有任何好转迹象的国家归入停滞不前。

扭转肺结核蔓延态势 1ee

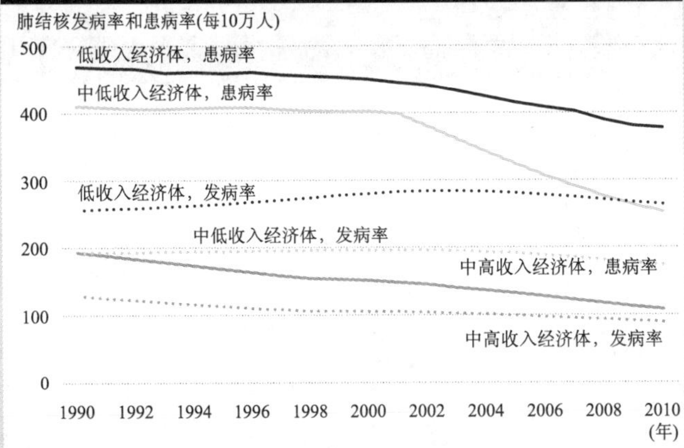

资料来源：世界卫生组织和世界发展指标数据库。

肺结核是发展中国家成年人感染单一致病菌致死的罪魁祸首。上图表明了肺结核与贫困的联系。低收入经济体的发病率是中高收入经济体的3倍以上。肺结核新发病患者人数在2004年达到高峰，虽然随后有所下降，但很难在2015年将肺结核发病率和致死率降低到1990年水平的一半。

让儿童远离疟疾 1ff

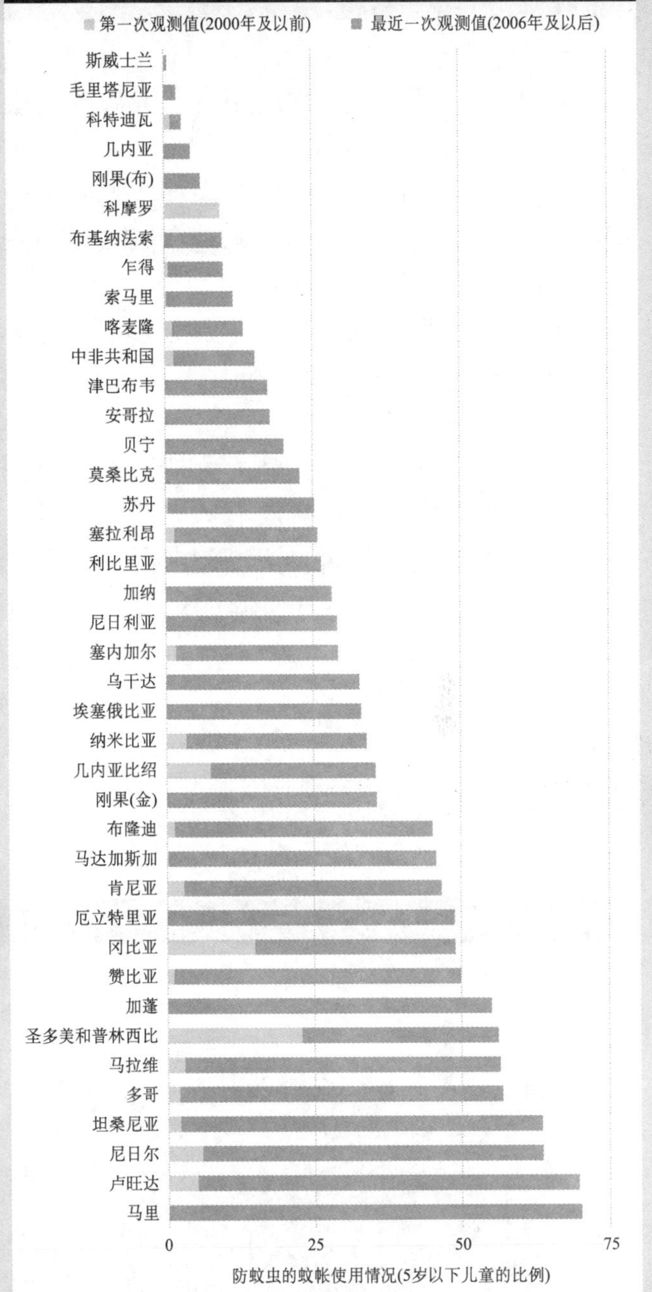

资料来源：世界卫生组织和世界发展指标数据库。

疟疾是热带及亚热带地区常见的疾病，但全球死于疟疾的人群中有90%都集中在撒哈拉以南非洲地区。5岁以下儿童是罹患疟疾的高危人群。疟疾患者即便能够存活下来也会留有后遗症。反复高烧和贫血将严重影响患者智力和身体发育。经杀虫试剂处理的蚊帐能够有效地防止疟疾的传播，这种蚊帐的使用范围正在迅速扩大。2008—2010年间，有2.9亿驱虫蚊帐在撒哈拉以南非洲地区投入使用，但其分布却不均衡。在一些疟疾高发的国家，只有不到20%的儿童能够用上蚊帐。

目标 7

只有保护环境、合理利用自然资源才能确保环境的可持续发展。贫困人群通常要靠自然资源维持生计，他们是环境恶化和自然灾害（火灾、风暴、地震）的最大受害者。破坏环境会加剧环境恶化并引致自然灾害。此外，贫困人群在现有环境中同样也是弱势群体：无论在城镇还是农村，贫困人群通常居住条件简陋，缺乏基本服务和健康的生活环境。

确保环境可持续发展是千年发展目标内容最为广泛、但又最语焉不详的一条。在与该目标相关的10项指标中，只有3项有数量和时间标准，其他的只是趋势性描述。

虽然大多数国家都接受了可持续发展原则，并就环境保护问题达成一致，但全球并未在控制温室气体排放上达成广泛共识。这意味着数十亿人口以及我们的后代将受到气候变化的侵害。不断增长的人口使有限的土地资源承受的压力越来越大，并使越来越多的人暴露于危险的环境之下，而全球变暖将使这一情形变得更加恶化。

二氧化碳排放量持续增加 1gg

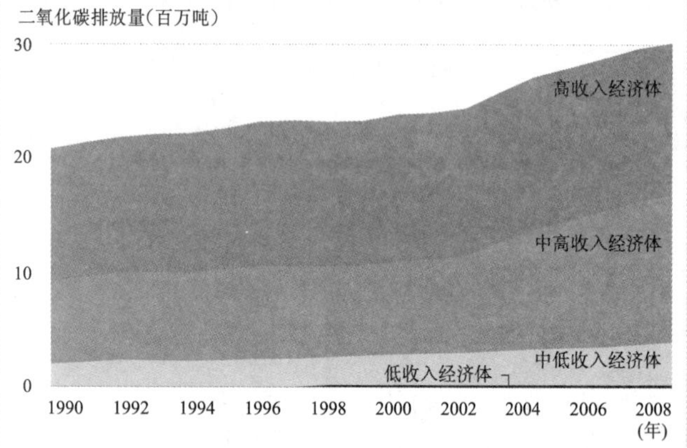

资料来源：二氧化碳信息分析中心和世界发展指标数据库。

2008年，全球二氧化碳排放量已达到3,200万吨/年，而且这一数字还在继续上升。高收入经济体仍然是最大的排放者，但快速增长的中高收入经济体也大有后来居上的势头。虽然二氧化碳排放量是按人口数量测算的人均指标，但高收入经济体的排放量仍然是低收入经济体和中低收入经济体平均排放量的3倍以上。

森林的消失与恢复 1hh

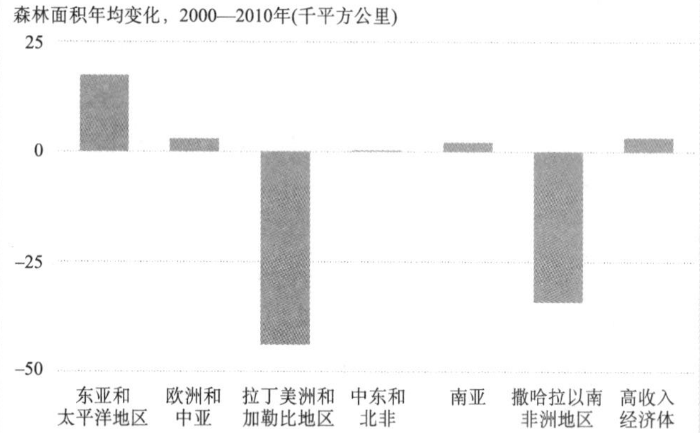

资料来源：联合国粮食及农业组织和世界发展指标数据库。

森林消失不但威胁到穷人的生计和生物多样性，还严重影响了碳的吸收，加剧了气候变化。1990年以来，全球森林净消失速度惊人，拉丁美洲和加勒比地区以及撒哈拉以南非洲地区的情况尤为严重。虽然在亚洲和高收入经济体中森林植被有一定的净增加，但远远无法弥补森林的消失。

改善卫生条件进程 1ii

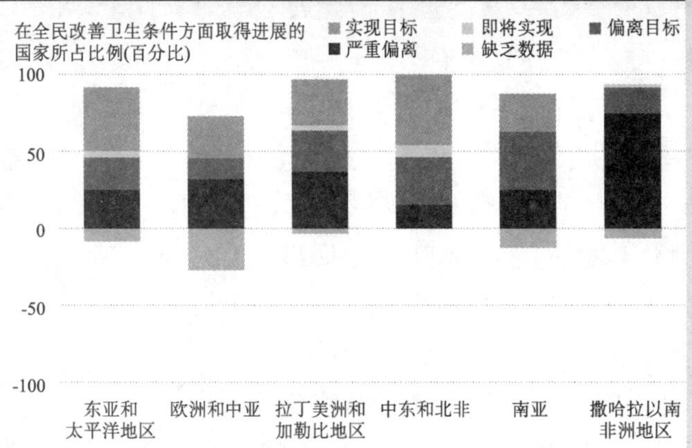

资料来源：世界银行工作人员的估算。

千年发展目标计划到2015年将无法获得改善的卫生条件和水源的人口比例减半。2010年，全球仍有27亿人口的卫生条件有待改善，超过10亿人没有如厕设施，这些都是巨大的健康隐患。从目前的进度来看，全球只有37个国家可能实现目标——比2008年增加了2个。在发展中地区，只有东亚和太平洋地区以及中东和北非有可能在2015年完成任务。

改善水源进程 1jj

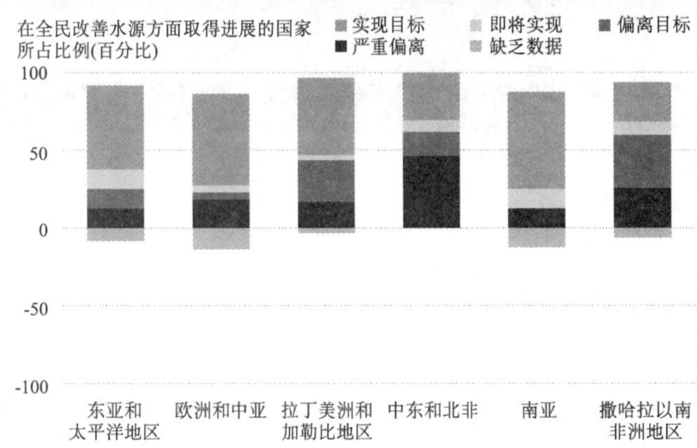

资料来源：世界银行工作人员的估算。

1990年，全球超过10亿人口缺乏方便、安全的饮用水源，这一状况已有所改善。在发展中国家，水源条件改善的人口比例由1990年的71%上升至2008年的86%，总体上已实现“将无法获得安全饮用水的人口比例减半”这一千年发展目标。目前，有73个国家已经或即将实现目标，按照这一进度，只有中东和北非以及撒哈拉以南非洲地区无法按时完成任务。

许多人的卫生条件仍有待改善 1kk

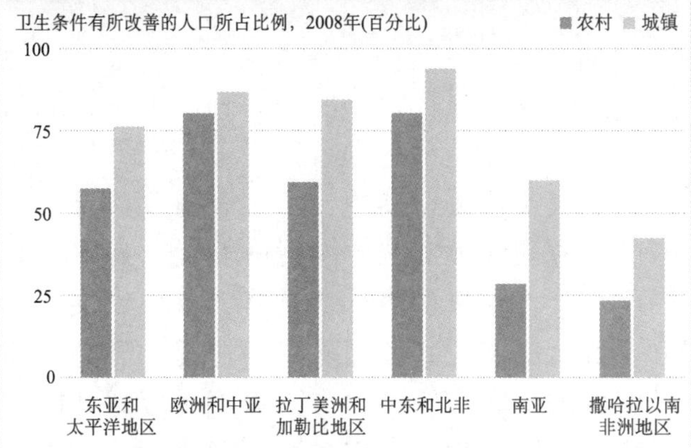

资料来源：世界卫生组织和世界发展指标数据库。

1990年，低收入和中低收入经济体中有63%的人口缺乏冲水厕所及其他卫生设施。2010年，这一比例下降了19个百分点至44%。农村地区的情况普遍较差，57%的人口的卫生条件亟待改善。巨大的城乡差异是实现千年发展目标的最大障碍，撒哈拉以南非洲地区和南亚的城乡差异尤其之大。

水资源供不应求 1ll

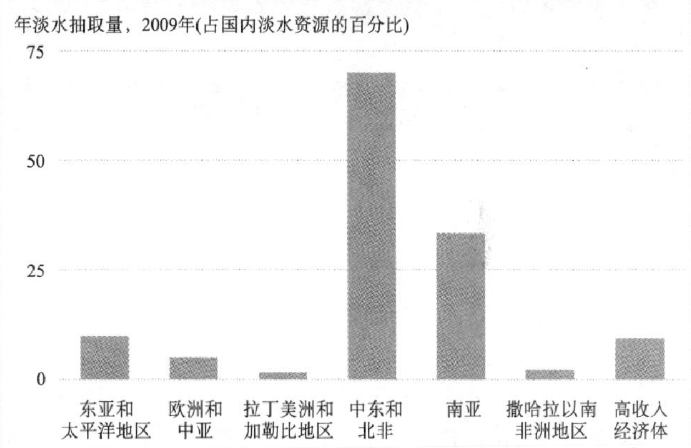

资料来源：联合国粮食及农业组织和世界发展指标数据库。

全球超过70%的淡水用于灌溉，20%用于工业生产，只有不到10%供家庭使用。许多家庭因此得不到足够的淡水。我们需要更加有效地利用淡水资源，才能应对全球变暖和不断增长的用水需求。随着国内水资源日益紧缺，为争夺公共水源或他国水源而引发的冲突事件也会增加。

目标 8

千年发展目标的第八项计划使千年发展目标与之前的各项决议和项目有了明显不同。这项计划意味着千年发展目标认识到了发展的广泛含义，并且认识到要实现快速、可持续增长，就需要发达国家和发展中国家通力合作。必须充分利用国内资源和国际资源才能促进发展。为此，继千年峰会之后，各国首脑于2002年在墨西哥蒙特雷再次聚首，就持续提供发展资金达成共识。随后又有若干高级别会议就这些承诺展开磋商。除了增加援助和降低重债穷国的债务负担，千年发展目标还号召各国消除贸易壁垒并相互分享医学和通讯技术的新成果。这一目标提醒我们：大国和小国、内陆国家和海岛国家面临的发展问题千差万别。建立和维系全球伙伴关系是一个持续的过程，不会因为某一到期日或达到某一标准而停止。无论衡量这一目标完成情况的标准是什么，承诺建立和维护全球伙伴关系本身就是千年发展目标可以传承的财富。

大多数援助国维持其援助水平 1mm

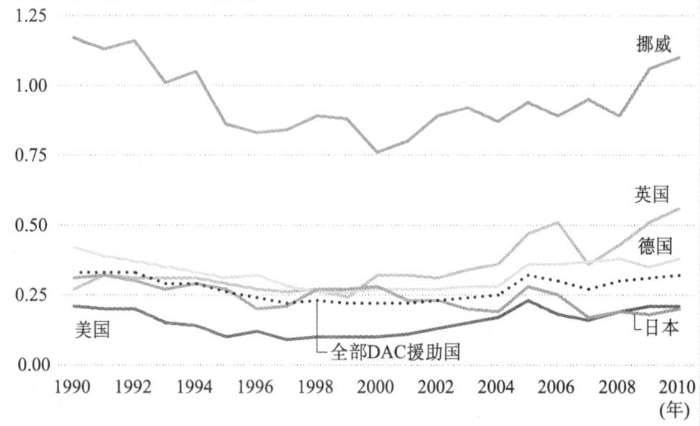

资料来源：经济合作与发展组织。

2008年金融危机爆发后，许多高收入经济体都实施了财政紧缩政策，这一局势严重影响到官方发展援助的提高。迄今为止，最大的几个援助国都保持了其援助水平不变。2010年，经合组织发展援助委员会成员国提供的援助总量达到1.3亿美元，比2008年增长了4.3%。

但援助国对本国农业的补贴更多 1nn

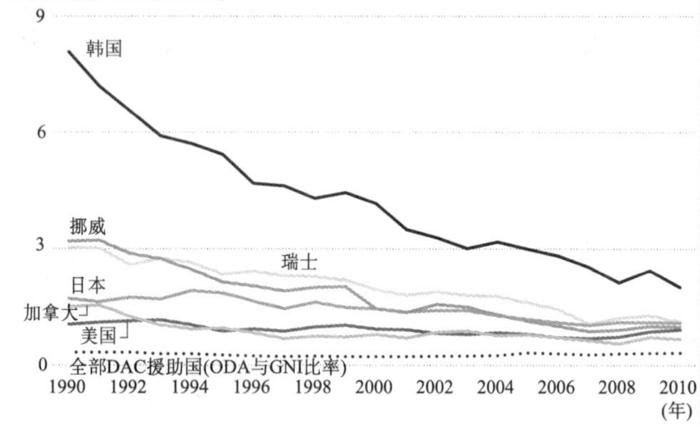

资料来源：经济合作与发展组织。

经济合作与发展组织（OECD）成员国（其中包括智利、墨西哥等中高收入国家）对本国农产品的补贴要高于其对外的官方发展援助。2010年，OECD成员国提供的农业补贴共2.27亿美元，较前3年降低了10%。

OECD 对发展中国家降低市场门槛 1oo

发达国家从最不发达国家进口的免征关税的商品占总进口的比例，武器除外(百分比)

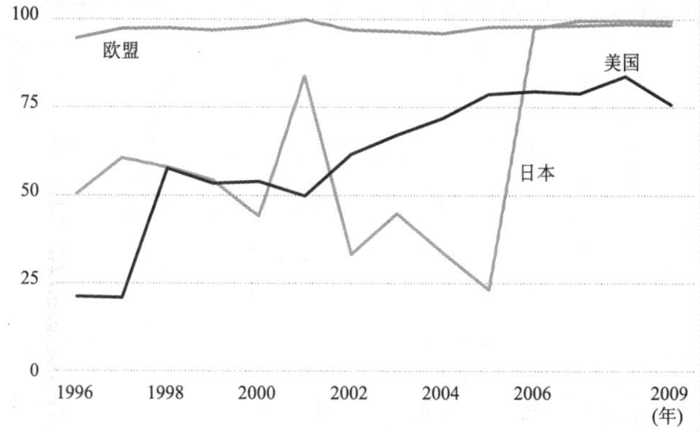

资料来源：世界贸易组织、国际贸易中心和联合国贸易与发展会议。

债务负担持续减少 1qq

总负债率(占货物、服务出口和收入的百分比)

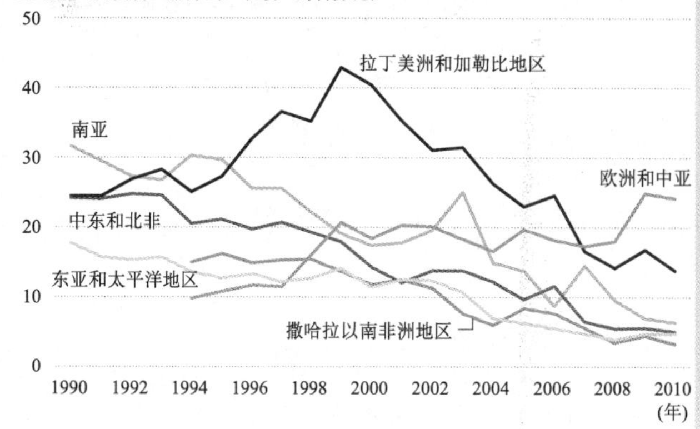

资料来源：世界发展指标数据库。

虽然许多发达国家承诺免除最不发达国家出口品的关税，但贸易背后的原产地原则和动植物检疫标准却使许多国家难以真正享受零关税待遇。市场准入的不确定性制约了许多国家出口产业的发展。美国市场对最贫困国家的出口品仍然设置诸多障碍，欧盟则相对较好。

经济持续增长、债务管理能力提高以及债务减免可大幅削减发展中国家的债务负担。2009 年，尽管在金融危机下全球经济萎缩了 2.3%，但大多数发展中国家所在地区的外债偿还率却持续下降。只有欧洲和中亚地区的外债偿还率自 2008 年以来有所上升，该地区出口收入的增加在一定程度上缓和了这一趋势。

移动电话正在发展中国家普及 1pp

固定电话和移动电话用户(每100人)

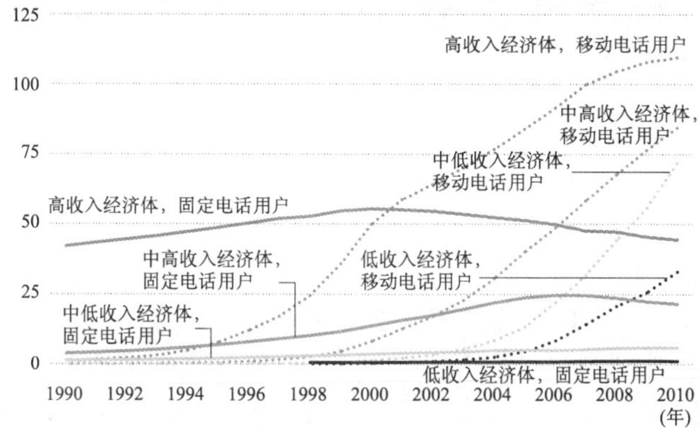

资料来源：国际电信联盟和世界发展指标数据库。

世界联系更加紧密 1rr

互联网用户(每100人)

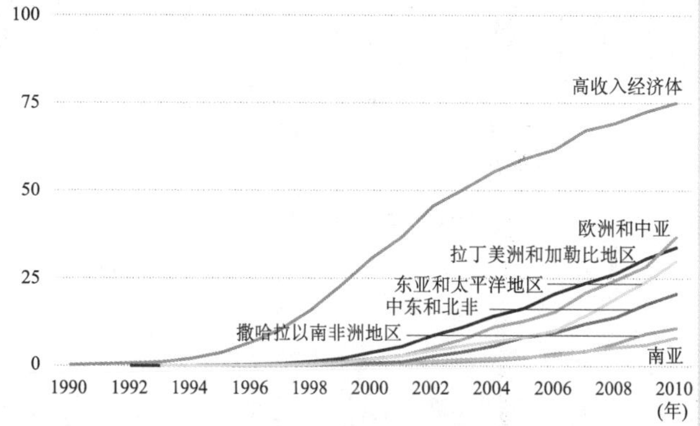

资料来源：国际电信联盟和世界发展指标数据库。

远距离通讯是发展所需要的必备工具，新的通讯技术给全球各地的人们带来机会。固定电话的增长已在高收入国家达到顶点，这一景象再也不会在发展中国家重现，因为快速发展的移动电话已占据了这些国家的大块市场。高收入经济体人均电话数量已超过 1 部，通讯业在这些地方的发展速度开始放缓。通讯技术正逐渐沟通世界每一个角落。

2000 年，互联网在高收入国家迅速普及，而在发展中国家却刚刚起步。近年来发展中国家一直快速追赶。截至 2010 年，中高收入经济体平均每 100 人中就有 34 个网络用户。与电话普及情况类似，互联网的使用也与收入高度相关。2010 年低收入经济体每 100 人中只有 5.4 个网络用户。这一情况正在逐渐改善。

千年发展目标

千年宣言的目标和具体目标		监测进展的指标
目标 1　消除极端贫困与饥饿		
具体目标 1. A	1990—2015 年间，将每日收入低于 1 美元的人口比例减少一半	1.1　每日生活费低于 1 美元（购买力平价）的人口所占比重[a] 1.2　贫困差距率（发生率 × 贫困程度） 1.3　最贫困的 1/5 人口在国民消费中所占比重
具体目标 1. B	实现充分的生产性就业，并为所有人提供体面的工作，其中包括妇女和青年	1.4　就业人口的人均 GDP 增长率 1.5　人口就业率 1.6　就业人口每天生活费低于 1 美元（购买力平价）的比例 1.7　自营工作者和无报酬家庭劳动者占总就业的比例
具体目标 1. C	1990—2015 年间，将遭受饥饿的人口比例减少一半	1.8　5 岁以下儿童体重不足的发生率 1.9　饮食中摄入能量少于最低标准的人口所占比重
目标 2　实现普及初等教育		
具体目标 2. A	到 2015 年，确保全球儿童（不论男女）都能完成小学全部课程	2.1　初等教育的净入学率 2.2　入学儿童中小学毕业的儿童所占的比重 2.3　15—24 岁年龄组人口的识字率
目标 3　促进两性平等并赋予女性权力		
具体目标 3. A	最好在 2005 年前消除初等教育和中等教育中的性别不平等，最迟于 2015 年前消除各级别教育中的性别不平等	3.1　接受初等、中等和高等教育的女性与男性人数比例 3.2　女性在非农业部门有工资收入的就业人员中所占比重 3.3　女性在国家议会中所占席位的比重
目标 4　减少儿童死亡率		
具体目标 4. A	1990—2015 年间，将 5 岁以下儿童死亡率减少 2/3	4.1　5 岁以下儿童死亡率 4.2　婴儿死亡率 4.3　1 岁儿童接种麻疹疫苗的比例
目标 5　提高孕产妇健康水平		
具体目标 5. A	1990—2015 年间，将孕产妇死亡率减少 3/4	5.1　孕产妇死亡率 5.2　在熟练医护人员护理下的分娩比率
具体目标 5. B	到 2015 年，实现生殖健康服务的普及	5.3　避孕普及率 5.4　青少年生育率 5.5　产前护理覆盖率（接受至少 1 次和至少 4 次产前检查） 5.6　家庭意外怀孕率
目标 6　防治艾滋病、疟疾和其他疾病		
具体目标 6. A	到 2015 年，遏制并开始逆转 HIV/AIDS 的蔓延趋势	6.1　HIV 在 15—24 岁人口中的传播情况 6.2　上一次高风险性行为中避孕套的使用情况 6.3　全面、正确了解 HIV/AIDS 知识的 15—24 岁年龄段人口的比例 6.4　10—14 岁年龄段的孤儿与非孤儿入学人数的比例
具体目标 6. B	到 2010 年，针对所有需要 HIV/AIDS 治疗的病人实现治疗的普及	6.5　可获得抗逆转录（酶）病毒药物的 HIV 重度感染者的比例
具体目标 6. C	到 2015 年，遏制并开始逆转疟疾和其他主要疾病的发生	6.6　疟疾的发病率和死亡率 6.7　5 岁以下儿童睡在经过处理的蚊帐中的比例 6.8　5 岁以下儿童发烧后服用适当的抗疟疾药物的比例 6.9　肺结核的感染率、传播率和死亡率 6.10　在短期直接观察治疗方案下查出和治愈的肺结核病例所占的比重

千年发展目标来自于千年宣言，由 189 个国家在 2000 年 9 月签订，其中包括 147 个国家政府首脑（www. un. org/millennium/declaration/ares552e. htm），2005 年 9 月的第 60 届联合国大会对此进行了更新。修订过的千年发展目标主要监测以上给出的框架，其中包括新的目标和指标，并提交给了第 62 届联合国大会，2007 年 11 月 14 日第 12 次会议上相关机构和专家组提供有关千年发展目标指标的新数据。目标都是相关的，应当看做一个整体。它们体现了发达国家和发展中国家之间的伙伴关系，"为创造一个环境——国家和全球层次的——以促进发展和消除贫困"。所有指标尽可能地都按性别和城市—农村区位划分。

千年宣言的目标和具体目标	监测进展的指标
目标 7　确保环境的可持续发展	
具体目标 7. A　将可持续发展原则融入国家政策和规划中，逆转环境资源的丧失趋势 具体目标 7. B　减少生物多样性损失，到 2010 年实现损失率的大幅度降低	7. 1　土地森林覆盖率 7. 2　（按购买力平价计算的）总的、人均以及 1 美元 GDP 的二氧化碳排放量 7. 3　消耗臭氧物质的消费量 7. 4　安全生态限制区内鱼类存量的比例 7. 5　所使用的水资源总量比例 7. 6　陆地保护区和海洋保护区比例 7. 7　濒危物种的比例
具体目标 7. C　到 2015 年，将无法持续获得安全饮用水和基本卫生设施的人口比例减半	7. 8　使用改善的水资源的人口比重 7. 9　使用改善的环卫设施的人口比重
具体目标 7. D　到 2020 年，使至少 1 亿贫民窟居民的生活得到显著改善	7. 10　生活在贫民窟的城市人口比重[b]
目标 8　为发展而建立全球伙伴关系	
具体目标 8. A　进一步建立一个开放、遵循规则、可预测、非歧视性的贸易和金融体系 （包括在单个国家内和国际层面上致力于改善治理、发展和减少贫困） 具体目标 8. B　关注最不发达国家的特殊需求 （包括对最不发达国家的出口产品免除关税和配额；加强对重债穷国的债务减免计划并取消官方双边债务；对承诺减少贫困的国家提供更多的官方发展援助） 具体目标 8. C　关注内陆发展中国家和小岛屿发展中国家的特殊需求（通过《小岛屿发展中国家可持续发展行动纲领》和联合国大会第 22 届特别会议的成果来实现） 具体目标 8. D　通过国内和国际措施全面解决发展中国家的债务问题，以便使债务可长期承受	以下指标中有些是分别用来监测最不发达国家、非洲国家、内陆发展中国家和小岛屿发展中国家的。 **官方发展援助** 8. 1　官方发展援助净额占 OECD/DAC 捐助国国民总收入的比重 8. 2　OECD/DAC 捐助国为社会基础服务（基础教育、初级医疗卫生、营养、安全饮用水和卫生设施）提供的双边、可在部门间分配的官方发展援助所占的比重 8. 3　OECD/DAC 捐助国提供的无附加条件的双边官方发展援助所占比重 8. 4　内陆国家接受到的官方发展援助占其国民总收入的百分比 8. 5　小岛屿发展中国家接受到的官方发展援助占其国民总收入的百分比 **市场准入** 8. 6　发达国家从发展中国家和最不发达国家进口的免征关税货物总额（按价值计，武器除外）所占比重 8. 7　发达国家对来自发展中国家的农产品、纺织品和服装征收的平均关税 8. 8　经济合作与发展组织成员国的农产品补贴的估计值占 GDP 的百分比 8. 9　用于帮助建设贸易能力的官方发展援助所占比重 **债务的可维持性** 8. 10　达到重债穷国决定点的国家总数和完成点（累计）的国家总数 8. 11　在重债穷国倡议和多边债务减免倡议下承诺的债务减免额 8. 12　还本付息额占货物和服务出口额的比重
具体目标 8. E　与制药公司合作，为发展中国家提供负担得起的必需药品	8. 13　可持续获得支付得起的必需药品的人口所占比重
具体目标 8. F　与私营部门合作，使新技术特别是信息和通信技术惠及大众	8. 14　每百人中的电话线用户 8. 15　每百人中的移动电话用户 8. 16　每百人中的互联网用户

a. 为了监测国家贫困趋势，在可能的情况下应该使用以国家贫困线为基准的指标。

b. 生活在贫民窟的人口比例以替代指标来衡量，即具有以下至少一个特征的城市家庭人口：不能获取改善的水源供应、不能获取改善的卫生防疫设施、过度拥挤（每个房间居住 3 人或者以上），以及住所由非耐用材料建成。

1.1 经济规模

	人口	地表面积	人口密度	国民总收入(GNI),图表集法		人均GNI,图表集法		以PPP衡量的GNI			国内生产总值	
	百万 2010	千平方公里 2010	人/平方公里 2010	10亿美元 2010	排名 2010	美元 2010	排名 2010	10亿美元 2010	人均(美元) 2010	排名 2010	增长百分比 2009-2010	人均增长百分比 2009-2010
阿富汗	34	652	53	14.3	109	410	204	36.5[a]	1,060[a]	199	8.2	5.2
阿尔巴尼亚	3	29	117	12.7	117	3,960[b]	124	27.3	8,520	114	3.5	3.1
阿尔及利亚	35	2,382	15	155.7	49	4,390	119	287.2[a]	8,100[a]	117	3.3	1.8
安哥拉	19	1,247	15	75.2	62	3,940	125	103.1	5,410	135	2.3	3.0
阿根廷	40	2,780	15	348.4	26	8,620	85	629.3	15,570	78	9.2	8.2
亚美尼亚	3	30	109	9.9	127	3,200	135	17.5	5,660	133	2.1	1.9
澳大利亚	22	7,741	3	1,030.3	13	46,200	20	823.0	36,910	32	2.3	0.7
奥地利	8	84	102	394.6	25	47,030	18	333.9	39,790	24	2.3	2.0
阿塞拜疆	9	87	110	48.3	74	5,330	109	83.9	9,270	108	5.0	3.8
巴林	1	1	1,661	19.7	99	18,730	62	26.0	24,710	55	6.3	-6.5
孟加拉国	149	144	1,142	104.7	57	700	187	269.7	1,810	182	6.1	4.9
白俄罗斯	9	208	47	56.5	67	5,950	104	129.0	13,590	88	7.6	7.8
比利时	11	31	360	499.5	20	45,840	21	417.3	38,290	28	2.3	1.3
贝宁	9	113	80	7.0	139	780	184	14.0	1,590	186	3.0	0.1
玻利维亚	10	1,099	9	17.9	104	1,810	158	46.0	4,640	142	4.1	2.5
波斯尼亚和黑塞哥维那	4	51	74	17.9	105	4,770	112	33.5	8,910	113	0.8	1.0
博茨瓦纳	2	582	4	13.6	113	6,790	95	27.5	13,700	86	7.2	5.9
巴西	195	8,515	23	1,830.4	8	9,390	82	2,144.9	11,000	98	7.5	6.6
保加利亚	8	111	69	47.3	75	6,280	101	101.2	13,440	89	0.2	0.9
布基纳法索	16	274	60	9.0	131	550	193	20.7	1,250	190	9.2	6.0
布隆迪	8	28	326	1.4	184	170	215	3.4	400	213	3.9	1.3
柬埔寨	14	181	80	10.6	121	750	185	29.4	2,080	174	6.0	4.8
喀麦隆	20	475	41	23.2	95	1,180	168	44.4	2,270	170	2.6	1.0
加拿大	34	9,985	4	1,475.9	10	43,250	23	1,309.5	38,370	27	3.2	2.0
中非共和国	4	623	7	2.1	177	470	199	3.5	790	209	3.3	1.4
乍得	11	1,284	9	6.9	140	620	189	13.7	1,220	193	4.3	1.6
智利	17	756	23	173.2	47	10,120	78	250.5	14,640	80	5.2	4.2
中国	1,338	9,600	143	5,720.8	2	4,270	121	10,221.7	7,640	120	10.4	9.8
中国香港	7	1	6,783	231.7	37	32,780	36	335.6	47,480	15	7.0	6.0
哥伦比亚	46	1,142	42	255.3	34	5,510	108	419.6	9,060	109	4.3	2.9
刚果民主共和国	66	2,345	29	12.0	119	180	214	21.4	320	215	7.2	4.3
刚果共和国	4	342	12	8.7	135	2,150	152	13.0	3,220	160	8.8	6.0
哥斯达黎加	5	51	91	31.7	87	6,810	94	52.5[a]	11,270[a]	96	4.2	2.7
科特迪瓦	20	322	62	23.0	96	1,160	171	35.8	1,810	182	3.0	1.0
克罗地亚	4	57	79	61.4	66	13,890	67	83.4	18,890	73	-1.2	-0.9
古巴	11	110	106	62.2	64	5,520	107	..	..		4.3	4.3
塞浦路斯	1	9	119	23.7[c]	93	29,430[c]	40	24.4[c]	30,300[c]	42	1.0[c]	0.6[c]
捷克共和国	11	79	136	188.3	43	17,890	59	241.0	22,910	63	2.3	2.0
丹麦	6	43	131	329.5	29	59,400	10	228.0	41,100	23	1.3	0.9
多米尼加共和国	10	49	205	49.9	72	5,030	110	89.6[a]	9,030[a]	111	7.8	6.3
厄瓜多尔	14	256	58	55.7	69	3,850[b]	126	114.0	7,880	118	3.6	2.1
埃及	81	1,001	81	196.2	41	2,420	148	491.3	6,060	129	5.1	3.3
萨尔瓦多	6	21	299	21.0	97	3,380	131	40.6[a]	6,550[a]	126	1.4	0.9
厄立特里亚	5	118	52	1.8	180	340	209	2.8[a]	540[a]	212	2.2	-0.8
爱沙尼亚	1	45	32	19.4	101	14,460	66	26.5	19,810	68	3.1	3.1
埃塞俄比亚	83	1,104	83	32.4	85	390	207	86.1	1,040	200	10.1	7.8
芬兰	5	338	18	255.2	35	47,570	16	198.9	37,070	31	3.7	3.2
法国	65	549	118	2,749.8	5	42,370	26	2,254.9	34,750	34	1.5	0.9
加蓬	2	268	6	11.7	120	7,740	89	19.8	13,180	90	5.7	3.8
冈比亚	2	11	173	0.8	198	450	201	2.2	1,300	189	5.0	2.1
格鲁吉亚	4[d]	70	78[d]	12.0[d]	118	2,690[d]	145	22.2[d]	4,990[d]	139	6.4[d]	5.4[d]
德国	82	357	235	3,522.0	4	43,070	25	3,115.4	38,100	29	3.7	3.8
加纳	24	239	107	30.1	88	1,230	166	40.5	1,660	185	6.6	5.2
希腊	11	132	88	305.0	31	26,950	44	312.7	27,630	51	-3.5	-3.8
危地马拉	14	109	134	39.4	79	2,740	142	66.8[a]	4,650[a]	141	2.8	0.2
几内亚	10	246	41	4.0	160	400	206	10.2	1,020	202	1.9	-0.3
几内亚比绍	2	36	54	0.9	194	590	191	1.8	1,180	196	3.5	1.4
海地	10	28	363	6.6	141	670	188	11.6[a]	1,180[a]	195	-5.1	-6.3

	人口	地表面积	人口密度	国民总收入(GNI),图表集法		人均GNI,图表集法		以PPP衡量的GNI			国内生产总值	
	百万 2010	千平方公里 2010	人/平方公里 2010	10亿美元 2010	排名 2010	美元 2010	排名 2010	10亿美元 2010	人均(美元) 2010	排名 2010	增长百分比 2009-2010	人均增长百分比 2009-2010
洪都拉斯	8	112	68	14.2	110	1,870	155	28.6[a]	3,770[a]	151	2.8	0.7
匈牙利	10	93	110	128.6	53	12,860	69	195.5	19,550	69	1.3	1.5
印度	1,225	3,287	412	1,553.9	9	1,270	164	4,159.7	3,400	157	8.8	7.3
印度尼西亚	240	1,905	132	599.2	18	2,500	147	1,008.2	4,200	148	6.1	5.0
伊朗	74	1,745	45	*330.4*	27	*4,520*	116	*840.0*	*11,490*	95	*1.8*	*0.6*
伊拉克	32	435	74	74.9	63	2,340	149	108.1	3,370	158	0.8	−2.1
爱尔兰	4	70	65	187.1	44	41,820	29	150.1	33,540	37	−0.4	−0.8
以色列	8	22	352	207.2	39	27,180	43	210.8	27,660	50	4.7	2.8
意大利	60	301	206	2,159.3	7	35,700	33	1,923.7	31,810	39	1.5	1.1
牙买加	3	11	249	13.0	115	4,800	111	19.7[a]	7,310[a]	122	−0.6	−0.8
日本	127	378	350	5,334.4	3	41,850	28	4,411.7	34,610	35	4.0	4.1
约旦	6	89	68	26.3	90	4,340	120	35.1	5,800	130	3.1	0.9
哈萨克斯坦	16	2,725	6	123.8	56	7,580	90	175.7	10,770	103	7.3	5.8
肯尼亚	41	580	71	31.8	86	790	183	68.1	1,680	184	5.3	2.8
朝鲜	24	121	202	..		..[e]		..	..		..	..
韩国	49	100	503	972.3	15	19,890	55	1,422.7	29,110	43	6.2	5.9
科索沃	2	11	167	6.0	147	3,290	132	..	..		4.0	3.4
科威特	3	18	154	..		..[f]		..	..		..	..
吉尔吉斯斯坦	5	200	28	4.5	157	830	181	11.3	2,070	175	−1.4	−2.5
老挝	6	237	27	6.5	144	1,050	176	15.3	2,460	168	9.4	7.9
拉脱维亚	2	65	36	26.1	91	11,640	74	36.7	16,380	76	−0.3	0.4
黎巴嫩	4	10	413	37.5	82	8,880	84	59.5	14,090	84	7.0	6.2
莱索托	2	30	72	2.3	174	1,040	178	4.3	1,960	177	3.3	2.6
利比里亚	4	111	41	0.8	197	200	213	1.4	340	214	5.5	1.3
利比亚	6	1,760	4	*77.1*	61	*12,320*	72	*105.7*[a]	*16,880*[a]	75	*2.1*	*0.3*
立陶宛	3	65	52	37.8	81	11,510	76	59.4	18,060	74	1.3	2.9
前南斯拉夫马其顿共和国	2	26	82	9.4	128	4,570	115	22.5	10,920	100	1.8	1.6
马达加斯加	21	587	36	8.8	134	430	203	19.9	960	204	1.6	−1.3
马拉维	15	118	158	4.9	156	330	211	12.7	850	207	7.1	3.8
马来西亚	28	331	86	220.4	38	7,760	87	403.9	14,220	83	7.2	5.5
马里	15	1,240	13	9.2	130	600	190	15.8	1,030	201	4.5	1.4
毛里塔尼亚	3	1,031	3	3.6	162	1,030	179	6.6	1,910	180	5.0	2.7
毛里求斯	1	2	631	9.9	126	7,750	88	17.9	13,960	85	4.0	3.7
墨西哥	113	1,964	58	1,008.0	14	8,890	83	1,627.0	14,340	81	5.4	4.1
摩尔多瓦	4[g]	34	124[g]	6.5[g]	145	1,810[g]	158	12.0[g]	3,360[g]	159	6.9[g]	7.1[g]
蒙古	3	1,564	2	5.2	153	1,870	155	10.1	3,670	152	6.4	4.7
摩洛哥	32	447	72	92.6[h]	59	2,850[h]	140	149.3[h]	4,600[h]	143	3.7[h]	2.6[h]
莫桑比克	23	799	30	10.3	123	440	202	21.7	930	205	7.2	4.8
缅甸	48	677	73	..		..[e]		93.5[a]	1,950[a]	178	10.4	9.6
纳米比亚	2	824	3	10.3	124	4,510	118	14.7	6,420	127	4.8	2.9
尼泊尔	30	147	209	14.5	108	490	197	36.2	1,210	194	4.6	2.7
荷兰	17	42	493	814.8	16	49,030	14	694.7	41,810	22	1.7	1.2
新西兰	4	268	17	*124.2*	54	*28,770*	42	*121.3*	*28,100*	46	*−0.5*	*−1.6*
尼加拉瓜	6	130	48	6.4	146	1,110	173	16.1[a]	2,790[a]	164	7.6	6.1
尼日尔	16	1,267	12	5.7	149	370	208	11.2	720	210	8.8	5.0
尼日利亚	158	924	174	186.4	45	1,180	168	344.2	2,170	172	7.9	5.2
挪威	5	324	16	427.1	24	87,350	4	286.3	58,570	6	0.7	−0.6
阿曼	3	310	9	*49.5*	71	*18,260*	58	*68.3*	*25,190*	56	*1.1*	*−1.7*
巴基斯坦	174	796	225	182.8	46	1,050	176	484.4	2,790	164	4.1	2.3
巴拿马	4	75	47	24.5	92	6,970	92	44.9[a]	12,770[a]	91	4.8	3.2
巴布亚新几内亚	7	463	15	8.9	133	1,300	161	16.6[a]	2,420[a]	169	8.0	5.6
巴拉圭	6	407	16	17.6	106	2,720	144	32.8	5,080	137	15.0	13.0
秘鲁	29	1,285	23	136.7	52	4,700	114	259.6	8,930	112	8.8	7.6
菲律宾	93	300	313	192.2	42	2,060	153	370.7	3,980	149	7.6	5.8
波兰	38	313	126	474.9	21	12,440	71	731.5	19,160	71	3.9	3.9
葡萄牙	11	92	116	232.7	36	21,870	48	261.6	24,590	59	1.4	1.3
波多黎各	4	9	448	61.7	65	15,500	63	..	..		−2.1	−2.3
卡塔尔	2	12	152	..		..[f]		..	..		*8.6*	*−5.1*

	人口	地表面积	人口密度	国民总收入(GNI),图表集法		人均GNI,图表集法		以PPP衡量的GNI			国内生产总值	
	百万 2010	千平方公里 2010	人/平方公里 2010	10亿美元 2010	排名 2010	美元 2010	排名 2010	10亿美元 2010	人均(美元) 2010	排名 2010	增长百分比 2009-2010	人均增长百分比 2009-2010
罗马尼亚	21	238	93	168.2	48	7,850	86	306.4	14,290	82	0.9	1.1
俄罗斯联邦	142	17,098	9	1,403.9	12	9,900	79	2,726.8	19,240	70	4.0	4.1
卢旺达	11	26	431	5.5	151	520	195	12.3	1,150	197	7.5	4.3
沙特阿拉伯	27	2,150[i]	13	*434.1*	23	*16,190*	61	*609.8*	*22,750*	64	3.8	1.3
塞内加尔	12	197	65	13.5	114	1,090	174	23.8	1,910	180	4.2	1.4
塞尔维亚	7	88	83	41.0	78	5,630	106	80.8	11,090	97	1.0	1.4
塞拉利昂	6	72	82	2.0	178	340	209	4.9	830	208	4.9	2.7
新加坡	5	1	7,253	203.4	40	40,070	30	283.3	55,790	7	14.5	12.5
斯洛伐克共和国	5	49	113	91.5	60	16,840	60	124.8	22,980	62	4.2	4.0
斯洛文尼亚	2	20	102	49.0	73	23,900	47	54.4	26,530	54	1.4	0.9
索马里	9	638	15	..		..[e]		..	..		..	..
南非	50	1,219	41	304.6	32	6,090	102	517.9	10,360	105	2.8	1.5
南苏丹	..	..	..	..		..[j]		..	..		..	..
西班牙	46	505	92	1,462.9	11	31,750	39	1,465.2	31,800	40	−0.1	−0.5
斯里兰卡	21	66	333	46.7	76	2,240	150	104.6	5,010	138	8.0	7.0
苏丹	44	2,506	18	55.3	70	1,270	164	88.6	2,030	176	4.5	1.9
斯威士兰	1	17	61	3.1	168	2,950	138	5.7	5,430	134	1.1	0.8
瑞典	9	450	23	469.8	22	50,100	13	372.6	39,730	25	5.6	4.7
瑞士	8	41	196	559.7	19	71,520	7	391.0	49,960	14	2.7	1.6
阿拉伯叙利亚共和国	20	185	111	56.3	68	2,750	141	104.6	5,120	136	3.2	1.1
塔吉克斯坦	7	143	49	5.5	152	800	182	14.7	2,140	173	3.8	2.4
坦桑尼亚	45	947	51	23.4[k]	94	530[k]	194	62.6[k]	1,430[k]	187	7.0[k]	3.9[k]
泰国	69	513	135	286.6	33	4,150	123	565.8	8,190	115	7.8	7.2
东帝汶	1	15	76	2.5	171	2,220	151	4.0[a]	3,600[a]	153	7.4	5.1
多哥	6	57	111	3.0	169	490	197	5.4	890	206	3.4	1.2
特立尼达和多巴哥	1	5	261	20.6	98	15,380	64	32.3[a]	24,050[a]	60	0.1	−0.2
突尼斯	11	164	68	43.9	77	4,160	122	95.6	9,060	109	3.7	2.6
土耳其	73	784	95	719.9	17	9,890	80	1,129.9	15,530	79	9.0	7.6
土库曼斯坦	5	488	11	19.1	103	3,790	128	37.8[a]	7,490[a]	121	9.2	7.9
乌干达	33	242	167	16.6	107	500	196	41.8	1,250	190	5.2	1.9
乌克兰	46	604	79	137.8	51	3,000	136	303.8	6,620	125	4.2	4.6
阿拉伯联合酋长国	8	84	90	*290.9*	30	*41,930*	27	*351.0*	*50,580*	11	1.4	−6.3
英国	62	244	257	2,377.2	6	38,200	31	2,230.6	35,840	33	2.1	1.4
美国	309	9,832	34	14,645.6	1	47,340	17	14,635.6	47,310	16	3.0	2.1
乌拉圭	3	176	19	34.3	84	10,230	77	45.7	13,620	87	8.5	8.1
乌兹别克斯坦	28	447	66	36.1	83	1,280	162	87.7[a]	3,110[a]	161	8.5	6.7
委内瑞拉	29	912	33	334.1	28	11,590	75	350.2	12,150	93	−1.5	−3.0
越南	87	331	280	101.1	58	1,160	171	267.0	3,070	162	6.8	5.7
西岸和加沙	4	6	690	..		..[j]		..	..		..	..
也门共和国	24	528	46	28.1	89	1,170	170	60.1	2,500	166	8.0	4.8
赞比亚	13	753	17	13.8	111	1,070	175	17.8	1,380	188	7.6	5.9
津巴布韦	13	391	32	5.8	148	460	200	..	..		9.0	8.2
全世界	**6,895 s**	**134,222 s**	**53 w**	**62,525.2 t**		**9,069 w**		**76,295.6 t**	**11,066 w**		**4.2 w**	**3.0 w**
低收入国家	796	15,551	53	420.2		528		1,040.5	1,307		5.9	3.7
中等收入国家	4,971	82,896	62	18,508.7		3,723		33,538.4	6,747		7.6	6.4
中低收入国家	2,519	23,568	111	4,077.7		1,619		9,147.8	3,632		6.9	5.3
中高收入国家	2,452	59,328	42	14,429.0		5,884		24,447.4	9,970		7.8	7.1
低收入和中等收入国家	5,767	98,447	60	18,948.9		3,286		34,577.9	5,996		7.6	6.2
东亚和太平洋地区	1,962	16,302	124	7,249.4		3,696		13,058.0	6,657		9.7	8.9
欧洲和中亚	405	23,603	18	2,946.7		7,272		5,428.2	13,396		5.7	5.3
拉丁美洲和加勒比地区	583	20,394	29	4,505.0		7,733		6,365.1	10,926		6.2	5.0
中东和北非	331	8,775	38	1,283.5		3,874		*2,627.3*	*8,068*		4.3	2.5
南亚	1,633	5,131	342	1,920.1		1,176		5,101.4	3,124		8.1	6.6
撒哈拉以南非洲地区	853	24,243	36	1,003.6		1,176		1,833.4	2,148		4.8	2.3
高收入国家	1,127	35,774	33	43,682.7		38,745		42,072.5	37,317		3.1	2.5
欧元区	332	2,628	130	12,794.4		38,565		11,399.6	34,360		2.0	1.6

a. 这一估计以回归法为基础；其他按2005年国际比较项目的基准估计数推断。b. 包括在基于早期数据的中高收入经济体的合计数中。c. 数据为塞浦路斯共和国政府控制区域的数据。d. 不包括阿布哈兹和南奥塞梯。e. 估计为低收入经济体（1,005美元及其以下）。f. 估计为高收入经济体（12,276美元及其以上）。g. 不包括德涅斯特河沿岸地区。h. 包括前西班牙的撒哈拉地区。i. 临时估计。j. 估计为中低收入经济体（1,006—3,975美元）。k. 仅仅为坦桑尼亚大陆的数据。

关于数据的说明

人口、土地面积、收入水平以及产出都是衡量经济规模的基本方法。它们同时还提供了实际资源和潜在资源的广义指标。因此，人口、土地面积、收入水平——用国民总收入（GNI）衡量——以及产值——用国内生产总值（GDP）衡量——在《世界发展指标》中被用来规范其他指标。

人口估计数通常是从各国最新的人口统计中推断出来的。关于人口和人口增长的测算方法的进一步说明，可见表2.1中“关于数据的说明”。

一个经济体的地表面积包括其内陆水域和沿海水路的面积。因此，地表面积与土地面积（不包括内陆水域面积）、总面积（可能包括离岸领海面积）不同。土地面积对研究一个经济体的农业生产力和人类活动对环境造成的影响非常重要（关于土地面积的测算方法以及农村人口密度、土地使用和农业生产力的资料，见表3.1—表3.3）。卫星测绘技术和计算机数据库的创新，使土地和水域测绘更为精确。

GNI用以测算一个国家居民在国内和国外创造的总增加值。GNI包括国内生产总值和来自非居民途径的初级收入的净收入（雇员获得的报酬和财产收入）。世界银行为进行分析而使用以美元为单位的人均国民总收入来对不同国家加以分类，并确定其借款资格。关于《世界发展指标》中使用的收入组别的定义，请见“使用指南”。关于国民收入在衡量生产率和福利方面的作用的讨论，见表4.1和表4.2中的“关于数据的说明”。

在将各国提供的以本国货币计算的国民总收入换算成以美元计算的国民总收入时，世界银行使用了它自己的图表集换算法。这一方法使用汇率的三年平均数，以熨平短暂的汇率波动带来的影响（关于图表集换算法的进一步说明，见“统计方法”）。

由于汇率并不总能反映国家间的价格差异，因此，该表还反映了根据购买力平价（PPP）换算成国际美元的国民总收入和人均国民总收入。购买力平价率是衡量国与国之间实际支出水平的标准方法，就像协定价格指数是衡量不同时间内实际价值的方法一样。

PPP比率是通过同时比较众多国家同类货物和服务的价格计算得出的。最近一轮物价调查来自国际比较项目（ICP），146个国家和地区参与了这次数据收集，其中中国是首次参加，而印度也是1985年以来的首次，这还包括了几乎所有的非洲国家。本表中的PPP换算因子通过3种渠道获得。47个高收入或上中收入国家的换算因子由欧盟统计局和经济合作与发展组织（OECD）提供，其中35个欧洲国家的PPP估计数于2005年起纳入了新的价格数据。对于其他加入2005年ICP的国家，其PPP估计数是以2005年ICP的结果推断得出的，其依据是这些经济体与美国在相关物价上的变动情况。未列入2005年国际比较项目的经济体，其PPP估计数是通过使用统计模型得出的。更多有关2005年国际比较项目结果的信息，见 www. worldbank. org/data/icp。

《世界发展指标》中列出的216个经济体都是按其规模进行排名的，包括那些表1.6中列出的经济体。排名只在表1.1中显示。那些没有公布人均国民总收入估计数的经济体则未列入这一排名。数据不全的经济体也按照其近似水平进行了排名，以使其他经济体的相对次序保持连贯。

定义

• **人口**是以人口的实际定义为基础的。它包括所有居民，不论其法律地位或国籍。但未在避难国永久定居的难民通常被视为其原国籍人口的一部分。人口数是年中的估计数。另见表2.1。 • **地表面积**是一个国家的总体面积，包括内陆水域面积和一些沿海水路。 • **人口密度**是年中人口数除以以平方公里为计量单位的土地面积。 • **国民总收入（GNI）**是所有居民生产者创造的增加值的总和，加上未统计在估计产值中的产品税（减去补贴），再加上境外营业收入的净收益（雇员获得的报酬和财产收入）。资料中的数据已根据世界银行图表集换算法被换算成现值美元（见“统计方法”）。 • **人均GNI**是国民总收入除以年中人口数。以美元计算的人均国民总收入是用世界银行图表集换算法换算的。 • **以购买力平价（PPP）衡量的GNI**是使用购买力平价率换算成国际美元后的国民总收入。对国民总收入而言，1个国际美元的购买力等同于1美国美元在美国的购买力。 • **国内生产总值（GDP）**是所有居民生产者的收入，加上未统计在估计产值中的产品税（减去补贴）。增长率根据以本国货币表示的不变价格的国内生产总值计算得出。 • **人均GDP**是国内生产总值除以年中人口数。

数据资料来源

人口是世界银行工作人员根据多种资料来源估算的（见表2.1中的“数据资料来源”）。地表面积和土地面积的数据取自联合国粮食与农业组织（见表3.1中的“数据资料来源”）。国民总收入、人均国民总收入、国内生产总值的增长和人均国内生产总值的增长是由世界银行工作人员根据各国国民账户数据估算的，这些数据由世界银行工作人员在经济使团出访期间收集，或来自各国统计部门向其他国际组织（例如，OECD等）的报告。购买力平价换算因子来自欧盟统计局和OECD，以及世界银行工作人员基于ICP收集的数据的估算。

	消除极端贫困与饥饿					实现普及初等教育		促进两性平等		减少儿童死亡率	
	最贫困的1/5人口在国民消费或收入中所占比重（百分比）	脆弱性就业、无报酬家庭劳动者和自营工作人员占总就业的百分比		儿童营养不良和体重不足状况占5岁以下儿童的百分比		初等教育毕业率（百分比）		小学和中学的女生与男生入学比率（百分比）		5岁以下儿童死亡率（每千名儿童）	
	2000–2011[a,b]	1990	2007–2010[a]	1990	2005–2010[a]	1991	2010	1991	2010[c]	1990	2010
阿富汗	9.4	..	..	..	..	28	..	54	64	209	149
阿尔巴尼亚	8.1	..	..	..	6.3	..	86	96	98	41	18
阿尔及利亚	..	..	..	9.2	3.7	80	96	83	98	68	36
安哥拉	2.0[d]	..	..	..	15.6	33	47	..	79	243	161
阿根廷	4.4[d]	26[e]	20[e]	..	2.3	100	106	107	104	27	14
亚美尼亚	8.8	..	38	..	4.2	105	101	..	102	55	20
澳大利亚	..	10	9	..	..	..	..	100	98	9	5
奥地利	8.6	..	9	..	..	..	99	95	97	9	4
阿塞拜疆	8.0	..	55	..	8.4	95	90	100	99	93	46
巴林	..	..	2	6.3	..	97	..	101	..	17	10
孟加拉国	8.9	..	..	61.5	41.3	41	65	75	107	143	48
白俄罗斯	9.2	..	..	..	1.3	94	103	..	101	17	6
比利时	8.5	17	10	..	..	79	90	101	98	10	4
贝宁	7.0	..	..	..	20.2	22	63	..	..	178	115
玻利维亚	2.1	40[e]	57	9.7	4.5	71	99	..	99	121	54
波斯尼亚和黑塞哥维那	6.7	..	..	..	1.6	..	70	..	102	19	8
博茨瓦纳	..	..	..	..	11.2	90	94	109	100	59	48
巴西	2.9	29[e]	25	..	2.2	93	..	..	102	59	19
保加利亚	8.5	..	9	..	..	90	95	99	97	22	13
布基纳法索	6.7	..	..	29.6	26.0	20	45	..	89[f]	205	176
布隆迪	9.0	..	..	30.2	35.2	46	56	82	94	183	142
柬埔寨	7.5	..	83	..	28.8	45	87	..	94	121	51
喀麦隆	6.7	..	..	18	16.6	53	79	83	85	137	136
加拿大	7.2	..	..	..	..	..	..	99	99	8	6
中非共和国	3.4	..	..	..	..	28	41	61	69	165	159
乍得	6.3	94	..	..	..	18	33	41	65	207	173
智利	4.3	..	26	..	0.5	..	96	100	99	19	9
中国	5.0	..	..	12.6	3.4	107	..	86	103	48	18
中国香港	..	6	7	..	..	102	96	102	102	..	..
哥伦比亚	3.0	28	49	8.8	3.4	73	114	108	104	37	22
刚果民主共和国	5.5	..	..	..	28.2	48	59	70	79	181	170
刚果共和国	5.0	..	..	21.1	11.8	54	71	89	..	116	93
哥斯达黎加	3.9	25	20	2.5	1.1	79	96	101	102	17	10
科特迪瓦	5.6	..	..	..	29.4	42	59[f]	..	..	151	123
克罗地亚	8.1	..	18	..	1.0	85	95	103	102	13	6
古巴	..	..	..	..	..	99	98	106	98	13	6
塞浦路斯	..	..	14	..	..	90	103	100	100	11	4
捷克共和国	..	7	14	0.9	..	92	101	98	101	14	4
丹麦	..	7	5	..	..	98	97	101	101	9	4
多米尼加共和国	4.7	39	42	8.4	3.4	61	92	..	97	62	27
厄瓜多尔	4.3	36[e]	43	..	..	91	106	100	103	52	20
埃及	9.2	28	27	10.5	6.8	..	98	81	..	94	22
萨尔瓦多	3.7	35	38	11.1	6.6	65	96	101	98	62	16
厄立特里亚	..	..	..	36.9	..	18	40	82	80	141	61
爱沙尼亚	6.8	2	5	..	..	..	98	103	101	21	5
埃塞俄比亚	9.3	92	..	..	34.6	23	72	68	89	184	106
芬兰	9.6	..	9	..	..	97	98	109	102	7	3
法国	..	11	7	..	..	106	..	102	100	9	4
加蓬	6.2	48	..	..	..	62	..	96	..	93	74
冈比亚	4.8	..	..	..	15.8	45	71	65	99	165	98
格鲁吉亚	5.3	..	63	..	1.1	..	116	98	97	47	22
德国	8.5	5	7	..	1.1	100	100	99	96	9	4
加纳	5.2	..	..	24.1	14.3	64	94[f]	78	96[f]	122	74
希腊	6.7	42	28	..	..	99	101	99	97	13	4
危地马拉	3.1	..	..	27.8	13.0	..	84	87	95	78	32
几内亚	6.4	..	..	..	20.8	17	64	45	77	229	130
几内亚比绍	7.3	..	..	..	17.2	5	68	55	..	210	150
海地	2.4	..	..	23.7	18.9	27	..	..	..	151	165

千年发展目标：消除贫困和改善生活

	消除极端贫困与饥饿					实现普及初等教育		促进两性平等		减少儿童死亡率	
	最贫困的1/5人口在国民消费或收入中所占比重（百分比）	脆弱性就业、无报酬家庭劳动者和自营工作人员占总就业的百分比		儿童营养不良和体重不足状况占5岁以下儿童的百分比		初等教育毕业率（百分比）		小学和中学的女生与男生入学比率（百分比）		5岁以下儿童死亡率（每千名儿童）	
	2000–2011[a,b]	1990	2007–2010[a]	1990	2005–2010[a]	1991	2010	1991	2010[c]	1990	2010
洪都拉斯	2.0	49[e]	50	15.8	8.6	64	99	104	107	58	24
匈牙利	8.4	7	7	2.3	..	82	98	100	99	19	6
印度	8.6	..	..	59.5	43.5	64	96	73	92	115	63
印度尼西亚	8.3	..	64	31.0	17.5	93	105	93	101	85	35
伊朗	6.4	..	42	..	..	88	104	85	96	65	26
伊拉克	8.7	..	..	10.4	7.1	58	65	79	81	46	39
爱尔兰	7.4	20	12	..	..	103	..	104	103	9	4
以色列	5.7	..	7	..	..	..	103	105	101	12	5
意大利	6.5	27	19	..	..	98	103	100	99	10	4
牙买加	5.4	42	37	4.0	1.9	94	73	103	99	38	24
日本	..	19	10	..	..	102	102	101	100	6	3
约旦	7.7	..	10	4.8	1.9	101	101	101	102	38	22
哈萨克斯坦	9.1	..	32	..	4.9	103	116[f]	..	98[f]	57	33
肯尼亚	4.8	..	..	20.1	16.4	..	..	92	95	99	85
朝鲜	..	..	..	..	18.8	..	..	..	..	45	33
韩国	..	..	24	..	..	99	101	99	99	8	5
科索沃	..	..	..	..	..	..	..	..	..	..	..
科威特	..	..	..	..	1.7	57	112	100	105	15	11
吉尔吉斯斯坦	6.8	..	..	..	2.7	..	97	102	99	72	38
老挝	7.6	..	..	39.8	31.6	41	79	77	87	145	54
拉脱维亚	6.6	..	8	..	..	..	92	101	98	21	10
黎巴嫩	..	..	28	..	..	..	87	101	104	38	22
莱索托	3.0	..	..	13.8	13.5	59	70	124	106	89	85
利比里亚	6.4	..	79	..	20.4	..	62	..	..	227	103
利比亚	..	..	..	..	5.6	..	..	..	..	45	17
立陶宛	6.6	..	9	..	..	..	96	96	99	17	7
前南斯拉夫马其顿共和国	5.1	..	23	..	1.8	98	92	99	99	39	12
马达加斯加	5.4	84	..	35.5	..	36	72	96	97	159	62
马拉维	7.0	84	..	24.4	13.8	31	67	82	101	222	92
马来西亚	4.5	29	22	22.1	12.9	91	..	101	..	18	6
马里	8.0	..	83	29.0	27.9	9	55[f]	58	83[f]	255	178
毛里塔尼亚	6.0	..	..	43.3	15.9	33	75	71	101	124	111
毛里求斯	..	12	16	..	..	115	96	102	100	24	15
墨西哥	4.4	26	30	13.9	3.4	88	104	97	102	49	17
摩尔多瓦	7.8	..	29	..	3.2	..	93	105	101	37	19
蒙古	7.1	..	58	10.8	5.3	..	108	109	103	107	32
摩洛哥	6.5	..	51	8.1	..	48	85	70	89	86	36
莫桑比克	5.2	..	..	..	18.3	26	61	71	89	219	135
缅甸	..	..	..	28.8	..	..	104	95	102	112	66
纳米比亚	3.2	..	..	21.5	17.5	74	84	106	104	73	40
尼泊尔	8.3	..	..	..	38.8	51	..	59	..	141	50
荷兰	..	9	11	..	..	..	..	97	99	8	4
新西兰	..	13	11	..	..	..	..	100	103	11	6
尼加拉瓜	6.2	43[e]	45	9.6	5.7	42	81	119	102	68	27
尼日尔	8.1	..	..	41.0	39.9	17	46[f]	53	78	311	143
尼日利亚	4.4	..	..	35.1	26.7	..	74	77	90	213	143
挪威	9.6	..	6	..	..	100	100	102	99	9	3
阿曼	..	..	..	21.4	8.6	74	101	89	98	47	9
巴基斯坦	9.6	..	63	39.0	..	..	67	48	80	124	87
巴拿马	3.3	34	31	..	..	86	97	99	101	33	20
巴布亚新几内亚	..	..	..	..	18.1	46	..	80	..	90	61
巴拉圭	3.3	23[e]	45	2.8	3.4	68	94	98	100	50	25
秘鲁	3.9	36[e]	40[e]	8.8	4.5	..	102	96	99	78	19
菲律宾	6.0	..	44	29.8	20.7	88	92	99	101	59	29
波兰	7.7	28	19	..	..	96	95	101	99	17	6
葡萄牙	..	24	18	..	..	..	..	103	100	15	4
波多黎各	..	..	..	..	..	..	..	..	104	..	..
卡塔尔	3.9	..	0	..	..	71	100	98	109	21	8

1.2 千年发展目标：消除贫困和改善生活

	消除极端贫困与饥饿					实现普及初等教育		促进两性平等		减少儿童死亡率	
	最贫困的1/5人口在国民消费或收入中所占比重（百分比）	脆弱性就业、无报酬家庭劳动者和自营工作人员占总就业的百分比		儿童营养不良和体重不足状况占5岁以下儿童的百分比		初等教育毕业率（百分比）		小学和中学的女生与男生入学比率（百分比）		5岁以下儿童死亡率（每千名儿童）	
	2000–2011[a,b]	1990	2007–2010[a]	1990	2005–2010[a]	1991	2010	1991	2010[c]	1990	2010
罗马尼亚	8.3	27	33	5.0	..	96	91	99	99	37	14
俄罗斯联邦	6.5	1	6	..	..	92	98	105	98	27	12
卢旺达	5.2	..	..	24.3	18.0	50	70	95	102	163	91
沙特阿拉伯	..	..	..	..	5.3	..	93	..	97	45	18
塞内加尔	6.2	83	..	19.0	14.5	39	59	69	100	139	75
塞尔维亚	8.9	..	28	..	1.8	..	96	..	101	29	7
塞拉利昂	6.1	..	..	25.4	21.3	..	74[f]	64	..	276	174
新加坡	..	8	10	..	..	..	..	..	..	8	3
斯洛伐克共和国	10.1	..	12	..	..	95	98	102	101	18	8
斯洛文尼亚	8.2	12	14	..	..	95	95	103	99	10	3
索马里	..	..	..	..	32.8	..	..	..	53	180	180
南非	2.7	..	10	..	8.7	76	..	104	99	60	57
南苏丹	..	..	..	..	..	..	..	..	..	..	..
西班牙	7.0	23	11	..	..	104	102	104	102	11	5
斯里兰卡	6.9	43[e]	40[e]	29.3	21.6	101	101	102	..	32	17
苏丹	6.8	..	..	31.8	31.7	..	58	78	90	125	103
斯威士兰	4.1	..	..	..	7.3	61	77	..	94	96	78
瑞典	9.1	..	7	..	..	96	94	102	99	7	3
瑞士	7.6	9	9	..	..	53	95	97	98	8	5
阿拉伯叙利亚共和国	7.7	..	33	11.5	10.1	89	104	85	99	38	16
塔吉克斯坦	8.3	..	..	..	15.0	..	104	..	90	116	63
坦桑尼亚	6.8	91[e]	..	25.1	16.2	55	90	97	96	155	92
泰国	6.7	70	53	16.3	7.0	..	..	99	103	32	13
东帝汶	9.0	..	..	..	45.3	..	65	..	98	169	81
多哥	7.6	..	..	21.2	20.5	35	74	59	75	147	103
特立尼达和多巴哥	..	22	..	4.7	..	102	91	101	101	37	27
突尼斯	5.9	..	..	8.5	3.3	74	91	86	101	49	16
土耳其	5.7	..	34	8.7	..	90	99	81	95	80	18
土库曼斯坦	..	..	..	..	..	..	..	..	..	98	56
乌干达	5.8	..	..	19.7	16.4	..	57	77	99	175	99
乌克兰	9.7	..	..	..	..	92	98	102	99	21	13
阿拉伯联合酋长国	..	..	1	..	..	103	..	104	..	22	7
英国	..	10	11	..	..	..	..	102	101	9	5
美国	5.4	..	..	..	..	..	104	100	100	11	8
乌拉圭	4.9	..	23[e]	6.5	..	94	106	107	104	23	11
乌兹别克斯坦	7.1	..	..	..	4.4	80	93[f]	..	98[f]	77	52
委内瑞拉	4.3	..	31	6.7	3.7	81	94	105	102	33	18
越南	7.4	..	..	40.7	20.2	..	..	..	102	51	23
西岸和加沙	7.4	..	28	..	2.2	..	95	..	104	45	22
也门共和国	7.2	..	..	29.6	..	..	63	..	75	128	77
赞比亚	3.6	65	..	21.2	14.9	..	103	87	96	183	111
津巴布韦	..	..	..	8.0	14.0	97	..	92	..	78	80
全世界	..	.. w	.. w	.. w	.. w	79 w	88 w	87 w	96 w	90 w	58 w
低收入国家	..	..	..	40.2	23.0	44	65	80	91	165	108
中等收入国家	..	..	..	..	..	83	92	85	97	85	51
中低收入国家	..	..	73	38.1	24.6	68	88	81	93	113	69
中高收入国家	..	..	..	12.5	3.0	97	98	98	103	49	20
低收入和中等收入国家	..	..	..	28.7	17.9	78	87	84	96	98	63
东亚和太平洋地区	..	..	..	20.4	5.8	101	97	89	103	56	24
欧洲和中亚	..	..	19	8.5	1.9	92	95	98	97	51	23
拉丁美洲和加勒比地区	..	29	31	7.5	3.0	84	102	99	102	54	23
中东和北非	..	..	36	11.8	7.9	..	88	80	93	74	34
南亚	..	..	81	52.2	32.9	62	86	69	92	120	67
撒哈拉以南非洲地区	..	..	..	29.0	22.0	51	67	82	89	175	121
高收入国家	..	..	..	..	..	..	97	100	100	12	6
欧元区	..	15	11	..	..	101	101	..	99	10	4

a. 最近年份可获得的数据。b. 见表2.9的调查年份，其份额是基于收入或消费支出的。c. 临时的数据。d. 仅包括城市地区。e. 有限覆盖范围。f. 2011年的数据。

千年发展目标：消除贫困和改善生活

关于数据的说明

表1.2—表1.4提供了“千年发展目标”所要实现的21个具体目标中的17个相关指标。8个“千年发展目标”中的每一个都包含一个或几个具体目标，每个具体目标都有几个与之相关的指标，以对这些具体目标实现的过程进行监控。大多数具体目标都用一个特定的指标在某时间段内所应达到的值来表示。在某些情况下，目标值是相对于1990年的水平来设定的，而其他一些目标则被设定为绝对值。目标7和目标8中还有一些具体目标尚无量化的指标。

本表中的指标是衡量千年发展目标1—4的。目标1在1990—2015年间有3个所要实现的具体目标：将每天收入少于1.25美元的人口比例减少一半，实现完全高效率就业并为所有的人提供体面的工作，以及将遭受饥饿困扰的人口比例减少一半。关于贫困率的估算可见表2.7和表2.8。本表中列出的最贫困的1/5人口占国民消费或收入的比重这一指标是一种分配衡量方法。在平均收入水平给定的情况下，消费（或收入）分配越不平均的国家，贫困率也越高。脆弱性就业衡量的是就业中接受最低工资和最低保障的劳动力比例。没有哪个指标能够单独反映出忍饥挨饿的情况。儿童营养不良是粮食供应不足、缺乏必要营养、消耗这些营养的疾病和孕妇营养不良（她们产下的婴儿将体重不足）的综合体现。

在实现全球普及初等教育方面取得的进展是用小学毕业率来衡量的。由于许多教学体系并不是在一致的基础上记录毕业率，而是根据小学最后一年的总入学率进行估计，再根据复读数加以调整。但是官方统计的入学人数与实际的入学人数有时相差很大，即使在平均入学率很高的教学体系中，学生毕业率也可能很低。

消除教育中的性别不平等将有助于提高女性的地位和能力。在小学和中学中，女生与男生入学比率是衡量女孩受教育的相对能力的一个不太完善的标准。

有关减少5岁以下儿童死亡率的目标是“千年发展目标”中最具挑战性的一部分。5岁以下儿童死亡率是根据加权最小二乘方回归模型以及大多数国家定期进行的相关调查所获得的数据估计得出。

与“千年发展目标”有关的60项指标，绝大多数可以在《世界发展指标》中找到。表1.2a为有关前4项“千年发展目标”的指标提供了在其他表中的查询索引。关于数据搜集方法和局限性的进一步说明，可见这些表中的“关于数据的说明”。关于对千年发展目标5—8的指标的信息，可见表1.3和表1.4中“关于数据的说明”。

与“千年发展目标1—4”相对应的指标索引 1.2a

目标1. 消除极端贫困与饥饿		
1.1	每天生活费低于1.25美元的人口所占比重	表2.8
1.2	贫困差距率	表2.7和表2.8
1.3	最贫困的1/5人口在国民消费中所占比重	表1.2和表2.9
1.4	就业人口的人均GDP增长率	表2.4
1.5	就业与人口的比率	表2.4
1.6	就业人口每天生活费低于1美元的比例	—
1.7	自营工作者和无报酬家庭劳动者占总就业的比例	表1.2和表2.4
1.8	5岁以下儿童体重不足的发生率	表1.2和表2.20
1.9	饮食中摄入能量少于最低标准的人口所占比重	表2.20
目标2. 实现普及初等教育		
2.1	初等教育的净入学率	表2.12
2.2	入学儿童中小学毕业的儿童所占的比重	表2.13
2.3	15—24岁年龄组人口的识字率	表2.14
目标3. 促进两性平等并赋予女性权力		
3.1	接受初等、中等和高等教育的女性与男性人数比率	表1.2和表2.12*
3.2	女性在非农业部门有工资收入的就业人员中所占比重	表1.5和表2.3*
3.3	女性在国家议会中所占席位的比重	表1.5
目标4. 减少儿童死亡率		
4.1	5岁以下儿童死亡率	表1.2和表2.22和表5.8
4.2	婴儿死亡率	表2.23
4.3	1岁儿童接种麻疹疫苗的比例	表2.18

— 数据在《世界发展指标》数据库中无法获得。* 本表提供了相关指标的信息。

定义

• **最贫困的1/5人口在国民消费或收入中所占比重**是指人口中20%最贫困人口的消费（有时是收入）所占百分比。 • **脆弱性就业**是自营工作者和无报酬家庭劳动者的总数占总就业的百分比。 • **儿童营养不良发生率**是指在5岁以下儿童中，其相对应年龄的体重比0—59月龄的国际参照人口相对应年龄的体重平均值低2个标准差的儿童所占的比重。这些数据都是基于世界卫生组织2006年公布的针对婴儿和儿童的国际儿童成长标准，即所谓的儿童成长标准。 • **初等教育毕业率**是指完成最后一年小学教育的学生人数的比率。它是以小学教育中最后一年的学生总数减去这一年中的复读人数除以官方设定的毕业年龄的学生总数得出的。 • **小学和中学的女生与男生入学比率**是指小学和中学的女生与男生总入学人数的比率。 • **5岁以下儿童死亡率**是指新生儿如果按照目前特定年龄组人口的死亡率，其在5岁以前死亡的可能性。这一可能性取自生命表并以千分比表示。

数据资料来源

这里以及本书其他地方出现的指标是由世界银行工作人员根据第一手和第二手资料汇编而成。在汇编时，工作人员已经尽力使这些数据序列与联合国千年发展目标网站（www.un.org/millenniumgoals）所公布的相一致，但是在时间、数据来源和定义等方面仍存在一些差异。欲了解更多信息，见表1.2a所列指标的“数据资料来源”。

千年发展目标：保护我们共同的环境

	提高孕产妇健康水平			防治HIV/AIDS及其他疾病		确保环境的可持续发展					为发展而建立全球伙伴关系
	孕产妇死亡率(模型估计的每10万例活产)	避孕普及率占15–49岁已婚妇女的百分比		HIV流行状况占15–49岁年龄组的百分比	肺结核患病数每10万人口	二氧化碳排放量(人均吨数)		国家陆地和海洋保护区占总国土面积的百分比	使用改善的卫生设施的人口比重占人口的百分比		互联网用户数[a](每百人)
	2008	1990	2005–2010[b]	2009	2010	1990	2008	2010	1990	2010	2010
阿富汗	1,400	..	23	..	189	0.1	0.0	0.4	..	37	3.7
阿尔巴尼亚	31	..	69	..	14	2.3	1.3	8.4	76	94	45.0
阿尔及利亚	120	*51*	61	0.1	90	3.1	3.2	6.2	88	95	12.5
安哥拉	610	..	..	2.0	304	0.4	1.4	12.1	29	58	10.0
阿根廷	70	..	78	0.5	27	3.4	4.8	5.3	90	..	36.0
亚美尼亚	29	*56*	55	0.1	73	..	1.8	8.0	..	90	44.0
澳大利亚	8	..	..	0.1	6	16.8	18.6	12.5	100	100	75.9
奥地利	5	..	..	0.3	5	7.9	8.1	22.9	100	100	72.7
阿塞拜疆	38	..	51	0.1	110	..	5.4	7.1	..	82	46.7
巴林	19	*54*	..	..	23	24.1	21.4	0.7	..	..	55.0
孟加拉国	340	*40*	53	<0.1	225	0.1	0.3	1.6	39	56	3.7
白俄罗斯	15	..	73	0.3	70	..	6.5	7.2	93	93	32.1
比利时	5	*78*	..	0.2	9	10.9	9.8	13.2	100	100	73.7
贝宁	410	..	17	1.2	94	0.1	0.5	23.3	5	13	3.1
玻利维亚	180	*30*	61	0.2	135	0.8	1.3	18.5	18	27	20.0
波斯尼亚和黑塞哥维那	9	..	36	..	50	..	8.3	0.6	..	95	52.0
博茨瓦纳	190	*33*	53	24.8	503	1.6	2.5	30.9	38	62	6.0
巴西	58	*59*	81	..	43	1.4	2.1	26.0	68	79	40.7
保加利亚	13	..	..	0.1	40	8.9	6.6	8.9	99	100	46.0
布基纳法索	560	..	17	1.2	55	0.1	0.1	14.2	8	17	1.4
布隆迪	970	..	22	3.3	129	0.1	0.0	4.8	44	46	2.1
柬埔寨	290	..	51	0.5	437	0.0	0.3	23.4	9	31	1.3
喀麦隆	600	*16*	29	5.3	177	0.1	0.3	9.0	48	49	4.0
加拿大	12	..	..	0.2	5	16.2	16.3	6.2	100	100	81.3
中非共和国	850	..	19	4.7	319	0.1	0.1	17.7	11	34	2.3
乍得	1,200	..	5	3.4	276	0.0	0.0	9.4	8	13	1.7
智利	26	56	58	0.4	19	2.6	4.4	13.3	84	96	45.0
中国	38	*85*	85	0.1[c]	78	2.2	5.3	16.0	24	64	34.4
中国香港	..	*86*	80	..	80	4.8	5.5	41.8	..	..	71.8
哥伦比亚	85	66	79	0.5	34	1.7	1.5	20.5	67	77	36.5
刚果民主共和国	670	8	17	..	327	0.1	0.0	10.0	9	24	0.7
刚果共和国	580	..	44	3.4	372	0.5	0.5	9.7	..	18	5.0
哥斯达黎加	44	..	80	0.3	13	1.0	1.8	17.6	93	95	36.5
科特迪瓦	470	..	13	3.4	139	0.5	0.4	21.8	20	24	2.6
克罗地亚	14	..	..	<0.1	21	..	5.3	9.5	99	99	60.1
古巴	53	..	78	0.1	9	3.2	2.8	5.3	80	91	15.9
塞浦路斯	10	..	..	..	4	6.1	7.9	4.5	100	100	53.0
捷克共和国	8	*78*	..	<0.1	7	..	11.2	15.1	100	98	68.6
丹麦	5	*78*	..	0.2	6	9.8	8.4	4.1	100	100	88.8
多米尼加共和国	100	56	73	0.9	67	1.3	2.2	24.1	73	83	39.5
厄瓜多尔	140	*53*	..	0.4	65	1.6	1.9	38.0	69	92	29.0
埃及	82	*48*	60	<0.1	18	1.3	2.7	6.1	72	95	26.7
萨尔瓦多	110	*47*	73	0.8	28	0.5	1.0	1.4	75	87	15.9
厄立特里亚	280	..	..	0.8	100	..	0.1	3.8	9	..	5.4
爱沙尼亚	12	..	..	1.2	25	..	13.6	22.6	95	95	74.2
埃塞俄比亚	470	5	15	..	261	0.1	0.1	18.4	3	21	0.7
芬兰	8	*77*	..	0.1	7	10.2	10.6	8.5	100	100	86.9
法国	8	*81*	71	0.4	9	6.9	5.9	17.1	100	100	77.5
加蓬	260	..	..	5.2	553	5.2	1.7	14.6	..	33	7.2
冈比亚	400	12	..	2.0	273	0.2	0.3	1.3	..	68	9.2
格鲁吉亚	48	..	53	0.1	107	..	1.2	3.4	96	95	26.3
德国	7	*70*	..	0.1	5	..	9.6	42.3	100	100	82.5
加纳	350	*17*	24	1.8	86	0.3	0.4	14.0	7	14	9.5
希腊	2	..	..	0.1	5	7.2	8.7	9.9	97	98	44.6
危地马拉	110	..	54	0.8	62	0.6	0.9	29.5	62	78	10.5
几内亚	680	..	9	1.3	334	0.2	0.1	6.4	10	18	1.0
几内亚比绍	1,000	..	14	2.5	233	0.2	0.2	26.9	..	20	2.5
海地	300	*10*	32	1.9	230	0.1	0.3	0.1	26	17	8.4

	提高孕产妇健康水平			防治HIV/AIDS及其他疾病		确保环境的可持续发展					为发展而建立全球伙伴关系
	孕产妇死亡率（模型估计的每10万例活产）	避孕普及率占15–49岁已婚妇女的百分比		HIV流行状况占15–49岁年龄组的百分比	肺结核患病数每10万人口	二氧化碳排放量（人均吨数）		国家陆地和海洋保护区占总国土面积的百分比	使用改善的卫生设施的人口比重占人口的百分比		互联网用户数[a]（每百人）
	2008	1990	2005–2010[b]	2009	2010	1990	2008	2010	1990	2010	2010
洪都拉斯	110	47	65	0.8	51	0.5	1.2	13.9	50	77	11.1
匈牙利	13	..	..	<0.1	15	6.1	5.4	5.1	100	100	65.2
印度	230	45	54	0.3	185	0.8	1.5	4.8	18	34	7.5
印度尼西亚	240	50	56	0.2	189	0.8	1.7	6.4	32	54	9.9
伊朗	30	49	79	0.2	17	4.1	7.4	6.9	79	100	13.0
伊拉克	75	14	50	..	64	2.9	3.4	0.1	..	73	2.5
爱尔兰	3	..	65	0.2	8	8.7	9.9	1.2	99	99	69.8
以色列	7	68	..	0.2	5	7.2	5.2	15.1	100	100	65.4
意大利	5	..	..	0.3	5	7.5	7.4	15.9	..	..	53.7
牙买加	89	55	72	1.7	7	3.3	4.5	7.3	80	80	26.5
日本	6	58	54	<0.1	21	8.9	9.5	10.9	100	100	77.6
约旦	59	40	59	..	5	3.3	3.7	1.9	97	98	38.9
哈萨克斯坦	45	..	51	0.1	151	..	15.1	2.5	96	97	33.4
肯尼亚	530	27	46	6.3	298	0.2	0.3	11.7	25	32	25.9
朝鲜	250	62	..	..	345	..	3.2	3.9	..	80	0.0
韩国	18	79	80	<0.1	97	5.7	10.5	3.0	100	100	82.5
科索沃	..	..	..	..	..	..	..	..	..	..	..
科威特	9	..	..	..	41	21.8	30.1	1.1	100	100	38.3
吉尔吉斯斯坦	81	..	48	0.3	159	..	1.2	6.9	..	93	19.6
老挝	580	..	38	0.2	90	0.1	0.3	16.6	..	63	7.0
拉脱维亚	20	..	..	0.7	39	..	3.3	16.4	..	..	71.5
黎巴嫩	26	..	..	0.1	17	3.1	4.1	0.4	..	..	31.0
莱索托	530	23	47	23.6	633	..	..	0.5	..	26	3.9
利比里亚	990	..	11	1.5	293	0.2	0.2	1.6	..	18	7.0
利比亚	64	..	..	..	40	9.3	9.5	0.1	97	97	14.0
立陶宛	13	..	..	0.1	69	..	4.5	14.4	..	..	62.8
前南斯拉夫马其顿共和国	9	..	14	..	21	..	5.8	4.9	..	88	51.9
马达加斯加	440	17	40	0.2	266	0.1	0.1	2.5	9	15	1.7
马拉维	510	13	41	11.0	219	0.1	0.1	15.0	39	51	2.3
马来西亚	31	50	..	0.5	82	3.1	7.6	13.7	84	96	56.3
马里	830	..	8	1.0	68	0.0	0.0	2.4	15	22	2.7
毛里塔尼亚	550	4	9	0.7	337	1.3	0.6	1.1	16	26	3.0
毛里求斯	36	75	..	1.0	22	1.4	3.1	0.7	89	89	28.7
墨西哥	85	63	73	0.3	16	3.9	4.3	11.9	64	85	31.1
摩尔多瓦	32	..	68	0.4	182	..	1.3	1.4	..	85	40.1
蒙古	65	..	55	<0.1	224	4.6	4.1	13.4	..	51	12.9
摩洛哥	110	42	..	0.1	91	1.0	1.5	1.5	53	70	49.0
莫桑比克	550	..	16	11.5	544	0.1	0.1	14.8	11	18	4.2
缅甸	240	17	41	0.6	384	0.1	0.3	5.2	..	76	0.2
纳米比亚	180	41	55	13.1	603	0.0	1.8	14.7	24	32	6.5
尼泊尔	380	24	48	0.4	163	0.0	0.1	17.0	10	31	7.9
荷兰	9	76	69	0.2	7	11.0	10.6	15.2	100	100	90.7
新西兰	14	..	..	0.1	8	7.0	7.8	20.0	..	..	83.0
尼加拉瓜	100	..	72	0.2	42	0.6	0.8	36.8	43	52	10.0
尼日尔	820	4	18	0.8	185	0.1	0.1	7.1	5	9	0.8
尼日利亚	840	6	15	3.6	133	0.5	0.6	12.6	37	31	28.4
挪威	7	74	88	0.1	6	7.4	10.5	10.9	100	100	93.3
阿曼	20	9	24	0.1	13	5.5	17.3	9.3	82	99	62.0
巴基斯坦	260	15	27	0.1	231	0.6	1.0	9.8	27	48	16.8
巴拿马	71	..	52	0.9	48	1.3	2.0	11.5	58	69	42.7
巴布亚新几内亚	250	..	32	0.9	303	0.5	0.3	1.4	47	45	1.3
巴拉圭	95	48	79	0.3	46	0.5	0.7	5.4	37	71	19.8
秘鲁	98	59	74	0.4	106	1.0	1.4	13.1	54	71	34.3
菲律宾	94	36	51	<0.1	275	0.7	0.9	5.0	57	74	25.0
波兰	6	73	..	0.1	23	9.6	8.3	21.8	..	90	62.5
葡萄牙	7	..	67	0.6	29	4.4	5.3	6.1	92	100	51.3
波多黎各	18	..	..	..	2	..	..	4.4	..	..	42.7
卡塔尔	8	..	..	<0.1	38	24.9	49.1	1.4	100	100	81.6

1.3 千年发展目标：保护我们共同的环境

	提高孕产妇健康水平			防治HIV/AIDS及其他疾病		确保环境的可持续发展					为发展而建立全球伙伴关系
	孕产妇死亡率（模型估计的每10万例活产）	避孕普及率占15–49岁已婚妇女的百分比		HIV流行状况占15–49岁年龄组的百分比	肺结核患病数每10万人口	二氧化碳排放量（人均吨数）		国家陆地和海洋保护区占总国土面积的百分比	使用改善的卫生设施的人口比重占人口的百分比		互联网用户数[a]（每百人）
	2008	1990	2005–2010[b]	2009	2010	1990	2008	2010	1990	2010	2010
罗马尼亚	27	..	..	0.1	116	6.8	4.4	7.8	71	..	40.0
俄罗斯联邦	39	..	80	1.0	106	..	12.0	9.2	74	70	43.4
卢旺达	540	21	52	2.9	106	0.1	0.1	10.0	36	55	13.0
沙特阿拉伯	24	..	24	..	18	13.3	16.6	29.9	..	..	41.0
塞内加尔	410	..	12	0.9	288	0.4	0.4	23.5	38	52	16.0
塞尔维亚	8	..	41	0.1	18	..	6.8	6.0	..	92	43.1
塞拉利昂	970	3	8	1.6	682	0.1	0.2	4.3	11	13	0.3
新加坡	9	65	..	0.1	35	15.4	6.7	3.4	99	100	71.1
斯洛伐克共和国	6	74	..	<0.1	8	..	6.9	23.2	100	100	79.9
斯洛文尼亚	18	..	..	<0.1	11	..	8.5	13.1	100	100	69.3
索马里	1,200	..	15	0.7	286	0.0	0.1	0.5	..	23	1.2
南非	410	57	..	17.8	981	9.5	8.9	6.9	71	79	12.3
南苏丹	..	..	..	..	..	..	..	..	..	..	..
西班牙	6	..	66	0.4	16	5.9	7.2	7.6	100	100	65.8
斯里兰卡	39	..	68	<0.1	66	0.2	0.6	15.0	70	92	12.0
苏丹	750	9	8	1.1	119	0.2	0.3	4.2	27	26	10.2
斯威士兰	420	20	49	25.9	1,287	0.5	1.1	3.0	48	57	9.0
瑞典	5	..	..	0.1	7	6.0	5.3	10.0	100	100	90.0
瑞士	10	..	..	0.4	8	6.4	5.3	24.9	100	100	82.2
阿拉伯叙利亚共和国	46	..	54	..	20	3.0	3.6	0.6	85	95	20.7
塔吉克斯坦	64	..	37	0.2	206	..	0.5	4.1	..	94	11.5
坦桑尼亚	790	10	34	5.6	177	0.1	0.2	26.9	7	10	11.0
泰国	48	66	80	1.3	137	1.7	4.2	17.3	84	96	21.2
东帝汶	370	25	22	..	498	..	0.2	6.4	..	47	0.2
多哥	350	34	15	3.2	455	0.2	0.2	11.0	13	13	5.4
特立尼达和多巴哥	55	..	43	1.5	19	14.0	37.4	9.6	93	92	48.5
突尼斯	60	50	60	<0.1	25	1.6	2.4	1.3	74	..	36.6
土耳其	23	63	73	<0.1	28	2.8	4.0	1.9	84	90	39.8
土库曼斯坦	77	..	48	..	66	..	9.7	3.0	98	98	2.2
乌干达	430	5	24	6.5	209	0.0	0.1	10.3	27	34	12.5
乌克兰	26	..	67	1.1	101	..	7.0	3.6	..	94	44.6
阿拉伯联合酋长国	10	..	..	..	3	28.8	25.0	4.7	97	98	78.0
英国	12	70	84	0.2	13	10.0	8.5	18.1	100	100	84.7
美国	24	71	79	0.6	4	19.5	18.0	13.7	100	100	74.2
乌拉圭	27	..	78	0.5	21	1.3	2.5	0.3	94	100	47.9
乌兹别克斯坦	30	..	65	0.1	128	..	4.6	2.3	84	100	19.4
委内瑞拉	68	..	..	..	33	6.2	6.1	50.2	82	..	35.9
越南	56	53	80	0.4	199	0.3	1.5	4.6	37	76	27.9
西岸和加沙	..	..	50	..	5	..	0.5	0.6	..	92	36.4
也门共和国	210	10	28	..	49	0.8	1.0	0.7	24	53	12.3
赞比亚	470	15	41	13.5	462	0.3	0.2	36.0	46	48	10.1
津巴布韦	790	43	59[d]	14.3	633	1.5	0.7	28.0	41	40	11.5
全世界	**260 w**	**58 w**	**62 w**	**0.8 w**	**128 w**	**4.2[e] w**	**4.8[e] w**	**11.9 w**	**47 w**	**62 w**	**30.2 w**
低收入国家	590	22	34	2.6	264	..	0.3	10.6	21	37	5.6
中等收入国家	210	59	65	0.7	132	2.4	3.4	11.9	39	59	23.8
中低收入国家	300	40	50	0.7	174	1.1	1.5	8.5	29	47	13.5
中高收入国家	60	75	81	0.7	89	3.6	5.3	13.2	46	73	34.1
低收入和中等收入国家	290	56	61	0.9	150	2.2	3.0	11.6	37	56	21.5
东亚和太平洋地区	89	75	78	0.2	123	1.8	4.3	13.3	30	66	29.8
欧洲和中亚	34	..	69	0.6	90	9.8	7.8	7.7	80	84	39.3
拉丁美洲和加勒比地区	86	58	75	0.5	43	2.3	2.8	19.8	68	79	34.0
中东和北非	88	42	62	0.1	42	2.6	3.8	4.0	73	88	20.9
南亚	290	42	51	0.3	192	0.7	1.2	5.6	22	38	8.1
撒哈拉以南非洲地区	650	15	22	5.5	271	0.9	0.8	11.6	26	31	11.3
高收入国家	15	70	..	0.3	14	11.8	11.9	12.7	100	100	73.4
欧元区	7	..	..	0.3	..	8.9	8.0	16.5	100	100	71.2

a. 数据来自国际电信联盟（ITU）的《世界电信发展报告》数据库。第三方引用这些数据时，请注明引自国际电信联盟。b. 最近年份可获得的数据。c. 包括中国香港。d. 2011 年的数据。e. 包括没有分配给特定国家的排放物。

千年发展目标：保护我们共同的环境

关于数据的说明

“千年发展目标”体现了所有经济体共同关心的问题。疾病和环境恶化并没有国界之分。世界上只要还有一个地方有流行性疾病存在，就会对全世界人口的生命构成威胁。只要有一个地方的环境遭到破坏，就有可能对遥远地方的植物、动物及人类的福祉产生影响。表1.3a中的指标涉及千年发展目标5、6和7以及目标8中有关获得新技术的部分。目标8所要达到的其他具体目标见表1.4。

实现普及生殖健康的目标已经加入到目标5中，以体现计划生育和卫生服务在改善孕产妇健康、防止孕产妇死亡方面的重要性。怀有多胞胎的女性很可能死于分娩。采取避孕措施是限制和控制生育的非常重要的途径。

测算一种疾病的流行情况或发生率有时非常困难。大多数发展中经济体缺乏监控疫情所需的报告体系。相关估算往往来自一些观察点的调查和报告，再推而广之到所有人口。对诸如HIV/AIDS和疟疾等疾病进行监控非常困难，因为HIV/AIDS从感染到发病可能会间隔很长时间，而疟疾则有潜伏周期。本表列出的指标是HIV在15—49岁年龄组的成年人中估计的流行情况。在老年人口中的传染率可施以终身治疗加以控制。肺结核患病数是根据已发现病例的数据以及对已发现病例在人口中所占比重的估计值推算出来的。

二氧化碳排放是温室气体的主要来源，进而造成全球气候变暖，威胁人类和自然的生存环境。认识到动植物物种的脆弱性之后，一个新目标——阻止生物多样性的丧失已经加入到目标7中。提高陆地和海洋保护区的比例有助于保护脆弱的动植物物种，进而捍卫生物的多样性。

能够得到可靠的安全饮用水供应和拥有处理粪便的卫生设施是提高人们健康和加强环境保护的两个最重要的方式。改善的卫生设施将人类、动物和昆虫与粪便隔离。

互联网的使用包括宽带和窄带互联网。窄带往往局限于基本应用，而宽带则是电子商务、电子学习、电子政务和电子健康不可或缺的推动力。

与“千年发展目标5—7”相对应的指标索引 1.3a

目标5. 提高孕产妇健康水平	
5.1 孕产妇死亡率	表1.3和表2.19
5.2 在熟练医护人员护理下的分娩比率	表2.19
5.3 避孕普及率	表1.3和表2.19
5.4 青少年生育率	表2.19
5.5 产前护理覆盖率	表1.5和表2.19
5.6 家庭意外怀孕率	表2.19
目标6. 防治HIV/AIDS、疟疾和其他疾病	
6.1 HIV在15—24岁人口中的传播情况	表1.3*和表2.22*
6.2 上一次高风险性行为中避孕套的使用情况	—
6.3 全面、正确了解HIV/AIDS知识的15—24岁年龄段人口的比例	—
6.4 10—14年龄段的孤儿与非孤儿入学人数的比率	—
6.5 可获得抗逆转录（酶）病毒药物的HIV重度感染者的比例	表2.22
6.6 疟疾的发病率和死亡率	—
6.7 5岁以下儿童睡在经过处理的蚊帐中的比例	表2.18
6.8 5岁以下儿童发烧后服用适当的抗疟疾药物的比例	表2.18
6.9 肺结核的感染率、传播率和死亡率	表1.3和表2.22
6.10 在短期直接观察治疗方案下查出和治愈的肺结核病例所占比重	表2.18
目标7. 确保环境的可持续发展	
7.1 土地森林覆盖率	表3.1
7.2 按购买力平价计算的总的、人均以及1美元GDP的二氧化碳排放量	表3.9
7.3 消耗臭氧物质的消费量	表3.10*
7.4 安全生态限制区内鱼类存量的比例	—
7.5 所使用的水资源总量比例	表3.5
7.6 陆地保护区和海洋保护区比例	表1.3
7.7 濒危物种比例	—
7.8 使用改善的水资源的人口比重	表2.18和表3.5
7.9 使用改善的卫生设施的人口比重	表1.3、表2.18和表3.13
7.10 生活在贫民窟的城市人口比重	—

— 数据在《世界发展指标》数据库中无法获得。*本表提供了相关指标的信息。

定义

• **孕产妇死亡率**是指在妊娠或分娩期间每10万例活产中死于与妊娠相关的原因的孕妇人数。这里使用的数据是在不同的年份收集的，并以2008年为共同的基准年作了调整。数据值是模型的估计值（见表2.19的“关于数据的说明”）。 • **避孕普及率**是指其本身或者其性伴侣采取了任何形式的避孕措施的、已婚或者同居的、15—49岁女性所占百分比。 • **HIV流行状况**指15—49岁年龄组人中感染HIV的人数所占比重。 • **肺结核患病数**是对新发现肺结核病例（包括肺部涂片呈阳性的和肺部以外的肺结核病例）的估计数字。 • **二氧化碳排放**是化石燃料燃烧以及水泥生产过程中产生的气体。它们包括在消耗固态、液态、气态燃料以及气态闪光过程中产生的二氧化碳（见表3.9）。 • **国家陆地和海洋保护区**是指陆地和海洋保护区占所有保护区（即包括国家指定的所有已知地址和范围的保护区）的百分比。不包括所有不同地区和类别重叠的部分、缓冲地带以及三角区，所有未注明日期的保护区都注明了日期。 • **使用改善的卫生设施的人口比重**指拥有基本的、可有效地将人、动物和昆虫与粪便隔离的卫生处理设施（个人使用或与别人合用，但不是公共设施）的人口所占比重。改善的卫生设施包括简单但有保护的坑式厕所和有排污管道的冲水式厕所。为确保其有效性，这些卫生设施必须设计合理，并且管理得当。 • **互联网用户数**指能够使用万维网的人。

数据资料来源

这里以及本书其他地方出现的指标都是世界银行工作人员根据第一手和第二手资料汇编而成的。在汇编时，工作人员已经尽力让这些数据序列与联合国千年发展目标网站（www.un.org/millenniumgoals）所公布的相一致，但在时间、来源和定义上仍存在一些差异。欲了解更多信息，见表1.3a和表1.4a所列指标的“数据资料来源”。

发展援助委员会成员国

	来自捐赠国的净官方发展援助(ODA)		最不发达国家进入高收入国家市场								对农业的支持
	官方发展援助净额(ODA)占捐助国GNI的百分比	用于基本社会服务的ODA[a]占ODA总额可分配部分的百分比	免关税货物(不包括武器)占最不发达国家出口的百分比		对最不发达国家出口商品征收的平均关税：农产品(百分比)		纺织品(百分比)		服装(百分比)		占GDP的百分比
	2010	2010	2003	2009	2003	2009	2003	2009	2003	2009	2010
澳大利亚	0.32	14.6	99.9	100.0	0.2	0.0	0.1	0.0	1.2	0.0	0.12
加拿大	0.33	18.1	97.5	100.0	0.2	0.1	0.2	0.2	1.7	1.7	0.67
欧盟			96.6	98.4	1.8	0.5	0.1	0.1	1.2	1.2	0.72
奥地利	0.32	3.1									
比利时	0.64	11.7									
丹麦	0.90	10.4									
芬兰	0.55	8.4									
法国	0.50	8.6									
德国	0.38	5.9									
希腊	0.17	6.6									
爱尔兰	0.53	22.9									
意大利	0.15	12.5									
卢森堡	1.09	34.5									
荷兰	0.81	7.6									
葡萄牙	0.29	6.6									
西班牙	0.43	13.6									
瑞典	0.97	12.4									
英国	0.56	12.7									
日本	0.20	2.5	44.8	99.4	4.7	1.2	2.7	2.6	0.1	0.1	1.09
韩国[b]	0.12	4.3	25.1[c]	48.2	27.6[c]	50.2	10.9[c]	6.4	11.3[c]	6.2	2.01
新西兰[b]	0.26	16.6	97.7	98.8	4.0	0.0	0.3	0.0	0.4	0.0	0.23
挪威	1.10	11.1	98.6	100.0	4.7	0.2	0.0	0.0	1.2	1.0	0.99
瑞士	0.41	11.0	96.3	100.0	5.4	0.0	0.0	0.0	0.0	0.0	1.11
美国	0.21	31.0	67.2	75.8	6.3	5.7	6.4	5.7	12.3	11.3	0.91

重债穷国 (HIPCs)

	HIPC 决定点[d]	HIPC 完成点[d]	HIPC 债务倡议	MDRI 援助		HIPC 决定点[d]	HIPC 完成点[d]	HIPC 债务倡议	MDRI 援助
			2010年年末的净现值(百万美元)					2010年年末的净现值(百万美元)	
阿富汗	2007年7月	2010年1月	653	20	海地	2006年11月	2009年6月	163	674
贝宁	2000年7月	2003年3月	384	756	洪都拉斯	2000年7月	2005年4月	814	1,884
玻利维亚[e]	2000年2月	2001年6月	1,948	1,956	利比里亚	2008年3月	2010年6月	2,957	241
布基纳法索[e,f]	2000年7月	2002年4月	810	765	马达加斯加	2000年12月	2004年10月	1,224	1,584
布隆迪	2005年8月	2009年1月	1,008	91	马拉维[f]	2000年12月	2006年8月	1,375	914
喀麦隆	2000年10月	2006年4月	1,856	885	马里[e]	2000年9月	2003年3月	789	1,313
中非共和国	2007年9月	2009年1月	674	231	毛里塔尼亚	2000年2月	2002年6月	911	563
乍得	2001年5月	不固定	240	669	莫桑比克[e]	2000年4月	2001年9月	3,140	1,318
科摩罗	2010年6月	不固定	150	45	尼加拉瓜	2000年12月	2004年1月	4,847	1,178
刚果民主共和国	2003年7月	2010年7月	9,474	528	尼日尔[f]	2000年12月	2004年4月	944	646
刚果共和国	2006年3月	2010年1月	1,903	130	卢旺达[f]	2000年12月	2005年4月	953	286
科特迪瓦	2009年3月	不固定	3,243	1,095	圣多美和普林西比[f]	2009年12月	2007年3月	171	38
埃塞俄比亚[f]	2001年11月	2004年4月	2,728	1,865	塞内加尔	2000年6月	2004年4月	715	1,696
冈比亚	2000年12月	2007年12月	98	244	塞拉利昂	2002年3月	2006年12月	917	423
加纳	2002年2月	2004年7月	3,083	2,549	坦桑尼亚	2000年4月	2001年11月	2,969	2,503
几内亚	2000年12月	不固定	799	862	多哥	2008年11月	2010年12月	305	466
几内亚比绍	2000年12月	2010年12月	744	79	乌干达[e]	2000年2月	2000年5月	1,505	2,263
圭亚那[e]	2000年11月	2003年12月	894	488	赞比亚	2000年12月	2005年4月	3,662	1,871

a. 包括初等教育、青年及成人的基本生活技能和儿童早期教育、基本的卫生保健、基本的基础卫生设施、基本的营养、传染病控制、健康教育、医疗卫生人员的发展、人口政策和行政管理、生殖健康保健、计划生育、性传播疾病控制（包括艾滋病）、从事人口和生殖健康服务人员的发展、基本的饮用水供应和基本的防疫设施，以及用于基本社会服务的多部门援助。b. 由世界银行的工作人员基于联合国贸易与发展会议的贸易分析和信息系统数据库，利用世界综合贸易解决方案计算得出。c. 2004 年的数据。d. 数据都是引自重债穷国增强倡议。e. 在原有重债穷国框架内也达到了完成点。援助包括原有的债务减免。f. 援助包括完成点的额外援助。

关于数据的说明

要实现“千年发展目标”需要一个开放的、遵循规则的、所有国家（无论贫富）都能参与其中的全球经济。许多贫穷国家缺乏发展所需要的资金，背负着难以承受的高额债务，也无法在全球市场中进行竞争，它们需要富裕国家的援助。因此，许多关于目标8——为发展建立全球伙伴关系——的指标是监测经济合作与发展组织（OECD）中的发展援助委员会（DAC）成员国的行动的。

近年来官方发展援助（ODA）有所上升，这反映在援助额占捐助国国民总收入（GNI）的比重上，但是最贫困经济体要想实现“千年发展目标”需要更多的援助。2010年，以实际值来衡量，来自OECD发展援助委员会的官方发展援助净额增加了3.2%，达到1,311亿美元，相当于发展援助委员会所有成员国国民总收入总额的0.33%。

减少对低收入经济体和中等收入经济体的出口壁垒是高收入经济体可采取的最重要的援助措施之一。欧盟已经宣布将不对最不发达国家的任何（除武器外）出口产品征税，美国也宣布了一项特别计划，对来自撒哈拉以南非洲地区的出口，给予关税优惠。但是，这些项目仍然有一些限制条款。

该表中的平均关税显示了经济合作与发展组织的高收入成员国对联合国确认的最不发达国家的出口征收的关税表。尽管平均关税已经降低，但平均值可能掩盖了对特定产品征收的高关税（关于每个国家关税表中达到“国际最高关税税率”的关税种类所占比例的估计数，见表6.7）。表中的平均关税包括从价税和等价税种。

经济合作与发展组织国家对农产品生产商和出口商实施的补贴是针对发展中经济体出口产品的另一种壁垒。据估计，2010年OECD国家对农产品的补贴总额达到3,660亿美元。

重债穷国（HIPC）债务倡议是通过采取综合措施来减少世界上最贫困、负债最重国家外债的第一步，也是将减债问题置于减少贫困这一总框架内的重要一步。1999年的一次重要评估使原有框架得到了改进。由八国集团推动的多边债务减免倡议（MDRI）于2005年实施，以便进一步减少重债穷国的债务，为帮助它们实现千年发展目标提供额外的资源。

在多边债务减免倡议下，4个多边机构——国际开发协会、国际货币基金组织、非洲开发基金和泛美开发银行——对那些符合条件的债务提供100%的债务减免，因为这些国家完成了HIPC债务倡议的程序。本表数据显示的是2011年9月的情况，可能不包含那些已经达到决定点或完成点的国家。HIPC债务倡议下的债务减免将减少36个达到决定点的国家的共计590亿美元（以2010年末的净现值计算）的未来债务。而32个达到完成点的国家已经收到了MDRI下的330亿美元（以2010年末净现值计算）额外援助。

与“千年发展目标8”相对应的指标索引 1.4a

目标8	为发展而建立全球伙伴关系	
8.1	官方发展援助净额OECD/DAC捐助国国民总收入的比重	表1.4
8.2	为社会基础服务提供的官方发展援助所占的比重	表1.4
8.3	无附加条件的官方发展援助所占比重	—
8.4	内陆国家接受到的官方发展援助占其国民总收入的百分比	—
8.5	小岛屿发展中国家接受到的官方发展援助占其国民总收入的百分比	—
8.6	发达国家从最不发达国家进口的免征关税商品总额（按价值计，武器除外）所占比重	表1.4
8.7	发达国家对来自最不发达国家的农产品、纺织品和服装征收的平均关税	表1.4和表6.7*
8.8	经济合作与发展组织国家的农产品补贴的估计值占GDP的百分比	表1.4
8.9	用于帮助建设贸易能力的官方发展援助所占比重	—
8.10	达到重债穷国决定点和完成点（累计）的国家总数	表1.4
8.11	在重债穷国倡议和多边债务减免倡议下承诺的债务减免额	表1.4
8.12	还本付息额占货物和服务出口额的比重	表6.9*
8.13	可持续获得支付得起的必需药品的人口所占比重	—
8.14	每百人中的电话线用户	表5.11
8.15	每百人中的移动电话用户	表5.11
8.16	每百人中的互联网用户	表1.3和表5.12

— 数据在《世界发展指标》数据库中无法获得。* 该表提供了相关指标的信息。

定义

• **官方发展援助净额（ODA）**由符合发展援助委员会（DAC）的官方发展援助定义的捐款和贷款（本金偿还后的净额）组成，援助对象是发展援助委员会受援国名单中的国家和地区。 • **用于基本社会服务的官方发展援助**是发展援助委员会捐助国承诺的用于基础教育、初级医疗卫生、营养、人口政策和计划、生殖健康、水和卫生设施的援助。

• **免关税货物**指来自最不发达国家的免征关税的出口货物（不包括武器）。 • **平均关税率**是需缴纳关税的所有商品的实际使用税率的未加权平均值。 • **农产品**指植物和动物产品，包括林业作物，但不包括木材和渔业产品。 • **纺织品和服装**包括自然和人工纤维及纺织品，以及用这些材料做成的服装。

• **对农业的支持**是指由于支持农业的政策措施引起的，每年来自纳税人和消费者所有转移支付的货币价值，相关的预算补贴，不论这些支持的目的，这些支持对农业生产和农业收入以及对农产品消费的影响。 • **重债穷国减免倡议决定点**是指重债穷国（该国需具有成功实施国际货币基金组织和世界银行支持的调整计划的良好记录）作出进一步推行改革、制定并实施减贫战略的承诺的日期。 • **重债穷国减免倡议完成点**是指重债穷国成功完成在决定点时承诺的关键性结构改革（包括制定并实施减贫战略）的日期。在这种情况下，该国将在重债穷国债务倡议下获得大幅度的、不再附加政策条件的债务减免。 • **重债穷国倡议援助**是指在决定点承诺的债务减免净现值（所有参与的债权人承担的）。最高援助以及最初的重债穷国倡议提供的援助都承诺以决定点的净现值衡量，并转化成2010年期末值。

• **多边债务减免倡议（MDRI）援助**是指国际开发协会、国际货币基金组织、非洲开发基金和泛美开发银行向那些达到重债穷国完成点的国家提供100%的债务减免。

数据资料来源

官方发展援助的数据来自经济合作与发展组织。世界贸易组织与联合国贸发会议、国际贸易中心（www.mdg-trade.org）合作，提供了免征关税商品和平均关税的数据。农业补贴数据来自经济合作与发展组织的“生产者和消费者支持估计”（OECD 1986—2010年的数据库）。有关HIPC倡议和MDRI的数据来源于世界银行的经济政策与债务部。

1.5 发展进程中的女性状况

	女性人口	出生时预期寿命		获得孕期保健的孕妇	青少年母亲	非农业部门中的女性	无报酬家庭劳动者		女性非全日制工作者	女性法律工作者、高级官员和管理者	议会中的女性	
	占总人口的百分比	年龄		百分比	占15—19岁女性人口的百分比	占非农业部门带薪就业的百分比	男性占男性就业的百分比	女性占女性就业的百分比	占总数的百分比	占总数的百分比	占总席位的百分比	
	2010	男性 2010	女性 2010	2005–2010[a]	2005–2010[a]	2009	2010	2010	2005–2010[a]	2005–2010[a]	1990	2011
阿富汗	48.3	48	48	36	..	18	..	..	..	..	4	28
阿尔巴尼亚	49.9	74	80	97	3	..	..	..	..	..	29	16
阿尔及利亚	49.5	71	74	89	..	15	..	..	..	5	2	8
安哥拉	50.5	49	52	80	29	..	..	..	..	..	15	39
阿根廷	51.1	72	79	99	..	..	0.4[b]	1.2[b]	65[b]	23[b]	6	39
亚美尼亚	53.5	71	77	99	5	40	7.6	17.1	56	22	36	9
澳大利亚	50.2	80	84	98	..	47	0.2	0.3	70[b]	37	6	25
奥地利	51.2	78	83	..	..	48	1.9	2.4	80	29	12	28
阿塞拜疆	50.5	68	74	77	6	43	..	..	..	7	..	16
巴林	37.6	74	76	100	..	10	0.5	0.8	..	12	..	3
孟加拉国	49.4	68	69	53	33	..	..	..	..	10	10	19
白俄罗斯	53.5	65	77	99	..	56	..	..	..	..	..	32
比利时	51.0	77	83	..	..	47	0.3	1.8	80	34	9	39
贝宁	50.7	54	57	84	21	..	..	..	..	..	3	8
玻利维亚	50.1	64	69	86	18	38	..	..	56	29	9	25
波斯尼亚和黑塞哥维那	51.9	73	78	99	..	36	2.6	10.4	..	..	..	17
博茨瓦纳	49.6	54	52	94	..	45	..	..	55	30	5	8
巴西	50.8	70	77	98	..	42	3.4	6.3	68	36	5	9
保加利亚	51.7	70	77	..	..	51	0.7	1.5	52	34	21	21
布基纳法索	50.4	54	56	85	..	27	..	..	..	31	..	15
布隆迪	50.9	49	51	99	..	..	..	..	..	..	..	32
柬埔寨	51.1	61	64	89	8	..	25.2	60.8	..	21	..	21
喀麦隆	50.1	50	52	82	..	..	..	..	..	..	14	14
加拿大	50.4	79	83	100	..	51	0.1	0.2	67[b]	36[b]	13	25
中非共和国	50.7	46	49	69	..	..	..	..	..	..	4	13
乍得	50.3	48	51	53	..	..	..	..	..	..	..	13
智利	50.6	76	82	..	..	37	1.1	2.5	58	24	..	14
中国	48.1[c]	72[c]	75[c]	92	..	..	..	..	..	17	21	21
中国香港	52.6	80	86	..	..	50	0.1	1.0	..	29	..	..
哥伦比亚	50.8	70	77	97	20	48	3.7	7.1	60	38	5	13
刚果民主共和国	50.3	47	50	86	24	..	..	..	..	..	5	10
刚果共和国	49.9	56	58	86	27	..	..	..	..	..	14	7
哥斯达黎加	49.2	77	82	90	..	41	0.9	2.6	64	30	11	39
科特迪瓦	49.0	54	56	85	..	..	..	..	..	..	6	9
克罗地亚	51.9	74	80	100	4	46	1.1	4.6	60	27	..	24
古巴	49.7	77	81	100	..	43	..	..	..	29	34	43
塞浦路斯	49.0	77	82	99	..	48	1.3	2.9	64	13	2	11
捷克共和国	51.0	74	81	..	..	46	0.3	1.0	69	28	..	22
丹麦	50.4	77	81	..	..	50	0.1	0.5	63	22	31	38
多米尼加共和国	49.8	70	76	99	21	39	..	..	50	31	8	21
厄瓜多尔	49.9	73	78	..	..	..	7.4	19.9	54	28[b]	5	32
埃及	49.8	71	75	74	10	18	..	..	..	11	4	2
萨尔瓦多	52.5	67	77	94	23	48	7.1	7.2	55	25	12	19
厄立特里亚	50.7	59	63	..	..	..	..	..	..	..	..	22
爱沙尼亚	53.9	71	81	..	..	54	0.2	0.2	67	37	..	20
埃塞俄比亚	50.2	57	60	28	17	..	..	..	..	16[b]	..	28
芬兰	50.9	77	83	..	..	52	0.6	0.5	62	30	32	43
法国	51.3	78	85	..	..	49	0.3	0.9	78	39	7	19
加蓬	49.8	61	63	..	..	..	..	..	..	..	13	15
冈比亚	50.6	57	59	98	..	..	..	..	..	..	8	8
格鲁吉亚	52.9	70	77	98	10	48	19.6	37.9	..	34	..	7
德国	51.0	78	83	..	..	48	0.3	0.9	80	30	..	33
加纳	49.1	63	65	90	13	..	..	..	..	..	..	8
希腊	50.5	78	83	..	..	43	3.3	9.2	66	30	7	17
危地马拉	51.3	67	74	93	22	..	..	..	..	..	7	12
几内亚	49.5	52	55	88	32	29	..	..	..	..	..	..
几内亚比绍	50.4	46	49	93	..	..	..	..	..	..	20	10
海地	50.4	61	63	85	14	..	..	..	..	..	..	11

发展进程中的女性状况

	女性人口	出生时预期寿命		获得孕期保健的孕妇	青少年母亲	非农业部门中的女性	无报酬家庭劳动者		女性非全日制工作者	女性法律工作者、高级官员和管理者	议会中的女性	
	占总人口的百分比	年龄 男性	年龄 女性	百分比	占15—19岁女性人口的百分比[a]	占非农业部门带薪就业的百分比	男性占男性就业的百分比	女性占女性就业的百分比	占总数的百分比	占总数的百分比	占总席位的百分比	
	2010	2010	2010	2005–2010[a]	2005–2010[a]	2009	2010	2010	2005–2010[a]	2005–2010[a]	1990	2011
洪都拉斯	50.0	71	75	92	22	*42*	..	..	..	41	10	18
匈牙利	52.5	71	78	..	..	49	0.2	0.4	66	36	21	9
印度	48.3	64	67	75	16	..	..	..	..	..	5	11
印度尼西亚	50.1	67	71	95	9	*32*	*8.1*	*32.4*	..	22	12	18
伊朗	49.3	71	75	98	..	..	*4.8*	*29.7*	..	13	2	3
伊拉克	49.8	65	72	84	..	*12*	..	..	..	..	11	25
爱尔兰	50.0	78	83	..	..	52	0.7	0.7	76	33	8	15
以色列	50.7	80	83	..	..	50	*0.1*	*0.3*	74	32	7	19
意大利	51.1	79	84	..	..	44	1.2	2.3	77	33	13	21
牙买加	50.8	70	76	99	14	*48*	*0.4*	*2.1*	..	..	5	13
日本	51.3	80	86	..	..	42	*1.1*	*6.9*	70	10	1	11
约旦	48.6	72	75	99	5	*16*	*0.5*	*0.5*	..	..	0	11
哈萨克斯坦	52.0	64	73	100	7	*50*	*0.6*	*0.9*	..	38	..	18
肯尼亚	50.1	55	58	92	18	..	..	..	..	..	1	10
朝鲜	50.9	65	72	100	..	..	..	..	..	..	21	15
韩国	50.1	77	84	..	..	42	*1.2*	*12.5*	60	10	2	16
科索沃	..	68	72	..	..	..	..	..	..	..	..	..
科威特	40.3	74	76	100	..	..	..	..	..	14	..	8
吉尔吉斯斯坦	50.7	65	73	97	..	51	..	..	..	35	..	23
老挝	50.1	66	68	71	17	..	..	..	..	..	6	25
拉脱维亚	54.0	69	78	..	..	55	1.3	1.4	61	41	..	20
黎巴嫩	51.2	70	75	..	..	..	..	..	..	8	0	3
莱索托	50.9	48	47	92	..	..	..	..	..	52	..	24
利比里亚	49.8	55	57	79	38	..	12.5	19.7	..	..	..	13
利比亚	49.3	72	77	93	..	..	..	..	..	..	..	8
立陶宛	53.5	68	79	..	..	*53*	1.5	1.9	61	41	..	19
前南斯拉夫马其顿共和国	49.9	73	77	94	..	42	*6.3*	*16.6*	49	28	..	31
马达加斯加	50.2	65	68	86	32	..	..	..	..	22	7	13
马拉维	50.0	53	54	92	..	..	..	..	..	..	10	21
马来西亚	49.3	72	76	79	..	*39*	*2.6*	*8.1*	..	24	5	10
马里	50.0	50	52	70	36	..	..	..	..	..	..	10
毛里塔尼亚	49.7	57	60	75	..	..	..	..	..	..	..	22
毛里求斯	50.6	69	77	..	..	37	1.0	4.9	..	23	7	19
墨西哥	50.7	74	79	96	..	*39*	*4.8*	*9.7*	54	31	12	26
摩尔多瓦	52.6	65	73	98	6	54	*1.3*	*3.5*	..	38	..	19
蒙古	50.6	64	72	100	..	*51*	*10.3*	*35.1*	..	47	25	4
摩洛哥	51.0	70	74	..	..	*21*	*15.0*	*48.6*	..	13	0	11
莫桑比克	51.3	49	51	92	..	..	..	..	..	..	16	39
缅甸	50.7	63	66	80	..	..	..	..	..	..	..	4
纳米比亚	50.3	62	63	95	15	..	..	..	..	36	7	24
尼泊尔	50.4	68	69	44	19	..	..	..	..	14	6	33
荷兰	50.4	79	83	..	..	48	0.3	1.1	75	29	21	39
新西兰	50.9	79	83	..	..	51	*0.7*	*1.3*	72[b]	40[b]	14	34
尼加拉瓜	50.5	71	77	90	25	38	..	..	51	41	15	21
尼日尔	49.7	54	55	46	39	*36*	..	..	..	..	5	13
尼日利亚	49.4	51	52	58	23	..	..	..	..	..	..	4
挪威	50.0	79	83	..	..	50	0.2	0.3	70	34	36	40
阿曼	41.3	71	76	99	..	*22*	..	..	..	9	..	0
巴基斯坦	49.2	64	66	61	9	*13*	*19.7*	65.0	..	3	10	22
巴拿马	49.6	73	79	96	..	42	3.0	6.8	48	48	8	9
巴布亚新几内亚	49.0	60	65	79	..	..	..	..	..	..	0	1
巴拉圭	49.5	70	74	96	12	*40*	*10.4*	*11.0*	55	34	6	13
秘鲁	49.9	71	76	95	26	38	*4.5*[b]	*8.7*[b]	61[b]	19[b]	6	22
菲律宾	49.8	65	72	91	10	42	9.0	*17.4*	..	55	9	22
波兰	51.8	72	81	..	..	48	2.5	5.5	68	36	14	20
葡萄牙	51.6	76	82	..	..	49	0.7	1.2	66	32	8	27
波多黎各	51.9	75	83	..	..	*42*	*0.0*	*0.0*	..	43	..	..
卡塔尔	24.3	78	78	100	..	10	..	..	..	7	..	0

1.5 发展进程中的女性状况

	女性人口	出生时预期寿命		获得孕期保健的孕妇	青少年母亲	非农业部门中的女性	无报酬家庭劳动者		女性非全日制工作者	女性法律工作者、高级官员和管理者	议会中的女性	
	占总人口的百分比	年龄		百分比	占15—19岁女性人口的百分比	占非农业部门带薪就业的百分比	男性占男性就业的百分比	女性占女性就业的百分比	占总数的百分比	占总数的百分比	占总席位的百分比	
		男性	女性									
	2010	2010	2010	2005–2010[a]	2005–2010[a]	2009	2010	2010	2005–2010[a]	2005–2010[a]	1990	2011
罗马尼亚	51.5	70	77	..	..	46	6.9	20.0	47	32	34	11
俄罗斯联邦	53.7	63	75	..	..	53	*0.1*	*0.1*	62	37	..	14
卢旺达	50.9	54	56	98	6	..	..	..	..	0	17	56
沙特阿拉伯	44.6	73	75	97	..	*15*	..	..	..	8	..	0
塞内加尔	50.4	58	60	94	18	..	..	..	..	..	13	23
塞尔维亚	50.5	71	77	98	..	44	*4.1*	*15.6*	..	36	..	22
塞拉利昂	51.2	47	48	87	34	..	..	..	..	..	..	13
新加坡	49.6	79	84	..	..	45	*0.3*	*1.0*	..	31	5	22
斯洛伐克共和国	51.4	72	79	..	..	48	0.1	0.2	59	35	..	16
斯洛文尼亚	51.1	76	83	..	..	48	3.8	6.2	59	35	..	14
索马里	50.4	49	53	26	..	..	..	..	..	..	4	7
南非	50.5	51	53	97	..	45	*0.4*	*1.4*	..	30	3	45
南苏丹	..	*62*	*61*	..	..	..	..	..	..	..	..	..
西班牙	50.6	79	85	..	..	47	0.7	1.0	78	34	15	37
斯里兰卡	50.6	72	78	99	..	31	*4.5*[b]	*22.3*[b]	..	24[b]	5	6
苏丹	49.6	59	63	64	..	..	..	..	..	..	..	26
斯威士兰	50.8	49	48	97	23	..	..	..	..	..	4	14
瑞典	50.2	80	84	..	..	50	0.3	0.2	63	31	38	45
瑞士	50.9	80	85	..	..	48	1.6	2.4	80	33	14	29
阿拉伯叙利亚共和国	49.4	74	77	88	..	15	3.3	12.4	27	10	9	12
塔吉克斯坦	50.8	64	71	80	..	..	..	..	..	..	..	19
坦桑尼亚	50.1	57	58	88	23	..	..	..	..	16	..	36
泰国	50.9	71	77	99	..	46	*13.6*	*28.5*	..	24	3	13
东帝汶	49.0	61	63	84	7	..	..	..	..	..	..	29
多哥	50.5	55	58	87	..	..	..	..	..	..	5	11
特立尼达和多巴哥	51.5	66	73	96	..	..	..	..	..	43	17	29
突尼斯	50.0	73	77	96	..	..	..	..	..	..	4	28
土耳其	50.1	71	76	95	..	24	5.1	35.2	58	10	1	14
土库曼斯坦	50.8	61	69	99	..	..	..	..	..	..	26	17
乌干达	50.0	53	54	94	25	..	..	..	..	33	12	35
乌克兰	54.0	65	76	99	4	*55*	*0.4*	*0.3*	..	39	..	8
阿拉伯联合酋长国	30.5	76	78	100	..	*20*	*0.0*	*0.0*	..	10	0	23
英国	50.8	79	82	..	..	47	0.2	0.4	75	36	6	22
美国	50.7	76	81	..	..	48	*0.1*	*0.1*	67	43	7	17
乌拉圭	51.7	73	80	96	..	*46*	*2.1*[b]	*0.8*[b]	64[b]	40	6	15
乌兹别克斯坦	50.3	65	71	99	..	*39*	..	..	..	..	..	22
委内瑞拉	49.8	71	77	..	..	*42*	*0.5*	*1.2*	64	27	10	17
越南	50.6	73	77	91	..	..	..	..	..	22	18	24
西岸和加沙	49.2	71	74	99	..	*18*	*5.5*	*19.8*	..	10	..	..
也门共和国	49.7	64	67	47	..	6	..	..	..	4	4	0
赞比亚	49.9	48	49	94	28	..	..	..	..	19	7	14
津巴布韦	50.7	51	49	90[d]	21	..	..	..	..	..	11	15
全世界	**49.6 w**	**68 w**	**72 w**	**84 w**	**.. w**	**.. w**	**.. w**	**.. w**	**.. w**		**13 w**	**19 w**
低收入国家	50.1	58	60	69	..	..	..	..	..		..	20
中等收入国家	49.3	67	71	86	..	..	..	..	..		13	18
中低收入国家	49.2	64	67	78	..	..	..	..	..		11	15
中高收入国家	49.4	71	75	94	..	..	..	..	..		14	19
低收入和中等收入国家	49.4	66	70	83	..	..	..	..	..		13	18
东亚和太平洋地区	48.8	70	74	92	..	..	..	..	..		17	18
欧洲和中亚	52.3	66	75	..	..	48	*1.9*	*5.3*	..		..	16
拉丁美洲和加勒比地区	50.6	71	77	97	..	*41*	3.5	6.8	62		12	23
中东和北非	49.7	70	74	85	..	..	..	..	..		4	9
南亚	48.6	64	67	71	16	..	..	..	..		6	20
撒哈拉以南非洲地区	50.0	53	55	74	..	..	..	..	..		..	20
高收入国家	50.5	77	83	..	..	47	*0.6*	*2.2*	71		12	23
欧元区	51.0	78	84	..	..	47	0.7	1.5	77		12	26

a. 最近年份可获得的数据。b. 有限覆盖范围。c. 包括中国台湾。d. 2011 年的数据。

关于数据的说明

尽管最近几十年已经取得了巨大成就，但是性别不平等依然在生活的许多领域普遍存在——在世界范围内都是如此。不过，尽管这种现象在全球无处不在，但它在贫困的发展中国家尤为普遍。男女不平等在教育、医疗卫生、营养和政治方面等资源配置上有重大的影响，因为它与福利、生产力和经济增长密切相关。这种不平等现象在人们幼年时就出现了。例如，男孩受教育的机会通常比女孩多，并总能接受更好的卫生保健。

由于生理差异，女孩的婴幼儿死亡率应该比男孩低，预期寿命也应该比男孩长。但是，这种生理上的优势可能会被营养和医疗方面的性别不平等以及妊娠、生育期间的护理不善所压倒，因此，女性的发病率和死亡率有时会超过男性。这些性别差异可以从儿童死亡率（表 2.23）或者男女预期寿命中看出。如果女孩死亡率等同于或高于男孩死亡率，就可能表明女孩受到了不平等的待遇。

在十几岁时就生育孩子限制了女孩获得更好的教育、工作和收入的机遇，增大了离婚和分居的可能性。在十几岁时怀孕往往都是计划外发生的，早产的可能性通常更大，生产时出现并发症和死亡的风险也更高。在许多国家，孕产妇死亡（表 1.3 和表 2.19）都是育龄女性死亡的主要原因，尽管绝大部分是可以避免的。

女性在非农业部门带薪就业的数据表明了女性获得带薪就业的机会——影响她们融入货币经济；同时也表明了在工业和服务业劳动力市场对女性的开放程度——不仅影响女性公平就业的机会，而且通过劳动力市场弹性影响经济效率以及该经济体适应变化的能力。在许多发展中国家，非农业部门的带薪就业仅仅占到全部就业的一小部分。结果，女性对国民经济的贡献就会被低估，进而被歪曲。没有有关女性在总就业中的份额的额外信息，该指标难以加以解释，进而无论女性在非农业部门带薪就业被低估还是高估，都可以进行评估。该指标也没有反映非农业部门带薪就业在培训、工作环境以及法律和社会保护方面的质量差异。该指标还没有反映女性是否从工作中获取了经济收益。最终，女性就业以及男性和女性在农业部门的就业份额都会被低估。

女性有报酬的工作对经济增长和家庭福利很重要。但是女性不仅通常很难进入信贷市场，更难以获得资本、土地、培训和教育，而且还承担着传统的家务劳动，在劳动力市场上还受到歧视。而这些往往限制了女性对有报酬的经济活动的参与，降低了她们的生产力，减少了她们的工资。女性相对于男性更有可能是无报酬的家庭劳动者和非全日制工作者。进而男性和女性有着不同的职业分配。国际劳工组织没有给出全日制工作的官方定义，因此，非全日制工作的定义各国之间存在差异，对其进行比较时，应加以谨慎。

女性在高技能职业（例如，法律工作者、高级官员和管理者）中份额表明了职业方面的性别差异。在政府决策部门，女性远远未得到充分代表，尽管一些迹象表明近年来这种情况正在好转。议会席位中的两性平等仍然远未实现。如果女性在这一决策层面上没有足够的代表，她们就很难对国家政策产生影响。

关于性别方面的其他信息，见表 1.2（千年发展目标：消除贫困和改善生活）、表 1.3（千年发展目标：保护我们共同的环境）、表 2.3（按经济活动划分的就业）、表 2.4（体面的工作和生产性就业）、表 2.5（失业）、表 2.6（童工）、表 2.10（对脆弱性和安全性的评估）、表 2.13（教育效率）、表 2.14（毕业率及教育成果）、表 2.15（收入和性别引起的教育差距）、表 2.19（生殖健康）、表 2.22（健康风险因素和未来的挑战）、表 2.23（死亡率）。

定义

• **女性人口**是女性占总人口的比重。 • **出生时预期寿命**指一个新生儿在其出生时既定死亡率模式不变的情况下可能生存的年数。 • **获得孕期保健的孕妇**是指女性在妊娠期间因为与妊娠有关的问题接受过熟练医护人员至少一次护理的人数比重。 • **青少年母亲**是指 15—19 岁女性中已经有小孩或正处在孕期的女性所占的百分比。 • **非农业部门中的女性**指非农业部门有工资的就业女性占整个非农业部门就业的百分比。 • **无报酬家庭劳动者**是那些在自己家庭中亲属经营的市场导向企业或活动中从事无报酬工作的人。国际劳工组织没有给出全日制工作的官方定义，因此，非全日制工作的定义各国之间存在差异，对其进行比较时，应加以谨慎。 • **女性非全日制工作者**是指非全日制工作者中女性的比例。非全日制工作者是指那些正常工作时间少于可比的全日制工作者的就业人员。各国对非全日制的定义存在差异。 • **女性法律工作者、高级官员和管理者**是指在法律工作者、高级官员和管理者（国际标准职业分类——88 类 1 组）中女性的比例。 • **议会中的女性**是指在唯一或较低一级的议院中由女性担任的议员席位的百分比。

数据资料来源

女性人口数据来自于联合国人口署的《世界人口展望》（2010 年修订版），本表一半以上国家（大多数发展中国家）的预期寿命数据来自于《世界人口展望》（2010 年修订版），其余数据则来自于人口普查报告、各国统计部门的统计出版物、欧洲统计局的《人口统计》、太平洋共同体秘书处的《人口统计公报》和美国人口普查局的国际数据库。获得孕期保健的孕妇数据来自联合国儿童基金会的《2012 年世界儿童状况》，该报告基于家庭调查，其中包括“宏观国际”的人口和卫生调查、联合国儿童基金会的多重指标数据集调查。青少年母亲数据来自于“宏观国际”的人口和卫生调查。劳动力、就业和工资数据来自国际劳工组织的《劳动力市场的主要指标（第 7 版）》。议会中女性的数据来自国际议会联盟。

1.6 其他经济体的主要指标

	人口	地表面积	人口密度	国民总收入（GNI）				国内生产总值		出生时预期寿命	成人识字率	二氧化碳排放量
				图表集法		以PPP衡量的GNI[a]						
	千人	千平方公里	每平方公里人口数	百万美元	人均GNI（美元）	百万美元	人均GNI（美元）	增长百分比	人均增长百分比	岁	占15岁及以上人口的百分比	千吨
	2010	2010	2010	2010	2010	2010	2010	2009-2010	2009-2010	2010	2005-2010[a]	2008
美属萨摩亚	68	0.2	342	..	..[b]	..	..	..	..	..	..	..
安道尔	85	0.5	181	*3,447*	*41,750*	..	..	*3.6*	*2.1*	..	..	539
安提瓜和巴布达	88	0.4	200	1,169	13,280[c]	1,795[d]	20,400[d]	-5.2	-5.4	..	99	447
阿鲁巴	108	0.2	600	..	..[e]	..	..	..	..	75	98	2,288
巴哈马	343	13.9	34	*6,973*	*20,610*	*8,392*[d]	*24,800*[d]	0.9	-0.5	75	..	2,156
巴巴多斯	274	0.4	637	*3,454*	*12,660*	*5,183*	*19,000*	*-5.3*	*-5.5*	77	..	1,353
伯利兹	345	23.0	15	1,313	3,810	2,139[d]	6,200[d]	2.9	-0.6	76	..	425
百慕大	65	0.1	1,292	..	..[e]	..	..	*-8.1*	*-8.4*	79	..	389
不丹	726	38.4	19	1,361	1,870	3,622	4,990	7.4	5.6	67	53	733
文莱	399	5.8	76	*12,461*	*31,800*	*19,661*	*50,180*	*-1.8*	*-3.6*	78	95	10,594
佛得角	496	4.0	123	1,620	3,270	1,893	3,820	5.4	4.5	74	85	308
开曼群岛	56	0.3	234	..	..[e]	..	..	..	..	..	99	557
海峡群岛	153	0.2	807	..	..[e]	..	..	..	..	80	..	..
科摩罗	735	1.9	395	550	750	802	1,090	2.1	-0.6	61	74	125
库拉索	143	0.4	321	..	..[e]	..	..	..	..	..	..	..
吉布提	889	23.2	38	*1,105*	*1,270*	*2,149*	*2,460*	*5.0*	*3.0*	58	..	524
多米尼克	68	0.8	91	458	6,740	812[d]	11,940[d]	0.1	-0.1	..	..	128
赤道几内亚	700	28.1	25	10,182	14,550	16,635	23,760	0.9	-1.8	51	93	4,815
法罗群岛	49	1.4	35	..	..[e]	..	..	..	..	*80*	..	708
斐济	860	18.3	47	3,123	3,630	3,880	4,510	0.3	-0.6	69	..	1,254
法属波利尼西亚	271	4.0	74	..	..[e]	..	..	..	..	75	..	891
直布罗陀	29	0.0	2,924	..	..[e]	..	..	..	..	..	..	422
格陵兰	57	410.5	0[f]	*1,466*	*26,020*	..	..	*-5.4*	*-5.4*	68	..	576
格林纳达	104	0.3	306	724	6,960	1,033[d]	9,930[d]	-0.8	-0.7	76	..	246
关岛	179	0.5	331	..	..[e]	..	..	..	..	76	..	..
圭亚那	755	215.0	4	2,164	2,870	2,606[d]	3,450[d]	3.6	3.3	70	..	1,525
冰岛	318	103.0	3	10,381	32,640	8,991	28,270	-4.0	-3.8	81	..	2,230
马恩岛	83	0.6	145	..	..[e]	..	..	..	..	..	..	..
基里巴斯	100	0.8	123	200	2,000	352[d]	3,520[d]	1.8	-0.2	..	..	29

关于数据的说明

该表列出了人口在3万到100万之间的小型经济体和属于世界银行成员的更小型的经济体的数据。在得不到人均国民总收入（GNI）的数据时，这里给出了一个估计的大致范围。关于计算GNI以及购买力平价（PPP）换算因子的进一步说明，见表1.1中的“关于数据的说明”。关于表中经济体的其他数据见《世界发展指标》CD－ROM或者《世界发展指标》在线（http：//data.worldbank.org）。

定义

• **人口**是以人口的实际定义为基础的。它包括所有居民，不论其法律地位或国籍。但未在避难国永久定居的难民通常被视为其原国籍人口的一部分。这里显示的人口数是年中的估计数，更多的信息见表2.1。 • **地表面积**是一个国家的总体面积，包括内陆水域面积和一些沿海水路。 • **人口密度**是年中人口数除以以平方公里为计算单位的土地面积。 • **国民总收入（GNI）**是所有居民生产者创造的增加值的总和，加上未统计在估计产值中的税收（减去补贴），再加上境外营业收入的净收益（雇员获得的报酬和财产收入）。资料中的数据已被世界银行图表集换算法换算成现值美元（见“统计方法”）。 • **购买力平价衡量的国民总收入**是使用购买力平价汇率换算成国际美元后的国民总收入。对国民总收入而言，1国际美元的购买力等同于1美国美元在美国的购买力。 • **人均国民总收入**是国民总收入除以年中人口数。 • **国内生产总值（GDP）**是所有居民生产者的收入，加上未统计在产值中的税收（减去补贴）。增长率根据以本国货币表示的不变价格的国内生产总值计

1.6 其他经济体的主要指标

	人口	地表面积	人口密度	国民总收入（GNI）				国内生产总值		出生时预期寿命	成人识字率	二氧化碳排放量
				图表集法		以PPP衡量的GNI[a]						
	千人 2010	千平方公里 2010	每平方公里人口数 2010	百万美元 2010	人均GNI（美元） 2010	百万美元 2010	人均GNI（美元） 2010	增长 百分比 2009–2010	人均增长 百分比 2009–2010	岁 2010	占15岁及以上人口的百分比 2005–2010[a]	千吨 2008
列支敦士登	36	0.2	225	*4,903*	*137,070*	..	..	*-1.2*	*-1.9*	..	..	..
卢森堡	507	2.6	196	39,030	76,980	31,050	61,240	2.7	0.8	80	..	10,502
中国澳门	544	0.0	19,429	*18,527*	*34,880*	*24,020*	*45,220*	26.4	23.4	81	93	1,335
马尔代夫	316	0.3	1,053	1,818	5,750	2,563	8,110	9.9	8.4	77	98	920
马耳他	416	0.3	1,300	7,958	19,130	10,258	24,660	3.1	2.6	81	92	2,560
马绍尔群岛	54	0.2	300	197	3,640	..	..	5.2	4.0	..	..	99
马约特	204	0.4	551	..	..[b]	..	..	..	..	78	..	..
密克罗尼西亚联邦	111	0.7	159	304	2,740	388[d]	3,490[d]	3.1	2.8	69	..	62
摩纳哥	35	0.0	17,704	*6,479*	*183,150*	..	..	*-2.6*	*-2.7*	..	..	..
黑山	632	13.8	47	4,260	6,740	8,073	12,770	2.5	2.2	74	..	1,951
新喀里多尼亚	247	18.6	14	..	..[e]	..	..	..	..	76	96	3,150
北马里亚纳群岛	61	0.5	132	..	..[e]	..	..	..	..	..	..	..
帕劳	20	0.5	45	134	6,560	225[d]	11,000[d]	2.0	1.4	..	..	213
萨摩亚	184	2.8	65	549	2,980	782[d]	4,250[d]	1.7	0.8	72	99	161
圣马力诺	32	0.1	526	*1,572*	*50,400*	..	..	*1.9*	*1.3*	83	..	..
圣多美和普林西比	165	1.0	172	199	1,200	318	1,930	4.5	2.9	64	89	128
塞舌尔	87	0.5	189	845	9,710	1,835[d]	21,090[d]	6.2	6.6	73	92	682
荷属圣马丁	38	0.0	1,113	..	..[e]	..	..	..	..	..	..	..
所罗门群岛	538	28.9	19	552	1,030	1,192[d]	2,220[d]	7.0	4.2	67	..	198
圣基茨和尼维斯	52	0.3	200	615	11,830	831[d]	15,970[d]	−5.0	−5.5	..	..	249
圣卢西亚	174	0.6	285	1,142	6,560	1,830[d]	10,520[d]	3.1	2.1	74	..	396
法属圣马丁	30	0.1	556	..	..[e]	..	..	..	..	..	..	..
圣文森特和格林纳丁斯	109	0.4	279	688	6,320	1,184[d]	10,870[d]	−1.3	−1.0	72	..	202
苏里南	525	163.8	3	*3,077*	*5,920*	*3,991*[d]	*7,680*[d]	*3.1*	*2.1*	70	95	2,439
汤加	104	0.8	144	342	3,290	477[d]	4,580[d]	−0.5	−0.9	72	99	176
特克斯和凯科斯群岛	38	1.0	40	..	..[e]	..	..	..	..	..	..	158
图瓦卢	10	0.0	328	47	4,760[g]	..	..	−1.9	−2.1	..	..	..
瓦努阿图	240	12.2	20	633	2,640	1,035[d]	4,310[d]	3.0	0.4	71	82	92
维尔京群岛（美）	110	0.4	314	..	..[e]	..	..	..	..	79	..	..

a. 最近年份可获得的数据。b. 估计为中高收入经济体（3, 976—12, 275 美元）。c. 包括在基于早期数据的中高收入经济体的合计数中。d. 这一估计以回归法为基础；其他按2005 年国际比较项目的基准估计数推断。e. 估计为高收入经济体（12, 276 美元及其以上）。f. 小于0. 5。g. 包括在基于早期数据的中低收入经济体的合计数中。

算得出。 • **人均国内生产总值**是国内生产总值除以年中人口数。 • **出生时预期寿命**指一个新生儿在其出生时既定死亡率模式不变的情况下可能生存的年数。 • **成人识字率**是能够理解、读懂和书写有关其日常生活的短文的 15 岁以上成年人所占比重。 • **二氧化碳排放量**是化石燃料燃烧以及水泥生产过程中产生的气体。它们包括在消耗固态、液态、气态燃料，以及气态闪光过程中产生的二氧化碳。

数据资料来源

这里及本书中其他地方使用的指标由世界银行工作人员根据第一手或第二手资料汇编而成。有关这些指标及其来源的进一步信息请见以后章节中附于每个表后的“关于数据的说明”、“定义”和“数据资料来源”。

人口

2

本章主要介绍全球人口统计趋势、劳动力结构、贫困发生率、收入分配、教育投入和产出、医疗卫生服务状况等方面的情况。通过这些指标，我们可以从不同角度观察人类发展和社会福利水平。我们在这一章中增加了一张新的数据表，其他表的内容也略有变化。表2.20给出了不同性别的儿童营养不良状况，主要有3个衡量指标：体重不足、发育迟缓和瘦弱。此外，该表也包含了超重儿童的统计数据。表2.22增加了抗逆转录病毒疗法覆盖率和死亡原因数据。表2.23增加了新生儿死亡率数据，该数据的统计口径与婴儿死亡率和5岁以下儿童死亡率统计口径一致。表2.24也有新的变化，我们可以看到不同收入群体的各项健康指标。这些地方性数据显示了各国贫困人口与富裕人口在死亡率、生育率、儿童健康和生殖健康等方面的巨大差异。

表2.8收录了更多国家贫困率（根据国际贫困线标准）的最新统计数据，其中包括世界银行2012年2月发布的全球和区域性贫困率预测数据。2008年，全球有12.9亿人口生活在每日不到1.25美元的极端贫困线下，这一数据相当于发展中国家总人口的22%，而1981年极端贫困人口为19.4亿，占发展中国家总人口的52%。1990年发布千年发展目标时，全球极端贫困人口比例为43.1%。

中低收入经济体中的大量人口至今还生活在每日2美元的贫困线附近，全球在这一指标上的脱贫进度缓慢。2008年，每日收入不到2美元的贫困人口数量比1981年只减少了1.2亿，从25.9亿下降到24.7亿。而在此期间，每日收入在1.25美元至2美元之间的贫困人口数量几乎翻倍，上升至11.8亿。这些勉强脱离极端贫困的人口极易受到外界的冲击。

从2005—2008年间的发展趋势来看，全球发展中国家贫困人口的绝对数量和相对数量都在下降。这是自世界银行每3年一个周期监测极端贫困状况以来第一次出现下降。虽然自2008年起弱势群体就受到食品、燃料和金融危机的严重困扰，一些国家的减贫进程也因此放缓，但全球贫困人口一直持续减少。事实上，根据一次小范围初步调查的结果，2010年全球每日收入不到1.25美元的贫困人口比例已经降低至1990年的一半以下。如果后期工作能够证实该数据，那么千年发展目标的第一项"将极端贫困人口比例降低至1990年水平的一半"就已经在全球范围内提前实现了。

目前，各国统计机构已经完成850项家庭调查，并从近130个国家中随机抽取了123万住户进行访谈，通过这些途径收集的收入或消费数据形成了世界银行有关全球贫困的信息来源。由于许多低收入国家没有最新数据，或者数据统计口径发生变化，目前最新的全球贫困数据截至2008年。贫困监测数据的可得性、更新频率和质量仍不尽人意，小国和脆弱的国家地区情况更糟。对这些国家进行贫困监测乃当务之急，与之相应，这些国家的家庭调查项目亟待改善，但制度、政治和经济却严重制约了这些国家的数据采集分析以及数据开放。

	总人口			年均人口增长率		人口年龄构成			依附率		粗死亡率	粗出生率
	百万			百分比		百分比			占劳动适龄人口的百分比		每千人	每千人
						0–14岁	15–64岁	65岁以上	幼年	老年		
	2000	2010	2020	2000–10	2010–20	2010	2010	2010	2010	2010	2010	2010
阿富汗	26.0	34.4	44.8	2.8	2.6	46	51	2	91	4	16	44
阿尔巴尼亚	3.1	3.2	3.3	0.4	0.2	23	68	10	34	14	6	13
阿尔及利亚	30.5	35.5	40.1	1.5	1.2	27	68	5	40	7	5	20
安哥拉	13.9	19.1	24.8	3.1	2.6	47	51	2	91	5	14	42
阿根廷	36.9	40.4	43.7	0.9	0.8	25	65	11	39	16	8	17
亚美尼亚	3.1	3.1	3.1	0.1	0.1	20	69	11	29	16	9	15
澳大利亚	19.2	22.3	25.2	1.5	1.2	19	68	13	28	20	6	13
奥地利	8.0	8.4	8.5	0.5	0.1	15	68	18	22	26	9	9
阿塞拜疆	8.0	9.1	10.1	1.2	1.1	21	73	7	29	9	6	19
巴林	0.6	1.3	1.5	6.8	1.9	20	78	2	26	3	3	20
孟加拉国	129.6	148.7	167.1	1.4	1.2	31	64	5	49	7	6	20
白俄罗斯	10.0	9.5	9.2	–0.5	–0.4	15	71	14	21	19	15	11
比利时	10.3	10.9	11.1	0.6	0.2	17	66	17	26	27	10	12
贝宁	6.5	8.9	11.5	3.1	2.6	44	53	3	82	6	12	40
玻利维亚	8.3	9.9	11.6	1.8	1.5	36	59	5	61	8	7	26
波斯尼亚和黑塞哥维那	3.7	3.8	3.6	0.2	–0.4	15	71	14	21	20	10	9
博茨瓦纳	1.8	2.0	2.2	1.3	0.9	33	63	4	51	6	13	24
巴西	174.4	194.9	209.6	1.1	0.7	25	68	7	38	10	6	15
保加利亚	8.2	7.5	7.0	–0.8	–0.7	14	69	18	20	25	15	10
布基纳法索	12.3	16.5	22.1	2.9	2.9	45	52	2	86	4	12	43
布隆迪	6.4	8.4	10.1	2.7	1.8	38	59	3	64	5	14	34
柬埔寨	12.4	14.1	15.9	1.3	1.2	32	64	4	50	6	8	22
喀麦隆	15.7	19.6	24.1	2.2	2.1	41	56	4	73	6	14	36
加拿大	30.8	34.1	37.1	1.0	0.8	16	69	14	24	20	8	11
中非共和国	3.7	4.4	5.3	1.7	1.9	40	56	4	73	7	16	35
乍得	8.2	11.2	14.4	3.1	2.5	45	52	3	88	6	16	45
智利	15.4	17.1	18.4	1.0	0.8	22	69	9	32	13	6	14
中国	1,262.6	1,338.3	1,381.6	0.6	0.3	19	72	8	27	11	7	12
中国香港	6.7	7.1	7.8	0.6	0.9	12	76	13	15	17	6	13
哥伦比亚	39.8	46.3	52.1	1.5	1.2	29	66	6	44	9	5	20
刚果民主共和国	49.6	66.0	85.0	2.8	2.5	46	51	3	91	5	16	43
刚果共和国	3.1	4.0	5.0	2.5	2.1	41	56	4	73	7	11	35
哥斯达黎加	3.9	4.7	5.3	1.7	1.2	25	69	7	36	10	4	16
科特迪瓦	16.6	19.7	24.5	1.7	2.2	41	55	4	74	7	12	34
克罗地亚	4.4	4.4	4.3	0.0	–0.3	15	68	17	22	25	12	10
古巴	11.1	11.3	11.1	0.1	–0.1	17	70	12	25	18	7	10
塞浦路斯	0.9	1.1	1.2	1.6	1.0	18	71	12	25	16	7	12
捷克共和国	10.3	10.5	10.7	0.2	0.2	14	71	15	20	21	10	11
丹麦	5.3	5.5	5.7	0.4	0.3	18	66	16	27	25	10	11
多米尼加共和国	8.6	9.9	11.1	1.4	1.1	31	63	6	49	10	6	22
厄瓜多尔	12.3	14.5	16.3	1.6	1.2	30	63	6	48	10	5	21
埃及	67.6	81.1	94.8	1.8	1.6	32	63	5	50	8	5	23
萨尔瓦多	5.9	6.2	6.6	0.4	0.6	32	61	7	52	11	7	20
厄立特里亚	3.7	5.3	6.8	3.6	2.6	42	56	2	74	4	8	36
爱沙尼亚	1.4	1.3	1.3	–0.2	–0.1	15	67	17	23	25	12	12
埃塞俄比亚	65.6	83.0	100.9	2.3	2.0	41	55	3	75	6	10	31
芬兰	5.2	5.4	5.5	0.4	0.2	17	66	17	25	26	10	11
法国	60.8	64.9	67.6	0.7	0.4	18	65	17	28	26	8	13
加蓬	1.2	1.5	1.8	2.0	1.9	35	60	4	59	7	9	27
冈比亚	1.3	1.7	2.2	2.9	2.6	44	54	2	82	4	9	38
格鲁吉亚	4.4[a]	4.5[a]	4.2[a]	0.1[a]	–0.7[a]	17	69	14	24	21	11	12
德国	82.2	81.8	79.8	–0.1	–0.2	13	66	20	20	31	11	8
加纳	19.2	24.4	30.3	2.4	2.2	39	58	4	67	7	8	32
希腊	10.9	11.3	11.5	0.4	0.1	15	67	19	22	28	9	10
危地马拉	11.2	14.4	18.3	2.5	2.4	41	54	4	77	8	5	32
几内亚	8.3	10.0	12.8	1.8	2.4	43	54	3	80	6	13	39
几内亚比绍	1.2	1.5	1.9	2.0	2.1	41	55	3	75	6	17	38
海地	8.6	10.0	11.3	1.4	1.2	36	60	4	60	7	9	27

	总人口			年均人口增长率		人口年龄构成			依附率		粗死亡率	粗出生率
		百万		百分比		百分比			占劳动适龄人口的百分比		每千人	每千人
						0–14岁	15–64岁	65岁以上	幼年	老年		
	2000	2010	2020	2000–2010	2000–2020	2010	2010	2010	2010	2010	2010	2010
洪都拉斯	6.2	7.6	9.2	2.0	1.9	37	59	4	62	7	5	27
匈牙利	10.2	10.0	9.8	–0.2	–0.2	15	69	17	21	24	13	9
印度	1,053.9	1,224.6	1,385.2	1.5	1.2	31	64	5	47	8	8	22
印度尼西亚	213.4	239.9	262.1	1.2	0.9	27	67	6	40	8	7	18
伊朗	65.3	74.0	80.9	1.2	0.9	23	72	5	32	7	5	17
伊拉克	24.3	32.0	42.3	2.8	2.8	43	54	3	81	6	6	35
爱尔兰	3.8	4.5	5.0	1.6	1.0	21	67	12	32	17	6	17
以色列	6.3	7.6	8.9	1.9	1.5	27	62	10	44	17	5	22
意大利	56.9	60.5	60.8	0.6	0.1	14	66	20	21	31	10	9
牙买加	2.6	2.7	2.8	0.4	0.3	29	63	8	46	12	7	16
日本	126.9	127.5	123.6	0.0	–0.3	13	64	23	21	35	10	9
约旦	4.8	6.0	7.2	2.3	1.8	38	59	4	64	7	4	25
哈萨克斯坦	14.9	16.3	18.0	0.9	1.0	24	69	7	36	10	9	22
肯尼亚	31.3	40.5	52.5	2.6	2.6	42	55	3	77	5	11	38
朝鲜	22.9	24.3	25.3	0.6	0.4	23	68	10	34	14	10	14
韩国	47.0	48.9	50.2	0.4	0.3	16	72	11	23	15	5	9
科索沃	1.7	1.8	1.9	0.7	0.7	..	..	..	..	..	7	19
科威特	1.9	2.7	3.4	3.4	2.2	27	71	3	38	4	3	18
吉尔吉斯斯坦	4.9	5.4	6.1	1.1	1.2	30	66	4	46	7	7	27
老挝	5.3	6.2	7.0	1.5	1.3	35	62	4	56	6	6	23
拉脱维亚	2.4	2.2	2.1	–0.6	–0.4	14	68	18	20	26	13	9
黎巴嫩	3.7	4.2	4.5	1.2	0.6	25	68	7	36	11	7	15
莱索托	2.0	2.2	2.4	1.0	1.0	37	58	4	64	7	16	28
利比里亚	2.8	4.0	5.2	3.4	2.6	43	54	3	81	5	11	39
利比亚	5.2	6.4	7.0	1.9	1.0	30	65	4	47	7	4	23
立陶宛	3.5	3.3	3.1	–0.6	–0.5	15	69	16	22	23	13	11
前南斯拉夫马其顿共和国	2.0	2.1	2.1	0.3	0.0	18	71	12	25	17	9	11
马达加斯加	15.4	20.7	27.3	3.0	2.8	43	54	3	80	6	6	35
马拉维	11.2	14.9	20.7	2.8	3.3	46	51	3	90	6	13	44
马来西亚	23.4	28.4	33.0	1.9	1.5	30	65	5	47	7	5	20
马里	11.3	15.4	20.5	3.1	2.9	47	51	2	93	4	15	46
毛里塔尼亚	2.6	3.5	4.3	2.7	2.2	40	57	3	69	5	10	34
毛里求斯	1.2	1.3	1.3	0.8	0.4	22	71	7	31	10	7	12
墨西哥	100.0	113.4	125.7	1.3	1.0	29	65	6	45	10	5	20
摩尔多瓦	3.6[b]	3.6[b]	3.3[b]	–0.2[b]	–0.6[b]	17	72	11	23	15	13	12
蒙古	2.4	2.8	3.2	1.3	1.4	28	68	4	40	6	6	23
摩洛哥	28.8	32.0	35.0	1.0	0.9	28	66	5	42	8	6	20
莫桑比克	18.2	23.4	29.1	2.5	2.2	44	53	3	84	6	15	38
缅甸	45.0	48.0	51.7	0.6	0.7	26	69	5	37	7	9	17
纳米比亚	1.9	2.3	2.7	1.9	1.6	36	60	4	61	6	8	26
尼泊尔	24.4	30.0	35.1	2.1	1.6	36	60	4	61	7	6	24
荷兰	15.9	16.6	17.0	0.4	0.2	18	67	15	26	23	8	11
新西兰	3.9	4.4	4.8	1.2	1.0	20	67	13	31	20	7	15
尼加拉瓜	5.1	5.8	6.6	1.3	1.3	34	61	5	57	8	5	24
尼日尔	10.9	15.5	22.0	3.5	3.5	49	49	2	100	4	13	49
尼日利亚	123.7	158.4	203.7	2.5	2.5	43	54	3	80	6	14	40
挪威	4.5	4.9	5.2	0.8	0.7	19	67	15	28	22	9	13
阿曼	2.3	2.8	3.3	2.1	1.8	27	70	3	39	4	4	18
巴基斯坦	144.5	173.6	205.2	1.8	1.7	35	60	4	59	7	7	27
巴拿马	3.0	3.5	4.0	1.7	1.4	29	64	7	45	10	5	20
巴布亚新几内亚	5.4	6.9	8.5	2.4	2.1	39	58	3	67	5	8	30
巴拉圭	5.3	6.5	7.6	1.9	1.6	34	61	5	55	8	5	24
秘鲁	25.9	29.1	32.3	1.2	1.1	30	64	6	47	10	5	20
菲律宾	77.3	93.3	109.6	1.9	1.6	35	61	4	58	6	6	25
波兰	38.5	38.2	38.1	–0.1	0.0	15	72	14	21	19	10	11
葡萄牙	10.2	10.6	10.5	0.4	–0.1	15	67	18	23	27	10	10
波多黎各	3.8	4.0	4.0	0.4	–0.1	21	66	13	32	19	8	13
卡塔尔	0.6	1.8	2.3	10.9[c]	2.6	13	85	1	16	1	2	13

	总人口			年均人口增长率		人口年龄构成			依附率		粗死亡率	粗出生率
	百万			百分比		百分比			占劳动适龄人口的百分比		每千人	每千人
						0–14岁	15–64岁	65岁以上	幼年	老年		
	2000	2010	2020	2000–2010	2000–2020	2010	2010	2010	2010	2010	2010	2010
罗马尼亚	22.4	21.4	20.9	–0.5	–0.3	15	70	15	22	21	12	10
俄罗斯联邦	146.3	141.8	139.3	–0.3	–0.2	15	72	13	21	18	14	13
卢旺达	8.1	10.6	14.0	2.7	2.8	43	55	3	78	5	12	41
沙特阿拉伯	20.0	27.4	33.1	3.1	1.9	30	67	3	46	4	4	22
塞内加尔	9.5	12.4	16.0	2.7	2.5	44	54	2	81	4	9	37
塞尔维亚	7.5	7.3	7.2	–0.3	–0.2	18[d]	68[d]	14[d]	26[d]	21[d]	14	9
塞拉利昂	4.1	5.9	7.2	3.5	2.0	43	55	2	78	3	16	39
新加坡	4.0	5.1	5.6	2.3	0.9	17	74	9	24	12	4	9
斯洛伐克共和国	5.4	5.4	5.5	0.1	0.1	15	73	12	21	17	10	11
斯洛文尼亚	2.0	2.0	2.1	0.3	0.1	14	70	16	20	24	9	11
索马里	7.4	9.3	12.2	2.3	2.7	45	52	3	86	5	15	44
南非	44.0	50.0	52.4	1.3	0.5	30	65	5	46	7	15	21
南苏丹	..	..	..	..	..	..	..	..	..	..	*21*	*30*
西班牙	40.3	46.1	48.4	1.3	0.5	15	68	17	22	25	8	11
斯里兰卡	18.7	20.9	22.3	1.1	0.7	25	67	8	37	12	7	18
苏丹	34.2[e]	43.6[e]	54.9[e]	2.4[e]	2.3[e]	40[e]	56[e]	4[e]	71[e]	6[e]	9[e]	33[e]
斯威士兰	1.0	1.1	1.2	0.4	1.2	38	58	3	66	6	14	29
瑞典	8.9	9.4	9.9	0.6	0.5	17	65	18	25	28	10	12
瑞士	7.2	7.8	8.0	0.9	0.3	15	68	17	22	25	8	10
阿拉伯叙利亚共和国	16.0	20.4	24.3	2.5	1.7	37	59	4	62	7	4	23
塔吉克斯坦	6.2	6.9	7.9	1.1	1.4	37	60	3	62	6	6	28
坦桑尼亚	34.0	44.8	61.0	2.8	3.1	45	52	3	86	6	10	41
泰国	63.2	69.1	71.9	0.9	0.4	21	71	9	29	13	7	12
东帝汶	0.8	1.1	1.5	3.0	2.8	46	51	3	91	6	8	38
多哥	4.8	6.0	7.3	2.3	2.0	40	57	3	70	6	11	32
特立尼达和多巴哥	1.3	1.3	1.4	0.4	0.2	21	72	7	28	10	8	15
突尼斯	9.6	10.5	11.6	1.0	0.9	23	70	7	34	10	6	18
土耳其	63.6	72.8	80.7	1.3	1.0	26	68	6	39	9	5	18
土库曼斯坦	4.5	5.0	5.7	1.1	1.2	29	67	4	44	6	8	22
乌干达	24.2	33.4	45.3	3.2	3.0	48	49	3	99	5	12	45
乌克兰	49.2	45.9	43.3	–0.7	–0.6	14	70	15	20	22	15	11
阿拉伯联合酋长国	3.0	7.5	9.2	9.1	2.0	17	83	0	21	1	1	13
英国	58.9	62.2	65.7	0.6	0.5	17	66	17	26	25	9	13
美国	282.2	309.3	334.9	0.9	0.8	20	67	13	30	20	8	14
乌拉圭	3.3	3.4	3.5	0.2	0.3	23	64	14	35	22	9	14
乌兹别克斯坦	24.7	28.2	31.6	1.4	1.1	29	66	4	44	7	5	23
委内瑞拉	24.3	28.8	33.1	1.7	1.4	29	65	6	45	9	5	21
越南	77.6	86.9	95.2	1.1	0.9	24	70	6	34	9	5	17
西岸和加沙	3.0	4.2	5.5	3.2	2.7	42	55	3	78	5	4	33
也门共和国	17.7	24.1	32.2	3.1	2.9	44	53	3	83	5	6	38
赞比亚	10.2	12.9	17.7	2.4	3.1	46	51	3	92	6	16	46
津巴布韦	12.5	12.6	15.5	0.0	2.1	39	57	4	68	7	13	29
全世界	**6,117.8 s**	**6,894.6 s**	**7,635.2 s**	**1.2 w**	**1.0 w**	**27 w**	**66 w**	**8 w**	**41 w**	**12 w**	**8 w**	**20 w**
低收入国家	643.7	796.3	979.1	2.1	2.1	39	57	4	69	6	11	33
中等收入国家	4,424.5	4,970.8	5,478.1	1.2	1.0	27	67	6	40	10	8	19
中低收入国家	2,146.7	2,518.7	2,901.8	1.6	1.4	32	63	5	51	8	8	24
中高收入国家	2,277.9	2,452.1	2,576.2	0.7	0.5	22	70	8	31	11	7	14
低收入和中等收入国家	5,068.2	5,767.2	6,457.2	1.3	1.1	29	65	6	44	9	8	21
东亚和太平洋地区	1,813.8	1,961.6	2,068.9	0.8	0.5	22	71	7	31	10	7	14
欧洲和中亚	398.5	405.2	414.4	0.2	0.2	19	70	11	28	15	11	15
拉丁美洲和加勒比地区	514.3	582.6	642.4	1.2	1.0	28	65	7	43	10	6	19
中东和北非	277.4	331.3	386.5	1.8	1.6	31	64	5	48	7	5	23
南亚	1,398.0	1,633.1	1,860.8	1.6	1.3	32	64	5	50	8	8	23
撒哈拉以南非洲地区	666.3	853.4	1,084.2	2.5	2.4	42	54	3	78	6	13	37
高收入国家	1,049.6	1,127.4	1,178.1	0.7	0.4	17	67	16	26	23	8	12
欧元区	315.0	331.8	336.7	0.5	0.1	15	66	18	23	28	9	10

a. 不包括阿布哈兹和南奥塞梯。b. 不包括德涅斯特河沿岸地区。c. 经济增长是由2004年以来的移民数量激增导致的。d. 包括科索沃。e. 包括南苏丹。

关于数据的说明

人口估计数通常是以各国的人口普查为基础。普查前和普查后的估计值都是根据人口模型内推或外推得出的。即使高收入国家的数据也存在误差和低估的情况，在发展中国家，由于进行全面普查所必需的交通、通讯和其他资源的不足，这种误差可能很大。

公众对政府的信任度、政府是否致力于保证统计的全面性和准确性、对人口普查数据的保密和防止滥用，以及普查机构能否免于不适当的行政干预，也会影响官方人口数据的质量和可靠性。此外，由于各国统计机构和其他收集人口数据的组织所使用的概念、定义、数据收集程序和估算方法的不同，人口指标的国际可比性也很有限。

在本表中所列的158个经济体和表1.6所列的58个经济体中，有180个（大约86%）在2000年普查期间（1995—2004年）进行了人口普查。到2012年1月，141个国家已经完成了2010年普查期间（2005—2014年）的人口普查。实时性以及调查和登记制度所提供的补充数据的可获得性是判定人口数据质量的较为客观的标准。在某些欧洲国家，在未进行人口普查的情况下，登记制度可以提供完整的人口数据信息。关于最近的普查或调查年份以及登记的完整性情况，见表2.17和“基本数据文献”。

缺少普查数据的发展中国家的当前人口估计数，以及有普查数据的国家的普查前和普查后的人口估计数，是由联合国人口署和其他统计机构提供的。标准估算法（一种估计和预测人口的标准方法）需要生育率、死亡率和净移民率的数据，这些数据常常是通过抽样调查来收集的，其中有些可能覆盖范围很小或很有限。人口估计数是用人口模型推算出的，由于模型以及数据本身的缺陷，很容易受到错误和偏见的影响。由于5岁年龄组是一个组别并且使用5岁年龄段的数据，因此，为获得年度数据或单一年龄的构成而进行的修正，并不能反映实际情况和年龄构成。

总人口增长率可能掩盖了这样一个事实，即不同年龄组的增长率可能很不一样。在许多发展中国家，15岁以下的人口曾迅速增长，但现在已开始减少。以往的高生育率和死亡率的下降现在在劳动适龄人口的迅速增长中得到了反映。

年龄依附率数据考虑了儿童、老人和工作年龄人口比例的变化。对幼年依附率和老年依附率的分别计算，反映出了工作年龄人口必须承担的依附所造成负担的程度，这与儿童和老人在人口中所占比例的大小有关。但依附率是一个反映人口年龄构成而不是经济依附程度的指标。某些儿童和老人是劳动力的一部分，而许多处于工作年龄的人并非劳动力。

生存率是基于国家统计局和其他组织提供的出生和死亡登记体系、人口普查、抽样调查等数据，抑或是人口统计学分析。大多数高收入国家2010年的数据是基于人口登记的临时性估计。许多国家的估计数是根据前几年的水平和趋势推断而来的，或者是联合国人口署对人口估算和推演的修正。

人口登记是这些数据比较好的来源，但是在许多发展中国家，出生和死亡登记制度并不存在或由于地理或事件覆盖范围的不足而不完备。许多发展中国家进行专门的居民户调查，通过询问被访问者家中最近的出生和死亡情况来估算出生及死亡率。以这种方式得出的估计数，既受抽样误差的影响，又受被访问者不准确回忆的影响。

联合国统计署对出生及死亡登记制度的完备性进行监控。一些国家在过去60年已经取得了一定的进步。但是许多国家仍然缺少居民登记制度。例如，只有57%的国家和地区登记了至少90%的出生人口，只有53%的国家和地区登记了至少90%的死亡人口。一些人口众多的发展中国家——孟加拉国、巴西、中国、印度、印度尼西亚、尼日利亚和巴基斯坦——仍没有完备的出生及死亡登记制度。

除出生率和死亡率之外，国际移民是直接影响一国人口增长率的唯一其他因素。1990—2005年，高收入国家中的移民增加了4,000万人。目前大约19.5亿人生活在母国以外，大约占世界总人口的3%。对国际移民进行估算是困难的。不管是什么时候，都有许多人因旅游、工作、逃难或其他原因而在母国以外的地方居住。停留多长时间、为什么目的而进行的国际旅行才能被视为移民的标准各不相同，要准确估计就需要一国人口流入和流出的数据信息，而这种数据是很难被收集的。

定义

• **总人口**是一个经济体中的总居民数，不管其法律地位或国籍如何——但不包括不将该国作为永久避难地的难民，这些人一般被视为其来源国人口的一部分。表中所示指标是2000年和2010年年中的估计数以及对2020年的预测数。 • **年均人口增长率**是所指时期内的指数变化，欲了解更多信息，见“统计方法”。 • **人口年龄构成**表示各特定年龄组的人口在总人口中所占的比例。 • **依附率**是依附人口（年龄不到15岁、超过64岁的人）与工作年龄人口（年龄在15—64岁人口）之比。 • **粗死亡率和粗出生率**是年中时估计的这一年平均每千人中的死亡人数和成活出生人数。粗出生率与粗死亡率之差就是人口的自然增长率，即不包括移民的人口增长率。

数据资料来源

世界银行的人口估计数是人类发展数据组在咨询人类发展网络、世界银行工作人员和驻各国办事处后汇编得出的。一半以上国家的人口数据、大多数发展中国家的人口数据以及所有国家的年龄构成和依附率数据都是来源于联合国人口署的《世界人口展望：2010年修订版》；其他重要的资料来源包括各国统计部门的人口普查报告和其他统计出版物；来自各国机构、宏观国际公司以及美国疾病控制与预防中心的家庭调查；欧洲统计局的《人口统计》（各年度）；太平洋共同体秘书处的《人口统计公报》（各年度）；美国人口普查局的国际数据库。

2.2 劳动力结构

	劳动力参与率				劳动力				
	占15岁及其以上人口的百分比				总数 百万		15 岁及其以上的劳动力年均增长百分比	女性在劳动力中所占的百分比	
	男性		女性						
	2000	2010	2000	2010	2000	2010	2000–2010	2000	2010
阿富汗	81	80	13	16	6.5	9.1	3.3	13.3	15.2
阿尔巴尼亚	73	71	51	50	1.3	1.5	1.2	41.7	41.6
阿尔及利亚	76	72	12	15	8.8	11.2	2.4	13.7	16.9
安哥拉	75	77	67	63	5.2	7.1	3.1	48.4	45.9
阿根廷	74	75	43	47	15.4	18.4	1.8	38.1	40.2
亚美尼亚	73	70	58	49	1.5	1.4	−0.2	48.8	46.5
澳大利亚	72	73	55	59	9.6	11.8	2.1	43.8	45.3
奥地利	69	68	48	54	3.9	4.3	1.1	43.5	45.9
阿塞拜疆	71	68	57	61	3.5	4.6	2.6	47.0	49.1
巴林	86	87	35	39	0.3	0.7	8.6	21.4	19.3
孟加拉国	86	84	54	57	57.3	72.3	2.3	37.5	39.9
白俄罗斯	65	62	53	50	4.7	4.5	−0.6	48.9	49.0
比利时	61	61	44	48	4.4	4.9	1.0	42.9	45.3
贝宁	81	78	64	67	2.6	3.6	3.5	46.5	47.5
玻利维亚	82	81	60	64	3.5	4.6	2.6	43.2	44.8
波斯尼亚和黑塞哥维那	58	59	33	35	1.3	1.5	1.1	39.1	40.0
博茨瓦纳	80	82	70	72	0.8	1.0	2.4	46.9	46.3
巴西	82	81	55	59	83.7	101.6	1.9	41.2	43.7
保加利亚	57	60	48	49	3.6	3.5	−0.3	47.1	46.8
布基纳法索	91	91	77	78	5.5	7.5	3.2	48.2	47.6
布隆迪	84	82	86	84	2.9	4.3	3.9	53.2	52.1
柬埔寨	83	87	77	79	5.8	8.0	3.2	51.2	49.9
喀麦隆	77	77	62	64	6.2	8.2	2.8	45.1	45.7
加拿大	72	72	59	62	16.3	19.0	1.6	45.8	47.1
中非共和国	86	85	71	73	1.7	2.1	2.1	46.4	47.1
乍得	80	80	65	65	3.2	4.4	3.2	45.5	45.3
智利	75	74	35	47	6.1	8.0	2.8	33.1	39.6
中国	83	80	71	68	724.5	799.8	1.0	45.0	44.6
中国香港	73	68	49	51	3.3	3.7	1.0	41.9	46.0
哥伦比亚	82	80	49	55	17.3	22.1	2.5	38.7	42.5
刚果民主共和国	73	72	71	70	18.5	25.3	3.1	50.1	49.9
刚果共和国	71	73	65	68	1.3	1.7	3.0	48.1	48.6
哥斯达黎加	81	79	37	46	1.6	2.2	3.2	30.8	36.2
科特迪瓦	82	81	49	52	6.4	7.8	2.0	35.0	37.4
克罗地亚	63	60	45	46	2.0	2.0	0.0	44.1	45.9
古巴	70	70	38	43	4.7	5.3	1.1	35.0	38.0
塞浦路斯	72	71	50	57	0.4	0.6	2.7	40.8	43.5
捷克共和国	70	68	52	49	5.2	5.3	0.2	44.4	43.3
丹麦	72	69	60	60	2.9	2.9	0.3	46.6	47.2
多米尼加共和国	80	79	46	51	3.5	4.4	2.2	36.6	39.4
厄瓜多尔	84	83	50	54	5.4	6.9	2.4	37.4	39.7
埃及	73	74	20	24	20.1	27.1	3.0	21.5	24.2
萨尔瓦多	79	79	45	47	2.2	2.6	1.6	39.6	41.4
厄立特里亚	90	90	75	80	1.7	2.6	4.5	47.3	48.6
爱沙尼亚	67	68	52	57	0.7	0.7	0.6	48.7	50.4
埃塞俄比亚	91	90	73	78	29.0	40.8	3.4	45.2	47.2
芬兰	67	65	57	56	2.6	2.7	0.3	47.5	47.8
法国	63	62	48	51	27.2	29.9	0.9	45.5	47.1
加蓬	67	65	55	56	0.4	0.6	2.8	45.5	46.3
冈比亚	83	83	71	72	0.5	0.8	3.2	47.0	47.9
格鲁吉亚	74	74	55	56	2.2[a]	2.4[a]	0.8[a]	46.2	47.0
德国	68	67	49	53	40.3	42.2	0.4	43.7	45.6
加纳	77	72	73	67	8.4	10.4	2.1	48.1	47.6
希腊	65	65	40	45	4.9	5.3	0.8	39.1	41.5
危地马拉	86	88	42	49	4.0	5.7	3.6	34.6	38.1
几内亚	78	78	63	65	3.3	4.1	2.2	44.6	45.2
几内亚比绍	79	78	63	68	0.5	0.6	2.6	45.5	47.3
海地	69	71	57	60	3.2	4.2	2.5	46.5	47.0

	劳动力参与率				劳动力				
	占15岁及其以上人口的百分比				总数 百万		15岁及其以上的劳动力年均增长百分比	女性在劳动力中所占的百分比	
	男性		女性						
	2000	2010	2000	2010	2000	2010	2000–2010	2000	2010
洪都拉斯	88	83	44	42	2.4	3.0	2.4	34.1	34.1
匈牙利	58	58	41	44	4.2	4.3	0.3	44.7	46.0
印度	83	81	34	29	409.4	472.6	1.4	27.8	25.3
印度尼西亚	85	84	50	51	99.6	118.0	1.7	37.7	38.2
伊朗	73	72	14	16	18.5	25.3	3.1	16.0	17.9
伊拉克	69	69	13	14	5.5	7.5	3.1	16.0	17.5
爱尔兰	71	68	47	52	1.8	2.1	1.9	40.6	43.7
以色列	61	62	48	53	2.5	3.2	2.6	45.7	47.1
意大利	61	60	35	38	23.3	25.1	0.8	38.7	40.3
牙买加	78	72	59	56	1.2	1.2	0.3	44.3	45.1
日本	76	72	49	50	67.6	66.7	–0.1	40.7	42.3
约旦	68	65	13	15	1.2	1.6	2.5	14.3	18.0
哈萨克斯坦	76	77	65	66	7.5	8.8	1.5	49.2	49.4
肯尼亚	73	72	63	61	11.9	15.5	2.7	46.8	46.5
朝鲜	88	84	74	72	13.6	14.6	0.7	47.5	47.7
韩国	73	72	49	49	22.7	24.6	0.8	40.5	41.3
科索沃	..	..	..	..	..	..	..	..	..
科威特	82	82	44	43	1.0	1.4	3.5	25.1	23.9
吉尔吉斯斯坦	74	78	56	55	2.1	2.5	2.0	44.6	42.7
老挝	81	79	79	77	2.5	3.2	2.5	49.9	49.8
拉脱维亚	65	66	49	55	1.1	1.2	0.6	48.1	50.1
黎巴嫩	71	71	19	23	1.1	1.5	2.4	22.9	25.5
莱索托	80	73	68	59	0.8	0.9	0.5	49.1	46.0
利比里亚	62	64	58	58	1.0	1.4	3.6	49.0	47.7
利比亚	73	77	27	30	1.8	2.4	2.8	26.1	28.0
立陶宛	67	63	55	54	1.7	1.6	–0.3	49.5	50.3
前南斯拉夫马其顿共和国	66	69	41	43	0.8	0.9	1.3	38.8	38.6
马达加斯加	90	89	84	84	7.3	10.1	3.3	48.7	48.9
马拉维	81	81	77	85	4.8	6.7	3.3	49.7	51.5
马来西亚	82	77	45	44	9.9	12.0	1.9	34.7	35.8
马里	66	70	37	37	3.1	4.3	3.4	37.5	35.5
毛里塔尼亚	78	79	23	28	0.8	1.1	3.8	23.3	26.5
毛里求斯	81	76	41	44	0.5	0.6	1.2	34.5	37.7
墨西哥	83	81	39	44	40.3	49.6	2.1	32.9	36.5
摩尔多瓦	64	45	55	38	1.6[b]	1.2[b]	–3.0[b]	49.7	49.2
蒙古	66	65	56	54	0.9	1.2	2.2	46.8	46.4
摩洛哥	79	75	29	26	10.2	11.4	1.1	27.9	27.1
莫桑比克	83	83	88	86	8.7	11.1	2.4	55.0	53.6
缅甸	81	82	74	75	24.2	28.0	1.5	48.3	48.9
纳米比亚	65	70	49	58	0.6	0.9	3.8	44.4	46.3
尼泊尔	90	88	82	80	12.4	16.0	2.6	48.9	49.2
荷兰	73	72	53	58	8.2	8.9	0.8	43.1	45.6
新西兰	73	74	57	62	1.9	2.4	2.0	45.2	46.7
尼加拉瓜	83	80	38	46	1.8	2.4	2.8	32.5	37.9
尼日尔	88	90	38	40	3.5	5.1	3.7	30.9	31.2
尼日利亚	67	63	45	48	39.2	50.3	2.5	40.1	42.8
挪威	72	70	60	62	2.4	2.6	1.0	46.5	46.9
阿曼	78	80	23	28	0.8	1.2	4.4	17.1	17.9
巴基斯坦	84	83	16	22	43.0	59.7	3.3	15.3	20.7
巴拿马	82	83	45	49	1.3	1.6	2.5	35.4	37.3
巴布亚新几内亚	74	74	71	71	2.3	3.0	2.7	48.5	48.3
巴拉圭	87	86	51	57	2.3	3.1	3.0	36.6	39.7
秘鲁	83	85	58	67	12.0	15.5	2.6	41.2	44.6
菲律宾	82	79	49	50	30.9	38.7	2.2	37.5	38.8
波兰	64	64	49	48	17.4	18.2	0.5	45.8	45.1
葡萄牙	70	68	53	56	5.2	5.6	0.7	45.3	47.4
波多黎各	60	54	35	35	1.4	1.4	0.3	39.5	42.3
卡塔尔	92	95	39	52	0.3	1.3	13.7	15.6	12.4

	劳动力参与率				劳动力				
	占15岁及其以上人口的百分比				总数 百万		15岁及其以上的劳动力年均增长百分比	女性在劳动力中所占的百分比	
	男性		女性						
	2000	2010	2000	2010	2000	2010	2000–2010	2000	2010
罗马尼亚	71	65	58	48	11.8	10.2	–1.5	46.6	44.7
俄罗斯联邦	69	71	55	56	73.3	75.5	0.3	48.6	48.9
卢旺达	85	85	86	86	3.8	5.2	3.2	52.3	51.8
沙特阿拉伯	74	74	16	17	6.0	9.6	4.7	14.7	14.8
塞内加尔	89	88	64	66	3.9	5.4	3.1	42.9	43.9
塞尔维亚	..	67	..	51	..	3.5[c]	..	..	43.9
塞拉利昂	63	69	67	66	1.6	2.3	3.7	53.2	50.7
新加坡	78	77	53	57	2.1	2.8	3.0	40.6	42.3
斯洛伐克共和国	68	68	53	51	2.6	2.7	0.5	45.6	44.6
斯洛文尼亚	64	65	51	53	1.0	1.0	0.8	46.3	46.3
索马里	78	77	37	38	2.3	2.9	2.2	32.8	33.6
南非	61	60	44	44	15.2	18.2	1.8	43.1	42.8
南苏丹	..	..	..	..	..	..	..	..	..
西班牙	66	67	41	52	18.2	23.2	2.4	39.5	44.3
斯里兰卡	77	76	37	35	7.8	8.6	0.9	33.1	32.2
苏丹	76	77	29	31	10.3	14.0	3.0	27.9	28.7
斯威士兰	72	71	43	44	0.3	0.4	2.2	40.3	39.7
瑞典	68	68	58	59	4.6	5.0	0.9	47.1	47.0
瑞士	78	75	58	61	4.0	4.5	1.2	44.3	45.8
阿拉伯叙利亚共和国	80	72	20	13	4.8	5.5	1.2	20.2	15.2
塔吉克斯坦	75	75	58	57	2.4	2.8	1.8	44.1	45.2
坦桑尼亚	91	90	87	88	16.7	22.1	2.8	49.7	49.8
泰国	81	80	65	64	34.8	39.4	1.2	46.1	45.7
东帝汶	75	74	38	38	0.2	0.3	3.6	32.6	33.3
多哥	82	81	76	80	2.2	2.9	3.1	49.0	50.5
特立尼达和多巴哥	77	78	47	55	0.6	0.7	1.8	39.9	43.2
突尼斯	72	70	24	25	3.2	3.8	1.8	24.9	26.9
土耳其	74	71	27	28	21.9	26.5	1.9	26.9	28.7
土库曼斯坦	74	76	48	46	1.7	2.2	2.2	40.6	39.3
乌干达	83	80	81	76	10.1	13.4	2.8	50.0	49.3
乌克兰	65	66	52	53	23.4	23.2	–0.1	49.1	49.3
阿拉伯联合酋长国	92	92	34	44	1.7	4.9	10.5	12.0	14.8
英国	70	69	54	56	29.5	31.8	0.8	45.2	45.9
美国	74	70	59	58	147.1	157.5	0.7	45.8	46.1
乌拉圭	76	77	52	55	1.6	1.7	0.8	43.2	44.5
乌兹别克斯坦	72	74	48	48	9.2	12.1	2.8	40.6	39.8
委内瑞拉	82	80	48	52	10.5	13.4	2.4	37.2	39.3
越南	83	81	74	73	41.3	51.1	2.1	49.1	48.5
西岸和加沙	67	66	11	15	0.6	1.0	4.6	13.4	17.8
也门共和国	71	72	22	25	4.2	6.5	4.3	24.0	25.8
赞比亚	85	86	75	73	4.5	5.5	2.1	47.2	46.1
津巴布韦	82	90	69	83	5.5	6.6	1.9	46.4	49.3
全世界	**79 w**	**77 w**	**52 w**	**51 w**	**2,770.2 t**	**3,223.0 t**	**1.5 w**	**39.9 w**	**39.9 w**
低收入国家	83	83	66	68	279.3	363.5	2.6	44.9	45.6
中等收入国家	80	79	51	49	1,987.5	2,308.6	1.5	38.4	38.0
中低收入国家	81	79	39	37	828.5	994.1	1.8	32.1	31.5
中高收入国家	80	78	60	59	1,159.1	1,314.4	1.3	42.8	43.0
低收入和中等收入国家	81	79	52	51	2,266.8	2,672.1	1.6	39.2	39.1
东亚和太平洋地区	83	81	68	65	991.2	1,118.0	1.2	44.3	44.1
欧洲和中亚	69	70	50	50	176.8	191.8	0.8	45.0	44.8
拉丁美洲和加勒比地区	81	80	48	53	224.6	278.2	2.1	38.3	41.2
中东和北非	74	72	18	20	80.3	104.9	2.7	20.0	21.5
南亚	83	81	35	32	536.8	638.8	1.7	28.2	27.1
撒哈拉以南非洲地区	77	76	61	63	257.2	340.4	2.8	44.9	45.6
高收入国家	71	69	51	52	503.4	550.9	0.9	43.2	43.9
欧元区	65	65	45	50	144.9	159.6	1.0	42.6	44.8

a. 不包括阿布哈兹和南奥塞梯。b. 不包括德涅斯特河沿岸地区。c. 包括科索沃。

关于数据的说明

劳动力是一个经济体的货物和服务生产的可获得的劳动力供应。它包括目前的就业者、失业但正在寻找工作的人以及初次寻找工作的人。然而并不是每一个从事劳动的人都包括在内。无报酬的劳动者、家务劳动者和学生通常不包括在内，在有些国家军人也不包括在内。一年中季节性工人进入和离开劳动力队伍时，劳动力规模往往会发生变化。

有关劳动力的数据来自劳动力调查、人口普查和企业的普查和调查资料以及各种官方报告诸如就业变化记录和失业保障计划等，国际劳工组织（ILO）对此进行汇总。一些国家的数据综合了各种来源的数字。进行国际比较时，最全面的信息就是劳动力调查。该调查试图囊括所有的非机构公民、经济体所有的分支和部门以及所有类型工人（包括拥有多份工作的人口）。相反，依据人口普查而获得的劳动力数据基于个人经济属性的限制，通常具有很小的调查余地。作为结果的数据与劳动力的调查数据通常是相反的，各国之间也相差很大，这取决于人口普查的范围。另一方面，企业的普查和调查数据只提供了就业人口的数据而没有包括失业者、在规模很小的公司工作的人和非正式部门的工作者（国际劳工组织，《2001—2002 年劳动力市场的关键指标》）。

人口普查或调查所涉及的时段是造成不同的另一个重要原因：在一些国家，数据指的是一个人在人口普查或调查的当天或者调查日之前特定时段内的状况；而在另外一些国家，数据记录时未说明特定时段。在发展中国家，家庭常常是生产的基本单位，家庭中所有成员都对产出有贡献，但是有些劳动强度低或时间间隔无规律，因而在对劳动力的估计方面，可能大大低估了实际劳动力的数量。

就业年龄定义的不同也影响着可比性。对于大多数国家来讲，工作年龄就是在 15 岁或者 15 岁以上，但是在一些国家，15 岁以下儿童也从事全日制或非全日制工作，这包括在估计值中。类似地，一些国家还有年龄上限。其结果是以此年龄段计算的劳动力参与率的实际比率被系统地高估或低估了。有关资料来源、涉及时段或者定义的信息，请查阅原始资料。

表中的劳动力参与率来自《劳动力市场的关键指标》（第 7 版）。这些最新的估计值是利用严格的数据选择标准和完善的方法得出的，以确保国家之间以及各个时段之间的可比性。这些估计值主要基于劳动力调查以及调查数据无法获得时所采用的其他资料来源（人口普查和各国报告的估计值）。

表中的劳动力估计值是世界银行工作人员通过把国际劳工组织数据库中劳动力参与率应用于世界银行人口估计数，从而得出一个与这些人口估计数相一致的序列计算出来的。这一过程得出的结果有时与国际劳工组织《劳动力统计年鉴》及其数据库“劳动力市场的关键指标”公布的数据略有不同。

通常女性劳动力估计值低于男性，而且并不具有国际可比性。这反映出对女性而言，人口统计、社会、法律以及文化趋向等众多规范决定了她们的活动是否被看做经济活动。在许多国家，大量女性在农场或其他家庭企业干活但不拿工资，还有些女性在家中或离家不远的地方工作，一天中其工作与家庭活动相互混杂。

定义

- **劳动力参与率**是指年龄在 15 岁及 15 岁以上的人在劳动力市场中从事经济活动的人口比率：即特定阶段工作或者正在找工作的人。
- **总劳动力**是指年龄在 15 岁及 15 岁以上的人在劳动力市场中从事经济活动人口，包括在特定时期工作或者正在找工作的人，包括就业者和失业者。
- **劳动力年均增长率**是用指数端点法计算得出的（欲了解更多信息，见“统计方法”一节）。
- **女性在劳动力中所占的百分比**表明女性在劳动力中的实际参与程度。

数据资料来源

劳动力参与率来源于国际劳工组织的数据库——《劳动力市场的关键指标》（第 7 版）。劳动力数量由世界银行工作人员计算，并将劳动参与率从国际劳工组织应用于人口估计。

	农业				工业				服务业			
	男性 占男性就业百分比		女性 占女性就业百分比		男性 占男性就业百分比		女性 占女性就业百分比		男性 占男性就业百分比		女性 占女性就业百分比	
	1990–1992[a]	2007–2010[a]	1990–1992[a]	2007–2010[a]	1990–1992[a]	2007–2010[a]	1990–1992[a]	2007–2010[a]	1990–1992[a]	2007–2010[a]	1990–1992[a]	2007–2010[a]
阿富汗	..	..	..	..	..	..	..	..	..	..	..	..
阿尔巴尼亚	..	..	..	..	..	..	..	..	..	..	..	..
阿尔及利亚	..	..	..	..	..	..	..	..	..	..	..	..
安哥拉	..	..	..	..	..	..	..	..	..	..	..	..
阿根廷	0[b]	2[b]	0[b]	0[b]	40[b]	33[b]	18[b]	10[b]	59[b]	65[b]	81[b]	89[b]
亚美尼亚	..	39	..	49	..	25	..	8	..	35	..	43
澳大利亚	6	4	4	2	32	32	12	9	61	64	84	88
奥地利	6	5	8	5	47	37	20	12	46	58	72	84
阿塞拜疆	..	37	..	40	..	19	..	7	..	44	..	53
巴林	3	..	0	..	33	..	7	..	64	..	92	..
孟加拉国	54	..	85	..	16	..	9	..	25	..	2	..
白俄罗斯	..	15	..	9	..	33	..	24	..	37	..	64
比利时	3	2	3	1	41	34	16	10	56	64	82	89
贝宁	..	..	..	..	..	..	..	..	..	..	..	..
玻利维亚	3[b]	34	1[b]	38	42[b]	28	17[b]	9	55[b]	38	83[b]	53
波斯尼亚和黑塞哥维那	..	..	..	..	..	..	..	..	..	..	..	..
博茨瓦纳	..	..	..	..	..	..	..	..	..	..	..	..
巴西	31[b]	21	25[b]	12	27[b]	29	10[b]	13	43[b]	50	65[b]	75
保加利亚	..	8	..	5	..	41	..	25	..	51	..	70
布基纳法索	..	..	..	..	..	..	..	..	..	..	..	..
布隆迪	..	..	..	..	..	..	..	..	..	..	..	..
柬埔寨	..	69	..	75	..	8	..	9	..	23	..	16
喀麦隆	..	..	..	..	..	..	..	..	..	..	..	..
加拿大	6[b]	3[b]	2[b]	1[b]	31[b]	32[b]	11[b]	10[b]	64[b]	65[b]	87[b]	89[b]
中非共和国	..	..	..	..	..	..	..	..	..	..	..	..
乍得	..	..	..	..	..	..	..	..	..	..	..	..
智利	24	15	6	6	32	31	15	11	45	54	79	83
中国	..	..	..	..	..	..	..	..	..	..	..	..
中国香港	1	0	0	0	37	19	27	4	63	80	73	96
哥伦比亚	2[b]	26	1[b]	5	35[b]	23	25[b]	16	63[b]	51	74[b]	79
刚果民主共和国	..	..	..	..	..	..	..	..	..	..	..	..
刚果共和国	..	..	..	..	..	..	..	..	..	..	..	..
哥斯达黎加	32	17	5	4	27	27	25	13	41	51	69	82
科特迪瓦	..	..	..	..	..	..	..	..	..	..	..	..
克罗地亚	..	14	..	16	..	38	..	15	..	48	..	69
古巴	..	25	..	9	..	22	..	12	..	53	..	80
塞浦路斯	11	5	13	3	31	30	23	9	56	65	63	88
捷克共和国	..	4	..	2	..	49	..	23	..	47	..	75
丹麦	7	4	3	1	37	29	16	9	56	67	81	90
多米尼加共和国	26	21	3	2	23	26	21	14	52	48	76	83
厄瓜多尔	10[b]	33	2[b]	22	29[b]	24	17[b]	11	62[b]	43	81[b]	67
埃及	35	28	52	46	25	27	10	6	41	44	37	49
萨尔瓦多	48[b]	33	15[b]	5	23[b]	22	23[b]	18	29[b]	45	63[b]	77
厄立特里亚	..	..	..	..	..	..	..	..	..	..	..	..
爱沙尼亚	23	6	13	3	42	43	30	18	36	50	57	78
埃塞俄比亚	..	9	..	10	..	25	..	20	..	76	..	64
芬兰	11	6	6	3	38	36	15	10	51	58	78	87
法国	7	4	5	2	39	33	17	10	54	63	78	88
加蓬	..	..	..	..	..	..	..	..	..	..	..	..
冈比亚	..	..	..	..	..	..	..	..	..	..	..	..
格鲁吉亚	..	51	..	57	..	17	..	4	..	33	..	40
德国	4	2	4	1	50	40	24	14	46	58	73	84
加纳	66	..	59	..	10	..	10	..	23	..	32	..
希腊	20	12	26	13	29	28	17	8	51	60	57	79
危地马拉	19[b]	..	3[b]	..	36[b]	..	27[b]	..	45[b]	..	70[b]	..
几内亚	..	..	..	..	..	..	..	..	..	..	..	..
几内亚比绍	..	..	..	..	..	..	..	..	..	..	..	..
海地	76	..	50	..	9	..	9	..	13	..	38	..

按经济活动划分的就业

	农业				工业				服务业			
	男性 占男性就业百分比		女性 占女性就业百分比		男性 占男性就业百分比		女性 占女性就业百分比		男性 占男性就业百分比		女性 占女性就业百分比	
	1990–1992[a]	2007–2010[a]	1990–1992[a]	2007–2010[a]	1990–1992[a]	2007–2010[a]	1990–1992[a]	2007–2010[a]	1990–1992[a]	2007–2010[a]	1990–1992[a]	2007–2010[a]
洪都拉斯	53[b]	48	6[b]	10	18[b]	22	25[b]	22	29[b]	30	69[b]	68
匈牙利	19	6	13	2	43	40	29	20	38	53	58	78
印度	..	46[b]	..	65[b]	..	24[b]	..	18[b]	..	30[b]	..	17[b]
印度尼西亚	54	39	57	38	15	22	13	15	31	40	31	47
伊朗	..	19	..	31	..	33	..	27	..	47	..	42
伊拉克	..	17	..	51	..	22	..	4	..	61	..	46
爱尔兰	17	8	3	1	35	29	18	9	49	63	79	90
以色列	5	3	2	1	38	30	15	10	57	67	83	89
意大利	8	5	9	3	41	39	23	14	52	57	68	83
牙买加	36	28	16	10	25	24	12	7	39	48	72	83
日本	6	4	7	4	40	33	27	15	54	62	65	80
约旦	..	2	..	1	..	21	..	9	..	77	..	90
哈萨克斯坦	..	31	..	29	..	26	..	12	..	43	..	59
肯尼亚	..	..	..	..	..	..	..	..	..	..	..	..
朝鲜	..	..	..	..	..	..	..	..	..	..	..	..
韩国	14	6	18	7	40	20	28	13	46	73	54	81
科索沃	..	..	..	..	..	..	..	..	..	..	..	..
科威特	..	..	..	..	..	..	..	..	..	..	..	..
吉尔吉斯斯坦	..	..	..	..	..	..	..	..	..	..	..	..
老挝	..	..	..	..	..	..	..	..	..	..	..	..
拉脱维亚	..	12	..	6	..	34	..	14	..	53	..	80
黎巴嫩	..	..	..	..	..	..	..	..	..	..	..	..
莱索托	..	..	..	..	..	..	..	..	..	..	..	..
利比里亚	..	50	..	48	..	14	..	5	..	37	..	47
利比亚	..	..	..	..	..	..	..	..	..	..	..	..
立陶宛	..	12	..	7	..	33	..	16	..	55	..	77
前南斯拉夫马其顿共和国	..	20	..	20	..	33	..	28	..	47	..	52
马达加斯加	..	..	..	..	..	..	..	..	..	..	..	..
马拉维	..	..	..	..	..	..	..	..	..	..	..	..
马来西亚	23	17	20	9	31	32	32	23	46	51	48	68
马里	..	..	..	..	..	..	..	..	..	..	..	..
毛里塔尼亚	..	..	..	..	..	..	..	..	..	..	..	..
毛里求斯	15	10	13	8	36	32	48	22	48	58	39	70
墨西哥	34	19	11	4	25	30	19	18	41	51	70	78
摩尔多瓦	..	34	..	28	..	26	..	14	..	41	..	58
蒙古	..	41[b]	..	39[b]	..	19[b]	..	11[b]	..	40[b]	..	50[b]
摩洛哥	4[b]	34	3[b]	59	33[b]	24	46[b]	15	63[b]	42	51[b]	25
莫桑比克	..	..	..	..	..	..	..	..	..	..	..	..
缅甸	..	..	..	..	..	..	..	..	..	..	..	..
纳米比亚	45	23	52	8	21	24	8	9	34	53	40	83
尼泊尔	75	..	91	..	4	..	1	..	20	..	8	..
荷兰	5	4	2	2	33	24	10	6	60	61	81	84
新西兰	13[b]	9	8[b]	4	31[b]	31	13[b]	10	56[b]	61	79[b]	86
尼加拉瓜	..	42	..	8	..	21	..	19	..	37	..	72
尼日尔	..	..	..	..	..	..	..	..	..	..	..	..
尼日利亚	..	..	..	..	..	..	..	..	..	..	..	..
挪威	7	4	3	1	34	31	10	7	58	65	86	92
阿曼	..	..	..	..	..	..	..	..	..	..	..	..
巴基斯坦	45	37	69	75	20	22	15	12	35	41	16	13
巴拿马	36	24	3	7	19	24	11	10	45	52	86	82
巴布亚新几内亚	..	..	..	..	..	..	..	..	..	..	..	..
巴拉圭	3[b]	31	0[b]	19	33[b]	25	19[b]	10	64[b]	44	80[b]	71
秘鲁	1[b]	1[b]	0[b]	1[b]	30[b]	32[b]	13[b]	14[b]	69[b]	67[b]	87[b]	86[b]
菲律宾	53	42	32	24	17	18	14	10	29	40	55	66
波兰	..	13	..	13	..	42	..	16	..	45	..	71
葡萄牙	10	11	13	11	39	38	24	16	51	51	63	73
波多黎各	5	2	0	1	27	25	19	10	67	73	80	90
卡塔尔	..	3	..	0	..	58	..	5	..	39	..	95

按经济活动划分的就业

	农业 男性 占男性就业百分比 1990–1992[a]	农业 男性 占男性就业百分比 2007–2010[a]	农业 女性 占女性就业百分比 1990–1992[a]	农业 女性 占女性就业百分比 2007–2010[a]	工业 男性 占男性就业百分比 1990–1992[a]	工业 男性 占男性就业百分比 2007–2010[a]	工业 女性 占女性就业百分比 1990–1992[a]	工业 女性 占女性就业百分比 2007–2010[a]	服务业 男性 占男性就业百分比 1990–1992[a]	服务业 男性 占男性就业百分比 2007–2010[a]	服务业 女性 占女性就业百分比 1990–1992[a]	服务业 女性 占女性就业百分比 2007–2010[a]
罗马尼亚	29	29	38	31	44	36	30	20	28	35	33	49
俄罗斯联邦	..	11	..	7	..	38	..	19	..	51	..	74
卢旺达	..	..	..	..	..	..	..	..	..	..	..	..
沙特阿拉伯	..	5	..	0	..	23	..	2	..	72	..	98
塞内加尔	..	..	..	..	..	..	..	..	..	..	..	..
塞尔维亚	..	25	..	23	..	32	..	16	..	43	..	61
塞拉利昂	..	..	..	..	..	..	..	..	..	..	..	..
新加坡	1	2	0	1	36	26	32	17	63	73	68	83
斯洛伐克共和国	..	4	..	2	..	50	..	21	..	46	..	77
斯洛文尼亚	..	9	..	9	..	43	..	21	..	48	..	71
索马里	..	..	..	..	..	..	..	..	..	..	..	..
南非	..	6	..	4	..	35	..	13	..	59	..	83
南苏丹	..	..	..	..	..	..	..	..	..	..	..	..
西班牙	11	6	8	3	41	34	17	10	49	60	75	88
斯里兰卡	..	30[b]	..	37[b]	..	25[b]	..	25[b]	..	27[b]	..	27[b]
苏丹	..	..	..	..	..	..	..	..	..	..	..	..
斯威士兰	..	..	..	..	..	..	..	..	..	..	..	..
瑞典	5	3	2	1	40	31	12	8	55	66	86	91
瑞士	5	4	4	2	39	30	15	10	57	61	81	82
阿拉伯叙利亚共和国	23	14	54	24	28	36	8	9	49	51	38	67
塔吉克斯坦	..	..	..	..	..	..	..	..	..	..	..	..
坦桑尼亚	78[b]	..	90[b]	..	7[b]	..	1[b]	..	15[b]	..	8[b]	..
泰国	60	44	62	39	18	21	13	18	22	35	25	43
东帝汶	..	..	..	..	..	..	..	..	..	..	..	..
多哥	..	..	..	..	..	..	..	..	..	..	..	..
特立尼达和多巴哥	15	5	6	2	34	44	14	15	51	51	80	82
突尼斯	..	..	..	..	..	..	..	..	..	..	..	..
土耳其	33	18	72	39	26	30	11	16	41	52	17	45
土库曼斯坦	..	..	..	..	..	..	..	..	..	..	..	..
乌干达	..	..	..	..	..	..	..	..	..	..	..	..
乌克兰	..	..	..	..	..	..	..	..	..	..	..	..
阿拉伯联合酋长国	..	5	..	0	..	28	..	7	..	66	..	93
英国	3	2	1	1	41	29	16	7	55	68	82	91
美国	4	2	1	1	34	25	14	7	62	72	85	92
乌拉圭	7[b]	16	1[b]	5	36[b]	29	21[b]	13	57[b]	56	78[b]	83
乌兹别克斯坦	..	..	..	..	..	..	..	..	..	..	..	..
委内瑞拉	17	13	2	2	32	31	16	11	52	57	82	87
越南	..	..	..	..	..	..	..	..	..	..	..	..
西岸和加沙	..	10	..	28	..	29	..	11	..	61	..	61
也门共和国	44	..	83	..	14	..	2	..	38	..	13	..
赞比亚	47	..	56	..	15	..	3	..	22	..	18	..
津巴布韦	..	..	..	..	..	..	..	..	..	..	..	..
全世界	.. w	.. w	.. w	.. w	.. w	.. w	.. w	.. w	.. w	.. w	.. w	.. w
低收入国家	..	..	..	..	..	..	..	..	..	..	..	..
中等收入国家	..	..	..	..	..	..	..	..	..	..	..	..
中低收入国家	..	..	..	..	..	..	..	..	..	..	..	..
中高收入国家	..	..	..	..	..	..	..	..	..	..	..	..
低收入和中等收入国家	..	..	..	..	..	..	..	..	..	..	..	..
东亚和太平洋地区	..	..	..	..	..	..	..	..	..	..	..	..
欧洲和中亚	..	16	..	15	..	35	..	18	..	49	..	66
拉丁美洲和加勒比地区	21	19	15	8	30	29	14	14	49	52	71	78
中东和北非 a	..	23	..	43	..	29	..	14	..	48	..	43
南亚	..	46	..	65	..	24	..	18	..	30	..	17
撒哈拉以南非洲地区	..	..	..	..	..	..	..	..	..	..	..	..
高收入国家	6	4	5	3	38	31	19	11	56	64	76	86
欧元区	7	4	6	3	42	36	20	12	50	59	73	85

注：由于工作人员不完全按照部门分类，跨部门合计数可能不等于100%。
a. 最近年份可获得的数据。b. 有限覆盖范围。

关于数据的说明

国际劳工组织（ILO）根据全部经济活动的国际标准产业分类（ISIC）对经济活动进行了分类，1968 年进行了第 2 次修订，1990 年进行了第 3 次修订，2008 年进行了第 4 次修订。由于分类的标准是以工作领域（行业）而不是以工作类型（职业）划分的，所以一个企业内的雇员，无论其专业或职位如何，都被划分为同一行业。各类别相加应等于 100%，否则这一差异就是由于有些人不能按经济活动进行分类引起的。

有关就业的数据来源于劳动力调查、家庭调查、官方估计、人口普查、政府社会保险计划的记录以及其他信息无法获得时的企业调查。就业的概念一般是指一定年龄以上有工作的人或在特定时段内有工作的人。就业数据包括全日制工人和非全日制工人。

然而，各国在如何定义和衡量就业状况，特别对于军人、自我雇佣者和无报酬家务劳动者的定义，存在许多差异。如果包括军人，那么军人就会被归入服务部门，与不包括军人的经济体相比，这将导致该部门被夸大。通过企业调查获得的数据通常只包括雇员，而那些自我雇佣者和无报酬家务劳动者被排除在调查之外。在这种情况下，农业部门的就业率会被严重低估。因此，应当注意的是一些数据仅仅是指城市地区，而很少包括甚至不包括农村地区。此外，年龄组群以及涵盖的地区在各国之间也存在着差异，甚至在一个国家也会随着时间而发生变化。有关更详细的信息，可以查阅原始资料。

各国对失业者的划分也采取了不同的方法。在大多数国家，以前有工作经历的失业者被按照最后所从事的工作划分。然而在有些国家，失业和初次找工作的人是不根据经济活动分类的。由于这些差异，各国之间按经济活动划分的就业规模和分布不完全具有可比性。

国际劳工组织提供的数据根据 ISIC 第 2 次修版、第 3 次修订版或者第 4 次修订版的主要分类来公布数据。本表所报告的项或类被合并计入三个大组：农业、工业和服务业。划分为这样庞大的三个组别可能掩盖了各个国家行业格局内的根本性变化。大多数经济体根据 ISIC 第 2 次修订版来报告其经济活动，但也有部分经济体改用第 3 次修订版和第 4 次修订版。使用一种或另一种分类应该不会对本表中三个大部门的信息产生重大影响。

世界范围内经济财富的分布与经济活动中的就业高度相关。富有的经济体在总就业中其服务业所占的比例是最大的，相反较贫穷的经济体，其农业部门中的就业比例则较高。

按性别划分的经济活动分布显示出某些明确的格局。尽管男性就业在三大部门中仍占据绝大部分，但是在工业部门性别差距最大。男性在农业部门的就业仍占统治地位，尽管其程度不如工业部门高。使一个性别的人局限于一个狭窄的职业范围内会减少劳动力市场的灵活性，减弱经济对变革的适应能力，因而极大地降低经济效率。这种分割对女性危害尤大，她们只能在一个非常狭窄的劳动力市场中作选择，收入也低于男性。但当男性主宰的行业集中发生失业，而就业增长机会往往集中于女性具有较好选择的服务性岗位时，这种分割对男性也不利，就像最近许多国家所发生的情况那样。

对于服务性岗位对女性的重要性日益增加有若干种解释。许多服务性岗位——例如，护理以及社会工作和文秘工作——被认为是“女性的”工作，因为人们认为这些工作与女性的传统角色相似。女性往往得不到在日益变化的就业机会中获得优势所需要的培训。而更多地获取在服务业中非全日制的工作对于大多数女性都极具诱惑力，尽管还不清楚这究竟是女性更多地从事于这类工作的原因还是其结果。

定义

- **农业**与第 1 项（ISIC 第 2 次修订版）的主要类别、表格中的 A 类与 B 类（ISIC 第 3 次修订版）或者表格中的 A 类（ISIC 第 4 次修订版）相对应。包括狩猎、林业和渔业。
- **工业**与第 2—5 项（ISIC 第 2 次修订版）的主要类别、表格中的 C—F 类（ISIC 第 3 次修订版）或者表格中的 B 或者或者 B—F 类（ISIC 第 4 次修订版）相对应。包括采矿和挖掘（含石油生产）、制造业、建筑业和公用事业（电、气和水）。
- **服务业**与第 6—9 项（ISIC 第 2 次修订版）的主要类别、表格中的 G—P 类（ISIC 第 3 次修订版）或者表格中的 G—U 类（ISIC 第 4 次修订版）相对应。包括批发及零售贸易以及饭店旅馆业；交通运输、仓储和通信；金融、保险、房地产和商务服务以及社区、社会和私人服务。

数据资料来源

就业数据来源于国际劳工组织“劳动力市场关键指标”数据库（第 7 版）。

	人口就业率				中学总入学率		脆弱性就业				劳动生产率	
	总数 占15岁及以上人口 的百分比		青年人 占15–24岁人口 的百分比		占相应年龄组 的百分比		无报酬家庭劳动者和自营工作人员 男性 占男性就业 的百分比		女性 占女性就业 的百分比		就业人口 人均GDP增长 百分比	
	1991	2010	1991	2010	1991	2010[a]	1990	2007–2010[b]	1990	2007–2010[b]	1990–1992	2008–2010
阿富汗	46	45	32	31	16	46	..	..	..	..	..	..
阿尔巴尼亚	52	52	40	36	89	89	..	..	..	..	–16.6	6.6
阿尔及利亚	34	39	22	22	60	*95*	..	..	..	..	–4.6	0.8
安哥拉	66	64	47	46	12	31	..	..	..	..	–5.6	0.8
阿根廷	55	56	48	34	74	*89*	25[c]	22[c]	27[c]	17[c]	9.0	0.2
亚美尼亚	46	41	26	18	..	92	..	36	..	40	–24.4	–6.5
澳大利亚	57	62	58	61	*132*	*129*	12	11	9	7	3.0	0.7
奥地利	54	58	61	54	102	*100*	..	9	..	9	1.3	–0.9
阿塞拜疆	56	60	37	31	88	..	..	47	..	62	–12.6	5.5
巴林	61	65	32	32	100	..	..	2	..	1	0.8	1.9
孟加拉国	73	68	64	53	*18*	*49*	..	..	..	..	2.3	3.4
白俄罗斯	59	50	39	31	93	..	..	..	..	..	–4.0	3.2
比利时	46	50	31	25	101	*111*	18	11	17	8	1.6	–0.4
贝宁	72	72	66	57	..	..	..	..	..	..	..	..
玻利维亚	63	69	48	49	..	*80*	32[c]	49	50[c]	67	2.6	1.3
波斯尼亚和黑塞哥维那	39	35	21	17	..	90	..	..	..	..	–14.7	–1.9
博茨瓦纳	56	63	36	41	49	..	..	..	..	..	..	..
巴西	60	65	54	53	..	*101*	29[c]	27	30[c]	22	–0.3	1.8
保加利亚	47	49	30	24	98	*88*	..	10	..	8	3.1	1.5
布基纳法索	82	81	76	73	7	21	..	..	..	..	1.6	0.3
布隆迪	83	77	70	56	5	25	..	..	..	..	..	..
柬埔寨	80	81	71	70	25	46	..	79	..	86	4.0	–1.2
喀麦隆	64	68	42	43	26	42	..	..	..	..	–6.6	–0.3
加拿大	59	61	57	55	101	*101*	..	..	..	..	0.8	0.2
中非共和国	72	73	56	54	12	13	..	..	..	..	..	..
乍得	67	67	49	49	*6*	26	..	..	..	..	..	..
智利	50	55	33	31	97	*88*	..	26	..	25	6.6	0.4
中国	75	71	72	57	41	81	..	..	..	..	6.8	8.8
中国香港	63	57	54	31	..	83	..	10	..	5	5.4	1.7
哥伦比亚	46	59	35	35	53	96	30[c]	48	26[c]	49	–0.7	0.6
刚果民主共和国	66	66	40	39	*21*	38	..	..	..	..	–13.0	0.4
刚果共和国	62	66	40	39	46	..	..	..	..	..	..	..
哥斯达黎加	55	60	48	42	45	100	26	19	21	20	2.4	–0.7
科特迪瓦	63	64	50	48	..	..	..	..	..	..	–4.1	0.7
克罗地亚	51	46	27	25	*83*	95	..	17	..	19	–7.7	–0.6
古巴	53	56	41	40	94	89	..	..	..	..	..	..
塞浦路斯	57	60	41	34	72	*98*	..	16	..	12	–0.9	0.2
捷克共和国	60	54	49	25	91	*90*	..	17	..	10	–5.2	0.2
丹麦	62	60	65	58	109	*117*	8	7	6	4	2.5	0.8
多米尼加共和国	52	56	37	37	..	*76*	*42*	49	*30*	30	0.9	2.0
厄瓜多尔	57	64	45	44	*55*	*80*	33[c]	37	41[c]	51	–0.1	–0.9
埃及	43	44	22	25	69	..	..	22	..	49	–1.3	2.6
萨尔瓦多	57	57	46	42	38	65	..	33	..	46	..	..
厄立特里亚	75	78	69	67	*11*	32	..	..	..	..	..	..
爱沙尼亚	67	51	50	27	100	*104*	2	6	3	4	–8.0	1.9
埃塞俄比亚	76	80	70	71	14	36	..	..	..	..	–7.9	5.8
芬兰	60	55	49	40	116	*108*	..	12	..	7	1.7	–1.3
法国	50	51	33	31	100	*113*	11	8	11	6	1.4	0.1
加蓬	52	50	20	15	*40*	..	..	..	..	..	..	..
冈比亚	71	72	58	56	19	54	..	..	..	..	..	..
格鲁吉亚	55	54	23	20	95	*86*	..	62	..	65	–25.4	0.3
德国	56	55	58	47	98	*103*	5	8	6	6	3.7	–0.9
加纳	68	67	43	36	*35*	58[d]	..	..	..	..	0.7	1.9
希腊	46	48	31	21	94	..	40	29	46	27	2.1	–1.6
危地马拉	62	65	54	58	23	59	..	..	..	..	1.0	–2.5
几内亚	69	70	51	52	11	*38*	..	..	..	..	..	..
几内亚比绍	64	68	44	48	*5*	..	..	..	..	..	..	..
海地	58	60	32	29	..	..	..	..	..	..	..	..

体面的工作与生产性就业

	人口就业率				中学总入学率		脆弱性就业				劳动生产率	
							无报酬家庭劳动者和自营工作人员					
	总数 占15岁及以上人口的百分比		青年人 占15–24岁人口的百分比		占相应年龄组的百分比		男性 占男性就业的百分比		女性 占女性就业的百分比		就业人口人均GDP增长 百分比	
	1991	2010	1991	2010	1991	2010[a]	1990	2007–2010[b]	1990	2007–2010[b]	1990–1992	2008–2010
洪都拉斯	57	60	49	47	33	73	48[c]	49	50[c]	52	..	..
匈牙利	49	45	38	18	86	98	8	8	7	5	0.3	–1.3
印度	58	54	46	34	46	60	..	..	..	..	1.0	5.6
印度尼西亚	63	63	46	40	46	77	..	62	..	67	6.2	3.2
伊朗	40	40	28	24	53	84	..	40	..	52	5.7	–0.9
伊拉克	32	34	20	17	40	..	..	..	..	..	–32.8	0.3
爱尔兰	45	52	38	31	100	117	25	18	10	5	2.6	2.1
以色列	46	54	24	27	92	91	..	9	..	5	1.6	0.3
意大利	45	44	33	20	79	99	29	21	24	15	0.6	–1.0
牙买加	63	56	43	25	70	93	46	41	37	31	0.7	–3.1
日本	63	57	43	39	97	102	15	10	26	11	0.5	0.0
约旦	32	36	17	20	82	91	..	11	..	3	–5.0	0.1
哈萨克斯坦	64	67	45	44	98	97	..	30	..	34	–15.1	–0.9
肯尼亚	67	60	45	33	..	60	..	..	..	..	–3.9	0.6
朝鲜	79	74	73	57	..	..	..	..	..	..	..	..
韩国	59	58	36	24	91	97	..	23	..	27	5.1	2.7
科索沃	..	..	..	..	..	..	..	..	..	..	..	..
科威特	58	66	26	31	53	101	..	..	..	..	–0.2	–4.4
吉尔吉斯斯坦	60	61	41	40	100	84	..	..	..	..	–13.1	–2.0
老挝	80	77	72	62	21	45	..	..	..	..	..	..
拉脱维亚	59	49	43	27	92	95	..	8	..	7	–19.6	–0.2
黎巴嫩	39	42	26	23	61	81	..	32	..	16	..	..
莱索托	49	47	38	28	24	46	..	..	..	..	..	..
利比里亚	57	59	34	33	..	..	..	69	..	89	..	..
利比亚	44	49	25	29	..	..	..	..	..	..	..	..
立陶宛	56	48	35	20	92	98	..	10	..	8	–13.9	–0.9
前南斯拉夫马其顿共和国	38	38	18	15	76	83	..	24	..	22	–6.9	–2.0
马达加斯加	83	84	71	71	19	31	..	..	..	..	–5.8	–6.1
马拉维	72	77	47	51	17	32	..	..	..	..	–2.1	3.7
马来西亚	60	59	46	35	57	68	31	23	25	20	6.0	0.3
马里	47	48	35	36	7	38	..	77	..	89	1.3	1.9
毛里塔尼亚	32	36	15	16	13	24	..	..	..	..	..	..
毛里求斯	53	55	41	31	55	89	13	17	7	14	..	..
墨西哥	57	58	50	43	54	87	29	27	15	32	1.0	–1.2
摩尔多瓦	59	38	38	18	90	88	..	34	..	28	–23.1	–2.2
蒙古	51	57	35	32	82	93	..	60	..	54	..	..
摩洛哥	46	45	39	30	36	..	..	47	..	65	–1.6	2.7
莫桑比克	77	78	64	57	7	25	..	..	..	..	–3.6	4.2
缅甸	73	76	51	53	23	54	..	..	..	..	2.0	..
纳米比亚	45	40	24	11	43	..	..	..	..	..	..	..
尼泊尔	84	82	79	73	34	..	..	..	..	..	..	..
荷兰	53	62	53	63	120	120	7	13	12	10	0.4	–0.3
新西兰	57	63	54	50	92	119	15	15	10	9	0.6	1.1
尼加拉瓜	55	60	47	46	43	69	..	45	..	45	..	..
尼日尔	54	61	47	53	7	13	..	..	..	..	–5.9	–2.5
尼日利亚	53	51	29	32	24	44	..	..	..	..	–2.8	4.6
挪威	59	64	49	52	103	110	..	8	..	3	3.9	–0.3
阿曼	52	55	28	32	45	100	..	..	..	..	0.6	1.4
巴基斯坦	47	51	38	41	23	34	..	59	..	78	6.4	–0.1
巴拿马	49	62	34	42	62	74	44	33	19	28	..	..
巴布亚新几内亚	70	71	57	54	12	..	..	..	..	..	..	..
巴拉圭	68	69	64	57	31	67	17[c]	42	31[c]	48	..	..
秘鲁	53	71	35	55	67	92	30[c]	34[c]	46[c]	47[c]	–0.8	2.4
菲律宾	60	60	42	39	70	85	..	42	..	46	–3.3	1.4
波兰	54	51	32	27	87	97	..	20	..	17	1.1	1.9
葡萄牙	59	55	53	29	66	107	22	18	28	17	2.1	1.3
波多黎各	38	37	20	18	..	82	..	..	..	..	..	..
卡塔尔	79	86	51	66	84	94	..	0	..	0	–0.3	11.1

2.4 体面的工作与生产性就业

	人口就业率				中学总入学率		脆弱性就业				劳动生产率	
							无报酬家庭劳动者和自营工作人员					
	总数 占15岁及以上人口的百分比		青年人 占15–24岁人口的百分比		占相应年龄组的百分比		男性 占男性就业的百分比		女性 占女性就业的百分比		就业人口人均GDP增长百分比	
	1991	2010	1991	2010	1991	2010[a]	1990	2007–2010[b]	1990	2007–2010[b]	1990–1992	2008–2010
罗马尼亚	57	52	49	24	92	*95*	*21*	33	*33*	33	–9.3	–3.2
俄罗斯联邦	59	58	41	36	93	*89*	*1*	6	*1*	5	–7.9	–1.4
卢旺达	88	85	80	73	18	32	..	..	..	..	..	..
沙特阿拉伯	51	47	25	12	..	101	..	..	..	..	4.8	–0.7
塞内加尔	68	69	59	57	*15*	37	*77*	..	*91*	..	–1.1	0.0
塞尔维亚	48[e]	46[e]	28[e]	19[e]	..	91	..	30	..	29	..	..
塞拉利昂	64	65	39	42	16	..	..	..	..	..	..	..
新加坡	64	63	56	34	..	..	*10*	12	*6*	7	–2.0	5.0
斯洛伐克共和国	59	51	46	21	*88*	*89*	..	17	..	7	–0.8	1.6
斯洛文尼亚	50	55	28	34	89	*97*	..	15	..	12	–2.3	–1.6
索马里	52	53	42	39	..	..	..	..	..	..	..	..
南非	37	39	15	13	69	*94*	..	8	..	12	–5.3	–0.4
南苏丹	..	..	..	..	..	..	..	..	..	..	..	..
西班牙	42	47	35	25	105	*119*	21	13	25	9	1.8	2.5
斯里兰卡	49	52	28	30	72	..	..	38[c]	..	44[c]	5.5	4.8
苏丹	47	49	32	27	20	*39*	..	..	..	..	1.4	1.7
斯威士兰	44	44	27	26	*49*	58	..	..	..	..	..	..
瑞典	64	58	58	38	90	*100*	..	9	..	5	1.9	–0.1
瑞士	67	65	69	61	98	*95*	*8*	9	*11*	9	–0.6	–1.1
阿拉伯叙利亚共和国	46	39	38	24	48	72	..	34	..	25	6.3	1.5
塔吉克斯坦	58	58	38	38	102	87	..	..	..	..	–20.4	5.8
坦桑尼亚	79	79	70	69	5	*27*	*86[c]*	..	*96[c]*	..	–2.3	3.3
泰国	77	71	70	46	31	77	67	50	74	55	6.8	0.7
东帝汶	58	54	46	41	..	56	..	..	..	..	..	..
多哥	70	75	56	57	20	..	..	..	..	..	..	..
特立尼达和多巴哥	45	63	33	48	82	*90*	22	..	21	..	–3.5	0.6
突尼斯	41	41	29	23	45	*90*	..	..	..	..	2.5	1.7
土耳其	53	44	48	32	48	*78*	..	28	..	48	1.0	–1.5
土库曼斯坦	53	54	34	35	..	..	..	..	..	..	–13.0	4.9
乌干达	79	75	61	55	*10*	28	..	..	..	..	–0.8	3.1
乌克兰	58	54	36	34	94	96	..	..	..	..	–7.9	–4.3
阿拉伯联合酋长国	71	76	44	43	68	..	..	1	..	0	–3.6	–5.2
英国	58	57	63	48	87	*102*	13	15	6	8	6.1	–0.9
美国	61	58	54	42	92	96	..	..	..	..	1.7	2.3
乌拉圭	55	61	45	44	84	*90*	..	22[c]	..	24[c]	5.2	3.9
乌兹别克斯坦	52	54	33	35	99	105	..	..	..	..	–7.7	5.4
委内瑞拉	55	61	38	40	56	83	..	30	..	32	4.5	–3.9
越南	78	75	73	58	*35*	77	..	..	..	..	4.6	3.4
西岸和加沙	31	31	20	16	..	86	..	26	..	31	..	..
也门共和国	39	42	24	27	..	44	..	..	..	..	0.9	2.2
赞比亚	65	67	47	51	*21*	..	56	..	81	..	–2.7	3.6
津巴布韦	69	83	48	73	49	..	..	..	..	..	–4.3	5.4
全世界	**62 w**	**60 w**	**52 w**	**43 w**	**50 w**	**68 w**	**.. w**	**.. w**	**.. w**	**.. w**	**0.9 w**	**2.0 w**
低收入国家	72	71	58	55	26	39	..	..	..	..	*–3.4*	–2.3
中等收入国家	63	60	52	41	47	69	..	..	..	..	*1.2*	4.2
中低收入国家	58	55	43	36	42	58	..	70	..	77	*0.4*	3.7
中高收入国家	67	65	60	48	67	83	..	..	..	..	*1.5*	4.4
低收入和中等收入国家	64	61	53	43	44	*64*	..	..	..	..	*1.0*	4.3
东亚和太平洋地区	73	70	67	53	41	*76*	..	..	..	..	*6.4*	7.9
欧洲和中亚	57	54	41	34	85	89	..	18	..	19	*–9.3*	–0.7
拉丁美洲和加勒比地区	57	62	47	45	57	*90*	*30*	31	*29*	31	*1.3*	0.1
中东和北非	40	41	27	24	54	*72*	..	33	..	48	*1.0*	1.1
南亚	59	55	47	37	37	*55*	..	78	..	86	*3.2*	4.8
撒哈拉以南非洲地区	63	64	46	46	22	*36*	..	..	..	..	*–4.8*	1.5
高收入国家	57	55	46	38	91	*100*	..	..	..	..	2.8	0.7
欧元区	50	51	42	34	..	*107*	*16*	13	*14*	9	2.3	–0.1

a. 临时数据。b. 最近年份可获得的数据。c. 有限覆盖范围。d. 2011 年的数据。e. 包括黑山。

关于数据的说明

2005年，第60届联合国大会的世界峰会高级别会议为千年发展目标又增加了4个具体目标。其中之一就是充分的生产性就业和体面的工作，它被看做人们摆脱贫困的主要途径。为这个具体目标提出的4个指标都聚焦于经济，本表提供了其中的3个指标。

人口就业率表明一个经济体如何有效地为其愿意工作的人提供就业岗位。高比率意味着较大比例的人口获得就业。但是，人口中就业比率的下降也可能是一个积极信号，尤其对于年轻人而言，如果这一下降是因其所受教育的提高造成的。由于一些女性不考虑工作性就业或者没意识到她是在工作，而使得这部分数据没有被计算在内，该指标就具有性别倾向性。这种倾向在不同国家具有不同的效应，反映了人口统计、社会、法律和文化趋势和规范。

就业率的跨国可比性还受就业与人口定义上差别的影响（见表2.3中“关于数据的说明”）。最大的差异就是在定义劳动力活动时所使用的年龄范围不同。对作为就业率之基础的人口的定义也存在较大差异（见表2.1）。大多数国家所使用的定义是，居住在私人居所、非收容机构的劳动适龄人口，不包括武装力量成员以及在精神病院、处罚场所或其他类型机构定居的个人。但在一些国家的人口基数中包括武装力量成员，而就业率中则不把这些人计算在就业数据中（国际劳工组织，《劳动力市场的关键指标》，第7版）。

在总就业中，自营工作者和无报酬家庭劳动者的比率是通过有关就业身份的信息而获得的。各组不同身份的人都面临着不同的经济风险，而自营工作者和无报酬家庭劳动者是最脆弱的——而且最有可能陷入贫困。他们最不可能得到正式的工作安排，最不可能得到社会保障网络的保护以防御经济冲击，而且常常无力积攒足够的储蓄来应对这些冲击。无报酬家庭劳动作者比率高的国家，其经济也欠发达，就业岗位增加极少，农村经济所占比例往往较大。

按不同身份划分的就业数据来源于劳动力调查和家庭经济状况调查，并以官方估计数据和人口调查数据对个别国家作补充。劳动力调查是国际可比的就业状况的最具综合性的来源，但对于跨国比较数据来说，它们仍显有限，而且随着时间的推移，即便在一国之内。从劳动力调查中得到的信息并不总是与就业所包含的信息一致。例如，由OECD提供的信息只与公民的就业有关，这可能低估了“就业者”和“不按身份划分的劳动者”的数量，尤其在武装力量人数众多的国家。而包括自营工作者和无报酬家庭劳动者在内的自我就业者这几种类别的相对比率可能不受影响。地理覆盖范围可能是对跨国比较形成限制的另一个因素。大多数拉丁美洲国家按身份划分的就业只涵盖城市地区。同样，撒哈拉以南非洲地区的一些国家各种渠道的可得信息有限，合作生产者人数中通常不包括自我就业者。有关定义与覆盖范围详细的信息，请查阅原始资料。

劳动生产率用来衡量一国创造与维持能付给公平公正报酬的、体面的就业机会的能力。生产率的提高通过投资、贸易、技术进步或生产组织模式的改变来实现。这会提高社会保障并降低贫困，反过来降低就业的不稳定性和在职贫困。生产率的提高并不保证产生这些改进，但如果没有前者——及其所带来的经济增长——这些改进不太可能发生。单个部门劳动生产率的可比性是根据国民核算账户转换来的估计数。但由于按各国货币计算的和按购买力平价美元计算的不变产出序列数据都不容易获得，可靠数据的可得性还受到极大限制。在发展中国家，由于各国之间在定义、覆盖范围和统计方法上都缺乏一致性，情况尤其如此。例如，各国在估计非市场服务部门缺失的数值时使用的方法不同，对非正规部门使用的定义也不同。

定义

• **人口就业率**是一国就业人口所占的比率。一般将15岁及其以上人口视为劳动适龄人口。15—24岁人口一般被视为青年人。

• **中学总入学率**是指中学入学的总比率，即指与官方的中学教育相对应的年龄组中的人口，而不论年龄大小。 • **脆弱性就业**指无报酬家庭劳动者和自营工作者占总就业人数的百分比。 • **劳动生产率**是指国民生产总值（GDP）除以参与商品和服务生产的人数。

数据资料来源

人口就业率、脆弱性就业和劳动生产率的相关数据来源于国际劳工组织的数据库——《劳动力市场的关键指标》（第7版）。总入学率数据来自联合国教科文组织的统计部门。

	失业率						长期失业率			根据受教育程度划分的失业率		
	总失业人口占总劳动力的百分比		男性占男性劳动力的百分比		女性占女性劳动力的百分比		占总失业人口的百分比			占总失业人口的百分比		
							总数	男性	女性	初等	中等	高等
	1990–1992[a]	2007–2010[a]	1990–1992[a]	2007–2010[a]	1990–1992[a]	2007–2010[a]	2007–2010[a]	2007–2010[a]	2007–2010[a]	2007–2010[a]	2007–2010[a]	2007–2010[a]
阿富汗	..	..	..	..	..	..	..	..	..	..	..	..
阿尔巴尼亚	..	13.8	..	12.2	..	15.9	..	..	..	..	..	..
阿尔及利亚	23.0	11.4	24.2	10.0	20.3	20.0	..	..	..	..	..	..
安哥拉	..	..	..	..	..	..	..	..	..	..	..	..
阿根廷	6.7[b]	8.6[b]	6.4[b]	7.8[b]	7.0[b]	9.8[b]	..	..	..	48.1	36.7	15.3
亚美尼亚	..	28.6	..	21.9	..	35.0	58.2	52.2	63.8	11.1	68.3	20.6
澳大利亚	10.8	5.2[b]	11.4	5.1[b]	10.0	5.4[b]	18.5[b]	20.3[b]	16.4[b]	47.4	33.6	19.0
奥地利	3.6	4.4	3.5	4.6	3.8	4.2	25.2	27.8	22.0	37.5	54.5	8.0
阿塞拜疆	..	6.0	..	5.2	..	6.9	..	..	..	9.9	75.8	14.3
巴林	6.3	..	5.2	..	11.8	..	..	..	..	22.7	38.8	31.7
孟加拉国	1.9	5.0	2.0	4.2	1.9	7.4	..	..	..	..	..	..
白俄罗斯	..	..	..	..	..	..	..	..	..	10.8	38.6	50.6
比利时	6.7	8.3	4.8	8.1	9.5	8.5	48.8	49.6	47.8	33.9	40.5	19.0
贝宁	1.5	..	2.2	..	0.6	..	..	..	..	..	..	..
玻利维亚	5.5[b]	5.2	5.5[b]	4.5	5.6[b]	6.0	..	..	..	..	..	..
波斯尼亚和黑塞哥维那	17.6	27.2	15.5	25.6	21.6	30.0	..	..	..	94.9	..	4.8
博茨瓦纳	13.8	..	11.7	..	17.2	..	..	..	..	..	..	..
巴西	6.4[b]	8.3	5.4[b]	6.1	7.9[b]	11.0	..	..	..	49.3	35.7	4.1
保加利亚	..	10.2	..	10.9	..	9.5	46.4	46.3	46.5	42.5	47.4	10.1
布基纳法索	..	3.3	..	..	..	..	..	..	..	..	..	..
布隆迪	0.5	..	0.7	..	0.3	..	..	..	..	..	..	..
柬埔寨	..	1.7	..	1.5	..	1.8	..	..	..	..	..	..
喀麦隆	..	2.9	..	2.5	..	3.3	..	..	..	..	..	..
加拿大	11.2[b]	8.0[b]	12.0[b]	8.7[b]	10.2[b]	7.2[b]	12.0[b]	12.7[b]	11.0[b]	26.3[b]	41.0[b]	32.7[b]
中非共和国	..	..	..	..	..	..	..	..	..	..	..	..
乍得	..	..	..	..	..	..	..	..	..	..	..	..
智利	4.4	8.1	3.9	7.2	5.3	9.6	..	..	..	17.8	58.5	23.5
中国	2.3[b]	4.3	..	..	..	..	..	..	..	..	..	..
中国香港	2.0	5.2	2.0	6.0	1.9	4.3	..	..	..	38.0	43.8	17.1
哥伦比亚	9.5[b]	11.6	6.8[b]	9.1	13.0[b]	15.0	..	..	..	21.0	53.7	23.0
刚果民主共和国	..	..	..	..	..	..	..	..	..	..	..	..
刚果共和国	..	..	..	..	..	..	..	..	..	..	..	..
哥斯达黎加	4.1	7.8	3.5	6.6	5.4	9.9	..	..	..	66.9	23.4	7.9
科特迪瓦	6.7	..	..	..	..	..	..	..	..	..	..	..
克罗地亚	11.1	11.8	11.1	11.4	11.2	12.2	44.4	41.4	47.7	16.0	70.4	11.6
古巴	..	1.6	..	1.4	..	2.0	..	..	..	46.6	48.5	3.6
塞浦路斯	2.1	6.2	2.0	6.0	2.2	6.4	20.4	21.0	19.8	26.9[b]	42.1[b]	29.7[b]
捷克共和国	2.3	7.3	2.4	6.4	2.1	8.5	43.3	43.3	43.3	29.6	64.8	5.7
丹麦	9.0	7.4	8.3	8.2	9.9	6.6	19.1	20.6	16.9	35.5	37.2	20.8
多米尼加共和国	20.7	14.3	12.0	9.8	35.2	21.4	..	..	..	32.0	42.2	19.5
厄瓜多尔	8.9[b]	6.5	6.0[b]	5.2	13.2[b]	8.4	..	..	..	..	..	..
埃及	9.0	9.4	6.4	5.2	17.0	22.9	..	..	..	..	..	..
萨尔瓦多	7.9[b]	7.3	8.4[b]	9.0	7.2[b]	4.9	..	..	..	..	..	..
厄立特里亚	..	..	..	..	..	..	..	..	..	..	..	..
爱沙尼亚	3.7	16.9	3.9	19.5	3.5	14.3	27.4	26.8	28.4	25.2	58.1	18.0
埃塞俄比亚	1.3	20.5	1.1	12.1	1.6	29.9	..	..	..	..	..	..
芬兰	11.6	8.4	13.3	9.0	9.6	7.7	23.6	27.0	19.3	36.6	45.3	17.4
法国	10.2	9.3	8.1	9.0	12.8	9.7	40.1	41.5	38.7	39.5	41.7	18.3
加蓬	..	..	..	..	..	..	..	..	..	..	..	..
冈比亚	..	..	..	..	..	..	..	..	..	..	..	..
格鲁吉亚	..	16.5	..	16.8	..	16.1	..	..	..	4.6	56.1	39.2
德国	6.6	7.1	5.3	7.5	8.4	6.6	47.4	48.1	46.3	32.3	56.5	11.0
加纳	4.7	..	3.7	..	5.5	..	..	..	..	..	..	..
希腊	7.8	12.5	4.9	9.9	12.9	16.2	45.0	38.8	50.3	27.7	48.9	22.4
危地马拉	..	..	..	..	..	..	..	..	..	..	..	..
几内亚	..	..	..	..	..	..	..	..	..	..	..	..
几内亚比绍	..	..	..	..	..	..	..	..	..	..	..	..
海地	12.7	..	11.9	..	13.8	..	..	..	..	..	..	..

	失业率						长期失业率			根据受教育程度划分的失业率		
	总失业人口占总劳动力的百分比		男性占男性劳动力的百分比		女性占女性劳动力的百分比		占总失业人口的百分比			占总失业人口的百分比		
							总数	男性	女性	初等	中等	高等
	1990–1992[a]	2007–2010[a]	1990–1992[a]	2007–2010[a]	1990–1992[a]	2007–2010[a]	2007–2010[a]	2007–2010[a]	2007–2010[a]	2007–2010[a]	2007–2010[a]	2007–2010[a]
洪都拉斯	3.2[b]	2.9	3.3[b]	2.9	3.0[b]	2.9	..	..	..	..	..	..
匈牙利	9.9	11.2	11.0	11.6	8.7	10.7	50.6	51.2	49.9	33.8	58.4	7.8
印度	..	..	..	..	..	..	..	..	..	..	..	..
印度尼西亚	2.8	7.1	2.7	6.1	3.0	8.7	..	..	..	43.4	40.6	10.2
伊朗	11.1	10.5	9.5	9.1	24.4	16.8	..	..	..	40.4	31.0	25.5
伊拉克	..	..	..	..	..	..	..	..	..	..	..	..
爱尔兰	15.0	13.5	14.9	16.7	15.3	9.5	49.0	53.9	38.2	38.3	39.0	18.5
以色列	11.2	6.6	9.2	6.8	13.9	6.5	22.4	25.7	18.5	22.1	48.0	28.1
意大利	9.3	8.4	6.7	7.6	13.9	9.7	48.5	47.2	49.9	47.2	40.3	11.2
牙买加	15.4	11.4	9.4	8.5	22.2	14.8	..	..	..	12.0	4.5	3.9
日本	2.2	5.0	2.1	5.4	2.2	4.5	37.6	44.8	25.2	66.8	..	33.2
约旦	..	12.9	..	10.3	..	24.1	..	..	..	..	..	..
哈萨克斯坦	..	6.6	..	5.6	..	7.5	..	..	..	45.1	39.7	15.2
肯尼亚	..	..	..	..	..	..	..	..	..	..	..	..
朝鲜	..	..	..	..	..	..	..	..	..	..	..	..
韩国	2.5	3.7	2.8	4.0	2.1	3.3	0.3	0.5	0.3	15.3	63.7	21.1
科索沃	..	45.4	..	40.7	..	56.4	81.7	82.8	79.8	64.0	46.0	15.0
科威特	..	..	..	..	..	..	..	..	..	..	..	..
吉尔吉斯斯坦	..	8.6	..	7.3	..	9.4	..	..	..	..	..	..
老挝	..	..	..	..	..	..	..	..	..	..	..	..
拉脱维亚	..	18.7	..	21.7	..	15.7	45.0	48.2	40.6	23.3	62.2	14.5
黎巴嫩	..	9.0	..	8.6	..	10.1	..	..	..	45.5	19.7	29.7
莱索托	..	25.3	..	23.0	..	28.0	..	..	..	57.2	33.5	0.4
利比里亚	..	3.7	..	3.4	..	4.1	..	..	..	..	..	..
利比亚	..	..	..	..	..	..	..	..	..	..	..	..
立陶宛	..	17.8	..	21.2	..	14.4	41.4	42.3	40.2	15.0	67.7	17.3
前南斯拉夫马其顿共和国	..	32.0	..	31.9	..	32.2	83.1	83.5	82.4	..	..	..
马达加斯加	..	..	..	..	..	..	..	..	..	..	..	..
马拉维	..	..	..	..	..	..	..	..	..	..	..	..
马来西亚	3.7	3.7	3.4	3.6	4.2	3.8	..	..	..	10.4	60.9	24.9
马里	..	..	..	..	..	..	..	..	..	..	..	..
毛里塔尼亚	..	..	..	..	..	..	..	..	..	..	..	..
毛里求斯	3.3	7.7	3.2	4.6	3.6	12.8	..	..	..	43.5	29.6	7.9
墨西哥	3.1	5.3	2.7	5.3	4.0	5.3	2.4	2.7	2.0	51.5	25.2	21.0
摩尔多瓦	..	6.4	..	7.8	..	4.9	..	..	..	..	..	..
蒙古	..	..	..	..	..	..	..	..	..	28.2	49.0	22.1
摩洛哥	16.0[b]	10.0	13.0[b]	9.8	25.3[b]	10.5	..	..	..	..	..	..
莫桑比克	..	..	..	..	..	..	..	..	..	..	..	..
缅甸	6.0	..	4.7	..	8.8	..	..	..	..	..	..	..
纳米比亚	19.0	37.6	20.0	32.5	19.0	43.0	..	..	..	..	..	..
尼泊尔	..	2.7	..	3.1	..	2.4	..	..	..	..	..	..
荷兰	5.6	4.5	4.0	4.4	7.8	4.5	27.6	27.7	27.4	42.0	36.6	18.7
新西兰	10.6[b]	6.5[b]	11.4[b]	6.2[b]	9.7[b]	6.8[b]	9.0[b]	8.9[b]	9.0[b]	30.6	39.2	25.7
尼加拉瓜	14.4	5.0	11.3	4.9	19.5	5.1	..	..	..	..	..	..
尼日尔	..	..	..	..	..	..	..	..	..	..	..	..
尼日利亚	..	..	..	..	..	..	..	..	..	..	..	..
挪威	5.9	3.6	6.6	4.1	5.1	3.0	9.5	10.6	7.7	29.9	49.3	17.9
阿曼	..	..	..	..	..	..	..	..	..	..	..	..
巴基斯坦	5.2	5.0	3.8	4.0	14.0	8.7	..	..	..	14.7	10.1	28.0
巴拿马	14.7	6.5	10.8	5.3	22.3	8.5	..	..	..	35.8	39.8	23.8
巴布亚新几内亚	7.7	..	9.0	..	5.9	..	..	..	..	..	..	..
巴拉圭	5.0[b]	5.6	6.0[b]	4.4	3.7[b]	7.5	..	..	..	53.5	31.4	13.4
秘鲁	9.4[b]	6.3[b]	7.5[b]	4.4[b]	12.5[b]	8.8[b]	..	..	..	31.5[b]	30.5[b]	37.3[b]
菲律宾	8.6	7.4	7.9	7.6	9.9	6.9	..	..	..	13.1	45.2	41.2
波兰	13.3	9.6	12.2	9.3	14.7	10.0	25.5	25.3	25.8	15.9	71.8	12.1
葡萄牙	4.1[b]	10.8	3.5[b]	9.8	5.0[b]	11.9	52.3	51.7	52.8	67.3	15.9	13.5
波多黎各	16.9	13.4	19.1	14.9	13.3	11.6	..	..	..	..	..	..
卡塔尔	..	0.5	..	0.2	..	2.6	38.5	35.3	40.3	19.0	52.7	24.0

	失业率						长期失业率			根据受教育程度划分的失业率		
	总失业人口占总劳动力的百分比		男性占男性劳动力的百分比		女性占女性劳动力的百分比		占总失业人口的百分比			占总失业人口的百分比		
							总数	男性	女性	初等	中等	高等
	1990–1992[a]	2007–2010[a]	1990–1992[a]	2007–2010[a]	1990–1992[a]	2007–2010[a]	2007–2010[a]	2007–2010[a]	2007–2010[a]	2007–2010[a]	2007–2010[a]	2007–2010[a]
罗马尼亚	..	7.3	..	7.9	..	6.5	34.9	36.9	32.0	28.2	62.7	6.7
俄罗斯联邦	5.2	7.5	5.2	8.0	5.2	6.9	35.2	32.7	38.0	13.1	52.8	34.1
卢旺达	0.3	..	0.6	..	0.2	..	..	..	..	..	..	..
沙特阿拉伯	..	5.4	..	3.5	..	15.9	..	..	..	7.5	48.6	43.6
塞内加尔	..	..	..	..	..	..	..	..	..	..	..	..
塞尔维亚	..	19.2	..	18.4	..	20.2	71.1	70.1	72.1	20.3	68.4	11.2
塞拉利昂	..	..	..	..	..	..	..	..	..	..	..	..
新加坡	2.7	5.9	2.7	5.4	2.6	6.5	..	..	..	27.2	22.7	50.1
斯洛伐克共和国	..	14.4	..	14.2	..	14.6	59.3	58.3	60.5	27.8	66.2	5.9
斯洛文尼亚	7.1	7.2	8.1	7.4	6.0	7.0	43.3	45.0	41.2	23.3	58.1	16.3
索马里	..	..	..	..	..	..	..	..	..	..	..	..
南非	..	23.8	..	22.0	..	25.9	14.4	..	..	15.4	80.7	0.8
南苏丹	..	..	..	..	..	..	..	..	..	..	..	..
西班牙	18.1	20.1	13.9	19.7	25.8	20.5	45.1	44.6	45.6	58.4	22.6	17.7
斯里兰卡	14.2[b]	4.9	..	3.5	..	7.7	..	..	..	45.4[b]	22.8[b]	31.8[b]
苏丹	..	..	..	..	..	..	..	..	..	..	..	..
斯威士兰	..	..	..	..	..	..	..	..	..	..	..	..
瑞典	5.7	8.4	6.7	8.5	4.6	8.2	16.6	18.1	14.8	32.5	44.9	16.4
瑞士	2.8	4.2	2.3	3.8	3.5	4.8	34.3	28.3	39.8	27.9	53.7	17.7
阿拉伯叙利亚共和国	6.8	8.4	5.2	5.7	14.0	22.5	..	..	..	46.1	28.0	4.9
塔吉克斯坦	..	..	..	..	..	..	..	..	..	66.5	28.8	4.6
坦桑尼亚	3.6[b]	..	2.8[b]	..	4.3[b]	..	..	..	..	..	..	..
泰国	1.4	1.2	1.3	1.2	1.5	1.1	..	..	..	41.5	49.3	0.2
东帝汶	..	..	..	..	..	..	..	..	..	..	..	..
多哥	..	..	..	..	..	..	..	..	..	..	..	..
特立尼达和多巴哥	19.6	5.3	17.0	3.5	23.9	6.2	..	..	..	27.9	65.9	5.2
突尼斯	..	14.2	..	..	..	..	..	..	..	..	..	..
土耳其	8.5	11.9	8.8	11.4	7.8	13.0	28.6	24.7	37.0	52.5	26.0	13.9
土库曼斯坦	..	..	..	..	..	..	..	..	..	..	..	..
乌干达	1.0	4.2	1.3	3.1	0.6	5.1	..	..	..	..	..	..
乌克兰	..	8.8	..	6.6	..	6.1	..	..	..	7.4	52.9	39.7
阿拉伯联合酋长国	..	4.0	..	2.0	..	12.0	..	..	..	19.7	42.6	33.2
英国	9.7	7.8	11.5	8.6	7.3	6.7	32.6	37.2	26.0	37.1	46.5	14.3
美国	7.5[b]	9.6[b]	7.9[b]	10.5[b]	7.0[b]	8.6[b]	29.0[b]	29.9[b]	27.7[b]	17.9	35.5	46.5
乌拉圭	9.0[b]	7.3	6.8[b]	5.3	11.8[b]	9.7	..	..	..	59.1	27.0	13.8
乌兹别克斯坦	..	..	..	..	..	..	..	..	..	..	..	..
委内瑞拉	7.7	7.6	8.2	7.2	6.8	8.1	..	..	..	..	..	..
越南	..	2.4	..	..	..	..	..	..	..	..	..	..
西岸和加沙	..	24.5	..	17.7	..	38.6	..	..	..	53.8	14.3	24.5
也门共和国	..	14.6	..	11.5	..	40.9	..	..	..	..	..	..
赞比亚	18.9	..	16.3	..	22.4	..	..	..	..	..	..	..
津巴布韦	..	..	..	..	..	..	..	..	..	..	..	..
全世界	.. w	.. w	.. w	.. w	.. w	.. w	.. w	.. w	.. w	.. w	.. w	.. w
低收入国家	..	..	..	..	..	..	..	..	..	..	..	..
中等收入国家	..	..	..	..	..	..	..	..	..	..	..	..
中低收入国家	..	..	..	..	..	..	..	..	..	..	..	..
中高收入国家	3.5	5.8	..	..	..	..	..	..	..	..	..	..
低收入和中等收入国家	..	..	..	..	..	..	..	..	..	..	..	..
东亚和太平洋地区	2.5	4.7	..	..	..	..	..	..	..	..	..	..
欧洲和中亚	..	9.5	..	10.3	..	8.8	..	..	..	26.1	47.8	25.6
拉丁美洲和加勒比地区	6.6	7.8	5.4	6.4	8.3	9.8	..	..	..	42.3	38.1	13.0
中东和北非	12.7	10.6	10.8	8.8	21.5	18.4	..	..	..	..	..	..
南亚	..	..	..	..	..	..	..	..	..	..	..	..
撒哈拉以南非洲地区	..	..	..	..	..	..	..	..	..	..	..	..
高收入国家	7.5	8.5	7.1	8.7	8.0	8.1	32.6	34.2	31.3	33.9	42.2	26.8
欧元区	9.1	10.0	7.2	9.8	11.9	10.2	44.0	44.2	43.3	42.9	41.3	14.8

a. 最近年份可获得的数据。b. 有限覆盖范围。

关于数据的说明

一个经济体的失业和总就业状况是通过劳动力市场反映出的最宽泛的经济活动指标。国际劳工组织（ILO）把失业者定义为没有工作但可获得工作并正在寻找工作的经济活跃人口，包括失去工作的人和自愿离开工作的人。在所有的经济体中，某些失业都是不可避免的。任何时候都有工人暂时失业——在雇主寻找合适的工人和工人寻找合适的工作之时。这种失业通常被称为摩擦性失业，是劳动力市场正常运行的结果。

一段时期中失业状况的变化可以反映劳动力供求的变化，但它们也可能反映数据发布方法上的变化。具有讽刺意味的是，低失业率可能掩盖了一国的实际贫困状况，而高失业率也可能出现在经济发展水平较高、贫困程度较低的国家。在没有失业或福利保障的国家，人们不得不在非正规部门谋求生计；而在有良好社会保障体系的国家，工人则可以等待合适的工作时机。然而，高而持久的失业表明在资源分配上严重的低效率。

尽管有国际劳工组织对失业的定义，然而各国在参照期限、找工作的标准以及如何对待临时被解雇的人和初次找工作的人等方面的做法并不相同。在许多发展中国家，衡量在农业中的失业和就业尤其困难。例如，对调查时机的选择可能会夸大农业中失业的季节性影响。由于缺乏对非正规经济活动的记录和跟踪，非正规部门的就业也很难量化。

有关失业的数据来自劳动力抽样调查和普通居民抽样调查、人口普查以及官方根据不同资料来源或更多方式综合得出的信息所作的估计。由于覆盖范围的限制，行政管理记录并不包括在本表中，例如，社会保险数据和就业的官方统计。劳动力调查通常能够带来最全面的数据，因为它们包括在其他失业统计中没有被包括的各组人群——特别是初次找工作的人。这些调查一般使用的是比其他资料来源所使用的更接近于国际推荐的失业定义，而且得出的统计数据更具国际可比性。但是，年龄组群、涵盖的地区以及收集方法在各国之间也存在着差异，甚至在一个国家也会随着时间而发生变化。欲了解更多信息，可查阅原始资料。

由于种种原因，计算失业时一般不包括女性。女性遇到的歧视以及结构性、社会性和文化性壁垒更大，这会阻碍她们积极寻找工作。而且，女性常常还要承担照顾老人和孩子或其他家庭事务的责任。在短短的调查期内，她们可能无法工作，因为她们在工作之前必须先做一些家务。此外，当女性在非正规部门从事兼职或临时性工作时，她们也被视为已就业，尽管这些工作都很不稳定，她们也非常想找到更可靠的工作。

长期失业率是一个以持续时间来衡量的指标，即一个失业者处于无工作或正在找工作状态中的时间长度。其基本假设是短期失业相对而言并不重要，尤其在失业者能够得到失业金或类似形式的福利支持的情况下。一个人处于失业中的时间长度一般很难测量，因为随失业时间延续，人们越来越难回忆起具体的时间。在一些国家，女性在无报酬的家庭劳动力中占很大比例，进而女性的长期失业率通常较低。

根据受教育程度划分的失业为观察工人的受教育水平与失业之间的关系提供了视角，从中也可以获取一些有关就业需求变动的参考。关于接受教育的信息是最容易获取的有关劳动力技术水平的指标。除由于失业统计的不同带来的可比性局限之外，不同国家间不同的受教育程度分类方式也会造成不一致。这里的教育水平分类将按 1997 年国际教育标准分类（ISCED97）来进行。更多有关 ISCED97 的信息，见表 2.11 的“关于数据的说明”。

定义

- **失业率**是指没有工作但可以找到工作并正寻求就业的那部分劳动力（在整个劳动力中）所占的比例。劳动力和失业的定义在各国有所不同（见“关于数据的说明”）。
- **长期失业率**指持续失业时间在一年及其以上的失业人口占全部失业人口的百分比。
- **根据受教育程度划分的失业率**指获得不同程度教育的失业人口占总失业的百分比；受教育程度的划分与联合国教科文组织（UNESCO）1997 年国际教育标准分类一致。

数据资料来源

失业数据来源于国际劳工组织的“劳动力市场关键指标”数据库（第 7 版）。

	调查年份	就业儿童					按经济活动划分的就业[a]			雇佣形式[a]		
		占7–14岁儿童的百分比			占7–14岁工作的儿童的百分比		占7–14岁工作的儿童的百分比			占7–14岁工作的儿童的百分比		
		总数	男性	女性	只从事工作	工作兼学习	农业	制造业	服务业	自我雇佣者	带薪工作者	无报酬家庭劳动者
阿富汗		..	..	..	..	..	..	..	..	..	..	..
阿尔巴尼亚	2005	25.0	18.8	22.0	6.7	93.3	..	..	..	..	1.4	94.5
阿尔及利亚		..	..	..	..	..	..	..	..	..	..	
安哥拉[b]	2001	30.1	30.0	30.1	26.6	73.4	..	..	..	..	6.2	80.1
阿根廷	2004	12.9	15.7	9.8	4.8	95.2	..	..	..	34.2	8.1	56.2
亚美尼亚		..	..	..	..	..	..	..	..	..	..	..
澳大利亚		..	..	..	..	..	..	..	..	..	..	..
奥地利		..	..	..	..	..	..	..	..	..	..	..
阿塞拜疆	2005	5.2	5.8	4.5	6.3	93.7	91.7	0.7	7.4	4.1	3.8	92.1
巴林		..	..	..	..	..	..	..	..	..	..	..
孟加拉国	2006	16.2	25.7	6.4	37.8	62.2	..	..	..	–	17.0	77.8
白俄罗斯	2005	11.7	12.1	11.2	0.0	100.0	..	..	..	..	9.2	78.8
比利时		..	..	..	..	..	..	..	..	..	..	..
贝宁	2006	74.4	72.8	76.1	36.1	63.9	..	..	..	..	..	..
玻利维亚	2008	32.1	33.0	31.1	5.2	94.8	73.2	6.1	19.2	0.9	9.2	89.9
波斯尼亚和黑塞哥维那	2006	10.6	11.7	9.5	0.1	99.9	..	..	..	..	1.6	92.1
博茨瓦纳		..	..	..	..	..	..	..	..	..	..	..
巴西	2008	5.2	6.9	3.5	4.8	95.2	54..7	7.6	34.6	5.5	24.7	69.8[c]
保加利亚		..	..	..	..	..	..	..	..	..	..	..
布基纳法索	2006	42.1	49.0	34.5	67.7	32.3	70.9	1.4	24.9	1.9	2.2	95.8
布隆迪	2005	11.7	12.5	11.0	38.9	61.1			..	25.9	68.6	
柬埔寨[d]	2003–2004	48.9	49.6	48.1	13.8	86.2	82.3	4.2	12.9	6.0	4.1	89.4
喀麦隆	2007	43.4	43.5	43.4	21.9	78.1	88.5	3.1	8.2	2.5	9.5	87.6
加拿大		..	..	..	..	..	..	..	..	..	..	..
中非共和国	2000	67.0	66.5	67.6	54.9	45.1	..	..	..	..	2.0	56.4
乍得	2004	60.4	64.4	56.2	49.1	50.9	..	..	..	..	1.8	77.2
智利	2003	4.1	5.1	3.1	3.2	96.8	24.1	6.9	66.9	..	..	..
中国		..	..	..	..	..	..	..	..	..	..	..
中国香港		..	..	..	..	..	..	..	..	..	..	..
哥伦比亚	2007	3.9	5.3	2.3	24.8	75.2	41.2	10.8	46.1	22.7	29.1	45.6
刚果民主共和国[d]	2000	39.8	39.9	39.8	35.7	64.3	..	..	..	..	6.6	76.7
刚果共和国	2005	30.1	29.9	30.2	9.9	90.1	..	..	..	..	4.2	84.5
哥斯达黎加[d]	2004	5.7	8.1	3.5	44.6	55.4	40.3	9.5	49.0	15.8	57.7	26.6
科特迪瓦	2006	45.7	47.7	43.6	46.8	53.2	..	..	..	..	2.4	88.0
克罗地亚		..	..	..	..	..	..	..	..	..	..	..
古巴		..	..	..	..	..	..	..	..	..	..	..
塞浦路斯		..	..	..	..	..	..	..	..	..	..	..
捷克共和国		..	..	..	..	..	..	..	..	..	..	..
丹麦		..	..	..	..	..	..	..	..	..	..	..
多米尼加共和国[d]	2005	5.8	9.0	2.7	6.2	93.8	18.5	9.8	57.5	23.8	19.5	56.2[e]
厄瓜多尔	2006	14.3	16.9	11.6	21.0	79.0	69.3	6.3	22.8	3.6	15.2	81.2
埃及	2005	7.9	11.5	4.3	21.0	79.0	..	..	..		11.4	87.4
萨尔瓦多	2007	7.1	10.1	3.8	24.9	75.1	50.1	13.3	35.2	2.2	23.6	74.2
厄立特里亚		..	..	..	..	..	..	..	..	..	..	..
爱沙尼亚		..	..	..	..	..	..	..	..	..	..	..
埃塞俄比亚	2005	56.0	64.3	47.1	69.4	30.6	94.6	1.5	3.7	1.7	2.4	95.8
芬兰		..	..	..	..	..	..	..	..	..	..	..
法国		..	..	..	..	..	..	..	..	..	..	..
加蓬		..	..	..	..	..	..	..	..	..	..	..
冈比亚	2005	43.5	33.9	52.3	32.1	67.9	..	..	..	..	1.1	87.3
格鲁吉亚	2006	31.8	33.6	29.9	1.0	99.0	..	..	..	..	4.3	77.0
德国		..	..	..	..	..	..	..	..	..	..	..
加纳	2006	48.9	49.9	48.0	18.7	81.3	..	..	..	..	6.1	76.2
希腊		..	..	..	..	..	..	..	..	..	..	..
危地马拉	2006	18.2	24.5	11.7	28.4	71.6	63.7	9.7	24.7	2.0	18.8	79.2
几内亚	1994	48.3	47.2	49.5	98.6	1.4	..	..	..	..	..	..
几内亚比绍	2006	50.5	52.8	48.1	36.4	63.6	..	..	..	..	4.0	87.7
海地	2005	33.4	37.3	29.6	17.7	82.3	..	..	..	..	1.8	79.4

	调查年份	就业儿童					按经济活动划分的就业[a]			雇佣形式[a]		
		占7–14岁儿童的百分比			占7–14岁工作的儿童的百分比		占7–14岁工作的儿童的百分比			占7–14岁工作的儿童的百分比		
		总数	男性	女性	只从事工作	工作兼学习	农业	制造业	服务业	自我雇佣者	带薪工作者	无报酬家庭劳动者
洪都拉斯	2007	8.7	13.3	4.1	45.1	54.9	61.6	10.4	25.1	3.5	23.0	73.5
匈牙利		..	..	..	..	..	..	..	..	..	..	..
印度	2004–2005	4.2	4.2	4.2	84.9	15.2	69.4	16.0	12.4	7.1	6.8	59.3
印度尼西亚	2000	8.9	8.8	9.1	24.9	75.1	..	..	..	..	17.8	75.8[e]
伊朗		..	..	..	..	..	..	..	..	..	..	..
伊拉克	2006	14.7	17.9	11.3	32.4	67.6	..	..	..	..	7.0	85.3
爱尔兰		..	..	..	..	..	..	..	..	..	..	..
以色列		..	..	..	..	..	..	..	..	..	..	..
意大利		..	..	..	..	..	..	..	..	..	..	..
牙买加	2005	9.8	11.3	8.3	2.5	97.5	..	..	..	..	16.3	74.9
日本		..	..	..	..	..	..	..	..	..	..	..
约旦		..	..	..	..	..	..	..	..	..	..	..
哈萨克斯坦	2006	3.6	4.4	2.8	1.6	98.4	..	..	..	–	4.0	75.0
肯尼亚	2000	37.7	40.1	35.2	14.1	85.9	..	..	..	..	..	..
朝鲜		..	..	..	..	..	..	..	..	..	..	..
韩国		..	..	..	..	..	..	..	..	..	..	..
科索沃		..	..	..	..	..	..	..	..	..	..	..
科威特		..	..	..	..	..	..	..	..	..	..	..
吉尔吉斯斯坦	2006	5.2	5.8	4.6	7.9	92.1	..	..	..	–	3.7	81.9
老挝		..	..	..	..	..	..	..	..	..	..	..
拉脱维亚		..	..	..	..	..	..	..	..	..	..	..
黎巴嫩		..	..	..	..	..	..	..	..	..	..	..
莱索托	2002	2.6	4.0	1.3	74.4	25.6	58.0	0.0	10.4	3.7	36.6	59.7[c]
利比里亚	2007	37.4	37.8	37.1	45.0	55.0	..	..	..	..	1.7	79.3
利比亚		..	..	..	..	..	..	..	..	..	..	..
立陶宛		..	..	..	..	..	..	..	..	..	..	..
前南斯拉夫马其顿共和国	2005	11.8	14.8	8.6	2.8	97.2	..	..	..	..	3.9	89.5
马达加斯加	2007	26.0	27.7	24.2	40.9	59.1	87.6	2.9	8.2	0.1	10.0	89.9
马拉维	2006	40.3	41.3	39.4	10.5	89.5	..	..	..	..	6.7	75.5
马来西亚		..	..	..	..	..	..	..	..	..	..	..
马里	2006	49.5	55.0	44.1	59.5	40.5	..	..	..	..	1.6	80.4
毛里塔尼亚		..	..	..	..	..	..	..	..	..	..	..
毛里求斯		..	..	..	..	..	..	..	..	..	..	..
墨西哥[f]	2009	12.2	16.5	7.6	22.6	77.4	38.2	11.7	47.0	2.7	34.3	63.1
摩尔多瓦	2000	33.5	34.1	32.8	3.8	96.2	..	..	..	..	2.9	82.0
蒙古	2006–2007	10.1	11.4	8.6	16.4	83.6	91.3	0.3	6.3	5.1	0.1	94.7
摩洛哥	1998–1999	13.2	13.5	12.8	93.2	6.8	60.6	8.3	10.1	2.1	10.0	81.7
莫桑比克[d]	1996	1.8	1.9	1.7	100.0	0.0	..	..	..	..	..	..
缅甸		..	..	..	..	..	..	..	..	..	..	..
纳米比亚	1999	15.4	16.2	14.7	9.5	90.5	91.5	0.4	8.0	0.1	4.5	95.0
尼泊尔	1999	47.2	42.2	52.4	35.6	64.4	87.0	1.4	11.1	4.2	3.3	92.4
荷兰		..	..	..	..	..	..	..	..	..	..	..
新西兰		..	..	..	..	..	..	..	..	..	..	..
尼加拉瓜	2005	10.1	16.2	3.9	30.8	69.2	70.5	9.7	19.3	1.2	13.8	85.0[c]
尼日尔	2006	47.1	49.2	45.0	66.5	33.5	..	..	..	4.8	74.5	
尼日利亚		..	..	..	..	..	..	..	..	..	..	..
挪威		..	..	..	..	..	..	..	..	..	..	..
阿曼		..	..	..	..	..	..	..	..	..	..	..
巴基斯坦		..	..	..	..	..	..	..	..	..	..	..
巴拿马	2008	8.9	12.1	5.4	14.6	85.4	73.3	2.9	22.9	12.6	11.3	76.1[c]
巴布亚新几内亚		..	..	..	..	..	..	..	..	..	..	..
巴拉圭[c]	2005	15.3	22.6	7.7	24.2	75.7	60.8	6.2	32.1	9.3	24.8	65.8
秘鲁	2007	42.2	44.8	39.5	4.0	96.0	62.6	5.0	31.1	3.8	7.6	88.6
菲律宾	2001	13.3	16.3	10.0	14.8	85.2	64.3	4.1	30.6	4.1	22.8	73.1
波兰		..	..	..	..	..	..	..	..	..	..	..
葡萄牙	2001	3.6	4.6	2.6	3.6	96.4	48.5	11.2	33.3	..	..	..
波多黎各		..	..	..	..	..	..	..	..	..	..	..
卡塔尔		..	..	..	..	..	..	..	..	..	..	..

2.6 童 工

	调查年份	就业儿童					按经济活动划分的就业[a]			雇佣形式[a]		
		占7—14岁儿童的百分比			占7—14岁工作的儿童的百分比		占7—14岁工作的儿童的百分比			占7—14岁工作的儿童的百分比		
		总数	男性	女性	只从事工作	工作兼学习	农业	制造业	服务业	自我雇佣者	带薪工作者	无报酬家庭劳动者
罗马尼亚	2000	1.4	1.7	1.1	20.7	79.3	97.1	0.0	2.3	4.5	92.9[e]	
俄罗斯联邦		..	..	..	..	..	..	..	..	..	..	..
卢旺达	2008	7.5	8.0	7.0	18.5	81.5	85.5	0.7	10.5	14.8	12.8	72.3
沙特阿拉伯		..	..	..	..	..	..	..	..	..	..	..
塞内加尔	2005	18.5	24.4	12.6	61.9	38.1	79.1	5.0	14.0	6.3	4.4	84.1
塞尔维亚	2005	6.9	7.2	6.6	2.1	97.9	..	..	..	..	5.2	89.4
塞拉利昂	2007	14.9	14.9	14.9	57.7	42.3	83.8	0.8	13.4	9.7	0.9	87.8
新加坡		..	..	..	..	..	..	..	..	..	..	..
斯洛伐克共和国		..	..	..	..	..	..	..	..	..	..	..
斯洛文尼亚		..	..	..	..	..	..	..	..	..	..	..
索马里	2006	43.5	45.5	41.5	53.5	46.5	..	..	..	..	1.6	94.8
南非	1999	27.7	29.0	26.4	5.1	94.9	..	..	..	7.1	7.1	85.8
南苏丹		..	..	..	..	..	..	..	..	..	..	..
西班牙		..	..	..	..	..	..	..	..	..	..	..
斯里兰卡	1999	17.0	20.4	13.4	5.4	94.6	71.2	13.1	15.0	2.9	8.3	88.0
苏丹[g]	2000	19.1	21.5	16.8	55.9	44.1	..	..	..	..	7.3	81.3
斯威士兰	2000	11.2	11.4	10.9	14.0	86.0	..	..	..	..	10.4	85.9
瑞典		..	..	..	..	..	..	..	..	..	..	..
瑞士		..	..	..	..	..	..	..	..	..	..	..
阿拉伯叙利亚共和国	2006	6.6	8.8	4.3	34.6	65.4	..	..	..	..	21.5	68.8
塔吉克斯坦	2005	8.9	8.7	9.1	9.0	91.0	..	..	..	..	24.2	71.3
坦桑尼亚	2005–06	31.1	35.0	27.1	28.2	71.8	85.3	0.7	14.0	56.3[h]	0.9	42.8[e]
泰国	2005	15.1	15.7	14.4	4.2	95.8	..	..	..	..	13.5	80.0
东帝汶		..	..	..	..	..	..	..	..	..	..	..
多哥	2006	38.7	39.8	37.4	29.8	70.2	82.9	1.3	15.1	5.0	1.6	93.4
特立尼达和多巴哥	2000	3.9	5.2	2.8	12.8	87.2	..	..	..	..	29.8	64.9
突尼斯		..	..	..	..	..	..	..	..	..	..	
土耳其[i]	2006	2.6	3.3	1.8	38.8	61.2	57.1	14.3	27.1	2.1	34.1	63.8
土库曼斯坦		..	..	..	..	..	..	..	..	..	..	..
乌干达	2005–06	38.2	39.8	36.5	7.7	92.3	95.5	1.4	3.0	1.4	1.5	97.1
乌克兰	2005	17.3	18.0	16.6	0.1	99.9	..	..	..	..	3.1	79.3
阿拉伯联合酋长国		..	..	..	..	..	..	..	..	..	..	..
英国		..	..	..	..	..	..	..	..	..	..	..
美国		..	..	..	..	..	..	..	..	..	..	..
乌拉圭		..	..	..	..	..	..	..	..	..	..	..
乌兹别克斯坦	2005	5.1	5.3	4.9	1.0	99.0	..	..	..	..	3.8	78.6
委内瑞拉[d]	2006	5.1	6.9	3.3	19.8	80.2	32.3	7.2	55.7	31.6	33.1	35.3
越南	2006	21.3	21.0	21.6	11.9	88.1	..	..	..	..	5.9	91.2
西岸和加沙		..	..	..	..	..	..	..	..	..	..	..
也门共和国	2006	18.3	20.7	15.9	30.9	69.1	..	..	..	..	6.1	86.1
赞比亚	2008	34.4	35.4	33.3	18.6	81.4	91.9	0.7	7.0	2.9	3.9	93.1
津巴布韦	1999	14.3	15.3	13.3	12.0	88.0	..	..	..	3.4	28.4	68.2

a. 由于本表不包括剩余分类，所以比例之和可能不等于100%。b. 仅包括安哥拉安全区。c. 指无报酬劳动者，无论他们是不是家庭劳动者。d. 包括10—14岁儿童。e. 指家庭劳动者，无论是否支付报酬。f. 包括12—14岁儿童。g. 仅包括苏丹北部。h. 主要包括在自家耕地上的劳动者。i. 6—14岁儿童的估计值。

关于数据的说明

本表提供有关儿童从事"经济活动"的情况——即就业的儿童。这比童工的概念涵盖范围要广（详见 ILO（2009a）对此区别的具体说明）。

与第 13 届国际劳动力统计大会对经济活动的定义一致，人们从事经济活动的划分界限是在作为参照系的一段时期内从事了一个小时的货物和服务生产活动，该概念是根据联合国 1993 年版的国民核算体系设定的。寻找工作的儿童不包括在就业范畴内。经济活动涵盖所有的市场性生产活动以及一定类别的非市场性生产活动，包括为生产自用的产品而从事的活动。其中不包括无报酬的家庭劳动（即我们通常所说的"家务"）——意指家庭成员为了自家消费所进行的家庭生产和个人服务。

家庭调查的数据来源于由国际劳工组织、联合国儿童基金会、世界银行以及各国统计机构进行的家庭调查。这些调查采集了有关教育、就业、卫生、支出和消费指标等与童工有关的数据。

家庭调查数据一般包括有关工作类别的信息——例如，儿童是为了获取现金或实物报酬而工作，还是在从事无报酬的工作？儿童是在为非家庭成员而工作，还是在（农庄或企业里）从事任何形式的家庭工作？还有诸如此类的信息。国别调查中定义童工所使用的年龄是 5—17 岁。对表中的数据进行了重新计算，使其成为目前对 7—14 岁儿童的统计数据。

尽管对就业以及问卷调查中使用的有关就业问题的定义做了大量的协调工作，但在收集有关从事劳动的儿童的信息时，所使用的不同调查手段以及调查中所使用的样本设计之间，仍然存在着一些差异。这种差异不仅存在于同一国家不同的家庭调查之间，而且也存在于由不同国家进行的同一类型的调查之内，因此，各国之间童工的估计值并不完全具有可比性。

本表根据国际标准行业分类（ISIC），计算出了不同行业类别的工作中儿童的合计值。这些行业是农业、制造业和服务业。其余的行业类别包括采矿和采石，电力、煤气和供水，建筑；不受管辖的机构以及其他不足以界定为经济活动的工作，未在表中列出。无论使用了 ISIC 第 2 版还是第 3 版，都是与各国在描述经济活动时所使用的汇编方法相对应的。两种不同的分类方法不影响表中对各行业组别的定义。

本表汇总了就业儿童的就业分布状况。就业状况是基于国际就业状况分类（1993 年），其给出了就业儿童主要的三大类分布：自我雇佣者、带薪工作者（也被称为雇员）以及无报酬家庭劳动者。其他的分类——包含那些无法根据状况分类的——未被列示。

在大多数国家，更多男孩列入到了就业数据中，而且性别差异也很小。然而，多数女孩通常都从事一些隐性就业和未公开就业，例如，家务劳动。在几乎所有的社会中，在家中女孩承担起了更多的家务杂事，这些就业超出了国民核算体系中生产的边界，进而没有对这些就业儿童加以估算。

定义

• **调查年份**指收集基础数据的年份。

• **就业儿童**指在调查期间的参照周内，至少从事了一个小时经济活动的儿童。

• **只从事工作**指儿童参与经济活动而不去上学。 • **工作兼学习**指儿童在参与经济活动的同时还在上学。 • **按经济活动划分的就业**指按主要行业分类（ISIC 第 2 版或第 3 版）划分的儿童在各类经济活动中的分布。 • **农业**指与 ISIC 第 2 版的第 1 项或者 ISIC 第 3 版的 A 类和 B 类相应的经济活动，包括农业和狩猎、林业与伐木以及渔业。

• **制造业**指与 ISIC 第 2 版的第 3 项或者 ISIC 第 3 版的 D 类相应的经济活动。 • **服务业**指与 ISIC 第 2 版的第 6—9 项或者 ISIC 第 3 版的 G—P 类相应的经济活动，包括批发和零售、餐饮与酒店、运输业、金融中介、房地产、公共行政管理、教育、卫生与社工、其他社区服务以及家庭私人经济活动。 • **自我雇佣者**是指其报酬直接取决于其生产的货物和服务所带来的利润的劳动者。既可能包括也可能不包括其他雇员，并且包括雇主、自营工作者和合作社成员。 • **带薪工作者**（也被称作雇员）是那些持有明确（书面或口头）或不明确雇佣合同的劳动者，合同提供的基本报酬与其工作单位的收益没有直接影响。 • **无报酬家庭劳动者**是指家庭其他成员并不向其支付面向市场建立的工资的劳动者。

数据资料来源

关于童工的估计数是由理解儿童工作情况项目根据家庭调查数据得出的，这些数据由国际劳工组织在其童工统计监督计划项目下的关于消除童工现象的国际比较项目、联合国儿童基金会的多指标汇集群调查计划、世界银行的生活水准调研计划以及各国统计机构共同收集。有关数据收集整理以及它们的可靠性的情况，请登录 www. ilo. org/public/english/standards/ipec/simpoc/，www. childinfo. org 和 www. worldbank. org/isms。各国的详细统计数据可在 www. ucw－project. org 上查阅。

	低于国家贫困线的人口								国家贫困线上的贫困差距			
	调查年份[a]	农村百分比	城市百分比	国家百分比	调查年份[a]	农村百分比	城市百分比	国家百分比	调查年份[b]	农村百分比	城市百分比	国家百分比
阿富汗[b]		..	..	..	2008[c]	37.5	29.0	36.0	2008[c]	8.3	6.2	7.9
阿尔巴尼亚[b]	2005	24.2	11.2	18.5	2008	14.6	10.1	12.4	2008	2.6	1.9	2.3
阿尔及利亚		..	..	..	2000[c]	..	62.3	..		..	..	..
阿根廷	2009[d]	..	13.2	..	2010[d]	..	9.9	..		..	..	..
亚美尼亚[b]	2009	34.9	33.7	34.1	2010	36.0	36.0	35.8		..	..	..
阿塞拜疆[b]	2001	42.5	55.7	49.6	2008	18.5	14.8	15.8		..	..	..
孟加拉国	2005	43.8	28.4	40.0	2010	35.2	21.3	31.5	2010	7.4	4.3	6.5
白俄罗斯	2008	..	..	6.1	2009	..	..	5.4		..	..	..
贝宁		..	..	..	2003[c]	46.0	29.0	39.0	2003[c]	14.0	8.0	12.0
不丹		..	..	..	2007[c]	30.9	1.7	23.2	2007[c]	8.1	0.4	6.1
玻利维亚	2006[d]	76.5	50.3	59.9	2007[d]	77.3	50.9	60.1		..	..	..
波斯尼亚和黑塞哥维那[b]	2004	22.0	11.3	17.7	2007	17.8	8.2	14.0		..	..	..
博茨瓦纳	1993	40.4	24.7	32.9	2003	44.8	19.4	30.6	2003	18.4	6.5	11.7
巴西	2008[d]	..	..	22.6	2009[d]	..	..	21.4		..	..	..
保加利亚[b]	2001	..	..	12.8	2007	..	..	10.6	2007	..	..	3.0
布基纳法索	2003	65.5	22.1	51.0	2009	52.6	27.9	46.7	2009	17.4	7.8	15.1
布隆迪		..	..	..	2006[c]	68.9	34.0	66.9	2006[c]	24.2	10.3	23.4
柬埔寨[b]	2004	37.8	17.6	34.7	2007	34.5	11.8	30.1	2007	8.3	2.8	7.2
喀麦隆		..	..	..	2007[c]	55.0	12.2	39.9	2007[c]	17.5	2.8	12.3
佛得角		..	..	..	2007[c]	44.3	13.2	26.6	2007[c]	14.3	3.3	8.1
中非共和国		..	..	..	2008[c]	69.4	49.6	62.0	2008[c]	35.0	29.8	33.1
乍得		..	..	..	2003[c]	58.6	24.6	55.0	2003[c]	23.3	7.4	21.6
智利	2006[d]	12.3	13.9	13.7	2009[d]	12.9	15.5	15.1		..	..	..
中国	2004[d]	2.8	..	..	2005[d]	2.5	..	..		..	..	..
哥伦比亚	2009[d]	54.3	35.8	40.2	2010[d]	50.3	33.0	37.2		..	..	..
科摩罗		..	..	..	2004[c]	48.7	34.5	44.8	2004[c]	17.8	12.1	16.3
刚果民主共和国		..	..	..	2006	75.7	61.5	71.3	2006	34.9	26.2	32.2
刚果共和国		..	..	..	2005	57.7	..	50.1	2005	20.6	..	18.9
哥斯达黎加	2009[d]	23.0	20.7	21.7	2010[d]	..	..	24.2		..	..	..
科特迪瓦[b]	2002	45.8	32.3	40.2	2008	54.2	29.4	42.7	2008	20.3	9.5	15.3
克罗地亚[b]	2002	..	..	11.2	2004	..	..	11.1	2004	..	..	2.6
多米尼加共和国[d]	2009[d]	47.0	28.6	34.6	2010[d]	..	..	34.4		..	..	..
厄瓜多尔	2009[d]	57.5	25.0	36.0	2010[d]	53.0	22.5	32.8		..	..	..
埃及	2005	26.8	10.1	19.6	2008	30.0	10.6	22.0		..	..	..
萨尔瓦多	2008[d,e]	49.0	35.7	39.9	2009[d,e]	46.5	33.3	37.8		..	..	..
埃塞俄比亚	2000	45.4	36.9	44.2	2005	39.3	35.1	38.9	2005	8.5	7.7	8.3
斐济	2003	40.0	28.0	35.0	2009	43.3	18.6	31.0	2009	14.8	5.4	10.1
加蓬		..	..	..	2005	44.6	29.8	32.7	2005	16.0	8.5	10.0
冈比亚[b]		..	..	..	2010[c]	73.9	32.7	48.4		..	..	..
格鲁吉亚[b]	2008	27.8	17.5	22.7	2009	30.7	18.4	24.7		..	..	..
加纳	1998	49.6	19.4	39.5	2006	39.2	10.8	28.5	2006	13.5	3.1	9.6
危地马拉	2000	74.5	27.1	56.2	2006	70.5	30.0	51.0		..	..	..
几内亚		..	..	..	2007[c]	63.0	30.5	53.0	2007[c]	22.0	7.7	17.6
几内亚比绍		..	..	..	2002	69.1	51.6	64.7	2002	27.8	16.9	25.0
海地		..	..	..	2001[d]	88.0	45.0	77.0		..	..	..
洪都拉斯	2009[d,e]	64.4	52.8	58.8	2010[d,e]	65.4	54.3	60.0		..	..	..
匈牙利	2005	41.8	25.7	37.2	2010	33.8	20.9	29.8	2010	6.8	4.5	6.2
印度	2010	16.6	9.9	13.3	2011	15.7	9.2	12.5	2011	2.6	1.5	2.1
印度尼西亚		..	..	..	2007	39.3	16.1	22.9	2007	9.0	2.7	4.5
牙买加	2006[d]	..	..	14.3	2007[d]	..	..	9.9		..	..	..
约旦					2006	19.0	12.0	13.0	2006	..	..	2.8
哈萨克斯坦[b]	2008	..	..	12.1	2009	..	..	8.2	2009	..	..	1.3
肯尼亚		..	..	..	2005[c]	49.1	33.7	45.9	2005[c]	17.5	11.4	16.3
科索沃[b]	2005	49.2	37.4	45.1	2009	35.3	33.1	34.5	2009	..	..	9.6
吉尔吉斯斯坦[b]	2009	..	..	31.7	2010	..	..	33.7		..	..	..
老挝[b]	2002	..	..	33.5	2008	31.7	17.4	27.6		..	..	..
拉脱维亚[b]	2002	11.6	..	7.5	2004	12.7	..	5.9		..	..	..

以国家贫困线衡量的贫困率

	低于国家贫困线的人口								国家贫困线上的贫困差距			
	调查年份[a]	农村百分比	城市百分比	国家百分比	调查年份[a]	农村百分比	城市百分比	国家百分比	调查年份[b]	农村百分比	城市百分比	国家百分比
莱索托[b]	1994	68.9	36.7	66.6	2003	60.5	41.5	56.6		..	..	..
利比里亚[b]		..	..	..	2007	67.7	55.1	63.8	2007	26.3	20.2	24.4
前南斯拉夫马其顿共和国[b]	2005	21.2	19.8	20.4	2006	21.3	17.7	19.0	2006	7.7	6.9	7.2
马达加斯加	2004	77.3	53.7	72.1	2005	73.5	52.0	68.7	2005	28.9	19.3	26.8
马拉维		..	..	..	2004	55.9	25.4	52.4	2004	8.6	2.8	8.0
马来西亚[b]	2007	7.1	2.0	3.6	2009	8.4	1.7	3.8	2009	1.8	0.3	0.8
马里	2006	57.0	18.5	47.5	2010	50.6	18.8	43.6	2010	15.6	4.7	13.2
毛里塔尼亚	2004	59.0	28.9	46.7	2008	59.4	20.8	42.0	2008	22.3	4.9	14.5
墨西哥	2008[d]	60.3	40.1	47.7	2010[d]	60.8	45.5	51.3		..	..	..
摩尔多瓦[b]	2009	36.3	12.6	26.3	2010	30.3	10.4	21.9	2010	6.5	1.8	4.5
蒙古		..	..	..	2008[c]	46.6	26.9	35.2	2008[c]	13.4	7.7	10.1
黑山共和国	2009	14.8	2.6	6.8	2010	11.3	4.0	6.6	2010	1.7	0.7	1.1
摩洛哥	2001	25.1	7.6	15.3	2007	14.5	4.8	9.0		..	..	..
莫桑比克	2003	55.3	51.5	54.1	2008	56.9	49.6	54.7	2008	22.2	19.1	21.2
纳米比亚	1994	69.0	31.0	58.0	2004	49.0	17.0	38.0	2004	16.0	6.0	13.0
尼泊尔		..	..	..	2010	27.4	15.5	25.2	2010[c]	6.0	3.2	5.4
尼加拉瓜	2001	67.8	30.1	45.8	2005	67.9	29.1	46.2		..	..	..
尼日尔		..	..	..	2007[c]	63.9	36.7	59.5	2007[c]	21.2	11.3	19.6
尼日利亚		..	..	..	2004[c]	63.8	43.1	54.7	2004[c]	26.6	16.2	22.8
巴基斯坦	2005	28.1	14.9	23.9	2006	27.0	13.1	22.3		..	..	..
巴拿马	2003	62.7	20.0	36.8	2008	59.8	17.7	32.7		..	..	..
巴拉圭	2009[d]	49.8	24.7	35.1	2010[d]	48.9	24.7	34.7		..	..	..
秘鲁	2009	60.3	21.1	34.8	2010	54.2	19.1	31.3		..	..	..
菲律宾	2006	..	..	26.4	2009	..	..	26.5	2009	..	..	7.2
波兰[b]	2007	..	..	14.6	2008	..	..	10.6		..	..	..
罗马尼亚[b]	2005	23.5	8.1	15.1	2006	22.3	6.8	13.8	2006	5.3	1.4	3.2
俄罗斯联邦	2005	22.7	8.1	11.9	2006	21.2	7.4	11.1	2006	5.5	1.7	2.7
卢旺达	2006	64.2	23.2	58.5	2011	48.7	22.1	44.9	2011	..	..	14.8
圣多美和普林西比		..	..	..	2009[c]	..	..	66.2	2009[c]	..	..	24.8
塞内加尔[b]		..	..	..	2005[c]	61.9	35.1	50.8	2005[c]	21.5	9.3	16.4
塞尔维亚[b]	2009	9.6	4.9	6.9	2010	13.6	5.7	9.2		..	..	..
塞尔维亚		..	..	..	2003[c]	78.5	47.0	66.4	2003[c]	34.6	16.3	27.5
南非	2000	..	..	38.0	2006	..	..	23.0	2006	..	..	7.0
南苏丹		..	..	..	2009	55.4	24.2	50.6	2009	26.5	8.8	23.7
斯里兰卡	2007	15.7	6.7	15.2	2010	9.4	5.3	8.9	2010	1.8	1.2	1.7
苏丹		..	..	..	2009	57.6	26.5	46.5	2009	21.3	7.1	16.2
斯威士兰		..	..	..	2001[c]	75.0	49.0	69.2	2001[c]	37.0	20.0	32.9
塔吉克斯坦[b]	2007	55.0	49.4	53.5	2009	..	..	46.7		..	..	..
坦桑尼亚	2000	38.6	23.7	35.6	2007	37.4	21.8	33.4	2007	11.0	6.5	9.9
泰国	2008	11.5	3.0	9.0	2009	10.4	3.0	8.1		..	..	..
东帝汶	2001	..	..	39.7	2007	..	..	49.9		..	..	..
多哥		..	..	..	2006	74.3	36.8	61.7	2006	29.3	10.3	22.9
土耳其	2008	34.6	9.4	17.1	2009	38.7	8.9	18.1		..	..	..
乌干达	2005	34.2	13.7	31.1	2009	27.2	9.1	24.5	2009	7.8	1.8	6.8
乌克兰[b]	2007	8.1	2.9	4.6	2008	4.7	2.0	2.9	2008	0.7	0.3	0.4
乌拉圭	2009[d]	9.6	21.4	20.9	2010[d]	6.2	18.7	18.6		..	..	..
委内瑞拉	2008[d]	..	..	32.6	2009[d]	..	..	28.5		..	..	..
越南	2006	20.4	3.9	16.0	2008	18.7	3.3	14.5	2008	4.6	0.5	3.5
西岸和加沙	2007	..	..	31.2	2009	..	..	21.9	2009	..	..	4.9
也门共和国	1998	42.5	32.3	40.1	2005	40.1	20.7	34.8	2005	10.6	4.5	8.9
赞比亚	2004	77.3	29.1	58.4	2006	76.8	26.7	59.3	2006	38.8	9.4	28.5
津巴布韦		..	..	..	2003[c]	..	..	72.0		..	..	..

注：贫困率是以利用家庭调查数据估计得出的人均消费为基础，除非另有说明。

a. 指收集基础家庭调查数据的年份；假如收集数据的时期横跨两个日历年份，将公布收集大多数数据的年份。b. 世界银行的估计。c. 基于早期年份可获得的调查数据的估计，但是与最近年份公布的数据不具有可比性，这些数据可在 http://data.worldbank.org 和 http://povertydata.worldbank.org 上获得。d. 基于根据家庭调查数据估计得出的人均收入。e. 以家庭的份额衡量。

2.7 以国家贫困线衡量的贫困率

关于数据的说明

对贫困率和各国贫困线差距的估计，对于一国（而不是各国之间）各时点之间的贫困比较是有用的。表2.8表明以国际贫困线衡量的贫困指标可以进行跨国比较。

对于拥有有效贫困监测项目的国家，世界银行——与国家机构、其他发展机构和社会团体协作——定期准备贫困评估和其他分析报告，来评估贫困程度及其原因。这些报告回顾了贫困水平、贫困指标随时间的变化以及一国各地区之间的差异，评估了经济增长和公共政策对贫困和不平等的影响，审核了监测和评估的充分性，并且涵盖了针对基础家庭调查数据及其所使用的贫困衡量方法更详细的技术评估。这些报告是以国家贫困线衡量的贫困指标的大量信息的主要来源，并且通常都会纳入各国自己的程序，以减少贫困，构筑各国的国家能力并支持联合作业。

越来越多的国家已经拥有了自己的国家项目，来检测和发布以国家贫困线衡量的官方贫困估计值以及有完整记载的家庭调查数据资料和估计方法。来自国家贫困监测项目的估计值及其所用的基本方法都会定期由世界银行审核，并且包括在本表之中。

以国家贫困线衡量的贫困估计值完整在线数据库（可见 http://data.worldbank.org/topic/poverty）会定期更新，并且可能涵盖更近一段时期的数据或者经修订的数据，本表没有加入这些数据。此外，有关贫困和公平的在线数据（http://povertydata.worldbank.org/poverty/home）既可以使人们使用这一数据库，而且其友好的界面又可以使人们通过图表和互动直观地观测不同地区和国家的主要贫困指标和不公平指标。该数据库由全球贫困工作小组维护，小组成员都是来自减贫和平等网络、发展研究组、发展数据组的贫困专家。

数据质量

以国家贫困线衡量的贫困估计值根据从各国具有代表性的家庭样本中收集的家庭调查数据计算。这些数据必须涵盖充分详细的信息来计算家庭总收入或者总消费（包括来自各自产值的消费或者收入）的综合估计值，利用这些数据来构建以适合权重加权的人均消费或者收入的分布。

对于从家庭调查中测算的任何一个指标，数据质量问题都可能影响贫困估计的准确性及其随时间的可比性。其中包括部分调查没有回应、季节性影响、问卷中收入或者消费项目数量的差异以及回答者被问及其支出的时间期间差异。

国家贫困线

国家贫困线用于估计与一国特定的经济和社会状况相一致的贫困指标。国家贫困线的设置反映了当地对脱离贫困所需消费或收入水平的看法。贫困与非贫困能够看到的差距将会随着一国平均收入的提高而提高，因此，并未提供比较不同国家贫困率的统一衡量方法。尽管以国家贫困线衡量的贫困率并不适用于不同国家贫困率的比较，但是它们适合指导和检测特定国家其国家减贫战略的成果。

几乎所有国家的贫困线都采用普遍流行的饮食基础上的食品组合（其被普遍认为能够提供健康和维持正常活动水平所需要的营养要求），再加上非食品支出的津贴。国家贫困线必须要根据调查年份之间的通货膨胀率差异进行调整，以保持一个不变的实际值，进而也就可以对不同时点上的贫困进行有意义的比较。因为食品和消费篮子也随时间变化，所以各国都会定期基于最新调查对贫困线进行重新计算。在这种情况下，新的贫困线应当加以缩减以获得一个能够与先前年份相比较的贫困估计值。本表基于最近两年可获得的调查数据公布了这些指标。各国最近公布的一些指标与基于先前年份的调查数据的指标不具有可比性，这些都在本表脚注中加以注释。

定义

- **调查年份**指收集基础家庭调查数据的年份；假如收集数据的时期横跨两个日历年份，将公布收集大多数数据的年份。
- **低于国家贫困线的人口**是生活在各国相应的农村贫困线、城市贫困线和国家贫困线以下的农村、城市和国家人口所占的百分比，并且以家庭调查数据估计得出的消费为基础，除非另有说明。
- **国家贫困线上的贫困差距**是以相当于相应的农村贫困线、城市贫困线和国家贫困线数值的百分比表示的在农村贫困线、城市贫困线和国家贫困线以下差额的平均值（非穷人的差额为零），并且以家庭调查数据估计得出的消费为基础，除非另有说明。这一衡量标准反映了贫困的程度以及贫困的范围。

数据资料来源

以国家贫困线衡量的贫困估计值由全球贫困工作小组以世界银行的国家贫困评估和分析报告以及国家减贫战略和官方贫困估计值为基础汇编。有关数据、衡量方法及工具、研究成果以及贫困评估和分析报告更详细的记载，可见网站：http://data.worldbank.org/topic/poverty、www.worldbank.org/poverty 和 http://povertydata.worldbank.org/poverty/home。

以国际贫困线衡量的贫困率

	以当地货币计算的国际贫困线		国际贫困线以下的人口[a]									
	1.25美元/天 2005	2美元/天 2005	调查[b]年份	低于1.25美元/天的人口百分比	在1.25美元/天的贫困线上的贫困差距百分比	低于2美元/天的人口百分比	在2美元/天的贫困线上的贫困差距百分比	调查[b]年份	低于1.25美元/天的人口百分比	在1.25美元/天的贫困线上的贫困差距百分比	低于2美元/天的人口百分比	在2美元/天的贫困线上的贫困差距百分比
阿尔巴尼亚	75.5	120.8	2005	<2	<0.5	7.9	1.5	2008	<2	<0.5	4.3	0.9
阿尔及利亚	48.4[c]	77.5[c]	1988	7.6	1.2	24.6	6.7	1995	6.8	1.4	23.6	6.5
安哥拉	88.1	141.0		..	..	..	..	2000[d]	54.3	29.9	70.2	42.4
阿根廷	1.7	2.7	2009[d,e]	2.0	1.2	3.4	1.7	2010[d,e]	<2	0.7	<2	0.9
亚美尼亚	245.2	392.4	2007	3.5	0.7	20.5	4.5	2008	<2	<0.5	12.4	2.3
阿塞拜疆	2,170.9	3,473.5	2001	6.3	1.1	27.1	6.8	2008	<2	<0.5	2.8	0.6
孟加拉国	31.9	51.0	2005	50.5	14.2	80.3	34.3	2010	43.3	11.2	76.5	30.4
白俄罗斯	949.5	1,519.2	2007	<2	<0.5	<2	<0.5	2008	<2	<0.5	<2	<0.5
伯利兹城	1.8[c]	2.9[c]	1998[f]	11.3	4.7	26.3	10.0	1999[f]	12.2	5.5	22.0	9.9
贝宁	344.0	550.4		..	..	..	..	2003	47.3	15.7	75.3	33.5
不丹	23.1	36.9	2003	26.2	7.0	49.5	18.8	2007	10.2	1.8	29.8	8.5
玻利维亚	3.2	5.1	2007[e]	13.1	6.6	24.7	10.9	2008[e]	15.6	8.6	24.9	13.1
波斯尼亚和黑塞哥维那	1.1	1.7	2004	<2	<0.5	<2	<0.5	2007	<2	<0.5	<2	<0.5
博茨瓦纳	4.2	6.8	1986	35.6	13.8	54.7	25.8	1994	31.2	11.0	49.4	22.3
巴西	2.0	3.1	2008[f]	6.0	3.4	11.3	5.3	2009[f]	6.1	3.6	10.8	5.4
保加利亚	0.9	1.5	2003	<2	<0.5	<2	<0.5	2007	<2	<0.5	<2	<0.5
布基纳法索	303.0	484.8	2003	56.5	20.3	81.2	39.3	2009	44.6	14.7	72.6	31.7
布隆迪	558.8	894.1	1998	86.4	47.3	95.4	64.1	2006	81.3	36.4	93.5	56.1
柬埔寨	2,019.1	3,230.6	2007	32.2	7.7	60.1	22.6	2008	22.8	4.9	53.3	17.4
喀麦隆	368.1	589.0	2001	10.8	2.3	32.5	9.5	2007	9.6	1.2	30.4	8.2
佛得角	97.7	156.3		..	..	..	..	2002	21.0	6.1	40.9	15.2
中非共和国	384.3	614.9	2003	62.4	28.3	81.9	45.3	2008	62.8	31.3	80.1	46.8
乍得	409.5	655.1		..	..	..	..	2003	61.9	25.6	83.3	43.9
智利	484.2	774.7	2006[f]	<2	0.5	3.2	1.1	2009[f]	<2	0.7	2.7	1.2
中国	5.1[g]	8.2[g]	2005[h]	16.3	4.0	36.9	12.5	2008[h]	13.1	3.2	29.8	10.1
哥伦比亚	1,489.7	2,383.5	2009[f]	9.7	4.7	18.5	8.2	2010[f]	8.2	3.8	15.8	6.8
科摩罗	368.0	588.8		..	..	..	..	2004	46.1	20.8	65.0	34.2
刚果民主共和国	395.3	632.5		..	..	..	..	2006	87.7	52.8	95.2	67.6
刚果共和国	469.5	751.1		..	..	..	..	2005	54.1	22.8	74.4	38.8
哥斯达黎加	348.7[c]	557.9[c]	2008[f]	2.4	1.5	5.0	2.3	2009[f]	3.1	1.8	6.0	2.7
克罗地亚	5.6	8.9	2004	<2	<0.5	<2	<0.5	2008	<2	<0.5	<2	<0.5
捷克共和国	19.0	30.4	1993[e]	<2	<0.5	<2	<0.5	1996[e]	<2	<0.5	<2	<0.5
科特迪瓦	407.3	651.6	2002	23.3	6.8	46.8	17.6	2008	23.8	7.5	46.3	17.8
吉布提	134.8	215.6		..	..	..	..	2002	18.8	5.3	41.2	14.6
多米尼加共和国	25.5[c]	40.8[c]	2009[f]	3.0	0.7	10.0	2.7	2010[f]	2.2	0.5	9.9	2.4
厄瓜多尔	0.6	1.0	2009[f]	6.4	2.9	13.5	5.5	2010[f]	4.6	2.1	10.6	4.1
埃及	2.5	4.0	2005	2.0	<0.5	18.5	3.5	2008	<2	<0.5	15.4	2.8
萨尔瓦多	6.0[c]	9.6[c]	2008[f]	5.4	1.9	14.0	4.8	2009[f]	9.0	4.4	16.9	7.6
爱沙尼亚	11.0	17.7	2003	<2	<0.5	2.6	<0.5	2004	<2	<0.5	<2	0.5
埃塞俄比亚	3.4	5.5	2000	55.6	16.2	86.4	37.9	2005	39.0	9.6	77.6	28.9
斐济	1.9	3.1	2003	29.2	11.3	48.7	21.8	2009	5.9	1.1	22.9	6.0
加蓬	554.7	887.5		..	..	..	..	2005	4.8	0.9	19.6	5.0
冈比亚	12.9	20.7	1998	65.6	33.8	81.2	49.1	2003	33.6	11.7	55.9	24.4
格鲁吉亚	1.0	1.6	2007	15.2	4.1	34.9	11.8	2008	15.3	4.8	32.2	11.7
加纳	5,594.8	8,951.6	1998	39.1	14.4	63.3	28.5	2006	28.6	9.9	51.8	21.3
危地马拉	5.7[c]	9.1[c]	2004[f]	24.4	13.2	39.2	20.2	2006[f]	13.5	4.7	26.3	10.5
几内亚比绍	1,849.5	2,959.1	2003	56.3	21.3	80.8	39.7	2007	43.3	15.0	69.6	31.0
几内亚	355.3	568.6	1993	52.1	20.6	75.7	37.4	2002	48.9	16.6	78.0	34.9
圭亚那	131.5[c]	210.3[c]	1993[e]	6.9	1.5	17.1	5.4	1998[e]	8.7	2.8	18.0	6.7
海地	24.2[c]	38.7[c]		..	..	..	..	2001[e]	61.7	32.3	77.5	46.7
洪都拉斯	12.1[c]	19.3[c]	2008[f]	21.4	11.8	32.6	17.5	2009[f]	17.9	9.4	29.8	14.9
匈牙利	171.9	275.0	2004	<2	<0.5	<2	<0.5	2007	<2	<0.5	<2	<0.5
印度	19.5[i]	31.2[i]	2005[h]	41.6	10.5	75.6	29.5	2010[h]	32.7	7.5	68.7	24.5
印度尼西亚	5,241.0[i]	8,385.7[i]	2009[h]	20.4	4.1	52.7	16.5	2010[h]	18.1	3.3	46.1	14.3
伊朗	3,393.5	5,429.6	1998	<2	<0.5	8.3	1.8	2005	<2	<0.5	8.0	1.8
伊拉克	799.8	1,279.7		..	..	..	..	2007	2.8	<0.5	21.4	4.4
牙买加	54.2[c]	86.7[c]	2002	<2	<0.5	8.5	1.5	2004	<2	<0.5	5.4	0.8

以国际贫困线衡量的贫困率

	以当地货币计算的国际贫困线		国际贫困线以下的人口[a]									
	1.25美元/天 2005	2美元/天 2005	调查[b]年份	低于1.25美元/天的人口百分比	在1.25美元/天的贫困线上的贫困差距百分比	低于2美元/天的人口百分比	在2美元/天的贫困线上的贫困差距百分比	调查[b]年份	低于1.25美元/天的人口百分比	在1.25美元/天的贫困线上的贫困差距百分比	低于2美元/天的人口百分比	在2美元/天的贫困线上的贫困百分比
约旦	0.6	1.0	2008	<2	<0.5	2.1	<0.5	2010	<2	<0.5	<2	<0.5
哈萨克斯坦	81.2	129.9	2008	<2	<0.5	<2	<0.5	2009	<2	<0.5	<2	<0.5
肯尼亚	40.9	65.4	1997	19.6	4.6	42.7	14.7	2005	43.4	16.9	67.2	31.8
吉尔吉斯斯坦	16.2	26.0	2008	6.4	1.5	20.7	5.9	2009	6.2	1.4	21.7	6.0
老挝	4,677.0	7,483.2	2002	44.0	12.1	76.9	31.1	2008	33.9	9.0	66.0	24.8
拉脱维亚	0.4	0.7	2007	<2	<0.5	<2	<0.5	2008	<2	<0.5	<2	<0.5
莱索托	4.3	6.9	1994	46.2	25.6	59.7	36.1	2003	43.4	20.8	62.3	33.1
利比里亚	0.6	1.0		..	..	..	..	2007	83.8	40.9	94.9	59.6
立陶宛	2.1	3.3	2004	<2	<0.5	<2	0.5	2008	<2	<0.5	<2	<0.5
前南斯拉夫马其顿共和国	29.5	47.2	2008	<2	<0.5	4.3	0.7	2009	<2	<0.5	5.9	0.9
马达加斯加	945.5	1,512.8	2005	67.8	26.5	89.6	46.9	2010	81.3	43.3	92.6	60.1
马拉维	71.2	113.8	1998	83.1	46.0	93.5	62.3	2004	73.9	32.3	90.5	51.8
马来西亚	2.6	4.2	2007[e]	<2	<0.5	2.9	<0.5	2009[e]	<2	<0.5	2.3	<0.5
马里	362.1	579.4	2006	51.4	18.8	77.1	36.5	2010	50.4	16.4	78.7	35.2
毛里塔尼亚	157.1	251.3	2004	25.4	7.0	52.6	19.2	2008	23.4	6.8	47.7	17.7
墨西哥	9.6	15.3	2006	<2	<0.5	4.9	1.0	2008	<2	<0.5	5.2	1.3
密克罗尼西亚	0.8[c]	1.3[c]		..	..	..	..	2000	31.2	16.3	44.7	24.5
摩尔多瓦	6.0	9.7	2009	<2	<0.5	7.1	1.2	2010	<2	<0.5	4.4	0.7
黑山共和国	0.6	1.0	2007	<2	<0.5	<2	<0.5	2008	<2	<0.5	<2	<0.5
摩洛哥	6.9	11.0	2001	6.3	0.9	24.3	6.3	2007	2.5	0.5	14.0	3.2
莫桑比克	14,532.1	23,251.4	2003	74.7	35.4	90.0	53.6	2008	59.6	25.1	81.8	42.9
纳米比亚	6.3	10.1	1993	49.1	24.6	62.2	36.5	2004[e]	31.9	9.5	51.1	21.8
尼泊尔	33.1	52.9	2003	53.1	18.4	77.3	36.6	2010	24.8	5.6	57.3	19.0
尼加拉瓜	9.1[c]	14.6[c]	2001[e]	14.4	3.7	34.4	11.5	2005[e]	11.9	2.4	31.7	9.6
尼日尔	334.2	534.7	2005	50.2	18.3	75.3	35.6	2008	43.6	12.4	75.2	30.8
尼日利亚	98.2	157.2	2004	63.1	28.7	83.1	45.9	2010	68.0	33.7	84.5	50.2
巴基斯坦	25.9	41.4	2006	22.6	4.1	61.0	18.8	2008	21.0	3.5	60.2	17.9
巴拿马	0.8[c]	1.2[c]	2009[f]	5.9	1.8	14.6	4.9	2010[f]	6.6	2.1	13.8	5.1
巴布亚新几内亚	2.1[c]	3.4[c]		..	..	..	..	1996	35.8	12.3	57.4	25.5
巴拉圭	2,659.7	4,255.6	2009[f]	7.6	3.2	14.2	6.0	2010[f]	7.2	3.0	13.2	5.7
秘鲁	2.1	3.3	2009[f]	5.5	1.6	14.0	4.6	2010[f]	4.9	1.3	12.7	4.1
菲律宾	30.2	48.4	2006	22.6	5.5	45.0	16.4	2009	18.4	3.7	41.5	13.8
波兰	2.7	4.3	2008	<2	<0.5	<2	<0.5	2009	<2	<0.5	<2	<0.5
罗马尼亚	2.1	3.4	2008	<2	<0.5	2.0	0.6	2009	<2	<0.5	<2	0.5
俄罗斯联邦	16.7	26.8	2008	<2	<0.5	<2	<0.5	2009	<2	<0.5	<2	<0.5
卢旺达	295.9	473.5	2006	72.1	34.8	87.4	52.2	2011	63.2	26.6	82.4	44.6
圣多美和普林西比	7,953.9	12,726.3		..	..	..	..	2001	28.2	7.9	54.2	20.6
塞内加尔	372.8	596.5	2001	44.2	14.3	71.3	31.2	2005	33.5	10.8	60.4	24.7
塞尔维亚	42.9	68.6	2008	<2	<0.5	<2	<0.5	2009	<2	<0.5	<2	<0.5
塞舌尔	5.6[c]	9.0[c]	2000	<2	<0.5	<2	<0.5	2007	<2	<0.5	<2	<0.5
塞拉利昂	1,745.3	2,792.4	1990	62.8	44.8	75.0	54.0	2003	53.4	20.3	76.1	37.5
斯洛伐克共和国	23.5	37.7	2008[e]	<2	<0.5	<2	<0.5	2009[e]	<2	<0.5	<2	<0.5
斯洛文尼亚	198.2	317.2	2003	<2	<0.5	<2	<0.5	2004	<2	<0.5	<2	<0.5
南非	5.7	9.1	2006	17.4	3.3	35.7	12.3	2009	13.8	2.3	31.3	10.2
斯里兰卡	50.0	80.1	2002	14.0	2.6	39.7	11.9	2007	7.0	1.0	29.1	7.4
圣卢西亚	2.4[c]	3.8[c]		..	..	..	..	1995[e]	20.9	7.2	40.6	15.5
苏丹	154.4	247.0		..	..	..	..	2009	19.8	5.5	44.1	15.4
苏里南	2.3[c]	3.7[c]		..	..	..	..	1999[e]	15.5	5.9	27.2	11.7
斯威士兰	4.7	7.5	2001	62.9	29.4	81.0	45.8	2010	40.6	16.0	60.4	29.3
叙利亚	30.8	49.3		..	..	..	..	2004	<2	<0.5	16.9	3.3
塔吉克斯坦	1.2	1.9	2007	14.7	4.4	37.0	12.2	2009	6.6	1.2	27.7	7.0
坦桑尼亚	603.1	964.9	2000	84.6	41.6	95.3	60.3	2007	67.9	28.1	87.9	47.5
泰国	21.8	34.9	2008[j]	<2	<0.5	5.0	0.8	2009[j]	<2	<0.5	4.6	0.8
东帝汶	0.6[c]	1.0[c]	2001	52.9	19.1	77.5	37.1	2007	37.4	8.9	72.8	27.0
多哥	352.8	564.5		..	..	..	..	2006	38.7	11.4	69.3	27.9
特立尼达和多巴哥	5.8[c]	9.2[c]	1988[e]	<2	<0.5	8.6	1.9	1992[e]	4.2	1.1	13.5	3.9

	以当地货币计算的国际贫困线		国际贫困线以下的人口[a]									
	1.25美元/天 2005	2美元/天 2005	调查[b]年份	低于1.25美元/天的人口百分比	在1.25美元/天的贫困线上的贫困差距百分比	低于2美元/天的人口百分比	在2美元/天的贫困线上的贫困差距百分比	调查[b]年份	低于1.25美元/天的人口百分比	在1.25美元/天的贫困线上的贫困差距百分比	低于2美元/天的人口百分比	在2美元/天的贫困线上的贫困百分比
突尼斯	0.9	1.4	2000	2.6	0.5	12.8	3.0	2005	<2	<0.5	8.1	1.8
土耳其	1.3	2.0	2007	<2	<0.5	4.5	1.2	2008	<2	<0.5	4.2	0.7
土库曼斯坦	5,961.1[c]	9,537.7[c]	1993[e]	63.5	25.8	85.7	44.9	1998	24.8	7.0	49.7	18.4
乌干达	930.8	1,489.2	2006	51.5	19.1	75.6	36.4	2009	38.0	12.2	64.7	27.4
乌克兰	2.1	3.4	2008	<2	<0.5	<2	<0.5	2009	<2	<0.5	<2	<0.5
乌拉圭	19.1	30.6	2009[f]	<2	<0.5	<2	<0.5	2010[f]	<2	<0.5	<2	<0.5
乌兹别克斯坦	1,563.9	2,502.2	2005[f]	13.4	8.2	21.9	11.6	2006[f]	6.6	3.7	12.9	5.9
委内瑞拉	7,399.9	11,839.8	2006	21.4	5.3	48.1	16.3	2008	16.9	3.8	43.4	13.5
越南	2.7[c]	4.3[c]	2007	<2	<0.5	2.5	0.5	2009	<2	<0.5	<2	<0.5
也门共和国	113.8	182.1	1998	12.9	3.0	36.4	11.1	2005	17.5	4.2	46.6	14.8
赞比亚	3,537.9	5,660.7	2004	64.3	32.8	81.5	48.3	2006	68.5	37.0	82.6	51.8

a. 基于名义人均消费平均值和从家庭调查数据估计得出的分配数据，除非另有说明。b. 指收集基础家庭调查数据的年份；假如收集数据的时期横跨两个日历年份，将公布收集大多数数据的年份。c. 由于使用回归，因此基于经购买力平价转换的美元。d. 只包括城市地区。e. 基于人均收入平均值和从家庭调查数据估计得出的分配数据。f. 利用以逐家记录的家庭调查数据为基础的人均名义收入分布进行的非参数估计。g. 基于城市价格的购买力平价的换算系数。h. 以人口为权重的城市和农村估计值的加权平均值。i. 基于基准国家购买力平价估计值，然后根据城市和农村地区的生活成本差异进行调整。j. 利用以逐家记录的家庭调查数据为基础的人均名义消费分布进行的非参数估计。

地区贫困估计和千年发展目标的进展

从20世纪80年代以来，以日均消费1.25美元的贫困线所衡量的全球贫困已经有所减少。1990年，生活标准低于日均1.25美元的人口份额下降了10个百分点，降至43%。之后在1990—2008年间又下降近20个百分点。生活在极端贫困中的人口已由1990年的19亿降至2008年的13亿（图2.8a）。在过去这25年间，极端贫困人口显著下降，但是这一点掩盖了地区间的巨大差异。

最大的减贫发生在东亚和太平洋地区，该地区的贫困率由1981年的77%下降至2008年的14%，而日生活费不到1.25美元的人口减少了超过8亿（图2.8b）。这一下降的绝大部分来自中国，其贫困率从84%滑落至13%，6.6亿的人口摆脱了贫困。同一时期，南亚的贫困率由61%降至36%（图2.8c）。相比之下，撒哈拉沙漠以南非洲的贫困率降幅很小，1981年不超过52%，到了1993年超过59%，到2008年降至47.5%，但是这一时期处于贫困线以下的人口差不多翻了一番，只是自2005年以来才开始略微下降。

根据中等收入经济体的标准，那些摆脱极端贫困的人依旧非常贫困。2005年，发展中国家贫困线的中位数为日均消费2美元。使用该贫困线进行衡量的所有发展中国家的贫困率由1981年的近70%降至2008年的43%，但日生活费低于2美元的人口还是基本保持在25亿。东亚和太平洋地区在数量和比例两方面都降幅最大，这是由中国引领的。相比之下，撒哈拉沙漠以南非洲和南亚，尤其是印度，日生活费低于2美元的人口反而在增长。此外，全球日均消费在1.25美元至2美元的人口几乎增长了一倍，升至12亿（见图2.8a）。

尽管日均消费低于1.25美元的人口已经下降了，但日均消费在1.25美元至2美元间的人口上升了 2.8a

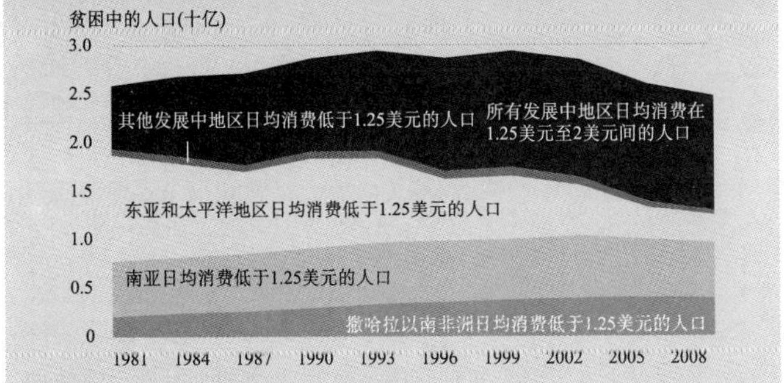

资料来源：世界银行 PovcalNet 数据库。

所有发展中地区贫困率已经在下降 2.8b

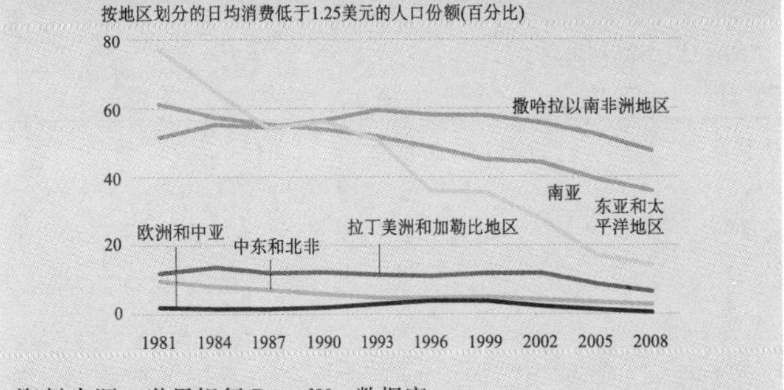

资料来源：世界银行 PovcalNet 数据库。

2.8 以国际贫困线衡量的贫困率

地区贫困估计 2.8c

地区或国家	1981	1984	1987	1990	1993	1996	1999	2002	2005	2008
日均消费低于1.25美元（2005年PPP）的人口（百万）										
东亚和太平洋地区	1,097	970	848	926	871	640	656	523	332	284
中国	835	720	586	683	633	443	446	363	212	173
欧洲和中亚	8	7	7	9	14	18	18	11	6	2
拉丁美洲和加勒比地区	43	53	49	53	53	54	60	63	48	37
中东和北非	16	15	15	13	12	12	14	12	10	9
南亚	568	574	593	617	632	631	619	640	598	571
印度	429	427	443	448	462	463	473	484	466	445
撒哈拉以南非洲地区	205	239	257	290	330	349	376	390	395	386
总计	1,938	1,858	1,768	1,909	1,910	1,704	1,743	1,639	1,389	1,289
日均消费低于1.25美元（2005年PPP）的人口份额（百分比）										
东亚和太平洋地区	77.2	65.0	54.1	56.2	50.7	35.9	35.6	27.6	17.1	14.3
中国	84.0	69.4	54.0	60.2	53.7	36.4	35.6	28.4	16.3	13.1
欧洲和中亚	1.9	1.6	1.5	1.9	2.9	3.9	3.8	2.3	1.3	0.5
拉丁美洲和加勒比地区	11.9	13.6	12.0	12.2	11.4	11.1	11.9	11.9	8.7	6.5
中东和北非	9.6	8.0	7.1	5.8	4.8	4.8	5.0	4.2	3.5	2.7
南亚	61.1	57.4	55.3	53.8	51.7	48.6	45.1	44.3	39.4	36.0
印度	59.8	55.7	54.1	51.3	49.7	47.2	45.6	44.5	40.8	37.4
撒哈拉以南非洲地区	51.5	55.2	54.4	56.5	59.4	58.1	57.9	55.7	52.3	47.5
总计	52.2	47.1	42.3	43.1	41.0	34.8	34.1	30.8	25.1	22.4
日均消费低于2美元（2005年PPP）的人口（百万）										
东亚和太平洋地区	1,313	1,316	1,279	1,334	1,301	1,140	1,138	984	758	659
中国	972	963	907	961	926	792	770	655	482	395
欧洲和中亚	36	30	29	32	43	53	57	37	22	10
拉丁美洲和加勒比地区	87	104	92	98	100	102	111	118	92	71
中东和北非	52	51	54	53	53	57	60	57	53	44
南亚	811	855	906	959	1,010	1,047	1,069	1,120	1,113	1,125
印度	621	651	689	722	760	788	818	848	857	862
撒哈拉以南非洲地区	288	324	350	389	434	466	503	533	559	562
总计	2,585	2,680	2,710	2,864	2,941	2,865	2,937	2,848	2,596	2,471
日均消费低于2美元（2005年PPP）的人口份额（百分比）										
东亚和太平洋地区	92.4	88.3	81.6	81.0	75.8	64.0	61.7	51.9	39.0	33.2
中国	97.8	92.9	83.7	84.6	78.6	65.1	61.4	51.2	36.9	29.8
欧洲和中亚	8.3	6.7	6.3	6.9	9.2	11.2	12.1	7.9	4.6	2.2
拉丁美洲和加勒比地区	23.8	26.8	22.4	22.4	21.7	21.0	22.0	22.2	16.7	12.4
中东和北非	30.1	27.1	26.1	23.5	22.1	22.2	22.0	19.7	17.4	13.9
南亚	87.2	85.6	84.5	83.6	82.7	80.7	77.8	77.4	73.4	70.9
印度	86.6	84.9	84.1	82.6	81.9	80.2	78.9	77.9	75.0	72.4
撒哈拉以南非洲地区	72.2	74.7	74.3	76.0	78.1	77.5	77.4	76.1	74.1	69.2
总计	69.6	68.0	64.8	64.6	63.1	58.6	57.4	53.5	46.9	43.0

资料来源：世界银行 PovcalNet 数据库。

关于数据的说明

世界银行在其1990年的《世界发展报告》中首次为发展中国家制作了全球贫困估计：《22国家庭调查数据所研究的贫困》(Ravallion、Datt和van de Walle，1991)。自此以后，进行家庭收入和支出调查的国家数量激增。世界银行发展研究组维护着数据库，随着新的调查数据（进而可能包括没有纳入表中的更近期的数据或者修订数据）的获取，每年都对数据库进行更新，进而每3年对减贫进程进行一次重大评估。PovcalNet（http：//iresearch.worldbank.org/Povcal－Net/）是一个交互式的计算工具，该工具允许使用者复制那些具有国际可比性（日生活费1.25美元和日生活费2美元）的全球、地区和国家层面的贫困估计值，进而对各个国家组别及其不同贫困线的贫困尺度标准进行计算。有关贫困和公平的在线数据（http：//povertydata.worldbank.org/poverty/home）既可以使人们使用这一数据库，而且其友好的界面又可以使人们通过图表和互动直观地观测不同地区和国家的主要贫困指标和不公平指标。国家界面给出了基于国家贫困线的贫困尺度标准的趋势（见表2.7）以及表中具有国际可比性的估计值，这些数据都是来自PovcalNet，并且与其一致。

数据可得性

通过近乎130个国家的国家统计局所做的850多份家庭调查，世界银行的国际贫困比较监测数据库目前取得了与123万个随机样本家庭的面谈的收入或者详细的消费数据。尽管近十年取得了进展，但是贫困的衡量依然面临着挑战。家庭调查的及时性、频率、质量以及可比性都需要大幅度提高，尤其在最贫困的国家。贫困监测数据的可获得性和质量在一些小的国家、局势脆弱的国家甚至一些中等收入国家都相对较低。一些国家可以获得数据的低频率以及缺乏可比性使意义重大的减贫工作面临一定的不确定性。改善监测贫困的家庭调查项目的需要迫在眉睫。但是制度上、政治上以及金融上的障碍依然限制了数据的收集、分析和公开获取。

数据质量

除了调查数据的频率和及时性，在衡量家庭生活标准时还会出现其他数据质量问题。调查主要询问关于收入来源和支出方式的细节问题，这必须由受过训练的人员认真记录。收入通常更加难以准确记录，而消费与生活水平的概念更接近。即使生活水准不变，收入还是有可能随时间变化。但消费的数据并不总是可得：最新公布的数据反映的是2/3国家的消费情况。

但是，即使相似的调查还是有可能不具有严格的可比性，这是因为时间或数据质量和统计员的受训程度不同。处于不同发展水平的国家的比较同样构成一个潜在问题，即非市场货物消费的相对重要性存在差异。所有不同种类消费（包括自制的产品，其在欠发达的农村经济中尤为重要）的当地市场总价值应该包括在总消费支出内，不过有可能未包括在内。目前绝大多数调查数据包括自制产品的消费或收入估值，但其估值方法有所不同。

所报告的统计结果是基于消费数据，或者（当其不可得时）基于收入调查。约20个国家所分析的收入和支出数据都可从相同的调查中得到，这些调查发现收入均值的提高带来更高的消费，同时也带来更大的不平等。当比较基于收入和消费的贫困度量时，两种效应大致相互抵消：没有出现显著的统计学差异。

国际贫困线

贫困估计的国际比较需要注意概念和实际这两方面的问题。不同国家对贫困的定义不同，跨国的、一致的比较因此会变得困难。富国的本土贫困线倾向于拥有更高的购买力，因为其所使用的标准比穷国更高。

基于国际贫困线的贫困度量试图把握该跨越各国的固定贫困线的真实价值。自1990年版的《世界发展报告》发表以来，世界银行旨在提供衡量极端贫困的通用标准，以确定贫困对世界上最贫穷国家意味着什么。不同国家国民的福利可以通过一个共同的尺度衡量，该尺度经过调整以适应国家间购买力水平的差异。通常所用的标准是每天消费1美元，这是以1985年的国际物价水平设定的，并经过购买力平价（PPP）调整。这一标准是1990年的《世界发展报告》选定的，因为这是当时低收入国家典型的贫困线。

早期版本的《世界发展指标》使用的是经宾夕法尼亚大学世界表（Penn World Tables）转换的PPP指标，其是将当地货币的价值转换为等价的美元计值。后来的版本使用的是世界银行1993年制作的消费PPP估值。国际贫困线的最近一次修改使用的是2005年新一轮国际比较项目所汇总的PPP数据，以及扩大了的家庭收入和支出调查集的数据。新的极端贫困线被设在经2005年PPP计算的每日支出1.25美元，其代表了15个经由人均消费排名的最贫困国家的贫困线均值。新的贫困线对极度贫困依然采用相同的标准——世界上最贫困国家典型的贫困线——但其使用发展中国家最新的生活成本数据进行了更新。

定义

• **以当地货币计算的国际贫困线**是指以2005年物价设定的每日消费1.25美元和2美元的国际贫困线，用国际比较项目所估算的PPP转换因子换算为当地货币计值。 • **调查年份**指收集基础家庭调查数据的年份；当收集数据的期间横跨两个日历年份时，要公布大部分数据收集的年份。 • **日均消费低于1.25美元的人口**和 • **日均消费低于2美元的人口**是指在2005年的国际物价标准下，生活在日均消费分别低于1.25美元和2美元的人口的百分比。由于PPP汇率的变动，单个国家的贫困率无法与先前版本所公布的贫困率相比较。 • **贫困差距**是指实际消费与贫困线间的差距（将非贫困的贫困差距记为0），其被表示为占贫困线的百分比。这个方式同时反映了贫困的程度和其发生率。

数据资料来源

贫困衡量是由世界银行发展研究组准备的。国际贫困线基于各国由国家统计局、或政府监督下的私人机构、或国际机构所进行的全国代表性家庭调查，以及从政府统计部门和世界银行各国别局获得数据。有关拉丁美洲和加勒比地区社会—经济数据库生成收入数据（本地区各国使用的数据）所采用的方法更详细的信息见http：//sedlac.econo.unlp.edu.ar/eng/method－ology.php。世界银行集团已经从1993年起准备了其贫困研究工作的年度总结。关于世界银行最新估计所用数据和方法的详情以及相关出版物，参见http：//iresearch.worldbank.org/povcalnet。有关该结果更进一步的讨论见Ravallion、Chen和Sangraula（2009），Chen和Ravallion（2011）。

2.9 收入分配或消费分布

	调查年份	基尼系数	收入或消费的百分比份额						
		百分比	最低的10%	最低的20%	第二个20%	第三个20%	第四个20%	最高的20%	最高的10%
阿富汗	2008[b]	27.8	4.1	9.4	13.6	17.4	22.1	37.5	23.2
阿尔巴尼亚	2008[b]	34.5	3.5	8.1	12.1	15.9	20.9	43.0	29.0
阿尔及利亚	1995[b]	35.3	2.9	7.0	11.6	16.2	22.6	42.6	26.9
安哥拉[c]	2000[b]	58.6	0.6	2.0	5.7	10.8	19.7	61.9	44.7
阿根廷[c]	2010[d]	44.5	1.5	4.4	9.3	14.8	22.2	49.4	32.3
亚美尼亚	2008[b]	30.9	3.7	8.8	12.8	16.7	21.9	39.8	25.4
澳大利亚	1994[d]	35.2	2.0	5.9	12.0	17.2	23.6	41.3	25.4
奥地利	2000[d]	29.1	3.3	8.6	13.3	17.4	22.9	37.8	23.0
阿塞拜疆	2008[b]	33.7	3.4	8.0	12.1	16.2	21.7	42.1	27.4
孟加拉国	2010[b]	32.1	4.0	8.9	12.4	16.1	21.3	41.4	27.0
白俄罗斯	2008[b]	27.2	3.8	9.2	13.8	17.8	22.9	36.4	21.9
比利时	2000[d]	33.0	3.4	8.5	13.0	16.3	20.8	41.4	28.1
伯利兹	1999[d]	53.1	0.9	3.3	8.6	11.2	19.4	57.5	42.2
贝宁	2003[b]	38.6	3.0	7.0	10.8	15.0	21.0	46.1	31.2
不丹	2007[b]	38.1	2.8	6.6	10.8	15.4	22.0	45.2	29.4
玻利维亚	2007[d]	56.3	0.5	2.1	6.8	11.9	19.9	59.3	43.3
波斯尼亚和黑塞哥维那	2007[b]	36.2	2.7	6.7	11.3	16.1	22.7	43.2	27.3
博茨瓦纳	1994[b]	61.0	1.3	3.1	5.8	9.6	16.4	65.0	51.2
巴西	2009[d]	54.7	0.8	2.9	7.1	12.4	19.0	58.6	42.9
保加利亚	2007[b]	28.2	3.3	8.5	13.7	17.9	23.1	36.7	22.2
布基纳法索	2009[b]	39.8	2.9	6.7	10.6	14.8	20.9	47.0	32.2
布隆迪	2006[b]	33.3	4.1	9.0	11.9	15.4	21.0	42.8	28.0
柬埔寨	2008[b]	37.9	3.3	7.5	11.0	14.9	20.6	45.9	31.4
喀麦隆	2007[b]	38.9	2.9	6.7	10.5	14.9	21.7	46.2	30.4
加拿大	2000[d]	32.6	2.6	7.2	12.7	17.2	23.0	39.9	24.8
佛得角	2002[b]	50.5	1.9	4.5	7.9	12.3	19.4	55.9	40.6
中非共和国	2008[b]	56.3	1.2	3.4	6.9	11.1	18.0	60.6	46.1
乍得	2003[b]	39.8	2.6	6.3	10.4	15.0	21.8	46.6	30.8
智利	2009[d]	52.1	1.5	4.3	7.9	11.7	18.4	57.7	42.8
中国	2005[d]	42.5	1.8	5.0	9.9	15.0	22.2	47.9	32.0
中国香港	1996[d]	43.4	2.0	5.3	9.4	13.9	20.7	50.7	34.9
哥伦比亚	2010[d]	55.9	0.9	3.0	6.8	11.2	18.8	60.2	44.4
科摩罗	2004[b]	64.3	0.9	2.6	5.4	8.9	15.1	68.0	55.2
刚果民主共和国	2006[b]	44.4	2.3	5.5	9.2	13.8	20.9	50.6	34.7
刚果共和国	2005[b]	47.3	2.1	5.0	8.4	13.0	20.5	53.1	37.1
哥斯达黎加	2009[d]	50.7	1.2	3.9	8.0	12.4	19.9	55.9	39.5
科特迪瓦	2008[b]	41.5	2.2	5.6	10.1	14.9	21.8	47.6	31.8
克罗地亚	2008[b]	33.7	3.3	8.1	12.2	16.2	21.6	42.0	27.5
捷克共和国	1996[d]	25.8	4.3	10.2	14.3	17.5	21.7	36.2	22.7
丹麦	1997[d]	24.7	2.6	8.3	14.7	18.2	22.9	35.8	21.3
吉布提	2002[b]	40.0	2.4	6.0	10.5	15.2	21.8	46.5	30.9
多米尼加共和国	2010[d]	47.2	1.8	4.7	8.6	13.2	20.8	52.8	36.4
厄瓜多尔	2010[d]	49.3	1.4	4.3	8.2	13.0	20.7	53.8	38.3
埃及	2008[b]	30.8	4.0	9.2	13.0	16.4	21.0	40.3	26.6
萨尔瓦多	2009[d]	48.3	1.0	3.7	8.8	13.7	20.7	53.1	37.0
爱沙尼亚	2004[b]	36.0	2.7	6.8	11.6	16.2	22.2	43.2	28.0
埃塞俄比亚	2005[b]	29.8	4.1	9.3	13.2	16.8	21.3	39.4	25.6
芬兰	2000[d]	26.9	4.0	9.6	14.1	17.5	22.1	36.7	22.6
斐济	2009[b]	42.8	2.6	6.2	9.9	14.1	20.3	49.6	34.9
法国	1995[d]	32.7	2.8	7.2	12.6	17.2	22.8	40.2	25.1
加蓬	2005[b]	41.5	2.6	6.2	10.1	14.5	21.0	48.2	33.0
冈比亚	2003[b]	47.3	2.0	4.8	8.6	13.2	20.6	52.8	36.9
格鲁吉亚	2008[b]	41.3	2.0	5.3	10.3	15.2	22.1	47.2	31.3
德国	2000[d]	28.3	3.2	8.5	13.7	17.8	23.1	36.9	22.1
加纳	2006[b]	42.8	2.0	5.2	9.8	14.7	21.6	48.6	32.8
希腊	2000[d]	34.3	2.5	6.7	11.9	16.8	23.0	41.5	26.0
危地马拉	2006[d]	55.9	1.1	3.1	6.9	11.4	18.5	60.3	44.9

	调查年份	基尼系数	收入或消费的百分比份额						
		百分比	最低的10%	最低的20%	第二个20%	第三个20%	第四个20%	最高的20%	最高的10%
几内亚	2007[b]	39.4	2.7	6.4	10.5	15.1	21.9	46.2	30.3
几内亚比绍	2002[b]	35.5	3.1	7.3	11.6	16.0	21.9	43.2	28.1
圭亚那	1998[d]	44.5	1.3	4.5	9.8	14.7	21.6	49.5	34.0
海地	2001[d]	59.2	0.7	2.4	6.3	10.4	17.6	63.4	47.7
洪都拉斯	2009[d]	57.0	0.4	2.0	6.1	11.4	20.5	59.9	42.4
匈牙利	2007[b]	31.2	3.5	8.4	12.9	16.9	22.0	39.9	25.4
印度	2005[b]	33.4	3.8	8.6	12.2	15.8	21.0	42.4	28.3
印度尼西亚	2005[b]	34.0	3.7	8.3	12.0	15.8	21.0	42.8	28.5
伊朗	2005[b]	38.3	2.6	6.4	10.9	15.5	22.0	45.2	29.6
伊拉克	2007[b]	30.9	3.8	8.7	12.8	16.7	22.0	39.9	25.2
爱尔兰	2000[d]	34.3	2.9	7.4	12.3	16.3	21.9	42.0	27.2
以色列	2001[d]	39.2	2.1	5.7	10.5	15.9	23.0	44.9	28.8
意大利	2000[d]	36.0	2.3	6.5	12.0	16.8	22.8	42.0	26.8
牙买加	2004[b]	45.5	2.3	5.4	9.0	13.5	20.6	51.6	35.9
日本	1993[d]	24.9	4.8	10.6	14.2	17.6	22.0	35.7	21.7
约旦	2010[b]	35.4	3.4	7.7	11.6	15.7	21.5	43.6	28.7
哈萨克斯坦	2009[b]	29.0	4.0	9.1	13.2	17.1	22.3	38.4	23.8
肯尼亚	2005[b]	47.7	2.0	4.8	8.7	13.2	20.1	53.2	38.0
韩国	1998[d]	31.6	2.9	7.9	13.6	18.0	23.1	37.5	22.5
吉尔吉斯斯坦	2009[b]	36.2	2.8	6.8	11.4	16.0	22.4	43.4	27.8
老挝	2008[b]	36.7	3.3	7.6	11.3	15.3	20.9	44.8	30.3
拉脱维亚	2008[b]	36.6	2.6	6.6	11.4	16.1	22.3	43.6	28.1
黎巴嫩	2003[b]	52.5	1.0	3.0	7.2	12.5	21.0	56.4	39.4
利比里亚	2007[b]	38.2	2.4	6.4	11.4	15.7	21.6	45.0	30.1
利比亚	2008[b]	37.6	2.6	6.6	11.1	15.7	22.1	44.4	29.1
前南斯拉夫马其顿共和国	2009[b]	43.2	2.0	5.1	9.5	14.5	22.0	48.9	32.4
马达加斯加	2010[b]	44.1	2.2	5.4	9.5	14.1	20.9	50.1	34.7
马拉维	2004[b]	39.0	3.0	7.0	10.8	14.9	20.8	46.5	31.9
马来西亚	2009[d]	46.2	1.8	4.5	8.7	13.7	21.6	51.5	34.7
马里	2010[b]	33.0	3.5	8.0	12.0	16.3	22.4	41.3	25.8
毛里塔尼亚	2008[b]	40.5	2.4	6.0	10.4	15.1	21.5	47.0	31.6
墨西哥	2010[d]	47.7	1.4	4.4	8.9	13.3	20.4	53.0	37.2
密克罗尼西[c]	2000[b]	61.1	0.4	1.6	5.2	10.2	19.1	64.0	47.1
摩尔多瓦	2010[b]	33.0	3.3	7.8	12.2	16.5	22.3	41.2	26.0
蒙古	2008[b]	36.5	3.0	7.1	11.2	15.6	22.1	44.0	28.4
黑山共和国	2008[b]	30.0	3.6	8.5	13.1	17.2	22.4	38.8	24.1
摩洛哥	2007[b]	40.9	2.7	6.5	10.5	14.5	20.6	47.9	33.2
莫桑比克	2008[b]	45.7	1.9	5.2	9.5	13.7	20.1	51.5	36.7
纳米比亚	2004[d]	63.9	1.4	3.2	5.0	8.2	15.0	68.6	54.8
尼泊尔	2010[b]	32.8	3.6	8.3	12.2	16.2	21.9	41.5	26.5
荷兰	1999[d]	30.9	2.5	7.6	13.2	17.2	23.3	38.7	22.9
新西兰	1997[d]	36.2	2.2	6.4	11.4	15.8	22.6	43.8	27.8
尼加拉瓜	2005[b]	40.5	2.6	6.2	10.2	14.8	21.5	47.2	31.5
尼日尔	2008[b]	34.6	3.6	8.1	11.8	15.8	21.3	43.1	28.5
尼日利亚	2010[b]	48.8	1.8	4.4	8.3	13.0	20.3	54.0	38.2
挪威	2000[d]	25.8	3.9	9.6	14.0	17.2	22.0	37.2	23.4
巴基斯坦	2008[b]	30.0	4.4	9.6	12.9	16.4	21.1	40.0	26.1
巴拿马	2010[d]	51.9	1.1	3.3	7.8	12.5	20.1	56.4	40.1
巴布亚新几内亚	1996[b]	50.9	1.9	4.5	7.7	12.1	19.3	56.4	40.9
巴拉圭	2010[d]	52.4	1.0	3.3	7.8	12.8	19.8	56.4	41.1
秘鲁	2010[d]	48.1	1.4	3.9	8.3	13.6	21.5	52.6	36.1
菲律宾	2009[b]	43.0	2.6	6.0	9.4	13.9	21.0	49.7	33.6
波兰	2009[b]	34.1	3.3	7.7	12.0	16.2	22.0	42.1	27.1
葡萄牙	1997[d]	38.5	2.0	5.8	11.0	15.5	21.9	45.9	29.8
卡塔尔	2007[b]	41.1	1.3	3.9	..	..	..	52.0	35.9
罗马尼亚	2009[b]	30.0	3.4	8.3	13.1	17.4	22.9	38.3	23.5
俄罗斯联邦	2009[b]	40.1	2.8	6.5	10.4	14.8	21.3	47.1	31.7

	调查年份	基尼系数	收入或消费的百分比份额						
		百分比	最低的10%	最低的20%	第二个20%	第三个20%	第四个20%	最高的20%	最高的10%
卢旺达	2011[b]	50.8	2.1	5.2	8.3	11.9	17.8	56.8	43.2
圣多美和普林西比	2001[b]	50.8	2.2	5.2	8.5	12.2	17.7	56.4	43.6
塞内加尔	2005[b]	39.2	2.5	6.2	10.6	15.3	22.0	45.9	30.1
塞尔维亚	2009[b]	27.8	3.7	8.9	13.7	17.8	22.8	36.9	22.2
塞锡尔群岛	2007[b]	65.8	1.6	3.7	5.7	8.3	12.7	69.6	60.2
塞拉利昂	2003[b]	42.5	2.6	6.1	9.7	14.0	20.9	49.3	33.6
新加坡	1998[d]	42.5	1.9	5.0	9.4	14.6	22.0	49.0	32.8
斯洛伐克共和国	2009[d]	26.0	4.4	10.1	14.1	17.5	22.0	36.2	22.4
斯洛文尼亚	2004[b]	31.2	3.4	8.2	12.8	17.0	22.6	39.4	24.6
南非	2009[b]	63.1	1.2	2.7	4.6	8.2	16.3	68.2	51.7
南苏丹	2009[b]	45.5	..	..	..	..	..	..	..
西班牙	2000[d]	34.7	2.6	7.0	12.1	16.4	22.5	42.0	26.6
斯里兰卡	2007[b]	40.3	3.1	6.9	10.4	14.4	20.5	47.8	32.9
圣卢西亚	1995[d]	42.6	2.0	5.2	9.9	14.8	21.8	48.3	32.5
苏丹	2009[b]	35.3	2.7	6.8	11.7	16.4	22.7	42.4	26.7
苏里南	1999[d]	52.9	1.1	3.2	7.2	12.3	20.4	56.9	40.6
斯威士兰	2010[b]	51.5	1.7	4.1	7.4	12.0	20.0	56.6	40.1
瑞典	2000[d]	25.0	3.6	9.1	14.0	17.6	22.7	36.6	22.2
瑞士	2000[d]	33.7	2.9	7.6	12.2	16.3	22.6	41.3	25.9
阿拉伯叙利亚共和国	2004[b]	35.8	3.4	7.7	11.4	15.5	21.4	43.9	28.9
塔吉克斯坦	2009[b]	30.8	3.5	8.3	12.8	17.0	22.6	39.4	24.3
坦桑尼亚	2007[b]	37.6	2.8	6.8	11.1	15.6	21.7	44.8	29.6
泰国	2009[b]	40.0	2.8	6.7	10.3	14.5	21.4	47.2	31.5
东帝汶	2007[b]	31.9	4.0	9.0	12.5	16.1	21.2	41.3	27.0
多哥	2006[b]	34.4	3.3	7.6	11.7	16.1	22.2	42.4	27.1
特立尼达和多巴哥	1992[d]	40.3	2.1	5.5	10.3	15.5	22.7	45.9	29.9
突尼斯	2005[b]	41.4	2.4	5.9	10.1	14.7	21.3	47.9	32.5
土耳其	2008[b]	39.0	2.1	5.7	10.9	15.9	22.4	45.1	29.4
土库曼斯坦	1998[b]	40.8	2.6	6.1	10.2	14.7	21.5	47.5	31.7
乌干达	2009[b]	44.3	2.4	5.8	9.6	13.8	20.0	50.7	36.1
乌克兰	2009[b]	26.4	4.2	9.7	14.0	17.7	22.4	36.3	22.0
英国	1999[d]	36.0	2.1	6.1	11.4	16.0	22.5	44.0	28.5
美国	2000[d]	40.8	1.9	5.4	10.7	15.7	22.4	45.8	29.9
乌拉圭	2010[d]	45.3	1.9	4.9	9.0	13.7	21.5	50.9	34.4
乌兹别克斯坦	2003[b]	36.7	2.9	7.1	11.5	15.7	21.5	44.2	29.5
委内瑞拉	2006[d]	44.8	1.2	4.3	9.5	14.6	22.2	49.4	33.2
越南	2008[b]	35.6	3.2	7.4	11.5	15.8	21.8	43.4	28.2
西岸和加沙	2009[b]	35.5	3.2	7.4	11.5	15.8	21.8	43.4	28.2
也门共和国	2005[b]	37.7	2.9	7.2	11.3	15.3	21.0	45.3	30.8
赞比亚	2006[b]	54.6	1.5	3.6	6.7	11.2	19.2	59.4	43.1
津巴布韦	1995[b]	50.1	1.8	4.6	8.1	12.2	19.3	55.7	40.3

a. 由于四舍五入，按五分位划分的份额合计未必等于100%。b. 数据是按人口百等分法划分的支出份额，按人均支出排列。c. 仅包括城市数据。d. 数据是按人口百等分法划分的收入份额，按人均收入排列。

关于数据的说明

收入分配不均的情况反映在按收入或消费水平排列的人口组别所占的收入或消费的百分比份额之中。按个人收入排在最低的一组在总收入中所占的份额最低。基尼系数提供了一个方便地反映不均等程度的概括性指标。收入或消费分配数据来自各国有代表性的家庭调查。当可以获得家庭调查的原始数据时，就用这些数据直接计算每个五等分的人口组别所占有的收入（或消费）份额。否则，就根据最有可能获得的分组数据估算这些份额。

对有关分配的数据根据家庭规模进行了调整，以便对人均收入或人均消费提供更加一致的尺度。对一国之内不同地区的生活成本没有进行调整，因为这种计算所需要的数据通常找不到。欲了解有关低收入和中等收入经济体的估算方法的信息，请参阅 Ravallion 和 Chen（1996）的有关研究。

由于基本的家庭调查在方法和收集的数据类型方面不同，分配指标在各国之间不具有严格的可比性。随着调查方法的改进和日益标准化，这些问题正在减少，但是仍不可能具有严格的可比性（见表 2.7 和表 2.8 “关于数据的说明”）。

对下面两个导致非可比性的原因必须特别注意：第一，调查在许多方面可能不同，其中包括是用收入还是用消费支出作为生活标准的指标。与消费分布相比较，收入分配一般更为不均。另外，调查中使用的对收入的定义常常有很大的不同。消费常常是一个较好的福利指标，在发展中国家尤其如此。第二，家庭单位的规模（家庭成员数）和家庭成员分享收入的程度不同。个人在年龄和消费需求上也不同。在国家之间这些方面的不同可使进行分配比较时出现偏差。

世界银行的工作人员努力使数据尽可能具有可比性。我们尽可能使用了有关消费的数据而不是收入数据。高收入经济体的收入分布和基尼系数是直接利用卢森堡收入调研数据库中的数据计算得来的，其估算方法与用于发展中国家的估算方法相一致。

定义

- **调查年份**指收集基础数据的年份。
- **基尼系数**测算的是一国经济中收入（在某些情况下是消费支出）在个人或家庭之间的分配偏离完全平均分配的程度。从最穷的个人或家庭开始，洛伦兹曲线描述了与收入获得者的累积人数相对应的总收入的累积百分比。基尼系数度量的是洛伦兹曲线和假想的绝对平均线之间的面积，表示为在该线以下最大面积中所占的百分比。因此，基尼系数为 0 表示完全平均，100% 则表示最不平均。
- **收入或者消费的百分比份额**是指按 10 等分或 5 等分划分的各人口组别在收入或者消费中所占的份额。

数据资料来源

有关分配的数据由世界银行发展研究小组使用 PovcalNet（http：//iresearch. worldbank. org/PovcalNet），基于从政府统计部门和世界银行各国别局获得的基本家庭调查数据编制而成。有关拉丁美洲和加勒比地区社会—经济数据库生成收入数据（本地区各国使用的数据）所采用的方法更详细的信息见 http：//sedlac. econo. unlp. edu. ar/eng/method - ology. php。高收入经济体的数据来源于卢森堡收入调研数据库。

	青年失业率		以女性为户主的家庭比例	缴纳养老金的人口			公共养老金支出			
	男性	女性								
	占15—24岁男性劳动力的百分比 2007–2010[a]	占15—24岁女性劳动力的百分比 2007–2010[a]	占总数的百分比 2007–2010[a]	年份	占劳动力的百分比	占劳动适龄人口的百分比	年份	占GDP的百分比	年份	平均养老金占平均工资的百分比
阿富汗	..	..	..	2006	3.7	2.3	2005	0.5		..
阿尔巴尼亚	26	28	16	2007	37.9	25.7	2009	6.1		..
阿尔及利亚	..	..	..	2002	36.7	22.0	2002	3.2		..
安哥拉	..	..	25		..	..		..		..
阿根廷	19[b]	25[b]	34	2008	42.3	33.1	2010	7.4	2000	43.8
亚美尼亚	37	55	36	2008	32.1	24.6	2006	3.2	2007	20.3
澳大利亚	12[b]	11[b]	..	2005	90.7	69.7	2007	3.4		..
奥地利	9	9	..	2005	93.7	68.5	2007	12.3		..
阿塞拜疆	13	16	25	2007	35.4	24.7	2007	3.8	2006	24.3
巴林	..	..	..	2007	20.2	13.4	2004	0.9		..
孟加拉国	..	..	13	2004	2.5	1.9	2006	0.3		..
白俄罗斯	..	..	54	2008	93.5	66.8	2008	10.2	2002	41.6
比利时	22	22	..	2005	91.4	61.5	2007	8.9		..
贝宁	..	..	23	2005	5.5	4.2	2006	1.5		..
玻利维亚	..	..	23	2008	12.2	9.4	2009	1.5		..
波斯尼亚和黑塞哥维那	45	52	..	2009	24.5	29.0	2009	9.4		..
博茨瓦纳	..	..	..	2006	9.0	7.2	2009	1.3		..
巴西	14	23	..	2008	55.2	45.7	2010	6.1		..
保加利亚	24	22	..	2008	78.7	54.7	2008	8.5	2004	42.9
布基纳法索	..	..	..	2004	1.2	1.1	2004	0.7		..
布隆迪	..	..	..	2006	3.5	3.3	2006	0.7		..
柬埔寨	4	3	27		..	..	2005	0.6		..
喀麦隆	..	..	..	2006	16.2	11.5	2005	0.4		..
加拿大	17[b]	12[b]	..	2007	66.9	53.6	2007	4.2		..
中非共和国	..	..	..	2004	1.5	1.3	2004	0.8		..
乍得	..	..	..	2005	2.7	2.0		..		..
智利	17	22	..	2008	59.6	39.5	2009	5.0	2006	53.5
中国	..	..	..	2007	26.9	27.7	2006	2.5		..
中国香港	15	10	..	2008	78.9	55.4	2006	1.6		..
哥伦比亚	18	30	34	2008	31.5	20.2	2010	3.5		..
刚果民主共和国	..	..	21	2008	14.2	10.5		..		..
刚果共和国	..	..	23	2008	9.7	7.5		..		..
哥斯达黎加	10	13	..	2004	55.5	40.2	2009	2.8		..
科特迪瓦	..	..	..	2004	12.8	9.1	2006	0.7		..
克罗地亚	30	34	24	2010	82.9	50.0	2009	10.3	2005	32.4
古巴	3	4	46		..	..				..
塞浦路斯	16	17	..		..	..		..		..
捷克共和国	18	19	..	2007	95.4	67.5	2007	8.5	2005	40.7
丹麦	16	12	..	2007	92.9	86.7	2007	5.6		..
多米尼加共和国	21	45	35	2008	25.6	19.1	2009	0.7		..
厄瓜多尔	12[b]	18[b]	..	2004	26.4	18.0	2010	1.8		..
埃及	17	48	13	2009	55.1	27.9	2004	4.1		..
萨尔瓦多	13	8	..	2008	22.9	15.7	2010	1.7		..
厄立特里亚	..	..	..		..	..	2001	0.3		..
爱沙尼亚	35	30	..	2004	94.5	68.7	2007	10.9	2007	35.4
埃塞俄比亚	..	..	23		..	..	2006	0.3		..
芬兰	22	19	..	2005	89.7	67.4	2007	8.3		..
法国	22	23	..	2005	87.3	61.4	2007	12.5		..
加蓬	..	..	..		..	..		..		..
冈比亚	..	..	..	2006	2.7	2.2	2003	0.1		..
格鲁吉亚	32	41	..	2004	29.2	22.6	2004	3.0	2003	13.0
德国	10	9	..	2005	86.9	65.6	2007	10.7		..
加纳	..	..	34	2004	8.1	6.4	2002	1.3		..
希腊	27	41	..	2005	86.0	58.3	2010	13.5		..
危地马拉	..	..	..	2008	20.3	14.7	2009	1.2		..
几内亚	..	..	17	1993	12.1	10.8		..		..
几内亚比绍	..	..	..	2004	2.0	1.5	2005	2.1		..
海地	..	..	44		..	..		..		..

	青年失业率		以女性为户主的家庭比例	缴纳养老金的人口			公共养老金支出			
	男性 占15—24岁男性劳动力的百分比 2007–2010[a]	女性 占15—24岁女性劳动力的百分比 2007–2010[a]	占总数的百分比 2007–2010[a]	年份	占劳动力的百分比	占劳动适龄人口的百分比	年份	占 GDP 的百分比	年份	平均养老金占平均工资的百分比
洪都拉斯	..	..	26	2008	17.3	11.1	2010	0.0		..
匈牙利	28	25	..	2008	92.0	56.7	2008	10.5	2005	39.8
印度	..	..	14	2006	10.3	6.4	2007	2.2		..
印度尼西亚	22	23	13	2008	7.1	8.0	2010	1.0		..
伊朗	20	34	..	2001	34.2	18.9	2000	1.1		..
伊拉克	..	..	11	2009	35.6	19.0	2009	3.9		..
爱尔兰	34	21	..	2005	88.9	64.1	2007	3.6		..
以色列	15	13	..	2008	..	89.1	2007	4.8		..
意大利	27	29	..	2005	90.1	57.1	2007	14.1		..
牙买加	23	33	41	2004	17.2	12.7	2004	0.7		..
日本	10	8	..	2005	95.4	75.0	2007	8.8		..
约旦	23	46	11	2006	38.4	19.9	2005	2.0		..
哈萨克斯坦	7	8	..	2004	62.5	48.4	2009	3.2	2003	24.9
肯尼亚	..	..	34	2006	7.5	6.4	2003	1.1		..
朝鲜	..	..	..		..	..		..		..
韩国	11	9	..	2005	49.5	34.3	2005	1.6		..
科索沃	..	..	..		..	..	2009	2.7[c]		..
科威特	..	..	..		..	..		..		..
吉尔吉斯斯坦	..	..	25	2006	40.4	29.6	2010	2.7	2003	27.5
老挝	..	..	..	2004	..	6.0	2005	0.2		..
拉脱维亚	35	34	..	2003	91.7	70.6	2009	8.5	2005	33.1
黎巴嫩	22	22	..	2003	34.5	17.3	2003	2.1		..
莱索托	29	42	..	2005	4.4	3.5		..		..
利比里亚	4	8	30		..	..		..		..
利比亚	..	..	..	2004	68.5	37.5	2001	2.1		..
立陶宛	38	31	..	2007	82.9	56.9	2010	8.6	2005	30.9
前南斯拉夫马其顿共和国	35	38	8	2008	52.3	33.2	2008	9.4	2006	55.0
马达加斯加	..	..	22	2009	5.3	4.9		..		..
马拉维	..	..	..		..	..		..		..
马来西亚	10	12	..	2008	49.0	32.5	2004	0.3		..
马里	..	..	12	2010	7.3	4.4	2010	1.6		..
毛里塔尼亚	..	..	..	2000	13.1	9.4	2003	0.6		..
毛里求斯	19	29	..	2000	53.4	34.5	2007	2.9		..
墨西哥	9	10	..	2008	27.4	19.0	2007	1.4		..
摩尔多瓦	16	15	34	2009	56.7	32.1	2009	9.1	2003	20.9
蒙古	..	..	29	2005	33.5	25.6	2009	4.9		..
摩洛哥	23	19	..	2007	23.8	13.5	2003	1.9		..
莫桑比克	..	..	..	2006	1.9	1.7	2006	0.3		..
缅甸	..	..	..		..	..		..		..
纳米比亚	..	..	44	2008	9.6	5.8	2004	1.3		..
尼泊尔	..	..	23	2008	3.4	2.6	2006	0.2		..
荷兰	9	9	..	2005	90.7	70.7	2007	4.7		..
新西兰	17[b]	17[b]	..		..	..	2007	4.3		..
尼加拉瓜	..	..	..	2008	21.7	14.6		..		..
尼日尔	..	..	19	2006	1.9	1.3	2006	0.7		..
尼日利亚	..	..	19	2004	8.1	4.8	2004	0.9		..
挪威	11	8	..	2005	93.2	75.2	2007	4.7		..
阿曼	..	..	..		..	..		..		..
巴基斯坦	7	11	10	2008	3.9	2.2	2004	0.5		..
巴拿马	12	21	..		..	..		..		..
巴布亚新几内亚	..	..	..	2009	4.4	3.3	2005	0.2		..
巴拉圭	9	17	..	2004	12.4	9.4	2001	1.2		..
秘鲁	13[b]	16[b]	22	2008	21.7	15.6	2010	2.5		..
菲律宾	17	20	17	2007	25.0	17.0	2003	1.5		..
波兰	22	25	..	2005	81.4	52.7	2009	10.0	2007	47.1
葡萄牙	21	24	..	2005	92.0	71.6	2007	10.8		..
波多黎各	29	22	..		..	..		..		..
卡塔尔	1	8	..		..	..		..		..

2.10 对脆弱性和安全保障的评估

	青年失业率		以女性为户主的家庭比例	缴纳养老金的人口			公共养老金支出			
	男性 占15–24岁男性劳动力的百分比 2007–2010[a]	女性 占15–24岁女性劳动力的百分比 2007–2010[a]	占总数的百分比 2007–2010[a]	年份	占劳动力的百分比	占劳动适龄人口的百分比	年份	占GDP的百分比	年份	平均养老金占平均工资的百分比
罗马尼亚	22	22	..	2007	67.9	45.0	2009	8.3	2005	41.5
俄罗斯联邦	17	18	..	2007	66.8	49.9	2010	8.3	2003	29.2
卢旺达	..	..	31	2004	4.6	4.1	2005	0.7		..
沙特阿拉伯	24	46	..		..	..		..		..
塞内加尔	..	..	20	2003	5.1	4.1	2006	1.4		..
塞尔维亚	31	41	29	2003	45.0	40.2	2010	14.0		..
塞拉利昂	..	..	22	2004	5.5	3.8		..		..
新加坡	10	17	..	2008	62.1	44.6		..		..
斯洛伐克共和国	35	32	..	2003	78.9	55.3	2007	9.3	2005	44.7
斯洛文尼亚	15	14	..	2008	87.4	63.8	2007	12.7	2005	44.3
索马里	..	..	..		..	..		..		..
南非	45	53	..	2007	6.3	3.7	2010	2.2		..
南苏丹	..	..	..		..	..		..		..
西班牙	43	40	..	2005	69.4	48.7	2007	8.0	2006	58.6
斯里兰卡	17	28	..	2006	24.1	14.9	2007	2.0		..
苏丹	..	..	19	2005	5.2	2.9		..		..
斯威士兰	..	..	48	2009	15.4	10.3		..		..
瑞典	27	24	..	2005	88.8	72.2	2007	7.2		..
瑞士	7	8	..	2005	95.4	78.7	2007	6.4	2000	40.0
阿拉伯叙利亚共和国	15	40	..	2008	26.8	14.3	2004	1.3		..
塔吉克斯坦	..	..	..		..	..		..	2003	25.7
坦桑尼亚	..	..	24	2006	4.3	4.0	2006	0.9		..
泰国	4	5	30	2008	22.8	18.3	2006	0.8		..
东帝汶	..	..	12		..	..		..		..
多哥	..	..	..	2003	7.3	5.7	2003	0.8		..
特立尼达和多巴哥	9	13	..	2008	71.1	51.2	2010	2.8		..
突尼斯	..	..	..	2004	48.6	25.5	2003	4.3		..
土耳其	21	23	..	2007	58.6	30.5	2008	6.2	2007	61.3
土库曼斯坦	..	..	..		..	..		..		..
乌干达	..	..	30	2004	10.3	9.2	2003	0.3		..
乌克兰	..	..	49	2010	65.3	44.7	2010	17.8	2007	48.3
阿拉伯联合酋长国	8	22	..		..	..		..		..
英国	21	17	..	2005	93.2	71.5	2007	5.4		..
美国	21[b]	16[b]	..	2005	92.2	71.4	2007	6.0	2006	29.2
乌拉圭	16	25	..	2007	78.5	61.2	2010	8.8		..
乌兹别克斯坦	..	..	18	2005	..	86.3	2005	6.5	2005	40.0
委内瑞拉	12	16	..	2008	33.9	24.2	2010	5.0		..
越南	..	..	..	2008	19.3	15.2	2004	2.5		..
西岸和加沙	39	47	..	2009	14.0	6.5	2009	4.0		..
也门共和国	..	..	..	2006	10.4	5.0	2004	1.5		..
赞比亚	..	..	24	2006	10.9	8.0	2008	1.4		..
津巴布韦	..	..	38		..	..	2002	2.3		..
全世界	.. w	.. w								
低收入国家	..	..								
中等收入国家	..	..								
中低收入国家	..	..								
中高收入国家	..	..								
低收入和中等收入国家	..	..								
东亚和太平洋地区	..	..								
欧洲和中亚	17	18								
拉丁美洲和加勒比地区	12	18								
中东和北非	19	36								
南亚	..	..								
撒哈拉以南非洲地区		..								
高收入国家	19	17								
欧元区	22	22								

a. 最近年份可获得的数据。b. 有限覆盖范围。c. 仅包括对老年人和生还者有利的支出。

关于数据的说明

按照传统的衡量标准，贫困是一个静态概念，脆弱性则是一个动态概念，它反映了家庭在面临意外冲击和由此可能导致生活水平下降的情况下的适应能力。因此，它主要依赖家庭的资产禀赋和保险机制。由于与富人相比，穷人的资产较少，收入来源的多样性也较差，收入高低变化对其影响也较大。

改善穷人的保障程度意味着减少其在面对诸如疾病之类的风险时的易受伤害性，为其提供自我抵御风险的能力，并强化控制风险的公共和市场机制。工具包括小额融资项目、老年人补助和退休金以及公共基本卫生和教育（见表2.11和表2.16）。

贫困家庭面临许多风险，易受伤害性也是多层面的。本表的指标主要关注个人的风险——青年失业、以女性为户主的家庭、老年人的收入不安全性——以及公共服务能在多大程度上减轻这些风险。穷人面临劳动力市场的风险，常常不得不接受非正规部门不稳定的、恶劣的工作，并且要通过他们的孩子来提高该户在劳动力市场的参与程度（见表2.4和表2.6）。对老年人来说，收入的安全性是他们最为关心的问题之一。

对许多经济体来讲，青年失业率都是一个重要的政策问题。失业的经历可能永久性地损害一个年轻人的生产潜能和未来的就业机会。本表提供的是15—24岁年龄段青年人的失业率，但由于青年人年龄的下限可由离开学校的最小年龄决定，因此，不同国家的年龄组划分可能有所不同。而且，由于这一年龄组可能包括辍学者，由于不同的学校开学和放假时间，一年中青年失业率的差异可能很大。在可比性方面，青年失业率和总失业率一样存在局限性。有关进一步的信息，见表2.5“关于数据的说明”和原始资料。

各国对以女性为户主家庭的定义和概念是不同的，所以就此进行各国之间的比较也是困难的。在某种情况下，假定任何家庭的户主都不可能是女性，由于传统的性别偏向，这些家庭中的户主只能是成年男性。所以使用者在对这些数据进行说明时，需非常谨慎。

在资格由公民身份、居住或收入情况决定的情况下，养老金计划的覆盖范围可能很广甚至是普遍的。而在与分摊相关的计划中，资格通常限于至少缴纳过最低年限分摊额的人。在对与分摊相关的计划的覆盖范围进行长期或国家间比较时，定义的问题如与劳动力有关的定义就可能出现（具体各国的情况，见Hinz等，2011）。对那些不想把非正规部门的工人看做劳动力的一部分的国家来讲，养老金计划覆盖的范围可能被高估。

公共干预和公共机构能为穷人直接提供服务，尽管这对穷人是否确实有效仍存在争议。国家的行动常常是无效的，部分原因是政府只能影响与福利有关的许多资源中的少数几种，其中一部分原因则是因为在提供货物和服务方面的困难。公共服务的有效性还受到政府所能控制的财政资源的限制，而且政府机构也未必能对穷人的需要作出反应。

公共退休金支出的数据既包含了非分摊性的养老金和针对老年人或残疾人的社会救助，也包含以前已分摊支付的社会保险计划的支出。在很多情况下，不分担养老金或社会援助针对的是老年人和残疾人。一国的支出模式与其人口结构相关——支出随人口老龄的发展而增长。

定义

• **青年失业率**指劳动力中15—24岁年龄段没有工作、但能够且愿意找工作的人口比例。 • **以女性为户主的家庭比例**指以女性为户主的家庭在所有家庭中的比例。 • **缴纳养老金的人口**指劳动力或劳动年龄人口（这儿定义为15—64岁年龄段）中养老金计划覆盖人口。 • **公共养老金支出**包括政府在给老年人、残疾人和遗嘱的现金转移支付以及这些项目的行政管理成本方面的所有支出。 • **平均养老金**是指支付给主要养老金计划中养老金领取者（其中包括老年人养老金、生还者养老金、残疾人养老金、军人养老金以及意外事故、疾病养老金）的平均养老金额除以所有正式部门工作人员的平均工资。

数据资料来源

青年失业数据来自国际劳工组织（ILO）的数据库“劳动力市场关键指标”（第7版）。以女性为户主的家庭的数据来源于宏观国际的家庭调查和人口统计。养老金负担者数据和养老金支出数据来源于Hinz等（2011）。

	学生人均公共支出						教育公共支出		具备必须教学资格的小学教师比例	小学师生比率
	占人均GDP的百分比									
	小学		中学		大学		占 GDP 的百分比	占政府总支出的百分比	占总数的百分比	小学生/教师
	1999	2010[a]	1999	2010[a]	1999	2010[a]	2010[a]	2010[a]	2010[a]	2010[a]
阿富汗	..	..	..	..	..	..	..	..	..	44
阿尔巴尼亚	..	..	..	..	..	..	..	..	..	20
阿尔及利亚	12.0	..	..	..	..	..	4.3	20.3	..	23
安哥拉	..	..	..	..	..	..	..	..	..	46
阿根廷	12.9	16.8	18.2	27.1	17.7	19.1	6.0	14.0	..	16
亚美尼亚	..	16.5	..	17.8	..	7.5	3.2	13.0	..	..
澳大利亚	16.4	20.2	15.0	18.8	26.6	20.7	5.1	12.9	..	..
奥地利	24.9	24.1	30.0	27.4	51.8	43.5	5.5	11.2	..	11
阿塞拜疆	6.9	..	17.0	..	19.1	22.3	3.2	10.9	100.0	11
巴林	..	..	..	..	..	..	2.9	11.7	..	..
孟加拉国	..	8.8	11.5	12.0	46.6	27.7	2.2	14.1	58.4	43
白俄罗斯	..	..	..	..	..	14.7	4.5	8.9	99.8	15
比利时	18.2	22.4	23.7	36.5	38.2	36.6	6.4	12.9	..	11
贝宁	11.8	13.0	24.0	..	208.2	..	4.5	18.2	42.6	46
玻利维亚	14.2	..	11.7	..	44.1	..	..	..	..	..
波斯尼亚和黑塞哥维那	..	..	..	..	..	..	..	..	..	..
博茨瓦纳	..	..	..	..	..	..	7.8	16.2	..	..
巴西	10.8	18.5	9.5	19.5	57.2	27.6	5.4	..	..	23
保加利亚	15.2	24.4	18.4	24.2	17.6	24.8	4.4	12.3	..	17
布基纳法索	..	..	..	..	..	..	..	..	85.7[b]	48[b]
布隆迪	14.4	19.0	67.8	64.1	1,036.1	477.4	9.2	25.1	91.2	51
柬埔寨	5.8	6.8	11.5	6.8	42.5	..	2.6	..	99.1	48
喀麦隆	..	6.6	..	28.0	..	28.0	3.5	17.9	57.1	46
加拿大	..	..	..	..	44.0	..	4.8	..	..	..
中非共和国	..	4.4	..	14.5	..	96.0	1.2	12.0	..	84
乍得	..	9.6	..	19.1	..	279.1	2.8	10.1	45.3	56
智利	14.4	17.4	14.8	17.7	19.4	13.7	4.5	..	..	23
中国	..	..	11.5	..	90.0	..	..	..	..	17
中国香港	12.4	15.1	17.7	18.0	..	26.8	3.6	20.2	95.6	15
哥伦比亚	15.2	15.7	16.1	15.3	37.7	29.4	4.8	14.9	100.0	28
刚果民主共和国	..	..	..	..	..	..	..	..	91.7	37
刚果共和国	..	11.1	..	..	..	134.2	6.2	..	86.8	49
哥斯达黎加	15.5	14.6	21.4	14.4	..	..	6.3	23.1	89.5	18
科特迪瓦	14.3	..	41.3	..	141.0	..	4.6	24.6	100.0[b]	49[b]
克罗地亚	..	21.8	..	25.2	35.8	29.2	4.3	..	..	15
古巴	25.0	44.2	37.1	51.9	77.6	61.1	13.4	18.3	100.0	9
塞浦路斯	17.1	28.7	28.2	38.3	47.9	57.0	7.4	17.4	..	14
捷克共和国	11.2	13.6	21.7	22.8	33.7	25.7	4.1	9.5	..	19
丹麦	24.6	24.9	38.1	31.5	65.9	52.1	7.7	15.0	..	..
多米尼加共和国	..	7.5	..	6.7	..	..	..	..	84.9	26
厄瓜多尔	4.4	..	9.6	..	..	..	..	..	82.6	17
埃及	..	..	..	..	..	..	3.8	11.9	..	27
萨尔瓦多	8.6	8.8	7.5	9.4	8.9	11.7	3.2	..	92.7	31
厄立特里亚	15.0	..	37.4	..	430.8	..	..	..	93.8	38
爱沙尼亚	20.9	25.9	27.2	29.6	31.8	22.1	5.7	14.2	..	12
埃塞俄比亚	..	18.2	..	9.8	..	31.0	4.7	25.4	39.4	54
芬兰	17.4	18.5	25.9	32.2	40.5	32.5	6.1	12.4	..	14
法国	17.9	18.0	29.5	27.8	30.7	37.0	5.6	10.6	..	19
加蓬	..	..	..	..	..	..	..	..	..	25[b]
冈比亚	..	24.6	..	16.2	..	94.4	5.0	22.8	..	37
格鲁吉亚	..	14.8	..	15.5	..	11.4	3.2	7.7	94.6	8
德国	..	15.6	..	21.8	..	..	4.6	10.4	..	13
加纳	17.6	11.4	40.4	27.2	..	171.7	5.5	24.4	50.6[b]	31[b]
希腊	11.7	..	15.6	..	26.5	..	..	..	..	..
危地马拉	6.7	10.4	4.3	6.2	..	..	3.2	..	..	28
几内亚	..	7.0	..	6.1	..	100.0	2.4	19.2	65.2	42
几内亚比绍	..	..	..	..	..	..	..	..	38.9	52
海地	..	..	..	..	..	..	..	..	..	..

	学生人均公共支出						教育公共支出		具备必须教学资格的小学教师比例	小学师生比率
	占人均GDP的百分比						占 GDP 的百分比	占政府总支出的百分比	占总数的百分比	小学生 / 教师
	小学		中学		大学					
	1999	2010[a]	1999	2010[a]	1999	2010[a]	2010[a]	2010[a]	2010[a]	2010[a]
洪都拉斯	..	18.7	..	279.7	..	..	..	..	36.4	33
匈牙利	17.9	21.9	19.0	23.0	34.1	24.8	5.1	10.4	..	10
印度	11.9	..	24.7	..	95.0	..	..	..	..	..
印度尼西亚	..	11.4	..	12.9	..	16.8	4.6	26.0	..	16
伊朗	9.3	15.2	10.1	21.1	35.5	19.2	4.7	19.8	98.4	20
伊拉克	..	..	..	..	..	..	..	..	..	..
爱尔兰	11.0	18.6	16.8	27.5	28.6	32.7	5.7	13.4	..	16
以色列	20.5	19.5	21.9	20.4	30.9	21.3	5.9	13.7	..	13
意大利	24.0	24.5	27.7	26.7	27.6	25.0	4.6	9.4	..	..
牙买加	13.4	19.9	21.0	22.6	70.4	50.2	6.1	11.5	..	21
日本	21.1	21.5	20.9	22.3	15.1	20.9	3.8	9.4	..	18
约旦	13.7	11.9	15.8	14.3	..	..	..	..	..	..
哈萨克斯坦	..	..	..	..	..	10.1	3.1	..	..	16[b]
肯尼亚	21.4	..	14.4	..	207.9	..	6.7	17.2	96.8	47
朝鲜	..	..	..	..	..	..	..	..	..	..
韩国	18.4	19.4	15.7	23.2	8.4	10.1	4.8	15.8	..	22
科索沃	..	..	..	..	..	..	4.3	17.4	..	..
科威特	17.0	10.0	..	13.7	..	..	..	..	100.0	8
吉尔吉斯斯坦	..	..	..	..	24.3	17.6	6.0	18.6	68.4	24
老挝	2.2	..	4.4	..	67.7	..	3.3	13.2	96.9	30
拉脱维亚	19.5	31.4	23.7	32.3	27.9	14.2	5.6	14.7	..	12
黎巴嫩	..	..	..	..	13.8	10.0	1.8	7.2	..	14
莱索托	37.0	24.8	82.4	55.7	939.7	..	13.1	23.7	63.4	34
利比里亚	..	..	..	..	..	..	2.8	12.1	40.2	24
利比亚	..	..	..	..	23.4	..	..	..	..	..
立陶宛	..	18.1	..	22.6	34.2	17.0	4.9	13.1	..	13
前南斯拉夫马其顿共和国	..	..	..	..	..	..	..	..	..	16
马达加斯加	5.7	7.8	..	11.5	..	144.8	3.2	13.4	90.4	40
马拉维	13.4	6.8	9.6	23.3	2,503.9	1,937.6	5.7[b]	14.7[b]	95.9	79
马来西亚	12.6	14.6	21.9	20.2	81.6	60.7	5.8	18.9	..	13
马里	15.3	15.0	59.7	37.5	256.8	135.3	4.5	22.0	50.0	48[b]
毛里塔尼亚	11.6	13.4	36.4	31.2	80.1	193.9	4.3	15.2	100.0	37
毛里求斯	9.3	9.0	14.2	14.3	25.4	16.1	3.1	11.4	100.0	21
墨西哥	11.9	13.7	14.5	13.6	48.8	38.9	4.9	..	95.6	28
摩尔多瓦	..	41.4	..	39.4	..	44.8	9.1	22.3	..	16
蒙古	..	14.6	..	..	..	6.0	5.4	14.6	97.6	30
摩洛哥	17.4	16.9	45.5	..	97.1	83.3	5.4	25.7	100.0[b]	26[b]
莫桑比克	..	..	..	..	1,408.9	..	..	..	75.9	58
缅甸	..	..	6.6	..	27.0	..	..	..	99.9	28
纳米比亚	22.2	17.8	36.3	16.4	157.3	..	8.1	22.4	95.6	30
尼泊尔	9.1	17.8	13.1	11.3	141.3	39.3	4.7	20.2	80.7[b]	30[b]
荷兰	15.2	17.2	22.2	25.0	47.4	41.5	5.5	11.9	..	..
新西兰	20.0	21.9	23.7	23.6	39.5	31.4	7.2	16.1	..	14
尼加拉瓜	..	..	..	..	..	..	..	..	71.9	30
尼日尔	..	21.1	..	41.9	..	438.8	3.8	16.9	96.4[b]	39[b]
尼日利亚	..	..	..	..	..	..	..	..	66.1	36
挪威	21.8	18.3	30.4	25.6	45.8	46.8	6.5	16.1	..	..
阿曼	10.7	12.8	20.9	14.6	..	41.6	4.4	..	100.0	12
巴基斯坦	..	..	..	..	..	..	2.4	9.9	84.2	40
巴拿马	13.7	7.5	19.1	9.9	33.7	21.6	3.8	..	91.6	23
巴布亚新几内亚	..	..	..	..	..	..	..	..	..	..
巴拉圭	13.6	..	18.4	..	58.9	..	..	..	..	..
秘鲁	7.6	7.8	10.8	8.9	21.1	..	2.6	16.4	..	20
菲律宾	12.0	9.0	10.2	9.1	14.4	..	2.7	16.9	..	31
波兰	..	25.3	10.9	22.9	21.1	18.4	5.1	11.8	..	10
葡萄牙	18.8	19.9	26.6	31.6	27.1	26.7	4.9	11.0	..	11
波多黎各	..	..	..	..	..	..	..	..	6.6	12
卡塔尔	..	10.3	..	11.0	..	337.7	2.4	8.2	42.9	12

2.11 教育投入

	学生人均公共支出						教育公共支出		具备必须教学资格的小学教师比例	小学师生比率
	占人均GDP的百分比									
	小学		中学		大学		占 GDP 的百分比	占政府总支出的百分比	占总数的百分比	小学生 / 教师
	1999	2010[a]	1999	2010[a]	1999	2010[a]	2010[a]	2010[a]	2010[a]	2010[a]
罗马尼亚	..	..	..	..	32.6	..	..	..	..	16
俄罗斯联邦	..	..	..	..	10.9	14.2	4.1	..	..	18
卢旺达	11.2	8.2	42.7	37.1	1,228.1	186.8	4.7[b]	16.9[b]	91.5	65
沙特阿拉伯	..	..	..	..	..	..	5.6	19.3	..	11
塞内加尔	13.6	16.4	..	28.0	..	186.9	5.6	24.0	47.9	34
塞尔维亚	..	61.6	..	14.4	..	43.3	5.0	9.5	94.2	16
塞拉利昂	..	..	..	..	..	..	4.3	18.1	48.0[b]	31[b]
新加坡	..	11.5	..	17.5	..	28.7	3.3	10.3	94.3	17
斯洛伐克共和国	10.2	15.6	18.4	15.1	32.8	18.3	3.6	10.3	..	16
斯洛文尼亚	26.1	..	25.6	..	27.8	21.2	5.2	11.8	..	17
索马里	..	..	..	..	..	..	..	..	..	..
南非	14.2	17.6	20.0	19.8	..	..	6.0	19.2	87.4	31
南苏丹	..	..	..	..	..	..	..	..	..	..
西班牙	18.0	20.3	24.4	25.8	19.6	27.3	4.6	11.2	..	13
斯里兰卡	..	7.4	..	..	..	..	2.1	8.1	..	24
苏丹	..	..	..	..	..	..	..	..	59.7	38
斯威士兰	8.3	17.7	23.2	37.1	434.9	..	7.4	16.0	73.1	32
瑞典	22.3	26.2	26.1	30.9	51.7	41.3	6.8	12.9	..	9
瑞士	22.7	20.5	27.3	31.1	53.8	43.8	5.4	16.7	..	..
阿拉伯叙利亚共和国	10.8	16.8	21.0	14.2	..	..	..	..	..	18
塔吉克斯坦	..	..	..	..	..	17.5	4.0	14.7	92.9	25
坦桑尼亚	..	21.5	..	18.8	..	873.3	6.2	18.3	94.5	51
泰国	18.1	24.4	16.2	15.4	36.5	17.6	3.8	22.3	..	16
东帝汶	..	..	..	..	..	83.9	14.0	11.7	..	30
多哥	7.7	10.8	27.7	..	..	..	4.5	17.6	76.7	41
特立尼达和多巴哥	11.5	14.9	12.2	16.1	148.3	..	..	..	88.0	18
突尼斯	14.2	17.3	24.6	24.3	81.1	46.1	6.3	22.7	..	17
土耳其	9.8	..	9.6	..	35.3	..	..	..	..	..
土库曼斯坦	..	..	..	..	..	..	..	..	..	..
乌干达	..	7.2	..	20.5	..	104.3	3.2	15.0	89.4	49
乌克兰	..	..	..	..	36.5	..	..	..	99.9	16
阿拉伯联合酋长国	5.4	6.2	7.2	8.6	26.2	19.9	1.0	23.4	100.0	17
英国	13.9	23.3	23.8	28.9	25.6	22.2	5.4	11.1	..	18
美国	17.7	22.5	22.3	24.8	26.8	21.2	5.5	13.8	..	14
乌拉圭	7.2	..	9.9	..	..	..	..	..	..	14
乌兹别克斯坦	..	..	..	..	..	..	..	..	100.0[b]	16[b]
委内瑞拉	..	..	..	..	..	..	..	..	88.4	12
越南	..	19.4	..	17.0	..	60.6	5.3	19.8	98.3	20
西岸和加沙	..	..	..	..	..	..	..	..	100.0	28
也门共和国	..	..	..	..	..	..	5.2	16.0	..	31
赞比亚	7.0	..	19.4	..	160.4	..	1.3	..	..	58
津巴布韦	12.7	..	19.3	..	..	75.4	2.5	8.3	..	..
全世界	**.. m**	**16.4 m**	**.. m**	**22.7 m**	**.. m**	**.. m**	**4.6 m**	**15.6 m**	**.. w**	**24 w**
低收入国家	..	..	..	..	..	..	3.8	18.7	82.9	45
中等收入国家	..	..	..	..	..	..	4.4	..	..	..
中低收入国家	..	..	..	..	..	..	4.0	..	..	..
中高收入国家	13.8	15.9	..	15.4	..	..	4.8	..	..	19
低收入和中等收入国家	..	..	..	..	..	..	4.1	..	..	26
东亚和太平洋地区	..	..	..	..	37.8	..	3.8	17.2	..	17
欧洲和中亚	..	..	..	..	..	17.3	4.4	14.0	..	17
拉丁美洲和加勒比地区	12.6	12.4	12.9	13.6	..	..	4.4	..	..	24
中东和北非	..	..	..	..	..	..	4.8	20.0	..	24
南亚	..	8.8	13.1	..	95.0	..	2.5	12.6	..	..
撒哈拉以南非洲地区	..	..	..	..	..	..	5.0	18.9	..	46
高收入国家	17.9	19.7	22.3	25.1	31.8	27.3	5.1	12.7	..	15
欧元区	17.9	19.9	25.9	27.5	30.7	32.5	5.5	11.5	..	14

a. 临时数据。b. 2011 年的数据。

关于数据的说明

有关教育的数据由联合国教科文组织（UNESCO）统计研究所通过官方调查和各国教育主管部门提供的报告编制，并被用于监督、决策和资源配置。尽管国际标准确保了数据集之间的可比性，但是数据收集方法在各国之间以及在一国内不同时间可能不同。

对大多数国家来讲，表中教育支出的数据仅指公共支出——政府用于各层次教育的总支出加上对家庭及其他个体的补贴——数据一般不含外国对教育的援助，它们不包括在政府预算内。可能也不含用于宗教学校的支出，这些学校在许多发展中国家具有很大作用。数据来自教育部以及其他涉及教育支出的部委和司局。

用于教育的公共支出份额表明了政府在与其他相关的公共投资中对教育的支出更具有优先权，也反映出政府投资于人力资本发展的承诺。可是如果简单地把现行的教育指标与国家的收入作比较，那么对教育投资的利润却是不能令人理解的。通常一个人从入学开始，到能够对国家的经济有所贡献需要一个很长的时期（Hanushek，2002）。

缺乏高质量的教育融资数据。联合国教科文组织统计研究所优先考虑就是提高教育融资数据的质量。其他资源则分配给了需要技术援助的国家，尤其是撒哈拉以南非洲地区国家。各机构之间的合作以及各国负责教育融资数据的部委之间的合作都需要加强，实际支出数据正在逐步收集。对于所有国家来讲，追踪私人教育支出仍然是一个挑战。

小学教育中具备必需的教学资格的教师所占的比例，反映了一个国家承诺给教学的人力资本发展的投资，但是该指标并没有考虑教师的经历和地位、教学方法、教学材料以及教室条件的不同——所有这些因素都影响教学质量和学习质量。一些没有接受过正规培训的老师通过职业生涯可能会获得等同的教育技能。

小学师生比率反映了平均每位教师所教的学生数量。它不同于平均班级规模，因为各个国家都采用了不同的方式，例如，业余教师、学校轮班以及各年级同在一个班。各国师生比率的可比性受教师的定义以及各年级班级规模大小和教学小时数不同的影响。此外，基本入学水平还受许多报告错误的影响（有关入学数据进一步的讨论见表 2.12“关于数据的说明”）。尽管师生比率常用于比较各国学校的质量，它往往与学生学习、教育质量关系不大。

联合国教科文组织（UNESCO）统计研究所公布的所有教育数据都是依据 1997 年国际标准教育分类（ISCED97，1997）。这一分类体系确保了国际层面的教育项目的可比性。联合国教科文制定组织国际标准教育分类标准，是为了便于不同国家的教育统计数据和指标基于统一的、国际通用的定义进行比较。该分类标准最初创建于 20 世纪 70 年代，1997 年 11 月正式采用当前的版本。

本表给出的参考年份反映了这些数据表明的学年。在一些国家，学年横跨两个日历年（例如，2009 年 9 月至 2010 年 6 月）；在这种情况下，参考年份就是指学年结束的年份（例如，前例中的 2010 年）。

定义

- **学生人均公共支出比例**指用于公共教育的经常支出和资本支出除以各年级的学生数占人均国内生产总值（GDP）的百分比。 • **教育公共支出**指当地、地区以及中央政府（包括市政当局）用于教育的经常支出和资本支出。
- **具备必须教学资格的小学教师比例**指在其国家至少具备符合最低教学资格要求（任职前或任职中）的小学教师所占的百分比。
- **小学师生比率**是入学小学生人数与小学教师（无论其承担何种教学任务）人数之比。

数据资料来源

教育投入数据来自联合国教科文组织统计研究所。

受教育的机会

	总入学率				净入学率				调整后的小学净入学率		失学儿童	
	占相应年龄组的百分比				占相应年龄组的百分比				占小学适龄儿童的百分比		小学适龄儿童(千人)	
	学前教育	小学教育	中学教育	高等教育	小学教育		中学教育		男性	女性	男性	女性
	2010[a]	2010[a]	2010[a]	2010[a]	1991	2010[a]	1999	2010[a]	2010[a]	2010[a]	2010[a]	2010[a]
阿富汗	..	97	46	3	28	..	..	..	..	..	..	..
阿尔巴尼亚	56	87	89	..	..	80	68	..	79	79	23	20
阿尔及利亚	77	110	95	31	89	96	..	..	98	96	28	53
安哥拉	104	124	31	4	..	86	..	12	93	78	119	373
阿根廷	74	118	89	71	..	..	74	82	..	..	..	..
亚美尼亚	31	103	92	52	..	..	86	86	78	81	13	10
澳大利亚	81	104	129	76	98	97	90	85	97	98	31	23
奥地利	96	100	100	60	90	..	..	..	..	..	..	..
阿塞拜疆	25	94	..	19	89	84	75	..	85	84	40	38
巴林	..	..	..	..	99	..	86	..	..	..	..	..
孟加拉国	13	103	49	11	64	92	44	46	91	100	718	1
白俄罗斯	99	100	..	83	..	92	82	87	95	97	9	5
比利时	118	105	111	67	96	99	..	..	99	99	4	3
贝宁	18	126	..	..	51	94	18	..	..	..	..	..
玻利维亚	45	105	80	..	..	..	68	68	..	..	..	..
波斯尼亚和黑塞哥维那	17	88	90	36	..	85	..	..	86	88	14	11
博茨瓦纳	..	..	..	..	89	..	53	..	..	..	..	..
巴西	65	127	101	36	..	94	66	82	96	94	290	396
保加利亚	79	103	88	53	..	98	85	83	99	100	1	0[b]
布基纳法索	3[c]	79[c]	23[c]	3	27	63[c]	8	18[c]	65	58	452	531
布隆迪	9	156	25	3	50	..	..	16	98	100	10	1
柬埔寨	13	127	46	8	..	96	14	..	96	95	32	40
喀麦隆	28	120	42	11	69	92	..	..	100	88	6	171
加拿大	71	99	101	..	98	..	95	..	..	..	..	..
中非共和国	4	93	13	3	53	71	..	11	81	61	63	135
乍得	2	90	26	2	..	..	7	..	..	..	..	..
智利	56	106	88	59	..	94	..	83	94	94	46	48
中国	54	111	81	26	97	..	..	..	..	..	..	..
中国香港	..	102	83	60	..	94	70	75	96	98	7	4
哥伦比亚	49	115	96	39	71	88	56	74	92	91	187	188
刚果民主共和国	3	94	38	6	56	..	..	..	..	..	..	..
刚果共和国	13	115	..	6	..	91	..	..	92	89	24	32
哥斯达黎加	71	110	100	..	87	..	..	..	..	..	..	..
科特迪瓦	4[c]	88[c]	..	..	46	61	19	..	67	56	497	664
克罗地亚	58	93	95	49	..	87	81	92	93	93	7	6
古巴	100	103	89	95	94	99	75	86	100	100	0[b]	1
塞浦路斯	81	105	98	52	87	99	88	96	99	99	0[b]	0[b]
捷克共和国	106	106	90	61	..	..	81	84	..	..	..	..
丹麦	96	99	117	74	98	96	88	89	95	97	11	6
多米尼加共和国	38	108	76	..	..	90	39	62	96	90	28	57
厄瓜多尔	126	114	80	40	..	97	46	..	..	..	..	..
埃及	24	106	..	30	..	96	77	..	100	96	15	184
萨尔瓦多	64	114	65	23	..	94	44	58	94	95	26	21
厄立特里亚	14	45	32	2	20	33	18	29	37	33	203	215
爱沙尼亚	96	99	104	63	..	94	84	92	96	96	1	1
埃塞俄比亚	5	102	36	5	30	81	12	..	85	80	1,023	1,367
芬兰	66	99	108	92	99	97	95	94	98	98	5	4
法国	110	111	113	55	100	99	93	98	..	..	..	..
加蓬	42[c]	182[c]	..	..	..	..	..	..	..	..	..	..
冈比亚	30	83	54	4	50	66	..	..	68	71	44	41
格鲁吉亚	58	109	86	28	..	100	76	79	..	..	..	..
德国	114	102	103	..	84	97	..	..	..	..	..	..
加纳	69	107[c]	58[c]	9	..	84[c]	34	49[c]	84[c]	85[c]	298[c]	270[c]
希腊	..	..	..	..	95	..	82	..	..	..	..	..
危地马拉	71	116	59	..	..	97	24	50	100	98	5	27
几内亚	14	94	38	9	27	77	12	29	83	70	131	224
几内亚比绍	7	123	..	..	..	74	9	..	77	73	26	30
海地	..	..	..	..	21	..	..	..	..	..	..	..

	总入学率				净入学率				调整后的小学净入学率		失学儿童	
	占相应年龄组的百分比				占相应年龄组的百分比				占小学适龄儿童的百分比		小学适龄儿童(千人)	
	学前教育	小学教育	中学教育	高等教育	小学教育		中学教育		男性	女性	男性	女性
	2010[a]	2010[a]	2010[a]	2010[a]	1991	2010[a]	1999	2010[a]	2010[a]	2010[a]	2010[a]	2010[a]
洪都拉斯	44	116	73	19	88	96	..	..	96	98	23	8
匈牙利	85	102	98	62	..	92	83	91	98	98	4	3
印度	54	118	60	16	..	92	..	..	..	..	..	..
印度尼西亚	43	118	77	23	95	96	47	67	..	..	..	..
伊朗	43	108	84	43	97	..	..	..	..	..	..	..
伊拉克	..	..	..	..	76	..	30	..	..	..	..	..
爱尔兰	..	108	117	61	90	95	91	98	97	99	6	3
以色列	106	113	91	62	..	97	87	88	97	97	13	10
意大利	97	103	99	66	..	98	85	93	100	99	5	11
牙买加	113	89	93	29	97	82	83	84	84	82	28	32
日本	90	103	102	59	100	100	99	99	..	..	..	..
约旦	36	97	91	42	..	90	77	84	93	95	30	21
哈萨克斯坦	66[c]	111[c]	100[c]	41[c]	..	88[c]	88	90[c]	99[c]	100[c]	3[c]	1[c]
肯尼亚	52	113	60	4	..	83	33	50	84	85	523	486
朝鲜	..	..	..	..	..	..	..	..	..	..	..	..
韩国	121	104	97	104	99	99	96	96	100	99	0[b]	14
科索沃	..	..	..	..	..	..	..	..	..	..	..	..
科威特	82	106	101	..	47	92	98	89	97	100	3	0[b]
吉尔吉斯斯坦	19	100	84	49	..	87	..	79	95	95	9	9
老挝	16	121	45	13	59	89	26	37	91	87	35	47
拉脱维亚	84	101	95	60	..	95	..	84	94	95	3	3
黎巴嫩	81	105	81	54	..	92	..	75	94	93	15	15
莱索托	33	103	46	..	72	73	17	30	72	75	53	46
利比里亚	..	96	..	..	..	..	18	..	..	..	..	..
利比亚	..	..	..	..	..	..	..	..	..	..	..	..
立陶宛	75	97	98	77	..	93	90	91	97	97	2	2
前南斯拉夫马其顿共和国	25	89	83	40	..	87	..	..	93	95	5	3
马达加斯加	9	149	31	4	72	..	..	24	..	..	..	..
马拉维	..	135	32	1	..	97	30	28	..	..	..	..
马来西亚	67	..	68	40	..	..	66	68	..	..	..	..
马里	3[c]	82[c]	39[c]	6	..	63[c]	..	31[c]	71	61	377	481
毛里塔尼亚	..	102	24	4	..	74	14	..	73	76	72	61
毛里求斯	96	99	89	25	93	93	67	..	92	94	5	3
墨西哥	103	115	87	27	98	98	56	70	99	100	39	11
摩尔多瓦	76	94	88	38	..	88	78	79	90	90	8	7
蒙古	77	100	93	53	..	95	58	83	98	98	2	3
摩洛哥	63[c]	114[c]	..	13	56	96[c]	30	..	97[c]	96[c]	58[c]	75[c]
莫桑比克	..	115	25	..	42	92	3	16	95	89	124	243
缅甸	10	126	54	..	..	..	32	51	..	..	..	..
纳米比亚	..	107	..	9	82	85	39	..	84	89	31	21
尼泊尔	..	..	..	..	..	..	..	..	..	..	..	..
荷兰	96	108	120	63	95	100	91	87	..	..	..	..
新西兰	93	101	119	83	100	99	90	95	99	100	1	1
尼加拉瓜	55	118	69	..	70	92	35	46	93	95	27	21
尼日尔	6[c]	71[c]	13	1	23	62[c]	6	10	64	52	478	607
尼日利亚	14	83	44	..	..	..	..	..	..	..	..	..
挪威	98	99	110	74	100	99	95	95	99	99	3	2
阿曼	45	105	100	24	69	94	61	90	98	98	3	2
巴基斯坦	..	95	34	5	..	74	..	34	81	67	1,884	3,241
巴拿马	67	108	74	45	92	98	59	69	99	98	2	4
巴布亚新几内亚	..	60	..	..	65	..	..	..	..	..	..	..
巴拉圭	35	100	67	37	94	85	45	60	86	86	62	60
秘鲁	78	109	92	..	86	95	63	78	97	97	54	43
菲律宾	51	107	82	29	96	89	50	61	88	90	799	662
波兰	66	97	97	71	..	96	91	91	96	96	47	47
葡萄牙	82	114	107	62	98	99	80	..	99	100	3	2
波多黎各	96	93	82	86	..	86	..	..	83	88	28	18
卡塔尔	55	103	94	10	89	92	74	83	96	97	2	1

受教育的机会

	总入学率				净入学率				调整后的小学净入学率		失学儿童	
	占相应年龄组的百分比				占相应年龄组的百分比				占小学适龄儿童的百分比		小学适龄儿童（千人）	
	学前教育	小学教育	中学教育	高等教育	小学教育		中学教育		男性	女性	男性	女性
	2010[a]	2010[a]	2010[a]	2010[a]	1991	2010[a]	1999	2010[a]	2010[a]	2010[a]	2010[a]	2010[a]
罗马尼亚	77	96	95	64	73	87	77	82	92	93	35	32
俄罗斯联邦	90	99	89	76	..	93	..	..	95	96	128	93
卢旺达	10	143	32	5	..	99	..	..	89	92	84	60
沙特阿拉伯	11	106	101	37	..	90	..	81	90	89	154	164
塞内加尔	13	87	37	8	45	75	..	..	76	80	238	191
塞尔维亚	53	96	91	49	..	93	..	90	95	94	8	8
塞拉利昂	7[c]	125[c]	..	..	..	..	..	..	..	..	..	..
新加坡	..	..	..	..	..	..	..	..	..	..	..	..
斯洛伐克共和国	91	102	89	54	..	..	..	..	..	..	..	..
斯洛文尼亚	86	98	97	87	..	97	90	92	97	97	2	2
索马里	..	..	..	..	..	..	..	..	..	..	..	..
南非	65	102	94	..	90	85	62	..	89	91	372	326
南苏丹	..	..	..	..	..	..	..	..	..	..	..	..
西班牙	126	107	119	73	100	100	88	94	100	100	2	1
斯里兰卡	42	99	..	15	..	94	..	..	94	94	56	51
苏丹	27	73	39	..	..	..	..	..	..	..	..	..
斯威士兰	23	116	58	..	74	86	32	33	86	85	15	15
瑞典	95	100	100	71	100	99	96	96	100	99	1	3
瑞士	102	102	95	51	84	94	84	83	99	99	4	2
阿拉伯叙利亚共和国	10	118	72	..	91	93	39	67	100	98	2	16
塔吉克斯坦	9	102	87	20	..	97	63	85	99	96	2	13
坦桑尼亚	33	102	27	2	51	98	5	..	91	93	359	290
泰国	100[c]	91	79[c]	48[c]	..	90	..	74[c]	90	89	304	307
东帝汶	..	117	56	17	..	85	..	37	86	86	14	14
多哥	9	140	..	..	65	92	21	..	..	..	..	..
特立尼达和多巴哥	..	105	90	..	90	94	69	..	97	94	2	4
突尼斯	..	109	90	34	94	98	64	..	..	..	..	..
土耳其	22	102	78	46	89	97	56	74	98	97	59	103
土库曼斯坦	..	..	..	..	..	..	..	..	..	..	..	..
乌干达	14	121	28	4	..	91	13	..	90	92	357	266
乌克兰	97	99	96	79	..	91	91	86	91	91	73	64
阿拉伯联合酋长国	..	..	..	..	97	..	75	..	..	..	..	..
英国	81	106	102	59	97	100	94	96	100	100	3	6
美国	69	102	96	95	97	95	87	89	96	98	498	247
乌拉圭	89	113	90	63	91	99	..	70	100	99	0[b]	1
乌兹别克斯坦	26[c]	95[c]	106[c]	9[c]	..	90[c]	..	92	94[c]	91[c]	62[c]	86[c]
委内瑞拉	73	103	83	78	..	93	48	72	95	95	91	80
越南	82	106	77	22	..	98	58	..	..	..	..	..
西岸和加沙	39	91	86	50	..	87	75	84	90	88	23	25
也门共和国	1	87	44	..	..	78	31	..	86	70	290	568
赞比亚	..	115	..	..	..	91	16	..	91	94	108	76
津巴布韦	..	..	..	6	..	..	40	..	..	..	..	..
全世界	**50 w**	**107 w**	**68 w**	**27 w**	**.. w**	**88 w**	**51 w**	**60 w**	**91 w**	**89 w**		
低收入国家	12	104	39	7	..	80	24	32	82	80		
中等收入国家	52	109	69	24	..	89	50	60	92	90		
中低收入国家	50	107	58	16	..	85	41	50	90	86		
中高收入国家	51	111	83	33	..	94	63	74	95	96		
低收入和中等收入国家	46	108	64	21	..	87	47	56	90	88		
东亚和太平洋地区	48	111	76	25	96	..	56	..	..	..		
欧洲和中亚	55	98	89	55	90	92	78	81	94	93		
拉丁美洲和加勒比地区	71	117	90	37	..	94	59	73	95	95		
中东和北非	..	102	72	27	..	90	58	64	94	89		
南亚	54	110	55	11	68	86	..	..	93	89		
撒哈拉以南非洲地区	17	100	36	6	..	75	19	27	78	74		
高收入国家	78	101	100	70	95	95	88	90	95	96		
欧元区	107	105	107	60	..	98	86	92	..	..		

a. 临时数据。b. 小于0.5。c. 2011年的数据。

关于数据的说明

有关学校入学的数据是各国教育主管部门或者统计部门向联合国教科文组织（UNESCO）统计研究所报告的。入学率有助于监控普及小学教育的两个重要问题：千年发展目标所要求的，到2015年普及基础教育的目标是否能够实现？教育系统是否有足够的能力满足普及小学教育的需要？

尽管入学率以年度学校调查为基础，但是未必反映出该年的实际出勤率或辍学率。此外，各国的小学教育年限存在着差异，进而可能影响入学率，尽管联合国教科文组织国际标准教育分类试图将这种差异最小化。时间短的往往会使入学率扩大，时间长的则会使之缩小（部分原因是，在年龄较大的学童中，有大部分是中途辍学者）。

超龄或不足龄儿童入学的情况时有发生，当父母亲更偏好于让孩子不按官方规定年龄上学时尤为如此。对孩子们入学年龄的估算也可能不准确或估算错误，尤其在出生登记不严格的社区。

用于计算人口基础指标的人口数据来自联合国人口署。利用单一来源的人口数据标准化定义、估计方法和插补方法，确保了各国间方法的一致性以及各国人口普查中潜在的人口调查问题最小化。

尽管总入学率是教育系统中每个层次教育能力的一种展示，但是高入学率可能反映了由于复读或者较晚入学所带来的每一年级入学超龄儿童的大量存在，而不能说明教育体系的成功。净入学率通过排除超龄儿童和不足龄儿童，以期精确地反映学校系统的覆盖范围和内在效率。总入学率和净入学率的差异显示了超龄或不足龄入学的发生率。

调整后的小学净入学率反映了处在上小学的年龄但相对于同龄人更快地进入初中学习的儿童，而传统的净入学率并不将此包括在内。

失学儿童（那些处在上小学的年龄但是没有上小学或者处在上中学的年龄但是没有上中学的儿童）的数据由行政管理部门的数据汇编得出。大量的失学儿童给教育系统带来了压力，要提供教室、教师以及教材进而让更多的学生上学，由于发展中国家有限的教育预算，进而给其带来了沉重的负担。然而，让这些孩子进入学校应该是一个国家优先考虑的事项，这对于实现千年发展目标中的普及基础教育也是至关重要的。

本表中的参考年份反映了给出数据的学年。在一些国家一学年横跨两个日历年度（例如，从2009年9月到2010年6月）；在这种情况下，参考年份就是指学年结束的年份（本例就是2010年）。

定义

• **总入学率**指的是不考虑年龄的总入学人数占与其所表明的教育层次相对应的年龄组人口的比率。 • **学前教育**（ISCED 0）是指有组织教学最初阶段的课程教育，主要是给年龄非常小的儿童（通常从3岁开始）提供一个学习环境，以架起一个家庭与学校之间的桥梁。一旦完成这一阶段的课程，儿童将继续小学教育。 • **小学教育**（ISCED 1）是指正常给予学生的一个合理的读、写和数学的基础教育课程，同时对其他课程又有一个基本的理解，例如，历史、地理、自然、社会科学、艺术和音乐，同时也可能涉及宗教教育。有时也被叫做初等教育。 • **中学教育**是指初中教育（ISCED 2）和高中教育（ISCED 3）。初中教育将继续基础水平的教育课程，但是教学通常更关注学科内容。对于每个学科领域，都需要更专业的教师。在高中阶段，教学通常更多地依据学科主题进行组织，教师通常也需要在本学科有更高、更专业的资历。 • **高等教育**是指那些范围广泛的高级教育课程。高等教育的第一阶段（ISECD 5）是指理论基础课程，主要为参加须具备高级技术的高级研究课程和高级研究专业提供了足够的资历，这些课程具有一定的实践性、技术性和职业性。高等教育的第二阶段（ISECD 6）则是致力于高级研究和原创研究的课程，并且最终授予高级研究资历。 • **净入学率**是按官方规定学龄的入学总人数与相应的教育水平的官方学龄人口之比。 • **调整后的小学净入学率**是指达到官方入学年龄进而进入小学或者中学学习的总入学人数与总的小学学龄人口之比。 • **失学儿童**是那些处在上小学的年龄但是没有上小学或者处在上中学的年龄但是没有上中学的儿童数量。

数据资料来源

总入学率、净入学率和失学儿童的数据来自联合国教科文组织统计研究所。

2.13 教育效率

	小学一年级新生总入学率		各组幸存率						小学复读人数		中学升学率	
	占相应年龄组的百分比		占一年级学生的百分比						占入学人数的百分比		百分比	
			读到5年级				读到小学最后一年级					
	男性	女性	男性		女性		男性	女性	男性	女性	男性	女性
	2010[a]	2010[a]	1991	2009[a]	1991	2009[a]	2009[a]	2009[a]	2010[a]	2010[a]	2009[a]	2009[a]
阿富汗	124	91	89	..	89	..	..	..	..	..	..	..
阿尔巴尼亚	87	87	..	95	..	95	95	95	1	1	97	97
阿尔及利亚	107	105	82	93	79	97	93	97	9	6	90	92
安哥拉	182	148	..	53	..	37	37	27	10	12	26	45
阿根廷	114	115	..	96	..	95	..	..	6	4	96	97
亚美尼亚	91	93	..	..	..	..	..	..	0	0	100	98
澳大利亚	..	..	98	..	99	..	..	..	..	..	..	..
奥地利	103	101	..	..	..	..	96	99	0	0	100	100
阿塞拜疆	91	88	..	..	..	..	100	97	0	0	98	99
巴林	..	..	88	98	87	98	98	98	2	2	98	99
孟加拉国	110	115	..	62	..	71	67	66	13	12	..	..
白俄罗斯	96	96	..	..	..	..	96	100	0	0	98	100
比利时	94	95	87	96	90	97	86	88	3	3	99	97
贝宁	159	147	30	62	31	59	..	..	13	13	..	..
玻利维亚	113	111	57	86	51	85	85	82	1	1	89	91
波斯尼亚和黑塞哥维那	99	100	..	73	..	73	73	73	0	0	..	..
博茨瓦纳	..	..	73	..	81	..	..	..	..	..	..	..
巴西	..	..	..	..	..	..	..	..	..	..	..	..
保加利亚	100	99	..	..	..	..	94	94	2	1	95	96
布基纳法索	91[b]	86[b]	61	73	58	78	71	72	10	10	43[c]	62[c]
布隆迪	164	158	66	59	61	66	56	64	34	34	41	31
柬埔寨	143	144	..	60	..	65	52	57	10	8	80	81
喀麦隆	144	123	67	76	66	77	67	65	14	13	42	45
加拿大	99	98	..	..	..	..	..	..	0	0	..	..
中非共和国	118	96	52	61	39	50	53	39	21	21	43	45
乍得	134	104	43	32	22	32	24	23	23	26	77	66
智利	97	96	..	..	..	..	..	..	1	1	84	98
中国	95	99	..	..	..	..	..	..	0	0	..	..
中国香港	114	119	..	100	..	100	..	..	1	1	100	100
哥伦比亚	113	107	53	84	59	85	..	..	2	2	97	96
刚果民主共和国	117	105	66	62	55	58	78	73	14	14	83	76
刚果共和国	109	108	66	75	68	79	71	71	20	18	69	67
哥斯达黎加	98	98	70	90	73	92	88	90	7	5	93	89
科特迪瓦	88[b]	78[b]	68	66	61	66	..	..	19	19	47	45
克罗地亚	92	92	..	..	..	..	97	99	0	0	100	99
古巴	98	98	..	97	..	97	96	95	1	0	98	99
塞浦路斯	107	106	96	94	97	97	..	..	0	0	100	100
捷克共和国	107	108	..	99	..	100	99	100	1	1	99	99
丹麦	100	100	98	100	99	100	99	100	0	0	99	100
多米尼加共和国	113	101	..	..	..	..	..	..	9	5	82	90
厄瓜多尔	..	..	..	..	..	..	..	..	..	..	..	..
埃及	105	103	..	..	..	..	..	..	4	2	..	..
萨尔瓦多	117	110	54	89	57	90	86	87	7	5	95	94
厄立特里亚	44	40	..	71	..	67	71	67	16	13	82	82
爱沙尼亚	100	100	..	99	..	99	98	99	1	0	99	98
埃塞俄比亚	145	129	..	50	..	51	47	48	4	4	91	87
芬兰	99	99	96	100	97	100	100	99	1	0	100	100
法国	..	..	..	..	..	..	..	..	..	..	..	..
加蓬	..	..	47	..	46	..	..	..	..	..	..	..
冈比亚	88	88	59	67	53	63	..	..	6	5	80	82
格鲁吉亚	100	102	..	94	..	99	94	99	0	0	100	100
德国	100	99	..	..	..	..	98	99	1	1	99	99
加纳	109[b]	111[b]	72	80	65	77	..	..	2[b]	3[b]	91	92
希腊	..	..	..	..	..	..	..	..	..	..	..	..
危地马拉	131	131	..	71	..	70	65	64	12	10	93	90
几内亚	112	96	43	74	35	62	74	56	16	18	62	51
几内亚比绍	169	164	..	..	..	..	..	..	14	14	..	..
海地	..	..	47	..	46	..	..	..	..	..	..	..

	小学一年级新生总入学率		各组幸存率						小学复读人数		中学升学率	
			占一年级学生的百分比									
	占相应年龄组的百分比		读到5年级				读到小学最后一年级		占入学人数的百分比		百分比	
	男性	女性	男性		女性		男性	女性	男性	女性	男性	女性
	2010[a]	2010[a]	1991	2009[a]	1991	2009[a]	2009[a]	2009[a]	2010[a]	2010[a]	2009[a]	2009[a]
洪都拉斯	125	120	50	75	43	80	74	79	1	1	..	..
匈牙利	103	102	..	..	..	..	98	98	2	2	97	98
印度	129	125	..	..	..	..	..	..	..	..	81	81
印度尼西亚	121	118	..	83	..	89	..	..	4	3	91	93
伊朗	107	108	75	94	67	94	94	94	2	2	96	97
伊拉克	..	..	75	..	70	..	..	..	..	..	..	..
爱尔兰	106	107	..	99	..	100	..	..	1	1	..	..
以色列	98	101	..	100	..	98	100	98	2	1	70	69
意大利	101	100	..	99	..	100	99	100	0	0	100	100
牙买加	81	78	92	96	94	96	94	96	3	2	92	91
日本	103	103	100	100	100	100	100	100	0	0	..	..
约旦	98	98	93	..	89	..	..	..	1	1	99	99
哈萨克斯坦	112[b]	111[b]	..	..	..	..	..	..	0[b]	0[b]	100[c]	100[c]
肯尼亚	..	..	..	..	..	..	..	..	..	..	..	..
朝鲜	..	..	..	..	..	..	..	..	..	..	..	..
韩国	100	98	92	99	92	99	99	99	0	0	100	100
科索沃	..	..	..	..	..	..	..	..	..	..	..	..
科威特	101	103	..	96	..	96	96	96	1	1	99	99
吉尔吉斯斯坦	106	104	..	..	..	..	98	97	0	0	100	99
老挝	136	126	34	66	32	68	..	..	18	16	80	77
拉脱维亚	100	102	..	96	..	96	95	95	3	2	94	98
黎巴嫩	108	106	..	90	..	91	..	..	9	7	84	91
莱索托	103	94	53	76	77	85	..	..	23	17	75	73
利比里亚	120	112	..	64	..	56	49	43	6	7	64	60
利比亚	..	..	..	..	..	..	..	..	..	..	..	..
立陶宛	93	94	..	..	..	..	98	99	1	0	99	99
前南斯拉夫马其顿共和国	97	97	..	..	..	..	..	..	0	0	98	98
马达加斯加	184	184	31	34	31	35	..	..	21	19	65	63
马拉维	150	159	37	60	33	62	63	57	19	19	78	76
马来西亚	..	..	86	98	87	98	97	98	..	..	100	99
马里	82[b]	76[b]	48	89[c]	42	87[c]	81	77	13[b]	13[b]	74	72
毛里塔尼亚	104	107	52	74	47	75	71	70	3	4	38	31
毛里求斯	95	99	..	99	..	97	94	98	4	3	65	76
墨西哥	117	117	81	95	82	97	93	95	4	3	95	94
摩尔多瓦	98	97	..	..	..	..	95	96	0	0	99	98
蒙古	145	138	..	93	..	95	..	..	0	0	96	98
摩洛哥	110[b]	109[b]	70	94	64	94	78	78	13	9	84[c]	80[c]
莫桑比克	168	159	42	56	34	51	37	34	8	7	52	55
缅甸	152	151	..	72	..	77	..	..	0	0	77	77
纳米比亚	93	95	52	90	57	93	..	..	18	14	80	83
尼泊尔	..	..	44	60	32	64	..	..	12[b]	12[b]	81	81
荷兰	100	99	..	99	..	100	..	..	..	..	..	..
新西兰	..	..	96	..	95	..	..	..	..	..	..	..
尼加拉瓜	146	138	39	48	48	55	..	..	9	7	..	..
尼日尔	100[b]	90[b]	68	74[c]	65	69[c]	63	60	4[b]	4[b]	63[c]	59[c]
尼日利亚	93	83	..	84	..	90	77	83	..	..	..	..
挪威	97	98	99	100	100	99	100	99	..	..	100	100
阿曼	108	103	77	..	78	..	..	..	1	2	..	..
巴基斯坦	129	108	..	64	..	59	64	59	5	4	73	74
巴拿马	103	101	..	95	..	94	94	94	7	4	98	96
巴布亚新几内亚	..	..	55	..	52	..	..	..	..	..	..	..
巴拉圭	101	98	58	81	60	84	76	80	6	4	89	89
秘鲁	103	102	..	..	..	..	88	88	7	6	96	93
菲律宾	129	121	..	75	..	82	72	80	3	2	99	97
波兰	99	99	..	98	..	98	97	98	1	1	99	98
葡萄牙	103	103	..	..	..	..	..	..	..	..	..	..
波多黎各	97	94	..	..	..	..	..	..	..	..	..	..
卡塔尔	107	107	98	92	99	99	91	97	0	0	99	99

2.13 教育效率

	小学一年级新生总入学率		各组幸存率						小学复读人数		中学升学率	
	占相应年龄组的百分比		占一年级学生的百分比						占入学人数的百分比		百分比	
			读到5年级				读到小学最后一年级					
	男性	女性	男性		女性		男性	女性	男性	女性	男性	女性
	2010[a]	2010[a]	1991	2009[a]	1991	2009[a]	2009[a]	2009[a]	2010[a]	2010[a]	2009[a]	2009[a]
罗马尼亚	97	95	..	..	..	..	95	96	2	1	98	97
俄罗斯联邦	..	..	..	..	..	..	..	..	..	..	..	..
卢旺达	186	182	49	45	51	50	..	..	14	14	73	72
沙特阿拉伯	104	106	80	97	76	91	97	90	3	3	91	97
塞内加尔	100	106	78	73	68	75	58	61	6	6	71	66
塞尔维亚	92	92	..	..	..	..	98	99	1	0	97	99
塞拉利昂	133[b]	121[b]	..	..	..	..	..	..	15[b]	16[b]	..	..
新加坡	..	..	..	99	..	99	99	99	0	0	86	92
斯洛伐克共和国	95	95	..	..	..	..	98	98	3	3	97	97
斯洛文尼亚	99	98	..	100	..	99	100	99	1	0	99	98
索马里	..	..	..	..	..	..	..	..	..	..	..	..
南非	94	88	61	..	67	..	..	..	..	..	..	..
南苏丹	..	..	..	..	..	..	..	..	..	..	..	..
西班牙	102	102	..	99	..	100	99	100	3	2	92	95
斯里兰卡	94	95	97	..	98	..	..	..	1	1	95	97
苏丹	83	75	..	89	..	100	..	..	4	4	96	92
斯威士兰	123	113	58	95	64	97	81	87	17	13	90	92
瑞典	104	103	99	99	99	99	99	99	0	0	100	100
瑞士	92	94	72	..	72	..	..	..	2	1	..	..
阿拉伯叙利亚共和国	116	117	87	..	85	..	94	95	9	6	94	95
塔吉克斯坦	102	98	..	..	..	..	99	99	0	0	99	98
坦桑尼亚	96	97	69	87	71	93	76	87	3	2	45	37
泰国	..	..	..	..	..	..	..	..	..	..	..	..
东帝汶	141	141	..	68	..	74	63	70	19	15	84	87
多哥	157	150	55	78	38	77	..	..	22	22	73	67
特立尼达和多巴哥	104	101	98	90	99	94	87	92	7	5	87	89
突尼斯	106	106	76	95	70	97	..	..	8	5	81	87
土耳其	99	97	93	91	92	93	..	..	2	2	97	97
土库曼斯坦	..	..	..	..	..	..	..	..	..	..	..	..
乌干达	153	157	..	56	..	58	..	..	11	11	60	58
乌克兰	103	104	..	..	..	..	..	..	0	0	100	100
阿拉伯联合酋长国	..	..	78	..	80	..	..	..	2	2	94	99
英国	..	..	..	..	..	..	..	..	0	0	..	..
美国	101	98	..	98	..	89	..	..	0	0	..	..
乌拉圭	106	106	98	94	100	97	94	97	7	4	75	87
乌兹别克斯坦	97[b]	94[b]	..	..	..	..	98[c]	98[c]	0[b]	0[b]	100[c]	98[c]
委内瑞拉	100	98	69	93	80	95	90	94	5	3	96	97
越南	..	..	..	..	..	..	..	..	..	..	..	..
西岸和加沙	91	91	..	..	..	..	..	..	0	0	96	98
也门共和国	109	96	..	..	..	..	..	..	7	6	..	..
赞比亚	114	117	..	71	..	70	55	52	6	6	65	68
津巴布韦	..	..	70	..	72	..	..	..	..	..	..	..
全世界	116 w	113 w	.. w	.. w	.. w	.. w			.. w	.. w	.. w	.. w
低收入国家	130	123	..	62	..	63			11	11	..	..
中等收入国家	114	111	..	..	..	..			..	..	..	..
中低收入国家	122	116	..	..	..	..			..	..	82	83
中高收入国家	99	101	..	..	..	..			2	1	..	..
低收入和中等收入国家	117	114	..	..	..	..			..	..	..	..
东亚和太平洋地区	99	102	..	..	..	..			1	1	..	..
欧洲和中亚	..	..	..	..	..	..			..	..	..	..
拉丁美洲和加勒比地区	..	..	..	..	..	..			..	..	..	..
中东和北非	105	104	..	..	..	..			7	4	..	..
南亚	127	121	..	..	..	..			..	..	80	80
撒哈拉以南非洲地区	122	114	..	67	..	68			..	..	..	..
高收入国家	101	103	..	..	..	..			0	0	..	..
欧元区	101	100	..	..	..	..			1	1	..	..

a. 临时数据。b. 2011 年的数据。c. 2010 年的数据。

关于数据的说明

联合国教科文组织（UNESCO）统计研究所计算了有关学生在校期间升级的指标。这些指标为教育系统招收学生，从而保持学生从一个年级向下一个年级有效流动，进而在某一特定水平的教育方面传播知识提供了一种衡量标准。

小学一年级总入学率表明了小学教育的普及程度，它同样表明了教育系统提供小学教育的能力。一年级新生的低入学率反映出这样一个事实，即许多孩子并未在官方规定的学龄入学。尽管在大多数国家里，至少在整个小学教育阶段，到学校接受教育是强制性的。由于总入学率包括所有的新生而不论其年龄的大小，故这一比率在一些情况下有可能超过100%，例如，刚刚免除学费之后或者当重新入学儿童的数量较大时。当一年级新入学学生和复读学生并不特别显著时，就没有计算该指标。

上至五年级以及小学最后一年级的持留率表明了希望上到特定年级的学生小学入学的百分比。它衡量了一个教育体系的吸引力和内在效率。持留率是基于重构人群法计算的，该方法利用了最近连续两年各年级的入学人数数据以及该两年各年级的复读人数数据，以反映当前的升学模式。持留率接近100%表明较高的持留水平和较低的辍学水平。

复读人数数据通常用于反映教育系统的内部效率。复读不仅给家庭和教育系统增加了教育成本，而且还重复利用了学校有限的资源。各国在复读和升级方面都有不同的政策；在一些情况下，复读人数由于有限的能力而受到控制。在其他情况下，由于自动升级——表明该系统效率很高，但是可能不会教给学生足够的认知技能。

小学到初中的升学率表明了这两个阶段的教育衔接程度和转换程度。由于完成小学教育是进入初中的先决条件，所以小学毕业人数的增长将必定给增加初中可利用的位置数量带来压力。低升学率反映了升学率的不足、初中升学考试系统欠缺以及能力不足等问题。当初中1年级的新生与复读生不能严格区分时，升学率数据的质量就会受到影响。那些在小学毕业后又中断了一两年学业的学生也可能影响数据的质量。

本表中的参考年份反映了给出数据的学年。在一些国家一学年横跨两个日历年度（例如，从2009年9月到2010年6月）；在这种情况下，参考年份就是指学年结束的年份（本例就是2010年）。

定义

• **小学一年级新生总入学率**指小学一年级新生入学人数（不论其年龄大小）占符合官方规定的小学入学年龄段人口的百分比。 • **各组幸存率**指读到5年级或者小学最后一年级的人数所占比率。它是根据重构人群方法（见“关于数据的说明”）估算的。 • **小学复读人数**是指仍在上年同一年纪上学的学生人数，以占小学总入学人数的百分比表示。 • **中学升学率**是指一定年份初中1年级的新生人数占前年完成小学最后一年学业学生人数的百分比。

数据资料来源

教育效率数据来自联合国教科文组织统计研究所。

	小学毕业率						青年识字率				成年人识字率	最低PISA数学素养的学生
	占相应年龄组的百分比						占15–24岁人口的百分比				占15岁及以上人口的百分比	所占百分比
	总数		男性		女性		男性		女性			
	1991	2010[a]	1991	2010[a]	1991	2010[a]	1985–1994[b]	2005–2010[b]	1985–1994[b]	2005–2010[b]	2005–2010[b]	2009
阿富汗	28	..	41	..	14	..	..	..	..	..	..	..
阿尔巴尼亚	..	86	..	86	..	86	..	99	..	99	96	40
阿尔及利亚	80	96	86	96	73	96	86	94	62	89	73	..
安哥拉	33	47	..	53	..	40	..	81	..	66	70	..
阿根廷	100	106	..	104	..	108	98	99	99	99	98	37
亚美尼亚	105	101	..	100	..	103	100	100	100	100	100	..
澳大利亚	..	..	..	..	..	..	..	..	..	..	..	5
奥地利	..	99	..	99	..	100	..	..	..	..	..	8
阿塞拜疆	95	90	96	90	94	89	..	100	..	100	100	11
巴林	97	..	96	..	98	..	97	100	97	100	91	..
孟加拉国	41	65	..	62	..	69	52	74	38	77	56	..
白俄罗斯	94	103	95	95	95	95	100	100	100	100	100	..
比利时	79	90	76	89	82	92	..	..	..	..	..	8
贝宁	22	63	30	74	14	53	55	65	27	43	42	..
玻利维亚	71	99	78	100	64	99	96	99	92	99	91	..
波斯尼亚和黑塞哥维那	..	70	..	69	..	71	..	100	..	100	98	..
博茨瓦纳	90	94	83	92	98	96	86	94	92	97	84	..
巴西	93	..	..	..	..	..	..	97	..	99	90	38
保加利亚	90	95	88	95	92	96	..	98	..	97	98	24
布基纳法索	20	45	25	48	15	42	27	47	14	33	29	..
布隆迪	46	56	49	57	43	55	59	77	48	76	67	..
柬埔寨	45	87	..	87	..	87	..	89	..	86	78	..
喀麦隆	53	79	57	85	49	72	..	89	..	77	71	..
加拿大	..	..	..	..	..	..	..	..	..	..	..	3
中非共和国	28	41	37	52	20	30	63	72	35	57	55	..
乍得	18	33	29	41	7	24	26	54	9	39	34	..
智利	..	96	..	102	..	89	98	99	99	99	99	22
中国	107	..	..	..	..	..	97	99	91	99	94	..
中国香港	102	96	..	95	..	96	..	..	..	..	..	3
哥伦比亚	73	114	70	113	76	115	89	97	92	98	93	39
刚果民主共和国	48	59	61	67	36	50	..	73	..	62	67	..
刚果共和国	54	71	59	73	49	69	..	87	..	78	..	..
哥斯达黎加	79	96	77	95	81	97	..	98	..	99	96	..
科特迪瓦	42	59[c]	53	65[c]	32	52[c]	60	72	38	61	55	..
克罗地亚	85	95	..	95	..	95	100	100	100	100	99	12
古巴	99	98	..	98	..	99	..	100	..	100	100	..
塞浦路斯	90	103	89	103	90	103	100	100	100	100	98	..
捷克共和国	92	101	91	101	93	101	..	..	..	..	..	7
丹麦	98	97	98	97	98	98	..	..	..	..	..	5
多米尼加共和国	61	92	..	93	..	91	..	95	..	97	88	..
厄瓜多尔	91	106	91	105	92	106	97	97	96	97	84	..
埃及	..	98	..	100	..	97	71	88	54	82	66	..
萨尔瓦多	65	96	64	96	66	96	85	95	85	95	84	..
厄立特里亚	18	40	21	43	15	36	..	92	..	86	67	..
爱沙尼亚	..	98	..	97	..	98	100	100	100	100	100	3
埃塞俄比亚	23	72	28	75	18	69	39	56	28	33	30	..
芬兰	97	98	98	98	97	97	..	..	..	..	..	2
法国	106	..	..	..	..	..	..	..	..	..	..	9
加蓬	62	..	59	..	65	..	94	99	92	97	88	..
冈比亚	45	71	56	69	34	72	..	71	..	60	46	..
格鲁吉亚	..	116	..	116	..	116	..	100	..	100	100	..
德国	100	100	99	100	100	100	..	..	..	..	..	6
加纳	64	94[c]	71	97[c]	56	91[c]	..	81	..	79	67	..
希腊	99	101	99	101	98	100	99	99	99	99	97	11
危地马拉	..	84	..	87	..	81	82	89	71	84	74	..
几内亚	17	64	24	75	9	53	..	68	..	54	39	..
几内亚比绍	5	68	7	75	3	60	..	78	..	64	52	..
海地	27	..	29	..	26	..	..	..	..	..	49	..

	小学毕业率						青年识字率				成年人识字率	最低PISA数学素养的学生
	占相应年龄组的百分比						占15–24岁人口的百分比				占15岁及以上人口的百分比	所占百分比
	总数		男性		女性		男性		女性			
	1991	2010[a]	1991	2010[a]	1991	2010[a]	1985–1994[b]	2005–2010[b]	1985–1994[b]	2005–2010[b]	2005–2010[b]	2009
洪都拉斯	64	99	67	96	61	102	..	93	..	95	84	..
匈牙利	82	98	89	98	90	97	99	99	99	99	99	8
印度	64	96	76	96	52	95	74	88	49	74	63	..
印度尼西亚	93	105	..	104	..	105	97	100	95	99	92	44
伊朗	88	104	93	104	82	104	92	99	81	99	85	..
伊拉克	58	65	63	74	52	55	..	85	..	80	78	..
爱尔兰	103	..	103	..	103	..	..	..	..	..	..	7
以色列	..	103	..	102	..	105	..	..	..	..	..	21
意大利	98	103	98	103	97	103	..	100	..	100	99	9
牙买加	94	73	90	74	98	73	..	92	..	98	86	..
日本	102	102	102	103	102	102	..	..	..	..	..	4
约旦	101	101	101	101	101	101	..	99	..	99	92	35
哈萨克斯坦	103	116[c]	103	116[c]	103	116[c]	100	100	100	100	100	30
肯尼亚	..	..	..	..	..	..	..	92	..	94	87	..
朝鲜	..	..	..	..	..	..	..	100	..	100	100	..
韩国	99	101	99	100	100	101	..	..	..	..	..	2
科索沃	..	..	..	..	..	..	..	..	..	..	..	..
科威特	57	112	58	110	56	114	91	99	84	99	94	..
吉尔吉斯斯坦	..	97	..	96	..	97	..	100	..	100	99	65
老挝	41	79	46	83	36	75	..	89	..	79	73	..
拉脱维亚	..	92	..	94	..	90	100	100	100	100	100	6
黎巴嫩	..	87	..	85	..	89	..	98	..	99	90	..
莱索托	59	70	42	60	76	79	..	86	..	98	90	..
利比里亚	..	62	..	67	..	57	66	70	54	81	59	..
利比亚	..	..	..	..	..	..	99	100	96	100	89	..
立陶宛	..	96	..	97	..	94	100	100	100	100	100	9
前南斯拉夫马其顿共和国	98	92	..	92	..	93	99	99	99	99	97	..
马达加斯加	36	72	35	72	37	73	..	66	..	64	64	..
马拉维	31	67	35	65	27	68	70	87	49	86	74	..
马来西亚	91	..	91	..	91	..	96	98	95	99	92	..
马里	9	55[c]	12	61[c]	7	50[c]	..	47	..	31	26	..
毛里塔尼亚	33	75	39	74	26	76	..	71	..	64	57	..
毛里求斯	115	96	115	96	115	96	91	96	92	98	88	..
墨西哥	88	104	91	104	92	104	96	99	95	98	93	22
摩尔多瓦	..	93	..	94	..	91	100	99	100	100	98	..
蒙古	..	108	..	107	..	109	..	95	..	97	97	..
摩洛哥	48	85	57	87	39	82	71	87	46	72	56	..
莫桑比克	26	61	32	66	21	55	..	78	..	64	55	..
缅甸	..	104	..	101	..	106	..	96	..	95	92	..
纳米比亚	74	84	67	80	81	88	86	91	90	95	89	..
尼泊尔	51	..	70	..	41	..	68	87	33	77	59	..
荷兰	..	..	..	..	..	..	..	..	..	..	..	3
新西兰	..	..	..	..	..	..	..	..	..	..	..	5
尼加拉瓜	42	81	43	78	53	84	..	85	..	89	78	..
尼日尔	17	46[c]	21	52[c]	13	40[c]	..	52	..	23	29	..
尼日利亚	..	74	..	79	..	70	81	78	62	65	61	..
挪威	100	100	100	101	100	100	..	..	..	..	..	6
阿曼	74	101	78	102	70	100	..	98	..	98	87	..
巴基斯坦	..	67	..	75	..	59	..	79	..	61	56	..
巴拿马	86	97	86	97	86	97	95	97	95	96	94	51
巴布亚新几内亚	46	..	51	..	42	..	..	65	..	70	60	..
巴拉圭	68	94	68	92	69	95	96	99	95	99	95	..
秘鲁	..	102	..	102	..	102	97	98	94	97	90	48
菲律宾	88	92	85	89	86	94	96	97	97	98	95	..
波兰	96	95	..	95	..	95	100	100	100	100	100	6
葡萄牙	..	..	..	..	..	..	99	100	99	100	95	8
波多黎各	..	..	..	..	..	..	92	87	94	88	90	..
卡塔尔	71	100	71	99	72	100	89	98	91	98	95	51

2.14 毕业率及教育成果

	小学毕业率						青年识字率				成年人识字率	最低PISA数学素养的学生
	占相应年龄组的百分比						占15—24岁人口的百分比				占15岁及以上人口的百分比	所占百分比
	总数		男性		女性		男性		女性			
	1991	2010[a]	1991	2010[a]	1991	2010[a]	1985–1994[b]	2005–2010[b]	1985–1994[b]	2005–2010[b]	2005–2010[b]	2009
罗马尼亚	96	91	96	91	96	91	99	97	99	98	98	20
俄罗斯联邦	92	98	92	..	93	..	100	100	100	100	100	10
卢旺达	50	70	51	65	50	74	75	77	75	77	71	..
沙特阿拉伯	..	93	..	94	..	92	94	99	81	97	86	..
塞内加尔	39	59	48	58	31	61	49	74	28	56	50	..
塞尔维亚	..	96	..	96	..	97	..	..	..	..	..	18
塞拉利昂	..	74[c]	..	78[c]	..	71[c]	..	68	..	48	41	..
新加坡	..	..	..	..	..	..	99	100	99	100	95	3
斯洛伐克共和国	95	98	95	98	96	99	..	..	..	..	..	7
斯洛文尼亚	95	95	..	95	..	95	100	100	100	100	100	7
索马里	..	..	..	..	..	..	..	..	..	..	..	..
南非	76	..	72	..	80	..	..	97	..	98	89	..
南苏丹	..	..	..	..	..	..	..	..	..	..	..	..
西班牙	104	102	104	102	103	102	100	100	100	100	98	9
斯里兰卡	101	101	101	101	101	101	..	97	..	99	91	..
苏丹	..	58	..	61	..	55	..	..	..	..	..	..
斯威士兰	61	77	57	76	64	78	83	92	84	95	87	..
瑞典	96	94	96	93	96	94	..	..	..	..	..	8
瑞士	53	95	53	94	54	97	..	..	..	..	..	4
阿拉伯叙利亚共和国	89	104	94	104	84	103	..	96	..	93	84	..
塔吉克斯坦	..	104	..	106	..	102	100	100	100	100	100	..
坦桑尼亚	55	90	56	88	55	92	86	78	78	76	73	..
泰国	..	..	..	..	..	..	..	98	..	98	94	22
东帝汶	..	65	..	64	..	67	..	..	..	..	51	..
多哥	35	74	48	84	22	64	..	85	..	68	57	..
特立尼达和多巴哥	102	91	99	91	105	91	99	100	99	100	99	30
突尼斯	74	91	79	90	70	92	..	98	..	96	78	43
土耳其	90	99	93	100	86	98	97	99	88	97	91	18
土库曼斯坦	..	..	..	..	..	..	..	100	..	100	100	..
乌干达	..	57	..	58	..	56	77	90	63	85	73	..
乌克兰	92	98	99	97	99	98	..	100	..	100	100	..
阿拉伯联合酋长国	103	..	104	..	103	..	81	94	85	97	90	..
英国	..	..	..	..	..	..	..	..	..	..	..	6
美国	..	104	..	103	..	104	..	..	..	..	..	8
乌拉圭	94	106	91	105	96	106	98	98	99	100	98	23
乌兹别克斯坦	80	93[c]	..	94[c]	..	92[c]	..	100	..	100	99	..
委内瑞拉	81	94	76	93	86	95	95	98	96	99	95	..
越南	..	..	..	..	..	..	94	97	93	96	93	..
西岸和加沙	..	95	..	97	..	93	..	99	..	99	95	..
也门共和国	..	63	..	73	..	53	83	96	35	72	62	..
赞比亚	..	103	..	98	..	108	67	82	66	67	71	..
津巴布韦	97	..	99	..	96	..	97	98	94	99	92	..
全世界	**79 w**	**88 w**	**86 w**	**90 w**	**75 w**	**87 w**	**88 w**	**92 w**	**79 w**	**87 w**	**84 w**	
低收入国家	44	65	..	68	..	63	66	75	52	68	61	
中等收入国家	83	92	89	93	77	91	89	94	79	88	83	
中低收入国家	68	88	76	90	60	86	87	89	75	79	71	
中高收入国家	97	98	101	96	94	99	94	99	93	99	93	
低收入和中等收入国家	78	87	85	89	73	86	86	91	75	85	80	
东亚和太平洋地区	101	97	105	96	97	98	97	99	92	99	94	
欧洲和中亚	92	95	93	96	92	94	99	99	98	99	98	
拉丁美洲和加勒比地区	84	102	84	101	85	102	91	97	92	97	91	
中东和北非	..	88	..	91	..	85	84	93	67	87	74	
南亚	62	86	75	87	52	84	71	85	47	72	61	
撒哈拉以南非洲地区	51	67	57	71	47	63	73	77	58	67	62	
高收入国家	..	97	..	98	..	97	99	99	99	99	98	
欧元区	101	101	100	100	100	101	..	..	..	..	..	

a. 临时数据。b. 最近年份可获得的数据。c. 2011 年的数据。

关于数据的说明

很多政府发布了它们各自教育系统运行和发展的统计资料，例如，学生入学情况的统计数据；复读率、师生比率以及群体升级率等指标。世界银行和联合国教科文组织（UNESCO）统计研究所共同制定了小学毕业率指标，该指标被越来越多地用作衡量教育系统业绩的核心指标，同时还反映了教育系统的覆盖范围和学生的受教育程度。该指标作为衡量小学教育成果、千年发展目标进展状况以及所有倡议中教育进展状况的措施也是非常重要的。然而，较高的小学毕业率并不一定意味着学生具有高水平的学识。

小学毕业率反映了国际教育标准分类（ISCED97）所定义的小学周期，从3年或者4年的小学教育（数量很少的国家）到5年或者6年的小学教育（大多数国家），甚至7年的小学教育（数量很少的国家）。

表中给出的小学毕业率，也就是所谓的小学最后一年级的总入学率。它是小学最后一年级新入学的学生总数（不考虑其年龄），表示为占达到小学最后一年级入学年龄的人口的百分比。由于数据的限制，不可能根据最后一年辍学的学生数量来对这一数字进行调整。因此，该比率是一个替代性数值，应被视作实际小学毕业率估算的上限。

小学毕业率可能会超过100%有很多原因。分子可能包括复读过小学教育中的一个年级或更多年级但现在已成功毕业的超龄儿童和较早进入学校的儿童，分母是达到小学最后一年级入学年龄的儿童数量，这使得小学毕业率可能超100%。

基本的在校教育成果指根据既定标准测定的学生基本识字和计算能力的成绩。联合国教科文组织统计研究所已确立利用国际认可的识字率作为教育成就的一个衡量指标。

识字率被定义为能在理解的情况下进行阅读并就其日常生活进行短而简单的描述的人口比例。在现实中，识字率是很难测算的，为估算识字率，需要运用人口普查所需要的定义或者一定条件下的调查测量。很多国家以自报为识字者的数据来估算识字人口。某些国家用教育成果数据来替代，但学业年限和完成水平的规定各不相同。由于各国数据定义和收集的方法各不相同，使用这些数据时必须慎重。

本表所列的识字率数据是联合国教科文组织统计研究所依据1985—2010年各国的人口普查和家庭调查数据编辑成的。对于那些没有最近识字率数据的国家，联合国教科文组织统计研究所采用了全球按年龄划分的扫盲预测数据模型对识字率进行了估算。有关资料来源、定义和方法的详细信息见 www.uis.unesco.org。

大多数国家以5岁为一年龄组，对15岁及其以上的人口进行识字统计。但一些国家也纳入一些年轻的人口，或者在确立年龄范围时夸大了实际的识字数。15—24岁的青年识字率反映了近期教育的进步：该指标测算了对小学教育在过去10年中的累计成果，或者表明了通过小学教育并获得基本识字和计数能力的人口比例。通常来讲，识字也包括识数，识数就是能够进行简单算术计算的能力。

在很多国家，教育部都是利用国家级评估来监控学习成果的进展。国际或者地区层面也进行了一些比较评估，其中最大的一个就是国际学生评价项目（PISA）。该项目由OECD协调，主要衡量15岁儿童（在大多数国家，这一年龄的学生近乎完成了义务教育）的知识和技能。对于阅读、数学和科学识字从一般资格角度进行的评估测试，就是看看学生在面临实际生活挑战时，其在学校学到的知识和技能运用得如何。但是，并不测试学生对学校的特定课程掌握的如何。

本表给出了PISA数学素养平均分，该指标通过当学生提出、解决和解释涉及数量、空间、概率以及其他数学概念的数学问题时，进行有效分析、推理和沟通的能力来说明。2009年的平均分是496。因为该数字由抽样得出，所以这一得分也反映了较小程度的统计不确定性。

定义

• **小学毕业率**是由小学最后一年级的总入学率近似估算，它是以小学最后一年级新入学的学生总数（不考虑其年龄）占达到小学最后一年级入学年龄的人口总数的百分比表示。 • **青年识字率**是指15—24岁的人口中，能够在理解的情况下进行阅读并就其日常生活进行简短描述的人口百分比。 • **成人识字率**是指15岁及其以上的人口中，能够在理解的情况下进行阅读并就其日常生活进行简短描述的人口百分比。 • **最低PISA数学素养的学生**是指在国际学生评价项目（PISA）中其数学成绩低于357.77分的学生所占的百分比。

数据资料来源

关于小学毕业率和识字率的数据来自联合国教科文组织统计研究所。有关PISA数学成绩的数据来自OECD。

2.15 收入和性别引起的教育差距

	调查年份	小学一年级新生总入学率		小学总入学率		在校平均时间		小学毕业率				失学儿童	
		占相应年龄组的百分比		占相应年龄组的百分比		15－19岁的人口		占相应年龄组的百分比				占相应年龄组的百分比	
		最贫困的1/5	最富裕的1/5	最贫困的1/5	最富裕的1/5	最贫困的1/5	最富裕的1/5	最贫困的1/5	最富裕的1/5	男性	女性	最贫困的1/5	最富裕的1/5
亚美尼亚	2005	93	80	106	102	9	10	119	116	113	112	2	1
阿塞拜疆	2006	92	118	100	108	9	11	94	109	103	105	20	11
孟加拉国	2006	144	147	96	105	8	13	65	97	83	86	12	6
伯利兹城	2006	80	89	106	113	8	11	59	130	107	72	5	7
贝宁	2006	67	107	61	114	6	8	31	95	67	52	57	12
玻利维亚	2003	92	95	108	129	6	9	76	98	90	81	22	5
布隆迪	2005	201	191	91	144	4	7	20	70	44	39	5	3
柬埔寨	2005	208	151	113	134	5	8	42	121	88	85	37	13
喀麦隆	2006	108	75	93	116	6	14	43	111	90	74	3	2
哥伦比亚	2005	161	84	127	99	6	10	94	109	100	103	11	2
科特迪瓦	2006	51	77	57	110	5	8	47	127	88	71	4	3
多米尼加共和国	2007	130	112	113	107	7	11	69	109	88	106	12	4
埃及	2005	107	97	95	99	9	12	84	92	92	88	12	1
埃塞俄比亚	2005	86	124	47	112	3	6	14	90	46	33	74	30
格鲁吉亚	2006	90	104	101	103	15	14	102	102	106	104	2	1
加纳	2006	107	121	81	117	5	8	62	88	93	86	22	12
危地马拉	2000	176	124	81	114	4	8	15	80	34	36	7	3
几内亚	2005	55	119	52	121	5	7	32	93	76	48	60	16
几内亚比绍	2006	135	184	94	166	4	7	34	125	80	54	12	11
圭亚那	2006	74	76	105	101	10	10	109	118	91	112	2	1
海地	2005	177	188	87	159	4	7	31	136	73	82	69	24
哈萨克斯坦	2006	118	101	106	103	9	9	102	115	102	97	0[a]	1
肯尼亚	2003	134	125	92	106	6	9	40	76	71	72	38	11
科索沃	2000	104	119	95	104	9	11	82	94	98	83	1	4
莱索托	2004	169	111	116	124	5	8	36	122	69	85	18	3
前南斯拉夫马其顿共和国	2005	102	190	89	97	8	10	120	119	133	78	0[a]	0[a]
马达加斯加	2003–04	250	153	118	145	3	8	42	141	77	77	33	3
马拉维	2006	234	207	133	169	5	7	30	80	49	52	0[a]	0[a]
马里	2006	41	98	46	110	5	8	36	79	55	41	67	20
毛利塔尼亚	2007	67	96	62	116	5	9	17	89	48	52	2	2
摩尔多瓦	2005	96	84	99	95	9	12	97	100	96	98	2	1
莫桑比克	2003	128	143	75	143	3	6	13	100	57	43	46	7
纳米比亚	2006	112	104	118	109	7	10	81	109	94	90	11	2
尼泊尔	2001	184	141	109	139	5	8	49	96	69	62	33	6
尼加拉瓜	2001	149	106	85	105	4	9	34	124	78	83	40	4
尼日尔	2006	50	90	35	89	4	7	31	71	60	30	74	28
尼日利亚	2003	78	101	70	108	7	10	48	71	70	54	52	6
巴拿马	2003	125	116	108	102	7	11	100	94	105	88	1	1
秘鲁	2004	121	90	118	96	7	11	106	99	100	97	6	1
卢旺达	2005	274	195	131	151	3	5	31	88	48	42	13	8
塞尔维亚	2005	90	98	98	100	9	10	86	96	94	89	1	0[a]
索马里	2005	13	44	8	93	8	10	2	58	26	20	87	46
斯威士兰	2006	147	117	117	114	6	9	69	110	85	98	17	4
阿拉伯叙利亚共和国	2006	110	149	102	107	7	8	92	93	93	92	0[a]	0[a]
坦桑尼亚	2004	123	123	82	119	5	7	32	108	58	60	44	15
多哥	2006	115	148	99	128	6	7	40	82	67	56	1	1
土耳其	2003	108	111	97	97	6	7	95	85	100	81	20	5
乌干达	2006	180	144	107	124	5	8	27	68	50	42	25	7
越南	2006	99	100	108	100	13	18	99	104	96	103	3	2
也门共和国	2006	66	109	50	101	7	10	25	103	84	31	2	2
赞比亚	2007	135	123	105	112	5	9	50	101	88	73	22	3
津巴布韦	1999	106	111	144	144	7	10	36	80	51	57	22	8

a. 小于0.5。

关于数据的说明

本表的数据表明在一国之内，不同的社会经济群体其个人入学和受教育的情况。数据来自于美国国际开发署国际发展部支持的宏观国际所进行的人口统计和健康调查、美国儿童基金会进行的多指标类集调查以及世界银行发展经济学研究小组所进行的生活标准衡量研究。这种在发展中国家定期以标准问卷的形式进行的以家庭为样本的大规模调查，收集了大范围的卫生、营养和人口方面的信息以及回答者的社会、人口统计和经济方面的特征。这里给出的数据利用了个人和家庭调查问卷的回复。

一般来讲，人口统计和健康调查收集每个5岁和年龄稍大一点的家庭成员受教育情况和入学水平方面的基本信息，以作为家庭社会经济特征的一部分。该调查并不特意收集教育方面的详细数据，结果，对教育部门的调查不如人口和健康调查对卫生部门的调查充分详细，而且从调查中得到的数据并不能替代其他教育方面的数据。然而，它依然提供了整体国家水平数据不能解释的有关教育方面的微观信息，例如，没有上学的儿童的信息。

根据家庭资产（包括消费项目的所有权、家庭住宅的特征以及其他与财富有关的特征），本表定义了社会经济地位。每个被收集信息的家庭资产根据主成分分析产生的结果分配一个权重，标准化数值然后被用于定义财富的五分位分界点，以人口中个人的五分位表示。

定义社会经济地位资产指数的选择是基于实际的考虑而不是基于观念的考虑：人口和健康调查的确不提供收入和消费数据，但是它提供每个家庭消费商品的所有权和各种货物和服务使用权的详细信息。与收入和消费一样，资产指数定义在基本经济项目中存在差别。因此，它排除群体差别的其他可能性，例如，基于性别、教育、民族背景或者其他社会不考虑的因素。达到那种程度的指数仅仅提供关于贫困、不平等和不公平的多维概念的部分视角。

创建一个囊括所有资产指标的指数限制了可作分析的类型。尤其是，使用统一指数不允许用分解分析去检测哪种资产指标与卫生状况或者卫生服务的使用情况有多大的相关性。另外，一些资产指标在一些国家比另外一些国家能更好地反映家庭财富或者不同国家财富水平的差异。把这些信息考虑进去创建反映特定国家资产选择的特定国家资产指数，可能会产生关于每个国家的更有效、更准确的指数。在表中所使用的资产指数没有这种灵活性。

有80个国家进行这种分析。本表仅仅表明对最贫困和最富裕的1/5、性别以及最新数据的估计；对所有指标和其他子类别（其中包括按城市和农村划分的类别以及其他年份）的全套估计在国家报告中可以获得（见“数据资料来源”）。本表中的数据将与以前表中相类似的数据存在差异，要么由于指标使用的是调查日期之前几年的数据，要么由于指标的定义或者方法存在差别。要谨慎分析发现结果因为所使用的调查数据存在内在的测量误差。

定义

• **调查年份**指收集基础数据的年份。 • **小学一年级新生总入学率**是任何年龄的小学一年级的学生人数，表示为占官方小学入学年龄人口的百分比。这些数据与表2.13的数据存在差别。 • **小学总入学率**是任何年龄参加小学的总人数和官方小学年龄组人数的比例。 • **在校平均时间**是指15—19岁成人平均接受正规学校教育的年数。 • **小学毕业率**是指官方小学最后一年级学生（不考虑年龄）的总数减去该年级复读的人数，再除以达到官方小学毕业年龄的儿童总数。这些数据由于资料来源不同，因此与表2.14中的数据存在差别。 • **失学儿童**是指那些处在上小学或中学的年龄但是没有上小学或中学的儿童，以占达到官方小学入学年龄的儿童的百分比表示。那些达到官方小学入学年龄但是正接受学前教育的儿童被认为是失学儿童。这些数据由于资料来源不同，因此与表2.12中的数据存在差别。

数据资料来源

收入和性别引起的教育差距的数据来源于宏观国际的人口和健康调查、联合国儿童基金会的多指标汇集群调查计划、世界银行发展经济学研究小组的生活水准调研计划和世界银行人类发展网络教育统计组利用ADePT教育所分析的资料来源。欲查阅每个国家的报告和进一步的更新，可登陆 www. worldbank. org/education/edstats。

	医疗卫生支出						医疗卫生工作者			病床数
					人均		每千人拥有			
	总数占GDP的百分比	公共支出占总支出的百分比	自付支出占总支出的百分比	外部资源占总支出的百分比	美元	PPP美元	医生	护士和接生员	社区医疗卫生工作者	每千人
	2010	2010	2010	2010	2010	2010	2005–2010[a]	2005–2010[a]	2005–2010[a]	2005–2010[a]
阿富汗	7.6[b]	11.7[b]	83.0[b]	32.0[b]	38[b]	44[b]	0.2	0.5	..	0.4
阿尔巴尼亚	6.5	39.0	60.8	1.8	241	577	1.2	3.9	..	2.8
阿尔及利亚	4.2	77.9	20.9	0.0	178	330	1.2	1.9	..	..
安哥拉	2.9[c]	82.5[c]	17.5[c]	2.9[c]	123[c]	168[c]	..	..	..	0.8
阿根廷	8.1	54.6	29.9	0.1	742	1,287	3.2	..	..	4.5
亚美尼亚	4.4	40.6	55.1	14.3	133	239	3.8	4.8	..	3.7
澳大利亚	8.7[d]	68.0[d]	20.5[d]	0.0[d]	4,775[d]	3,441[d]	3.0	9.6	0.0	3.8
奥地利	11.0	77.5	14.6	0.0	4,958	4,388	4.9	7.9	..	7.7
阿塞拜疆	5.9	20.3	69.5	0.8	332	579	3.8	8.3	..	7.5
巴林	5.0	73.3	14.5	0.0	864	1,083	1.4	3.7	..	1.8
孟加拉国	3.5	33.6	64.1	8.0	23	57	0.3	0.3	0.3	0.3
白俄罗斯	5.6	77.7	19.8	0.5	320	786	5.2	13.1	..	11.1
比利时	10.7	74.7	20.2	0.0	4,618	4,025	3.0	0.5	..	6.5
贝宁	4.1	49.5	46.8	35.9	31	65	0.1	0.8	..	0.5
玻利维亚	4.8	62.8	28.7	5.3	97	233	..	..	..	1.1
波斯尼亚和黑塞哥维那	11.1	61.4	38.6	1.8	499	972	1.6	5.0	..	3.4
博茨瓦纳	8.3	72.5	8.1	18.3	615	1,145	0.3	2.8	0.5	1.8
巴西	9.0	47.0	30.6	0.0	990	1,028	1.8	6.4	..	2.4
保加利亚	6.9	54.5	44.2	0.0	435	947	3.7	4.7	..	6.6
布基纳法索	6.7	51.0	36.2	22.9	40	93	0.1	0.7	0.1	0.4
布隆迪	11.6[c]	38.2[c]	37.9[c]	45.8[c]	21[c]	47[c]	..	..	..	1.9[e]
柬埔寨	5.6	37.2	40.4	23.9	45	121	0.2	0.9	..	0.8
喀麦隆	5.1[c]	29.6[c]	66.5[c]	13.2[c]	61[c]	122[c]	..	..	..	1.3
加拿大	11.3	70.5	14.7	0.0	5,222	4,404	2.0	10.4	..	3.2
中非共和国	4.0	35.4	61.4	13.4	18	31	..	..	..	1.0[e]
乍得	4.5	25.0	72.5	7.9	31	62	..	..	..	0.4
智利	8.0	48.2	33.3	0.0	947	1,199	1.0	0.1	..	2.1
中国	5.1	53.6	36.6	0.1	221	379	1.4	1.4	0.8	4.2
中国香港	..	..	..	..	..	..	..	..	..	..
哥伦比亚	7.6	72.7	19.5	0.0	472	713	0.1	0.6	..	1.0
刚果民主共和国	7.9	42.5	35.9	32.7	16	27	..	..	..	0.8
刚果共和国	2.5	46.7	53.3	4.1	72	104	0.1	0.8	..	1.6
哥斯达黎加	10.9	68.1	27.8	0.6	811	1,242	..	..	..	1.2
科特迪瓦	5.3	21.6	77.5	9.8	60	98	0.1	0.5	..	0.4
克罗地亚	7.8	84.9	14.5	0.0	1,067	1,514	2.6	5.3	..	5.4
古巴	10.6	91.5	8.5	0.0	607	431	6.7	9.1	..	5.9
塞浦路斯	6.0	41.5	48.8	0.0	1,705	1,842	2.6	4.3	..	3.8
捷克共和国	7.9	83.7	14.7	0.0	1,480	2,051	3.7	8.7	..	7.1
丹麦	11.4	85.1	13.1	0.0	6,422	4,537	3.4	16.1	..	3.5
多米尼加共和国	6.2	43.4	37.2	0.7	323	578	..	..	..	1.6
厄瓜多尔	8.1	37.2	49.0	0.4	328	653	1.7	2.0	..	1.5
埃及	4.7	37.4	61.2	0.6	123	289	2.8	3.5	..	1.7
萨尔瓦多	6.9	61.7	33.9	1.9	237	450	1.6	0.4	..	1.0
厄立特里亚	2.7[c]	48.2[c]	51.8[c]	38.0[c]	12[c]	16[c]	..	..	..	0.7[e]
爱沙尼亚	6.0	78.7	19.6	60.7	853	1,226	3.3	6.6	..	5.4
埃塞俄比亚	4.9	53.5	37.2	39.4	16	51	0.0	0.2	0.3	0.2
芬兰	9.0	75.1	18.8	0.0	3,984	3,281	2.9	24.0	..	6.2
法国	11.9	77.8	7.3	0.0	4,691	4,021	3.4	0.3	..	6.9
加蓬	3.5[c]	52.9[c]	47.1[c]	2.4[c]	302[c]	522[c]	..	..	..	6.3
冈比亚	5.7	50.8	23.8	41.2	26	80	0.0	0.6	0.1	1.1[e]
格鲁吉亚	10.1	23.6	68.3	2.8	272	522	4.8	3.2	..	3.1
德国	11.6	77.1	13.0	0.0	4,668	4,332	3.6	11.1	..	8.2
加纳	5.2	59.5	26.9	16.9	67	85	0.1	1.0	0.2	0.9[e]
希腊	10.2	59.4	38.4	0.0	2,729	2,853	6.2	0.2	..	4.8
危地马拉	6.9	35.8	53.9	1.7	196	325	..	..	..	0.6
几内亚	4.9	11.3	88.1	10.8	23	56	0.1	0.0	..	0.3
几内亚比绍	8.5[c]	10.0[c]	66.4[c]	23.3[c]	47[c]	100[c]	0.0	0.6	..	1.0
海地	6.9	21.4	40.2	38.3	46	76	..	..	..	1.3

	医疗卫生支出						医疗卫生工作者			病床数
					人均		每千人拥有			
	总数占GDP的百分比	公共支出占总支出的百分比	自付支出占总支出的百分比	外部资源占总支出的百分比	美元	PPP美元	医生	护士和接生员	社区医疗卫生工作者	每千人
	2010	2010	2010	2010	2010	2010	2005–2010[a]	2005–2010[a]	2005–2010[a]	2005–2010[a]
洪都拉斯	6.8	65.2	31.1	6.3	137	263	..	..	..	0.8
匈牙利	7.3	69.4	24.0	0.0	942	1,469	3.0	6.4	..	7.1
印度	4.1	29.2	61.2	1.2	54	132	0.6	1.0	0.0	0.9
印度尼西亚	2.6	49.1	38.3	1.3	77	112	0.3	2.0	..	0.6
伊朗	5.6	40.1	57.8	0.0	317	836	0.9	1.4	..	1.7
伊拉克	8.4[c,f]	81.2[c,f]	18.8[c,f]	0.8[c,f]	247[c,f]	340[c,f]	0.7	1.4	..	1.3
爱尔兰	9.2	69.2	15.2	0.0	4,242	3,704	3.2	15.7	..	4.9
以色列	7.6	60.3	29.2	0.0	2,183	2,186	3.7	5.2	..	3.5
意大利	9.5	77.6	19.6	0.0	3,248	3,022	3.5	0.3	..	3.6
牙买加	4.8	53.5	33.0	2.1	247	372	..	..	..	1.9
日本	9.5	82.5	14.3	0.0	4,065	3,204	2.1	4.1	..	13.7
约旦	8.0	67.7	25.1	3.7	357	448	2.5	4.0	..	1.8
哈萨克斯坦	4.3	59.4	40.1	0.6	393	541	4.1	8.3	..	7.6
肯尼亚	4.8	44.3	42.7	36.1	37	78	..	..	..	1.4
朝鲜	..	..	..	..	..	..	..	..	..	..
韩国	6.9	59.0	31.4	0.0	1,439	2,023	2.0	5.3	..	10.3
科索沃	..	..	..	..	..	..	..	..	..	..
科威特	2.6	80.4	17.8	0.0	1,223	1,133	1.8	4.6	..	2.0
吉尔吉斯斯坦	6.2	56.2	37.8	12.8	53	140	2.3	5.7	..	5.1
老挝	4.5	33.3	51.2	15.1	46	97	0.3	1.0	..	0.7
拉脱维亚	6.7	61.1	37.8	0.0	718	1,093	3.0	4.8	..	6.4
黎巴嫩	7.0	39.2	44.7	4.7	651	980	3.5	2.2	..	3.5
莱索托	11.1	76.2	16.4	19.5	109	170	..	..	..	1.3
利比里亚	11.8	32.5	35.2	55.1	29	49	0.0	0.3	..	0.8
利比亚	3.9[c]	68.8[c]	31.2[c]	0.6[c]	484[c]	713[c]	1.9	6.8	..	3.7
立陶宛	7.0	73.5	25.8	1.1	781	1,299	3.6	7.2	..	6.8
前南斯拉夫马其顿共和国	7.1	63.8	35.9	0.8	317	791	2.6	0.6	..	4.5
马达加斯加	3.8	60.3	27.1	9.0	16	36	0.2	..	..	0.2
马拉维	6.6	60.2	11.1	63.8	26	65	0.0	0.3	0.7	1.3[e]
马来西亚	4.4	55.5	34.2	0.0	368	641	0.9	2.7	..	1.8
马里	5.0	46.6	53.2	27.4	32	56	0.0	0.3	..	0.1
毛里塔尼亚	4.4[c]	53.1[c]	44.3[c]	10.1[c]	43[c]	79[c]	0.1	0.7	..	0.4
毛里求斯	6.0	41.7	51.7	2.0	449	803	..	..	..	3.4[e]
墨西哥	6.3	48.9	47.1	0.0	604	959	2.0	..	..	1.6
摩尔多瓦	11.7[g]	45.8[g]	44.9[g]	9.6[g]	190[g]	360[g]	2.7	6.6	..	6.2
蒙古	5.4	55.1	41.4	3.9	120	218	2.8	3.5	0.0	5.8
摩洛哥	5.2	38.0	53.6	0.4	148	246	0.6	0.9	..	1.1
莫桑比克	5.2	71.7	13.7	24.2	21	49	0.0	0.3	..	0.8
缅甸	2.0	12.2	81.1	8.7	17	34	0.5	0.8	0.1	0.6
纳米比亚	6.8	58.4	7.4	19.0	361	436	0.4	2.8	..	2.7
尼泊尔	5.5	33.2	48.3	11.3	30	66	..	..	..	5.0
荷兰	11.9	79.2	5.2	0.0	5,593	5,038	2.9	0.2	..	4.7
新西兰	10.1	83.2	10.5	0.0	3,279	3,020	2.7	10.9	..	..
尼加拉瓜	9.1	53.3	43.3	14.6	103	253	..	..	..	0.8
尼日尔	5.2	50.9	41.3	29.4	18	37	0.0	0.1	..	0.3
尼日利亚	5.1[c]	37.9[c]	59.2[c]	9.2[c]	63[c]	121[c]	0.4	1.6	0.1	..
挪威	9.5	83.9	15.3	0.0	8,091	5,426	4.2	31.9	..	3.3
阿曼	2.8	80.1	12.3	0.0	574	598	1.9	4.1	..	1.8
巴基斯坦	2.2	38.5	50.5	4.8	22	59	0.8	0.6	0.1	0.6
巴拿马	8.1	75.1	19.9	0.1	616	1,123	..	..	..	2.2
巴布亚新几内亚	3.6	71.5	15.9	24.0	49	88	0.1	0.5	0.6	..
巴拉圭	5.9	36.4	57.1	2.4	163	302	..	..	..	1.3
秘鲁	5.1	54.0	39.5	1.7	269	481	0.9	1.3	..	1.5
菲律宾	3.6	35.3	54.0	1.3	77	142	..	..	..	0.5
波兰	7.5	72.6	22.1	0.1	917	1,476	2.2	5.8	..	6.7
葡萄牙	11.0	68.1	24.8	0.0	2,367	2,818	3.9	5.3	..	3.3
波多黎各	..	..	..	..	..	..	..	..	..	..
卡塔尔	1.8	77.5	16.0	0.0	1,489	1,622	2.8	7.4	..	1.2

	医疗卫生支出						医疗卫生工作者			病床数
							每千人拥有			
	总数占GDP的百分比	公共支出占总支出的百分比	自付支出占总支出的百分比	外部资源占总支出的百分比	人均 美元	人均 PPP美元	医生	护士和接生员	社区医疗卫生工作者	每千人
	2010	2010	2010	2010	2010	2010	2005–2010[a]	2005–2010[a]	2005–2010[a]	2005–2010[a]
罗马尼亚	5.6	78.1	21.5	0.0	428	811	2.3	5.9	..	6.6
俄罗斯联邦	5.1	62.1	31.4	0.0	525	998	4.3	8.5	..	9.7
卢旺达	10.5	50.1	22.2	47.0	56	121	0.0	0.4	..	1.6
沙特阿拉伯	4.3	62.9	18.6	0.0	680	968	0.9	2.1	..	2.2
塞内加尔	5.7	55.5	35.0	18.5	59	109	0.1	0.4	..	0.3
塞尔维亚	10.4	61.9	36.4	0.8	546	1,169	2.1	4.5	..	5.4
塞拉利昂	13.1	11.3	79.4	20.6	43	107	0.0	0.2	0.0	0.4
新加坡	4.0	36.3	54.0	0.0	1,733	2,273	1.8	5.9	..	3.1
斯洛伐克共和国	8.8	65.9	30.5	0.0	1,413	2,060	3.0	0.3	..	6.5
斯洛文尼亚	9.4	73.7	12.6	0.0	2,154	2,552	2.5	8.4	..	4.6
索马里	..	..	..	..	..	..	0.0	0.1	..	..
南非	8.9	44.1	16.6	2.2	649	935	..	..	..	2.8
南苏丹	..	..	..	..	..	..	..	..	..	..
西班牙	9.5	72.8	20.7	0.0	2,883	3,027	4.0	5.1	..	3.2
斯里兰卡	2.9	44.7	44.9	3.0	70	148	0.5	1.9	..	..
苏丹	6.3	29.8	67.2	3.3	84	141	0.3	0.8	..	0.7
斯威士兰	6.6	63.7	15.4	17.2	203	333	..	..	..	2.1[e]
瑞典	9.6	81.1	17.0	0.0	4,710	3,757	3.8	11.9	..	2.8
瑞士	11.5	59.0	30.9	0.0	7,812	5,394	4.1	16.5	..	5.2
阿拉伯叙利亚共和国	3.4	46.0	54.0	0.7	97	174	1.5	1.9	..	1.5
塔吉克斯坦	6.0	26.7	66.5	6.1	49	128	2.1	5.3	..	5.2
坦桑尼亚	6.0	67.3	13.6	48.8	31	83	0.0	0.2	..	0.7
泰国	3.9	75.0	13.9	0.3	179	330	0.3	..	..	2.1
东帝汶	9.1	55.8	11.3	33.7	57	84	..	..	..	5.9
多哥	7.7	44.2	46.9	15.2	41	77	0.1	0.3	..	0.9
特立尼达和多巴哥	5.7	59.9	32.8	0.1	861	1,449	1.2	3.6	..	2.6
突尼斯	6.2	54.3	39.8	0.3	238	483	1.2	3.3	..	2.1
土耳其	6.7	75.2	16.0	0.0	678	1,029	1.5	0.6	..	2.5
土库曼斯坦	2.5[c]	59.4[c]	40.6[c]	0.3[c]	106[c]	199[c]	2.4	4.4	..	4.0
乌干达	9.0	21.7	49.8	25.9	47	124	0.1	1.3	..	0.5
乌克兰	7.7	56.6	40.5	0.4	234	519	3.2	8.6	..	8.7
阿拉伯联合酋长国	3.7	74.4	18.8	0.0	1,450	1,544	1.9	4.1	..	1.9
英国	9.6	83.9	10.0	0.0	3,503	3,480	2.7	10.1	..	3.3
美国	17.9	53.1	11.8	0.0	8,362	8,362	2.4	9.8	..	3.0
乌拉圭	8.4	67.1	13.0	0.0	998	1,188	3.7	5.5	..	1.2
乌兹别克斯坦	5.8	47.5	42.7	0.9	82	184	2.6	11.1	..	4.6
委内瑞拉	4.9	34.9	59.0	0.0	663	589	..	..	..	1.1
越南	6.8	37.8	57.6	3.4	83	215	1.2	1.0	..	3.1
西岸和加沙	..	..	..	..	..	..	..	..	..	..
也门共和国	5.2	24.2	74.8	4.3	63	122	0.3	..	..	0.7
赞比亚	5.9	60.3	26.5	39.2	73	90	0.1	0.7	..	2.0
津巴布韦	..	..	..	..	..	..	..	..	..	3.0
全世界	**10.5 w**	**62.8 w**	**17.7 w**	**0.2 w**	**949 w**	**1,023 w**	**1.4 w**	**2.8 w**	**.. w**	**2.9 w**
低收入国家	5.4	38.7	48.1	25.9	27	61	0.2	0.5	..	..
中等收入国家	5.7	52.0	36.4	0.6	225	369	1.2	2.0	..	2.4
中低收入国家	4.2	40.2	52.3	2.8	71	149	0.8	1.5	..	1.4
中高收入国家	6.1	54.3	33.4	0.2	382	594	1.7	2.6	..	3.7
低收入和中等收入国家	5.7	51.8	36.6	1.1	199	329	1.1	1.9	..	2.2
东亚和太平洋地区	4.7	53.4	36.7	0.4	183	316	1.2	1.5	0.8	3.9
欧洲和中亚	5.8	65.0	29.0	0.3	439	797	3.2	6.7	..	7.4
拉丁美洲和加勒比地区	7.8	50.2	34.3	0.2	670	854	1.8	..	..	1.9
中东和北非	4.7	50.1	47.0	0.7	203	425	1.4	2.3	..	1.6
南亚	3.8	30.0	60.5	2.3	47	115	0.6	0.9	0.1	0.9
撒哈拉以南非洲地区	6.5	45.1	31.8	10.5	84	143	0.2	0.8	..	..
高收入国家	12.7	65.1	13.7	0.0	4,879	4,660	2.8	7.1	..	5.7
欧元区	10.8	76.2	14.3	0.1	3,969	3,685	3.6	4.7	..	5.8

a. 最近年份可获得的数据。b. 服务于家庭的非营利机构（例如，非政府组织）被视作外部资源，记录在政府支出名下。GDP 包括合法活动和非法活动（例如，鸦片生产）。公共支出包括外部援助。c. 取自不完整数据。d. 不包括为照顾老年人在居住设施上的支出。e. 2011 年的数据。f. 不包括伊拉克北部。g. 不包括德涅斯特河沿岸地区。

关于数据的说明

医疗卫生系统——致力于促进、恢复或保持健康的机构和活动的结合安排（世界卫生组织，《2000年世界医疗卫生报告》）——正在被越来越多地认为是对抗疾病和改善人口健康状况的关键所在。世界银行的“健康发展：健康、营养和人口成果战略”强调加强医疗卫生系统（这一点在许多国家都存在隐患），从而提高旨在降低特定疾病及进一步降低发病率和死亡率（世界银行，2007a）的程序的有效性。为了评估卫生系统，世界卫生组织（WHO）建议运用一些关键指标检测那些重要组成部分，如融资、服务提供、劳动力、信息和治理（WHO，2008a）。本表数据是这些指标的子集。对卫生系统的检测使我们可以比较不同卫生系统模型的效力、效率和公平性。卫生系统数据同样也有助于找出长处和不足，以及需要投资的地区，这些投资包括额外的卫生设施、更好的卫生信息系统，抑或更加训练有素的人力资源。

医疗卫生支出数据分为公共支出和私人支出。总体来讲，低收入经济体的私人卫生支出份额比中、高收入国家要高，而且自付支出（由家庭直接向提供者支付）成为私人支出的最大组成部分。较高的自付支出可能降低人们预防或接受治疗性照顾的意愿，也可能使贫困家庭无力承担所需的照顾。卫生融资数据是通过国家卫生账户收集的，后者对卫生系统资源流动进行系统、全面和一致的监测。为了建立一个国家卫生账户，各国必须定义卫生系统的边界，并将卫生支出信息划分为几个方面，包括融资渠道、卫生服务提供者和卫生支出受益者。这样账户核算系统就能提供资源信息和融资流动的精确图景，并能够分析融资的公平和效率，为政策提供参考。

本表在本年度（就像上一年度）给出了自付支出占医疗卫生总支出的百分比；2011年之前的版本给出的是自付支出占私人医疗卫生支出的百分比。因此，2011年以来的版本中这一指标与2011年以前版本中的该数据不具有可比性。

医疗卫生外部资源是由援助国公布的向受援国的拨付金额，由于推迟一年，从而导致拨付和支出之间的耽搁。除非那些已经拥有完全可靠的国家医疗卫生账户的地方，大部分数据都是来自OECD发展援助委员会的债权人报告系统数据库，该数据库汇集了政府支出账户数据、政府记录的外部援助数据、外部资金援助常规调查数据以及特殊服务数据。由于资料来源各种各样，因此，在解释这些数据时，应谨慎对待。

在那些财政年度横跨两个日历年的国家，支出数据被归集到后一个年度（例如，2009年的数据包括2008年和2009年两个财政年度的数据）。许多低收入国家则是利用援助国提供资金支持的人口和健康调查或多指标汇集调查，来获得卫生系统数据。

医疗卫生工作者（医生、护士和接生员）密度的数据表明了医务人员救助的可得性。WHO估计每1,000人至少需要2.5名医生、护士和接生员，这样才能提供足够的覆盖面，满足千年发展目标（世界卫生组织，《2006年世界医疗卫生报告》）中对初级卫生干预的规定。世界卫生组织从家庭和劳动力调查、人口普查和行政记录中汇集数据。数据的可比性受限于各国的不同定义和医疗卫生工作者受训程度的差异。此外，人力资源倾向于集中在城市，所以平均密度无法提供全体人民卫生工作者服务可得性的全貌。

卫生服务的使用和可得性体现在每1,000人可用医院床位数以及人均门诊就诊次数，这反映了供需两方面的因素。由于缺少统一的定义，身体、融资等方面的医疗保健障碍的指标显得比较粗糙。

定义

• **医疗卫生总支出**是公共医疗卫生支出和私人医疗卫生支出的总和。它包括提供卫生服务（预防和治疗）、计划生育活动、营养活动和为了健康而实施的紧急救助，但不包括供水和卫生设施。 • **公共医疗卫生支出**由（中央和地方）政府预算中的经常性开支和基本建设开支、对外借款和国外赠款（包括国际机构和非政府组织的捐款）以及社会（或强制性）医疗保险基金组成。 • **自付医疗卫生支出**是家庭支出的医疗卫生总费用的百分比，包括自愿支付的对卫生人员及其服务的额外费用和实物以及为了有助于恢复和改善个人或团体人员的健康状况所投入的主要物品和服务。 • **医疗卫生外部资源**是指由各实体（而非论及的国家本国的实体）提供的各种资金和服务。这些资源可能来自国际组织、其他国家（通过双边安排）或者外国非政府组织，并且成为公共医疗卫生和个人医疗卫生的组成部分。 • **人均医疗卫生支出**是指卫生总支出除以一国的人口数量，转换为用世界银行国际比较项目的2005年购买力平价（PPP）比率计算的美元和国际美元计值。 • **医生**包括通才型和专业型医生。 • **护士和接生员数**是专业护士、辅助护士、登记护士以及其他护士，例如，牙科护士和基本保健护士的数量。 • **社区医疗卫生工作者**包括传统的医生、护士、社区医疗教育工作者、社区卫生官员、家庭医疗工作者、预防保健人员、医技人员、社区接生员以及传统的接生员。 • **病床数**是指病人在公立、私立、综合及专科医院和康复中心可获得的床位数。

数据资料来源

医疗卫生支出的数据大部分来自于世界卫生组织（WHO）的国家卫生账户数据库（最新更新的数据见http：//apps.who.int/nha/database），并用各国数据作补充。医生、护士和接生员和社区医务工作者的数据来自世界卫生组织的《全球医疗卫生工作者图表集》（http：//apps.who.int/globalatlas）。有关医院病床数的数据来自世界卫生组织，并由各国数据作补充。

医疗卫生信息

	最近各国完成医疗卫生账户的年份	各国完成的医疗卫生账户数量	最近进行医疗卫生调查的年份	最近进行人口普查的年份	完整性 百分比		
					出生登记	婴儿死亡报告	总死亡报告
		1995–2010		2001–2011	2005–2010[a]	2005–2010[a]	2005–2010[a]
阿富汗	2008	1	2010		..	..	..
阿尔巴尼亚	2009	2	2008/2009	2001	99	30	85
阿尔及利亚	2003	3	2006	2008	99	..	91
安哥拉		0	2006/2007		..	..	..
阿根廷	1997	1		2010	..	100	99
亚美尼亚	2010	7	2005	2001	96	43	100
澳大利亚	2008	14		2006	..	92	96
奥地利	2009	15		2011	..	100	100
阿塞拜疆		0	2006	2009	94	26	79
巴林	2000	1		2010		84	79
孟加拉国	2008	13	2007	2011	10	..	..
白俄罗斯	2010	1	2005	2009	..	62	100
比利时	2009	7		2011	..	96	99
贝宁	2008	4	2006	2002	60	..	..
玻利维亚	2008	14	2008	2001	..	..	31
波斯尼亚和黑塞哥维那	2010	7	2006		100	48	93
博茨瓦纳	2002	3	2000	2011	72	32	43
巴西	2009	10	1996	2010	91	50	88
保加利亚	2009	9		2011	..	98	97
布基纳法索	2009	7	2006	2006	64	31	90
布隆迪	2007	1	2005	2008	60	..	..
柬埔寨		0	2010	2008	66	..	..
喀麦隆	1995	1	2006	2005	70	..	..
加拿大	2010	16		2011	..	99	98
中非共和国		0	2006	2003	49	..	..
乍得		0	2004	2009	..	..	..
智利	2010	8		2002	99	100	100
中国	2009	15		2010	..	..	97
中国香港		0		2006	..	66	94
哥伦比亚	2009	12	2010	2006	97	55	77
刚果民主共和国	2009	7	2010		28	..	..
刚果共和国	2005	1	2009	2007	81	..	..
哥斯达黎加	2003	2	1993	2011	..	96	98
科特迪瓦	2008	2	2006		55	..	..
克罗地亚	2010	2		2011	..	94	99
古巴		0	2006	2002	100	100	100
塞浦路斯	2008	6		2001		56	72
捷克共和国	2009	15	1993	2011	..	89	100
丹麦	2009	15		2011	..	86	97
多米尼加共和国	2008	8	2007	2010	78	1	54
厄瓜多尔	2008	9	2004	2010	90	54	84
埃及	2008	3	2008	2006	99	56	100
萨尔瓦多	2010	16	2008	2007	99	35	79
厄立特里亚		0	2002		..	..	..
爱沙尼亚	2010	12			..	76	95
埃塞俄比亚	2008	4	2005	2007	7	..	100
芬兰	2010	16		2010	..	84	99
法国	2010	16		2006	..	100	98
加蓬		0	2000	2003	..	..	..
冈比亚	2004	3	2005/2006	2003	55	..	..
格鲁吉亚	2010	10	2005	2002	92	49	97
德国	2009	15		2011	..	97	100
加纳	2002	1	2008	2010	71	100	..
希腊		0		2011	..	69	91
危地马拉	2008	14	2002	2002	..	63	92
几内亚		0	2005		43	..	..
几内亚比绍		0	2010	2009	24	..	..

	最近各国完成医疗卫生账户的年份	各国完成的医疗卫生账户数量	最近进行医疗卫生调查的年份	最近进行人口普查的年份	完整性 百分比		
					出生登记	婴儿死亡报告	总死亡报告
		1995–2010		2001–2011	2005–2010[a]	2005–2010[a]	2005–2010[a]
海地	2006	1	2005/2006	2003	81	..	..
洪都拉斯	2005	3	2005/2006	2001	94	100	100
匈牙利	2009	15		2001	..	89	98
印度	2004	2	2005/2006	2011	41	..	..
印度尼西亚	2008	8	2007	2010	53	..	..
伊朗	2007	4	2000	2006	..	..	100
伊拉克	2010	3	2006		95	100	100
爱尔兰	2009	16		2011	..	86	98
以色列	2007	2		2009	..	100	96
意大利	2009	4		2012	..	99	98
牙买加	2000	1	2005	2011	89	73	88
日本	2008	14		2010	..	92	100
约旦	2009	6	2009	2004	..	..	82
哈萨克斯坦	2010	2	2006	2009	99	83	88
肯尼亚	2010	3	2010	2009	60	43	42
朝鲜		0	2010	2009	100	73	93
韩国	2010	16		2010	..	82	98
科索沃		0			..	..	..
科威特		0	1996	2010	..	100	73
吉尔吉斯斯坦	2010	6	2005/2006	2009	94	76	91
老挝		0	2006	2005	72	..	..
拉脱维亚	2008	5		2011	..	65	96
黎巴嫩	2008	11	2000		..	..	87
莱索托		0	2009/2010	2006	45	..	..
利比里亚	2008	1	2009	2008	4	..	..
利比亚		0	2000	2006	..	..	..
立陶宛	2009	8		2011	..	71	93
前南斯拉夫马其顿共和国		0	2005	2010	94	61	100
马达加斯加	2007	2	2008/2009		80	..	..
马拉维	2006	5	2010	2008	..	..	71
马来西亚	2009	13		2010	..	80	99
马里	2004	6	2010	2009	81	..	..
毛里塔尼亚	2008	1	2007	2000	56	..	..
毛里求斯	2004	2		2011	..	90	100
墨西哥	2010	16	1995	2010	..	82	100
摩尔多瓦	2010	2	2005	2004	..	73	91
蒙古	2003	5	2010	2010	98	60	98
摩洛哥	2006	3	2006	2004	..	..	..
莫桑比克	2006	4	2009	2007	31	..	..
缅甸	2007	10	2000		72	58	100
纳米比亚	2008	11	2009	2001	67	..	100
尼泊尔	2010	11	2010	2001	35	..	..
荷兰	2010	16		2011	..	89	99
新西兰	2009	15		2006	..	97	96
尼加拉瓜	2008	14	2006/2007	2005	..	66	68
尼日尔	2009	6	2006	2001	32	..	..
尼日利亚	2005	8	2008	2006	30	..	3
挪威	2009	13		2001	..	97	99
阿曼	1998	1	1995	2010	..	100	70
巴基斯坦	2006	1	2010		27	88	80
巴拿马	1997	1	2003	2010	..	68	90
巴布亚新几内亚	2000	3	1996		..	..	..
巴拉圭	2008	14	2004	2002	..	34	71
秘鲁	2005	11	2008	2007	93	45	59
菲律宾	2007	13	2008	2010	..	38	84
波兰	2009	15		2011	..	89	97
葡萄牙	2008	9		2011	..	57	99

医疗卫生信息

	最近各国完成医疗卫生账户的年份	各国完成的医疗卫生账户数量	最近进行医疗卫生调查的年份	最近进行人口普查的年份	完整性 百分比		
					出生登记	婴儿死亡报告	总死亡报告
		1995–2010		2001–2011	2005–2010[a]	2005–2010[a]	2005–2010[a]
波多黎各		0	1996	2010	..	100	100
卡塔尔	2010	2		2010	..	77	78
罗马尼亚	2009	12	1999	2011	..	73	100
俄罗斯联邦	2008	13	1996	2010	..	76	100
卢旺达	2006	5	2007/2008	2002	82	..	100
沙特阿拉伯	2008	1	2007	2010	..	100	98
塞内加尔	2005	2	2008/2009	2002	55	100	100
塞尔维亚	2010	8	2005/2006	2011	99	37	89
塞拉利昂	2006	3	2008	2004	51	13	..
新加坡		0	2005	2010	..	100	74
斯洛伐克共和国	2009	13		2011	..	100	100
斯洛文尼亚	2010	16		2011	..	79	97
索马里		0	2006		3	..	..
南非	1998	3	2003	2001	92	78	82
南苏丹		0		2008			
西班牙	2009	15		2001	..	84	94
斯里兰卡	2008	14	2006/2007	2001	97	67	94
苏丹	2010	2	2010	2008	33	..	..
斯威士兰		0	2010	2010	30	..	100
瑞典	2009	9			..	100	98
瑞士	2010	16		2010	..	100	100
阿拉伯叙利亚共和国		0	2006	2004	95	..	100
塔吉克斯坦	2010	4	2005	2010	88	24	72
坦桑尼亚	2006	3	2010	2002	16	..	..
泰国	2007	13	2005/2006	2010	99	53	79
东帝汶		0	2009/2010	2010	55	..	..
多哥	2002	1	2010	2010	78	..	..
特立尼达和多巴哥	2000	1	2006	2011	96	49	94
突尼斯	2005	5	2006	2004	..	..	99
土耳其	2008	11	2003		94	60	100
土库曼斯坦		0	2006		96	..	..
乌干达	2007	6	2009/2010	2002	21	..	..
乌克兰	2008	6	2007	2001	100	75	93
阿拉伯联合酋长国		0		2010	..	96	91
英国	2009	13		2011	..	100	96
美国	2009	15	2009	2010	..	100	98
乌拉圭	2008	13		2004	..	77	100
乌兹别克斯坦	2010	1	2006		100	..	..
委内瑞拉		0	2000	2001	..	62	87
越南	2007	10	2006	2009	88	71	86
西岸和加沙	2005	1	2006	2007	96	28	73
也门共和国	2007	4	2006	2004	22	..	16
赞比亚	2006	12	2007	2010	14	..	73
津巴布韦	2001	3	2005/2006	2002	38	..	..

a. 最近年份可获得的数据。

关于数据的说明

世界卫生组织认为，医疗卫生信息系统对于监测和评估医疗卫生体系具有重大意义，该系统在对抗疾病和改善医疗卫生状况方面的重要性也日益凸显。医疗卫生信息系统可以为政策制定提供有力支持，其作用主要有以下四点：数据生成、数据汇编、数据分析与合成、数据交流与运用。该系统从医疗卫生部门和其他有关部门采集数据，对这些数据进行分析，确保它们的总体质量、相关性和时效性，并将这些数据转换为信息，以作为医疗卫生相关领域制定政策的依据（世界卫生组织，2008b）。

衡量一国医疗卫生信息系统的指标不胜其数，这些指标大体上可以分为两类：一是与数据生成有关的指标，主要是评估数据生成过程中使用的核心资源和方法是否得当（医疗卫生调查报告、国民登记注册信息、各类普查、设施状况报告以及医疗卫生系统资源追踪）；二是与数据处理能力有关的指标，包括数据合成、数据分析和数据检验。与数据生成有关的指标反映了一国在恰当的时间段点利用最合适的数据资源收集相关数据的能力，衡量标准包括数据采集频率、时效性、内容和有效性。与数据处理能力有关的指标则从不同侧面衡量了一国的制度框架能否确保数据质量，例如，数据独立性、透明度和可得性，衡量标准包括各种机制是否独立且相互协调、能否获得微数据和元数据等（世界卫生组织，2008a）。

表中的指标都与数据生成有关，例如，完成国家卫生账户所需要的年数、最近一次医疗卫生调查和人口普查所耗费的年数等。数据采集频率——衡量数据生成的一项标准——以1995 年到 2009 年间完成一国医疗卫生账户所花费的年数表示。采集各国医疗卫生账户数据的方法多种多样，例如，经济合作与发展组织（OECD）的医疗卫生账户系统、世界卫生组织国家医疗卫生账户编制指引法、各国当地的医疗卫生账户核算法或者泛美洲卫生组织/世界卫生组织医疗卫生账户法。

与数据生成有关的指标还包括出生注册登记、婴儿死亡报告和总死亡报告的完整性。

定义

• **最近各国完成医疗卫生账户的年份**是指在各国医疗卫生账户方法下有医疗卫生支出数据的最近年份。 • **各国完成的医疗卫生账户数量**是指在一段特定的期间各国编制完成的医疗卫生账户数目。 • **最近进行医疗卫生调查的年份**是指在全国范围内进行医疗卫生信息采集的最近一个年份。 • **最近进行人口普查的年份**是指在过去 10 年中最近一次进行人口普查的年份。 • **出生登记完整性**是指在调查期间进行过出生登记的 5 岁以下儿童的比例。进行出生登记的儿童包括调查者亲眼看到其出生证明的儿童，以及儿童的母亲或者监护人证实已做过出生登记的儿童。 • **婴儿死亡报告完整性**是用国家统计部门向联合国统计署《人口统计年鉴》提供的婴儿死亡数除以联合国人口署估算的婴儿死亡数。 • **总死亡报告完整性**是用国家统计部门向联合国统计署《人口统计年鉴》提供的总死亡数（来自民事登记体系）除以联合国人口署估算的总死亡数。

数据资料来源

有关最近各国完成医疗卫生账户的年份和各国完成的医疗卫生账户数量这两个数据由世界银行健康、营养和人口小组根据世界卫生组织国家医疗卫生账户组的工作人员和经济合作和发展组织提供的医疗卫生开支信息进行汇编。有关最近进行医疗卫生调查年份的数据来自宏观国际和联合国儿童基金会。有关最近进行人口普查年份的数据来自联合国统计署 2011 年世界人口和住房调查项目（http://unstats.un.org/unsd/demographic/sources/census/2010_PHC/default.htm）。有关出生登记完整性的数据来自联合国儿童基金会《2012 年世界儿童状况报告》，其中大部分数据来自家庭调查和医疗卫生部门。有关婴儿死亡报告完整性和总死亡报告完整性的数据来自联合国统计署的《人口和生命统计报告》和联合国人口署的《世界人口展望：2010 年修订版》。

2.18 疾病防治：范围和质量

	获得改善的水源		获得改善的卫生设施		儿童免疫接种率		为ARI儿童实施的医疗保健服务	儿童患痢疾后口服再水化盐药片的情况	儿童在经处理过的蚊帐内睡眠的情况[a]	发烧儿童服用治疗疟疾药物的百分比	肺结核	
											治愈率	发现率
	占人口的百分比		占人口的百分比		占12–23个月儿童的百分比[b]		占5岁以下ARI儿童的百分比	占患有痢疾的5岁以下儿童的百分比	占5岁以下儿童的百分比	占5岁以下发烧儿童的百分比	占最新报告病例的百分比	占最新估计病例的百分比
					麻疹	白、百、破						
	1990	2010	1990	2010	2010	2010	2005–2010[c]	2005–2010[c]	2005–2010[c]	2005–2010[c]	2009	2010
阿富汗	..	50	..	37	62	66	..	..	..	..	86	47
阿尔巴尼亚	97	95	76	94	99	99	70	63	..	..	89	97
阿尔及利亚	94	83	88	95	95	95	53	24	..	..	91	70
安哥拉	42	51	29	58	93	91	..	..	17.7	29.3	72	77
阿根廷	94	*97*	90	*90*	99	94	..	..	..	..	46	66
亚美尼亚	..	98	..	90	97	94	57	59	..	..	73	62
澳大利亚	100	100	100	100	94	92	..	..	..	..	80	84
奥地利	100	100	100	100	76	83	..	..	..	..	66	84
阿塞拜疆	70	80	..	82	67	72	33	31	..	..	62	63
巴林	..	..	..	..	99	99	..	..	..	..	98	84
孟加拉国	77	81	39	56	94	95	37	68	..	..	92	46
白俄罗斯	100	100	93	93	99	98	90	54	..	..	64	74
比利时	100	100	100	100	94	99	..	..	..	..	76	87
贝宁	57	75	5	13	69	83	36	42	20.1	54.0	90	45
玻利维亚	70	88	18	27	79	80	51	29	..	..	86	62
波斯尼亚和黑塞哥维那	97	99	..	95	93	90	91	53	..	..	99	71
博茨瓦纳	93	96	38	62	94	96	..	..	..	..	79	70
巴西	89	98	68	79	99	98	50	..	..	..	72	88
保加利亚	100	100	99	100	97	94	..	..	..	..	85	79
布基纳法索	43	79	8	17	94	95	39	42	9.6	48.0	76	53
布隆迪	70	72	44	46	92	96	38	23	45.2	17.2	90	70
柬埔寨	31	64	9	31	93	92	64	50	4.2	0.2	95	65
喀麦隆	49	77	48	49	79	84	35	22	13.1	57.8	78	69
加拿大	100	100	100	100	93	80	..	..	..	..	75	83
中非共和国	58	67	11	34	62	54	32	47	15.1	57.0	53	47
乍得	39	51	8	13	46	59	26	23	9.8	35.7	76	31
智利	90	96	84	96	93	92	..	..	..	..	72	75
中国	67	91	24	64	99	99	..	..	..	..	95	87
中国香港	..	..	..	..	..	..	..	..	..	..	70	87
哥伦比亚	89	92	67	77	88	88	64	52	..	..	77	72
刚果民主共和国	45	45	9	24	68	63	40	37	35.7	39.1	88	53
刚果共和国	..	71	..	18	76	90	48	39	6.1	48.0	78	68
哥斯达黎加	93	97	93	95	83	88	..	..	..	..	54	78
科特迪瓦	76	80	20	24	70	85	35	45	3.0	36.0	79	83
克罗地亚	99	99	99	99	95	96	..	..	..	..	63	73
古巴	82	94	80	91	99	96	..	..	..	..	90	79
塞浦路斯	100	100	100	100	87	99	..	..	..	..	29	68
捷克共和国	100	100	100	98	98	99	..	..	..	..	67	88
丹麦	100	100	100	100	85	90	..	..	..	..	53	93
多米尼加共和国	88	86	73	83	79	88	70	55	..	0.6	85	59
厄瓜多尔	72	94	69	92	98	99	..	..	..	..	75	51
埃及	93	99	72	95	96	97	73	19	..	..	88	64
萨尔瓦多	74	88	75	87	92	92	67	..	..	..	89	96
厄立特里亚	43	*61*	9	*14*	99	99	..	..	48.9	13.1	85	55
爱沙尼亚	98	98	95	95	95	94	..	..	..	..	59	85
埃塞俄比亚	14	44	3	21	81	86	19	15	33.1	9.5	84	72
芬兰	100	100	100	100	98	99	..	..	..	..	68	87
法国	100	100	100	100	90	99	..	..	..	..	..	47
加蓬	..	87	..	33	55	45	..	..	55.1	..	55	42
冈比亚	74	89	..	68	97	98	69	38	49.0	63.0	89	44
格鲁吉亚	81	98	96	95	94	91	74	37	..	..	75	100
德国	100	100	100	100	96	93	..	..	..	..	77	89
加纳	53	86	7	14	93	94	51	45	28.2	43.0	87	70
希腊	96	100	97	98	99	99	..	..	..	..	..	68
危地马拉	81	92	62	78	93	94	..	..	..	..	83	37
几内亚	51	74	10	18	51	57	42	38	4.5	73.9	79	33
几内亚比绍	36	64	..	20	61	76	52	53	35.5	51.2	67	62
海地	59	69	26	17	59	59	31	43	..	5.1	79	62

	获得改善的水源		获得改善的卫生设施		儿童免疫接种率		为ARI儿童实施的医疗保健服务	儿童患痢疾后口服再水化盐药片的情况	儿童在经处理过的蚊帐内睡眠的情况[a]	发烧儿童服用治疗疟疾药物的百分比	肺结核	
											治愈率	发现率
	占人口的百分比		占人口的百分比		占12—23个月儿童的百分比[b]		占5岁以下ARI儿童的百分比	占患有痢疾的5岁以下儿童的百分比	占5岁以下儿童的百分比	占5岁以下发烧儿童的百分比	占最新报告病例的百分比	占最新估计病例的百分比
					麻疹	白、百、破						
	1990	2010	1990	2010	2010	2010	2005–2010[c]	2005–2010[c]	2005–2010[c]	2005–2010[c]	2009	2010
洪都拉斯	76	87	50	77	99	98	56	49	..	0.5	86	74
匈牙利	96	100	100	100	99	99	..	..	..	..	57	100
印度	69	92	18	34	74	72	69	33	..	8.2	88	59
印度尼西亚	70	82	32	54	89	83	66	54	3.3	0.8	91	66
伊朗	90	96	79	100	99	99	..	..	..	..	83	81
伊拉克	81	79	..	73	73	65	82	64	..	..	90	48
爱尔兰	100	100	99	99	90	94	..	..	..	..	67	88
以色列	100	100	100	100	98	96	..	..	..	..	86	93
意大利	100	100	..	..	90	96	..	..	..	..	..	57
牙买加	93	93	80	80	88	99	75	39	..	..	70	72
日本	100	100	100	100	94	98	..	..	..	..	52	84
约旦	97	97	97	98	98	98	75	32	..	..	75	100
哈萨克斯坦	96	95	96	97	99	99	71	48	..	..	62	82
肯尼亚	44	59	25	32	86	83	56	43	46.7	23.2	86	82
朝鲜	100	98	..	80	99	93	80	67	..	..	89	100
韩国	..	98	100	100	98	94	..	..	..	..	83	90
科索沃	..	..	..	..	..	..	..	..	..	..	..	..
科威特	99	99	100	100	98	98	..	..	..	..	85	86
吉尔吉斯斯坦	..	90	..	93	99	96	62	22	..	..	82	66
老挝	..	67	..	63	64	74	32	49	40.5	8.2	93	72
拉脱维亚	99	99	..	78	93	89	..	..	..	..	75	100
黎巴嫩	100	100	..	..	53	74	..	..	..	..	82	71
莱索托	80	78	..	26	85	83	66	48	..	..	70	85
利比里亚	..	73	..	18	64	64	62	47	26.4	67.2	83	56
利比亚	54	..	97	97	98	98	..	..	..	..	69	84
立陶宛	..	..	..	..	96	95	..	..	..	..	73	76
前南斯拉夫马其顿共和国	100	100	..	88	98	95	93	45	..	..	90	89
马达加斯加	29	46	9	15	67	74	42	49	45.8	19.7	82	44
马拉维	41	83	39	51	93	93	52	27	56.5	30.9	88	65
马来西亚	88	100	84	96	96	94	..	..	..	..	78	80
马里	28	64	15	22	63	76	38	38	70.2	31.7	78	51
毛里塔尼亚	30	50	16	26	67	64	45	32	..	20.7	63	21
毛里求斯	99	99	89	89	99	99	..	..	..	..	88	44
墨西哥	85	96	64	85	95	95	..	..	..	..	86	110
摩尔多瓦	..	96	..	85	97	90	60	48	..	..	54	63
蒙古	54	82	..	51	97	96	63	47	..	..	88	72
摩洛哥	73	83	53	70	98	99	..	..	..	..	84	97
莫桑比克	36	47	11	18	70	74	65	47	22.8	36.7	85	34
缅甸	56	83	..	76	88	90	..	..	..	..	85	71
纳米比亚	64	93	24	32	75	83	72	48	34.0	20.3	85	82
尼泊尔	76	89	10	31	86	82	43	37	..	0.1	90	72
荷兰	100	100	100	100	96	97	..	..	..	..	80	85
新西兰	100	100	..	..	91	93	..	..	..	..	76	90
尼加拉瓜	74	85	43	52	99	98	..	..	..	..	85	100
尼日尔	35	49	5	9	71	70	47	34	63.7	33.0	79	35
尼日利亚	47	58	37	31	71	69	45	25	29.1	49.1	83	40
挪威	100	100	100	100	93	93	..	..	..	..	82	93
阿曼	80	89	82	99	97	99	..	..	..	..	98	85
巴基斯坦	85	92	27	48	86	88	69	37	..	3.3	91	65
巴拿马	84	*93*	58	69	95	94	..	..	..	..	80	89
巴布亚新几内亚	41	40	47	45	55	56	63	..	..	..	72	70
巴拉圭	52	86	37	71	94	90	..	..	..	..	80	77
秘鲁	75	85	54	71	94	93	68	60	..	..	81	100
菲律宾	85	92	57	74	88	87	50	60	..	0.0	89	65
波兰	..	*100*	..	*90*	98	99	..	..	..	..	67	80
葡萄牙	96	99	92	100	96	98	..	..	..	..	84	79
波多黎各	..	..	..	..	..	..	..	..	..	..	81	96
卡塔尔	100	100	100	100	99	97	..	..	..	..	80	87

	获得改善的水源 占人口的百分比		获得改善的卫生设施 占人口的百分比		儿童免疫接种率 占12—23个月儿童的百分比[b]		为ARI儿童实施的医疗保健服务 占5岁以下ARI儿童的百分比	儿童患痢疾后口服再水化盐药片的情况 占患有痢疾的5岁以下儿童的百分比	儿童在经处理过的蚊帐内睡眠的情况[a] 占5岁以下儿童的百分比	发烧儿童服用治疗疟疾药物的百分比 占5岁以下发烧儿童的百分比	肺结核 治愈率 占最新报告病例的百分比	肺结核 发现率 占最新估计病例的百分比
	1990	2010	1990	2010	麻疹 2010	白、百、破 2010	2005-2010[c]	2005-2010[c]	2005-2010[c]	2005-2010[c]	2009	2010
罗马尼亚	75	..	71	72	95	97	..	..	..	..	85	74
俄罗斯联邦	93	97	74	70	98	97	..	..	..	..	55	78
卢旺达	66	65	36	55	82	80	28	24	69.8	10.8	85	60
沙特阿拉伯	89	..	..	..	98	98	..	..	..	..	65	88
塞内加尔	61	72	38	52	60	70	47	43	29.2	9.1	85	31
塞尔维亚	99	99	..	92	95	91	93	71	..	..	86	130
塞拉利昂	38	55	11	13	82	90	46	57	25.8	30.1	79	32
新加坡	100	100	99	100	95	97	..	..	..	..	82	87
斯洛伐克共和国	100	100	100	100	98	99	..	..	..	..	82	88
斯洛文尼亚	100	99	100	100	95	96	..	..	..	..	87	79
索马里	..	29	..	23	46	45	13	7	11.4	7.9	85	38
南非	83	91	71	79	65	63	..	..	..	..	73	72
南苏丹	..	..	..	..	..	..	..	..	..	..	..	..
西班牙	100	100	100	100	95	97	..	..	..	..	..	87
斯里兰卡	67	91	70	92	99	99	58	67	2.9	0.3	86	69
苏丹	65	58	27	26	90	90	90	56	25.3	35.8	80	50
斯威士兰	39	71	48	57	94	89	73	22	0.6	0.6	69	66
瑞典	100	100	100	100	96	98	..	..	..	..	85	87
瑞士	100	100	100	100	90	96	..	..	..	..	..	55
阿拉伯叙利亚共和国	86	90	85	95	82	80	77	34	..	..	88	90
塔吉克斯坦	..	64	..	94	94	93	64	22	1.3	1.9	81	44
坦桑尼亚	55	53	7	10	92	91	71	50	63.6	59.1	88	77
泰国	86	96	84	96	98	99	84	46	..	..	86	70
东帝汶	..	69	..	47	66	72	71	63	41.0	6.0	85	87
多哥	49	61	13	13	84	92	23	24	56.9	33.8	81	10
特立尼达和多巴哥	88	94	93	92	92	90	74	32	..	..	69	87
突尼斯	81	94	74	85	97	98	59	62	..	..	83	91
土耳其	85	100	84	90	97	96	..	22	..	..	91	77
土库曼斯坦	..	..	98	98	99	96	83	25	..	..	84	96
乌干达	43	72	27	34	55	60	73	39	32.8	59.6	67	61
乌克兰	..	98	..	94	94	90	..	..	..	..	60	73
阿拉伯联合酋长国	100	100	97	98	94	94	..	..	..	..	73	57
英国	100	100	100	100	93	96	..	..	..	..	82	91
美国	99	99	100	100	92	95	..	..	..	..	60	88
乌拉圭	96	100	94	100	95	95	..	..	..	..	80	97
乌兹别克斯坦	90	87	84	100	98	99	68	28	..	..	81	48
委内瑞拉	90	..	82	..	79	78	..	..	..	..	84	66
越南	57	95	37	76	98	93	83	65	5.0	2.6	92	54
西岸和加沙	..	85	..	92	..	..	..	..	..	..	82	16
也门共和国	67	55	24	53	73	87	..	48	..	..	88	76
赞比亚	49	61	46	48	91	82	..	68	56	49.9	90	90
津巴布韦	79	80	41	40	84	83	43	35	17.3	23.6	78	56
全世界	**76 w**	**88 w**	**47 w**	**62 w**	**85 w**	**85 w**	**.. w**	**.. w**	**.. w**	**.. w**	**86 w**	**65 w**
低收入国家	54	65	21	37	78	80	..	39	..	31.9	86	58
中等收入国家	73	90	39	59	86	85	..	..	..	..	87	67
中低收入国家	70	87	29	47	80	79	67	37	..	13.8	87	61
中高收入国家	76	93	46	73	96	96	..	..	..	..	86	81
低收入和中等收入国家	71	86	37	56	84	84	..	..	..	..	87	65
东亚和太平洋地区	68	90	30	66	95	94	..	..	..	..	92	76
欧洲和中亚	90	96	80	84	96	95	..	..	..	..	65	73
拉丁美洲和加勒比地区	86	94	68	79	93	93	..	..	..	..	77	80
中东和北非	86	89	73	88	88	89	..	..	..	..	87	73
南亚	71	90	22	38	77	76	67	37	..	7.2	88	58
撒哈拉以南非洲地区	49	61	26	31	75	77	..	35	34.0	37.8	79	60
高收入国家	99	100	100	100	93	95	..	..	..	..	68	85
欧元区	100	100	100	100	93	96	..	..	..	..	..	..

a. 仅针对疟疾的防治。b. 指在12个月之前接受免疫的儿童，或者在一些情况下指调查之前的任何时间（12—23个月）。c. 最近年份可获得的数据。

关于数据的说明

人类健康受其生活环境的影响。干净的水源和基础卫生设施的缺乏是经粪便传染的疾病在发展中国家如此多见的主要原因。从改善的水源获得饮用水以及获得改善的卫生设施并不能确保其安全或者充足，因为这些状况在调查的时候没有测试。但是改善饮用水和改善卫生设施的国家相对于那些未改善的更有可能提供安全饮用水，防止接触人类粪便。数据是以各国政府向世界卫生组织（WHO）和联合国儿童基金会（UNICEF）联合监督项目（JMP）提供的人口普查和具有代表性的家庭调查数据为基础的。覆盖率则基于服务使用者对其居民户实际使用的设施提供的信息，而不是基于服务供应者提供的信息，因为后者可能会把那些不起作用的系统也包括进去。尽管该估计值是基于使用数据，而 JMP 的报告则使用获取数据，因为获取是千年发展目标中关于饮用水和卫生防疫所用的术语。

在发展中国家，政府常常拨出经费用于麻疹和白喉、百日咳、破伤风（DTP）的免疫，将其作为基本公共卫生一揽子方案的一部分。在许多发展中国家，由于缺乏一岁以下儿童群体规模的准确数据信息，使人们难以对免疫覆盖率进行估算。本表所列数据是以世界卫生组织和联合国儿童基金会对各国免疫覆盖率的评估为基础的。该评估同时考虑了服务供应者提供的行政管理数据和对儿童免疫史进行的居民户调查。基于可获得的数据，考虑了可能的偏差，再加上当地专家的贡献，我们确定了每年最有可能正确的免疫水平。

急性呼吸道感染一直是幼儿死亡率的一个主要原因。在发展中国家，每年大约有 150 万名 5 岁以下的儿童死于这种疾病。这些数据主要来自一个由母亲报告的急性呼吸道感染发病及治疗情况的家庭健康调查。

大多数与痢疾有关的死亡是由于脱水所致，如果在家中使用口服再水化盐药片，其中许多可以避免死亡。然而，基于痢疾病处理的科学化进展，加之对治疗可行性的考虑，关于使用口服再水化治疗方法的建议已随时间的推移而改变。由于各国采用和提高口服再水化治疗方法的含义已经改变，所以难以精确地比较不同国家的使用率。直到各国都采纳和应用当代痢疾家庭处理的推荐方法后，这些数据才应谨慎使用。而且，痢疾的流行因季节而变化。由于各国在不同时间组织调查，进而会影响数据的可比性。

疟疾对那些全球最贫困的国家来讲，都是一种地方流行病，主要出现在非洲、亚洲和美洲的热带和亚热带地区。经过处理的具有驱蚊作用的蚊帐，若能得以适当使用并能维持下去，进而限制人蚊接触，就是最重要的疟疾预防措施之一。

疟疾迅速有效的治疗是一项控制疟疾的重要措施。对于受害者来讲，在症状出现的 24 小时之内进行治疗以防止病情恶化进而导致严重的疟疾甚至死亡（通常很迅速）是非常重要的，尤其对于那些 5 岁以下的儿童。有关疟疾的数据都是来自国家层面的调查，其中包括多指标汇集调查、人口和健康调查以及疟疾指标调查。

有关肺结核治疗成功率的数据由那些向世界卫生组织提交数据的国家提供。肺结核治疗成功率有效地显示了卫生服务质量。质量低或无医治率表示受感染的患者没有得到有效治疗。这一比率的一个必要补充就是 DOTS 发现率，该指标显示推荐的病例发现方法和医治战略所能覆盖的有效范围。本表并没有给出疾病发现率的不确定范围，其可在网站 http://data.worldbank.org 或者原始资料中获得。

2010 年以前的版本包括了 DOTS 对肺结核的发现率，DOTS 是国际上推荐的控制肺结核的战略。因此，2010 年以来的版本中有关肺结核发现率的数据可能与以前版本中的该数据不具有可比性。

对于那些来自家庭调查的指标，本表中的年份是指调查年份。更详细的信息，请查看原始资料来源。

定义

• **获得改善的水源**是指从经改善的水源合理地获得足够用水的人口所占的比重。经改善的水源包括接入家庭的水、公共水管、受到保护的蓄水池及井和泉以及雨积水。合理地获得被定义为每人每天从距居住区 1 公里范围内的水源可获得至少 20 升水。 • **获得改善的卫生设施**是指具有最基本的处理排泄物设施的人口所占的比重。这些设施能够有效地防止人畜及蚊蝇通过排泄物接触。改善的设施范围包括从简单而有防护的厕坑到有排水系统的直冲式厕所。 • **儿童免疫接种率**是指 12—23 个月的儿童在 1 岁之前或在调查前的任何时间内对麻疹和白喉、百日咳、破伤风（DTP3）4 种疾病接种预防疫苗的比率。 • **为急性呼吸道感染（ARI）儿童实施的医疗保健服务**指 5 岁以下、急性呼吸道感染儿童在患病的两个星期内获得适当的卫生医疗服务的百分比。 • **儿童患痢疾后口服再水化盐药片的情况**指 5 岁以下儿童在调查前的 2 个星期内患有痢疾而接受口服再水化盐药片治疗并继续喂育的情况。 • **儿童在经处理过的蚊帐内睡眠的情况**指 5 岁以下儿童为预防疟疾在调查前的 2 个星期内在经过杀虫剂处理的蚊帐内睡眠的情况。 • **发烧儿童服用治疗疟疾药物的百分比**是指那些 5 岁以下儿童在调查前的 2 个星期内出现发烧症状并服用任何适当的（根据当地的定义）治疗疟疾药物的百分比。 • **肺结核治愈率**指新的阳性感染者治愈或已接受全部必需治疗的患者比例。 • **肺结核病例发现率**指最新定义的肺结核病例（包括复发的）占估计的发病病例（所有发现的病例）的百分比。

数据资料来源

关于水和卫生设施的数据来自世界卫生组织和联合国儿童基金会的《实现千年发展目标中卫生设施和饮用水目标》（2012 年）。免疫率数据来自世界卫生组织和联合国儿童基金会国家免疫覆盖范围估计值（www.who.int/immunization_monitoring）。患急性呼吸道感染的儿童、患疟疾的儿童、睡在经处理过蚊帐内的儿童以及服用治疗疟疾药物的儿童来自联合国儿童基金会的《2012 年世界儿童状况》、Childinfo 数据库以及宏观国际的人口统计和健康调查。肺结核数据来自世界卫生组织的《2012 年全球肺结核控制报告》。

	总生育率		青春期女性生育率	意外怀孕的女性	避孕普及率	接受产前护理的孕妇	在熟练医护人员护理下的分娩		孕产妇死亡率			孕产妇死亡的终身罹患风险
	每个女性生育数		每千名15—19岁少女生育数	占15—49岁已婚女性的百分比	占15—49岁已婚女性的百分比(任何方法)	百分比	占总数的百分比		每10万例分娩 国家估计数	模型估计数		其中1名死于生育原因的妇女数量
	1990	2010	2010	2005–2010[a]	2005–2010[a]	2005–2010[a]	1990	2005–2010[a]	2005–2010[a]	1990	2008	2008
阿富汗	8.0	6.3	107	..	23	36	..	24	..	1,700	1,400	11
阿尔巴尼亚	3.2	1.5	16	13	69	97	93	99	21	48	31	1,700
阿尔及利亚	4.7	2.3	7	11	61	89	*77*	95	..	250	120	340
安哥拉	7.2	5.4	157	..	..	80	..	47	..	1,000	610	29
阿根廷	3.0	2.2	55	..	78	99	*96*	98	55	72	70	600
亚美尼亚	2.5	1.7	34	13	55	99	100	100	27	51	29	1,900
澳大利亚	1.9	1.9	14	..	..	98	*100*	..	..	10	8	7,400
奥地利	1.5	1.4	11	..	..	..	..	..	..	10	5	14,300
阿塞拜疆	2.7	2.3	32	23	51	77	97	88	24	64	38	1,200
巴林	3.7	2.5	15	..	..	100	..	97	..	25	19	2,200
孟加拉国	4.5	2.2	73	17	53	53	..	27	190	870	340	110
白俄罗斯	1.9	1.4	21	..	73	99	100	100	1	37	15	5,100
比利时	1.6	1.8	12	..	..	..	..	..	..	7	5	10,900
贝宁	6.7	5.3	103	30	17	84	..	74	400	790	410	43
玻利维亚	4.9	3.3	76	20	61	86	*43*	71	310	510	180	150
波斯尼亚和黑塞哥维那	1.7	1.1	15	23	36	99	97	100	3	18	9	9,300
博茨瓦纳	4.7	2.8	47	..	53	94	*78*	95	200	83	190	180
巴西	2.8	1.8	76	..	81	98	*70*	97	75	120	58	860
保加利亚	1.8	1.5	39	..	..	..	99	100	5	24	13	5,800
布基纳法索	6.8	5.9	120	31	17	85	..	54	310	770	560	28
布隆迪	6.5	4.3	20	..	22	99	..	60	620	1,200	970	25
柬埔寨	5.7	2.6	36	17	51	89	..	71	206	690	290	110
喀麦隆	5.9	4.5	120	3	29	82	*64*	63	..	680	600	35
加拿大	1.8	1.7	12	..	..	100	..	100	..	6	12	5,600
中非共和国	5.8	4.6	102	..	19	69	..	44	540	880	850	27
乍得	6.7	6.0	149	..	5	53	..	23	..	1,300	1,200	14
智利	2.6	1.9	57	..	58	..	..	100	17	56	26	2,000
中国	2.3	1.6	9	..	85	92	94	99	32	110	38	1,500
中国香港 na	1.3	1.1	4	..	80	..	..	100	..	..	..	..
哥伦比亚	3.1	2.1	71	7	79	97	94	98	76	140	85	460
刚果民主共和国	7.1	5.8	183	24	17	88	..	79	550	900	670	24
刚果共和国	5.4	4.5	115	16	44	86	..	83	780	460	580	39
哥斯达黎加	3.2	1.8	63	..	80	90	*98*	99	21	35	44	1,100
科特迪瓦	6.3	4.4	115	29	13	85	..	57	540	690	470	44
克罗地亚	1.6	1.5	13	..	..	100	100	100	13	8	14	5,200
古巴	1.8	1.5	44	8	78	100	..	100	43	63	53	1,400
塞浦路斯	2.4	1.5	6	..	..	99	..	..	..	17	10	6,600
捷克共和国	1.9	1.5	10	..	..	..	100	100	2	15	8	8,500
丹麦	1.7	1.9	5	..	..	..	..	..	..	7	5	10,900
多米尼加共和国	3.5	2.6	106	11	73	99	*92*	98	160	220	100	320
厄瓜多尔	3.7	2.5	81	..	..	..	..	..	61	230	140	270
埃及	4.4	2.7	43	9	60	74	*37*	79	55	220	82	380
萨尔瓦多	4.0	2.3	79	..	73	94	*90*	96	59	200	110	350
厄立特里亚	6.2	4.5	59	..	..	..	..	..	..	930	280	72
爱沙尼亚	2.0	1.6	19	..	..	..	*99*	100	7	48	12	5,300
埃塞俄比亚	7.1	4.2	58	34	15	28	..	6	670	990	470	40
芬兰	1.8	1.9	9	..	..	..	..	..	..	7	8	7,600
法国	1.8	2.0	6	..	71	..	..	..	..	13	8	6,600
加蓬	5.2	3.3	85	..	..	..	..	..	..	260	260	110
冈比亚	6.1	4.9	71	..	..	98	44	57	..	750	400	49
格鲁吉亚	2.2	1.6	42	..	53	98	97	100	52	58	48	1,300
德国	1.5	1.4	7	..	..	..	..	100	..	13	7	11,100
加纳	5.6	4.2	66	35	24	90	*40*	57	450	630	350	66
希腊	1.4	1.4	10	..	..	..	..	..	..	6	2	31,800
危地马拉	5.6	4.0	104	..	54	93	..	51	130	140	110	210
几内亚	6.7	5.2	143	21	9	88	*31*	46	980	1,200	680	26
几内亚比绍	6.6	5.1	102	25	14	93	..	44	410	1,200	1,000	18
海地	5.4	3.3	43	38	32	85	*23*	26	630	670	300	93

	总生育率		青春期女性生育率	意外怀孕的女性	避孕普及率	接受产前护理的孕妇	在熟练医护人员护理下的分娩		孕产妇死亡率			孕产妇死亡的终身罹患风险
	每个女性生育数		每千名15—19岁少女生育数	占15—49岁已婚女性的百分比	占15—49岁已婚女性的百分比(任何方法)	百分比	占总数的百分比		每10万例分娩 国家估计数	模型估计数		其中1名死于生育原因的妇女数量
	1990	2010	2010	2005–2010[a]	2005–2010[a]	2005–2010[a]	1990	2005–2010[a]	2005–2010[a]	1990	2008	2008
洪都拉斯	5.1	3.1	89	17	65	92	*47*	67	..	210	110	240
匈牙利	1.8	1.3	15	..	..	..	99	100	19	23	13	5,500
印度	3.9	2.6	79	13	54	75	..	53	250	570	230	140
印度尼西亚	3.1	2.1	43	15	56	95	41	82	230	620	240	190
伊朗	4.8	1.7	27	..	79	98	..	97	25	150	30	1,500
伊拉克	6.0	4.7	91	..	50	84	*54*	80	84	93	75	300
爱尔兰	2.1	2.1	12	..	65	..	..	..	..	6	3	17,800
以色列	2.8	3.0	14	..	..	..	..	..	..	12	7	5,100
意大利	1.3	1.4	5	..	..	..	..	..	..	10	5	15,200
牙买加	2.9	2.3	73	..	72	99	*92*	98	..	66	89	450
日本	1.5	1.4	6	..	54	..	100	..	..	12	6	12,200
约旦	5.8	3.8	25	11	59	99	87	99	19	110	59	510
哈萨克斯坦	2.7	2.6	27	..	51	100	99	100	37	78	45	950
肯尼亚	6.0	4.7	99	26	46	92	*50*	44	488	380	530	38
朝鲜	2.4	2.0	1	..	..	100	..	100	77	270	250	230
韩国	1.6	1.2	4	..	80	..	..	..	..	18	18	4,700
科索沃	3.9	2.3	..	..	..	..	..	..	..	..	..	..
科威特	2.6	2.3	14	..	..	100	..	100	..	10	9	4,500
吉尔吉斯斯坦	3.7	2.9	33	1	48	97	99	99	64	77	81	450
老挝	6.2	2.7	34	..	38	71	..	37	410	1,200	580	49
拉脱维亚	2.0	1.2	15	..	..	..	100	100	32	57	20	3,600
黎巴嫩	3.1	1.8	16	..	..	..	..	..	..	52	26	2,000
莱索托	4.9	3.2	66	..	47	92	..	62	1,200	370	530	62
利比里亚	6.5	5.2	131	36	11	79	..	46	990	1,100	990	20
利比亚	4.8	2.6	3	..	..	93	..	100	..	100	64	540
立陶宛	2.0	1.6	18	..	..	..	100	100	9	34	13	5,800
前南斯拉夫马其顿共和国	2.1	1.4	19	34	14	99	89	100	4	16	9	7,300
马达加斯加	6.3	4.7	127	19	40	86	*57*	44	500	710	440	45
马拉维	6.8	6.0	111	..	41	92	*55*	54	810	910	510	36
马来西亚	3.5	2.6	12	..	..	79	93	99	29	56	31	1,200
马里	7.1	6.3	176	31	8	70	..	49	460	1,200	830	22
毛里塔尼亚	5.9	4.5	75	25	9	75	*40*	61	690	780	550	41
毛里求斯	2.3	1.5	33	..	..	..	91	99	..	72	36	1,600
墨西哥	3.4	2.3	68	..	73	96	84	95	54	93	85	500
摩尔多瓦	2.4	1.5	31	7	68	98	100	100	45	62	32	2,000
蒙古	4.1	2.5	20	14	55	100	..	100	47	130	65	730
摩洛哥	4.0	2.3	13	..	..	..	*31*	..	130	270	110	360
莫桑比克	6.2	4.9	134	..	16	92	..	55	500	1,000	550	37
缅甸	3.4	2.0	14	..	41	80	*46*	64	320	420	240	180
纳米比亚	5.2	3.2	62	21	55	95	*68*	81	450	180	180	160
尼泊尔	5.2	2.7	93	25	48	44	*7*	19	280	870	380	80
荷兰	1.6	1.8	5	..	69	..	..	..	..	10	9	7,100
新西兰	2.2	2.2	24	..	..	..	..	..	..	18	14	3,800
尼加拉瓜	4.8	2.6	108	8	72	90	..	74	67	190	100	300
尼日尔	7.8	7.1	199	16	18	46	*15*	18	650	1,400	820	16
尼日利亚	6.4	5.5	114	20	15	58	31	39	550	1,100	840	23
挪威	1.9	2.0	8	..	88	..	*100*	..	..	9	7	7,600
阿曼	7.2	2.3	9	..	24	99	..	99	17	49	20	1,600
巴基斯坦	6.0	3.4	30	25	27	61	*19*	39	250	490	260	93
巴拿马	3.0	2.5	79	..	52	96	*86*	89	60	86	71	520
巴布亚新几内亚	4.8	4.0	64	..	32	79	..	53	730	340	250	94
巴拉圭	4.5	3.0	69	..	79	96	66	82	130	130	95	310
秘鲁	3.8	2.5	51	8	74	95	*53*	84	93	250	98	370
菲律宾	4.3	3.1	50	22	51	91	..	62	160	180	94	320
波兰	2.0	1.4	13	..	..	..	100	100	2	17	6	13,300
葡萄牙	1.4	1.3	14	..	67	..	*98*	..	..	15	7	9,800
波多黎各	2.2	1.8	52	..	..	..	..	..	..	29	18	3,000
卡塔尔	4.2	2.3	16	..	..	100	..	100	..	15	8	4,400

	总生育率		青春期女性生育率	意外怀孕的女性	避孕普及率	接受产前护理的孕妇	在熟练医护人员护理下的分娩		孕产妇死亡率			孕产妇死亡的终身罹患风险
	每个女性生育数		每千名15—19岁少女生育数	占15—49岁已婚女性的百分比	占15—49岁已婚女性的百分比(任何方法)	百分比	占总数的百分比		每10万例分娩 国家估计数	模型估计数		其中1名死于生育原因的妇女数量
	1990	2010	2010	2005–2010[a]	2005–2010[a]	2005–2010[a]	1990	2005–2010[a]	2005–2010[a]	1990	2008	2008
罗马尼亚	1.8	1.4	30	..	..	..	100	99	21	170	27	2,700
俄罗斯联邦	1.9	1.5	26	..	80	..	99	100	17	74	39	1,900
卢旺达	7.0	5.4	37	38	52	98	*26*	69	..	1,100	540	35
沙特阿拉伯	5.8	2.8	18	..	24	97	..	97	14	41	24	1,300
塞内加尔	6.6	4.8	96	32	12	87	..	52	400	750	410	46
塞尔维亚	*1.8*	1.4	20	29	41	98	..	99	9	13	8	7,500
塞拉利昂	5.7	5.0	120	28	8	87	..	42	860	1,300	970	21
新加坡	1.9	1.2	6	..	..	..	..	..	..	6	9	10,000
斯洛伐克共和国	2.1	1.4	18	..	..	..	100	100	10	15	6	13,300
斯洛文尼亚	1.5	1.6	5	..	..	..	100	100	10	11	18	4,100
索马里	6.6	6.3	69	26	15	26	..	33	1,000	1,100	1,200	14
南非	3.7	2.5	54	..	..	97	..	..	400	230	410	100
南苏丹	..	3.9	..	..	..	40	..	19	..	..	..	..
西班牙	1.3	1.4	12	..	66	..	..	..	..	7	6	11,400
斯里兰卡	2.5	2.3	23	..	68	99	..	99	39	91	39	1,100
苏丹	6.0	4.4	57	6	8	56	69	49	1,100	830	750	32
斯威士兰	5.7	3.4	74	24	49	97	..	82	589	260	420	75
瑞典	2.1	2.0	6	..	..	..	..	..	..	7	5	11,400
瑞士	1.6	1.5	4	..	..	..	..	100	..	8	10	7,600
阿拉伯叙利亚共和国	5.3	2.9	39	11	54	88	..	96	..	120	46	610
塔吉克斯坦	5.2	3.3	27	24	37	80	*90*	83	86	120	64	430
坦桑尼亚	6.2	5.5	129	25	34	88	*44*	49	450	880	790	23
泰国	2.1	1.6	40	..	80	99	..	99	12	50	48	1,200
东帝汶	5.3	5.6	58	31	22	84	..	29	560	650	370	44
多哥	6.3	4.1	59	41	15	87	*31*	60	..	650	350	67
特立尼达和多巴哥	2.4	1.6	33	27	43	96	..	98	..	86	55	1,100
突尼斯	3.6	2.0	5	..	60	96	69	95	..	130	60	860
土耳其	3.0	2.1	34	18	73	95	..	95	29	68	23	1,900
土库曼斯坦	4.3	2.4	18	..	48	99	..	100	12	91	77	500
乌干达	7.1	6.1	136	41	24	94	*38*	42	440	670	430	35
乌克兰	1.8	1.4	28	10	67	99	100	99	16	49	26	3,000
阿拉伯联合酋长国	4.4	1.7	25	..	..	100	..	100	0	28	10	4,200
英国	1.8	1.9	30	..	84	..	..	..	..	10	12	4,700
美国	2.1	2.1	33	..	79	..	99	..	13	12	24	2,100
乌拉圭	2.5	2.0	60	..	78	96	..	100	34	39	27	1,700
乌兹别克斯坦	4.1	2.5	13	8	65	99	..	100	21	53	30	1,400
委内瑞拉	3.4	2.5	88	..	..	..	..	..	57	84	68	540
越南	3.6	1.8	24	..	80	91	..	88	69	170	56	850
西岸和加沙	6.5	4.5	50	..	50	99	..	99	..	..	..	..
也门共和国	8.7	5.2	71	24	28	47	*16*	36	..	540	210	91
赞比亚	6.5	6.3	142	27	41	94	*51*	47	590	390	470	38
津巴布韦	5.2	3.3	58	13	59[b]	93[b]	*70*	60[b]	730	390	790	42
全世界	**3.2 w**	**2.5 w**	**53 w**	**.. w**	**62 w**	**84 w**	**62 w**	**66 w**		**400 w**	**260 w**	**140 w**
低收入国家	5.7	4.1	94	25	34	69	..	44		860	590	39
中等收入国家	3.3	2.3	51	..	65	86	60	71		350	210	190
中低收入国家	4.2	2.9	68	14	50	78	38	57		540	300	100
中高收入国家	2.6	1.8	29	..	81	94	89	98		110	60	880
低收入和中等收入国家	3.6	2.6	58	..	61	83	58	65		440	290	120
东亚和太平洋地区	2.6	1.8	19	..	78	92	82	91		200	89	580
欧洲和中亚	2.3	1.8	27	..	69	..	93	98		69	34	1,700
拉丁美洲和加勒比地区	3.2	2.2	72	..	75	97	74	90		140	86	480
中东和北非	4.9	2.7	37	..	62	85	47	81		210	88	380
南亚	4.2	2.7	73	15	51	71	32	48		610	290	110
撒哈拉以南非洲地区	6.2	4.9	108	25	22	74	..	46		870	650	31
高收入国家	1.8	1.8	18	..	..	..	..	..		15	15	3,900
欧元区	1.5	1.6	8	..	..	..	..	..		11	7	10,100

a. 最近年份可获得的数据。b. 2011 年的数据。

关于数据的说明

生殖卫生是与生殖系统功能和过程相关的身心健康状态。获得生殖卫生的手段包括产前护理和教育、安全分娩、提供安全有效的避孕措施以及治疗和预防性传染疾病。在发展中国家，孕产并发症是导致育龄女性死亡和残疾的主要原因。

总生育率和青春期女性生育率是基于登记的成活分娩数据，这些数据来自人口动态登记系统或（在没有这种系统的情况下）人口普查或抽样调查。只要调查是最近的，估计的生育率对最近生育率的测算一般都很可靠。在得不到有关各年龄组的生育率的实证信息的情况下，就用一个模型来估算青春期女性生育占这一时期女性人数的份额。在没有建立人口动态登记制度的国家，生育率一般是根据较早年份人口普查或调查所观察到的趋势推测的。

发展中国家越来越多的夫妇愿意节制生育或推迟生育，但并没有采取有效的节育措施，这些夫妇都有意外怀孕的可能。不采用避孕措施的普遍原因是缺乏有关避孕方法的知识或是担心它们会对健康产生副作用。这一指标不包括产后排卵停止、绝经期或不育这些不存在意外怀孕风险的女性。

避孕普及情况表现为使用的所有方法——低效的传统方法和高效的现代方法。避孕普及率主要是从家庭调查，其中包括人口统计和健康调查、多指标汇集调查以及避孕普及调查中获得的（有关最近的调查年份，见“基本数据资料文献”）。未婚女性往往在这类调查之外，因而估计数可能有偏差。

良好的产前产后护理能够改善孕产妇的健康并减少母婴死亡率。然而，享受孕产期保健服务这一指标并没有提供有关服务内容和质量的信息。有关孕产期保健服务的信息主要是通过家庭调查获得，该调查询问了那些有小孩的妇女一些相关问题，即是否获得孕产期保健服务以及从哪儿获得孕产期保健服务？

在熟练医护人员护理下的分娩所占比重是反映卫生系统为孕妇提供适当医疗能力的指标。

孕产妇死亡率的可靠性常令人怀疑，其他许多有具体死亡原因的死亡率指标也是如此。对诸如人口统计和健康调查之类的家庭调查力图通过关于有财产继承关系的姐妹的问卷调查来测算孕产妇死亡率。这种调查方法的主要缺陷是对孕产妇死亡情况的估计已是调查前12年的了，从而使得这种方法不适于用来监督最近的变化或观察干预措施对孕产妇死亡率的影响。此外孕产妇死亡率的测算还受到很多错误的影响。即使是在一个具备动态登记系统的高收入国家也发现了由于对孕产妇死亡的错误分类而导致的严重低估情况。

本表给出的各国的孕妇死亡率数据是基于国家人口调查、动态登记或监控或者从社区和医院记录推导得出的。这一推导估计模型则是建立在世界卫生组织、联合国儿童基金会、联合国人口基金会和世界银行实践的基础上的。本年度的孕妇死亡率估计值包括了第一时间的国家层面的时间序列数据。对于那些拥有完整人口登记系统的国家，其能够很好地提供死亡率数据，进而利用这些数据可以直接估计孕产妇死亡率。对于那些报告了孕产妇死亡率数据的国家，因为存在被高估、低估以及错误分类因素，则进行了调整。对于那些没有孕妇死亡率数据的国家（大约35%的国家）则利用回归模型推导得出，这一模型利用了有关生育、生育护理和GDP的有关信息。本年度各机构的估计方法不同于前些年份，因此与前几版本中的数据不具有可比性。欲了解更多有关估计方法的信息，请参阅原始资料。任何一种比率都不能被认为能够提供对表中任何国家的孕产妇死亡率的准确估计。

在那些孕产妇有高死亡风险的国家，许多女孩在达到生育年龄之前就已死亡。孕产妇死亡的终身罹患风险是指15岁的女孩最终死于生育原因的概率。

对于那些来自家庭调查的指标，本表中的年份是指调查年份。欲了解更详细的信息，请查看原始资料。

定义

• **总生育率**是一个女性到育龄期结束，并按目前特定年龄段的生育率生育孩子的话，她可能生育的孩子数量。 • **青春期女性生育率**是指每1000个15—19岁的女性生育孩子的数量。 • **意外怀孕的女性**指不愿怀孕也没有采取避孕措施的有生育能力的已婚育龄女性所占百分比。 • **避孕普及率**是指15—49岁的已婚或者同居女性或者其性伴侣采取了任何形式的避孕措施的女性所占百分比。 • **接受产前护理的孕妇**是指怀孕期间由于与怀孕相关的原因至少接受一次熟练医护人员护理的女性所占的百分比。 • **在熟练医护人员护理下的分娩**是指在经过培训的医护人员护理下分娩的百分比，护理内容包括在女性怀孕、分娩和产后期间给予必要的监护、照顾和忠告，引导产妇自己分娩以及照顾新生儿。 • **孕产妇死亡率**指在怀孕和分娩时死亡的女性数占每10万例活产婴儿的比率。 • **孕产妇死亡的终身罹患风险**是指一个15岁的女孩最终死于生育原因的概率，如果对于给定的人群来讲，其一生面临的生育死亡风险和生育率、死亡率的整体水平都能观察到。

数据资料来源

生育率数据由世界银行发展数据工作小组汇编并估计。其中主要的资料来源来自于联合国人口署的《世界人口展望：2010年修订版》；各国统计部门的人口普查报告、各国机构、宏观国际以及美国疾病控制和防御中心所进行的家庭调查、欧洲统计局的《人口统计》以及美国人口普查局的国际数据库。青少年生育率数据来自《世界人口展望：2010年修订版》，每年的数据由世界银行发展数据组加以线性解释。女性意外怀孕和避孕普及率数据来自一些家庭调查，例如，宏观国际的人口统计和健康调查；联合国儿童基金会的多指标汇集调查。孕妇接受产前护理的数据、在熟练医护人员护理下的分娩数据以及各国孕妇死亡率的估计值都是来自联合国儿童基金会的《2012年世界儿童状况》、Childinfo数据库以及宏观国际的人口统计和健康调查。孕妇死亡率的模型估计值和孕产妇死亡的终身罹患风险数据来自WHO、UNICEF、UNFPA和世界银行的《1990—2008年孕产妇死亡率趋势》”(2010年)。

	营养不良患病率		儿童营养不良患病率						儿童超重患病率	
			占5岁以下儿童的百分比						占5岁以下儿童的百分比	
			体重不足		发育迟缓		瘦弱			
	占人口的百分比		男性	女性	男性	女性	男性	女性	男性	女性
	1990–1992	2006–2008	2005–2010[a]	2005–2010[a]	2005–2010[a]	2005–2010[a]	2005–2010[a]	2005–2010[a]	2005–2010[a]	2005–2010[a]
阿富汗	..	..	..	..	..	..	..	..	..	..
阿尔巴尼亚	<5	<5	6.6	6.0	22.8	23.4	11.5	7.3	23.3	23.4
阿尔及利亚	<5	<5	3.7	3.7	16.7	15.0	3.9	4.1	13.4	12.4
安哥拉	67	41	16.6	14.6	32.4	26.1	8.2	8.1	..	..
阿根廷	<5	<5	2.4	2.2	8.2	8.1	1.1	1.4	10.2	9.5
亚美尼亚	45	21	3.4	5.2	18.8	17.4	5.8	5.1	13.9	9.1
澳大利亚	<5	<5	..	..	..	..	..	..	..	..
奥地利	<5	<5	..	..	..	..	..	..	..	..
阿塞拜疆	27	<5	8.7	8.0	28.5	24.9	7.8	5.7	14.9	12.7
巴林	..	..	..	..	..	..	..	..	..	..
孟加拉国	38	26	40.2	42.4	43.8	42.6	18.4	16.5	1.2	1.0
白俄罗斯	<5	<5	1.5	1.0	4.7	4.2	2.8	1.6	11.3	8.1
比利时	<5	<5	..	..	..	..	..	..	..	..
贝宁	20	12	22.7	17.6	47.9	41.6	9.0	7.8	11.6	11.3
玻利维亚	29	27	4.9	4.0	28.1	26.2	2.0	0.8	9.2	8.1
波斯尼亚和黑塞哥维那	<5	<5	2.2	1.0	12.8	10.7	3.8	4.3	27.4	23.9
博茨瓦纳	19	25	12.1	10.2	34.0	28.7	7.5	6.8	11.3	11.1
巴西	11	6	2.2	2.1	8.3	5.8	1.8	1.4	6.9	7.7
保加利亚	<5	<5	..	..	..	..	..	..	..	..
布基纳法索	14	8	27.1	24.7	37.9	32.0	11.9	10.7	7.9	7.6
布隆迪	44	62	..	..	..	..	..	..	..	..
柬埔寨	38	25	28.8[b]	29.1[b]	42.3[b]	39.4[b]	11.2[b]	10.5[b]	1.9[b]	1.9[b]
喀麦隆	33	22	18.9	14.3	39.1	33.7	8.2	6.4	9.8	9.5
加拿大	<5	<5	..	..	..	..	..	..	..	..
中非共和国	44	40	..	..	..	..	..	..	..	..
乍得	60	39	..	..	..	..	..	..	..	..
智利	7	<5	0.6	0.5	2.2	1.8	0.3	0.2	9.8	9.1
中国	18[c]	10[c]	3.5	3.3	9.9	8.9	2.4	2.1	7.5	5.6
中国香港	..	..	..	..	..	..	..	..	..	..
哥伦比亚	15	9	3.5	3.3	13.7	11.6	0.9	0.9	5.4	4.2
刚果民主共和国	..	..	30.4	26.1	48.5	43.3	15.5	12.5	6.5	7.2
刚果共和国	42	13	12.9	10.6	33.2	29.0	8.4	7.7	8.4	8.6
哥斯达黎加	<5	<5	0.6	1.8	4.8	6.6	0.6	1.5	8.3	7.9
科特迪瓦	15	14	30.3	28.4	40.1	37.8	15.3	12.4	5.0	4.9
克罗地亚	<5	<5	..	..	..	..	..	..	..	..
古巴	6	<5	..	..	..	..	..	..	..	..
塞浦路斯	<5	<5	..	..	..	..	..	..	..	..
捷克共和国	<5	<5	..	..	..	..	..	..	..	..
丹麦	<5	<5	..	..	..	..	..	..	..	..
多米尼加共和国	28	24	3.2	3.7	11.2	8.9	2.5	2.1	9.0	7.5
厄瓜多尔	23	15	..	..	..	..	..	..	..	..
埃及	<5	<5	8.1	5.4	33.0	28.4	8.8	7.1	19.8	21.2
萨尔瓦多	13	9	6.5	6.7	21.3	19.8	2.4	0.7	6.3	5.0
厄立特里亚	67	65	..	..	..	..	..	..	..	..
爱沙尼亚	<5	<5	..	..	..	..	..	..	..	..
埃塞俄比亚	69	41	36.5	32.8	51.8	49.6	13.7	10.8	5.7	4.5
芬兰	<5	<5	..	..	..	..	..	..	..	..
法国	<5	<5	..	..	..	..	..	..	..	..
加蓬	6	<5	..	..	..	..	..	..	..	..
冈比亚	14	19	16.7	15.0	28.6	26.6	8.1	6.6	2.9	2.5
格鲁吉亚	58	6	1.3	1.0	12.3	10.2	1.8	1.5	21.3	18.3
德国	<5	<5	0.9	1.3	1.5	1.2	1.2	0.8	3.6	3.3
加纳	28	5	15.7	12.9	30.5	26.7	9.7	7.7	5.8	5.9
希腊	<5	<5	..	..	..	..	..	..	..	..
危地马拉	15	22	13.9	12.1	48.7	47.3	1.1	1.1	5.3	4.6
几内亚	20	16	21.9	19.7	41.5	38.5	8.9	7.8	5.2	5.0
几内亚比绍	22	22	16.6	17.8	29.7	26.3	5.3	5.8	17.6	16.5
海地	63	57	20.4	17.4	33.2	26.5	10.2	10.4	4.4	3.5

	营养不良患病率		儿童营养不良患病率						儿童超重患病率	
			占5岁以下儿童的百分比						占5岁以下儿童的百分比	
			体重不足		发育迟缓		瘦弱			
	占人口的百分比		男性	女性	男性	女性	男性	女性	男性	女性
	1990–1992	**2006–2008**	**2005–2010[a]**	**2005–2010[a]**	**2005–2010[a]**	**2005–2010[a]**	**2005–2010[a]**	**2005–2010[a]**	**2005–2010[a]**	**2005–2010[a]**
洪都拉斯	19	12	8.9	8.3	31.5	28.3	1.6	1.1	6.3	5.2
匈牙利	<5	<5	..	..	..	..	..	..	..	..
印度	20	19	43.1	43.9	47.9	48.0	20.7	19.3	2.2	1.7
印度尼西亚	16	13	20.7	18.6	41.3	38.8	15.7	13.8	11.3	11.2
伊朗	<5	<5	..	..	..	..	..	..	..	..
伊拉克	..	..	7.7	6.6	28.7	26.2	6.2	5.4	15.6	14.3
爱尔兰	<5	<5	..	..	..	..	..	..	..	..
以色列	<5	<5	..	..	..	..	..	..	..	..
意大利	<5	<5	..	..	..	..	..	..	..	..
牙买加	11	5	1.9	2.6	3.0	4.4	1.9	2.2	..	..
日本	<5	<5	..	..	..	..	..	..	..	..
约旦	<5	<5	1.6	2.1	7.9	8.7	1.6	1.6	7.9	5.2
哈萨克斯坦	<5	<5	5.4	4.3	17.9	16.9	4.5	2.8	15.1	14.5
肯尼亚	33	33	17.3	15.5	37.3	33.1	8.2	5.8	4.7	5.3
朝鲜	21	35	18.8	18.8	32.4	32.4	5.0	5.3	0.0	0.0
韩国	<5	<5	..	..	..	..	..	..	..	..
科索沃	..	..	..	..	..	..	..	..	..	..
科威特	20	5	2.0	1.5	4.2	3.4	1.5	2.1	10.0	8.0
吉尔吉斯斯坦	17	11	2.9	2.5	18.7	17.5	3.5	3.2	12.7	8.6
老挝	31	22	32.5	30.6	48.3	46.8	7.8	6.8	1.5	1.0
拉脱维亚	<5	<5	..	..	..	..	..	..	..	..
黎巴嫩	<5	<5	..	..	..	..	..	..	..	..
莱索托	15	14	16.0	11.1	43.1	35.0	4.2	3.5	7.7	6.9
利比里亚	30	32	21.9	18.7	41.9	36.7	7.9	7.8	4.9	3.5
利比亚	<5	<5	6.3	4.8	22.2	19.6	6.8	6.1	23.2	21.6
立陶宛	<5	<5	..	..	..	..	..	..	..	..
前南斯拉夫马其顿共和国	<5	<5	1.7	1.9	13.5	9.2	2.4	4.5	16.6	15.8
马达加斯加	21	25	..	..	51.6	46.7	..	..	..	..
马拉维	43	27	15.2	12.6	51.8	44.1	4.4	3.8	10.3	8.2
马来西亚	<5	<5	13.2	12.7	17.2	17.2	..	..	..	..
马里	27	12	29.7	26.0	40.7	36.2	16.2	14.3	4.9	4.6
毛里塔尼亚	12	8	17.8	13.9	25.8	20.0	9.4	6.8	1.3	0.6
毛里求斯	7	5	..	..	..	..	..	..	..	..
墨西哥	<5	<5	4.3	2.6	16.0	15.0	2.5	1.5	8.4	6.7
摩尔多瓦	<5	<5	3.0	3.4	11.0	11.5	6.0	5.6	8.9	9.3
蒙古	28	27	5.3	5.3	29.2	25.6	2.6	2.8	15.6	12.6
摩洛哥	6	<5	..	..	..	..	..	..	..	..
莫桑比克	59	38	20.6	16.0	46.8	40.7	4.9	3.5	4.1	3.2
缅甸	..	..	..	..	..	..	..	..	..	..
纳米比亚	32	18	18.5	16.5	32.0	27.1	7.3	7.8	4.9	4.4
尼泊尔	21	17	37.7	39.8	49.1	49.6	13.0	12.4	0.6	0.6
荷兰	<5	<5	..	..	..	..	..	..	..	..
新西兰	<5	<5	..	..	..	..	..	..	..	..
尼加拉瓜	50	19	5.6	5.9	24.0	21.9	1.5	1.4	6.7	5.6
尼日尔	37	16	42.1	37.5	56.8	52.6	13.8	10.9	3.6	3.5
尼日利亚	16	6	28.6	24.8	43.1	38.8	14.8	14.0	10.3	10.7
挪威	<5	<5	..	..	..	..	..	..	..	..
阿曼	..	..	8.9	8.3	11.3	8.5	8.1	6.0	1.5	2.0
巴基斯坦	25	25	..	..	..	..	..	..	..	..
巴拿马	18	15	..	..	..	..	..	..	..	..
巴布亚新几内亚	..	..	21.0	14.6	47.4	39.6	4.8	4.0	4.2	2.5
巴拉圭	16	10	..	..	..	..	..	..	..	..
秘鲁	27	16	4.5	4.5	30.5	25.9	0.9	0.8	9.8	9.8
菲律宾	24	13	20.9	20.6	33.5	31.1	7.4	6.4	3.6	2.9
波兰	<5	<5	..	..	..	..	..	..	..	..
葡萄牙	<5	<5	..	..	..	..	..	..	..	..
波多黎各	..	..	..	..	..	..	..	..	..	..
卡塔尔	..	..	..	..	..	..	..	..	..	..

	营养不良患病率		儿童营养不良患病率						儿童超重患病率	
	占人口的百分比		占5岁以下儿童的百分比						占5岁以下儿童的百分比	
			体重不足		发育迟缓		瘦弱			
			男性	女性	男性	女性	男性	女性	男性	女性
	1990–1992	2006–2008	2005–2010[a]	2005–2010[a]	2005–2010[a]	2005–2010[a]	2005–2010[a]	2005–2010[a]	2005–2010[a]	2005–2010[a]
罗马尼亚	<5	<5	..	..	..	..	..	1.8	..	..
俄罗斯联邦	<5	<5	..	..	..	..	..	..	..	..
卢旺达	44	32	18.9	17.2	53.1	50.3	5.0	4.7	7.2	6.3
沙特阿拉伯	<5	<5	6.1	4.5	10.8	7.8	12.7	10.8	6.3	6.0
塞内加尔	22	19	14.4	14.6	21.3	18.8	8.8	8.5	3.0	1.8
塞尔维亚	<5[d]	<5[d]	2.2	1.3	8.2	8.0	4.8	4.2	20.4	18.2
塞拉利昂	45	35	24.2	18.5	39.5	35.4	10.4	10.6	10.3	9.9
新加坡	..	..	..	..	..	..	..	..	..	..
斯洛伐克共和国	<5	<5	..	..	..	..	..	..	..	..
斯洛文尼亚	<5	<5	..	..	..	..	..	..	..	..
索马里	..	..	34.2	31.3	42.7	41.3	14.4	11.9	4.9	4.5
南非	<5	<5	..	..	..	..	..	..	..	..
南苏丹	..	..	..	..	..	..	..	..	..	..
西班牙	<5	<5	..	..	..	..	..	..	..	..
斯里兰卡	28	20	21.6	21.6	19.8	18.7	12.1	11.5	0.7	1.0
苏丹	39	22	33.4	30.0	39.8	35.8	21.9	20.1	5.1	5.5
斯威士兰	12	19	6.3	5.9	33.0	26.1	3.5	2.4	11.8	10.9
瑞典	<5	<5	..	..	..	..	..	..	..	..
瑞士	<5	<5	..	..	..	..	..	..	..	..
阿拉伯叙利亚共和国	<5	<5	11.5	8.7	28.4	26.5	12.5	10.5	17.8	18.1
塔吉克斯坦	34	26	15.9	14.0	41.1	37.2	6.8	6.7	7.2	6.2
坦桑尼亚	29	34	17.8	14.6	45.9	39.2	5.8	4.0	6.0	5.0
泰国	26	16	6.9	7.1	16.5	15.0	4.6	4.8	8.8	7.2
东帝汶	39	31	46.8	43.7	59.8	55.6	20.4	17.4	6.0	5.7
多哥	43	30	20.5	20.5	28.4	25.2	6.1	5.9	4.2	5.1
特立尼达和多巴哥	11	11	..	..	..	..	..	..	..	..
突尼斯	<5	<5	3.7	2.9	9.9	8.0	3.6	3.3	8.5	9.2
土耳其	<5	<5	..	..	..	..	..	..	..	..
土库曼斯坦	9	7	..	..	..	..	..	..	..	..
乌干达	19	22	18.2	14.6	41.2	36.1	7.7	4.9	5.0	4.7
乌克兰	<5	<5	..	..	..	..	..	..	..	..
阿拉伯联合酋长国	<5	<5	..	..	..	..	..	..	..	..
英国	<5	<5	..	..	..	..	..	..	..	..
美国	<5	<5	..	..	..	..	..	..	..	..
乌拉圭	5	<5	..	..	..	..	..	..	..	..
乌兹别克斯坦	5	11	4.6	4.3	19.5	19.7	5.3	3.7	13.1	12.5
委内瑞拉	10	7	..	..	..	..	..	..	..	..
越南	31	11	20.5	19.9	31.9	29.0	10.2	9.1	3.4	2.5
西岸和加沙	10	21	2.2	2.3	12.3	11.2	1.7	1.8	13.4	9.4
也门共和国	30	30	..	..	..	..	..	..	..	..
赞比亚	35	44	16.9	13.0	48.8	42.9	6.0	5.2	8.6	8.2
津巴布韦	40	30	15.1	12.9	38.6	33.1	7.6	6.9	9.5	8.7
全世界	**16 w**	**13 w**								
低收入国家	38	29								
中等收入国家	17	12								
中低收入国家	20	17								
中高收入国家	14	9								
低收入和中等收入国家	19	14								
东亚和太平洋地区	19	11								
欧洲和中亚	7	6								
拉丁美洲和加勒比地区	12	9								
中东和北非	7	7								
南亚	22	20								
撒哈拉以南非洲地区	32	22								
高收入国家	<5	<5								
欧元区	<5	<5								

a. 最近年份可获得的数据。b. 2011 年的数据。c. 包括中国香港、中国澳门和中国台湾。d. 包括黑山。

关于数据的说明

营养是生存、健康和发展的基石。营养良好的孩子在学校的表现突出，长大成人后身体健康，因此，他们的下一代也有一个良好的开端。营养状况良好的妇女在孕产期面临的危险较少，她们所生育的儿童在生理和心理上都有较好的生长发育条件（联合国儿童基金会［UNICEF］，www.childinfo.org）。

营养不良的相关数据来自联合国粮食及农业组织（FAO），测量粮食匮乏的参考标准有：人均可支配食品量、粮食缺乏程度和满足人体所需的最低卡路里摄入量。

但是从政策和计划的角度来看，这一测量方法具有很大的局限性。首先，粮食匮乏现象普遍存在，即便在粮食充足的地区亦是如此，因为总有贫困家庭无法获得充足的粮食。其次，粮食匮乏是个人或者家庭现象，而人均可得粮食水平粉饰了低收入群体的真实状况，因此不是测量人口粮食匮乏情况的可靠指标。最后，营养状况不仅受到粮食安全的影响，更受到母亲和儿童的护理情况和家庭健康环境的影响（Smith 和 Haddad，2000）。

营养不良的儿童对传染病的抵抗力低，容易死于腹泻和呼吸道疾病等儿童常见群体性疾病。此外，频繁患病也降低了这些疾病幸存儿的营养水平，使他们陷入反复发病的恶性循环，从而导致其发育迟缓（联合国儿童基金会，［UNICEF］，www.childinfo.org）。儿童营养不良数据主要根据体重不足和发育迟缓患病率估算得出，有关数据来自国家调查。体重不足儿童所占比例是最常用的测量营养不良情况的指标。轻微体重不足也会增加儿童的死亡风险，并阻碍儿童认知能力的发展。这些问题通常会世代相传，因为营养不良的妇女产下的婴儿很可能体重不足。发育迟缓，即低于年龄别身高中值水平，该指标常常用来衡量全面营养不良的程度以及营养不良的长期变化情况。

有关超重儿童的数据也是来自国家调查。这个曾经一度被认为只存在于发达国家的问题，现在在发展中国家也日益严重。研究表明，儿童肥胖与糖尿病、呼吸疾病、高血压、心理及骨骼疾病有着密切联系（de Onis 和 Blossner，2003）。儿童肥胖会增加成年肥胖、未成年死亡和成年后残疾的概率。过度肥胖不但增加儿童未来的健康风险，患病儿童还有可能罹患呼吸困难、骨折、高血压以及早期心血管疾病等病症，此外，还可能产生胰岛素抵抗以及精神方面的问题。低收入和中低收入经济体的儿童在出生前、婴儿时期以及儿童早期阶段更容易出现营养不良。这些儿童中的大多数都会食用高脂肪、高糖、高盐以及高热量的垃圾食品，这些垃圾食品的价格比正常营养食品要更加低廉。尽管营养不良仍然存在，但这样的饮食结构再加上运动量不足，还是导致了儿童肥胖数量的大幅增加（世界卫生组织）。

世界卫生组织于 2006 年发布了婴儿和儿童成长发育的新国际参考标准，以便监测儿童的营养状况。对 5 岁以下婴幼儿生长发育受影响较大的因素有营养状况、喂养方式、环境以及受照料情况，基因和人种因素在这方面影响较小。之前的报告数据都是以美国国家卫生统计中心和世界卫生组织成长发育资料作为参考。由于测量标准的变化，本版的数据不再适用与 2008 年之前的版本进行比较。

对于家庭调查数据指标，表中涉及的年份即实施调查的年份。更多信息详见原始数据。

定义

• **营养不良患病率**指总人口中饮食摄入能量持续低于维持健康生活以及在正常身高体重下限范围内维持轻微体力活动所需的最低标准的人群所占的比例。 • **儿童营养不良患病率**指年龄别体重（体重不足）或年龄别身高（发育迟缓）比国际 0—59 个月儿童参考标准的中值水平低 2 个标准差的儿童在 5 岁以下儿童中所占的比例。身高的测量方式是：2 岁及 2 岁以下儿童仰卧位的身长，2 岁以上儿童站立身高。数据与世界卫生组织 2006 年发布的儿童发育标准统计口径一致。 • **儿童超重患病率**指年龄别体重比国际标准的中值水平高 2 个以上标准差的儿童在 5 岁以下儿童中所占的比例。数据与世界卫生组织 2006 年发布的儿童发育标准统计口径一致。

数据资料来源

有关营养不良的数据来自联合国粮食及农业组织《世界粮食危机现状》。有关营养不良儿童和超重儿童的数据来自世界卫生组织全球儿童成长与营养不良数据库（www.who.int/nutgrowthdb）。

营养摄取和补给

	出生时体重不足的婴儿	完全母乳喂养率	食用加碘盐的比例	维生素A补充率	贫血患病率	
	占出生婴儿的百分比	占6个月以下儿童的百分比	占居民的百分比	占6—59个月儿童的百分比	百分比	
					5岁以下儿童	孕妇
	2005–2010[a]	2005–2010[a]	2005–2010[a]	2010	2005–2010[a]	2005–2010[a]
阿富汗	..	83	..	96	..	61
阿尔巴尼亚	7	39	76	..	31	34
阿尔及利亚	6	7	61	..	43	43
安哥拉	..	..	45	28	..	57
阿根廷	7	..	..	..	17	31
亚美尼亚	7	35	97	..	37	..
澳大利亚	..	..	..	..	8	12
奥地利	..	..	..	..	11	15
阿塞拜疆	10	12	54	89[b]	..	..
巴林	..	..	..	..	25	28
孟加拉国	22	43	84	100	..	..
白俄罗斯	4	9	94	..	27	26
比利时	..	..	..	..	9	13
贝宁	15	43	67	100	78	75
玻利维亚	6	60	89	24	..	..
波斯尼亚和黑塞哥维那	5	18	62	..	27	35
博茨瓦纳	13	20	..	91	..	21
巴西	8	40	96	..	55	29
保加利亚	9	..	100	..	27	30
布基纳法索	16	16	34	100	..	..
布隆迪	11	69	98	73	56	47
柬埔寨	8	74	83	95	55	44
喀麦隆	11	21	49	89	..	..
加拿大	..	..	..	..	8	12
中非共和国	13	23	62	0	..	..
乍得	..	3	..	68	71	60
智利	6	85	..	..	24	28
中国	3	28	97	..	..	..
中国香港	..	..	..	..	..	..
哥伦比亚	6	43	..	..	28	31
刚果民主共和国	10	37	59	83	71	67
刚果共和国	13	19	82	84	66	55
哥斯达黎加	7	15	..	..	..	..
科特迪瓦	17	4	..	100	69	55
克罗地亚	5	98	88	..	23	28
古巴	5	26	88	..	27	39
塞浦路斯	..	..	..	..	19	25
捷克共和国	..	..	..	..	18	22
丹麦	..	..	..	..	9	12
多米尼加共和国	11	9	19	..	35	40
厄瓜多尔	8	..	..	..	38	38
埃及	13	53	79	68[b]	49	34
萨尔瓦多	..	31	..	..	..	..
厄立特里亚	..	..	..	44	70	55
爱沙尼亚	..	..	..	..	23	23
埃塞俄比亚	20	49	20	84	54	31
芬兰	..	..	..	..	11	15
法国	..	..	..	..	8	11
加蓬	..	..	..	0	44	46
冈比亚	11	36	21	100	..	..
格鲁吉亚	5	11	100	..	41	42
德国	..	..	..	..	8	12
加纳	13	63	32	93	..	..
希腊	..	..	..	..	12	19
危地马拉	11	50	76	36	..	..
几内亚	12	48	41	97	76	..
几内亚比绍	11	38	12	100	75	58
海地	25	41	3	21	..	50

营养摄取和补给

	出生时体重不足的婴儿	完全母乳喂养率	食用加碘盐的比例	维生素A补充率	贫血患病率	
					百分比	
	占出生婴儿的百分比	占6个月以下儿童的百分比	占居民的百分比	占6—59个月儿童的百分比	5岁以下儿童	孕妇
	2005-2010[a]	2005-2010[a]	2005-2010[a]	2010	2005-2010[a]	2005-2010[a]
洪都拉斯	10	30	..	..	..	21
匈牙利	..	..	..	..	19	21
印度	28	46	51	34	74	50
印度尼西亚	11	15	62	80	44	44
伊朗	7	23	99	..	35	..
伊拉克	15	25	28	..	56	38
爱尔兰	..	..	..	..	10	15
以色列	..	..	..	..	12	17
意大利	..	..	..	..	11	15
牙买加	14	15	..	..	..	..
日本	..	..	..	..	11	15
约旦	13	22	..	..	..	..
哈萨克斯坦	6	17	92	..	..	26
肯尼亚	8	32	98	62	..	..
朝鲜	6	..	25	99	..	..
韩国	..	..	..	..	..	23
科索沃	..	..	..	..	..	..
科威特	..	..	..	..	..	31
吉尔吉斯斯坦	5	32	76	97	..	34
老挝	11	26	84	83	..	56
拉脱维亚	..	..	..	..	27	25
黎巴嫩	..	..	..	..	..	32
莱索托	..	54	84	..	49	25
利比里亚	14	34	..	97	..	..
利比亚	..	..	..	..	34	34
立陶宛	..	..	..	..	24	24
前南斯拉夫马其顿共和国	6	16	94	..	..	32
马达加斯加	16	51	53	95	..	..
马拉维	13	72	50	96	73	47
马来西亚	11	..	18	..	32	..
马里	19	38	79	99	..	..
毛里塔尼亚	34	46	23	97	68	53
毛里求斯	..	..	..	..	..	..
墨西哥	7	..	..	..	24	21
摩尔多瓦	6	46	60	..	41	36
蒙古	5	57	83	61	..	37
摩洛哥	..	..	21	..	..	..
莫桑比克	16	37	25	100	..	52
缅甸	9	24	93	94	63	50
纳米比亚	16	24	..	13	41	31
尼泊尔	21	53	..	91	48	42
荷兰	..	..	..	..	9	13
新西兰	..	..	..	..	11	18
尼加拉瓜	9	31	..	7	20	..
尼日尔	27	27	32	98	84	61
尼日利亚	12	13	..	91	..	..
挪威	..	..	..	..	6	9
阿曼	12	..	..	..	..	..
巴基斯坦	32	37	..	87	..	..
巴拿马	..	..	..	..	..	..
巴布亚新几内亚	10	56	92	14	60	55
巴拉圭	6	24	94	..	30	39
秘鲁	8	68	..	..	..	..
菲律宾	21	34	81	91	21	43
波兰	..	..	..	..	23	25
葡萄牙	..	..	..	..	13	17
波多黎各	..	..	..	..	..	..
卡塔尔	..	..	..	..	..	29

2.21 营养摄取和补给

	出生时体重不足的婴儿 占出生婴儿的百分比 2005–2010[a]	完全母乳喂养率 占6个月以下儿童的百分比 2005–2010[a]	食用加碘盐的比例 占居民的百分比 2005–2010[a]	维生素A补充率 占6—59个月儿童的百分比 2010	贫血患病率 百分比 5岁以下儿童 2005–2010[a]	 孕妇 2005–2010[a]
罗马尼亚	..	..	..	..	40	30
俄罗斯联邦	6	..	..	..	27	21
卢旺达	6	85	88	92	56	..
沙特阿拉伯	..	..	..	..	33	32
塞内加尔	19	34	41	97	83	58
塞尔维亚	6	15	32	..	..	..
塞拉利昂	14	11	58	100	83	60
新加坡	..	..	..	..	19	24
斯洛伐克共和国	..	..	..	..	23	25
斯洛文尼亚	..	..	..	..	14	19
索马里	11	9	1	62	..	..
南非	..	..	..	39	..	22
南苏丹	..	..	..	..	..	..
西班牙	..	..	..	..	13	18
斯里兰卡	17	76	92	85	..	..
苏丹	..	34	11	82	85	58
斯威士兰	9	44	52	38	47	24
瑞典	..	..	..	..	9	13
瑞士	..	..	..	..	6	..
阿拉伯叙利亚共和国	10	43	79	33[b]	41	39
塔吉克斯坦	10	25	62	95	..	45
坦桑尼亚	10	50	59	99	72	58
泰国	7	15	47	..	..	..
东帝汶	..	52	60	48	..	..
多哥	11	63	32	100	52	50
特立尼达和多巴哥	19	13	28	..	30	30
突尼斯	5	6	..	..	..	..
土耳其	11	42	69	..	33	40
土库曼斯坦	4	11	87	..	..	30
乌干达	14	60	96	64	73	64
乌克兰	4	18	18	..	..	27
阿拉伯联合酋长国	6	..	..	..	28	28
英国	..	..	..	..	..	15
美国	..	..	..	..	..	6
乌拉圭	9	57	..	..	19	27
乌兹别克斯坦	5	26	53	94	..	..
委内瑞拉	8	..	..	..	33	40
越南	5	17	93	95[b]	..	..
西岸和加沙	7	27	86	..	..	..
也门共和国	..	..	..	..	68	58
赞比亚	11	61	..	92	..	..
津巴布韦	11	32[c]	91	49	58	47
全世界	**15 w**	**37 w**	**70 w**	**.. w**	**.. w**	**.. w**
低收入国家	15	44	62	88	..	..
中等收入国家	15	35	71	..	..	..
中低收入国家	21	37	54	56	65	48
中高收入国家	5	30	91	..	..	..
低收入和中等收入国家	15	37	70	..	..	..
东亚和太平洋地区	6	26	86	..	..	..
欧洲和中亚	7	..	..	..	30	30
拉丁美洲和加勒比地区	8	..	..	..	36	..
中东和北非	11	34	69	..	48	..
南亚	27	47	55	50	74	50
撒哈拉以南非洲地区	13	35	50	86	..	..
高收入国家	..	..	..	..	..	13
欧元区	..	..	..	..	10	14

a. 最近年份可获得的数据。b. 各国的维生素 A 补充率并不总是针对 59 个月大的婴儿。c. 2011 年的数据。

关于数据的说明

母亲营养不良往往致使婴儿出生体重低，这不但会增加婴儿的死亡率，还会影响他们在婴儿期和儿童期的生长发育。新的迹象表明，出生体重低的婴儿罹患糖尿病和心血管疾病等非传染性疾病的概率更高。婴儿早产或体形过小都容易导致出生体重低。早产且小于胎龄的婴儿日后面临的风险最大。在低收入和中等收入国家，孕产妇健康情况糟糕和营养不良是导致婴儿出生体重低的主要原因。孕产妇健康状况和营养状况不良主要由三个因素造成：受孕前母亲缺乏营养，母亲身材矮小（主要由营养缺乏和童年期传染病所致），以及孕期营养不良（联合国儿童基金会［UNICEF］，www. childinfo. org）。有关低体重婴儿的估算数据主要来自历史记录和家庭调查。发展中国家许多婴儿在家出生，几乎没有记录。在医院出生的婴儿有两种情况：一是来自高收入家庭，营养状况良好；二是面临较大生产风险。因此，数据使用者在分析数据时要小心谨慎。

养育婴儿和幼儿最理想的方式就是母乳喂养。婴儿出生后一小时内哺以初乳，六个月前完全母乳喂养，六个月至两岁期间在母乳外辅以一定固态、半固态和软质食物为婴幼儿补充营养（UNICEF，www. childinfo. org）。理想的母乳喂养方式每年可拯救140万婴幼儿的生命。母乳含有婴儿所需要的所有元素：养分、抗体、荷尔蒙和抗氧化物质，可保护婴儿远离腹泻和急性呼吸道传染疾病，调动婴儿的免疫系统使疫苗发挥作用以及提高婴儿的认知能力。有关母乳喂养的数据来自家庭调查。

缺碘是造成婴幼儿智力发育迟滞的主要原因，此外，缺碘还会增加死产和流产风险并提高婴儿死亡率。缺碘往往源于摄入的食物含碘量低。居住在土壤碘含量低的地区的人口通常容易缺碘。如果土壤碘含量低，那么在土壤中生长的植物其碘含量也低，这些植物中就包括人类和动物食用的谷物和蔬菜。几乎所有国家都面临缺碘问题。

在低收入和中等收入国家，每年大约有4,000万缺碘婴儿出生，由于缺碘对大脑造成的损害将终生影响这些婴儿的学习能力和生活能力，进而影响社区和国家的发展（UNICEF，www. childinfo. org）。食盐加碘是一种使用广且成本低的补充碘元素的方法，全球碘盐计划正在大幅降低人口缺碘的风险。有关碘盐摄取量的数据来自家庭调查。

维生素A是免疫系统不可或缺的元素。缺乏维生素A是致盲的一个主要原因。此外，麻疹、疟疾和腹泻等一系列儿童致命性疾病也与缺乏维生素A有关。在低收入和中等收入国家，水果和蔬菜是维生素A的主要来源，人均日摄入量通常无法满足身体所需。维生素胶囊是应对维生素缺乏的安全、有效且成本低廉的解决办法，每年让幼儿服用2个高剂量维生素A胶囊可以提高他们的成活率。给初乳母亲提供维生素A可降低产儿在第一个月的死亡率。许多发展中国家已开始在食品中添加维生素A。

贫血是由于体内的血红细胞数量或携氧能力不足无法满足机体所需而引致的疾病，贫血程度与年龄、性别、海拔高度、吸烟状况和孕期等因素有关。严重贫血常伴有疲劳、虚弱、眩晕和嗜睡等症状（世界卫生组织［WHO］，www. who. int/topics/anaemia/）。5岁以下儿童和孕妇出现贫血的风险最高。世界卫生组织曾在1993—2005年间对血液中血红蛋白含量情况进行过国别典型性调查，贫血数据主要就来自这些调查结果。世界卫生组织的血红蛋白含量指标后来成为测量不同年龄、性别和生理状况人群贫血程度的标准。需要指出的是，数据使用者要谨慎使用数据，因为各项调查由于地域和时间关系会在质量、覆盖范围、调查人群的年龄段和处理遗漏值的方式上有所不同。

本表中来自家庭调查的各项指标所涉及的年份是指实施调查的年份。更详细的信息，请查看原始数据。

定义

• **出生时体重不足的婴儿**指出生后1小时内体重低于2.5千克的新生儿，而非出生后体重大幅下降。 • **完全母乳喂养**指6个月以内的婴儿在过去24小时只喝母乳（没有辅以其他液体）。 • **食用加碘盐的比例**指食用加碘食盐的家庭的比例。 • **维生素A补充率**指在6—59个月的儿童中前一年至少服用两剂维生素A的儿童所占比例。 • **5岁以下儿童贫血患病率**指海拔高度为0时，5岁以下儿童中每升血液中血红蛋白含量不足110克的儿童所占比例。 • **孕妇贫血患病率**指海拔高度为0时，怀孕女性中每升血液中血红蛋白含量不足110克的女性所占比例。

数据资料来源

低体重婴儿、母乳喂养率、碘盐食用率和维生素A补充率等数据来自联合国儿童基金会的《2012年世界儿童状况》报告和Childinfo网站。贫血数据来自《1993—2005年全球贫血状况》（2008c）报告和世界卫生组织全球营养数据库。

2.22 健康风险因素与未来挑战

	吸烟率 占成年人口的百分比 男性 2009	吸烟率 占成年人口的百分比 女性 2009	肺结核患病率 每10万人 2010	糖尿病患病率 占20—79岁人口的百分比 2011	HIV感染率[a] 总数占15—49岁人口的百分比 1990	HIV感染率[a] 总数占15—49岁人口的百分比 2009	HIV感染率[a] 女性占感染人数的百分比 2009	HIV感染率[a] 青年人占15—24岁人口的百分比 男性 2009	HIV感染率[a] 青年人占15—24岁人口的百分比 女性 2009	抗逆转录病毒治疗范围 占艾滋病晚期患者的百分比 2005–2010[b]	死亡原因 占人口的百分比 传染性疾病、孕育期疾病、围产期疾病和营养状况 2005–2010[b]	死亡原因 占人口的百分比 非传染性疾病 2005–2010[b]	死亡原因 占人口的百分比 伤害 2005–2010[b]
阿富汗	..	..	189	7.8	..	..	..	..	..	..	63	29	8
阿尔巴尼亚	60	19	14	2.9	..	..	..	..	..	..	5	89	5
阿尔及利亚	..	..	90	7.0	<0.1	0.1	30	0.1	<0.1	25	30	63	8
安哥拉	..	..	304	3.0	0.5	2.0	60	0.6	1.6	24	69	25	7
阿根廷	32	22	27	5.7	0.3	0.5	32	0.3	0.2	70	14	80	6
亚美尼亚	51	2	73	8.7	<0.1	0.1	<43	<0.1	<0.1	24	6	90	4
澳大利亚	22	19	6	6.8	0.1	0.1	31	0.1	0.1	..	4	90	6
奥地利	47	45	5	6.8	<0.1	0.3	29	0.3	0.2	..	3	91	6
阿塞拜疆	41	..	110	2.8	<0.1	0.1	60	<0.1	0.1	21	11	85	4
巴林	34	8	23	19.9	..	..	..	..	..	..	10	79	11
孟加拉国	46	2	225	10.7	<0.1	<0.1	30	<0.1	<0.1	23	38	52	10
白俄罗斯	49	9	70	8.2	<0.1	0.3	50	<0.1	0.1	29	2	87	11
比利时	30	22	9	4.9	<0.1	0.2	31	<0.1	<0.1	..	8	86	6
贝宁	15	1	94	2.0	0.2	1.2	58	0.3	0.7	53	60	33	6
玻利维亚	42	18	135	6.8	0.1	0.2	32	0.1	0.1	19	35	57	8
波斯尼亚和黑塞哥维那	47	36	50	7.7	..	..	..	..	..	..	2	95	4
博茨瓦纳	..	..	503	11.1	3.5	24.8	57	5.2	11.8	83	60	31	9
巴西	22	13	43	10.4	..	..	..	..	..	60	14	74	12
保加利亚	48	27	40	6.9	<0.1	0.1	29	<0.1	<0.1	23	3	94	4
布基纳法索	18	8	55	3.0	3.9	1.2	60	0.5	0.8	46	73	21	7
布隆迪	..	..	129	2.8	3.9	3.3	60	1.0	2.1	19	67	26	7
柬埔寨	49[c]	5[c]	437	2.9	0.5	0.5	63	0.1	0.1	94	47	46	7
喀麦隆	14	2	177	6.2	0.6	5.3	58	1.6	3.9	28	63	31	6
加拿大	24	17	5	8.7	0.1	0.2	21	0.1	0.1	..	5	89	6
中非共和国	..	..	319	3.2	3.1	4.7	61	1.0	2.2	19	65	27	7
乍得	22	3	276	3.9	1.1	3.4	59	1.0	2.5	36	73	21	5
智利	38	33	19	9.8	<0.1	0.4	31	0.2	0.1	63	9	83	8
中国	51	2	78	9.0	..	0.1[d]	..	..	..	..	7	83	10
中国香港	..	..	80	7.8	..	..	..	..	..	..	..	..	..
哥伦比亚	..	..	34	10.0	0.2	0.5	33	0.2	0.1	17	13	66	21
刚果民主共和国	10	2	327	3.2	..	..	..	..	..	..	72	21	7
刚果共和国	10	1	372	5.6	5.2	3.4	59	1.2	2.6	23	58	33	9
哥斯达黎加	24	8	13	9.9	<0.1	0.3	29	0.2	0.1	68	7	81	13
科特迪瓦	17	4	139	5.0	2.4	3.4	58	0.7	1.5	28	58	33	9
克罗地亚	36	30	21	5.3	<0.1	<0.1	<33	<0.1	<0.1	80	3	92	6
古巴	..	..	9	9.8	<0.1	0.1	31	0.1	0.1	<95	8	84	8
塞浦路斯	..	..	4	9.5	..	..	..	..	..	..	4	90	6
捷克共和国	43	31	7	5.5	<0.1	<0.1	<42	<0.1	<0.1	..	4	90	6
丹麦	30	28	6	5.7	<0.1	0.2	27	0.1	0.1	..	6	90	5
多米尼加共和国	17	13	67	8.3	0.4	0.9	59	0.3	0.7	47	22	68	10
厄瓜多尔	..	..	65	6.8	0.3	0.4	31	0.2	0.2	30	20	65	15
埃及	40	1	18	16.9	<0.1	<0.1	23	<0.1	<0.1	11	12	82	6
萨尔瓦多	..	..	28	9.7	0.1	0.8	34	0.4	0.3	53	17	67	16
厄立特里亚	10	2	100	3.6	0.3	0.8	60	0.2	0.4	37	49	40	12
爱沙尼亚	46	23	25	7.2	<0.1	1.2	31	0.3	0.2	..	2	90	8
埃塞俄比亚	8	1	261	3.4	..	..	..	..	..	..	57	34	9
芬兰	28	22	7	6.0	<0.1	0.1	<36	0.1	<0.1	..	2	89	9
法国	36	27	9	5.6	0.3	0.4	32	0.2	0.1	..	6	87	7
加蓬	19	3	553	10.6	0.9	5.2	58	1.4	3.5	47	52	41	7
冈比亚	31	3	273	2.0	0.1	2.0	58	0.9	2.4	18	60	34	6
格鲁吉亚	57	6	107	2.8	<0.1	0.1	43	<0.1	<0.1	65	5	91	4
德国	33	25	5	5.5	0.1	0.1	18	0.1	<0.1	..	5	92	4
加纳	11	3	86	5.1	0.3	1.8	59	0.5	1.3	24	53	39	8
希腊	63	41	5	5.3	0.1	0.1	31	0.1	0.1	..	6	91	4
危地马拉	22	4	62	9.5	0.1	0.8	33	0.5	0.3	44	35	47	18
几内亚	25	2	334	4.4	1.1	1.3	59	0.4	0.9	40	60	32	7
几内亚比绍	..	..	233	3.1	0.3	2.5	60	0.8	2.0	30	67	28	6
海地	..	..	230	6.8	1.3	1.9	60	0.6	1.3	43	54	41	5

	吸烟率		肺结核患病率	糖尿病患病率	HIV感染率[a]					抗逆转录病毒治疗范围	死亡原因 占人口的百分比		
	占成年人口的百分比			占20—79岁人口的百分比	总数占15—49岁人口的百分比		女性占感染人数的百分比	青年人占15—24岁人口的百分比		占艾滋病晚期患者的百分比	传染性疾病、孕育期疾病、围产期疾病和营养状况	非传染性疾病	伤害
	男性 2009	女性 2009	每10万人 2010	2011	1990	2009	2009	男性 2009	女性 2009	2005–2010[b]	2005–2010[b]	2005–2010[b]	2005–2010[b]
洪都拉斯	..	3	51	6.8	1.1	0.8	32	0.3	0.2	33	23	69	8
匈牙利	43	33	15	6.2	0.1	<0.1	<33	<0.1	<0.1	27	1	93	6
印度	26	4	185	9.2	0.1	0.3	39	0.1	0.1	..	37	53	10
印度尼西亚	61	5	189	5.2	<0.1	0.2	30	0.1	<0.1	21	28	64	9
伊朗	26	2	17	11.3	<0.1	0.2	29	<0.1	<0.1	4	13	72	14
伊拉克	31	4	64	9.3	..	..	..	..	..	..	24	44	31
爱尔兰	..	..	8	5.4	<0.1	0.2	29	0.1	0.1	..	7	87	6
以色列	29	13	5	7.6	<0.1	0.2	29	0.1	<0.1	..	8	87	5
意大利	33	19	5	5.3	0.3	0.3	33	<0.1	<0.1	..	3	92	4
牙买加	..	..	7	16.0	2.1	1.7	33	1.0	0.7	46	21	68	11
日本	42	12	21	7.9	<0.1	<0.1	34	<0.1	<0.1	..	14	80	6
约旦	47	6	5	12.4	..	..	..	..	..	..	15	74	11
哈萨克斯坦	40	9	151	7.9	<0.1	0.1	60	0.1	0.2	27	8	78	14
肯尼亚	26	1	298	5.2	3.9	6.3	59	1.8	4.1	48	63	28	9
朝鲜	..	..	345	8.6	..	..	..	..	..	0	29	65	6
韩国	49	7	97	7.7	<0.1	<0.1	31	<0.1	<0.1	..	6	82	12
科索沃	..	..	..	..	..	..	..	..	..	..	..	..	..
科威特	35	4	41	21.1	..	..	..	..	..	..	11	76	13
吉尔吉斯斯坦	45	2	159	6.5	<0.1	0.3	29	0.1	0.1	12	14	77	9
老挝	51	4	90	3.3	<0.1	0.2	42	0.1	0.2	67	41	48	10
拉脱维亚	50	22	39	8.1	<0.1	0.7	30	0.2	0.1	12	3	90	8
黎巴嫩	46	31	17	20.2	<0.1	0.1	31	0.1	<0.1	18	7	84	9
莱索托	..	..	633	3.5	0.8	23.6	62	5.4	14.2	48	63	29	7
利比里亚	14	..	293	3.4	0.3	1.5	61	0.3	0.7	14	68	28	4
利比亚	47	1	40	14.2	..	..	..	..	..	..	12	78	11
立陶宛	50	22	69	8.0	<0.1	0.1	<33	<0.1	<0.1	27	3	86	11
前南斯拉夫马其顿共和国	..	..	21	7.9	..	..	..	..	..	..	2	95	3
马达加斯加	..	..	266	4.8	0.2	0.2	31	0.1	0.1	2	52	42	6
马拉维	26	4	219	5.7	7.2	11.0	59	3.1	6.8	46	63	28	9
马来西亚	50	2	82	12.3	0.1	0.5	11	0.1	<0.1	23	24	67	9
马里	28	2	68	2.0	0.4	1.0	62	0.2	0.5	50	75	20	5
毛里塔尼亚	29	4	337	4.4	0.2	0.7	31	0.4	0.3	25	60	32	8
毛里求斯	31	2	22	15.1	<0.1	1.0	29	0.3	0.2	22	7	87	6
墨西哥	24	8	16	15.9	0.4	0.3	27	0.2	0.1	54	12	78	10
摩尔多瓦	43	5	182	2.8	<0.1	0.4	42	0.1	0.1	17	5	87	8
蒙古	48	6	224	7.2	<0.1	<0.1	<29	<0.1	<0.1	8	14	72	13
摩洛哥	33	2	91	7.0	<0.1	0.1	32	0.1	0.1	27	19	75	6
莫桑比克	18	2	544	3.1	1.2	11.5	61	3.1	8.6	30	64	28	8
缅甸	40	8	384	7.2	0.2	0.6	35	0.3	0.3	18	33	40	27
纳米比亚	30	9	603	8.0	1.6	13.1	59	2.3	5.8	76	51	38	12
尼泊尔	36	29	163	3.7	0.2	0.4	33	0.2	0.1	11	43	50	7
荷兰	31	26	7	5.4	0.1	0.2	30	0.1	<0.1	..	7	89	4
新西兰	27	24	8	8.8	0.1	0.1	<37	<0.1	<0.1	..	3	91	6
尼加拉瓜	..	..	42	11.2	<0.1	0.2	31	0.1	0.1	40	20	69	11
尼日尔	9	1	185	4.1	0.1	0.8	53	0.2	0.5	22	81	16	3
尼日利亚	10	3	133	4.9	1.3	3.6	59	1.2	2.9	21	68	27	5
挪威	31	28	6	4.8	<0.1	0.1	30	<0.1	<0.1	..	7	87	6
阿曼	12	1	13	10.8	<0.1	0.1	<33	<0.1	<0.1	<95	6	83	11
巴基斯坦	34	6	231	8.0	<0.1	0.1	29	0.1	<0.1	4	46	46	8
巴拿马	17	4	48	9.8	0.2	0.9	31	0.4	0.3	37	19	69	12
巴布亚新几内亚	58	31	303	7.7	<0.1	0.9	58	0.3	0.8	52	47	44	9
巴拉圭	30	14	46	6.7	<0.1	0.3	31	0.2	0.1	37	20	69	12
秘鲁	..	9	106	6.1	0.4	0.4	25	0.2	0.1	37	30	60	10
菲律宾	47	10	275	10.0	<0.1	<0.1	30	<0.1	<0.1	37	31	61	8
波兰	36	25	23	9.2	<0.1	0.1	31	<0.1	<0.1	22	4	89	7
葡萄牙	32	16	29	9.8	0.1	0.6	31	0.3	0.2	..	9	86	4
波多黎各	..	..	2	13.3	..	..	..	..	..	..	..	..	..
卡塔尔	..	..	38	20.2	<0.1	<0.1	<50	<0.1	<0.1	..	8	69	23

健康风险因素与未来挑战

	吸烟率		肺结核患病率	糖尿病患病率	HIV感染率[a]					抗逆转录病毒治疗范围	死亡原因 占人口的百分比		
	占成年人口的百分比			占20—79岁人口的百分比	总数占15—49岁人口的百分比		女性占感染人数的百分比	青年人占15—24岁人口的百分比		占艾滋病晚期患者的百分比	传染性疾病、孕育期疾病、围产期疾病和营养状况	非传染性疾病	伤害
	男性 2009	女性 2009	每10万人 2010	2011	1990	2009	2009	男性 2009	女性 2009	2005–2010[b]	2005–2010[b]	2005–2010[b]	2005–2010[b]
罗马尼亚	46	24	116	7.9	<0.1	0.1	30	0.1	<0.1	81	4	91	5
俄罗斯联邦	59	24	106	10.0	<0.1	1.0	49	0.2	0.3	..	5	82	12
卢旺达	..	..	106	3.2	5.2	2.9	61	1.3	1.9	88	63	29	8
沙特阿拉伯	24	1	18	20.0	..	..	..	..	..	..	13	71	15
塞内加尔	16	1	288	3.3	0.2	0.9	59	0.3	0.7	51	65	30	5
塞尔维亚	38	27	18	7.9	0.1	0.1	24	0.1	0.1	38	2	95	4
塞拉利昂	39	8	682	3.2	<0.1	1.6	60	0.6	1.5	18	77	18	5
新加坡	35	6	35	9.8	<0.1	0.1	30	<0.1	<0.1	..	16	79	5
斯洛伐克共和国	39	19	8	5.9	<0.1	<0.1	<17	<0.1	<0.1	62	5	90	6
斯洛文尼亚	30	22	11	7.8	<0.1	<0.1	<29	<0.1	<0.1	..	4	87	8
索马里	..	..	286	4.3	0.1	0.7	47	0.4	0.6	6	62	27	11
南非	24	8	981	7.1	0.7	17.8	62	4.5	13.6	37	67	29	5
南苏丹共和国	..	..	..	..	..	..	..	..	..	..	..	..	..
西班牙	36	27	16	6.5	0.4	0.4	24	0.2	0.1	..	5	91	4
斯里兰卡	27	1	66	7.6	<0.1	<0.1	<32	<0.1	<0.1	20	9	65	26
苏丹	24	2	119	8.7	0.1	1.1	58	0.5	1.3	5	43	44	13
斯威士兰	16	2	1,287	3.1	2.3	25.9	58	6.5	15.6	59	62	28	11
瑞典	..	..	7	4.4	0.1	0.1	31	<0.1	<0.1	..	5	90	5
瑞士	31	21	8	6.0	0.2	0.4	32	0.2	0.1	..	4	90	6
阿拉伯叙利亚共和国	42	..	20	10.2	..	..	..	..	..	..	13	77	10
塔吉克斯坦	..	..	206	6.5	<0.1	0.2	30	<0.1	<0.1	11	37	59	4
坦桑尼亚	21	3	177	2.8	4.8	5.6	59	1.7	3.9	30	66	27	8
泰国	45	3	137	7.7	1.0	1.3	40	..	..	61	17	71	12
东帝汶	..	..	498	7.6	..	..	..	..	..	..	60	34	5
多哥	..	..	455	3.3	0.6	3.2	59	0.9	2.2	29	61	34	5
特立尼达和多巴哥	27	11	19	13.1	0.2	1.5	33	1.0	0.7	..	12	78	10
突尼斯	58	5	25	9.7	<0.1	<0.1	<37	<0.1	<0.1	53	22	72	7
土耳其	47	15	28	8.1	<0.1	<0.1	30	<0.1	<0.1	62	9	85	6
土库曼斯坦	..	..	66	2.8	..	..	..	..	..	..	19	73	8
乌干达	16	3	209	2.9	10.2	6.5	58	2.3	4.8	39	64	25	10
乌克兰	50	13	101	2.9	0.1	1.1	49	0.2	0.3	10	6	86	8
阿拉伯联合酋长国	19	2	3	19.2	..	..	..	..	..	..	13	67	21
英国	25	23	13	5.4	0.1	0.2	31	0.2	0.1	..	8	88	4
美国	33	25	4	9.6	0.5	0.6	25	0.3	0.2	..	6	87	7
乌拉圭	31	22	21	5.9	0.1	0.5	32	0.3	0.2	49	8	87	6
乌兹别克斯坦	22	3	128	6.7	<0.1	0.1	29	<0.1	<0.1	..	15	79	6
委内瑞拉	..	..	33	10.5	..	..	..	..	..	..	13	66	21
越南	48	2	199	3.2	<0.1	0.4	30	0.1	0.1	34	16	75	9
西岸和加沙	..	..	5	9.4	..	..	..	..	..	..	..	..	..
也门共和国	35	11	49	9.9	..	..	..	..	..	..	44	45	11
赞比亚	24	4	462	4.8	12.7	13.5	57	4.2	8.9	64	64	27	9
津巴布韦	30	4	633	9.9	10.1	14.3	60	3.3	6.9	34	75	21	4
全世界	**37 w**	**8 w**	**128 w**	**8.3 w**	**0.3 w**	**0.8 w**	**37 w**	**0.4 w**	**0.7 w**		**27 w**	**63 w**	**9 w**
低收入国家	28	4	264	5.9	1.8	2.6	46	0.9	1.9		58	33	9
中等收入国家	39	6	132	8.7	0.2	0.7	..	..	..		26	65	10
中低收入国家	32	4	174	8.0	0.3	0.7	38	0.2	0.5		38	53	9
中高收入国家	46	7	89	9.4	0.2	0.7	..	..	..		11	79	10
低收入和中等收入国家	38	5	150	8.4	0.3	0.9	39	..	..		31	59	10
东亚和太平洋地区	52	3	123	8.3	0.1	0.2	..	..	..		13	76	10
欧洲和中亚	50	18	90	7.7	0.1	0.6	42	0.1	0.2		6	84	9
拉丁美洲和加勒比地区	25	13	43	10.5	0.4	0.5	..	..	..		16	72	12
中东和北非	35	3	42	11.6	0.1	0.1	28	0.1	0.1		19	69	12
南亚	29	4	192	9.0	0.1	0.3	37	0.1	0.1		39	51	10
撒哈拉以南非洲地区	16	3	271	4.6	2.4	5.5	58	1.5	3.8		65	28	7
高收入国家	34	21	14	7.9	0.2	0.3	28	0.2	0.1		7	87	6
欧元区	35	25	..	5.8	0.2	0.3	27	0.1	0.1		5	90	5

a. 见 http://data. worldbank. org 或者存在似是而非的限制的原始资料来源。b. 最近年份可获得的数据。c. 2010 年的数据。d. 包括中国香港。

关于数据的说明

在发展中国家，可获得的有关健康状况的数据十分有限，这是对健康状况进行评估的主要制约因素。许多有关主要公共健康问题的监测数据缺乏。可以获得某些疾病的流行和发病率的估计值，但常常不可靠且不完全。国家卫生管理当局收集或报告信息的能力和愿望存在很大不同。为了弥补数据的缺乏并确保数据的可靠性及国际可比性，世界卫生组织编制了与流行病学和统计标准相应的估计数。

在许多国家，吸烟是烟草消费最普通的形式，因此，吸烟率是烟草流行程度的一个良好的指标（Corrao 等，2000）。吸烟不仅会导致心脏病和其他血管疾病，而且还会导致肺部组织以及其他组织的癌变。由于开始吸烟与发病之间的间隔很长，吸烟对发展中国家人口健康状况的影响将在以后几十年间迅速上升。本表中的数据取自世界卫生组织，是针对 15 岁及其以上年龄的成年人年龄标准化后的吸烟率。

肺结核是发展中国家成人中由单一传染媒介物导致的主要死因。在发达国家，由于移民中的病例而导致这一疾病再次大量出现。这种肺结核发病率不能直接衡量，估计值不是通过引用专家意见获得，就是通过衡量感染率或者死亡率获得。这些估计值都有一些不确定的间隔，表中并没有给出，其可在网站 http：//data. worldbank. org 或者原始资料中获得。

糖尿病是发达国家影响人们健康的重要原因，也是导致其他疾病的高风险因素，而且这种疾病在发展中国家正在迅速蔓延。虽然这种病在老年人中是最普遍的，但其在发展中国家的年轻人及劳动力人口中的患病率却正在上升。发展中国家经济的发展，使其更大程度上采用了西方人的生活方式和饮食方式，从而导致糖尿病患病人数的大量增加。如果没有有效地防治和控制计划，糖尿病很可能继续增长。数据基于抽样调查。

成年人 HIV 感染率反映了每个国家人口的 HIV 感染程度。然而，较低的国家人口患病率可能非常具有误导性。它们常常掩盖最初只集中于某些地方或某些人群的、有扩散给更多人的危险的严重传染病。许多发展中国家的新感染者大都是年轻的成年人，年轻女性尤其容易被感染。

HIV 数据来自联合国艾滋病合作规划署（UNAIDS）的全球报告——《2010 年 UNAIDS 全球艾滋病疫情报告》。数据估计程序和假定的变更以及对各国更好的协调已经使得 HIV 和 AIDS 数据估计更为完善。例如，经过改良的软件通常可以用于给艾滋病流行进程及其影响建模，以充分利用有关 HIV 流行趋势的信息，这些信息来自监测数据和调查数据。当计算 HIV 的发病率时，该软件明确涵盖了抗逆转录病毒治疗的效果，而且该软件还模型化了还原后的接受抗逆转录病毒治疗的人们的传染性，抗逆转录病毒治疗已经对 HIV 的流行产生了越来越大的影响，使得具有艾滋病阳性反应的人们寿命更长。该软件还允许城市化随时间变化——这一点非常重要，不仅因为这一疾病在城市地区更为流行，而且还因为许多国家在过去 20 年经历了更为迅速的城市化。估计值涵盖了合理的边界（本表没有给出），它反映了与每个估计值相关的确定性。该边界可在网站 http：//data. worldbank. org 或者原始资料中获得。

标准的抗逆转录病毒治疗包括至少使用三种抗逆转录病毒治疗药物制止艾滋病病毒并使该疾病不再加重。抗逆转录病毒治疗使死亡人数大量减少，并减轻了艾滋病晚期患者的痛苦。

数据通过以下三种国际监控、报告程序加以收集：各国对世界卫生组织的答复；防止妇女、母亲及其孩子感染艾滋病联合事务特遣队所做的研究；通过联合国大会艾滋病承诺宣言特别会议向 UNAIDS 提供的国别报告。

死亡原因数据主要由世界卫生组织基于各国的死亡登记系统、样本注册系统、人口实验室以及特定环境的流行病学分析加以汇编。数据又根据《疾病及其相关健康问题的国际统计分类》（第 10 次修订版）进行了分类。但是这些数据必须要加以仔细分析，以便考虑到死亡登记范围的不完整、死亡原因的可能差异，这些预期都有可能秘密进行，而且经常是那些人口分组中相对贫困的人口。同时还要特别关注心血管疾病、癌症、伤害以及普通的疾病类别中死亡原因的错误认定和错误编码。欲了解更详细的信息，请查阅原始资料。

对于那些来自家庭调查的指标，本表中的年份是指调查年份。欲了解更详细的信息，请查阅原始资料。

定义

• **吸烟率**是指吸烟的男性和女性所占的百分比。年龄各国有所不同，但大多数是 18 岁以上或 15 岁以上。 • **肺结核患病率**是指每 10 万人中新增的肺结核病例和复发的肺结核病例数量。 • **糖尿病患病率**指年龄在 20—79 岁的人口患 1 型或 2 型糖尿病的人所占的人口比例。 • **HIV 感染率**指感染 HIV 的人口百分比。总的感染率和年轻人感染率都是指占相应年龄组别的百分比。女性感染率是指占所有感染 HIV 人口的百分比。 • **抗逆转录病毒治疗范围**是指当前依据全国统一的治疗方案（或者 WHO/UNAIDS 标准）接受抗逆转录病毒治疗的艾滋病晚期患者（包括成年人和儿童）占艾滋病晚期患者估计数的百分比。 • **死亡原因**是指由于特定原因导致的死亡占总死亡人数的百分比。 • **传染性疾病、孕育期疾病、围产期疾病和营养状况**是指传染性疾病和寄生性疾病、呼吸道疾病、营养不足性疾病（例如，体重不足和发育迟缓）。 • **非传染性疾病**包括癌症、糖尿病、心血管疾病、消化道疾病、皮肤病、肌肉和骨骼疾病以及先天性疾病。 • **伤害**包括意外伤害和非意外伤害。

数据资料来源

吸烟率数据来自世界卫生组织的《2011 年全球烟草流行报告》。肺结核数据来自世界卫生组织的《2011 年全球肺结核控制报告》。糖尿病数据来自国际糖尿病联合会的《糖尿病数据集》（第 5 版）。艾滋病感染率数据来自 UNAIDS 的全球报告《2010 年 UNAIDS 全球艾滋病流行报告》。抗逆转录病毒治疗范围数据来自世界卫生组织。死亡原因数据来自世界卫生组织的医疗卫生统计和医疗卫生信息系统数据库（www. who. int/healthinfo/global_burden_disease/estimates_country）。

2.23 死亡率

	出生时的预期寿命		新生儿死亡率		婴儿死亡率		5岁以下儿童死亡率		儿童死亡率		成人死亡率	
	岁		每千例活产婴儿		每千例活产婴儿		每千例活产婴儿		每千人		每千人	
									男性	女性	男性	女性
	1990	2010	1990	2010	1990	2010	1990	2010	2005–2010[a,b]	2005–2010[a,b]	2006–2010[a,b]	2006–2010[a,b]
阿富汗	42	48	53	45	140	103	209	149	..	..	409	377
阿尔巴尼亚	72	77	17	9	36	16	41	18	3	1	95	46
阿尔及利亚	67	73	29	18	55	31	68	36	..	..	126	102
安哥拉	41	51	51	41	144	98	243	161	..	..	386	337
阿根廷	71	76	15	7	24	12	27	14	..	..	160	74
亚美尼亚	68	74	26	11	46	18	55	20	8	3	162	79
澳大利亚	77	82	5	3	8	4	9	5	..	..	82	47
奥地利	76	80	4	2	8	4	9	4	..	..	99	50
阿塞拜疆	65	71	31	19	74	39	93	46	9	5	181	74
巴林	72	75	6	4	15	9	17	10	..	..	95	73
孟加拉国	59	69	55	27	99	38	143	48	16	20	163	137
白俄罗斯	71	70	7	3	14	4	17	6	..	..	334	112
比利时	76	80	4	2	9	4	10	4	..	..	107	61
贝宁	49	56	40	32	107	73	178	115	64	65	332	276
玻利维亚	59	66	39	23	84	42	121	54	18	20	225	167
波斯尼亚和黑塞哥维那	67	75	12	5	17	8	19	8	..	..	134	69
博茨瓦纳	64	53	22	19	46	36	59	48	..	..	535	579
巴西	66	73	28	12	50	17	59	19	..	..	218	114
保加利亚	72	74	11	7	18	11	22	13	..	..	205	86
布基纳法索	48	55	41	38	103	93	205	176	..	..	300	249
布隆迪	46	50	49	42	110	88	183	142	65	65	418	381
柬埔寨	55	63	38	22	87	43	121	51	20	20	262	222
喀麦隆	53	51	34	34	85	84	137	136	..	..	410	378
加拿大	77	81	4	4	7	5	8	6	..	..	92	55
中非共和国	49	48	43	42	110	106	165	159	74	82	469	436
乍得	51	49	45	41	113	99	207	173	..	..	372	316
智利	74	79	9	5	16	8	19	9	..	..	123	57
中国	69[c]	73[c]	24	11	38	16	48	18	..	..	138	88
中国香港	77	83	..	..	..	..	..	..	..	..	74	37
哥伦比亚	68	73	20	12	30	18	37	22	4	3	194	89
刚果民主共和国	47	48	48	46	117	112	181	170	70	64	407	354
刚果共和国	56	57	33	29	74	61	116	93	49	43	335	301
哥斯达黎加	76	79	10	6	15	9	17	10	..	..	110	58
科特迪瓦	53	55	46	41	105	86	151	123	..	..	377	349
克罗地亚	72	76	8	3	11	5	13	6	1	1	140	57
古巴	74	79	7	3	11	5	13	6	..	..	108	68
塞浦路斯	77	79	5	2	10	3	11	4	..	..	77	38
捷克共和国	71	77	9	2	12	3	14	4	..	..	138	63
丹麦	75	79	4	2	7	3	9	4	..	..	107	65
多米尼加共和国	68	73	29	15	48	22	62	27	6	4	200	131
厄瓜多尔	69	75	20	10	41	18	52	20	..	..	161	84
埃及	62	73	28	9	68	19	94	22	5	5	140	85
萨尔瓦多	66	72	18	6	48	14	62	16	..	..	281	119
厄立特里亚	48	61	31	18	87	42	141	61	..	..	345	261
爱沙尼亚	69	75	13	3	17	4	21	5	..	..	234	77
埃塞俄比亚	47	59	48	35	111	68	184	106	56	56	304	259
芬兰	75	80	4	2	6	2	7	3	..	..	123	56
法国	77	81	3	2	7	3	9	4	..	..	118	55
加蓬	61	62	31	26	68	54	93	74	..	..	288	263
冈比亚	53	58	42	31	78	57	165	98	46	39	299	244
格鲁吉亚	70	73	27	15	40	20	47	22	5	4	177	67
德国	75	80	4	2	7	3	9	4	..	..	101	54
加纳	57	64	38	28	77	50	122	74	38	28	255	225
希腊	77	80	9	2	11	3	13	4	..	..	101	46
危地马拉	62	71	28	15	56	25	78	32	..	..	226	122
几内亚	44	54	51	38	135	81	229	130	89	86	352	303
几内亚比绍	43	48	48	40	125	92	210	150	110	88	410	358
海地	55	62	38	27	104	70	151	165	33	36	264	236

死亡率 2.23

	出生时的预期寿命		新生儿死亡率		婴儿死亡率		5岁以下儿童死亡率		儿童死亡率		成人死亡率	
									每千人		每千人	
									男性	女性	男性	女性
	岁		每千例活产婴儿		每千例活产婴儿		每千例活产婴儿					
	1990	2010	1990	2010	1990	2010	1990	2010	2005–2010[a,b]	2005–2010[a,b]	2006–2010[a,b]	2006–2010[a,b]
洪都拉斯	66	73	23	12	45	20	58	24	8	9	164	115
匈牙利	69	74	12	4	17	5	19	6	..	..	229	99
印度	58	65	47	32	81	48	115	63	9	12	253	168
印度尼西亚	62	69	31	17	56	27	85	35	13	12	205	169
伊朗	62	73	28	14	50	22	65	26	..	..	163	80
伊拉克	68	68	23	20	37	31	46	39	6	7	281	125
爱尔兰	75	80	5	2	8	3	9	4	..	..	97	57
以色列	77	82	6	2	10	4	12	5	..	..	79	45
意大利	77	82	6	2	8	3	10	4	..	..	78	41
牙买加	71	73	13	9	31	20	38	24	5	6	189	117
日本	79	83	3	1	5	2	6	3	..	..	85	42
约旦	70	73	20	13	32	18	38	22	3	7	143	99
哈萨克斯坦	68	68	26	17	48	29	57	33	5	4	366	147
肯尼亚	59	56	31	28	64	55	99	85	27	25	380	358
朝鲜	70	69	22	18	23	26	45	33	..	..	194	124
韩国	71	81	3	2	6	4	8	5	..	..	90	41
科索沃	68	70	..	..	..	..	..	..	..	..	..	..
科威特	73	75	9	6	13	10	15	11	..	..	102	62
吉尔吉斯斯坦	68	69	30	19	59	33	72	38	8	4	304	132
老挝	54	67	39	21	100	42	145	54	..	..	207	167
拉脱维亚	69	73	12	5	16	8	21	10	..	..	247	94
黎巴嫩	69	72	18	12	31	19	38	22	..	..	150	101
莱索托	59	47	36	35	72	65	89	85	..	..	578	613
利比里亚	42	56	53	34	151	74	227	103	62	64	349	314
利比亚	68	75	22	10	33	13	45	17	..	..	137	85
立陶宛	71	73	10	3	14	5	17	7	..	..	275	95
前南斯拉夫马其顿共和国	71	75	17	8	34	10	39	12	2	1	126	78
马达加斯加	51	66	40	22	97	43	159	62	30	31	215	169
马拉维	47	53	44	27	131	58	222	92	52	54	409	411
马来西亚	70	74	9	3	15	5	18	6	..	..	147	75
马里	44	51	57	48	131	99	255	178	117	114	361	297
毛里塔尼亚	56	58	42	39	80	75	124	111	53	44	290	220
毛里求斯	69	73	16	9	21	13	24	15	..	..	206	102
墨西哥	71	77	17	7	38	14	49	17	..	..	133	73
摩尔多瓦	67	69	15	9	30	16	37	19	7	4	302	146
蒙古	61	68	27	12	76	26	107	32	11	10	294	141
摩洛哥	64	72	36	19	67	30	86	36	..	..	144	91
莫桑比克	43	50	51	39	146	92	219	135	..	..	482	444
缅甸	57	65	44	32	79	50	112	66	..	..	235	187
纳米比亚	61	62	25	17	49	29	73	40	24	19	345	343
尼泊尔	54	68	54	28	97	41	141	50	21	18	186	160
荷兰	77	81	5	3	7	4	8	4	..	..	75	56
新西兰	75	81	4	3	9	5	11	6	..	..	87	58
尼加拉瓜	64	74	25	12	52	23	68	27			197	111
尼日尔	41	54	48	32	132	73	311	143	138	135	313	271
尼日利亚	46	51	49	40	126	88	213	143	91	93	393	365
挪威	77	81	4	2	7	3	9	3	..	..	82	50
阿曼	71	73	22	5	36	8	47	9	..	..	138	76
巴基斯坦	61	65	51	41	96	70	124	87	14	22	189	158
巴拿马	72	76	14	9	26	17	33	20	..	..	133	70
巴布亚新几内亚	56	62	30	23	65	47	90	61	..	..	315	239
巴拉圭	68	72	24	14	40	21	50	25	..	..	168	121
秘鲁	66	74	27	9	55	15	78	19	13	4	158	97
菲律宾	65	68	23	14	42	23	59	29	10	9	262	145
波兰	71	76	11	4	15	5	17	6	..	..	198	76
葡萄牙	74	79	7	2	11	3	15	4	..	..	122	53
波多黎各	74	79	..	..	..	..	..	..	..	..	133	51
卡塔尔	74	78	10	4	17	7	21	8	..	..	69	59

2.23 死 亡 率

	出生时的预期寿命 岁		新生儿死亡率 每千例活产婴儿		婴儿死亡率 每千例活产婴儿		5岁以下儿童死亡率 每千例活产婴儿		儿童死亡率 每千人		成人死亡率 每千人	
	1990	2010	1990	2010	1990	2010	1990	2010	男性 2005–2010[a,b]	女性 2005–2010[a,b]	男性 2006–2010[a,b]	女性 2006–2010[a,b]
罗马尼亚	70	73	15	8	29	11	37	14	..	..	185	76
俄罗斯联邦	69	69	12	6	22	9	27	12	..	..	372	139
卢旺达	33	55	41	29	99	59	163	91	69	55	348	315
沙特阿拉伯	69	74	20	10	36	15	45	18	3	4	126	96
塞内加尔	53	59	40	27	70	50	139	75	43	39	291	239
塞尔维亚	71	74	16	4	25	6	29	7	4	3	150[e]	82[e]
塞拉利昂	39	47	57	45	162	114	276	174	67	61	464	444
新加坡	76	82	4	1	6	2	8	3	..	..	77	45
斯洛伐克共和国	71	75	12	4	15	7	18	8	..	..	184	74
斯洛文尼亚	73	79	5	2	9	2	10	3	..	..	124	54
索马里	45	51	52	52	108	108	180	180	53	54	368	312
南非	62	52	18	18	47	41	60	57	..	..	567	560
南苏丹共和国	..	62	..	..	..	..	..	..	..	..	..	..
西班牙	77	82	6	3	9	4	11	5	..	..	94	43
斯里兰卡	70	75	18	10	26	14	32	17	..	..	186	78
苏丹	53	61	39	35	78	66	125	103	38	30	265	211
斯威士兰	59	48	24	21	70	55	96	78	32	30	562	580
瑞典	78	81	3	2	6	2	7	3	..	..	69	41
瑞士	77	82	4	3	7	4	8	5	..	..	76	42
阿拉伯叙利亚共和国	71	76	18	9	31	14	38	16	5	3	110	72
塔吉克斯坦	63	67	37	25	91	52	116	63	18	13	224	128
坦桑尼亚	51	57	40	26	95	60	155	92	..	..	362	343
泰国	72	74	17	8	26	11	32	13	..	..	205	101
东帝汶	46	62	48	24	127	56	169	81	..	..	259	223
多哥	53	57	40	32	87	66	147	103	55	43	340	297
特立尼达和多巴哥	69	70	23	18	32	24	37	27	5	8	233	136
突尼斯	70	75	23	9	39	14	49	16	..	..	123	69
土耳其	63	74	33	10	66	14	80	18	6	6	136	77
土库曼斯坦	63	65	33	23	78	47	98	56	..	..	304	159
乌干达	47	54	36	26	106	63	175	99	75	62	400	385
乌克兰	70	70	9	6	18	11	21	13	4	1	385	142
阿拉伯联合酋长国	72	77	12	4	18	6	22	7	..	..	90	68
英国	76	80	5	3	8	5	9	5	..	..	95	58
美国	75	78	6	4	9	7	11	8	..	..	139	80
乌拉圭	72	76	11	6	20	9	23	11	..	..	133	60
乌兹别克斯坦	67	68	30	23	63	44	77	52	11	7	243	139
委内瑞拉	71	74	17	10	28	16	33	18	..	..	171	89
越南	65	75	23	12	37	19	51	23	5	4	132	89
西岸和加沙	68	73	..	..	36	20	45	22	3	3	142	105
也门共和国	56	65	43	32	90	57	128	77	10	11	231	186
赞比亚	47	48	40	30	109	69	183	111	66	55	491	493
津巴布韦	61	50	27	27	52	51	78	80	21	21	543	594
全世界	**65 w**	**70 w**	**32 w**	**23 w**	**62 w**	**41 w**	**90 w**	**58 w**	**.. w**	**.. w**	**210 w**	**150 w**
低收入国家	53	59	46	33	103	70	165	108	53	51	297	260
中等收入国家	64	69	33	22	61	38	85	51	..	..	202	136
中低收入国家	59	65	41	29	78	50	113	69	21	22	244	175
中高收入国家	69	73	23	11	39	17	49	20	..	..	161	100
低收入和中等收入国家	63	68	35	25	68	45	98	63	..	..	213	152
东亚和太平洋地区	68	72	25	13	42	20	56	24	..	..	157	105
欧洲和中亚	68	71	21	11	42	19	51	23	..	..	273	116
拉丁美洲和加勒比地区	68	74	23	11	43	18	54	23	..	..	181	98
中东和北非	64	72	29	16	56	27	74	34	..	..	160	95
南亚	59	65	48	33	86	52	120	67	11	15	239	166
撒哈拉以南非洲地区	50	54	43	35	105	76	175	121	68	65	379	346
高收入国家	75	80	6	3	10	5	12	6	..	..	117	62
欧元区	76	81	5	2	8	3	10	4	..	..	107	53

a. 最近年份可获得的数据。b. 指调查年份。从调查中直接测算出估计值，并涵盖调查前5年或10年的数据。c. 包括中国台湾。d. 不包括法国海外属地：法属圭亚那、瓜德罗普、马提尼克和留尼旺。e. 包括科索沃。

关于数据的说明

像婴儿死亡率、儿童死亡率和成人死亡率这样不同的年龄组的死亡率指标以及像出生时预期寿命或存活到某一特定年龄这样的总体死亡率指标，都是反映一国健康状况的重要指标。因为无法获得有关疾病患病率或流行的数据，死亡率经常被用于甄别弱势人群。这些指标也经常被广泛用作比较各国社会经济发展水平的指标。

死亡率数据的主要来源是人口动态登记系统和基于抽样调查或人口普查的直接或间接的估算。"完善的"人口动态登记系统——即系统至少应覆盖90%的人口——是特定年龄死亡率数据的最佳来源。如果特定年龄的死亡率数据是可靠的，出生时的预期寿命就可以直接通过人寿表加以估测，后者则是根据特定年龄死亡率数据构建的。

但是在发展中国家并不普遍具备这一系统。这样就必须根据抽样调查来估算，或者应用间接的估算技术对登记、人口普查或调查的数据进行推导来得到估计值（见表2.17和"基本数据文献"）。调查数据容易受记忆错误的影响；而且由于某一年孩子出生或死亡的家庭不一定会事先被选作样本，调查估计婴儿死亡率需要大量的样本。间接估算值依据人寿模型表，但它也可能不适合有关人口的情况。由于出生时预期寿命是用婴儿死亡数据和人寿表模型算出的，这些指标也会带来类似的可靠性问题。根据过时的调查得出的数据进行外推对于监测健康状况的变化或比较分析性工作是不可靠的。

对婴儿和5岁以下儿童死亡率的估计倾向于因其给定时间和地点所用方法和数据来源的不同而不同。不同国家可得估计的年份也存在差异，这使得跨国跨时间的比较变得困难。为了可以比较婴儿和5岁以下儿童死亡率的估计，并保证来自不同机构的估计一致——联合国儿童死亡率估计机构间组织（其中包括联合国儿童基金会、联合国人口署、世界卫生组织、世界银行以及其他大学和研究机构）开发并采用了一种统计方法，其使用所有可得的信息来调和差异。该方法利用加权最小二乘法，以确定死亡率与其参考期之间相互关系的回归线，并推断自此以后的趋势（有关儿童死亡率估算的进一步讨论，见UNICEF、WHO、世界银行和联合国人口（2011年），更多图表和详细的背景数据，见www.childmortality.org/）。

在父母没有性别偏爱的国家，婴儿和儿童死亡率中男孩高于女孩。儿童死亡率比婴儿死亡率更能反映性别歧视的影响，因为营养不良和医疗干预措施对于该年龄组更为重要。如果女孩死亡率较高，如南亚某些国家的情况，就可能是女孩享受医疗食品等资源的机会不公平。本表中的儿童死亡率与婴儿死亡率、5岁以下儿童死亡率不一致，因为方法和参考年份存在差异。儿童死亡率数据是直接从调查中估计的，并且覆盖了过去10年的调查。除了从人口卫生调查中估计，"多指标分类调查"（MIC）第三版所带来的新的估算已经添加到了表中，其涵盖了过去5年的调查。

成年人死亡率和65岁以上生存者比率来自人寿表。撒哈拉以南非洲地区十几个国家的成年人死亡率在21世纪初期明显增加。而在20世纪90年代前5年欧洲和中亚的一些国家这种情况也曾出现。撒哈拉以南非洲地区的上升来自于与AIDS有关的死亡率，其对男性和女性都有影响，但女性受到的影响更大。在欧洲和中亚其原因更加多样化（高吸烟率、高脂肪饮食、饮酒过量和经济转型期所带来的心理压力等发病率），男性受到的影响更大。

来自联合国的年度数据序列是基于5年的估计值加以推导的，从而可能不会影响实际情况。

定义

• **出生时的预期寿命**是指假定出生时死亡率格局在其一生保持不变的情况下，一名新生儿可能生存的年数。 • **新生儿死亡率**是每千例活产婴儿中没有活到28天的新生儿数量。 • **婴儿死亡率**是指特定年份每千例活产婴儿在1岁之前死亡的人数。 • **5岁以下儿童死亡率**是指按照当时的特定年龄死亡率，一名新生儿在年满5岁之前死亡的概率。这一概率用每千人中的比率表示。 • **儿童死亡率**是指按照当时特定年龄死亡率，1岁到5岁之间儿童死亡的概率。这一概率用每1,000人中的比率表示。 • **成人死亡率**是指年龄在15—60岁之间的人口死亡的概率——也就是按照目前15—60岁特定年龄死亡率，15岁以上的人在60岁生日前死亡的概率。这一概率用每1,000人中的比率表示。

数据资料来源

出生时的预期寿命数据为世界银行基于《世界人口展望：2010年修订版》（一多半国家，大多数发展中国家）男性和女性数据、各国统计部门的人口普查报告以及其他统计出版物、欧洲统计局的《人口统计》和美国人口局国际数据库的计算。新生儿死亡率、婴儿死亡率和5岁以下儿童死亡率数据来自"关于数据的说明"中所说的联合国儿童死亡率估计机构间组织2011年的报告《儿童死亡数量与趋势》，其中主要基于家庭调查、人口普查以及人口动态登记，并由世界银行基于家庭调查和人口动态登记的估计值作补充。儿童死亡率数据来自宏观国际的人口统计和健康调查、世界银行基于UNICEF"多指标分类调查"的婴儿死亡率和5岁以下儿童死亡率的计算。成人死亡率数据为《世界人口展望：2008年修订版》5年数据的线性内插。其他成人死亡率数据则来自加州大学伯克利分校的人类死亡数据库和Max Planck的人口统计研究所（www.mortality.org）。

2.24 收入带来的健康差距

人口统计

	调查年份	婴儿死亡率		5岁以下儿童死亡率		总生育率		未成年母亲	
		每千例活产婴儿		每千例活产婴儿		每个女性生育数		占15—19岁女性的百分比	
		最贫困的1/5人口	最富裕的1/5人口	最贫困的1/5人口	最富裕的1/5人口	最贫困的1/5人口	最富裕的1/5人口	最贫困的1/5人口	最富裕的1/5人口
阿尔及利亚		..	..	..	..	..	..	..	..
亚美尼亚	2005	42	14	52	23	1.8	1.5	5	0
阿塞拜疆	2006	52	37	63	41	2.3	1.6	6	3
孟加拉国	2007	66	36	86	43	3.2	2.2	42	20
玻利维亚	2008	89	26	116	31	6.2	1.9	31	8
波斯尼亚和黑塞哥维那		..	..	..	..	..	..	..	..
布基纳法索	2006	*97*	*78*	196	111	*6.6*	*3.6*	*26*	*12*
柬埔寨	2005	101	34	127	43	4.9	2.4	11	5
喀麦隆	2006	*101*	*51*	*189*	*88*	*6.5*	*3.2*	*36*	*14*
哥伦比亚	2010	22	12	29	13	3.2	1.4	29	7
刚果民主共和国	2007	113	58	184	97	7.4	4.2	29	12
刚果共和国	2005	92	56	135	85	6.7	2.9	35	13
科特迪瓦	2006	*147*	59	*229*	*83*	*7.4*	2.9	*52*	*12*
多米尼加共和国	2007	43	26	53	28	3.8	1.7	37	8
埃及	2008	42	17	49	19	3.4	2.7	12	5
埃塞俄比亚	2005	80	60	130	92	6.6	3.2	24	8
冈比亚	2006	106	58	158	72	..	..	..	..
加纳	2008	59	47	103	60	6.5	2.3	18	4
几内亚	2005	127	68	217	113	6.5	4.2	39	20
几内亚比绍		..	..	..	..	..	..	..	..
海地	2006	78	45	125	55	6.6	2.0	22	7
洪都拉斯	2006	37	19	50	20	5.6	2.1	31	10
印度	2006	82	34	118	39	3.9	1.8	25	5
印度尼西亚	2007	56	26	77	32	3.0	2.7	6	10
约旦	2009	32	29	36	32	4.9	2.7	5	3
哈萨克斯坦	2006	68	*42*	82	*45*	*3.4*	*1.2*	*8*	*5*
肯尼亚	2009	66	57	98	69	7.0	2.9	24	16
吉尔吉斯斯坦		..	..	..	..	..	..	..	..
老挝		..	..	..	..	..	..	..	..
拉脱维亚	2009	121	95	176	137	8.0	3.2	53	20
马达加斯加	2009	61	37	106	48	*6.8*	*2.7*	*51*	*14*
马拉维	2006	72	62	123	99	*7.1*	*4.1*	*43*	*20*
马里	2006	124	80	233	124	7.6	4.9	37	23
毛里塔尼亚	2007	89	57	144	87	*5.4*	*3.6*	*14*	*11*
摩尔多瓦	2005	20	16	29	17	2.1	1.4	8	1
蒙古	2007	60	24	92	30	5.1	2.4	22	5
尼泊尔	2006	71	40	98	47	4.7	1.9	18	14
尼日尔	2006	91	67	206	157	7.9	6.4	40	24
尼日利亚	2008	100	58	219	87	7.1	4.0	46	5
巴基斯坦	2007	94	53	121	60	5.8	3.0	16	4
菲律宾	2008	40	15	59	17	5.2	1.9	19	4
罗马尼亚	2008	99	45	161	84	5.8	4.4	5	4
塞内加尔	2005	*77*	*43*	*143*	*56*	*6.7*	*3.3*	*34*	*8*
塞尔维亚		..	..	..	..	..	..	..	..
塞拉利昂	2008	148	93	211	145	6.3	3.2	49	16
索马里		..	..	..	..	..	..	..	..
斯威士兰	2007	84	84	118	101	5.5	2.6	33	15
阿拉伯叙利亚共和国	2006	18	16	22	20	..	..	..	..
坦桑尼亚	2010	61	63	103	84	7.0	3.2	28	13
泰国		..	..	..	..	..	..	..	..
东帝汶	2009/2010	62	38	87	52	7.3	4.2	9	3
多哥	2006	92	43	150	62	7.3	2.9	36	7
突尼斯	2007	19	9	23	9	1.7	1.0	8	1
乌兹别克斯坦	2006	59	36	72	42	..	..	..	..
也门共和国	2006	94	36	118	118	..	..	..	..
赞比亚	2007	69	74	124	124	8.4	3.4	37	14
津巴布韦	2006	48	45	72	72	5.5	2.3	32	7

儿童健康

	调查年份	腹泻				急性呼吸道疾病				儿童营养不良（体重不足）		儿童免疫接种率	
		5岁以下儿童患病率		5岁以下儿童患腹泻治愈率		5岁以下儿童患病率		5岁以下儿童患急性呼吸道疾病治愈率		占5岁以下儿童的比例(使用旧标准)		12—23个月的儿童中所有免疫接种的儿童所占的比例	
		最贫困的1/5人口	最富裕的1/5人口	最贫困的1/5人口	最富裕的1/5人口	最贫困的1/5人口	最富裕的1/5人口	最贫困的1/5人口	最富裕的1/5人口	最贫困的1/5人口	最富裕的1/5人口	最贫困的1/5人口	最富裕的1/5人口
阿尔及利亚	2006	10	8	..	..	7	5	38	68	5	3	81	95
亚美尼亚	2005	20	13	65	80	11	11	30	42	5	1	66	68
阿塞拜疆	2006	13	10	66	55	4	2	15	11	17	4	7	32
孟加拉国	2007	10	8	79	88	6	3	45	73	55	31	80	88
玻利维亚	2008	30	20	58	75	24	17	40	70	11	2	78	81
波斯尼亚和黑塞哥维那	2006	4	5	..	..	5	3	97	96	2	4	66	71
布基纳法索	2006	19	16	*57*	*73*	6	2	45	73	44	24	64	81
柬埔寨	2005	22	14	66	40	12	3	41	58	43	23	56	76
喀麦隆	2006	30	10	*46*	*73*	10	6	20	50	35	6	42	72
哥伦比亚	2010	16	7	67	82	7	4	54	67	*12*	*3*	64	67
刚果民主共和国	2007	17	14	65	55	9	*6*	*32*	*48*	33	19	20	50
刚果共和国	2005	15	12	54	54	..	..	..	..	20	5	29	73
科特迪瓦	2006	20	13	*55*	*77*	8	3	21	71	26	10	58	92
多米尼加共和国	2007	16	13	64	63	9	4	63	65	7	2	48	76
埃及	2008	10	7	39	32	10	8	70	82	9	7	89	94
埃塞俄比亚	2005	18	14	24	55	12	11	19	33	43	29	14	36
冈比亚	2006	21	15	..	..	6	5	68	68	26	14	83	74
加纳	2008	25	10	58	69	6	3	45	87	23	11	75	84
几内亚	2005	18	17	47	73	10	8	30	59	28	21	29	45
几内亚比绍	2006	13	14	..	..	4	7	32	82	21	10	43	64
海地	2006	25	18	48	67	10	5	21	37	27	7	34	56
洪都拉斯	2006	19	11	64	68	14	6	46	74	21	2	77	68
印度	2006	9	8	25	49	6	4	61	80	61	25	24	71
印度尼西亚	2007	18	10	60	57	*8*	*5*	*48*	*74*	..	..	39	75
约旦	2009	*18*	*14*	*56*	*64*	*5*	*3*	*66*	*78*	4	0	*82*	*89*
哈萨克斯坦	2006	1	2	*46*	*71*	1	2	37	53	5	1	98	96
肯尼亚	2009	20	13	80	79	11	5	57	63	31	12	61	70
吉尔吉斯斯坦	2006	3	4	..	..	..	..	..	..	3	3	..	..
老挝	2006	17	9	..	..	6	3	28	12	44	18	18	45
拉脱维亚	2007	19	19	63	83	8	9	59	89	26	17	23	56
马达加斯加	2009	8	10	52	67	3	3	33	68	*47*	28	41	82
马拉维	2006	26	20	*65*	*76*	9	8	51	65	25	16	66	77
马里	2006	13	8	41	68	*10*	*11*	*9*	*50*	37	22	49	56
毛里塔尼亚	2007	25	19	*29*	*29*	7	7	33	64	40	13	39	25
摩尔多瓦	2005	7	12	*50*	*70*	5	10	42	68	..	..	82	59
蒙古	2007	13	11	57	74	7	1	65	94	27	9	59	82
尼泊尔	2006	13	12	27	59	6	5	36	54	54	24	68	94
尼日尔	2006	22	18	50	66	*10*	*11*	*19*	*59*	48	30	20	48
尼日利亚	2008	14	5	25	61	4	1	32	66	40	13	5	53
巴基斯坦	2007	23	20	52	59	15	13	67	92	..	..	26	64
菲律宾	2008	10	7	68	82	7	3	42	64	..	..	64	87
罗马尼亚	2008	16	13	32	49	16	14	16	43	*30*	*10*	82	83
塞内加尔	2005	24	23	51	52	10	15	35	61	25	7	59	65
塞尔维亚	2006	7	5	..	..	3	2	89	..	4	2	50	54
塞拉利昂	2008	13	9	74	86	7	4	39	46	27	15	39	40
索马里	2006	26	14	..	..	18	12	5	28	..	..	5	22
斯威士兰	2007	23	9	89	85	10	8	66	75	9	3	82	79
阿拉伯叙利亚共和国	2006	9	6	..	..	4	6	72	86	13	8	51	77
坦桑尼亚	2010	15	16	56	68	4	5	18	62	25	12	69	85
泰国	2006	10	6	..	..	7	3	85	78	15	4	92	86
东帝汶	2009/2010	13	17	81	76	2	2	53	80	..	..	43	45
多哥	2006	15	9	..	..	7	8	17	28	37	15	39	63
突尼斯	..	..	..	..	..	..	..	..	..	..	..	..	..
乌兹别克斯坦	2006	..	..	..	..	..	..	..	..	6	3	90	80
也门共和国	2006	35	27	..	..	..	..	..	..	..	..	18	73
赞比亚	2007	14	16	71	79	5	6	78	56	21	14	71	78
津巴布韦	2006	15	15	65	79	7	2	9	51	*18*	6	43	64

收入带来的健康差距

生殖健康与妇女健康

	调查年份	避孕知识知晓率 占15—49岁已婚女性的百分比（任何方法）		避孕普及率 占15—49岁已婚女性的百分比（任何方法）		接受产前护理的孕妇 百分比		在熟练医护人员护理下的分娩 百分比		健康护理障碍 百分比	
		最贫困的1/5人口	最富裕的1/5人口	最贫困的1/5人口	最富裕的1/5人口	最贫困的1/5人口	最富裕的1/5人口	最贫困的1/5人口	最富裕的1/5人口	最贫困的1/5人口	最富裕的1/5人口
阿尔及利亚	2006	..	..	56	65	76	98	88	98	..	..
亚美尼亚	2005	97	100	51	60	86	99	98	100	92	67
阿塞拜疆	2006	96	99	55	57	56	98	76	100	94	65
孟加拉国	2007	100	100	55	60	32	85	7	57	26	17
玻利维亚	2008	90	100	46	71	79	97	39	99	95	78
波斯尼亚和黑塞哥维那	2006	..	..	35	35	98	100	99	100	..	..
布基纳法索	2006	85	99	9	41	79	98	56	65	88	65
柬埔寨	2005	98	100	31	54	58	91	22	92	93	72
喀麦隆	2006	72	99	11	44	48	98	19	96	92	69
哥伦比亚	2010	100	100	76	80	92	99	86	99	..	..
刚果民主共和国	2007	79	98	14	39	78	95	62	98	95	70
刚果共和国	2005	97	100	40	46	75	98	69	99	..	..
科特迪瓦	2006	75	99	9	24	69	97	29	95	..	..
多米尼加共和国	2007	99	100	68	73	87	98	90	98	75	43
埃及	2008	100	100	55	65	57	93	58	97	87	45
埃塞俄比亚	2005	76	96	4	37	..	..	..	..	98	82
冈比亚	2006	..	..	6	13	98	98	28	89	..	..
加纳	2008	93	100	14	31	93	100	23	96	78	48
几内亚	2005	87	97	5	17	68	98	15	87	93	71
几内亚比绍	2006	..	..	6	23	76	89	19	79	..	..
海地	2006	100	100	20	38	72	97	8	71	98	75
洪都拉斯	2006	100	100	53	73	88	99	38	98	94	69
印度	2006	99	100	42	68	58	97	21	90	67	15
印度尼西亚	2007	96	100	53	64	83	99	47	96	62	25
约旦	2009	100	100	54	65	97	100	99	100	81	62
哈萨克斯坦	2006	99	100	42	59	100	100	100	100	..	..
肯尼亚	2009	86	99	20	55	84	97	23	82	39	27
吉尔吉斯斯坦	2006	..	..	50	51	94	99	93	100	..	..
老挝	2006	..	..	..	..	16	88	3	81	..	..
拉脱维亚	2007	72	99	4	20	68	96	30	82	91	45
马达加斯加	2009	87	100	20	57	73	97	22	90	75	37
马拉维	2006	98	100	38	46	90	95	43	77	90	53
马里	2006	70	93	4	19	20	80	9	76	74	47
毛里塔尼亚	2007	53	93	2	19	53	94	21	95	..	..
摩尔多瓦	2005	99	100	67	70	97	98	99	100	85	56
蒙古	2007	97	100	32	71	90	97	61	98	89	33
尼泊尔	2006	100	100	33	61	50	92	9	64	91	63
尼日尔	2006	68	89	11	21	37	82	5	60	87	59
尼日利亚	2008	41	96	3	35	24	94	9	86	86	49
巴基斯坦	2007	92	99	16	43	38	92	18	79	..	..
菲律宾	2008	96	100	41	50	91	99	98	99	88	50
罗马尼亚	2008	99	99	28	50	95	97	49	76	89	65
塞内加尔	2005	89	99	4	25	86	99	21	91	88	54
塞尔维亚	2006	..	..	33	49	96	100	98	100	..	..
塞拉利昂	2008	65	89	4	20	84	97	28	72	96	69
索马里	2006	..	..	12	19	8	51	11	77	..	..
斯威士兰	2007	100	100	37	62	96	99	51	93	70	22
阿拉伯叙利亚共和国	2006	..	..	42	68	68	94	78	99	..	..
坦桑尼亚	2010	97	100	23	51	82	95	31	88	56	16
泰国	2006	..	..	74	69	96	100	93	100	..	..
东帝汶	2009/2010	66	93	15	34	75	96	12	71	94	70
多哥	2006	94	99	12	19	69	100	30	97	..	..
突尼斯	2007	99	100	62	71	98	99	99	100	..	..
乌兹别克斯坦	2006	..	..	66	63	98	99	100	100	..	..
也门共和国	2006	..	..	15	44	32	79	17	74	..	..
赞比亚	2007	98	100	41	54	90	98	26	92	77	42
津巴布韦	2006	99	100	48	72	92	98	44	97	89	46

关于数据的说明

国家层面的健康调查数据不能揭示国家内部不同社会经济群体的健康状况差异。本表介绍了国家内部的健康、人口状况，以及不同社会经济群体使用医疗健康服务的情况。有关数据来自宏观国际的人口统计和健康调查、联合国儿童基金会的多指标分类调查。

收集家庭或个体社会经济状况方面的数据难度很大，有关统计方法也在不断更新。早期的统计主要依赖于家庭收入和消费等指标，这种统计方法不但容易产生偏差，而且在运用问卷调查时还要消耗大量人力和时间。宏观国际的人口统计和健康调查设计（世界银行也资助了部分资金）的财富指数则更加易于操作。该指数测量的是家庭拥有选定资产的情况，如电视机和自行车、房屋建造材料、水源和卫生设施。单一资产指数就是在全国样本数据的基础上发展而来。财富指数的设计理念是主成分分析法，将个体家庭的相对财富置于一个连续范畴之内。人口统计与健康调查和多指标分类调查根据被访问家庭的财富状况将所有家庭五等分，以便比较财富对于人群、健康状况和营养状况的影响。调查报告的最后部分是有关财富指数的介绍。

根据财富状况对数据分类可以让数据使用者进一步了解不同社会经济群体健康状况的差异，以及贫困人口面临的特有问题，如无法获得足够医疗健康服务等。如果贫困人口的疾病负担高于富裕人口，那么相关项目计划就应该向贫困人口倾斜。但事实并非如此。贫困人口往往无法获得，也无法负担高质量的医疗健康服务。在低收入国家，贫困人口难以享用医疗健康服务，健康状况也不如富裕人口。本表只展示了最贫困的1/5人口和最富裕的1/5人口的估算数据，完整数据集包含了70个指标，详细信息见 http：//data. worldbank. org 和 http：//data. worldbank. org/data – catalog/health – nutrition – population – statistics。本表中的估算值主要来自调查数据，这些数据的产生时间可能早于调查日期，数据使用的定义和统计方法也可能不同于其他数据表。因此，数据使用者需谨慎使用这些数据。

定义

• **调查年份**指收集基础数据的年份。数据涉及的年份可能早于调查年份。 • **婴儿死亡率**指每千例活产儿中，1岁前死亡的婴儿数量。 • **5岁以下儿童死亡率**指根据既定年的年龄别死亡率计算出的该年出生的新生儿5岁前死亡的概率。这一概率来自一个国家或地区的生命表，通常以每千例活产儿中死亡人数表示。 • **总生育率**指根据一定时期各年龄别生育率，育龄女性生育的子女数量。 • **未成年母亲**指15—19岁怀第一胎或成为母亲的女性。 • **腹泻患病率**指调查前两周内患腹泻的儿童在5岁以下儿童中所占的比例。 • **腹泻治愈率**指调查前两周内患腹泻且得到治愈的儿童在5岁以下腹泻儿童中所占的比例。治疗药物包括口服补液盐、家庭自制液（补液盐或其他自制液）以及补液配方。 • **急性呼吸道疾病患病率**指调查前两周内患咳嗽且伴有呼吸急促症状的儿童在5岁以下儿童中所占的比例。 • **患急性呼吸道疾病儿童治愈率**指调查前两周内患急性呼吸道疾病且被送往医疗健康机构诊治儿童在5岁以下患病儿童中所占的比例。 • **儿童营养不良（体重不足）**指年龄别体重比国际标准中值水平低2个标准差的儿童在5岁以下儿童中所占的比例。测算标准沿用美国国家疾病防治中心和世界卫生组织旧的国际人口标准。 • **儿童免疫接种率**（所有疫苗）指截至调查时12—23个月的儿童中接种过卡介苗和麻疹、白喉、百日咳、破伤风、脊髓灰质炎（脊髓灰质炎0除外）等疫苗的儿童所占的比例。调查数据主要来自疫苗接种卡和儿童母亲的报告。 • **避孕知识知晓率**指至少知道一种避孕方法的女性在已婚女性中所占的比例。 • **避孕普及率**指在15—49岁已婚或有伴侣的女性中，本人或性伴侣正在尝试节育的女性所占的比例。 • **接受产前护理的孕妇**指调查前一年、两年或三年中，生育过一个及以上活产儿的女性中在最近一次孕期内接受过专业人员产前检查的女性所占的比例。 • **在熟练医护人员护理下的分娩**指调查前一年、两年或三年中，活产儿出生时有熟练医护人员在场护理。 • **健康护理障碍**指患病时难以获得健康护理的女性比例。这些女性面临的障碍主要包括：不知道去哪里治疗，需要获准治疗或治疗费，距离健康医疗设施的路程，需乘坐交通工具，需要他人陪伴以及没有女性医护人员。

数据资料来源

本表数据来自宏观国际的人口统计与健康调查（通过 STATcompiler 下载），以及联合国儿童基金会的多指标分类调查（Multiple Indicator Cluster Surveys）报告。

环境

本章涵盖了资源使用情况和人类活动对自然环境影响等方面的指标，主要包括：环境公共物品（森林、水、耕地）和环境退化（污染、滥伐森林、栖息地和生物多样性的减少）。只有有效地利用环境资源才能实现可持续发展和减贫。从指标数据来看，不断增长的人口和经济给土地、水源、森林、矿产和能源带来的压力日益增大。但是通过研发新技术、提高生产率和改善治理将有助于推动环境和社会的可持续发展。

全球在应对气候变化问题上既面临机遇，也面临挑战。2011 年 12 月在南非德班召开的联合国气候变化大会上，194 个与会国建立了“德班加强行动平台”，为各国气候问题谈判指明了方向。行动平台呼吁各方在 2015 年前就气候变化问题达成法定协议，该协议将适用于所有国家，并于 2020 年生效。与会国还建立了绿色气候基金，拟每年通过该基金向发展中国家提供数十亿美元的资金，帮助这些国家适应和减缓气候变化。

《2010 年世界发展报告：发展与气候变化》（世界银行，2009j）的研究结果表明，气候变化已侵蚀了发展成果，并对部分国家的社会和经济体系造成破坏。这个世纪的气温还将继续升高，随之而来的一系列环境变化已初现雏形，洪水和干旱等严峻的环境灾害将频频肆虐，农业、粮食生产和水源供给也将因此面临巨大风险。贫困国家和贫困人群是气候变化的最大受害者。充分了解气候变化将是制定发展政策的关键，因为气候变化增加了发展过程中的不确定性，充分掌握气候信息才能作出正确决策。

本年的环境章节增加了两个有关环境变化的数据表。表 3.11 展示了各经济部门的二氧化碳排放情况，通过这些数据，我们可以看到不同工业结构和生产技术如何影响二氧化碳的排放量，以及影响形式的变化轨迹。表 3.12 涵盖了有关气候变化、气候变化的影响以及适应气候变化等方面的数据。

本章涵盖的其他指标包括：土地使用、农业和粮食生产、森林和生物多样性、水源、能源使用和能源效率、自然资源租金、城市化、环境影响、政府承诺和濒危物种。表 3.8 增加了用电人口比例的最新数据。

工作人员尽可能从国际数据源中获取这些数据指标，并对其进行标准化处理，以便进行国别比较。但生态体系往往跨越国界，而且国家内部自然资源分布也各有差异。举例来讲，一国内某些地区可能拥有大量水资源，而另一些地区则可能水源匮乏，这就需要各地区分享水资源。相反，土地产出率和最优土地利用格局本具有地域特征，但不同地区却可能出现类似情况。温室气体排放和气候变化是全球现象，但其影响却有地区性差异，塑造着当地居民的生活和机遇。经济学家、环境学家和统计学家等各领域专家学者不但要从地区层面、国家层面和国际层面观测环境变化及其影响，还要将观测到的结果纳入国民收入账户以及其他统计框架，这一课题仍然极具挑战性。

3

农村人口和土地利用

	农村人口			土地面积	土地利用							
	占总人口的百分比		年均增长百分比	千平方公里	占土地面积的百分比						每100人的耕地面积（公顷）	
					森林面积		永久性作物用地		耕地			
	1990	2010	1990–2010	2010	1990	2010	1990	2009	1990	2009	1990	2009
阿富汗	82	75	2.3	652.2	2.1	2.1	0.2	0.2	12.1	11.9	41.6	23.3
阿尔巴尼亚	64	52	–0.9	27.4	28.8	28.3	4.6	3.2	21.1	22.3	17.6	19.2
阿尔及利亚	48	34	–0.4	2,381.7	0.7	0.6	0.2	0.4	3.0	3.1	28.0	21.5
安哥拉	63	42	0.7	1,246.7	48.9	46.9	0.4	0.2	2.3	3.2	28.1	21.6
阿根廷	13	8	–1.7	2,736.7	12.7	10.7	0.4	0.4	9.6	11.3	80.9	77.4
亚美尼亚	33	36	0.5	28.5	12.2	9.2	*2.1*	1.9	*14.9*	16.0	*12.3*	14.8
澳大利亚	15	11	0.1	7,682.3	20.1	19.4	0.0	0.0	6.2	6.1	280.7	214.8
奥地利	34	32	–0.4	82.5	45.8	47.1	1.0	0.8	17.3	16.6	18.6	16.4
阿塞拜疆	46	48	0.8	82.6	11.2	11.3	*3.7*	2.7	*20.5*	22.7	*23.1*	20.9
巴林	12	11	7.2	0.8	0.3	1.3	2.9	2.6	2.9	1.3	0.4	0.1
孟加拉国	80	72	0.5	130.2	11.5	11.1	2.5	7.5	72.6	58.1	9.0	5.2
白俄罗斯	34	26	–1.8	202.9	38.4	42.5	*0.9*	0.6	*30.0*	27.3	*59.6*	58.3
比利时	4	3	0.0	30.3	22.4	22.4	0.5[a]	0.7	23.3[a]	27.7	0.2	7.8
贝宁	66	58	2.2	110.6	52.1	41.2	0.9	2.7	14.6	22.1	33.8	28.5
玻利维亚	44	34	0.2	1,083.3	58.0	52.8	0.1	0.2	1.9	3.4	31.5	38.2
波斯尼亚和黑塞哥维那	61	51	–1.3	51.2	43.3	42.7	2.9	2.0	16.7	19.5	*21.6*	26.5
博茨瓦纳	58	39	–0.7	566.7	24.2	20.0	0.0	0.0	0.7	0.4	30.4	12.6
巴西	25	14	–2.5	8,459.4	68.0	61.4	0.8	0.9	6.0	7.2	33.9	31.7
保加利亚	34	28	–1.6	108.6	30.1	36.2	2.7	1.6	34.9	28.9	44.2	41.4
布基纳法索	86	80	2.5	273.6	25.0	20.6	0.2	0.2	12.9	21.6	37.8	36.9
布隆迪	94	89	2.2	25.7	11.3	6.7	14.0	13.6	36.2	35.0	16.6	11.0
柬埔寨	87	77	0.3	176.5	73.3	57.2	0.6	0.9	20.9	22.1	38.8	27.9
喀麦隆	59	42	0.2	472.7	51.4	42.1	2.6	3.0	12.6	12.6	48.8	31.1
加拿大	23	19	0.6	9,093.5	34.1	34.1	0.7	0.8	5.0	5.0	163.7	133.7
中非共和国	63	61	1.6	623.0	37.2	36.3	0.1	0.1	3.1	3.1	65.4	45.2
乍得	79	72	2.0	1,259.2	10.4	9.2	0.0	0.0	2.6	3.4	54.5	39.3
智利	17	11	–1.6	743.5	20.5	21.8	0.3	0.6	3.8	1.7	21.3	7.5
中国	73	55	–1.1	9,327.5	16.8	22.2	0.8	1.5	13.3	11.8	10.9	8.3
中国香港	1	..	..	1.0	..	..	..	..	..	..	..	..
哥伦比亚	32	25	0.2	1,109.5	56.3	54.5	1.5	1.4	3.0	1.6	10.0	3.9
刚果民主共和国	72	65	1.8	2,267.1	70.7	68.0	0.5	0.3	2.9	3.0	18.3	10.4
刚果共和国	46	38	1.5	341.5	66.5	65.6	0.1	0.2	1.4	1.5	20.1	12.7
哥斯达黎加	49	36	0.0	51.1	50.2	51.0	4.9	5.9	5.1	3.9	8.5	4.4
科特迪瓦	60	50	0.7	318.0	32.1	32.7	11.0	13.5	7.6	8.8	19.4	14.5
克罗地亚	46	42	–0.7	56.0	33.1	34.3	*2.0*	1.6	*21.7*	15.5	*27.1*	19.6
古巴	27	24	–0.1	106.4	19.2	27.0	4.2	3.5	31.6	34.3	32.1	32.4
塞浦路斯	33	30	0.5	9.2	17.4	18.7	5.5	3.6	11.5	9.4	13.8	8.0
捷克共和国	25	27	0.4	77.3	34.0	34.4	3.1	1.0	41.1	41.2	32.1	30.3
丹麦	15	13	–1.6	42.4	10.5	12.8	0.2	0.1	60.4	57.3	49.8	44.0
多米尼加共和国	45	30	–1.2	48.3	40.8	40.8	9.3	9.7	18.6	16.6	12.5	8.2
厄瓜多尔	45	33	–0.6	248.4	49.9	39.7	4.8	5.4	5.8	4.8	15.6	8.4
埃及	57	57	1.7	995.5	0.0	0.1	0.4	0.8	2.3	2.9	4.0	3.6
萨尔瓦多	51	39	–0.2	20.7	18.2	13.9	12.5	11.1	26.5	32.7	10.3	11.0
厄立特里亚	84	78	2.4	101.0	16.0	15.2	0.0	0.0	4.9	6.8	0.1	13.5
爱沙尼亚	29	31	–0.1	42.4	49.3	52.3	*0.3*	0.2	*26.3*	14.1	72.7	44.5
埃塞俄比亚	87	82	1.8	1,000.0	13.7	12.3	0.5	1.0	10.0	13.9	1.4	17.2
芬兰	39	36	–0.4	303.9	71.9	72.9	0.0	0.0	7.4	7.4	45.5	42.3
法国	26	22	–0.5	547.7	26.5	29.1	2.2	1.9	32.9	33.5	30.9	28.4
加蓬	31	14	–1.5	257.7	85.4	85.4	0.6	0.6	1.1	1.3	31.8	22.0
冈比亚	62	42	0.8	10.0	44.2	48.0	0.5	0.5	18.2	40.0	18.8	23.8
格鲁吉亚	45	47	0.8	69.5	40.0	39.5	*4.8*	1.7	*11.4*	6.4	*16.3*	10.2
德国	27	26	–0.5	348.6	30.8	31.8	1.3	0.6	34.3	34.3	15.1	14.6
加纳	64	49	0.8	227.5	32.7	21.7	6.6	12.3	11.9	19.3	18.3	18.5
希腊	41	39	–0.2	128.9	25.6	30.3	8.3	8.9	22.5	19.8	28.5	22.6
危地马拉	59	51	1.6	107.2	44.3	34.1	4.5	8.8	12.1	14.0	14.6	10.7
几内亚	72	65	1.5	245.7	29.6	26.6	2.0	2.8	11.6	11.6	49.5	29.2
几内亚比绍	72	70	2.0	28.1	78.8	71.9	4.2	8.9	8.9	10.7	24.6	20.2
海地	72	50	–1.4	27.6	4.2	3.7	11.6	10.9	28.3	38.1	11.0	10.6

	农村人口			土地面积	土地利用							
					占土地面积的百分比						每100人的耕地面积（公顷）	
	占总人口的百分比		年均增长百分比	千平方公里	森林面积		永久性作物用地		耕地			
	1990	2010	1990–2010	2010	1990	2010	1990	2009	1990	2009	1990	2009
洪都拉斯	60	51	1.1	111.9	72.7	46.4	3.2	3.7	13.1	9.1	29.9	13.7
匈牙利	34	32	−1.4	89.6	20.0	22.6	2.6	2.1	56.2	50.6	48.7	45.8
印度	75	70	0.9	2,973.2	21.5	23.0	2.2	3.9	54.8	53.1	18.6	13.1
印度尼西亚	69	46	−1.4	1,811.6	65.4	52.1	6.5	10.5	11.2	13.0	11.0	9.9
伊朗	44	31	−0.6	1,628.6	6.8	6.8	0.8	1.1	9.3	10.6	27.7	23.5
伊拉克	30	34	3.3	437.4	1.8	1.9	0.7	0.6	13.3	10.4	31.9	14.5
爱尔兰	43	38	−0.2	68.9	6.7	10.7	0.0	0.0	15.1	15.8	29.6	24.4
以色列	10	8	1.6	21.6	6.1	7.1	4.1	3.6	15.9	14.0	7.4	4.1
意大利	33	32	0.0	294.1	25.8	31.1	10.1	8.9	30.6	23.4	15.9	11.4
牙买加	51	46	−0.2	10.8	31.9	31.1	9.2	9.2	11.0	11.1	5.0	4.5
日本	37	33	−0.6	364.5	68.4	68.5	1.3	0.9	13.1	11.8	3.9	3.4
约旦	28	22	2.0	88.2	1.1	1.1	0.8	0.9	2.0	2.3	5.7	3.4
哈萨克斯坦	44	42	1.8	2,699.7	1.3	1.2	*0.1*	0.0	*13.0*	8.7	*213.2*	145.4
肯尼亚	82	78	2.2	569.1	6.5	6.1	0.8	1.1	8.8	9.5	21.3	13.7
朝鲜	42	37	−0.5	120.4	68.1	47.1	1.5	1.7	19.0	22.0	11.4	10.9
韩国	26	18	−0.9	96.9	64.5	64.2	1.6	2.1	19.8	16.4	4.6	3.3
科索沃	..	..	..	10.9[b]	..	..	..	..	..	*27.6*	..	*16.8*
科威特	2	2	2.1	17.8	0.2	0.3	0.1	0.2	0.2	0.6	0.2	0.4
吉尔吉斯斯坦	62	63	0.6	191.8	4.4	5.0	*0.4*	0.4	*6.9*	6.7	*29.0*	24.0
老挝	85	67	−0.3	230.8	75.0	68.2	0.3	0.5	3.5	5.9	19.1	22.3
拉脱维亚	31	32	−0.7	62.2	51.0	53.9	*0.4*	0.1	*27.1*	18.8	*64.6*	51.8
黎巴嫩	17	13	−0.2	10.2	12.8	13.4	11.9	14.0	17.9	14.2	6.2	3.5
莱索托	86	73	0.0	30.4	1.3	1.4	0.1	0.1	10.4	11.0	19.3	15.6
利比里亚	55	39	2.3	96.3	51.2	44.9	1.6	2.2	3.6	4.2	16.5	10.4
利比亚	24	22	0.7	1,759.5	0.1	0.1	0.2	0.2	1.0	1.0	41.6	27.9
立陶宛	32	33	−0.9	62.7	31.0	34.5	*0.7*	0.4	*46.0*	32.8	*78.0*	61.5
前南斯拉夫马其顿共和国	42	32	−1.4	25.2	35.9	39.6	*2.2*	1.4	*23.8*	16.7	*31.3*	20.4
马达加斯加	76	70	2.4	581.5	23.5	21.6	1.0	1.0	4.7	5.1	24.1	14.7
马拉维	88	80	2.5	94.1	41.3	34.4	1.4	1.3	23.9	38.2	24.0	24.9
马来西亚	50	28	−1.7	328.6	68.1	62.3	16.0	17.6	5.2	5.5	9.3	6.4
马里	77	67	2.2	1,220.2	11.5	10.2	0.1	0.1	1.7	5.2	23.7	42.7
毛里塔尼亚	60	59	2.1	1,030.7	0.4	0.2	0.0	0.0	0.4	0.4	20.0	11.6
毛里求斯	56	57	0.4	2.0	19.2	17.2	3.0	2.0	49.3	42.9	9.4	6.8
墨西哥	29	22	−0.1	1,944.0	36.2	33.3	1.0	1.4	12.5	12.9	28.8	22.4
摩尔多瓦	53	59	0.4	32.9	9.7	11.7	*14.2*	9.2	52.8	55.2	*46.8*	51.0
蒙古	43	43	1.2	1,553.6	8.1	7.0	0.0	0.0	0.9	0.6	62.5	35.4
摩洛哥	52	43	0.2	446.3	11.3	11.5	1.6	2.2	19.5	18.0	35.1	25.5
莫桑比克	79	62	1.0	786.4	55.2	49.6	0.3	0.3	4.4	6.4	25.5	22.1
缅甸	75	66	−0.2	653.5	60.0	48.6	0.8	1.7	14.6	16.9	24.4	23.2
纳米比亚	72	62	0.9	823.3	10.6	8.9	0.0	0.0	0.8	1.0	46.7	35.7
尼泊尔	91	82	1.2	143.4	33.7	25.4	0.5	0.8	16.0	16.7	12.0	8.2
荷兰	31	17	−2.6	33.8	10.2	10.8	0.9	1.0	26.0	31.2	5.9	6.4
新西兰	15	13	0.3	263.3	29.3	31.4	0.2	0.3	10.0	1.8	76.7	10.9
尼加拉瓜	48	43	0.7	120.3	37.5	25.9	1.6	1.9	10.8	15.8	31.6	33.3
尼日尔	85	83	3.4	1,266.7	1.5	1.0	0.0	0.0	8.7	11.8	141.7	99.8
尼日利亚	65	50	1.1	910.8	18.9	9.9	2.8	3.3	32.4	37.3	30.3	22.0
挪威	28	22	0.9	305.5	30.0	32.9	0.0	0.0	2.8	2.7	20.3	17.3
阿曼	34	28	2.4	309.5	0.0	0.0	0.1	0.1	0.1	0.3	1.9	3.7
巴基斯坦	69	63	1.1	770.9	3.3	2.2	0.6	1.1	26.6	26.5	18.3	12.0
巴拿马	46	25	−1.6	74.3	51.0	43.7	2.1	2.0	6.7	7.4	20.7	15.8
巴布亚新几内亚	85	88	2.3	452.9	69.6	63.4	1.2	1.5	0.4	0.6	4.6	3.9
巴拉圭	51	39	0.2	397.3	53.3	44.3	0.2	0.3	5.3	9.6	49.7	59.9
秘鲁	31	28	0.7	1,280.0	54.8	53.1	0.3	0.6	2.7	2.9	16.1	12.7
菲律宾	51	34	−0.5	298.2	22.0	25.7	14.8	16.9	18.4	18.1	8.9	5.9
波兰	39	39	0.2	304.2	29.2	30.7	1.1	1.3	47.3	41.2	37.8	32.9
葡萄牙	52	39	−1.5	91.5	36.4	37.8	8.5	8.5	25.6	12.3	23.5	10.6
波多黎各	28	1	−17.9	8.9	32.4	62.2	5.6	4.5	7.3	6.8	1.8	1.5
卡塔尔	8	4	7.7	11.6	0.0	0.0	0.1	0.3	0.9	1.0	2.1	0.8

农村人口和土地利用

	农村人口			土地面积	土地利用							
	占总人口的百分比		年均增长百分比	千平方公里	占土地面积的百分比						每100人的耕地面积（公顷）	
					森林面积		永久性作物用地		耕地			
	1990	2010	1990–2010	2010	1990	2010	1990	2009	1990	2009	1990	2009
罗马尼亚	47	45	–0.6	229.9	27.8	28.6	2.6	1.6	41.2	38.2	40.7	40.9
俄罗斯联邦	27	27	0.0	16,376.9	49.4	49.4	0.1	0.1	8.1	7.4	88.8	85.8
卢旺达	95	81	2.6	24.7	12.9	17.6	12.4	11.3	35.7	52.7	12.4	12.6
沙特阿拉伯	23	16	–5.5	2,000.0[c]	0.5	0.5	0.0	0.1	1.6	1.5	21.0	11.9
塞内加尔	61	57	2.2	192.5	48.6	44.0	0.2	0.3	16.1	20.0	42.7	31.8
塞尔维亚	50	48	–0.8	88.4	26.4	30.7	26.2	3.4	..	37.7	..	45.1
塞拉利昂	67	62	1.7	71.6	43.5	38.1	1.9	1.8	6.8	15.1	12.2	18.9
新加坡	–	–	..	0.7	3.0	2.9	1.5	0.0	1.5	0.0	0.0	0.0
斯洛伐克共和国	44	43	0.0	48.1	40.0	40.2	1.0	0.5	32.5	28.7	31.0	25.5
斯洛文尼亚	50	52	1.2	20.1	59.0	62.2	1.8	1.3	9.9	8.7	10.0	8.6
索马里	70	63	1.6	627.3	13.2	10.8	0.0	0.0	1.6	1.6	15.5	11.0
南非	48	38	0.1	1,214.5	6.8	4.7	0.7	0.8	11.1	11.8	38.2	29.1
南苏丹	..	..	..	..	..	..	..	..	..	..	..	..
西班牙	25	23	–0.2	499.1	27.7	36.4	9.7	9.5	30.7	25.1	39.5	27.2
斯里兰卡	83	85	0.9	62.7	37.5	29.7	15.9	15.5	14.4	19.1	5.2	5.8
苏丹	73	55	0.9	2,376.0	32.1	29.4	0.0	0.1	5.4	8.5	48.3	47.5
斯威士兰	77	75	1.1	17.2	27.4	32.7	0.7	0.9	10.5	10.2	20.9	15.0
瑞典	17	15	0.3	410.3	66.5	68.7	0.0	0.0	6.9	6.4	33.2	28.3
瑞士	27	26	0.8	40.0	28.8	31.0	0.6	0.6	10.3	10.2	6.1	5.3
阿拉伯叙利亚共和国	51	45	1.3	183.6	2.0	2.7	4.0	5.4	26.6	25.4	39.6	23.3
塔吉克斯坦	68	74	1.4	140.0	2.9	2.9	0.9	1.0	6.1	5.3	15.6	10.9
坦桑尼亚	81	74	2.4	885.8	46.8	37.7	1.1	1.7	10.2	11.3	35.3	23.0
泰国	71	66	0.1	510.9	38.3	37.1	6.1	7.2	34.2	29.9	30.7	22.3
东帝汶	79	72	1.6	14.9	65.0	49.9	3.9	4.0	7.4	11.1	14.8	15.0
多哥	70	57	0.9	54.4	12.6	5.3	1.7	3.3	38.6	40.4	57.3	37.3
特立尼达和多巴哥	92	86	0.0	5.1	47.0	44.1	6.8	4.3	7.0	4.9	3.0	1.9
突尼斯	42	33	–0.2	155.4	4.1	6.5	12.5	14.3	18.7	17.4	35.7	25.9
土耳其	41	30	–0.2	769.6	12.6	14.7	3.9	3.8	32.0	27.7	45.5	29.7
土库曼斯坦	55	51	0.4	469.9	8.8	8.8	0.1	0.1	2.9	3.9	34.8	37.2
乌干达	89	87	3.0	197.1	23.8	15.2	9.3	11.3	25.0	33.0	28.3	20.4
乌克兰	33	32	–0.6	579.3	16.0	16.8	1.9	1.6	57.6	56.1	64.0	70.5
阿拉伯联合酋长国	21	22	7.7	83.6	2.9	3.8	0.2	2.4	0.4	0.8	1.9	0.9
英国	11	10	–0.1	241.9	10.8	11.9	0.3	0.2	27.4	25.0	11.6	9.8
美国	25	18	–1.0	9,147.4	32.4	33.2	0.2	0.3	20.3	17.8	74.4	53.1
乌拉圭	11	8	–1.0	175.0	5.3	10.0	0.3	0.2	7.2	10.7	40.5	56.2
乌兹别克斯坦	60	63	1.3	425.4	7.2	7.7	0.9	0.8	10.5	10.1	20.9	15.5
委内瑞拉	16	6	–3.9	882.1	59.0	52.5	0.9	0.7	3.2	3.1	14.3	9.7
越南	80	71	0.4	310.1	28.8	44.5	3.2	10.8	16.4	20.3	8.1	7.3
西岸和加沙	32	28	2.3	6.0	1.5	1.5	19.1	19.4	18.1	16.6	5.5	2.5
也门共和国	79	68	2.2	528.0	1.0	1.0	0.2	0.5	2.9	2.2	12.8	5.0
赞比亚	61	64	1.4	743.4	71.0	66.5	0.0	0.0	3.9	4.5	36.8	26.3
津巴布韦	71	62	0.0	386.9	57.3	40.4	0.3	0.3	7.5	10.8	27.6	33.5
全世界	**57 w**	**49 w**	**0.3 w**	**129,561.0 s**	**32.0 w**	**31.1 w**	**1.1 w**	**1.2 w**	**10.9 w**	**10.7 w**	**23.7 w**	**20.4 w**
低收入国家	79	72	1.5	15,043.5	31.2	27.6	0.7	0.9	7.7	9.6	23.8	18.5
中等收入国家	62	51	0.1	80,675.5	33.9	32.8	1.4	1.4	11.1	10.9	18.8	17.8
中低收入国家	68	60	0.8	22,789.9	30.7	27.9	1.9	2.7	14.8	16.4	18.7	15.1
中高收入国家	56	43	–0.9	57,885.6	35.2	34.6	1.1	0.9	9.2	8.7	18.9	20.6
低收入和中等收入国家	64	54	0.3	95,718.9	33.5	31.9	1.2	1.3	10.5	10.7	19.3	17.9
东亚和太平洋地区	71	54	–0.9	15,853.7	29.0	29.6	2.2	3.4	12.1	11.5	12.0	9.4
欧洲和中亚	37	36	0.1	22,748.9	38.4	38.6	0.4	0.4	11.6	10.5	68.5	59.2
拉丁美洲和加勒比地区	29	21	–0.6	20,116.2	51.6	47.0	0.9	1.0	6.6	7.4	30.3	25.9
中东和北非	48	42	1.1	8,643.6	2.4	2.4	0.8	1.0	5.9	5.9	22.5	15.6
南亚	75	70	1.0	4,771.2	16.6	17.1	1.8	3.1	42.7	41.4	17.8	12.3
撒哈拉以南非洲地区	72	63	1.7	23,585.4	31.1	28.0	0.8	1.0	6.6	8.5	32.1	24.2
高收入国家	27	22	–0.5	33,842.1	27.9	28.8	0.7	0.7	11.7	10.8	42.5	33.2
欧元区	29	26	–0.4	2,552.0	33.8	37.3	4.8	4.2	27.1	24.4	22.9	18.8

a. 包括卢森堡。b. 数据来自各国的资料来源。c. 临时估计。

关于数据的说明

全世界30亿人口其中70%为贫困人口，生活在农村。因此，用足够多的指标来监控农村地区的进展非常重要。然而，没有几个指标是按照城市—农村细目分类加以分解的（部分指标见表2.7、表3.5和表3.13）。本表给出了农村人口和土地使用的指标。农村人口被近似地看做年中非城市人口数。尽管已有实际方法来鉴定农村人口，但是并不准确（关于这一问题的进一步讨论，见专栏3.1a）。

表中的数据表明土地使用格局正在发生变化，而且这些数据还显示出国家之间在资源禀赋和使用方面存在的主要差异。然而，由于定义、统计方法和数据收集质量方面的变化，数据真正的可比性是受到限制的。各国对农村人口、城市人口以及土地的使用就存在不同的定义。这些数据的主要汇集机构——联合国粮食及农业组织（FAO），将不定期地调整土地使用分类的定义，有时对早期数据也加以修订。因为数据反映了报告程序的变化和土地使用情况的实际变化，在解释明显的趋势时应该谨慎。

卫星图像显示的土地使用情况不同于根据耕作面积和土地使用类型实地测量得到的结果。此外，在诸如印度等国家中，土地使用数据都是基于为征集税收而设计的报告体系。因为土地税已不再是政府收入的主要来源，土地使用数据（作物用地除外）的质量和涵盖范围已有所下降。由于定义上的差异和不定期的调查，森林面积数据可能尤其不可靠（见表3.4的“关于数据的说明”）。粮食及农业组织于1948—1963年间公布的森林面积统计数据主要是基于各国的问卷调查数据。自1980年以来，随着遥感技术、统计建模以及对各国调查的专家分析的采用，完善了对森林面积的估计。囊括了230个国家的《2010年全球森林资源评估》是到目前为止针对森林和林业在范围、国家数量及其涉及的人口方面最为全面的评估。该评估报告利用大约90个变量（涵盖森林及其他林业用地的范围、状况、使用及其价值）对当前的地位及其近期的趋势进行了考察。

定义

• **农村人口**计为总人口与城市人口之间的差值（见表2.1和表3.13中的“定义”）。 • **土地面积**是一个国家除去内陆的水体面积、国家领有的大陆架和全部经济区以外的总面积。大多数情况下，内陆水体的定义包括主要的河流和湖泊（见表1.1中国家的总表面积）。年与年之间数据的差异可能是由于数据的更新和修订，而不是地区的改变。 • **土地利用**可以划分为几种类别，本表给出了其中3个类别（用作永久性牧场和城市发展的土地没有给出）。 • **森林面积**是指天然森林或者人工森林（树木离原地至少5米高）占据的土地面积，无论生产性的、非生产性的。不包括农业生产体系中的树木（果木种植和农林体系）以及城市公园中的树木。 • **永久性作物用地**是指用于种植每次收获后不需要再重新种植并长期占据土地的作物（例如，可可、咖啡和橡胶）的土地；这类土地还包括种植开花灌木、果树、坚果树和松树的土地，但是为获得木材而种植树木的土地除外。 • **耕地**包括FAO定义的临时性作物用地（收获两次的只计算一次）、供刈草或者牧场用的临时性草地、商业用地或者菜园和临时休耕地。因为轮作而弃耕的土地不包括在内。

什么是农村？什么是城市？ 3.1a

表3.1给出的农村人口被近似为总人口与城市人口之差，其中城市人口是基于联合国人口署给出的城市人口份额计算的。然而，对于区别城市与农村地区并没有统一的标准，任何一种城市—农村二分法都过于简化（见表3.13中“关于数据的说明”）。两种不同的景象——与世隔绝的农村和兴旺发达的城市——代表了一个连续统一体的两极。生命沿着不同的空间而发生转变，从最为遥远的森林边远地带前进，经过旷野和牧场，经过一些小的村庄，到达每周有一次田头市场交易的小型城镇，再到文化氛围较为浓厚的大型城镇和小型城市，最终到达国际大都市的中心。沿着这条路所能获得的基础设施服务、社会服务及其非农业就业机会都会增加，同时人口密度及其收入都会增加。因此，为了政策上的目的，我们必须要超越表3.1、表3.5和表3.13给出的城市—农村二分法，因为农村地区拥有许多空间。

2005年世界银行的一篇政策研究文章试图基于两个因素给出农村具有可操作性的定义：人口密度及其与大城市的距离（Chomitz、Buys和Thomas，2005）。该报告认为这些标准构造了大量斜线，沿着这些斜线经济行为和适当的发展干预存在巨大的差异。人口密度低的地方，商品市场就相对较少，提供大多数社会服务及其许多类型的基础设施的单位成本就高。离大城市地区越远的地方，产出的出厂价格就会相对较低，投入的价格就会相对较高，进而派遣技术熟练的人员到公共服务部门及其私人企业是困难的。因此，遥远的距离和较低人口密度一起给出了面临特定发展挑战的农村地区的定义。

基于这些标准，利用全球网络人口（CIESIN，2005），作者对拉丁美洲和加勒比地区农村人口进行了估计，而结果与表3.1给出的数据大为不同。这些估计值的取值范围从占总人口的13%（基于人口密度每平方公里低于20人）到64%（基于人口密度每平方公里高于500人）。如果考虑到距离，对农村人口的估计可能在占人口的13%—52%之间。表3.1中对拉丁美洲和加勒比地区的估计为21%。

数据资料来源

用来估计农村人口的城市人口份额的数据来自联合国人口署的《世界城市化预测：2009年修订版》。总人口数据采用世界银行的估计值。土地面积、永久性作物用地和耕地的数据来源于FAO的电子文件。FAO通过年度问卷以及分析各国农业普查的结果，从各国机构收集这些数据。森林面积数据来源于FAO的《2010年全球森林资源评估》。

	农业用地[a] 占土地面积的百分比		灌溉用地(百分比)	平均年度降雨量 毫米	谷物生产用地 千公顷		化肥消耗量 占化肥产量的百分比	化肥消耗量 千克/公顷耕地	农业就业 占总就业的百分比		农业机械 每100平方公里耕地拥有的拖拉机数量	
	1990–1992	2007–2009	2007–2009	2007–2009	1990–1992	2008–2010	2007–2009	2007–2009	1990–1992	2007–2009	1990	2009
阿富汗	58	58	4.8	327	2,250.0	3,122.0	146.8	3.2	..	..	0.2	0.1
阿尔巴尼亚	41	44	16.8	1,485	189.5	145.7	..	45.5	..	44.1	212.4	121.9
阿尔及利亚	16	17	2.1	89	3,530.5	2,988.8	487.9	7.8	..	..	129.1	139.6
安哥拉	46	47	..	1,010	1,012.0	1,670.0	..	1.1	5.1	..	..	..
阿根廷	47	51	..	591	8,372.5	9,358.1	153.3	25.4	0.4	1.2	100.2	86.9
亚美尼亚	41	62	8.9	562	162.8	156.7	..	29.3	..	44.2	345.5	291.6
澳大利亚	61	53	0.4	534	13,319.8	19,476.4	151.7	29.0	5.3	3.3	..	..
奥地利	42	38	1.4	1,110	837.7	994.8	..	83.1	7.1	5.3	2,373.6	2,390.3
阿塞拜疆	53	58	29.5	447	627.0	954.6	..	13.6	34.7	38.6	194.8	148.2
巴林	13	9	..	83	..	..	5.9	..	2.4	..	45.0	75.0
孟加拉国	73	70	..	2,666	10,860.8	12,349.1	231.5	281.7	66.4	..	2.3	1.2
白俄罗斯	46	44	0.5	618	2,603.0	2,380.3	46.3	281.1	22.3	..	206.9	86.8
比利时	44[b]	45	0.4	847	386.2[b]	329.5	..	..	2.9	1.5	1,523.3[b]	1,127.0
贝宁	21	30	..	1,039	667.3	1,109.3	..	..	..	..	1.0	..
玻利维亚	33	34	..	1,146	680.2	931.6	..	6.0	2.1	36.1	24.8	20.0
波斯尼亚和黑塞哥维那	43	42	..	1,028	304.1	286.2	..	24.5	..	..	235.3	..
博茨瓦纳	46	46	..	416	77.9	111.3	..	..	..	..	140.5	134.8
巴西	29	31	..	1,782	20,564.1	18,674.3	245.0	124.9	28.3	17.0	143.8	129.2
保加利亚	56	46	1.4	608	2,231.6	1,917.5	115.1	167.4	21.2	7.1	135.8	172.3
布基纳法索	35	44	..	748	2,844.0	4,290.2	..	9.1	..	..	2.4	..
布隆迪	83	84	..	1,274	220.0	232.7	..	0.9	..	..	1.8	..
柬埔寨	26	31	..	1,904	1,733.4	3,106.8	..	7.1	..	72.2	3.2	5.9
喀麦隆	19	20	..	1,604	950.3	1,639.9	..	7.4	..	..	0.9	..
加拿大	7	7	..	537	20,176.4	13,013.6	22.2	46.8	4.1	2.4	164.8	162.5
中非共和国	8	8	..	1,343	95.4	163.1	..	..	..	..	..	..
乍得	38	39	..	322	1,337.6	2,467.1	..	..	..	..	..	..
智利	21	21	5.6	1,522	694.3	523.1	94.7	595.8	18.0	11.2	127.6	425.9
中国	57	56	..	645	92,582.2	90,131.6	96.8	488.4	58.5	39.6	66.6	81.8
中国香港	..	..	..	..	..	..	..	..	0.7	0.2	..	..
哥伦比亚	41	38	..	2,612	1,440.7	1,047.7	227.0	496.8	1.4	19.7	96.8	..
刚果民主共和国	10	10	..	1,543	1,921.1	1,980.4	..	0.5	..	..	..	..
刚果共和国	31	31	..	1,646	9.9	31.8	..	1.1	..	..	..	..
哥斯达黎加	42	35	1.5	2,926	76.3	76.0	..	826.6	24.1	12.3	..	..
科特迪瓦	60	64	..	1,348	1,451.0	851.0	..	15.9	..	..	19.9	32.1
克罗地亚	43	23	0.4	1,113	592.7	550.0	48.7	246.8	..	13.9	35.2	49.4
古巴	63	63	..	1,335	252.3	401.6	445.3	14.2	25.3	18.6	226.2	203.2
塞浦路斯	17	14	20.8	498	65.1	35.7	..	181.9	12.0	3.9	1,377.4	1,460.1
捷克共和国	..	55	0.3	677	..	1,467.2	112.4	123.3	..	3.1	252.0	262.3
丹麦	65	62	9.6	703	1,611.9	1,489.4	..	103.2	5.1	2.5	634.7	486.3
多米尼加共和国	54	51	..	1,410	153.1	225.4	..	27.2	18.7	14.5	25.9	21.5
厄瓜多尔	29	30	12.6	2,087	918.4	875.7	..	187.3	6.6	28.7	54.2	90.7
埃及	3	4	..	51	2,477.1	2,967.1	48.5	502.8	38.4	31.6	249.6	390.6
萨尔瓦多	70	75	2.1	1,724	486.3	354.3	..	107.4	35.8	20.9	..	..
厄立特里亚	..	75	..	384	..	461.7	..	3.5	..	..	5.0	8.3
爱沙尼亚	32	22	..	626	453.6	274.1	378.1	69.5	18.1	4.0	455.3	604.7
埃塞俄比亚	..	35	0.5	848	..	9,340.5	..	7.9	..	..	..	..
芬兰	8	8	..	536	914.5	954.2	75.8	108.0	8.9	4.6	916.5	784.0
法国	55	53	5.1	867	9,346.0	9,258.8	437.6	148.3	5.9	2.9	800.0	635.3
加蓬	20	20	..	1,831	16.1	22.9	..	6.1	..	..	..	..
冈比亚	61	67	..	836	78.3	322.7	..	6.8	..	..	2.4	..
格鲁吉亚	46	36	4.0	1,026	248.5	173.2	14.3	43.0	..	53.4	295.6	216.9
德国	49	48	..	700	6,514.4	6,612.9	60.8	181.4	3.7	1.7	1,309.4	838.3
加纳	56	68	..	1,187	1,203.5	1,602.1	..	11.9	62.0	..	7.1	4.5
希腊	71	64	16.9	652	1,396.1	916.8	333.5	83.7	21.9	11.9	744.2	1,004.7
危地马拉	40	41	..	1,996	822.7	923.3	..	106.8	13.6	..	..	..
几内亚	57	58	..	1,651	819.8	2,028.7	..	0.6	..	..	12.7	25.1
几内亚比绍	51	58	..	1,577	117.2	152.5	..	..	..	..	0.8	..
海地	57	67	..	1,440	462.9	446.2	..	..	65.6	..	2.6	..

	农业用地[a]			平均年度降雨量	谷物生产用地		化肥消耗量		农业就业		农业机械	
	占土地面积的百分比		灌溉用地(百分比)	毫米	千公顷		占化肥产量的百分比	千克/公顷耕地	占总就业的百分比		每100平方公里耕地拥有的拖拉机数量	
	1990–1992	2007–2009	2007–2009	2007–2009	1990–1992	2008–2010	2007–2009	2007–2009	1990–1992	2007–2009	1990	2009
洪都拉斯	30	29	..	1,976	516.8	538.5	..	62.3	38.2	34.6	30.9	*48.7*
匈牙利	68	64	1.8	589	2,746.0	2,585.7	154.0	80.0	11.3	4.6	97.7	*261.8*
印度	61	61	35.1	1,083	99,499.5	92,610.0	166.3	167.8	..	..	60.7	*128.5*
印度尼西亚	23	30	..	2,702	14,732.7	17,387.5	110.9	181.4	54.9	39.7	2.2	*2.0*
伊朗	39	30	19.0	228	9,787.4	9,440.3	125.4	69.7	..	21.2	141.5	*152.8*
伊拉克	23	20	..	216	3,919.5	2,555.5	118.6	37.2	..	23.4	65.8	*92.2*
爱尔兰	64	61	..	1,118	295.3	276.4	..	477.3	11.6	5.0	1,623.4	*1,476.4*
以色列	27	24	28.4	435	104.9	79.1	2.5	189.5	3.5	1.7	798.8	*695.3*
意大利	54	47	18.8	832	4,225.4	3,494.3	186.5	135.5	8.0	3.7	1,586.5	*2,117.1*
牙买加	44	41	..	2,051	2.9	2.0	..	58.2	27.3	20.2	..	..
日本	15	13	35.2	1,668	2,430.9	1,941.8	114.3	235.1	6.4	3.9	4,492.9	*4,532.1*
约旦	13	12	9.2	111	121.1	44.5	32.3	2,444.2	..	3.0	340.8	*301.7*
哈萨克斯坦	82	77	..	250	22,152.4	15,068.4	34.1	2.4	..	29.4	*62.0*	*24.2*
肯尼亚	48	48	0.0	630	1,804.8	2,542.4	..	32.4	..	..	20.0	*25.2*
朝鲜	21	24	..	1,054	1,517.6	1,268.2	..	..	..	..	*295.4*	..
韩国	22	19	51.6	1,274	1,293.2	970.4	87.8	388.8	15.8	7.0	211.0	*1,115.4*
科索沃	..	52	..	..	..	..	..	..	..	..	..	..
科威特	8	8	..	121	0.3	1.1	0.2	54.5	..	..	220.0	*89.0*
吉尔吉斯斯坦	53	55	9.4	533	578.0	579.8	..	21.0	38.2	34.0	*189.4*	*188.1*
老挝	7	10	..	1,834	597.9	1,090.6	..	..	..	..	*8.5*	..
拉脱维亚	41	29	0.0	641	696.7	531.2	..	64.9	..	8.7	*363.7*	*501.4*
黎巴嫩	59	67	19.9	661	42.1	64.9	3.1	19.9	..	..	174.9	..
莱索托	77	77	..	788	153.1	190.5	..	..	..	..	57.7	..
利比里亚	26	27	..	2,391	120.0	251.2	..	..	..	47.6	..	..
利比亚	9	9	..	56	287.7	329.0	28.2	40.3	..	..	184.3	*218.9*
立陶宛	54	43	..	656	1,134.0	1,037.6	8.5	45.4	..	9.2	*256.0*	*631.8*
前南斯拉夫马其顿共和国	51	40	7.3	619	235.2	161.8	..	56.9	..	19.7	*730.2*	*1,243.8*
马达加斯加	63	70	2.2	1,513	1,340.2	1,729.0	..	2.6	..	..	4.9	*1.9*
马拉维	45	59	0.5	1,181	1,430.2	1,831.2	53,107.2	26.6	..	..	..	..
马来西亚	23	24	..	2,875	693.8	680.1	126.3	769.8	21.8	13.5	152.9	..
马里	26	34	..	282	2,451.6	3,975.1	..	3.2	..	..	10.2	*2.2*
毛里塔尼亚	38	38	..	92	123.6	291.5	..	..	..	..	8.4	*9.8*
毛里求斯	56	48	21.4	2,041	0.5	0.1	..	209.4	14.3	9.0	..	..
墨西哥	54	53	5.5	752	9,928.3	9,980.0	328.9	51.7	26.8	13.5	123.5	*97.7*
摩尔多瓦	78	75	9.2	450	675.6	884.7	..	9.4	40.0	31.1	*310.1*	*197.6*
蒙古	80	75	..	241	592.6	259.1	..	7.9	..	40.0	80.3	*40.0*
摩洛哥	69	67	4.6	346	5,019.6	5,059.7	12.5	20.8	3.6	40.9	45.0	..
莫桑比克	61	63	..	1,032	1,376.9	2,490.7	..	2.9	..	..	..	..
缅甸	16	19	24.8	2,091	5,577.5	8,732.4	185.8	5.4	69.1	..	13.6	*10.7*
纳米比亚	47	47	..	285	195.2	309.9	..	1.6	48.2	16.3	..	..
尼泊尔	29	30	27.7	1,500	2,840.0	3,383.2	..	1.4	81.2	..	21.9	*111.7*
荷兰	59	57	10.6	778	180.9	210.4	16.3	240.9	3.7	2.5	2,073.1	*1,301.5*
新西兰	61	44	..	1,732	135.3	135.5	238.3	1,231.7	10.8	6.6	*315.1*	..
尼加拉瓜	34	43	..	2,391	295.1	464.9	..	22.2	38.9	29.5	20.0	..
尼日尔	28	35	..	151	7,554.6	10,629.4	..	0.1	..	..	0.2	..
尼日利亚	80	82	..	1,150	16,836.0	13,808.9	..	2.1	..	..	4.7	*6.6*
挪威	3	3	..	1,414	359.2	300.6	29.3	191.3	5.5	2.7	1,779.1	*1,539.1*
阿曼	3	6	4.0	125	2.8	3.1	2.5	236.4	..	..	41.1	*58.1*
巴基斯坦	34	34	73.9	494	11,758.2	13,288.7	150.7	217.2	48.3	44.7	129.7	*153.4*
巴拿马	29	30	..	2,692	183.6	154.9	..	46.8	26.3	17.9	102.0	*147.2*
巴布亚新几内亚	2	3	..	3,142	2.1	3.4	..	119.8	..	..	59.4	..
巴拉圭	44	53	..	1,130	501.0	1,439.3	..	66.4	1.9	26.5	71.6	*69.1*
秘鲁	17	17	..	1,738	609.0	1,248.7	98,094.6	104.5	0.8	0.8	36.3	..
菲律宾	37	40	..	2,348	6,719.2	6,853.3	1,408.8	140.5	45.4	35.2	65.2	*116.8*
波兰	62	53	0.4	600	8,321.1	8,423.6	101.4	144.6	25.0	13.3	823.6	1,257.9
葡萄牙	42	40	11.4	854	751.9	324.7	91.8	159.1	11.5	11.2	563.1	*1,397.7*
波多黎各	46	21	8.5	2,054	0.4	0.2	..	..	3.4	1.5	438.5	*525.0*
卡塔尔	6	6	..	74	1.2	2.1	2.8	3,191.7	..	2.3	84.0	*63.1*

	农业用地[a]			平均年度降雨量	谷物生产用地		化肥消耗量		农业就业		农业机械	
	占土地面积的百分比		灌溉用地(百分比)	毫米	千公顷		占化肥产量的百分比	千克/公顷耕地	占总就业的百分比		每100平方公里耕地拥有的拖拉机数量	
	1990–1992	2007–2009	2007–2009	2007–2009	1990–1992	2008–2010	2007–2009	2007–2009	1990–1992	2007–2009	1990	2009
罗马尼亚	64	59	2.2	637	5,773.9	5,016.9	69.0	48.5	33.0	29.1	140.6	201.2
俄罗斯联邦	14	13	2.0	460	59,541.3	32,331.0	13.0	15.6	15.4	9.7	*97.8*	27.1
卢旺达	74	81	..	1,212	249.5	386.3	..	1.1	..	..	1.0	*0.5*
沙特阿拉伯	58	81	..	59	1,121.9	317.4	8.8	43.8	..	4.1	19.2	..
塞内加尔	46	49	..	686	1,087.2	1,477.5	601.1	4.9	..	..	1.6	*2.1*
塞尔维亚	..	58	0.6	..	..	1,873.4	294.0	133.8	..	24.0	..	*17.7*
塞拉利昂	39	48	..	2,526	432.9	649.1	..	..	..	..	4.1	..
新加坡	1	0	..	2,497	..	..	..	..	0.3	1.1	..	..
斯洛伐克共和国	..	40	1.0	824	..	701.3	59.6	95.5	..	3.6	*197.5*	*154.6*
斯洛文尼亚	28	23	0.9	1,162	112.5	95.7	..	241.9	..	9.1	*4,000.0*	*5,895.2*
索马里	70	70	..	282	401.6	596.3	..	..	..	..	15.9	*12.0*
南非	81	82	..	495	5,352.0	3,540.2	168.3	49.2	..	5.1	107.9	*43.0*
南苏丹	..	..	..	..	..	..	..	..	..	..	..	..
西班牙	61	55	11.9	636	7,402.0	5,984.2	106.1	96.9	9.7	4.2	483.1	831.2
斯里兰卡	37	42	..	1,712	802.6	1,124.7	2,970.1	257.9	43.6	32.6	*163.1*	..
苏丹	52	58	1.0	416	8,258.8	7,886.4	..	7.9	..	..	7.2	*13.8*
斯威士兰	71	71	..	788	61.5	56.2	..	..	..	..	228.9	*87.1*
瑞典	8	8	..	624	1,119.2	959.1	264.4	69.4	3.3	2.2	601.9	592.4
瑞士	40	38	..	1,537	201.2	151.8	..	190.4	4.3	3.1	2,783.1	2,602.9
阿拉伯叙利亚共和国	74	76	8.9	252	3,712.6	2,620.6	153.2	65.4	28.2	15.2	128.1	*215.0*
塔吉克斯坦	32	34	14.8	691	273.5	443.5	493.4	47.2	46.8	..	*415.4*	*310.2*
坦桑尼亚	38	40	..	1,071	3,253.6	5,018.9	..	8.7	84.2	..	8.2	*23.3*
泰国	42	39	..	1,622	10,586.6	12,339.5	1,397.2	125.1	60.8	41.5	33.0	*280.5*
东帝汶	22	25	..	1,500	77.8	106.8	..	..	..	..	8.5	..
多哥	59	62	..	1,168	573.2	880.8	..	3.3	..	..	0.5	*0.6*
特立尼达和多巴哥	16	11	..	2,200	7.1	2.2	0.7	85.2	11.5	3.8	1,238.9	*1,972.7*
突尼斯	60	63	4.1	207	1,469.9	651.8	10.3	42.3	..	..	82.4	*142.6*
土耳其	52	51	13.4	593	13,731.1	12,005.1	208.5	96.5	44.7	22.9	279.8	395.3
土库曼斯坦	69	69	..	161	331.3	983.6	..	..	..	..	*464.7*	..
乌干达	60	70	..	1,180	1,139.0	1,842.5	..	2.1	..	65.6	..	..
乌克兰	72	71	5.3	565	12,542.3	14,184.5	44.7	29.7	20.8	15.8	*153.3*	102.7
阿拉伯联合酋长国	4	7	..	78	1.4	0.0	30.8	1,033.0	..	4.2	51.4	63.3
英国	75	72	..	1,220	3,488.6	3,008.4	183.2	239.2	2.2	1.1	*760.6*	..
美国	46	44	..	715	65,850.8	57,488.4	103.6	109.3	2.9	1.5	238.4	*271.3*
乌拉圭	85	85	1.2	1,265	569.8	785.8	2,741.0	131.1	4.5	11.0	260.3	*219.5*
乌兹别克斯坦	65	63	..	206	1,225.3	1,642.1	77.5	193.3	..	..	..	..
委内瑞拉	24	24	..	1,875	763.1	1,256.3	80.7	200.2	11.8	8.5	..	..
越南	22	33	..	1,821	6,953.4	8,641.7	403.5	402.3	..	..	47.0	*262.5*
西岸和加沙	61	61	4.6	402	0.0	32.5	..	..	..	13.4	442.2	*737.3*
也门共和国	44	44	..	167	730.0	927.3	..	12.0	52.6	..	39.0	*41.0*
赞比亚	28	31	..	1,020	797.8	1,216.2	..	27.3	49.8	..	*21.9*	..
津巴布韦	35	42	..	657	1,168.5	1,901.8	185.2	28.0	..	..	60.1	..
全世界	**38 w**	**38 w**	**..**	**..**	**699,721.0 s**	**681,889.9 s**	**94.7 w**	**122.1 w**	**.. w**	**.. w**	**202.4 w**	**.. w**
低收入国家	35	38	..	..	57,506.1	90,727.2	236.5	25.9	..	..	8.4	..
中等收入国家	38	38	..	..	486,828.8	448,296.9	101.7	142.2	..	..	84.1	*109.4*
中低收入国家	45	47	..	..	208,267.4	209,263.7	135.8	118.9	..	..	53.0	..
中高收入国家	35	34	..	..	278,561.3	239,033.1	89.6	159.4	48.5	31.3	111.9	*114.5*
低收入和中等收入国家	37	38	..	..	544,334.9	539,024.0	102.9	128.6	..	..	75.8	..
东亚和太平洋地区	48	49	..	..	142,379.2	150,606.8	105.4	..	57.8	39.6	53.2	..
欧洲和中亚	29	28	..	..	125,257.0	92,762.3	35.7	38.8	23.2	16.3	*135.9*	*115.6*
拉丁美洲和加勒比地区	34	36	..	..	48,465.9	49,996.0	212.8	92.2	18.9	14.3	120.9	..
中东和北非	24	23	..	..	31,097.6	27,682.0	46.8	79.5	..	27.2	114.6	*155.8*
南亚	55	55	..	..	128,100.5	125,939.2	168.5	176.0	..	..	62.1	*120.7*
撒哈拉以南非洲地区	42	45	..	..	69,034.7	92,037.8	192.9	10.5	..	..	19.8	..
高收入国家	38	37	..	..	155,386.1	142,865.9	74.3	104.3	6.2	3.3	*472.1*	..
欧元区	49	46	..	..	32,498.0	30,496.6	98.7	143.4	6.7	3.6	986.1	*841.4*

a. 包括永久性牧场、耕地和永久性作物用地。b. 包括卢森堡。

关于数据的说明

农业仍然是许多经济体的主要部门，并且农业活动为发展中国家提供粮食和收入。但是农业活动也会使自然资源退化。粗犷的农业经营方式可能会导致土壤侵蚀和肥力损失。通过使用化学肥料、杀虫剂和集中灌溉方式来提高生产率，也会带来环境上的代价，并对健康造成影响。过量使用化学肥料可能会改变土壤的化学性质。在发展中国家就经常出现农药中毒现象。灌溉土地的盐碱化降低了土壤肥力。因此，农业生产投入的不适当使用具有长远的影响。

本表给出了主要农业生产投入的指标：土地、化肥、劳动力和农业机械。不存在唯一正确的投入组合：合理水平和施用率因国家和时间而有所不同，这取决于作物类型、气候、土壤以及所使用的生产程序。

农业部门是最为集中用水的部门，农业水利灌溉越来越重要。本表给出了农业灌溉用地占总农业用地的份额和平均降雨量数据，以说明各国如何获得农业用水。

本表给出的数据和表3.3中的数据都是由粮食及农业组织（FAO）通过年度问卷调查收集的。尽管FAO试图使用标准的定义和报告方式，但是在各国之间以及在时间上达到完全一致是不可能的。因此，不同气候条件下的农业用地数据可能不具有可比性。例如，非洲国家和干旱的中东国家永久性牧场的初始状况和强度就截然不同。我们尤其应该谨慎地使用农业就业数据。在许多国家，大量的农业就业数据都是非正式、无记录的，包括由妇女和儿童承担的大量工作。为了解决这方面的问题，该指标着重标出了数据的来源、定义和覆盖面。

用化肥消耗量衡量植物养分量。消费量的计算是用生产量加上进口量减去出口量。因为用于肥料的一些化学成分还有其他的工业用途，消费量数据可能夸大了用于农作物的数量。尽管粮食及农业组织近期修订了2002年以前的化肥消耗量和灌溉的时间序列数据，但是近期所有国家的数据还无法获得。粮食及农业组织通过新的粮食及农业组织化肥资源问卷调查收集了生产、进口、出口和消耗的化肥统计数据。过去公布的数据是基于化肥的总消费量，而最近公布的数据则是基于化肥的养分。一些国家收集的化肥数据是以日历年份为基础，而其他一些国家则以农作物收割年份（7月至6月）为基础。《世界发展指标》先前的版本都是以农作物收割年份为基础，但是本年度的《世界发展指标》则是以联合国粮食与农业组织所采用的日历年份为基础。因此，进行跨期对比时需谨慎。

定义

• **农业用地**是指永久性牧场、耕地以及永久性作物用地。永久性牧场是牲畜草料能够生长5年或者更长时间的土地，包括天然作物和养殖作物。耕地包括FAO定义的临时性作物用地（收获两次的只计算一次）、供割草或者牧场用的临时性草地、商业用地或者菜园和临时休耕地。因为轮作而弃耕的土地不包括在内。永久性作物用地是指用于种植每次收获后不需要再重新种植并长期占据土地的作物（例如，可可、咖啡和橡胶）的土地；这类土地还包括种植开花灌木、果树、坚果树和松树的土地，但是为获得木材而种植树木的土地除外。 • **灌溉用地**指人为控制供水的土地，包括通过控制洪水实施灌溉的土地。 • **平均年度降雨量**是指各国年度降雨深度（跨过时间和空间）的长期平均值。降雨量被定义为从云端降下来的各种水分，包括液体和固体。 • **谷物生产用地**指收获面积，尽管有些国家只报告播种面积或者栽培面积。 • **化肥消耗量**指单位耕地的植物养分用量。化肥产品包括含氮、碳酸钾、磷酸盐的化肥（包括地表磷酸盐岩石）。传统养分——动、植物肥料——不包括在内。 • **化肥产量**为化肥的消耗量、出口量和化肥产品的非正常使用减去化肥的进口量。 • **农业就业**指从事农业、林业、狩猎或者渔业的就业人口（见表2.3）。

• **农业机械**是指在指定的日历年末或者下一年第一季度农业上使用的轮式或者履带式拖拉机（不包括园艺拖拉机）。

数据资料来源

有关农业投入的数据来自粮食与农业组织制作的电子文档。有关农业就业的数据来自国际劳工组织的《劳动力市场主要指标（第7版）》数据库。

3.3 农业产出和生产率

	作物生产指数		粮食生产指数		牲畜生产指数		谷物产量		农业生产率	
	1991—2001年=100		1991—2001年=100		1991—2001年=100		千克/公顷		单位劳动力的农业增加值(以2000年美元计)	
	1990	2009	1990	2009	1990	2009	1990	2010	1990	2010
阿富汗	67.0	125.0	68.0	114.0	70.0	101.0	1,201	1,908	..	..
阿尔巴尼亚	85.0	121.0	69.0	110.0	58.0	99.0	2,794	4,762	764	..
阿尔及利亚	41.0	121.0	50.0	117.0	69.0	109.0	688	1,568	1,702	2,254
安哥拉	33.0	153.0	42.0	144.0	74.0	110.0	321	617	206	340
阿根廷	53.0	83.0	63.0	95.0	84.0	113.0	2,232	4,937	6,683	12,957
亚美尼亚	*67.0*	125.0	*74.0*	131.0	*84.0*	134.0	*1,843*	2,074	*1,607*	4,723
澳大利亚	67.0	101.0	74.0	103.0	85.0	101.0	1,716	1,721	19,447	35,208
奥地利	89.0	103.0	93.0	101.0	95.0	99.0	5,577	5,358	13,413	25,771
阿塞拜疆	*95.0*	110.0	*82.0*	115.0	*79.0*	118.0	*2,113*	2,019	*1,001*	1,241
巴林	61.0	116.0	90.0	117.0	137.0	117.0	..	..	..	..
孟加拉国	66.0	122.0	63.0	121.0	56.0	113.0	2,491	4,144	275	507
白俄罗斯	*77.0*	111.0	*110.0*	120.0	*127.0*	129.0	*2,741*	2,827	*2,042*	5,700
比利时	..	100.0	..	97.0	..	98.0	5,755[a]	9,231	..	..
贝宁	45.0	117.0	48.0	122.0	70.0	100.0	848	1,402	427	..
玻利维亚	53.0	106.0	61.0	113.0	68.0	119.0	1,361	2,333	683	716
波斯尼亚和黑塞哥维那	*75.0*	99.0	*87.0*	110.0	*92.0*	128.0	*3,553*	3,858	..	15,028
博茨瓦纳	83.0	122.0	95.0	116.0	98.0	114.0	266	544	761	447
巴西	59.0	117.0	51.0	116.0	44.0	113.0	1,755	4,055	1,625	4,118
保加利亚	149.0	98.0	179.0	103.0	248.0	96.0	3,954	3,665	3,983	10,923
布基纳法索	44.0	95.0	50.0	105.0	53.0	109.0	600	1,054	107	..
布隆迪	98.0	61.0	98.0	65.0	103.0	136.0	1,349	1,346	118	..
柬埔寨	46.0	147.0	46.0	137.0	53.0	92.0	1,362	3,108	..	434
喀麦隆	58.0	113.0	61.0	114.0	79.0	103.0	1,259	1,711	420	..
加拿大	82.0	109.0	73.0	107.0	68.0	95.0	2,636	3,490	28,898	*44,619*
中非共和国	76.0	113.0	61.0	111.0	54.0	110.0	810	1,465	321	..
乍得	51.0	105.0	56.0	112.0	74.0	110.0	559	775	170	..
智利	60.0	101.0	58.0	101.0	55.0	101.0	3,620	6,822	3,457	6,267
中国	56.0	116.0	48.0	115.0	39.0	112.0	4,325	5,521	258	545
中国香港	..	..	..	..	..	..	..	..	..	..
哥伦比亚	80.0	108.0	70.0	112.0	68.0	117.0	2,475	3,895	3,123	2,874
刚果民主共和国	125.0	98.0	120.0	99.0	99.0	102.0	800	771	213	*173*
刚果共和国	66.0	112.0	63.0	116.0	53.0	126.0	624	785	..	..
哥斯达黎加	62.0	109.0	59.0	113.0	70.0	116.0	3,097	3,730	2,993	5,596
科特迪瓦	68.0	103.0	66.0	108.0	80.0	111.0	887	1,717	658	1,056
克罗地亚	*93.0*	110.0	*105.0*	114.0	*106.0*	106.0	*3,975*	5,486	*5,552*	16,423
古巴	136.0	88.0	160.0	98.0	185.0	136.0	2,342	1,940	4,117	*3,618*
塞浦路斯	136.0	73.0	98.0	87.0	69.0	95.0	1,886	1,595	5,808	*7,927*
捷克共和国	..	99.0	..	98.0	..	95.0	..	4,691	..	6,415
丹麦	115.0	112.0	94.0	107.0	81.0	101.0	6,118	5,889	14,588	53,407
多米尼加共和国	98.0	107.0	78.0	116.0	58.0	126.0	3,996	4,234	1,974	5,083
厄瓜多尔	66.0	114.0	56.0	115.0	48.0	114.0	1,724	3,117	2,109	2,040
埃及	56.0	116.0	54.0	118.0	53.0	114.0	5,703	6,541	1,767	3,265
萨尔瓦多	92.0	112.0	75.0	109.0	62.0	107.0	1,939	2,806	1,742	2,752
厄立特里亚	..	84.0	..	99.0	..	111.0	..	536	..	*66*
爱沙尼亚	*129.0*	126.0	*157.0*	115.0	*175.0*	109.0	*1,304*	2,444	*3,288*	*3,156*
埃塞俄比亚	..	126.0	..	122.0	..	113.0	..	1,674	..	226
芬兰	110.0	109.0	108.0	101.0	107.0	97.0	3,543	3,136	17,163	47,514
法国	96.0	100.0	99.0	98.0	98.0	96.0	6,083	7,093	21,454	*57,973*
加蓬	78.0	118.0	91.0	115.0	86.0	102.0	1,750	1,782	1,216	1,972
冈比亚	56.0	119.0	60.0	119.0	76.0	106.0	1,004	1,127	253	282
格鲁吉亚	*138.0*	73.0	*105.0*	72.0	*78.0*	68.0	*1,998*	1,271	*2,359*	1,817
德国	93.0	106.0	107.0	105.0	114.0	103.0	5,411	6,716	13,730	32,866
加纳	34.0	119.0	37.0	119.0	78.0	120.0	989	1,814	..	..
希腊	80.0	81.0	86.0	86.0	99.0	95.0	3,036	4,908	..	..
危地马拉	57.0	125.0	57.0	122.0	70.0	103.0	1,998	2,299	2,241	2,803
几内亚	59.0	105.0	59.0	107.0	43.0	120.0	1,455	1,409	166	242
几内亚比绍	60.0	94.0	62.0	98.0	70.0	115.0	1,531	1,555	..	..
海地	107.0	109.0	96.0	106.0	59.0	102.0	1,027	980	..	..

农业产出和生产率 3.3

	作物生产指数 1991—2001年=100		粮食生产指数 1991—2001年=100		牲畜生产指数 1991—2001年=100		谷物产量 千克/公顷		农业生产率 单位劳动力的农业增加值(以2000年美元计)	
	1990	2009	1990	2009	1990	2009	1990	2010	1990	2010
洪都拉斯	70.0	105.0	65.0	103.0	51.0	105.0	1,468	1,094	1,184	2,041
匈牙利	100.0	89.0	118.0	94.0	161.0	96.0	4,521	4,759	4,177	8,522
印度	73.0	113.0	71.0	114.0	62.0	115.0	1,891	2,537	357	489
印度尼西亚	61.0	121.0	62.0	120.0	62.0	114.0	3,800	4,876	493	730
伊朗	55.0	99.0	54.0	104.0	51.0	115.0	1,445	2,359	1,988	..
伊拉克	102.0	87.0	118.0	92.0	153.0	100.0	1,061	1,687	..	..
爱尔兰	91.0	82.0	97.0	91.0	96.0	93.0	6,577	7,409	..	*13,931*
以色列	95.0	97.0	72.0	104.0	56.0	109.0	3,486	3,015	..	..
意大利	84.0	91.0	89.0	97.0	96.0	106.0	3,945	5,436	10,435	31,254
牙买加	98.0	105.0	81.0	106.0	61.0	106.0	1,116	1,172	2,224	2,758
日本	123.0	94.0	114.0	98.0	107.0	101.0	5,846	5,852	19,563	*48,794*
约旦	66.0	106.0	57.0	110.0	44.0	115.0	1,220	1,963	1,976	3,401
哈萨克斯坦	*144.0*	131.0	*142.0*	126.0	*147.0*	115.0	*1,338*	804	*1,781*	1,782
肯尼亚	72.0	105.0	68.0	110.0	67.0	114.0	1,562	1,613	400	337
朝鲜	99.0	101.0	92.0	100.0	96.0	100.0	3,916	3,582	..	..
韩国	91.0	106.0	79.0	108.0	62.0	110.0	5,853	6,196	5,338	19,807
科索沃	..	..	..	..	..	..	..	..	..	..
科威特	39.0	106.0	48.0	110.0	54.0	112.0	3,653	3,415	..	..
吉尔吉斯斯坦	*64.0*	106.0	*76.0*	101.0	*107.0*	102.0	*2,772*	2,604	*685*	996
老挝	52.0	129.0	50.0	125.0	49.0	118.0	2,268	3,751	388	532
拉脱维亚	*106.0*	114.0	*194.0*	118.0	*253.0*	114.0	*1,641*	2,667	*1,896*	3,837
黎巴嫩	96.0	101.0	83.0	104.0	54.0	112.0	1,878	2,740	..	41,013
莱索托	127.0	81.0	106.0	100.0	91.0	112.0	1,037	909	255	202
利比里亚	62.0	97.0	77.0	121.0	79.0	124.0	1,029	1,179	..	..
利比亚	77.0	103.0	75.0	104.0	73.0	106.0	674	662	..	..
立陶宛	*81.0*	136.0	*133.0*	110.0	*154.0*	95.0	*1,938*	2,667	..	5,996
前南斯拉夫马其顿共和国	*102.0*	110.0	*102.0*	114.0	*97.0*	114.0	*2,652*	3,329	*2,413*	5,946
马达加斯加	79.0	110.0	80.0	112.0	99.0	113.0	1,945	2,987	213	*187*
马拉维	50.0	131.0	47.0	127.0	64.0	151.0	992	2,206	89	169
马来西亚	59.0	109.0	53.0	114.0	58.0	109.0	2,740	3,800	3,826	6,680
马里	54.0	134.0	61.0	146.0	75.0	135.0	726	1,615	406	..
毛里塔尼亚	63.0	124.0	76.0	107.0	79.0	104.0	870	946	651	404
毛里求斯	107.0	95.0	89.0	98.0	45.0	109.0	4,191	10,000	3,446	6,401
墨西哥	74.0	99.0	65.0	101.0	59.0	105.0	2,424	3,499	2,250	3,302
摩尔多瓦	*121.0*	90.0	*139.0*	91.0	*196.0*	91.0	*2,928*	2,696	*1,349*	1,610
蒙古	230.0	216.0	134.0	146.0	132.0	142.0	1,098	1,370	1,477	1,524
摩洛哥	68.0	116.0	68.0	117.0	71.0	116.0	1,120	1,548	1,807	3,315
莫桑比克	60.0	101.0	63.0	98.0	47.0	95.0	477	1,006	132	234
缅甸	42.0	122.0	41.0	126.0	25.0	138.0	2,762	3,989	..	..
纳米比亚	56.0	100.0	82.0	90.0	89.0	86.0	457	373	1,267	881
尼泊尔	62.0	112.0	64.0	110.0	70.0	107.0	1,920	2,295	248	238
荷兰	91.0	106.0	103.0	108.0	106.0	109.0	6,959	8,574	23,743	47,805
新西兰	74.0	105.0	64.0	98.0	67.0	97.0	5,034	7,387	19,767	*26,556*
尼加拉瓜	59.0	111.0	51.0	115.0	45.0	119.0	1,524	2,086	..	2,779
尼日尔	49.0	138.0	46.0	132.0	42.0	122.0	310	479	239	..
尼日利亚	47.0	88.0	49.0	92.0	61.0	112.0	1,148	1,413	..	..
挪威	135.0	84.0	110.0	103.0	103.0	106.0	4,399	3,810	17,454	46,480
阿曼	63.0	112.0	52.0	97.0	40.0	77.0	2,160	18,987	1,029	..
巴基斯坦	67.0	108.0	60.0	115.0	56.0	117.0	1,766	2,592	769	947
巴拿马	123.0	88.0	91.0	102.0	64.0	114.0	1,867	2,131	2,303	4,109
巴布亚新几内亚	72.0	117.0	69.0	108.0	66.0	91.0	2,603	3,839	559	683
巴拉圭	70.0	92.0	64.0	110.0	72.0	117.0	1,979	3,457	1,660	2,710
秘鲁	46.0	117.0	49.0	123.0	55.0	128.0	2,603	3,899	911	1,607
菲律宾	72.0	111.0	67.0	112.0	49.0	114.0	2,065	3,232	854	1,119
波兰	133.0	109.0	110.0	104.0	114.0	102.0	3,284	3,220	*1,619*	2,994
葡萄牙	110.0	91.0	98.0	98.0	84.0	106.0	1,878	3,463	4,516	7,019
波多黎各	138.0	100.0	133.0	103.0	132.0	104.0	1,080	1,878	..	..
卡塔尔	56.0	138.0	66.0	168.0	73.0	192.0	2,897	4,795	..	..

	作物生产指数		粮食生产指数		牲畜生产指数		谷物产量		农业生产率	
	1991—2001年=100		1991—2001年=100		1991—2001年=100		千克/公顷		单位劳动力的农业增加值(以2000年美元计)	
	1990	2009	1990	2009	1990	2009	1990	2010	1990	2010
罗马尼亚	82.0	85.0	94.0	93.0	116.0	99.0	3,011	3,331	2,351	9,700
俄罗斯联邦	*100.0*	107.0	*117.0*	106.0	*143.0*	97.0	*1,743*	1,844	*1,915*	2,731
卢旺达	76.0	122.0	72.0	121.0	59.0	122.0	1,043	1,930	174	..
沙特阿拉伯	83.0	95.0	70.0	102.0	56.0	111.0	4,245	5,621	7,863	20,233
塞内加尔	78.0	143.0	76.0	136.0	71.0	113.0	795	1,196	262	256
塞尔维亚	*78.0*[b]	106.0	*99.0*[b]	99.0	*109.0*[b]	98.0	2,926[b]	4,959	..	*2,057*
塞拉利昂	69.0	101.0	68.0	104.0	81.0	116.0	1,202	1,554	..	..
新加坡	90.0	149.0	492.0	98.0	535.0	93.0	..	..	21,392	29,145
斯洛伐克共和国	..	93.0	..	92.0	..	86.0	..	3,754	..	9,924
斯洛文尼亚	*74.0*	87.0	*76.0*	93.0	*75.0*	93.0	*3,279*	5,973	*13,217*	76,633
索马里	122.0	100.0	92.0	100.0	88.0	100.0	793	432	..	..
南非	83.0	108.0	78.0	109.0	79.0	110.0	1,877	4,162	2,287	*3,662*
南苏丹	..	..	..	..	..	..	..	..	..	..
西班牙	89.0	105.0	83.0	104.0	72.0	98.0	2,485	3,231	8,938	22,035
斯里兰卡	87.0	111.0	85.0	112.0	75.0	107.0	2,965	3,974	672	966
苏丹	50.0	106.0	47.0	103.0	47.0	99.0	456	452	512	929
斯威士兰	99.0	97.0	90.0	101.0	85.0	110.0	1,284	1,226	1,025	1,217
瑞典	130.0	106.0	109.0	101.0	103.0	97.0	4,964	4,518	23,307	51,585
瑞士	118.0	106.0	104.0	103.0	102.0	104.0	5,984	6,084	20,556	27,066
阿拉伯叙利亚共和国	51.0	93.0	51.0	96.0	54.0	99.0	750	1,789	2,698	..
塔吉克斯坦	*83.0*	115.0	*99.0*	118.0	*132.0*	117.0	*994*	2,721	*370*	577
坦桑尼亚	61.0	110.0	62.0	106.0	61.0	101.0	1,507	1,332	219	292
泰国	64.0	111.0	69.0	112.0	73.0	112.0	2,009	2,938	443	706
东帝汶	81.0	136.0	95.0	129.0	104.0	109.0	1,608	2,451	..	..
多哥	67.0	104.0	64.0	114.0	68.0	123.0	747	1,187	376	..
特立尼达和多巴哥	141.0	113.0	84.0	107.0	50.0	104.0	3,326	2,727	1,825	1,024
突尼斯	74.0	101.0	69.0	101.0	58.0	107.0	1,145	1,702	2,383	3,050
土耳其	78.0	103.0	79.0	108.0	83.0	112.0	2,214	2,727	2,254	3,770
土库曼斯坦	*73.0*	92.0	*51.0*	113.0	*49.0*	126.0	*2,210*	3,289	*1,275*	..
乌干达	72.0	106.0	71.0	105.0	64.0	100.0	1,498	1,608	189	200
乌克兰	*98.0*	118.0	*128.0*	106.0	*166.0*	95.0	*2,834*	2,727	*1,231*	2,500
阿拉伯联合酋长国	28.0	100.0	29.0	113.0	43.0	143.0	2,216	2,667	..	..
英国	104.0	102.0	107.0	101.0	107.0	99.0	6,171	6,957	19,880	25,681
美国	79.0	105.0	77.0	109.0	78.0	105.0	4,755	6,988	18,703	51,120
乌拉圭	48.0	134.0	60.0	109.0	70.0	100.0	2,183	4,251	5,648	8,682
乌兹别克斯坦	*83.0*	118.0	*76.0*	123.0	*82.0*	114.0	*1,777*	4,516	*1,427*	2,782
委内瑞拉	76.0	108.0	71.0	106.0	71.0	110.0	2,486	4,038	4,458	7,667
越南	45.0	110.0	47.0	114.0	38.0	133.0	3,073	5,161	222	367
西岸和加沙	..	109.0	..	101.0	..	85.0	..	1,163	..	..
也门共和国	61.0	121.0	56.0	126.0	50.0	134.0	908	1,092	621	749
赞比亚	61.0	129.0	74.0	115.0	77.0	96.0	1,352	2,547	213	214
津巴布韦	118.0	91.0	94.0	92.0	75.0	105.0	1,625	752	270	160
全世界	**70.0[c] w**	**122.2 w**	**70.0[c] w**	**123.0 w**	**74.0[c] w**	**120.3 w**	**2,756[c] w**	**3,568 w**	**781 w**	**992 w**
低收入国家	78.4	132.2	78.3	133.2	78.0	131.7	1,565	2,075	240	288
中等收入国家	73.4	128.4	68.7	130.3	62.5	131.4	2,556	3,312	481	786
中低收入国家	74.8	127.2	72.8	128.2	69.4	131.8	1,928	2,718	472	677
中高收入国家	72.6	129.1	66.5	131.4	59.6	131.2	3,177	3,831	487	871
低收入和中等收入国家	73.8	128.7	69.4	130.5	63.3	131.4	2,429	3,103	455	728
东亚和太平洋地区	69.9	133.1	62.7	135.1	48.8	135.2	3,796	4,925	305	585
欧洲和中亚	*111.4*	129.4	*118.2*	126.3	*137.7*	119.2	2,596	2,239	2,245	3,204
拉丁美洲和加勒比地区	75.8	128.1	71.2	131.2	69.7	132.6	2,089	3,919	2,221	3,663
中东和北非	74.7	127.3	72.8	131.6	69.3	134.7	1,471	2,379	1,796	..
南亚	78.0	119.3	74.5	122.7	69.2	132.9	1,926	2,691	373	521
撒哈拉以南非洲地区	71.1	128.7	72.9	130.0	80.1	125.1	1,033	1,335	307	*322*
高收入国家	90.7	103.9	90.4	106.3	90.7	104.0	4,138	5,319	14,129	24,483
欧元区	90.9	96.9	95.6	97.7	98.2	100.0	4,490	5,685	12,590	25,752

a. 包括永久性牧场、耕地和永久性作物用地。b. 包括卢森堡。

关于数据的说明

表中的农业生产指数由联合国粮食及农业组织（FAO）制定。FAO从官方和半官方的关于作物产量、生产面积和牲畜数量的报告中获取了数据。如果没有可用数据，则由FAO进行估计。指数通过Laspeyres公式进行计算：各种农产品的生产量用基期平均国际农产品价格加权，再对各年加总。因为FAO的指数基于把农业视作单一企业的概念，因此，要从产量的数据中减去种子和饲料的估计保有量，以避免重复计算。该总数可代表用于所有用途（用于种子和饲料的除外）的生产量，并以“净值”列报。由于在覆盖范围、权重、概念、时间跨度、计算方法和国际价格使用方面存在差异，因此，FAO的指数可能不同于其他出处的数据。

为使跨国比较更为容易，FAO使用国际农产品价格对产量进行估价。这些以国际货币（相当于对于美元的购买力）表示的价格，是通过用于农业产出的Geary－Khamis公式得到的（见“1993年国民经济核算秘书间工作组”，第16.93—16.96部分）。这种方法是将各种农产品赋予一种价格，以使1吨小麦不论出产于何地都具有同样的价格。国际价格的使用消除了由于名义汇率的暂时性变动（与国内货币的购买力无关）导致的产出价值波动。

谷物产量的数据可能由于报告和选时的不同受到影响。在欧洲和北美作为牲畜和家禽饲料种植的黍和高粱，在非洲、亚洲和前苏联国家却用作食物。因此，根据谷物的用途不同，某些谷物在一些国家的数据中不包括在内，而其他国家则包括在内。

定义

• **作物生产指数**表示与2004—2006年基期平均值相关的各期农业生产量。包括除饲料作物以外的所有作物。FAO的地区和收入组别生产指数汇总数值按照国际美元的内在价值计算，按2004—2006年基期平均值进行标准化。 • **粮食生产指数**包括被认为可食用并具有营养的粮食作物。咖啡和茶叶不包括在内，因为它们尽管可以食用，但是没有营养价值。 • **牲畜生产指数**包括各种来源的肉类和牛奶、乳制品（例如，乳酪）、蛋类、蜂蜜、生丝、羊毛和皮革。 • **谷物产量**以每公顷土地收获的公斤数衡量，包括小麦、水稻、玉米、大麦、燕麦、黑麦、黍、高粱、荞麦和杂交谷类。谷物的产量数据仅指作为干谷收获的谷物。不包括作为干草收割的谷物或者作为食物、饲料和青贮饲料收青的谷物以及用作放牧的谷物。粮食及农业组织按照日历年收集产量数据，其间获取了大量收成。但是在年终收获的大多数农作物将在来年使用。 • **农业生产率**指以2005年不变美元计算的农业增加值与农业劳动力数量之比。农业生产率是按照单位投入的增加值来衡量（对国民经济核算中增加值计算的进一步讨论见表4.1和表4.2的“关于数据的说明”）。农业增加值包括林业和渔业所得。因此，应该谨慎地对土地生产率加以解释。

数据资料来源

世界银行通过FAO的电子文件获得农业生产指数、谷物产量和农业就业数据，可参见FAO的网站（www.fao.org）。农业增加值的数据来自于世界银行的国民账户档案。

森林面积减少和生物多样性

	森林面积 千平方公里		年均森林面积减少量[a] 百分比		濒危物种				GEF生物多样性受益指数 0—100(无多样性到最大多样性)	国家保护区 陆地 占表面积的百分比		国家保护区 海洋 占表面积的百分比	
	1990	2010	1990–2000	2000–2010	哺乳动物 2011	鸟类 2011	鱼类 2011	高等植物[b] 2011	2008	1990	2010	1990	2010
阿富汗	14	14	0.00	0.00	11	14	5	2	3.4	0.4	0.4	..	..
阿尔巴尼亚	8	8	0.26	–0.10	3	5	39	0	0.2	3.4	9.8	0.2	1.6
阿尔及利亚	17	15	0.54	0.57	14	9	36	12	2.9	6.3	6.3	0.2	0.3
安哥拉	610	585	0.21	0.21	15	23	39	34	8.3	12.4	12.4	0.1	0.1
阿根廷	348	294	0.88	0.81	38	49	37	35	17.7	4.6	5.5	0.8	1.1
亚美尼亚	3	3	1.31	1.48	9	12	3	1	0.2	6.9	8.0	..	..
澳大利亚	1,545	1,493	–0.03	0.37	55	52	103	27	87.7	7.5	10.6	10.9	28.3
奥地利	38	39	–0.16	–0.13	3	7	11	9	0.3	20.1	22.9	..	..
阿塞拜疆	9	9	0.00	0.00	7	14	10	0	0.8	6.2	7.1	..	..
巴林	0[c]	0[c]	–5.56	–3.55	3	3	8	0	0.0	1.3	1.3	0.0	0.7
孟加拉国	15	14	0.18	0.18	34	30	18	15	1.4	1.7	1.8	0.4	0.8
白俄罗斯	78	86	–0.62	–0.43	4	4	2	0	0.0	6.5	7.2	..	..
比利时	7	7	0.15	–0.16	3	2	11	0	0.0	3.2	13.8	0.0	0.0
贝宁	58	46	1.29	1.04	11	6	27	13	0.2	23.8	23.8	0.0	0.0
玻利维亚	628	572	0.44	0.50	20	34	0	72	12.5	8.8	18.5	..	..
波斯尼亚和黑塞哥维那	22	22	0.11	0.00	4	5	31	0	0.4	0.5	0.6	0.7	0.7
博茨瓦纳	137	114	0.90	0.99	7	10	2	0	1.4	30.3	30.9	..	..
巴西	5,748	5,195	0.51	0.50	81	122	84	389	100.0	9.0	26.3	8.2	16.5
保加利亚	33	39	–0.14	–1.53	7	11	19	5	0.8	2.0	9.2	0.2	3.2
布基纳法索	68	56	0.91	1.01	9	7	4	3	0.3	13.7	14.2	..	..
布隆迪	3	2	3.71	1.40	11	11	17	2	0.3	3.8	4.8	..	..
柬埔寨	129	101	1.14	1.34	37	24	42	29	3.5	0.0	25.8	0.0	0.4
喀麦隆	243	199	0.94	1.05	38	20	112	378	12.5	7.0	9.2	0.4	0.4
加拿大	3,101	3,101	0.00	0.00	12	15	35	1	21.5	4.7	7.5	0.6	1.2
中非共和国	232	226	0.13	0.13	8	9	3	17	1.5	17.5	17.7	..	..
乍得	131	115	0.62	0.66	13	9	1	2	2.2	9.4	9.4	..	..
智利	153	162	–0.37	–0.25	20	34	20	34	15.3	16.0	16.6	3.5	3.7
中国	1,571	2,069	–1.20	–1.57	75	86	113	374	66.6	13.5	16.6	0.4	1.3
中国香港	..	..	..	..	2	20	13	6	..	41.1	41.8	..	..
哥伦比亚	625	605	0.16	0.17	52	94	54	215	51.5	19.3	20.9	0.9	15.5
刚果民主共和国	1,604	1,541	0.20	0.20	30	35	83	80	19.9	10.0	10.0	3.8	4.4
刚果共和国	227	224	0.08	0.07	11	2	46	37	3.6	5.4	9.4	0.0	32.8
哥斯达黎加	26	26	0.76	–0.93	9	19	50	112	9.7	18.7	20.9	11.9	12.2
科特迪瓦	102	104	–0.10	–0.15	23	15	45	106	3.4	22.6	22.6	0.1	0.1
克罗地亚	19	19	–0.19	–0.19	7	10	60	5	0.6	7.8	13.0	1.3	3.4
古巴	21	29	–1.70	–1.66	14	17	34	155	12.5	4.3	6.4	1.3	4.4
塞浦路斯	2	2	–0.63	–0.09	5	4	19	16	0.5	7.1	10.5	0.3	0.6
捷克共和国	26	27	–0.03	–0.08	2	5	2	8	0.1	13.6	15.1	..	..
丹麦	4	5	–0.89	–1.14	2	2	15	1	0.2	4.2	4.9	3.0	3.2
多米尼加共和国	20	20	0.00	0.00	6	14	21	27	6.0	22.2	22.2	30.4	30.4
厄瓜多尔	138	99	1.53	1.81	43	73	50	1,714	29.3	21.6	25.1	0.2	75.4
埃及	0[c]	1	–2.98	–1.73	17	9	39	2	2.9	1.9	5.9	4.4	9.3
萨尔瓦多	4	3	1.26	1.45	5	5	14	24	0.9	0.4	0.8	3.1	3.1
厄立特里亚	16	15	0.28	0.28	10	12	18	4	0.8	4.9	5.0	0.0	0.0
爱沙尼亚	21	22	–0.71	0.12	1	3	5	0	0.1	17.7	20.4	25.3	26.5
埃塞俄比亚	151	123	0.97	1.08	33	24	14	24	8.4	17.7	18.4	..	..
芬兰	219	222	–0.26	0.14	1	4	6	1	0.2	4.2	9.0	3.5	5.0
法国	145	160	–0.55	–0.39	9	6	44	27	5.3	10.2	16.5	0.3	21.3
加蓬	220	220	0.00	0.00	14	4	61	120	3.0	4.6	15.1	0.2	7.3
冈比亚	4	5	–0.42	–0.41	10	8	23	4	0.1	1.5	1.5	0.1	0.1
格鲁吉亚	28	27	0.04	0.09	10	10	9	0	0.6	2.8	3.7	0.2	0.4
德国	107	111	–0.31	0.00	6	5	23	13	0.6	31.9	42.4	35.7	40.3
加纳	74	49	1.99	2.08	16	13	44	117	1.9	14.6	14.7	0.0	0.0
希腊	33	39	–0.88	–0.81	10	10	75	52	2.8	5.7	16.2	0.5	2.6
危地马拉	47	37	1.20	1.40	16	10	25	72	8.0	25.9	30.6	0.3	12.5
几内亚	73	65	0.51	0.54	22	13	65	22	2.3	6.8	6.8	0.0	0.0
几内亚比绍	22	20	0.44	0.48	12	5	32	4	0.6	7.6	16.1	2.7	45.8
海地	1	1	0.62	0.76	5	13	20	26	5.2	0.3	0.3	0.0	0.0

	森林面积		年均森林面积减少量[a]		濒危物种				GEF生物多样性受益指数	国家保护区			
										陆地		海洋	
	千平方公里		百分比		哺乳动物	鸟类	鱼类	高等植物[b]	0—100 (无多样性到最大多样性)	占表面积的百分比		占表面积的百分比	
	1990	2010	1990–2000	2000–2010	2011	2011	2011	2011	2008	1990	2010	1990	2010
洪都拉斯	81	52	2.38	2.06	7	9	27	107	7.2	13.6	18.2	0.0	1.9
匈牙利	18	20	–0.57	–0.62	2	8	9	8	0.2	4.6	5.1	..	..
印度	639	684	–0.22	–0.46	94	78	212	291	39.9	4.7	5.0	1.6	1.7
印度尼西亚	1,185	944	1.75	0.51	184	119	140	385	81.0	10.0	14.1	0.5	2.0
伊朗	111	111	0.00	0.00	16	20	29	1	7.3	5.2	7.1	1.0	1.7
伊拉克	8	8	–0.17	–0.09	13	16	11	0	1.6	0.1	0.1	0.0	0.0
爱尔兰	5	7	–3.16	–1.53	5	1	20	1	0.6	0.6	1.8	0.1	0.2
以色列	1	2	–1.49	–0.07	15	13	36	0	0.8	16.3	17.8	0.4	0.4
意大利	76	91	–0.98	–0.90	7	7	47	61	3.8	5.0	15.1	0.5	17.4
牙买加	3	3	0.11	0.11	5	10	21	206	4.4	10.2	18.9	0.2	4.2
日本	250	250	0.03	–0.05	28	39	64	6	36.0	13.4	16.5	2.0	5.5
约旦	1	1	0.00	0.00	13	10	13	1	0.4	0.7	1.9	0.0	30.0
哈萨克斯坦	34	33	0.17	0.17	16	20	14	16	5.1	2.4	2.5	..	..
肯尼亚	37	35	0.35	0.33	28	31	68	126	8.8	11.6	11.8	5.2	10.5
朝鲜	82	57	1.67	2.00	9	24	13	5	0.7	4.3	5.9	0.1	0.1
韩国	64	62	0.13	0.11	9	29	19	3	1.7	2.2	2.4	3.5	3.9
科索沃	..	..	..	..	..	..	..	..	..	..	..	..	..
科威特	0[c]	0[c]	–3.46	–2.57	6	8	11	0	0.1	1.6	1.6	0.0	0.0
吉尔吉斯斯坦	8	10	–0.26	–1.07	6	12	3	14	1.1	6.4	6.9	..	..
老挝	173	158	0.46	0.49	45	23	46	17	5.0	1.5	16.6	..	..
拉脱维亚	32	34	–0.21	–0.34	1	4	6	0	0.0	6.5	18.0	4.6	6.7
黎巴嫩	1	1	0.00	–0.45	10	8	22	1	0.2	0.5	0.5	0.0	0.1
莱索托	0[c]	0[c]	–0.49	–0.47	2	7	1	4	0.3	0.5	0.5	..	..
利比里亚	49	43	0.63	0.67	18	11	53	47	2.6	1.6	1.8	0.0	0.0
利比亚	2	2	0.00	0.00	12	3	24	2	1.6	0.1	0.1	0.0	0.1
立陶宛	19	22	–0.38	–0.68	3	4	6	0	0.0	2.0	14.5	0.8	10.7
前南斯拉夫马其顿共和国	9	10	–0.49	–0.41	5	9	13	0	0.2	4.2	4.9	..	..
马达加斯加	137	126	0.42	0.45	65	35	85	273	29.2	2.2	3.1	0.0	0.1
马拉维	39	32	0.88	0.97	7	15	101	12	3.5	15.0	15.0	..	..
马来西亚	224	205	0.36	0.54	70	45	64	674	13.9	17.1	18.1	1.5	2.0
马里	141	125	0.58	0.61	12	9	3	7	1.5	2.3	2.4	..	..
毛里塔尼亚	4	2	2.66	2.66	15	11	32	0	1.3	0.5	0.5	32.1	32.1
毛里求斯	0[c]	0[c]	0.03	1.00	6	11	13	88	3.3	1.7	4.5	0.3	0.3
墨西哥	703	648	0.52	0.30	100	56	152	191	68.7	2.2	11.1	1.1	16.7
摩尔多瓦	3	4	–0.16	–1.77	4	8	8	2	0.0	0.9	1.4	..	..
蒙古	125	109	0.67	0.73	11	20	1	0	4.2	4.1	13.4	..	..
摩洛哥	50	51	0.06	–0.23	18	10	47	28	3.5	1.2	1.5	0.8	1.3
莫桑比克	434	390	0.52	0.54	12	24	55	40	7.2	14.8	15.8	1.8	3.3
缅甸	392	318	1.17	0.93	45	43	39	37	10.0	3.1	6.3	0.3	0.3
纳米比亚	88	73	0.87	0.97	12	25	27	25	5.2	14.4	14.9	0.5	8.2
尼泊尔	48	36	2.09	0.70	31	31	7	2	2.1	7.7	17.0	..	..
荷兰	3	4	–0.43	–0.14	4	2	13	0	0.2	11.2	12.4	12.8	22.1
新西兰	77	83	–0.69	–0.01	9	70	23	19	20.2	25.4	26.2	0.4	10.8
尼加拉瓜	45	31	1.67	2.01	6	12	30	40	3.3	15.4	36.7	0.6	37.2
尼日尔	19	12	3.74	0.98	12	7	4	2	0.9	7.1	7.1	..	..
尼日利亚	172	90	2.68	3.67	26	14	59	171	6.0	11.6	12.8	0.2	0.2
挪威	91	101	–0.19	–0.80	7	2	19	2	1.3	7.0	14.6	1.2	2.4
阿曼	0[c]	0[c]	0.00	0.00	9	11	26	6	3.7	0.0	10.7	0.0	1.3
巴基斯坦	25	17	1.76	2.24	23	27	34	2	4.9	10.1	10.1	1.8	1.8
巴拿马	38	33	1.18	0.36	15	17	41	192	10.9	17.2	18.7	3.1	4.0
巴布亚新几内亚	315	287	0.45	0.48	39	37	42	142	25.4	1.9	3.1	0.3	0.3
巴拉圭	212	176	0.88	0.97	8	27	0	9	2.8	2.9	5.4	..	..
秘鲁	702	680	0.14	0.18	54	98	20	268	33.4	4.7	13.6	2.8	2.8
菲律宾	66	77	–0.80	–0.75	38	74	71	210	32.3	8.7	10.9	0.5	2.5
波兰	89	93	–0.20	–0.31	5	6	7	8	0.5	15.3	22.4	3.4	4.1
葡萄牙	33	35	–0.28	–0.11	11	8	53	68	5.5	5.8	8.3	2.1	3.1
波多黎各	3	6	–4.92	–1.76	3	8	19	51	4.0	10.0	10.1	1.5	1.6
卡塔尔	0[c]	0[c]	0.00	0.00	3	4	11	0	0.1	1.7	2.5	0.0	0.3

森林面积减少和生物多样性

	森林面积		年均森林面积减少量[a]		濒危物种				GEF生物多样性受益指数	国家保护区			
										陆地		海洋	
	千平方公里		百分比		哺乳动物	鸟类	鱼类	高等植物[b]	0—100(无多样性到最大多样性)	占表面积的百分比		占表面积的百分比	
	1990	2010	1990–2000	2000–2010	2011	2011	2011	2011	2008	1990	2010	1990	2010
罗马尼亚	64	66	0.01	−0.32	7	11	19	4	0.7	2.9	7.1	1.6	33.3
俄罗斯联邦	8,090	8,091	0.00	0.00	32	49	35	8	34.1	5.0	9.1	2.2	10.8
卢旺达	3	4	−0.79	−2.38	20	12	9	4	0.9	9.9	10.0	..	..
沙特阿拉伯	10	10	0.00	0.00	9	15	23	3	3.2	7.6	31.3	0.6	3.4
塞内加尔	93	85	0.49	0.49	16	10	45	9	1.0	24.1	24.1	5.8	12.4
塞尔维亚	23	27	−0.62	−0.99	6	9	11	2	0.2	5.3	6.0	..	..
塞拉利昂	31	27	0.65	0.69	17	10	47	48	1.3	4.9	4.9	0.0	0.0
新加坡	0[c]	0[c]	0.00	0.00	11	15	25	57	0.1	5.0	5.4	0.0	1.4
斯洛伐克共和国	19	19	0.01	−0.06	3	6	5	5	0.1	19.3	23.2	..	..
斯洛文尼亚	12	13	−0.37	−0.16	4	2	29	7	0.2	7.6	13.2	0.0	0.7
索马里	83	67	0.97	1.07	15	12	27	21	6.1	0.6	0.6	0.0	0.0
南非	82	57	0.00	0.00	24	40	87	65	20.7	6.5	6.9	0.7	6.5
南苏丹	..	..	..	..	..	..	..	..	..	..	..	..	..
西班牙	138	182	−2.09	−0.68	16	9	71	205	6.8	7.7	8.6	0.6	3.5
斯里兰卡	24	19	1.20	1.12	29	15	44	282	7.9	20.3	21.5	0.1	1.1
苏丹	764	699	0.80	0.08	15	15	19	16	5.1	4.2	4.2	0.0	0.0
斯威士兰	5	6	−0.93	−0.84	5	11	4	3	0.1	3.0	3.0	..	..
瑞典	273	282	−0.04	−0.30	1	2	12	4	0.3	6.0	10.9	3.9	5.3
瑞士	12	12	−0.37	−0.38	2	1	9	2	0.2	14.5	24.9	..	..
阿拉伯叙利亚共和国	4	5	−1.51	−1.29	16	14	34	2	0.9	0.3	0.6	0.0	0.6
塔吉克斯坦	4	4	−0.05	0.00	8	12	5	13	0.7	1.9	4.1	..	..
坦桑尼亚	415	334	1.02	1.13	35	42	174	290	14.8	26.6	27.5	3.7	10.0
泰国	195	190	0.28	0.02	57	46	97	86	8.0	14.7	20.1	4.0	4.4
东帝汶	10	7	1.22	1.40	4	7	5	0	0.6	..	6.1	0.0	6.7
多哥	7	3	3.37	5.13	11	5	24	9	0.3	11.3	11.3	0.0	0.0
特立尼达和多巴哥	2	2	0.30	0.32	2	2	24	1	2.2	30.5	31.2	0.2	2.8
突尼斯	6	10	−2.67	−1.86	13	6	35	6	0.5	1.3	1.3	1.1	1.2
土耳其	97	113	−0.47	−1.11	17	14	70	5	6.2	1.7	1.9	2.4	2.4
土库曼斯坦	41	41	0.00	0.00	9	16	11	3	1.8	3.0	3.0	..	..
乌干达	48	30	2.03	2.56	22	21	61	36	2.8	7.9	10.3	..	..
乌克兰	93	97	−0.25	−0.21	11	11	21	16	0.5	1.8	3.5	4.1	4.9
阿拉伯联合酋长国	2	3	−2.38	−0.24	7	9	13	0	0.2	0.3	5.6	0.3	2.6
英国	26	29	−0.68	−0.31	5	2	43	11	3.5	22.0	26.4	4.9	5.7
美国	2,963	3,040	−0.13	−0.13	37	76	183	219	94.2	12.4	12.4	21.0	28.6
乌拉圭	9	17	−4.38	−2.14	11	24	36	0	1.2	0.3	0.3	0.2	0.3
乌兹别克斯坦	30	33	−0.54	−0.20	10	15	7	15	1.1	2.1	2.3	..	..
委内瑞拉	520	463	0.57	0.60	32	27	37	68	25.3	40.1	53.8	7.0	15.3
越南	94	138	−2.28	−1.65	54	43	68	119	12.1	4.5	6.2	0.3	1.7
西岸和加沙	0[c]	0[c]	0.00	−0.10	3	9	0	0	..	0.6	0.6	..	..
也门共和国	5	5	0.00	0.00	9	15	23	158	3.2	0.0	0.5	0.0	1.8
赞比亚	528	495	0.32	0.33	9	14	20	9	3.8	36.0	36.0	..	..
津巴布韦	222	156	1.58	1.88	9	14	3	14	1.9	18.0	28.0	..	..
全世界	**41,582 s**	**40,204 s**	**0.18 w**	**0.11 w**	**3,105 s**	**3,401 s**	**6,213 s**	**10,987 s**	**..**	**8.4 w**	**12.3 w**	**4.6 w**	**10.0 w**
低收入国家	4,721	4,155	0.63	0.61	..	..	..	..	..	9.6	10.7	..	..
中等收入国家	27,387	26,420	0.22	0.08	..	..	..	..	..	7.9	12.3	2.6	7.5
中低收入国家	7,003	6,364	0.59	0.30	..	..	..	..	..	7.3	9.4	2.7	4.4
中高收入国家	20,384	20,056	0.10	0.01	..	..	..	..	..	8.2	13.4	2.6	8.5
低收入和中等收入国家	32,108	30,575	0.28	0.15	..	..	..	..	..	8.2	12.0	2.6	7.2
东亚和太平洋地区	4,602	4,698	0.08	−0.44	..	..	..	..	..	10.8	15.0	0.5	1.4
欧洲和中亚	8,735	8,784	−0.02	−0.04	..	..	..	..	..	4.3	7.5	2.2	10.4
拉丁美洲和加勒比地区	10,389	9,460	0.47	0.45	..	..	..	..	..	9.7	20.2	5.0	13.1
中东和北非	207	211	−0.10	−0.15	..	..	..	..	..	3.3	3.9	0.8	2.0
南亚	795	817	−0.01	−0.29	..	..	..	..	..	5.3	5.9	1.5	1.7
撒哈拉以南非洲地区	7,379	6,605	0.55	0.48	..	..	..	..	..	11.1	11.7	3.3	5.8
高收入国家	9,474	9,629	−0.14	−0.04	..	..	..	..	..	8.9	12.9	9.3	16.5
欧元区	859	952	−0.76	−0.31	..	..	..	..	..	11.3	17.0	6.7	15.1

a. 负数表明森林面积的增加。b. 仅指开花植物。c. 小于0.5。

关于数据的说明

由于面临对生物多样性的巨大威胁，国际社会越来越关注对多样性的保护。森林面积减少是生物多样性减少的一个主要原因，栖息地保护对阻止生物多样性的减少至关重要。保护工作主要集中于生物高度多样性的保护区。联合国粮食及农业组织（FAO）的《2010 年全球森林资源评估》提供了 2010 年森林覆盖的详细信息、1990 年和 2000 年的森林覆盖调整后的估计值。当前的这次调查使用了统一的森林定义。由于篇幅所限，表中所列的森林面积并没有细分为天然林和人造林（FAO 提供的分类只是针对发展中国家的）。因此，表中的森林面积减少数据可能低估一些国家天然林的消失速率。

濒危物种的数量是衡量一个地理区域所直接需要的保护效力的指标。针对几组生物体已经进行了全球濒危物种状况分析。对于哺乳动物、鸟类以及两栖动物，仅仅对所有事实上非常知名的物种进行了状况评估。根据世界保护联盟（IUCN）的分类，濒危物种被定义为：濒危的（处于灭绝的危险之中，如果诱发因素继续作用则不可能存活），以及脆弱的（如果诱发因素继续作用，在不远的将来可能归入濒危类）。

全球环境基金（GEF）的生物多样性受益指数是一个衡量各国生物多样性状况的综合指数，以指导生物多样性优先的安排。对于每个国家来讲，生物多样性指标囊括了以下 4 个相关方面最容易获得并且最具有可比性的信息：具有代表性的物种、濒危物种、具有代表性的生态区以及濒危的生态区。为了将这几个方面融合为一个衡量指数，该指标运用了以上各方面的权重，该权重获得了全球环境基金（GEF）、世界保护联盟（IUCN）、世界野生动物协会（WWF）、国际以及其他非政府组织的生物保护科学家的一致同意。

世界保护监控中心（WCMC）从各种来源汇编了关于保护区、某些物种的数量及其濒危物种数量的数据。由于定义、报告惯例和报告期限的不同，跨国比较受到限制。

国家保护区是面积至少 1,000 公顷且属于 IUCN 定义的 6 种管理类型之一的地区：科学保护区与限制公众进入的严格自然保护区；具有国家或者国际意义的国家公园（没有受到人类活动太大的影响）。自然遗址和独特的自然风景区；加以管理的自然保护区和野生禁猎区；风景保护区（可能包括文化风景区）；主要为使自然系统可持续地利用进而确保生物多样性的长期保护和维持而加以管理的区域。表中涵盖这 6 类数据，并包含未被 IUCN 计入分类的陆地保护区的数据。把一段地带定为保护区并不一定意味着保护生效。对一些只有不到 1,000 公顷保护区的小型国家来讲，该定义中的规模限制可能会导致对保护区的低估。

由于连贯性和收集方法的不同，各个国家数据质量的差异很大。部分国家要比其他国家更为频繁地更新信息，部分国家覆盖范围方面的数据更为准确，而许多国家则低估了保护区的数量或者范围。

定义

• **森林面积**是陆地面积超过 0.5 公顷、树木高于 5 米、树冠覆盖面积占 10% 以上或者树木能够达到以上限度的森林覆盖面积。它不包括主要的农村用地和城市用地。 • **年均森林面积减少量**是指天然森林永久性地转变为其他用地，包括农业、牧业、居住地和基础设施建设。森林减少面积不包括已砍伐但是准备重植的面积，也不包括采集薪柴、酸沉降或者森林火灾所导致的森林退化的面积。 • **濒危物种**指 IUCN 所划分的濒危的、脆弱的、稀少的、不确定的、脱离危险的以及不够知名的物种的数量。哺乳动物不包括鲸和海豚。鸟类包括一国内喂养的和过冬的鸟类。鱼类指冷血水生脊椎鱼类。高等植物指当地维管束植物物种。 • **GEF 生物多样性受益指数**是基于各国具有代表性的物种、濒危状况以及各国栖息地类型的多样性构建的衡量各国相关生物多样性潜力的综合指数。 • **国家保护区**是面积至少为 1,000 公顷的完全或者部分保护的区域，它们被设计成限制公众进入的科学保护区、国家公园、自然遗址、自然保护区或者野生禁猎区及其海陆风景保护区。陆地保护区不包括海洋、未分类的区域、沿海区域以及地方性或者省级法律规定的保护区。海洋保护区是指潮间带或者潮下带的海域——以及水上相关的植物群和动物群并具有一定的历史文化特征——这些保存下来以保护部分有限的环境或者整个有限环境。

数据资料来源

森林面积数据来自 FAO 的《2010 年全球森林资源评估》和 FAO 的网站。物种数据来自联合国环境规划署和 WCMC 的电子文件、IUCN 的《2011 年 IUCN 濒危动物红色名单》。GEF 生物多样性受益指数来自 Pandey 等（2006）。国家保护区的数据来自联合国环境规划署和 WCMC，并以各国当局、各国法律以及国际协议的数据为基础。

	可再生内陆淡水资源[a]		年度淡水使用量					水生产率	改善的水资源获取状况	
	流量 10亿立方米 2009	人均 立方米 2009	10亿 立方米 2009[b]	占内陆资源的百分比 2009[b]	农业用水所占百分比 2009[b]	工业用水所占百分比 2009[b]	生活用水所占百分比 2009[b]	GDP/水使用量 2000年美元/立方米 2009[b]	占农村人口的百分比 2010	占城市人口的百分比 2010
阿富汗	55	1,645	23.1	35.6	99	1	1	..	42	78
阿尔巴尼亚	27	8,425	1.8	4.4	58	12	30	3	94	96
阿尔及利亚	11	322	6.2	52.7	64	14	23	12	79	85
安哥拉	148	7,976	0.6	0.4	33	29	38	40	38	60
阿根廷	276	6,889	32.6	4.0	66	12	22	12	80	98
亚美尼亚	7	2,223	2.8	36.4	66	4	30	1	97	99
澳大利亚	492	22,413	22.6	4.6	74	11	16	24	100	100
奥地利	55	6,575	3.7	4.7	3	79	18	60	100	100
阿塞拜疆	8	907	12.2	35.2	76	19	4	2	71	88
巴林	0[c]	3	0.4	219.8	45	6	50	35	..	100
孟加拉国	105	714	35.9	2.9	88	2	10	2	80	85
白俄罗斯	37	3,913	4.3	7.5	19	54	27	6	99	100
比利时	12	1,111	6.2	34.0	1	88	12	42	100	100
贝宁	10	1,197	0.1	0.5	45	23	32	25	68	84
玻利维亚	304	31,054	2.0	0.3	57	15	28	6	71	96
波斯尼亚和黑塞哥维那	36	9,422	0.3	0.9	..	..	..	24	98	100
博茨瓦纳	2	1,211	0.2	1.6	41	18	41	40	92	99
巴西	5,418	28,037	58.1	0.7	55	17	28	15	85	100
保加利亚	21	2,769	6.1	28.7	16	68	16	3	100	100
布基纳法索	13	782	1.0	7.9	70	2	28	4	73	95
布隆迪	10	1,231	0.3	2.3	77	6	17	3	71	83
柬埔寨	121	8,628	2.2	0.5	94	2	4	3	58	87
喀麦隆	273	14,237	1.0	0.3	76	7	17	14	52	95
加拿大	2,850	84,495	46.0	1.6	12	69	20	18	99	100
中非共和国	141	32,653	0.1	0.0	1	16	82	15	51	92
乍得	15	1,371	0.4	0.9	52	24	24	8	44	70
智利	884	52,136	11.3	1.2	70	20	9	9	75	99
中国	2,813	2,113	554.1	19.5	65	23	12	5	85	98
中国香港	..	..	..	..	..	..	..	..	..	..
哥伦比亚	2,112	46,261	12.7	0.6	39	4	57	11	72	99
刚果民主共和国	900	14,018	0.6	0.0[c]	18	20	63	10	27	79
刚果共和国	222	56,324	0.0	0.0[c]	9	22	70	101	32	95
哥斯达黎加	112	24,484	2.7	2.4	53	17	29	9	91	100
科特迪瓦	77	3,971	1.4	1.7	43	19	38	8	68	91
克罗地亚	38	8,512	0.6	0.6	2	14	85	45	97	100
古巴	38	3,385	7.6	19.8	75	10	15	4	89	96
塞浦路斯	1	715	0.2	19.3	86	3	10	66	100	100
捷克共和国	13	1,254	1.7	13.3	2	57	42	45	100	100
丹麦	6	1,086	0.7	10.8	36	5	58	253	100	100
多米尼加共和国	21	2,144	3.5	16.6	64	2	34	11	84	87
厄瓜多尔	432	30,291	15.3	3.6	92	3	6	2	89	96
埃及	2	23	68.3	119.0	86	6	8	2	99	100
萨尔瓦多	18	2,881	1.4	5.5	55	17	28	11	76	94
厄立特里亚	3	549	0.6	9.2	95	0	5	1	57	74
爱沙尼亚	13	9,483	1.8	14.0	0[c]	97	3	5	97	99
埃塞俄比亚	122	1,503	5.6	4.6	94	0[c]	6	3	34	97
芬兰	107	20,042	1.6	1.5	3	72	25	86	100	100
法国	200	3,099	31.6	15.0	12	69	18	46	100	100
加蓬	164	110,997	0.1	0.1	38	9	53	46	41	95
冈比亚	3	1,784	0.1	0.9	28	24	48	8	85	92
格鲁吉亚	58	13,179	1.6	2.6	65	13	22	3	96	100
德国	107	1,306	32.3	21.0	0[c]	84	16	62	100	100
加纳	30	1,272	1.0	1.8	66	10	24	8	80	91
希腊	58	5,141	9.5	12.7	89	2	9	17	99	100
危地马拉	109	7,781	2.9	2.6	55	30	15	9	87	98
几内亚	226	23,153	1.6	0.7	84	3	13	2	65	90
几内亚比绍	16	10,781	0.2	0.6	82	5	13	1	53	91
海地	13	1,319	1.2	8.6	78	4	19	3	51	85

	可再生内陆淡水资源[a]		年度淡水使用量					水生产率	改善的水资源获取状况	
	流量 10亿立方米 2009	人均 立方米 2009	10亿立方米 2009[b]	占内陆资源的百分比 2009[b]	农业用水所占百分比 2009[b]	工业用水所占百分比 2009[b]	生活用水所占百分比 2009[b]	GDP/水使用量 2000年美元/立方米 2009[b]	占农村人口的百分比 2010	占城市人口的百分比 2010
洪都拉斯	96	12,877	1.2	1.2	58	25	17	9	79	95
匈牙利	6	599	5.6	5.4	6	82	12	..	100	100
印度	1,446	1,197	761.0	39.8	90	2	7	1	90	97
印度尼西亚	2,019	8,504	113.3	5.6	82	7	12	2	74	92
伊朗	129	1,757	93.3	67.7	92	1	7	2	92	97
伊拉克	35	1,132	66.0	87.3	79	15	7	0[c]	56	91
爱尔兰	49	10,989	..	..	..	..	..	..	100	100
以色列	1	100	2.0	101.9	58	6	36	83	100	100
意大利	183	3,032	45.4	23.7	44	36	20	25	100	100
牙买加	9	3,489	0.6	6.2	34	22	44	17	88	98
日本	430	3,371	90.0	20.9	63	18	19	54	100	100
约旦	1	115	0.9	99.4	65	4	31	16	92	98
哈萨克斯坦	75	4,686	33.1	28.9	87	12	1	1	90	99
肯尼亚	21	525	2.7	8.9	79	4	17	7	52	82
朝鲜	67	2,764	8.7	11.2	76	13	10	..	97	99
韩国	65	1,330	25.5	36.5	62	12	26	30	88	100
科索沃	..	..	..	..	..	..	..	..	..	..
科威特	0[c]	0[c]	0.9	..	54	2	44	*43*	99	99
吉尔吉斯斯坦	49	9,199	10.1	43.7	94	3	3	0[c]	85	99
老挝	190	31,151	4.3	1.3	93	4	3	1	62	77
拉脱维亚	17	7,424	0.4	1.2	12	50	39	27	96	100
黎巴嫩	5	1,144	1.3	28.1	60	11	29	20	100	100
莱索托	5	2,433	0.1	1.7	20	40	40	20	73	91
利比里亚	200	52,139	0.2	0.1	34	27	40	3	60	88
利比亚	1	96	4.3	718.0	83	3	14	11	..	..
立陶宛	16	4,659	2.4	9.6	3	90	7	7	..	98
前南斯拉夫马其顿共和国	5	2,625	1.0	16.1	12	67	21	4	99	100
马达加斯加	337	16,746	14.7	4.4	97	1	2	0[c]	34	74
马拉维	16	1,118	1.0	5.6	84	4	12	3	80	95
马来西亚	580	20,752	13.2	2.3	34	36	30	10	99	100
马里	60	4,024	6.5	6.5	90	1	9	1	51	87
毛里塔尼亚	0[c]	118	1.6	14.0	94	2	5	1	48	52
毛里求斯	3	2,158	0.7	26.4	68	3	30	9	99	100
墨西哥	409	3,651	79.8	17.5	77	9	14	8	91	97
摩尔多瓦	1	280	1.9	16.4	40	52	9	1	93	99
蒙古	35	12,833	0.5	1.4	44	32	24	4	53	100
摩洛哥	29	917	12.6	43.4	87	3	10	5	61	98
莫桑比克	100	4,388	0.7	0.3	74	3	23	11	29	77
缅甸	1,003	21,071	33.2	2.8	89	1	10	..	78	93
纳米比亚	6	2,747	0.3	1.7	71	5	24	19	90	99
尼泊尔	198	6,734	9.8	4.7	98	0[c]	2	1	88	93
荷兰	11	665	10.6	11.7	1	87	12	41	100	100
新西兰	327	75,768	4.8	1.5	74	4	21	13	100	100
尼加拉瓜	190	33,221	1.3	0.7	84	2	14	4	68	98
尼日尔	4	234	2.4	7.0	88	1	11	1	39	100
尼日利亚	221	1,431	10.3	3.6	53	15	31	8	43	74
挪威	382	79,110	2.9	0.8	29	43	28	66	100	100
阿曼	1	516	1.3	86.6	88	1	10	23	78	93
巴基斯坦	55	323	183.5	79.5	94	1	5	1	89	96
巴拿马	147	42,578	0.5	0.3	51	3	46	44	*83*	97
巴布亚新几内亚	801	119,492	0.4	0.0	0[c]	43	57	12	33	87
巴拉圭	94	14,822	0.5	0.1	71	8	20	19	66	99
秘鲁	1,616	56,179	19.3	1.0	85	8	7	4	65	91
菲律宾	479	5,223	81.6	17.0	82	10	8	1	92	93
波兰	54	1,405	12.0	19.4	10	60	31	20	*100*	100
葡萄牙	38	3,574	8.5	12.3	73	19	8	15	100	99
波多黎各	7	1,790	1.0	14.0	7	2	91	65	..	..
卡塔尔	0[c]	35	0.4	455.2	59	2	39	122	100	100

	可再生内陆淡水资源[a]		年度淡水使用量					水生产率	改善的水资源获取状况	
	流量 10亿立方米 2009	人均 立方米 2009	10亿立方米 2009[b]	占内陆资源的百分比 2009[b]	农业用水所占百分比 2009[b]	工业用水所占百分比 2009[b]	生活用水所占百分比 2009[b]	GDP/水使用量 2000年美元/立方米 2009[b]	占农村人口的百分比 2010	占城市人口的百分比 2010
罗马尼亚	42	1,969	6.9	3.2	17	61	22	8	..	99
俄罗斯联邦	4,313	30,405	66.2	1.5	20	60	20	6	92	99
卢旺达	10	921	0.2	1.6	68	8	24	22	63	76
沙特阿拉伯	2	90	23.7	943.3	88	3	9	11	..	97
塞内加尔	26	2,131	2.2	5.7	93	3	4	3	56	93
塞尔维亚	..	..	4.1	..	2	82	17	2	98	99
塞拉利昂	160	27,878	0.5	0.3	71	10	19	3	35	87
新加坡	1	120	..	..	..	..	..	..	..	100
斯洛伐克共和国	13	2,325	0.7	1.4	3	50	47	64	100	100
斯洛文尼亚	19	9,153	0.9	3.0	0[c]	82	18	27	99	100
索马里	6	658	3.3	22.4	99	0[c]	0[c]	..	7	66
南非	45	908	12.5	25.0	63	6	31	15	79	99
南苏丹	..	..	..	..	..	..	..	..	..	..
西班牙	111	2,422	32.5	29.0	61	22	18	22	100	100
斯里兰卡	53	2,555	13.0	24.5	87	6	6	2	90	99
苏丹	30	706	37.1	57.6	97	1	2	1	52	67
斯威士兰	3	2,260	1.0	23.1	97	1	2	2	65	91
瑞典	171	18,390	2.6	1.5	4	59	37	110	100	100
瑞士	40	5,217	2.6	4.9	2	58	41	110	100	100
阿拉伯叙利亚共和国	7	356	16.8	99.8	88	4	9	2	86	93
塔吉克斯坦	66	9,774	12.0	74.8	92	5	4	0[c]	54	92
坦桑尼亚	84	1,930	5.2	5.4	89	0	10	4	44	79
泰国	225	3,268	57.3	13.1	90	5	5	3	95	97
东帝汶	8	7,469	1.2	14.3	91	0[c]	8	0[c]	60	91
多哥	12	1,949	0.2	1.2	45	2	53	10	40	89
特立尼达和多巴哥	4	2,874	0.2	6.0	9	25	66	61	93	98
突尼斯	4	402	2.9	61.7	76	4	13	11	84	99
土耳其	227	3,160	40.1	18.8	74	11	15	9	99	100
土库曼斯坦	1	273	24.9	100.8	97	1	2	0[c]	72	97
乌干达	39	1,205	0.3	0.5	36	18	46	36	68	95
乌克兰	53	1,153	38.5	27.6	51	36	12	1	98	98
阿拉伯联合酋长国	0[c]	22	4.0	2,032.0	83	2	15	39	100	100
英国	145	2,346	13.0	8.8	10	33	57	132	100	100
美国	2,818	9,186	478.4	15.6	40	46	14	24	94	100
乌拉圭	59	17,639	3.7	2.6	87	2	11	8	100	100
乌兹别克斯坦	16	588	59.6	118.3	91	3	6	0[c]	81	98
委内瑞拉	722	25,451	9.1	0.7	44	8	49	18	75	94
越南	359	4,178	82.0	9.3	95	4	1	1	93	99
西岸和加沙	1	201	0.4	49.9	45	7	48	9	81	86
也门共和国	2	90	3.6	168.6	91	2	7	4	47	72
赞比亚	80	6,303	1.7	1.7	76	7	17	3	46	87
津巴布韦	12	983	4.2	21.0	79	7	14	1	69	98
全世界	**42,383 s**	**6,258 w**	**3,908.3 s**	**7.3 w**	**70 w**	**18 w**	**12 w**	**10 w**	**81 w**	**96 w**
低收入国家	4,197	5,381	188.6	4.3	90	2	8	2	57	86
中等收入国家	29,152	5,944	2,791.0	7.0	79	11	10	3	84	96
中低收入国家	7,995	3,227	1,607.4	12.6	88	5	7	1	83	93
中高收入国家	21,157	8,718	1,183.6	5.0	66	20	14	6	86	98
低收入和中等收入国家	33,348	5,867	2,979.6	6.7	79	11	10	3	80	95
东亚和太平洋地区	8,773	4,506	952.0	9.9	73	16	10	4	84	97
欧洲和中亚	5,076	12,887	330.4	5.0	63	26	11	3	91	99
拉丁美洲和加勒比地区	13,425	23,323	269.5	1.6	68	11	21	10	81	98
中东和北非	226	695	276.5	70.0	86	6	8	2	81	94
南亚	1,990	1,236	1,026.6	33.4	91	2	7	1	88	95
撒哈拉以南非洲地区	3,858	4,634	124.6	2.2	84	4	12	4	49	83
高收入国家	9,034	8,305	928.7	9.4	41	42	17	31	98	100
欧元区	977	2,952	185.6	16.4	32	52	17	36	100	100

a. 由于数据不可靠，不包括来自其他国家的河水流量。b. 最近年份可获得的数据（见基本数据文献）。c. 小于0.5。

关于数据的说明

淡水资源的数据是基于对河川径流量和地下水补给量的估计。这些估计值都是根据不同资料来源计算得到，涉及不同年份，因此，在进行淡水资源数据的跨国比较时，应该谨慎。因为这些数据的收集是间歇性的，所以可能掩盖了相邻年份之间可再生水资源总量的重大变化。本表的数据也不能反映国家内部水资源可获得性的季节差异和地理差异。小国的数据及其干旱、半干旱地区国家的数据，其可靠性不如那些大国及其降水量丰富的国家。

在进行淡水每年使用状况的数据比较时，也需要谨慎。这些数据也受数据收集和估计方法差异的影响。除此之外，因为流入和流出可能是在不同时间、不同质量和精确水平上估计的，所以对这些数据的解释需要谨慎对待，尤其是水资源短缺的国家，特别在中东和北非地区。

水生产率是各国水资源使用效率的唯一指标。如果各国经济结构存在差异，那么这些指标的使用就应该更加谨慎，同时还要考虑该国的部门活动和自然资源禀赋。

关于获取改善的水资源的数据是用来衡量能够方便地获取足够安全民用水的人口比例。该数据主要基于政府向世界卫生组织和联合国儿童基金会的联合监控规划提供的调查和估计。覆盖率主要基于服务使用者关于其家庭实际使用什么的信息，而不是来自服务提供者的信息（其中可能包括非运行系统）。从改善的水资源获取饮用水并不能确保水是安全的或者足够的，正如这些特征并不能在调查的时候测试出来。尽管关于获取改善的水资源方面的信息被广泛使用，但是这些信息具有极强的主观性。例如，“安全的”、“改善的”、“足够的”和“方便的”之类的术语，即便有世界卫生组织的官方定义（见“定义”），但是在不同国家可能具有不同的含义。即使在高收入国家，经过处理的水也并非总是能够安全饮用。尽管获取改善的水资源等同于与供水系统的连接，但是他并未考虑这些设施一旦连接所产生的质量和成本的变化（广义上的）。

定义

• **可再生内陆淡水资源**是指一个国家的河流、降水产生的地下水的年平均流量。不包括源于一国边境外的天然流入量。地表水流入地下，地下水再吸收，双方重叠的部分也排除在外。 • **人均可再生内陆淡水资源**用世界银行的人口估计数计算（见表2.1）。 • **年度淡水使用量**指的是用水总量，不包括在水存储地点的蒸腾损失。水使用量也包括一个国家咸水淡化厂的水生产量，这种水是那些国家重要的用水资源。当从不可再生的含水地层抽取或者咸水淡化厂生产的淡水量很大时，或者当水的重复利用规模很大时，水的使用量可以超过可再生的资源总量。农业和工业用水是指灌溉和畜牧业生产以及直接用于工业用水（包括热电厂冷却用水）的总和。民用水包括饮用水、市政用水或者供水，公共设施用水、商业设施用水和家庭用水。 • **水生产率**是用不变价格的GDP除以年度总的水使用量计算的。 • **改善的水资源获取状况**是指方便从改善的水资源获取足够水量的人口所占的百分比，改善的水资源包括家庭供水系统、公用水塔、钻井、受保护的井和泉以及雨水收集系统。未加改善的水资源包括自动售水机、水罐车以及未加保护的井和泉。方便地获取被定义为每人每天从距离居住区1公里范围内的水源获取至少20升水。

数据资料来源

淡水资源和使用量的数据来自联合国粮食及农业组织的AQUASTAT数据库。用于计算水生产率的GDP估计值来自世界银行的国民账户数据库。关于水资源获取的数据来自世界卫生组织和联合国儿童基金会的《卫生设施和饮用水进展》（2012年）。

	有机污水排放量				有机污水排放中工业所占份额							
					占总数的百分比							
	1,000千克/日		千克/人日		冶金	造纸	化工	食品和饮料	建材	纺织	木材	其他
	1990	2007[a]	1990	2007[a]	2007[a]	2007[a]	2007[a]	2007[a]	2007[a]	2007[a]	2007[a]	2007[a]
阿富汗	..	0.2	..	0.21	..	19.7	27.9	14.1	11.7	23.3	..	3.1
阿尔巴尼亚	2.4	3.6	0.25	0.25	..	..	..	39.8	..	60.2	..	11.9
阿尔及利亚	..	..	..	..	..	..	..	..	..	..	..	..
安哥拉	..	..	..	..	..	..	..	..	..	..	..	..
阿根廷	181.4	155.5	0.21	0.23	3.8	8.4	15.8	30.5	3.5	14.3	2.1	21.6
亚美尼亚	..	..	..	..	..	..	..	..	..	..	..	..
澳大利亚	..	..	..	..	..	..	..	..	..	..	..	..
奥地利	90.5	84.4	0.15	0.14	5.7	7.1	9.3	12.2	5.8	4.3	6.0	49.5
阿塞拜疆	41.3	20.0	0.15	0.18	8.8	3.0	18.5	19.6	8.4	11.7	1.5	28.6
巴林	..	..	..	..	..	..	..	..	..	..	..	..
孟加拉国	250.8	303.0	0.15	0.14	0.7	2.3	3.0	7.6	2.6	79.3	0.5	4.2
白俄罗斯	..	..	..	..	..	..	..	..	..	..	..	..
比利时	107.8	95.9	0.17	0.17	6.4	7.9	18.6	16.4	3.1	5.5	2.2	40.0
贝宁	..	..	..	..	..	..	..	..	..	..	..	..
玻利维亚	11.3	11.5	0.24	0.25	0.9	9.8	13.1	35.4	7.7	18.4	5.3	9.5
波斯尼亚和黑塞哥维那	..	..	..	..	..	..	..	..	..	..	..	..
博茨瓦纳	2.5	3.2	0.30	0.23	..	2.4	..	43.8	0.6	3.9	..	50.0
巴西	..	..	..	..	..	..	..	..	..	..	..	..
保加利亚	124.3	102.1	0.17	0.17	3.7	4.3	8.0	17.7	4.8	26.8	3.0	31.7
布基纳法索	..	..	..	..	..	..	..	..	..	..	..	..
布隆迪	..	..	..	..	..	..	..	..	..	..	..	..
柬埔寨	3.8	..	0.17	..	..	..	..	..	..	..	..	..
喀麦隆	..	..	..	..	..	..	..	..	..	..	..	..
加拿大	300.9	306.6	0.17	0.16	4.3	8.9	10.9	14.0	2.8	7.3	6.5	45.3
中非共和国	..	..	..	..	..	..	..	..	..	..	..	..
乍得	..	..	..	..	..	..	..	..	..	..	..	..
智利	..	92.5	..	0.25	7.6	6.3	13.7	35.1	3.6	9.1	6.9	17.7
中国	..	9,428.9	..	0.13	7.2	3.9	13.0	7.4	6.3	20.6	1.7	39.9
中国香港	..	..	..	..	..	..	..	..	..	..	..	..
哥伦比亚	..	87.0	..	0.20	2.3	8.9	17.3	21.3	5.3	24.1	0.9	19.9
刚果民主共和国	..	..	..	..	..	..	..	..	..	..	..	..
刚果共和国	..	..	..	..	..	..	..	..	..	..	..	..
哥斯达黎加	..	..	..	..	..	..	..	..	..	..	..	..
科特迪瓦	..	..	..	..	..	..	..	..	..	..	..	..
克罗地亚	48.5	42.9	0.17	0.17	3.1	7.2	9.5	17.6	5.9	14.5	4.9	37.2
古巴	..	..	..	..	..	..	..	..	..	..	..	..
塞浦路斯	7.1	8.0	0.21	0.23	0.3	8.9	9.3	36.3	9.9	5.1	8.0	22.2
捷克共和国	177.1	146.5	0.14	0.13	5.4	4.8	10.9	10.9	6.4	7.4	4.4	49.8
丹麦	84.5	61.0	0.18	0.16	1.4	11.5	13.1	16.4	4.8	1.5	4.0	47.3
多米尼加共和国	88.6	..	0.18	..	..	..	..	..	..	..	..	..
厄瓜多尔	28.6	44.7	0.24	0.28	1.8	7.8	12.8	46.4	4.4	12.3	2.2	12.3
埃及	206.5	..	0.19	..	..	..	..	..	..	..	..	..
萨尔瓦多	..	..	..	..	..	..	..	..	..	..	..	..
厄立特里亚	2.4	2.5	0.19	0.20	0.2	4.4	9.5	27.3	9.6	29.0	0.1	20.3
爱沙尼亚	21.7	16.0	0.15	0.14	0.4	7.3	7.1	14.6	5.5	8.0	16.4	40.8
埃塞俄比亚	18.5	32.2	0.23	0.24	1.4	6.0	10.9	34.7	8.3	27.9	1.5	9.3
芬兰	72.5	55.3	0.19	0.14	1.0	15.4	8.7	9.0	4.4	2.8	7.3	51.4
法国	326.5	569.4	0.11	0.16	3.2	7.4	15.0	16.6	3.8	4.8	2.4	46.9
加蓬	..	..	..	..	..	..	..	..	..	..	..	..
冈比亚	0.8	..	0.27	..	..	..	..	..	..	..	..	..
格鲁吉亚	..	..	..	..	..	..	..	..	..	..	..	..
德国	806.6	936.2	0.13	0.14	3.8	7.1	12.4	11.4	3.4	2.4	1.9	57.6
加纳	..	16.0	..	0.17	3.0	3.8	15.9	18.6	4.1	10.2	33.3	11.2
希腊	50.9	60.8	0.19	0.20	3.9	9.0	10.1	23.9	7.0	14.4	2.8	28.9
危地马拉	..	..	..	..	..	..	..	..	..	..	..	..
几内亚	..	..	..	..	..	..	..	..	..	..	..	..
几内亚比绍	..	..	..	..	..	..	..	..	..	..	..	..

	有机污水排放量				有机污水排放中工业所占份额							
					占总数的百分比							
	1,000千克/日		千克/人日		冶金	造纸	化工	食品和饮料	建材	纺织	木材	其他
	1990	2007[a]	1990	2007[a]	2007[a]	2007[a]	2007[a]	2007[a]	2007[a]	2007[a]	2007[a]	2007[a]
海地	5.2	..	0.20	..	..	..	..	..	..	..	..	..
洪都拉斯	..	..	..	..	..	..	..	..	..	..	..	..
匈牙利	122.1	110.6	0.18	0.15	2.7	6.4	10.6	15.2	3.7	9.1	3.3	49.0
印度	..	..	..	..	..	..	..	..	..	..	..	..
印度尼西亚	721.8	883.0	0.18	0.19	1.4	4.1	12.0	23.1	4.0	29.2	6.3	19.9
伊朗	131.6	160.8	0.16	0.15	7.1	2.8	12.8	16.1	13.8	11.2	0.7	35.5
伊拉克	7.7	7.7	0.27	0.27	13.1	25.6	29.9	16.9	5.4	9.1	..	..
爱尔兰	36.1	28.4	0.19	0.16	1.3	10.2	17.6	14.8	5.9	0.8	3.8	45.5
以色列	54.6	52.7	0.16	0.16	1.6	8.9	13.4	16.4	2.9	7.9	1.2	47.6
意大利	378.3	479.2	0.13	0.13	3.5	5.2	10.3	9.3	5.4	13.6	2.9	49.6
牙买加	..	..	..	..	..	..	..	..	..	..	..	..
日本	1,455.0	1,126.9	0.14	0.15	3.3	7.0	11.2	15.0	3.6	5.3	2.0	52.5
约旦	15.0	29.1	0.18	0.18	2.3	6.1	13.7	20.8	11.5	18.6	2.3	24.5
哈萨克斯坦	123.5	97.4	0.23	0.24	33.3	2.3	8.9	18.7	9.3	3.9	0.6	23.0
肯尼亚	..	..	..	..	..	..	..	..	..	..	..	..
朝鲜	..	..	..	..	..	..	..	..	..	..	..	..
韩国	366.9	319.6	0.12	0.11	4.2	5.4	12.1	6.3	3.0	9.3	0.9	58.9
科索沃	..	..	..	..	..	..	..	..	..	..	..	..
科威特	..	..	..	..	..	..	..	..	..	..	..	..
吉尔吉斯斯坦	28.9	12.2	0.14	0.20	9.8	6.3	8.5	24.2	17.5	9.8	1.6	22.4
老挝	4.3	4.3	0.14	0.14	1.8	2.2	3.8	9.2	7.5	49.2	21.4	4.9
拉脱维亚	39.8	28.4	0.12	0.18	2.7	7.7	5.8	21.1	4.4	11.8	19.1	27.3
黎巴嫩	14.7	14.7	0.19	0.19	0.5	7.5	6.0	25.5	12.9	16.7	4.5	26.3
莱索托	..	5.3	..	0.13	0.9	0.5	0.3	2.6	0.8	93.5	..	1.4
利比里亚	..	..	..	..	..	..	..	..	..	..	..	..
利比亚	..	..	..	..	..	..	..	..	..	..	..	..
立陶宛	54.0	42.2	0.15	0.17	0.9	5.7	8.3	20.5	4.7	17.6	11.4	30.8
前南斯拉夫马其顿共和国	27.0	20.3	0.20	0.18	5.8	4.7	6.3	15.1	3.2	44.7	2.9	17.3
马达加斯加	..	92.8	..	0.14	0.3	1.6	12.4	7.6	2.8	58.9	6.3	10.0
马拉维	37.2	32.7	0.40	0.39	..	1.4	3.7	82.1	0.6	7.5	1.1	3.6
马来西亚	..	208.3	..	0.12	2.8	4.9	16.5	9.1	3.8	6.6	7.8	48.5
马里	..	..	..	..	..	..	..	..	..	..	..	..
毛里塔尼亚	..	..	..	..	..	..	..	..	..	..	..	..
毛里求斯	16.8	15.4	0.16	0.17	0.4	3.6	5.9	14.7	..	63.9	0.7	10.9
墨西哥	425.0	..	0.18	..	..	..	..	..	..	..	..	..
摩尔多瓦	29.2	18.8	0.44	0.45	..	3.8	..	95.2	..	..	..	0.9
蒙古	..	8.8	..	0.21	3.7	5.1	3.3	27.2	9.5	41.6	5.4	4.1
摩洛哥	..	74.0	..	0.16	1.0	2.9	7.9	16.3	6.5	43.5	2.0	19.9
莫桑比克	..	..	..	..	..	..	..	..	..	..	..	..
缅甸	..	..	..	..	..	..	..	..	..	..	..	..
纳米比亚	..	..	..	..	..	..	..	..	..	..	..	..
尼泊尔	26.4	26.8	0.14	0.16	1.6	3.9	7.2	19.2	29.9	29.4	2.0	6.8
荷兰	142.3	128.2	0.20	0.19	3.1	13.4	14.1	18.2	4.0	2.1	2.6	42.5
新西兰	40.7	61.6	0.24	0.23	2.0	12.2	8.6	31.1	3.1	5.8	8.0	29.3
尼加拉瓜	..	..	..	..	..	..	..	..	..	..	..	..
尼日尔	..	..	..	..	..	..	..	..	..	..	..	..
尼日利亚	..	..	..	..	..	..	..	..	..	..	..	..
挪威	51.8	46.9	0.20	0.18	4.9	12.1	7.5	19.1	4.3	2.0	6.0	44.2
阿曼	3.8	7.6	0.15	0.16	4.0	4.6	17.8	20.4	20.5	2.4	4.0	26.3
巴基斯坦	..	153.7	..	0.17	2.2	1.9	9.1	15.1	4.3	55.6	0.4	11.2
巴拿马	10.3	13.7	0.30	0.32	0.9	11.6	6.9	55.2	4.0	4.7	1.6	15.0
巴布亚新几内亚	..	..	..	..	..	..	..	..	..	..	..	..
巴拉圭	15.3	10.8	0.20	0.28	3.1	9.3	16.7	42.6	5.9	11.0	4.5	6.9
秘鲁	..	..	..	..	..	..	..	..	..	..	..	..
菲律宾	169.0	144.6	0.17	0.15	2.6	4.2	9.5	14.4	2.7	21.6	2.1	42.9
波兰	446.7	359.7	0.16	0.16	3.3	5.1	11.3	18.1	5.5	10.3	4.9	41.5
葡萄牙	140.6	87.7	0.14	0.17	0.2	8.1	3.4	19.8	5.2	16.3	8.5	38.5

	有机污水排放量				有机污水排放中工业所占份额							
					占总数的百分比							
	1,000千克 /日		千克 / 人日		冶金	造纸	化工	食品和饮料	建材	纺织	木材	其他
	1990	2007[a]	1990	2007[a]	2007[a]	2007[a]	2007[a]	2007[a]	2007[a]	2007[a]	2007[a]	2007[a]
波多黎各	..	..	..	..	..	..	..	..	..	..	..	..
卡塔尔	..	*6.4*	..	*0.12*	*3.7*	*6.7*	*10.5*	*6.5*	*18.1*	*20.7*	*12.5*	*21.3*
罗马尼亚	411.2	222.1	0.12	0.15	4.5	3.5	7.1	13.9	4.0	25.0	5.3	36.8
俄罗斯联邦	*1,521.4*	1,381.7	*0.16*	0.17	8.4	4.9	11.6	17.9	8.3	6.3	4.2	38.4
卢旺达	*8.1*	*8.1*	*0.37*	*0.37*	..	..	*9.0*	*77.1*	*4.3*	*1.9*	*2.9*	*4.8*
沙特阿拉伯	..	*106.6*	..	*0.18*	*3.2*	*6.9*	*11.6*	*20.0*	*10.7*	*14.4*	*3.3*	*30.0*
塞内加尔	*6.1*	*6.6*	*0.30*	*0.29*	*4.9*	*6.3*	*23.8*	*44.6*	*3.9*	*10.5*	*0.8*	*5.3*
塞尔维亚	..	..	..	..	..	..	..	..	..	..	..	..
塞拉利昂	..	..	..	..	..	..	..	..	..	..	..	..
新加坡	*33.1*	38.3	*0.09*	0.09	0.5	5.5	11.9	5.3	1.3	2.3	0.5	72.7
斯洛伐克共和国	*72.8*	*47.9*	*0.13*	*0.14*	*7.9*	*5.4*	*9.1*	*10.7*	*6.0*	*5.0*	*4.2*	*51.7*
斯洛文尼亚	*28.1*	28.8	*0.13*	0.13	4.6	6.1	12.2	7.7	4.1	10.8	4.9	49.6
索马里	..	..	..	..	..	..	..	..	..	..	..	..
南非	*260.5*	229.6	*0.17*	0.17	9.9	6.6	10.6	15.7	5.2	10.4	4.2	37.4
南苏丹	..	..	..	..	..	..	..	..	..	..	..	..
西班牙	*348.0*	378.8	0.16	0.15	*3.1*	*8.0*	*10.8*	*15.3*	*7.9*	*8.4*	*3.8*	*42.7*
斯里兰卡	..	*266.1*	..	*0.19*	*2.6*	*4.3*	*9.0*	*22.4*	*6.3*	*43.6*	*2.5*	*9.3*
苏丹	..	*38.6*	..	*0.29*	*0.6*	*1.9*	*7.0*	*57.5*	*14.2*	*8.0*	*1.7*	*9.1*
斯威士兰	..	..	..	..	..	..	..	..	..	..	..	..
瑞典	116.8	96.9	0.15	*0.14*	*5.3*	*11.9*	*9.9*	*8.6*	*2.6*	*1.2*	*5.6*	*54.9*
瑞士	..	..	..	..	..	..	..	..	..	..	..	..
阿拉伯叙利亚共和国	*59.7*	80.4	*0.16*	0.16	1.6	1.9	7.3	19.9	11.3	32.0	5.2	20.9
塔吉克斯坦	29.1	12.8	0.17	0.24	28.2	2.7	2.0	18.0	8.9	38.4	*0.3*	1.8
坦桑尼亚	..	30.3	..	0.34	2.6	4.8	8.6	61.2	1.9	12.7	2.9	5.3
泰国	*369.4*	*581.4*	*0.15*	*0.15*	*1.9*	*4.2*	*12.4*	*16.4*	*4.7*	*20.5*	*2.8*	*37.2*
东帝汶	..	..	..	..	..	..	..	..	..	..	..	..
多哥	..	..	..	..	..	..	..	..	..	..	..	..
特立尼达和多巴哥	*7.0*	*7.6*	*0.23*	*0.29*	*4.8*	*18.2*	*21.3*	*39.3*	*8.0*	*7.7*	*8.5*	*5.0*
突尼斯	..	..	..	..	..	..	..	..	..	..	..	..
土耳其	*175.8*	*346.4*	*0.18*	*0.15*	*3.8*	*3.8*	*8.6*	*12.4*	*6.6*	*32.2*	*1.7*	*30.9*
土库曼斯坦	..	..	..	..	..	..	..	..	..	..	..	..
乌干达	*3.3*	*2.1*	*0.29*	*0.23*	..	*7.8*	*7.3*	*34.8*	*13.3*	*17.2*	*2.3*	*19.6*
乌克兰	..	498.2	..	0.19	13.9	4.3	11.2	19.7	6.8	5.6	2.1	36.5
阿拉伯联合酋长国	..	..	..	..	..	..	..	..	..	..	..	..
英国	*599.9*	*521.7*	*0.16*	*0.17*	*2.7*	*12.5*	*13.5*	*14.9*	*3.6*	*4.3*	*2.5*	*46.1*
美国	*2,307.0*	*1,850.8*	*0.14*	*0.14*	*3.5*	*8.1*	*13.1*	*12.0*	*3.9*	*4.3*	*4.1*	*51.1*
乌拉圭	..	..	..	..	..	..	..	..	..	..	..	..
乌兹别克斯坦	..	..	..	..	..	..	..	..	..	..	..	..
委内瑞拉	..	..	..	..	..	..	..	..	..	..	..	..
越南	*141.0*	544.8	*0.16*	0.14	1.4	3.5	6.8	12.7	6.4	40.2	3.3	25.8
西岸和加沙	..	..	..	..	..	..	..	..	..	..	..	..
也门共和国	*12.6*	*46.5*	*0.24*	*0.21*	..	*2.1*	*7.4*	*35.9*	*14.6*	*15.5*	*5.1*	*19.4*
赞比亚	..	..	..	..	..	..	..	..	..	..	..	..
津巴布韦	*29.3*	..	*0.20*	..	..	..	..	..	..	..	..	..

a. 数据利用联合国工业发展组织（UNIDO）产业数据库四位数国际标准产业分类（ISIC）得出。斜体数据为最近年份可获得的数据，并且是利用UNIDO产业数据库三位数国际标准产业分类得出的。

关于数据的说明

工业活动的有机污染物排放是水质退化的一个主要原因。水体质量水平和污染水平一般是以污染浓度或者污染负荷来测度——一种物质以水溶态出现的比率。污染物质包括有机物、金属、矿物质、沉淀物、细菌和有毒化学物质。本表着眼于工业活动导致的有机水污染。由于水污染往往对当地条件非常敏感，所以表中关于国家层次的数据也许并不能反映出特定区域的水体质量。

本表的数据来自一项工业污染排放的国际研究，它可能是第一次包括了发展中国家的数据（Hettige、Mani 和 Wheeler，1998）。世界银行发展研究工作组已更新为2007 年的数据。与以前根据工程或者经济模型得出的估计值不同，这些估计值都是基于对企业层次水污染的实际测量。重点是有机废物造成的有机水污染，以生化需氧量（BOD）指标来衡量，因为该指标的数据对于排放量的跨国比较而言最为丰富、最为可靠。BOD 是根据分解时消耗的氧气总量来衡量有机废物的强度。如果天然水体中的污染物过量，将会耗尽水中的溶解氧。相反，污水处理就是要减少 BOD。

水污染数据比其他污染排放数据更为容易获得，因为大多数工业污染控制项目的启动都是从控制有机污水的排放开始。这些数据是相当可信的，因为相对于那些衡量大气污染的技术，测量水污染的采样技术得到了更为广泛的理解，也更为省钱。

在 Hettige、Mani 和 Wheeler（1998）的研究中，他们利用了 13 个国家环保局提供的企业层次和部门层次污染排放和就业的信息，以及联合国工业发展组织（UNIDO）提供的部门层次的产出和就业信息。对这些数据的经济计量分析表明，各个工业部门的 BOD 与就业之比在不同国家之间大致相同。该发现使作者可以跨国家、跨时段估计 BOD 负荷，它等于每单位就业的 BOD 强度估计值与 UNIDO 的1980—1998 年工业数据库中的部门就业人数相乘。将部门排放量估计值加总，从而获得各个国家每年每天的有机污水排放量（千克/日）。然后将这些估计值更新到 2007 年，就得到表中的数据。

定义

- **有机污水排放量**可以通过生化需氧量（BOD）来测定，是以水中细菌在分解废弃物时所耗费的氧气量表示的。这是一种验证是否存在有机污水的标准水处理试验。单位工作人员的排放量等于排放总量除以工业部门的工作人员数量。
- **有机污水排放中工业所占的份额**是指《国际标准工业分类（ISIC）》第 3 次修订版两位数的各项定义的制造业部门的污染物排放。

数据资料来源

水污染数据来自 Hettige、Mani 和 Wheeler（1998）。世界银行发展研究工作组利用与最初研究相同的方法将这些数据更新到 2007 年。工业部门就业人数来自 UNIDO 的工业数据库。

3.7 能源生产与使用

	能源生产量		能源使用量									清洁能源生产量	
	总数 百万吨石油当量		总数 百万吨石油当量		平均年增长百分比	人均千克石油当量		占总数的百分比 化石燃料		占总数的百分比 易燃可再生物质和废弃物		占能源总使用量的百分比	
	1990	2009	1990	2009	1990–2009	1990	2009	1990	2009	1990	2009	1990	2009
阿富汗	..	..	..	..	..	..	..	..	..	..	..	..	..
阿尔巴尼亚	2.4	1.3	2.7	1.7	1.6	809	538	76.5	54.1	13.6	12.4	9.2	26.4
阿尔及利亚	100.1	152.3	22.2	39.8	3.0	877	1,138	99.9	99.8	0.1	0.1	0.1	0.1
安哥拉	28.7	101.0	5.9	11.9	3.8	569	641	25.5	37.6	73.5	60.1	1.1	2.3
阿根廷	48.4	80.8	46.1	74.2	2.5	1,411	1,853	88.7	89.4	3.7	3.1	7.5	6.8
亚美尼亚	0.1	0.8	7.7	2.6	−2.3	2,171	843	97.2	68.4	0.0	0.0	1.7	31.7
澳大利亚	157.5	310.7	86.2	131.1	2.3	5,053	5,971	93.9	94.4	4.6	4.4	1.5	1.2
奥地利	8.1	11.4	24.8	31.7	1.7	3,228	3,784	79.2	70.2	10.0	17.6	11.0	12.0
阿塞拜疆	20.6	64.6	26.2	12.0	−2.8	3,665	1,338	100.0	98.2	0.0	0.0	0.2	1.7
巴林	13.4	17.5	4.4	9.5	4.4	8,826	8,096	100.0	99.8	0.0	0.0	0.0	0.0
孟加拉国	10.8	24.8	12.7	29.6	4.6	121	201	45.5	69.8	53.9	29.8	0.6	0.5
白俄罗斯	3.3	4.0	45.5	26.8	−1.7	4,470	2,815	95.6	90.3	0.4	6.0	0.0	0.0
比利时	13.1	15.3	48.3	57.2	0.9	4,844	5,300	76.0	73.6	1.6	4.9	23.1	21.8
贝宁	1.8	2.0	1.7	3.5	3.7	348	404	4.8	40.4	94.1	57.4	0.0	0.0
玻利维亚	4.9	14.2	2.6	6.2	3.9	392	638	67.2	79.1	28.9	17.7	3.9	3.2
波斯尼亚和黑塞哥维那	4.6	4.5	7.0	6.0	2.9	1,629	1,580	93.9	92.2	2.3	3.1	3.7	9.0
博茨瓦纳	0.9	0.9	1.3	2.0	2.7	912	1,034	66.0	64.3	33.4	23.6	0.0	0.0
巴西	104.2	230.3	140.2	240.2	3.0	937	1,243	51.2	51.3	34.1	31.6	13.1	15.6
保加利亚	9.6	9.8	28.6	17.5	−1.3	3,277	2,305	84.3	73.1	0.6	4.3	13.9	24.9
布基纳法索	..	..	..	..	..	..	..	..	..	..	..	..	..
布隆迪	..	..	..	..	..	..	..	..	..	..	..	..	..
柬埔寨	..	3.7	..	5.2	3.3	..	371	..	27.8	..	70.7	..	0.1
喀麦隆	11.0	8.8	5.0	6.9	1.8	409	361	18.7	30.9	76.7	64.1	4.6	5.0
加拿大	273.7	389.8	208.6	254.1	1.4	7,505	7,534	74.6	74.9	3.9	4.5	21.5	21.7
中非共和国	..	..	..	..	..	..	..	..	..	..	..	..	..
乍得	..	..	..	..	..	..	..	..	..	..	..	..	..
智利	7.5	9.3	13.6	28.8	4.3	1,028	1,698	74.6	74.5	19.7	17.5	5.7	7.6
中国	886.3	2,084.9	863.0	2,257.1	5.1	760	1,695	75.5	87.4	23.2	9.0	1.3	3.7
中国香港	0.0	0.1	8.7	14.9	2.5	1,518	2,133	100.0	95.1	0.6	0.4	0.0	0.0
哥伦比亚	48.2	99.1	24.2	31.8	0.8	730	697	67.4	75.2	22.8	14.0	9.8	11.1
刚果民主共和国	12.0	23.3	11.8	22.9	3.9	324	357	11.2	3.7	84.7	93.7	4.1	2.9
刚果共和国	8.7	15.3	0.8	1.4	3.2	334	356	35.1	44.1	59.5	51.1	5.3	2.0
哥斯达黎加	1.0	2.7	2.0	4.9	5.0	660	1,067	48.4	44.7	36.6	15.8	14.4	39.5
科特迪瓦	3.4	11.9	4.3	10.4	5.0	345	535	23.3	23.5	73.5	75.2	2.6	1.8
克罗地亚	5.1	4.1	9.0	8.7	1.3	1,884	1,965	86.5	83.4	3.5	4.2	3.6	6.8
古巴	9.4	5.6	19.3	11.5	−1.8	1,824	1,022	55.7	84.1	44.3	15.8	0.0	0.1
塞浦路斯	0.0	0.1	1.4	2.5	2.9	1,775	2,298	99.5	95.7	0.5	1.8	0.0	2.5
捷克共和国	40.9	31.2	49.6	42.0	0.1	4,796	4,004	91.7	79.6	1.6	5.6	6.8	17.5
丹麦	10.1	23.9	17.4	18.6	0.1	3,377	3,369	89.6	80.4	6.6	16.2	0.3	3.3
多米尼加共和国	1.0	1.9	4.1	8.1	3.6	570	826	74.9	76.6	24.4	21.8	0.7	1.6
厄瓜多尔	16.5	27.3	6.0	11.4	3.9	584	796	79.1	86.7	13.8	5.4	7.2	7.0
埃及	54.9	88.2	31.8	72.0	4.8	560	903	94.0	96.3	3.3	2.1	2.7	1.7
萨尔瓦多	1.7	3.2	2.5	5.1	3.8	463	828	31.4	37.8	48.2	33.8	20.3	28.2
厄立特里亚	*0.7*	0.6	*0.9*	0.7	*−2.0*	*276*	142	*19.4*	22.6	*80.6*	77.4	*0.0*	0.0
爱沙尼亚	5.4	4.2	9.9	4.7	−2.0	6,316	3,543	100.0	83.4	1.9	14.7	0.0	0.4
埃塞俄比亚	14.1	30.4	14.9	32.7	3.8	308	402	5.5	7.1	93.9	92.0	0.6	1.0
芬兰	12.1	16.6	28.4	33.2	1.5	5,692	6,213	55.5	48.8	16.1	20.9	20.9	21.8
法国	111.9	129.5	223.9	256.2	0.9	3,848	3,970	58.1	51.0	4.9	5.9	38.7	43.9
加蓬	14.6	13.6	1.2	1.8	2.7	1,272	1,214	32.0	34.0	62.9	61.8	5.1	4.2
冈比亚	..	..	0.1	*0.1*	..	64	*84*	0.0	*0.0*	..	..	..	..
格鲁吉亚	2.1	1.3	12.4	3.2	−6.2	2,587	723	88.9	68.0	3.7	12.0	5.2	21.4
德国	186.2	127.1	351.4	318.5	−0.2	4,424	3,889	86.8	79.5	1.4	7.8	11.8	13.0
加纳	4.4	7.0	5.3	9.2	3.2	358	388	18.2	24.3	73.7	69.8	9.3	6.4
希腊	9.2	10.1	21.4	29.4	2.2	2,111	2,609	94.6	92.4	4.2	3.4	1.0	3.0
危地马拉	3.4	6.1	4.4	9.8	4.0	497	701	28.1	46.1	68.5	52.1	3.4	1.8
几内亚	..	..	..	..	..	..	..	..	..	..	..	..	..
几内亚比绍	..	..	0.1	*0.1*	..	73	67	0.0	*0.0*	..	..	..	..
海地	1.3	1.9	1.6	2.6	3.4	219	263	19.7	28.1	77.7	71.2	2.5	0.7

	能源生产量		能源使用量									清洁能源生产量	
								占总数的百分比					
	总数 百万吨石油当量		总数 百万吨石油当量		平均年增长百分比	人均千克石油当量		化石燃料		易燃可再生物质和废弃物		占能源总使用量的百分比	
	1990	2009	1990	2009	1990–2009	1990	2009	1990	2009	1990	2009	1990	2009
洪都拉斯	1.7	2.2	2.4	4.4	3.6	487	592	30.0	50.3	63.0	44.3	8.2	5.5
匈牙利	14.6	11.0	28.7	24.9	0.0	2,762	2,480	81.5	74.2	2.3	7.1	12.8	16.8
印度	291.8	502.5	316.7	675.8	3.8	362	560	55.4	73.0	42.1	24.5	2.5	2.3
印度尼西亚	169.1	351.8	101.3	202.0	3.5	550	851	54.7	65.6	42.9	26.0	2.4	8.4
伊朗	179.3	349.8	67.9	215.9	6.4	1,237	2,951	98.9	99.7	0.3	0.2	0.8	0.3
伊拉克	104.9	119.6	18.1	32.2	3.6	994	1,035	98.6	97.6	0.1	0.1	1.2	0.9
爱尔兰	3.5	1.5	10.0	14.3	2.6	2,842	3,216	84.6	88.7	1.1	2.2	0.6	2.3
以色列	0.4	3.3	11.5	21.5	3.4	2,463	2,878	97.2	96.5	0.0	0.1	3.1	4.8
意大利	25.3	27.0	146.6	164.6	1.2	2,584	2,735	93.4	87.5	0.6	4.3	3.9	5.9
牙买加	0.5	0.5	2.8	3.3	2.1	1,167	1,208	82.6	83.7	17.1	15.9	0.3	0.4
日本	75.2	93.8	439.3	472.0	0.6	3,556	3,700	84.5	81.0	1.1	1.4	14.4	17.6
约旦	0.2	0.3	3.3	7.5	4.3	1,028	1,260	98.1	98.0	0.1	0.1	1.8	1.7
哈萨克斯坦	90.5	145.8	72.7	65.8	–0.7	4,450	4,091	96.9	99.0	0.2	0.2	0.9	0.9
肯尼亚	9.0	15.6	10.9	18.7	2.8	467	474	17.5	16.8	77.9	76.0	4.5	7.2
朝鲜	28.9	20.3	33.2	19.3	–2.0	1,649	795	93.1	89.0	2.9	5.4	4.0	5.6
韩国	22.6	44.3	93.1	229.2	4.6	2,171	4,701	83.8	81.7	0.8	1.3	15.4	17.0
科索沃	..	..	..	..	..	..	..	..	..	..	..	..	..
科威特	50.4	130.2	9.1	30.2	8.1	4,364	11,402	99.9	100.0	0.1	0.0	0.0	0.0
吉尔吉斯斯坦	2.5	1.2	7.5	3.0	–3.4	1,693	566	93.5	72.5	0.1	0.1	11.5	28.3
老挝	..	..	..	..	..	..	..	..	..	..	..	..	..
拉脱维亚	1.1	2.1	7.9	4.2	–2.1	2,949	1,871	81.8	59.4	8.4	30.0	4.9	7.1
黎巴嫩	0.1	0.2	2.0	6.6	4.2	663	1,580	92.5	95.9	5.3	1.8	2.2	0.8
莱索托	..	..	..	*0.0*	..	..	*9*	..	*0.0*	..	..	..	..
利比里亚	..	..	..	..	..	..	..	..	..	..	..	..	..
利比亚	73.2	87.1	11.3	20.4	2.3	2,614	3,258	98.9	99.2	1.1	0.8	0.0	0.0
立陶宛	4.9	4.2	16.1	8.4	–1.9	4,357	2,512	75.8	55.7	1.8	9.8	28.2	34.9
前南斯拉夫马其顿共和国	1.3	1.6	2.5	2.8	0.8	1,298	1,352	98.0	84.2	0.0	7.0	1.7	4.3
马达加斯加	..	..	..	..	..	..	..	..	..	..	..	..	..
马拉维	..	..	..	..	..	..	..	..	..	..	..	..	..
马来西亚	48.8	89.7	22.0	66.8	5.9	1,208	2,391	88.8	94.7	9.7	4.5	1.6	0.9
马里	..	..	..	..	..	..	..	..	..	..	..	..	..
毛里塔尼亚	..	..	..	..	..	..	..	..	..	..	..	..	..
毛里求斯	..	..	0.5	*1.2*	..	453	*947*	0.0	*0.0*	..	..	..	..
墨西哥	194.7	220.0	122.5	174.6	2.0	1,453	1,559	87.2	88.9	7.0	4.8	5.9	6.3
摩尔多瓦	0.1	0.1	9.9	2.4	–5.2	2,669	687	100.0	91.3	0.4	3.3	0.2	0.2
蒙古	2.7	7.7	3.4	3.2	–0.5	1,558	1,194	96.9	96.4	2.5	3.2	0.0	0.0
摩洛哥	0.8	0.8	6.9	15.1	4.0	280	477	93.8	92.5	4.6	3.2	1.5	1.7
莫桑比克	5.6	11.9	5.9	9.8	2.9	437	427	5.5	7.7	93.9	81.8	0.4	14.9
缅甸	10.7	22.4	10.7	15.1	2.3	271	316	14.4	27.7	84.7	69.9	1.0	2.4
纳米比亚	*0.2*	0.3	*0.7*	1.7	*5.4*	*445*	764	*62.0*	70.5	*15.9*	12.0	*17.4*	7.2
尼泊尔	5.5	8.8	5.8	10.0	3.0	303	338	5.1	11.1	93.7	85.8	1.3	2.7
荷兰	60.5	63.0	65.7	78.2	0.9	4,393	4,729	95.9	93.1	1.5	4.4	1.4	2.0
新西兰	11.5	15.2	12.8	17.4	1.5	3,720	4,032	67.0	63.7	5.7	6.3	27.1	29.8
尼加拉瓜	1.5	1.7	2.1	3.1	2.6	508	540	28.3	44.7	53.9	45.9	17.5	9.4
尼日尔	..	..	..	..	..	..	..	..	..	..	..	..	..
尼日利亚	150.5	228.7	70.6	108.3	2.4	724	701	19.3	14.7	80.2	84.9	0.5	0.4
挪威	119.1	213.6	21.0	28.2	1.6	4,952	5,849	51.9	58.8	4.9	5.1	49.6	38.7
阿曼	38.3	67.2	4.2	15.1	6.4	2,258	5,554	100.0	100.0	0.0	0.0	0.0	0.0
巴基斯坦	34.2	64.9	42.8	85.5	3.7	383	502	52.6	61.8	43.8	34.5	3.6	3.7
巴拿马	0.6	0.7	1.5	3.1	3.3	603	896	57.5	78.6	28.9	10.7	13.1	10.8
巴布亚新几内亚	..	..	..	..	..	..	..	..	..	..	..	..	..
巴拉圭	4.6	7.4	3.1	4.8	1.7	724	749	21.3	28.5	72.5	53.7	76.0	99.5
秘鲁	10.6	15.1	9.7	15.8	2.5	449	550	63.3	73.5	27.5	15.4	9.2	11.1
菲律宾	17.2	23.5	28.9	38.8	1.7	469	424	43.4	57.0	38.5	17.9	18.1	25.0
波兰	103.9	67.5	103.1	94.0	–0.5	2,705	2,464	97.8	92.8	2.2	7.1	0.1	0.3
葡萄牙	3.4	4.9	16.7	24.1	2.4	1,677	2,266	80.4	78.0	14.8	13.6	4.8	6.6
波多黎各	..	..	..	..	..	..	..	..	..	..	..	..	..
卡塔尔	26.6	139.9	6.2	23.8	7.5	13,098	14,911	100.0	100.0	0.0	0.0	0.0	0.0

3.7 能源生产与使用

	能源生产量		能源使用量									清洁能源生产量	
	总数 百万吨 石油当量		总数 百万吨 石油当量		平均 年增长 百分比	人均千克 石油当量		占总数的百分比 化石燃料		占总数的百分比 易燃可再生物质 和废弃物		占能源 总使用量 的百分比	
	1990	2009	1990	2009	1990–2009	1990	2009	1990	2009	1990	2009	1990	2009
罗马尼亚	40.8	28.3	62.3	34.4	–1.9	2,683	1,602	96.1	76.3	1.0	11.4	1.6	12.9
俄罗斯联邦	1,293.1	1,181.6	879.2	646.9	–1.0	5,929	4,561	93.4	90.2	1.4	1.0	5.2	9.0
卢旺达	..	..	..	..	..	..	..	..	..	..	..	..	..
沙特阿拉伯	370.2	528.4	59.8	157.9	4.9	3,703	5,888	100.0	100.0	0.0	0.0	0.0	0.0
塞内加尔	1.0	1.3	1.7	2.9	3.4	233	243	43.3	57.8	56.7	41.1	0.0	0.7
塞尔维亚	13.4[a]	9.4	19.3[a]	14.4	0.4	2,550[a]	1,974	90.6[a]	92.4	6.0[a]	2.0	4.2[a]	6.4
塞拉利昂	..	..	..	..	..	..	..	..	..	..	..	..	..
新加坡	0.0	0.0	11.5	18.5	0.9	3,760	3,704	100.0	99.8	0.0	0.2	0.0	0.0
斯洛伐克共和国	5.3	5.9	21.3	16.7	–0.2	4,025	3,086	81.6	69.5	0.8	5.2	15.5	24.6
斯洛文尼亚	3.1	3.5	5.7	7.0	1.8	2,858	3,417	71.3	69.3	4.7	7.2	25.5	27.3
索马里	..	..	..	..	..	..	..	..	..	..	..	..	..
南非	114.5	160.6	93.9	144.0	2.3	2,667	2,921	86.6	87.8	11.1	9.8	2.4	2.4
南苏丹	..	..	..	..	..	..	..	..	..	..	..	..	..
西班牙	34.6	29.7	90.1	126.5	2.7	2,319	2,756	77.4	79.9	4.5	4.9	18.1	15.8
斯里兰卡	4.2	5.1	5.5	9.3	3.2	318	449	24.1	45.3	71.0	51.1	4.9	3.6
苏丹	8.8	35.2	10.6	15.8	2.4	401	372	17.4	30.2	81.8	68.0	0.8	1.8
斯威士兰	..	..	0.3	*0.4*	..	358	*373*	0.0	*0.0*	..	..	..	..
瑞典	29.7	30.3	47.2	45.4	0.2	5,515	4,883	37.3	32.0	11.7	22.9	50.9	42.9
瑞士	10.3	12.8	24.3	27.0	0.6	3,621	3,480	58.6	53.3	5.9	8.2	36.3	39.2
阿拉伯叙利亚共和国	22.3	23.6	10.5	22.5	4.8	849	1,123	97.7	99.3	0.0	0.0	2.2	0.7
塔吉克斯坦	2.0	1.5	5.3	2.3	–2.9	1,001	342	71.3	41.2	0.0	0.0	26.7	58.6
坦桑尼亚	9.1	18.0	9.7	19.6	4.1	382	451	6.9	11.1	91.7	87.7	1.4	1.2
泰国	26.6	61.7	41.9	103.3	4.9	735	1,504	63.8	79.4	35.0	19.9	1.0	0.6
东帝汶	..	..	..	*0.1*	..	..	*58*	..	*0.0*	..	..	..	..
多哥	1.1	2.2	1.3	2.6	4.2	345	445	15.1	14.3	82.8	83.1	0.6	0.3
特立尼达和多巴哥	12.6	44.0	6.0	20.3	8.0	4,912	15,158	99.2	99.9	0.8	0.1	0.0	0.0
突尼斯	5.7	7.8	4.9	9.2	3.6	607	881	87.0	85.7	12.9	14.1	0.1	0.2
土耳其	25.8	30.3	52.8	97.7	3.6	975	1,359	81.8	89.9	13.7	4.8	4.6	5.4
土库曼斯坦	74.9	40.9	19.6	19.6	2.4	5,352	3,933	100.0	100.0	0.0	0.0	0.3	0.0
乌干达	..	..	..	..	..	..	..	..	..	..	..	..	..
乌克兰	135.8	76.9	251.8	115.5	–3.0	4,852	2,507	91.8	80.0	0.1	0.8	8.2	19.7
阿拉伯联合酋长国	110.2	168.8	20.4	59.6	5.4	11,258	8,588	100.0	100.0	0.0	0.0	0.0	0.0
英国	208.0	158.9	205.9	196.8	0.0	3,597	3,183	90.7	87.3	0.3	2.7	8.5	9.8
美国	1,652.5	1,686.4	1,915.0	2,162.9	1.0	7,672	7,051	86.4	84.1	3.3	3.9	10.3	11.9
乌拉圭	1.1	1.5	2.3	4.1	2.1	724	1,224	58.7	60.3	24.2	26.0	26.8	11.1
乌兹别克斯坦	38.6	60.7	46.4	48.8	0.5	2,261	1,758	99.2	98.4	0.0	0.0	1.2	1.6
委内瑞拉	148.8	203.5	43.5	66.9	2.0	2,205	2,357	91.5	87.7	1.2	0.8	7.3	11.6
越南	24.7	76.6	24.3	64.0	5.3	368	745	20.3	56.2	77.8	39.3	1.9	4.0
西岸和加沙	..	..	..	..	..	..	..	..	..	..	..	..	..
也门共和国	9.4	15.2	2.5	7.6	6.0	210	324	96.9	98.7	3.1	1.3	0.0	0.0
赞比亚	4.9	7.2	5.4	7.9	2.0	687	617	15.6	7.6	74.3	80.9	12.7	11.2
津巴布韦	8.5	8.5	9.3	9.5	–0.2	888	763	44.8	25.7	50.8	65.6	4.0	3.8
全世界	**8,815.9 t**	**12,241.3 t**	**8,574.0 t**	**11,787.1 t**	**1.9 w**	**1,661 w**	**1,788 w**	**80.9 w**	**80.7 w**	**10.2 w**	**10.0 w**	**8.7 w**	**9.2 w**
低收入国家	160.7	250.6	186.6	263.3	2.2	386	365	41.5	29.9	54.7	65.9	3.9	4.1
中等收入国家	4,810.5	7,351.0	3,886.6	6,158.2	2.6	1,019	1,254	78.6	81.5	17.2	13.2	4.1	5.3
中低收入国家	1,247.9	1,944.1	1,085.5	1,656.0	2.4	607	665	65.1	68.0	30.7	26.9	4.4	5.3
中高收入国家	3,564.8	5,410.7	2,803.9	4,505.9	2.7	1,375	1,848	83.7	86.3	12.0	8.3	4.0	5.3
低收入和中等收入国家	4,969.1	7,597.3	4,059.7	6,407.1	2.6	963	1,162	77.3	79.8	18.5	15.0	4.1	5.3
东亚和太平洋地区	1,224.5	2,758.4	1,138.1	2,790.9	4.8	712	1,436	71.4	84.1	26.6	11.8	1.9	4.1
欧洲和中亚	1,770.3	1,673.3	1,585.6	1,137.6	–1.0	4,067	2,831	93.0	88.9	1.5	1.9	5.3	9.3
拉丁美洲和加勒比地区	613.1	937.5	457.6	716.5	2.5	1,048	1,245	70.3	71.8	20.4	17.0	9.1	11.1
中东和北非	558.2	856.0	183.8	454.5	5.0	812	1,399	97.4	98.3	1.4	0.9	1.1	0.6
南亚	349.4	611.2	386.8	817.1	3.8	340	514	53.5	70.7	43.9	26.8	2.5	2.4
撒哈拉以南非洲地区	475.6	810.5	313.9	511.2	2.6	681	689	41.7	40.1	55.9	57.3	2.2	2.5
高收入国家	3,878.6	4,694.3	4,538.5	5,420.3	1.2	4,649	4,856	84.2	81.9	2.8	4.2	12.8	13.8
欧元区	481.9	450.2	1,069.7	1,169.7	0.9	3,509	3,536	80.0	74.2	3.1	6.7	16.5	18.6

a. 包括科索沃和黑山。

关于数据的说明

在发展中经济体，能源使用的增长是与这些国家现代化部门的发展紧密相关的，其中这些部门包括工业、机械化交通运输和城市地区。但是，能源的使用也反映出气候、地理和经济等因素（例如，能源相对价格）。尽管能源的使用在低收入经济体和中等收入经济体一直增长迅速，但是高收入经济体仍然使用了多达5倍于其他经济体的人均能源。

能源数据由国际能源署（IEA）汇编。IEA关于非经济合作与发展组织国家的能源数据都是基于这些国家的能源数据，为与经济合作与发展组织成员国政府完成的年度问卷相一致，对这些国家的数据都做过调整。

总能源使用量是指国内初级能源在转化为其他最终燃料（例如，电力、精炼石油产品）之前的使用量。包括易燃的可更新物质和废弃物——固体生物质和动物产品、气态和液态的生物质、工业废弃物和市政废弃物。生物质定义为可以直接作为燃料使用或者转化为燃料、热能或者电能的任何植物材料。

易燃可更新物质和废弃物的数据经常是根据小范围调查或者其他不完整资料得到的。因此，数据只能提供一个粗略的发展痕迹，并不具备国家之间严格意义上的可比性。IEA报告（见“数据资料来源”）包括各国的注解，这些注解对其中某些差别做了解释。各类能源——初级能源和初级电能——均换算为油当量。核电换算为油当量时，理论热效率设定为33%；对于水电，理论热效率可设定为100%。

国际能源署（IEA）向各国统计署、石油公司、电业部门以及各国能源出口部门进行了咨询，进而作出了估计。国际能源署有时会修订其时间序列以反映相应的政治变革，能源统计框架已经在统计范围和统计方法方面经历了持续变革，同时也运用了更详细的能源账户。因此，时间序列的中断也是不可避免的。

定义

• **能源生产量**是指各种形态的初级能源——石油（原油、液态天然气以及非传统来源的燃料油）、天然气、固体燃料（烟煤、褐煤和其他衍生燃料）以及易燃可更新物质和废弃物——和初级电力，所有形态都换算为油当量（见“关于数据的说明”）。 • **能源使用量**是指在转化成其他具有最终用途的燃料之前初级能源的使用量，它等于国内生产量加进口量和存量的变化，减去出口量和用于国际航运的船舶和飞机用油（见“关于数据的说明”）。 • **化石燃料**包括煤炭、石油和天然气。 • **易燃可再生物质和废弃物**包括固体生物质、液体生物质、生物气、工业固体废弃物和市政废弃物。 • **清洁能源**是指不释放二氧化碳的非碳水化合物能源，其中包括水能、核能、地热、太阳能以及其他能源。

数据资料来源

能源生产量与使用量的数据来自IEA的年度电子文件。IEA的数据也公布于其年度出版物——《非经济合作与发展组织国家的能源统计》、《非经济合作与发展组织国家能源收支》、《经济合作与发展组织国家能源统计》和《经济合作与发展组织国家能源收支》之中。

电力生产、资源与使用

	发电量	电力资源[a]						电力使用
		占总量的百分比						占人口的百分比
	10亿千瓦时	煤	天然气	石油	水能	可再生资源[b]	核能	
	2009	2009	2009	2009	2009	2009	2009	2009
阿富汗	..	..	..	..	..	..	..	15.6
阿尔巴尼亚	5.3	0.0	0.0	0.6	99.4	0.0	0.0	..
阿尔及利亚	42.8	0.0	97.2	2.0	0.8	0.0	0.0	99.3
安哥拉	4.2	0.0	0.0	23.9	76.1	0.0	0.0	26.2
阿根廷	121.9	2.3	51.3	10.5	27.8	1.4	6.7	97.2
亚美尼亚	5.7	0.0	20.3	0.0	35.6	0.1	44.0	..
澳大利亚	260.9	77.9	13.7	1.0	4.7	2.6	0.0	..
奥地利	65.6	7.7	18.8	1.7	61.4	9.6	0.0	..
阿塞拜疆	18.9	0.0	85.1	2.6	12.2	0.0	0.0	..
巴林	12.1	0.0	100.0	0.0	0.0	0.0	0.0	99.4
孟加拉国	37.9	1.7	89.4	4.8	4.1	0.0	0.0	41.0
白俄罗斯	30.4	0.0	81.7	17.6	0.1	0.2	0.0	..
比利时	89.8	6.8	32.6	0.3	0.4	5.7	52.6	..
贝宁	0.1	0.0	0.0	100.0	0.0	0.0	0.0	24.8
玻利维亚	6.1	0.0	59.7	1.7	37.5	1.0	0.0	77.5
波斯尼亚和黑塞哥维那	15.7	59.9	0.2	0.1	39.8	0.0	0.0	..
博茨瓦纳	0.4	100.0	0.0	0.0	0.0	0.0	0.0	45.4
巴西	466.5	2.1	2.9	3.1	83.8	5.2	2.8	98.3
保加利亚	42.4	49.8	4.6	0.8	8.2	0.6	36.0	..
布基纳法索	..	..	..	..	..	..	..	14.6
布隆迪	..	..	..	..	..	..	..	..
柬埔寨	1.2	0.0	0.0	95.6	3.9	0.5	0.0	24.0
喀麦隆	5.7	0.0	7.2	22.7	70.0	0.2	0.0	48.7
加拿大	603.1	15.2	6.2	1.4	60.3	1.9	15.0	..
中非共和国	..	..	..	..	..	..	..	..
乍得	..	..	..	..	..	..	..	..
智利	60.7	24.5	6.5	20.0	41.7	7.2	0.0	98.5
中国	3,695.9	78.8	1.4	0.4	16.7	0.8	1.9	99.4
中国香港	38.7	70.8	28.9	0.4	0.0	0.0	0.0	..
哥伦比亚	57.3	7.3	19.3	0.6	71.7	1.2	0.0	93.6
刚果民主共和国	7.8	0.0	0.4	0.1	99.6	0.0	0.0	11.1
刚果共和国	0.5	0.0	36.0	0.0	64.0	0.0	0.0	37.1
哥斯达黎加	9.3	0.0	0.0	4.9	77.8	17.4	0.0	99.3
科特迪瓦	5.9	0.0	61.9	0.1	35.9	2.1	0.0	47.3
克罗地亚	12.7	13.1	17.4	15.9	53.0	0.6	0.0	..
古巴	17.7	0.0	13.4	82.8	0.9	2.9	0.0	97.0
塞浦路斯	5.2	0.0	0.0	99.2	0.0	0.1	0.0	..
捷克共和国	81.7	59.6	1.2	0.2	3.0	2.7	33.3	..
丹麦	36.4	48.6	18.5	3.2	0.1	27.6	0.0	..
多米尼加共和国	15.0	12.9	13.5	63.6	9.8	0.2	0.0	95.9
厄瓜多尔	17.2	0.0	6.9	37.5	53.5	2.1	0.0	92.2
埃及	139.0	0.0	68.7	21.3	9.3	0.8	0.0	99.6
萨尔瓦多	5.8	0.0	0.0	43.7	26.0	30.3	0.0	86.4
厄立特里亚	0.3	0.0	0.0	99.3	0.0	0.7	0.0	32.0
爱沙尼亚	8.8	91.4	1.2	0.5	0.4	5.8	0.0	..
埃塞俄比亚	4.1	0.0	0.0	12.4	87.3	0.4	0.0	17.0
芬兰	72.1	16.0	13.6	0.7	17.6	12.5	32.6	..
法国	537.4	5.3	3.9	1.1	10.6	2.4	76.2	..
加蓬	1.7	0.0	26.4	20.0	53.2	0.4	0.0	36.7
冈比亚	..	..	..	..	..	..	..	..
格鲁吉亚	8.6	0.0	12.9	0.5	86.6	0.0	0.0	..
德国	586.4	43.8	13.5	1.6	3.2	12.8	23.0	..
加纳	9.0	0.0	0.0	23.2	76.8	0.0	0.0	60.5
希腊	61.1	56.0	18.0	12.6	8.8	4.6	0.0	..
危地马拉	9.0	8.2	0.0	34.5	23.3	34.0	0.0	80.5
几内亚	..	..	..	..	..	..	..	..
几内亚比绍	..	..	..	..	..	..	..	..
海地	0.7	0.0	0.0	71.3	28.7	0.0	0.0	38.5

	发电量	电力资源[a]						电力使用
		占总量的百分比						
	10亿千瓦时	煤	天然气	石油	水能	可再生资源[b]	核能	占人口的百分比
	2009	2009	2009	2009	2009	2009	2009	2009
洪都拉斯	6.6	0.0	0.0	54.9	42.5	2.6	0.0	70.3
匈牙利	35.9	17.9	29.0	1.8	0.6	7.4	43.0	..
印度	899.4	68.6	12.4	2.9	11.9	2.2	2.1	66.3
印度尼西亚	155.5	41.8	22.1	22.8	7.3	6.0	0.0	64.5
伊朗	203.2	0.2	70.4	25.8	3.6	0.1	0.0	98.4
伊拉克	46.1	0.0	0.0	93.0	7.0	0.0	0.0	86.0
爱尔兰	27.9	14.4	58.4	3.3	3.2	11.2	0.0	..
以色列	55.0	62.5	32.8	4.0	0.0	0.1	0.0	99.7
意大利	288.3	15.1	51.1	9.0	17.0	7.0	0.0	..
牙买加	5.5	0.0	0.0	96.4	2.0	1.6	0.0	92.0
日本	1,041.0	26.8	27.4	7.2	7.2	2.5	26.9	..
约旦	14.3	0.0	88.1	11.4	0.4	0.1	0.0	99.9
哈萨克斯坦	78.7	74.9	13.1	3.2	8.7	0.0	0.0	..
肯尼亚	6.9	0.0	0.0	44.1	31.6	24.4	0.0	16.1
朝鲜	21.1	38.1	0.0	2.8	59.1	0.0	0.0	26.0
韩国	451.7	46.2	15.6	4.4	0.6	0.4	32.7	..
科索沃	..	..	..	..	..	..	..	..
科威特	53.2	0.0	28.8	71.2	0.0	0.0	0.0	100.0
吉尔吉斯斯坦	11.1	2.8	8.0	0.0	89.3	0.0	0.0	..
老挝	..	..	..	..	..	..	..	55.0
拉脱维亚	5.6	0.0	36.0	0.1	62.1	1.8	0.0	..
黎巴嫩	13.8	0.0	1.4	94.1	4.5	0.0	0.0	99.9
莱索托	..	..	..	..	..	..	..	16.0
利比里亚	..	..	..	..	..	..	..	..
利比亚	30.4	0.0	41.0	59.0	0.0	0.0	0.0	99.8
立陶宛	14.6	0.0	14.3	5.0	2.9	1.8	74.1	..
前南斯拉夫马其顿共和国	6.8	77.7	0.0	3.7	18.6	0.0	0.0	..
马达加斯加	..	..	..	..	..	..	..	19.0
马拉维	..	..	..	..	..	..	..	9.0
马来西亚	105.1	30.9	60.7	2.0	6.3	0.0	0.0	99.4
马里	..	..	..	..	..	..	..	..
毛里塔尼亚	..	..	..	..	..	..	..	..
毛里求斯	..	..	..	..	..	..	..	99.4
墨西哥	261.0	11.3	53.1	17.5	10.2	3.9	4.0	..
摩尔多瓦	3.6	0.0	95.0	1.3	1.5	0.0	0.0	..
蒙古	4.2	96.4	0.0	3.6	0.0	0.0	0.0	67.0
摩洛哥	21.4	52.4	13.3	20.3	12.1	1.8	0.0	97.0
莫桑比克	17.0	0.0	0.1	0.0	99.9	0.0	0.0	11.7
缅甸	5.9	0.0	19.6	8.9	71.5	0.0	0.0	13.0
纳米比亚	1.7	17.5	0.0	0.5	82.0	0.0	0.0	34.0
尼泊尔	3.1	0.0	0.0	0.4	99.6	0.0	0.0	43.6
荷兰	113.5	23.4	60.5	1.3	0.1	9.5	3.7	..
新西兰	43.5	7.6	20.6	0.0	55.7	15.9	0.0	..
尼加拉瓜	3.5	0.0	0.0	69.1	8.6	22.3	0.0	72.1
尼日尔	..	..	..	..	..	..	..	..
尼日利亚	19.8	0.0	64.3	12.8	22.9	0.0	0.0	50.6
挪威	132.0	0.1	3.2	0.0	95.7	0.9	0.0	..
阿曼	17.8	0.0	82.0	18.0	0.0	0.0	0.0	98.0
巴基斯坦	95.4	0.1	29.4	38.0	29.4	0.0	3.0	62.4
巴拿马	6.9	0.0	0.0	43.6	56.1	0.2	0.0	88.1
巴布亚新几内亚	..	..	..	..	..	..	..	..
巴拉圭	55.0	0.0	0.0	0.0	100.0	0.0	0.0	96.7
秘鲁	35.4	2.5	34.3	4.1	57.6	1.4	0.0	85.7
菲律宾	61.9	26.6	32.1	8.7	15.8	16.8	0.0	89.7
波兰	151.1	89.1	3.2	1.8	1.6	4.2	0.0	..
葡萄牙	49.5	26.1	29.7	6.6	16.7	20.2	0.0	..
波多黎各	..	..	..	..	..	..	..	..
卡塔尔	24.8	0.0	100.0	0.0	0.0	0.0	0.0	98.7

电力生产、资源与使用

	发电量	电力资源[a]						电力使用
		占总量的百分比						
	10亿千瓦时	煤	天然气	石油	水能	可再生资源[b]	核能	占人口的百分比
	2009	2009	2009	2009	2009	2009	2009	2009
罗马尼亚	57.7	37.7	13.2	1.8	26.9	0.0	20.4	..
俄罗斯联邦	990.0	16.5	47.4	1.6	17.6	0.1	16.5	..
卢旺达	..	..	..	..	..	..	..	..
沙特阿拉伯	217.1	0.0	44.8	55.2	0.0	0.0	0.0	99.0
塞内加尔	2.9	0.0	1.7	86.4	8.4	1.9	0.0	42.0
塞尔维亚	37.4	71.9	0.5	0.3	27.4	0.0	0.0	..
塞拉利昂	..	..	..	..	..	..	..	..
新加坡	41.8	0.0	81.0	18.8	0.0	0.1	0.0	100.0
斯洛伐克共和国	25.9	16.5	7.6	2.4	16.9	2.1	54.3	..
斯洛文尼亚	16.4	31.3	3.6	0.2	28.7	1.2	35.0	..
索马里	..	..	..	..	..	..	..	..
南非	246.8	94.1	0.0	0.0	0.6	0.1	5.2	75.0
南苏丹	..	..	..	..	..	..	..	..
西班牙	291.0	12.8	36.9	6.5	9.0	16.2	18.1	..
斯里兰卡	9.9	0.0	0.0	60.3	39.5	0.2	0.0	76.6
苏丹	6.8	0.0	0.0	52.2	47.8	0.0	0.0	35.9
斯威士兰	..	..	..	..	..	..	..	..
瑞典	136.6	0.7	1.1	0.5	48.2	10.2	38.2	..
瑞士	66.7	0.0	1.0	0.2	53.6	2.0	41.5	..
阿拉伯叙利亚共和国	43.3	0.0	45.7	50.0	4.3	0.0	0.0	92.7
塔吉克斯坦	16.1	0.0	2.0	0.0	98.0	0.0	0.0	..
坦桑尼亚	4.6	2.7	36.2	0.9	60.2	0.0	0.0	13.9
泰国	148.4	19.9	70.7	0.5	4.8	4.0	0.0	99.3
东帝汶	..	..	..	..	..	..	..	22.0
多哥	0.1	0.0	0.0	24.6	73.8	1.6	0.0	20.0
特立尼达和多巴哥	7.7	0.0	99.4	0.3	0.0	0.2	0.0	99.0
突尼斯	15.7	0.0	89.7	9.2	0.5	0.6	0.0	99.5
土耳其	194.8	28.6	49.3	2.5	18.5	1.1	0.0	..
土库曼斯坦	16.0	0.0	100.0	0.0	0.0	0.0	0.0	..
乌干达	..	..	..	..	..	..	..	9.0
乌克兰	173.5	36.6	8.1	0.5	6.8	0.0	48.0	..
阿拉伯联合酋长国	90.6	0.0	98.2	1.8	0.0	0.0	0.0	100.0
英国	372.0	28.5	44.5	1.2	1.4	5.4	18.6	..
美国	4,165.4	45.4	22.8	1.2	6.6	3.7	19.9	..
乌拉圭	8.9	0.0	0.2	31.1	59.4	9.3	0.0	98.3
乌兹别克斯坦	49.9	4.1	75.1	2.1	18.7	0.0	0.0	..
委内瑞拉	123.4	0.0	14.7	12.5	72.8	0.0	0.0	99.0
越南	83.2	18.0	43.4	2.5	36.0	0.0	0.0	97.6
西岸和加沙	..	..	..	..	..	..	..	..
也门共和国	6.7	0.0	0.0	100.0	0.0	0.0	0.0	39.6
赞比亚	10.3	0.0	0.0	0.3	99.7	0.0	0.0	18.8
津巴布韦	7.9	46.4	0.0	0.3	53.3	0.0	0.0	41.5
全世界	**20,079.3 w**	**40.4 w**	**21.4 w**	**4.8 w**	**16.1 w**	**3.0**	**13.4 w**	**74.1 w**
低收入国家	185.6	6.9	20.4	4.7	45.7	0.9	0.0	23.0
中等收入国家	9,255.1	47.9	19.2	5.7	20.6	1.4	4.6	81.6
中低收入国家	2,007.9	39.6	22.0	12.1	16.9	2.4	5.3	67.3
中高收入国家	7,245.8	50.2	18.5	3.9	21.6	1.2	4.4	98.0
低收入和中等收入国家	9,461.8	47.0	19.2	5.7	21.0	1.4	4.5	73.7
东亚和太平洋地区	4,307.5	71.6	7.2	1.5	16.2	1.3	1.6	90.8
欧洲和中亚	1,785.3	24.0	39.5	1.9	18.0	0.2	16.1	..
拉丁美洲和加勒比地区	1,296.7	5.0	20.7	12.1	55.5	3.9	2.4	93.4
中东和北非	584.2	2.0	58.5	32.9	4.9	0.3	0.0	92.9
南亚	1,054.5	58.5	16.4	6.6	13.6	1.9	2.0	62.1
撒哈拉以南非洲地区	419.3	56.5	4.6	4.1	18.2	0.5	3.1	32.5
高收入国家	10,673.5	34.3	23.2	4.1	11.6	4.5	21.3	..
欧元区	2,244.3	21.6	23.3	3.7	10.2	9.1	30.8	..

a. 由于一些电力资源并未给出，份额总数可能不等于100%。b. 不包括水电。

关于数据的说明

能源的使用是人民生活水平改善的重要因素。然而，电力生产也会破坏环境。这一破坏是否发生，在很大程度上取决于怎样发电。例如，煤燃烧过程中会释放出两倍于相同当量天然气燃烧产生的二氧化碳（见表 3.9“关于数据的说明”），而二氧化碳对于全球变暖发挥着重要作用。尽管核能不产生二氧化碳，但是它产生一些其他危险的废弃物。本表提供了各类电力生产方面的资料信息。

国际能源署（IEA）汇编了用于发电的能源投入数据。IEA 关于非经济合作与发展组织成员国的能源数据都是基于这些国家的能源数据，为与经济合作与发展组织成员国政府完成的年度问卷相一致，对这些国家的数据都做过调整。此外，有时还使用了估计值，以便在关键数据缺失时补充主要的综合数值，并为补偿在定义上的差异而作出调整。IEA 在进行估算时，征询了有关国家统计局、石油公司、电力公司和国家能源专家的意见。IEA 不定期地修正时间序列，以反映政治变革。例如，IEA 已经完成前苏联各国历史能源统计资料的汇编。此外，近些年来，随着越来越详细的能源核算资料可以获得，其他国家的能源统计资料在覆盖面和方法上一直在不断改变。序列的中断因此也是难以避免的。

有关电力使用的数据由国际能源署从工业调查、国家调查以及国际资料来源中获得。

定义

• **发电量**是在电站的所有发电机组的终端测量的。除了水电、煤电、油电、天然气发电和核电之外，还包括由地热、太阳能、风能、潮汐和浪潮等能源类型的发电，以及易燃可再生物质和废弃物的发电。发电量包括仅为发电而设计的电厂和热电联合厂的电力输出量。 • **电力资源**是指用于发电的投入，包括水力、煤、石油、天然气和核能。 • **煤**是指所有的煤和褐煤，既包括原始的燃料（包括硬煤和褐煤），也包括派生的燃料（包括专利燃料、焦炭、煤气焦炭、焦炉煤气和高炉煤气）。泥煤也包括在这一种类中。 • **气**是指天然气，但不包括液态天然气。 • **油**是指原油和石油产品。 • **水能**是指由水电站生产的电力。 • **可再生资源**包括地热、太阳光电、太阳热能、潮汐、风能、工业废料、市政废料、初级固体生物燃料、生物燃气、生物汽油、生物汽油、其他液体生物燃料、非特定的初级生物燃料和废料以及木炭。 • **核能**是指核电站生产的电力。 • **电力使用**是用电人口所占的百分比。

数据资料来源

发电量和电力资源数据来自 IEA 的电子文件及其年度出版物——《非经济合作与发展组织国家能源统计》、《非经济合作与发展组织国家能源收支》、《经济合作与发展组织国家能源统计》和《经济合作与发展组织国家能源收支》。电力使用数据来自国际能源组织的《世界能源展望》(2011)。

3.9 能源依存度、效率与二氧化碳的排放

	能源净进口量[a]		单位能源使用量产生的GDP		二氧化碳排放量							
	占能源使用量的百分比		2005年PPP美元每千克石油当量		总排放量百万吨		碳密度千克/千克石油当量能源使用量		人均吨		千克/经PPP调整的2005年GDP	
	1990	2009	1990	2009	1990	2008	1990	2008	1990	2008	1990	2008
阿富汗	..	..	..	..	2.7	0.8	..	..	0.1	0.0	..	0.0
阿尔巴尼亚	8	27	4.8	13.8	7.5	4.2	2.8	2.0	2.3	1.3	0.6	0.2
阿尔及利亚	–351	–283	7.1	6.5	78.9	111.3	3.6	3.0	3.1	3.2	0.5	0.4
安哥拉	–387	–749	5.8	8.4	4.4	24.4	0.8	2.1	0.4	1.4	0.1	0.2
阿根廷	–5	–9	5.3	7.2	112.6	192.4	2.4	2.5	3.4	4.8	0.5	0.4
亚美尼亚	98	68	1.4	5.7	*3.7*	5.5	*0.9*	1.9	*1.1*	1.8	*0.7*	0.3
澳大利亚	–83	–137	4.7	5.7	287.3	399.2	3.3	3.1	16.8	18.6	0.7	0.5
奥地利	67	64	7.9	9.2	61.0	67.7	2.5	2.0	7.9	8.1	0.3	0.2
阿塞拜疆	21	–439	1.3	6.4	*44.2*	47.1	*2.1*	3.5	*6.0*	5.4	*1.7*	0.7
巴林	–209	–85	2.0	*2.7*	11.9	22.5	2.7	2.4	24.1	21.4	1.3	0.9
孟加拉国	16	16	6.2	7.0	15.5	46.5	1.2	1.7	0.1	0.3	0.2	0.2
白俄罗斯	93	85	1.4	4.1	*87.5*	62.8	*2.4*	2.2	*8.6*	6.5	*1.5*	0.6
比利时	73	73	5.2	6.1	108.5	104.9	2.2	1.8	10.9	9.8	0.4	0.3
贝宁	–7	43	3.2	3.5	0.7	4.1	0.4	1.2	0.1	0.5	0.1	0.3
玻利维亚	–89	–128	7.8	6.7	5.5	12.8	2.1	2.1	0.8	1.3	0.3	0.3
波斯尼亚和黑塞哥维那	34	25	..	4.6	*3.9*	31.3	*0.9*	5.2	*1.0*	8.3	..	1.1
博茨瓦纳	28	54	7.6	11.4	2.2	4.8	1.7	2.2	1.6	2.5	0.2	0.2
巴西	26	4	7.7	7.6	208.9	393.2	1.5	1.6	1.4	2.1	0.2	0.2
保加利亚	66	44	2.3	4.9	77.7	50.5	2.7	2.6	8.9	6.6	1.2	0.6
布基纳法索	..	..	..	..	0.6	1.9	..	..	0.1	0.1	0.1	0.1
布隆迪	..	..	..	..	0.3	0.2	..	..	0.1	0.0	0.1	0.1
柬埔寨	..	29	..	5.1	0.5	4.6	..	0.9	0.0	0.3	..	0.2
喀麦隆	–120	–28	5.1	5.6	1.7	5.3	0.3	0.8	0.1	0.3	0.1	0.1
加拿大	–31	–53	3.6	4.6	450.1	544.1	2.2	2.0	16.2	16.3	0.6	0.5
中非共和国	..	..	..	..	0.2	0.3	..	..	0.1	0.1	0.1	0.1
乍得	..	..	..	..	0.1	0.5	..	..	0.0	0.0	0.0	0.0
智利	45	68	6.4	7.7	34.9	73.1	2.6	2.5	2.6	4.4	0.4	0.3
中国	–3	8	1.4	3.7	2,460.7	7,031.9	2.9	3.3	2.2	5.3	2.0	0.9
中国香港	99	100	15.6	18.4	27.7	38.6	3.2	2.7	4.8	5.5	0.2	0.1
哥伦比亚	–99	–211	8.4	11.8	57.3	67.7	2.4	2.2	1.7	1.5	0.3	0.2
刚果民主共和国	–2	–2	1.9	0.8	4.1	2.8	0.3	0.1	0.1	0.0	0.2	0.2
刚果共和国	–997	–989	10.7	10.1	1.2	1.9	1.5	1.5	0.5	0.5	0.1	0.1
哥斯达黎加	49	45	9.5	9.5	3.0	8.0	1.5	1.6	1.0	1.8	0.2	0.2
科特迪瓦	22	–15	5.5	3.2	5.8	7.0	1.3	0.7	0.5	0.4	0.2	0.2
克罗地亚	43	53	7.1	8.3	*16.4*	23.3	*2.4*	2.6	*3.7*	5.3	*0.4*	0.3
古巴	51	52	..	..	33.3	31.4	1.7	3.0	3.2	2.8	..	..
塞浦路斯	100	97	7.7	8.2	4.7	8.6	3.4	3.3	6.1	7.9	0.4	0.4
捷克共和国	17	26	3.4	5.5	*139.5*	117.0	*3.2*	2.6	*13.5*	11.2	*0.9*	0.5
丹麦	42	–29	7.5	9.5	50.4	46.0	2.9	2.4	9.8	8.4	0.4	0.2
多米尼加共和国	75	77	6.7	9.5	9.6	21.6	2.3	2.7	1.3	2.2	0.3	0.3
厄瓜多尔	–175	–141	9.3	8.9	16.8	26.8	2.8	2.4	1.6	1.9	0.3	0.3
埃及	–72	–22	5.8	5.9	75.9	210.3	2.4	3.0	1.3	2.7	0.4	0.5
萨尔瓦多	31	38	7.9	7.2	2.6	6.1	1.1	1.2	0.5	1.0	0.1	0.2
厄立特里亚	*19*	23	*1.8*	3.5	..	0.4	..	0.6	..	0.1	..	0.2
爱沙尼亚	45	12	1.6	4.5	*23.0*	18.3	*3.5*	3.4	*15.0*	13.6	*2.0*	0.7
埃塞俄比亚	5	7	1.8	2.2	3.0	7.1	0.2	0.2	0.1	0.1	0.1	0.1
芬兰	57	50	4.1	4.9	50.9	56.5	1.8	1.6	10.2	10.6	0.4	0.3
法国	50	49	6.3	7.4	399.0	377.0	1.8	1.4	6.9	5.9	0.3	0.2
加蓬	–1,138	–657	11.8	10.7	4.8	2.5	4.1	1.2	5.2	1.7	0.3	0.1
冈比亚	..	..	17.6	*14.0*	0.2	0.4	3.1	*3.0*	0.2	0.3	0.2	0.2
格鲁吉亚	83	61	2.4	6.0	*15.3*	5.2	*1.8*	1.7	*3.1*	1.2	*1.2*	0.3
德国	47	60	5.9	8.3	*961.0*	786.7	*2.8*	2.4	*12.0*	9.6	*0.4*	0.3
加纳	17	24	2.5	3.6	3.9	8.6	0.7	0.9	0.3	0.4	0.3	0.3
希腊	57	66	8.2	9.6	72.7	97.8	3.4	3.2	7.2	8.7	0.4	0.3
危地马拉	24	39	6.7	6.1	5.1	11.9	1.1	1.5	0.6	0.9	0.2	0.2
几内亚	..	..	..	..	1.1	1.4	..	..	0.2	0.1	0.2	0.1
几内亚比绍	..	..	16.5	*15.4*	0.3	0.3	3.4	*3.0*	0.2	0.2	0.2	0.2
海地	20	28	*6.4*	4.0	1.0	2.4	0.6	0.9	0.1	0.3	*0.1*	0.2

能源依存度、效率与二氧化碳的排放

	能源净进口量[a]		单位能源使用量产生的GDP		二氧化碳排放量							
	占能源使用量的百分比		2005年PPP美元每千克石油当量		总排放量百万吨		碳密度千克/千克石油当量能源使用量		人均吨		千克/经PPP调整的2005年GDP	
	1990	2009	1990	2009	1990	2008	1990	2008	1990	2008	1990	2008
洪都拉斯	29	50	5.5	5.9	2.6	8.7	1.1	1.9	0.5	1.2	0.2	0.3
匈牙利	49	56	4.7	6.7	63.0	54.6	2.2	2.1	6.1	5.4	0.5	0.3
印度	8	26	3.3	5.1	690.6	1,742.7	2.2	2.8	0.8	1.5	0.7	0.5
印度尼西亚	–67	–74	3.7	4.3	149.6	406.0	1.5	2.1	0.8	1.7	0.4	0.5
伊朗	–164	–62	5.0	3.5	227.2	538.4	3.3	2.6	4.1	7.4	0.7	0.7
伊拉克	–480	–272	..	3.2	52.6	102.9	2.9	3.0	2.9	3.4	..	1.1
爱尔兰	65	89	6.4	11.3	30.4	43.6	3.0	2.9	8.7	9.9	0.5	0.3
以色列	96	85	7.3	8.8	33.5	37.7	2.9	1.7	7.2	5.2	0.4	0.2
意大利	83	84	9.2	9.8	424.2	445.1	2.9	2.5	7.5	7.4	0.3	0.3
牙买加	83	84	5.1	5.7	8.0	12.2	2.9	2.9	3.3	4.5	0.6	0.6
日本	83	80	7.3	7.9	1,094.7	1,208.2	2.5	2.4	8.9	9.5	0.3	0.3
约旦	95	96	3.2	4.1	10.4	21.4	3.2	3.0	3.3	3.7	1.0	0.7
哈萨克斯坦	–24	–121	1.6	2.5	*261.3*	237.0	*3.3*	3.4	*15.9*	15.1	*2.7*	1.4
肯尼亚	18	17	3.0	3.0	5.8	10.4	0.5	0.6	0.2	0.3	0.2	0.2
朝鲜	13	–5	..	..	..	78.4	..	3.9	..	3.2	..	..
韩国	76	81	5.2	5.4	243.8	509.2	2.6	2.2	5.7	10.5	0.5	0.4
科索沃	..	..	..	..	..	..	..	..	..	..	..	..
科威特	–453	–332	*2.5*	*4.6*	45.4	76.7	5.0	2.8	21.8	30.1	*0.6*	*0.6*
吉尔吉斯斯坦	67	61	1.5	3.7	*10.9*	6.2	*2.2*	2.3	*2.4*	1.2	*1.2*	0.6
老挝	..	..	..	..	0.2	1.5	..	..	0.1	0.3	0.1	0.1
拉脱维亚	86	50	3.4	6.9	*14.1*	7.6	*2.3*	1.7	*5.4*	3.3	*0.9*	0.2
黎巴嫩	93	97	8.7	7.5	9.1	17.1	4.7	3.2	3.1	4.1	0.5	0.4
莱索托	..	..	..	*142.1*	..	..	..	..	..	..	..	..
利比里亚	..	..	..	..	0.5	0.6	..	..	0.2	0.2	0.5	0.4
利比亚	–546	–327	..	4.7	40.3	58.3	3.6	3.0	9.3	9.5	..	0.6
立陶宛	69	50	2.9	6.0	*22.2*	15.1	*2.0*	1.6	*6.0*	4.5	*0.6*	0.3
前南斯拉夫马其顿共和国	49	42	6.6	6.7	*10.8*	11.8	*4.0*	3.9	*5.6*	5.8	*0.8*	0.6
马达加斯加	..	..	..	..	1.0	1.9	..	..	0.1	0.1	0.1	0.1
马拉维	..	..	..	..	0.6	1.2	..	..	0.1	0.1	0.1	0.1
马来西亚	–122	–34	5.5	5.2	56.6	208.3	2.6	2.9	3.1	7.6	0.5	0.6
马里	..	..	..	..	0.4	0.6	..	..	0.0	0.0	0.1	0.0
毛里塔尼亚	..	..	..	..	2.7	2.0	..	..	1.3	0.6	0.8	0.3
毛里求斯	..	..	13.5	*11.6*	1.5	4.0	3.0	*3.3*	1.4	3.1	0.2	0.3
墨西哥	–59	–26	6.9	7.7	325.6	475.8	2.7	2.6	3.9	4.3	0.4	0.3
摩尔多瓦	99	96	1.7	3.8	*21.0*	4.8	*3.1*	1.5	5.7	1.3	*2.1*	0.5
蒙古	20	–138	1.6	2.9	10.0	10.9	2.9	3.5	4.6	4.1	1.9	1.1
摩洛哥	89	95	9.7	8.8	23.5	47.9	3.4	3.2	1.0	1.5	0.4	0.4
莫桑比克	5	–22	0.9	1.9	1.0	2.3	0.2	0.2	0.1	0.1	0.2	0.1
缅甸	0	–48	1.3	5.0	4.3	12.8	0.4	0.8	0.1	0.3	0.3	0.2
纳米比亚	67	81	*9.4*	7.4	0.0	4.0	*0.0*	2.2	0.0	1.8	0.0	0.3
尼泊尔	5	11	2.3	3.1	0.6	3.5	0.1	0.4	0.0	0.1	0.0	0.1
荷兰	8	19	6.0	7.7	164.1	173.7	2.5	2.2	11.0	10.6	0.4	0.3
新西兰	11	13	5.0	6.1	24.0	33.1	1.9	1.9	7.0	7.8	0.4	0.3
尼加拉瓜	29	45	3.7	4.6	2.6	4.3	1.3	1.4	0.6	0.8	0.3	0.3
尼日尔	..	..	..	..	0.8	0.9	..	..	0.1	0.1	0.2	0.1
尼日利亚	–113	–111	2.0	2.9	45.4	95.8	0.6	0.9	0.5	0.6	0.3	0.3
挪威	–467	–656	6.5	8.1	31.3	50.0	1.5	1.7	7.4	10.5	0.2	0.2
阿曼	–808	–346	6.5	4.4	10.4	45.7	2.5	2.8	5.5	17.3	0.4	0.7
巴基斯坦	20	24	4.2	4.7	68.6	163.2	1.6	2.0	0.6	1.0	0.4	0.4
巴拿马	58	79	10.1	13.2	3.1	6.9	2.2	2.5	1.3	2.0	0.2	0.2
巴布亚新几内亚	..	..	..	..	2.1	2.1	..	..	0.5	0.3	0.3	0.2
巴拉圭	–49	–56	5.5	5.5	2.3	4.1	0.7	0.9	0.5	0.7	0.1	0.2
秘鲁	–9	4	10.0	14.4	21.2	40.5	2.2	2.7	1.0	1.4	0.2	0.2
菲律宾	40	40	5.4	7.9	44.5	83.2	1.5	2.1	0.7	0.9	0.3	0.3
波兰	–1	28	3.0	6.8	366.8	316.1	3.6	3.2	9.6	8.3	1.2	0.5
葡萄牙	80	80	9.6	9.4	43.7	56.3	2.6	2.3	4.4	5.3	0.3	0.2
波多黎各	..	..	..	..	..	..	..	..	..	..	..	..
卡塔尔	–328	–487	..	4.9	11.8	68.5	1.9	3.0	24.9	49.1	..	0.6

能源依存度、效率与二氧化碳的排放

	能源净进口量[a]		单位能源使用量产生的GDP		二氧化碳排放量							
	占能源使用量的百分比		2005年PPP美元每千克石油当量		总排放量百万吨		碳密度千克/千克石油当量能源使用量		人均吨		千克/经PPP调整的2005年GDP	
	1990	2009	1990	2009	1990	2008	1990	2008	1990	2008	1990	2008
罗马尼亚	34	18	2.9	6.7	158.9	94.7	2.6	2.4	6.8	4.4	0.9	0.4
俄罗斯联邦	–47	–83	2.1	3.0	2,220.7	1,708.7	2.8	2.5	14.9	12.0	1.5	0.8
卢旺达	..	..	..	..	0.7	0.7	..	..	0.1	0.1	0.1	0.1
沙特阿拉伯	–519	–235	5.2	3.4	215.1	433.6	3.6	2.8	13.3	16.6	0.7	0.8
塞内加尔	43	57	6.3	7.1	3.2	5.0	1.9	1.7	0.4	0.4	0.3	0.2
塞尔维亚	31	35	4.6	4.8	45.3[b]	49.9	3.0[b]	3.0	5.9[b]	6.8	0.8[b]	0.7
塞拉利昂	..	..	..	..	0.4	1.3	..	..	0.1	0.2	0.1	0.3
新加坡	100	100	6.7	12.5	46.9	32.3	4.1	1.9	15.4	6.7	0.6	0.1
斯洛伐克共和国	75	65	3.2	6.3	45.6	37.6	2.5	2.1	8.6	6.9	0.9	0.3
斯洛文尼亚	46	49	5.8	7.3	13.0	17.2	2.5	2.2	6.5	8.5	0.5	0.3
索马里	..	..	..	..	0.0	0.6	..	..	0.0	0.1	..	..
南非	–22	–12	3.0	3.2	333.5	435.9	3.6	2.9	9.5	8.9	1.2	0.9
南苏丹	..	..	..	..	..	..	..	..	..	..	..	..
西班牙	62	77	8.5	9.8	227.6	329.3	2.5	2.4	5.9	7.2	0.3	0.3
斯里兰卡	24	45	6.3	9.5	3.8	11.8	0.7	1.3	0.2	0.6	0.1	0.1
苏丹	17	–123	2.6	5.3	5.6	14.1	0.5	1.0	0.2	0.3	0.2	0.2
斯威士兰	..	..	10.9	12.6	0.4	1.1	1.4	2.5	0.5	1.1	0.1	0.2
瑞典	37	33	4.5	6.6	51.7	49.0	1.1	1.0	6.0	5.3	0.2	0.2
瑞士	58	53	9.2	10.6	43.0	40.4	1.8	1.5	6.4	5.3	0.2	0.1
阿拉伯叙利亚共和国	–113	–5	3.5	4.2	37.5	71.6	3.6	2.8	3.0	3.6	1.0	0.8
塔吉克斯坦	62	35	3.0	5.5	7.2	3.1	1.7	1.3	1.3	0.5	0.7	0.3
坦桑尼亚	7	8	2.2	2.7	2.4	6.5	0.2	0.3	0.1	0.2	0.1	0.1
泰国	37	40	5.4	4.8	95.8	285.7	2.3	2.7	1.7	4.2	0.4	0.6
东帝汶	..	..	..	11.8	..	0.2	..	3.0	..	0.2	..	0.2
多哥	17	17	2.7	2.0	0.8	1.4	0.6	0.6	0.2	0.2	0.2	0.3
特立尼达和多巴哥	–111	–117	2.2	1.5	17.0	49.8	2.8	2.6	14.0	37.4	1.3	1.6
突尼斯	–16	15	7.4	9.5	13.3	25.0	2.7	2.7	1.6	2.4	0.4	0.3
土耳其	51	69	8.3	8.6	150.8	284.0	2.9	2.9	2.8	4.0	0.3	0.3
土库曼斯坦	–281	–109	0.7	1.7	28.1	47.8	2.5	2.1	7.2	9.7	2.3	1.5
乌干达	..	..	..	..	0.8	3.7	..	..	0.0	0.1	0.1	0.1
乌克兰	46	33	1.7	2.3	641.7	323.5	2.9	2.4	12.3	7.0	1.9	1.0
阿拉伯联合酋长国	–441	–183	6.5	5.3	52.0	155.1	2.6	2.7	28.8	25.0	0.4	0.5
英国	–1	19	6.2	10.1	570.2	522.9	2.8	2.5	10.0	8.5	0.4	0.3
美国	14	22	4.2	5.9	4,879.4	5,461.0	2.5	2.4	19.5	18.0	0.6	0.4
乌拉圭	49	63	10.1	9.6	4.0	8.3	1.8	2.0	1.3	2.5	0.2	0.2
乌兹别克斯坦	17	–24	0.9	1.5	114.0	124.9	2.5	2.5	5.3	4.6	3.1	1.9
委内瑞拉	–242	–204	4.3	4.8	122.2	169.5	2.8	2.6	6.2	6.1	0.6	0.5
越南	–2	–20	2.5	3.7	21.4	127.4	0.9	2.2	0.3	1.5	0.4	0.6
西岸和加沙	..	..	..	..	..	2.1	..	..	..	0.5	..	..
也门共和国	–273	–101	8.6	7.0	9.6	23.4	3.8	3.2	0.8	1.0	0.4	0.5
赞比亚	9	8	1.8	2.1	2.4	1.9	0.5	0.2	0.3	0.2	0.2	0.1
津巴布韦	8	10	..	..	15.5	9.1	1.7	1.0	1.5	0.7	..	..
全世界	**–3[c] w**	**–4[c] w**	**4.2 w**	**5.5 w**	**22,310.9[d] w**	**32,082.6[d] w**	**2.5[d] w**	**2.5[d] w**	**4.2[d] w**	**4.8[d] w**	**0.6[d] w**	**0.5[d] w**
低收入国家	14	5	2.6	3.4	..	219.1	0.6	1.0	..	0.3	..	0.3
中等收入国家	–24	–19	3.0	4.5	9,256.8	16,638.0	2.5	2.8	2.4	3.4	0.8	0.6
中低收入国家	–15	–17	3.0	4.6	2,001.1	3,743.9	1.8	2.4	1.1	1.5	0.6	0.5
中高收入国家	–27	–20	3.0	4.4	7,255.3	12,894.1	2.8	2.9	3.6	5.3	0.9	0.7
低收入和中等收入国家	–22	–19	3.0	4.4	9,398.8	16,856.9	2.4	2.7	2.2	3.0	0.8	0.6
东亚和太平洋地区	–8	1	2.0	3.9	2,895.4	8,259.3	2.6	3.1	1.8	4.3	1.3	0.8
欧洲和中亚	–12	–47	2.2	3.6	3,893.0	3,130.1	3.0	2.6	9.8	7.8	1.3	0.7
拉丁美洲和加勒比地区	–34	–31	6.9	7.7	986.2	1,584.1	2.2	2.2	2.3	2.8	0.3	0.3
中东和北非	–204	–88	5.7	4.7	579.0	1,230.3	3.2	2.8	2.6	3.8	0.6	0.6
南亚	10	25	3.6	5.2	782.0	1,970.2	2.0	2.6	0.7	1.2	0.6	0.5
撒哈拉以南非洲地区	–52	–59	2.8	3.2	464.1	684.6	1.7	1.5	0.9	0.8	0.6	0.4
高收入国家	15	13	5.3	6.7	11,572.3	13,284.7	2.5	2.4	11.8	11.9	0.5	0.4
欧元区	55	62	6.6	8.3	2,718.9	2,633.3	2.5	2.1	8.9	8.0	0.4	0.3

a. 负数表明该国是净出口国。b. 包括科索沃和黑山。c. 相对于0的偏离主要是由于统计误差和存量的变化。d. 包括未分配给特定国家的排放量。

能源依存度、效率与二氧化碳的排放 3.9

关于数据的说明

因为商业能源是广泛贸易的，所以需要区分生产量和使用量。净能源进口量表明一个经济体使用量超出本国生产量的程度。高收入经济体是净能源进口国，中等收入经济体一直是它们主要的供应商。

GDP 与能源使用量的比率是衡量能源使用效率的尺度。用购买力平价比率将 GDP 转换成 2005 年不变的国际美元，以得到相对于 GDP 的物质投入（即能源使用量单位）的各国可比的和一致的实际 GDP 估计值。该比率随时间的变化以及经济体之间的差异部分地反映出经济结构的变化、特定部门能源使用效率的变化以及燃料结构的差异。

二氧化碳排放主要是能源生产与使用的副产品（见表 3.7），也是温室气体最主要的来源，而温室气体则与全球变暖有关。人为的二氧化碳排放主要来自化石燃料的燃烧和水泥的生产。在相同的能源使用水平上，不同的化石燃料燃烧时释放出不同量的二氧化碳：燃油释放的二氧化碳比天然气高 50% 以上，煤炭释放的二氧化碳则为 2 倍之多。在水泥生产过程中，每生产 1 吨水泥大约释放 0.5 吨的二氧化碳。碳浓度是单位能源中二氧化碳的比率，或者生产过程中使用单位能源所排放的二氧化碳的数量。每单位能源中二氧化碳的比率表明二氧化碳的密集度，即在生产过程中每使用一单位能源所释放的二氧化碳的数量。每单位 GDP（1 美元，经购买力平价转化后的 2005 年美元）对应的二氧化碳比例反映出生产过程的清洁（环保）程度。

美国能源部的二氧化碳信息分析中心（CDIAC）计算出了每年人为的二氧化碳排放量，这些计算都是根据联合国统计署维护的世界能源数据库关于化石燃料消费的数据，以及根据美国矿业局维护的水泥生产数据库关于世界水泥生产的数据推算出来的。二氧化碳排放量常常根据它们所含碳元素的量加以计算并报告。我们通过对碳元素的质量乘以 3.667（为碳与二氧化碳的质量之比）将其转换为二氧化碳的实际质量。尽管全球二氧化碳排放量的估计值大约在实际排放量（根据全球平均燃料化学构成和使用量计算）的 10% 以内，但是各国估计值可能存在更大的误差范围。根据不变时间序列所作的趋势估计往往比单个值更为精确。CDIAC 每年都重新计算自 1949 年到现在的全部时间序列的数值，并将其最新结果和最新修正值纳入其数据库之中。这些估计值并不包括国际航运中给船舶和飞机提供的燃料，因为很难在那些从航运获益的国家中分摊燃料份额。

定义

• **能源净进口量**按照能源使用量减能源生产量估算，两者都以石油当量衡量。 • **单位能源使用量产生的 GDP** 是每使用千克油当量能源所带来的经购买力平价调整的 GDP 之值。经购买力平价调整的 GDP 是以购买力平价比率将国内生产总值转换为 2005 年不变的国际美元。1 单位国际美元的 GDP 具有与 1 美元在美国境内相同的购买力。能源利用是指未转化为最终燃料的初始能源的利用，其等于本土产量加上进口量和库存量的变化值，再减去出口和参与国际运输的船舶和飞机的燃料供应（见表 3.7 的“关于数据的说明”）。 • **二氧化碳排放量**是指化石燃料燃烧和水泥生产所产生的二氧化碳，其中包括在消耗固态燃料、液态燃料、气态燃料和气态闪光时所产生的二氧化碳。

数据资料来源

能源使用量数据来自国际能源署（IEA）的电子文件。二氧化碳排放量的数据来自二氧化碳信息分析中心、环境科学部和美国田纳西州的橡树岭国家实验室。

温室气体排放的趋势

	二氧化碳排放量		沼气排放量				一氧化二氮排放量				其他温室气体排放量	
	年均增长百分比[a]	变动百分比[b]	总量千吨二氧化碳当量	变动百分比[b]	占总量的百分比		总量千吨二氧化碳当量	变动百分比[b]	占总量的百分比		总量千吨二氧化碳当量	变动百分比[b]
					来自能源生产的	农业			来自能源生产的	农业		
	1990–2008	1990–2008	2005	1990–2005	2005	2005	2005	1990–2005	2005	2005	2005	1990–2005
阿富汗	–6.9	–69.6	..	..	..	..	..	..	..	..	..	..
阿尔巴尼亚	2.5	–44.2	2,407	–5.1	20.0	70.8	1,036	–18.7	7.1	78.4	62	..
阿尔及利亚	1.5	41.1	54,219	33.1	83.2	8.2	4,898	27.5	22.6	58.6	489	50.0
安哥拉	10.4	450.2	45,409	–8.3	15.6	27.9	38,881	–6.7	0.4	38.4	20	..
阿根廷	2.6	70.8	101,821	–8.3	18.9	70.6	49,821	29.6	3.9	89.2	785	–65.8
亚美尼亚	3.0	50.7	2,962	2.5	50.8	36.7	580	–27.6	1.2	81.6	335	..
澳大利亚	1.7	38.9	126,488	9.7	29.7	55.1	62,966	–0.1	10.3	78.2	6,505	33.5
奥地利	1.1	11.1	8,515	–15.0	21.7	48.6	4,448	–13.5	31.0	52.5	2,329	46.2
阿塞拜疆	0.0	6.7	36,607	110.7	82.0	13.6	2,633	0.4	8.3	77.5	89	–49.4
巴林	3.0	89.1	2,766	54.9	88.7	0.6	82	70.8	39.7	16.0	279	–89.0
孟加拉国	6.7	199.5	92,414	6.5	10.0	70.5	21,386	42.1	7.5	83.1	0	..
白俄罗斯	–1.3	–28.2	11,498	–32.8	7.6	70.9	11,680	–28.3	23.1	72.9	467	..
比利时	–0.4	–3.3	10,063	–21.8	11.6	56.7	6,571	–27.6	38.1	44.3	2,106	583.8
贝宁	9.3	468.7	4,080	–15.8	15.6	47.8	2,902	–21.5	4.0	61.5	0	..
玻利维亚	3.6	133.2	30,350	30.9	25.6	34.1	15,092	3.2	0.7	36.5	0	..
波斯尼亚和黑塞哥维那	16.6	694.1	2,741	–53.5	46.7	42.4	1,196	–40.8	24.7	57.8	571	–7.5
博茨瓦纳	3.7	122.2	4,501	–22.6	8.6	84.1	3,081	–44.1	1.4	92.0	0	..
巴西	3.3	88.2	492,160	56.4	7.6	61.1	235,987	52.6	3.4	67.0	11,816	40.5
保加利亚	–1.9	–35.0	10,867	–24.8	13.0	18.9	4,227	–55.2	36.0	48.1	383	..
布基纳法索	6.1	216.3	..	..	..	..	..	..	..	..	..	..
布隆迪	–4.5	–41.0	..	..	..	..	..	..	..	..	..	..
柬埔寨	15.3	920.4	20,215	35.0	4.9	76.1	5,794	46.9	3.5	66.1	0	..
喀麦隆	4.1	205.1	18,518	37.1	39.1	42.4	9,127	–13.3	2.6	75.9	419	–55.0
加拿大	1.4	20.9	89,338	30.8	32.2	29.3	40,171	–5.5	23.7	58.9	21,943	69.7
中非共和国	1.0	31.5	..	..	..	..	..	..	..	..	..	..
乍得	11.0	237.4	..	..	..	..	..	..	..	..	..	..
智利	4.3	109.5	18,149	49.8	24.4	39.4	8,135	57.5	16.6	73.4	13	–31.6
中国	5.7	185.8	1,333,098	28.5	45.8	38.8	467,213	48.5	12.9	74.3	141,394	1,073.0
中国香港	1.9	39.5	2,820	84.1	26.7	..	422	–0.9	38.5	0.0	119	–68.6
哥伦比亚	0.0	18.1	58,108	13.5	19.9	68.0	21,288	5.2	4.4	86.1	83	97.6
刚果民主共和国	–3.1	–30.8	56,445	–41.6	10.2	23.1	54,643	–37.3	2.2	31.3	0	..
刚果共和国	–0.1	63.0	5,584	–10.4	32.2	31.9	3,566	–17.2	1.0	51.8	5	..
哥斯达黎加	5.0	171.2	2,580	–31.2	9.5	67.2	1,334	–26.2	4.5	85.4	62	..
科特迪瓦	1.4	21.0	10,997	–2.2	16.9	17.4	7,364	–1.6	2.7	29.3	0	..
克罗地亚	2.6	41.7	3,864	–60.5	57.0	33.3	2,851	–24.5	36.6	52.4	59	–93.4
古巴	–0.8	–5.8	9,455	–21.0	11.2	62.4	6,356	–31.8	15.1	78.7	129	..
塞浦路斯	3.1	83.8	616	40.0	1.8	44.0	292	19.2	13.0	65.5	190	..
捷克共和国	–0.7	–16.1	11,497	–40.3	49.4	33.6	8,878	–10.2	53.0	36.9	1,121	..
丹麦	–1.0	–8.7	7,935	–0.5	16.4	65.2	6,290	–21.5	18.0	73.4	1,422	457.6
多米尼加共和国	4.5	125.9	6,081	3.8	7.8	63.7	2,255	11.0	7.8	76.8	0	..
厄瓜多尔	3.1	59.3	17,125	31.2	31.2	57.7	4,571	42.2	3.8	84.9	63	..
埃及	5.9	176.9	46,996	68.8	50.7	31.7	18,996	60.7	8.3	80.0	3,181	54.5
萨尔瓦多	4.4	133.5	3,131	18.0	12.4	53.1	1,377	7.7	8.2	76.2	77	..
厄立特里亚	5.4	..	2,467	30.9	11.2	73.2	1,189	15.7	3.8	90.9	0	..
爱沙尼亚	–0.6	–20.6	2,108	–36.8	42.3	30.5	932	–50.7	21.5	60.5	40	1,900.0
埃塞俄比亚	4.7	135.5	52,243	32.8	14.3	72.5	30,510	19.4	5.2	88.8	10	..
芬兰	1.1	10.9	9,742	–2.8	7.4	20.7	7,124	–4.1	42.8	41.7	826	726.0
法国	–0.3	–5.5	77,252	–0.3	44.3	47.7	49,058	–30.6	24.2	66.8	15,539	57.1
加蓬	–3.6	–49.0	8,218	1.4	90.4	1.1	482	58.0	10.0	23.3	9	..
冈比亚	4.4	115.4	..	..	..	..	..	..	..	..	..	..
格鲁吉亚	–2.6	–66.1	4,410	–12.4	36.1	50.8	2,019	–26.8	35.5	56.9	12	..
德国	–1.1	–18.1	67,582	–44.8	32.1	43.8	56,560	–23.9	38.2	52.2	31,543	8.1
加纳	4.7	118.6	8,990	24.2	23.3	39.5	4,899	–5.6	9.3	70.5	15	–97.5
希腊	2.0	34.5	7,289	2.0	26.3	50.0	5,977	–17.1	22.1	58.2	1,842	–20.8
危地马拉	5.6	134.2	8,306	74.7	12.4	48.8	5,376	121.1	5.5	56.8	481	..
几内亚	1.5	31.9	..	..	..	..	..	..	..	..	..	..
几内亚比绍	–0.2	11.6	..	..	..	..	..	..	..	..	..	..
海地	7.6	145.0	4,006	34.8	12.1	56.2	1,438	59.6	6.2	84.2	0	..

	二氧化碳排放量		沼气排放量				一氧化二氮排放量				其他温室气体排放量	
	年均增长百分比[a] 1990–2008	变动百分比[b] 1990–2008	总量千吨二氧化碳当量 2005	变动百分比[b] 1990–2005	占总量的百分比 来自能源生产的 2005	占总量的百分比 农业 2005	总量千吨二氧化碳当量 2005	变动百分比[b] 1990–2005	占总量的百分比 来自能源生产的 2005	占总量的百分比 农业 2005	总量千吨二氧化碳当量 2005	变动百分比[b] 1990–2005
洪都拉斯	7.4	234.5	5,191	31.5	7.2	78.4	2,865	26.0	3.8	85.9	0	..
匈牙利	–0.6	–13.3	7,767	–22.9	29.1	33.6	6,961	–31.2	30.9	60.1	1,552	121.1
印度	4.8	152.4	583,978	10.5	15.9	64.4	212,927	33.3	12.8	73.4	8,433	–11.9
印度尼西亚	4.5	171.5	208,944	18.4	25.5	46.4	123,275	43.5	3.7	71.5	1,027	–40.5
伊朗	5.0	137.0	114,585	32.5	70.6	18.2	26,644	41.1	11.4	75.3	2,569	–2.9
伊拉克	3.7	95.9	15,937	–45.8	58.4	18.6	3,440	–9.9	9.7	63.3	86	–66.0
爱尔兰	2.4	43.4	15,331	14.3	11.9	76.7	7,486	–8.3	4.4	90.5	1,151	3,097.2
以色列	1.6	12.3	3,517	83.8	18.4	31.2	1,793	41.5	15.3	53.0	1,981	88.8
意大利	0.6	4.9	40,790	–13.4	14.7	39.8	28,620	–5.4	39.1	43.7	13,968	211.2
牙买加	2.4	53.2	1,302	14.4	11.4	50.3	599	29.4	12.1	59.0	51	..
日本	0.7	10.4	42,771	–36.5	8.1	71.2	29,785	–17.0	41.6	27.9	53,786	81.1
约旦	4.2	105.5	1,796	111.5	25.0	21.8	667	39.5	8.2	55.4	112	..
哈萨克斯坦	0.4	–9.3	47,119	–27.3	66.2	25.3	17,594	–46.2	12.8	62.5	339	..
肯尼亚	3.0	78.5	22,130	23.3	16.9	65.5	10,542	14.3	5.0	88.8	0	..
朝鲜	*1.2*	..	18,195	–15.0	58.6	23.5	3,422	–60.6	13.2	62.3	2,794	..
韩国	3.7	108.8	32,069	2.4	19.9	38.6	13,548	34.7	41.3	35.9	10,221	66.0
科索沃	..	..	..	..	..	..	..	..	..	..	..	..
科威特	7.4	69.0	14,380	119.4	93.4	1.1	650	156.9	27.7	16.9	931	254.0
吉尔吉斯斯坦	–1.7	–42.8	3,591	–38.2	6.8	72.3	1,510	–57.7	11.2	72.6	24	..
老挝	13.1	553.1	..	..	..	..	..	..	..	..	..	..
拉脱维亚	–3.3	–46.0	3,108	–42.1	53.6	27.7	1,253	–58.7	11.6	77.4	890	..
黎巴嫩	3.0	87.9	1,003	46.6	9.7	25.5	672	79.2	12.6	58.8	0	..
莱索托	..	..	..	..	..	..	..	..	..	..	..	..
利比里亚	5.0	25.8	..	..	..	..	..	..	..	..	..	..
利比亚	1.8	44.7	14,682	–34.7	86.3	5.7	1,285	9.3	11.2	51.9	280	–0.7
立陶宛	–1.8	–31.7	5,516	–34.1	32.0	33.8	2,451	–45.7	5.0	86.0	656	..
前南斯拉夫马其顿共和国	0.4	9.6	1,403	–36.5	32.1	46.6	599	–33.9	15.9	63.9	120	..
马达加斯加	3.4	93.7	..	..	..	..	..	..	..	..	..	..
马拉维	3.1	100.6	..	..	..	..	..	..	..	..	..	..
马来西亚	6.3	268.0	46,501	64.7	69.3	12.4	15,087	13.5	6.7	64.9	994	66.2
马里	1.9	40.9	..	..	..	..	..	..	..	..	..	..
毛里塔尼亚	–3.9	–25.0	..	..	..	..	..	..	..	..	..	..
毛里求斯	6.1	170.2	..	..	..	..	..	..	..	..	..	..
墨西哥	1.9	46.1	128,209	26.3	40.2	42.3	42,514	8.9	10.6	75.2	4,555	53.1
摩尔多瓦	–8.5	–77.2	3,372	–17.5	45.2	29.4	849	–51.0	5.5	73.5	8	..
蒙古	–0.2	8.5	6,067	–25.9	2.5	92.1	3,489	–30.0	2.2	93.2	0	..
摩洛哥	3.7	103.5	10,573	15.8	8.0	51.7	5,814	12.2	3.0	82.6	0	..
莫桑比克	5.4	131.1	12,843	18.2	22.7	44.2	9,501	–12.7	3.4	71.4	282	..
缅甸	6.6	198.8	77,211	–7.4	12.6	69.0	30,932	–23.9	2.6	42.9	0	..
纳米比亚	39.5	..	5,057	47.2	0.3	94.9	3,797	47.2	1.1	94.3	0	..
尼泊尔	7.6	458.4	22,142	9.7	5.9	82.9	4,516	26.0	13.0	76.8	0	..
荷兰	0.0	5.9	21,259	–30.4	23.4	43.4	14,596	–10.7	52.5	39.5	3,750	–40.9
新西兰	2.0	37.8	27,635	3.6	3.6	90.2	12,930	23.5	3.5	94.2	973	3.4
尼加拉瓜	4.1	63.8	6,018	26.3	6.6	74.8	3,340	10.1	3.3	91.7	0	..
尼日尔	–0.2	2.2	..	..	..	..	..	..	..	..	..	..
尼日利亚	5.4	111.0	130,317	10.9	68.9	19.8	21,565	12.6	9.1	77.3	669	176.4
挪威	2.7	59.6	16,870	47.2	74.6	12.6	4,737	–3.1	46.5	39.0	5,202	–39.4
阿曼	8.5	341.9	17,849	194.9	94.1	3.0	561	82.7	16.0	68.0	175	..
巴基斯坦	4.9	138.0	137,401	50.7	23.7	63.5	26,838	46.0	14.5	74.2	819	–18.8
巴拿马	4.0	120.5	3,219	16.5	4.0	79.2	1,204	18.0	4.9	83.7	0	..
巴布亚新几内亚	3.9	–1.5	..	..	..	..	..	..	..	..	..	..
巴拉圭	2.7	82.0	15,388	2.0	3.9	84.1	9,067	0.6	1.7	82.6	0	..
秘鲁	3.7	91.5	17,187	22.7	13.5	61.3	7,560	35.4	2.9	81.9	330	..
菲律宾	3.2	86.7	51,889	28.6	9.3	63.7	12,950	34.0	9.1	73.1	365	125.3
波兰	–1.1	–13.8	70,023	–36.6	62.0	21.9	30,198	4.7	33.5	57.7	2,451	360.7
葡萄牙	1.8	28.8	12,173	22.4	13.8	35.4	5,958	24.3	22.0	43.8	783	605.4
波多黎各	..	..	..	..	..	..	..	..	..	..	..	..
卡塔尔	6.8	481.6	15,706	387.2	96.5	0.4	200	104.1	33.9	25.0	0	..

	二氧化碳排放量		沼气排放量				一氧化二氮排放量				其他温室气体排放量	
	年均增长百分比[a] 1990–2008	变动百分比[b] 1990–2008	总量千吨二氧化碳当量 2005	变动百分比[b] 1990–2005	占总量的百分比 来自能源生产的 2005	农业 2005	总量千吨二氧化碳当量 2005	变动百分比[b] 1990–2005	占总量的百分比 来自能源生产的 2005	农业 2005	总量千吨二氧化碳当量 2005	变动百分比[b] 1990–2005
罗马尼亚	–2.4	–40.4	24,331	–35.1	42.7	36.0	11,537	–44.0	32.4	56.2	746	–62.8
俄罗斯联邦	–1.0	–23.1	562,801	–18.3	79.3	9.1	76,121	–48.7	27.8	44.3	59,673	130.6
卢旺达	0.6	3.2	..	..	..	..	..	..	..	..	..	..
沙特阿拉伯	2.8	101.6	48,152	67.4	83.6	4.0	6,501	17.5	14.0	46.1	2,193	–10.6
塞内加尔	3.0	56.3	7,129	35.1	9.9	68.3	4,083	37.2	2.7	88.5	0	..
塞尔维亚	..	..	7,782	–58.7	41.5	43.7	4,581	–8.8	24.2	63.6	4,493	353.8
塞拉利昂	7.3	243.4	..	..	..	..	..	..	..	..	..	..
新加坡	–2.1	–31.2	2,237	136.7	60.1	1.3	1,068	163.1	77.6	2.8	2,532	396.5
斯洛伐克共和国	–0.9	–17.7	3,911	–39.7	18.2	39.0	3,354	–37.1	52.0	37.7	395	480.9
斯洛文尼亚	1.6	32.3	3,498	0.6	30.7	32.1	1,156	–12.2	13.2	70.4	473	–38.5
索马里	35.9	3,447.0	..	..	..	..	..	..	..	..	..	..
南非	1.4	30.7	63,785	24.6	45.4	31.4	24,048	12.9	12.6	59.8	2,552	71.2
南苏丹	..	..	..	..	..	..	..	..	..	..	..	..
西班牙	2.7	44.7	36,338	11.9	10.4	56.8	26,529	6.5	18.7	62.6	9,080	47.7
斯里兰卡	7.1	211.8	10,210	–11.2	5.3	65.2	2,056	18.0	12.1	65.1	0	..
苏丹	7.1	152.8	67,441	55.5	7.1	85.2	49,472	34.9	1.3	92.6	0	..
斯威士兰	9.2	156.9	..	..	..	..	..	..	..	..	..	..
瑞典	–0.6	–5.1	11,311	1.3	9.9	28.1	5,865	–13.1	26.8	60.2	2,078	133.7
瑞士	–0.3	–6.0	4,748	–17.1	19.8	67.6	2,415	–15.5	20.8	59.3	2,109	97.3
阿拉伯叙利亚共和国	3.2	91.2	12,458	–10.8	53.8	28.1	5,509	33.4	9.0	78.1	0	..
塔吉克斯坦	–2.8	–56.4	3,898	–9.3	12.8	68.6	1,378	0.2	1.4	86.9	383	–86.4
坦桑尼亚	5.3	172.5	32,024	24.0	12.6	63.2	21,647	0.8	2.5	78.8	0	..
泰国	5.6	198.2	83,257	5.7	16.9	66.0	22,304	15.1	21.7	65.5	1,104	–22.8
东帝汶	..	..	..	..	..	..	..	..	..	..	..	..
多哥	3.5	83.4	2,889	5.0	23.5	39.8	1,738	–21.3	5.6	67.5	0	..
特立尼达和多巴哥	4.7	193.5	10,070	32.0	83.9	0.7	230	12.2	11.5	60.3	0	..
突尼斯	3.3	88.5	8,160	106.2	55.6	25.5	2,366	17.9	21.4	66.4	0	..
土耳其	3.4	88.3	64,251	46.4	16.0	33.6	32,781	12.8	22.7	66.4	5,066	96.9
土库曼斯坦	3.3	70.4	27,984	–5.0	75.2	21.6	4,276	93.7	16.4	78.1	73	..
乌干达	8.7	358.3	..	..	..	..	..	..	..	..	..	..
乌克兰	–3.1	–49.6	70,360	–42.2	62.1	23.3	26,097	–51.3	42.8	45.6	693	209.4
阿拉伯联合酋长国	6.1	198.2	23,283	58.0	93.1	2.6	1,169	78.7	18.3	43.6	1,075	27.5
英国	–0.6	–8.3	65,788	–44.1	24.8	38.2	30,565	–44.7	24.8	60.0	10,403	96.7
美国	0.7	11.9	548,074	–14.4	41.0	34.8	317,153	1.8	30.6	56.4	239,517	158.7
乌拉圭	2.3	108.5	19,589	24.1	1.5	94.3	7,017	16.1	1.4	96.9	59	..
乌兹别克斯坦	0.6	9.6	39,602	24.0	57.3	33.7	10,003	9.4	6.2	84.2	608	..
委内瑞拉	2.6	38.8	61,183	5.9	47.4	40.0	14,935	23.4	5.0	75.2	2,468	–24.0
越南	11.3	495.0	82,978	40.1	22.7	63.9	23,030	98.3	6.1	83.0	0	..
西岸和加沙	17.3	..	..	..	..	..	..	..	..	..	..	..
也门共和国	4.7	143.7	6,677	73.5	17.0	54.9	3,250	57.4	11.2	72.5	0	..
赞比亚	–1.3	–22.8	19,294	–28.4	6.7	59.3	25,068	–29.7	2.6	71.7	0	..
津巴布韦	–3.4	–41.5	9,539	–5.7	11.4	73.3	6,114	–16.1	3.7	85.2	0	..
全世界	**2.1 w**	**43.8 w**	**7,135,850 s**	**6.2 w**	**37.3 w**	**42.6 w**	**2,852,537 s**	**5.8 w**	**15.4 w**	**66.2 w**	**724,183 s**	**122.4 w**
低收入国家	3.0	..	436,333	–3.0	13.7	61.2	209,159	–15.0	4.1	62.4	..	..
中等收入国家	3.0	79.7	5,160,313	13.6	38.8	42.6	1,830,347	17.0	10.6	70.8	260,798	207.4
中低收入国家	3.1	87.1	1,704,859	11.4	27.2	52.4	686,537	17.2	8.8	71.1	17,327	3.3
中高收入国家	3.0	77.7	3,455,454	14.7	44.6	37.8	1,143,810	16.9	11.7	70.6	243,471	257.7
低收入和中等收入国家	3.0	79.4	5,596,645	12.1	36.9	44.1	2,039,506	12.7	10.0	70.0	264,291	201.6
东亚和太平洋地区	5.6	185.3	1,928,355	24.5	39.2	43.6	707,496	38.0	10.5	72.2	..	..
欧洲和中亚	–0.8	–19.6	936,608	–17.3	67.5	17.5	214,402	–38.9	25.3	56.8	75,692	114.6
拉丁美洲和加勒比地区	2.5	60.6	1,008,557	30.3	17.3	58.6	442,132	32.9	4.6	72.4	20,972	23.5
中东和北非	4.2	112.5	287,084	20.0	64.7	20.7	73,539	36.8	10.7	74.5	6,717	20.7
南亚	4.9	151.9	846,145	14.6	16.1	65.4	267,722	34.9	12.6	74.3	9,253	–12.5
撒哈拉以南非洲地区	2.2	47.5	589,897	5.4	30.5	44.0	334,216	–7.6	3.7	66.1	..	..
高收入国家	0.8	14.8	1,539,204	–10.8	38.9	37.1	813,031	–8.2	29.1	56.8	459,891	93.3
欧元区	0.1	–3.1	317,704	–18.2	26.0	46.8	219,189	–18.1	31.7	55.4	84,230	37.2

a. 用最小二乘法的方法计算，涵盖了这个时期所有数据点的上下变动（见“统计方法”）。b. 自1990年以来，计算排放量的变化是京都协议要求的基准。

关于数据的说明

温室气体——其中包括二氧化碳、沼气、一氧化二氮、氢氟碳化物、全氟碳化物和六氟化硫——造成了气候变化。

二氧化碳的排放主要是能源生产与使用的副产品（见表3.7），也是温室气体最主要的来源。人为的二氧化碳排放主要来自化石燃料的燃烧和水泥的生产。燃油释放的二氧化碳大于天然气，而使用相同水平的能源，燃煤甚至释放更多的二氧化碳。在水泥生产过程中，每生产1吨水泥大约释放0.5吨的二氧化碳。

沼气的排放主要来自于农业活动、工业生产、垃圾掩埋和污水处理以及其他来源，例如，热带森林以及其他植被起火。沼气的排放可以用二氧化碳当量表示，该指标用于测算全球变暖的潜力，进而可以基于这一指标来比较不同气体对全球变暖的有效影响。1千克沼气在地球大气层内实际释放的热量在100年的时间范围内相当于1千克二氧化碳的21倍。

一氧化二氮的排放主要来自化石燃料燃烧、化肥、雨林起火以及动物粪便。一氧化二氮是强有力的温室气体，可以在大气层中生存大约114年，而沼气仅仅生存12年。1千克一氧化二氮的系数在100年的时间范围内几乎是1千克二氧化碳的310倍。

《京都议定书》中包含的其他温室气体还包括氢氟碳化物、全氟碳化物和六氟化硫。尽管这些人为气体的排放很少，但是它们相对于二氧化碳则是更强的温室气体，在大气层中具有更强的生命力和使全球变暖的潜力。

欲了解二氧化碳的来源和排放量的计算方法，见表3.9中的“关于数据的说明”。

定义

• **二氧化碳排放量**是指化石燃料燃烧和水泥生产所产生的二氧化碳，其中包括在消费固态燃料、液态燃料、气态燃料和气态闪光时所产生的二氧化碳。 • **沼气排放量**是指人类活动所产生的沼气，例如，农业活动以及沼气的工业生产活动。 • **能源生产的沼气排放量**来自化石燃料和生物燃料的生产、处理、输送以及燃烧所排放的沼气。 • **农业沼气的排放**是指来自动物、动物粪便、大米生产、农业废料的焚烧（非能源）以及草原燃烧所产生的沼气。 • **一氧化二氮排放量**是指来自于农业动植物燃烧、工业活动以及牲畜管理所产生的一氧化氮。 • **能源生产的一氧化二氮排放量**是指化石燃料和生物燃料燃烧所排放的一氧化二氮。 • **农业一氧化二氮的排放**是指施肥（合成化肥和动物肥料）、动物粪便处理、农业废料的焚烧（非能源）以及草原燃烧所产生的一氧化二氮。 • **其他温室气体的排放**包括氢氟碳化物、全氟碳化物和六氟化硫，这些气体都受《京都议定书》的约束。氢氟碳化物是一氯二氟甲烷（氟里昂）的副产品，氟里昂主要用于冰箱和其他半导体产品。全氟碳化物也是半导体制造中一氯二氟甲烷（氟里昂）的副产品，也是原铝生产和铀浓缩的副产品。六氟化硫最大的用途就是用于高电压电力设备的绝缘。

数据资料来源

二氧化碳排放量的数据来自二氧化碳信息分析中心、环境科学部和美国田纳西州的橡树岭国家实验室。沼气、一氧化二氮和其他温室气体排放量的数据由国际能源署汇编。

各部门二氧化碳的排放

	二氧化碳排放									
	占总燃料燃烧的百分比									
	发电和供暖		制造业和建筑业		住宅建筑、商业和公共服务		交通		其他部门	
	1990	2008	1990	2008	1990	2008	1990	2008	1990	2008
阿富汗	..	..	..	..	..	..	..	..	..	..
阿尔巴尼亚	12.0	5.2	44.2	16.1	4.8	9.8	11.2	59.6	27.8	9.1
阿尔及利亚	42.9	39.2	14.1	13.6	20.3	24.9	22.6	22.4	0.0	0.0
安哥拉	12.5	3.7	46.1	24.1	15.7	21.7	25.2	50.3	0.7	0.3
阿根廷	34.0	34.9	16.2	22.2	17.2	12.9	28.1	24.6	4.5	5.3
亚美尼亚	29.6	19.6	22.3	37.6	30.9	0.0	14.3	15.8	2.9	26.8
澳大利亚	54.1	62.9	17.7	12.6	3.3	3.0	23.6	20.1	1.3	1.5
奥地利	35.0	34.1	17.9	18.1	20.7	14.7	24.2	31.9	2.2	1.2
阿塞拜疆	44.3	50.3	24.4	7.4	7.2	22.1	5.4	17.9	18.7	2.4
巴林	56.2	54.2	34.3	31.1	1.0	0.9	8.5	13.8	0.0	0.0
孟加拉国	32.7	43.7	33.3	24.5	16.2	11.9	12.2	14.2	5.7	5.7
白俄罗斯	47.4	52.9	28.1	19.9	10.3	12.4	8.1	10.2	6.2	4.6
比利时	28.9	25.4	28.4	24.7	22.6	23.5	18.5	24.4	1.5	1.9
贝宁	12.0	3.1	12.0	5.2	12.0	30.9	64.0	61.2	0.0	0.0
玻利维亚	29.0	34.8	11.6	17.2	10.5	10.6	39.3	36.0	9.5	1.5
波斯尼亚和黑塞哥维那	40.6	69.5	26.4	6.6	1.2	0.6	9.2	14.2	22.6	9.0
博茨瓦纳	55.3	25.0	18.1	26.8	3.4	3.1	22.2	43.6	1.4	1.3
巴西	14.2	19.0	29.8	29.7	8.4	5.4	41.9	41.0	5.7	4.9
保加利亚	63.4	64.3	17.9	15.1	3.9	2.7	8.5	16.9	6.2	1.0
布基纳法索	..	..	..	..	..	..	..	..	..	..
布隆迪	..	..	..	..	..	..	..	..	..	..
柬埔寨	..	36.7	..	3.7	..	26.5	..	25.0	..	7.8
喀麦隆	1.1	34.3	8.2	7.0	25.5	8.4	65.2	50.6	0.0	0.0
加拿大	32.9	33.5	19.8	17.8	16.8	16.4	28.6	29.4	1.9	2.9
中非共和国	..	..	..	..	..	..	..	..	..	..
乍得	..	..	..	..	..	..	..	..	..	..
智利	33.0	39.0	24.9	19.1	9.2	6.2	31.7	35.1	1.2	0.6
中国	32.2	51.9	40.9	33.3	16.5	6.2	5.3	7.0	5.1	1.6
中国香港	72.4	68.1	9.5	15.7	4.5	6.0	13.6	10.2	0.0	0.0
哥伦比亚	24.3	18.7	27.4	31.7	8.1	8.5	37.0	38.5	3.2	2.7
刚果民主共和国	3.4	1.1	29.4	35.3	10.8	10.6	18.9	22.6	37.8	30.7
刚果共和国	0.0	3.4	8.6	4.1	10.0	5.4	78.6	87.2	0.0	0.0
哥斯达黎加	7.3	10.2	26.8	17.3	4.2	3.6	60.2	65.5	1.5	3.5
科特迪瓦	22.8	43.9	16.3	9.3	11.4	12.1	44.9	24.3	4.9	10.5
克罗地亚	37.3	33.1	28.2	21.2	10.5	12.6	18.2	29.5	5.9	3.7
古巴	45.2	53.3	18.4	28.3	9.1	10.0	16.0	3.0	11.2	5.4
塞浦路斯	45.3	51.0	20.1	15.1	4.7	4.5	29.9	26.0	0.0	3.6
捷克共和国	42.7	56.9	30.0	17.7	19.0	8.8	4.6	15.3	3.6	1.3
丹麦	51.7	50.1	10.9	10.0	12.5	7.7	20.3	28.3	4.6	3.9
多米尼加共和国	41.2	50.0	10.3	6.3	12.1	13.9	35.5	29.1	1.0	0.7
厄瓜多尔	15.2	20.7	16.9	17.5	14.5	11.4	51.7	49.2	1.8	1.2
埃及	32.5	43.0	35.8	23.4	11.9	8.1	19.8	21.9	0.0	3.6
萨尔瓦多	8.3	26.6	25.9	23.5	7.4	8.9	57.9	40.9	0.0	0.0
厄立特里亚	..	42.2	..	4.4	..	28.9	..	24.4	..	0.0
爱沙尼亚	73.2	75.8	12.4	8.2	4.1	2.3	6.6	12.9	3.8	0.9
埃塞俄比亚	13.6	6.6	27.1	24.5	5.4	12.4	41.6	56.7	12.2	0.0
芬兰	36.2	47.7	26.7	21.5	11.9	4.8	21.3	22.4	3.8	3.5
法国	18.1	18.9	22.7	19.2	24.1	22.8	31.9	33.9	3.2	5.3
加蓬	34.4	28.5	15.6	38.9	13.3	9.7	35.6	21.1	2.2	1.7
冈比亚	..	..	..	..	..	..	..	..	..	..
格鲁吉亚	46.3	19.5	22.4	15.5	16.5	18.5	13.1	37.6	1.7	8.9
德国	42.4	45.2	18.9	14.7	20.4	20.5	16.7	18.5	1.7	1.1
加纳	3.0	26.2	17.7	15.3	15.9	6.0	59.0	49.8	4.4	2.7
希腊	52.3	53.4	14.8	9.8	7.3	10.5	21.5	23.6	4.1	2.6
危地马拉	7.3	27.6	22.7	15.5	14.2	5.7	52.4	51.3	3.0	0.1
几内亚	..	..	..	..	..	..	..	..	..	..
几内亚比绍	..	..	..	..	..	..	..	..	..	..
海地	25.5	9.8	21.3	22.6	8.5	10.3	44.7	57.3	0.0	0.0

二氧化碳排放

占总燃料燃烧的百分比

	发电和供暖		制造业和建筑业		住宅建筑、商业和公共服务		交通		其他部门	
	1990	2008	1990	2008	1990	2008	1990	2008	1990	2008
洪都拉斯	0.9	34.4	35.2	19.9	15.5	3.3	48.4	37.7	0.0	4.9
匈牙利	34.8	37.6	23.2	13.2	25.2	22.7	12.5	24.2	4.4	2.2
印度	44.5	59.9	28.6	19.6	9.8	6.2	13.8	9.2	3.3	5.1
印度尼西亚	37.3	37.7	23.7	34.0	13.7	6.3	22.7	19.7	2.7	2.3
伊朗	22.7	29.0	26.8	22.4	22.3	24.2	21.5	21.8	6.6	2.5
伊拉克	28.3	35.6	27.3	24.0	9.2	9.3	35.1	31.1	0.0	0.0
爱尔兰	36.1	33.7	15.8	11.5	29.5	22.3	16.5	30.6	2.2	1.8
以色列	57.6	66.6	12.9	2.8	4.2	4.4	19.6	16.4	5.7	9.9
意大利	35.9	38.3	21.1	15.8	16.7	16.8	24.0	27.2	2.2	2.0
牙买加	27.8	51.1	8.3	3.3	4.0	3.3	15.0	21.6	44.9	20.5
日本	38.4	44.6	27.0	21.5	12.9	13.3	19.7	19.7	1.9	0.9
约旦	38.6	48.0	14.2	14.1	11.3	10.9	28.9	24.8	7.1	2.2
哈萨克斯坦	47.9	47.4	34.9	22.3	0.2	0.7	6.0	7.0	11.0	22.6
肯尼亚	8.0	32.4	25.8	15.8	10.9	9.6	48.3	37.2	6.9	5.1
朝鲜	13.9	16.2	67.4	62.9	0.5	0.1	4.1	1.7	14.2	19.1
韩国	27.4	52.4	23.4	19.1	26.9	10.0	18.8	16.8	3.4	1.7
科索沃	..	..	..	..	..	..	..	..	..	..
科威特	62.7	68.2	21.7	15.6	0.7	0.7	15.0	15.5	0.0	0.0
吉尔吉斯斯坦	17.3	23.1	36.9	28.5	0.0	0.0	13.3	24.2	32.6	24.3
老挝	..	..	..	..	..	..	..	..	..	..
拉脱维亚	52.3	25.8	13.6	13.8	13.4	11.4	16.6	44.9	4.1	4.2
黎巴嫩	43.3	49.2	5.0	11.5	22.7	10.8	28.8	28.5	0.0	0.0
莱索托	..	..	..	..	..	..	..	..	..	..
利比里亚	..	..	..	..	..	..	..	..	..	..
利比亚	59.7	62.1	13.2	9.4	4.8	5.6	22.4	22.8	0.0	0.0
立陶宛	41.3	35.3	21.6	21.2	16.1	6.9	16.5	35.0	4.5	1.5
前南斯拉夫马其顿共和国	64.8	68.1	18.8	14.2	4.9	4.0	8.9	13.3	2.6	0.6
马达加斯加	..	..	..	..	..	..	..	..	..	..
马拉维	..	..	..	..	..	..	..	..	..	..
马来西亚	35.7	49.6	30.7	24.2	4.4	2.5	29.2	23.3	0.0	0.4
马里	..	..	..	..	..	..	..	..	..	..
毛里塔尼亚	..	..	..	..	..	..	..	..	..	..
毛里求斯	..	..	..	..	..	..	..	..	..	..
墨西哥	34.9	40.2	23.9	14.9	7.8	5.8	31.5	37.1	1.9	2.0
摩尔多瓦	44.8	47.7	6.7	9.8	2.9	23.5	7.9	14.7	37.6	4.4
蒙古	51.3	62.6	22.1	13.2	6.4	7.3	12.1	13.6	8.1	3.2
摩洛哥	40.0	37.1	25.7	17.0	7.3	9.5	18.7	25.7	8.2	10.7
莫桑比克	10.2	1.0	13.0	20.7	7.4	7.8	55.6	69.9	13.9	1.0
缅甸	39.9	20.8	28.1	25.4	0.3	2.6	31.7	28.1	0.0	23.1
纳米比亚	..	22.6	..	6.6	..	0.3	..	48.6	..	21.9
尼泊尔	0.0	0.3	22.7	33.9	28.4	31.5	38.6	27.9	11.4	6.6
荷兰	38.2	38.2	21.9	21.2	18.5	17.9	16.6	19.7	4.8	3.0
新西兰	21.6	32.8	28.8	18.4	6.0	4.2	39.1	41.7	4.4	2.8
尼加拉瓜	30.6	40.1	18.0	14.7	7.1	6.5	40.4	35.3	3.8	3.1
尼日尔	..	..	..	..	..	..	..	..	..	..
尼日利亚	28.5	36.5	17.3	10.1	14.3	4.8	39.9	48.6	0.0	0.0
挪威	26.9	33.4	24.5	21.3	8.7	3.2	35.1	37.3	4.9	4.8
阿曼	54.8	56.7	21.8	23.1	1.9	1.3	16.8	15.3	4.7	3.6
巴基斯坦	27.0	32.3	34.0	32.4	14.4	11.4	23.1	23.5	1.6	0.3
巴拿马	22.8	27.0	21.1	18.8	9.3	5.8	46.7	47.6	0.0	0.8
巴布亚新几内亚	..	..	..	..	..	..	..	..	..	..
巴拉圭	1.6	0.0	7.9	3.0	6.8	4.9	83.8	92.1	0.0	0.0
秘鲁	20.7	26.8	22.4	26.6	18.1	6.7	35.5	37.8	3.4	2.2
菲律宾	35.5	44.0	21.0	18.0	6.7	5.7	34.9	31.3	2.0	1.1
波兰	65.1	55.8	13.7	12.6	12.9	13.3	6.0	14.8	2.3	3.4
葡萄牙	41.6	39.9	24.8	16.1	5.5	6.8	24.6	35.7	3.5	1.6
波多黎各	..	..	..	..	..	..	..	..	..	..
卡塔尔	53.3	52.1	35.9	31.5	0.6	0.4	10.1	16.0	0.0	0.0

3.11 各部门二氧化碳的排放

二氧化碳排放

占总燃料燃烧的百分比

	发电和供暖		制造业和建筑业		住宅建筑、商业和公共服务		交通		其他部门	
	1990	2008	1990	2008	1990	2008	1990	2008	1990	2008
罗马尼亚	47.3	50.4	35.8	22.3	5.2	9.1	6.9	16.6	4.8	1.6
俄罗斯联邦	55.9	59.5	13.2	14.4	13.1	9.7	13.6	15.3	4.2	1.2
卢旺达	..	..	..	..	..	..	..	..	..	..
沙特阿拉伯	50.3	51.4	17.8	22.9	1.6	1.0	30.4	24.7	0.0	0.0
塞内加尔	36.8	28.4	12.4	17.4	6.5	7.3	35.8	46.2	8.5	0.8
塞尔维亚	64.6	63.3	16.6	16.9	3.3	4.9	7.2	13.1	8.3	1.8
塞拉利昂	..	..	..	..	..	..	..	..	..	..
新加坡	78.7	71.4	6.7	11.9	0.6	0.5	14.0	16.2	0.0	0.0
斯洛伐克共和国	30.3	36.9	32.6	25.7	26.7	16.9	7.1	19.5	3.2	1.0
斯洛文尼亚	43.0	37.4	20.7	14.5	15.4	10.9	20.8	35.5	0.2	1.7
索马里	..	..	..	..	..	..	..	..	..	..
南非	56.1	64.5	26.9	13.5	4.4	7.3	11.5	13.6	1.2	1.1
南苏丹	..	..	..	..	..	..	..	..	..	..
西班牙	37.4	37.7	22.1	17.4	7.9	8.1	30.6	34.3	2.1	2.5
斯里兰卡	4.5	33.1	13.1	10.6	2.7	3.4	66.0	48.2	13.9	4.6
苏丹	9.1	27.0	16.9	10.0	2.5	5.7	71.3	55.6	0.2	1.5
斯威士兰	..	..	..	..	..	..	..	..	..	..
瑞典	18.4	22.8	24.2	21.0	17.3	3.7	37.5	50.7	2.6	1.7
瑞士	4.1	7.0	14.3	14.9	44.3	37.1	35.4	39.5	2.0	1.5
阿拉伯叙利亚共和国	25.2	49.9	20.6	20.9	5.0	2.9	30.6	22.2	18.6	4.2
塔吉克斯坦	14.0	17.5	0.0	0.0	0.0	0.0	6.6	9.2	79.4	73.3
坦桑尼亚	17.5	18.5	22.2	13.3	19.9	10.4	40.4	56.8	0.0	1.2
泰国	36.5	41.1	18.8	29.2	3.1	2.8	34.5	22.3	7.1	4.6
东帝汶	..	..	..	..	..	..	..	..	..	..
多哥	12.3	1.8	3.5	7.3	10.5	12.7	73.7	78.2	0.0	0.0
特立尼达和多巴哥	41.6	35.9	45.6	56.6	1.2	1.4	11.7	6.1	0.0	0.0
突尼斯	33.0	39.5	27.6	17.7	13.4	14.6	20.4	23.1	5.5	5.0
土耳其	30.2	42.7	26.6	14.6	16.8	19.3	21.9	17.1	4.6	6.3
土库曼斯坦	31.6	43.4	0.0	0.0	0.0	0.0	5.2	5.9	63.3	50.8
乌干达	..	..	..	..	..	..	..	..	..	..
乌克兰	51.4	45.2	29.0	29.4	7.8	13.5	7.9	10.5	3.8	1.4
阿拉伯联合酋长国	26.4	50.8	51.4	29.8	0.6	2.3	21.6	17.1	0.0	0.0
英国	44.2	44.5	15.2	11.5	17.2	18.5	20.8	24.4	2.5	1.0
美国	43.9	47.7	14.4	11.3	11.1	9.9	29.2	30.2	1.3	0.8
乌拉圭	13.9	39.8	19.5	11.4	15.5	7.1	40.0	34.3	11.2	7.5
乌兹别克斯坦	39.1	33.3	4.9	19.0	0.0	36.6	4.7	7.8	51.3	3.3
委内瑞拉	40.1	36.3	28.0	28.0	5.0	4.4	26.9	31.0	0.0	0.2
越南	27.7	29.3	32.6	35.1	11.2	9.5	24.3	24.5	4.0	1.6
西岸和加沙	..	..	..	..	..	..	..	..	..	..
也门共和国	24.6	34.3	3.1	11.2	10.6	9.3	61.7	27.1	0.0	18.0
赞比亚	6.2	5.0	51.5	49.1	8.5	2.5	29.6	32.1	4.2	11.9
津巴布韦	42.8	56.8	29.4	16.1	5.9	4.0	12.9	12.5	9.0	10.6
全世界	**41.9 w**	**47.6 w**	**22.3 w**	**21.0 w**	**12.7 w**	**9.6 w**	**19.5 w**	**19.6 w**	**3.7 w**	**2.2 w**
低收入国家	18.1	25.5	50.4	36.7	2.8	6.9	10.2	17.5	18.4	13.5
中等收入国家	42.5	49.1	26.5	26.0	11.7	8.0	13.7	14.1	5.6	2.7
中低收入国家	42.6	48.1	25.6	23.0	8.9	8.6	14.8	16.0	8.0	4.4
中高收入国家	42.4	49.4	26.7	26.8	12.6	7.9	13.3	13.6	4.9	2.3
低收入和中等收入国家	41.9	48.8	27.0	26.1	11.5	8.0	13.6	14.1	5.9	2.9
东亚和太平洋地区	32.0	50.0	39.8	33.1	14.8	6.0	8.1	8.9	5.3	1.9
欧洲和中亚	51.7	53.4	19.2	16.9	10.1	11.1	11.3	14.1	7.7	4.4
拉丁美洲和加勒比地区	29.1	31.9	24.4	22.4	9.2	6.9	33.6	35.6	3.7	3.2
中东和北非	31.0	36.4	24.9	20.6	15.6	17.0	24.1	23.2	4.3	2.9
南亚	42.4	56.8	29.1	20.8	10.3	6.8	14.9	10.9	3.2	4.7
撒哈拉以南非洲地区	48.1	53.3	25.8	13.8	6.0	7.6	18.0	23.6	2.0	1.7
高收入国家	41.8	46.1	18.4	15.1	13.6	11.5	24.3	25.9	1.9	1.4
欧元区	36.7	37.8	21.0	16.8	18.5	17.2	21.4	25.8	2.4	2.3

注：由于四舍五入，各部分加总可能不等于100%。

关于数据的说明

温室气体是导致全球变暖的主要原因，而人类活动排放的二氧化碳则是温室气体最主要的构成部分。2010年，国际能源署（IEA）首次公开了各部门的二氧化碳排放量，让各界更全面地了解不同部门的二氧化碳排放情况。这种分部门测量法的测算口径与政府间气候变化委员会（IPCC）提出的第1级测算法一致，通过燃油使用量（IPCC源/汇分类1A）测算二氧化碳排放量。本表未涵盖所有部门。

发电和供暖过程产生的二氧化碳主要来自以下部门：专业电力生产商和热力生产商、电力热力自用生产者以及其他能源企业。专业生产商（如承担公共供给的企业）将电力或热力出售给第三方，后者可能是私人机构或公共机构。此外，发电厂自用燃料排放的二氧化碳也被测算在内。自用生产者生产的电力或热力全部或部分供自己使用，这些生产者可能是私人机构，也可能是公共机构。1996年IPCC发布指南，公布了各工业部门、交通部门以及"其他"部门的二氧化碳排放量。其他能源部门排放的二氧化碳主要来自炼油厂的油料燃烧，固体燃料、煤炭开采、石油和天然气萃取等制造工艺，以及其他能源生产企业。

制造业和建筑业的二氧化碳排放量主要通过工业燃料使用量（IPCC源/汇分类1A2）测算得出。虽然在1996年IPCC指南的分类中包含了电力热力自用生产者排放的二氧化碳，但是由于IEA统计能源消耗量时没有将最终使用部分计算在内，因此自用生产者的二氧化碳排放量被单独列出。制造业和建筑业排放的二氧化碳中包括炼焦炉产生的二氧化碳，这部分排放量可能被计入加工部门、工业部门或工业流程中（IPCC源/汇分类2）。

来自住宅建筑、商业和公共服务的二氧化碳排放量的测算标准主要依据家庭燃料使用量（IPCC源/汇分类1A4b）和国际标准产业分类的部门分类41，50—52，55，63—67，70—75，80，85，90—93和99。

交通部门的二氧化碳排放量的测算依据是全部交通活动的燃料使用量（IPCC源/汇分类1A3），包括国内航运、国内海运、公路、铁路和管道运输，国际海运和空运除外。由于IEA统计能源消耗量时没有将最终使用部分计算在内，因此，自用生产者的二氧化碳排放量被单独列出。

其他部门排放的二氧化碳主要来自商业和机构活动，住宅、农业、林业、渔业，以及其他未归类的作业过程，见IPCC源/汇分类1A4和1A5。虽然在1996年IPCC指南的分类中包含了商业、住宅和农业部门电力热力自用生产者排放的二氧化碳，但由于IEA统计能源消耗量时没有将最终使用部分计算在内，因此，自用生产者的二氧化碳排放量被单独列出。

定义

• **发电和供暖排放的二氧化碳**来自专业电力生产商和热力生产商、电力热力自用生产者以及其他能源企业。 • **制造业和建筑业排放的二氧化碳**来自工业燃料燃烧（IPCC源/汇分类1A2）。 • **住宅建筑、商业和公共服务排放的二氧化碳**来自家庭燃料燃烧和ISIC分类中41，50—52，55，63—67，70—75，80，85，90—93和99的所有活动。 • **交通排放的二氧化碳**来自全部交通活动使用的燃料（IPCC源/汇分类1A3）。 • **其他部门排放的二氧化碳**来自商业和机构活动，住宅、农业、林业、渔业，以及其他未归类的作业过程，见IPCC源/汇分类1A4和1A5。

数据资料来源

本节数据来自国际能源署的电子文献。

3.12 气候变化、外部影响及其适应力

	气候变化					外部影响			适应力
			平均天数变化				占人口的百分比		
	平均日最低/最高气温	预计年气温变化(摄氏度)	预计年凉爽日和寒冷夜变化	预计年炎热日和温暖夜变化	预计年降雨量变化(毫米)	海拔5米及其以下陆地占陆地面积的百分比	海拔5米及其以下陆地居住人口	受干旱、洪水和极端气温影响的人口	减灾进步分值(1分最差,5分最好)
	1961–1990	2045–2065	2045–2065	2045–2065	2045–2065	2000	2000	1990–2009	2011
阿富汗	5.5 / 19.7	2.3 to 3.6	–1.4 / –1.5	3.1 / 7.0	–58 to 13	0.0	0.0	1.1	..
阿尔巴尼亚	6.3 / 16.5	1.9 to 2.9	–1.5 / –1.4	3.2 / 6.5	–147 to –44	5.0	8.2	5.3	..
阿尔及利亚	15.4 / 29.6	2.4 to 3.0	–1.7 / –2.0	3.9 / 7.8	–39 to 4	0.4	3.5	0.0	3.5
安哥拉	14.8 / 28.3	2.1 to 2.7	–2.2 / –2.6	7.0 / 20.2	–89 to 75	0.2	2.1	1.0	..
阿根廷	8.2 / 21.4	1.4 to 2.1	–1.2 / –1.3	2.9 / 6.5	–57 to 52	1.2	4.5	0.2	3.3
亚美尼亚	1.3 / 13.0	2.1 to 3.3	–1.3 / –1.4	2.8 / 6.3	–75 to –7	0.0	0.0	0.5	3.0
澳大利亚	14.9 / 28.4	1.7 to 2.4	–1.8 / –1.9	3.6 / 9.3	–67 to 54	1.1	7.2	3.0	4.0
奥地利	2.3 / 10.4	1.9 to 2.9	–1.4 / –1.5	2.9 / 5.2	–70 to 27	0.0	0.0	0.0	..
阿塞拜疆	6.7 / 17.2	1.9 to 3.1	–1.3 / –1.3	2.7 / 6.2	–58 to 3	20.0	29.8	1.1	..
巴林	20.5 / 33.8	2.1 to 3.0	–1.5 / –1.9	4.6 / 8.6	–19 to 4	39.0	66.6	..	..
孟加拉国	20.4 / 29.6	1.7 to 2.4	–1.7 / –2.1	3.4 / 11.8	–126 to 120	14.1	14.0	4.6	4.0
白俄罗斯	2.0 / 10.3	2.2 to 3.1	–1.5 / –1.7	2.1 / 4.5	8 to 70	0.0	0.0	0.0	..
比利时	5.5 / 13.6	1.4 to 2.4	–1.4 / –1.5	2.9 / 5.5	–64 to 29	9.2	14.3	0.0	..
贝宁	21.7 / 33.4	2.0 to 2.5	–2.3 / –2.6	5.5 / 19.2	–207 to 97	1.2	14.1	0.9	..
玻利维亚	15.2 / 27.9	2.1 to 3.0	–2.0 / –2.1	5.1 / 16.9	–91 to 137	0.0	0.0	1.3	2.3
波斯尼亚和黑塞哥维那	5.0 / 14.7	1.9 to 3.0	–1.5 / –1.5	3.1 / 6.1	–116 to –7	0.1	0.1	0.5	..
博茨瓦纳	13.6 / 29.4	2.5 to 3.3	–1.8 / –2.1	4.7 / 12.8	–106 to 24	0.0	0.0	0.7	3.0
巴西	19.6 / 30.3	1.9 to 2.6	–2.1 / –2.5	5.6 / 19.6	–95 to 136	1.2	4.9	0.5	4.5
保加利亚	5.6 / 15.5	1.9 to 3.1	–1.4 / –1.3	2.9 / 6.0	–127 to –21	0.4	1.5	0.0	3.5
布基纳法索	21.5 / 35.0	2.2 to 2.8	–2.1 / –2.6	5.3 / 16.6	–229 to 88	0.0	0.0	1.3	..
布隆迪	13.8 / 25.8	2.1 to 2.4	–2.1 / –2.8	7.8 / 26.2	–21 to 206	0.0	0.0	2.4	3.3
柬埔寨	22.3 / 31.3	1.6 to 2.0	–1.8 / –1.7	4.5 / 18.2	–109 to 95	3.8	10.6	6.6	..
喀麦隆	19.1 / 30.1	2.1 to 2.4	–2.4 / –2.4	6.2 / 22.0	–71 to 115	0.1	0.3	0.1	..
加拿大	–10.1 / –0.6	2.6 to 3.5	–1.6 / –1.7	1.9 / 4.4	17 to 88	2.4	4.0	0.0	4.3
中非共和国	18.3 / 31.5	2.1 to 2.4	–2.3 / –2.4	4.7 / 22.5	–73 to 100	0.0	0.0	0.2	..
乍得	18.6 / 34.5	2.3 to 2.6	–1.8 / –2.3	5.1 / 13.7	–79 to 41	0.0	0.0	2.7	..
智利	3.5 / 13.4	1.2 to 1.9	–1.7 / –1.7	3.8 / 7.3	–118 to 24	3.1	1.6	0.3	2.8
中国	0.9 / 13.0	2.1 to 3.0	–1.5 / –1.6	2.9 / 5.6	–37 to 86	1.4	8.1	8.0	..
中国香港	19.3 / 26.0	1.4 to 1.9	–1.2 / –1.4	7.4 / 10.3	–83 to 73	24.6	26.2	0.0	..
哥伦比亚	19.6 / 29.4	1.8 to 2.5	–2.4 / –2.9	7.9 / 26.6	–80 to 199	0.9	2.0	0.7	3.8
刚果民主共和国	18.4 / 29.6	2.1 to 2.4	–2.1 / –2.7	6.4 / 24.7	–48 to 128	0.0	0.0	0.0	..
刚果共和国	19.8 / 29.3	2.0 to 2.3	–2.3 / –2.7	9.1 / 26.5	–40 to 134	0.1	1.0	0.3	..
哥斯达黎加	19.6 / 30.0	1.6 to 2.3	–2.8 / –3.0	11.8 / 26.8	–239 to 60	2.1	0.8	0.7	4.5
科特迪瓦	21.1 / 31.6	1.8 to 2.4	–2.4 / –2.5	7.1 / 22.9	–125 to 73	0.2	3.2	0.0	2.5
克罗地亚	6.2 / 15.6	1.9 to 2.9	–1.6 / –1.6	3.2 / 6.0	–112 to –2	3.0	3.4	0.0	..
古巴	20.4 / 30.0	1.4 to 1.8	–1.9 / –1.8	10.5 / 17.6	–108 to 39	12.7	10.0	0.7	4.5
塞浦路斯	13.1 / 23.8	1.7 to 2.3	–1.9 / –1.8	4.0 / 7.3	–98 to –44	6.4	9.7	0.0	..
捷克共和国	3.3 / 11.8	1.9 to 2.8	–1.5 / –1.6	2.5 / 4.7	–43 to 55	0.0	0.0	0.2	2.8
丹麦	4.3 / 10.7	1.6 to 2.5	–1.6 / –1.7	2.6 / 5.2	21 to 87	17.7	18.5	0.0	..
多米尼加共和国	19.9 / 29.2	1.5 to 1.8	–2.8 / –2.9	12.1 / 23.6	–128 to 30	4.1	3.0	0.1	3.0
厄瓜多尔	15.6 / 28.1	1.8 to 2.3	–2.6 / –2.8	9.5 / 24.4	22 to 273	2.0	7.3	0.3	4.8
埃及	14.8 / 29.4	1.9 to 2.4	–1.7 / –2.1	4.0 / 8.1	–20 to 1	4.0	25.6	0.0	..
萨尔瓦多	18.4 / 30.5	1.7 to 2.9	–2.2 / –2.3	8.9 / 24.5	–205 to 14	2.5	1.7	0.4	3.3
厄立特里亚	18.9 / 32.1	2.1 to 2.7	–2.0 / –2.4	6.6 / 14.4	–55 to 26	3.1	1.2	7.3	..
爱沙尼亚	1.5 / 8.7	2.2 to 3.2	–1.7 / –1.8	2.1 / 4.8	33 to 93	3.4	7.2	0.0	..
埃塞俄比亚	15.5 / 28.9	2.1 to 2.5	–2.0 / –2.7	6.6 / 21.4	–42 to 79	0.7	0.4	3.3	..
芬兰	–2.4 / 5.8	2.4 to 3.7	–1.7 / –1.9	1.7 / 4.1	37 to 103	1.1	4.4	0.0	3.5
法国	6.5 / 14.9	1.6 to 2.6	–1.5 / –1.5	3.6 / 6.3	–112 to 2	2.1	4.0	0.0	..
加蓬	20.9 / 29.2	1.8 to 2.2	–2.6 / –2.9	13.7 / 26.9	–51 to 148	0.5	5.9	..	..
冈比亚	20.4 / 34.6	2.1 to 2.7	–2.3 / –2.6	6.7 / 16.8	–87 to 26	16.6	33.4	0.2	..
格鲁吉亚	0.4 / 11.2	1.9 to 3.0	–1.3 / –1.3	2.8 / 5.9	–77 to –3	1.4	3.3	0.8	2.8
德国	4.6 / 12.4	1.7 to 2.6	–1.5 / –1.5	2.6 / 5.0	–38 to 57	4.9	4.4	0.0	4.3
加纳	22.1 / 32.3	1.8 to 2.4	–2.4 / –2.5	6.6 / 22.1	–159 to 83	0.8	2.3	1.0	3.3
希腊	10.5 / 20.3	1.7 to 2.6	–1.7 / –1.7	3.5 / 6.5	–110 to –40	6.3	9.9	0.0	..
危地马拉	18.2 / 28.7	1.7 to 2.8	–1.7 / –1.7	7.8 / 21.6	–186 to 22	0.6	0.3	1.3	3.3
几内亚	19.6 / 31.8	2.0 to 2.6	–2.4 / –2.5	6.9 / 20.2	–122 to 104	1.1	3.6	0.2	..
几内亚比绍	20.9 / 32.6	1.8 to 2.2	–2.7 / –2.7	9.9 / 22.2	–69 to 130	9.5	18.8	0.5	1.0
海地	20.1 / 29.7	1.5 to 1.8	–2.8 / –2.8	12.6 / 23.1	–125 to 34	3.9	5.4	0.8	..

	气候变化					外部影响			适应力
			平均天数变化			占人口的百分比			
	平均日最低/最高气温 1961–1990	预计年气温变化(摄氏度) 2045–2065	预计年凉爽日和寒冷夜变化 2045–2065	预计年炎热日和温暖夜变化 2045–2065	预计年降雨量变化(毫米) 2045–2065	海拔5米及其以下陆地占陆地面积的百分比 2000	海拔5米及其以下陆地居住人口 2000	受干旱、洪水和极端气温影响的人口 1990–2009	减灾进步分值(1分最差,5分最好) 2011
洪都拉斯	18.9 / 28.1	1.6 to 2.6	–2.2 / –2.5	10.2 / 24.5	–204 to 15	3.0	2.2	1.3	3.8
匈牙利	4.8 / 14.7	2.0 to 3.0	–1.5 / –1.7	3.0 / 5.3	–75 to 23	0.0	0.0	0.1	..
印度	17.7 / 29.6	1.9 to 2.6	–2.0 / –2.2	4.6 / 13.3	–91 to 135	1.4	3.8	4.4	3.3
印度尼西亚	21.1 / 30.6	1.5 to 1.8	–2.8 / –2.9	16.5 / 26.7	–160 to 234	5.5	11.2	0.2	3.3
伊朗	10.1 / 24.4	2.2 to 3.3	–1.4 / –1.4	3.3 / 7.1	–51 to 6	1.6	5.0	3.1	..
伊拉克	14.1 / 28.7	2.3 to 3.2	–1.5 / –1.5	3.4 / 6.8	–38 to –2	4.0	6.5	0.0	..
爱尔兰	5.9 / 12.7	0.9 to 1.4	–1.3 / –1.4	3.0 / 5.6	–13 to 78	4.0	6.6	0.0	..
以色列	13.4 / 25.0	1.9 to 2.7	–1.6 / –1.8	3.7 / 7.7	–41 to –11	7.8	8.3	0.0	..
意大利	9.5 / 17.4	1.8 to 2.6	–1.8 / –1.8	4.0 / 6.7	–108 to –11	5.2	7.5	0.0	3.5
牙买加	20.6 / 29.3	1.3 to 1.8	–2.9 / –2.8	14.0 / 23.7	–102 to 28	7.1	5.8	1.1	3.8
日本	7.0 / 15.3	1.8 to 2.3	–1.9 / –2.2	3.5 / 6.0	–47 to 80	5.9	16.2	0.0	4.5
约旦	11.2 / 25.4	2.1 to 2.9	–1.5 / –1.6	3.7 / 7.4	–28 to –3	2.0	4.2	0.4	..
哈萨克斯坦	0.6 / 12.2	2.2 to 3.1	–1.2 / –1.4	2.3 / 5.0	–1 to 37	6.7	3.9	0.2	..
肯尼亚	18.9 / 30.6	1.9 to 2.1	–2.0 / –2.9	8.1 / 25.0	0 to 144	0.2	1.4	6.5	4.0
朝鲜	0.3 / 11.1	2.1 to 2.7	–1.4 / –1.8	2.6 / 4.6	–9 to 129	2.4	5.3	2.5	..
韩国	6.5 / 16.5	1.8 to 2.3	–1.4 / –1.8	3.2 / 5.2	0 to 181	4.3	5.0	0.1	..
科索沃	..	2.0 to 3.1	–1.5 / –1.3	3.1 / 6.3	–148 to –34	..	..	..	..
科威特	18.5 / 32.2	2.2 to 3.1	–1.5 / –1.7	3.9 / 7.4	–19 to 4	8.9	22.8	0.0	..
吉尔吉斯斯坦	–4.6 / 7.7	2.3 to 3.2	–1.2 / –1.4	3.1 / 6.6	–32 to 35	0.0	0.0	2.1	..
老挝	18.2 / 27.4	1.6 to 2.4	–1.1 / –1.3	3.1 / 12.7	–95 to 70	0.0	0.0	2.7	2.3
拉脱维亚	1.9 / 9.3	2.1 to 3.1	–1.7 / –1.8	2.1 / 5.0	31 to 89	3.0	23.9	0.0	..
黎巴嫩	10.7 / 22.1	2.0 to 2.9	–1.7 / –1.6	3.6 / 7.5	–75 to –27	1.7	9.1	0.0	3.0
莱索托	5.2 / 18.5	2.0 to 2.5	–1.6 / –1.9	3.7 / 10.1	–66 to 89	0.0	0.0	3.4	2.5
利比里亚	20.0 / 30.6	1.7 to 2.2	–2.7 / –2.7	10.2 / 25.3	–115 to 81	0.4	3.3	1.9	..
利比亚	14.4 / 29.2	2.0 to 2.4	–1.7 / –2.1	3.5 / 7.6	–18 to 5	0.8	4.7	0.0	..
立陶宛	2.3 / 10.1	2.0 to 3.0	–1.6 / –1.8	2.0 / 4.8	22 to 83	1.9	4.0	0.0	..
前南斯拉夫马其顿共和国	4.5 / 15.1	1.9 to 3.0	–1.4 / –1.3	3.2 / 6.4	–150 to –43	0.0	0.0	0.3	3.3
马达加斯加	18.0 / 27.3	1.7 to 2.1	–2.5 / –2.7	7.6 / 15.7	–104 to 56	1.3	2.0	0.9	3.8
马拉维	16.6 / 27.2	2.0 to 2.5	–2.1 / –2.5	3.6 / 15.9	–53 to 91	0.0	0.0	8.8	1.8
马来西亚	21.2 / 29.6	1.6 to 1.9	–2.5 / –2.8	13.0 / 26.3	–160 to 117	3.0	9.5	0.1	3.8
马里	20.9 / 35.6	2.5 to 3.1	–2.0 / –2.5	5.5 / 12.8	–142 to 43	0.0	0.0	0.7	..
毛里塔尼亚	20.2 / 35.1	2.4 to 3.1	–2.0 / –2.4	5.1 / 10.6	–113 to 9	1.0	20.4	3.1	..
毛里求斯	18.9 / 25.9	1.3 to 1.7	–2.9 / –2.9	8.5 / 13.7	–165 to 67	7.1	5.6	0.0	3.5
墨西哥	13.5 / 28.5	1.7 to 2.8	–1.6 / –1.5	5.6 / 12.1	–178 to 10	2.9	2.7	0.1	4.3
摩尔多瓦	5.0 / 13.9	2.0 to 3.3	–1.5 / –1.6	2.8 / 5.2	–72 to 11	1.3	0.9	0.3	..
蒙古	–7.7 / 6.3	2.3 to 3.1	–1.3 / –1.4	2.2 / 4.2	1 to 50	0.0	0.0	2.6	2.8
摩洛哥	11.1 / 23.1	2.1 to 3.0	–1.8 / –2.0	3.6 / 7.9	–62 to –5	0.7	3.8	0.1	3.0
莫桑比克	18.5 / 29.1	1.9 to 2.4	–2.2 / –2.5	5.0 / 15.0	–69 to 61	1.8	6.5	3.7	4.0
缅甸	17.7 / 8.4	1.7 to 2.3	–1.7 / –1.8	3.8 / 13.9	–84 to 97	4.6	14.0	0.1	..
纳米比亚	12.7 / 27.2	2.2 to 2.9	–1.9 / –2.2	5.8 / 13.1	–67 to 23	0.3	2.9	3.4	..
尼泊尔	1.5 / 14.7	2.2 to 3.4	–2.1 / –2.1	2.5 / 8.0	–116 to 231	0.0	0.0	0.7	2.8
荷兰	5.5 / 13.0	1.4 to 2.3	–1.6 / –1.6	2.9 / 5.3	–18 to 50	58.5	61.3	0.0	..
新西兰	6.0 / 15.1	1.1 to 1.7	–2.2 / –2.1	4.1 / 7.9	–44 to 53	2.7	12.6	0.0	3.8
尼加拉瓜	20.3 / 29.5	1.6 to 2.4	–2.6 / –2.8	10.4 / 26.0	–220 to 19	3.6	1.5	0.8	3.8
尼日尔	19.4 / 34.9	2.4 to 2.8	–1.8 / –2.4	5.4 / 12.2	–71 to 36	0.0	0.0	7.5	..
尼日利亚	20.8 / 32.8	2.0 to 2.5	–2.2 / –2.5	5.5 / 19.0	–128 to 89	0.5	3.0	0.1	4.0
挪威	–2.0 / 5.0	1.8 to 3.3	–1.8 / –1.8	2.2 / 4.8	41 to 131	4.9	9.3	0.0	3.8
阿曼	20.8 / 30.4	2.0 to 2.4	–1.9 / –2.1	4.4 / 11.8	–16 to 31	1.1	5.5	..	..
巴基斯坦	13.2 / 27.2	2.4 to 3.4	–1.8 / –1.9	3.4 / 8.1	–60 to 36	1.4	1.3	1.1	3.5
巴拿马	21.3 / 29.5	1.6 to 2.2	–2.9 / –3.0	14.0 / 26.9	–228 to 107	3.7	4.0	0.2	3.0
巴布亚新几内亚	20.1 / 30.4	1.4 to 1.8	–2.8 / –2.9	15.5 / 25.5	–163 to 421	1.8	2.0	0.7	..
巴拉圭	17.7 / 29.4	1.9 to 2.6	–0.8 / –1.2	3.5 / 11.8	–48 to 112	0.0	0.0	0.7	3.8
秘鲁	13.5 / 25.7	2.1 to 2.7	–2.5 / –2.7	7.7 / 22.9	–57 to 181	0.4	1.7	2.0	3.0
菲律宾	21.6 / 30.1	1.4 to 1.8	–2.5 / –2.5	13.5 / 23.8	–136 to 140	6.0	10.5	0.8	..
波兰	3.8 / 11.9	1.9 to 2.8	–1.5 / –1.7	2.3 / 4.8	–12 to 64	1.7	2.5	0.0	3.3
葡萄牙	10.2 / 20.1	1.3 to 2.3	–2.0 / –1.9	4.5 / 8.7	–113 to –7	2.3	5.2	0.0	..
波多黎各	21.2 / 29.3	1.4 to 1.8	–3.0 / –2.9	12.8 / 24.2	–133 to 37	7.7	11.3	0.0	..
卡塔尔	21.3 / 33.0	2.3 to 2.9	–1.6 / –1.9	4.6 / 8.8	–23 to 8	13.4	23.1	..	..

3.12 气候变化、外部影响及其适应力

	气候变化					外部影响			适应力
			平均天数变化			占人口的百分比			
	平均日最低/最高气温	预计年气温变化(摄氏度)	预计年凉爽日和寒冷夜变化	预计年炎热日和温暖夜变化	预计年降雨量变化(毫米)	海拔5米及其以下陆地占陆地面积的百分比	海拔5米及其以下陆地居住人口	受干旱、洪水和极端气温影响的人口	减灾进步分值(1分最差,5分最好)
	1961–1990	2045–2065	2045–2065	2045–2065	2045–2065	2000	2000	1990–2009	2011
罗马尼亚	3.8 / 13.8	2.0 to 3.1	−1.5 / −1.6	3.0 / 5.5	−92 to 2	2.9	2.9	0.1	3.3
俄罗斯联邦	−10.1 / −0.1	2.6 to 3.7	−1.6 / −1.8	1.7 / 4.0	24 to 79	1.9	2.9	0.1	..
卢旺达	11.9 / 23.8	2.1 to 2.4	−2.2 / −2.8	8.3 / 26.4	−12 to 211	0.0	0.0	1.3	..
沙特阿拉伯	18.2 / 31.1	2.3 to 2.9	−1.5 / −1.7	4.6 / 9.5	−27 to 9	0.5	1.0	0.0	..
塞内加尔	20.8 / 34.9	2.0 to 2.7	−2.3 / −2.6	7.1 / 16.9	−124 to 37	4.5	14.8	0.6	2.8
塞尔维亚	..	2.0 to 3.1	−1.5 / −1.4	3.2 / 6.1	−125 to −15	0.2	0.1	0.0	..
塞拉利昂	21.0 / 31.1	1.8 to 2.3	−2.7 / −2.6	9.2 / 24.0	−96 to 128	3.0	5.1	0.2	3.0
新加坡	22.6 / 30.3	1.5 to 1.8	−2.6 / −2.7	12.4 / 25.9	−134 to 49	8.1	12.1	..	..
斯洛伐克共和国	2.1 / 11.5	2.0 to 2.9	−1.5 / −1.8	2.6 / 4.7	−44 to 45	0.0	0.0	0.0	..
斯洛文尼亚	4.2 / 13.6	2.0 to 3.0	−1.4 / −1.5	3.1 / 5.6	−93 to 5	0.2	1.3	0.0	..
索马里	21.2 / 32.9	1.9 to 2.2	−2.2 / −2.8	9.5 / 21.2	−4 to 111	0.6	2.2	4.6	..
南非	10.6 / 24.9	1.9 to 2.7	−1.7 / −2.0	4.1 / 10.4	−78 to 33	0.1	0.5	1.8	..
南苏丹	..	..	..	..	..	..	..		
西班牙	7.9 / 18.7	1.5 to 2.6	−1.9 / −1.8	4.0 / 8.0	−112 to −18	1.3	6.6	0.7	..
斯里兰卡	23.3 / 30.6	1.5 to 1.8	−2.8 / −2.9	7.9 / 23.9	11 to 196	3.9	5.4	2.2	3.5
苏丹	19.4 / 34.4	2.1 to 2.6	−1.8 / −2.2	5.2 / 16.6	−69 to 44	0.1	0.2	2.8	..
斯威士兰	15.5 / 27.3	2.0 to 2.4	−1.6 / −2.1	3.8 / 10.9	−82 to 34	0.0	0.0	9.2	..
瑞典	−2.1 / 6.3	2.1 to 3.1	−1.7 / −1.8	2.0 / 4.4	35 to 107	1.5	6.3	0.0	3.8
瑞士	2.0 / 9.0	1.7 to 2.8	−1.4 / −1.5	3.1 / 5.6	−89 to 11	0.0	0.0	0.0	4.8
阿拉伯叙利亚共和国	10.8 / 24.7	2.2 to 3.1	−1.6 / −1.3	3.3 / 6.7	−57 to −13	0.1	0.3	0.5	3.5
塔吉克斯坦	−3.9 / 7.9	2.3 to 3.4	−1.4 / −1.5	3.2 / 7.0	−46 to 27	0.0	0.0	5.4	..
坦桑尼亚	16.7 / 28.0	1.9 to 2.2	−2.1 / −2.8	6.2 / 21.6	−9 to 167	0.2	1.3	1.5	3.5
泰国	21.2 / 31.4	1.7 to 2.1	−1.6 / −1.6	3.6 / 17.0	−109 to 76	4.2	13.8	3.8	3.8
东帝汶	..	1.3 to 1.7	−3.0 / −3.0	16.1 / 25.9	−123 to 206	2.9	4.4	0.0	..
多哥	21.8 / 32.5	1.9 to 2.5	−2.4 / −2.5	6.0 / 21.5	−175 to 100	0.6	6.1	0.5	..
特立尼达和多巴哥	21.5 / 30.0	1.5 to 2.1	−2.9 / −3.0	14.7 / 26.5	−266 to 8	8.0	7.5	0.0	..
突尼斯	13.5 / 24.9	1.9 to 2.6	−1.9 / −2.0	3.4 / 6.8	−57 to −16	2.8	9.5	0.1	..
土耳其	5.4 / 16.8	1.9 to 2.9	−1.5 / −1.4	3.1 / 6.3	−103 to −29	1.0	2.4	0.1	..
土库曼斯坦	8.7 / 21.5	1.8 to 3.0	−1.0 / −1.1	2.7 / 5.7	−32 to 12	5.3	5.6	0.0	..
乌干达	16.6 / 29.0	2.1 to 2.3	−2.1 / −2.8	6.4 / 25.6	−13 to 224	0.0	0.0	0.9	..
乌克兰	4.0 / 12.6	2.1 to 3.0	−1.4 / −1.6	2.6 / 4.8	−43 to 31	1.5	2.1	0.3	..
阿拉伯联合酋长国	21.0 / 33.0	2.2 to 2.8	−1.6 / −2.0	4.2 / 9.4	−26 to 17	4.6	7.3	..	..
英国	5.1 / 11.8	1.1 to 1.8	−1.4 / −1.5	3.0 / 5.4	−10 to 66	7.6	8.6	0.0	..
美国	2.2 / 14.9	2.0 to 3.0	−1.4 / −1.5	3.1 / 6.4	−26 to 98	1.7	4.1	0.2	3.5
乌拉圭	12.2 / 22.9	1.4 to 1.8	−0.8 / −1.0	2.0 / 5.7	0 to 130	1.9	4.7	0.3	..
乌兹别克斯坦	5.8 / 18.3	2.0 to 3.0	−1.1 / −1.3	2.6 / 5.7	−26 to 17	0.1	0.0	0.1	..
委内瑞拉	20.3 / 30.4	1.8 to 2.9	−2.5 / −2.9	9.1 / 26.5	−150 to 85	2.3	3.7	0.2	2.8
越南	20.6 / 28.3	1.4 to 2.1	−1.5 / −1.5	5.7 / 14.4	−107 to 61	17.5	42.8	1.6	..
西岸和加沙	..	2.0 to 2.6	−1.7 / −1.8	3.8 / 7.9	−40 to −13	14.8	11.2	..	..
也门共和国	18.6 / 29.1	2.0 to 2.6	−2.0 / −2.2	5.6 / 13.1	−24 to 51	0.6	1.8	0.1	2.3
赞比亚	14.5 / 28.3	2.1 to 2.7	−2.0 / −2.5	4.0 / 17.7	−54 to 94	0.0	0.0	4.2	3.8
津巴布韦	14.2 / 27.8	2.2 to 2.9	−1.9 / −2.3	3.8 / 13.2	−81 to 24	0.0	0.0	..	..
全世界						**1.8 t**	**6.5 t**	..	..
低收入国家						0.7	5.1	..	..
中等收入国家						1.8	6.5	..	..
中低收入国家						1.7	6.4	..	..
中高收入国家						1.8	6.5	..	..
低收入和中等收入国家						1.6	6.3	..	..
东亚和太平洋地区						2.5	10.3	..	..
欧洲和中亚						2.5	3.0	..	..
拉丁美洲和加勒比地区						1.5	3.8	..	..
中东和北非						1.4	9.7	..	..
南亚						1.5	4.4	..	..
撒哈拉以南非洲地区						0.4	2.0	..	..
高收入国家						2.2	7.7	..	..
欧元区						3.6	8.5	..	..

关于数据的说明

自工业革命以来，地球表面温度上升的速度逐渐加快，过去20年尤为明显。这一现象即科学家所谓的气候变化和全球变暖。全球变暖主要由人类活动引致，不断增加的温室气体——主要是二氧化碳、甲烷和一氧化二氮——改变了大气的化学成分。全球气温的上升将使海平面升高，并改变各地的气候环境，影响森林生长、粮食产出和水源供给，影响人类健康、动物以及各类生态系统。2007年政府间气候变化委员会（IPCC）评估报告指出，全球变暖已经是“不争的事实”，报告还对人类活动发出了前所未有的最强烈警告。该报告预测，海平面将在未来100年上升20—86厘米，可能在49厘米附近。这将使沿海洪灾泛滥，风暴潮水位升高，淹没更广阔以及海拔更高的地区。根据气候模型的模拟结果，到2100年全球平均地表温度将升高2.5℃（Kattenberg等，1996），温暖季节出现“杀手”热浪的概率也会增加（Karl等，1997）。

本表将对有关气候变化的三个议题进行说明。

• 气候变化涉及的指标包括平均日最低气温和最高气温，年气温变化，一年中凉爽日、寒冷夜、炎热日和温暖夜的数量变化，年降水量变化。这些指标有助于人们掌握农业和能源等部门的热应力临界值。

• 气候变化的影响测量的是对气候变化的敏感程度，涉及指标包括海拔5米及以下的陆地地区及该地区人口，干旱、洪水和极端气温对人口的影响。干旱指由于降水量的减少导致某一地区水源供给不足的时间延长。干旱可能导致农业减产、可饮用水源减少，影响内河航运和水力发电以及造成饥荒。洪水指溪流、湖泊、蓄水池或沿海地区的水平面显著升高。极端气温指寒潮或热浪。寒冷气候持续时间过长以及由冷空气入侵引起的大范围强烈降温都称为寒潮。寒潮常伴随霜冻现象，对农业、基础设施和财产造成破坏。热浪指天气持续保持过度炎热，有时可能伴随很高的湿度。受这些自然灾害影响的人群通常是伤员、无家可归人群以及流离失所或避难撤离等急需救助的群体。

• 气候变化适应性是以减灾进步分值为测量标准。该标准取自《兵库行动框架国家进步报告》第一项重点行动参与国提出的各项自评得分的平均值。兵库框架是全球减灾行动蓝图，由168个国家于2005年共同签署。行动重点1包括4项指标，旨在衡量各国在多大程度上将减灾作为工作重心并加强相关机构建设。

定义

• **平均日最低气温和最高气温**指特定时期一个国家日最低气温和最高气温的平均值，基础数据来自东英吉利大学气候研究中心的网格气候数据。 • **预计年气温变化**指特定时期的年气温相对于1961—2000控制期年气温的变化情况。 • **预计年凉爽日和寒冷夜变化**指特定时期一年中凉爽日和寒冷夜的数量相对于1961—2000控制期数量的变化情况。凉爽日指气温低于控制期内第十百分位最高气温的白天，寒冷夜指气温低于控制期内第十百分位最低气温的夜晚。 • **预计年炎热日和温暖夜变化**指特定时期一年中炎热日和温暖夜的数量相对于1961—2000控制期数量的变化情况。炎热日指气温高于控制期内第九十百分位最高气温的白天，温暖夜指气温高于控制期内第九十百分位最低气温的夜晚。 • **预计年降雨量变化**指特定时期年降水量相对于1961—2000控制期年降雨量变化的情况。 • **海拔5米及以下陆地**指海拔高度为5米及以下的陆地所占的比例。 • **海拔5米及以下陆地居住人口**指居住在海拔高度为5米及以下的陆地上的人口所占的比例。 • **受干旱、洪水和极端气温影响的人口**指平均每年受到干旱、洪水和极端气温等自然灾害影响的人口所占的比例。 • **减灾进步分值**是一系列自评分的平均值，从1分到5分，1分为最差、5分为最好。该指标由《兵库行动框架国家进步报告》（Hyogo Framework National Progress Reports）第一项重点行动参与国提出。

数据资料来源

有关平均日最低气温和最高气温数据来自Mitchell等（2003）。有关年气温变化数据来自IPCC（2007）。有关年凉爽日和寒冷夜以及炎热日和温暖夜变化数据由开普敦大学气候系统研究小组根据Meehl等（2007）数据计算得出。有关年降水量变化数据来自Meehl等（2007）。有关海拔5米及以下陆地数据和海拔5米及以下陆地居住人口数据来自CIESIN（2007）。有关受干旱、洪水和极端气温影响的人口数据来自美国国际发展署外国灾害援助办公室/国际灾害数据库流行病灾害研究中心（www.emdat.be）、鲁汶天主教大学和世界银行。有关减灾进步分值数据来自UNISDR（2009，2010，2011）进步报告。

	城市人口					人口在百万以上的城市的聚居人口		最大城市的人口		获取改善的卫生防疫设施的人口			
	百万人		占总人口的百分比		年均增长百分比	占总人口的百分比		占城市人口的百分比		占城市人口的百分比		占农村人口的百分比	
	1990	2010	1990	2010	1990–2010	1990	2010	1990	2010	1990	2010	1990	2010
阿富汗	3	9	18	25	4.3	7	11	37	44	..	60	..	30
阿尔巴尼亚	1	2	36	48	1.7	..	..	21	29	94	95	66	93
阿尔及利亚	13	24	52	67	2.4	7	8	14	12	99	98	77	88
安哥拉	4	11	37	59	4.3	15	25	41	43	67	85	6	19
阿根廷	28	37	87	92	1.1	39	39	37	35	93	*91*	73	*77*
亚美尼亚	2	2	68	64	0.1	33	36	49	56	95	95	..	80
澳大利亚	15	20	85	89	1.8	60	58	25	22	100	100	100	100
奥地利	5	6	66	68	0.6	20	20	30	30	100	100	100	100
阿塞拜疆	4	5	54	52	1.5	24	22	45	42	..	86	..	78
巴林	0	1	88	89	7.6	..	..	29	16	100	100	..	..
孟加拉国	21	42	20	28	2.8	9	14	32	35	58	57	34	55
白俄罗斯	7	7	66	74	0.4	16	20	24	26	91	91	96	97
比利时	10	11	96	97	0.9	17	17	17	18	100	100	100	100
贝宁	2	4	35	42	3.8	..	..	31	23	14	25	0	5
玻利维亚	4	7	56	67	2.3	25	33	29	25	28	35	6	10
波斯尼亚和黑塞哥维那	2	2	39	49	1.0	..	..	24	22	98	99	..	92
博茨瓦纳	1	1	42	61	2.5	..	..	21	16	61	75	22	41
巴西	112	169	75	87	1.4	35	41	13	12	80	85	33	44
保加利亚	6	5	66	72	–0.3	14	16	21	22	100	100	98	100
布基纳法索	1	3	14	20	5.1	6	12	42	57	43	50	2	6
布隆迪	0	1	6	11	5.3	..	..	66	52	41	49	44	46
柬埔寨	1	3	13	23	3.9	6	11	51	48	36	73	5	20
喀麦隆	5	11	41	58	3.6	14	20	19	19	63	58	37	36
加拿大	21	28	77	81	1.3	40	44	18	20	100	100	99	99
中非共和国	1	2	37	39	2.3	..	..	43	42	21	43	5	28
乍得	1	3	21	28	4.3	..	..	38	27	21	30	4	6
智利	11	15	83	89	1.2	35	35	42	39	91	98	48	83
中国	311	601	27	45	2.5	9	18	3	3	48	74	15	56
中国香港	6	7	100	100	0.9	100	105	100	100	..	..	..	..
哥伦比亚	23	35	68	75	1.8	31	38	21	24	79	82	40	63
刚果民主共和国	10	23	28	35	4.5	13	18	35	38	23	24	4	24
刚果共和国	1	3	54	62	3.2	29	33	54	53	..	20	..	15
哥斯达黎加	2	3	51	64	2.3	24	31	47	49	94	95	91	96
科特迪瓦	5	10	40	50	3.3	17	21	42	42	38	36	8	11
克罗地亚	3	3	54	58	0.2	..	..	27	27	99	99	98	98
古巴	8	9	73	76	0.0	20	19	27	25	86	94	64	81
塞浦路斯	1	1	67	70	1.5	..	..	33	31	100	100	100	100
捷克共和国	8	8	75	74	0.3	12	11	16	15	100	99	98	97
丹麦	4	5	85	87	0.7	20	21	24	25	100	100	100	100
多米尼加共和国	4	7	55	71	2.4	21	22	38	31	83	87	61	75
厄瓜多尔	6	10	55	67	2.4	26	31	28	28	86	96	48	84
埃及	25	35	44	43	1.8	21	19	37	32	91	97	57	93
萨尔瓦多	3	4	49	61	1.0	18	25	37	41	88	89	62	83
厄立特里亚	0	1	16	22	5.1	..	..	72	60	58	52	0	4
爱沙尼亚	1	1	71	70	0.0	..	..	43	43	96	96	94	94
埃塞俄比亚	6	15	13	18	3.9	4	4	29	20	20	29	1	19
芬兰	3	3	61	64	0.9	17	21	28	33	100	100	100	100
法国	43	50	74	78	0.8	22	22	22	21	100	100	100	100
加蓬	1	1	69	86	2.4	..	..	62	49	..	33	..	30
冈比亚	0	1	38	58	4.2	..	..	62	45	..	70	..	65
格鲁吉亚	3	2	55	53	1.1	25	25	46	48	97	96	95	93
德国	58	60	73	74	0.0	8	8	6	6	100	100	100	100
加纳	5	13	36	52	3.8	13	17	22	19	12	19	4	8
希腊	6	7	59	61	0.6	30	29	51	47	100	99	93	97
危地马拉	4	7	41	50	3.4	9	8	22	16	81	87	48	70
几内亚	2	4	28	35	3.6	16	17	55	47	19	32	6	11
几内亚比绍	0	0	28	30	2.3	..	..	54	68	..	44	4	9
海地	2	5	29	50	4.1	16	21	56	43	44	24	19	10

	城市人口					人口在百万以上的城市的聚居人口		最大城市的人口		获取改善的卫生防疫设施的人口			
	百万人		占总人口的百分比		年均增长百分比	占总人口的百分比		占城市人口的百分比		占城市人口的百分比		占农村人口的百分比	
	1990	2010	1990	2010	1990–2010	1990	2010	1990	2010	1990	2010	1990	2010
洪都拉斯	2	4	40	49	2.9	12	14	29	28	71	85	36	69
匈牙利	7	7	66	68	0.4	19	17	29	25	100	100	100	100
印度	223	369	26	30	2.3	10	12	4	6	51	58	7	23
印度尼西亚	56	129	31	54	3.1	10	9	14	7	56	73	21	39
伊朗	31	51	56	70	1.9	24	24	21	14	83	100	74	100
伊拉克	13	21	70	66	2.8	27	23	32	28	..	76	..	67
爱尔兰	2	3	57	62	0.8	26	25	46	40	100	100	98	98
以色列	4	7	90	92	1.8	56	57	48	47	100	100	100	100
意大利	38	41	67	68	0.7	19	17	9	8	..	..	..	..
牙买加	1	1	49	54	0.6	..	..	49	40	78	78	81	82
日本	78	85	63	67	0.2	46	49	42	43	100	100	100	100
约旦	2	5	72	79	2.3	27	18	37	23	98	98	95	98
哈萨克斯坦	9	10	56	59	1.9	7	8	12	14	96	97	97	98
肯尼亚	4	9	18	22	4.0	6	9	32	39	27	32	25	32
朝鲜	12	15	58	63	1.0	13	12	21	18	..	86	..	71
韩国	32	40	74	82	0.5	51	48	33	24	100	100	100	100
科索沃	..	..	..	..	..	..	..	..	..	..	..	..	..
科威特	2	3	98	98	3.4	67	84	68	86	100	100	100	100
吉尔吉斯斯坦	2	2	38	37	1.6	..	..	38	43	94	94	..	93
老挝	1	2	15	33	5.0	..	..	70	40	..	89	..	50
拉脱维亚	2	2	69	68	–0.6	..	..	49	46	..	82	..	71
黎巴嫩	2	4	83	87	0.9	44	46	53	53	100	100	..	..
莱索托	0	1	14	27	3.7	..	..	49	39	..	32	..	24
利比里亚	1	2	45	62	5.2	..	..	108	34	..	29	..	7
利比亚	3	5	76	78	1.7	20	17	26	22	97	97	96	96
立陶宛	2	2	68	67	–1.4	..	..	23	24	95	95	..	..
前南斯拉夫马其顿共和国	1	1	58	68	0.9	..	..	40	35	92	92	..	82
马达加斯加	3	6	24	30	4.0	8	9	36	30	15	21	7	12
马拉维	1	3	12	20	5.7	..	..	24	29	48	49	38	51
马来西亚	9	21	50	72	2.9	8	9	12	7	88	96	81	95
马里	2	5	23	33	4.7	9	11	37	33	33	35	10	14
毛里塔尼亚	1	1	40	41	2.9	..	..	53	51	29	51	8	9
毛里求斯	0	1	44	43	0.6	..	..	30	28	91	91	88	88
墨西哥	60	88	71	78	1.6	33	35	25	22	76	87	34	79
摩尔多瓦	2	1	47	41	–0.8	..	..	38	44	..	89	..	82
蒙古	1	2	57	58	1.9	..	..	46	61	..	64	..	29
摩洛哥	12	18	48	57	1.6	18	19	22	18	81	83	27	52
莫桑比克	3	9	21	38	4.4	6	7	27	18	36	38	4	5
缅甸	10	16	25	34	2.7	9	11	30	27	..	83	..	73
纳米比亚	0	1	28	38	3.4	..	..	36	41	62	57	9	17
尼泊尔	2	5	9	18	4.4	..	..	23	19	37	48	7	27
荷兰	10	14	69	83	1.2	13	12	9	8	100	100	100	100
新西兰	3	4	85	87	1.3	25	32	30	37	..	..	88	..
尼加拉瓜	2	3	52	57	1.8	18	23	34	28	59	63	26	37
尼日尔	1	3	15	17	4.0	6	7	36	40	19	34	2	4
尼日利亚	34	79	35	50	4.0	12	15	14	13	39	35	36	27
挪威	3	4	72	78	1.3	..	..	22	23	100	100	100	100
阿曼	1	2	66	72	2.6	..	..	27	33	96	100	55	95
巴基斯坦	34	64	31	37	2.9	15	18	21	20	72	72	7	34
巴拿马	1	3	54	75	2.6	35	39	65	52	73	75	40	51
巴布亚新几内亚	1	1	15	13	2.1	..	..	31	37	78	71	42	41
巴拉圭	2	4	49	62	2.7	26	31	53	51	61	90	15	40
秘鲁	15	21	69	72	1.2	27	31	39	43	71	81	17	37
菲律宾	30	62	49	66	2.8	14	14	27	19	69	79	45	69
波兰	23	23	61	61	0.0	4	4	7	7	96	96	..	80
葡萄牙	5	6	48	61	1.1	37	39	53	44	97	100	87	100
波多黎各	3	4	72	99	0.5	44	69	60	70	..	..	..	..
卡塔尔	0	2	92	96	9.7	..	..	54	28	100	100	100	100

	城市人口					人口在百万以上的城市的聚居人口		最大城市的人口		获取改善的卫生防疫设施的人口			
	百万人		占总人口的百分比		年均增长百分比	占总人口的百分比		占城市人口的百分比		占城市人口的百分比		占农村人口的百分比	
	1990	2010	1990	2010	1990–2010	1990	2010	1990	2010	1990	2010	1990	2010
罗马尼亚	12	12	53	55	0.1	9	9	17	17	88	88	52	54
俄罗斯联邦	109	103	73	73	–0.1	17	18	8	10	80	74	58	59
卢旺达	0	2	5	19	4.5	..	..	57	57	69	52	34	56
沙特阿拉伯	12	23	77	84	4.0	34	39	19	21	100	100	..	..
塞内加尔	3	5	39	43	3.3	19	23	50	54	62	70	22	39
塞尔维亚	4	4	50	52	–0.1	15	15	30	29	96	96	..	88
塞拉利昂	1	2	33	38	3.0	..	..	40	40	22	23	5	6
新加坡	3	5	100	100	1.8	99	95	99	95	99	100	..	..
斯洛伐克共和国	3	3	57	57	0.4	..	..	..	..	100	100	100	99
斯洛文尼亚	1	1	50	48	–0.2	..	..	27	26	100	100	100	100
索马里	2	3	30	37	3.5	16	16	53	43	..	52	..	6
南非	18	31	52	62	2.1	28	34	10	12	82	86	60	67
南苏丹	..	..	..	..	..	..	..	..	..	..	..	..	..
西班牙	29	36	75	77	0.5	22	24	15	16	100	100	100	100
斯里兰卡	3	3	17	15	0.9	..	..	21	22	85	88	67	93
苏丹	7	20	27	45	4.5	9	12	33	26	51	44	18	14
斯威士兰	0	0	23	26	2.6	..	..	22	25	62	64	44	55
瑞典	7	8	83	85	0.9	12	14	15	16	100	100	100	100
瑞士	5	6	73	74	1.1	15	15	20	20	100	100	100	100
阿拉伯叙利亚共和国	6	11	49	55	2.6	31	34	26	27	95	96	75	93
塔吉克斯坦	2	2	32	27	1.5	..	..	35	39	93	95	..	94
坦桑尼亚	5	12	19	26	4.7	5	7	27	28	10	20	6	7
泰国	17	24	29	34	1.6	10	10	35	30	94	95	80	96
东帝汶	0	0	21	28	3.6	..	..	79	55	..	73	..	37
多哥	1	3	30	43	3.7	17	28	56	64	26	26	8	3
特立尼达和多巴哥	0	0	9	14	2.9	..	..	45	32	93	92	93	92
突尼斯	5	7	58	67	1.6	..	..	14	11	95	96	44	64
土耳其	32	51	59	70	1.9	24	29	20	21	96	97	66	75
土库曼斯坦	2	2	45	50	2.1	..	..	25	26	99	99	97	97
乌干达	2	4	11	13	4.4	4	5	38	36	32	34	26	34
乌克兰	35	31	67	68	–0.3	12	14	7	9	97	96	..	89
阿拉伯联合酋长国	1	6	79	78	8.0	26	21	33	27	98	98	95	95
英国	51	56	89	90	0.8	26	26	15	15	100	100	100	100
美国	188	255	75	82	1.2	42	45	9	8	100	100	99	99
乌拉圭	3	3	89	93	0.5	50	49	56	53	95	100	83	99
乌兹别克斯坦	8	10	40	37	1.8	10	8	26	21	95	100	76	100
委内瑞拉	17	27	84	94	1.9	34	32	17	11	89	..	45	..
越南	13	25	20	29	2.7	9	13	25	25	63	94	30	68
西岸和加沙	1	3	68	72	2.8	..	..	..	..	91	92	..	92
也门共和国	2	8	21	32	4.9	5	10	26	31	70	93	12	34
赞比亚	3	5	39	36	2.0	10	11	24	31	61	57	37	43
津巴布韦	3	5	29	38	2.0	10	13	35	34	54	52	35	32
全世界	**2,262 s**	**3,482 s**	**43 w**	**51 w**	**2.0 w**	**17 w**	**20 w**	**17 w**	**16 w**	**76 w**	**79 w**	**27 w**	**47 w**
低收入国家	108	225	21	28	3.6	8	11	34	33	38	47	17	32
中等收入国家	1,456	2,401	38	48	2.2	14	18	15	13	68	75	22	45
中低收入国家	560	992	32	39	2.7	12	14	16	14	61	66	17	34
中高收入国家	896	1,409	44	57	1.9	16	22	14	12	71	82	27	62
低收入和中等收入国家	1,564	2,626	36	46	2.3	13	17	16	15	66	72	21	43
东亚和太平洋地区	463	901	29	46	2.7	..	..	9	7	54	76	20	57
欧洲和中亚	246	259	63	64	0.5	16	18	15	16	88	87	68	80
拉丁美洲和加勒比地区	309	462	71	79	1.6	32	35	24	22	80	84	38	59
中东和北非	117	192	52	58	2.2	20	20	26	22	89	94	57	80
南亚	286	492	25	30	2.5	10	13	9	11	54	60	11	28
撒哈拉以南非洲地区	144	319	28	37	3.9	11	14	27	26	42	42	19	23
高收入国家	698	856	73	78	1.0	..	..	20	19	100	100	99	99
欧元区	215	244	71	74	0.6	18	18	16	15	100	100	99	100

关于数据的说明

关于城市与农村之间的差别并没有一个一致的普遍接受的标准定义，部分原因是由于各国状况存在巨大差异（见表3.1中的“关于数据的说明”）。大多数国家都采用了与居住地规模或者特征相关的城市分类。一些国家则基于一定基础设施和服务的提供来定义城市地区。其他国家则根据行政安排来划分城市地区。

一个城市或者大城市地区的人口取决于边界的选择。例如，1990年中国的北京，在87平方公里的“内城”有230万人，在158平方公里的“核心城”有540万人，“内城和内城郊区”的人口为630万人，“内城、内城和外城郊区、内城和外城郊区县”人口为1,080万人（对于大多数国家来讲，都使用最后一个定义）。关于城市—农村问题的进一步讨论，见表3.1“关于数据的说明”中的专栏3.1a。

如果中国、印度和其他几个人口众多的国家改变其对城市中心的定义，则世界城市人口的估计值将会发生显著变化。依据中国国家统计局的数据，到1996年末，城市居民约为中国总人口的43%，而在1994年，城市人口仅占总人口的20%。除了人口不断由农村流入城市地区之外，这种变化的一个主要原因就是数百个小城镇的迅速兴起，它们在近几年被重新划定为城市。

由于本表的估计值是依据各国关于小城市或者大都市的构成定义作出的，所以在进行跨国比较时需要小心。为了估计城市人口，世界银行使用联合国的城市人口占总人口的比率来估计总人口（见表2.1）。

本表给出了使用改善的卫生设施的城市人口和农村人口，以对城市和农村使用情况进行对比。然而，由于这一定义和城市地区的定义并不统一，所以国家之间的比较可能会产生误导。

定义

• **城市人口**是指各国所界定并报告给联合国的城镇地区的年中人口数（见“关于数据的说明”）。 • **人口在百万以上城市的聚居人口**是指一个国家中生活在人口规模超过1百万的特大城市（以2005年计）的人口数占该国人口的百分比。 • **最大城市的人口**是一个国家最大的特大城市地区的人口占该国城市总人口的百分比。 • **获取改善的卫生防疫设施的人口**是指城市或者农村人口中能够使用至少足够的排泄物处置设施（私有或者共享，但是非公共）的人口百分比，这些排泄物处置设施能够有效地防止人、动物和昆虫接触排泄物。改善的卫生防疫设施范围从简单但有保护的茅坑到连接污水处理系统的冲洗型厕所。卫生防疫设施必须要正确建造并加以适当维护，从而使之有效发挥其作用。

数据资料来源

城镇人口、城市聚居人口和最大城市的人口数据来自联合国人口署的《世界城市化展望：2010年修订版》。总人口数据是世界银行的估计值。卫生防疫设施获取情况的数据来自世界卫生组织和联合国儿童基金会的《饮用水和卫生设施进展》(2012)。

城市居住环境

	人口普查年份	家庭规模		拥挤状况		耐用住房单元		住房所有权		复合单元住房		空置率	
		人数		居住在拥挤居所内的家庭[a]占总量的百分比		耐用建材建筑的住房占总量的百分比		私人拥有的住房占总量的百分比		占总量的百分比		空置住房占总量的百分比	
		国家	城市	国家	城市	国家	城市	国家	城市	国家	城市	国家	城市
阿富汗		..	..	..	..	..	..	..	..	..	..	..	..
阿尔巴尼亚	2001	4.2	3.9	..	..	..	..	65[b]	30[b]	..	..	12	13
阿尔及利亚	1998	4.9	..	..	..	..	..	67	..	..	..	19	..
安哥拉		..	..	..	..	..	..	..	..	..	..	..	..
阿根廷	2001	3.6	..	19	..	97	..	..	..	4	..	16[b]	..
亚美尼亚	2001	4.1	4.0	4	6	93	93	95	90	1	1	..	..
澳大利亚	2001	3.8	..	1	..	..	..	..	..	..	..	..	..
奥地利	2001	2.4	..	2	..	..	..	48	..	..	..	..	..
阿塞拜疆	1999	4.7	4.4	..	..	..	..	74	62	4	5	..	..
巴林		..	..	..	..	..	..	..	..	..	..	..	..
孟加拉国	2001	4.8	4.8	..	..	21[b]	42[b]	88[b]	61[b]	..	..	..	..
白俄罗斯	1999	..	..	..	..	..	..	..	..	..	..	..	..
比利时	2001	2.6	..	0[b]	..	..	..	67	..	32[b]	..	..	..
贝宁	1992	5.9	..	..	..	26	..	59	..	..	..	..	..
玻利维亚	2001	4.2	4.3	40	..	43	58	70	59	3[b]	5[b]	6	4
波斯尼亚和黑塞哥维那		..	..	..	..	..	..	..	..	..	..	..	..
博茨瓦纳	2001	4.2	3.9	27	47	88	90[b]	61	47	1	..	..	..
巴西	2000	3.8	3.7	..	..	..	..	74	75	..	..	..	..
保加利亚	2001	2.7	2.7	..	..	79	89	98	98	..	..	23	17
布基纳法索	1996	6.2	5.8	30	53	..	..	..	..	..	..	..	..
布隆迪	1990	4.7	..	..	..	..	..	..	..	..	..	..	..
柬埔寨	2005	5.0	4.9	35	32	79	88	58	57	27	32	..	..
喀麦隆	1987	5.2	5.1	67	77	77	..	73	48	27	42	..	..
加拿大	2001	2.6	..	..	..	..	..	64	..	32	..	8	..
中非共和国	2003	5.2	5.8	32	36[b]	78	92	85	74	..	..	..	..
乍得	1993	5.1	5.1	..	..	..	..	..	..	..	..	..	..
智利	2002	3.4	3.5	..	..	91	92	66	65	13	15	11	10
中国	2000	3.4	3.2	..	..	82	..	88	74	..	..	1	..
中国香港		..	..	..	..	..	..	..	..	..	..	..	..
哥伦比亚	1993	4.8	..	27[b]	..	83[b]	..	68[b]	..	13	..	10[b]	..
刚果民主共和国	1984	5.4	..	55	..	..	..	..	..	..	..	..	..
刚果共和国	1984	10.5	..	..	..	..	..	76	..	..	..	..	..
哥斯达黎加	2000	4.0	..	22	..	88	..	72	..	2	3	9	6
科特迪瓦	1998	5.4	..	..	..	..	..	..	..	..	..	..	..
克罗地亚	2001	3.0	..	..	..	..	..	..	..	..	..	12	..
古巴	2002	3.1	..	5	..	..	..	..	..	..	..	..	..
塞浦路斯		..	..	..	..	..	..	..	..	..	..	..	..
捷克共和国	2001	2.4	..	..	..	..	..	52	..	49	..	12	..
丹麦	2001	2.2	..	..	..	..	..	..	..	..	..	..	..
多米尼加共和国	2002	3.9	..	..	..	97	..	..	..	8	..	11	..
厄瓜多尔	2001	3.5	3.7	30	..	81	88	68[b]	58[b]	9	14	12	7
埃及	1996	4.7	..	..	..	..	..	..	..	75	..	..	..
萨尔瓦多	1992	..	..	63	..	67	83	70	68	3	6	11	11
厄立特里亚		..	..	..	..	..	..	..	..	..	..	..	..
爱沙尼亚	2000	2.4	2.3	3	..	..	..	..	..	72	..	13	..
埃塞俄比亚	1994	4.8	4.7	..	..	..	23	..	54	..	..	..	..
芬兰	2000	2.2	..	..	..	..	..	64	..	44	..	..	..
法国	1999	2.5	..	..	..	..	..	55	..	..	..	7	..
加蓬	2003	5.2	..	..	..	..	..	..	..	..	..	..	..
冈比亚	1993	8.9	..	..	..	18	..	68	..	..	..	..	..
格鲁吉亚	2002	3.5	3.5	..	..	..	..	..	..	..	..	..	..
德国	2001	2.3	..	..	..	..	..	43	..	..	..	7	..
加纳	2000	5.1	5.1	..	..	45	..	57	..	53	..	5	..
希腊	2001	3.0	..	1	..	..	..	..	..	..	..	..	..
危地马拉	2002	4.4	4.7	..	..	67	80	81	74	2	4	13	11
几内亚	1996	6.7	..	63	..	..	..	76	..	..	..	..	..
几内亚比绍		..	..	..	..	..	..	..	..	..	..	..	..
海地	1982	4.2	..	26	..	..	..	92	68	..	..	9	19

	人口普查年份	家庭规模 人数		拥挤状况 居住在拥挤居所内的家庭[a]占总量的百分比		耐用住房单元 耐用建材建筑的住房占总量的百分比		住房所有权 私人拥有的住房占总量的百分比		复合单元住房 占总量的百分比		空置率 空置住房占总量的百分比	
		国家	城市	国家	城市	国家	城市	国家	城市	国家	城市	国家	城市
洪都拉斯	2001	4.4	..	..	..	69	85	..	..	..	..	14	..
匈牙利	2001	2.6	..	2	..	..	..	..	..	..	..	4	..
印度	2001	5.3	5.3	77	71	83	81	87	67	..	..	6	9
印度尼西亚	2000	4.0	..	..	..	..	..	..	..	..	..	..	..
伊朗	1996	4.8	4.6	33[b]	26[b]	72	76	73	67	..	..	..	..
伊拉克	1997	7.7	7.2	..	..	88	96	70	66	4	5	13	15
爱尔兰	2002	3.0	..	..	..	..	..	..	..	8[b]	..	..	..
以色列	1995	3.5	..	..	..	..	..	..	..	..	..	..	..
意大利	2001	2.8	..	..	..	..	..	..	..	..	..	21	..
牙买加	2001	3.5	..	..	..	98[b]	..	58[b]	..	2[b]	..	..	..
日本	2000	2.7	..	..	..	..	..	61	..	37	..	..	..
约旦	2004	5.3	5.1	35	34	..	..	64	60	72	80	..	..
哈萨克斯坦		..	..	..	..	..	..	..	..	..	..	..	..
肯尼亚	1999	4.6	3.4	..	..	35	72	72	25	..	..	39	17
朝鲜	2000	3.8	..	23	..	..	..	50	..	15	..	..	..
韩国	1993	4.4	..	..	..	..	..	..	..	..	..	..	..
科索沃		..	..	..	..	..	..	..	..	..	..	..	..
科威特	1995	6.4	..	..	..	..	..	..	..	9[b]	..	11	..
吉尔吉斯斯坦	1999	4.4	3.6	..	..	..	..	..	..	..	..	..	..
老挝	1995	6.1	6.1	..	..	49	77	96	86	..	..	..	..
拉脱维亚	2000	3.0	2.6	4	..	88	..	58	..	74	..	0	..
黎巴嫩		..	..	..	..	..	..	..	..	..	..	..	..
莱索托	2001	5.0	..	10[b]	..	..	..	84	..	0	..	..	..
利比里亚	1974	4.8	..	31	..	20	..	1	..	..	..	..	..
利比亚		6.4	..	..	..	..	..	..	..	..	..	7	..
立陶宛	2001	2.6	..	7	..	..	..	..	..	..	..	..	..
前南斯拉夫马其顿共和国	2002	3.6	3.6[b]	8[b]	..	95[b]	95[b]	48[b]	..	..	..	7[b]	3[b]
马达加斯加	1993	4.9	4.8	64	57	..	..	81	59	..	..	..	..
马拉维	1998	4.4	4.4	30	..	48	84	86	47	..	..	..	..
马来西亚	2000	4.5	4.4	..	..	..	..	..	..	10[b]	16[b]	..	..
马里	1998	5.6	..	..	..	..	..	..	..	..	..	..	..
毛里塔尼亚	1988	..	..	..	..	..	..	..	..	..	..	..	..
毛里求斯	2000	3.9	3.8	6	7	91	94	87	81	..	..	7	6
墨西哥	2005	4.0	3.9	24	20	..	..	..	..	..	..	3	2
摩尔多瓦	2003	..	..	..	..	..	..	..	..	..	..	..	..
蒙古	2000	4.4	4.5	..	..	..	..	..	..	48	56	..	..
摩洛哥	1982	5.9	5.3	..	..	..	..	..	..	..	..	..	..
莫桑比克	1997	4.4	4.9	37	28	7	20	92	83	1	1	0	..
缅甸		..	..	..	..	..	..	..	..	..	..	..	..
纳米比亚	2001	5.3	..	..	..	..	..	..	..	..	..	..	..
尼泊尔	2001	5.4	4.9	..	..	..	..	88	..	..	..	0	..
荷兰		..	..	..	..	..	..	..	..	..	..	..	..
新西兰	2001	2.8	..	1[b]	..	..	..	65	..	17	..	10	..
尼加拉瓜	1995	5.3	..	..	..	79	87	84	86	0	0	8	..
尼日尔	2001	6.4	6.0	..	..	..	..	77	40	..	..	..	..
尼日利亚	1991	5.0	4.7	..	..	..	..	..	..	..	..	..	..
挪威	1980	2.7	..	1	..	..	..	67	..	38	..	..	..
阿曼	2003	7.1	..	..	..	..	..	..	..	..	..	..	..
巴基斯坦	1998	6.8	6.8	..	..	58	86	81	..	..	..	..	..
巴拿马	2000	4.1	..	28[b]	..	88	98[b]	80	66[b]	10[b]	10[b]	14	..
巴布亚新几内亚	1990	4.5[b]	6.5	..	..	..	..	..	44	..	8	..	..
巴拉圭	2002	4.6	4.5	38[b]	..	95[b]	98[b]	79	75	1[b]	2[b]	6[b]	6[b]
秘鲁	2007	3.9	3.9	35	31	..	..	..	..	..	..	..	..
菲律宾	2000	4.9	..	..	..	..	..	71	..	12			
波兰	1988	3.2	..	..	..	..	..	..	..	..	..	1	..
葡萄牙	2001	2.8	..	..	..	..	..	76	..	86	..	..	..
波多黎各	2005	2.8	.	1	..	..	..	75	..	..	..	..	..
卡塔尔		..	..	..	..	..	..	..	..	..	..	..	..

城市居住环境

	人口普查年份	家庭规模		拥挤状况		耐用住房单元		住房所有权		复合单元住房		空置率	
		人数		居住在拥挤居所内的家庭[a]占总量的百分比		耐用建材建筑的住房占总量的百分比		私人拥有的住房占总量的百分比		占总量的百分比		空置住房占总量的百分比	
		国家	城市	国家	城市	国家	城市	国家	城市	国家	城市	国家	城市
罗马尼亚	2002	2.9	2.8	20	20	..	..	84	72	..	..	..	..
俄罗斯联邦	2002	2.8	2.7	7	5	..	..	..	..	73	86	..	..
卢旺达	2002	4.4	3.7	43	36	13	31	79	41	36	60	..	..
沙特阿拉伯	2004	5.5	..	..	..	92[b]	..	43	..	..	..	..	..
塞内加尔	2002	9.2	8.0	72	68	..	..	74	54	..	..	..	..
塞尔维亚	2001	2.9	2.2	..	..	..	..	..	..	..	..	..	..
塞拉利昂	1985	6.8	..	..	..	34	..	68	..	..	..	..	..
新加坡	2000	4.4	..	..	..	..	..	..	..	..	..	..	..
斯洛伐克共和国		..	..	..	..	..	..	..	..	..	..	..	..
斯洛文尼亚	2002	2.8	2.7	14	17	..	..	91	87	33	56	..	..
索马里	1975	..	..	..	..	..	..	..	..	..	..	..	..
南非	2007	3.0	2.8	16	15	..	..	43	40	..	..	..	..
南苏丹		..	..	..	..	..	..	..	..	..	..	..	..
西班牙	2001	2.9	..	1	..	..	..	82	..	..	..	..	..
斯里兰卡	2001	3.8	..	..	..	93[b]	92[b]	70[b]	58[b]	1	14[b]	13	1[b]
苏丹	1993	5.8	6.0	..	..	..	..	86[b]	58[b]	0[b]	1[b]	..	..
斯威士兰	1997	5.4	3.7	..	..	..	..	..	..	..	..	..	..
瑞典	1990	2.0	..	..	..	..	..	..	..	54	..	1	..
瑞士	2000	2.2	..	1	..	..	..	34	..	77	..	..	..
阿拉伯叙利亚共和国	1981	6.3	6.0	..	..	..	..	..	..	..	..	..	..
塔吉克斯坦	2000	..	..	..	..	..	..	..	..	..	..	..	..
坦桑尼亚	2002	4.9	4.5[b]	33[b]	7[b]	..	..	82[b]	43[b]	..	..	..	..
泰国	2000	3.8	..	..	..	93	93	81	62	3	..	3	..
东帝汶		..	..	..	..	..	..	..	..	..	..	..	..
多哥		..	..	..	..	..	..	..	..	..	..	..	..
特立尼达和多巴哥	2000	3.7	..	9[b]	..	98[b]	..	74[b]	..	17[b]	..	..	..
突尼斯	1994	8.0	..	..	..	99	..	71	89[b]	6	10[b]	15	12[b]
土耳其	1990	5.0	..	..	..	..	..	70	..	..	..	..	..
土库曼斯坦		..	..	..	..	..	..	..	..	..	..	..	..
乌干达	2002	4.7	3.9	..	..	19	61	76	28	37	71	..	..
乌克兰	2003	..	..	..	..	..	..	..	..	..	..	..	..
阿拉伯联合酋长国		..	..	..	..	..	..	..	..	..	..	..	..
英国	2001	..	2.4	..	..	..	..	..	69	..	19	..	..
美国	2005	2.5	..	0	..	..	..	74	..	26	..	..	..
乌拉圭	1996	3.3	3.4[b]	22[b]	..	..	..	57[b]	57[b]	..	..	13[b]	13[b]
乌兹别克斯坦		..	..	..	..	..	..	..	..	..	..	..	..
委内瑞拉	2001	4.4	..	..	..	..	..	78	..	14	..	16	..
越南	1999	4.6	4.5	..	..	77	89	95	86	..	..	..	..
西岸和加沙	1997	7.1	..	..	..	..	..	78	..	45	..	..	..
也门共和国	1994	6.7	6.8	54[b]	6[b]	..	..	88[b]	68[b]	3[b]	11[b]	..	..
赞比亚	2000	5.3	5.9	..	..	..	..	94	30	..	..	..	..
津巴布韦	1992	4.8	4.2	..	..	..	..	94	30	6	..	..	..

a. 每间屋子住两个人以上。b. 数据来自以前的人口普查。

关于数据的说明

城市化能够带来众多的社会福利，使公共服务的获取渠道与就业市场的通达性得到改善。它同时还能够带来对服务的巨大需求。生活居住条件差以及对住房和栖息场所的需求成为决策者主要关心的问题。

对经济上负担得起的住房的需求难以满足，加上城市贫困问题，导致许多贫困国家贫民窟出现紧急状况。改善居住条件需要对商业化治理的住房市场加以更好地理解，并对住房可及性的治理加以改进。这就需要具备良好的数据和适当的、以政策为导向的分析，这样才能够从全球比较的角度，汲取其他国家的经验教训，以形成本国的住房政策。住房政策及其后果会对诸如婴儿死亡率、教育成效、居民储蓄、生产力水平、资本的形成以及政府预算赤字等等广泛的社会经济状况产生影响。因此，更好地理解住房状况就要求具备一套在合理框架内的广泛指标。

量化指标能够用以衡量常规情况下的住房状况，以监督住房条件改善的进程，目前对这种指标存在着强大的需求。然而，数据短缺和缺乏严格的量化分析会使在制定政策时难以获得可靠的信息，而这类政策是有望能改善住房条件的。本表的数据是从住房与人口调查中获得的，它们在收集时使用了相同的定义。本表会在将来的版本中加入家庭调查数据。本表关注的重点是城市地区，这里的住房状况一般更为严峻。由于版面有限，没有把收集到的指标都在表中列出。

定义

• **人口普查年份**是指收集原始数据的年份。 • **家庭规模**指家庭的平均人数。它用总人口除以该国以及该城市地区的家庭数量得出。 • **拥挤状况**是指每个房间居住两人及其以上的家庭数量占该国以及该城市家庭总数的百分比。 • **耐用住房单元**指用耐用建材（混凝土、石头、水泥、砖、石棉、锌和灰泥）建筑的，根据当地条件在常规维修状况下预计可在20年或更长时间内保持其质量稳定性的住房单元数量占住房总数的百分比。这里考虑了诸如洪灾、泥石以及地震等灾害的影响。 • **住房所有权**指私人拥有的住房占住房总数的百分比，或者指拥有住房单元的家庭占家庭总数的百分比。这一类别包括私人拥有的以及所有权人在用的单元，具体情况取决于调查时所使用的定义。政府与社团拥有的单元、出租的、私自占用的以及免费租用的住房不包括在内。 • **复合单元住房**指复合单元的数量（例如，供单身租用的公寓套房、同层套房、房产私有和庭院私有的公寓、营房、提供膳食的寄宿舍、孤儿院、退休人员公寓、学生宿舍、旅店以及集体宿舍）占在用住房总量的百分比。 • **空置率**指目前空置的已完工住房单元所占的百分比。它包括所有空置的单元，而无论其是否上市（例如，第二套住房）。

数据资料来源

有关城市住房状况的数据来源于各国的人口与住房调查。

	机动车 每千人拥有量	机动车 每公里道路的汽车数量	客车 每千人拥有量	道路密度 道路公里数/100平方公里土地	道路部门的能源消耗量 占总消耗量的百分比	道路部门的能源消耗量 石油当量(千克) 总量/人	石油当量(千克) 柴油/人	石油当量(千克) 汽油/人	燃料价格 美元/升 超级汽油	燃料价格 美元/升 柴油	颗粒物浓度 每立方米中10微米以下的颗粒物的毫克数(以城市人口为权重)	
	2009	2009	2009	2009	2009	2009	2009	2009	2010	2010	1990	2009
阿富汗	29	11	21	6	..	..	..	..	1.15	1.00	69	32
阿尔巴尼亚	120	..	89	63	23	123	120	15	1.46	1.40	92	37
阿尔及利亚	112	35	74	5	23	265	177	67	0.32	0.19	112	75
安哥拉	38	..	8	4	13	85	45	36	0.65	0.43	112	56
阿根廷	314	..	..	8	17	307	140	105	0.96	1.05	104	60
亚美尼亚	103	42	94	26	22	182	38	60	1.08	0.99	367	61
澳大利亚	688	18	550	11	18	1,103	433	610	1.27	1.23	22	14
奥地利	569	45	521	127	23	878	594	208	1.63	1.55	39	27
阿塞拜疆	104	13	86	61	12	155	45	109	0.75	0.56	133	29
巴林	537	104	451	575	12	955	369	535	0.21	0.13	75	45
孟加拉国	3	..	2	166	7	14	10	3	1.09	0.63	228	121
白俄罗斯	282	..	240	46	7	192	107	50	1.08	0.86	24	7
比利时	552	39	483	504	15	814	657	125	1.87	1.62	31	21
贝宁	22	..	18	17	27	110	41	63	1.04	1.21	77	48
玻利维亚	68	9	18	7	32	206	98	68	0.70	0.54	105	60
波斯尼亚和黑塞哥维那	138	20	121	43	15	234	148	81	1.42	1.42	36	19
博茨瓦纳	133	7	69	4	31	318	131	174	0.93	0.97	92	66
巴西	209	18	178	21	24	298	149	73	1.58	1.14	39	19
保加利亚	375	72	330	36	15	336	192	81	1.51	1.58	108	45
布基纳法索	11	1	7	34	..	..	..	..	1.44	1.28	143	63
布隆迪	6	..	2	44	..	..	..	..	1.43	1.42	60	28
柬埔寨	21	7	18	21	7	26	13	12	1.15	0.98	107	37
喀麦隆	14	..	10	6	12	42	23	18	1.20	1.10	122	58
加拿大	607	15	420	14	17	1,313	405	886	1.21	1.08	25	16
中非共和国	0	..	0	4	..	..	..	..	1.71	1.69	60	33
乍得	6	1	2	3	..	..	..	..	1.32	1.31	209	82
智利	174	38	118	10	21	355	208	147	1.38	1.02	89	53
中国	47	16	34	40	5	92	56	45	1.11	1.04	115	60
中国香港	74	254	56	188	13	285	224	50	1.92	1.32	..	..
哥伦比亚	71	25	53	15	21	144	77	54	1.41	0.95	38	20
刚果民主共和国	5	..	..	7	1	4	0	3	1.28	1.27	71	38
刚果共和国	27	..	16	5	27	98	68	26	1.27	0.84	130	60
哥斯达黎加	166	20	130	76	30	319	156	147	1.14	0.97	43	29
科特迪瓦	20	5	16	25	4	21	17	6	1.68	1.30	87	29
克罗地亚	384	58	346	52	22	435	268	153	1.59	1.49	45	25
古巴	38	..	21	55	4	40	16	22	1.72	1.24	31	15
塞浦路斯	675	48	529	134	30	682	294	351	1.47	1.47	60	28
捷克共和国	482	39	423	166	14	557	338	186	1.75	1.69	41	17
丹麦	478	36	380	170	22	727	456	292	2.00	1.79	28	16
多米尼加共和国	128	..	87	26	17	144	59	78	1.23	1.03	43	16
厄瓜多尔	57	18	36	17	38	305	174	148	0.53	0.28	36	20
埃及	45	37	33	10	18	159	86	61	0.48	0.32	214	88
萨尔瓦多	54	..	49	48	17	140	62	71	0.92	0.89	44	28
厄立特里亚	11	..	6	3	5	7	6	1	2.54	1.07	196	64
爱沙尼亚	471	11	407	129	14	493	292	218	1.54	1.57	44	9
埃塞俄比亚	3	5	1	4	4	17	14	2	0.91	0.78	108	51
芬兰	532	36	459	23	12	728	409	299	1.94	1.60	22	15
法国	598	39	496	173	16	642	471	123	1.98	1.72	18	12
加蓬	..	..	..	3	6	78	53	22	..	..	9	5
冈比亚	8	3	5	33	..	..	..	..	..	..	136	61
格鲁吉亚	151	28	126	29	22	156	69	79	1.13	1.13	224	54
德国	564	72	510	180	16	612	323	236	1.90	1.68	27	16
加纳	30	6	18	46	16	62	37	27	0.82	0.83	38	21
希腊	573	55	455	89	24	632	269	358	2.05	1.78	64	31
危地马拉	98	..	37	13	21	145	70	68	0.95	0.85	69	68
几内亚	..	..	..	18	..	..	..	..	0.95	0.95	103	54
几内亚比绍	33	..	27	12	..	..	..	..	..	..	114	45
海地	..	..	..	15	9	25	19	23	..	..	68	33

	机动车		客车	道路密度	道路部门的能源消耗量				燃料价格		颗粒物浓度	
	每千人拥有量	每公里道路的汽车数量	每千人拥有量	道路公里数/100平方公里土地	占总消耗量的百分比	石油当量(千克) 总量/人	柴油/人	汽油/人	美元/升 超级汽油	柴油	每立方米中10微米以下的颗粒物的毫克数(以城市人口为权重)	
	2009	2009	2009	2009	2009	2009	2009	2009	2010	2010	1990	2009
洪都拉斯	95	..	29	12	23	136	65	64	1.04	0.92	43	34
匈牙利	347	18	301	212	17	433	259	149	1.67	1.61	34	15
印度	18	5	12	125	7	37	26	11	1.15	0.82	110	57
印度尼西亚	79	38	45	25	14	119	44	75	0.79	0.51	132	68
伊朗	128	51	113	11	18	531	223	237	0.10	0.02	92	55
伊拉克	77	55	27	9	32	334	185	134	0.78	0.56	168	110
爱尔兰	513	24	434	137	28	900	519	347	1.78	1.69	23	12
以色列	316	128	265	83	27	766	347	380	1.85	1.87	66	23
意大利	672	80	596	162	22	602	376	172	1.87	1.69	41	21
牙买加	120	15	84	201	16	189	65	177	0.98	0.98	56	29
日本	589	63	454	320	14	530	173	332	1.60	1.37	42	25
约旦	154	117	113	9	23	290	108	173	1.04	0.73	107	29
哈萨克斯坦	199	33	167	4	6	235	39	205	0.71	0.51	43	17
肯尼亚	23	14	13	11	7	31	21	11	1.33	1.27	64	30
朝鲜	..	..	..	21	2	13	7	5	..	..	169	56
韩国	355	165	267	105	12	569	286	158	1.52	1.35	51	33
科索沃	..	..	..	..	..	..	..	..	1.63	1.60	..	..
科威特	495	212	412	37	13	1,492	491	920	0.23	0.21	113	95
吉尔吉斯斯坦	59	9	44	17	28	160	103	51	0.85	0.79	79	35
老挝	20	3	2	17	..	..	..	..	1.26	0.97	92	45
拉脱维亚	459	15	401	107	20	370	245	137	1.48	1.49	38	12
黎巴嫩	..	..	..	67	26	418	5	386	1.13	0.77	39	28
莱索托	..	..	..	20	..	..	..	..	0.97	1.07	108	43
利比里亚	3	..	2	10	..	..	..	..	0.98	0.96	68	31
利比亚	290	..	225	5	20	640	405	206	0.17	0.13	101	81
立陶宛	555	23	508	125	16	405	242	103	1.59	1.42	52	15
前南斯拉夫马其顿共和国	155	23	138	54	15	203	116	59	1.52	1.27	45	18
马达加斯加	26	..	7	8	..	..	..	..	1.52	1.26	80	30
马拉维	8	..	4	13	..	..	..	..	1.71	1.54	82	33
马来西亚	350	69	313	30	21	492	178	295	0.59	0.56	35	19
马里	14	8	8	2	..	..	..	..	1.42	1.25	258	106
毛里塔尼亚	..	..	..	1	..	..	..	..	1.16	0.99	145	68
毛里求斯	166	102	129	101	..	..	..	..	1.55	1.23	21	14
墨西哥	276	81	191	19	28	439	123	295	0.81	0.72	66	33
摩尔多瓦	146	41	107	38	11	75	52	23	1.21	1.08	*118*	33
蒙古	72	2	48	3	11	135	42	119	1.11	1.04	181	101
摩洛哥	70	38	53	13	25	119	98	16	1.23	0.88	39	23
莫桑比克	12	9	9	4	5	20	17	4	1.11	0.86	112	24
缅甸	7	10	5	4	6	19	8	9	0.80	0.80	107	41
纳米比亚	103	5	46	5	37	281	89	174	1.06	1.09	50	45
尼泊尔	5	8	3	14	6	19	13	4	1.18	0.91	67	30
荷兰	522	63	459	329	14	673	380	240	2.13	1.71	44	30
新西兰	718	33	603	35	24	949	394	531	1.47	0.97	14	12
尼加拉瓜	58	15	18	17	17	90	49	38	1.09	0.99	46	24
尼日尔	8	6	6	1	..	..	..	..	1.07	1.16	199	92
尼日利亚	31	..	31	21	8	53	4	45	0.44	0.77	195	42
挪威	578	30	465	29	12	704	549	258	2.12	2.01	22	15
阿曼	215	12	166	18	13	721	59	617	0.31	0.38	133	82
巴基斯坦	13	8	10	32	13	63	38	11	0.86	0.92	216	101
巴拿马	141	35	101	19	18	162	124	151	0.85	0.77	55	33
巴布亚新几内亚	9	..	6	4	..	..	..	..	..	..	35	16
巴拉圭	91	16	39	8	27	200	150	37	1.28	1.01	107	65
秘鲁	68	16	41	10	29	162	113	34	1.41	1.10	96	43
菲律宾	33	..	8	67	19	79	47	29	1.05	0.84	56	17
波兰	508	50	432	123	16	400	225	105	1.57	1.50	58	34
葡萄牙	509	67	495	90	25	572	406	137	1.85	1.58	49	20
波多黎各	596	92	582	301	..	..	..	..	..	..	23	14
卡塔尔	532	..	335	67	9	1,331	675	591	0.19	0.19	54	31

	机动车		客车	道路密度	道路部门的能源消耗量				燃料价格		颗粒物浓度	
	每千人拥有量	每公里道路的汽车数量	每千人拥有量	道路公里数/100平方公里土地	占总消耗量的百分比	石油当量(千克) 总量/人	柴油/人	汽油/人	美元/升 超级汽油	柴油	每立方米中10微米以下的颗粒物的毫克数(以城市人口为权重)	
	2009	2009	2009	2009	2009	2009	2009	2009	2010	2010	1990	2009
罗马尼亚	230	20	198	83	14	223	147	67	1.46	1.46	42	14
俄罗斯联邦	271	39	233	6	7	330	114	221	0.84	0.72	41	16
卢旺达	5	..	2	53	..	..	..	..	1.63	1.62	53	23
沙特阿拉伯	192	20	139	11	21	1,241	543	635	0.16	0.07	160	103
塞内加尔	22	16	16	8	21	50	41	9	1.57	1.34	94	80
塞尔维亚	252	42	224	50	13	265	162	70	1.50	1.48	..	..
塞拉利昂	6	2	5	..	..	..	..	..	0.94	0.94	87	37
新加坡	156	232	121	473	15	545	347	174	1.42	1.04	108	23
斯洛伐克共和国	348	43	293	89	11	339	194	105	1.70	1.53	46	12
斯洛文尼亚	566	30	522	192	24	836	514	288	1.67	1.62	*39*	26
索马里	..	..	..	3	..	..	..	..	..	..	82	28
南非	162	..	110	30	11	320	134	176	1.19	1.14	39	26
南苏丹	..	..	..	..	..	..	..	..	..	..	..	..
西班牙	596	41	478	132	24	660	528	126	1.56	1.47	41	25
斯里兰卡	47	..	19	148	18	79	54	22	1.19	0.66	93	71
苏丹	27	..	19	1	16	58	39	17	0.62	0.43	285	137
斯威士兰	89	25	45	21	..	..	..	..	1.07	1.10	30	38
瑞典	519	8	462	129	16	773	353	357	1.87	1.82	15	10
瑞士	563	61	519	173	21	737	286	424	1.66	1.77	34	22
阿拉伯叙利亚共和国	63	20	30	37	22	248	154	83	0.96	0.45	135	71
塔吉克斯坦	38	..	29	19	4	14	*0*	12	1.02	0.91	*84*	30
坦桑尼亚	7	..	4	11	6	26	19	6	1.22	1.19	56	20
泰国	134	50	57	35	18	275	163	74	1.41	0.95	77	53
东帝汶	..	..	..	..	..	..	..	..	1.40	0.90	..	..
多哥	2	1	2	21	11	51	17	31	1.18	1.17	56	28
特立尼达和多巴哥	353	..	..	162	5	704	313	355	..	..	136	98
突尼斯	114	61	76	12	16	145	96	41	0.94	0.82	71	23
土耳其	142	29	95	46	14	185	120	34	2.52	2.03	77	37
土库曼斯坦	106	..	80	5	4	172	*0*	164	0.22	0.20	*196*	41
乌干达	8	..	3	29	..	..	..	..	1.42	1.11	29	11
乌克兰	167	45	142	28	6	153	46	102	1.01	0.92	71	17
阿拉伯联合酋长国	313	271	293	5	14	1,229	606	563	0.47	0.71	273	62
英国	523	77	460	172	19	616	351	255	1.92	1.98	24	13
美国	802	38	439	67	23	1,640	384	1,134	0.76	0.84	30	18
乌拉圭	200	..	179	44	23	281	165	99	1.49	1.44	229	142
乌兹别克斯坦	..	..	..	18	4	67	11	53	0.92	0.83	110	37
委内瑞拉	147	..	107	11	27	626	102	459	0.02	0.01	21	9
越南	13	7	13	48	14	108	59	46	0.88	0.77	123	50
西岸和加沙	30	22	25	93	..	..	..	..	1.71	1.54	..	..
也门共和国	35	..	16	14	24	77	2	66	0.35	0.23	*133*	43
赞比亚	21	..	13	12	2	10	4	10	1.66	1.52	125	30
津巴布韦	114	..	98	25	4	27	17	10	1.29	1.15	55	37
全世界	**170 w**	**30 w**	**125 w**	**30 w**	**15 w**	**259 w**	**110 w**	**134 w**	**1.21 w**	**1.07 w**	**79 w**	**43 w**
低收入国家	10	..	7	..	6	20	13	7	1.18	1.15	127	56
中等收入国家	66	18	54	23	11	132	65	61	1.08	0.97	96	49
中低收入国家	33	10	21	48	11	70	37	30	1.08	0.91	124	58
中高收入国家	99	25	84	17	11	195	93	92	1.13	1.02	78	43
低收入和中等收入国家	61	15	50	21	10	120	60	55	1.12	0.98	98	50
东亚和太平洋地区	54	18	38	37	7	105	58	51	1.08	0.93	112	56
欧洲和中亚	219	36	183	9	8	230	100	125	1.21	1.13	57	23
拉丁美洲和加勒比地区	178	23	143	18	24	299	123	137	1.04	0.98	57	30
中东和北非	87	40	67	9	20	283	142	115	0.94	0.56	125	66
南亚	17	5	11	102	7	38	26	10	1.12	0.83	130	68
撒哈拉以南非洲地区	28	..	23	..	9	61	26	33	1.22	1.15	119	46
高收入国家	618	37	447	46	19	939	357	519	1.63	1.55	37	23
欧元区	593	47	418	140	18	646	418	186	1.78	1.62	33	19

关于数据的说明

城市地区的交通拥挤制约了经济生产率，危害居民的健康，降低人们的生活质量。近些年来，轿车拥有量有所增加，经济活动的扩张又导致道路运输系统要在更长的距离内承载更多的货物和服务（见表5.10）。这些发展扩大了对道路和车辆的需求，也增加了城市的拥挤程度、空气污染、健康危害、交通事故以及伤亡等。

本表中的机动车、轿车以及道路密度数据通过国际道路联合会（IRF）向各国有关组织发放问卷汇编而成。为了尽可能多地搜集信息，IRF把数据来源分为不同等级。最主要的数据来源就是国家道路协会。在该协会缺乏数据或者未能得到回答的情况下，IRF将与其他机构联系，例如，道路管理机构、运输部门或者公共机构和中央统计局。因此，汇编的数据质量不同。每个指标由于国家之间定义上的差异，它们的具体内容也可能不同。即使报道的是时间序列，其可比性也是有限的。IRF正采取措施提高《世界道路统计》中数据的质量。因为仅仅涵盖2003—2009年的数据，所以时间序列数据可能不具有可比性。另外一个原因就是覆盖范围。道路密集度只是可及性的粗略指标，并没有涵盖道路的宽度、类型以及状况的信息。因此，在进行跨时比较或者国家间比较时应当小心。

道路部门的能源消耗包括对石油、天然气、可再生和易燃废弃物以及电力的使用。生物柴油和生物汽油属于可再生能源并且是可以降解的，燃烧时比石油产品散发出更少的一氧化硫和一氧化碳。其生产自蔬菜油，例如，大豆油、玉米油、棕榈油、花生油或者向日葵油，仅仅可以直接用于内燃机。

燃料价格数据是由德国技术合作局（GTZ）从其地区办事处和代理机构的全球网络以及其他来源收集汇编的，这些来源包括Allgemeiner Deutscher汽车俱乐部（负责欧洲地区的数据）和拉丁美洲能源组织（OLADE，负责拉丁美洲地区的数据）的一个项目。地方价格已经利用调查日期《金融时报》的国际货币表列出的汇率转换成美元。对于存在多重汇率的国家，使用的是市场、并行或者黑市汇率而不是官方汇率。价格数据于2010年11月中旬汇编，基于81美元/桶的原油价格。

对颗粒物浓度的估计存在很大的不确定性，对它们进行解释时，应当小心。但是它们适于针对城市居民面临的颗粒物污染的相对风险进行跨国比较。尽管城市户外颗粒物污染主要来源于交通车辆的尾气排放和工业废料的排放，但是非人为因素（例如，沙尘暴）可能也是一些城市颗粒物污染的主要来源。一个国家的技术状况和污染控制状况是该国颗粒物浓度重要决定因素。部分城市的颗粒物数据见表3.16。

定义

• **机动车**包括轿车、公共汽车和货运汽车，但不包括双轮货车。人口数据指可获得数据的年份的年中人口。道路指汽车道、高速路、主干道或者国道以及中级路或者地区路。汽车道是指特别为机动车交通设计或者铺设的道路，把交通流分成相对的两个方向。 • **客车**指不同于双轮的用于乘人的道路交通工具，包括司机在内可乘坐人数不超过9人。 • **道路密度**是指一个国家道路网络的总长度与该国国土面积的比率，道路网络包括汽车道、高速路、主干道或者国道、中级路或者地区路以及其他城市和农村道路。 • **道路部门的能源消耗量**指道路部门使用的能源总量，包括来自石油、天然气、可燃烧和可再生废弃物以及电力（见表3.7）。 • **总能源消耗量**是一个国家消耗的来自各种来源的能源（见表3.7）。 • **柴油**是内燃柴油发动机使用的重油燃料。 • **汽油**是内燃发动机中使用的高碳氢化合物石油，例如，机动车，不包括飞机。 • **燃料价格**是指最普遍销售级别的汽油和燃料的灌注价格。这些价格已经由当地货币转换成美元（见“关于数据的说明”）。 • **颗粒物浓度**是指能够侵入呼吸道深处并造成重大健康危害的、直径小于10微米的微小悬浮颗粒物。各国的数据以及各区域、各收入群体的加总数据都是以城市人口为权重衡量的100,000名居民以上的城市居住区10微米以下的颗粒物（PM10）水平。这一估计表明了平均城市居民每年暴露于户外的颗粒物平均水平。

数据资料来源

机动车和道路密度的相关数据来自IRF的电子文件及其每年的《世界道路统计》（除了脚注）。道路部门的燃料消耗量数据来自国际道路联合会和国际能源署。燃料价格的数据来自GTZ的电子文档。颗粒物浓度数据来自Kiran Dev Pandey等（2006b）。

	城市	城市人口 千人 2010	颗粒物浓度 每立方米中PM10毫克数(以城市人口为权重) 1990	2009	二氧化硫 毫克/立方米 2001[a]	二氧化氮 毫克/立方米 2001[a]
阿根廷	布宜诺斯艾利斯	13,074	159	92	..	..
	科尔多瓦	1,493	78	45	..	97
澳大利亚	墨尔本	3,853	17	11	..	30
	珀斯	1,599	16	11	5	19
	悉尼	4,429	27	17	28	81
奥地利	维也纳	1,706	45	32	14	42
比利时	布鲁塞尔	1,904	33	23	20	48
巴西	里约热内卢	11,950	50	25	129	..
	圣保罗	20,262	57	28	43	83
保加利亚	索非亚	1,196	118	49	39	122
加拿大	蒙特利尔	3,783	24	15	10	42
	多伦多	5,449	29	18	17	43
	范库弗峰	2,220	17	11	14	37
智利	圣地亚哥	5,952	100	60	29	81
中国	鞍山	1,663	132	68	115	88
	北京	12,385	141	73	90	122
	长春	3,597	117	61	21	64
	成都	4,961	136	71	77	74
	重庆	9,401	194	101	340	70
	大连	3,306	79	41	61	100
	佛山	4,969	107	56	..	..
	广州	8,884	99	52	57	136
	贵阳	2,154	111	58	424	53
	哈尔滨	4,251	121	63	23	30
	济南	3,237	148	77	132	45
	昆明	3,116	111	58	19	33
	兰州	2,285	145	75	102	104
	六盘水	*1,221*[b]	94	49	102	..
	南昌	2,701	124	65	69	29
	上海	16,575	115	60	53	73
	沈阳	5,166	160	83	99	73
	深圳	9,005	89	46	..	..
	天津	7,884	198	103	82	50
	武汉	7,681	125	65	40	43
	西安	4,747	221	115	..	..
	郑州	2,966	154	80	63	95
	淄博	2,456	117	61	198	43
哥伦比亚	波哥大	8,500	51	27	..	..
克罗地亚	萨格勒布	*779*[b]	48	26	31	..
古巴	哈瓦那	2,130	35	17	1	5
捷克共和国	布拉格	1,162	42	17	14	33
丹麦	哥本哈根	1,186	30	17	7	54
厄瓜多尔	瓜亚基尔	2,690	33	18	15	..
	基多	1,846	44	24	22	..
埃及	开罗	11,001	274	112	69	..
芬兰	赫尔辛基	1,117	24	17	4	35
法国	巴黎	10,485	14	10	14	57
德国	柏林	3,450	30	18	18	26
	法兰克福	*680*[b]	27	16	11	45
	慕尼黑	1,349	27	16	8	53
加纳	阿克拉	2,342	37	21	..	..
希腊	雅典	3,257	69	33	34	64
匈牙利	布达佩斯	1,706	35	16	39	51
冰岛	雷克雅未	*319*[b]	23	16	5	42
印度	阿默达巴德	5,717	126	66	30	21
	班加罗尔	7,218	68	35	..	..

关于数据的说明

户内和户外的空气污染给世界卫生环境带来了重大负担。世界一半以上的人口都是主要依靠粪便、木材、农作物废料或者煤来获取基本的能源需求。在没有烟囱的灶台和炉子中利用固体燃料进行烹饪和加热将给户内带来空气污染。户内空气污染每年将带来160万人的死亡——每20秒就有人死亡。在许多城镇和城市中，暴露于大气污染是对人体健康的主要环境威胁。长期暴露于含有高浓度烟灰和细小颗粒物的大气中，就会造成大范围的健康影响，其中包括呼吸道疾病、肺癌和心脏病。颗粒物污染本身或者与二氧化硫结成的化合物都可能导致严重的健康恶化。

二氧化硫和二氧化氮的排放都会导致长距离的酸雨和其他酸性化合物的沉降。酸沉降改变了土壤的化学平衡，进而导致痕量矿物质和营养物的流失，而这些物质对树木和植物都是极为重要的。二元化硫的排放会对人体健康造成危害，尤其是青年人和老年人。二氧化氮的排放来自细菌、机动车、工业活动、氮肥、燃料和生物质的燃烧以及土壤和海洋中有机物的厌氧分解。

在以煤炭作为电站、钢铁厂、工业锅炉和家庭取暖主要燃料的地方，通常带来的结果就是高浓度的城市大气污染——尤其是颗粒物，有时是二氧化硫。最为严重的大气污染物排放都是来自石油产品的燃烧。

二氧化硫和二氧化氮的浓度数据都是以根据城市监测站点监测的浓度的平均值为基础。但是并非所有的城市都有监测点。

颗粒物浓度数据都是所选城市的远离空气污染“热点”（例如，工业区和交通廊道）的居民区年平均浓度的估计值。这些数据都是从世界银行发展研究工作组和环境部对超10万人口城市颗粒物年均浓度的研究中所编制的整套估计值中摘录的（Pandey等，2006b）。一个国家的技术状况和污染控制状况也是该国颗粒物浓度的重要决定因素。

污染浓度对当地条件较为敏感，即使是同一城市，不同的监测站也可能记录下不同的浓度。因此，这些数据应当仅仅被视为各个城市大气质量的一般性指标，在进行跨国比较时应当小心。现在世界卫生组织（WHO）关于大气质量标准的年平均指导值是：直径小于10微米的颗粒物为20微克/立方米，二氧化氮为40微克/立方米，二氧化硫为20微克/立方米。

	城市	城市人口	颗粒物浓度		二氧化硫	二氧化氮
		千人	每立方米中PM10毫克数(以城市人口为权重)		毫克/立方米	毫克/立方米
		2010	1990	2009	2001[a]	2001[a]
印度(续)	金奈	7,547	56	29	15	17
	德里	22,157	227	118	24	41
	海德拉巴	6,751	62	32	12	17
	坎普尔	3,364	165	86	15	14
	加尔各答	15,552	193	101	49	34
	勒克瑙	2,873	165	86	26	25
	孟买	20,041	95	50	33	39
	那格浦尔	2,607	84	44	6	13
	浦那	5,002	71	37	..	..
印度尼西亚	雅加达	9,210	137	70	..	..
伊朗	德黑兰	7,241	92	55	209	..
爱尔兰	都柏林	1,099	24	13	20	..
意大利	米兰	2,967	46	24	31	248
	罗马	3,362	44	23	..	..
	都灵	1,665	66	35	..	..
日本	大阪	11,337	48	28	19	63
	东京	36,669	54	32	18	68
	横滨	3,654[b]	42	25	100	13
肯尼亚	内罗毕	3,523	67	31	..	..
韩国	釜山	3,425	52	33	60	51
	首尔	9,773	55	35	44	60
	大邱	2,458	59	38	81	62
马来西亚	吉隆坡	1,519	36	19	24	..
墨西哥	墨西哥城	19,460	88	43	74	130
荷兰	阿姆斯特丹	1,049	45	30	10	58
新西兰	奥克兰	1,404	13	11	3	20
挪威	奥斯陆	888	27	19	8	43
菲律宾	马尼拉	11,628	78	24	33	..
波兰	卡托维兹	309[b]	60	35	83	79
	罗兹	742[b]	60	34	21	43
	华沙	1,712	65	38	16	32
葡萄牙	里斯本	2,824	44	18	8	52
罗马尼亚	布加勒斯特	1,934	47	16	10	71
俄罗斯联邦	莫斯科	10,550	42	16	109	..
	鄂木斯克	1,124	44	17	20	34
新加坡	新加坡	4,837	108	23	20	30
斯洛伐克共和国	布拉迪斯拉发	500[b]	44	12	21	27
南非	开普敦	3,405	24	16	21	72
	德班	2,879	47	32	31	..
	约翰内斯堡	3,670	49	33	19	31
西班牙	巴塞罗那	5,083	43	27	11	43
	马德里	5,851	37	23	24	66
瑞典	斯德哥尔摩	1,285	14	9	3	20
瑞士	苏黎世	1,150	32	21	11	39
泰国	曼谷	6,976	88	60	11	23
土耳其	安卡拉	3,906	75	35	55	46
	伊斯坦布尔	10,525	88	42	120	..
乌克兰	基辅	2,805	91	21	14	51
英国	伯明翰	2,302	33	20	9	45
	伦敦	8,631	27	17	25	77
	曼彻斯特	2,253	24	12	26	49
美国	芝加哥	9,204	33	20	14	57
	洛杉矶	12,762	46	28	9	74
	纽约	19,425	28	17	26	79
委内瑞拉	加拉加斯	3,090	31	13	33	57

a. 最近年份可获得的数据。b. 数据来自各国的资料来源。

定义

• **城市人口**是国家权威机构界定并报告给联合国的城市或者大都市地区的居民数。 • **颗粒物浓度**是指能够侵入呼吸道深处并造成重大健康危害的、直径小于10微米的微小悬浮颗粒物；各国颗粒物浓度的数据以及各区域、各收入群体的加总数据都是以城市人口为权重衡量的100,000名居民以上的城市居住区10微米以下的颗粒物（PM10）水平。这一估计表明了平均城市居民每年暴露于户外颗粒物的平均水平。 • **二氧化硫**是含硫的化石燃料燃烧时产生的一种大气污染物。 • **二氧化氮**是由氮氧化物与碳氢化合物在阳光下通过光化学反应而生成的一种有毒的刺激性气体。这一情况在自然条件和人类活动中都会发生。

数据资料来源

城市人口数据来自联合国人口署的《世界城市化展望：2010年修订版》。颗粒物浓度数据来自Pandey等（2006b）。二氧化硫和二氧化氮浓度数据来自世界卫生组织的《卫生城市大气管理信息系统》以及世界资源研究所。

3.17 政府承诺

	环境战略或行动计划	生物多样性评估、战略或行动计划	加入条约的状况[a]								
			气候变化[b] 1992	臭氧层 1985	氯氟烃的控制 1987	海洋法[c] 1982	生物多样性[b] 1992	京都议定书 1997	世界濒危野生动植物种国际贸易公约 1973	联合国防治沙漠化公约 1994	斯德哥尔摩公约 2001
阿富汗			2002	2004[d]	2004[d]		2002		1985[d]	1995[d]	
阿尔巴尼亚	1993		1994[d]	1999[d]	1999[d]	2003	1994[d]	2005[d]	2003[d]	2000[d]	2004
阿尔及利亚	2001		1993	1992[d]	1992[d]	1996	1995	2005[d]	1983[d]	1996	2006
安哥拉			2000	2000[d]	2000[d]	1990	1998	2007		1997	2006[d]
阿根廷	1992		1994	1990	1990	1995	1994	2001	1981	1997	2005
亚美尼亚			1993[e]	1999[d]	1999[d]	2002	1993[e]	2003[d]	2008[d]	1997	2003
澳大利亚	1992	1994	1992	1987[d]	1989	1994	1993	2007	1976	2000	2004
奥地利			1994	1987	1989	1995	1994	2002	1982[d]	1997[d]	2002
阿塞拜疆	1998		1995	1996[d]	1996[d]		2000[f]	2000[d]	1998[d]	1998[d]	2004[d]
巴林			1994	1990[d]	1990[d]	1985	1996	2006[d]		1997[d]	2006
孟加拉国	1991	1990	1994	1990[d]	1990[d]	2001	1994	2001[d]	1981	1996	2007
白俄罗斯			2000[f]	1986[e]	1988[f]	2006	1993	2005[d]	1995[d]	2001[d]	2004[d]
比利时			1996	1988	1988	1998	1996	2002	1983	1997[d]	2006
贝宁	1993		1994	1993[d]	1993[d]	1997	1994	2002[d]	1984[d]	1996	2004
玻利维亚	1994	1988	1994	1994[d]	1994[d]	1995	1994	1999	1979	1996	2003
波斯尼亚和黑塞哥维那			2000[d]	1993[g]	1992[g]	1994	2002[e]	2007[d]	2009[d]	2002[d]	2010
博茨瓦纳	1990	1991	1994	1991[d]	1991[d]	1990	1995	2003[d]	1977[d]	1996	2002[d]
巴西		1988	1994	1990[d]	1990[d]	1988	1994	2002	1975	1997	2004
保加利亚		1994	1995	1990[d]	1990[d]	1996	1996	2002	1991[d]	2001[d]	2004
布基纳法索	1993		1993	1989	1989	2005	1993	2005[d]	1989[d]	1996	2004
布隆迪	1994	1989	1997	1997[d]	1997[d]		1997	2001[d]	1988[d]	1997	2005
柬埔寨	1999		1995[d]	2001[d]	2001[d]		1995[d]	2002[d]	1997	1997	2006
喀麦隆		1989	1994	1989[d]	1989[d]	1985	1994	2002[d]	1981[d]	1997	2009
加拿大	1990	1994	1992	1986	1988	2003	1992	2002	1975	1995	2001
中非共和国			1995	1993[d]	1993[d]		1995	2008[d]	1980[d]	1996	2008
乍得	1990		1994	1989[d]	1994	2009	1994	2009[d]	1989[d]	1996	2004
智利		1993	1995	1990	1990	1997	1994	2002	1975	1997	2005
中国	1994	1994	1993	1989[d]	1991[d]	1996	1993	2002[f]	1981[d]	1997	2004
中国香港											
哥伦比亚	1998	1988	1995	1990[d]	1993[d]		1994	2001[d]	1981	1999	2008
刚果民主共和国		1990	1995	1994[d]	1994[d]	1989	1994	2005[d]	1976[d]	1997	2005[d]
刚果共和国		1990	1996	1994[d]	1994	2008	1996	2007[d]	1983[d]	1999	2007
哥斯达黎加	1990	1992	1994	1991[d]	1991[d]	1992	1994	2002	1975	1998	2007
科特迪瓦	1994	1991	1994	1993[d]	1993[d]	1984	1994	2007[d]	1994[d]	1997	2004
克罗地亚	2001	2000	1996[e]	1992[g]	1992[g]	1995	1996	2007	2000[d]	2000[d]	2007
古巴			1994	1992[d]	1992[d]	1984	1994	2002	1990[d]	1997	2007
塞浦路斯			1997	1992[d]	1992[d]	1988	1996	1992[d]	1974	2000[d]	2005[d]
捷克共和国	1994		1993[f]	1993[g]	1993[g]	1996	1993[f]	2001[f]	1993	2000[d]	2002
丹麦	1994		1995	1988	1988	2004	1993	2002	1977	1995	2003
多米尼加共和国		1995	1998	1993[d]	1993[d]	2009	1996	2002[d]	1986[d]	1997[d]	2007
厄瓜多尔	1993	1995	1993	1990[d]	1990[d]		1993	2000	1975	1995	2004
埃及	1992	1988	1994	1988	1988	1983	1994	2005	1978	1995	2003
萨尔瓦多	1994	1988	1995	1992	1992[d]		1994	1998	1987[d]	1997[d]	2008
厄立特里亚	1995		1995[d]	2005[d]	2005[d]		1996[d]	2005[d]	1994[d]	1996	2005[d]
爱沙尼亚	1998		1994	1996[d]	1996[d]	2005	1994	2002	1992[d]		2008[d]
埃塞俄比亚	1994	1991	1994	1994[d]	1994[d]			2005[d]	1989[d]	1997	2003
芬兰	1995		1994[e]	1986	1988	1996	1994[e]	2002	1976[d]	1995[d]	2002[d]
法国	1990		1994	1987[f]	1988[f]	1996	1994	2002[f]	1978[f]	1997	2004[f]
加蓬		1990	1998	1994[d]	1994[d]	1998	1997	2006[d]	1989[d]	1996[d]	2007
冈比亚	1992	1989	1994	1990[d]	1990[d]	1984	1994	2001[d]	1977[d]	1996	2006
格鲁吉亚	1998		1994[d]	1996[d]	1996[d]	1996	1994[d]	1999[d]	1996[d]	1999	2006
德国			1993	1988	1988	1994	1993	2002	1976	1996	2002
加纳	1992	1988	1995	1989[d]	1992	1983	1994	2003[d]	1975	1996	2003
希腊			1994	1988	1988	1995	1994	2002	1992[d]	1997	2006
危地马拉	1994	1988	1995	1987[d]	1989[d]	1997	1995	1999	1979	1998[d]	2008
几内亚	1994	1988	1993	1992[d]	1992[d]	1985	1993	2000[d]	1981[d]	1997	2007
几内亚比绍	1993	1991	1995	2002[d]	2002[d]	1986	1995	2005[d]	1990[d]	1995	2008
海地	1999		1996	2000[d]	2000[d]	1996	1996	2005[d]		1996	

	环境战略或行动计划	生物多样性评估、战略或行动计划	加入条约的状况[a]								
			气候变化[b] 1992	臭氧层 1985	氯氟烃的控制 1987	海洋法[c] 1982	生物多样性[b] 1992	京都议定书 1997	世界濒危野生动植物种国际贸易公约 1973	联合国防治沙漠化公约 1994	斯德哥尔摩公约 2001
洪都拉斯	1993		1995	1993[d]	1993[d]	1993	1995	2000	1985[d]	1997	2005
匈牙利	1995		1994	1988[d]	1989[d]	2002	1994	2002[d]	1985[d]	1999[d]	2008
印度	1993	1994	1993	1991[d]	1992[d]	1995	1994	2002[d]	1976	1996	2006
印度尼西亚	1993	1993	1994	1992[d]	1992	1986	1994	2004	1978[d]	1998	2009
伊朗			1996	1990[d]	1990[d]		1996	2005[d]	1976	1997	2006
伊拉克			2009[d]	2008[d]	2008[d]	1985	2009[d]	2009[d]		2010[d]	
爱尔兰			1994	1988[d]	1988	1996	1996	2002	2002	1997	2010
以色列			1996	1992[d]	1992		1995	2004	1979	1996	
意大利			1994	1988	1988	1995	1994	2002	1979	1997	
牙买加	1994		1995	1993[d]	1993[d]	1983	1995	1999[d]	1997[d]	1997[d]	2007
日本			1993[e]	1988[d]	1988[e]	1996	1993[e]	2002[d]	1980[e]	1998[e]	2002[d]
约旦	1991		1993	1989[d]	1989[d]	1995	1993	2003[d]	1978[d]	1996	2004
哈萨克斯坦			1995	1998[d]	1998[d]		1994	2009	2000[d]	1997	2007
肯尼亚	1994	1992	1994	1988[d]	1988	1989	1994	2005[d]	1978	1997	2004
朝鲜			1994[f]	1995[d]	1995[d]		1994[f]	2005[d]		2003[d]	2002[d]
韩国			1993	1992[d]	1992	1996	1994	2002	1993[d]	1999	2007
科索沃											
科威特			1994[d]	1992[d]	1992[d]	1986	2002	2005[d]	2002	1997	2006
吉尔吉斯斯坦	1995		2000	2000[d]	2000[d]		1996[d]	2003[d]	2007[d]	1997[d]	2006
老挝	1995		1995[d]	1998[d]	1998[d]	1998	1996[d]	2003[d]	2004[d]	1996[d]	2006
拉脱维亚			1995	1995[d]	1995[d]	2004	1995	2002	1997[d]	2002[d]	2004
黎巴嫩			1994	1993[d]	1993[d]	1995	1994	2006[d]		1996	2003
莱索托	1989		1995	1994[d]	1994[d]	2007	1995	2000[d]	2003	1995	2002
利比里亚			2002	1996[d]	1996[d]	2008	2000	2002[d]	1981[d]	1998[d]	2002[d]
利比亚			1999	1990[d]	1990[d]		2001	2006[d]	2003[d]	1996	2005[d]
立陶宛			1995	1995[d]	1995[d]	2003	1996	2003	2001[d]	2003[d]	2006
前南斯拉夫马其顿共和国			1998[d]	1994[g]	1994[g]	1994	1997[d]	2004[d]	2000[d]	2002[d]	2004
马达加斯加	1988	1991	1999	1996[d]	1996[d]	2001		2003[d]	1975	1997	2005
马拉维	1994		1994	1991[d]	1991[d]	2010	1996	2001[d]	1982[d]	1996	2009
马来西亚	1991	1988	1994	1989[d]	1989[d]	1996	1994	2002	1977[d]	1997	
马里		1989	1995	1994[d]	1994[d]	1985	1995	2002	1994[d]	1995	2003
毛里塔尼亚	1988		1994	1994[d]	1994[d]	1996	1996	2005[d]	1998[d]	1996	2005
毛里求斯	1990		1992	1992[d]	1992[d]	1994	1992	2001[d]	1975	1996	2004
墨西哥		1988	1993	1987	1988[e]	1983	1993	2000	1991[d]	1995	2003
摩尔多瓦	2002		1995	1996[d]	1996[d]	2007	1995	2008[d]	2001[d]	1999[d]	2004
蒙古	1995		1993	1996[d]	1996[d]	1996	1993	1999[d]	1996[d]	1996	2004
摩洛哥		1988	1995	1995	1995	2007	1995	2002[d]	1975	1996	2004
莫桑比克	1994		1995	1994[d]	1994[d]	1997	1995	2005[d]	1981[d]	1997	2005
缅甸		1989	1994	1993[d]	1993[d]	1996	1994	2003[d]	1997[d]	1997[d]	2004[d]
纳米比亚	1992		1995	1993[d]	1993[d]	1983	1997	2003[d]	1990[d]	1997	2005[d]
尼泊尔	1993		1994	1994[d]	1994[d]	1998	1993	2005[d]	1975[d]	1996	2007
荷兰	1994		1993[e]	1988[e]	1988[e]	1996	1994[e]	2002[e]	1984	1995[e]	2002[e]
新西兰	1994		1993	1987	1988	1996	1993	2002	1989[d]	2000[d]	2004
尼加拉瓜	1994		1995	1993[d]	1993[d]	2000	1995	1999	1977[d]	1998	2005
尼日尔		1991	1995	1992[d]	1992[d]		1995	2004	1975	1996	2006
尼日利亚	1990	1992	1994	1988[d]	1988[d]	1986	1994	2004[d]	1974	1997	2004
挪威		1994	1993	1986	1988	1996	1993	2002	1976	1996	2002
阿曼			1995	1999[d]	1999[d]	1989	1995	2005[d]	2008[d]	1996[d]	2005
巴基斯坦	1994	1991	1994	1992[d]	1992[d]	1997	1994	2005[d]	1976[d]	1997	2008
巴拿马	1990		1995	1989[d]	1989	1996	1995	1999	1978	1996	2003
巴布亚新几内亚	1992	1993	1993	1992[d]	1992[d]	1997	1993	2002	1975[d]	2000[d]	2003
巴拉圭			1994	1992[d]	1992[d]	1986	1994	1999	1976	1997	2004
秘鲁		1988	1993	1989	1993[d]		1993	2002	1975	1995	2005
菲律宾	1989	1989	1994	1991[d]	1991	1984	1993	2003	1981	2000	2004
波兰	1993	1991	1994	1990[d]	1990[d]	1998	1996	2002	1989	2001[d]	2008
葡萄牙	1995		1993	1988[d]	1988	1997	1993	2002[f]	1980	1996	2004[e]
波多黎各											
卡塔尔			1996[d]	1996[d]	1996[d]	2002	1996	2005[a]	2001[d]	1999[d]	2004[d]

	环境战略或行动计划	生物多样性评估、战略或行动计划	加入条约的状况[a]								
			气候变化[b] 1992	臭氧层 1985	氯氟烃的控制 1987	海洋法[c] 1982	生物多样性[b] 1992	京都议定书 1997	世界濒危野生动植物种国际贸易公约 1973	联合国防治沙漠化公约 1994	斯德哥尔摩公约 2001
罗马尼亚	1995		1994	1993[d]	1993[d]	1996	1994	2001	1994[d]	1998[d]	2004
俄罗斯联邦	1999	1994	1994	1986[e]	1988[e]	1997	1995	2008	1992[h]	2003[d]	2011
卢旺达	1991		1998	2001[d]	2001[d]		1996	2004[d]	1980[d]	1998	2002[d]
沙特阿拉伯			1994[d]	1993[d]	1993[d]	1996	2001[d]	2005[d]	1996[d]	1997[d]	
塞内加尔	1984	1991	1994	1993[d]	1993	1984	1994	2001[d]	1977[d]	1995	2003
塞尔维亚			2001[a]	2001[g]	2001[g]	2001	2002	2007[d]	2006[h]	2007[a]	2009
塞拉利昂	1994		1995	2001[d]	2001[d]	1994	1994[d]	2006[d]	1994[d]	1997	2003[d]
新加坡	1993	1995	1997	1989[d]	1989[d]	1994	1995	2006[d]	1986[d]	1999[d]	2005
斯洛伐克共和国			1994[f]	1993[g]	1993[g]	1996	1994[f]	2002	1993[g]	2002[d]	2002
斯洛文尼亚	1994		1995	1992[g]	1992[g]	1995	1996	2002	2000[d]	2001[d]	2004
索马里			2009[d]	2001[d]	2001[d]	1989	2009[d]	2010	1985[d]	2002[d]	2010[d]
南非	1993		1997	1990[d]	1990[d]	1997	1995	2002[d]	1975	1997	2002
南苏丹											
西班牙			1993	1988[d]	1988	1997	1993	2002	1986[d]	1996	2004
斯里兰卡	1994	1991	1993	1989[d]	1989[d]	1994	1994	2002[d]	1979[d]	1998[d]	2005
苏丹			1993	1993[d]	1993[d]	1985	1995	2004[d]	1982	1995	2006
斯威士兰			1996	1992[d]	1992[d]	2009	1994	2006[d]	1997[d]	1996	2006[d]
瑞典			1993	1986	1988	1996	1993	2002	1974	1995	2002
瑞士			1993	1987	1988		1994	2003	1974	1996	2003
叙利亚	1999		1996[d]	1989[d]	1989[d]		1996	2006[d]	2003[d]	1997	2005
塔吉克斯坦			1998[d]	1996[d]	1998[d]		1997[d]	2008[d]		1997[d]	2007
坦桑尼亚	1994	1988	1996	1993[d]	1993[d]	1985	1996	2002[d]	1979	1997	2004
泰国			1994	1989[d]	1989	2011	2003	2002	1983	2001[d]	2005
多哥	1991		1995[e]	1991[d]	1991	1985	1995[e]	2004[d]	1978	1995[e]	2004
特立尼达和多巴哥			1994	1989[d]	1989[d]	1986	1996	1999	1984[d]	2000[d]	2002[d]
突尼斯	1994	1988	1993	1989[d]	1989[d]	1985	1993	2003[d]	1974	1995	2004
土耳其	1998		2004[d]	1991[d]	1991[d]		1997	2006[d]	1996[d]	1998	2009
土库曼斯坦			1995[d]	1993[d]	1993[d]		1996[d]	1999[d]		1996	
乌干达	1994	1988	1993	1988[d]	1988	1990	1993	2002[d]	1991[d]	1997	2004[d]
乌克兰	1999		1997	1986[e]	1988[e]	1999	1995	2004	1999[d]	2002[d]	2007
阿拉伯联合酋长国			1995[d]	1989[d]	1989[d]		2000	2005[d]	1990[d]	1998[d]	2002
英国	1995	1994	1993	1987	1988	1997	1994	2002	1976	1996	2005
美国	1995	1995	1992	1986	1988				1974	2000	
乌拉圭			1994	1989[d]	1991[d]	1992	1993	2001	1975	1999[d]	2004
乌兹别克斯坦			1993[d]	1993[d]	1993[d]		1995[d]	1999	1997[d]	1995	
委内瑞拉			1994	1988[d]	1989		1994	2005[d]	1977	1998[d]	2005
越南		1993	1994	1994[d]	1994[d]	1994	1994	2002	1994[d]	1998[d]	2002
西岸和加沙											
也门共和国	1996	1992	1996	1996[d]	1996[d]	1987	1996	2004[d]	1997[d]	1997[d]	2004
赞比亚	1994		1993	1990[d]	1990[d]	1983	1993	2006	1980[d]	1996	2006
津巴布韦	1987		1992	1992[d]	1992[d]	1993	1994	2009[d]	1981[d]	1997	

a. 协议的批准。b. 所示年份为条约在该国生效的年份。c. 1982 年 12 月 10 日签订的条约。d. 加入。e. 接受。f. 批准。g. 继承。h. 延续。

关于数据的说明

国家环境战略以及有关环境问题的国际条约的加入提供了政府承诺对环境进行合理管理的证据。但是这些条约的签署并不意味着它们都能够得到批准，也不能保证政府将遵守条约所规定的义务。

在许多国家，制止环境退化的努力都失败了，其主要原因在于政府不将这一问题置于优先地位，这也是竞相争取对稀缺资源所有权的反应。为了解决这一问题，许多国家正在准备制定国家环境战略——有些仅仅着眼于狭义的环境问题，而其他则关注环境、经济和社会问题的整体协调。在这些倡议中，就有保护战略和环境行动规划。一些国家还制定了国家环境框架以及生物多样性战略和框架。

由世界保护联盟（IUCN）发起的国家保护战略给保护和资源管理问题提供了全面的跨部门分析，有助于将对环境的关注融入到发展进程中。这些战略讨论了一个国家现在与未来的需求、制度的能力、推广技术的条件以及自然资源的状况。

国家环境行动规划由世界银行和其他开发机构所支持，它说明一个国家主要的环境关注点，确认环境问题的主要原因，并制定解决这些问题的政策和行动。这些计划是一个持续的过程，其中政府制定综合性的环境政策，推荐一些专项行动，并拟订为实施这些政策和行动所需要的投资策略、立法和制度安排。

由世界保护监控中心和 IUCN 提出的生物多样性框架，提供了在物种多样性、保护区、主要生态系统和栖息地类型、立法和行政支持等方面的基本背景。在制定科学基准以衡量在生物多样性保护方面所取得的进步的工作中，联合国环境规划署（UNEP）对全球生物多样性的评估进行了协调。

为解决全球性问题，在 1972 年斯德哥尔摩联合国人类环境会议和 1992 年里约热内卢联合国环境与发展大会（地球峰会）（该会通过了应对环境挑战系列行动的《21 世纪议程》）感召下，许多国家政府签署了以下国际性条约与协议：

- 气候变化框架公约，其目的在于将大气温室气体浓度稳定在一定水平上，以防止人类活动危及全球气候。
- 保护臭氧层的维也纳公约，其目的在于通过促进对臭氧层变化的影响的研究以及对替代物（例如，氯氟烃类替代物）和技术的研究，通过对臭氧层的监测，通过采取措施以控制产生负面效应的活动来保护人类健康和环境。
- 控制氯氟烃的蒙特利尔议定书，它要求各国为保护地球不受过量的紫外线辐射，到 1994 年将氯氟烃消费量在 1986 年基础上减少 20%，到 1999 年，在 1986 年基础上减少 50%，但是允许发展中国家消费量的增加。
- 联合国海洋法公约，于 1994 年 11 月生效。它建立了一套全面性的海洋法律体系，制定了有关环境标准和强制性条款的规则，并为防止和控制海洋污染创建了国际规则和国家立法。
- 生物多样性公约，要求国家之间通过科技合作、使用资金和遗传资源以及生态上合理的技术转移，推动生物多样性的保护。

里约可持续发展地球峰会召开 10 年了，但是许多提议的行动还有待落实。为帮助发展中国家履行条约规定的义务，专门设立了一项全球环境基金（GEF），主要关注生物多样性、气候变化、国际水问题以及臭氧层破坏等问题的全球性改善。联合国环境规划署（UNEP）、联合国开发计划署（UNDP）和世界银行根据其由各国代表组成的管理实体制定的政策对全球环境基金进行管理。世界银行负责 GEF 的信托资金，并且是 GEF 的主席方。

定义

• **环境战略或行动计划**给环境保护和资源管理问题提供了一个全面的跨部门分析，从而有助于将对环境的关注与发展进程有机地结合起来。它们包括国家保护战略、国家环境行动计划、国家环境管理战略以及国家可持续发展战略。所示国家年份是一项战略或者行动计划通过的年份。 • **生物多样性评估、战略和行动计划**包括生物多样性框架（见“关于数据的说明”）。 • **加入条约的状况**包括 5 项国际条约（见“关于数据的说明”）。 • **气候变化**是指气候变化框架公约（1992 年在纽约签署）。 • **臭氧层**是指保护臭氧层的维也纳公约（1985 年签署）。 • **氯氟烃的控制**是指控制氯氟烃的蒙特利尔议定书（其正式名称为关于损耗臭氧层物质的议定书，1987 年签署）。 • **海洋法**是指联合国海洋法公约（1982 年在牙买加的蒙特哥贝市签署）。 • **生物多样性**指生物多样性公约（1992 年在里约热内卢的地球峰会上签署）。所示国家年份是指公约在该国生效的年份。 • **京都议定书**指 1997 年 12 月在日本东京举行的联合国气候变化框架公约第三次成员国会议通过的气候变化议定书。 • **世界濒危动植物物种国际贸易公约**（CITES），是一项用于确保世界动植物的生存不会受到过度开发威胁的政府间协议。1973 年实施，1975 年生效。 • **联合国防治沙漠化公约**（CCD），是一个致力于解决世界干旱地区土地恶化问题的国际公约。1994 年实施，1996 年生效。 • **斯德哥尔摩公约**是一项用于保护人类健康以及环境免受有机污染物长期污染的并具有国际法律约束的契约。2001 年实施，2004 年生效。

数据资料来源

有关环境战略以及参与国际环境条约的数据来自联合国《气候变化框架公约》秘书处、UNEP 臭氧秘书处、世界资源研究所、UNEP、国际地球科学信息网络中心和联合国条约丛书。

3.18 自然资源对国内生产总值的贡献

	自然资源总租金	石油租金	天然气租金	煤租金	矿产租金	森林租金
	占GDP的百分比 2010	占GDP的百分比 2010	占GDP的百分比 2010	占GDP的百分比 2010	占GDP的百分比 2010	占GDP的百分比 2010
阿富汗	2.3	..	..	0.0	0.0	2.3
阿尔巴尼亚	3.6	3.0	0.0	0.0	0.5	0.1
阿尔及利亚	25.7	17.6	7.8	0.0	0.3	0.1
安哥拉	46.3	46.1	0.1	..	0.0	0.2
阿根廷	6.1	4.0	1.4	0.0	0.6	0.1
亚美尼亚	1.7	0.0	0.0	..	1.7	0.0
澳大利亚	8.3	0.9	0.7	1.8	6.6	0.1
奥地利	0.3	0.1	0.1	0.0	0.0	0.1
阿塞拜疆	46.5	42.6	3.9	..	0.0	0.0
巴林	*23.2*	*16.4*	*6.9*	..	*0.0*	*0.0*
孟加拉国	3.3	0.0	2.8	0.1	0.0	0.5
白俄罗斯	1.9	1.3	0.0	..	0.0	0.5
比利时	0.0	0.0	0.0	0.0	0.0	0.0
贝宁	1.7	0.0	0.0	..	0.0	1.7
玻利维亚	18.1	4.6	9.0	..	4.2	0.4
波斯尼亚和黑塞哥维那	2.8	0.0	0.0	2.4	2.3	0.6
博茨瓦纳	4.7	0.0	0.0	0.4	4.6	0.1
巴西	5.3	2.2	0.1	0.0	2.7	0.3
保加利亚	2.3	0.0	0.0	1.1	2.0	0.3
布基纳法索	7.1	..	..	..	4.1	2.9
布隆迪	13.3	..	..	..	1.3	12.0
柬埔寨	1.2	0.0	0.0	..	0.0	1.2
喀麦隆	9.3	7.1	0.2	0.0	0.2	1.8
加拿大	3.8	2.3	0.3	0.1	0.8	0.5
中非共和国	5.9	..	..	..	0.0	5.8
乍得	43.3	41.2	..	..	0.0	2.1
智利	18.9	0.0	0.1	0.0	18.3	0.5
中国	4.0	1.5	0.1	3.8	2.2	0.2
中国香港	0.0	0.0	0.0	..	0.0	0.0
哥伦比亚	7.9	6.5	0.5	1.4	0.8	0.1
刚果民主共和国	29.8	3.9	0.0	0.1	16.4	9.5
刚果共和国	64.1	61.6	0.1	..	0.0	2.5
哥斯达黎加	0.4	0.0	0.0	..	0.1	0.3
科特迪瓦	7.1	4.3	1.0	..	0.7	1.1
克罗地亚	1.2	0.5	0.5	0.0	0.0	0.2
古巴	*5.1*	*3.0*	*0.6*	..	*1.5*	*0.1*
塞浦路斯	0.0	0.0	0.0	..	0.0	0.0
捷克共和国	0.3	0.0	0.0	0.7	0.0	0.3
丹麦	2.1	1.8	0.3	0.0	0.0	0.0
多米尼加共和国	0.3	0.0	0.0	..	0.2	0.0
厄瓜多尔	20.6	20.2	0.1	..	0.0	0.3
埃及	10.1	5.9	3.9	0.0	0.3	0.1
萨尔瓦多	0.5	0.0	0.0	..	0.0	0.5
厄立特里亚	0.6	0.0	0.0	..	0.0	0.6
爱沙尼亚	1.1	0.0	0.0	1.9	0.0	1.1
埃塞俄比亚	4.7	0.0	0.0	..	0.3	4.4
芬兰	0.8	0.0	0.0	..	0.2	0.7
法国	0.1	0.0	0.0	0.0	0.0	0.1
加蓬	49.8	46.4	0.2	..	0.1	3.1
冈比亚	2.5	..	..	..	0.0	2.5
格鲁吉亚	0.8	0.2	0.0	0.1	0.6	0.1
德国	0.1	0.0	0.0	0.1	0.0	0.0
加纳	10.5	0.0	0.0	..	8.8	1.6
希腊	0.2	0.0	0.0	0.3	0.1	0.0
危地马拉	2.4	0.8	0.0	..	0.8	0.8
几内亚	21.2	..	..	..	17.0	4.2
几内亚比绍	4.6	..	..	..	0.0	4.6
海地	0.6	0.0	0.0	..	0.0	0.6

自然资源对国内生产总值的贡献

	自然资源总租金 占GDP的百分比 2010	石油租金 占GDP的百分比 2010	天然气租金 占GDP的百分比 2010	煤租金 占GDP的百分比 2010	矿产租金 占GDP的百分比 2010	森林租金 占GDP的百分比 2010
洪都拉斯	1.8	0.0	0.0	..	0.7	1.1
匈牙利	0.6	0.3	0.2	0.1	0.0	0.1
印度	4.0	1.0	0.4	2.6	2.1	0.6
印度尼西亚	6.0	2.4	0.9	3.4	1.9	0.7
伊朗	*31.6*	*23.7*	*6.8*	*0.0*	*1.0*	*0.0*
伊拉克	69.3	69.1	0.2	..	0.0	0.0
爱尔兰	0.2	0.0	0.0	0.0	0.1	0.0
以色列	0.3	0.0	0.2	0.0	0.1	0.0
意大利	0.2	0.1	0.0	0.0	0.0	0.0
牙买加	1.1	0.0	0.0	..	1.0	0.1
日本	0.0	0.0	0.0	0.0	0.0	0.0
约旦	1.6	0.0	0.1	..	1.5	0.0
哈萨克斯坦	27.6	22.4	2.7	5.5	2.5	0.0
肯尼亚	1.3	0.0	0.0	..	0.1	1.2
朝鲜	..	..	..	..	..	..
韩国	0.0	0.0	0.0	0.0	0.0	0.0
科索沃	1.5	..	..	..	1.5	..
科威特	*43.0*	*41.2*	*1.8*	..	*0.0*	*0.0*
吉尔吉斯斯坦	9.2	0.7	0.0	0.4	8.5	0.0
老挝	14.1	..	..	0.0	12.6	1.5
拉脱维亚	1.5	0.0	0.0	..	0.0	1.5
黎巴嫩	0.0	0.0	0.0	..	0.0	0.0
莱索托	1.3	..	..	..	0.0	1.3
利比里亚	14.6	..	..	..	2.1	12.5
利比亚	*46.1*	*42.3*	3.8	..	*0.0*	*0.0*
立陶宛	1.8	0.1	0.0	..	0.0	1.6
前南斯拉夫马其顿共和国	7.4	0.0	0.0	1.5	7.3	0.1
马达加斯加	3.1	..	..	..	1.3	1.8
马拉维	4.1	..	..	..	0.0	4.1
马来西亚	10.9	6.3	3.9	0.1	0.1	0.6
马里	15.0	..	..	..	14.0	1.1
毛里塔尼亚	54.7	..	..	..	54.2	0.5
毛里求斯	0.0	..	..	..	0.0	0.0
墨西哥	7.3	6.0	0.5	0.1	0.6	0.1
摩尔多瓦	0.2	0.1	0.0	..	0.0	0.1
蒙古	23.4	2.0	0.0	22.9	21.2	0.2
摩洛哥	2.6	0.0	0.0	0.0	2.5	0.1
莫桑比克	8.5	0.0	5.0	0.0	0.1	3.3
缅甸	..	..	..	..	..	..
纳米比亚	1.0	0.0	0.0	..	1.0	0.1
尼泊尔	3.4	*0.0*	*0.0*	*0.0*	*0.0*	3.4
荷兰	1.2	0.1	1.1	0.0	0.0	0.0
新西兰	*2.4*	*0.7*	*0.5*	*0.1*	*0.4*	*0.8*
尼加拉瓜	3.0	0.0	0.0	..	1.3	1.7
尼日尔	3.3	..	..	0.0	1.3	2.0
尼日利亚	32.6	29.5	2.2	0.0	0.0	0.9
挪威	13.1	10.1	2.9	0.0	0.0	0.1
阿曼	*39.2*	*31.6*	*7.6*	..	*0.0*	*0.0*
巴基斯坦	3.9	0.8	2.3	0.1	0.1	0.7
巴拿马	0.1	0.0	0.0	..	0.0	0.1
巴布亚新几内亚	36.3	*18.4*	..	..	32.2	4.1
巴拉圭	1.3	0.0	0.0	..	0.0	1.3
秘鲁	11.3	1.1	0.7	0.0	9.3	0.1
菲律宾	2.6	0.1	0.3	0.2	2.0	0.2
波兰	1.0	0.1	0.1	1.3	0.6	0.2
葡萄牙	0.3	0.0	0.0	0.0	0.2	0.1
波多黎各	0.0	..	..	..	0.0	..
卡塔尔	*27.9*	*13.4*	*14.5*	..	*0.0*	..

3.18 自然资源对国内生产总值的贡献

	自然资源总租金	石油租金	天然气租金	煤租金	矿产租金	森林租金
	占GDP的百分比	占GDP的百分比	占GDP的百分比	占GDP的百分比	占GDP的百分比	占GDP的百分比
	2010	2010	2010	2010	2010	2010
罗马尼亚	2.2	1.2	0.7	0.3	0.0	0.2
俄罗斯联邦	19.9	14.2	3.6	1.4	1.7	0.3
卢旺达	3.4	..	..	..	0.1	3.3
沙特阿拉伯	53.7	50.5	3.2	..	0.0	0.0
塞内加尔	2.4	0.0	0.0	..	1.2	1.1
塞尔维亚	0.9	0.8	0.1	2.0	0.0	..
塞拉利昂	4.5	..	..	..	0.9	3.6
新加坡	0.0	0.0	0.0	..	0.0	0.0
斯洛伐克共和国	0.4	0.0	0.0	0.0	0.0	0.3
斯洛文尼亚	0.2	0.0	0.0	0.2	0.0	0.2
索马里	..	..	..	..	..	..
南非	4.6	0.0	0.0	5.1	3.8	0.8
南苏丹	..	..	..	..	..	..
西班牙	0.1	0.0	0.0	0.0	0.0	0.0
斯里兰卡	0.5	0.0	0.0	..	0.0	0.5
苏丹	19.3	18.5	0.0	..	0.1	0.7
斯威士兰	1.7	..	..	0.0	0.0	1.7
瑞典	1.2	0.0	0.0	0.0	0.7	0.5
瑞士	0.0	0.0	0.0	..	0.0	0.0
阿拉伯叙利亚共和国	16.5	14.4	1.9	..	0.2	0.0
塔吉克斯坦	0.9	0.2	0.1	0.3	0.6	0.0
坦桑尼亚	6.8	0.0	0.5	0.0	4.2	2.1
泰国	2.7	1.1	1.2	0.1	0.1	0.3
东帝汶	0.3	..	..	..	0.0	0.3
多哥	3.9	0.0	0.0	0.0	1.9	2.0
特立尼达和多巴哥	37.3	11.5	25.8	..	0.0	0.0
突尼斯	6.7	4.4	1.0	..	1.1	0.1
土耳其	0.5	0.2	0.0	0.2	0.2	0.1
土库曼斯坦	43.9	19.7	24.2	..	0.0	..
乌干达	4.9	..	..	..	0.0	4.9
乌克兰	2.9	0.9	1.7	3.1	0.1	0.3
阿拉伯联合酋长国	20.5	18.0	2.4	..	0.0	..
英国	1.5	1.2	0.3	0.0	0.0	0.0
美国	1.0	0.7	0.1	0.4	0.1	0.1
乌拉圭	1.0	0.0	0.0	..	0.2	0.9
乌兹别克斯坦	29.4	3.3	18.1	0.2	8.1	0.0
委内瑞拉	19.6	18.0	0.9	0.1	0.7	0.0
越南	10.4	8.0	1.3	3.1	0.3	0.7
西岸和加沙	..	..	..	..	..	..
也门共和国	21.9	19.0	3.0	..	0.0	0.0
赞比亚	28.1	0.0	0.0	0.0	26.7	1.5
津巴布韦	3.4	0.0	0.0	2.9	1.2	2.2
全世界	**4.0 w**	**1.8 w**	**0.4 w**	**0.8 w**	**0.8 w**	**0.2 w**
低收入国家	6.5	1.2	1.3	..	1.8	2.3
中等收入国家	9.8	4.6	0.9	2.0	2.0	0.3
中低收入国家	11.4	5.7	1.2	2.2	1.8	0.6
中高收入国家	9.3	4.3	0.8	2.0	2.1	0.2
低收入和中等收入国家	9.8	4.5	0.9	2.0	2.0	0.3
东亚和太平洋地区	7.9	1.7	0.4	3.4	2.1	0.2
欧洲和中亚	14.2	8.9	2.5	1.3	1.2	0.3
拉丁美洲和加勒比地区	8.0	4.7	0.4	0.1	2.6	0.2
中东和北非	18.7	14.9	3.2	0.0	0.6	0.1
南亚	6.2	0.9	0.6	2.3	1.7	0.7
撒哈拉以南非洲地区	16.7	12.0	0.5	..	2.8	1.3
高收入国家	1.4	0.6	0.2	0.2	0.3	0.1
欧元区	0.3	0.0	0.1	0.0	0.0	0.1

注：由于四舍五入，各部分加总可能不等于100%。

关于数据的说明

在搭建可持续发展的分析框架时，需要把自然资源对经济产出的贡献计算在内。一些国家的自然资源尤其是化石燃料和矿产的收益占GDP的比重很高，主要以经济租金的形式存在——经济租金是指扣减开采成本后的收入。自然资源之所以能够产生经济租金是因为它们不是被生产出来的。对于生产形成的物品和服务来说，竞争会推动其产量扩大，直到经济利润下降为零。但自然资源的供给却是有限的，其收益大大高于开采成本。当一个国家的资本存量所剩无几时，它就会从化石燃料和矿产等不可再生资源和过度开采森林中攫取租金，如果这些国家是用这些租金来满足当前消费而不是用来投资新资本或替代消耗殆尽的物资，那么它们就是在透支未来。

一种商品的价格与生产该商品的平均成本之间的差额就是经济租金，表中的自然资源租金也是这样计算得出的。租金的计算方法是：单位特定自然资源商品的世界市场价格减去开采或收获该自然资源的平均单位成本（其中包括资本的正常收益）。单位租金乘以国家开采或收获的自然资源量就得到每种商品的租金，以占国民总收入比重的形式表示。

本文对经济租金的定义不同于国民账户体系的定义，后者认为租金是一种所有权收入，佃户需要向土地所有者支付土地使用租金，机构组织需要向地下资源所有者付费以获得地下资源开采权。

前几版《世界发展指标》的环境章节都收录了“广义储蓄”表，广义储蓄即经调整的净储蓄加上人力资本后扣减固定资本折旧、自然资源消耗和污染损失。经调整的净储蓄可以反映一个国家有形资本和无形资本存量的净增加或净减少。本版《世界发展指标》将该表放入“经济”章节（见表 4.11），与表 4.10“广义收入”互为补充。

定义

• **自然资源总租金**是指石油租金、天然气租金、煤租金（硬煤和软煤）、矿产租金和森林租金的总和。 • **石油租金**是指原油的世界市场价格与开采原油总成本之间的差额。 • **天然气租金**是指天然气的世界市场价格与开采天然气总成本之间的差额。 • **煤租金**是指硬煤和软煤的世界市场价格与开采煤总成本之间的差额。 • **矿产租金**是指矿产的世界市场价格与开采矿产总成本之间的差额。本文所谓的矿产包括锡、金、铅、锌、铁、铜、镍、银、铁矾土和磷酸盐。 • **森林租金**是指圆木长成后圆木制成品的平均价格，是一种地区性租金（根据其他评论文献整理，世界银行，2011c）。

数据资料来源

自然资源对 GDP 贡献度的数据是根据世界银行的数据来源和测算法估算得到（2011c）。

经济

4

本章的数据展现了全球经济状况以及200多个国家和地区的经济活动，包括生产、贸易和消费。本章的数据指标主要测量全球经济规模和结构的变化，以及这些变化对各国经济的影响。这些指标包括宏观经济运行情况（国内生产总值［GDP］、消费、投资、国际贸易等），稳定度（中央政府预算、价格、货币供给、国际收支等），以及根据污染、贬值和资源耗减等情况调整过的广义收入和储蓄。

2010年，全球经济增速达到4.2%，相对于2009年的2.3%迅速反弹，且高于2000年以来2.9%的平均水平。以GDP现值测算的总产出增长了超过10万亿美元。包括中国在内的中高收入国家的投资虽然逐渐减缓，而且金融市场的不确定性也广泛存在，但这些国家的增长率仍然高达7.8%。紧随其后的是中低收入经济体，增长率为6.9%，低收入经济体5.9%。高收入经济体占全球GDP总量的68%，这些国家和地区2010年的增长率为3.1%。发展中国家在过去10年中的增长速度较之前20年有所提高，甚至高于高收入经济体的增速。以GDP现值计算，2010年全球总产出达到63万亿美元，较2000年名义增长了96%。发展中国家产出在全球总产出中的比重上升了18%，至31%。东亚和太平洋地区的发展中国家增长最快，其产出已增长至2000年的四倍，在全球总产出中所占的比重也从5%翻番至12%。

GDP估计值的准确性以及在各国间的可比性取决于GDP数据的修正频率及口径构成。各国修正GDP数据的频率差别很大：有些国家每月修正，有些国家每季度或每年修正，还有些国家的修正频率更低。对GDP数值的修正通常是根据本年中的新数据对GDP初始数据进行微调，但有时也有例外情况。当采用新的测量方法、改变数据基年或覆盖范围时，就需要对初始数据进行较大调整。对GDP的全面修正往往产生正面影响，因为更加完善的数据源能够覆盖更多经济活动，调整新兴行业的权重也能更准确地反映这些行业对经济的贡献程度。GDP数据修正可能会使收入分类或贷款分类发生变化，但这样的情况并不常见。

对GDP数据的修正可能会破坏数据序列，除非修正数据能够与历史数据保持一致。如果因为重新设定基年使不变价格数据序列中断，那么可以通过赋予旧序列新的历史增长率使新旧序列对接。但是，如果名义GDP数据的时间序列中断，则很难使序列延续，除非统计机构能对历史序列进行修正。GDP数据修正也会影响其他数据序列。由于修正实际GDP数据的基年和构成不会影响基年之前的不变价格，那么新旧序列的GDP平减指数就会相互偏离。GDP数据序列断层还会影响财政指标数据，因为该指标往往以占GDP的百分比表示。当名义GDP被调高时，收入和支出与GDP的比率会比之前减小。下一年度的《世界发展指标》将介绍GDP数据序列出现重大修正和断层的情况。

部分发展中国家近期的经济业绩

	国内生产总值 年均增长百分比		货物和服务出口 年均增长百分比		货物和服务进口 年均增长百分比		国内生产总值平减指数 年均增长百分比		经常账户余额 占GDP的百分比		国际储备总额 百万美元	国际储备总额 进口覆盖的月份数
	2010	2011[a]	2010	2011[a]	2010	2011[a]	2010	2011[a]	2010	2011[a]	2011[a]	2011[a]
阿尔巴尼亚	3.5	3.0	4.2	5.0	–8.5	3.2	3.5	1.9	–11.9	–11.7	2,421	4.1
阿尔及利亚	3.3	3.0	..	..	..	..	16.2	9.6	..	..	183,122	36.2
安哥拉	2.3	7.0	..	..	..	..	26.6	12.4	8.8	7.0	28,348	6.3
安提瓜和巴布达	–5.2	3.0	..	..	..	..	2.0	–3.9	–13.7	–13.9	148	2.5
阿根廷	9.2	7.5	14.6	5.5	34.0	9.9	15.4	23.4	0.8	0.0	43,321	6.1
亚美尼亚	2.1	4.2	21.7	6.0	13.8	7.5	9.2	6.6	–14.7	–12.8	1,959	4.8
澳大利亚	2.3	1.7	5.3	5.2	5.1	9.2	0.1	4.1	–2.8	–2.2	42,921	1.7
奥地利	2.3	2.8	8.3	6.6	8.0	5.9	1.8	2.0	3.0	2.5	11,482	0.6
阿塞拜疆	5.0	0.2	24.2	1.0	1.3	2.5	11.2	17.7	29.1	26.6	10,274	9.3
孟加拉国	6.1	6.5	0.9	12.3	0.7	10.5	6.5	9.9	2.1	0.7	8,533	2.9
白俄罗斯	7.6	3.8	7.1	7.2	11.9	2.0	10.2	35.2	–15.2	–15.7	6,076	1.7
比利时	2.3	2.1	9.9	4.5	8.7	5.0	1.8	1.9	1.4	–0.5	18,311	0.5
伯利兹	2.9	2.1	..	..	..	..	0.9	5.2	–3.3	–3.3	237	3.1
贝宁	3.0	3.4	..	..	..	..	1.8	1.3	..	..	976	4.3
玻利维亚	4.1	4.5	9.9	5.6	11.0	5.4	8.8	11.9	4.4	4.7	9,984	17.4
博茨瓦纳	7.2	6.8	1.2	7.2	5.0	5.1	14.7	12.0	0.3	–3.3	8,337	16.7
巴西	7.5	2.9	11.5	4.4	36.2	9.7	7.3	6.9	–2.3	–2.5	350,414	14.0
保加利亚	0.2	2.0	16.2	5.0	4.5	5.0	2.9	–0.3	–1.5	1.3	15,321	5.6
布基纳法索	9.2	5.8	..	..	..	..	4.0	9.5	..	..	843	3.1
布隆迪	3.9	4.4	..	..	..	..	7.8	4.6	–18.7	–13.4	282	5.3
柬埔寨	6.0	6.1	20.6	5.2	16.8	3.4	3.1	4.6	–7.8	–12.1	3,471	4.6
喀麦隆	2.6	3.8	–0.3	7.4	4.6	7.3	3.2	4.5	–3.8	–2.9	3,199	5.2
加拿大	3.2	2.3	6.4	4.2	13.1	6.0	2.9	4.1	–3.1	–2.7	65,658	1.4
佛得角	5.4	5.8	..	..	..	..	3.3	–4.4	–11.2	–16.7	278	2.4
中非共和国	3.3	4.0	..	..	..	..	3.2	2.6	..	..	155	5.6
乍得	4.3	6.0	..	..	..	..	11.6	19.9	..	..	951	4.1
智利	5.2	6.2	–0.3	5.7	26.3	10.5	14.4	4.6	1.8	–0.4	41,932	6.0
中国	10.4	9.1	28.4	11.3	20.1	14.4	6.6	4.9	5.2	3.7	3,204,610	19.7
中国香港	7.0	4.7	16.8	4.9	17.3	5.0	0.5	12.1	5.7	–0.5	285,306	6.2
哥伦比亚	4.3	4.9	1.2	7.0	18.1	6.8	3.1	3.8	–3.1	–2.5	30,504	6.7
科摩罗	2.1	2.3	..	..	..	..	3.8	5.0	..	..	161	11.6
刚果民主共和国	7.2	6.7	9.4	16.0	17.0	13.6	22.4	15.2	..	..	1,273	2.3
刚果共和国	8.8	5.1	..	..	..	..	19.8	14.7	..	..	5,641	6.2
哥斯达黎加	4.2	3.8	5.4	6.1	15.2	7.6	7.8	4.9	–4.0	–5.2	4,756	3.2
科特迪瓦	3.0	–5.8	–0.5	–2.0	7.6	5.1	0.7	–6.5	..	..	4,192	4.7
克罗地亚	–1.2	1.2	6.0	5.8	–1.3	5.5	1.0	2.0	–1.6	–2.8	14,484	7.0
捷克共和国	2.3	2.1	18.0	5.0	18.0	6.8	–1.2	2.4	–3.1	–3.7	39,692	2.9

部分发展中国家近期的经济业绩

	国内生产总值		货物和服务出口		货物和服务进口		国内生产总值平减指数		经常账户余额		国际储备总额	
	年均增长百分比		年均增长百分比		年均增长百分比		年均增长百分比		占GDP的百分比		百万美元	进口覆盖的月份数
	2010	2011[a]	2010	2011[a]	2010	2011[a]	2010	2011[a]	2010	2011[a]	2011[a]	2011[a]
丹麦	1.3	1.3	3.2	6.6	3.5	5.4	3.9	3.2	5.5	5.8	81,794	6.1
多米尼克	0.1	0.9	..	..	..	..	0.0	4.9	–15.3	–21.9	81	3.5
多米尼加共和国	7.8	4.9	11.6	6.8	14.4	5.1	5.1	8.4	–8.6	–8.2	3,755	2.4
厄瓜多尔	3.6	5.1	2.3	4.6	16.3	7.0	7.6	7.2	–3.1	–2.7	1,710	0.9
埃及	5.1	0.5	–3.0	–4.8	–3.2	–11.7	10.1	15.1	–2.1	1.8	15,046	3.3
萨尔瓦多	1.4	1.5	12.3	7.5	11.1	7.0	1.2	3.4	–2.3	–3.8	2,165	2.4
赤道几内亚	0.9	2.8	..	..	..	..	19.1	6.9	..	..	3,054	7.8
爱沙尼亚	2.2	8.2	..	..	..	..	11.6	14.7	..	..	113	1.8
埃塞俄比亚	3.1	7.6	10.7	6.1	8.8	6.5	1.5	5.4	3.5	0.9	195	0.1
芬兰	10.1	7.7	14.4	9.0	15.9	11.0	3.8	10.8	–1.4	–10.6	..	..
斐济	0.3	1.3	..	..	..	..	8.1	0.4	–12.9	–7.2	832	4.6
芬兰	3.7	3.1	8.6	0.0	7.4	3.5	0.4	2.2	1.9	1.0	7,942	0.9
法国	1.5	1.6	9.7	5.7	8.8	5.0	0.8	1.5	–1.7	–2.0	52,819	0.8
加蓬	5.7	6.0	3.0	3.7	9.3	9.6	18.0	11.4	..	..	2,157	5.0
冈比亚	5.0	5.3	4.1	4.7	7.0	4.3	8.4	5.5	6.5	1.9	223	8.2
格鲁吉亚	6.4	5.4	..	..	..	..	8.7	–1.7	–11.5	–10.4	2,818	4.6
德国	3.7	3.0	13.7	5.9	11.7	6.8	0.6	1.9	5.7	5.3	72,796	0.5
加纳	6.6	13.6	53.7	41.0	69.4	35.9	14.0	22.7	–8.6	–7.0	..	..
希腊	–3.5	–5.4	4.2	–1.0	–7.2	–10.0	1.7	2.3	–10.3	–8.6	1,442	0.2
危地马拉	2.8	2.8	4.4	4.5	12.4	5.5	5.0	8.7	–1.5	–2.2	5,847	3.8
几内亚	1.9	4.3	1.5	1.8	0.1	5.1	19.7	10.1	–7.2	–14.2	..	..
几内亚比绍	3.5	4.8	..	..	..	..	1.7	–9.2	..	..	225	9.4
圭亚那	3.6	4.6	..	..	..	..	5.9	3.9	–7.2	–10.6	798	5.4
海地	–5.1	6.7	–7.3	14.5	19.7	0.2	5.4	3.2	–2.5	–13.4	1,389	3.5
洪都拉斯	2.8	3.4	6.0	2.7	10.2	2.9	5.7	7.3	–6.2	–6.4	2,751	2.9
匈牙利	1.3	3.4	14.3	8.7	12.8	7.9	3.1	5.3	1.1	2.8	48,686	5.4
冰岛	–4.0	2.8	0.4	6.2	4.0	6.7	6.9	1.7	–8.0	–8.1	8,454	14.9
印度	8.8	7.0	17.9	23.0	9.2	14.0	10.5	9.1	–3.0	–3.4	272,249	5.7
印度尼西亚	6.1	6.5	14.9	15.9	17.3	13.6	8.0	7.1	0.8	0.4	106,665	6.4
爱尔兰	–0.4	2.2	6.3	7.8	2.7	6.8	–2.4	2.0	0.5	0.6	1,410	0.1
以色列	4.7	4.5	13.4	4.3	12.5	12.5	1.1	2.6	2.9	0.6	74,874	9.5
意大利	1.5	0.7	12.2	6.2	12.7	4.8	0.4	2.0	–3.5	–3.9	53,421	0.9
牙买加	–0.6	1.3	..	..	..	..	10.6	7.3	–6.6	–11.2	2,273	3.8
日本	4.0	–0.2	23.9	0.5	9.8	3.5	–2.2	–1.2	3.6	2.2	1,259,494	16.0
约旦	3.1	2.5	7.6	–3.7	7.1	–0.5	6.3	1.4	–4.8	–8.5	11,489	6.8
哈萨克斯坦	7.3	6.6	1.9	11.0	–4.0	11.0	19.5	12.9	2.0	6.3	25,316	5.7
肯尼亚	5.3	4.3	6.1	8.9	3.0	8.6	3.9	10.1	–8.0	–9.2	4,264	3.4

4.a 部分发展中国家近期的经济业绩

	国内生产总值		货物和服务出口		货物和服务进口		国内生产总值平减指数		经常账户余额		国际储备总额	
	年均增长百分比		年均增长百分比		年均增长百分比		年均增长百分比		占GDP的百分比		百万美元	进口覆盖的月份数
	2010	2011[a]	2010	2011[a]	2010	2011[a]	2010	2011[a]	2010	2011[a]	2011[a]	2011[a]
韩国	6.2	3.8	14.5	9.1	16.9	6.3	3.7	1.5	2.8	2.5	304,349	5.8
吉尔吉斯斯坦	–1.4	5.5	–4.2	6.5	1.6	5.5	6.9	17.8	–8.3	–6.4	1,707	4.2
老挝	9.4	7.9	29.3	6.5	4.1	5.0	9.4	7.7	0.4	–14.0	..	..
拉脱维亚	–0.3	3.8	10.3	7.0	8.6	5.0	–2.3	6.4	3.0	–0.7	6,011	4.5
黎巴嫩	7.0	3.0	0.4	–9.1	–7.8	–4.1	4.4	2.4	–22.8	–20.6	34,236	12.7
莱索托	3.3	3.1	2.2	5.9	9.6	5.4	3.7	–0.7	–19.8	–24.5	..	..
立陶宛	1.3	5.8	16.3	5.8	17.6	9.0	2.0	10.0	1.5	–2.3	7,925	3.4
卢森堡	2.7	1.9	2.8	6.0	4.6	6.2	4.9	2.4	7.7	6.1	904	0.2
前南斯拉夫马其顿共和国	1.8	3.8	23.4	7.2	10.9	5.8	2.2	0.7	–2.2	–5.1	2,343	4.0
马达加斯加	1.6	2.6	..	..	..	..	8.1	9.2	..	..	1,279	4.2
马拉维	7.1	5.6	..	..	..	..	7.7	9.2	..	..	212	1.1
马来西亚	7.2	4.8	9.9	4.1	15.1	5.2	5.1	4.1	11.5	9.7	131,867	7.0
马里	4.5	5.4	..	..	..	..	3.6	2.1	..	..	1,418	5.2
毛里塔尼亚	5.0	5.1	..	..	..	..	19.3	5.6	..	..	485	3.3
毛里求斯	4.0	4.1	–4.2	1.9	–0.6	13.5	1.6	1.6	–8.2	–11.1	2,589	4.3
墨西哥	5.4	4.0	25.6	8.6	23.5	7.2	4.4	2.7	–0.6	–0.8	144,174	4.5
摩尔多瓦	6.9	6.0	12.8	20.0	13.7	10.0	11.2	3.7	–8.3	–9.4	1,965	4.1
摩洛哥	3.7	4.3	16.3	7.3	3.3	8.8	0.6	–0.7	–4.3	–6.7	19,572	4.7
莫桑比克	7.2	7.4	2.2	7.3	1.7	6.0	12.7	9.5	–11.6	–13.6	2,473	6.5
纳米比亚	4.8	3.9	–42.3	10.9	–60.0	1.9	9.3	3.9	0.3	–0.5	1,796	3.3
尼泊尔	4.6	4.0	–13.7	22.1	26.7	13.5	13.4	11.6	..	..	3,567	6.1
荷兰	1.7	1.4	10.8	6.2	10.6	5.7	1.3	1.8	6.6	7.3	21,322	0.4
尼加拉瓜	7.6	4.1	13.2	6.1	10.8	7.9	2.9	7.9	–14.7	–16.3	1,892	3.1
尼日尔	8.8	6.0	..	..	..	..	1.7	3.7	..	..	659	3.3
尼日利亚	7.9	7.0	..	..	..	..	7.5	23.5	1.3	14.3	35,249	4.8
挪威	0.7	1.6	1.8	6.3	9.9	6.7	6.4	6.3	12.3	16.9	49,273	4.3
巴基斯坦	4.1	3.2	15.8	11.7	4.4	8.8	12.0	11.2	–0.8	0.5	14,636	3.7
巴拿马	4.8	8.1	6.2	7.1	21.2	7.7	3.0	5.3	–10.7	–12.3	1,792	1.0
巴布亚新几内亚	8.0	9.0	..	..	..	..	9.3	9.8	–6.7	–24.0	4,172	6.2
巴拉圭	15.0	4.9	34.3	4.0	29.3	5.1	6.7	10.6	–3.5	–3.1	4,951	4.8
秘鲁	8.8	6.3	2.5	7.2	23.8	9.1	6.9	4.2	–1.5	–2.7	47,266	12.9
菲律宾	7.6	3.7	21.0	–7.7	22.5	1.6	4.2	5.0	4.5	2.1	67,565	9.7
波兰	3.9	4.0	12.1	6.1	13.9	7.1	1.4	2.9	–4.7	–5.1	92,824	4.6
葡萄牙	1.4	–1.5	8.8	6.0	5.4	–1.5	1.0	2.3	–10.0	–7.6	2,635	0.3
罗马尼亚	0.9	2.4	10.5	14.7	10.5	11.9	3.6	5.4	–4.0	–4.5	43,118	6.0
俄罗斯联邦	4.0	4.1	7.1	5.0	25.6	10.0	11.4	11.7	4.7	5.1	455,474	13.9

	国内生产总值		货物和服务出口		货物和服务进口		国内生产总值平减指数		经常账户余额		国际储备总额	
	年均增长百分比		年均增长百分比		年均增长百分比		年均增长百分比		占GDP的百分比		百万美元	进口覆盖的月份数
	2010	2011[a]	2010	2011[a]	2010	2011[a]	2010	2011[a]	2010	2011[a]	2011[a]	2011[a]
卢旺达	7.5	7.2	..	..	..	..	2.1	3.8	–7.5	–6.1	825	4.8
沙特阿拉伯	3.8	5.0	..	..	..	..	12.4	15.3	15.4	23.3	541,234	34.3
塞内加尔	4.2	4.2	5.7	5.2	3.5	4.4	1.4	4.4	..	..	2,536	4.2
塞舌尔	6.2	4.0	..	..	..	..	–0.8	2.0	–24.0	–33.8	252	2.0
塞拉利昂	4.9	5.6	..	..	..	..	14.4	9.1	–16.8	–13.6	432	7.0
新加坡	14.5	4.8	19.2	4.0	16.6	5.0	–0.5	4.0	23.7	20.5	237,874	5.9
斯洛伐克共和国	4.2	3.0	16.5	8.1	16.3	8.7	0.5	4.0	–3.4	–2.3	908	0.1
斯洛文尼亚	1.4	2.8	9.5	3.0	7.2	–2.6	–1.1	–3.0	–0.8	–0.6	836	0.3
南非	2.8	3.2	16.5	5.0	5.5	11.0	8.1	6.8	–2.8	–3.0	42,811	4.1
西班牙	–0.1	0.7	10.3	5.9	5.4	0.5	1.0	2.1	–4.6	–3.5	33,330	0.9
斯里兰卡	8.0	7.7	5.8	15.0	13.0	16.5	7.3	7.0	–2.9	–3.8	6,095	3.8
圣卢西亚	3.1	2.7	..	..	..	..	5.1	–3.5	–14.6	–21.4	213	3.0
圣文森	–1.3	–0.2	..	..	..	..	2.1	6.2	–29.2	–29.1	90	2.6
苏丹	4.5	5.3	..	..	..	..	17.6	4.1	0.3	–7.2	220	0.2
斯威士兰	1.1	–2.1	–2.4	5.3	0.9	4.7	6.1	5.0	–10.7	–15.8	601	2.5
瑞典	5.6	4.1	11.1	6.8	12.7	7.0	1.2	0.9	6.6	6.6	44,243	2.3
瑞士	2.7	1.7	8.4	7.4	7.3	5.9	0.1	–0.1	14.0	13.0	281,187	10.0
阿拉伯叙利亚共和国	3.2	–3.0	5.7	–3.5	8.3	5.8	6.3	7.5	–0.6	–2.2	16,714	9.5
坦桑尼亚	7.0	6.4	10.7	3.9	10.9	6.7	7.7	8.3	–8.6	–9.1	3,726	4.9
泰国	7.8	2.0	14.7	8.8	21.5	13.1	3.7	1.9	4.1	0.7	167,652	7.7
多哥	3.4	3.7	..	..	..	..	1.4	3.3	..	..	746	4.6
特立尼达和多巴哥	0.1	2.8	..	..	..	..	4.4	10.3	..	..	10,106	13.7
突尼斯	3.7	–0.5	4.8	–1.2	3.8	–2.2	4.0	–5.9	–4.8	–5.8	7,652	3.5
土耳其	9.0	7.9	3.4	6.0	20.7	13.0	6.3	8.9	–6.4	–9.8	78,660	3.8
乌干达	5.2	6.3	5.6	6.4	7.8	16.0	9.1	4.3	–10.2	–12.1	2,617	4.0
乌克兰	4.2	4.5	4.5	6.5	11.1	9.0	15.0	6.5	–2.2	–4.4	30,458	4.0
英国	2.1	1.0	7.4	6.0	8.6	0.3	2.9	3.8	–3.3	–1.5	79,808	1.2
美国	3.0	1.7	11.3	6.6	12.5	3.9	0.8	2.5	–3.2	–3.4	150,964	0.7
乌拉圭	8.5	5.5	8.5	7.1	16.2	7.1	5.1	6.8	–0.4	–2.0	10,289	10.3
乌兹别克斯坦	8.5	7.5	..	..	..	..	18.5	19.6	..	..	..	..
瓦努阿图	3.0	3.9	..	..	..	..	2.8	5.5	..	..	176	5.8
委内瑞拉	–1.5	3.1	–12.9	6.1	–2.9	7.9	46.7	59.8	3.1	7.9	10,562	2.4
越南	6.8	5.6	14.7	18.2	14.1	14.5	11.9	12.0	–4.0	–4.9	..	..
也门共和国	8.0	–6.0	15.8	0.2	–6.8	–1.0	24.7	19.8	–3.9	9.6	4,519	4.4
赞比亚	7.6	6.8	..	..	..	..	11.7	16.9	3.8	4.9	2,324	4.3
津巴布韦	9.0	5.0	21.5	14.1	6.6	8.0	17.5	3.3	..	..	..	..

a. 数据是基于世界银行工作人员的估计值和各国资料来源的初步估计值。

资料来源：《世界发展指标》数据档案；世界银行的《2012 年全球经济展望》；国际货币基金组织的《国际金融统计》。

4.1 产出的增长

	国内生产总值		农业		工业		制造业		服务业	
	年均增长百分比		年均增长百分比		年均增长百分比		年均增长百分比		年均增长百分比	
	1990–2000	2000–2010	1990–2000	2000–2010	1990–2000	2000–2010	1990–2000	2000–2010	1990–2000	2000–2010
阿富汗	..	11.3	..	6.3	..	14.5	..	9.5	..	14.2
阿尔巴尼亚	3.8	5.4	4.3	1.4	−0.5	4.7	..	..	6.9	8.1
阿尔及利亚	1.9	3.9	3.6	4.2	1.8	3.2	−2.1	2.0	1.8	5.2
安哥拉[a]	1.6	12.9	−1.4	14.2	4.4	12.7	−0.3	19.3	−2.2	12.9
阿根廷	4.3	5.6[b]	3.5	2.9	3.8	6.0	2.7	5.9	4.5	5.0
亚美尼亚	−1.9	9.2	0.5	6.0	−7.4	9.2	−4.3	5.8	6.7	10.4
澳大利亚	3.7	3.2	3.4	1.7	2.8	2.8	1.7	0.9	4.0	3.6
奥地利	2.5	1.8	−0.1	1.3	2.5	2.0	2.5	2.6	2.7	2.0
阿塞拜疆	−6.3	17.1	−1.7	4.7	−2.1	22.4	−15.7	8.3	−1.6	14.5
巴林	5.0	6.6	..	..	..	..	..	..	..	..
孟加拉国	4.8	5.9	2.9	3.5	7.3	7.7	7.2	7.8	4.5	6.1
白俄罗斯	−1.6	8.0	−4.0	5.5	−1.8	12.0	−0.7	10.7	−0.4	5.4
比利时	2.2	1.6	..	..	1.8	0.6	..	..	..	..
贝宁[a]	4.8	4.0	5.8	4.6	4.1	3.8	5.8	2.7	4.2	3.2
玻利维亚	4.0	4.1	2.9	2.9	4.1	5.4	3.8	4.4	4.3	3.1
波斯尼亚和黑塞哥维那	..	4.6	..	4.3	..	6.3	..	6.5	..	3.9
博茨瓦纳	5.7	4.1	−0.7	0.9	5.4	3.2	3.5	5.1	7.5	4.7
巴西	2.7	3.7	3.6	3.6	2.4	2.8	2.0	2.5	3.8	3.9
保加利亚	−1.1	4.8	−3.9	−2.3	−19.5	5.3	..	5.8	..	5.6
布基纳法索	5.5	5.5	5.9	6.2	5.9	7.3	5.9	6.3	3.9	5.5
布隆迪	−2.9	3.2	−1.9	−1.5	−4.3	−6.2	..	..	−2.8	10.4
柬埔寨	7.0	8.7	3.7	5.6	14.3	10.6	18.6	10.2	7.1	9.2
喀麦隆	1.7	3.2	5.4	3.4	−0.9	−0.4	1.4	..	0.2	6.2
加拿大	3.1	2.0	1.1	1.5	3.2	0.1	4.5	−1.6	3.1	3.0
中非共和国	2.0	1.0	3.8	0.3	0.7	−0.4	−0.2	−0.1	0.2	−2.5
乍得	2.2	9.0	4.9	..	0.6	..	..	..	0.8	..
智利	6.6	4.0	2.2	4.2	5.6	2.3	4.4	2.7	6.9	4.4
中国[a]	10.6	10.8	4.1	4.4	13.7	11.8	12.9	11.6	11.0	11.5
中国香港	3.6	4.6	..	−3.9	..	−2.7	..	−3.6	..	4.9
哥伦比亚	2.8	4.5	−2.7	2.2	1.4	4.5	−2.5	3.9	4.1	4.7
刚果民主共和国	−4.9	5.3	1.4	1.7	−8.0	8.7	−8.7	6.3	−13.0	11.2
刚果共和国[a]	1.0	4.3	..	..	..	..	..	..	..	..
哥斯达黎加	5.3	4.9	4.1	3.3	6.2	4.8	6.8	4.4	4.7	5.4
科特迪瓦[a]	3.2	1.1	3.5	1.6	6.3	0.3	5.5	−1.1	2.0	1.2
克罗地亚	0.5	3.2	−5.5	1.9	−2.2	2.8	−3.5	1.6	2.2	3.9
古巴	−0.7	6.7	−3.3	−0.9	−1.0	2.3	0.8	−1.5	−0.7	8.3
塞浦路斯	4.2	3.1	1.4	−3.3	0.6	3.0	0.2	0.1	6.5	3.9
捷克共和国	1.1	3.8	0.0	0.4	0.2	5.5	4.3	6.9	1.2	3.2
丹麦	2.7	0.9	4.6	−0.7	2.4	−0.8	2.2	0.2	2.7	1.2
多米尼加共和国[a]	6.3	5.6	1.9	3.4	7.1	2.6	7.0	2.8	5.9	7.1
厄瓜多尔	1.9	4.8	−1.7	4.4	2.6	5.4	1.5	5.2	2.4	2.8
埃及	4.4	5.1	3.1	3.3	5.1	5.5	6.3	4.9	4.1	5.4
萨尔瓦多	4.8	2.2	1.2	3.1	5.1	1.4	5.2	1.7	4.0	2.4
厄立特里亚	5.7	0.2	1.5	2.7	15.0	0.6	10.6	−6.0	5.7	0.6
爱沙尼亚	0.4	4.6	−6.2	−2.9	−2.4	8.6	7.3	8.9	3.2	7.1
埃塞俄比亚	3.8	8.8	2.6	7.1	4.1	9.3	3.9	7.6	5.2	10.9
芬兰	2.7	2.1	−0.3	2.7	3.4	3.0	6.4	3.3	2.8	1.5
法国	1.9	1.3	2.0	0.3	0.9	0.5	..	0.1	2.2	1.7
加蓬	2.3	2.2	2.0	1.5	1.6	0.8	3.0	3.0	3.1	3.3
冈比亚	3.0	3.7	3.3	3.2	1.0	7.3	0.9	..	3.7	6.2
格鲁吉亚	−7.1	6.9	−11.0	0.0	−8.1	9.3	..	10.2	−0.3	8.4
德国	1.6	1.0	0.1	−0.2	−0.1	0.1	0.1	0.5	2.6	1.7
加纳	4.3	5.9	..	..	..	..	..	..	..	..
希腊	2.2	2.6	..	..	1.0	0.8	..	..	..	..
危地马拉	4.2	3.6	2.8	2.9	4.3	2.5	2.8	2.6	4.7	4.4
几内亚	4.4	2.9	4.3	5.0	4.9	4.6	4.0	3.1	3.6	−2.1
几内亚比绍	1.2	1.5	..	..	..	..	..	..	..	..
海地	0.5	0.6	..	..	..	..	..	..	..	..

	国内生产总值 年均增长百分比		农业 年均增长百分比		工业 年均增长百分比		制造业 年均增长百分比		服务业 年均增长百分比	
	1990–2000	2000–2010	1990–2000	2000–2010	1990–2000	2000–2010	1990–2000	2000–2010	1990–2000	2000–2010
洪都拉斯	3.2	4.6	2.2	3.2	3.6	3.6	4.0	4.1	3.8	5.9
匈牙利	1.0	2.2	-1.9	3.4	3.7	2.1	7.9	3.4	0.5	2.1
印度	5.9	8.0	3.2	3.0	6.1	8.5	6.7	8.7	7.7	9.6
印度尼西亚 [a]	4.2	5.3	2.0	3.5	5.2	4.1	6.7	4.6	4.0	7.3
伊朗	3.1	5.4	3.2	5.9	2.6	6.9	5.1	9.9	3.8	5.3
伊拉克	..	0.4	..	..	..	..	..	..	..	..
爱尔兰	7.4	2.8	0.0	-4.6	11.5	3.7	..	..	..	3.8
以色列 [a]	5.5	3.6	..	..	..	..	..	..	..	..
意大利	1.5	0.5	2.1	-0.1	1.0	-0.8	1.6	-1.4	1.7	1.0
牙买加	1.6	1.2	-0.6	-0.2	-0.8	-0.3	-1.8	-1.5	3.8	1.7
日本	1.0	0.9	-0.4	-0.8	-0.4	0.5	0.5	1.6	1.7	1.3
约旦	5.0	6.7	-3.0	8.2	5.2	7.9	5.6	8.9	5.0	6.1
哈萨克斯坦	-4.1	8.3	-8.0	3.8	-8.6	9.0	..	6.3	1.1	8.3
肯尼亚	2.2	4.3	1.9	1.9	1.2	4.9	1.3	4.3	3.2	4.5
朝鲜	..	..	..	..	..	..	..	..	..	..
韩国	5.8	4.1	1.6	2.0	6.0	5.4	7.3	6.3	5.6	3.6
科索沃	..	5.3	..	..	..	..	..	..	..	..
科威特 [a]	4.9	8.4	1.0	..	0.3	..	-0.1	..	3.5	..
吉尔吉斯斯坦	-4.1	4.4	1.5	0.0	-10.3	1.1	-7.5	-0.6	-5.2	10.9
老挝	6.4	7.2	4.8	3.4	11.1	13.1	11.7	-0.2	6.6	7.3
拉脱维亚	-1.5	4.8	-5.2	2.8	-8.3	3.7	-7.3	2.5	2.7	5.7
黎巴嫩	5.3	4.9	2.9	0.8	-0.2	4.3	1.9	0.9	1.5	4.9
莱索托	4.0	3.5	2.8	-1.9	5.5	3.4	7.9	4.7	4.5	3.8
利比里亚	4.1	0.9	..	..	..	..	..	..	..	..
利比亚	..	5.4	..	..	..	..	..	..	..	..
立陶宛	-2.5	5.3	-0.4	1.9	3.3	5.8	6.6	7.1	5.8	5.3
前南斯拉夫马其顿共和国	-0.8	3.3	0.2	1.9	-2.3	3.3	-5.3	1.9	0.5	3.6
马达加斯加	2.0	3.4	1.8	2.4	2.4	4.2	2.0	5.1	2.3	3.6
马拉维	3.7	5.2	8.6	2.9	2.0	6.2	0.5	5.7	1.6	6.5
马来西亚 [a]	7.0	5.0	0.3	3.3	8.6	3.3	9.5	4.1	7.3	6.9
马里	4.1	5.2	2.6	4.8	6.4	4.5	-1.4	5.1	3.0	6.5
毛里塔尼亚	2.9	4.4	-0.2	1.3	3.4	4.4	5.8	-0.9	4.9	5.2
毛里求斯	5.2	3.9	0.0	0.1	5.4	1.8	5.3	0.6	6.3	5.6
墨西哥	3.1	2.1	1.5	1.7	3.8	1.3	4.3	1.1	2.9	2.5
摩尔多瓦	-9.6	5.2	-11.2	-0.9	-13.6	-1.7	-7.1	1.0	0.7	10.1
蒙古	1.0	7.2	0.3	4.6	1.5	5.8	-6.6	6.1	-0.9	8.9
摩洛哥	2.4	4.9	-0.4	5.9	3.2	3.8	2.6	3.0	3.1	4.9
莫桑比克	6.1	7.8	5.2	8.3	12.3	8.5	10.2	7.1	5.0	6.9
缅甸 [a]	..	..	..	..	..	..	..	..	..	..
纳米比亚	4.0	5.0	3.8	-2.4	2.4	1.1	7.4	0.2	4.2	6.9
尼泊尔	4.9	3.8	2.5	3.2	7.1	2.5	8.9	0.7	6.2	4.4
荷兰	3.2	1.6	1.8	1.6	1.7	0.8	2.6	1.1	3.5	2.1
新西兰	3.3	2.6	2.9	2.0	2.5	1.1	..	..	3.6	3.1
尼加拉瓜	3.7	3.6	4.7	2.9	5.5	3.4	5.3	4.7	5.0	4.3
尼日尔 [a]	2.4	4.2	3.0	..	2.0	..	2.6	..	1.9	..
尼日利亚	2.5	6.7	..	..	..	..	..	..	..	..
挪威	3.9	1.7	2.6	2.6	3.8	-0.6	1.5	2.3	3.9	3.1
阿曼 [a]	4.5	4.7	5.0	..	3.9	..	6.0	..	5.0	..
巴基斯坦	3.8	5.1	4.4	3.4	4.1	6.7	3.8	8.0	4.4	5.7
巴拿马	4.7	6.8	3.1	2.9	6.0	6.0	2.7	1.7	4.5	7.3
巴布亚新几内亚	3.8	3.8	4.5	2.4	5.4	4.3	4.6	3.9	-0.6	3.9
巴拉圭 [a]	2.2	3.8	3.3	5.2	0.6	2.1	1.4	1.3	2.5	3.8
秘鲁	4.7	6.1	5.5	4.1	5.4	6.6	3.8	6.2	4.0	6.2
菲律宾 [a]	3.3	4.9	1.9	3.2	3.2	4.2	3.0	3.7	3.7	5.8
波兰	4.7	4.3	0.5	1.1	6.7	5.8	8.1	8.7	5.2	3.6
葡萄牙	2.9	0.7	-0.6	-0.2	3.1	-0.9	2.7	-0.4	2.4	1.6
波多黎各 [a]	4.3	0.0	..	..	..	..	..	..	..	..
卡塔尔	..	14.2	..	..	..	..	..	..	..	..

	国内生产总值		农业		工业		制造业		服务业	
	年均增长百分比		年均增长百分比		年均增长百分比		年均增长百分比		年均增长百分比	
	1990–2000	2000–2010	1990–2000	2000–2010	1990–2000	2000–2010	1990–2000	2000–2010	1990–2000	2000–2010
罗马尼亚	–0.6	5.0	–1.9	7.0	–1.2	5.8	..	..	–0.3	6.0
俄罗斯联邦	–4.7	5.4	–4.9	1.5	–7.1	4.1	..	..	–4.7	6.5
卢旺达[a]	–0.2	7.6	2.5	..	–3.8	..	–5.8	..	–0.9	..
沙特阿拉伯[a]	2.1	3.6	1.6	1.2	2.2	3.2	5.6	5.6	2.2	4.3
塞内加尔	3.0	4.2	2.4	2.5	3.8	3.2	3.1	1.4	3.0	5.9
塞尔维亚	–4.2	4.1	..	*1.1*	..	*2.0*	..	..	..	*5.4*
塞拉利昂	–5.0	8.8	..	..	..	..	..	..	..	..
新加坡	7.2	6.0	–2.8	–3.2	7.7	5.6	7.0	6.1	7.2	6.3
斯洛伐克共和国	1.9	5.4	*0.4*	6.2	*4.1*	7.9	..	9.7	*4.4*	4.2
斯洛文尼亚	2.7	3.3	0.4	–0.6	1.6	3.3	1.8	3.2	3.0	3.6
索马里	..	..	..	..	..	..	..	..	..	..
南非	2.1	3.9	1.0	*1.5*	1.0	*2.9*	1.6	*3.1*	3.0	*4.1*
南苏丹	..	..	..	..	..	..	..	..	..	..
西班牙	2.7	2.4	3.1	–0.1	2.2	0.8	*5.2*	*–0.2*	2.7	3.2
斯里兰卡[a]	5.3	5.6	1.9	3.1	6.9	5.7	8.1	4.6	6.0	6.2
苏丹	5.5	6.7	7.4	2.6	8.5	10.6	7.5	4.7	1.9	7.9
斯威士兰	3.4	2.4	0.9	1.4	3.2	1.7	2.8	1.8	3.9	3.4
瑞典	2.3	2.2	–0.8	3.3	4.3	2.2	*8.9*	2.7	2.0	2.2
瑞士	1.0	1.9	–0.9	0.5	0.2	2.0	1.0	2.3	1.2	1.9
阿拉伯叙利亚共和国	5.1	5.0	6.0	..	9.2	..	..	..	1.5	..
塔吉克斯坦	–10.4	8.6	–6.8	7.4	–11.4	8.9	–12.6	8.2	–10.8	7.2
坦桑尼亚[c]	3.0	7.1	3.2	4.4	3.1	9.3	2.8	8.7	2.6	7.8
泰国[a]	4.2	4.5	1.0	2.2	5.7	5.4	6.9	5.6	3.7	4.0
东帝汶[a]	..	3.4	..	..	..	..	..	..	..	..
多哥[a]	3.5	2.7	4.0	2.8	1.8	*8.1*	1.8	*7.5*	3.9	*–0.7*
特立尼达和多巴哥	3.2	6.5	2.7	–8.3	3.2	9.2	4.9	8.9	3.2	5.6
突尼斯[a]	4.7	4.7	2.6	2.5	4.4	3.0	5.7	2.8	5.5	6.6
土耳其	3.9	4.7	1.3	1.6	4.7	5.2	4.7	5.1	4.0	5.0
土库曼斯坦	–4.9	13.6	*–4.7*	*12.3*	*–2.7*	*20.2*	..	..	*–5.8*	*21.8*
乌干达	7.0	7.7	3.4	2.2	12.3	9.2	14.2	6.8	8.2	8.4
乌克兰	–9.3	4.8	–5.6	2.9	–12.6	3.2	–11.2	6.2	–8.1	4.8
阿拉伯联合酋长国	4.8	5.1	..	..	..	..	..	..	..	..
英国	3.2	1.8	–0.3	0.2	1.5	–0.7	..	..	4.1	2.6
美国	3.6	1.8	3.8	1.9	3.7	0.3	..	1.9	3.6	2.2
乌拉圭	3.9	3.6	3.9	2.1	1.3	3.2	–0.4	4.9	1.7	3.6
乌兹别克斯坦	–0.2	7.1	0.5	6.4	–3.4	5.0	*0.7*	2.6	0.4	9.0
委内瑞拉	1.6	4.7	1.2	2.5	1.2	2.2	4.5	2.4	–0.1	6.4
越南	7.9	7.5	4.3	3.7	11.9	9.3	11.2	10.9	7.5	7.5
西岸和加沙	*7.3*	–0.9	..	..	..	..	..	..	..	..
也门共和国[a]	5.6	4.1	5.1	2.7	5.2	2.0	1.8	5.1	6.1	6.0
赞比亚	0.5	5.6	4.2	1.1	–4.2	9.4	0.8	5.1	2.5	5.5
津巴布韦	2.3	–6.0	4.3	–9.6	0.4	–4.9	0.4	–5.9	3.0	–4.2
全世界	**2.9 w**	**2.7 w**	**2.0 w**	**2.5 w**	**2.4 w**	**2.5 w**	**.. w**	**3.1 w**	**3.1 w**	**2.8 w**
低收入国家	3.0	5.5	2.9	3.7	3.6	7.2	3.6	6.6	2.8	6.1
中等收入国家	3.9	6.4	2.4	3.5	4.4	7.2	6.2	7.5	4.0	6.6
中低收入国家	3.8	6.3	2.6	3.3	4.1	6.0	4.7	6.3	4.5	7.6
中高收入国家	3.9	6.5	2.3	3.6	4.5	7.5	6.5	7.8	3.9	6.4
低收入和中等收入国家	3.9	6.4	2.4	3.5	4.4	7.2	6.2	7.5	4.0	6.6
东亚和太平洋地区	8.5	9.4	3.4	4.1	10.9	10.2	10.9	10.1	8.4	10.0
欧洲和中亚	–1.8	5.4	–2.1	2.7	–4.4	5.4	..	..	–1.2	5.9
拉丁美洲和加勒比地区	3.2	3.8	2.0	2.9	3.0	3.1	2.9	2.8	3.5	4.0
中东和北非	3.8	4.7	2.9	*4.6*	4.1	*3.5*	4.3	5.4	3.3	*5.1*
南亚	5.5	7.4	3.3	3.1	6.0	8.1	6.4	8.4	6.9	8.8
撒哈拉以南非洲地区	2.5	5.0	3.2	*3.2*	1.9	*4.9*	2.2	*3.4*	2.6	*4.8*
高收入国家	2.7	1.8	1.5	0.7	1.9	0.7	..	*1.9*	3.0	2.1
欧元区	2.0	1.3	1.6	0.2	1.0	0.4	1.2	0.3	2.4	1.8

a. 各部分由生产价格计价。b. 私人分析家估计2007—2009年消费者价格指数的通货膨胀非常高，他们认为GDP数额的增长已大大低于自2008年最后一个季度以来官方发布的报告。c. 仅包括坦桑尼亚大陆。

关于数据的说明

一个经济体的经济增长是由该经济体产出量的变化或者该经济体常住居民实际收入的变化衡量的。1993年制定的联合国国民经济核算体系提供了3个似乎合理的指标，用以计算经济的增长率。其中这3个指标分别是：国内生产总值、实际国内总收入以及实际国民总收入。国内生产总值是指以不变价格计算的，居民家庭、政府以及在该经济体运营的企业创造的增加值的总和。

各行业对各经济体产出增长的贡献可以用该行业增加值的增长来衡量。原则上来讲，以不变价格计算的增加值可以通过以下方法进行估算：首先测算一段时期内产品与服务的生产数量，然后按一系列统一的基年价格衡量其价值，然后再减去按不变价格计算的中间投入成本。这一由1993年及其以前年度的国民经济核算体系推荐的双重缩减法，需要投入产出价格结构的详细信息。

然而，很多行业的增加值则是根据基年单一的产出量指数推算出来的，很少情况下采用投入量指数。尤其在服务业，其中包括大多数政府，以不变价格计算的增加值都是根据诸如实际工资或者就业人数等劳动投入量估算的。由于缺乏准确定义的产出衡量方法，测算服务业的增长仍然非常困难。

此外，由于技术进步能够改善生产程序，提高产品和服务的质量，如果不适当地考虑这一因素，就会扭曲对增加值进而经济增长的衡量。当使用投入量估算产出量时，例如，估算非市场化服务，不测算技术进步就会低估产出量。同样，不测算货物和服务质量的提高也会低估产值和增加值。结果就会导致对经济增长率和生产率提高的低估，而通货膨胀则会被高估。

非正规经济活动的存在给数据测算带来了一个特殊问题，尤其在发展中国家，因为在这些国家许多经济活动可能并没有记录。要完整地了解该经济体的全貌，需要估算家庭自用的以及在非正规市场上销售的产出、易货贸易以及违禁或者故意隐瞒不报的生产活动。上述估算值的一致性和完整性取决于统计汇编数据的技能和方法。

重建国民经济核算基础

在重新构筑国民经济核算基础时，国家要更新各组成部分的权重，以更好地反映当前的生产（或者产出使用）形式。新的基年应该代表经济体正常的运行状况——也就是说，这一年中没有发生严重的经济振荡或者扭曲。一些发展中国家已多年未重建国民经济核算体系。使用旧的基年可能会产生误导，因为隐含于其中的价格与数量权重的相关性和有用程度都在逐渐降低。

为得到可比的不变价格数据系列，世界银行将按产业来源划分的GDP和增加值都重新调整为同一参照年份的数据。在2012年版的《世界发展指标》中，继续将2000年作为参照年份。由于重新调整改变了正式的区域总值和收入组别总值中暗含的权重，因此，2010年版的《世界发展指标》中总的经济增长率与以前不同基年的出版物中的这一数据不具有可比性。

重新调整可能会使调整后的GDP与调整后各组成部分之和这两个数据之间出现差异。由于分摊这一差异会导致经济增长率的扭曲，因此未对它加以处理，结果各组成部分增长率的加权平均值一般不等于GDP的增长率。

经济增长率的计算

GDP及其组成部分的增长率是使用最小二乘方法、以本币计值的不变价格数据计算的。使用不变价格美元通常用于计算地区的增长率和按收入划分的一组国家的增长率。各国本币使用同一参照年份的汇率折算成以不变价格表示的美元。表中的经济增长率是复式计算的年均增长率。“统计方法”中给出了经济增长率的计算方法。

国民经济核算体系的变化

《世界发展指标》在2001年第一次采用了1993年国民经济核算体系的术语。虽然许多国家依然按照第3版《国民经济核算体系》（同时也是指1968年国民经济核算体系）编制国民经济账户，但是越来越多的国家采用了1993年国民经济核算体系。一些低收入国家在描述主要的经济总量时，甚至还使用了更老的1953年国民经济核算体系指南中的概念，例如，对要素成本等的估值。采用1993年版体系的国家都在“基本数据文献”中标明了。

定义

• **国内生产总值（GDP）**是以购买者价格计算的一个经济体所有常住生产者创造的总增加值之和，加上所有未包括在产出价值内的产品税（减去补贴）。计算中没有扣除成套设备资产的折旧或者自然资源的消耗与分解。增加值是指一个部门所有产出之和减去中间投入后的净产出。增加值的产业来源划分是根据国际标准产业分类（ISIC）第3次修订版确定的。 • **农业**指ISIC第1—5项所对应行业（包括林业和渔业）的生产总值扣减生产环节中使用的中间要素价值。 • **工业**指ISIC第10—45项（包括采矿业、制造业［也单独作为一个子类列出］、建筑业、电力、水和天然气行业）所对应的总产出扣减中间要素投入的价值。 • **制造业**指ISIC第15—37项对应的行业的总产出扣减中间要素投入。 • **服务业**与ISIC第50—99项对应。该部门是GDP扣除农业和工业以后的残值，或许不能恰当地反映服务业（包括银行和金融服务行业）产出的总值。对于一些国家来讲，服务业包括了产品税（扣除补助），可能也包括了统计上的差异。

数据资料来源

大多数发展中国家的国民经济核算数据都是由世界银行访问团和常驻代表处取自各国的国民经济统计机构和中央银行。高收入经济体的数据来自经济合作与发展组织的数据档案。联合国统计署在《国民账户统计：主要综合数值与详细统计表》中公布了其成员国详细的国民经济核算数据，最新数据公布于《统计月报》。

	国内生产总值		农业		工业		制造业		服务业	
	百万美元		占GDP的百分比		占GDP的百分比		占GDP的百分比		占GDP的百分比	
	2000	2010	2000	2010	2000	2010	2000	2010	2000	2010
阿富汗	2.5	17.2	45	30	20	22	15	13	35	48
阿尔巴尼亚	3.7	11.8	29	20	19	19	11	19	52	61
阿尔及利亚	54.8	162.0	9	7	59	62	7	6	33	31
安哥拉[a]	9.1	84.4	6	10	72	63	3	6	22	27
阿根廷	284.2	368.7	5	10	28	31	18	21	67	59
亚美尼亚	1.9	9.4	26	20	39	36	19	11	35	44
澳大利亚	416.9	1,131.6	4	2	27	20	13	9	70	78
奥地利	192.1	379.1	2	2	31	29	20	19	67	69
阿塞拜疆	5.3	51.8	17	6	45	65	6	6	38	30
巴林	8.0	20.6	..	..	..	..	..	..	..	..
孟加拉国	47.1	100.4	26	19	25	28	15	18	49	53
白俄罗斯	12.7	54.7	14	9	39	44	32	31	47	47
比利时	232.7	469.4	1	1	27	22	19	14	72	78
贝宁[a]	2.3	6.6	37	..	14	..	9	..	50	..
玻利维亚	8.4	19.6	15	13	30	37	15	14	55	50
波斯尼亚和黑塞哥维那	5.5	16.6	11	8	23	28	10	14	66	64
博茨瓦纳	5.6	14.9	3	3	53	45	5	3	45	52
巴西	644.7	2,087.9	6	6	28	27	17	16	67	67
保加利亚	12.9	47.7	14	5	26	31	18	16	61	63
布基纳法索	2.6	8.8	29	..	24	..	16	..	47	..
布隆迪	0.7	1.6	40	..	19	..	9	..	41	..
柬埔寨	3.7	11.2	38	36	23	23	17	16	39	41
喀麦隆	10.1	22.4	22	..	36	..	21	..	42	..
加拿大	724.9	1,577.0	2	..	33	..	19	..	65	..
中非共和国	1.0	2.0	53	56	16	15	7	..	31	29
乍得	1.4	7.6	42	14	11	49	9	7	46	38
智利	75.2	212.7	6	3	38	43	19	12	55	54
中国[a]	1,198.5	5,926.6	15	10	46	47	32	30	39	43
中国香港	169.1	224.5	0	0	12	7	3	2	88	93
哥伦比亚	100.4	288.2	9	7	29	36	15	15	62	57
刚果民主共和国	4.3	13.1	50	43	20	24	5	5	30	33
刚果共和国[a]	3.2	11.9	5	4	72	80	3	4	23	16
哥斯达黎加	15.9	35.8	9	7	32	26	25	17	58	67
科特迪瓦[a]	10.4	22.8	24	23	25	27	22	19	51	50
克罗地亚	21.5	60.9	6	6	29	27	20	18	65	67
古巴	30.6	62.7	8	5	28	20	18	10	64	75
塞浦路斯	9.3	23.1	4	2	19	20	10	8	77	78
捷克共和国	56.7	192.0	4	2	38	38	27	24	58	60
丹麦	160.1	312.0	3	1	27	22	16	12	71	77
多米尼加共和国[a]	24.0	51.8	7	6	36	32	26	24	57	62
厄瓜多尔	15.9	58.0	9	7	32	38	11	10	59	55
埃及	99.8	218.9	17	14	33	38	19	16	50	48
萨尔瓦多	13.1	21.2	10	13	32	27	25	21	58	60
厄立特里亚	0.6	2.1	15	15	23	22	11	6	62	63
爱沙尼亚	5.7	19.2	5	3	28	29	18	17	68	68
埃塞俄比亚	8.2	29.7	50	48	12	14	6	5	38	38
芬兰	121.8	238.0	3	3	35	29	26	19	62	68
法国	1,326.3	2,560.0	3	2	23	19	16	11	74	79
加蓬[a]	5.1	13.0	6	4	56	54	4	4	38	42
冈比亚	0.4	0.8	36	27	13	16	5	5	51	57
格鲁吉亚	3.1	11.7	22	8	22	23	9	13	56	68
德国	1,886.4	3,280.5	1	1	30	28	23	21	68	71
加纳	5.0	31.3	39	30	28	19	10	6	32	51
希腊	124.4	301.1	..	..	21	18	..	..	..	..
危地马拉	19.3	41.2	15	13	29	19	21	19	56	68
几内亚	3.1	4.5	20	13	33	47	4	5	47	40
几内亚比绍	0.2	0.9	56	..	13	..	11	..	31	..
海地	3.7	6.7	..	..	..	..	..	..	..	..

	国内生产总值 百万美元		农业 占GDP的百分比		工业 占GDP的百分比		制造业 占GDP的百分比		服务业 占GDP的百分比	
	2000	2010	2000	2010	2000	2010	2000	2010	2000	2010
洪都拉斯	7.1	15.4	16	13	32	27	23	18	52	61
匈牙利	46.4	128.6	6	4	32	31	24	23	62	65
印度	460.2	1,727.1	23	19	26	26	16	14	50	55
印度尼西亚[a]	165.0	706.6	16	15	46	47	28	25	38	38
伊朗	101.3	*331.0*	14	..	37	..	13	..	50	..
伊拉克	25.9	82.2	5	..	84	..	1	..	10	..
爱尔兰	97.5	206.6	3	*1*	42	32	33	*24*	55	67
以色列[a]	124.7	217.3	..	..	..	..	..	..	..	..
意大利	1,104.0	2,061.0	3	2	28	25	21	17	69	73
牙买加	9.0	14.3	7	6	26	22	11	9	67	71
日本	4,667.4	5,458.8	2	*1*	32	*27*	22	*18*	66	*72*
约旦	8.5	27.6	2	3	26	31	16	19	72	66
哈萨克斯坦	18.3	149.1	9	5	40	42	18	13	51	53
肯尼亚	12.7	31.4	32	19	17	14	12	8	51	67
朝鲜	..	..	..	..	..	..	..	..	..	..
韩国	533.4	1,014.5	5	3	38	39	28	31	57	58
科索沃	1.8	5.6	..	12	..	20	..	17	..	68
科威特[a]	37.7	*109.5*	0	..	59	..	3	..	40	..
吉尔吉斯斯坦	1.4	4.6	37	21	31	28	19	18	32	51
老挝	1.7	7.3	53	33	23	30	17	8	25	37
拉脱维亚	7.8	24.0	5	4	24	22	14	12	72	74
黎巴嫩	17.3	39.0	7	6	23	21	13	8	70	72
莱索托	0.7	2.1	12	8	32	34	14	16	56	58
利比里亚	0.6	1.0	72	*61*	12	*17*	9	*13*	16	*22*
利比亚	33.9	*62.4*	*5*	*2*	*66*	*78*	*3*	*4*	*29*	*20*
立陶宛	11.4	36.3	6	4	30	28	19	*16*	64	68
前南斯拉夫马其顿共和国	3.6	9.2	12	11	34	28	21	16	54	61
马达加斯加	3.9	8.7	29	*29*	14	*16*	12	*14*	57	*55*
马拉维	1.7	5.1	40	*31*	18	*16*	13	*10*	43	*53*
马来西亚[a]	93.8	237.8	9	11	48	44	31	26	43	45
马里	2.4	9.3	42	..	21	..	4	..	38	..
毛里塔尼亚	1.1	3.6	28	20	30	37	9	4	43	43
毛里求斯	4.6	9.7	7	4	31	29	23	19	62	67
墨西哥	581.4	1,034.8	4	4	28	34	20	18	68	62
摩尔多瓦	1.3	5.8	29	14	22	13	16	13	49	73
蒙古	1.1	6.2	31	16	25	38	8	7	44	46
摩洛哥	37.0	90.8	15	15	29	30	17	15	56	55
莫桑比克	4.2	9.6	24	32	25	23	12	13	51	45
缅甸[a]	..	..	57	36	10	26	7	20	33	38
纳米比亚	3.9	12.2	12	8	28	20	13	8	60	73
尼泊尔	5.5	15.7	41	36	22	15	9	7	37	48
荷兰	385.1	779.4	3	2	25	24	16	13	72	74
新西兰	51.6	*126.7*	9	..	25	..	17	..	66	..
尼加拉瓜	3.9	6.6	21	21	28	30	17	20	51	49
尼日尔[a]	1.8	5.5	38	..	18	..	7	..	44	..
尼日利亚	46.0	193.7	*49*	..	*31*	..	*3*	..	*21*	..
挪威	168.3	417.5	2	2	42	40	11	9	56	58
阿曼[a]	19.9	*46.9*	2	..	57	..	5	..	41	..
巴基斯坦	74.0	176.9	26	21	23	25	15	17	51	53
巴拿马	11.6	26.7	7	5	19	17	10	6	74	78
巴布亚新几内亚	3.5	9.5	36	36	41	45	8	6	23	19
巴拉圭[a]	7.1	18.3	17	22	22	20	15	12	61	57
秘鲁	53.3	157.1	8	8	30	34	16	17	62	57
菲律宾[a]	81.0	199.6	14	12	34	33	24	21	52	55
波兰	171.3	469.4	5	4	32	32	19	18	63	65
葡萄牙	117.3	228.6	4	2	28	23	18	13	68	74
波多黎各[a]	61.7	96.3	1	1	42	50	39	46	57	49
卡塔尔	17.8	*98.3*	..	..	..	..	..	..	..	..

	国内生产总值 百万美元		农业 占GDP的百分比		工业 占GDP的百分比		制造业 占GDP的百分比		服务业 占GDP的百分比	
	2000	2010	2000	2010	2000	2010	2000	2010	2000	2010
罗马尼亚	37.1	161.6	13	7	36	26	15	22	51	67
俄罗斯联邦	259.7	1,479.8	6	4	38	37	17	16	56	59
卢旺达 [a]	1.7	5.6	37	34	14	14	7	6	49	52
沙特阿拉伯 [a]	188.4	434.7	5	3	54	62	10	10	41	35
塞内加尔	4.7	13.0	19	17	23	22	15	13	58	61
塞尔维亚	6.1	38.4	20	9	30	27	24	16	50	64
塞拉利昂	0.6	1.9	58	49	28	21	4	..	13	30
新加坡	95.9	208.8	0	0	35	28	27	22	65	72
斯洛伐克共和国	28.7	87.3	4	4	36	35	25	21	59	61
斯洛文尼亚	20.0	46.9	3	2	36	32	26	21	61	66
索马里	..	..	..	..	..	..	..	..	..	..
南非	132.9	363.7	3	3	32	31	19	15	65	66
南苏丹	..	..	..	..	..	..	..	..	..	..
西班牙 [a]	580.7	1,407.4	4	3	29	26	19	13	66	72
斯里兰卡	16.3	49.6	20	13	27	29	17	18	53	58
苏丹	12.4	62.0	42	24	22	33	9	6	37	43
斯威士兰	1.5	3.6	12	7	45	50	39	45	43	42
瑞典	247.3	458.6	2	2	29	27	22	16	69	71
瑞士	249.9	527.9	2	1	27	27	19	19	71	72
阿拉伯叙利亚共和国	19.3	59.1	24	23	38	31	7	..	38	46
塔吉克斯坦	0.9	5.6	27	21	39	22	34	10	34	57
坦桑尼亚 [b]	10.2	23.1	33	28	19	25	9	10	47	47
泰国 [a]	122.7	318.5	9	12	42	45	34	36	49	43
东帝汶 [a]	0.3	0.7	26	..	19	..	3	..	56	..
多哥 [a]	1.3	3.2	34	..	18	..	8	..	48	..
特立尼达和多巴哥	8.2	20.6	1	1	49	52	7	5	49	47
突尼斯 [a]	21.5	44.3	11	8	30	32	18	18	58	60
土耳其	266.6	734.4	11	10	31	27	23	18	57	64
土库曼斯坦	2.9	20.0	24	12	44	54	11	..	31	34
乌干达	6.2	17.0	29	24	23	25	8	8	48	50
乌克兰	31.3	137.9	17	8	36	31	19	17	47	61
阿拉伯联合酋长国	104.3	297.6	2	1	50	54	13	10	48	46
英国	1,477.2	2,261.7	1	1	27	22	17	11	72	78
美国	9,898.8	14,586.7	1	1	23	20	16	13	75	79
乌拉圭	22.8	39.1	7	9	25	26	14	14	69	65
乌兹别克斯坦	13.8	39.0	34	20	23	35	9	9	43	45
委内瑞拉	117.1	391.8	4	..	50	..	20	..	46	..
越南 [a]	31.2	106.4	25	21	37	41	19	20	39	38
西岸和加沙	4.1	..	..	..	..	..	..	..	..	..
也门共和国 [a]	9.6	31.3	14	8	46	29	6	6	40	63
赞比亚	3.2	16.2	22	9	25	37	11	9	52	54
津巴布韦	6.6	7.5	18	17	25	29	16	15	57	53
全世界	**32,248.5 w**	**63,242.1 w**	**4 w**	**3 w**	**29 w**	**25 w**	**19 w**	**16 w**	**68 w**	**72 w**
低收入国家	164.8	416.5	34	25	21	25	12	14	45	50
中等收入国家	5,708.1	19,632.1	11	10	36	36	21	20	53	55
中低收入国家	1,258.9	4,312.3	20	17	34	31	17	16	46	52
中高收入国家	4,449.2	15,317.0	9	8	36	37	23	22	55	55
低收入和中等收入国家	5,874.8	20,071.7	12	10	35	35	21	20	53	54
东亚和太平洋地区	1,727.2	7,630.5	15	11	44	45	31	29	41	43
欧洲和中亚	709.9	3,059.0	11	7	35	32	18	17	55	61
拉丁美洲和加勒比地区	2,054.4	4,980.8	6	6	30	31	18	17	65	63
中东和北非	433.5	1,207.0	13	..	43	..	13	..	44	..
南亚	608.2	2,090.4	24	19	26	26	15	15	50	54
撒哈拉以南非洲地区	342.1	1,097.9	16	13	29	30	15	13	54	57
高收入国家	26,375.3	43,240.0	2	1	28	24	19	15	71	75
欧元区	6,256.1	12,149.1	2	2	28	26	20	16	70	72

a. 各部分由生产价格计价。b. 仅包括坦桑尼亚大陆。

关于数据的说明

一个经济体的国内生产总值代表了该国所有生产者创造的增加值之和。增加值是指生产者产出的总价值减去生产中消耗的中间产品和服务的价值，其中中间产品和服务不包括生产过程中损耗的固定资产。联合国国民经济核算体系要求在估算增加值时，使用基本价格（扣除对产品的净税收）或者生产者价格（包括生产者支付的对产品的净税收，但是扣除销售税或者增值税）。然而，两种估值方法均需扣除生产者单独开发票支付的运输费。本表及其本书其他地方给出的 GDP 总值是用购买者价格测算的。各行业的增加值则通常是用基本价格测算的。在使用生产者价格测算增加值时，“基本数据文献”和表的脚注会予以说明。

虽然使用生产法估算的 GDP 通常比采用收入法或者支出法估算的结果更加可靠，但是不同的国家还是使用了不同的定义、方法和报告标准。世界银行的工作人员要核查国民经济核算数据的质量，有时需要调整加以改善，以使数据更符合国际准则。尽管如此，国际标准与实际做法之间仍然存在着重大差异；许多统计机构，特别是那些发展中国家的统计机构，面临着资料来源、时间、培训和预算等方面的严重制约，进而难以作出可靠、全面的国民经济核算的统计数据序列。

测算产出时的数据问题

国民账户编制者面临的困难之一就是，非正规经济或者第二层次经济中有些经济活动没有报告。在发展中国家，很大一部分农业产出不进行交换（因为用于家庭内部消费），或者不用于货币交易。

农业生产一般必须要用涉及投入、产量和耕地面积的综合测算方法来间接估算。由于气候条件或者耕作技术之外的原因，使用这种方法得出的近似值会随着时间和农作物的不同而偏离真实值。与此类似，对于不能轻易分摊到特定产出的农业投入，也经常用同样原始的、无事先计划的近似法编制。关于农业生产测算的进一步讨论，见表 3.3 中“关于数据的说明”。

对于工业产出来讲，较理想的测算方式就是对企业进行常规普查和调查。但是在大多数发展中国家，这种调查不能经常及时地进行，因此，许多早期调查结果必须用适当的指标进行推算。所选择的样本单位也会影响数据的质量，这些样本单位可能是企业（其回答可能基于其财务记录）或者机构（其生产单位可能分开记录）。此外，许多工业生产都是以非注册公司或者所有者自营的形式组织起来的，以正规部门为对象的调查不会涵盖它们。即使在很有可能受到常规调查的大型工业企业，逃避消费税和其他税种、隐瞒收入的现象也会引起对增加值的低估。随着各国从政府控制企业的模式转向发展私营企业的模式，该问题变得更加严峻，因为有新的公司进入商业，而越来越多的新成立的企业不提供报告。根据国民经济核算体系的要求，产出应该包括所有上述没有报告的生产活动、非法活动以及其他未记录的非正规或者小规模经营活动的产值。这些活动的数据需要使用传统的企业调查方式之外的技术收集。

在诸如公用事业等大型机构和企业占主导地位的行业中，产出、就业和工资等数据一般容易获得而且较为可靠。但是服务行业存在许多个人独立经营的工作人员和个体户，有时很难找到他们，他们对答复调查也没有积极性，更别说报告其全部收入。未被记录的经济活动形式多样，包括女性和儿童只为极低的报酬或者根本不要报酬而付出的劳动，从而使问题更加复杂。关于使用国民经济核算数据存在问题的进一步讨论，见 Srinivasan（1994）和 Heston（1994）。

美元的换算

为得到以相同的标准货币单位衡量的国民经济核算总量，就必须把产值换算成以单一共同货币表示的数据。世界银行通常使用美元，并以国际货币基金组织公布的所示年份的平均官方汇率进行换算。如果官方汇率与实际用于外汇交易和产品贸易的汇率之间偏差很大，则使用替代换算系数。

定义

- **国内生产总值（GDP）**是以购买者价格计算的一个经济体所有常住生产者创造的总增加值之和，加上所有未包括在产出价值内的产品税（减去补贴）。计算中没有扣除成套设备资产的折旧或者自然资源的消耗与分解。增加值是指一个部门所有产出之和减去中间投入后的净产出。增加值的产业来源划分是根据国际标准产业分类（ISIC）第 3 次修订版确定的。
- **农业**指 ISIC 第 1—5 项所对应行业（包括林业和渔业）的生产总值扣减生产环节中使用的中间要素价值。
- **工业**指 ISIC 第 10—45 项（包括采矿业、制造业［也单独作为一个子类列出］、建筑业、电力、水和天然气行业）所对应的总产出扣减中间要素投入的价值。
- **制造业**指 ISIC 第 15—37 项对应的行业的总产出扣减中间要素投入。
- **服务业**与 ISIC 第 50—99 项对应。该部门是 GDP 扣除农业和工业以后的残值，或许不能恰当地反映服务业（包括银行和金融服务行业）产出的总值。对于一些国家来讲，服务业包括了产品税（扣除补助），可能也包括了统计上的差异。

数据资料来源

大多数发展中国家的国民经济核算数据都是由世界银行访问团和常驻代表处取自各国的国民经济统计机构和中央银行。高收入经济体的数据来自经济合作与发展组织的数据档案。联合国统计署在《国民账户统计：主要综合数值与详细统计表》中公布了其成员国详细的国民经济核算数据，最新数据公布于《统计月报》。

	制造业增加值		食品、饮料与烟草		纺织品与服装		机械与交通设备		化工		其他制造业[a]	
	百万美元		占总数的百分比		占总数的百分比		占总数的百分比		占总数的百分比		占总数的百分比	
	2000	2010	2000	2008	2000	2008	2000	2008	2000	2008	2000	2008
阿富汗	0.64	1.96	..	..	..	..	..	..	..	..	..	..
阿尔巴尼亚	0.37	1.95	20	15	27	23	3	3	5	11	46	48
阿尔及利亚	3.86	7.32	..	..	..	..	..	..	..	..	..	..
安哥拉	0.26	4.89	..	..	..	..	..	..	..	..	..	..
阿根廷	46.88	69.44	29	..	8	..	11	..	15	..	37	..
亚美尼亚	0.32	0.89	..	..	..	..	..	..	..	..	..	..
澳大利亚	49.08	98.34	21	19	4	3	13	14	8	7	55	58
奥地利	35.36	65.50	10	9	4	2	25	26	7	7	54	56
阿塞拜疆	0.28	2.81	42	15	3	1	11	6	6	4	37	75
巴林	..	..	..	..	..	..	..	..	..	..	..	..
孟加拉国	6.92	17.36	24	..	40	..	3	..	11	..	21	..
白俄罗斯	3.44	14.90	..	..	..	..	..	..	..	..	..	..
比利时	39.90	59.03	12	13	5	4	19	17	20	21	44	45
贝宁	0.20	..	..	..	..	..	..	..	..	..	..	..
玻利维亚	1.11	2.21	37	..	5	..	0	..	4	..	54	..
波斯尼亚和黑塞哥维那	0.47	1.87	..	..	..	..	..	..	..	..	..	..
博茨瓦纳	0.25	0.44	20	22	5	5	..	..	..	..	75	73
巴西	96.17	280.65	17	18	7	6	19	21	12	11	45	44
保加利亚	1.98	6.67	20	20	14	14	14	18	11	5	41	44
布基纳法索	0.40	..	..	..	..	..	..	..	..	..	..	..
布隆迪	0.05	..	..	..	..	..	..	..	..	..	..	..
柬埔寨	0.59	1.65	7	..	87	..	0	..	0	..	7	..
喀麦隆	1.94	..	36	..	19	..	1	..	2	..	43	..
加拿大	129.47	..	12	1	4	2	32	26	8	8	45	64
中非共和国	0.06	..	..	..	..	..	..	..	..	..	..	..
乍得	0.12	0.38	..	..	..	..	..	..	..	..	..	..
智利	13.25	22.65	32	14	4	2	4	2	14	14	46	69
中国	384.94	1,756.82	14	12	11	10	14	24	12	11	48	43
中国香港	5.54	3.76	7	14	20	11	12	21	4	5	58	48
哥伦比亚	14.44	40.07	30	..	11	..	4	..	16	..	39	..
刚果民主共和国	0.21	0.59	..	..	..	..	..	..	..	..	..	..
刚果共和国	0.11	0.46	..	..	..	..	..	..	..	..	..	..
哥斯达黎加	3.68	5.68	45	42	6	4	3	3	12	9	33	43
科特迪瓦	2.26	4.38	..	..	..	..	..	..	..	..	..	..
克罗地亚	3.62	9.43	..	..	..	..	..	..	..	..	..	..
古巴	4.57	4.96	..	..	..	..	..	..	..	..	..	..
塞浦路斯	0.85	1.66	37	32	7	3	4	5	6	6	46	54
捷克共和国	13.79	42.25	12	9	6	3	24	30	7	5	51	53
丹麦	22.25	32.86	18	16	2	2	20	19	10	12	48	51
多米尼加共和国	5.64	11.49	..	..	..	..	..	..	..	..	..	..
厄瓜多尔	2.17	5.41	60	40	3	3	1	2	5	4	31	51
埃及	17.97	32.98	20	18	10	12	7	6	22	14	41	50
萨尔瓦多	3.03	4.04	29	..	28	..	2	..	16	..	25	..
厄立特里亚	0.07	0.10	60	..	12	31	1	1	6	11	21	56
爱沙尼亚	0.90	2.39	17	14	15	8	10	18	4	6	53	55
埃塞俄比亚	0.42	1.46	54	46	12	7	7	2	5	6	22	39
芬兰	28.07	39.11	6	6	2	1	33	37	5	6	54	50
法国	190.45	253.61	13	14	4	3	26	25	12	13	45	44
加蓬	0.19	0.49	..	..	..	..	..	..	..	..	..	..
冈比亚	0.02	0.03	..	..	..	..	..	..	..	..	..	..
格鲁吉亚	0.26	1.31	37	25	1	1	12	8	7	7	43	59
德国	392.47	614.23	8	7	2	2	33	37	10	10	47	44
加纳	0.45	1.95	..	..	..	..	..	..	..	..	..	..
希腊	..	..	24	22	12	8	11	10	10	6	43	54
危地马拉	2.54	7.52	..	..	..	..	..	..	..	..	..	..
几内亚	0.12	0.20	..	..	..	..	..	..	..	..	..	..
几内亚比绍	0.02	..	..	..	..	..	..	..	..	..	..	..
海地	..	..	..	..	..	..	..	..	..	..	..	..

	制造业增加值		食品、饮料与烟草		纺织品与服装		机械与交通设备		化工		其他制造业[a]	
	百万美元		占总数的百分比		占总数的百分比		占总数的百分比		占总数的百分比		占总数的百分比	
	2000	2010	2000	2008	2000	2008	2000	2008	2000	2008	2000	2008
洪都拉斯	1.46	2.63	..	..	..	..	..	..	..	..	..	..
匈牙利	9.28	25.26	15	*11*	5	*3*	27	*30*	10	*10*	43	*46*
印度	65.75	226.79	13	*9*	13	*8*	16	*16*	21	*14*	38	*54*
印度尼西亚	45.79	175.39	18	*26*	17	*12*	20	*18*	11	*6*	35	*38*
伊朗	13.24	..	10	..	6	..	20	..	19	..	45	..
伊拉克	0.24	..	..	..	..	..	..	..	..	..	..	..
爱尔兰	28.22	*48.71*	14	*17*	1	*1*	20	*14*	36	*36*	29	*33*
以色列	..	..	12	*10*	5	*3*	32	*22*	10	*20*	41	*44*
意大利	205.51	308.22	9	9	12	*10*	23	23	8	*7*	48	*51*
牙买加	0.85	1.16	..	..	..	..	..	..	..	..	..	..
日本	1,034.09	*905.54*	11	*11*	3	*2*	34	*37*	10	*10*	41	*40*
约旦	1.14	4.78	30	21	7	10	3	4	18	18	43	47
哈萨克斯坦	3.02	18.54	..	..	..	..	..	..	..	..	..	..
肯尼亚	1.31	3.02	29	*30*	8	*4*	2	*2*	5	*4*	55	*62*
朝鲜	..	..	..	..	..	..	..	..	..	..	..	..
韩国	134.56	279.44	8	*6*	8	*5*	41	*46*	10	*8*	33	*35*
科索沃	..	0.77	..	..	..	..	..	..	..	..	..	..
科威特	0.97	..	8	..	4	..	2	..	3	..	82	..
吉尔吉斯斯坦	0.25	0.74	*33*	*19*	*2*	*10*	*1*	*3*	*1*	*2*	*63*	*66*
老挝	0.29	0.52	*46*	..	*22*	..	*8*	..	*3*	..	*22*	..
拉脱维亚	0.96	2.62	27	23	11	6	8	16	3	5	51	50
黎巴嫩	1.97	2.85	*26*	..	*10*	..	*3*	..	*6*	..	*55*	..
莱索托	0.10	0.30	..	..	..	..	..	..	..	..	..	..
利比里亚	0.05	*0.10*	..	..	..	..	..	..	..	..	..	..
利比亚	*0.64*	3.88	..	..	..	..	..	..	..	..	..	..
立陶宛	1.96	*5.43*	27	22	18	9	12	13	3	10	40	46
前南斯拉夫马其顿共和国	0.62	1.25	32	*18*	15	*17*	9	*4*	6	*6*	38	*55*
马达加斯加	0.43	*1.11*	*0*	*0*	35	30	*0*	*1*	*2*	*2*	*62*	*67*
马拉维	0.20	0.48	71	..	5	..	0	..	9	..	15	..
马来西亚	28.95	62.10	8	*9*	4	*2*	38	*30*	8	*12*	42	*47*
马里	0.09	..	..	..	..	..	..	..	..	..	..	..
毛里塔尼亚	0.09	0.12	..	..	..	..	..	..	..	..	..	..
毛里求斯	0.94	1.60	20	*28*	52	*31*	1	*1*	..	..	26	*39*
墨西哥	107.20	179.11	25	*25*	4	*3*	24	*18*	15	*19*	31	*35*
摩尔多瓦	0.18	0.62	*65*	40	*9*	14	*5*	5	..	..	*22*	41
蒙古	0.08	0.40	49	43	40	17	0	0	2	5	9	35
摩洛哥	5.74	12.50	34	29	18	13	4	6	12	18	32	34
莫桑比克	0.45	1.09	..	..	..	..	..	..	..	..	..	..
缅甸	..	..	..	..	..	..	..	..	..	..	..	..
纳米比亚	0.46	0.88	..	..	..	..	..	..	..	..	..	..
尼泊尔	0.49	*0.85*	*45*	..	*19*	..	*1*	..	*10*	..	*24*	..
荷兰	53.51	92.47	17	*19*	2	*2*	21	*20*	14	*14*	46	*45*
新西兰	7.99	..	33	*27*	..	*2*	..	*13*	..	..	67	*58*
尼加拉瓜	0.59	1.14	..	..	..	..	..	..	..	..	..	..
尼日尔	0.12	..	..	..	..	..	..	..	..	..	..	..
尼日利亚	*1.97*	..	..	..	..	..	..	..	..	..	..	..
挪威	15.70	34.12	21	*20*	1	*1*	21	*25*	12	*9*	45	*45*
阿曼	1.08	..	12	*8*	5	*0*	1	*1*	5	*12*	76	*79*
巴基斯坦	10.10	28.24	*21*	*22*	*33*	*29*	*5*	*8*	*17*	*14*	*25*	*26*
巴拿马	1.10	1.57	56	..	5	..	*3*	..	7	..	32	..
巴布亚新几内亚	0.25	0.50	..	..	..	..	..	..	..	..	..	..
巴拉圭	1.09	2.24	*66*	..	6	..	*0*	..	*10*	..	*18*	..
秘鲁	7.69	23.56	*33*	*30*	*16*	*12*	*3*	*2*	*11*	*12*	*37*	*44*
菲律宾	19.83	42.80	*29*	*22*	7	*5*	*27*	*33*	*9*	*6*	*28*	*33*
波兰	28.21	76.44	5	*17*	6	*4*	15	*19*	8	*8*	66	*53*
葡萄牙	17.99	26.97	13	*14*	18	*11*	16	*7*	5	*6*	48	*61*
波多黎各	24.08	44.64	8	*9*	3	*1*	9	*9*	60	*62*	20	*20*
卡塔尔	..	..	4	*1*	8	*2*	0	*0*	21	*17*	67	*80*

	制造业增加值		食品、饮料与烟草		纺织品与服装		机械与交通设备		化工		其他制造业[a]	
	百万美元		占总数的百分比		占总数的百分比		占总数的百分比		占总数的百分比		占总数的百分比	
	2000	2010	2000	2008	2000	2008	2000	2008	2000	2008	2000	2008
罗马尼亚	4.77	32.50	32	16	12	12	13	24	5	5	38	43
俄罗斯联邦	*52.13*	209.23	*19*	15	*2*	2	*19*	10	*8*	10	*51*	63
卢旺达	0.12	*0.33*	*75*	..	*2*	..	..	..	*6*	..	*17*	..
沙特阿拉伯	18.21	43.85	..	*19*	..	*5*	..	*6*	..	*27*	..	*43*
塞内加尔	0.61	1.49	22	..	4	..	2	..	29	..	43	..
塞尔维亚	1.32	5.04	..	..	..	..	..	..	..	..	..	..
塞拉利昂	0.02	..	..	..	..	..	..	..	..	..	..	..
新加坡	24.01	43.63	3	3	1	1	57	54	14	21	25	21
斯洛伐克共和国	6.32	16.44	10	*7*	4	*3*	20	*30*	7	*4*	59	*56*
斯洛文尼亚	4.48	8.60	10	7	10	5	18	20	11	15	52	53
索马里	..	..	..	..	..	..	..	..	..	..	..	..
南非	22.93	38.85	15	19	5	3	14	13	7	6	59	58
南苏丹	..	..	..	..	..	..	..	..	..	..	..	..
西班牙	97.78	*172.43*	14	*15*	7	*4*	19	*18*	10	*9*	51	*54*
斯里兰卡	2.46	8.92	39	30	31	31	4	7	4	4	22	27
苏丹	1.02	3.30	*66*	..	*4*	..	*4*	..	*4*	..	*21*	..
斯威士兰	0.48	1.37	..	..	..	..	..	..	..	..	..	..
瑞典	47.75	65.64	7	*7*	1	*1*	35	*35*	9	*11*	48	*47*
瑞士	44.62	95.68	..	..	..	..	..	..	..	..	..	..
阿拉伯叙利亚共和国	1.29	..	..	..	..	..	..	..	..	..	..	..
塔吉克斯坦	0.27	0.48	..	..	..	..	..	..	..	..	..	..
坦桑尼亚[b]	0.89	2.05	*45*	*62*	*0*	*8*	*2*	*1*	*7*	..	*46*	*29*
泰国	41.23	113.47	18	*16*	12	*9*	26	*35*	6	*6*	38	*34*
东帝汶	0.01	..	..	..	..	..	..	..	..	..	..	..
多哥	0.11	..	..	..	..	..	..	..	..	..	..	..
特立尼达和多巴哥	0.58	1.10	21	*11*	1	*1*	0	*0*	27	39	51	49
突尼斯	3.50	7.27	19	*17*	35	*24*	3	..	10	*9*	33	49
土耳其	53.51	113.76	18	*12*	16	*19*	15	*20*	10	*7*	42	*42*
土库曼斯坦	0.29	..	..	..	..	..	..	..	..	..	..	..
乌干达	0.44	1.33	64	..	4	..	..	..	11	..	21	..
乌克兰	5.10	21.06	..	..	..	..	..	..	..	..	..	..
阿拉伯联合酋长国	9.47	28.93	..	..	..	..	..	..	..	..	..	..
英国	226.97	230.62	14	*15*	4	*2*	25	*24*	10	*12*	47	*48*
美国	1,468.08	1,814.34	13	*13*	3	*2*	30	*25*	12	*16*	42	*44*
乌拉圭	2.86	4.81	39	*42*	9	*7*	3	*4*	8	*8*	41	*39*
乌兹别克斯坦	1.14	3.10	..	..	..	..	..	..	..	..	..	..
委内瑞拉	21.71	..	*22*	..	*2*	..	..	..	*34*	..	*41*	..
越南	5.79	20.94	30	..	21	..	12	..	6	..	31	..
西岸和加沙	..	..	32	*27*	21	*13*	1	*1*	4	*4*	41	*55*
也门共和国	0.55	1.88	43	*60*	4	*9*	1	*0*	5	*4*	48	*27*
赞比亚	0.33	1.43	..	..	..	..	..	..	..	..	..	..
津巴布韦	0.90	0.88	..	..	..	..	..	..	..	..	..	..
全世界	**5,737.81 t**	**9,989.14 t**	..	..	..	..	..	..	..	..	..	..
低收入国家	18.46	46.11	..	..	..	..	..	..	..	..	..	..
中等收入国家	1,188.59	3,868.14	..	..	..	..	..	..	..	..	..	..
中低收入国家	203.74	639.71	..	..	..	..	..	..	..	..	..	..
中高收入国家	985.43	3,226.81	..	..	..	..	..	..	..	..	..	..
低收入和中等收入国家	1,207.17	3,916.69	..	..	..	..	..	..	..	..	..	..
东亚和太平洋地区	530.45	2,185.11	..	..	..	..	..	..	..	..	..	..
欧洲和中亚	..	..	..	..	..	..	..	..	..	..	..	..
拉丁美洲和加勒比地区	338.85	712.08	..	..	..	..	..	..	..	..	..	..
中东和北非	51.72	*115.45*	..	..	..	..	..	..	..	..	..	..
南亚	86.21	283.82	..	..	..	..	..	..	..	..	..	..
撒哈拉以南非洲地区	41.20	*82.72*	..	..	..	..	..	..	..	..	..	..
高收入国家	4,535.77	*5,562.68*	..	..	..	..	..	..	..	..	..	..
欧元区	1,115.92	1,754.91	..	..	..	..	..	..	..	..	..	..

a. 包括未分配的数据。b. 仅包括坦桑尼亚大陆。

关于数据的说明

制造业增加值的行业分布数据是由联合国工业发展组织（UNIDO）提供的。UNIDO从各种国家来源和国际来源那里获得了制造业增加值的数据，其中国际来源包括联合国统计署、世界银行、经济合作与发展组织以及国际货币基金组织。为了增强不同时间和不同国家之间数据的可比性，UNIDO利用来自于工业普查、各国和国际组织提供的统计数据、从现场收集的未公开数据以及UNIDO秘书处所做的估算的信息对上述数据进行了补充。尽管如此，数据的覆盖面可能还不完整，尤其是非正规部门。在不能直接获得投入与产出信息的情况下，UNIDO可能使用估算法，由此可能导致行业加总数出现误差。此外，各国估算增加值时所使用的参照期间（日历或者财政年度）和估值方法（基本价格、生产者价格或者购买者价格）也不相同（见表4.2中的“关于数据的说明”）。

以美元表示的制造业增加值数据来自于世界银行国民经济核算文件，这些数字可能与UNIDO在计算各行业增加值所占份额时所使用的数据不同，部分原因在于汇率的不同。因此，用各行业的份额乘以总的制造业增加值估算得出的特定行业的增加值与来自于UNIDO的数据不匹配。表中制造业的行业分类与联合国国际标准工业分类（ISIC）第三次修订版是一致的。ISIC于1948年首次出版，《2008年世界发展指标》以前的版本都是使用第二次修订版，第三次修订版于1989年完成，目前许多国家采用了它。但是在编制跨国比较的数据时，第二次修订版仍广泛使用。为了与第三次修订版保持一致，UNIDO也将这些数据进行了转换。此外，使ISIC分类与各国分类体系以及标准国际贸易分类等相关体系相匹配的重要词语索引也可随时获得。

在建立分类体系时，编制者必须界定所描述的活动的类型以及报告其活动的组织单位。由于存在很多可能，不同的选择会影响对所得统计数据的解释，进而影响这些数据在分析经济行为时所发挥的作用。ISIC强调生产过程的普遍性，而且明显无意于产出的衡量（此项工作由新近开发的中心产品分类承担）；尽管如此，ISIC将经济活动视为“生产相似类别产品的过程”（联合国，1990年［ISIC第3次修订版第4号M序列］，第9页）。

企业生产一个产品一般要经过许多工序。例如，一家汽车制造商要从事锻造、焊接、油漆以及广告、会计和其他许多服务活动。对于一家拥有多个生产单位、产品多元化的大型企业来讲，在如此详细的层次收集数据以便在非常高的层次记录生产数据，既是不切实际的，也是不现实的。因此，ISIC对机构采用了以下定义，即“在一个地区独立从事一类经济活动或者以一类经济活动为主的企业或企业的一个部分……其数据可以获得……”（联合国，1990年，第25页）。按其用意，该定义与联合国国民经济核算体系生产账户所要求的报告单位相符。ISIC体系在联合国的《所有经济活动的国际标准产业分类》（第3版，1990年）中有所介绍。关于ISIC的讨论引自Ryten（1998）。

定义

• **制造业增加值**是指归类于ISIC的主要项——第D项中各行业的总产值之和减去生产中使用的中间投入的价值。 • **食品、饮料与烟草**由ISIC第15项和第16项组成。 • **纺织品与服装**由ISIC第17项到第19项组成。 • **机械与交通设备**由ISIC第29项、第30项、第32项、第34项和第35项组成。 • **化工**由ISIC第24项组成。 • **其他制造业**包括木材及其相关产品（ISIC第20项）、造纸及其相关产品（ISIC第21项和第22项）、石油及其相关产品（ISIC第23项）、基本金属及其矿产品（ISIC第27项）、金属制品及其专业产品（ISIC第28项）和其他行业（ISIC第25项、第26项、第31项、第33项、第36项和第37项）。

数据资料来源

制造业增加值数据来自世界银行国民经济核算档案。用于计算各产业增加值份额的数据由UNIDO以电子文件向世界银行提供。最新出版的资料来源是UNIDO的《2011年国际产业统计年鉴》。

4.4 商品出口结构

	商品出口		粮食		农业原材料		燃料		矿砂与金属		制成品	
	百万美元		占总数的百分比		占总数的百分比		占总数的百分比		占总数的百分比		占总数的百分比	
	2000	2010	2000	2010	2000	2010	2000	2010	2000	2010	2000	2010
阿富汗	137	430	..	40	..	11	..	..	..	0	..	20
阿尔巴尼亚	258	1,550	7	4	6	2	2	18	4	13	82	62
阿尔及利亚	22,031	57,053	0	1	0	0	97	97	0	0	2	2
安哥拉	7,921	53,500	..	..	..	..	..	..	..	..	..	..
阿根廷	26,341	68,133	44	51	2	1	18	8	3	4	32	33
亚美尼亚	294	1,011	14	17	5	1	11	3	27	52	43	24
澳大利亚	63,870	212,554	21	11	6	2	22	31	17	34	29	17
奥地利	67,710	152,313	5	7	2	2	1	3	3	4	80	80
阿塞拜疆	1,745	26,476	3	3	2	0	85	95	2	0	8	2
巴林	6,195	13,647	1	7	0	0	0	0	16	70	10	22
孟加拉国	6,389	19,191	8	..	1	..	0	..	0	..	91	..
白俄罗斯	7,326	25,226	7	13	4	2	20	28	1	1	65	53
比利时	188,371	412,223	9	9	2	1	4	9	3	4	78	75
贝宁	392	1,200	21	..	72	..	*0*	..	0	..	7	..
玻利维亚	1,230	6,290	30	15	3	1	13	44	25	34	29	6
波斯尼亚和黑塞哥维那	1,069	4,803	..	7	..	6	..	15	..	12	..	57
博茨瓦纳	2,675	4,693	3	5	0	0	0	0	7	15	90	80
巴西	55,086	201,915	23	31	5	4	2	10	10	18	58	37
保加利亚	4,852	20,666	10	16	3	1	12	13	13	17	57	49
布基纳法索	209	1,288	19	33	59	56	3	0	0	2	18	9
布隆迪	50	100	91	81	8	5	..	2	1	5	0	6
柬埔寨	1,389	5,030	1	1	3	2	0	0	0	0	96	96
喀麦隆	1,833	4,000	15	24	9	15	54	50	6	3	3	8
加拿大	276,635	388,019	6	10	6	4	13	26	4	8	64	49
中非共和国	161	140	11	*4*	13	*32*	0	*0*	8	*62*	68	*3*
乍得	183	3,450	..	..	..	..	..	..	..	..	..	..
智利	19,210	71,028	25	17	10	5	1	0	45	65	16	13
中国 †	249,203	1,577,824	5	3	1	0	3	2	2	1	88	94
中国香港 [a]	202,683	401,022	2	7	0	3	0	3	2	9	95	77
哥伦比亚	13,040	39,820	19	12	5	4	43	60	1	2	32	23
刚果民主共和国	807	5,300	..	..	..	..	..	..	..	..	..	..
刚果共和国	2,489	8,200	..	..	..	..	..	..	..	..	..	..
哥斯达黎加	5,865	9,385	30	35	3	3	1	1	1	1	66	61
科特迪瓦	3,888	10,320	50	50	14	10	21	24	0	0	14	16
克罗地亚	4,432	11,807	9	11	5	4	11	12	3	5	73	68
古巴	1,676	3,900	50	..	0	..	3	..	37	..	9	..
塞浦路斯	951	1,412	33	34	1	2	6	0	5	14	49	50
捷克共和国	29,094	132,852	4	4	2	1	3	4	2	2	88	86
丹麦	51,292	97,681	20	18	3	3	7	8	1	2	64	60
多米尼加共和国	5,737	6,598	*41*	27	2	1	*16*	2	2	4	*34*	65
厄瓜多尔	4,927	17,490	37	30	4	4	49	55	0	1	10	10
埃及	5,276	26,438	8	17	5	3	42	30	4	6	38	43
萨尔瓦多	2,941	4,499	19	22	0	1	3	3	1	2	21	73
厄立特里亚	37	12	54	..	10	..	*0*	..	8	..	28	..
爱沙尼亚	3,830	11,605	8	10	9	5	4	16	5	3	73	62
埃塞俄比亚	486	2,238	71	79	19	9	*0*	0	1	1	10	9
芬兰	46,102	69,630	2	3	6	6	3	8	3	5	85	77
法国	327,611	520,661	11	12	1	1	3	4	2	2	81	78
加蓬	2,598	9,371	1	*1*	12	9	83	*83*	2	3	2	*4*
冈比亚	15	15	81	78	1	2	0	0	0	10	17	10
格鲁吉亚	323	1,583	28	22	3	1	8	6	29	21	31	50
德国	551,810	1,268,874	4	5	1	1	1	2	2	3	84	82
加纳	1,671	7,896	48	61	10	7	8	0	19	11	15	21
希腊	11,751	21,409	22	24	3	3	15	11	7	9	50	50
危地马拉	2,696	8,466	56	42	4	4	6	5	2	6	32	43
几内亚	666	1,250	3	*2*	3	5	0	*2*	63	*59*	30	*32*
几内亚比绍	62	125	..	..	..	..	..	..	..	..	..	..
海地	318	580	..	..	..	..	..	..	..	..	..	..
† 中国台湾	151,357	*203,675*	1	*1*	1	*1*	1	*6*	1	*2*	95	*89*

	商品出口 百万美元		粮食 占总数的百分比		农业原材料 占总数的百分比		燃料 占总数的百分比		矿砂与金属 占总数的百分比		制成品 占总数的百分比	
	2000	2010	2000	2010	2000	2010	2000	2010	2000	2010	2000	2010
洪都拉斯	3,343	5,742	72	*54*	5	*1*	0	*4*	6	*4*	17	*35*
匈牙利	28,192	95,437	7	7	1	1	2	3	2	2	86	82
印度	42,379	219,959	13	8	1	2	3	17	3	7	78	64
印度尼西亚	65,403	157,818	9	16	4	7	25	30	5	10	57	37
伊朗	28,739	100,524	3	6	0	0	89	71	1	3	7	16
伊拉克	20,603	52,800	1	*0*	0	*0*	97	*99*	0	*0*	0	*0*
爱尔兰	77,413	116,801	8	9	0	1	0	1	0	1	86	85
以色列	31,404	58,393	2	3	1	1	0	1	1	1	82	93
意大利	240,518	447,535	6	8	1	1	2	5	1	2	89	82
牙买加	1,304	1,337	23	25	0	0	0	23	4	12	73	40
日本	479,249	769,839	0	1	0	1	0	2	1	3	94	89
约旦	1,899	7,028	16	17	0	0	0	1	15	9	69	74
哈萨克斯坦	8,812	59,217	7	*4*	1	*0*	54	*71*	19	*11*	19	*14*
肯尼亚	1,734	5,151	59	48	9	11	8	4	3	2	21	35
朝鲜	708	3,010	..	..	..	..	..	..	..	..	..	..
韩国	172,267	466,384	2	1	1	1	5	7	1	2	91	89
科索沃	..	..	..	..	..	..	..	..	..	..	..	..
科威特	19,436	67,014	0	*0*	0	*0*	94	*93*	0	*0*	4	*6*
吉尔吉斯斯坦	505	1,760	17	30	14	5	27	15	11	4	31	38
老挝	330	1,600	..	..	..	..	..	..	..	..	..	..
拉脱维亚	1,868	9,489	6	17	29	12	2	5	6	4	56	59
黎巴嫩	715	5,021	20	15	2	1	0	0	7	11	71	64
莱索托	220	820	5	*14*	0	*9*	*0*	*0*	0	*2*	95	*74*
利比里亚	329	231	..	..	..	..	..	..	..	..	..	..
利比亚	13,380	47,400	*1*	..	*0*	..	93	..	*0*	..	*7*	..
立陶宛	3,810	20,835	12	17	5	2	21	23	2	1	60	54
前南斯拉夫马其顿共和国	1,323	3,302	15	*18*	2	*1*	5	*1*	9	*3*	69	*51*
马达加斯加	824	1,090	38	27	3	3	4	7	2	9	52	48
马拉维	379	1,066	89	76	3	3	0	0	0	11	7	9
马来西亚	98,229	198,801	6	12	3	3	10	16	1	2	80	67
马里	545	2,350	4	30	91	48	0	0	0	1	5	20
毛里塔尼亚	355	2,033	21	58	0	0	..	0	46	30	0	0
毛里求斯	1,557	2,239	18	37	1	1	0	0	0	0	81	60
墨西哥	166,367	298,305	5	6	1	0	10	14	1	3	84	76
摩尔多瓦	472	1,582	62	72	3	1	0	0	1	4	33	23
蒙古	536	2,899	4	..	28	..	0	..	41	..	26	..
摩洛哥	7,432	17,579	21	19	2	2	4	1	9	12	64	66
莫桑比克	364	3,200	42	16	11	4	21	20	17	54	7	2
缅甸	1,646	8,749	..	..	..	..	..	..	..	..	..	..
纳米比亚	1,320	4,052	29	*23*	1	*0*	2	*0*	11	*31*	56	*45*
尼泊尔	804	860	10	19	0	4	*0*	0	0	5	67	72
荷兰	233,130	573,360	13	14	3	3	8	10	2	2	59	57
新西兰	13,272	31,396	46	56	14	11	3	5	5	4	31	21
尼加拉瓜	645	1,851	88	88	2	1	2	1	0	2	8	7
尼日尔	283	930	44	21	3	3	2	2	41	60	9	14
尼日利亚	20,975	82,000	0	3	0	2	100	87	0	1	0	7
挪威	60,058	131,395	6	7	1	1	64	64	6	6	18	18
阿曼	11,319	36,601	4	3	0	0	83	81	1	3	12	12
巴基斯坦	9,028	21,410	11	17	3	2	1	6	0	2	85	74
巴拿马	859	832	74	73	1	2	7	0	2	11	16	13
巴布亚新几内亚	2,096	5,612	15	..	2	..	29	..	51	..	2	..
巴拉圭	869	4,534	65	86	15	3	0	0	0	1	19	11
秘鲁	7,028	35,565	30	20	3	1	7	12	39	52	20	14
菲律宾	39,783	51,496	5	7	1	1	1	2	2	4	92	86
波兰	31,747	155,752	8	11	2	1	5	4	5	5	80	79
葡萄牙	24,363	48,748	7	11	3	3	2	6	2	4	85	74
波多黎各	..	..	..	..	..	..	..	..	..	..	..	..
卡塔尔	11,594	62,000	0	*0*	0	*0*	91	*73*	0	*0*	9	*5*

	商品出口		粮食		农业原材料		燃料		矿砂与金属		制成品	
	百万美元		占总数的百分比		占总数的百分比		占总数的百分比		占总数的百分比		占总数的百分比	
	2000	2010	2000	2010	2000	2010	2000	2010	2000	2010	2000	2010
罗马尼亚	10,412	49,401	3	8	5	2	7	5	7	4	77	79
俄罗斯联邦	105,565	400,132	1	2	3	2	51	64	9	6	24	15
卢旺达	52	297	57	52	3	3	0	0	37	37	3	8
沙特阿拉伯	77,583	249,700	1	1	0	0	92	87	0	0	7	11
塞内加尔	920	2,161	52	29	2	1	14	26	5	4	27	40
塞尔维亚	..	9,795	17	..	6	..	0	..	16	..	61	..
塞拉利昂	13	338	19	..	1	..	..	..	1	..	10	..
新加坡[a]	137,804	351,867	2	2	0	0	7	16	1	1	86	73
斯洛伐克共和国	11,832	65,345	3	4	2	1	7	5	3	3	84	87
斯洛文尼亚	8,770	29,446	4	4	2	2	1	4	4	4	90	85
索马里	..	..	..	..	..	..	..	..	..	..	..	..
南非	29,983	81,821	8	9	3	2	10	10	11	33	54	47
南苏丹	..	..	..	..	..	..	..	..	..	..	..	..
西班牙	115,251	245,637	14	15	1	1	4	5	2	3	78	73
斯里兰卡	5,430	8,500	21	27	2	4	0	0	0	1	77	67
苏丹	1,807	11,443	17	6	5	1	69	92	0	0	8	0
斯威士兰	910	1,550	34	..	11	..	1	..	0	..	54	..
瑞典	87,132	158,314	2	5	5	4	3	7	2	5	82	74
瑞士	80,500	195,392	3	4	1	0	0	3	6	4	91	89
阿拉伯叙利亚共和国	4,634	13,500	9	22	5	1	76	39	1	4	8	33
塔吉克斯坦	785	1,195	4	..	13	..	14	..	56	..	13	..
坦桑尼亚	734	3,687	66	32	13	7	0	3	1	34	20	24
泰国	69,057	195,319	14	13	3	5	3	5	1	1	75	75
东帝汶	..	17	..	..	..	..	..	..	..	..	..	..
多哥	363	800	20	15	23	5	1	0	26	6	31	74
特立尼达和多巴哥	4,274	10,590	6	3	0	0	65	66	0	0	29	31
突尼斯	5,850	16,427	9	8	1	1	12	14	2	2	77	76
土耳其	27,775	113,981	13	11	1	0	1	4	3	4	81	79
土库曼斯坦	2,506	6,500	0	..	10	..	81	..	0	..	7	..
乌干达	403	1,612	71	67	15	7	6	1	5	2	3	23
乌克兰	14,573	51,478	9	19	2	1	5	7	12	7	69	65
阿拉伯联合酋长国	49,835	220,000	1	1	0	0	94	65	3	1	2	4
英国	285,425	405,666	5	6	0	1	8	13	2	4	77	70
美国	781,918	1,278,263	7	10	2	3	2	7	2	4	83	66
乌拉圭	2,295	6,733	47	64	9	8	2	1	0	0	42	26
乌兹别克斯坦	2,817	11,857	..	..	..	..	..	..	..	..	..	..
委内瑞拉	33,529	65,786	1	0	0	0	86	93	3	2	9	4
越南	14,483	72,192	25	21	2	2	26	15	0	1	43	60
西岸和加沙	..	..	..	..	..	..	..	..	..	..	..	..
也门共和国	4,079	8,700	2	6	0	0	97	92	0	0	0	2
赞比亚	892	7,200	9	6	4	1	1	1	74	86	11	6
津巴布韦	1,925	2,500	47	20	13	7	1	2	11	35	28	36
全世界	6,456,422 t	15,211,311 t	7 w	8 w	2 w	2 w	10 w	12 w	3 w	5 w	75 w	69 w
低收入国家	23,852	79,667	26	..	11	..	3	..	8	..	51	..
中等收入国家	1,350,497	4,848,882	9	10	2	2	21	22	4	6	61	59
中低收入国家	299,735	960,037	12	15	2	3	29	22	4	7	52	52
中高收入国家	1,050,746	3,889,297	9	9	2	2	19	21	5	6	63	60
低收入和中等收入国家	1,374,348	4,928,568	10	11	2	2	21	21	4	6	61	58
东亚和太平洋地区	544,009	2,281,768	8	8	2	2	7	8	2	3	80	79
欧洲和中亚	201,167	830,383	5	7	3	2	34	42	9	6	42	36
拉丁美洲和加勒比地区	356,697	862,436	16	16	2	2	17	21	6	10	58	51
中东和北非	114,670	352,565	4	..	1	..	77	..	2	..	16	..
南亚	64,379	271,099	12	12	2	2	3	13	2	6	80	66
撒哈拉以南非洲地区	93,392	332,645	15	15	5	4	37	32	7	18	31	31
高收入国家	5,082,101	10,278,808	6	8	2	2	8	9	2	4	78	72
欧元区	1,920,244	4,007,130	8	9	1	1	3	5	2	3	80	77

注：由于未落实归属的贸易，各部分加总可能不等于100%。黄金出口不包括在内。

a. 包括转口。

关于数据的说明

商品贸易数据来自于海关对进出入一个经济体的货物的报告，或者来自于国际收支平衡表中记录的关于商品贸易的金融交易报告。由于记录时间和定义的不同，从海关报告估算的贸易流量可能与基于国际收支平衡表得出的结果有所不同。一些国际机构在处理贸易数据时都进行了估算，以调整未报告的或者报告有误的数据，这又在可获得数据方面带来了其他出入。

关于国际货物贸易数据最详细的资料来源是联合国统计署维护的商品贸易数据库（COMTRADE）。国际货币基金组织（IMF）也收集海关方面的货物进出口数据。出口值以货物交付到出口国边境装船时的成本计算——即离岸价（f. o. b.）。许多国家都提供以美元为货币单位的贸易数据。如果一些国家提供以本币表示的贸易数据，联合国统计署就采用表中所给时期的平均官方汇率进行换算。

各国可能根据一般或者特殊贸易体系报告贸易情况。在一般贸易体系下，出口由下列出境货物组成：（a）全部或者部分在该国生产的货物；（b）从海关货仓出境的外国货物，这些货物既未出现改变，也未申报在国内消费；（c）起初是为国内消费而进口，但是随后并未发生改变就出口的货物。在这一特殊的贸易体系下，出口由 a 类和 c 类货物组成。有些汇编办法将 b 类和 c 类划分为转口。因为现实中报告做法的不同，各个经济体的出口数据可能不完全具有可比性。

本表中的货物（商品）出口总量数据来自世界贸易组织。世界贸易组织的数据主要有两个来源：各国官方统计机构和国际货币基金组织的《国际金融统计》。同时还以商品贸易数据库（COMTRADE）以及各种区域性机构、专业机构、经济团体以及私人机构（例如，欧洲统计局、联合国粮食及农业组织以及经济学家的 Intelligence Unit 关于各国的报告）的出版物或者数据库为以上数据做补充。各国网站和电子邮件的开通对改善最新统计数据的收集工作帮助很大，也降低了估计数的比例。目前，WTO 数据库覆盖了非洲、亚洲和拉丁美洲大部分的主要贸易国，这些国家与高收入国家的贸易量之和接近世界贸易总量的95%。欧洲与中亚国家在获得可靠的数据方面也得到了显著改善。

主要商品组别的出口份额来自商品贸易数据库。这里所提供的出口总值与根据各国国民账户或者国际收支平衡表中得出的数据估计不完全相符。

商品的组别是根据国际贸易分类标准（SITC）第3次修订版分类的。以前版本所包含的数据是基于 SITC 的第1次修订版。以前版本中的前几年的数据可能因为方法的转变而有所不同。我们可以通过索引表将公布的数据由一个系统转换至另一个。

定义

• **商品出口**表示提供给世界其他国家的商品的离岸价值。 • **食品**由 SITC 的第0类（食品和活动物）、第1类（饮料和烟草）、第4类（动植物油和脂肪）以及 SITC 第22项（可榨油的种子、坚果和核仁）组成。 • **农业原材料**由 SITC 第2类（除燃料之外的原材料）组成，但是不包括第22项、第27项（除煤、石油和宝石之外的天然肥料与矿藏）和第28项（金属矿石和废金属）。 • **燃料**由 SITC 第3项（矿物燃料）组成。 • **矿砂与金属**由 SITC 第27项、第28项和第68项（有色金属）中的商品组成。 • **制成品**由 SITC 第5类（化工产品）、第6类（基础制造产品）、第7类（机械和运输设备）和第8类（各种其他制成品）组成，但不包括第68项。

数据资料来源

商品出口数据来自世界贸易组织。有关主要商品类别出口份额的数据来自联合国统计署的商品贸易数据库。世界贸易组织在其《年报》中公布了世界贸易数据。国际货币基金组织的《国际金融统计》和《贸易方向统计》以及联合国统计署的《统计月报》也公布了货物出口总量的估计值。联合国贸易与发展会议（UNCTAD）在其《统计手册》中公布了出口结构的数据。出口的关税限额记录编制在联合国统计署的商品贸易数据库中。

4.5 商品进口结构

	商品进口		粮食		农业原材料		燃料		矿砂与金属		制成品	
	百万美元		占总数的百分比		占总数的百分比		占总数的百分比		占总数的百分比		占总数的百分比	
	2000	2010	2000	2010	2000	2010	2000	2010	2000	2010	2000	2010
阿富汗	1,176	4,400	..	14	..	*0*	..	21	..	0	..	19
阿尔巴尼亚	1,090	4,601	22	18	1	1	9	14	2	4	67	64
阿尔及利亚	9,171	40,212	28	16	3	2	1	2	1	2	67	78
安哥拉	3,040	21,500	..	..	..	..	..	..	..	..	..	..
阿根廷	25,154	56,503	5	3	1	1	4	7	2	3	87	85
亚美尼亚	882	3,783	25	18	1	1	21	18	1	3	52	56
澳大利亚	71,529	201,640	5	5	1	1	8	14	1	2	84	75
奥地利	72,394	158,752	5	7	3	2	5	11	3	5	81	74
阿塞拜疆	1,172	6,746	19	19	2	2	5	1	4	2	71	76
巴林	4,633	10,000	10	12	1	1	1	2	3	19	41	65
孟加拉国	8,883	27,819	16	..	6	..	7	..	2	..	68	..
白俄罗斯	8,646	34,868	12	8	2	1	30	35	4	3	48	47
比利时	177,511	390,443	9	8	2	1	9	14	4	4	76	71
贝宁	613	2,200	22	..	5	..	19	..	1	..	53	..
玻利维亚	1,830	5,361	14	8	2	1	5	12	1	1	79	78
波斯尼亚和黑塞哥维那	3,107	9,223	..	18	..	2	..	19	..	2	..	58
博茨瓦纳	2,081	5,657	14	12	1	1	5	15	2	2	75	68
巴西	59,053	191,491	7	5	2	1	15	17	3	3	73	74
保加利亚	6,544	25,403	5	10	1	1	26	22	6	9	59	55
布基纳法索	611	2,048	13	15	1	1	25	22	1	1	61	61
布隆迪	148	509	23	14	2	1	12	2	2	1	60	82
柬埔寨	1,939	7,500	10	7	3	2	13	7	0	2	73	82
喀麦隆	1,489	4,850	18	18	2	2	23	27	1	1	56	52
加拿大	244,786	402,280	5	7	1	1	5	10	2	3	84	77
中非共和国	117	340	29	*39*	4	2	8	*1*	4	*2*	54	56
乍得	317	2,600	..	..	..	..	..	..	..	..	..	..
智利	18,507	58,956	7	7	1	1	18	21	1	2	71	69
中国[†]	225,094	1,395,099	4	5	5	4	9	15	6	14	75	61
中国香港	214,042	442,035	4	4	1	1	2	4	2	2	91	90
哥伦比亚	11,539	40,683	12	10	3	1	2	5	2	2	80	80
刚果民主共和国	683	4,500	..	..	..	..	..	..	..	..	..	..
刚果共和国	465	2,900	..	..	..	..	..	..	..	..	..	..
哥斯达黎加	6,372	13,570	7	9	1	1	8	12	2	2	82	73
科特迪瓦	2,482	7,830	17	19	1	1	34	24	1	1	46	55
克罗地亚	7,887	20,054	8	10	2	1	15	19	2	2	73	67
古巴	4,843	11,300	16	..	1	..	24	..	1	..	58	..
塞浦路斯	31,974	126,222	5	5	2	1	10	9	4	4	80	77
捷克共和国	3,846	8,499	19	15	1	1	13	20	1	1	65	61
丹麦	45,557	84,848	11	14	3	2	6	8	2	2	76	73
多米尼加共和国	9,479	15,299	*12*	14	*2*	1	*23*	25	*1*	1	*62*	60
厄瓜多尔	3,721	20,591	9	8	3	1	7	17	2	1	77	72
埃及	14,578	52,923	25	19	5	3	8	13	2	4	56	60
萨尔瓦多	4,947	8,498	12	17	2	2	12	16	1	1	43	64
厄立特里亚	471	690	37	..	1	..	2	..	1	..	58	..
爱沙尼亚	5,052	12,252	10	11	3	2	7	16	3	1	76	63
埃塞俄比亚	1,260	8,552	7	11	1	0	20	19	1	1	71	69
芬兰	34,443	68,510	5	7	2	2	12	18	6	8	73	61
法国	338,940	605,706	8	8	2	1	10	14	3	3	77	73
加蓬	950	2,983	18	*17*	1	*0*	4	*7*	1	*1*	76	*74*
冈比亚	187	276	35	36	1	1	12	20	1	1	51	41
格鲁吉亚	709	5,096	23	18	1	1	20	18	1	2	55	60
德国	497,197	1,066,839	7	7	2	2	9	11	4	5	68	68
加纳	2,973	10,703	13	15	2	1	21	1	1	1	62	81
希腊	33,480	63,173	11	12	2	1	13	24	3	3	70	60
危地马拉	4,791	13,837	12	13	2	1	13	18	1	1	72	66
几内亚	612	1,100	24	*13*	1	*0*	25	*33*	1	*0*	49	*53*
几内亚比绍	59	220	..	..	..	..	..	..	..	..	..	..
海地	1,036	3,150	..	..	..	..	..	..	..	..	..	..
[†]中国台湾	140,642	*174,371*	4	5	2	*1*	9	*21*	5	*7*	79	*65*

	商品进口		粮食		农业原材料		燃料		矿砂与金属		制成品	
	百万美元		占总数的百分比		占总数的百分比		占总数的百分比		占总数的百分比		占总数的百分比	
	2000	2010	2000	2010	2000	2010	2000	2010	2000	2010	2000	2010
洪都拉斯	3,988	8,550	22	19	2	1	18	19	1	1	50	60
匈牙利	32,172	88,120	3	5	1	1	5	11	3	3	84	72
印度	51,523	327,230	5	4	3	2	39	36	5	5	47	51
印度尼西亚	43,595	131,737	10	8	7	3	19	20	3	3	61	65
伊朗	13,898	65,021	19	15	3	2	2	3	2	2	73	71
伊拉克	13,384	42,500	1	..	0	..	0	..	0	..	8	..
爱尔兰	51,041	60,032	6	12	1	1	4	12	1	2	82	66
以色列	37,686	61,209	5	7	1	1	10	18	2	2	81	71
意大利	238,757	483,814	9	9	4	2	10	19	4	5	69	64
牙买加	3,326	5,195	15	18	2	1	18	30	1	0	61	49
日本	379,511	694,052	13	9	3	2	20	29	6	8	57	51
约旦	4,597	15,402	21	16	2	1	5	22	2	2	66	56
哈萨克斯坦	5,040	29,760	9	9	1	1	12	10	3	1	74	80
肯尼亚	3,105	12,090	14	12	2	2	22	22	1	2	60	63
朝鲜	1,686	4,420	..	..	..	..	..	..	..	..	..	..
韩国	160,481	425,212	5	5	3	2	24	29	6	8	62	57
科索沃	..	..	..	..	..	..	..	..	..	..	..	..
科威特	7,157	22,446	14	15	0	1	1	1	1	3	34	81
吉尔吉斯斯坦	554	3,223	15	17	2	1	23	27	2	1	59	54
老挝	535	1,800	..	..	..	..	..	..	..	..	..	..
拉脱维亚	3,202	11,593	12	15	2	1	12	15	2	2	71	59
黎巴嫩	6,230	18,460	19	16	2	1	18	21	2	2	59	59
莱索托	809	2,200	18	20	1	2	19	11	2	1	49	53
利比里亚	668	700	..	..	..	..	..	..	..	..	..	..
利比亚	3,732	10,500	28	..	1	..	0	..	1	..	70	..
立陶宛	5,457	23,399	10	12	3	2	22	32	2	2	61	50
前南斯拉夫马其顿共和国	2,094	5,451	12	13	2	1	14	5	2	1	45	62
马达加斯加	1,097	2,650	13	14	0	1	23	15	0	0	63	70
马拉维	532	1,900	10	14	2	1	16	10	1	1	72	74
马来西亚	81,963	164,733	4	8	1	2	5	10	3	5	85	74
马里	806	2,850	15	12	1	0	24	26	1	1	59	61
毛里塔尼亚	454	1,822	19	19	0	0	23	26	0	0	41	53
毛里求斯	2,093	4,402	14	21	2	2	12	19	1	1	70	56
墨西哥	179,464	310,618	5	6	1	1	3	8	2	3	83	80
摩尔多瓦	777	3,855	13	15	2	1	32	21	1	1	51	62
蒙古	615	3,278	17	..	1	..	19	..	0	..	63	..
摩洛哥	11,534	35,277	14	11	3	2	18	23	3	3	63	59
莫桑比克	1,158	4,500	14	12	1	1	13	20	1	1	68	50
缅甸	2,401	4,807	7	..	0	..	19	..	1	..	72	..
纳米比亚	1,550	5,360	17	14	1	1	3	14	1	1	78	70
尼泊尔	1,573	5,280	13	14	4	2	16	18	3	4	49	64
荷兰	218,267	516,927	9	10	2	1	10	16	2	3	65	57
新西兰	13,906	30,617	8	11	1	1	10	15	2	2	79	71
尼加拉瓜	1,805	4,173	16	16	1	1	18	22	1	0	65	61
尼日尔	395	2,150	39	15	4	2	15	13	2	1	41	69
尼日利亚	8,721	44,235	20	10	1	1	2	1	2	1	75	86
挪威	34,392	77,252	6	8	2	1	4	7	5	7	81	76
阿曼	5,131	19,870	22	12	1	1	2	7	3	4	70	51
巴基斯坦	10,864	39,044	14	13	3	5	33	30	2	3	47	49
巴拿马	3,379	9,145	12	8	0	0	19	1	1	0	68	90
巴布亚新几内亚	1,151	3,850	18	..	1	..	22	..	1	..	58	..
巴拉圭	2,193	10,040	17	7	1	1	16	12	1	1	66	79
秘鲁	7,415	30,126	12	10	2	2	16	14	1	1	70	72
菲律宾	37,027	58,229	7	11	1	1	11	17	2	4	78	67
波兰	49,029	173,648	6	8	2	2	11	11	3	3	78	74
葡萄牙	39,952	75,648	11	13	3	1	10	14	2	3	73	67
波多黎各	..	..	..	..	..	..	..	..	..	..	..	..
卡塔尔	3,252	23,240	12	8	1	0	0	1	3	4	84	84

4.5 商品进口结构

	商品进口		粮食		农业原材料		燃料		矿砂与金属		制成品	
	百万美元		占总数的百分比		占总数的百分比		占总数的百分比		占总数的百分比		占总数的百分比	
	2000	2010	2000	2010	2000	2010	2000	2010	2000	2010	2000	2010
罗马尼亚	13,148	61,995	7	8	1	1	12	10	4	3	76	75
俄罗斯联邦	44,659	248,738	20	13	2	1	4	2	3	1	59	69
卢旺达	211	1,431	21	13	3	2	14	8	2	1	60	76
沙特阿拉伯	30,238	97,077	18	16	1	1	0	0	3	5	76	77
塞内加尔	1,519	4,782	23	22	2	2	23	30	1	2	51	44
塞尔维亚	..	16,734	9	..	4	..	20	..	4	..	63	..
塞拉利昂	149	770	33	..	4	..	28	..	1	..	35	..
新加坡	134,545	310,791	3	3	0	0	12	26	2	2	82	66
斯洛伐克共和国	12,760	66,557	6	6	2	1	18	13	3	4	72	76
斯洛文尼亚	10,147	30,037	6	8	4	3	9	13	5	6	76	70
索马里	..	..	..	..	..	..	..	..	..	..	..	..
南非	29,695	94,040	5	6	1	1	14	20	2	2	69	65
南苏丹	..	..	..	..	..	..	..	..	..	..	..	..
西班牙	156,143	314,320	9	10	2	1	12	18	3	4	73	65
斯里兰卡	7,177	13,512	14	15	1	1	9	17	1	2	74	65
苏丹	1,553	10,045	23	15	1	1	7	4	1	1	68	78
斯威士兰	1,046	1,700	19	..	2	..	13	..	1	..	64	..
瑞典	72,880	148,710	6	9	2	1	9	13	3	4	74	69
瑞士	82,521	175,933	6	6	1	1	5	8	6	4	83	81
阿拉伯叙利亚共和国	3,815	16,900	19	14	3	3	4	31	2	4	65	47
塔吉克斯坦	675	2,900	10	..	1	..	37	..	0	..	51	..
坦桑尼亚	1,524	7,830	15	10	3	1	19	28	1	1	63	60
泰国	61,924	182,400	4	5	3	2	12	18	3	5	77	70
东帝汶	..	298	..	..	..	..	..	..	..	..	..	..
多哥	562	1,550	18	16	2	1	19	14	2	2	59	67
特立尼达和多巴哥	3,308	6,575	8	11	1	1	32	33	2	5	56	50
突尼斯	8,567	22,218	8	9	3	2	11	13	2	4	76	72
土耳其	54,503	185,542	4	4	4	3	14	15	4	8	70	63
土库曼斯坦	1,786	5,600	12	..	0	..	1	..	1	..	80	..
乌干达	1,536	4,550	14	12	2	1	17	20	2	1	65	65
乌克兰	13,956	60,911	6	9	2	1	43	32	5	4	41	53
阿拉伯联合酋长国	35,009	160,000	11	7	1	0	1	1	2	5	85	73
英国	348,058	560,097	8	10	2	1	4	11	3	4	78	68
美国	1,259,300	1,969,184	4	5	1	1	11	19	2	2	77	70
乌拉圭	3,466	8,622	11	10	3	2	15	24	1	1	69	62
乌兹别克斯坦	2,697	8,386	..	..	..	..	..	..	..	..	..	..
委内瑞拉	16,213	40,800	12	15	2	1	4	1	2	1	81	81
越南	15,638	84,801	5	8	3	3	14	11	2	4	73	74
西岸和加沙	..	..	..	..	..	..	..	..	..	..	..	..
也门共和国	2,324	9,700	36	28	2	1	12	21	1	1	49	50
赞比亚	888	5,321	8	5	3	1	12	12	3	21	73	62
津巴布韦	1,863	3,800	4	19	1	3	42	11	3	14	48	52
全世界	6,659,168 t	15,264,186 t	7 w	7 w	2 w	1 w	10 w	16 w	3 w	4 w	74 w	68 w
低收入国家	38,879	134,286	16	..	3	..	16	..	2	..	63	..
中等收入国家	1,250,130	4,613,566	8	8	3	2	11	15	3	6	72	68
中低收入国家	282,691	1,083,885	10	10	3	2	20	23	3	4	57	60
中高收入国家	967,323	3,529,396	7	7	3	2	9	13	3	6	76	70
低收入和中等收入国家	1,289,014	4,747,794	8	8	3	2	11	15	3	6	71	68
东亚和太平洋地区	475,589	2,046,331	5	6	4	3	10	15	4	10	76	66
欧洲和中亚	182,530	786,004	10	9	3	2	15	14	4	4	63	63
拉丁美洲和加勒比地区	375,652	872,376	7	7	2	1	7	11	2	3	79	77
中东和北非	92,037	329,532	17	15	3	2	7	13	2	3	56	66
南亚	81,760	419,140	8	7	4	2	34	32	4	5	49	52
撒哈拉以南非洲地区	81,357	302,642	12	10	2	1	14	17	1	2	66	67
高收入国家	5,370,223	10,519,458	7	7	2	1	10	16	3	4	75	68
欧元区	1,904,622	3,949,668	8	9	2	2	9	15	3	4	72	67

注：由于未落实归属的贸易，各部分加总可能不等于100%。

关于数据的说明

商品进口的数据与商品出口数据的资料来源相同。原则上来讲，世界出口与世界进口应该相等。同样，来自一个经济体的出口应该等于世界其他国家从该经济体的进口总量。但是由于记录时间和定义的不同，各个层次的报告值都存在差异。关于商品贸易指标的进一步讨论，见表4.4和表6.1中的“关于数据的说明”。

进口额一般为进口商购买货物的成本加上把货物运到进口国边境的运输成本和保险费用——即到岸价（c.i.f.）（成本、保险和运费），也就是外国商品在进入一国时所承担的成本。澳大利亚、加拿大和美国等少数国家都按离岸价收集进口数据，并根据运费和保费对数据进行调整。许多国家所收集和报告的贸易数据都以美元计值。如果一些国家提供以本币表示的贸易数据，联合国统计署就会采用表中所给时期的平均官方汇率进行换算。

各国可能根据一般或者特殊贸易体系报告贸易情况。按一般贸易体系报告时，进口包括为国内消费而进口的商品和进口到保税仓库和自由贸易区的商品。按特殊贸易体系报告时，进口包括为国内消费（包括加工和修理）而进口的商品以及从保税仓库和自由贸易区返销到国内消费的商品。但是不包括经一国向第三国转运的商品。

本表中的货物（商品）进口总量数据来自世界贸易组织。关于世界贸易组织的资料来源和方法的进一步讨论见表4.4中的“关于数据的说明”。主要商品组别的进口份额来自联合国统计署的商品贸易数据库。这儿所提供的进口总值与根据各国国民经济账户（表4.8中给出）或者国际收支平衡表（表4.17）中的数据估计得出的货物和服务的出口值不完全相符。

商品的组别是根据国际贸易分类标准（SITC）第3次修订版分类的。过去的版本包含基于SITC第1次修订版的数据。在过去版本中前几年的数据可能因为方法的转变而不同。我们可以通过索引表来将一个系统中的数据转换到另一个系统。

定义

• **商品进口**表示从世界其他国家购买的商品的到岸价，以美元计价。 • **食品**由SITC的第0类（食品和活动物）、第1类（饮料和烟草）、第4类（动植物油和脂肪）以及SITC第22项（可榨油的种子、坚果和核仁）组成。 • **农业原材料**由SITC第2类（除燃料之外的原材料）组成，但是不包括第22项、第27项（除煤、石油和宝石之外的天然肥料与矿藏）和第28项（金属矿石和废金属）。 • **燃料**由SITC第3项（矿物燃料）组成。 • **矿砂与金属**由SITC第27项、第28项和第68项（有色金属）中的商品组成。 • **制成品**由SITC第5类（化工产品）、第6类（基础制造产品）、第7类（机械和运输设备）和第8类（各种其他制成品）组成，但不包括第68项。

数据资料来源

商品进口数据来自世界贸易组织。有关主要商品类别进口份额的数据来自联合国统计署的商品贸易数据库。世界贸易组织在其《年报》中公布了世界贸易数据。国际货币基金组织的《国际金融统计》和《贸易方向统计》以及联合国统计署的《统计月报》也公布了货物进口总量的估计值。联合国贸易与发展会议（UNCTAD）在其《统计手册》中公布了进口结构的数据。进口的关税限额记录编制在联合国统计署的商品贸易数据库中。

4.6 服务业出口结构

	商业服务出口 百万美元		运输 占总数的百分比		旅游 占总数的百分比		保险和金融服务 占总数的百分比		计算机、信息、通讯和其他商业服务 占总数的百分比	
	2000	2010	2000	2010	2000	2010	2000	2010	2000	2010
阿富汗	..	..	..	..	..	..	..	..	..	..
阿尔巴尼亚	429	2,192	4	11	91	74	0	0	5	15
阿尔及利亚	..	*2,794*	..	*28*	..	*10*	..	9	..	*54*
安哥拉	267	857	6	5	*18*	84	13	..	81	11
阿根廷	4,775	12,931	24	16	61	38	0	0	15	46
亚美尼亚	130	750	49	21	29	54	3	3	19	22
澳大利亚	19,413	48,490	22	*18*	48	*56*	5	3	25	22
奥地利	22,865	54,161	18	24	43	35	8	4	31	37
阿塞拜疆	234	2,017	51	32	27	33	*1*	1	22	35
巴林	933	4,047	30	20	61	34	..	22	8	24
孟加拉国	283	1,209	32	14	18	7	6	4	44	75
白俄罗斯	989	4,470	59	67	9	10	1	0	31	23
比利时	*36,285*	85,339	*24*	30	*19*	12	*7*	5	*50*	53
贝宁	126	*204*	14	*9*	61	*64*	2	*2*	22	*24*
玻利维亚	207	530	24	13	33	58	22	13	21	16
波斯尼亚和黑塞哥维那	448	1,280	6	23	52	46	4	1	38	30
博茨瓦纳	306	385	17	10	73	57	4	1	7	32
巴西	8,961	30,294	16	16	20	20	8	8	56	56
保加利亚	2,129	6,750	30	19	50	53	1	3	18	25
布基纳法索	28	*142*	13	*26*	67	*47*	0	*2*	19	*26*
布隆迪	2	7	43	10	37	24	0	22	20	44
柬埔寨	423	1,671	17	14	72	75	*0*	0	11	11
喀麦隆	666	1,105	21	43	9	14	3	4	68	38
加拿大	39,271	67,432	19	17	27	23	7	11	46	48
中非共和国	..	..	..	..	..	..	..	..	..	..
乍得	..	..	..	..	..	..	..	..	..	..
智利	3,995	10,685	55	61	21	15	3	3	22	21
中国	30,146	170,249	12	20	54	27	1	2	33	51
中国香港	40,362	106,432	32	*27*	15	*19*	12	*14*	42	*40*
哥伦比亚	1,984	4,357	30	28	52	48	4	1	15	23
刚果民主共和国	..	..	..	..	..	..	..	..	..	..
刚果共和国	130	*303*	26	*4*	9	*18*	2	*31*	63	*47*
哥斯达黎加	1,911	4,149	13	7	68	48	0	1	18	44
科特迪瓦	415	*816*	20	*29*	12	*14*	13	*13*	55	*57*
克罗地亚	4,056	11,034	14	10	68	73	1	1	17	16
古巴	..	..	..	..	..	..	..	..	..	..
塞浦路斯	6,751	20,911	21	24	44	34	6	2	30	40
捷克共和国	3,798	8,044	19	24	51	27	6	15	25	34
丹麦	23,721	60,405	45	..	15	..	..	..	39	..
多米尼加共和国	3,143	4,998	2	8	91	84	*0*	1	7	7
厄瓜多尔	793	1,371	37	26	51	57	0	..	13	17
埃及	9,687	23,618	27	34	45	53	1	1	27	12
萨尔瓦多	673	944	37	32	32	41	10	3	20	23
厄立特里亚	54	..	18	..	64	..	1	..	17	..
爱沙尼亚	1,458	4,485	49	40	35	24	1	2	15	34
埃塞俄比亚	387	1,991	56	59	15	26	1	0	28	14
芬兰	7,669	27,729	22	11	18	10	0	2	60	76
法国	82,115	143,896	22	25	40	32	3	3	34	40
加蓬	171	..	56	..	12	..	0	..	32	..
冈比亚	*73*	88	*27*	42	*67*	36	*1*	0	6	22
格鲁吉亚	320	1,514	48	46	44	44	3	4	5	7
德国	79,659	233,338	25	25	23	15	5	8	46	53
加纳	490	1,344	20	27	68	46	1	1	11	26
希腊	19,181	37,336	41	55	48	33	1	2	9	10
危地马拉	702	2,192	12	13	69	63	3	2	16	22
几内亚	27	61	58	6	7	3	0	16	34	74
几内亚比绍	*4*	*32*	*2*	*0*	*77*	*38*	*2*	*9*	*21*	*53*
海地	158	183	*2*	..	81	91	..	..	19	9

	商业服务出口		运输		旅游		保险和金融服务		计算机、信息、通讯和其他商业服务	
	百万美元		占总数的百分比		占总数的百分比		占总数的百分比		占总数的百分比	
	2000	2010	2000	2010	2000	2010	2000	2010	2000	2010
洪都拉斯	487	1,003	12	5	53	65	3	2	32	28
匈牙利	5,836	19,288	9	20	64	28	3	1	24	52
印度	16,031	123,277	12	11	22	11	3	6	63	71
印度尼西亚	5,061	16,211	16	16	98	43	0	2	2	38
伊朗	1,357	..	49	..	37	..	11	..	3	..
伊拉克	..	1,721	..	22	..	0	..	0	..	78
爱尔兰	18,326	97,833	8	5	14	4	17	19	61	72
以色列	15,619	24,209	16	18	26	20	0	0	58	63
意大利	55,998	97,368	17	15	49	39	2	6	32	40
牙买加	1,988	2,600	17	11	67	77	1	2	15	10
日本	68,303	138,875	37	28	5	10	4	4	53	59
约旦	1,602	4,782	19	18	45	71	0	..	36	11
哈萨克斯坦	905	3,890	51	58	39	26	2	3	8	13
肯尼亚	727	2,920	57	54	39	27	1	5	4	14
朝鲜	..	..	..	..	..	..	..	..	..	..
韩国	30,650	81,556	45	47	22	12	3	4	31	37
科索沃	..	..	..	..	..	..	..	..	..	..
科威特	1,571	7,137	88	45	6	3	6	2	0	50
吉尔吉斯斯坦	57	679	29	22	27	42	3	1	42	35
老挝	134	489	15	10	85	78	0	2	0	9
拉脱维亚	1,131	3,657	68	50	12	17	4	7	17	26
黎巴嫩	4,412	15,706	0	4	97	50	1	14	1	32
莱索托	20	44	3	2	88	79	0	0	9	19
利比里亚	..	40	..	56	..	31	..	..	..	13
利比亚	119	410	13	64	63	15	17	18	7	3
立陶宛	1,052	4,064	47	60	37	25	1	1	16	14
前南斯拉夫马其顿共和国	290	903	42	32	13	22	2	1	44	45
马达加斯加	314	..	16	..	39	..	1	..	44	..
马拉维	34	126	26	18	74	55	2	0	0	26
马来西亚	13,812	32,760	20	14	36	56	2	2	41	30
马里	92	335	36	6	44	57	3	2	18	35
毛里塔尼亚	24	..	3	..	83	..	..	..	15	..
毛里求斯	1,066	2,656	21	14	51	48	6	3	22	34
墨西哥	13,291	14,935	8	7	62	79	14	12	16	2
摩尔多瓦	155	663	54	37	25	26	2	1	19	36
蒙古	74	483	41	36	49	51	0	2	10	11
摩洛哥	2,854	12,138	17	18	71	55	1	2	10	25
莫桑比克	325	576	30	28	23	34	3	1	47	36
缅甸	459	334	17	45	35	22	..	..	48	34
纳米比亚	163	835	23	16	68	53	0	1	8	30
尼泊尔	410	584	15	7	38	59	0	0	47	34
荷兰	48,361	93,361	35	27	15	14	2	2	48	57
新西兰	4,352	8,908	28	20	52	55	1	1	19	24
尼加拉瓜	187	430	16	11	69	72	2	1	13	16
尼日尔	35	100	24	8	64	66	4	3	8	23
尼日利亚	1,833	2,613	12	75	6	22	1	1	82	3
挪威	17,528	39,506	55	40	12	12	3	4	30	45
阿曼	452	1,761	43	36	49	44	3	1	5	18
巴基斯坦	1,284	2,949	65	48	6	10	1	3	27	38
巴拿马	1,961	5,659	59	53	23	30	9	9	9	8
巴布亚新几内亚	243	279	5	7	3	1	2	3	90	89
巴拉圭	573	1,324	12	17	13	16	5	2	70	64
秘鲁	1,445	3,816	17	22	58	60	9	6	17	12
菲律宾	3,377	14,358	14	9	64	18	3	1	20	71
波兰	10,395	32,700	24	27	55	29	3	2	19	42
葡萄牙	8,905	22,957	16	27	59	44	3	1	22	28
波多黎各	..	..	..	..	..	..	..	..	..	..
卡塔尔	..	..	..	..	..	..	..	..	..	..

4.6 服务业出口结构

	商业服务出口		运输		旅游		保险和金融服务		计算机、信息、通讯和其他商业服务	
	百万美元 2000	2010	占总数的百分比 2000	2010	占总数的百分比 2000	2010	占总数的百分比 2000	2010	占总数的百分比 2000	2010
罗马尼亚	1,720	8,728	37	29	21	13	8	2	35	56
俄罗斯联邦	9,565	44,605	37	33	36	20	1	3	26	43
卢旺达	41	243	34	11	57	83	..	0	8	6
沙特阿拉伯	4,779	10,346	..	20	..	65	..	12	..	3
塞内加尔	330	909	10	5	44	51	2	2	45	42
塞尔维亚	..	3,525	..	22	..	23	..	2	..	53
塞拉利昂	39	60	46	40	27	43	0	1	27	15
新加坡	28,420	112,061	41	29	18	13	8	13	32	45
斯洛伐克共和国	2,218	5,817	45	31	20	38	2	1	33	30
斯洛文尼亚	1,883	6,120	26	26	51	42	1	2	22	30
索马里	..	..	..	..	..	..	..	..	..	..
南非	4,888	13,617	24	12	55	67	9	8	12	13
南苏丹	..	..	..	..	..	..	..	..	..	..
西班牙	52,112	122,773	16	17	57	43	3	5	24	36
斯里兰卡	915	2,448	44	47	27	24	4	3	25	26
苏丹	24	224	63	2	22	42	8	6	15	49
斯威士兰	271	250	7	8	8	20	0	16	86	55
瑞典	22,193	64,835	21	15	18	17	6	3	55	65
瑞士	29,443	81,649	15	7	23	18	41	25	21	49
阿拉伯叙利亚共和国	1,480	7,040	17	8	73	88	2	1	10	3
塔吉克斯坦	60	182	76	27	3	2	2	5	20	65
坦桑尼亚	575	2,047	10	22	65	61	3	2	22	15
泰国	13,785	34,058	24	17	54	59	1	1	22	23
东帝汶	..	..	..	..	..	..	..	..	..	..
多哥	46	265	23	34	18	26	9	5	51	35
特立尼达和多巴哥	543	758	38	28	39	48	8	14	14	9
突尼斯	2,680	5,471	22	28	63	48	2	3	13	21
土耳其	19,267	34,247	15	28	40	61	2	4	43	8
土库曼斯坦	269	..	50	..	12	..	..	..	38	..
乌干达	205	984	15	5	81	74	1	3	4	18
乌克兰	3,800	16,466	77	47	10	23	1	3	12	27
阿拉伯联合酋长国	..	..	..	..	..	..	..	..	..	..
英国	118,567	253,287	16	12	18	13	22	24	43	51
美国	275,881	522,510	16	14	37	26	7	16	40	45
乌拉圭	1,249	2,458	30	18	57	61	8	5	5	16
乌兹别克斯坦	..	..	..	..	..	..	..	..	..	..
委内瑞拉	1,057	1,626	35	35	40	45	0	0	24	19
越南	2,702	7,460	..	..	..	..	..	..	..	..
西岸和加沙	453	554	8	5	62	74	0	0	29	21
也门共和国	174	1,460	12	13	42	80	..	..	46	7
赞比亚	114	312	37	49	58	40	4	2	0	9
津巴布韦	..	..	..	..	..	..	..	..	..	..
全世界	**1,530,963 t**	**3,806,462 t**	**24 w**	**22 w**	**32 w**	**26 w**	**6 w**	**8 w**	**38 w**	**45 w**
低收入国家	6,240	20,076	30	24	35	26	4	4	33	47
中等收入国家	223,261	773,203	21	21	48	41	4	4	28	33
中低收入国家	63,035	276,733	23	23	50	32	2	3	32	42
中高收入国家	161,130	504,513	21	21	48	44	4	5	27	31
低收入和中等收入国家	229,067	792,143	22	22	48	41	4	4	28	33
东亚和太平洋地区	70,928	280,031	16	17	56	38	1	2	29	43
欧洲和中亚	44,988	144,429	39	36	33	27	2	3	27	34
拉丁美洲和加勒比地区	51,355	109,176	18	17	51	57	9	8	23	19
中东和北非	..	..	..	28	..	29	..	3	..	40
南亚	19,358	131,836	24	19	20	13	3	5	52	63
撒哈拉以南非洲地区	15,245	40,508	21	31	35	50	6	5	41	14
高收入国家	1,305,653	3,018,606	25	22	27	21	7	9	41	48
欧元区	472,024	1,145,715	23	23	32	23	4	5	40	49

关于数据的说明

作为国际服务贸易的主要信息来源，国际收支统计存在许多缺陷。对重要组成部分的分解可能有限，而且各国之间的差异很大。报告统计项目的方法也有不一致的情况。按净额记录主要贸易流量的做法比较普遍（例如，保险业的交易通常以保费减去赔偿金额记录）。这些因素导致国际收支平衡表报告的服务贸易值偏低。

人们正在努力改善服务贸易数据的覆盖面、质量和一致性。例如，欧洲统计局和经济合作与发展组织正在合作，以共同改进成员国服务贸易统计数据的收集工作。另外，国际货币基金组织（IMF）已经在《国际收支手册》的第5版（1993）中实施了新的服务贸易分类方法。

要完全涵盖国际服务贸易的各个方面仍然存在困难，这意味着数据的记录可能不完整。公司内部服务的跨境交易在近几年不断上升，然而这部分交易通常没有计入国际收支平衡表中。这类交易的一个例子就是，跨国公司往往让计算机主机日夜不停地处理数据，以利用本国与联营公司东道国之间的时区差异。另一种未计入国际收支统计中的重要的服务贸易就是机构的贸易——即外国联营公司在东道国进行的销售。与此相反，公司内部的跨境商品交易可能在国际收支平衡表中报告为出口或者进口。

与2000年以前的版本不同的是，本表中的服务出口数据和表4.7中的服务进口数据只包括商业服务，而排除了“其他项目也未包括的政府服务”。这些数据由国际货币基金组织基于各国资料的反馈编制而成。表4.17列示了取自国际货币基金组织国际收支数据库的货物与服务贸易总量的数据。

国际货币基金组织的《国际收支手册》（1993）将国际服务交易定义为无形商品的经济产出，其生产、转移和消费可以同时进行。定义会因不同经济体的公布方式而异。旅游服务包括旅客消费的货物和服务，例如，餐饮、住宿和交通（在参观的经济体内），还包括汽车租赁。

定义

• **商业服务出口**等于服务出口总额减去未包括在其他项目中的政府服务出口。 • **运输**包括一个经济体的居民为其他经济体的居民提供的所有运输服务（海洋、空中、陆地、内河、太空和管道），其中包括客运、货运、提供乘务人员的承运人租赁以及相关的支持性和辅助性服务。以下项目不包括在运输中：运输保险，它列入保险服务；非居民承运人在港口取得的货物以及运输设备的修理，它们列入货物；港口、铁路设施和航空设施的修理，它们列入建筑服务；不提供乘务人员的承运人租赁，它列入其他服务。 • **旅游**包括旅游者出于商务和个人目的在一国逗留不足一年的时间中，从该国获得的用于自己消费的货物和服务。 • **保险和金融服务**包括对出口产品的货运险和其他诸如生命险的直接保险；金融中介服务，例如，佣金、外汇交易和经纪服务；辅助性服务，例如，金融市场运营和监管服务。 • **计算机、信息、通讯和其他商业性服务**包括国际电讯与邮政和快递服务；计算机数据；居民与非居民之间的与新闻有关的服务交易；建筑劳务；版税和许可费；杂项商务、专业和技术服务；以及个人、文化和娱乐服务等。

数据资料来源

商业服务出口的数据来自国际货币基金组织。国际货币基金组织在其《国际金融统计》和《国际收支统计年鉴》中公布了国际收支数据。

4.7 服务业进口结构

	商业服务进口		运输		旅游		保险和金融服务		计算机、信息、通讯和其他商业服务	
	百万美元		占总数的百分比		占总数的百分比		占总数的百分比		占总数的百分比	
	2000	2010	2000	2010	2000	2010	2000	2010	2000	2010
阿富汗	..	..	..	..	..	..	..	..	..	..
阿尔巴尼亚	413	1,992	23	16	66	68	8	5	3	11
阿尔及利亚	..	*11,203*	..	*26*	..	*4*	..	*2*	..	67
安哥拉	2,271	16,028	14	19	6	1	3	7	78	73
阿根廷	8,960	13,769	27	27	49	35	4	5	20	33
亚美尼亚	177	985	66	45	22	41	6	7	6	7
澳大利亚	18,554	51,470	34	*31*	34	*39*	5	*3*	27	*27*
奥地利	16,383	36,926	23	33	38	27	7	4	32	36
阿塞拜疆	475	3,762	30	21	28	21	2	3	42	55
巴林	757	1,905	57	40	30	27	3	23	10	11
孟加拉国	1,523	4,128	66	83	19	6	8	2	6	9
白俄罗斯	524	2,878	21	48	41	21	3	3	35	28
比利时	*35,288*	78,377	*22*	25	*29*	24	*8*	4	*41*	47
贝宁	186	*488*	67	*59*	7	*11*	9	*5*	17	*25*
玻利维亚	450	1,128	60	41	17	28	14	13	9	18
波斯尼亚和黑塞哥维那	256	581	48	39	28	33	10	5	14	22
博茨瓦纳	538	867	42	51	37	3	4	5	17	42
巴西	15,573	59,746	28	19	25	27	6	5	41	48
保加利亚	1,660	4,164	44	22	32	30	5	6	18	43
布基纳法索	132	*545*	64	*56*	15	*12*	18	*14*	3	*18*
布隆迪	36	156	53	71	38	13	4	3	4	14
柬埔寨	321	1,084	53	57	10	18	4	6	32	19
喀麦隆	994	1,717	22	36	21	11	4	7	53	46
加拿大	43,597	89,963	21	23	29	33	10	11	40	33
中非共和国	..	..	..	..	..	..	..	..	..	..
乍得	..	..	..	..	..	..	..	..	..	..
智利	4,664	11,568	47	58	13	17	9	8	31	17
中国	35,858	192,174	29	33	37	29	7	9	27	30
中国香港	24,588	50,869	25	*28*	51	*36*	5	*9*	18	*27*
哥伦比亚	3,242	7,893	40	36	33	23	10	9	17	32
刚果民主共和国	..	..	..	..	..	..	..	..	..	..
刚果共和国	728	*3,523*	11	*15*	7	*5*	5	*5*	77	*75*
哥斯达黎加	1,261	1,769	33	38	38	24	4	8	25	30
科特迪瓦	1,142	*2,324*	45	*58*	17	*15*	11	*9*	27	*27*
克罗地亚	1,782	3,389	21	16	32	25	5	6	42	53
古巴	..	..	..	..	..	..	..	..	..	..
塞浦路斯	1,563	3,114	56	41	26	37	7	8	10	14
捷克共和国	5,364	16,925	13	24	24	24	9	3	54	49
丹麦	21,063	51,894	44	..	22	..	..	..	33	..
多米尼加共和国	1,340	2,044	62	59	23	19	7	9	8	13
厄瓜多尔	1,225	2,950	36	59	24	19	3	8	36	14
埃及	7,161	12,991	31	51	15	17	7	11	48	21
萨尔瓦多	912	1,024	44	45	18	21	17	13	21	21
厄立特里亚	24	..	28	..	50	..	2	..	21	..
爱沙尼亚	870	2,770	48	35	23	23	1	2	27	40
埃塞俄比亚	479	2,534	60	65	15	6	4	4	21	25
芬兰	8,323	27,650	31	20	22	15	0	3	46	61
法国	64,400	131,391	28	27	35	29	2	4	36	40
加蓬	846	..	32	..	10	..	8	..	50	..
冈比亚	*32*	72	78	48	*11*	15	*10*	7	*1*	30
格鲁吉亚	271	996	38	56	41	20	8	14	13	11
德国	135,812	262,245	19	24	39	30	2	4	40	42
加纳	514	2,444	53	46	20	24	6	5	22	25
希腊	10,918	19,892	37	54	42	14	3	10	18	22
危地马拉	786	2,362	54	48	23	33	8	9	15	10
几内亚	183	381	61	60	5	2	4	7	30	31
几内亚比绍	*30*	*85*	*90*	*36*	*9*	*30*	*0*	*5*	*1*	*28*
海地	270	1,223	91	47	7	5	..	0	3	47

	商业服务进口 百万美元		运输 占总数的百分比		旅游 占总数的百分比		保险和金融服务 占总数的百分比		计算机、信息、通讯和其他商业服务 占总数的百分比	
	2000	2010	2000	2010	2000	2010	2000	2010	2000	2010
洪都拉斯	688	1,312	60	45	17	24	2	8	21	23
匈牙利	4,708	15,376	15	21	35	16	7	2	43	61
印度	18,898	116,140	46	40	14	9	11	10	29	41
印度尼西亚	15,381	25,601	26	34	21	25	2	6	51	35
伊朗	1,577	..	72	..	13	..	14	..	1	..
伊拉克	..	7,565	..	53	..	10	..	27	..	10
爱尔兰	31,212	107,270	8	2	8	7	9	13	75	78
以色列	11,849	17,787	36	33	24	19	3	2	38	46
意大利	54,632	108,616	24	24	29	25	3	8	44	44
牙买加	1,391	1,767	42	41	15	11	8	11	35	37
日本	115,686	155,800	30	30	28	18	3	6	39	46
约旦	1,463	4,164	47	51	24	34	6	7	22	7
哈萨克斯坦	1,831	11,142	18	17	22	11	3	5	57	67
肯尼亚	665	1,816	51	51	20	12	10	10	19	27
朝鲜	..	..	..	..	..	..	..	..	..	..
韩国	33,128	92,936	33	31	22	19	1	2	44	48
科索沃	..	..	..	..	..	..	..	..	..	..
科威特	4,115	12,260	37	40	61	55	1	3	1	2
吉尔吉斯斯坦	144	915	35	46	11	30	9	3	46	21
老挝	13	258	38	6	62	79	-3	5	0	10
拉脱维亚	680	2,211	31	30	36	29	10	6	22	35
黎巴嫩	3,340	13,262	14	14	80	36	4	10	2	41
莱索托	247	479	7	14	78	65	3	4	12	17
利比里亚	..	234	..	54	..	27	..	1	..	18
利比亚	815	5,251	43	45	49	39	1	12	8	4
立陶宛	655	2,718	34	52	39	29	2	2	26	17
前南斯拉夫马其顿共和国	260	816	50	39	13	11	3	6	34	44
马达加斯加	395	..	48	..	29	..	2	..	21	..
马拉维	167	79	53	19	30	59	0	7	17	15
马来西亚	16,603	32,216	35	37	12	25	3	4	49	38
马里	324	813	74	57	12	12	4	6	10	25
毛里塔尼亚	130	..	37	..	33	..	..	..	30	..
毛里求斯	748	1,956	35	28	24	20	7	8	34	44
墨西哥	16,242	21,818	38	49	34	33	14	15	14	3
摩尔多瓦	190	729	32	39	38	36	2	3	28	21
蒙古	158	760	54	38	33	35	1	4	13	24
摩洛哥	1,520	5,724	41	46	28	21	2	4	29	29
莫桑比克	439	1,102	38	28	25	23	6	3	32	46
缅甸	310	761	82	60	8	7	..	..	10	33
纳米比亚	308	697	29	32	24	21	6	7	40	40
尼泊尔	193	846	34	33	38	48	7	4	29	16
荷兰	49,941	84,384	26	22	24	23	3	3	47	52
新西兰	4,404	9,227	32	30	33	33	3	1	32	36
尼加拉瓜	334	660	46	50	23	31	7	11	23	8
尼日尔	125	735	67	73	21	7	3	4	9	17
尼日利亚	3,144	20,163	20	43	19	28	3	3	59	26
挪威	14,832	42,358	35	28	31	33	6	3	28	36
阿曼	1,758	6,525	37	41	27	15	6	11	30	33
巴基斯坦	2,109	6,481	72	58	12	14	4	4	12	24
巴拿马	1,096	2,569	55	60	17	15	8	16	20	9
巴布亚新几内亚	772	2,737	21	22	7	4	5	13	67	61
巴拉圭	390	707	61	68	21	22	15	8	4	3
秘鲁	2,165	5,843	40	42	20	22	8	9	33	27
菲律宾	5,175	11,188	40	44	32	31	4	3	25	21
波兰	8,862	29,473	17	21	37	29	6	4	39	46
葡萄牙	6,787	14,237	29	30	33	27	5	4	33	38
波多黎各	..	..	..	..	..	..	..	..	..	..
卡塔尔	..	..	..	..	..	..	..	..	..	..

4.7 服务业进口结构

	商业服务进口 百万美元 2000	商业服务进口 百万美元 2010	运输 占总数的百分比 2000	运输 占总数的百分比 2010	旅游 占总数的百分比 2000	旅游 占总数的百分比 2010	保险和金融服务 占总数的百分比 2000	保险和金融服务 占总数的百分比 2010	计算机、信息、通讯和其他商业服务 占总数的百分比 2000	计算机、信息、通讯和其他商业服务 占总数的百分比 2010
罗马尼亚	1,948	9,341	32	30	22	18	7	7	39	46
俄罗斯联邦	16,230	72,278	14	17	55	37	3	4	28	43
卢旺达	113	442	73	73	19	17	..	1	8	9
沙特阿拉伯	10,927	50,996	21	25	..	41	2	5	77	28
塞内加尔	396	*1,110*	61	*54*	12	*14*	10	*12*	18	*21*
塞尔维亚	..	3,477	..	29	..	27	..	3	..	41
塞拉利昂	82	134	21	70	39	10	4	5	36	15
新加坡	29,968	96,255	42	30	16	17	7	6	34	47
斯洛伐克共和国	1,779	6,781	24	28	17	29	5	8	54	35
斯洛文尼亚	1,423	4,305	25	22	36	28	2	4	37	46
索马里	..	..	..	..	..	..	..	..	..	..
南非	5,657	18,023	43	39	37	31	7	4	13	26
南苏丹	..	..	..	..	..	..	..	..	..	..
西班牙	32,837	86,752	31	24	18	19	4	7	47	49
斯里兰卡	1,592	3,084	62	66	15	15	6	6	17	13
苏丹	632	2,195	88	46	9	51	0	1	3	2
斯威士兰	300	650	12	11	10	9	2	6	76	74
瑞典	24,127	47,316	14	17	34	28	3	1	50	54
瑞士	14,533	39,435	36	21	37	28	7	7	20	43
阿拉伯叙利亚共和国	1,468	3,377	48	47	46	45	*2*	4	7	4
塔吉克斯坦	*103*	389	*79*	51	*2*	5	6	7	*13*	37
坦桑尼亚	620	1,840	33	39	54	45	3	4	9	12
泰国	15,329	44,592	44	50	18	12	5	5	33	32
东帝汶	..	..	..	..	..	..	..	..	..	..
多哥	116	*374*	72	*62*	2	*13*	15	*9*	12	*16*
特立尼达和多巴哥	363	*335*	48	*39*	41	*31*	0	*7*	12	*22*
突尼斯	1,119	3,165	49	50	23	17	7	9	20	23
土耳其	7,624	18,343	32	45	22	26	13	10	32	18
土库曼斯坦	*669*	..	*23*	..	*19*	..	*2*	..	*57*	..
乌干达	459	1,809	33	55	*13*	14	3	13	64	18
乌克兰	2,590	12,137	15	34	18	31	6	10	61	26
阿拉伯联合酋长国	..	..	..	..	..	..	..	..	..	..
英国	96,893	162,086	25	18	39	31	6	7	30	44
美国	203,169	367,016	30	21	33	23	8	21	29	36
乌拉圭	842	1,365	47	45	33	31	6	4	13	20
乌兹别克斯坦	..	..	..	..	..	..	..	..	..	..
委内瑞拉	4,236	10,548	43	38	25	17	5	5	27	39
越南	3,252	9,921	..	..	..	..	..	..	..	..
西岸和加沙	459	*777*	12	*11*	66	*62*	2	*2*	20	*25*
也门共和国	757	2,263	45	47	9	8	7	10	38	35
赞比亚	322	901	63	56	14	7	6	10	18	26
津巴布韦	..	..	..	..	..	..	..	..	..	..
全世界	**1,485,017 t**	**3,472,677 t**	**29 w**	**27 w**	**31 w**	**25 w**	**6 w**	**9 w**	**34 w**	**39 w**
低收入国家	9,090	29,773	58	61	20	14	7	5	18	21
中等收入国家	264,736	906,395	36	39	28	26	8	8	28	27
中低收入国家	82,866	296,871	40	43	20	22	6	7	34	29
中高收入国家	182,790	613,085	35	38	30	27	8	9	27	27
低收入和中等收入国家	273,647	935,741	36	39	28	26	8	8	28	27
东亚和太平洋地区	94,144	323,841	33	37	28	25	5	7	34	31
欧洲和中亚	39,655	160,613	26	33	33	28	7	7	33	32
拉丁美洲和加勒比地区	67,954	155,546	38	42	30	29	10	11	21	18
中东和北非	23,663	70,149	48	*42*	22	*20*	..	*7*	23	*31*
南亚	24,653	132,213	53	49	15	11	9	8	23	32
撒哈拉以南非洲地区	25,073	97,316	41	40	27	25	6	5	27	30
高收入国家	1,211,620	2,536,783	27	24	32	25	5	10	36	42
欧元区	477,111	1,044,273	24	25	31	25	3	5	41	45

关于数据的说明

由于服务的生产和消费是同时进行的，所以服务贸易不同于货物贸易。因此，向旅游者提供的服务可能就在生产国消费（例如，使用旅店客房），但是仍被归类为旅游者本国的进口。在其他情况下，服务的提供还可能来自一个遥远的地方，例如，保险服务可能在某个地方提供，但是在另一个地方消费。关于服务贸易衡量问题的进一步讨论，见表4.6中的“关于数据的说明”。

与2000年以前的版本不同的是，表4.6中的服务出口数据和本表中的服务进口数据只包括商业服务，而排除了“其他项目也未包括的政府服务”。这些数据由国际货币基金组织基于各国资料的反馈编制而成。

国际货币基金组织的《国际收支手册》(1993)将国际服务交易定义为无形商品的经济产出，其生产、转移和消费可以同时进行。各个报告经济体之间的定义也可能不同。

旅游服务包括旅游者所消费的货物和服务，例如，餐饮、住宿和交通（在参观的经济体内），其中包括汽车租赁。

定义

• **商业服务进口**等于服务进口总额减去未包括在其他项目中的政府服务进口。 • **运输**包括一个经济体的居民为其他经济体的居民提供的所有运输服务（海洋、空中、陆地、内河、太空和管道），其中包括客运、货运、提供乘务人员的承运人租赁以及相关的支持性和辅助性服务。以下项目不包括在运输中：运输保险，它列入保险服务；非居民承运人在港口取得的货物以及运输设备的修理，它们列入货物；港口、铁路设施和航空设施的修理，它们列入建筑服务；不提供乘务人员的承运人租赁，它列入其他服务。 • **旅游**包括旅游者出于商务和个人目的在一国逗留不足一年的时间中，从该国获得的用于自己消费的货物和服务。 • **保险和金融服务**包括对出口产品的货运险和其他诸如生命险的直接保险；金融中介服务，例如，佣金、外汇交易和经纪服务；辅助性服务，例如，金融市场运营和监管服务。 • **计算机、信息、通讯和其他商业性服务**包括国际电讯与邮政和快递服务；计算机数据；居民与非居民之间的与新闻有关的服务交易；建筑劳务；版税和许可费；杂项商务、专业和技术服务；以及个人、文化和娱乐服务等。

数据资料来源

商业服务进口的数据来自国际货币基金组织。国际货币基金组织在其《国际金融统计》和《国际收支统计年鉴》中公布了国际收支数据。

	家庭最终消费支出		一般政府最终消费支出		资本形成总值		货物和服务的出口		货物和服务的进口		储蓄总额	
	占GDP的百分比		占GDP的百分比		占GDP的百分比		占GDP的百分比		占GDP的百分比		占GDP的百分比	
	2000	2010	2000	2010	2000	2010	2000	2010	2000	2010	2000	2010
阿富汗	112	111	8	11	12	16	31	15	62	54	..	..
阿尔巴尼亚	85	88	9	8	25	26	19	30	37	52	24	13
阿尔及利亚	42	35	14	14	25	41	41	31	21	21	..	54
安哥拉	..	..	..	..	15	15	90	58	63	44	24	16
阿根廷	71	60	14	15	16	22	11	22	12	18	13	22
亚美尼亚	97	78	12	13	19	33	23	21	51	45	4	19
澳大利亚	58	54	18	18	26	28	19	20	21	20	21	24
奥地利	55	55	19	19	25	22	46	54	44	50	24	25
阿塞拜疆	69	37	9	11	21	17	39	55	38	20	17	46
巴林	47	31	18	13	10	33	89	97	64	74	20	43
孟加拉国	78	77	5	5	23	24	14	18	19	25	27	38
白俄罗斯	58	57	19	16	25	41	69	55	72	68	23	25
比利时	53	53	21	24	23	20	78	80	75	77	25	23
贝宁	82	..	12	..	19	26	15	14	28	28	10	13
玻利维亚	76	62	15	14	18	17	18	41	27	34	11	25
波斯尼亚和黑塞哥维那	104	80	25	21	21	20	29	36	76	57	13	15
博茨瓦纳	31	46	25	21	32	36	53	29	41	32	41	26
巴西	64	61	19	21	18	19	10	11	12	12	14	17
保加利亚	68	61	19	16	18	25	50	58	56	60	12	24
布基纳法索	79	..	21	..	17	..	9	..	25	..	5	..
布隆迪	88	..	18	..	6	..	8	..	20	..	4	..
柬埔寨	89	82	5	6	18	17	50	54	62	60	14	13
喀麦隆	70	..	9	..	17	..	23	28	20	33	15	..
加拿大	55	58	19	22	20	22	46	29	40	31	23	18
中非共和国	81	93	14	5	10	11	20	15	24	23	..	..
乍得	87	73	8	15	23	37	17	44	35	69	..	..
智利	64	59	12	12	22	21	32	39	30	32	21	23
中国	47	35	16	13	35	48	23	30	21	26	37	53
中国香港	59	62	9	8	27	24	143	223	139	217	32	30
哥伦比亚	69	62	17	16	15	24	16	16	17	18	14	19
刚果民主共和国	88	75	8	5	3	29	22	15	21	34	..	..
刚果共和国	29	33	12	10	23	25	80	82	44	50	31	..
哥斯达黎加	67	65	13	18	17	20	49	38	46	41	13	15
科特迪瓦	75	73	7	9	11	14	40	41	33	36	8	15
克罗地亚	60	56	24	22	19	23	42	38	45	39	18	22
古巴	61	54	29	33	13	11	14	20	17	18	..	..
塞浦路斯	65	68	16	20	18	18	55	40	55	47	15	9
捷克共和国	52	51	21	22	29	23	63	79	66	75	25	21
丹麦	48	48	25	29	21	17	47	50	40	45	23	23
多米尼加共和国	78	88	8	8	23	16	37	22	46	34	18	7
厄瓜多尔	64	68	10	12	20	26	37	33	31	39	26	23
埃及	76	75	11	11	20	19	16	21	23	26	18	18
萨尔瓦多	88	93	10	11	17	13	27	26	42	44	14	11
厄立特里亚	79	..	64	..	24	..	15	5	82	20	4	..
爱沙尼亚	55	53	20	21	28	20	85	78	88	72	23	24
埃塞俄比亚	74	89	18	10	20	21	12	11	24	32	16	17
芬兰	49	55	21	25	21	19	44	40	34	39	29	21
法国	56	58	23	25	20	19	29	25	28	28	22	17
加蓬	32	43	10	10	22	26	69	52	33	31	42	..
冈比亚	78	78	14	15	17	26	48	29	57	49	..	13
格鲁吉亚	82	77	9	21	27	20	23	35	40	52	22	10
德国	58	57	19	20	22	17	33	47	33	41	20	23
加纳	84	80	10	11	24	22	49	25	67	38	15	20
希腊	70	75	19	18	25	16	26	22	40	30	14	5
危地马拉	84	86	7	10	18	15	20	25	29	36	12	13
几内亚	78	77	7	8	20	20	24	35	28	39	15	10
几内亚比绍	95	..	14	..	11	..	32	..	52	..	-15	..
海地	86	..	8	..	27	25	13	12	33	57	..	23

	家庭最终消费支出 占GDP的百分比		一般政府最终消费支出 占GDP的百分比		资本形成总值 占GDP的百分比		货物和服务的出口 占GDP的百分比		货物和服务的进口 占GDP的百分比		储蓄总额 占GDP的百分比	
	2000	2010	2000	2010	2000	2010	2000	2010	2000	2010	2000	2010
洪都拉斯	71	80	13	18	28	23	54	44	66	65	21	16
匈牙利	55	53	21	22	27	18	75	87	78	80	19	20
印度	64	57	13	12	24	35	13	22	14	25	25	34
印度尼西亚	61	57	7	9	22	32	41	25	30	23	25	32
伊朗	48	..	14	..	33	..	23	..	17	..	39	..
伊拉克	..	..	..	..	..	..	..	..	..	..	..	..
爱尔兰	49	51	14	19	24	11	97	101	84	82	24	12
以色列	53	58	26	24	21	16	37	37	37	35	17	18
意大利	60	60	18	21	21	20	27	27	26	29	21	17
牙买加	74	80	14	17	..	21	..	26	..	43	17	12
日本	56	59	17	20	25	20	11	15	10	14	28	24
约旦	81	85	24	21	22	15	42	45	68	66	23	9
哈萨克斯坦	62	49	12	11	19	25	57	44	49	29	21	28
肯尼亚	78	78	15	13	17	21	22	26	32	39	14	16
朝鲜	..	..	..	..	..	..	..	..	..	..	..	..
韩国	55	53	12	15	31	29	39	52	36	50	33	32
科索沃	..	95	..	18	..	30	..	19	..	62	..	..
科威特	42	*28*	21	*21*	11	*14*	56	*56*	30	*28*	50	*59*
吉尔吉斯斯坦	66	84	20	19	20	28	42	58	48	89	15	20
老挝	93	69	7	9	14	26	30	36	44	41	2	20
拉脱维亚	63	63	21	17	24	21	42	53	49	54	19	24
黎巴嫩	84	78	17	12	20	33	14	21	36	44	*–4*	12
莱索托	83	87	42	44	44	34	34	49	103	114	37	34
利比里亚	89	*202*	*14*	*19*	*5*	*20*	21	*31*	26	*173*	..	*–2*
利比亚	46	*23*	21	*9*	13	*28*	36	67	15	*27*	*22*	*67*
立陶宛	65	65	23	20	19	17	45	68	51	70	13	19
前南斯拉夫马其顿共和国	74	75	18	18	22	25	49	47	64	66	22	24
马达加斯加	83	*79*	9	*12*	15	*33*	31	*29*	38	*53*	9	..
马拉维	82	66	15	19	14	24	26	26	35	36	10	*13*
马来西亚	44	48	10	13	27	21	120	97	101	79	36	33
马里	79	..	9	..	25	..	27	..	39	..	16	..
毛里塔尼亚	83	70	26	18	19	28	46	48	74	63	*21*	..
毛里求斯	60	76	14	14	26	22	61	45	62	58	26	16
墨西哥	67	65	11	12	24	25	31	30	33	32	20	24
摩尔多瓦	91	91	10	24	24	24	50	40	75	78	16	16
蒙古	70	53	15	14	29	41	54	55	68	62	23	27
摩洛哥	61	57	18	18	26	35	28	33	33	43	24	31
莫桑比克	81	82	9	12	31	24	16	25	37	43	10	11
缅甸	..	..	..	..	12	23	0	0	1	0	..	..
纳米比亚	63	53	24	22	17	23	41	39	45	38	25	34
尼泊尔	76	82	9	11	24	35	23	10	32	37	22	*37*
荷兰	50	45	22	28	22	19	70	78	65	71	28	23
新西兰	60	58	17	21	21	20	35	29	33	27	18	*16*
尼加拉瓜	84	91	12	10	30	28	24	41	51	70	8	13
尼日尔	83	..	13	..	11	..	18	..	26	..	5	..
尼日利亚	..	..	..	..	..	..	54	39	32	27	..	..
挪威	43	43	19	22	20	22	47	41	29	29	35	36
阿曼	40	*40*	21	*20*	12	*30*	59	*53*	31	*41*	29	*38*
巴基斯坦	75	82	9	8	17	15	13	14	15	19	20	22
巴拿马	60	71	13	6	24	27	73	65	70	69	23	18
巴布亚新几内亚	45	70	17	9	22	18	66	56	49	53	32	20
巴拉圭	79	69	13	9	19	19	38	57	49	55	11	23
秘鲁	71	63	11	10	20	24	16	25	18	22	17	23
菲律宾	72	72	11	10	18	21	51	35	53	37	23	27
波兰	64	61	17	19	25	21	27	42	34	43	19	17
葡萄牙	64	66	19	22	28	20	29	31	40	38	18	10
波多黎各	*91*	94	*11*	11	*18*	9	75	78	98	92	..	..
卡塔尔	15	*21*	20	*25*	20	*39*	67	*47*	22	*31*	..	..

4.8 需求结构

	家庭最终消费支出		一般政府最终消费支出		资本形成总值		货物和服务的出口		货物和服务的进口		储蓄总额	
	占GDP的百分比		占GDP的百分比		占GDP的百分比		占GDP的百分比		占GDP的百分比		占GDP的百分比	
	2000	2010	2000	2010	2000	2010	2000	2010	2000	2010	2000	2010
罗马尼亚	78	60	7	15	20	31	33	23	38	30	16	26
俄罗斯联邦	46	49	15	19	19	23	44	30	24	22	36	28
卢旺达	88	*81*	11	*15*	18	*22*	9	*12*	26	*29*	13	*15*
沙特阿拉伯	37	34	26	23	19	22	44	57	25	35	29	*33*
塞内加尔	76	82	13	9	20	29	28	25	37	44	14	*19*
塞尔维亚	88	74	20	19	9	23	24	35	40	51	..	16
塞拉利昂	100	84	14	12	7	16	18	17	39	30	−4	13
新加坡	43	37	11	11	33	24	192	211	180	183	44	46
斯洛伐克共和国	56	58	20	20	26	23	70	81	73	82	23	20
斯洛文尼亚	57	56	19	21	27	23	54	65	57	65	25	22
索马里	..	..	..	..	..	..	..	..	..	..	..	..
南非	63	57	18	20	16	25	28	26	25	27	16	16
南苏丹	..	..	..	..	..	..	..	..	..	..	..	..
西班牙	60	58	17	21	26	23	29	26	32	28	23	19
斯里兰卡	72	66	11	16	28	28	39	22	50	31	22	25
苏丹	76	61	8	15	18	23	15	20	18	19	9	18
斯威士兰	78	77	19	25	17	17	76	58	90	77	13	3
瑞典	49	49	26	27	19	18	47	50	40	44	23	25
瑞士	60	58	11	11	23	19	46	54	41	42	35	36
阿拉伯叙利亚共和国	64	71	12	10	17	19	35	35	29	36	22	17
塔吉克斯坦	84	94	8	29	9	23	99	15	101	61	*9*	3
坦桑尼亚	78	66	12	18	17	31	13	24	20	38	13	21
泰国	57	54	11	13	23	26	67	71	58	64	30	31
东帝汶	112	..	35	..	26	..	..	..	..	..	..	..
多哥	92	..	10	..	18	..	31	..	51	..	1	..
特立尼达和多巴哥	57	*51*	9	*10*	20	*11*	59	*65*	45	*38*	26	*35*
突尼斯	61	63	17	16	26	26	40	49	43	54	22	20
土耳其	71	71	12	14	21	20	20	21	23	27	18	14
土库曼斯坦	36	33	14	11	35	59	96	52	81	55	..	..
乌干达	77	75	15	12	19	24	11	24	22	34	14	19
乌克兰	54	63	21	20	20	19	62	50	57	53	24	17
阿拉伯联合酋长国	*61*	57	*9*	8	*22*	25	*49*	78	*41*	69	..	..
英国	66	64	19	23	18	15	28	30	29	33	15	12
美国	69	71	14	17	21	15	11	13	15	16	18	11
乌拉圭	77	67	12	13	14	19	17	27	20	26	11	17
乌兹别克斯坦	62	55	19	18	16	26	25	31	22	31	..	..
委内瑞拉	52	57	12	11	24	21	30	29	18	17	34	31
越南	66	65	6	7	30	39	55	78	57	88	31	32
西岸和加沙	95	..	27	..	33	..	16	..	71	..	9	..
也门共和国	60	81	14	12	19	12	41	30	34	34	33	9
赞比亚	87	55	10	13	17	22	27	44	41	35	−1	22
津巴布韦	60	101	24	17	14	1	39	37	36	56	..	..
全世界	**61 w**	**62 w**	**16 w**	**19 w**	**22 w**	**20 w**	**25 w**	**28 w**	**25 w**	**28 w**	**22 w**	**19 w**
低收入国家	79	80	10	10	19	23	17	20	25	32	19	*27*
中等收入国家	60	56	14	14	24	29	27	29	26	28	25	30
中低收入国家	67	64	12	11	22	28	27	28	27	31	23	28
中高收入国家	58	54	15	15	24	30	27	29	25	27	25	30
低收入和中等收入国家	61	56	14	14	24	29	27	28	25	28	25	30
东亚和太平洋地区	50	42	14	13	31	41	35	37	31	33	34	46
欧洲和中亚	60	60	14	17	20	23	37	31	31	31	26	22
拉丁美洲和加勒比地区	66	63	15	15	20	22	20	22	21	22	17	21
中东和北非	60	..	15	..	24	..	27	..	25	..	..	..
南亚	67	62	11	11	23	32	14	20	16	25	25	33
撒哈拉以南非洲地区	69	64	16	17	17	24	32	30	31	32	16	17
高收入国家	61	63	17	19	22	18	24	28	25	28	22	17
欧元区	57	58	20	22	22	19	37	41	36	39	22	20

a. 仅包括坦桑尼亚大陆。

关于数据的说明

以支出法计算的国内生产总值（GDP）由家庭最终消费支出、广义政府最终消费支出、资本形成总额（私人部门和公共部门的固定资产投资、库存变动和贵重物品的净获得值）以及货物与服务净出口（出口减进口）构成。这些支出以购买者价格记录并且包括净产品税。

因为政策制定者倾向于关注促进产出的增长，同时又因为生产数据比支出数据更容易获得，所以许多国家主要使用生产法估算GDP。此外，许多国家没有估算国民支出的所有独立的组成部分，而是将GDP（以生产法为基础）作为控制总量间接得出一些主要的总量数据。家庭最终消费支出（在1968年的国民经济核算体系［SNA］中称为私人消费）通常由GDP减去所有其他已知的支出的剩余值估算得出。由此得到的总数可能产生相当大的出入。当单独计算家庭消费时，许多估计值都是基于对家庭所做的调查，该调查的时间跨度往往为一年，覆盖面也有限。因此，估测值很快就会过时，必须用以价格和数量为基础的统计估算程序作补充。在许多发展中国家，用于个体商业的现金支出与用于家庭的现金支出之间区分不太清楚，这更使问题复杂化了。《世界发展指标》将非营利性机构服务于家庭的支出也视为家庭消费。

广义政府最终消费支出（在1968年的国民经济核算体系中称为政府消费）包括用于个人消费的货物与服务支出以及用于集体消费的服务支出。防御开支作为经常性支出处理，其中包括资本支出（特定情况除外）。

资本形成总额（在1968年的国民经济核算体系中称为国内投资总额）由一个经济体的新增固定资产支出和库存变化净值构成。该数据通常从行业收购报告中获得，仅仅对资本支出的大致类别加以区分。1993年修订的国民经济核算体系确认了资本支出的第三种类型：贵重物品的净获得值。根据1993年修订的国民经济核算体系指南，资本支出总额还包括用于防御设施的资本支出，这些设施可供普通公众使用，例如，学校、机场、医院以及诸如计算机软件开发和矿藏开发等无形开支。资本支出的数据可能依据对企业的直接调查和行政管理部门的记录加以估算，或者以商品流量法为基础，使用生产、贸易和建筑活动的数据加以估算。政府部门固定资本支出的数据质量取决于政府核算体系的质量（发展中国家一般比较薄弱），而对家庭和企业固定资本支出的测算——特别是那些小型的、非有限公司制企业的资本支出——通常很不可靠。

库存变化的估算值很少是完整的，但是通常包括最重要的经济活动或者商品。在一些国家，这些估算值是与家庭最终消费支出一起作为综合剩余值推出的。根据国民经济核算的惯例，若存货价值因价格变化而升值，应对其进行调整，但各国并不总是这样做。在通货膨胀严重的经济体，这一因素的影响可能是巨大的。

进出口数据是从海关申报单和国际收支数据中收集的。尽管来自支付方的进出口数据提供了合理可靠的跨境交易记录，但是严格来讲，它们可能与国际收支中关于估值和时间的合理定义不严格相符，或者与所有权变更的标准不一致。随着国际商务全球化程度的日益加深，该问题变得更加重要了。对于发生在许多国家的非法交易，海关或者国际收支数据通常都未计入。旅游者合法跨境携带的但是未申报短途贩运交易的商品可能会进一步扭曲贸易统计数据。

储蓄总额表示可支配收入与消费之差并取代了国内总储蓄，国内总储蓄是世界银行使用的一个概念，《世界发展指标》2006年之前的版本都使用这一概念。这主要是为了与国民经济核算体系的概念和定义保持统一。关于国民账户汇编问题的进一步讨论，见Srinivasan（1994）、Heston（1994）和Ruggles（1994）。关于对外贸易统计数据和国民收入统计数据可靠性的经典分析，见Morgenstern（1963）。

定义

• **家庭最终消费支出**是指家庭购买的所有货物和服务的市场价值，其中包括耐用产品（例如，汽车和计算机）。购买住房不算在其中，但是包括估算出的自用住房租金。同时它还包括为获得允许和许可而提供给政府的支出和费用。包括非盈利性机构服务于家庭的支出，即使各国单独报告。家庭消费支出可能包括资源使用相对于资源供给的所有统计误差。 • **广义政府最终消费支出**包括政府用于购买货物和服务的所有经常性开支（包括支付给员工的薪金）。它还包括用于国家防御和安全的大部分支出，但是政府的军事开支除外，因为军事开支具有广泛潜在的公共用途并且还是政府投资的一部分。 • **资本形成总额**由一个经济体的新增固定资产支出、库存变化净值以及贵重物品的净获得值构成。固定资产包括土地改良（筑篱笆、修引水沟以及排水沟等）；厂房、机器和设备的购置；公路、铁路以及学校、办公室、医院、私人住宅和工商业建筑等的修建。库存是指企业为应付生产或者销售发生的临时性或者预料之外的波动而储存的商品，也包括“正在加工的产品”。 • **货物与服务的进出口**表示提供给世界其他国家和从其他国家获得的所有货物与服务的价值。其中包括商品、货运、保险、运输、旅游、版税、许可费以及其他服务的价值，例如，通讯、建筑、金融、信息、商务、个人及政府服务。劳动收入、不动产收入（在1968年的国民经济核算体系中称为要素服务）和转移支付不算在其中。 • **储蓄总额**以国民总收入减去总消费再加上净转移支付加以计算。

数据资料来源

大多数发展中国家的国民经济核算指标都是由世界银行考察团和常驻机构从各国国家统计机构和中央银行收集获得。高收入经济体的数据来自经济合作与发展组织的数据档案。

4.9 消费和投资的增长

	家庭最终消费支出				一般政府最终消费总支出		资本形成总值		货物和服务			
	年均增长百分比		每人年均增长百分比		年均增长百分比		年均增长百分比		年均增长百分比 出口		年均增长百分比 进口	
	1990–2000	2000–2010	1990–2000	2000–2010	1990–2000	2000–2010	1990–2000	2000–2010	1990–2000	2000–2010	1990–2000	2000–2010
阿富汗	..	..	..	..	..	..	..	..	..	..	..	..
阿尔巴尼亚	1.3	5.2	2.2	4.8	14.5	6.3	25.8	5.1	18.9	9.2	15.7	11.8
阿尔及利亚	−0.1	3.6	−1.9	2.1	3.6	4.8	−0.6	8.8	3.2	2.3	−1.0	7.8
安哥拉	..	..	..	..	..	..	..	..	..	..	..	..
阿根廷	2.8	5.0	1.5	4.1	2.2	4.2	7.4	11.0	8.7	6.2	15.6	9.7
亚美尼亚	−0.5	7.3	1.1	7.2	−1.5	8.2	−1.9	16.3	−18.4	5.3	−12.7	7.7
澳大利亚	3.3	3.7	2.1	2.1	3.0	3.1	5.3	6.9	7.8	2.5	7.6	8.4
奥地利	1.7	1.4	1.4	0.9	2.6	1.6	2.6	0.6	5.8	4.4	4.8	3.5
阿塞拜疆	2.0	12.4	1.0	11.1	7.4	22.4	41.7	13.9	13.4	22.5	15.5	17.1
巴林	..	..	..	..	..	..	..	..	..	..	..	..
孟加拉国	2.6	4.6	0.5	3.2	4.7	8.5	9.2	7.7	13.1	10.6	9.7	8.0
白俄罗斯	−0.5	11.3	−0.3	11.9	−1.9	0.1	−7.5	18.1	−4.8	5.1	−8.7	10.3
比利时	1.9	1.4	1.6	0.8	1.6	1.5	2.4	2.1	5.3	2.6	5.0	2.7
贝宁	2.6	2.3	−0.6	−0.9	4.4	8.3	12.2	7.7	1.8	2.7	2.1	1.8
玻利维亚	3.6	3.4	1.3	1.6	3.6	3.5	8.5	4.8	4.5	6.9	6.0	5.4
波斯尼亚和黑塞哥维那	..	..	..	..	..	..	..	5.3	..	8.7	..	3.4
博茨瓦纳	3.2	8.5	0.8	7.1	6.1	4.8	4.6	3.1	4.4	1.6	4.3	4.8
巴西	3.7	3.9	2.2	2.8	1.0	3.3	4.2	4.7	5.9	6.4	11.6	8.5
保加利亚	−2.6	5.2	−2.0	5.9	−8.0	1.4	−5.3	11.2	4.3	7.6	2.9	9.0
布基纳法索	5.7	4.5	2.8	1.5	2.9	8.7	3.1	9.0	4.4	10.9	1.9	7.2
布隆迪	−4.9	..	..	..	−2.6	..	−0.5	..	−1.2	..	−1.6	..
柬埔寨	6.0	8.0	3.5	6.7	7.2	9.9	10.3	12.6	21.7	14.2	14.8	13.8
喀麦隆	3.1	4.5	0.6	2.2	0.7	2.8	0.4	4.4	3.2	−0.7	5.1	3.6
加拿大	2.7	3.3	1.7	2.3	0.3	2.8	4.6	4.3	8.7	−0.6	7.1	3.2
中非共和国	..	−0.9	..	−2.5	..	−1.3	..	−0.1	..	−3.6	..	−3.9
乍得	1.5	2.7	−1.7	−0.8	−8.3	2.7	4.0	−2.4	2.3	33.6	−1.8	−3.7
智利	7.3	5.5	5.6	4.4	3.7	4.8	9.3	8.1	9.4	4.9	11.7	10.3
中国	8.9	7.7	7.7	7.1	9.6	9.2	10.8	13.3	15.5	19.1	16.7	16.2
中国香港	3.8	3.6	2.0	3.0	3.7	1.2	4.8	2.7	7.9	7.8	8.4	7.1
哥伦比亚	2.4	4.0	0.6	2.4	10.9	4.1	2.1	9.6	5.0	5.2	9.3	9.6
刚果民主共和国	−1.1	..	−3.7	..	−20.4	..	2.6	..	−0.5	6.4	−2.4	15.0
刚果共和国	−1.8	..	..	..	−4.4	..	10.4	..	3.0	..	2.0	..
哥斯达黎加	5.1	4.2	2.5	2.4	2.0	2.4	5.1	5.6	10.9	5.9	9.2	4.6
科特迪瓦	4.1	..	1.2	..	0.8	2.9	8.1	4.3	1.9	2.0	8.2	4.1
克罗地亚	1.9	2.9	2.7	2.9	2.6	2.6	7.2	7.1	6.3	3.0	4.9	4.3
古巴	4.0	5.0	3.5	4.8	−2.9	7.6	0.7	8.8	−9.0	12.2	−2.9	10.1
塞浦路斯	6.1	4.3	4.2	2.6	2.3	3.6	−2.6	4.7	6.3	1.4	4.6	3.7
捷克共和国	3.0	3.3	3.0	3.1	−0.9	1.9	4.6	2.5	8.7	10.0	12.0	8.8
丹麦	2.2	1.9	1.7	1.5	2.4	1.7	5.7	0.4	5.0	3.0	6.0	4.7
多米尼加共和国	6.1	6.9	4.2	5.3	7.0	4.8	11.7	2.4	8.3	1.2	9.9	2.7
厄瓜多尔	2.1	5.2	0.2	3.5	−1.5	4.3	−0.6	8.2	5.3	5.4	2.8	8.5
埃及	3.7	4.6	1.9	2.7	4.4	2.7	5.8	7.2	3.5	15.1	3.0	12.9
萨尔瓦多	5.3	2.4	4.2	2.0	2.8	1.6	7.1	0.4	13.4	3.0	11.6	2.5
厄立特里亚	−5.0	1.6	−6.7	−2.2	22.6	1.2	19.1	−1.0	−2.5	−6.3	7.5	−3.7
爱沙尼亚	0.6	5.5	2.1	5.8	5.7	2.6	0.5	3.9	11.0	4.8	12.0	4.7
埃塞俄比亚	3.6	10.8	0.4	8.2	9.0	1.8	6.5	11.1	7.1	9.7	5.8	16.7
芬兰	1.8	2.8	1.4	2.4	0.9	1.4	3.2	1.5	10.3	3.7	6.7	4.7
法国	1.6	1.7	1.2	1.0	1.4	1.6	1.9	1.4	6.8	1.4	5.7	2.7
加蓬	−0.3	4.2	−3.1	2.2	3.7	2.7	3.0	5.5	2.1	−1.8	0.1	4.0
冈比亚	3.6	..	0.7	..	−2.2	..	1.9	..	0.1	1.6	0.1	1.7
格鲁吉亚	..	..	..	..	..	..	..	..	..	..	..	..
德国	1.7	0.4	1.3	0.4	2.0	1.1	1.1	0.2	5.8	5.7	5.9	4.7
加纳	..	..	..	..	..	..	..	..	..	..	..	..
希腊	2.2	3.3	1.4	2.9	2.1	2.2	4.1	0.0	7.6	2.0	7.4	1.8
危地马拉	4.2	3.7	1.9	1.2	5.1	3.9	6.1	−0.1	6.1	2.3	9.2	2.1
几内亚	5.2	4.2	1.4	2.4	−0.5	0.9	0.1	1.8	0.3	2.4	−1.1	1.2
几内亚比绍	..	..	..	..	..	..	..	..	..	..	..	..
海地	..	..	..	..	..	..	9.0	1.2	10.1	4.1	19.4	3.1

	家庭最终消费支出				一般政府最终消费总支出		资本形成总值		货物和服务			
	年均增长百分比		每人年均增长百分比		年均增长百分比		年均增长百分比		年均增长百分比			
									出口		进口	
	1990–2000	2000–2010	1990–2000	2000–2010	1990–2000	2000–2010	1990–2000	2000–2010	1990–2000	2000–2010	1990–2000	2000–2010
洪都拉斯	3.0	4.6	0.6	2.5	2.0	6.0	6.9	2.8	1.6	4.1	3.8	3.8
匈牙利	0.3	1.9	0.5	2.2	0.3	1.1	8.2	−0.6	9.3	9.5	11.0	7.9
印度	4.8	7.1	2.8	5.5	6.6	6.2	6.9	12.9	12.3	14.7	14.4	15.9
印度尼西亚	6.6	4.3	5.0	3.1	0.1	8.1	−0.6	6.1	5.9	7.6	5.7	8.2
伊朗	3.2	*7.4*	1.5	*6.1*	1.6	*3.6*	−0.1	*8.3*	1.2	*5.0*	−6.8	*13.2*
伊拉克	..	..	..	..	..	..	..	..	..	..	..	..
爱尔兰	5.6	3.1	4.8	1.2	4.1	3.5	9.7	−1.1	15.7	3.9	14.5	3.5
以色列	*5.0*	3.4	*2.5*	1.5	*2.7*	1.7	*2.0*	2.5	*10.9*	4.9	*7.6*	2.9
意大利	1.6	0.6	1.6	−0.1	−0.3	1.5	1.6	0.1	5.9	1.5	4.5	2.2
牙买加	..	..	..	..	..	..	..	..	..	..	..	..
日本	1.4	0.9	1.1	0.8	2.9	1.7	−0.8	−1.6	4.3	5.1	4.3	2.2
约旦	4.9	7.6	1.1	5.2	4.7	6.7	0.3	5.1	2.6	5.0	1.5	6.3
哈萨克斯坦	−7.5	9.2	−6.4	8.2	−7.1	7.1	−19.0	15.2	−1.9	4.7	−12.7	4.3
肯尼亚	3.6	3.9	0.6	1.3	6.9	2.5	6.1	9.1	1.0	6.1	9.4	7.9
朝鲜	..	..	..	..	..	..	..	..	..	..	..	..
韩国	4.9	2.9	3.9	2.5	4.7	4.8	3.4	2.1	16.0	10.3	10.0	8.1
科索沃	..	..	..	..	..	..	..	..	..	..	..	..
科威特	*4.5*	..	*0.6*	..	*−2.4*	..	*1.0*	..	*−1.6*	..	*0.8*	..
吉尔吉斯斯坦	−6.4	8.1	−7.3	7.0	−8.8	1.0	−4.5	9.1	*−1.6*	5.9	*−8.2*	11.4
老挝	..	5.0	..	3.4	..	4.2	..	16.6	..	9.4	..	8.8
拉脱维亚	−3.9	6.1	−2.7	6.7	1.8	1.1	−3.7	3.7	*4.3*	6.7	*7.6*	6.3
黎巴嫩	*−0.2*	3.6	*−1.9*	2.3	*10.9*	2.4	*−5.8*	10.3	*18.6*	9.6	*−1.1*	6.8
莱索托	1.8	8.2	−0.1	7.1	8.1	6.3	0.2	1.6	10.3	7.9	2.7	11.3
利比里亚	..	..	..	..	..	..	..	..	..	..	..	..
利比亚	..	..	..	..	..	..	..	..	..	..	..	..
立陶宛	*5.3*	6.5	*6.1*	7.1	*1.9*	3.6	*11.1*	5.6	*4.9*	8.9	*7.5*	9.5
前南斯拉夫马其顿共和国	2.2	4.6	1.7	4.3	−0.4	0.5	3.6	4.8	4.2	2.6	7.5	3.8
马达加斯加	2.2	*2.2*	−0.9	*−0.9*	0.0	*5.5*	3.3	*14.1*	3.8	*6.7*	4.1	9.3
马拉维	5.4	..	3.7	..	−4.4	..	−8.4	..	4.0	..	−1.1	..
马来西亚	5.3	7.4	2.6	5.3	4.8	7.4	5.3	3.0	12.0	4.8	10.3	5.8
马里	3.0	*0.9*	0.3	*−2.2*	3.2	..	0.4	*6.2*	9.9	*6.3*	3.5	*3.9*
毛里塔尼亚	..	*7.4*	..	*4.4*	..	*3.1*	..	*23.8*	−1.3	*−2.1*	0.6	*14.1*
毛里求斯	5.1	5.6	3.9	4.7	3.6	4.0	4.8	4.7	5.6	1.6	5.1	2.0
墨西哥	3.9	2.8	2.1	1.6	1.8	1.1	4.7	0.4	14.6	4.6	12.3	4.7
摩尔多瓦	*9.9*	7.2	*10.1*	7.5	*−12.4*	4.9	*−15.5*	7.5	*0.7*	8.9	5.6	10.0
蒙古	..	..	..	..	..	..	..	..	..	..	..	..
摩洛哥	1.8	4.7	0.3	3.5	3.9	3.9	2.5	8.3	5.9	6.0	5.1	7.8
莫桑比克	5.8	5.8	2.6	3.2	3.2	−2.9	8.6	8.1	13.1	14.3	7.6	6.2
缅甸	..	..	..	..	..	..	..	..	..	..	..	..
纳米比亚	4.8	4.9	1.8	3.0	3.3	4.6	7.3	8.5	3.8	2.5	5.4	5.1
尼泊尔	..	*4.2*	..	..	..	*5.7*	..	*10.2*	..	*−1.6*	..	*6.1*
荷兰	3.1	0.5	2.5	0.1	2.0	3.3	4.4	0.8	7.3	3.9	7.6	3.7
新西兰	3.2	3.1	2.0	1.8	2.4	3.9	6.1	3.0	5.2	2.4	6.2	4.4
尼加拉瓜	6.1	3.7	3.9	2.4	−1.5	1.6	11.3	4.3	9.3	8.4	12.2	5.2
尼日尔	*1.8*	..	..	..	*0.8*	..	*4.0*	..	*3.1*	..	*−2.1*	..
尼日利亚	..	..	..	..	..	..	..	..	..	..	..	..
挪威	3.6	3.7	3.0	2.9	2.7	2.3	6.0	4.6	5.5	0.2	5.8	4.8
阿曼	5.4	..	3.4	..	2.4	..	4.0	..	6.2	..	5.9	..
巴基斯坦	4.9	4.7	2.2	2.8	0.7	7.5	1.8	5.0	1.7	6.7	2.5	6.3
巴拿马	6.4	7.2	4.2	5.4	1.7	3.6	10.4	10.6	−0.4	7.8	1.2	7.4
巴布亚新几内亚	2.5	..	−0.1	..	2.5	..	1.9	..	5.1	..	3.4	..
巴拉圭	2.6	3.3	0.3	1.4	2.5	4.2	0.7	3.6	3.1	7.6	2.9	6.7
秘鲁	4.0	5.3	2.2	4.1	5.2	5.7	7.4	10.7	8.5	7.2	9.0	9.2
菲律宾	3.9	4.5	1.6	2.5	2.6	3.9	2.1	2.8	8.2	5.2	8.5	3.5
波兰	5.4	3.7	5.3	3.8	3.2	4.3	10.6	5.8	11.3	8.7	16.7	7.9
葡萄牙	3.0	1.3	2.7	0.9	3.0	1.6	5.9	−2.1	5.7	3.1	7.6	2.5
波多黎各	..	*1.9*	..	..	..	*0.3*	..	*−3.6*	*1.6*	1.1	*4.5*	1.6
卡塔尔	..	..	..	..	..	..	..	..	..	..	..	..

4.9 消费和投资的增长

	家庭最终消费支出				一般政府最终消费总支出		资本形成总值		货物和服务			
	年均增长百分比		每人年均增长百分比		年均增长百分比		年均增长百分比		年均增长百分比			
									出口		进口	
	1990–2000	2000–2010	1990–2000	2000–2010	1990–2000	2000–2010	1990–2000	2000–2010	1990–2000	2000–2010	1990–2000	2000–2010
罗马尼亚	1.3	6.4	1.6	6.8	0.8	3.8	−5.1	10.6	8.1	9.0	6.0	12.1
俄罗斯联邦	−0.9	9.3	−0.7	9.7	−2.2	2.0	−19.1	7.6	0.8	6.5	−6.1	14.5
卢旺达	*0.4*	..	..	..	*−2.6*	..	*0.4*	..	*−6.4*	..	*6.1*	..
沙特阿拉伯	..	*5.3*	..	*1.6*	..	*7.6*	..	*11.4*	..	*6.9*	..	*16.9*
塞内加尔	2.6	4.9	−0.2	2.1	0.9	−0.9	3.5	9.6	4.1	3.9	2.0	7.1
塞尔维亚	..	1.0	..	1.3	..	5.9	..	18.1	..	9.7	..	8.6
塞拉利昂	*−4.4*	..	..	..	*10.4*	..	*−5.6*	..	*−11.2*	..	*−0.2*	..
新加坡	5.8	3.9	2.7	1.5	9.3	4.7	6.6	5.4	11.4	9.2	11.4	8.7
斯洛伐克共和国	*4.9*	4.7	*4.7*	4.6	*1.1*	3.6	*7.4*	4.2	*8.0*	8.8	*8.5*	7.3
斯洛文尼亚	4.0	2.9	4.1	2.6	2.8	3.2	10.4	3.4	1.7	6.7	5.2	6.3
索马里	..	..	..	..	..	..	..	..	..	..	..	..
南非	2.9	4.1	0.6	2.8	0.3	5.6	4.7	7.7	5.8	2.6	7.1	7.0
南苏丹	..	..	..	..	..	..	..	..	..	..	..	..
西班牙	2.4	2.4	2.0	0.9	2.7	4.8	3.2	1.9	10.5	2.7	9.4	3.8
斯里兰卡	..	..	..	..	7.6	6.8	6.6	8.2	7.5	3.1	8.6	4.7
苏丹	3.7	*5.9*	1.1	*3.4*	5.5	*8.4*	22.0	*11.2*	11.6	*14.3*	8.4	*12.0*
斯威士兰	7.3	2.2	5.5	1.8	7.1	6.6	−4.7	0.2	6.4	4.2	6.2	4.2
瑞典	1.5	2.2	1.2	1.7	0.6	0.9	2.0	3.0	8.6	4.2	6.4	4.0
瑞士	1.1	1.5	0.5	0.6	0.5	1.4	0.7	0.2	4.1	4.5	4.3	3.5
阿拉伯叙利亚共和国	3.0	..	0.3	..	2.0	9.1	3.3	7.9	12.0	1.9	4.4	7.5
塔吉克斯坦	−11.8	6.0	−13.1	4.9	*−15.7*	1.6	−17.6	5.8	−5.3	9.2	−6.0	10.3
坦桑尼亚	5.1	6.3	2.0	3.4	−8.8	12.8	−1.1	12.4	11.7	11.8	4.7	15.5
泰国	3.7	3.8	2.7	2.9	5.1	5.4	−4.0	4.5	9.5	5.6	4.5	5.4
东帝汶	..	..	..	..	..	..	..	..	..	..	..	..
多哥	5.0	*0.5*	2.2	*−1.9*	0.0	*1.3*	−0.1	*5.9*	1.2	*6.0*	1.1	*3.1*
特立尼达和多巴哥	0.7	*13.3*	0.1	*12.9*	0.3	*4.3*	12.5	..	6.9	*5.8*	9.9	*9.5*
突尼斯	4.2	4.5	2.5	3.5	4.5	5.1	3.1	3.9	5.3	3.4	3.7	3.0
土耳其	3.8	5.0	2.2	3.6	4.6	4.1	4.7	6.7	11.1	5.8	10.8	8.2
土库曼斯坦	..	..	..	..	..	..	..	*5.7*	*−2.4*	*17.5*	*7.2*	*9.4*
乌干达	6.6	4.4	3.4	1.1	6.4	3.7	8.4	11.0	13.8	19.7	10.2	11.8
乌克兰	−6.9	11.2	−6.4	12.0	−4.1	2.0	−18.5	1.6	−3.6	0.9	−6.6	4.3
阿拉伯联合酋长国	..	*7.0*	..	..	..	*4.7*	..	*11.9*	..	*12.5*	..	*18.7*
英国	3.6	1.7	3.3	1.2	1.7	2.2	5.0	1.6	7.8	3.2	8.2	3.1
美国	3.8	2.1	2.5	1.1	0.7	2.0	7.6	−0.6	7.3	4.5	9.8	3.0
乌拉圭	5.0	3.5	4.3	3.4	2.3	1.1	6.1	6.6	6.0	7.8	9.9	7.2
乌兹别克斯坦	..	..	..	..	..	..	−2.5	*4.7*	*2.5*	*4.9*	*−0.4*	*4.2*
委内瑞拉	0.6	7.6	−1.5	5.7	3.7	7.7	11.0	10.7	1.0	−2.9	8.2	12.2
越南	*5.4*	7.8	*3.8*	6.6	*3.2*	7.9	19.8	12.0	19.2	11.2	19.5	13.2
西岸和加沙	*5.3*	*−1.5*	*1.1*	*−4.9*	*12.7*	*1.3*	*9.2*	*−3.0*	*8.7*	*−3.1*	*7.5*	*−2.3*
也门共和国	..	..	..	..	3.8	3.6	10.0	−0.6	22.9	1.8	11.9	5.4
赞比亚	2.4	*0.1*	−0.3	*−2.2*	−8.1	*24.9*	3.9	*6.6*	6.7	*21.9*	15.5	*15.6*
津巴布韦	..	..	..	..	..	..	..	..	3.9	−9.2	3.1	−3.8
全世界	**3.0 w**	**2.5 w**	**1.6 w**	**1.3 w**	**1.8 w**	**2.7 w**	**3.3 w**	**2.8 w**	**7.2 w**	**5.8 w**	**7.2 w**	**5.5 w**
低收入国家	2.9	5.4	0.4	3.1	−1.0	*6.0*	5.5	8.4	5.6	9.0	5.2	8.9
中等收入国家	4.0	5.6	2.5	4.4	3.3	5.7	2.6	9.6	7.5	9.9	6.5	10.2
中低收入国家	4.1	5.9	2.2	4.2	3.5	5.7	2.8	9.5	6.0	9.1	5.9	9.7
中高收入国家	4.0	5.6	2.9	4.8	3.3	5.7	2.6	9.6	7.9	10.1	6.6	10.4
低收入和中等收入国家	4.0	5.6	2.4	4.3	3.3	5.7	2.6	9.6	7.5	9.9	6.4	10.2
东亚和太平洋地区	7.4	6.9	6.1	6.0	7.9	8.7	7.7	12.0	11.8	13.9	11.0	12.1
欧洲和中亚	0.5	7.2	0.3	7.0	−0.8	3.2	−11.2	8.0	1.8	6.5	−2.3	10.6
拉丁美洲和加勒比地区	3.6	4.1	1.9	2.8	1.9	3.5	5.4	5.2	8.1	4.8	10.5	6.8
中东和北非	2.8	*4.9*	0.7	*3.1*	3.6	*3.7*	1.2	*7.6*	4.1	*6.9*	0.0	*9.6*
南亚	4.6	6.6	2.5	4.9	5.8	6.5	6.5	11.9	10.0	13.0	11.2	13.7
撒哈拉以南非洲地区	3.3	4.6	0.6	2.1	0.3	5.5	4.6	7.8	..	..	5.7	8.8
高收入国家	2.9	1.8	2.1	1.1	1.5	2.1	3.5	0.4	7.1	4.6	7.4	4.1
欧元区	1.9	1.2	1.6	0.7	1.5	1.9	2.2	0.8	6.8	3.7	6.3	3.6

a. 仅包括坦桑尼亚大陆。

关于数据的说明

对消费和投资增长的衡量在准确性上受到两个因素的制约：一是按当前价格水平测算支出存在困难，表4.8中的“关于数据的说明”对此进行了描述；二是为测算实物量的增长而缩减的当前价格数据也会影响准确性，因为测算的结果取决于所使用的价格指数和权重的相关性和可靠性。测算投资性商品价格的变化比消费性商品更加困难，因为许多投资都是一次性的，同时又因为资本商品的技术进步率使人们难于掌握质量的变化（计算机就是一个例子——随着质量的提高，价格不断下降）。一些国家从供给方估算投资，直接从详细的生产和国际贸易统计数据中确定进入一国的资本商品。这意味着用于缩减生产和国际贸易并反映交付或者供给价格的价格指数将决定需求方投资支出的平减指数。

家庭最终消费支出、人均家庭最终消费支出、广义政府最终消费支出、资本形成总额以及货物和服务进出口的增长率均以不变价格数据估算（表4.8给出了消费、资本形成以及货物和服务进出口占GDP的份额）。

为获取以不变价格计算的政府消费，各国可能使用工资（价格）指数缩减其现值，或者从政府职员人数的变化中推算得出。但这两种技术方法既没有考虑生产率的提高，也没有反映政府服务质量的变化。家庭消费的平减指数通常以消费价格指数为基础计算。许多国家将家庭消费作为剩余值估算，其中剩余值包括与其他支出项目相关的统计误差，例如，库存的变动值；因而，这些估算值缺少对家庭消费支出的详细分类。

定义

• **家庭最终消费支出**是指家庭购买的所有货物和服务的市场价值，其中包括耐用产品（例如，汽车和计算机）。购买住房不算在其中，但是包括估算出的自用住房租金。同时它还包括为获得允许和许可而提供给政府的支出和费用。包括非盈利性机构服务于家庭的支出，即使各国单独报告。家庭消费支出可能包括资源使用相对于资源供给的所有统计误差。

• **人均家庭最终消费支出**为家庭最终消费支出除以年中人口数量。 • **广义政府最终消费支出**包括政府用于购买货物和服务的所有经常性开支（包括支付给员工的薪金）。它还包括用于国家防御和安全的大部分支出，但是政府的军事开支除外，因为军事开支具有广泛潜在的公共用途并且还是政府投资的一部分。

• **资本形成总额**由一个经济体的新增固定资产支出、库存变化净值以及贵重物品的净获得值构成。固定资产包括土地改良（筑篱笆、修引水沟以及排水沟等）；厂房、机器和设备的购置；公路、铁路以及学校、办公室、医院、私人住宅和工商业建筑等的修建。库存是指企业为应付生产或者销售发生的临时性或者预料之外的波动而储存的商品，也包括“正在加工的产品”。 • **货物与服务的进出口**表示提供给世界其他国家和从其他国家获得的所有货物与服务的价值。其中包括商品、货运、保险、运输、旅游、版税、许可费以及其他服务的价值，例如通讯、建筑、金融、信息、商务、个人及政府服务。劳动收入、不动产收入（在1968年的国民经济核算体系中称为要素服务）和转移支付不算在其中。

数据资料来源

大多数发展中国家的国民经济核算指标都是由世界银行考察团和常驻机构从各国国家统计机构和中央银行收集获得。高收入经济体的数据来自经济合作与发展组织的数据档案。

4.10 对国民收入更全面的衡量

	国内生产总值	国民总收入	调整额		调整后的净国民收入	国内生产总值	国民总收入	调整后的净国民收入
			固定资本耗减占GNI的百分比	自然资源耗减占GNI的百分比				
	10亿美元	10亿美元			10亿美元	增长百分比	增长百分比	增长百分比
	2010	2010	2010	2010	2010	2000–2010	2000–2010	2000–2010
阿富汗	17.2	15.2	8.9	2.6	13.4	..	..	..
阿尔巴尼亚	11.8	11.7	10.6	2.5	10.1	5.4	5.8	6.6
阿尔及利亚	162.0	155.5	11.3	18.1	109.8	3.9	4.4	5.0
安哥拉	84.4	75.5	12.1	35.1	39.9	12.9	..	..
阿根廷	368.7	358.6	12.1	4.9	297.6	5.6	5.3	5.8
亚美尼亚	9.4	9.7	9.9	1.0	8.6	9.2	9.2	9.6
澳大利亚	1,131.6	1,094.5	14.6	6.5	863.2	3.2	3.3	4.0
奥地利	379.1	377.1	14.1	0.2	323.4	1.8	1.7	1.8
阿塞拜疆	51.8	48.3	12.0	34.5	25.9	17.1	18.1	21.6
巴林	20.6	21.0	6.7	30.0	13.3	6.6	..	..
孟加拉国	100.4	109.7	7.5	2.3	99.0	5.9	5.3	5.9
白俄罗斯	54.7	53.4	11.4	1.0	46.7	8.0	8.3	9.9
比利时	469.4	477.6	13.7	0.0	412.3	1.6	1.7	1.2
贝宁	6.6	6.6	8.4	0.3	6.1	4.0	3.9	3.6
玻利维亚	19.6	18.8	10.2	12.3	14.6	4.1	4.2	3.2
波斯尼亚和黑塞哥维那	16.6	17.0	10.5	..	..	4.6	5.3	..
博茨瓦纳	14.9	14.8	11.6	3.4	12.6	4.1	3.5	3.5
巴西	2,087.9	2,049.2	12.2	3.3	1,729.7	3.7	3.6	3.8
保加利亚	47.7	46.0	14.3	2.0	38.5	4.8	5.4	4.4
布基纳法索	8.8	8.8	7.9	4.3	7.7	5.5	6.0	5.2
布隆迪	1.6	1.6	6.6	12.7	1.3	3.2	..	..
柬埔寨	11.2	10.7	8.9	0.1	9.7	8.7	8.9	9.5
喀麦隆	22.4	22.0	9.1	4.8	19.0	3.2	2.7	4.4
加拿大	1,577.0	1,549.7	14.3	2.3	1,292.3	2.0	1.8	2.6
中非共和国	2.0	2.0	7.7	0.0	1.9	1.0	-0.9	-1.2
乍得	7.6	6.7	9.3	29.0	4.2	9.0	20.2	-2.5
智利	212.7	197.3	13.2	12.4	146.8	4.0	4.7	4.9
中国	5,926.6	5,957.0	10.8	5.1	5,013.1	10.8	10.6	9.6
中国香港	224.5	229.2	13.2	0.0	198.9	4.6	4.4	3.8
哥伦比亚	288.2	276.1	11.8	7.7	222.2	4.5	4.7	4.5
刚果民主共和国	13.1	12.3	7.0	13.7	9.7	5.3	5.6	7.4
刚果共和国	11.9	8.6	14.1	59.6	2.3	4.3	..	..
哥斯达黎加	35.8	34.9	11.9	0.1	30.7	4.9	4.5	4.0
科特迪瓦	22.8	21.7	9.4	3.9	18.8	1.1	0.9	1.1
克罗地亚	60.9	58.8	12.8	0.9	50.8	3.2	3.4	4.3
古巴	62.7	61.8	11.3	3.2	52.8	6.7	6.6	6.7
塞浦路斯	23.1	22.5	13.3	0.0	19.5	3.1	3.0	3.3
捷克共和国	192.0	179.4	13.6	0.5	154.0	3.8	4.1	4.2
丹麦	312.0	319.3	14.0	1.7	269.3	0.9	0.4	1.7
多米尼加共和国	51.8	50.0	11.4	0.2	44.2	5.6	5.5	5.4
厄瓜多尔	58.0	56.9	10.9	12.9	43.4	4.8	4.3	5.7
埃及	218.9	214.5	10.3	7.1	177.2	5.1	5.2	3.2
萨尔瓦多	21.2	20.8	10.6	0.4	18.5	2.2	2.2	1.7
厄立特里亚	2.1	2.1	7.6	0.0	1.9	0.2	1.4	4.1
爱沙尼亚	19.2	18.4	13.0	1.6	15.7	4.6	4.6	5.3
埃塞俄比亚	29.7	29.6	7.4	4.2	26.2	8.8	8.7	10.8
芬兰	238.0	242.0	16.0	0.1	203.1	2.1	1.9	1.6
法国	2,560.0	2,606.8	13.6	0.0	2,253.0	1.3	1.2	1.1
加蓬	13.0	11.5	13.3	33.1	6.1	2.2	2.3	4.3
冈比亚	0.8	0.7	8.4	0.8	0.7	3.7	3.5	2.3
格鲁吉亚	11.7	11.5	9.7	0.6	10.3	6.9	..	..
德国	3,280.5	3,341.4	13.6	0.1	2,883.3	1.0	0.6	1.5
加纳	31.3	30.8	9.3	8.0	25.5	5.9	..	..
希腊	301.1	292.9	13.6	0.3	252.0	2.6	3.1	2.0
危地马拉	41.2	40.0	10.5	1.7	35.1	3.6	3.8	3.1
几内亚	4.5	4.2	8.2	14.3	3.3	2.9	3.7	0.3
几内亚比绍	0.9	0.9	8.0	0.5	0.8	1.5	..	..
海地	6.7	6.5	8.2	0.6	5.9	0.6	..	..

	国内生产总值	国民总收入	调整额		调整后的净国民收入	国内生产总值	国民总收入	调整后的净国民收入
			固定资本耗减占GNI的百分比	自然资源耗减占GNI的百分比		增长百分比	增长百分比	增长百分比
	10亿美元	10亿美元			10亿美元			
	2010	2010	2010	2010	2010	2000–2010	2000–2010	2000–2010
洪都拉斯	15.4	14.8	10.1	0.5	13.2	4.6	4.6	2.5
匈牙利	128.6	122.4	12.9	0.5	106.0	2.2	2.2	2.4
印度	1,727.1	1,712.6	9.3	4.3	1,478.5	8.0	7.9	7.7
印度尼西亚	706.6	686.6	10.5	6.6	568.9	5.3	5.1	4.7
伊朗	*331.0*	*328.6*	*10.9*	*19.9*	*227.5*	*5.4*	*6.2*	*6.7*
伊拉克	82.2	77.8	10.6	45.7	34.0	0.4	..	..
爱尔兰	206.6	171.3	16.9	0.2	142.0	2.8	2.8	1.8
以色列	217.3	210.4	13.8	0.2	180.9	3.6	*2.8*	3.6
意大利	2,061.0	2,051.4	13.7	0.1	1,768.9	0.5	0.5	0.3
牙买加	14.3	13.6	11.6	0.6	11.9	1.2	..	..
日本	5,458.8	5,601.6	13.6	0.0	4,841.4	0.9	0.7	1.2
约旦	27.6	27.8	10.8	1.0	24.6	6.7	6.5	6.9
哈萨克斯坦	149.1	131.9	13.3	23.4	83.4	8.3	9.3	9.2
肯尼亚	31.4	31.3	7.3	1.1	28.6	4.3	4.3	4.8
朝鲜	..	..	..	..	..	..	..	..
韩国	1,014.5	1,014.8	12.9	0.0	883.5	4.1	4.0	3.3
科索沃	5.6	5.7	10.0	..	..	5.3	..	..
科威特	*109.5*	*117.2*	*7.2*	*25.1*	*79.3*	*8.4*	..	..
吉尔吉斯斯坦	4.6	4.3	9.2	6.9	3.6	4.4	4.4	2.7
老挝	7.3	7.0	9.4	8.3	5.7	7.2	7.1	6.2
拉脱维亚	24.0	24.1	18.0	0.5	19.6	4.8	4.6	6.0
黎巴嫩	39.0	39.1	11.8	0.0	34.4	4.9	4.4	5.0
莱索托	2.1	2.6	7.3	1.0	2.3	3.5	13.4	12.7
利比里亚	1.0	0.8	8.4	6.4	0.7	0.9	..	..
利比亚	*62.4*	*62.0*	*12.0*	*29.0*	*36.6*	*5.4*	..	..
立陶宛	36.3	35.7	12.3	0.6	31.1	5.3	5.2	6.5
前南斯拉夫马其顿共和国	9.2	9.0	11.1	5.9	7.5	3.3	3.4	2.6
马达加斯加	8.7	8.6	7.7	1.0	7.9	3.4	*3.2*	2.3
马拉维	5.1	5.0	7.5	1.8	4.5	5.2	..	..
马来西亚	237.8	229.6	12.1	6.9	185.9	5.0	4.5	7.0
马里	9.3	8.9	8.4	9.8	7.3	5.2	5.9	4.9
毛里塔尼亚	3.6	3.7	8.8	34.3	2.1	4.4	6.3	6.9
毛里求斯	9.7	9.8	11.5	0.0	8.7	3.9	3.6	2.0
墨西哥	1,034.8	1,020.3	12.0	5.7	839.9	2.1	2.0	1.7
摩尔多瓦	5.8	6.3	8.7	0.2	5.7	5.2	4.9	5.6
蒙古	6.2	5.6	10.9	32.3	3.2	7.2	..	..
摩洛哥	90.8	88.6	10.5	1.6	77.9	4.9	4.8	4.3
莫桑比克	9.6	9.4	7.7	3.3	8.4	7.8	7.4	6.5
缅甸	..	..	..	..	..	..	..	..
纳米比亚	12.2	12.1	11.1	0.7	10.7	5.0	5.4	..
尼泊尔	15.7	15.8	7.8	2.5	14.2	3.8	..	..
荷兰	779.4	772.7	14.2	0.8	656.9	1.6	2.0	1.2
新西兰	*126.7*	*121.4*	*14.0*	*1.0*	*103.3*	*2.6*	*2.7*	*2.6*
尼加拉瓜	6.6	6.3	9.3	1.6	5.6	3.6	3.3	2.8
尼日尔	5.5	5.5	3.2	2.4	5.2	4.2	..	..
尼日利亚	193.7	176.8	9.9	22.0	120.4	6.7	..	..
挪威	417.5	427.2	14.5	10.2	321.5	1.7	1.6	3.6
阿曼	*46.9*	*44.1*	*13.5*	*28.5*	*25.6*	*4.7*	..	..
巴基斯坦	176.9	183.6	8.5	2.8	162.9	5.1	4.7	4.3
巴拿马	26.7	25.0	12.3	0.0	22.0	6.8	7.1	6.1
巴布亚新几内亚	9.5	9.3	9.4	22.2	6.3	3.8	..	..
巴拉圭	18.3	18.0	10.4	0.0	16.1	3.8	4.0	3.9
秘鲁	157.1	147.0	11.8	8.1	117.7	6.1	6.7	5.3
菲律宾	199.6	199.9	9.8	2.1	176.2	4.9	4.9	4.1
波兰	469.4	452.3	12.7	1.4	388.7	4.3	4.7	4.3
葡萄牙	228.6	221.1	18.4	0.1	180.1	0.7	0.9	0.3
波多黎各	96.3	63.3	20.0	..	..	0.0	0.3	..
卡塔尔	*98.3*	..	..	..	..	*14.2*	..	..

4.10 对国民收入更全面的衡量

	国内生产总值	国民总收入	调整额		调整后的净国民收入	国内生产总值	国民总收入	调整后的净国民收入
			固定资本耗减占GNI的百分比	自然资源耗减占GNI的百分比				
	10亿美元	10亿美元			10亿美元	增长百分比	增长百分比	增长百分比
	2010	2010	2010	2010	2010	2000–2010	2000–2010	2000–2010
罗马尼亚	161.6	159.0	11.7	1.6	137.8	5.0	5.4	6.5
俄罗斯联邦	1,479.8	1,431.1	12.4	14.3	1,049.8	5.4	5.6	8.4
卢旺达	5.6	5.6	8.0	3.1	5.0	7.6	..	..
沙特阿拉伯	434.7	381.3	12.1	29.1	224.0	3.6	3.4	6.0
塞内加尔	13.0	12.9	8.9	0.8	11.6	4.2	4.1	4.3
塞尔维亚	38.4	37.5	11.3	..	..	4.1	4.3	..
塞拉利昂	1.9	1.9	7.2	2.1	1.7	8.8	..	..
新加坡	208.8	201.1	14.4	0.0	172.1	6.0	6.1	5.4
斯洛伐克共和国	87.3	86.1	12.7	0.4	74.8	5.4	5.5	5.6
斯洛文尼亚	46.9	46.2	13.3	0.3	40.0	3.3	3.5	3.3
索马里	..	..	..	..	..	..	..	..
南非	363.7	356.5	13.5	6.0	286.8	3.9	3.9	3.8
南苏丹	..	..	..	..	..	..	..	..
西班牙	1,407.4	1,388.7	13.6	0.0	1,198.9	2.4	2.5	2.2
斯里兰卡	49.6	48.9	10.1	0.3	43.8	5.6	5.6	5.5
苏丹	62.0	55.9	10.3	12.9	43.0	6.7	6.7	5.6
斯威士兰	3.6	3.6	10.6	0.1	3.2	2.4	3.2	2.1
瑞典	458.6	466.9	13.2	0.4	403.3	2.2	1.9	2.3
瑞士	527.9	568.6	13.5	0.0	491.9	1.9	2.3	1.8
阿拉伯叙利亚共和国	59.1	57.3	10.6	11.9	44.4	5.0	4.8	7.4
塔吉克斯坦	5.6	5.6	8.6	0.8	5.0	8.6	8.1	6.2
坦桑尼亚	23.1	23.0	7.9	3.2	20.5	7.1	6.9	6.4
泰国	318.5	304.8	11.4	2.4	263.0	4.5	4.6	4.5
东帝汶	0.7	2.7	2.1	..	..	3.4	..	..
多哥	3.2	2.8	8.8	3.4	2.5	2.7	..	1.1
特立尼达和多巴哥	20.6	19.3	13.4	32.0	10.5	6.5	8.3	5.4
突尼斯	44.3	42.0	11.3	5.1	35.1	4.7	4.9	4.1
土耳其	734.4	727.1	12.1	0.4	636.8	4.7	4.6	3.9
土库曼斯坦	20.0	18.1	11.8	..	..	13.6	16.1	..
乌干达	17.0	16.7	8.0	4.5	14.6	7.7	7.7	7.6
乌克兰	137.9	135.9	10.4	3.7	116.7	4.8	4.7	6.8
阿拉伯联合酋长国	297.6	273.5	13.6	..	..	5.1	..	..
英国	2,261.7	2,271.6	13.6	1.3	1,931.7	1.8	1.7	1.7
美国	14,586.7	14,635.6	14.0	0.9	12,453.3	1.8	1.9	1.2
乌拉圭	39.1	37.7	12.6	0.6	32.7	3.6	3.9	3.1
乌兹别克斯坦	39.0	39.0	9.2	19.2	27.9	7.1	5.0	-8.7
委内瑞拉	391.8	389.0	12.4	12.4	292.4	4.7	4.4	8.1
越南	106.4	102.0	9.4	9.4	82.8	7.5	7.8	7.3
西岸和加沙	..	..	..	..	..	-0.9	0.2	..
也门共和国	31.3	29.5	9.7	14.5	22.3	4.1	3.8	5.6
赞比亚	16.2	14.3	10.3	18.9	10.1	5.6	7.7	5.1
津巴布韦	7.5	7.0	8.6	2.7	6.2	-6.0	-6.0	-7.1
全世界	**63,242.1 w**	**63,087.6 w**	**13.0 w**	**2.6 w**	**53,010.4 w**	**2.7 w**	**2.6 w**	**2.5 w**
低收入国家	416.5	422.4	7.7	3.8	373.6	5.5	5.6	5.7
中等收入国家	19,632.1	19,525.6	11.2	6.5	16,053.8	6.4	6.4	6.2
中低收入国家	4,312.3	4,370.0	9.8	7.4	3,663.4	6.3	6.3	5.9
中高收入国家	15,317.0	15,152.4	11.6	6.2	12,388.6	6.5	6.4	6.3
低收入和中等收入国家	20,071.7	19,971.7	11.1	6.4	16,442.8	6.4	6.4	6.2
东亚和太平洋地区	7,630.5	7,614.8	10.7	5.2	6,401.9	9.4	9.3	8.5
欧洲和中亚	3,059.0	2,965.9	12.2	9.4	2,320.4	5.4	5.4	6.2
拉丁美洲和加勒比地区	4,980.8	4,867.8	12.1	5.5	4,016.0	3.8	3.7	3.9
中东和北非	1,207.0	1,334.2	10.7	12.8	1,023.9	4.7	4.9	4.9
南亚	2,090.4	2,089.3	9.2	4.0	1,814.7	7.4	7.3	7.2
撒哈拉以南非洲地区	1,097.9	1,044.6	10.9	11.8	807.6	5.0	4.4	4.2
高收入国家	43,240.0	43,247.5	13.9	0.9	36,615.4	1.8	1.7	1.5
欧元区	12,149.1	12,161.9	13.8	0.1	10,459.5	1.3	1.3	1.3

a. 仅包括坦桑尼亚大陆。

关于数据的说明

如表4.1所示，人们通常用产出量的变化来衡量一个经济体的经济增长。其中，受关注最多的产出指标就是国内生产总值（GDP）。但并不是所有国家的综合经济绩效都适合用GDP衡量，尤其用消耗资本存量换来的产出就不能纳入GDP。对于自然资源有限且拥有外国投资的国家，我们可以用GDP辅以经调整的净国民收入来评估其经济发展（Hamilton和Ley，2010）。

本表列举了三种测量经济发展的方法：国内生产总值（GDP）、国民总收入（GNI）和经调整的净国民收入。GDP涵盖了全部国内产出，不区分收入归属国内机构还是外国机构。GNI则考虑了外国投资者，部分国内产出的收入可能因此向国外流出。GNI加上非本国居民支付的净收入就构成了GDP。GNI减去固定资本折旧（即净国民收入）和自然资源耗减就得到经调整的净国民收入。自然资源耗减包括森林耗减、能源耗减和矿产耗减，扣除掉自然资源耗减可以反映出资产价值随自然资源减少而降低的情况。有关资本耗减和自然资源耗减的更多估值法和计算法见表4.11中的“关于数据的说明”。

美国国民账户体系（SNA）把机构组织有效管理的非生产自然资产（例如，土地、矿产和森林）纳入了资产范畴，这样就把经调整的净国民收入（含森林、能源和矿产净耗减）也包含在内。这一点很重要，因为这样国内生产总值、国民总收入和经调整的净国民收入就有了可比性，通过比较可以看出自然资源耗减对经济的影响，而其他许多常见经济指标都往往忽略了这一点。

经调整的净国民收入对于监测自然资源丰富的低收入国家的经济状况尤为重要，例如，撒哈拉以南非洲地区的许多国家，这些国家自然资源消耗量巨大，而且向国外出口大量资源。近年来，经调整的净国民收入所反映的增长景象与国内生产总值所反映的景象迥然不同。

只有国家财富增长才能提高未来消费和生活水平——这里所谓的国家财富不仅仅是传统意义上的资本（如生产资本和人力资本），还包括自然资本。土地、森林和地下资源等资产构成了自然资本，这三种形式的资本都是经济可持续增长的关键。经过固定资本折旧和自然资源耗减调整的净国民收入能够更准确地反映出可以用于消费和投资的可支配收入，这样才能提高一个国家的未来消费。有关综合财富随时间变化的更多测算法见表4.11。

本文经济增长的计算方法见统计方法，有关计算方法的详细信息见 http://data.worldbank.org/。

定义

• **国民生产总值**是指国内生产的价值总和加上未计入产值的产品税（扣除补贴）。 • **国民总收入**是指GDP加上国外流入的净收入（雇员的劳动补偿和产权收入）。 • **固定资本折旧**是指固定资本在生产中耗减后，更新固定资本的价值。 • **自然资源耗减**是指净森林耗减、能源耗减和矿产耗减的总和。净森林耗减是指单位资源租金乘以超出圆木自然生长量的超额采伐量。能源耗减是指能源存量的价值与剩余储藏期限（上限为25年）的比率。其中包括煤、原油和天然气。矿产耗减是指矿产存量的价值与剩余储藏期限（上限为25年）的比率。其中包括锡、金、铅、锌、铁、铜、镍、银、铁矾土和磷酸盐。 • **经调整后的净国民收入**是指GNI扣减固定资本消耗和自然资源耗减。

数据资料来源

GNI和GDP数据为世界银行工作人员根据国民账户数据或各国统计机构向诸如OECD等国际机构报告的数据估算得到。固定资本折旧数据来自《国民账户统计：主要总量和明细表》，外推至2010年。能源耗减、矿产耗减和森林耗减数据根据世界银行中的数据来源和测算法估算得到（世界银行，2011a）。

4.11 对储蓄更全面的衡量

	总储蓄	固定资产的消耗	教育支出	净森林消耗	能源消耗	矿产资源消耗	二氧化碳排放损害	当地污染损害	调整后的净储蓄
	占GNI的百分比 2010	占GNI的百分比 2010	占GNI的百分比 2010	占GNI的百分比 2010	占GNI的百分比 2010	占GNI的百分比 2010	占GNI的百分比 2010	占GNI的百分比 2010	占GNI的百分比 2010
阿富汗	..	8.9	..	2.6	0.0	0.0	0.1	0.8	..
阿尔巴尼亚	13.6	10.6	2.8	0.0	2.2	0.3	0.3	0.2	2.7
阿尔及利亚	53.6	11.3	4.5	0.1	17.8	0.2	0.6	0.3	29.8
安哥拉	17.9	12.1	2.3	0.0	35.1	0.0	0.3	1.8	–29.2
阿根廷	23.1	12.1	6.0	0.0	4.5	0.4	0.4	1.6	10.1
亚美尼亚	18.1	9.9	2.2	0.0	0.0	1.0	0.4	2.2	6.8
澳大利亚	25.1	14.6	4.5	0.0	2.2	4.3	0.3	0.0	8.2
奥地利	24.9	14.1	5.3	0.0	0.1	0.0	0.1	0.2	15.6
阿塞拜疆	49.5	12.0	3.4	0.0	34.5	0.0	0.9	0.4	5.1
巴林	45.4	6.7	3.0	0.0	30.0	0.0	0.8	0.3	10.6
孟加拉国	35.2	7.5	1.8	0.4	1.8	0.0	0.4	0.6	26.2
白俄罗斯	25.7	11.4	4.4	0.0	1.0	0.0	1.0	0.0	16.6
比利时	22.5	13.7	6.1	0.0	0.0	0.0	0.2	0.1	14.6
贝宁	12.8	8.4	4.3	0.3	0.0	0.0	0.5	0.5	7.4
玻利维亚	26.1	10.2	5.2	0.0	9.4	2.9	0.5	1.1	7.3
波斯尼亚和黑塞哥维那	14.5	10.5	..	..	1.4	1.4	1.3	0.1	..
博茨瓦纳	26.8	11.6	7.6	0.0	0.2	3.2	0.2	0.3	18.6
巴西	16.8	12.2	5.2	0.0	1.6	1.7	0.2	0.2	6.1
保加利亚	24.6	14.3	4.1	0.0	0.7	1.3	0.8	1.2	10.4
布基纳法索	..	7.9	4.3	1.5	0.0	2.8	0.2	0.8	..
布隆迪	..	6.6	8.7	11.8	0.0	0.9	0.1	0.1	..
柬埔寨	13.2	8.9	1.6	0.1	0.0	0.0	0.3	0.4	5.1
喀麦隆	..	9.1	3.1	0.0	4.6	0.1	0.2	0.7	..
加拿大	18.8	14.3	4.5	0.0	1.8	0.6	0.3	0.1	6.3
中非共和国	..	7.7	1.1	0.0	0.0	0.0	0.1	0.2	..
乍得	..	9.3	2.3	0.0	29.0	0.0	0.0	1.4	..
智利	24.9	13.2	4.6	0.0	0.1	12.3	0.3	0.6	3.0
中国	52.7	10.8	1.8	0.0	3.7	1.4	1.1	1.2	36.3
中国香港	29.3	13.2	3.1	0.0	0.0	0.0	0.1	..	..
哥伦比亚	19.8	11.8	3.9	0.0	7.2	0.5	0.2	0.1	3.8
刚果民主共和国	..	7.0	0.9	0.0	2.7	11.0	0.2	0.7	..
刚果共和国	..	14.1	2.5	0.0	59.6	0.0	0.2	0.9	..
哥斯达黎加	15.7	11.9	6.2	0.1	0.0	0.0	0.2	0.1	9.7
科特迪瓦	15.4	9.4	4.3	0.0	3.4	0.5	0.3	0.3	5.3
克罗地亚	22.6	12.8	4.3	0.2	0.7	0.0	0.3	0.3	12.7
古巴	..	11.3	13.4	0.0	2.3	0.9	0.4	0.0	..
塞浦路斯	9.5	13.3	6.9	0.0	0.0	0.0	0.3	0.3	2.5
捷克共和国	22.5	13.6	3.8	0.0	0.5	0.0	0.5	0.0	11.6
丹麦	22.4	14.0	7.3	0.0	1.7	0.0	0.1	0.0	13.9
多米尼加共和国	7.5	11.4	1.9	0.0	0.0	0.2	0.4	0.0	–2.6
厄瓜多尔	23.1	10.9	1.4	0.0	12.9	0.0	0.4	0.1	0.2
埃及	18.2	10.3	4.4	0.1	6.8	0.2	0.8	0.7	3.6
萨尔瓦多	11.2	10.6	3.0	0.4	0.0	0.0	0.2	0.2	2.7
厄立特里亚	..	7.6	1.7	0.0	0.0	0.0	0.2	0.4	..
爱沙尼亚	25.3	13.0	5.5	0.3	1.3	0.0	0.7	0.0	15.6
埃塞俄比亚	16.7	7.4	2.9	4.0	0.0	0.2	0.2	0.2	7.5
芬兰	20.3	16.0	5.7	0.0	0.0	0.1	0.2	0.0	9.7
法国	17.2	13.6	5.1	0.0	0.0	0.0	0.1	0.0	8.5
加蓬	..	13.3	3.1	0.0	33.0	0.0	0.1	0.0	..
冈比亚	13.7	8.4	3.1	0.8	0.0	0.0	0.4	0.5	6.7
格鲁吉亚	10.0	9.7	2.8	0.0	0.2	0.4	0.4	1.5	0.7
德国	22.7	13.6	4.4	0.0	0.1	0.0	0.2	0.0	13.2
加纳	20.8	9.3	4.7	1.5	0.0	6.5	0.3	0.0	8.6
希腊	4.8	13.6	3.2	0.0	0.2	0.1	0.2	0.5	–6.7
危地马拉	13.3	10.5	2.9	0.7	0.5	0.6	0.3	0.2	3.4
几内亚	10.5	8.2	2.3	2.3	0.0	12.0	0.3	0.6	–10.6
几内亚比绍	..	8.0	2.3	0.5	0.0	0.0	0.3	0.8	..
海地	23.2	8.2	1.5	0.6	0.0	0.0	0.3	0.5	15.1

	总储蓄 占GNI的百分比 2010	固定资产的消耗 占GNI的百分比 2010	教育支出 占GNI的百分比 2010	净森林消耗 占GNI的百分比 2010	能源消耗 占GNI的百分比 2010	矿产资源消耗 占GNI的百分比 2010	二氧化碳排放损害 占GNI的百分比 2010	当地污染损害 占GNI的百分比 2010	调整后的净储蓄 占GNI的百分比 2010
洪都拉斯	16.9	10.1	3.5	0.0	0.0	0.5	0.4	0.2	9.2
匈牙利	21.5	12.9	5.2	0.0	0.5	0.0	0.3	0.0	12.9
印度	34.0	9.3	3.1	0.5	2.5	1.3	0.9	0.7	21.8
印度尼西亚	32.9	10.5	4.3	0.0	5.3	1.3	0.5	0.8	18.8
伊朗	..	*10.9*	4.1	*0.0*	*19.2*	*0.6*	*1.2*	0.8	..
伊拉克	..	10.6	..	0.0	45.7	0.0	1.1	4.0	..
爱尔兰	14.8	16.9	5.9	0.0	0.0	0.1	0.2	0.0	3.5
以色列	18.9	13.8	5.7	0.0	0.1	0.1	0.2	0.1	10.3
意大利	17.1	13.7	4.4	0.0	0.1	0.0	0.2	0.1	7.5
牙买加	12.9	11.6	5.8	0.0	0.0	0.6	0.6	0.2	5.6
日本	23.2	13.6	3.2	0.0	0.0	0.0	0.2	0.3	12.3
约旦	9.1	10.8	5.6	0.0	0.1	0.9	0.7	0.2	2.0
哈萨克斯坦	31.6	13.3	4.4	0.0	21.6	1.8	1.4	0.2	−2.3
肯尼亚	15.6	7.3	5.9	1.1	0.0	0.1	0.3	0.1	13.1
朝鲜	..	..	..	..	..	..	..	0.8	..
韩国	31.6	12.9	4.3	0.0	0.0	0.0	0.4	0.5	22.1
科索沃	..	10.0	..	..	0.0	0.9	..	..	..
科威特	*54.9*	*7.2*	3.2	*0.0*	*25.1*	*0.0*	*0.5*	0.5	*14.9*
吉尔吉斯斯坦	21.3	9.2	6.0	0.0	0.7	6.2	1.1	0.5	9.5
老挝	20.5	9.4	1.1	0.0	0.0	8.3	0.2	0.8	2.9
拉脱维亚	23.7	18.0	5.6	0.5	0.0	0.0	0.2	0.0	10.5
黎巴嫩	12.0	11.8	1.6	0.0	0.0	0.0	0.4	0.2	1.2
莱索托	27.4	7.3	9.8	1.0	0.0	0.0	..	0.1	..
利比里亚	*−2.7*	8.4	3.1	4.7	0.0	1.7	0.8	0.4	*−14.0*
利比亚	*66.8*	*12.0*	..	*0.0*	*29.0*	*0.0*	*0.7*	1.8	..
立陶宛	18.8	12.3	4.7	0.5	0.1	0.0	0.3	0.1	10.4
前南斯拉夫马其顿共和国	24.8	11.1	4.9	0.1	1.0	4.8	1.0	0.1	11.6
马达加斯加	..	7.7	2.7	0.2	0.0	0.8	0.2	0.1	..
马拉维	*13.0*	7.5	4.4	1.8	0.0	0.0	0.2	0.1	*7.5*
马来西亚	34.1	12.1	4.1	0.0	6.9	0.1	0.7	0.0	18.5
马里	..	8.4	3.9	0.0	0.0	9.8	0.1	1.7	..
毛里塔尼亚	..	8.8	3.7	0.4	0.0	33.9	0.4	0.6	..
毛里求斯	16.1	11.5	3.1	0.0	0.0	0.0	0.3	0.0	7.6
墨西哥	24.6	12.0	4.8	0.0	5.4	0.3	0.3	0.4	11.0
摩尔多瓦	14.7	8.7	7.7	0.1	0.1	0.0	0.6	0.9	11.9
蒙古	29.8	10.9	5.1	0.0	17.5	14.8	1.6	2.8	−12.6
摩洛哥	31.5	10.5	5.2	0.0	0.0	1.6	0.4	0.1	24.1
莫桑比克	11.0	7.7	4.0	0.0	3.2	0.1	0.2	0.1	3.7
缅甸	..	..	0.8	..	..	..	..	0.5	..
纳米比亚	34.2	11.1	8.0	0.0	0.0	0.7	0.2	0.1	30.1
尼泊尔	*36.8*	7.8	4.2	2.5	0.0	0.0	0.2	0.1	*29.2*
荷兰	23.6	14.2	4.7	0.0	0.8	0.0	0.2	0.4	12.8
新西兰	*17.1*	*14.0*	7.2	*0.0*	*0.7*	*0.3*	*0.2*	0.0	*8.5*
尼加拉瓜	13.4	9.3	3.0	0.7	0.0	0.9	0.6	0.1	4.9
尼日尔	..	3.2	3.5	1.5	0.0	0.9	0.1	1.4	..
尼日利亚	..	9.9	0.9	0.3	21.7	0.0	0.5	0.7	..
挪威	35.2	14.5	6.0	0.0	10.2	0.0	0.1	0.0	16.4
阿曼	*39.7*	*13.5*	4.2	*0.0*	*28.5*	*0.0*	*0.8*	0.0	*−8.5*
巴基斯坦	21.0	8.5	1.6	0.7	2.1	0.1	0.7	1.1	9.4
巴拿马	19.5	12.3	3.5	0.0	0.0	0.0	0.2	0.2	10.3
巴布亚新几内亚	20.8	9.4	..	0.0	0.0	22.2	0.4	0.0	..
巴拉圭	23.0	10.4	3.7	0.0	0.0	0.0	0.2	1.1	15.1
秘鲁	24.4	11.8	2.1	0.0	1.3	6.8	0.2	0.4	5.9
菲律宾	27.2	9.8	2.4	0.1	0.4	1.5	0.3	0.1	17.3
波兰	17.5	12.7	4.9	0.1	1.0	0.4	0.6	0.4	7.4
葡萄牙	10.8	18.4	4.9	0.0	0.0	0.1	0.2	0.0	−3.1
波多黎各	..	20.0	..	..	0.0	0.0	..	..	..
卡塔尔	..	..	1.8	..	..	..	..	0.1	..

4.11 对储蓄更全面的衡量

	总储蓄 占GNI的百分比 2010	固定资产的消耗 占GNI的百分比 2010	教育支出 占GNI的百分比 2010	净森林消耗 占GNI的百分比 2010	能源消耗 占GNI的百分比 2010	矿产资源消耗 占GNI的百分比 2010	二氧化碳排放损害 占GNI的百分比 2010	当地污染损害 占GNI的百分比 2010	调整后的净储蓄 占GNI的百分比 2010
罗马尼亚	26.7	11.7	3.4	0.0	1.6	0.0	0.5	0.0	16.2
俄罗斯联邦	28.6	12.4	3.5	0.0	13.2	1.1	0.9	0.1	4.5
卢旺达	*15.1*	8.0	4.2	3.0	0.0	0.1	0.1	0.1	*7.7*
沙特阿拉伯	*32.5*	*12.1*	7.2	*0.0*	*29.1*	*0.0*	*0.8*	1.2	*–3.6*
塞内加尔	*19.7*	8.9	5.2	0.0	0.0	0.8	0.3	0.7	*13.7*
塞尔维亚	15.9	11.3	5.0	..	1.9	0.0	1.0	..	..
塞拉利昂	13.0	7.2	3.4	1.5	0.0	0.6	0.6	1.1	5.4
新加坡	47.7	14.4	3.0	0.0	0.0	0.0	0.2	0.4	35.7
斯洛伐克共和国	20.4	12.7	3.5	0.3	0.0	0.0	0.4	0.0	10.4
斯洛文尼亚	22.4	13.3	4.9	0.2	0.1	0.0	0.3	0.1	13.3
索马里	..	..	..	..	..	..	..	0.5	..
南非	16.8	13.5	5.4	0.2	3.3	2.6	0.9	0.2	1.6
南苏丹	..	..	..	..	..	..	..	..	..
西班牙	19.1	13.6	4.2	0.0	0.0	0.0	0.2	0.2	9.2
斯里兰卡	25.1	10.1	1.7	0.3	0.0	0.0	0.2	0.3	15.9
苏丹	19.7	10.3	0.9	0.0	12.9	0.0	0.2	0.9	–3.6
斯威士兰	2.7	10.6	6.9	0.1	0.0	0.0	0.2	0.1	–1.4
瑞典	24.5	13.2	6.2	0.0	0.0	0.4	0.1	0.0	17.0
瑞士	33.4	13.5	5.3	0.0	0.0	0.0	0.1	0.1	25.0
阿拉伯叙利亚共和国	17.4	10.6	2.6	0.0	11.7	0.1	1.0	1.3	–4.8
塔吉克斯坦	2.6	8.6	3.2	0.0	0.4	0.4	0.5	0.2	–4.3
坦桑尼亚	21.1	7.9	2.4	0.0	0.3	2.9	0.2	0.1	12.1
泰国	32.3	11.4	4.1	0.1	2.2	0.1	0.8	0.3	21.5
东帝汶	..	2.1	3.3	..	0.0	0.0	0.1	..	..
多哥	..	8.8	4.4	2.1	0.0	1.3	0.4	0.1	..
特立尼达和多巴哥	*36.4*	13.4	4.0	0.0	32.0	0.0	1.5	0.3	*–26.0*
突尼斯	21.4	11.3	6.0	0.1	4.1	0.9	0.5	0.1	10.3
土耳其	13.7	12.1	2.6	0.0	0.2	0.1	0.3	0.9	2.7
土库曼斯坦	..	11.8	..	..	35.1	0.0	2.5	0.8	..
乌干达	19.1	8.0	3.0	4.5	0.0	0.0	0.2	0.0	9.4
乌克兰	17.5	10.4	5.9	0.0	3.7	0.0	1.7	0.1	7.4
阿拉伯联合酋长国	..	*13.6*	..	..	*10.9*	*0.0*	*0.4*	0.8	..
英国	11.9	13.6	5.1	0.0	1.3	0.0	0.2	0.0	1.8
美国	10.9	14.0	4.8	0.0	0.8	0.1	0.3	0.1	0.4
乌拉圭	17.3	12.6	2.3	0.5	0.0	0.1	0.2	1.8	4.4
乌兹别克斯坦	..	9.2	9.4	0.0	13.7	5.5	2.9	0.4	..
委内瑞拉	31.7	12.4	3.6	0.0	12.0	0.4	0.3	0.0	10.1
越南	33.2	9.4	2.8	0.2	9.0	0.2	1.0	0.5	15.8
西岸和加沙	..	..	..	..	..	..	..	..	..
也门共和国	9.6	9.7	4.2	0.0	14.5	0.0	0.6	0.4	–11.5
赞比亚	25.4	10.3	1.3	0.0	0.0	18.9	0.1	0.3	–2.8
津巴布韦	..	8.6	2.5	0.0	1.9	0.8	1.0	0.2	..
全世界	**22.5 w**	**13.0 w**	**4.2 w**	**0.0 w**	**2.1 w**	**0.5 w**	**0.4 w**	**0.3 w**	**6.4 w**
低收入国家	24.6	7.7	2.9	1.2	1.4	1.2	0.3	0.5	..
中等收入国家	33.8	11.2	3.3	0.1	5.1	1.3	0.7	0.7	*14.4*
中低收入国家	29.2	9.8	3.3	0.3	6.0	1.2	0.7	0.7	*13.3*
中高收入国家	35.1	11.6	3.3	0.0	4.8	1.3	0.7	0.7	*14.7*
低收入和中等收入国家	33.7	11.1	3.3	0.1	5.0	1.3	0.7	0.7	*14.5*
东亚和太平洋地区	48.4	10.7	2.2	0.0	3.8	1.3	1.0	1.1	*31.9*
欧洲和中亚	23.9	12.2	3.6	0.0	8.6	0.8	0.8	0.4	*4.5*
拉丁美洲和加勒比地区	20.9	12.1	4.7	0.0	3.8	1.6	0.3	0.4	*7.0*
中东和北非	19.2	10.7	4.3	0.1	12.4	0.4	0.7	0.9	..
南亚	32.7	9.2	2.8	0.6	2.4	1.1	0.8	0.7	*20.1*
撒哈拉以南非洲地区	18.0	10.9	3.6	0.5	9.4	1.9	0.5	0.5	*–1.0*
高收入国家	17.6	13.9	4.6	0.0	0.7	0.2	0.2	0.1	*5.3*
欧元区	19.4	13.8	4.7	0.0	0.1	0.0	0.2	0.1	*7.3*

a. 仅包括坦桑尼亚大陆。

关于数据的说明

调整后的净储蓄可测算给定资产价值的变化，不包括资本收益。如果一个国家的净储蓄是正值，而且核算包括了范围足够广泛的资产，那么经济理论则表明社会福利的现值处于增加状态。相反，如果经调整过的净储蓄持续是负值，则表明经济是不可持续的。

本表表明了目前从大量的自然资源以及人力资本的变化所获取的资金能够在多大程度上通过净储蓄（也就是留给后代的遗产）加以平衡。

经调整过的净储蓄是对国内总储蓄的标准国民核算尺度经过4次调整得到的。第一，扣除生产资产的固定资本消耗的估计值，以得到净国内储蓄。第二，把当前的教育支出加入到净国内储蓄中（在标准的国民核算中，这些支出作为消费处理）。第三，减去各类自然资源消耗的估计值，以反映与这些资源的开发和采集相关的资产价值的下降。第四，减去二氧化碳排放和当地污染造成的损害。

这次是把公共教育支出看做对储蓄成果的一种补充。然而，由于各国公共教育支出的有效性差别很大，因此，这些数据不能被解释为人力资本的投资值。读者应当认识到当前1美元的教育支出并不一定能够带来1美元的人力资本。尽管计算过程中应当也要考虑私人教育支出，但是许多国家的数据无法得到。

尽管内容广泛，但是自然资源消耗和污染成本的核算仍然存在着一些漏洞。从资源角度来看，关键的估计值缺失，包括从含水层提取的岩层水的价值、渔业存量净消耗以及土壤的消耗与退化。影响人体健康和经济资产的重要污染物也没有包括在内，因为缺少关于地表臭氧或者氧化硫排放造成的损害方面的国际可比数据资料。

对资源消耗的估计是基于 Hamilton 和 Ruta（2008）所描述的“真实财富变化”法，其将消耗估计视为资源总价值与该资源所剩使用年限的比率。该资源的总价值是其当前与未来的开采租金的现值。经济租金是生产中特定因素的超额回报。自然资源产生租金，因为它是不可生产的；与此相反，生产货物和服务的竞争力将会扩大供给，直到经济利润达到零。对于各类资源和各个国家，单位资源租金就是世界价格（反映资源开采的社会成本）与平均单位开发或者采集成本（包括资本的“正常”回报）之间的差价。然后用单位租金乘以开发或者采集的物理量得到总租值。为了估计该资源的价值，租金被假定在其存续期内恒定（El Serafy 法），而租金现金流的现值则是用4%的社会折现率计算的。自然财富估计值的详情见世界银行（2011c）。

森林资源净消耗的正值意味着采集率超过了自然生长率，这不同于森林面积的减少，森林面积减少代表土地使用情况的变化（见表3.4的“定义”）。原则上来讲，生长率大于采集率的国家，储蓄应该有所增加，但是经验估计值表明大多数的这种净生长都是在森林地区，而这些地区在经济上目前还不能开采。因为消耗估计值只反映了木材价值，所以忽略了与立木有关的所有外部效益和非木材效益。

二氧化碳排放造成的污染损害是用单位污染的边际社会成本乘以二氧化碳存量的增量得到的。单位损害值代表单位污染物在大气中存在的时间内对全球经济资源和人类福利损害的现值。

颗粒物排放造成的污染损害是通过评估城市地区暴露于颗粒物对人体造成的健康影响而得到的估计值。该估计值算作为免于因颗粒物排放而导致死亡的支付意愿（尤其与成年人心肺疾病、成年人肺癌、儿童急性呼吸系统感染有关的死亡率）。

调整后的净储蓄旨在成为一个尽可能全面的衡量指标，以便人们更好地理解一国财富创造或者消耗的速度。为了达到这一目的，它将教育作为投资，并考虑资产的污染损失和人口福利，这些都超出了联合国国民核算体系的范围。

对于方法更详细的注释，见 http://data.worldbank.org。

定义

• **总储蓄**是国民总收入与公共和私人消费之间的差额，加上净经常转移支付。
• **固定资产的消耗**代表在生产过程中消耗的资本的替代价值。 • **教育支出**是指在教育上的当前公共运作支出，其中包括工资和薪水，不包括在建筑物和设备方面的资本投资。 • **净森林消耗**等于单位资源租金和超过自然生长量的原木采集量的乘积。
• **能源消耗**是指能源储备价值与剩余使用年限（上限为25年）的比率，其包括煤炭、原油和天然气。 • **矿产资源消耗**是指矿产储备价值与剩余使用年限（上限为25年）的比率，其包括锡、金、铅、锌、铁、铜、镍、银、铝土矿和磷酸盐。 • **二氧化碳排放损害**估计为按照每吨碳20美元（以1995年美元计的单位损害值）乘以碳排放量的吨数。 • **颗粒物排放损害**算作为免于因颗粒物排放而导致疾病和死亡的支付意愿。
• **调整后的净储蓄**等于国内净储蓄加上教育支出，减去能源消耗、矿产资源消耗、净森林消耗、二氧化碳排放损害和颗粒物排放损害。

数据资料来源

总储蓄数据来自经济部分记录的世界银行国民核算数据文件（见表4.8）。固定资产的消费来自联合国统计署的《国民核算统计：主要的汇总数据与详细表格》，外推至2010年。教育支出的数据来自联合国教科文组织统计研究所的在线数据库。缺失的数据是世界银行工作人员的估计值。能源、矿产和森林损耗的估计基于世界银行（2011c）提供的来源和方法。二氧化碳排放损害的数据来自 Fankhauser（1995）。颗粒物排放损害的估计值来自 Pandey 等（2006c）。储蓄测算的概念基础见 Hamilton 和 Clemens（1999）。

	收入[a] 占GDP的百分比		支出 占GDP的百分比		现金盈余或赤字 占GDP的百分比		净债务 国内债务 占GDP的百分比		净债务 外债 占GDP的百分比		债务和利息支付 总债务 占GDP的百分比	债务和利息支付 利息 占收入的百分比
	2000	2010	2000	2010	2000	2010	2000	2010	2000	2010	2010	2010
阿富汗[b]	..	10.1	..	46.1	..	1.4	..	0.2	..	0.7	..	0.0
阿尔巴尼亚[b]	23.4	..	24.3	..	-6.7	..	3.1	..	2.6	..	..	..
阿尔及利亚	..	37.3	..	25.5	..	-4.5	..	6.0	..	0.0	..	1.0
安哥拉	..	..	..	..	..	..	..	..	..	..	..	..
阿根廷	14.1	..	19.7	..	-5.7	..	1.9	..	2.0	..	..	..
亚美尼亚[b]	17.7	22.4	16.4	22.7	-0.7	-4.9	0.1	0.8	2.4	2.8	..	3.7
澳大利亚	25.8	24.6	24.0	26.6	2.0	-2.4	..	..	..	..	24.1	3.7
奥地利	37.7	36.6	40.4	39.6	-2.0	-2.6	..	..	..	..	70.5	7.0
阿塞拜疆[b]	..	25.8	..	14.6	..	0.3	..	0.0	..	0.2	..	0.3
巴林	32.9	28.8	22.6	18.8	8.5	4.0	4.8	..	0.7	..	19.2	3.2
孟加拉国[b]	9.8	11.1	9.0	11.3	-0.7	-1.7	3.3	3.1	1.1	0.4	..	21.7
白俄罗斯[b]	28.7	31.7	25.3	31.6	0.1	-1.5	0.3	-0.2	-0.5	2.8	18.7	1.8
比利时	42.8	40.7	42.9	44.1	0.0	-3.3	-8.2	1.8	8.9	1.7	91.8	7.8
贝宁[b]	16.5	18.2	11.9	15.0	0.7	-1.0	-3.3	-0.3	3.1	2.0	..	2.7
玻利维亚	18.4	23.3	28.8	21.8	-8.7	1.2	2.4	-0.2	4.2	-0.1	..	8.0
波斯尼亚和黑塞哥维那	37.1	39.7	35.6	40.6	0.7	-2.3	1.0	-1.4	0.5	3.3	..	1.1
博茨瓦纳[b]	..	..	..	..	..	..	..	..	..	..	..	..
巴西[b]	19.9	23.1	21.7	25.6	-1.8	-3.5	..	8.3	..	-0.1	61.0	20.7
保加利亚[b]	32.9	32.4	31.6	31.7	-0.4	-0.1	0.0	-0.4	-1.6	0.5	..	2.2
布基纳法索	11.4	15.6	10.9	12.1	-4.5	-5.7	0.6	2.6	4.1	3.4	..	2.4
布隆迪[b]	15.8	..	20.6	..	-2.4	..	3.3	..	2.9	..	..	..
柬埔寨	10.3	12.2	9.4	11.3	-3.4	-3.7	-0.2	1.1	3.6	2.1	..	1.4
喀麦隆[b]	14.1	..	12.0	..	0.1	..	..	..	..	..	..	..
加拿大[b]	20.9	17.2	18.7	19.2	2.2	-2.0	..	..	..	..	52.6	9.8
中非共和国[b]	..	..	..	..	..	..	..	..	..	..	..	..
乍得	..	..	..	..	..	..	..	..	..	..	..	..
智利	21.6	22.0	21.0	21.0	-0.7	-0.4	-0.4	1.8	-0.3	0.7	..	2.1
中国[b]	7.1	11.9	10.7	..	-2.6	..	4.2	2.0	0.0	0.0	..	..
中国香港	14.9	20.7	21.3	19.2	-6.8	1.1	1.6	2.0	..	-0.1	34.0	0.3
哥伦比亚	15.1	18.2	19.6	18.3	-5.8	-3.5	3.5	8.2	4.3	0.0	62.9	15.3
刚果民主共和国[b]	3.7	23.4	9.1	13.7	-4.2	3.8	4.1	-4.7	-0.1	5.5	..	1.3
刚果共和国[b]	28.6	..	19.9	..	1.9	..	..	..	..	..	..	..
哥斯达黎加	..	24.7	..	26.0	..	-3.4	..	..	..	..	..	8.8
科特迪瓦	16.9	18.9	17.4	17.8	-2.5	0.9	2.2	..	1.1	..	..	7.1
克罗地亚[b]	35.7	32.9	39.1	36.6	-5.3	-4.3	0.5	3.9	3.9	1.3	..	5.9
古巴	..	..	..	..	..	..	..	..	..	..	..	..
塞浦路斯	..	39.7	61.7	42.7	..	-5.9	..	..	..	..	97.3	7.7
捷克共和国[b]	30.5	29.6	33.4	36.7	-3.6	-4.9	2.5	2.0	0.0	2.6	36.2	3.3
丹麦	36.2	39.8	34.8	42.2	1.6	-2.1	..	..	..	..	40.8	4.9
多米尼加共和国	..	14.5	..	15.6	..	-3.6	..	1.9	..	2.2	..	12.9
厄瓜多尔[b]	..	..	..	..	..	..	..	..	..	..	..	..
埃及[b]	24.3	24.8	27.2	28.9	-6.7	-7.7	14.4	9.2	1.7	0.2	85.8	20.5
萨尔瓦多	16.0	19.2	17.9	21.0	-4.7	-2.7	-2.1	-0.8	9.4	2.0	50.0	11.7
厄立特里亚	..	..	..	..	..	..	..	..	..	..	..	..
爱沙尼亚	31.0	36.8	29.5	36.5	0.2	-1.3	..	..	..	..	9.0	0.6
埃塞俄比亚[b]	11.9	..	14.6	..	-4.2	..	0.8	..	3.4	..	..	..
芬兰	40.9	38.8	34.9	34.8	6.7	4.6	-5.2	-0.2	0.9	-0.6	36.0	3.2
法国	42.9	40.9	44.9	48.1	-1.7	-7.3	..	..	..	..	83.5	5.4
加蓬	..	..	..	..	..	..	..	..	..	..	..	..
冈比亚[b]	..	..	..	..	..	..	..	..	..	..	..	..
格鲁吉亚[b]	10.4	23.8	11.6	26.3	-1.6	-4.4	1.9	0.6	-0.8	5.5	36.7	3.7
德国	30.6	29.7	32.0	32.0	1.4	-2.2	-0.8	3.1	0.0	-0.2	47.6	5.5
加纳[b]	18.1	15.4	18.7	18.0	-6.5	-5.6	-0.3	2.8	5.0	2.6	..	15.2
希腊	41.9	37.1	44.7	52.0	-3.8	-15.6	..	..	..	..	142.0	14.3
危地马拉[b]	10.2	10.9	10.9	12.4	-1.8	-3.1	0.5	1.4	1.2	1.3	23.0	12.6
几内亚[b]	12.0	..	13.5	..	-2.4	..	0.2	..	2.4	..	..	..
几内亚比绍	..	..	..	..	..	..	..	..	..	..	..	..
海地	..	..	..	..	..	..	..	..	..	..	..	..

	收入[a] 占GDP的百分比		支出 占GDP的百分比		现金盈余或赤字 占GDP的百分比		净债务 国内债务 占GDP的百分比		净债务 外债 占GDP的百分比		债务和利息支付 总债务 占GDP的百分比	债务和利息支付 利息 占收入的百分比
	2000	2010	2000	2010	2000	2010	2000	2010	2000	2010	2010	2010
洪都拉斯	20.0	21.1	20.9	23.4	−3.0	−3.1	1.7	0.4	2.0	2.6	..	3.9
匈牙利	38.6	41.3	42.0	46.2	−2.8	−4.1	−1.7	−1.9	2.8	6.0	83.2	10.6
印度[b]	11.9	11.4	15.7	15.0	−3.9	−3.7	5.1	4.2	0.4	0.3	46.1	27.1
印度尼西亚[b]	18.3	15.1	16.2	14.4	−3.7	−0.6	..	1.0	1.4	0.1	26.1	9.4
伊朗[b]	23.4	31.9	16.9	24.7	1.8	0.6	1.2	..	0.0	..	..	0.6
伊拉克	..	..	..	..	..	..	..	..	..	..	..	..
爱尔兰	33.0	31.0	27.6	44.2	4.9	−14.1	..	..	..	..	70.5	6.9
以色列	40.7	35.3	47.1	41.1	−3.5	−4.0	..	..	..	..	..	12.7
意大利	36.9	38.4	38.9	43.8	−0.7	−4.9	..	..	..	..	118.4	11.1
牙买加	31.9	25.9	34.5	39.8	−2.4	−15.3	..	7.1	..	4.6	115.8	64.5
日本	..	..	..	..	..	..	..	..	..	..	174.4	..
约旦[b]	25.1	21.8	27.1	25.9	−2.0	−5.4	1.8	3.3	−1.7	2.8	59.0	8.5
哈萨克斯坦[b]	11.3	9.9	13.7	16.2	0.1	−1.1	−0.7	1.7	1.2	1.0	10.2	2.6
肯尼亚[b]	19.7	20.3	16.8	22.4	2.0	−5.9	0.1	4.9	1.2	1.9	..	10.4
朝鲜	..	..	..	..	..	..	..	..	..	..	..	..
韩国[b]	22.3	22.7	16.6	19.9	4.4	1.7	−0.9	1.4	−0.1	−0.1	..	5.0
科索沃	..	..	..	..	..	..	..	..	..	..	..	..
科威特[b]	48.3	55.5	39.4	32.6	4.9	18.7	..	..	..	..	..	0.0
吉尔吉斯斯坦[b]	14.2	20.2	15.8	22.0	−2.9	−5.0	..	−0.1	..	3.1	..	3.5
老挝	..	14.2	..	10.8	..	−0.8	..	0.2	..	1.7	..	3.3
拉脱维亚[b]	26.1	25.0	28.1	35.6	−2.2	−6.8	1.5	0.5	−0.2	5.9	49.9	4.5
黎巴嫩	16.0	22.2	30.5	29.2	−18.4	−8.2	13.3	11.6	9.3	0.3	..	48.7
莱索托[b]	50.7	66.2	43.7	51.9	−2.8	5.7	0.0	−0.4	9.0	1.6	..	1.3
利比里亚[b]	..	0.4	..	0.3	..	0.0	..	0.0	..	0.0	..	2.1
利比亚	..	..	..	..	..	..	..	..	..	..	..	..
立陶宛	25.9	27.4	26.9	37.5	−2.8	−7.2	0.7	1.0	2.0	8.6	43.2	6.1
前南斯拉夫马其顿共和国[b]	..	32.9	..	30.3	..	−0.8	..	−0.6	..	0.2	..	1.9
马达加斯加	11.7	14.2	10.6	11.8	−2.0	−1.9	1.3	0.6	1.7	3.0	..	3.9
马拉维	..	..	..	..	..	..	..	..	..	..	..	..
马来西亚[b]	17.5	20.8	16.5	19.6	−4.1	−5.4	1.6	0.5	2.1	4.8	53.1	9.8
马里	13.4	17.1	11.6	14.7	−3.4	−2.1	−1.0	−4.4	3.0	2.6	..	1.7
毛里塔尼亚	..	..	..	..	..	..	..	..	..	..	..	..
毛里求斯	..	22.7	..	22.7	..	−2.4	..	−0.2	..	1.8	37.8	10.6
墨西哥[b]	14.7	..	15.4	..	−1.2	..	..	..	−0.7	..	..	..
摩尔多瓦[b]	24.5	31.6	28.9	35.0	−1.5	−2.6	1.5	0.4	−0.2	2.9	26.3	2.2
蒙古[b]	24.4	33.7	22.4	26.6	0.2	3.0	1.3	1.2	4.3	−0.9	45.0	1.4
摩洛哥	30.0	31.8	30.4	30.6	−3.1	−2.6	1.7	2.3	−2.8	2.1	50.3	3.8
莫桑比克	..	..	..	..	..	..	..	..	..	..	..	..
缅甸[b]	5.3	..	3.1	..	−2.7	..	2.7	..	0.0	..	..	..
纳米比亚[b]	30.1	29.2	28.5	24.1	−1.6	2.0	1.0	−0.8	0.7	−0.1	..	6.3
尼泊尔[b]	10.6	15.2	..	..	..	..	1.0	2.0	2.1	0.1	43.8	4.6
荷兰	40.7	40.9	39.3	45.5	2.0	−4.8	..	..	..	..	58.2	4.6
新西兰	33.7	36.1	32.1	32.1	1.7	3.1	1.4	..	−1.0	..	37.9	3.4
尼加拉瓜[b]	15.1	19.7	16.5	20.0	−3.6	−1.0	..	..	..	..	..	6.5
尼日尔	..	13.5	..	11.6	..	−0.9	..	−1.9	..	2.4	..	1.8
尼日利亚[b]	..	9.7	..	7.2	..	−1.7	..	0.1	..	..	3.0	6.6
挪威	48.4	47.7	32.6	35.7	15.7	11.7	0.0	−2.5	7.1	4.7	35.4	1.8
阿曼[b]	23.9	..	26.2	..	−4.4	..	−1.3	..	−0.7	..	..	..
巴基斯坦[b]	13.9	13.8	17.2	17.5	−4.1	−5.0	..	..	..	..	..	37.4
巴拿马[b]	23.1	..	22.1	..	−0.8	..	..	..	..	..	..	..
巴布亚新几内亚[b]	24.2	..	30.0	..	−1.9	..	1.6	..	1.8	..	..	..
巴拉圭[b]	17.0	18.1	17.5	15.1	−3.9	1.4	2.7	0.1	0.9	0.3	..	2.1
秘鲁[b]	17.4	18.5	17.9	16.4	−2.1	0.3	0.6	1.6	2.3	−0.6	21.6	6.0
菲律宾[b]	14.2	13.4	16.3	16.9	−3.7	−3.5	1.3	2.5	2.4	1.5	..	25.1
波兰	31.5	30.0	35.6	35.7	−2.8	−6.1	4.9	1.6	−1.7	3.6	48.1	8.1
葡萄牙	34.6	34.5	36.7	43.0	−2.6	−8.7	−0.2	3.3	2.0	5.8	84.0	7.7
波多黎各	..	..	..	..	..	..	..	..	..	..	..	..
卡塔尔[b]	..	47.2	..	19.3	..	15.2	..	..	..	..	..	3.6

4.12 中央政府的财政

	收入[a]		支出		现金盈余或赤字		净债务				债务和利息支付	
	占GDP的百分比		占GDP的百分比		占GDP的百分比		国内债务占GDP的百分比		外债占GDP的百分比		总债务占GDP的百分比	利息占收入的百分比
	2000	2010	2000	2010	2000	2010	2000	2010	2000	2010	2010	2010
罗马尼亚	25.8	30.9	25.9	33.8	−2.0	−4.6	0.4	2.4	1.7	0.9	..	2.0
俄罗斯联邦	31.8	26.8	22.6	28.2	7.0	−1.9	−4.1	1.4	−1.9	0.2	9.4	1.6
卢旺达[b]	..	..	..	..	..	..	..	..	..	..	..	..
沙特阿拉伯	..	..	..	..	..	..	..	..	..	..	..	..
塞内加尔[b]	16.9	..	12.8	..	−0.9	..	0.3	..	0.5	..	..	..
塞尔维亚[b]	..	37.5	..	39.8	..	−3.9	..	2.3	..	1.1	38.7	2.9
塞拉利昂[b]	11.4	11.8	28.7	22.9	−9.3	−3.2	4.8	..	..	..	..	8.3
新加坡[b]	26.2	18.1	16.0	13.4	11.2	8.0	7.8	10.3	..	..	109.2	0.0
斯洛伐克共和国	35.3	28.6	39.4	37.7	−3.2	−7.3	2.9	2.9	−0.2	3.0	38.2	4.7
斯洛文尼亚[b]	38.9	36.9	38.8	42.7	−1.1	−5.5	−0.4	3.7	1.6	−1.4	..	4.0
索马里	..	..	..	..	..	..	..	..	..	..	..	..
南非	26.3	28.4	27.9	33.2	−2.0	−4.9	1.6	7.0	0.3	1.0	..	8.4
南苏丹	..	..	..	..	..	..	..	..	..	..	..	..
西班牙	31.1	24.9	31.3	30.5	−0.5	−5.2	..	2.4	..	2.2	47.8	5.8
斯里兰卡[b]	16.8	14.9	23.0	19.2	−8.4	−6.6	9.5	6.9	0.0	−0.1	85.0	31.0
苏丹[b]	8.0	..	7.6	..	−0.4	..	1.0	..	..	..	..	..
斯威士兰[b]	25.6	..	22.1	..	−0.8	..	..	..	..	..	..	..
瑞典	42.2	34.8	..	..	..	..	..	..	..	..	44.2	..
瑞士[b]	24.3	18.3	25.5	17.0	2.2	1.3	−2.8	2.0	..	..	28.8	3.5
阿拉伯叙利亚共和国[b]	24.0	..	..	..	..	..	..	..	..	..	..	..
塔吉克斯坦[b]	10.6	..	9.0	..	−0.8	..	−0.5	..	0.5	..	..	..
坦桑尼亚	..	..	..	..	..	..	..	..	..	..	..	..
泰国	19.5	20.3	15.9	18.6	1.5	−0.6	0.9	2.6	−0.6	−0.1	28.8	6.1
东帝汶	..	..	..	..	..	..	..	..	..	..	..	..
多哥	..	17.6	..	14.5	..	0.6	..	−2.7	..	1.9	..	4.5
特立尼达和多巴哥[b]	27.1	33.5	23.9	32.3	2.0	−4.8	..	−0.4	..	0.3	21.4	8.4
突尼斯[b]	26.5	29.0	25.0	27.0	−2.4	−1.3	0.5	−0.6	−0.2	−0.4	40.5	6.2
土耳其[b]	..	24.4	..	25.4	..	−2.2	..	2.8	..	0.9	50.5	18.3
土库曼斯坦	..	..	..	..	..	..	..	..	..	..	..	..
乌干达[b]	10.8	12.6	15.5	13.9	−1.9	−0.9	0.6	1.6	2.0	1.9	33.1	7.7
乌克兰[b]	26.8	34.6	26.9	40.7	−0.6	−5.6	1.5	6.8	−0.3	4.9	..	3.1
阿拉伯联合酋长国[b]	6.5	..	6.2	..	0.1	..	..	..	..	..	..	..
英国	37.1	36.0	36.2	46.4	1.6	−10.9	..	..	..	..	73.3	5.3
美国	20.1	16.9	19.6	26.8	0.5	−10.0	0.9	6.5	1.9	5.1	76.1	11.4
乌拉圭[b]	24.7	30.9	26.6	30.3	−3.0	−0.9	−7.4	−0.8	2.7	−0.4	45.6	7.9
乌兹别克斯坦	..	..	..	..	..	..	..	..	..	..	..	..
委内瑞拉[b]	21.2	..	21.6	..	−1.2	..	3.9	..	−0.5	..	..	..
越南	..	..	..	..	..	..	..	..	..	..	..	..
西岸和加沙	..	..	..	..	..	..	..	..	..	..	..	1.1
也门共和国[b]	23.4	..	21.6	..	−2.3	..	..	..	..	..	..	..
赞比亚[b]	19.7	17.4	15.9	17.2	1.8	−1.5	..	..	4.6	..	..	9.0
津巴布韦[b]	29.1	..	33.2	..	−5.2	..	−0.6	..	−0.1	..	..	..
全世界	**25.8 m**	**23.8 m**	**26.7 m**	**31.1 m**	**−0.2 m**	**−7.0 m**	**.. m**	**.. m**	**.. m**	**.. m**	**.. m**	**5.5 m**
低收入国家	10.4	..	11.0	..	−1.7	..	..	..	..	..	..	..
中等收入国家	14.6	18.8	18.2	..	−2.3	..	..	2.8	1.0	1.2	..	7.0
中低收入国家	13.8	14.9	18.7	17.6	−4.0	−3.6	..	..	..	..	..	6.0
中高收入国家	14.9	19.7	18.1	..	−1.8	..	0.9	3.0	0.8	0.9	..	7.0
低收入和中等收入国家	14.5	18.6	18.1	..	−2.3	..	..	0.7	..	0.4	..	5.8
东亚和太平洋地区	8.2	13.5	11.6	..	−2.6	..	2.7	1.1	2.4	1.5	..	6.1
欧洲和中亚	..	25.6	..	27.3	..	−2.2	0.7	0.7	0.4	2.9	..	3.2
拉丁美洲和加勒比地区	18.1	..	19.2	..	−1.5	..	1.6	2.0	2.0	1.2	..	9.3
中东和北非	..	30.5	..	27.2	..	−3.0	2.6	6.8	0.7	0.1	..	6.9
南亚	12.3	11.7	16.1	15.5	−4.0	−3.8	5.1	2.0	0.4	0.3	56.5	15.9
撒哈拉以南非洲地区	..	24.3	..	24.2	..	−1.0	..	..	..	..	..	..
高收入国家	27.5	24.9	27.3	32.2	0.1	−7.5	..	..	..	..	58.2	5.4
欧元区	36.3	34.7	37.5	40.0	0.1	−5.2	..	..	..	..	70.5	6.5

a. 不包括捐赠。b. 数据依据现金收付制公布，并根据权责发生制框架进行调整。

关于数据的说明

表4.12—表4.14提供了相对国民经济而言中央政府规模和作用的概览。这些表中的数据都是以国际货币基金组织的《2001年政府财政统计手册》（第二版）的概念和建议为基础。在2005年之前，《世界发展指标》所使用的数据都是根据1986年的《政府财政统计手册》中的现金收付制推出的。2001年的《政府财政统计手册》与1993年的国民经济核算体系取得了一致，该手册推荐采用权责发生制进行核算。新的手册关注所有影响资产、负债、收入和支出的经济事件，而不仅仅是那些涉及现金交易的事件。它将所有存量都考虑了进去，因此，会计核算期末的存量数据等于会计核算期初的存量数据加上这段时期的流量。1986年的《政府财政统计手册》仅仅考虑了债务存量数据。进而，不像1986年的《政府财政统计手册》，新的手册并没有区分经常收支和资本收支。新的手册还引入了非金融资产和金融资产的概念。然而，大多数国家还是仍然遵循1986年的版本。国际货币基金组织重新划分了《政府财政统计手册》的历史数据，以便与2001年的《政府财政统计手册》相一致。由于数据报告上的差异，重新划分的数据低估了收入与支出。

《2001年政府财政统计手册》将政府的经济功能描述为：基于非市场基础提供货物和服务以用于集体消费和个人消费，以及通过转移支付将收入和财富再分配。尽管政府活动的资金筹集主要通过税收和其他的划拨收入，但是也可以通过其他方式筹集资金，例如，暂时性贷款。政府的定义排除了国有企业和准企业（例如，中央银行）。

虽然满足这个定义的政府单位存在许多层次，从地方行政单位到高层国家政府，但是统计涵盖范围的不足妨碍了对国家以下层次的数据提供。对于少数国家来讲，虽然在《2001年政府财政统计手册》中一般政府的数据可以获得，但是为了使相互之间的不一致最小化，所有国家只给出了中央政府的数据。然而，由于各个中央政府不同的会计核算概念，致使跨国比较有了潜在的误导性。

中央政府可能使用两个会计核算概念中的一个：合并或者预算。对于大多数国家来讲，中央政府财政数据已经合并为一个账户，而对于其他国家来讲，只有中央政府预算账户数据。报告预算数据的国家见“基本数据文献”中的注释。因为预算账户未必包括全部的中央政府单位（例如，社会保障基金），所以它所提供的中央政府活动情况往往并不全面。

国际货币基金组织通过向成员国政府分发问卷的方式收集政府收入和支出的数据，经济合作与发展组织也收集此类数据。尽管国际货币基金组织尽量使公共财政数据的收集标准化，但是统计数据仍然经常是不完全的、不及时的，并且国家之间也不可比。

政府财政统计以本国货币报告。此处的指数是以占GDP的百分比表示。许多国家按照财政年度报告政府财政数据。关于每个国家的财政年份末期的信息，参见“基本数据文献”。

定义

• **收入**是来自于税收、社会捐献和其他收入——例如，罚金、规费、租金以及来自财产或者销售的收入——的所有现金收入。虽然赠款也被看做收入，但是这儿将其排除在外。 • **支出**是指政府在提供货物和服务的业务运作中的现金支付。包括支付给员工的报酬、利息和补贴、赠款、社会福利以及其他支出，例如，租金和红利。 • **现金盈余或赤字**就是收入（包括赠款）减去支出和非金融资产的净获得额。在2005年之前的版本中，非金融资产包括在收入和支出总额中。现金盈余与赤字最接近于早期的总的预算盈余（缺少的仍然是贷款减去债务偿还，该项在下面被记作金融资产净获得额下的融资项目）。 • **净债务**包括国外融资（从非居民手中获得）和国内融资（从居民手中获得），其方式或者是通过政府提供的金融资源弥补预算赤字，或者是从预算盈余中分配金融资源。净债务应当通过金融资产的净获得（另一个融资项目）来弥补。现金余额或者赤字与三个融资项目之差就是现金存量的净变动。 • **债务总额**指政府在某一特定日期未偿还的所有直接的、固定期限结构的全部债务存量。包括国内债务和国外债务，例如，货币存款、除股票之外的有价证券和贷款等。它是政府负债总额减去政府所持有的权益和金融衍生工具的金额。因为债务是一个存量而不是一个流量，因此，要按某一给定的日期测算，通常是财政年度的最后一天。 • **利息支付**包括向本国居民和外国居民支付的政府债务——包括长期债券、长期贷款和其他债务——的利息。

数据资料来源

中央政府的财政数据来自国际货币基金组织的政府财政统计数据库。每个国家的账户均采用统一的定义和分类体系进行报告，该体系可见国际货币基金组织的《2001年政府财政统计手册》。关于概念、定义和数据来源的完整和权威的解释也见这些资料来源。

4.13 中央政府的支出

	货物和服务		员工报酬		利息支付		补贴和其他转移支付		其他支出	
	占支出的百分比		占支出的百分比		占支出的百分比		占支出的百分比		占支出的百分比	
	2000	2010	2000	2010	2000	2010	2000	2010	2000	2010
阿富汗[a]	..	75	..	23	..	0	..	2	..	0
阿尔巴尼亚[a]	15	..	31	..	16	..	36	..	3	..
阿尔及利亚	..	11	..	34	..	1	..	45	..	8
安哥拉	..	..	..	..	..	..	..	..	..	..
阿根廷	4	..	11	..	34	..	43	..	7	..
亚美尼亚[a]	53	13	5	24	4	4	34	39	4	20
澳大利亚	11	10	11	10	7	3	67	73	6	6
奥地利	5	6	13	14	9	7	70	71	5	5
阿塞拜疆[a]	..	9	..	12	..	1	..	18	..	61
巴林	8	26	58	54	7	5	8	10	..	5
孟加拉国[a]	14	12	27	19	18	22	26	35	14	12
白俄罗斯[a]	14	10	11	12	3	2	68	69	4	7
比利时	3	3	7	7	14	7	74	82	3	3
贝宁[a]	33	16	38	48	6	4	2	30	21	2
玻利维亚	16	14	25	22	8	10	45	47	6	7
波斯尼亚和黑塞哥维那	26	24	31	28	2	1	38	42	3	5
博茨瓦纳[a]	..	..	..	..	..	..	..	..	..	..
巴西[a]	18	13	21	19	17	19	45	49	0	0
保加利亚[a]	24	9	9	19	12	2	53	64	2	6
布基纳法索	25	17	41	46	7	4	8	12	19	21
布隆迪[a]	..	..	..	..	..	..	..	..	14	..
柬埔寨	35	29	37	39	2	2	15	19	11	11
喀麦隆[a]	23	..	37	..	22	..	17	..	..	..
加拿大[a]	8	8	11	12	22	9	59	69	1	4
中非共和国[a]	..	..	..	..	..	..	..	..	..	..
乍得	..	..	..	..	..	..	..	..	..	..
智利	9	10	21	20	6	2	59	51	10	19
中国[a]	..	..	..	..	5	..	65	..	0	..
中国香港	23	28	26	23	0	0	27	19	26	33
哥伦比亚	7	1	21	11	20	15	3	61	1	16
刚果民主共和国[a]	56	19	27	43	6	3	1	34	16	1
刚果共和国[a]	26	..	28	..	35	..	11	..	1	..
哥斯达黎加	..	11	..	46	..	8	..	21	..	14
科特迪瓦	30	29	39	38	16	9	16	16	..	7
克罗地亚[a]	24	8	26	26	4	5	43	55	3	6
古巴	..	..	..	..	..	..	..	..	..	..
塞浦路斯	11	12	36	35	15	7	30	33	1	1
捷克共和国[a]	7	6	10	8	3	3	74	74	7	10
丹麦	9	9	14	13	10	5	24	17	2	2
多米尼加共和国	..	17	..	36	..	12	..	28	..	7
厄瓜多尔[a]	..	..	..	..	..	..	..	..	..	..
埃及[a]	8	8	30	25	20	18	24	42	18	8
萨尔瓦多	15	17	43	38	11	11	3	24	27	12
厄立特里亚	..	..	..	..	..	..	..	..	..	..
爱沙尼亚	19	13	26	21	0	1	42	48	3	4
埃塞俄比亚[a]	22	..	23	..	11	..	44	..	0	..
芬兰	9	10	11	10	8	4	68	71	8	8
法国	7	6	23	21	6	5	60	54	6	2
加蓬	..	..	..	..	..	..	..	..	..	..
冈比亚[a]	..	..	..	..	..	..	..	..	..	..
格鲁吉亚[a]	17	16	11	18	24	4	48	51	..	11
德国	4	5	6	5	7	5	81	81	4	4
加纳[a]	14	16	36	40	39	16	4	28	..	12
希腊	13	12	22	24	17	10	42	50	10	7
危地马拉[a]	15	15	31	29	10	11	22	33	21	12
几内亚[a]	15	..	30	..	32	..	12	..	1	..
几内亚比绍	..	..	..	..	..	..	..	..	..	..
海地	..	..	..	..	..	..	..	..	..	..

	货物和服务 占支出的百分比		员工报酬 占支出的百分比		利息支付 占支出的百分比		补贴和其他转移支付 占支出的百分比		其他支出 占支出的百分比	
	2000	2010	2000	2010	2000	2010	2000	2010	2000	2010
洪都拉斯	13	14	51	56	7	4	18	6	12	21
匈牙利	9	10	13	13	13	10	57	63	13	8
印度[a]	12	10	10	9	30	21	43	60	7	1
印度尼西亚[a]	11	11	11	16	24	10	53	55	0	9
伊朗[a]	18	11	57	40	0	1	24	34	1	14
伊拉克	..	..	..	..	..	..	..	..	..	..
爱尔兰	6	10	14	23	7	5	29	40	1	1
以色列	24	26	23	24	17	11	30	31	7	9
意大利	4	4	16	15	16	10	61	66	5	6
牙买加	16	6	33	14	47	43	2	6	2	31
日本	..	..	..	..	..	..	..	..	..	..
约旦[a]	6	9	70	52	13	8	8	29	3	2
哈萨克斯坦[a]	25	22	9	7	10	3	55	66	1	2
肯尼亚[a]	21	14	55	38	18	10	3	37	2	1
朝鲜	..	..	..	..	..	..	..	..	..	..
韩国[a]	14	11	11	10	7	6	53	58	15	15
科索沃	..	..	..	..	..	..	..	..	..	..
科威特[a]	23	15	32	24	1	0	32	30	11	19
吉尔吉斯斯坦[a]	40	25	37	28	9	4	14	42	..	2
老挝	..	29	..	43	..	6	..	13	..	9
拉脱维亚[a]	13	9	12	12	3	4	67	72	4	3
黎巴嫩	3	3	24	21	50	38	21	36	3	2
莱索托[a]	30	42	38	35	8	2	21	14	..	6
利比里亚[a]	..	37	..	36	..	2	..	24	..	..
利比亚	..	..	..	..	..	..	..	..	..	..
立陶宛	16	10	21	15	6	5	55	68	2	6
前南斯拉夫马其顿共和国[a]	..	28	..	17	..	2	..	49	..	4
马达加斯加	18	15	41	40	13	7	10	25	19	14
马拉维	..	..	..	..	..	..	..	..	..	..
马来西亚[a]	15	16	28	31	15	10	48	42	3	1
马里	38	31	37	34	8	2	0	15	17	17
毛里塔尼亚	..	..	..	..	..	..	..	..	..	..
毛里求斯	..	12	..	35	..	11	..	31	..	10
墨西哥[a]	8	..	17	..	13	..	..	..	..	..
摩尔多瓦[a]	10	20	10	14	22	2	55	59	3	5
蒙古[a]	23	20	13	29	7	2	56	42	2	7
摩洛哥[a]	13	9	42	40	13	4	29	33	3	14
莫桑比克	..	..	..	..	..	..	..	..	..	..
缅甸[a]	..	..	..	..	..	..	..	..	..	..
纳米比亚[a]	21	20	51	45	7	8	10	13	11	14
尼泊尔[a]	..	..	..	..	..	..	..	..	..	..
荷兰	7	8	8	7	8	4	76	79	4	4
新西兰	31	30	25	25	6	4	37	38	4	7
尼加拉瓜[a]	17	13	23	38	13	7	35	37	12	5
尼日尔	..	30	..	30	..	3	..	9	..	28
尼日利亚[a]	..	15	..	24	..	9	..	53	..	..
挪威	10	11	11	16	3	2	74	68	4	5
阿曼[a]	50	..	34	..	5	..	11	..	0	..
巴基斯坦[a]	48	22	4	4	36	31	3	25	..	17
巴拿马[a]	15	..	37	..	22	..	26	..	1	..
巴布亚新几内亚[a]	37	..	25	..	14	..	24	..	..	..
巴拉圭[a]	8	10	54	53	7	3	31	27	1	7
秘鲁[a]	23	22	22	18	13	7	37	48	5	6
菲律宾[a]	26	27	31	31	24	20	19	20	2	3
波兰	7	5	11	12	8	7	70	71	8	7
葡萄牙	9	7	32	24	8	6	46	51	7	1
波多黎各	..	..	..	..	..	..	..	..	..	..
卡塔尔[a]	..	28	..	28	..	7	..	16	..	22

	货物和服务 占支出的百分比		员工报酬 占支出的百分比		利息支付 占支出的百分比		补贴和其他转移支付 占支出的百分比		其他支出 占支出的百分比	
	2000	2010	2000	2010	2000	2010	2000	2010	2000	2010
罗马尼亚	22	13	16	19	8	2	43	60	12	8
俄罗斯联邦	19	13	17	16	9	2	54	67	1	9
卢旺达[a]	..	..	..	..	..	..	..	..	..	..
沙特阿拉伯	..	..	..	..	..	..	..	..	..	..
塞内加尔[a]	26	..	41	..	11	..	19	..	..	..
塞尔维亚[a]	..	13	..	25	..	3	..	58	..	1
塞拉利昂[a]	15	24	23	28	22	7	5	23	34	18
新加坡[a]	33	36	29	30	2	0	36	0	..	..
斯洛伐克共和国	11	7	12	12	6	4	64	68	12	14
斯洛文尼亚[a]	16	13	18	19	4	4	59	62	3	3
索马里	..	..	..	..	..	..	..	..	..	..
南非	11	13	16	13	18	7	53	63	2	4
南苏丹	..	..	..	..	..	..	..	..	..	..
西班牙	4	4	11	8	9	5	44	81	2	5
斯里兰卡[a]	22	14	24	28	25	25	21	23	9	10
苏丹[a]	41	..	41	..	10	..	8	..	..	..
斯威士兰[a]	26	..	45	..	2	..	27	..	21	..
瑞典	..	..	..	..	..	..	..	..	..	..
瑞士[a]	23	6	5	6	3	4	67	83	2	3
阿拉伯叙利亚共和国[a]	..	..	..	..	..	..	..	..	..	..
塔吉克斯坦[a]	31	..	22	..	4	..	43	..	0	..
坦桑尼亚	..	..	..	..	..	..	..	..	..	..
泰国	27	32	35	40	7	7	24	21	6	3
东帝汶	..	..	..	..	..	..	..	..	..	..
多哥	..	26	..	36	..	7	..	26	..	4
特立尼达和多巴哥[a]	15	19	37	26	18	9	29	45	1	2
突尼斯[a]	9	6	40	36	12	7	36	39	5	12
土耳其[a]	..	10	..	25	..	18	..	44	..	6
土库曼斯坦	..	..	..	..	..	..	..	..	..	..
乌干达[a]	55	31	12	14	5	9	27	45	..	1
乌克兰[a]	19	12	15	13	9	3	56	70	1	2
阿拉伯联合酋长国[a]	46	..	36	..	..	..	..	..	..	..
英国	17	18	14	14	7	4	55	53	9	12
美国	13	15	12	12	13	7	62	64	2	4
乌拉圭[a]	12	13	15	23	7	8	66	46	0	10
乌兹别克斯坦	..	..	..	..	..	..	..	..	..	..
委内瑞拉[a]	6	..	21	..	12	..	59	..	2	..
越南	..	..	..	..	..	..	..	..	..	..
西岸和加沙	..	12	..	67	..	1	..	18	..	1
也门共和国[a]	17	..	49	..	11	..	21	..	..	..
赞比亚[a]	35	24	39	43	7	10	3	15	16	8
津巴布韦[a]	13	..	38	..	21	..	28	..	..	..
全世界	15 m	12 m	21 m	23 m	8 m	5 m	43 m	45 m	6 m	6 m
低收入国家	..	..	..	..	..	..	..	..	..	..
中等收入国家	15	13	22	26	12	7	41	44	4	7
中低收入国家	15	15	29	31	15	8	29	33	..	8
中高收入国家	13	11	21	22	9	7	48	46	5	6
低收入和中等收入国家	17	14	27	28	10	6	34	36	..	7
东亚和太平洋地区	23	27	31	31	10	7	44	21	0	7
欧洲和中亚	19	13	17	17	6	3	50	58	5	6
拉丁美洲和加勒比地区	13	13	23	29	13	9	43	33	4	12
中东和北非	8	9	41	36	12	7	..	36	..	9
南亚	22	22	10	9	30	21	26	25	7	1
撒哈拉以南非洲地区	..	..	..	..	..	..	..	..	..	..
高收入国家	9	10	13	15	7	5	58	57	4	5
欧元区	7	7	14	17	8	5	60	64	4	4

注：由于四舍五入或者数据缺失，各部分加总可能不等于100%。
a. 数据依据现金收付制公布，并根据权责发生制框架进行调整。

关于数据的说明

自2005年版的《世界发展指标》出版以来，本表都将术语“支出（expenditure）”替换成“支出（expense）”，以保持与国际货币基金组织《2001年政府财政统计手册》的一致。政府支出包括所有不可偿付的支付，不论是经常性支出还是资本性支出，也不论是有偿的支出还是无偿的支出。国际货币基金组织《政府财政统计年鉴》所提供的中央政府支出总额可以与1993年的国民经济核算体系所使用的概念相比较。

支出既可以按功能（卫生、防务、教育）进行测算，也可以按经济类型（利息支出、工资和薪金、货物和服务的采购）进行测算。按功能测算的数据通常不完整，而且覆盖范围各国也不相同，因为各级政府的职责差异较大，数据无法获得。防御支出通常是中央政府的责任，在表5.7中给出。关于教育支出进一步的信息见表2.11；关于医疗卫生支出进一步的信息见表2.16。

本表按经济类型划分的支出可以看出政府是否生产货物和服务并将其分配，是否从第三方购买货物和服务并将其分配，还是向家庭转移支付现金让其直接购买。如果政府生产并提供货物和服务，那么成本就是通过提供给员工的报酬、货物和服务的使用以及固定资本的消费加以反映。若是从第三方购买并向家庭转移支付现金，则以补贴、其他转移支付以及其他支出的形式给出。按经济类型分类可能存在问题。例如，给予国有企业或银行的补贴可能作为资本融资而予以掩盖，或者隐藏在货物和服务特定的契约性定价之中。关于政府财政统计数据的进一步讨论见表4.12和表4.14中的“关于数据的说明”。

定义

• **货物和服务**包括政府的所有支出，以换取用于市场性和非市场性货物和服务生产的货物和服务。不包括自身账户的资本形成。

• **员工的报酬**包括为取得员工服务向员工支付的所有现金和各种实物（例如，食品和住房）以及政府向社会保障体系的捐赠，例如，社会保障和养老金，这些都给员工带来了收益。 • **利息支付**是指由于使用贷款而向非居民、居民以及其他一般政府单位支付的资金（本金的偿付以融资项目列示，而佣金的支付以服务采购列示）。 • **补贴和其他转移支付**包括经常账户下向私人和国有企业提供的所有无偿的、不可归还的转移支付；向外国政府、国际组织以及其他政府单位的赠款；社会保障福利、社会援助福利以及以现金和实物向员工支付的社会福利。

• **其他支出**包括红利、租金以及其他各种各样的支出，其中包括所提供的固定资本消耗。

数据资料来源

中央政府支出数据来自国际货币基金组织的政府财政统计数据库。每个国家的账户均采用统一的定义和分类体系进行报告，该体系可见国际货币基金组织的《2001年政府财政统计手册》。关于概念、定义和数据来源的完整和权威的解释也见这些资料来源。

中央政府的收入

	所得税、利得税和资本收益税		货物和服务税		国际贸易税		其他税收		社会缴款		赠款和其他收入	
	占收入的百分比		占收入的百分比		占收入的百分比		占收入的百分比		占收入的百分比		占收入的百分比	
	2000	2010	2000	2010	2000	2010	2000	2010	2000	2010	2000	2010
阿富汗[a]	..	3	..	3	..	5	..	0	..	0	..	89
阿尔巴尼亚[a]	14	..	43	..	9	..	1	..	17	..	17	..
阿尔及利亚	..	60	..	28	..	4	..	1	..	..	..	6
安哥拉	..	..	..	..	..	..	..	..	..	..	..	..
阿根廷	13	..	28	..	14	..	15	..	20	..	11	..
亚美尼亚[a]	10	19	43	43	3	4	10	8	13	13	20	15
澳大利亚	67	65	18	23	2	2	2	0	..	..	11	10
奥地利	24	23	24	23	0	0	4	5	41	42	7	7
阿塞拜疆[a]	..	33	..	23	..	4	..	1	..	..	..	39
巴林	11	19	25	29	31	24	4	3	..	..	28	24
孟加拉国[a]	3	1	2	0	6	4	2	..	..	..	87	95
白俄罗斯[a]	11	7	39	32	5	11	3	3	35	37	7	9
比利时	37	35	24	25	..	..	2	1	34	36	2	4
贝宁	20	16	35	38	21	22	7	6	..	2	18	15
玻利维亚	7	10	41	43	4	3	8	9	9	7	32	28
波斯尼亚和黑塞哥维那	2	6	28	45	18	0	5	0	34	39	13	10
博茨瓦纳[a]	..	..	..	..	..	..	..	..	..	..	..	..
巴西[a]	25	30	34	33	4	2	8	2	25	26	5	6
保加利亚[a]	11	16	38	45	2	1	1	0	27	23	20	16
布基纳法索	18	15	37	36	13	11	2	2	..	..	30	36
布隆迪[a]	18	..	38	..	17	..	1	..	6	..	19	..
柬埔寨	6	10	30	35	22	14	0	0	..	..	42	41
喀麦隆	21	..	26	..	28	..	4	..	2	..	18	..
加拿大	54	53	16	15	3	1	..	..	19	23	8	8
中非共和国[a]	..	..	..	..	..	..	..	..	..	..	..	..
乍得	..	..	..	..	..	..	..	..	..	..	..	..
智利	22	27	47	45	6	1	2	8	7	6	16	13
中国[a]	8	25	65	59	10	4	6	1	..	..	11	12
中国香港	38	36	13	9	0	0	10	17	0	0	39	38
哥伦比亚	28	21	32	32	6	6	7	5	0	0	32	36
刚果民主共和国[a]	10	12	14	14	14	14	20	0	..	..	41	60
刚果共和国[a]	7	..	15	..	5	..	0	..	3	..	76	..
哥斯达黎加	..	17	..	32	..	4	..	3	..	34	..	10
科特迪瓦	18	15	18	20	46	33	3	8	8	6	7	18
克罗地亚[a]	9	7	46	46	6	1	1	2	32	35	5	8
古巴	..	..	..	..	..	..	..	..	..	..	..	..
塞浦路斯	..	26	..	34	..	1	..	4	..	22	..	..
捷克共和国[a]	13	15	34	28	2	0	1	1	47	44	3	12
丹麦	37	45	42	36	..	..	6	5	6	3	9	..
多米尼加共和国	..	22	..	53	..	9	..	4	..	3	..	9
厄瓜多尔[a]	..	..	..	..	..	..	..	..	..	..	..	..
埃及[a]	20	25	22	22	8	5	3	4	..	..	47	44
萨尔瓦多	20	25	39	40	7	5	1	0	15	12	19	17
厄立特里亚	..	..	..	..	..	..	..	..	..	..	..	..
爱沙尼亚	13	8	38	39	0	..	..	..	35	36	..	..
埃塞俄比亚[a]	14	..	10	..	26	..	1	..	0	..	49	..
芬兰	26	20	32	32	0	..	2	2	29	31	12	15
法国	26	22	25	23	0	0	3	4	41	45	5	..
加蓬	..	..	..	..	..	..	..	..	..	..	..	..
冈比亚[a]	..	..	..	..	..	..	..	..	..	..	..	..
格鲁吉亚[a]	8	31	57	51	7	1	..	1	21	17	7	15
德国	18	16	20	24	..	..	..	..	57	55	4	4
加纳[a]	22	23	15	29	32	16	..	..	..	..	31	32
希腊	22	21	29	29	0	0	4	3	30	36	15	12
危地马拉[a]	24	29	60	56	12	7	1	2	2	3	6	4
几内亚[a]	6	..	3	..	48	..	2	..	1	..	40	..
几内亚比绍	..	..	..	..	..	..	..	..	..	..	..	..
海地	..	..	..	..	..	..	..	..	..	..	..	..

中央政府的收入 4.14

	所得税、利得税和资本收益税		货物和服务税		国际贸易税		其他税收		社会缴款		赠款和其他收入	
	占收入的百分比		占收入的百分比		占收入的百分比		占收入的百分比		占收入的百分比		占收入的百分比	
	2000	2010	2000	2010	2000	2010	2000	2010	2000	2010	2000	2010
洪都拉斯	15	20	44	40	6	4	1	2	12	13	22	21
匈牙利	20	23	34	32	3	0	1	1	34	32	8	12
印度[a]	27	47	29	23	19	13	0	0	0	0	25	16
印度尼西亚[a]	31	36	26	29	3	2	3	4	..	..	37	28
伊朗[a]	13	19	7	3	6	6	1	1	11	19	61	52
伊拉克	..	..	..	..	..	..	..	..	..	..	..	..
爱尔兰	39	33	..	..	0	0	4	2	15	22	..	..
以色列	34	26	26	33	1	1	5	5	15	18	20	17
意大利	35	32	23	20	..	..	5	7	33	36	4	5
牙买加	15	25	33	37	8	7	20	10	2	3	21	18
日本	..	..	..	..	..	..	..	..	..	..	..	..
约旦[a]	9	13	31	43	17	6	8	2	1	0	35	36
哈萨克斯坦[a]	24	24	40	20	5	10	7	0	0	..	24	46
肯尼亚[a]	29	41	41	40	15	11	0	1	0	..	15	7
朝鲜	..	..	..	..	..	..	..	..	..	..	..	..
韩国[a]	26	28	28	27	4	4	10	8	13	16	18	17
科索沃	..	..	..	..	..	..	..	..	..	..	..	..
科威特[a]	0	1	0	0	2	1	0	0	..	..	98	98
吉尔吉斯斯坦[a]	14	21	61	37	3	9	0	..	..	..	22	34
老挝	..	13	..	42	..	7	..	1	..	..	..	37
拉脱维亚[a]	12	7	40	35	1	0	0	0	34	29	13	28
黎巴嫩	12	15	26	44	26	6	11	10	2	1	24	23
莱索托[a]	17	17	12	12	41	57	0	3	..	..	29	11
利比里亚[a]	..	28	..	15	..	39	..	1	..	..	..	18
利比亚	..	..	..	..	..	..	..	..	..	..	..	..
立陶宛	11	6	44	37	1	..	0	0	36	39	8	18
前南斯拉夫马其顿共和国[a]	..	13	..	40	..	5	..	0	..	29	..	13
马达加斯加	12	12	22	15	40	31	1	6	..	4	26	32
马拉维	..	..	..	..	..	..	..	..	..	..	..	..
马来西亚[a]	43	46	25	17	7	2	3	4	..	..	22	31
马里	12	19	42	29	11	10	5	10	..	..	30	31
毛里塔尼亚	..	..	..	..	..	..	..	..	..	..	..	..
毛里求斯	..	20	..	50	..	2	..	7	..	7	..	14
墨西哥[a]	34	..	62	..	4	..	1	..	10	..	10	..
摩尔多瓦[a]	3	1	45	48	5	4	0	0	23	30	23	17
蒙古[a]	12	27	36	29	7	6	1	2	18	13	26	23
摩洛哥[a]	22	26	30	36	11	6	3	6	13	13	22	14
莫桑比克	..	..	..	..	..	..	..	..	..	..	..	..
缅甸[a]	19	..	33	..	4	..	..	..	..	..	44	..
纳米比亚[a]	32	28	23	19	35	44	1	1	1	0	9	7
尼泊尔[a]	15	14	30	38	23	16	3	5	..	..	28	27
荷兰	25	26	26	27	..	..	4	2	39	35	6	10
新西兰	54	57	29	26	3	3	0	0	0	0	14	15
尼加拉瓜[a]	13	27	54	52	7	4	0	0	..	..	27	16
尼日尔	..	12	..	18	..	26	..	3	..	..	..	41
尼日利亚[a]	..	1	..	2	..	..	..	..	..	..	..	97
挪威	28	30	28	24	0	0	1	1	18	20	25	24
阿曼[a]	24	..	1	..	3	..	2	..	..	..	70	..
巴基斯坦[a]	19	25	30	31	11	8	8	5	..	..	32	32
巴拿马[a]	18	..	9	..	9	..	4	..	18	..	38	..
巴布亚新几内亚[a]	31	..	9	..	24	..	2	..	0	..	33	..
巴拉圭[a]	11	13	37	47	11	9	3	1	7	7	30	23
秘鲁[a]	19	31	40	39	8	2	3	6	10	9	20	14
菲律宾[a]	40	41	27	29	19	21	4	..	..	..	10	9
波兰	15	14	33	37	2	0	0	1	36	37	14	10
葡萄牙	25	23	32	31	0	0	2	2	30	33	..	..
波多黎各	..	..	..	..	..	..	..	..	..	..	..	..
卡塔尔[a]	..	40	..	..	..	3	..	..	..	..	..	57

4.14 中央政府的收入

	所得税、利得税和资本收益税		货物和服务税		国际贸易税		其他税收		社会缴款		赠款和其他收入	
	占收入的百分比		占收入的百分比		占收入的百分比		占收入的百分比		占收入的百分比		占收入的百分比	
	2000	2010	2000	2010	2000	2010	2000	2010	2000	2010	2000	2010
罗马尼亚	9	22	33	35	3	0	1	0	42	33	13	10
俄罗斯联邦	5	2	28	21	9	26	0	0	37	20	20	31
卢旺达[a]	..	..	..	..	..	..	..	..	..	..	..	..
沙特阿拉伯	..	..	..	..	..	..	..	..	..	..	..	..
塞内加尔[a]	21	..	34	..	30	..	3	..	..	..	12	..
塞尔维亚[a]	..	9	..	45	..	4	..	0	..	34	..	8
塞拉利昂[a]	15	17	8	25	29	14	0	..	..	..	48	44
新加坡[a]	29	34	18	26	1	0	9	16	..	..	42	24
斯洛伐克共和国	17	9	31	33	1	0	1	0	39	43	13	15
斯洛文尼亚[a]	13	10	34	34	2	0	3	0	39	42	9	14
索马里	..	..	..	..	..	..	..	..	..	..	..	..
南非	52	53	33	32	3	3	3	2	2	2	7	8
南苏丹	..	..	..	..	..	..	..	..	..	..	..	..
西班牙	27	23	25	20	0	..	0	0	41	51	..	6
斯里兰卡[a]	13	18	57	45	11	14	4	8	2	1	14	14
苏丹[a]	15	..	35	..	29	..	1	..	..	..	21	..
斯威士兰[a]	24	..	13	..	50	..	4	..	..	..	9	..
瑞典	17	11	29	37	..	..	6	13	30	25	..	..
瑞士[a]	14	24	22	26	1	6	3	3	41	36	19	5
阿拉伯叙利亚共和国[a]	30	..	21	..	11	..	6	..	0	..	32	..
塔吉克斯坦[a]	3	..	55	..	14	..	1	..	20	..	7	..
坦桑尼亚	..	..	..	..	..	..	..	..	..	..	..	..
泰国	29	33	40	40	10	5	0	1	4	6	17	15
东帝汶	..	..	..	..	..	..	..	..	..	..	..	..
多哥	..	11	..	37	..	19	..	6	..	..	..	27
特立尼达和多巴哥[a]	36	47	23	15	5	4	17	11	5	6	13	16
突尼斯[a]	20	27	37	31	11	6	4	4	17	21	10	10
土耳其[a]	..	24	..	51	..	1	..	8	..	..	..	16
土库曼斯坦	..	..	..	..	..	..	..	..	..	..	..	..
乌干达[a]	10	22	29	47	22	10	0	0	..	..	39	22
乌克兰[a]	12	10	33	34	4	2	2	0	30	37	19	17
阿拉伯联合酋长国[a]	..	..	17	..	..	..	..	..	0	..	82	..
英国	38	36	30	28	..	..	8	7	20	23	4	6
美国	57	50	3	3	1	1	1	1	35	39	3	6
乌拉圭[a]	15	18	34	40	3	4	8	2	29	30	12	7
乌兹别克斯坦	..	..	..	..	..	..	..	..	..	..	..	..
委内瑞拉[a]	27	..	25	..	7	..	4	..	4	..	34	..
越南	..	..	..	..	..	..	..	..	..	..	..	..
西岸和加沙	..	2	..	21	..	11	..	0	..	0	..	66
也门共和国[a]	18	..	9	..	10	..	2	..	..	..	61	..
赞比亚[a]	36	44	45	32	13	8	0	0	0	..	6	15
津巴布韦[a]	43	..	23	..	20	..	2	..	3	..	9	..
全世界	20 m	23 m	30 m	32 m	6 m	4 m	2 m	2 m	.. m	.. m	15 m	17 m
低收入国家	..	..	..	..	..	..	..	..	..	..	..	..
中等收入国家	20	24	34	36	7	5	1	2	..	..	17	17
中低收入国家	18	23	32	33	13	7	1	1	..	..	20	18
中高收入国家	14	22	36	37	6	4	3	2	16	19	14	14
低收入和中等收入国家	18	21	32	36	9	6	2	1	..	..	20	18
东亚和太平洋地区	25	33	30	29	9	6	3	1	..	..	24	28
欧洲和中亚	10	8	37	40	6	4	0	0	30	30	17	16
拉丁美洲和加勒比地区	18	26	40	39	6	4	4	2	9	9	16	16
中东和北非	17	27	30	31	10	6	4	3	..	6	30	23
南亚	17	19	30	27	15	10	4	3	..	0	26	30
撒哈拉以南非洲地区	..	..	..	..	..	..	..	..	..	..	..	..
高收入国家	26	26	27	26	1	0	3	2	33	35	8	12
欧元区	25	23	25	27	0	0	3	3	35	37	6	7

注：由于数据缺失或者对税收收入的调整，各部分加总可能不等于 100%。

a. 数据依据现金收付制公布，并根据权责发生制框架进行调整。

关于数据的说明

国际货币基金组织将政府收入划分为税收、赠款以及财产收入。税收基于税收的征收对象划分，赠款基于来源划分，财产收入基于类型（例如，利息、红利和租金）划分。其中收入最重要的来源就是税收。赠款是来自其他政府单位和外国政府，或者来自国际组织的无偿的、不可偿付的非强制性收入。交易通常以现金收付制记录。

国际货币基金组织的《政府财政统计手册》（2001）把税收定义为个人、企业或者机构向政府的强制性的、无偿的支付。税收基于税收的征收对象可以划分为6大种类：收入、利润和资本所得税；工资和劳务税；财产税；货物和服务税；国际贸易和交易税；以及其他税收。然而，它们之间的区分并不总是非常清晰。针对个人和企业的收入和利润征收的税划分为直接税，针对货物和服务征收的税划分为间接税。虽然这个区分可能是一种有用的简化说明，但是除了用于确定税率，它并没有什么特定的统计分析意义。直接税通常累计征收，而间接税通常按比例征收。

社会保障税并不反映雇主向准备基金或者其他类似目的机构的强制性支付。与此类似，这类基金的支出也不反映在政府的支出中（见表4.13）。关于税收和税收政策的进一步讨论见表5.6中的“关于数据的说明”。关于政府收入和支出的进一步讨论见表4.12和表4.13中的“关于数据的说明”。

定义

• **所得税、利得税和资本收益税**是对个人实际或者推定的净收入、公司和企业利润以及依靠土地、证券或者其他资产获得的资本利得所征收的税收，无论这种资本利得实现与否。合并数据时未考虑政府内部的支付。 • **货物和服务税**包括一般销售和周转税或者增值税、部分商品消费税、部分服务税、商品或者财产使用税、矿藏采掘和生产税以及财政垄断利润税。 • **国际贸易税**包括进口关税、出口关税、出口或者进口垄断利润税、汇兑利润税和交易税。 • **其他税收**包括工资和劳务税、财产税以及不能纳入其他分类的税收，例如，延期支付的罚款以及没有交付的税收。 • **社会捐赠**包括雇员、雇主和自由职业者提供的社会保障捐献以及其他不能确定来源的捐赠。其中还包括向政府运作的社会保障体系提供的实际的和估算的捐赠。 • **赠款和其他收入**包括来自其他外国政府、国际组织和其他政府单位的赠款；利息；红利；租金；用于公共目的的无偿的、不可归还的收入（例如，罚金、行政管理费或者来自政府具有财产所有权的企业的收入）；除赠款之外的自愿的、无偿的并且不可归还的收入。

数据资料来源

中央政府收入的数据来自国际货币基金组织的政府财政统计数据库。每个国家的账户均采用统一的定义和分类体系进行报告，该体系可见国际货币基金组织的《2001年政府财政统计手册》。国际货币基金组织还得到了经济合作与发展组织部分成员国税收收入的额外信息。关于概念、定义和数据来源的完整和权威的解释见国际货币基金组织的资料来源。

	广义货币		对国内经济的债权		对中央政府的债权		利率					
	年增长百分比		年增长占广义货币的百分比		年增长占广义货币的百分比		百分比 存款		贷款		实际	
	2000	2010	2000	2010	2000	2010	2000	2010	2000	2010	2000	2010
阿富汗	..	26.9	..	9.0	..	−6.0	..	..	..	15.7	..	11.6
阿尔巴尼亚	12.0	12.5	0.9	4.9	4.8	0.2	8.3	6.4	22.1	12.8	17.0	9.0
阿尔及利亚	14.1	10.5	8.4	2.4	−11.6	−2.7	7.5	1.8	10.0	8.0	−11.7	−7.1
安哥拉[a]	303.7	14.0	..	..	−413.7	−13.9	39.6	12.8	103.2	22.5	−60.8	−3.2
阿根廷[a]	1.5	33.1	..	..	−0.8	13.1	8.3	9.2	11.1	10.6	9.9	−4.2
亚美尼亚	38.6	10.6	0.3	24.9	−5.7	8.3	18.1	9.0	31.6	19.2	33.4	9.2
澳大利亚[a]	3.7	9.4	..	..	−1.8	0.2	5.1	4.2	9.3	7.3	6.6	7.2
奥地利[b]	..	..	..	..	..	..	2.2	..	5.6	..	5.3	..
阿塞拜疆	73.4	24.3	−23.9	12.9	15.4	8.2	12.9	11.6	19.7	20.7	6.4	8.5
巴林	10.2	10.5	..	..	−0.4	−0.5	5.8	1.2	11.6	7.2	−2.4	−3.0
孟加拉国	19.3	21.1	10.7	19.7	5.6	2.7	8.6	7.1	15.5	13.0	13.4	6.1
白俄罗斯	219.3	31.9	59.9	79.2	22.2	−4.7	37.6	9.1	67.7	9.2	−41.2	−0.9
比利时[b]	..	..	..	..	..	..	3.6	..	8.0	9.5	5.9	8.2
贝宁[a]	26.0	7.1	..	..	0.6	−5.5	3.5	3.5	..	..	..	..
玻利维亚	1.6	14.8	−1.3	9.6	3.1	−6.5	11.0	1.0	34.6	9.9	27.9	1.0
波斯尼亚和黑塞哥维那[a]	11.3	7.2	19.9	3.6	−0.4	2.3	14.7	3.2	30.5	7.9	1.3	6.6
博茨瓦纳	1.4	10.7	10.3	6.3	−56.2	20.2	9.4	5.6	15.5	11.5	15.4	−2.8
巴西	19.7	15.4	8.3	20.7	13.5	4.9	17.2	8.9	56.8	40.0	47.7	30.4
保加利亚	30.8	6.3	6.5	1.5	8.5	3.6	3.1	4.1	11.3	11.1	4.4	8.0
布基纳法索[a]	7.5	19.3	..	..	6.6	3.4	3.5	3.5	..	..	..	..
布隆迪	15.5	19.9	15.0	15.7	−22.6	5.3	..	..	15.8	12.4	2.3	4.3
柬埔寨	26.9	21.3	5.4	14.8	−6.9	0.4	6.8	1.3	..	..	..	..
喀麦隆[a]	19.1	12.8	6.6	7.1	−12.3	3.2	5.0	3.3	22.0	15.0	18.6	12.7
加拿大	6.6	15.1	3.6	23.3	2.4	4.7	3.5	0.1	7.3	2.6	3.0	−0.3
中非共和国[a]	2.4	14.2	..	..	6.8	11.6	5.0	3.3	22.0	15.0	18.3	13.3
乍得[a]	19.4	26.1	..	..	15.1	8.7	5.0	3.3	22.0	15.0	15.9	9.4
智利	9.1	10.6	4.1	2.1	4.0	0.4	9.2	1.8	14.8	4.8	9.8	−8.4
中国[a]	12.3	18.9	..	..	0.0	0.3	2.3	2.8	5.9	5.8	3.7	−0.7
中国香港[a]	9.3	7.4	..	..	0.4	0.6	4.8	0.0	9.5	5.0	13.6	4.5
哥伦比亚	3.6	11.5	8.9	16.2	6.0	−0.7	12.1	3.7	18.8	9.4	−10.3	6.1
刚果民主共和国[a]	51.2	30.8	..	..	−1.6	−44.7	..	16.8	..	56.5	..	27.9
刚果共和国[a]	58.5	37.6	..	..	−11.7	−34.4	5.0	3.3	22.0	15.0	−17.0	14.4
哥斯达黎加	24.0	0.8	14.1	4.7	−0.2	0.2	13.4	5.3	24.9	17.1	16.7	8.6
科特迪瓦[a]	−1.8	18.2	..	..	−7.6	4.7	3.5	3.5	..	..	..	..
克罗地亚	29.1	4.3	21.3	7.0	2.0	1.4	3.7	1.8	12.1	10.4	7.1	9.3
古巴	..	..	..	..	..	..	..	..	..	..	..	..
塞浦路斯	10.4	19.8	11.1	35.6	0.1	3.5	6.5	3.4	8.0	6.7	4.0	2.0
捷克共和国	16.0	1.9	−11.0	2.1	2.6	1.9	3.4	1.1	7.2	5.9	5.6	7.1
丹麦	−12.1	−3.1	26.1	5.0	3.0	0.0	3.2	..	8.1	..	4.9	..
多米尼加共和国	16.8	12.2	13.2	13.0	2.8	−0.1	17.7	4.9	26.8	12.1	18.6	6.7
厄瓜多尔	47.0	18.6	−11.4	20.2	−28.1	−5.9	8.8	3.9	17.1	..	26.0	..
埃及	11.6	12.4	4.1	3.9	7.7	2.5	9.5	6.2	13.2	11.0	7.9	0.8
萨尔瓦多	1.6	−0.1	2.6	−0.4	2.3	2.0	9.3	..	14.0	..	10.5	..
厄立特里亚	17.3	15.6	3.7	1.6	25.7	12.6	..	..	..	..	..	..
爱沙尼亚	30.5	2.0	39.4	−8.6	−4.1	3.4	3.8	1.1	7.4	7.8	2.4	6.2
埃塞俄比亚[a]	13.1	23.4	..	..	19.8	2.5	6.0	4.7	10.9	8.0	3.8	−17.1
芬兰[b]	..	..	..	..	..	..	1.6	..	5.6	..	2.9	..
法国[b]	..	..	..	..	..	..	2.6	1.5	6.7	..	5.0	..
加蓬[a]	18.3	19.2	..	..	−42.2	21.4	5.0	3.3	22.0	15.0	−4.8	9.3
冈比亚[a]	34.8	13.7	..	..	2.7	15.4	12.5	14.6	24.0	27.0	19.6	17.2
格鲁吉亚	39.2	34.8	18.7	24.7	19.8	−2.0	10.2	9.2	32.8	24.2	26.8	14.3
德国[b]	..	..	..	..	..	..	3.4	..	9.6	..	10.4	..
加纳	54.2	31.9	7.5	13.0	32.9	11.7	28.6	17.1	..	..	..	..
希腊[b]	..	..	..	..	..	..	6.1	..	12.3	..	8.6	..
危地马拉	21.4	9.1	4.2	2.6	10.2	2.3	10.2	5.5	20.9	13.3	13.2	8.0
几内亚[a]	12.9	..	..	..	7.9	..	7.5	..	19.4	..	7.4	..
几内亚比绍[a]	60.7	24.4	..	..	16.2	9.4	3.5	3.5	..	..	..	..

	广义货币		对国内经济的债权		对中央政府的债权		利率					
	年增长百分比		年增长占广义货币的百分比		年增长占广义货币的百分比		百分比 存款		百分比 贷款		实际	
	2000	2010	2000	2010	2000	2010	2000	2010	2000	2010	2000	2010
海地	20.3	26.1	*12.3*	–0.2	13.8	–9.0	12.1	0.7	31.4	17.5	18.3	11.5
洪都拉斯	15.4	9.8	*7.7*	5.1	–2.6	1.4	15.9	9.8	26.8	18.9	–3.1	12.4
匈牙利	12.6	4.2	*14.5*	5.0	–2.0	1.3	9.5	4.9	12.6	7.6	2.6	4.4
印度	15.2	17.8	9.9	15.8	4.7	5.3	..	..	12.3	*12.2*	8.5	*12.6*
印度尼西亚	16.6	15.4	*7.2*	17.1	17.2	–3.7	12.5	7.0	18.5	13.3	–1.7	4.8
伊朗[a]	22.4	*27.7*	..	..	–7.9	*2.0*	*11.7*	11.9	..	12.0	..	*11.3*
伊拉克	..	31.2	..	8.1	..	14.4	..	6.1	..	14.3	..	–8.5
爱尔兰[b]	..	..	..	..	..	..	0.1	..	4.8	..	–2.2	..
以色列[a]	8.0	5.7	..	..	–4.8	*1.3*	8.6	1.6	12.9	4.5	11.1	3.4
意大利[b]	..	..	..	..	..	..	1.8	..	7.0	4.0	5.0	3.6
牙买加	–7.0	5.8	*9.1*	–0.7	–2.3	–8.2	11.6	6.3	23.3	20.5	11.5	8.9
日本	1.3	2.0	*-5.4*	–1.4	2.6	2.8	0.1	0.5	2.1	1.6	3.9	3.8
约旦[a]	7.6	9.2	..	..	–1.2	0.4	7.0	3.5	11.8	9.0	12.2	2.6
哈萨克斯坦	45.0	13.3	*32.2*	7.1	–3.2	1.2	..	..	..	..	..	..
肯尼亚	4.9	22.4	*4.7*	14.3	–2.1	12.8	8.1	4.6	22.3	14.4	15.3	10.1
朝鲜	..	..	..	..	..	..	..	..	..	..	..	..
韩国[a]	25.4	14.9	..	..	–1.1	0.4	7.9	3.9	8.5	5.5	3.4	1.7
科索沃	*-12.2*	13.5	*12.1*	10.9	*-37.7*	1.4	..	3.4	..	14.3	..	10.9
科威特	6.3	3.0	*8.5*	2.0	–7.4	–12.9	5.9	2.3	8.9	4.9	–9.7	*2.5*
吉尔吉斯斯坦[a]	11.7	*33.2*	..	..	7.8	*-8.8*	18.4	4.1	51.9	31.5	19.4	23.1
老挝[a]	46.0	39.1	..	..	–17.6	1.5	12.0	3.0	32.0	22.6	5.5	12.0
拉脱维亚	27.0	11.5	*31.2*	–18.1	7.8	2.4	4.4	1.9	11.9	9.6	7.4	12.2
黎巴嫩[a]	9.8	12.1	..	..	10.5	1.1	11.2	6.2	18.2	8.3	20.7	3.8
莱索托	1.4	14.5	*6.6*	5.9	14.9	13.9	4.9	3.7	17.1	11.2	14.4	7.3
利比里亚[a]	18.3	*43.4*	..	..	197.0	*47.7*	6.2	*4.1*	20.5	*14.2*	22.1	*5.9*
利比亚[a]	3.1	–0.6	..	..	–10.4	–19.6	3.0	2.5	7.0	6.0	–9.6	*57.8*
立陶宛	16.5	8.4	*14.4*	–6.0	0.5	–0.6	3.9	*4.8*	12.1	*8.4*	11.1	*12.6*
前南斯拉夫马其顿共和国	22.2	12.1	*2.7*	6.3	–15.9	6.6	11.2	7.1	18.9	9.5	9.9	7.2
马达加斯加[a]	17.2	9.7	..	..	0.1	–6.4	15.0	10.5	26.5	49.0	18.0	37.9
马拉维[a]	45.5	17.2	..	..	7.7	–13.1	33.3	3.6	53.1	24.6	17.3	15.7
马来西亚	10.0	7.3	*5.5*	8.1	2.1	–0.2	3.4	2.5	7.7	5.0	–1.1	–0.1
马里[a]	12.5	12.2	..	..	–4.2	1.6	3.5	3.5	..	..	..	..
毛里塔尼亚[a]	..	*15.5*	..	..	..	*12.6*	9.4	8.0	25.6	17.0	23.9	–2.0
毛里求斯	9.2	7.6	*5.8*	9.3	–4.7	1.0	9.6	8.4	20.8	8.9	18.3	7.2
墨西哥	–4.5	12.8	*10.1*	8.7	3.5	0.8	8.3	1.2	16.9	5.3	4.3	0.9
摩尔多瓦	41.7	13.4	*24.4*	9.3	–5.7	–4.0	24.9	7.7	33.8	16.4	5.1	4.7
蒙古	17.6	62.5	*29.6*	23.7	–7.1	–4.1	16.8	11.9	37.0	20.1	22.3	0.0
摩洛哥	8.4	7.9	*4.0*	8.8	3.6	0.3	5.2	3.7	13.3	..	14.0	..
莫桑比克	38.3	22.8	*11.9*	18.3	6.9	–1.3	9.7	9.7	19.0	16.3	6.3	3.1
缅甸[a]	42.4	42.5	..	..	24.9	32.6	9.8	12.0	15.3	17.0	12.5	8.1
纳米比亚	13.2	9.6	*19.4*	10.1	–4.0	7.1	7.4	5.0	15.3	9.7	–9.0	0.4
尼泊尔	18.8	9.6	*-10.4*	8.9	2.6	6.2	6.0	3.6	9.5	8.0	4.8	–4.8
荷兰[b]	..	..	..	..	..	..	2.9	2.3	4.8	1.8	0.6	0.4
新西兰[a]	1.5	8.4	..	..	–1.0	2.1	6.4	4.6	7.8	6.3	4.7	*4.9*
尼加拉瓜	9.4	21.7	*7.0*	4.8	10.0	3.9	10.8	3.0	18.1	13.3	8.8	10.1
尼日尔[a]	12.8	21.6	..	..	–13.8	0.8	3.5	3.5	..	..	..	..
尼日利亚	48.1	9.3	*5.8*	–11.2	–43.0	24.0	11.7	6.5	21.3	17.6	–12.2	9.4
挪威[a]	8.7	..	..	..	–4.7	..	6.7	*2.3*	8.9	*4.3*	–5.8	*11.4*
阿曼	6.0	11.3	*1.1*	16.1	9.5	–4.1	7.6	3.4	10.1	6.8	–8.3	*40.4*
巴基斯坦	12.1	15.1	*2.0*	2.3	2.6	10.9	..	8.1	..	14.0	..	1.9
巴拿马	9.3	11.1	*-8.4*	13.6	0.2	1.6	7.1	3.0	10.5	7.7	11.9	4.6
巴布亚新几内亚	5.0	10.2	*1.2*	9.3	–4.6	–6.6	8.5	1.4	17.5	10.4	3.9	1.1
巴拉圭	2.8	19.0	*1.7*	27.2	4.7	–6.3	15.7	1.2	26.8	26.0	13.1	18.1
秘鲁[a]	–0.4	21.5	..	..	2.3	–3.4	9.8	1.5	30.0	19.0	25.4	11.3
菲律宾	8.1	10.9	*2.2*	7.5	1.5	2.9	8.3	3.2	10.9	7.7	4.9	3.3
波兰	11.6	8.7	..	9.0	–5.8	1.2	14.2	..	20.0	..	11.9	..
葡萄牙[b]	..	..	..	..	..	..	*2.4*	..	*5.2*	..	*1.8*	..

	广义货币		对国内经济的债权		对中央政府的债权		利率					
	年增长百分比		年增长占广义货币的百分比		年增长占广义货币的百分比		百分比					
							存款		贷款		实际	
	2000	2010	2000	2010	2000	2010	2000	2010	2000	2010	2000	2010
波多黎各	..	..	..	..	..	..	..	..	..	..	..	..
卡塔尔	10.7	23.1	*-1.7*	21.6	-23.1	4.2	0.0	2.9	..	7.3	..	*31.0*
罗马尼亚	40.8	6.8	*20.0*	5.8	-1.1	8.0	33.1	7.3	53.9	14.1	6.7	10.1
俄罗斯联邦	58.5	24.6	*33.1*	12.4	-18.0	9.7	6.5	6.0	24.4	10.8	-9.6	-0.5
卢旺达	15.6	..	..	..	-11.4	..	10.1	7.1	17.0	16.7	20.6	14.3
沙特阿拉伯	4.5	5.2	..	..	-3.5	-5.4	..	..	..	..	..	..
塞内加尔[a]	10.8	13.7	..	..	-3.9	3.8	3.5	3.5	..	..	..	..
塞尔维亚[a]	160.8	13.1	*-71.0*	29.5	22.5	5.9	78.7	11.3	6.3	17.3	-40.1	7.6
塞拉利昂[a]	12.1	32.7	..	..	54.6	30.0	9.2	8.9	26.3	21.3	19.0	6.0
新加坡	-2.0	8.6	..	..	-1.6	-4.9	1.7	0.2	5.8	5.4	2.1	5.9
斯洛伐克共和国[a]	15.2	*5.0*	8.2	*11.7*	4.1	*1.1*	8.5	*3.8*	14.9	*5.8*	5.0	*2.8*
斯洛文尼亚[a]	..	..	..	..	..	..	10.0	*1.4*	15.8	*5.9*	10.0	*2.9*
索马里[b]	..	..	..	..	..	..	..	..	..	..	..	..
南非[b]	7.2	6.9	*-11.8*	6.8	0.2	-0.2	9.2	6.5	14.5	9.8	5.2	1.6
南苏丹	..	..	..	..	..	..	..	..	..	..	..	..
西班牙[b]	..	..	..	..	..	..	3.0	..	5.2	..	1.7	..
斯里兰卡[a]	12.9	15.8	..	..	12.5	-0.6	9.2	6.9	16.2	10.2	8.3	2.7
苏丹	36.9	25.4	*16.9*	10.7	33.9	12.5	..	..	..	..	..	..
斯威士兰	-6.6	7.9	*16.9*	5.0	1.7	26.0	6.5	3.9	14.0	9.8	13.8	3.4
瑞典	1.9	-8.5	8.5	9.5	2.4	-0.9	2.2	..	5.8	..	4.3	..
瑞士[a]	-16.9	5.5	..	..	2.1	0.2	3.0	0.1	4.3	2.7	3.1	2.7
阿拉伯叙利亚共和国	19.0	13.5	*-4.1*	10.3	-6.1	1.9	4.0	6.2	9.0	9.9	-0.6	3.4
塔吉克斯坦[a]	63.3	*-3.6*	..	..	36.6	*-9.8*	1.3	6.1	25.6	24.1	2.4	7.6
坦桑尼亚	14.8	25.4	*12.2*	11.4	0.7	7.7	7.4	6.6	21.6	14.5	13.0	6.4
泰国	4.9	10.9	*6.2*	10.7	0.5	-1.2	3.3	1.0	7.8	5.9	6.4	2.2
东帝汶	*41.1*	9.9	*45.7*	2.3	*-36.8*	-46.5	*0.8*	0.8	*16.7*	11.0	*11.4*	1.7
多哥[a]	15.4	16.3	..	..	-0.3	4.3	3.5	3.5	..	..	..	..
特立尼达和多巴哥[a]	11.7	*30.5*	..	..	-13.2	*25.3*	8.2	1.5	16.5	9.3	3.2	4.6
突尼斯[a]	14.1	11.3	..	..	5.6	-1.2	..	..	..	..	..	..
土耳其	40.7	18.5	*16.2*	27.6	26.8	4.0	47.2	15.3	..	..	..	..
土库曼斯坦[a]	83.3	..	..	..	-53.4	..	..	..	..	..	..	..
乌干达	18.1	37.8	*8.2*	20.7	29.4	14.0	9.8	7.7	22.9	20.2	10.6	10.2
乌克兰	44.5	22.7	*30.9*	2.1	-1.7	8.4	13.7	10.6	41.5	15.9	15.0	0.7
阿拉伯联合酋长国[a]	15.3	6.2	..	..	-9.6	2.6	6.2	..	9.7	..	-1.5	..
英国[a]	11.1	4.0	..	..	-2.4	2.9	*4.5*	..	6.0	0.5	5.3	-2.3
美国	8.1	-2.1	*5.0*	-1.5	0.5	0.6	..	..	9.2	3.3	6.9	2.4
乌拉圭	9.5	22.1	*45.1*	11.3	-1.8	8.6	18.3	4.2	46.1	10.3	41.1	4.9
乌兹别克斯坦	..	..	..	..	..	..	..	..	..	..	..	..
委内瑞拉[a]	33.7	28.0	..	..	-6.4	-1.5	16.3	14.8	25.2	18.3	-3.3	-19.3
越南[a]	35.4	29.7	..	..	-2.4	2.3	3.7	11.2	10.6	13.1	6.9	1.1
西岸和加沙	..	..	..	..	..	..	*1.5*	0.3	..	..	..	..
也门共和国[a]	25.3	11.8	..	..	-45.6	12.9	14.0	18.7	19.5	23.8	-3.1	-0.7
赞比亚	73.8	29.9	*-11.4*	8.1	162.0	11.5	20.2	7.4	38.8	20.9	6.7	8.2
津巴布韦[a]	45.7	..	..	..	29.5	..	50.2	*121.5*	68.2	*579.0*	67.8	*605.4*

a. 仅包括对私人部门的债权。b. 作为欧洲货币联盟的成员，这些国家共同使用单一货币——欧元。

关于数据的说明

记录货币供应情况的货币和金融账户是一个国家金融系统的核心。货币供应该存在一些普遍使用的定义。最狭义的是 M1，包括公众持有的现金和银行活期存款。M2 包括 M1 加上银行定期存款和储蓄存款，该存款要求有提款通知单。M3 包括 M2 和各种货币市场工具，例如，银行发行的存折、以外币计值的银行存款以及在除银行之外的金融机构的存款。然而无论怎样定义，货币都是银行体系的一种负债，有别于其他形式的银行负债，因为它具有交换媒介、计价单位和价值储存的特定作用。

银行系统的资产包括净国外资产和净国内信用。净国内信用包括对私人部门和一般政府的信贷，以及以短期和长期政府证券投资和向国有企业贷款的形式提供的对非金融公共部门的信贷，其中扣减了以银行系统存款形式表示的对公共部门和私人部门的债务。净国内信贷还包括对银行和非银行金融机构的信贷。

国内信用是控制货币供应变化的主要工具，而中央银行向政府的贷款通常发挥着最重要的作用。中央银行可以多种方式调控向私人部门的信贷——例如，通过调整提供给银行的再融资资金的成本，通过公开市场业务改变市场利率，或者通过改变银行存款准备金要求和银行向私人部门提供信用的限额，控制信贷的可获得性。

货币账户从金融机构——中央银行、商业银行和非银行金融中介机构的资产负债表得出。尽管这些资产负债表通常是可靠的，但是其准确性还是会受到分类、估值和时间确认上的误差以及会计惯例差异的影响。例如，利息收入是按权责发生制还是现金收付制记录，其差异相当大，对不良资产的处理也是这样。估值误差一般出现于外汇交易中，尤其在实行浮动汇率制的国家，或者那些报告期内经历货币贬值的国家。金融衍生工具和银行系统净负债的估值也很困难。商业银行报告的质量也会由于银行分支机构报告的不及时而受到负面影响，尤其在分支机构财务处理没有计算机化的国家。因此，商业银行资产负债表的数据可能以初步估测数为基础，并且需要经常修订。这个问题对于非银行金融中介机构来讲，可能更为严重。

许多利率可以在一个经济体中并存，以反映竞争条件、存贷款控制条件以及债权人和债务人地位和状况的差别。在一些经济体中，利率是通过法规或者行政法令确定的。在一些市场不完善或者公布的名义利率不能反映有效利率的经济体中，可能很难获得能够反映实际市场交易的利率数据。国际货币基金组织收集的存贷款利率是银行向居民客户提供的具有代表性的利率。然而，这些利率所附带的条件和条款各国存在着差异，限制了它们的可比性。实际利率是通过对一个经济体通货膨胀率的估计，进而对名义利率进行调整而计算得出的。负的实际利率表明本金购买力的丧失。本表中的实际利率是利用$(i-P)/(1+P)$计算得出的，该式中 i 是名义利率，P 是通货膨胀率（根据 GDP 平缩指数测算）。

2009 年，国际货币基金组织开始公布各国货币统计数据的最新列报，其公布的数据都是依据国际货币基金组织的《2000 年货币和金融统计手册》提供的。同样，各国列报公布的数据也都是依据国际货币基金组织的《国际金融统计》提供的。

定义

• **广义货币**（《国际金融统计》第 35L..ZK 行）是由银行之外的通货，除中央政府之外的活期存款，除中央政府之外的居民定期存款、储蓄存款和外币存款，银行和旅行者的支票，以及其他诸如存款单、商业票据之类的有价证券组成。广义货币的变化是以年末总量相对于上一年的差额衡量的。对于根据旧的货币统计列报方法公布 2010 年的国家数据和所有 2000 年的国家数据来讲，数据是基于货币和准货币之和。 • **对国内经济的债权**（《国际金融统计》第 32S..ZK 行）包括金融系统向家庭、服务于家庭的非营利机构、非金融企业、中央政府和地方政府以及社会保障基金的债权。一国对国内经济的债权的数据无法获得，数据为对私人部门的债权（《国际金融统计》第 32D..ZK 行或者第 32D..ZF 行）。 • **对中央政府的债权**（《国际金融统计》第 32AN..ZK 行）包括中央政府机构的贷款减去存款。 • **存款利率**是商业银行或者类似银行为活期、定期或者储蓄存款支付的利率。 • **贷款利率**是银行向其主要客户收取的贷款利率。 • **实际利率**是通过 GDP 平减指数对通货膨胀率加以衡量，然后对贷款利率加以调整得出的。

数据资料来源

国际货币基金组织在每月的《国际金融统计》和每年的《国际金融统计年鉴》上公布了货币和金融统计数据。国际货币基金组织也收集其成员国金融系统的数据。世界银行收到的数据来自国际货币基金组织的电子文件，这些数据的版本可能比已发表的资料来源更新。有关货币指标的讨论来自 Caiola（1995）。货币和金融统计编撰指南也可以参见国际货币基金组织的《2000 年货币和金融统计手册》。世界银行关于 GDP 平减指数的数据通常用于推导实际利率数据。

4.16 汇率和价格

	官方汇率 本币单位对美元		购买力平价转换因子 本币单位对国际美元		购买力平价转换因子与市场汇率的比率	实际有效汇率 指数 2000年=100	GDP隐含平减指数 年均增长百分比		消费价格指数 年均增长百分比		批发价格指数 年均增长百分比	
	2010	2011[a]	2000	2010	2010	2010	1990–2000	2000–2010	1990–2000	2000–2010	1990–2000	2000–2010
阿富汗	46.45	46.58	13.7	19.3	0.4	..	..	7.8	..	8.9	..	..
阿尔巴尼亚	103.94	100.51	40.6	44.5	0.4	..	37.7	3.3	27.8	2.8	..	4.1
阿尔及利亚	74.39	72.94	25.1	40.3	0.5	102.4	18.5	8.3	17.3	3.4	..	4.0
安哥拉	91.91	93.74	2.8	66.9	0.7	..	739.4	36.1	711.0	36.7	..	..
阿根廷	3.90	4.11	0.8	2.2	0.6	..	5.2	13.0	8.9	9.8	0.1	15.1
亚美尼亚	373.66	372.50	164.8	207.3	0.6	126.2	212.5	4.6	70.5	4.3	..	2.4
澳大利亚	1.09	0.97	1.3	1.5	1.3	115.2	1.4	3.9	2.1	2.9	1.1	3.4
奥地利[b]	0.76	0.72	0.9	0.9	1.1	98.7	1.5	1.7	2.2	1.9	0.3	2.3
阿塞拜疆	0.80	0.79	0.3	0.5	0.6	..	203.0	9.8	179.7	8.4	..	..
巴林	0.38	0.38	0.2	0.3	0.8	89.5	0.5	7.4	0.8	2.1	..	..
孟加拉国	69.65	74.15	21.3	28.1	0.4	..	4.1	5.4	5.5	6.8	..	..
白俄罗斯	2,978.51	4,974.63	177.3	1,232.9	0.4	..	355.1	21.5	271.3	17.4	267.8	21.2
比利时[b]	0.76	0.72	0.9	0.9	1.1	100.7	1.8	2.1	1.9	2.1	1.2	2.6
贝宁	495.28	471.87	212.7	233.9	0.5	..	8.7	3.3	8.7	3.2	..	..
玻利维亚	7.02	6.94	2.0	2.9	0.4	122.1	8.6	6.9	8.7	5.4	..	..
波斯尼亚和黑塞哥维那	1.48	1.41	0.7	0.8	0.5	..	4.1	3.8	..	3.3	..	..
博茨瓦纳	6.79	6.84	1.9	3.6	0.5	..	9.7	9.0	10.4	8.8	..	..
巴西	1.76	1.67	1.0	1.7	1.0	..	211.8	8.1	199.5	6.6	204.9	9.3
保加利亚	1.48	1.41	0.5	0.7	0.5	121.1	102.1	5.9	117.5	6.2	85.7	6.1
布基纳法索	495.28	471.87	196.9	211.2	0.4	..	3.7	2.7	5.5	3.0	..	..
布隆迪	1,230.75	1,261.07	255.8	535.3	0.5	113.3	13.4	10.7	16.1	9.4	..	..
柬埔寨	4,184.92	4,058.50	1,232.7	1,516.7	0.4	..	4.4	4.9	6.6	6.2	..	..
喀麦隆	495.28	471.87	256.8	248.1	0.5	101.1	6.3	2.1	6.5	2.5	..	..
加拿大	1.03	0.99	1.2	1.2	1.2	111.8	1.5	2.5	1.7	2.1	2.7	1.3
中非共和国	495.28	471.87	271.9	287.2	0.6	110.3	4.5	2.8	5.3	3.3	6.0	4.4
乍得	495.28	471.87	180.3	244.3	0.5	..	7.1	5.4	6.9	2.7	..	..
智利	510.25	483.67	284.0	402.0	0.8	108.4	7.9	6.4	..	..	7.0	6.1
中国	6.77	6.46	3.3	4.0	0.6	118.7	7.9	4.4	8.6	2.4	..	..
中国香港	7.77	7.78	7.5	5.3	0.7	..	4.5	–1.1	5.9	0.6	0.6	0.2
哥伦比亚	1,898.57	1,848.14	898.0	1,248.6	0.7	120.3	22.6	5.9	20.2	5.6	16.4	4.6
刚果民主共和国	905.91	919.49	26.0	519.9	0.6	1,025.3	964.9	26.7	930.2	26.9	..	..
刚果共和国	495.28	471.87	264.4	343.3	0.7	..	9.0	7.4	9.3	3.4	..	..
哥斯达黎加	525.83	505.66	173.9	349.6	0.7	121.8	15.9	10.1	15.6	10.8	14.1	12.5
科特迪瓦	495.28	471.87	278.7	301.0	0.6	99.6	9.2	3.2	7.2	2.9	..	..
克罗地亚	5.50	5.34	3.7	3.9	0.7	105.9	90.0	3.9	86.3	2.9	69.8	3.1
古巴	..	..	..	..	..	..	6.4	3.3	..	..	..	..
塞浦路斯[b]	0.76	0.72	0.7	0.7	0.9	102.3	4.3	3.1	3.7	2.7	2.8	3.8
捷克共和国	19.10	17.70	14.2	14.2	0.7	122.5	12.8	2.0	7.8	2.5	8.2	2.2
丹麦	5.62	5.37	8.4	7.9	1.4	102.0	1.6	2.5	2.1	2.0	1.1	2.4
多米尼加共和国	36.88	38.11	8.8	20.5	0.6	97.4	9.8	12.6	8.7	13.4	..	..
厄瓜多尔	..	..	0.3	0.5	0.5	96.7	4.4	8.0	37.1	6.3	..	7.6
埃及	5.62	5.93	1.4	2.4	0.4	..	8.7	8.7	8.8	8.5	6.1	9.4
萨尔瓦多	8.75	8.75	0.5	0.5	0.5	..	6.2	3.3	8.5	3.8	..	4.4
厄立特里亚	15.38	15.38	2.9	11.4	0.7	..	7.9	16.7	..	..	..	..
爱沙尼亚	11.81	0.72	7.1	8.2	0.7	..	53.7	5.4	21.6	4.3	8.1	3.4
埃塞俄比亚	14.41	16.90	2.2	4.4	0.3	..	6.5	11.5	5.5	12.8	..	..
芬兰[b]	0.76	0.72	1.0	0.9	1.2	98.3	1.9	1.2	1.5	1.5	0.9	2.1
法国[b]	0.76	0.72	0.9	0.9	1.2	98.8	1.3	1.9	1.6	1.8	..	1.7
加蓬	495.28	471.87	248.7	284.7	0.6	101.3	7.0	4.9	4.6	2.1	..	..
冈比亚	28.01	29.46	4.1	9.1	0.3	101.0	4.2	10.9	4.0	7.2	..	..
格鲁吉亚	1.78	1.69	0.6	0.9	0.5	118.5	356.7	6.9	24.7	7.0	..	6.6
德国[b]	0.76	0.72	1.0	0.8	1.1	97.3	1.8	1.0	2.1	1.6	0.4	2.3
加纳	1.43	1.51	0.2	1.1	0.8	97.6	26.7	26.2	28.4	15.9	..	..
希腊[b]	0.76	0.72	0.7	0.7	0.9	106.7	9.2	3.2	9.0	3.3	3.6	4.2
危地马拉	8.06	7.79	3.8	4.8	0.6	..	10.4	5.5	10.1	7.1	..	..
几内亚	5,726.07	6,620.84	829.0	2,480.8	0.4	..	5.5	16.2	..	20.5	..	..
几内亚比绍	495.28	471.87	121.8	230.2	0.5	..	32.5	10.2	34.0	2.5	..	..

	官方汇率 本币单位对美元		购买力平价转换因子 本币单位对国际美元		购买力平价转换因子与市场汇率的比率	实际有效汇率 指数 2000年=100	GDP隐含平减指数 年均增长百分比		消费价格指数 年均增长百分比		批发价格指数 年均增长百分比	
	2010	2011[a]	2000	2010	2010	2010	1990–2000	2000–2010	1990–2000	2000–2010	1990–2000	2000–2010
海地	39.80	40.52	8.9	24.1	0.6	..	*18.1*	14.2	21.9	15.2	..	..
洪都拉斯	18.90	18.90	6.7	9.8	0.5	..	19.9	6.3	18.8	7.7	..	..
匈牙利	207.94	201.06	107.9	130.2	0.6	106.1	20.0	5.0	20.3	5.5	16.8	3.7
印度	45.73	46.67	13.2	18.8	0.4	..	8.1	5.9	9.1	6.0	7.4	5.3
印度尼西亚	9,090.43	8,770.43	2,801.1	6,190.8	0.7	..	15.8	11.1	13.7	8.7	15.4	10.9
伊朗	10,254.18	10,616.31	1,335.8	*3,858.8*	*0.4*	145.9	27.7	*16.4*	26.0	15.3	28.4	*10.8*
伊拉克	1,170.00	1,170.00	501.8	842.5	0.7	..	..	11.1	97.6	21.0	..	..
爱尔兰[b]	0.76	0.72	1.0	0.9	1.1	100.2	3.7	1.7	2.3	2.8	1.6	*-0.1*
以色列	3.74	3.58	3.4	3.7	1.0	115.4	11.0	1.4	9.7	2.0	8.1	4.2
意大利[b]	0.76	0.72	0.8	0.8	1.1	99.4	3.8	2.3	3.7	2.2	2.9	2.6
牙买加	87.20	85.89	25.7	59.2	0.7	..	24.8	11.5	23.5	11.9	..	..
日本	87.78	79.81	154.8	111.5	1.3	102.7	0.0	–1.1	0.8	–0.1	–1.0	0.6
约旦	0.71	0.71	0.4	0.6	0.8	..	3.2	6.5	3.5	4.6	..	8.7
哈萨克斯坦	147.36	146.62	36.5	109.8	0.8	..	204.7	15.1	*67.8*	8.8	*16.3*	12.6
肯尼亚	79.23	88.81	27.2	37.3	0.5	..	16.6	6.1	15.6	11.2	..	..
朝鲜	..	..	..	..	..	..	..	..	..	..	..	..
韩国	1,156.06	1,108.29	746.2	824.6	0.7	..	5.9	2.3	5.1	3.1	3.7	2.6
科索沃	..	..	..	..	..	..	..	0.5	..	*1.7*	..	..
科威特	0.29	0.28	0.2	..	..	..	*1.5*	9.8	2.0	3.7	1.4	*2.9*
吉尔吉斯斯坦	45.96	46.14	10.0	17.4	0.4	..	110.6	8.6	*23.3*	7.4	*35.6*	11.2
老挝	8,258.77	8,058.40	2,155.5	3,777.2	0.5	..	27.2	8.3	28.3	7.8	..	..
拉脱维亚	0.53	0.50	0.3	0.4	0.7	..	48.0	8.1	*29.2*	6.3	*12.0*	7.0
黎巴嫩	1,507.50	1,507.50	909.2	988.7	0.7	..	19.0	3.1	..	..	..	..
莱索托	7.32	7.26	2.7	4.7	0.6	106.1	9.7	8.0	*5.9*	7.6	..	..
利比里亚	71.32	72.38	19.1	42.2	0.6	..	51.8	10.3	..	*10.6*	..	..
利比亚	1.27	1.22	0.3	*0.7*	*0.6*	..	..	*17.9*	5.6	*0.4*	..	..
立陶宛	2.61	2.48	1.4	1.6	0.6	..	75.0	3.9	*32.6*	3.3	*24.8*	4.7
前南斯拉夫马其顿共和国	46.49	44.23	20.0	18.6	0.4	100.3	79.3	3.7	*10.6*	2.4	*8.5*	2.7
马达加斯加	2,089.95	2,025.12	426.5	908.3	0.4	..	19.1	10.9	18.7	10.6	..	..
马拉维	150.49	155.78	15.6	58.6	0.4	101.1	33.6	15.8	33.8	11.7	..	..
马来西亚	3.22	3.06	1.7	1.8	0.6	108.8	4.1	3.8	3.6	2.4	3.4	4.6
马里	495.28	471.87	227.0	280.0	0.6	..	7.0	4.5	5.2	2.5	..	..
毛里塔尼亚	275.89	281.12	71.1	148.0	0.5	..	8.7	10.7	6.1	7.1	..	..
毛里求斯	30.78	28.71	12.5	17.1	0.6	..	6.3	6.0	6.9	6.2	..	..
墨西哥	12.64	12.42	6.1	7.9	0.6	92.7	19.0	7.4	19.5	4.5	18.4	5.8
摩尔多瓦	12.37	11.74	3.0	6.5	0.5	126.6	119.6	10.8	*21.4*	10.4	..	..
蒙古	1,357.06	1,265.52	259.3	756.5	0.6	..	56.3	14.7	*35.7*	9.1	..	..
摩洛哥	8.42	8.09	5.2	5.0	0.6	98.0	4.0	2.0	3.9	1.9	2.9	..
莫桑比克	33.96	29.07	8.0	14.8	0.4	..	34.1	8.2	31.8	10.6	..	..
缅甸	5.58	5.39	107.2	433.1	..	..	25.3	17.6	25.9	21.1	..	..
纳米比亚	7.32	7.26	3.6	6.0	0.8	..	11.1	7.3	..	*6.1*	..	..
尼泊尔	73.16	74.02	19.4	32.6	*0.4*	..	8.0	7.0	8.7	6.7	..	..
荷兰[b]	0.76	0.72	0.9	0.8	1.1	99.0	2.1	1.9	2.4	1.9	1.3	2.6
新西兰	1.39	1.27	1.4	1.5	*1.0*	94.9	1.7	*3.0*	1.8	2.7	1.5	3.4
尼加拉瓜	21.36	22.42	5.2	8.3	0.4	104.3	42.4	7.8	..	8.8	..	..
尼日尔	495.28	471.87	221.5	243.4	0.5	..	6.0	3.3	6.1	2.9	..	..
尼日利亚	150.30	153.90	29.0	77.2	0.5	117.9	29.5	13.7	32.5	12.4	..	..
挪威	6.04	5.60	9.1	9.0	1.5	102.8	2.7	4.6	2.2	1.9	1.6	8.4
阿曼	0.38	0.38	0.2	*0.3*	*0.7*	..	0.1	*8.5*	..	3.2	..	..
巴基斯坦	85.19	86.34	16.2	31.8	0.4	103.4	11.1	9.2	9.7	8.8	10.4	9.8
巴拿马	1.00	1.00	0.6	0.6	0.6	..	3.6	2.6	1.1	2.7	1.0	3.8
巴布亚新几内亚	2.72	2.37	1.1	1.5	0.6	113.0	7.6	6.2	9.3	5.9	..	..
巴拉圭	4,735.46	4,176.07	1,372.0	2,595.9	0.6	139.6	11.5	9.8	13.1	8.1	..	9.6
秘鲁	2.83	2.75	1.5	1.6	0.6	..	26.7	3.4	27.3	2.5	23.7	2.8
菲律宾	45.11	43.31	19.4	24.3	0.5	126.8	9.4	4.7	7.7	5.4	*6.3*	5.9
波兰	3.02	2.96	1.8	1.9	0.6	104.7	23.2	2.7	25.3	2.6	19.8	2.7
葡萄牙[b]	0.76	0.72	0.7	0.6	0.9	99.9	5.2	2.5	4.5	2.5	..	2.5

	官方汇率 本币单位对美元		购买力平价转换因子 本币单位对国际美元		购买力平价转换因子与市场汇率的比率	实际有效汇率 指数 2000年=100	GDP隐含平减指数 年均增长百分比		消费价格指数 年均增长百分比		批发价格指数 年均增长百分比	
	2010	2011[a]	2000	2010	2010	2010	1990–2000	2000–2010	1990–2000	2000–2010	1990–2000	2000–2010
波多黎各	..	..	..	..	..	..	3.0	4.3	..	..	..	..
卡塔尔	3.64	3.64	1.9	*2.8*	*0.8*	..	..	*10.6*	2.8	6.7	..	..
罗马尼亚	3.18	3.05	0.6	1.7	0.5	104.2	98.0	14.7	100.5	10.7	93.8	14.1
俄罗斯联邦	30.37	29.38	7.3	15.9	0.5	125.9	161.5	15.1	*99.1*	12.1	*99.8*	14.7
卢旺达	583.13	600.31	142.5	265.5	0.5	..	14.3	10.4	*16.2*	8.9	..	..
沙特阿拉伯	3.75	3.75	2.0	2.6	0.7	104.8	1.6	7.0	1.0	2.7	1.3	2.6
塞内加尔	495.28	471.87	259.3	264.9	0.5	..	6.0	2.7	5.4	2.2	..	..
塞尔维亚	77.73	73.33	8.9	36.1	0.5	..	..	15.3	*50.2*	14.3	..	..
塞拉利昂	3,978.09	4,230.53	853.8	1,566.0	0.4	99.7	31.9	9.6	..	..	..	..
新加坡	1.36	1.26	1.2	1.0	0.7	111.3	1.4	1.4	1.7	1.6	–1.0	2.4
斯洛伐克共和国[b]	0.76	0.72	0.5	0.5	0.7	132.2	11.4	3.0	*8.4*	4.5	9.5	4.1
斯洛文尼亚[b]	0.76	0.72	0.5	0.6	0.9	..	29.4	3.7	*12.0*	3.9	*9.1*	3.7
索马里	..	..	..	..	..	..	..	..	..	..	..	..
南非	7.32	7.26	3.1	5.0	0.7	101.2	9.9	7.2	8.7	5.8	7.7	6.7
南苏丹	..	..	..	..	..	..	..	..	..	..	..	..
西班牙[b]	0.76	0.72	0.7	0.7	1.0	103.7	3.9	3.4	3.8	2.9	2.4	3.1
斯里兰卡	113.06	110.57	24.7	52.9	0.5	..	9.1	10.6	9.9	10.9	8.1	12.2
苏丹	2.31	2.67	0.8	1.6	0.6	..	65.5	10.6	72.0	9.0	..	..
斯威士兰	7.32	7.26	2.7	4.4	0.6	..	10.5	7.8	9.5	7.0	..	..
瑞典	7.21	6.49	9.1	9.0	1.3	95.5	2.2	1.7	1.9	1.5	2.3	3.2
瑞士	1.04	0.89	1.9	1.5	1.5	107.5	1.1	1.2	1.6	0.9	–0.4	1.0
阿拉伯叙利亚共和国	11.23	11.23	17.4	25.6	0.6	..	7.9	7.3	6.4	6.3	4.7	*4.5*
塔吉克斯坦	4.38	4.61	0.3	1.7	0.4	..	235.0	19.7	..	12.3	..	..
坦桑尼亚	1,409.27	1,572.12	320.4	518.2	0.4	..	23.0	7.4	20.9	6.8	..	..
泰国	31.69	30.49	16.0	17.1	0.5	..	4.2	3.2	4.9	2.9	3.8	5.6
东帝汶	1.00	1.00	0.5	0.7	0.7	..	..	5.3	..	*5.2*	..	..
多哥	495.28	471.87	255.9	259.6	0.5	98.1	7.0	2.4	8.5	2.9	..	..
特立尼达和多巴哥	6.38	6.41	3.2	3.8	0.6	130.7	5.4	5.6	5.7	6.9	2.8	4.0
突尼斯	1.43	1.41	0.6	0.6	0.4	93.5	5.7	3.3	4.4	3.4	3.6	4.6
土耳其	1.50	1.67	0.3	1.0	0.6	..	81.7	14.1	79.9	15.6	75.2	15.3
土库曼斯坦	..	..	0.6	1.4	0.5	..	408.2	12.6	..	..	..	..
乌干达	2,177.56	2,522.75	564.1	811.9	0.4	111.4	12.1	5.9	8.3	6.9	..	..
乌克兰	7.94	7.97	1.1	3.6	0.5	99.1	271.0	16.6	*155.7*	11.4	*161.6*	15.2
阿拉伯联合酋长国	3.67	3.67	2.1	3.1	0.8	..	2.2	8.2	..	..	..	..
英国	0.65	0.62	0.6	0.7	1.0	83.7	2.4	2.5	2.5	2.1	2.4	2.1
美国	1.00	1.00	1.0	1.0	1.0	91.4	2.0	2.5	2.7	2.6	1.2	4.0
乌拉圭	20.06	19.31	9.8	16.5	0.8	137.2	32.6	7.9	33.9	8.8	27.2	12.7
乌兹别克斯坦	..	..	91.3	705.2	0.4	..	245.8	24.0	..	..	..	..
委内瑞拉	2.58	4.29	0.4	2.9	1.1	195.3	45.3	25.1	49.0	21.9	44.1	25.7
越南	18,612.92	20,450.10	4,018.5	7,109.8	0.4	..	15.2	8.7	*4.1*	8.2	..	..
西岸和加沙	..	..	2.0	..	..	..	*5.7*	*3.4*	..	*4.0*	..	..
也门共和国	219.59	213.80	46.8	107.6	0.5	..	20.9	11.9	26.3	11.4	..	..
赞比亚	4,797.14	4,860.67	1,082.7	3,847.2	0.8	126.0	52.1	15.9	57.0	15.2	*101.4*	..
津巴布韦	..	..	..	..	..	..	–3.9	5.1	29.0	*497.7*	*25.9*	..

注：GDP 平减指数与消费价格指数和批发价格指数增长率的差额主要由一个时期内每项指数可得数据的差额得出的。

a. 12 月或最近可获得数据的月份的平均值。b. 作为欧元区的成员国，这些国家共同使用单一货币——欧元。

关于数据的说明

在以市场为基础的经济中，家庭、生产者以及政府在资源配置上作出的选择，受到相对价格——一个经济体中的实际汇率、实际工资、实际利率以及其他价格——的影响。相对价格在很大程度上也反映了这些行为主体的选择。因此，相对价格传达了一个经济体中经济行为主体相互影响以及该经济体与世界其他地区相互影响的重要信息。

汇率是一种货币用另一种货币来计算的价格。官方汇率和汇率安排都是由各国政府制定的。政府充分认可的其他汇率包括市场汇率，它在很大程度上取决于合法的市场力量，以及国家维持的多重汇率安排，主要汇率、双重汇率和三重汇率。

官方或市场汇率常常被用来转换经济统计数据，即将本地货币计价转换为用另一种通用货币计价，从而可以比较各国数据情况。由于汇率最多只能反映可交易商品的相对价格，因此1美元按官方汇率兑换成其他国家的货币在该国所能买到的货物和服务，就不可能与1美元在美国可以买到的货物和服务数量一致。当不可交易货物和服务在该国占有重大比重时情况更是如此。而另一种替代汇率——购买力平价（PPP）换算系数——是更可取的，因为其同时反映了可交易和不可交易货物和服务的价格水平的差别，因此，提供了一个更有意义的比较真实产出的方法。更进一步的讨论，见表1.1。

购买力平价换算系数和官方汇率——国内价格水平或者说可比较价格水平——在国内生产总值（GDP）层面上对价格水平的量度是不同的。价格水平指数倾向于在穷国更低，随着收入的上升而高企。

实际有效汇率是为说明东道国、部分国家以及欧元区价格水平以及成本指数的相对波动，对名义有效汇率指数调整后的汇率。名义有效汇率指数是指一种货币在一定时期的平均汇率指数与部分国家以及欧元区货币的几何加权平均汇率的比率（基于2005年=100给出）。对于大多数高收入国家来讲，权数来自工业国之间的制成品贸易。数据根据名义有效汇率指数以及制造业针对相对标准化的单位劳动力成本编制的成本指数汇集而成。对于其他部分国家来讲，名义有效汇率指数是基于各国与其贸易伙伴国或者贸易竞争国的制成品贸易和初级产品贸易。对于这些国家来讲，实际有效汇率指数是根据消费价格的相对变化对名义有效汇率指数调整后得出的。实际有效汇率的提高意味着本币的升值。由于概念和数据的限制，在解释实际有效汇率的变化时，必须要小心从事。

虽然通货膨胀以价格指数的增长比率来衡量，但是实际价格的变动也可能为负值。使用哪一种指数取决于所考察的是经济中的哪一组价格。GDP平减指数反映了国内生产总值的价格变化，该指数考虑了政府消费、投资（包括存货升值）、国际贸易和家庭最终消费支出这一主要的组成部分，是最常用的一种衡量总体价格水平的指标。GDP平减指数通常被隐含地引申为当前价格GDP与不变价格GDP的比值，即帕斯克指数（Paasche index）。但是由于该指数的推导估算时滞较长，而且通常只有年度数据，那么在政策中该指数作为常用的衡量通货膨胀的指标就会存在问题。

消费价格指数则更为及时，生成得也更加频繁。该指数以对一篮子特定消费货物和服务的成本调查为基础，进而结构很明朗。尽管如此，消费价格指数应该谨慎地加以解释。对家庭的定义、商品篮子的选择以及消费者价格调查所覆盖的地域（城市或者乡村）和收入组别在不同国家之间的差别可能非常大。除此之外，其权重也来自对家庭支出的调查，由于预算的原因，这种调查在发展中国家不能经常进行，导致不同时间的数据不可比。虽然消费价格指数是衡量一个国家消费价格通货膨胀的有用指标，但是在进行跨国比较时并无太大价值。

批发价格指数则以商品的初始商业交易价格为基础，这些商品在一国的生产和消费中都具有重要地位，也构成了一国重要的商品交易。其价格是农产品的农场交货价格和工业产品的出厂价格。优先选择那些在一个经济体中覆盖范围最广的指数。

最小二乘方法通常用来计算GDP隐含平减指数、消费价格指数和批发价格指数的增长率。

定义

• **官方汇率**是指由国家行政当局确定的汇率，或者由合法的外汇交易市场确定的汇率。它是在月平均数的基础上计算得出的年平均数（本国货币单位与美元的汇率）。

• **购买力平价换算系数**是指在本国市场上为购买1美元在美国可购买到的相同数量的货物和服务所需支付的本国货币单位数。

• **购买力平价换算系数与市场汇率的比率**是购买力平价换算系数除以市场汇率得出的结果。 • **实际有效汇率**是名义有效汇率（对一种货币相对于数种外币加权平均值的价值衡量）除以价格平减指数或者成本指数。

• **GDP隐含平减指数**衡量的是整个经济在给定时期内的年均价格变化率。 • **消费价格指数**反映消费者获得一揽子货物和服务的平均成本变化，这一揽子货物和服务可以是固定的，也可以按特定的时间间隔（例如，1年）变化。通常采用拉斯佩雷斯公式。

• **批发价格指数**是指不同生产、分配阶段农产品和工业产品的综合指数，其中包括进口关税。通常都是使用拉斯比尔公式。

数据资料来源

有关官方汇率、实际有效汇率、消费价格指数和批发价格指数的数据来自国际货币基金组织的《国际金融统计》。购买力平价换算系数和GDP平减指数来自世界银行的数据档案。

	货物和服务				净收入		经常性转移支付净额		经常账户余额		储备总额[a]	
	百万美元				百万美元		百万美元		百万美元		百万美元	
	出口		进口									
	2000	2010	2000	2010	2000	2010	2000	2010	2000	2010	2000	2010
阿富汗	..	..	..	..	..	..	..	..	..	..	..	..
阿尔巴尼亚	704	3,791	1,499	6,316	107	−101	533	1,223	−156	−1,403	646	2,541
阿尔及利亚	..	48,171	..	49,082	..	−1,319	..	2,632	..	402	13,556	170,461
安哥拉	8,188	51,452	5,739	35,421	−1,681	−8,172	28	−438	796	7,421	1,198	19,749
阿根廷	31,277	81,251	33,108	67,992	−7,548	−9,938	399	−388	−8,981	2,932	25,152	52,208
亚美尼亚	447	1,937	966	4,212	53	339	188	563	−278	−1,373	314	1,866
澳大利亚	83,898	261,340	87,799	246,140	−10,814	−45,803	−47	−1,388	−14,763	−31,990	18,822	42,268
奥地利	87,777	202,416	85,125	189,033	−2,259	737	−1,732	−2,658	−1,339	11,461	17,650	22,242
阿塞拜疆	2,118	28,590	2,024	10,592	−335	−3,467	73	509	−168	15,040	680	6,409
巴林	7,176	17,880	5,132	13,095	−224	−2,373	−990	−1,642	830	770	1,605	..
孟加拉国	7,214	21,661	9,673	29,477	−266	−1,454	2,420	11,379	−306	2,109	1,516	11,175
白俄罗斯	7,641	29,909	8,087	37,367	−47	−1,163	155	304	−338	−8,317	350	5,025
比利时	206,988	366,855	195,511	363,040	4,475	10,958	−4,341	−8,423	11,611	6,349	12,272	26,779
贝宁	528	1,446	708	2,234	−12	−33	111	172	−81	−649	459	1,200
玻利维亚	1,470	6,840	2,078	6,159	−225	−889	387	1,081	−446	874	1,184	9,731
波斯尼亚和黑塞哥维那	1,580	6,221	4,157	9,819	590	331	1,591	2,258	−396	−1,008	497	4,411
博茨瓦纳	3,000	5,028	2,321	5,718	−351	−243	217	979	545	46	6,318	7,885
巴西	64,584	233,736	72,444	244,360	−17,886	−39,486	1,521	2,788	−24,225	−47,323	33,015	288,575
保加利亚	7,000	27,326	7,670	28,421	−323	−1,680	290	2,038	−703	−736	3,507	17,223
布基纳法索	237	1,053	658	1,942	−20	−5	122	514	−319	−380	243	1,068
布隆迪	53	181	150	607	−12	−11	59	136	−50	−301	38	332
柬埔寨	1,826	6,887	2,263	7,879	−123	−533	425	646	−136	−879	611	3,817
喀麦隆	2,668	5,645	2,501	6,408	−493	−239	109	146	−218	−856	220	3,643
加拿大	329,252	462,349	288,093	493,120	−22,291	−15,968	754	−2,569	19,622	−49,307	32,427	57,151
中非共和国	..	..	..	..	..	..	..	..	..	..	136	181
乍得	..	..	..	..	..	..	..	..	..	..	114	632
智利	23,293	81,826	21,893	66,990	−2,856	−15,424	558	4,390	−898	3,802	15,055	27,827
中国[†]	279,561	1,752,621	250,688	1,520,559	−14,666	30,380	6,311	42,932	20,518	305,374	171,763	2,913,712
中国香港	243,127	500,447	235,589	487,850	1,125	3,644	−1,670	−3,443	6,993	12,798	107,560	268,743
哥伦比亚	15,808	45,224	14,397	46,608	−2,289	−11,945	1,673	4,475	795	−8,855	9,006	28,076
刚果民主共和国	..	..	..	..	..	..	..	..	..	..	83	1,300
刚果共和国	2,628	..	1,194	..	−805	..	19	..	648	..	225	4,447
哥斯达黎加	7,750	13,662	7,297	14,723	−1,252	−748	93	370	−707	−1,439	1,318	4,630
科特迪瓦	4,370	11,478	3,629	8,803	−653	−890	−330	−115	−241	1,670	674	3,624
克罗地亚	8,645	23,105	9,592	23,409	−466	−2,080	880	1,436	−533	−947	3,524	14,133
古巴	..	..	..	..	..	..	..	..	..	..	..	..
塞浦路斯	5,019	9,745	5,142	11,235	−542	−1,267	177	−45	−488	−2,803	1,869	1,142
捷克共和国	35,858	137,665	37,550	130,932	−1,371	−13,198	373	472	−2,690	−5,992	13,142	42,483
丹麦	73,805	156,176	64,506	139,022	−4,023	5,771	−3,014	−5,792	2,262	17,134	15,696	76,510
多米尼加共和国	8,964	11,697	10,852	17,462	−1,041	−1,788	1,902	3,118	−1,027	−4,435	632	3,501
厄瓜多尔	5,906	19,610	4,927	22,651	−1,405	−1,054	1,352	2,310	926	−1,785	1,179	2,622
埃及	16,864	48,831	22,895	59,862	888	−5,912	4,172	12,439	−971	−4,504	13,785	37,029
萨尔瓦多	3,662	5,553	5,636	9,259	−253	−381	1,797	3,599	−431	−488	1,901	2,897
厄立特里亚	98	..	500	..	−1	..	299	..	−105	..	36	114
爱沙尼亚	4,784	16,169	4,965	14,771	−203	−1,067	86	341	−299	673	923	2,567
埃塞俄比亚	992	4,644	1,621	9,911	−36	−64	678	4,905	13	−425	363	1,781
芬兰	53,431	97,979	40,459	93,836	−1,724	2,523	−723	−2,207	10,526	4,459	8,410	9,547
法国	380,260	662,123	366,239	720,573	19,425	48,892	−13,771	−34,941	19,674	−44,499	63,728	165,852
加蓬	3,498	..	1,656	..	−779	..	−63	..	1,001	..	194	1,736
冈比亚	..	256	..	308	..	−8	..	113	..	52	109	202
格鲁吉亚	859	4,061	1,323	6,134	37	−363	250	1,098	−177	−1,337	116	2,264
德国	627,879	1,541,139	626,519	1,362,052	−7,662	59,648	−25,976	−50,792	−32,279	187,943	87,497	215,978
加纳	2,441	9,437	3,350	13,925	−108	−535	631	2,322	−387	−2,700	309	..
希腊	29,440	60,094	41,727	80,353	−885	−10,756	3,352	118	−9,820	−30,897	14,594	6,352
危地马拉	3,862	10,827	5,567	15,188	−210	−1,211	865	4,946	−1,050	−626	1,806	5,949
几内亚	734	1,534	872	1,800	−78	−77	75	17	−140	−327	168	..
几内亚比绍	67	155	92	289	−12	−11	26	98	−11	−48	67	156
海地	504	799	1,369	4,084	−9	22	760	3,097	−114	−166	183	1,337
[†]中国台湾	171,909	314,339	164,874	285,177	4,468	13,447	−2,604	−2,710	8,899	39,899	110,464	401,148

经常账户收支 4.17

	货物和服务				净收入		经常性转移支付净额		经常账户余额		储备总额[a]	
	百万美元				百万美元		百万美元		百万美元		百万美元	
	出口		进口									
	2000	2010	2000	2010	2000	2010	2000	2010	2000	2010	2000	2010
洪都拉斯	3,850	6,764	4,681	9,881	–215	–598	538	2,760	–508	–955	1,319	2,701
匈牙利	34,662	110,843	36,449	102,710	–2,575	–7,207	357	490	–4,004	1,417	11,217	44,988
印度	59,932	349,264	73,075	440,277	–4,892	–12,926	13,434	52,158	–4,601	–51,781	41,059	300,480
印度尼西亚	70,622	174,840	56,002	153,537	–8,443	–20,291	1,816	4,630	7,992	5,643	29,353	96,211
伊朗	29,727	..	17,503	..	–200	..	457	..	12,481	..	..	..
伊拉克	..	*65,695*	..	*37,731*	..	*2,106*	..	*–2,936*	..	*27,133*	7,882	50,642
爱尔兰	92,068	207,689	79,792	168,853	–13,547	–36,293	915	–1,589	–356	954	5,408	2,114
以色列	46,591	80,323	46,794	76,094	–8,323	–6,312	6,470	8,426	–2,056	6,342	23,281	70,907
意大利	297,030	546,949	286,526	586,410	–12,010	–11,410	–4,276	–21,144	–5,781	–72,015	47,201	158,478
牙买加	3,589	4,004	4,427	6,454	–350	–495	821	2,010	–367	–934	1,054	2,501
日本	528,751	871,533	459,660	796,674	60,401	133,291	–9,831	–12,395	119,660	195,755	361,639	1,096,069
约旦	3,539	12,189	5,796	17,949	100	507	2,184	3,941	27	–1,312	3,441	13,633
哈萨克斯坦	10,341	65,086	8,970	43,268	–1,254	–18,325	249	–481	366	3,013	2,099	28,265
肯尼亚	2,776	8,900	3,763	13,543	–133	–155	921	2,286	–199	–2,512	898	4,321
朝鲜	..	..	..	..	..	..	..	..	..	..	..	..
韩国	209,589	547,006	192,970	516,332	–2,383	768	566	–3,229	14,803	28,214	96,251	292,143
科索沃	..	..	..	..	..	..	..	..	..	..	..	846
科威特	21,301	74,689	11,372	32,682	6,699	7,818	–1,956	–13,003	14,672	36,822	7,779	24,805
吉尔吉斯斯坦	573	2,472	654	3,905	–82	–343	87	1,391	–76	–385	262	1,720
老挝	506	2,257	578	2,324	–52	–83	116	179	–8	29	144	1,105
拉脱维亚	3,229	12,800	3,813	13,025	17	85	195	871	–371	731	919	7,606
黎巴嫩	*5,849*	21,240	*9,600*	31,010	*–868*	76	78	785	*–4,541*	–8,909	8,475	44,476
莱索托	269	900	1,044	2,515	467	532	237	661	–71	–421	418	..
利比里亚	..	400	..	1,800	..	24	..	960	..	–416	0	*372*
利比亚	12,210	49,345	5,024	30,686	–429	–30	–487	–1,828	6,270	16,801	13,730	106,144
立陶宛	5,109	24,849	5,833	25,245	–194	–828	243	1,758	–675	534	1,363	6,598
前南斯拉夫马其顿共和国	1,637	4,213	2,280	6,094	–70	–124	609	1,805	–103	–200	460	2,277
马达加斯加	1,188	..	1,520	..	–42	..	113	..	–260	..	285	1,172
马拉维	437	*1,399*	629	*2,105*	–17	*–110*	135	*253*	–73	*–563*	247	325
马来西亚	112,370	231,714	94,350	189,499	–7,608	–8,142	–1,924	–6,783	8,488	27,290	28,651	106,528
马里	644	*2,128*	927	*2,812*	–98	*–457*	126	*486*	–255	*–655*	382	1,344
毛里塔尼亚	*393*	..	*471*	..	*–32*	..	*187*	..	*77*	..	49	288
毛里求斯	2,622	4,957	2,707	6,141	–16	202	64	183	–37	–800	914	2,619
墨西哥	179,876	313,797	191,818	327,077	–13,795	–13,948	6,994	21,504	–18,743	–5,724	35,577	120,584
摩尔多瓦	641	2,292	972	4,581	22	487	211	1,319	–98	–484	222	1,718
蒙古	614	3,394	771	3,869	–7	–599	94	187	–70	–887	202	2,288
摩洛哥	10,453	30,129	12,546	40,083	–864	–1,242	2,483	7,270	–475	–3,925	5,017	23,609
莫桑比克	689	2,980	1,492	4,666	–192	–85	231	657	–764	–1,113	742	2,265
缅甸	2,139	8,198	2,493	5,173	–133	–1,740	276	241	–212	1,527	286	..
纳米比亚	1,483	4,982	1,630	5,620	–98	–564	436	1,232	192	30	260	1,696
尼泊尔	1,282	1,574	1,790	5,887	37	94	340	4,092	–131	–128	987	2,925
荷兰	254,590	576,108	238,810	513,539	–2,297	3,570	–6,219	–14,504	7,264	51,635	17,688	46,147
新西兰	17,864	40,916	17,306	38,882	–3,202	–6,999	237	–29	–2,407	–4,994	3,952	16,723
尼加拉瓜	1,102	3,628	2,152	5,486	–296	–278	410	1,173	–936	–963	492	1,799
尼日尔	321	*1,097*	456	*2,529*	–16	*–39*	47	*151*	–104	*–1,320*	81	760
尼日利亚	20,965	76,774	12,017	75,768	–3,148	–18,623	1,627	20,093	7,427	2,476	10,099	35,885
挪威	78,111	172,425	49,476	117,143	–2,305	872	–1,250	–4,711	25,079	51,444	27,922	52,798
阿曼	11,770	38,362	6,351	24,400	–838	–3,162	–1,451	–5,704	3,129	5,096	2,460	13,025
巴基斯坦	10,119	28,062	12,148	40,021	–2,218	–3,187	4,162	13,778	–85	–1,368	2,087	17,256
巴拿马	7,833	18,402	8,122	19,882	–560	–1,859	177	477	–673	–2,862	723	2,714
巴布亚新几内亚	2,337	6,055	1,771	6,286	–210	–592	–5	190	351	–633	304	3,122
巴拉圭	2,924	9,989	3,286	10,671	22	–502	177	542	–163	–641	772	4,167
秘鲁	8,510	39,521	9,648	34,809	–1,410	–10,053	1,001	3,026	–1,546	–2,315	8,676	44,215
菲律宾	40,724	65,106	48,565	73,133	–30	347	5,643	16,604	–2,228	8,924	15,074	62,326
波兰	46,300	198,427	57,204	207,139	–731	–16,923	1,292	3,762	–10,343	–21,873	27,469	93,472
葡萄牙	34,102	72,125	47,262	87,411	–2,371	–10,423	3,342	2,858	–12,189	–22,850	14,262	20,937
波多黎各	..	..	..	..	..	..	..	..	..	..	..	..
卡塔尔	..	..	..	..	..	..	..	..	..	..	1,163	31,182

4.17 经常账户收支

	货物和服务				净收入		经常性转移支付净额		经常账户余额		储备总额[a]	
	百万美元				百万美元		百万美元		百万美元		百万美元	
	出口		进口									
	2000	2010	2000	2010	2000	2010	2000	2010	2000	2010	2000	2010
罗马尼亚	12,113	58,268	14,043	66,807	−285	−2,532	860	4,557	−1,355	−6,514	3,396	48,048
俄罗斯联邦	114,598	445,539	61,091	323,070	−6,736	−48,615	69	−3,600	46,839	70,255	27,656	479,222
卢旺达	128	608	423	1,641	−15	−46	216	657	−94	−421	191	813
沙特阿拉伯	82,259	261,832	52,932	174,204	479	7,044	−15,490	−27,921	14,317	66,751	20,847	459,313
塞内加尔	1,307	*3,119*	1,742	*5,276*	−111	*−181*	214	*1,473*	−332	*−865*	388	2,047
塞尔维亚	..	13,351	..	19,689	..	−899	..	4,417	..	−2,819	517	13,308
塞拉利昂	55	423	250	879	−5	−49	88	185	−112	−320	49	409
新加坡	181,346	470,793	169,223	408,190	−784	−8,230	−1,095	−4,815	10,244	49,558	80,170	225,715
斯洛伐克共和国	14,137	70,494	14,596	71,300	−355	−1,658	120	−544	−694	−3,009	4,376	2,156
斯洛文尼亚	10,696	30,489	11,385	30,360	26	−662	116	146	−548	−388	3,196	1,071
索马里	..	..	..	..	..	..	..	..	..	..	..	..
南非	36,995	99,703	33,075	100,318	−3,184	−7,224	−926	−2,278	−191	−10,117	7,702	43,820
南苏丹	..	..	..	..	..	..	..	..	..	..	..	..
西班牙	168,221	376,601	186,027	402,450	−6,849	−28,985	1,469	−9,508	−23,185	−64,342	35,608	31,872
斯里兰卡	6,378	10,776	8,105	15,282	−300	−572	983	3,660	−1,044	−1,418	1,131	7,195
苏丹	1,834	11,658	2,014	11,161	−575	−2,472	237	2,131	−518	157	138	1,036
斯威士兰	1,240	2,063	1,438	2,625	51	−226	101	400	−46	−388	352	756
瑞典	111,275	225,662	97,042	196,830	−1,231	7,781	−3,142	−6,204	9,860	30,408	16,499	48,246
瑞士	125,517	342,153	107,391	285,841	19,187	29,967	−4,483	−12,263	32,830	74,015	53,620	270,480
阿拉伯叙利亚共和国	6,845	19,606	5,390	19,409	−879	−1,514	485	949	1,061	−367	355	20,632
塔吉克斯坦	*768*	1,512	*928*	3,329	*−41*	−79	*186*	1,513	*−15*	−383	94	..
坦桑尼亚	1,361	6,388	2,050	8,975	−130	−216	391	824	−428	−1,978	974	3,905
泰国	81,762	227,908	71,653	206,780	−1,381	−14,061	586	6,031	9,313	13,099	32,665	172,028
东帝汶	..	..	..	..	..	..	..	..	..	..	*43*	406
多哥	424	*1,197*	602	*1,690*	−29	*−19*	68	336	−140	*−177*	141	715
特立尼达和多巴哥	4,844	*9,940*	3,709	*7,356*	−629	*−997*	38	*27*	544	*1,614*	1,403	9,692
突尼斯	8,607	22,236	9,311	24,351	−942	−1,925	825	1,935	−821	−2,104	1,871	9,764
土耳其	50,353	155,632	61,035	197,042	−4,002	−7,137	4,764	1,448	−9,920	−47,099	23,515	85,959
土库曼斯坦	..	..	..	..	..	..	..	..	..	..	*1,513*	..
乌干达	663	3,474	1,409	6,099	−112	−305	499	1,190	−359	−1,740	808	2,706
乌克兰	19,522	69,255	17,947	73,239	−942	−2,009	848	2,975	1,481	−3,018	1,477	34,571
阿拉伯联合酋长国	..	..	..	..	..	..	..	..	..	..	13,632	42,785
英国	404,775	667,596	433,976	731,828	5,156	20,679	−14,756	−31,676	−38,800	−75,229	43,075	82,365
美国	1,072,780	1,837,576	1,449,535	2,337,607	19,179	165,224	−58,767	−136,095	−416,343	−470,902	128,400	488,928
乌拉圭	3,660	10,555	4,193	9,743	−61	−1,093	27	122	−566	−160	2,776	7,656
乌兹别克斯坦	..	..	..	..	..	..	..	..	..	..	*1,242*	..
委内瑞拉	34,711	67,603	21,300	49,661	−1,388	−5,302	−170	−568	11,853	12,072	15,899	29,665
越南	17,150	79,652	17,325	87,260	−451	−4,564	1,732	7,885	1,106	−4,287	3,417	12,467
西岸和加沙	1,012	*1,224*	3,270	*5,008*	628	*808*	639	*2,239*	−990	*−737*	..	..
也门共和国	4,008	9,329	3,294	11,017	−777	−1,812	1,399	2,291	1,337	−1,209	2,914	5,939
赞比亚	872	7,725	1,312	5,650	−164	−1,893	14	432	−591	615	245	2,094
津巴布韦	..	..	..	..	..	..	..	..	..	..	..	..
全世界	**7,977,777 t**	**18,856,365 t**	**7,950,280 t**	**18,328,230 t**	..	..	..	..	..	..	..	..
低收入国家	32,005	105,896	45,127	156,378	..	..	..	..	..	..	..	..
中等收入国家	1,592,025	5,719,672	1,495,508	5,389,112	..	..	..	..	..	..	..	..
中低收入国家	369,018	1,288,993	375,652	1,374,029	..	..	..	..	..	..	..	..
中高收入国家	1,224,283	4,435,558	1,121,580	4,021,226	..	..	..	..	..	..	..	..
低收入和中等收入国家	1,623,276	5,824,525	1,540,600	5,547,163	..	..	..	..	..	..	..	..
东亚和太平洋地区	612,105	2,566,113	550,904	2,271,625	..	..	..	..	..	..	..	..
欧洲和中亚	251,713	993,266	223,344	944,420	..	..	..	..	..	..	..	..
拉丁美洲和加勒比地区	418,299	996,199	438,522	1,009,026	..	..	..	..	..	..	..	..
中东和北非	..	..	122,648	384,516	..	..	..	..	..	..	..	..
南亚	85,777	414,188	106,235	537,246	..	..	..	..	..	..	..	..
撒哈拉以南非洲地区	111,058	374,373	102,161	394,903	..	..	..	..	..	..	..	..
高收入国家	6,357,262	13,051,331	6,409,545	12,801,007	..	..	..	..	..	..	..	..
欧元区	2,298,517	4,964,584	2,262,865	4,779,448	..	..	..	..	..	..	..	..

a. 国际储备包括以伦敦金价估值的黄金价值。

关于数据的说明

国际收支记录了一个经济体与世界其他经济体之间的交易。国际收支账户可以分为两类：经常账户，主要记录商品、服务、收入以及经常性转移支付的交易；资本和金融账户，主要记录资本转移支付、非生产性的非金融资产的获得与处置，以及金融资产与负债的交易。本表给出了经常账户数据，附带提供了国际储备总额。

国际收支是一种复式会计系统，它给出了流入、流出一个经济体的货物和服务的总量；所有无条件地提供给别国或者由别国提供的实物资源或者资金索取权对应项目的转移支付，例如，捐款和赠款等；以及经济交易引起的居民对非居民的债权和债务的所有变化。所有交易都记录两次——一次记借方，一次记贷方。原则上来讲，净余额应该为零，但是现实中账户经常不平衡。在这种情况下，就包括了一个平衡项——净错误与遗漏。

国际收支可能产生误差，因为国际收支数据的来源并不单一，进而也就无法确保得到的数据完全一致。资料来源包括海关数据、银行系统的货币账户、外债记录、企业提供的信息、对服务交易估计值的调查以及外汇交易记录。收集方法的不同——例如，时间的选择、居民和所有权的定义、交易估值所使用的汇率——都是净错误与遗漏项的来源。除此之外，走私以及其他违法和半合法的交易也会漏记或者错记。对商品与服务贸易数据记录的相关事项的进一步讨论，见表4.4至表4.7中的“关于数据的说明”。

本表中数据的概念和定义都是基于国际货币基金组织《国际收支手册》第5版(1993)。《国际收支手册》第5版将以前一些定义在经常账户中的交易重新定义为资本转移，例如，债务豁免、移民的资本转移以及通过外国援助获得的资本商品。因此，目前经常账户余额更精确地反映了除商品、服务（以前是非要素服务）和收入（以前是要素收入）交易之外的净经常性转移收入。许多国家按照《国际收支手册》第4版（1977）维护其数据收集系统。在必要的情况下，国际货币基金组织会把在这种系统下生成的数据转换为与《国际收支手册》第5版一致的数据（见“基本数据文献”）。价值数据按市场汇率转换为美元。

定义

• **货物和服务的进出口**由一个经济体的居民与世界其他经济体的居民进行的全部交易组成，其中包括一般商品、送去加工和修理的商品、非货币黄金以及服务。 • **净收入**包括非居民工人报酬的收入与支出、投资所得(直接投资、证券投资以及其他投资的收入与支出以及储备资产的收入)。使用无形资产得到的收入记录在商业服务之中。 • **经常性转移支付净额**是指记录在国际收支中的不论是一个经济体提供的还是收到的商品、服务和收入或者没有附带条件的金融项目。所有未视为资本的转移支付都是经常性转移支付。 • **经常账户差额**是货物和服务的净出口额、净收入和净经常性转移支付额的总和。 • **储备总额**包括持有的货币黄金、特别提款权、国际货币基金组织持有的成员国储备、货币当局控制的外汇持有额。这些储备中的黄金部分以年底（12月31日）伦敦金价计值（1995年为每盎司386.75美元，2009年为每盎司1087.5美元）。

数据资料来源

国际收支数据公布于国际货币基金组织的《国际收支统计年鉴》和《国际金融统计》之中。世界银行与国际货币基金组织通过电子文件交换数据，在大多数情况下，这些电子文件比来自出版物的数据更为及时，覆盖的时间跨度更大。关于国际收支的设计和编撰的更多信息可在国际货币基金组织的《国际收支手册》第5版(1993)、《国际收支教材》(1996)和《国际收支编撰指南》(1995)中找到。

政府与市场

5

本章涵盖的指标包括：私人部门投资和发展状况，公共部门在促进投资和增长中发挥的作用，增长和发展所必需的基础设施质量和配备情况。

私人企业进行投资、创造就业和提高生产率，它们推动经济增长并为所有人创造机会。表5.1—表5.6涵盖了在基础设施、商业领域和金融体系方面私人投资的数据信息。充满活力的私人部门是创造就业和推动增长不可或缺的力量，同样，高效精干的政府部门和机构也是经济增长、收入提高和减贫的一大支柱。表5.7—表5.9展示了政府部门在制定税收政策、管理公共机构、打击犯罪和部署军力方面的作用。表5.10—表5.12涵盖了基础设施数据：能源、交通、供水和卫生、信息和通讯。表5.13介绍了科技领域的创新成果。

《2010年世界发展指标》中增加了一张新表，本期仍然沿用，即表5.8脆弱的局势，该表介绍了衡量一国脆弱程度或受冲突影响程度的指标。《2011年世界发展报告：冲突、安全和发展》（世界银行，2011d，p. xvi）对脆弱或脆弱局势的定义是："当国家或机构缺乏能力、责任或合法性调解公民群体之间、公民和国家之间的关系时，这些国家或机构就容易遭受暴力"。该报告阐述了如何通过建立制度框架和采取有效措施摆脱脆弱和冲突，走上安全发展道路。报告的核心是：加强法制建设，改善国家治理，为公民提供安全、公正和就业是打破暴力循环和发展停滞的关键所在。

尽管国内战争和国家间战争相对于过去有所减少，但缺乏安全仍然是发展的主要障碍。全球约15亿人居住的地区存在冲突、大规模有组织犯罪，或者局势动荡，目前没有一个脆弱或冲突四起的国家实现了任何一个千年发展目标。生活在这些地区的居民营养不良的概率是其他发展中国家居民的两倍以上，儿童失学率达到三倍以上，5岁以下儿童死亡率约为两倍，无法获取改善的清洁水源的人口比例达到两倍以上。

一段时期严重暴力冲突就能摧毁一代人实现的经济发展。对于一个中等规模的国家而言，内战造成的损失相当于30年的GDP增长。《2011年世界发展报告》指出，法制薄弱（正式制度或非正式制度）且治理糟糕的国家和地区最容易爆发暴力和动乱，而且这些国家和地区对内外部压力的承受能力也最差。

世界银行设立了国家与和平建设基金，这是一个多捐款方信托基金。该基金的目的就是扩大世界银行在脆弱和爆发冲突国家的影响力；推进跨领域的新式解决方法；以及培育战略伙伴关系。随着国家建设、和平建设、安全建设和制度建设逐渐成为发展中国家和发展中社会关注的核心，有关测量指标也随之出现。超过40个国家和8个国际组织（包括世界银行）参加的和平建设和国家建设国际对话在这方面作出了重大贡献。

5.1 经济体中的私人部门

	有私人参与的基础设施项目投资[a]								对私营部门的国内信贷	注册的企业	
	百万美元								占GDP的百分比		
	电信		能源		运输		供水和医疗卫生设施			新企业	准入密度
	2000–2005	2006–2010	2000–2005	2006–2010	2000–2005	2006–2010	2000–2005	2006–2010	2010	2009	2009
阿富汗	466.1	1,040.4	1.6	..	..	..	..	..	10.5	..	..
阿尔巴尼亚	569.2	778.8	790.6	692.0	308.0	..	8.0	0.0	38.0	2,045	0.84
阿尔及利亚	3,422.5	2,162.0	962.0	2,320.0	120.9	269.0	510.0	1,572.0	15.6	10,544	0.44
安哥拉	278.7	1,663.0	45.0	9.4	..	53.0	..	..	20.3	..	..
阿根廷	5,836.8	5,993.9	3,826.9	3,801.9	203.6	1,402.6	791.6	..	14.6	11,924	0.46
亚美尼亚	317.1	586.7	74.0	127.0	63.0	715.0	0.0	0.0	26.5	2,698	1.28
澳大利亚	..	..	..	..	..	..	..	..	131.1	89,960	6.38
奥地利	..	..	..	..	..	..	..	..	122.4	3,228	0.58
阿塞拜疆	355.6	1,407.8	375.2	..	..	..	0.0	..	18.3	5,314	0.93
巴林	..	..	..	..	..	..	..	..	79.6	..	..
孟加拉国	1,294.3	4,250.3	501.5	340.4	0.0	0.0	..	..	47.1	..	..
白俄罗斯	735.4	2,638.7	..	2,500.0	..	4.0	..	..	44.8	5,508	0.80
比利时	..	..	..	..	..	..	..	..	94.9	29,548	4.28
贝宁	116.9	793.7	590.0	..	..	..	..	..	23.1	..	..
玻利维亚	520.5	284.7	884.4	137.3	16.6	..	..	..	40.3	2,504	0.43
波斯尼亚和黑塞哥维那	0.0	1,102.5	..	908.6	..	..	..	..	66.0	1,896	0.58
博茨瓦纳	104.0	242.9	..	..	..	..	..	..	23.4	..	..
巴西	41,053.8	40,063.0	26,034.6	52,825.6	3,156.5	23,527.7	1,234.4	1,581.0	57.0	315,645	2.38
保加利亚	2,179.1	2,211.3	3,253.5	2,454.1	2.1	536.2	152.0	..	74.6	35,545	7.20
布基纳法索	41.9	979.6	..	..	..	..	..	..	17.6	610	0.08
布隆迪	53.6	0.0	..	..	..	..	..	..	25.5	..	..
柬埔寨	136.1	446.7	82.1	2,452.3	125.3	40.1	..	..	27.6	2,003	0.22
喀麦隆	394.4	934.4	91.8	908.0	0.0	..	..	0.0	11.9	..	..
加拿大	..	..	..	..	..	..	..	..	128.2	174,000	7.56
中非共和国	0.0	30.8	..	..	..	..	..	..	8.7	..	..
乍得	11.0	591.4	0.0	..	..	..	..	..	5.7	..	..
智利	1,260.7	1,326.7	1,393.2	1,567.2	4,830.7	1,943.1	1,495.2	3.1	86.3	23,541	2.12
中国	8,548.0	0.0	10,970.9	7,477.5	15,454.0	15,795.0	3,505.2	4,626.9	130.0	..	..
中国香港	..	..	..	..	..	..	..	..	189.0	101,023	19.19
哥伦比亚	1,570.9	6,347.9	351.6	1,080.9	1,497.4	4,461.4	314.3	305.0	43.5	31,132	1.07
刚果民主共和国	473.4	1,054.0	..	..	..	..	..	..	6.6	..	..
刚果共和国	61.8	407.7	..	..	..	735.0	0.0	..	5.5	..	..
哥斯达黎加	..	..	80.0	190.0	465.2	407.0	..	..	45.9	26,765	8.78
科特迪瓦	134.9	1,204.4	0.0	0.0	176.4	..	..	0.0	18.1	..	..
克罗地亚	1,205.7	3,035.0	7.1	85.0	451.0	492.0	298.7	..	70.1	7,800	2.57
古巴	60.0	0.0	116.0	60.0	0.0	..	600.0	..	..	..	..
塞浦路斯	..	..	..	..	..	..	..	..	283.6	16,101	20.30
捷克共和国	..	..	..	..	..	..	..	..	56.2	21,717	3.00
丹麦	..	..	..	..	..	..	..	..	223.5	16,519	4.57
多米尼加共和国	393.0	220.1	1,306.6	0.0	898.9	948.9	..	..	22.7	12,881	2.13
厄瓜多尔	357.8	2,003.3	302.0	129.0	695.0	766.0	510.0	..	30.8	..	..
埃及	3,471.9	10,977.0	678.0	469.0	821.5	1,370.0	..	475.0	33.1	6,291	0.13
萨尔瓦多	1,110.6	1,037.6	85.0	16.0	..	..	..	..	41.0	4,400	1.19
厄立特里亚	40.0	0.0	..	..	..	..	..	..	16.0	..	..
爱沙尼亚	..	..	..	..	..	..	..	..	97.2	7,199	8.10
埃塞俄比亚	..	0.0	..	4.0	..	..	..	..	17.8	1,327	0.03
芬兰	..	..	..	..	..	..	..	..	95.2	11,820	3.37
法国	..	..	..	..	..	..	..	..	114.4	128,906	3.08
加蓬	26.6	403.8	0.0	0.0	177.4	3.9	..	..	8.2	3,490	4.27
冈比亚	6.6	35.0	..	0.0	..	..	..	..	19.1	..	..
格鲁吉亚	201.3	722.0	40.0	634.2	..	573.0	..	435.0	32.4	7,226	2.32
德国	..	..	..	..	..	..	..	..	107.8	64,840	1.19
加纳	156.5	3,206.0	590.0	100.0	10.0	..	0.0	..	15.2	9,606	0.72
希腊	..	..	..	..	..	..	..	..	115.9	8,426	1.18
危地马拉	560.1	1,724.4	110.0	1,021.8	..	..	..	6.7	23.4	5,133	0.68
几内亚	50.6	313.2	..	..	..	159.0	..	..	..	..	..
几内亚比绍	9.7	107.2	..	..	..	..	..	..	6.2	..	..
海地	18.0	306.0	5.5	0.0	..	..	..	1.0	14.0	..	..

	有私人参与的基础设施项目投资[a]								对私营部门的国内信贷	注册的企业	
	百万美元								占GDP的百分比		
	电信		能源		运输		供水和医疗卫生设施			新企业	准入密度
	2000–2005	2006–2010	2000–2005	2006–2010	2000–2005	2006–2010	2000–2005	2006–2010	2010	2009	2009
洪都拉斯	135.0	1,001.0	358.8	250.0	120.0	..	207.9	..	50.2	..	..
匈牙利	5,172.8	1,523.3	851.6	1,707.0	3,297.5	1,588.0	0.0	0.0	72.6	42,951	6.26
印度	20,551.8	53,090.4	8,663.6	90,973.0	4,413.4	38,036.2	112.9	241.7	49.0	*84,800*	*0.12*
印度尼西亚	6,557.2	11,009.5	1,280.5	6,079.3	159.2	1,731.5	44.8	20.2	29.1	28,998	0.18
伊朗	695.0	1,992.0	650.0	..	..	..	..	..	*36.7*	..	..
伊拉克	984.0	4,977.0	..	590.0	..	500.0	..	..	9.1	..	..
爱尔兰	..	..	..	..	..	..	..	..	215.0	13,188	4.67
以色列	..	..	..	..	..	..	..	..	95.7	*19,758*	*4.46*
意大利	..	..	..	..	..	..	..	..	122.0	68,508	1.78
牙买加	612.0	157.9	201.0	210.0	565.0	..	..	..	24.8	2,003	1.16
日本	..	..	..	..	..	..	..	..	169.3	*105,698*	*1.28*
约旦	1,589.0	949.6	..	989.0	0.0	1,380.0	169.0	951.0	70.3	2,737	0.74
哈萨克斯坦	1,153.7	3,766.5	300.0	0.0	231.0	31.0	..	..	39.3	27,978	2.59
肯尼亚	1,434.0	3,465.8	..	437.7	..	404.0	..	..	33.8	*17,896*	*0.85*
朝鲜	..	474.0	..	..	..	..	..	..	..	..	..
韩国	..	..	..	..	..	..	..	..	100.8	*60,039*	*1.72*
科索沃	..	385.1	..	..	..	..	0.0	..	37.3	141	0.12
科威特	..	..	..	..	..	..	..	..	*82.4*	..	..
吉尔吉斯斯坦	11.5	130.2	..	..	..	..	0.0	..	..	4,412	1.26
老挝	87.7	135.0	1,250.0	5,285.0	1.5	1.5	..	..	20.4	..	..
拉脱维亚	700.0	468.1	158.1	184.0	..	135.0	..	..	103.7	7,175	4.62
黎巴嫩	138.1	0.0	..	..	153.0	..	0.0	..	81.3	..	..
莱索托	88.4	41.6	0.0	..	..	..	..	..	13.6	..	..
利比里亚	70.3	88.8	..	170.0	..	120.0	..	..	*16.0*	..	..
利比亚	..	..	..	..	..	..	..	..	*10.9*	..	..
立陶宛	993.0	548.2	514.3	464.1	..	..	..	..	66.4	5,399	2.18
前南斯拉夫马其顿共和国	706.6	575.4	..	655.0	..	295.0	..	..	45.3	8,074	5.63
马达加斯加	12.6	436.8	0.0	17.8	61.0	17.5	..	..	11.7	724	0.07
马拉维	36.3	313.7	0.0	..	..	..	..	..	16.0	619	0.08
马来西亚	3,294.9	3,689.9	6,637.6	384.5	4,263.0	1,632.3	6,502.2	0.0	114.9	41,638	2.55
马里	82.6	837.0	365.9	..	55.4	..	..	..	18.4	..	..
毛里塔尼亚	92.1	266.1	..	..	..	..	..	..	*30.4*	..	..
毛里求斯	393.0	63.1	0.0	..	..	..	..	0.0	87.8	6,626	7.33
墨西哥	18,758.0	16,290.6	6,749.3	2,282.7	2,970.4	12,651.5	523.7	1,096.8	24.6	44,084	0.61
摩尔多瓦	46.1	426.8	227.2	68.0	0.0	60.0	..	..	33.3	4,180	1.32
蒙古	22.1	0.0	..	..	..	..	..	..	39.6	..	..
摩洛哥	6,139.5	3,673.6	1,049.0	..	200.0	200.0	..	..	68.7	26,166	1.28
莫桑比克	123.0	236.2	1,205.8	..	334.6	0.0	..	0.0	25.8	..	..
缅甸	..	..	..	556.1	..	..	..	..	4.7	..	..
纳米比亚	35.0	8.5	1.0	..	..	..	0.0	..	45.6	..	..
尼泊尔	109.3	26.0	15.1	34.1	..	..	..	0.0	55.6	..	..
荷兰	..	..	..	..	..	..	..	..	199.3	35,100	3.10
新西兰	..	..	..	..	..	..	..	..	149.0	47,897	17.08
尼加拉瓜	218.5	512.2	126.3	510.0	104.0	..	..	..	32.5	..	..
尼日尔	85.5	358.7	..	..	..	..	3.4	..	12.6	24	0.00
尼日利亚	6,949.7	14,384.1	1,920.0	280.0	2,355.4	644.1	..	..	29.4	65,089	0.79
挪威	..	..	..	..	..	..	..	..	..	*13,805*	*4.49*
阿曼	..	..	..	..	..	..	..	..	*48.2*	3,165	1.67
巴基斯坦	6,594.9	9,006.5	375.4	4,120.5	112.8	923.7	..	..	21.5	2,759	0.03
巴拿马	211.4	1,262.2	449.3	877.0	51.4	0.0	..	..	91.5	548	0.26
巴布亚新几内亚	..	150.0	..	..	..	..	..	..	31.8	..	..
巴拉圭	199.0	636.4	..	..	..	..	..	..	37.8	..	..
秘鲁	2,241.4	3,191.1	2,498.9	2,191.0	522.5	3,289.6	152.0	119.8	24.3	51,151	2.65
菲律宾	4,616.4	5,172.0	3,428.4	10,942.5	943.5	968.9	0.0	530.5	29.6	11,435	0.19
波兰	16,800.1	7,750.0	2,620.5	2,475.4	1,672.0	3,642.3	64.3	0.8	54.8	14,434	0.52
葡萄牙	..	..	..	..	..	..	..	..	191.0	27,759	3.92
波多黎各	..	..	..	..	..	..	..	..	..	..	..
卡塔尔	..	..	..	..	..	..	..	..	*51.5*	..	..

5.1 经济体中的私人部门

	有私人参与的基础设施项目投资[a]								对私营部门的国内信贷	注册的企业	
	百万美元								占GDP的百分比		
	电信		能源		运输		供水和医疗卫生设施			新企业	准入密度
	2000–2005	2006–2010	2000–2005	2006–2010	2000–2005	2006–2010	2000–2005	2006–2010	2010	2009	2009
罗马尼亚	3,906.9	4,996.4	1,240.8	6,288.7	..	116.8	116.0	41.0	46.1	56,698	3.66
俄罗斯联邦	22,049.4	30,982.6	1,726.0	32,401.2	109.4	4,786.9	904.7	1,241.7	45.1	261,633	2.61
卢旺达	72.3	414.0	1.6	..	..	..	..	..	..	3,028	0.51
沙特阿拉伯	..	..	..	..	..	..	..	..	47.6	..	..
塞内加尔	593.1	1,569.0	93.3	22.0	55.4	398.0	0.0	0.0	25.9	1,636	0.22
塞尔维亚	563.5	3,024.1	..	..	..	..	0.0	..	51.5	9,715	1.94
塞拉利昂	48.8	149.2	..	1.2	..	130.0	..	..	10.4	..	..
新加坡	..	..	..	..	..	..	..	..	102.1	26,416	7.40
斯洛伐克共和国	..	..	..	..	..	..	..	..	*44.9*	15,825	4.04
斯洛文尼亚	..	..	..	..	..	..	..	..	94.4	5,836	4.16
索马里	13.4	0.0	..	..	..	..	..	..	..	..	..
南非	10,519.5	9,815.0	1,251.3	15.9	504.7	3,483.0	31.3	0.0	145.5	24,700	0.77
南苏丹	..	..	..	..	..	..	..	..	..	..	..
西班牙	..	..	..	..	..	..	..	..	211.6	79,757	2.92
斯里兰卡	714.6	1,283.5	270.8	..	..	..	..	..	26.6	4,223	0.29
苏丹	747.7	2,226.3	..	..	..	30.0	..	120.7	11.6	..	..
斯威士兰	27.7	63.3	..	..	..	..	..	..	23.0	..	..
瑞典	..	..	..	..	..	..	..	..	140.2	24,228	4.09
瑞士	..	..	..	..	..	..	..	..	174.6	25,250	4.88
阿拉伯叙利亚共和国	583.0	372.7	..	..	..	82.0	..	..	22.5	..	..
塔吉克斯坦	8.5	196.4	16.0	..	..	..	..	..	..	2,171	0.48
坦桑尼亚	515.3	2,109.5	348.0	28.4	27.7	134.0	8.5	..	16.2	..	..
泰国	5,602.7	3,526.0	4,693.3	6,641.4	939.0	..	524.7	18.8	116.6	27,520	0.59
东帝汶	0.0	0.0	..	..	..	..	..	..	15.6	..	..
多哥	0.0	67.0	657.7	190.0	..	..	..	..	23.0	*125*	*0.04*
特立尼达和多巴哥	..	..	..	..	..	..	..	..	*39.2*	..	..
突尼斯	751.0	3,771.0	30.0	..	..	840.0	..	95.0	68.8	9,079	1.23
土耳其	12,788.6	13,751.7	5,854.8	13,504.2	3,203.6	4,471.2	..	..	44.0	44,472	0.87
土库曼斯坦	20.0	202.5	..	..	..	..	..	..	..	..	..
乌干达	387.6	1,720.0	113.9	1,000.6	..	404.0	0.0	..	15.8	11,152	0.72
乌克兰	3,162.9	4,921.4	160.0	64.9	..	130.0	100.0	102.0	61.7	19,300	0.60
阿拉伯联合酋长国	..	..	..	..	..	..	..	..	72.5	..	..
英国	..	..	..	..	..	..	..	..	202.9	330,100	8.05
美国	..	..	..	..	..	..	..	..	202.2	..	..
乌拉圭	114.2	200.2	330.0	..	251.1	..	368.0	..	23.0	4,664	2.08
乌兹别克斯坦	285.6	2,046.8	..	..	..	25.0	0.0	..	..	14,428	0.78
委内瑞拉	3,337.0	3,042.8	39.5	..	34.0	..	15.0	..	18.9	..	..
越南	430.0	1,593.7	2,360.6	297.0	20.0	1,120.0	266.0	..	125.0	..	..
西岸和加沙	279.8	644.0	150.0	..	..	..	..	..	..	..	..
也门共和国	376.8	451.2	..	15.8	..	220.0	..	..	6.2	..	..
赞比亚	208.3	1,077.0	3.0	..	15.6	..	0.0	..	11.5	5,509	0.88
津巴布韦	72.0	644.0	..	..	..	..	..	..	..	..	..
全世界	.. s	.. s	.. s	.. s	.. s	.. s	.. s	.. s	134.8 w		
低收入国家	4,646.3	21,615.6	..	..	..	..	..	..	28.3		
中等收入国家	226,353.6	317,609.7	107,559.1	266,780.1	51,413.6	106,204.4	16,177.1	6,654.9	73.7		
中低收入国家	68,257.9	144,334.1	19,986.8	123,341.9	1,781.0	34,127.5	192.0	..	40.2		
中高收入国家	158,095.7	34,212.5	83,156.9	143,438.2	41,607.7	72,076.9	18,427.2	9,705.8	83.3		
低收入和中等收入国家	232,154.6	339,225.4	85,938.8	272,012.7	5,437.5	86,673.9	2,481.0	..	73.0		
东亚和太平洋地区	29,380.1	4,662.0	30,710.4	40,115.6	21,905.4	20,538.0	10,842.9	5,196.4	116.3		
欧洲和中亚	51,002.1	76,087.4	4,439.1	58,924.3	..	..	..	..	46.2		
拉丁美洲和加勒比地区	78,935.4	85,698.9	45,347.6	67,445.3	16,419.9	49,397.7	2,516.1	..	41.9		
中东和北非	13,435.4	29,970.1	..	..	..	..	..	..	35.0		
南亚	29,784.3	68,726.2	9,828.0	95,669.0	4,526.2	39,437.9	112.9	241.7	45.7		
撒哈拉以南非洲地区	24,622.2	52,365.4	..	..	..	..	..	..	65.4		
高收入国家	..	..	..	..	..	..	..	..	164.6		
欧元区	..	..	..	..	..	..	..	..	133.6		

a. 数据为上述各时期的合计值。包括 1990—2010 年间完成财务结算的私营部门参与的基础设施项目。

关于数据的说明

私人部门的发展和投资，即发掘私人部门的主动性和投资并将之用于有益于社会的目的，对于减贫来讲，是至关重要的。私人投资，尤其是竞争性市场上的私人投资，与公共部门的努力一样，具有促进经济增长的巨大潜力。私人市场是促进生产率提高的发动机，能够创造生产岗位和高收入。除了对政府在调控、提供资金以及提供服务方面的作用进行补充之外，私人的主动性和投资还能够帮助提供基本服务和条件，并通过完善卫生、教育以及基础设施来授权于穷人。

私人参与基础设施为缓解财政约束，提高基础设施服务的效率，以及将其服务提供给穷人作出了重大贡献。发展中国家处于了前列，创建了更好地提供基础设施服务的方法，并且从日益激烈的竞争和客户聚集中受益匪浅。

有关私人参与基础设施项目投资数据，是指对下列项目的全部投资（公共投资和私人投资），在这些项目中，私人公司在营运期间要承担营运风险，或者在承包期间要承担开发与营运风险。承诺的投资还未支付。为了便于测算，外国的国有企业也按照私人单位对待。

投资被分为两类：实物资产投资——公司承诺将投资于扩大和现代化设施的资源；向政府的支付，以收购国有企业或获得在特定地区提供服务或使用部分电台频谱的权利。

数据来自世界银行的私人参与基础设施（PPI）项目数据库，其追踪发展中国家私人参与的基建项目。该数据库提供1984—2010年139个发展中经济体超过4,800项基建工程。数据库对每个项目的纪录包含30个以上的领域，其中包括国家、融资终止年份、所提供的基础设施服务、私人参与形式、投资、技术、能力、项目地址、合同期限、私人赞助、招标过程和开发银行支持等。项目的数据源于对可得的公共信息的汇集。数据库致力于尽可能的全面，但有些项目，尤其涉及地方和小规模经营者的项目，可能因没有公开报道而被省略。该数据库由世界银行财政、经济、城市发展部门和公共—私人基础设施咨询机构联合构建。世界银行发展数据组计算了地理和收入总量。更多信息见 http：//ppi. worldbank. org/。

信贷是货币交易过程中重要的纽带；它向生产、消费和投资提供资金，进而影响经济活动水平。有关国内对私人部门信贷的数据来自国际货币基金组织（IMF）的《国际金融统计》对银行业的调查，或者当无法获得这些数据的时候，则取自对货币的调查。货币调查的对象包括货币当局（中央银行）、储蓄银行和其他银行机构，例如，财务公司、开发银行和存贷款机构。在一些情况下，私人部门的信贷可能包括国有企业或者部分国有企业的信贷。

企业家对于增强现代市场经济的活力是至关重要的，更多新的企业加入将提高其竞争力，推动经济增长。本表涵盖了2008年和2010年世界银行集团企业家精神调查中的商业注册数据，其中包括2000—2009年100个国家的企业家活动。调查数据通常用于分析企业创立、企业创立与经济增长和减贫的关系以及对监管和制度改革的影响。2010年的调查完善了之前的调查方法和国家的覆盖范围，以更好地进行跨国比较；数据库更新至2012年。注册的总企业和注册的新企业数据由各国企业注册机构直接收集。对于跨国比较，仅仅包括在正规部门运作的有限责任公司。有关资料来源、方法、企业家比率的计算以及数据的限制性更多的信息见 http：//econ. worldbank. org/research/entrepreneurship。

定义

- **有私人参与的基础设施项目投资**包括电信、能源（电力和天然气的输送及其销售）、运输、供水和卫生等基础设施项目。这些项目已经终止了与财政的关系，直接或者间接地向公众提供服务。焚烧炉、动产、孤立的固体废料项目以及诸如风车等小项目均不包括在内。包括在内的项目类型具有营运和管理合约、特许权（含有大量资本支出的营运和管理合约）、绿地项目（私人单位或者公私合营企业在该土地上建设和营运新的风险投资项目）以及剥离的资产等。投资承诺是实物资本投资以及对政府支付的总和。实物资本投资是在合同期间项目公司承诺投资于新设备或者添加、更新现存设备的资源。对政府的支付是项目公司用于购买政府资产的资源，例如，国有企业、为特定地区提供服务的权利以及对特定无线电频的使用等都属于政府资产。
- **对私营部门的国内信贷**是指提供给私人部门的资金——例如，通过发放贷款，购买非产权债券及其贸易信贷和其他应收账款等——进而构成要求偿付的债权。对于一些国家来讲，这些债权也包括给予国有企业的信贷。
- **注册的新企业数**为在日历年注册的有限责任公司的数量。
- **准入密度**为每千名15—64岁新注册的有限责任公司的数量。

数据资料来源

私人参与基础设施项目投资数据来自世界银行的私人参与基础设施（PPI）项目数据库（http：//ppi. worldbank. org）。国内信贷数据来自国际货币基金组织的《国际金融统计》。企业注册数据来自世界银行企业家精神调查（http：//econ. worldbank. org/research/entrepreneurship）。

工商业环境：企业调查

	调查年份	监管和税收		执照与许可证办理	腐败	犯罪	违规行为	性别	融资	基础设施	创新	贸易	劳动力
		与官员打交道的时间占管理时间的百分比	会见税收官员的平均次数	获得营业执照所需时间(天)	给予官员的非正常支出占企业的百分比	因偷盗、敲诈、破坏和纵火造成的损失占销售额的百分比	正规注册并开始经营的企业占企业的百分比	女性参与行使所有权的企业占企业的百分比	利用银行为投资融资的企业占企业的百分比	停电造成的价值损失占销售额的百分比	持有国际质量认证证书的企业占企业的百分比	出口清关平均时间(天)	提供正规培训的企业占企业的百分比[a]
阿富汗	2008	6.8	1.2	13.8	41.5	1.5	88.0	2.8	1.4	6.5	8.5	14.6	14.6
阿尔巴尼亚	2007	18.7	3.9	21.2	57.7	0.5	89.4	10.8	12.4	13.7	24.6	1.9	19.9[a]
阿尔及利亚	2007	25.1	2.3	19.3	66.6	0.9	98.3	15.0	8.9	4.0	5.0	14.1	17.3[a]
安哥拉	2010	12.2	2.5	34.7	48.9	1.5	62.7	56.6	13.1	12.6	21.7	6.7	23.5
阿根廷	2010	20.8	2.7	176.1	18.2	0.6	92.4	38.0	30.3	3.5	18.2	7.3	63.6
亚美尼亚	2009	10.3	2.1	20.0	16.0	0.6	96.2	31.8	31.9	1.8	26.9	3.3	30.4
澳大利亚		..	..	..	..	..	..	..	..	..	..	..	..
奥地利		..	..	..	..	..	..	..	..	..	..	..	..
阿塞拜疆	2009	3.0	2.1	15.8	52.2	0.3	85.1	10.8	19.0	1.8	18.2	1.9	10.5
巴林		..	..	..	..	..	..	..	..	..	..	..	..
孟加拉国	2007	3.2	1.3	6.0	85.1	0.1	..	16.1	24.7	10.6	7.8	8.4	27.2[a]
白俄罗斯	2008	13.6	1.1	38.2	26.1	0.4	98.5	52.9	35.8	0.8	13.9	2.6	44.4
比利时		..	..	..	..	..	..	..	..	..	..	..	..
贝宁	2009	20.7	1.2	64.3	54.5	1.9	87.9	43.9	4.2	7.5	7.3	9.6	32.4
玻利维亚	2010	28.5	1.6	37.3	17.6	0.8	72.4	41.3	27.8	2.5	22.4	12.4	57.1
波斯尼亚和黑塞哥维那	2009	11.2	1.0	21.4	10.3	0.4	98.6	32.8	59.7	1.9	30.1	1.3	66.5
博茨瓦纳	2010	10.2	1.0	27.2	7.3	1.5	93.9	55.3	32.8	3.7	21.3	6.2	51.9
巴西	2009	18.7	1.2	83.5	11.9	1.7	95.8	59.3	48.4	3.0	25.7	15.9	52.9
保加利亚	2009	10.6	2.2	20.8	22.4	0.5	98.5	33.9	34.7	1.6	19.9	4.2	30.7
布基纳法索	2009	22.2	1.5	35.8	8.5	0.3	77.7	19.2	25.6	5.8	14.4	7.4	24.8
布隆迪	2006	5.7	1.8	27.3	56.5	1.1	..	34.8	12.3	10.7	7.1	..	22.1[a]
柬埔寨	2007	5.6	1.0	..	61.2	0.4	87.5	..	11.3	2.4	2.8	1.5	48.4[a]
喀麦隆	2009	7.0	4.4	30.0	51.2	1.6	82.1	15.7	31.4	4.9	20.4	15.1	25.5
加拿大		..	..	..	..	..	..	..	..	..	..	..	..
中非共和国		..	..	..	..	..	..	..	..	..	..	..	..
乍得	2009	20.8	3.4	24.3	41.8	2.5	77.1	40.1	4.2	3.3	43.3	11.9	43.4
智利	2010	9.9	2.9	68.5	0.7	0.8	96.1	29.6	44.8	1.3	22.1	10.8	57.5
中国	2003	18.3	14.4	11.6	72.6	0.1	..	..	28.8	1.3	35.9	6.6	84.8
中国香港		..	..	..	..	..	..	..	..	..	..	..	..
哥伦比亚	2010	12.9	0.9	25.6	2.8	0.3	94.3	35.3	35.0	1.8	20.8	8.6	65.2
刚果民主共和国	2010	29.4	8.0	40.0	65.7	1.8	61.9	38.9	6.7	22.7	8.5	18.0	24.1
刚果共和国	2009	6.0	2.7	..	81.8	3.3	84.3	31.8	7.7	16.4	19.6	..	37.5
哥斯达黎加	2010	8.4	0.8	35.6	3.7	0.4	80.8	43.5	22.2	1.7	13.3	10.0	54.7
科特迪瓦	2009	1.6	3.7	44.1	38.5	3.4	56.4	61.9	13.9	5.0	4.3	16.6	19.1
克罗地亚	2007	10.9	0.7	26.5	14.5	0.2	98.1	33.5	60.0	0.8	16.5	1.3	28.0[a]
古巴		..	..	..	..	..	..	..	..	..	..	..	..
塞浦路斯		..	..	..	..	..	..	..	..	..	..	..	..
捷克共和国	2009	10.4	1.5	19.9	12.8	0.4	98.0	25.0	33.4	0.6	43.5	5.7	70.7
丹麦		..	..	..	..	..	..	..	..	..	..	..	..
多米尼加共和国	2005	8.8	0.5	..	26.3	0.7	..	..	12.5	15.2	9.6	11.4	53.3
厄瓜多尔	2010	22.5	0.8	30.0	11.8	1.0	85.1	24.1	17.0	3.9	9.7	18.2	65.9
埃及	2008	8.8	3.4	42.7	15.2	3.0	17.9	34.0	5.6	3.2	21.1	6.2	21.7
萨尔瓦多	2010	19.7	3.0	44.4	12.7	1.6	75.7	40.2	31.7	7.0	14.5	3.7	61.0
厄立特里亚	2009	0.5	0.2	..	0.0	0.0	100.0	4.2	11.9	0.2	15.1	9.6	26.1
爱沙尼亚	2009	5.5	0.4	8.3	3.7	0.9	97.4	36.3	41.5	0.5	21.2	1.8	69.3
埃塞俄比亚	2006	3.8	1.1	11.4	12.4	1.4	..	30.9	11.0	0.9	4.2	4.3	38.2[a]
芬兰		..	..	..	..	..	..	..	..	..	..	..	..
法国		..	..	..	..	..	..	..	..	..	..	..	..
加蓬	2009	2.8	15.2	12.1	41.8	0.4	63.7	33.1	6.3	1.7	18.6	3.8	30.9
冈比亚	2006	7.3	2.5	8.4	52.4	2.7	..	21.3	7.6	11.8	22.2	5.0	25.6[a]
格鲁吉亚	2008	2.1	0.6	11.8	14.7	0.7	99.6	40.8	38.2	1.4	16.0	3.8	14.5
德国	2005	1.2	1.3	..	..	0.5	..	20.3	45.0	..	..	4.7	35.4
加纳	2007	3.2	4.3	6.4	38.8	0.9	66.4	44.0	16.0	5.6	6.8	7.8	33.0[a]
希腊	2005	1.8	1.7	..	21.6	0.0	..	24.4	25.9	..	11.7	5.5	20.0
危地马拉	2010	10.2	2.7	41.1	6.3	1.3	90.0	44.2	26.6	2.8	11.9	4.7	51.9
几内亚	2006	2.7	2.8	13.0	84.8	2.0	..	25.4	0.9	14.0	5.2	4.3	21.1[a]
几内亚比绍	2006	2.9	3.4	30.4	63.1	1.1	..	19.9	0.7	5.3	8.4	5.6	12.4[a]
海地		..	..	..	..	..	..	..	..	..	..	..	..

	调查年份	监管和税收		执照与许可证办理	腐败	犯罪	违规行为	性别	融资	基础设施	创新	贸易	劳动力
		与官员打交道的时间占管理时间的百分比	会见税收官员的平均次数	获得营业执照所需时间（天）	给予官员的非正常支出占企业的百分比	因偷盗、敲诈、破坏和纵火造成的损失占销售额的百分比	正规注册并开始经营的企业占企业的百分比	女性参与行使所有权的企业占企业的百分比	利用银行为投资融资的企业占企业的百分比	停电造成的价值损失占销售额的百分比	持有国际质量认证证书的企业占企业的百分比	出口清关平均时间（天）	提供正规培训的企业占企业的百分比[a]
洪都拉斯	2010	17.0	2.2	28.8	6.1	2.2	81.3	43.3	17.0	9.2	16.3	10.1	35.8
匈牙利	2009	13.5	0.8	35.6	5.4	0.1	100.0	42.4	48.7	0.9	39.4	4.3	14.8
印度	2006	6.7	2.6	..	47.5	0.1	..	9.1	46.6	6.6	22.5	15.1	15.9[a]
印度尼西亚	2009	1.6	0.2	21.1	14.9	0.4	29.1	42.8	11.7	2.2	2.9	2.3	4.7
伊朗		..	..	..	..	..	..	..	..	..	..	..	..
伊拉克		..	..	..	..	..	..	..	..	..	..	..	..
爱尔兰	2005	2.3	1.3	..	8.3	0.3	..	41.6	37.4	1.5	17.2	2.6	73.2
以色列		..	..	..	..	..	..	..	..	..	..	..	..
意大利		..	..	..	..	..	..	..	..	..	..	..	..
牙买加	2010	1.7	0.6	9.3	10.6	0.4	90.0	38.2	44.4	0.2	16.5	13.1	25.9
日本		..	..	..	..	..	..	..	..	..	..	..	..
约旦	2006	6.7	1.7	6.4	18.1	0.1	..	13.1	8.6	1.7	15.5	3.8	23.9[a]
哈萨克斯坦	2009	4.7	2.6	30.8	34.1	1.0	97.4	34.4	31.0	3.7	10.8	8.5	40.9
肯尼亚	2007	5.1	6.7	23.4	79.2	3.9	..	37.1	22.9	6.4	9.8	5.6	48.5[a]
朝鲜		..	..	..	..	..	..	..	..	..	..	..	..
韩国	2005	0.1	2.2	..	14.1	0.0	..	19.1	39.9	..	17.6	7.2	39.5
科索沃	2009	9.8	4.5	18.8	7.5	0.3	89.2	10.9	25.3	17.1	7.9	1.7	24.6
科威特		..	..	..	..	..	..	..	..	..	..	..	..
吉尔吉斯斯坦	2009	4.9	2.1	18.0	47.8	0.3	95.9	60.4	17.9	10.5	16.2	15.8	29.7
老挝	2009	1.2	4.4	13.6	39.8	0.3	93.5	39.4	0.0	4.3	7.2	7.5	11.1
拉脱维亚	2009	9.7	1.5	11.5	13.4	0.3	98.5	46.3	37.3	1.1	18.2	1.9	43.4
黎巴嫩	2009	8.9	2.2	81.0	23.0	0.0	97.6	33.5	23.8	9.4	17.9	7.6	52.4
莱索托	2009	5.6	1.8	16.4	28.1	2.9	86.8	18.4	32.7	6.7	24.7	5.4	42.5
利比里亚	2009	7.5	6.5	16.0	55.4	2.8	73.8	53.0	10.1	2.9	2.4	..	17.0
利比亚		..	..	..	..	..	..	..	..	..	..	..	..
立陶宛	2009	9.3	0.8	65.5	10.7	0.4	97.1	38.7	47.4	0.7	15.6	2.4	46.0
前南斯拉夫马其顿共和国	2009	14.5	3.0	33.8	16.9	0.7	99.2	36.4	47.0	5.9	21.5	2.5	19.0
马达加斯加	2009	17.1	0.9	41.3	21.8	1.2	97.5	50.0	12.2	7.7	8.7	14.2	27.0
马拉维	2009	3.5	2.6	15.0	10.8	5.7	78.6	23.9	20.6	13.3	17.9	9.9	48.4
马来西亚	2007	7.8	2.1	22.4	..	1.0	53.0	13.1	48.6	3.0	54.1	2.7	50.1[a]
马里	2010	2.0	1.2	41.0	19.4	0.5	79.2	58.3	29.3	4.1	24.8	12.9	32.1
毛里塔尼亚	2006	5.8	1.8	10.7	82.1	0.6	..	17.3	3.2	1.6	5.9	3.9	25.5[a]
毛里求斯	2009	9.4	0.5	19.1	5.9	1.4	84.2	16.9	37.5	2.2	11.1	10.3	25.6
墨西哥	2010	13.6	1.1	54.0	11.6	1.4	84.7	25.7	16.2	3.4	24.0	7.1	50.8
摩尔多瓦	2009	7.0	1.9	13.9	33.5	0.4	97.9	53.1	30.8	2.0	9.1	2.4	33.1
蒙古	2009	12.1	2.0	43.5	33.4	0.6	90.1	52.0	26.5	0.8	16.7	18.6	61.2
摩洛哥	2007	11.4	0.9	3.4	13.4	0.0	86.0	13.1	12.3	1.3	17.3	1.8	24.7[a]
莫桑比克	2007	3.3	1.9	35.2	14.8	1.8	85.9	24.4	10.5	2.4	18.7	10.1	22.1[a]
缅甸		..	..	..	..	..	..	..	..	..	..	..	..
纳米比亚	2006	2.9	0.3	9.6	11.4	1.3	..	33.4	8.1	0.7	17.6	1.4	44.5[a]
尼泊尔	2009	6.5	1.3	14.5	15.2	0.9	94.0	27.4	17.5	27.0	3.1	5.6	8.8
荷兰		..	..	..	..	..	..	..	..	..	..	..	..
新西兰		..	..	..	..	..	..	..	..	..	..	..	..
尼加拉瓜	2010	20.2	1.5	17.6	8.3	2.2	74.0	61.9	21.9	18.2	15.5	4.7	47.2
尼日尔	2009	22.9	1.2	39.7	35.2	0.9	90.5	17.6	9.3	1.9	4.6	2.6	32.1
尼日利亚	2007	6.1	3.0	12.1	40.9	4.1	..	20.0	2.7	8.9	8.5	7.5	25.7[a]
挪威		..	..	..	..	..	..	..	..	..	..	..	..
阿曼		4.4	11.8	33.2	..	..	..	31.0	4.2	10.8	3.4	20.9	..
巴基斯坦	2007	1.9	1.5	10.2	48.0	0.4	..	6.7	9.7	9.2	9.6	2.6	6.7[a]
巴拿马	2010	33.3	0.8	66.3	30.5	0.3	99.7	24.7	1.2	2.1	22.5	7.6	11.0
巴布亚新几内亚		..	..	..	..	..	..	..	..	..	..	..	..
巴拉圭	2010	20.7	1.0	81.3	17.5	1.3	98.7	51.6	30.1	1.4	15.0	21.7	54.9
秘鲁	2010	14.1	1.7	46.5	21.4	0.6	82.6	28.7	45.9	3.2	14.2	16.1	60.1
菲律宾	2009	9.1	1.5	10.6	18.6	1.1	97.5	69.4	22.0	3.9	15.7	10.0	31.1
波兰	2009	12.8	0.6	14.6	14.7	0.5	99.3	47.9	40.7	1.9	17.3	6.0	60.9
葡萄牙	2005	1.1	1.6	..	14.5	0.2	..	50.8	24.4	..	12.7	7.2	31.9
波多黎各		..	..	..	..	..	..	..	..	..	..	..	..
卡塔尔		..	..	..	..	..	..	..	..	..	..	..	..

	调查年份	监管和税收		执照与许可证办理	腐败	犯罪	违规行为	性别	融资	基础设施	创新	贸易	劳动力
		与官员打交道的时间占管理时间的百分比	会见税收官员的平均次数	获得营业执照所需时间(天)	给予官员的非正常支出占企业的百分比	因偷盗、敲诈、破坏和纵火造成的损失占销售额的百分比	正规注册并开始经营的企业占企业的百分比	女性参与行使所有权的企业占企业的百分比	利用银行为投资融资的企业占企业的百分比	停电造成的价值损失占销售额的百分比	持有国际质量认证证书的企业占企业的百分比	出口清关平均时间(天)	提供正规培训的企业占企业的百分比[a]
罗马尼亚	2009	9.2	2.3	23.7	22.2	0.3	98.7	47.9	37.3	2.2	26.1	2.0	24.9
俄罗斯联邦	2009	19.9	1.6	57.4	39.6	0.8	94.7	33.1	30.6	1.2	11.7	4.6	52.2
卢旺达	2006	5.9	3.3	6.5	20.0	1.3	..	41.0	15.9	8.7	10.8	6.7	27.6[a]
沙特阿拉伯		..	..	..	..	..	..	..	..	..	..	..	..
塞内加尔	2007	2.9	1.3	21.4	18.1	0.5	78.9	26.3	19.8	5.0	6.1	7.4	16.3[a]
塞尔维亚	2009	12.2	1.4	28.0	21.4	0.6	95.0	28.8	42.8	1.3	21.8	1.6	36.5
塞拉利昂	2009	7.4	1.9	12.6	20.4	0.8	89.2	7.9	6.9	6.6	13.8	..	18.6
新加坡		..	..	..	..	..	..	..	..	..	..	..	..
斯洛伐克共和国	2009	6.7	0.9	32.1	15.7	0.7	100.0	29.6	33.5	0.3	28.6	2.4	33.1
斯洛文尼亚	2009	7.3	0.3	56.1	5.8	0.4	99.9	42.2	52.2	0.5	28.0	2.2	47.5
索马里		..	..	..	..	..	..	..	..	..	..	..	..
南非	2007	6.0	0.8	36.2	15.1	1.0	91.0	22.6	34.8	1.6	26.4	4.5	36.8[a]
南苏丹		..	..	..	..	..	..	..	..	..	..	..	..
西班牙	2005	0.8	1.5	..	4.4	0.2	..	34.1	32.6	3.0	21.3	4.9	51.3
斯里兰卡	2004	3.5	4.9	49.5	16.3	0.5	..	..	26.2	..	..	7.6	32.6
苏丹		..	..	..	..	..	..	..	..	..	..	..	..
斯威士兰	2006	4.4	1.4	24.0	40.6	1.3	..	28.6	7.7	2.5	22.1	2.1	51.0[a]
瑞典		..	..	..	..	..	..	..	..	..	..	..	..
瑞士		..	..	..	..	..	..	..	..	..	..	..	..
阿拉伯叙利亚共和国	2009	12.2	2.3	169.2	83.8	0.8	..	14.4	20.7	8.6	7.4	5.1	38.3
塔吉克斯坦	2008	11.7	1.4	22.6	44.6	0.3	92.7	34.4	21.4	15.1	16.7	20.4	21.1
坦桑尼亚	2006	4.0	2.7	15.9	49.5	1.2	..	30.9	6.8	9.6	14.7	5.7	36.5[a]
泰国	2006	0.4	1.0	32.1	..	0.1	..	..	74.4	1.5	39.0	1.3	75.3[a]
东帝汶	2009	3.8	0.9	16.6	19.4	2.7	91.8	42.9	1.6	7.6	2.2	..	49.7
多哥	2009	2.7	1.2	56.4	16.7	2.4	75.8	31.8	16.9	10.5	6.6	6.7	31.0
特立尼达和多巴哥		..	..	..	..	..	..	..	..	..	..	..	..
突尼斯		..	..	..	..	..	..	..	..	..	..	..	..
土耳其	2008	27.1	1.3	36.0	18.0	0.4	94.1	40.7	51.9	2.8	30.0	5.2	28.8
土库曼斯坦		..	..	..	..	..	..	..	..	..	..	..	
乌干达	2006	5.2	2.4	9.3	51.7	1.0	..	34.7	7.7	10.2	15.5	3.2	35.0[a]
乌克兰	2008	11.3	2.1	31.0	31.8	0.6	95.8	47.1	32.1	4.4	13.0	3.4	24.8
阿拉伯联合酋长国		..	..	..	..	..	..	..	..	..	..	..	..
英国		..	..	..	..	..	..	..	..	..	..	..	..
美国		..	..	..	..	..	..	..	..	..	..	..	..
乌拉圭	2010	11.6	1.0	108.0	8.1	0.3	94.6	23.1	13.7	0.3	10.8	6.2	48.6
乌兹别克斯坦	2008	11.1	0.7	9.1	59.5	0.7	100.0	39.8	8.2	5.4	1.3	5.1	9.6
委内瑞拉	2010	27.6	3.0	117.2	23.7	1.4	95.6	30.7	35.3	8.3	25.9	18.4	56.0
越南	2009	4.6	0.9	15.9	52.5	0.3	87.5	59.2	21.5	3.6	16.7	4.2	43.6
西岸和加沙	2006	5.7	1.7	21.3	13.3	1.2	..	18.0	4.2	4.6	18.2	6.0	26.5[a]
也门共和国	2010	11.8	7.3	6.5	68.2	0.6	81.7	6.4	4.2	13.2	4.4	6.2	12.9
赞比亚	2007	4.6	1.9	48.3	14.3	1.0	96.2	37.2	10.2	3.7	17.2	2.3	26.0[a]
津巴布韦		..	..	..	..	..	..	..	..	..	..	..	

注：企业调查每年升级几次；最近年份的升级见 www. enterprisesurveys. org。

a. 样本仅仅取自制造业部门。

关于数据的说明

世界银行集团的企业调查收集了企业层面的有关工商业环境的数据，据以评估制约私人部门增长和企业业绩的约束因素。标准化的调查覆盖世界各地，现在我们可以得到128个国家近130,000多个企业的数据。调查涵盖了工商业环境的11个方面，其中包括监管、腐败、犯罪、违规行为、金融、基础设施和贸易。对于一些国家而言，企业层面的横截面数据的可得性使其可以追踪工商业环境随时间的变化。

企业评价投资的替代选择方案，政府对改善经商环境的兴趣以及经济学家试图对经济表现加以解释，都离不开对工商业环境的界定和衡量。企业调查中得出的企业层面的数据为衡量绩效和监督的进展提供了有用的工具。

大多数国家能够在不损害更广泛的社会利益的前提下改善监管和税收。过度的监管将伤害企业的绩效并危及经济增长。例如，在缴税时，花费在与税收官员打交道上的时间是企业可能面临的一个负担。政府不确定性的增加会破坏工商业环境，使企业面临或者被强加不必要的成本以及不稳健的监管和税收风险。获取营业执照与许可所花费的时间以及与此相关的繁文缛节制约了企业业务的开展。

在一些国家，开办工商企业必须对海关、税务、工商执照、监管、服务等诸如此类的部门不正规地付钱或者送礼才能“办成事”。此类腐败行为通过扭曲决策的制定、削弱政府的信誉和将公共资源转为他用而损害经商环境。犯罪、偷盗和扰乱秩序的行为也会给企业和社会带来额外的成本。

许多发展中国家都存在无执照的非正规企业，这些企业很少能够获得融资和公共服务渠道，而且只能参与到极少数类型的合同与投资活动中，制约了私营部门的发展。

女性与男人享有同等的机会有利于经济的发展。本表提供的女性参与行使企业所有权的情况是衡量女性作为决策者参与企业经营活动的一把尺度。

金融市场是沟通企业与贷款人和投资者的桥梁，使企业得以抓住机遇拓展其业务：信誉良好的企业能够从金融媒介以据有竞争力的价格获得信贷。但是，非常常见的情况是，市场的不完善以及政府所造成的扭曲限制了企业获取信贷的渠道，从而抑制了经济增长。

可靠而又可以得到的基础设施惠及了千家万户，也推动了经济发展。企业能够用上现代化、高效率的基础设施——通信、可靠的电力与交通运输设施——就能够提高生产力。企业层面上的创新以及现代技术的应用能够提高企业在工商业环境中的竞争力。

清关的延误将带来高昂的代价，妨碍企业参与外贸，或者使其在全球市场上失去竞争力。考虑不周的劳动力管理制度将压制企业创造就业岗位的积极性，而能使已就业的劳动者受益的规章制度则可能使失业的、低技能的或者在非正规部门就业的劳动者得不到实惠。劳动者受到培训能够使企业繁荣，具有竞争力，有能力创新并采用新技术。

本表的数据来自世界银行融资与私人部门发展组的企业调查。东亚和太平洋地区、欧洲和中亚、拉丁美洲和加勒比地区、中东和北非、撒哈拉以南非洲地区（2009）以及阿富汗、孟加拉国、印度都是引自一个除金融与公共部门以外的注册的非农企业的总样本。其他经济体的样本仅取自制造业部门并在本表的脚注中加以说明。典型样本的规模从150到1,800个，这取决于各经济体的规模。每个国家的样本都是通过分层随机抽样选取，除非另有说明。分层随机抽样法使我们能够推算出按部门、企业规模和地理区域划分的指标，从而与其他样本随机抽样相比，提高了经济指标的准确度。按部门活动分层将经济体划分为制造业、零售业和其他服务部门。对于中等规模和较大规模的经济体，制造业部门可以按行业进一步分层。企业规模被分为小型（5—19名雇员）、中型（20—99名雇员）和大型（99名以上雇员）。地理分层将一国的经济活动划分为主要的经济活动中心带。

定义

- **调查年份**指收集基础数据的年份。
- **与官员打交道的时间**指高级管理层花在处理政府规章制度要求上的时间。 • **会见税收官员的平均次数**指应邀会见或要求会见税收官员的平均次数。 • **获得营业执照需要的时间**指从提交申请之日起到颁发经营执照所需等待的天数。 • **给予官员的非正常付款**指对于“在与税收官员打交道的过程中，其是否希望索取或者直接索取礼品和非正常支付?”这一问题，给与正面回答的企业所占的百分比。 • **因偷盗、敲诈、破坏和纵火造成的损失**是由发生在确定场所中的此类事件造成的估计损失占年度销售额的百分比。 • **正规注册并开始经营的企业**指一个国家中正规注册并开始经营的企业所占的百分比。没有正规注册的企业（其他企业）为该经济体的非正规部门。 • **女性参与行使所有权的企业**指主要所有权人中有女性的企业所占的百分比。
- **利用银行为投资融资的企业**指用银行来为投资融资的企业所占的百分比。 • **停电造成的价值损失**是停电造成的损失占销售额的百分比。 • **持有国际质量认证证书的企业**是获得国际标准认证机构（ISO）的质量认证的企业所占的百分比，例如，国际标准认证机构的ISO9000、ISO9002和ISO14000，以及危害分析和关键控制点系统。 • **出口清关平均时间**指直接出口的货物通过海关检查所需花费的平均天数。 • **提供正规培训的企业**指为其永久性全日制雇员提供正规培训的企业所占的百分比。

数据资料来源

关于工商业环境的数据资料，来源于世界银行集团的企业调查网站（www. enterprisesurveys. org）。

	创办企业			财产注册登记		建筑许可证的办理		通电	履行合同		保护投资者	关闭企业
	程序数量	所需要的时间(天)	创办成本占人均收入的百分比	程序数量	所需时间	创建仓库的程序数量	创建仓库所需要的时间(天)	所需要的时间(天)	程序数量	所需要的时间(天)	披露指数0(更少)至10(更多)	破产清算时间(天)
	2011年6月	2011年6月	2011年6月	2011年6月	2011年6月	2011年6月	2011年6月	2011年6月	2011年6月	2011年6月	2011年6月	2011年6月
阿富汗	4	7	25.8	9	250	12	334	109	47	1,642	1	2.0
阿尔巴尼亚	5	5	29.0	6	33	..	..	177	39	390	8	2.0
阿尔及利亚	14	25	12.1	10	48	19	281	159	45	630	6	2.5
安哥拉	8	68	118.9	7	184	11	321	48	46	1,011	5	6.2
阿根廷	14	26	11.9	7	53	25	365	67	36	590	6	2.8
亚美尼亚	3	8	2.9	3	7	18	79	242	49	440	5	1.9
澳大利亚	2	2	0.7	5	5	15	147	81	28	395	8	1.0
奥地利	8	28	5.2	3	21	13	194	23	25	397	3	1.1
阿塞拜疆	6	8	2.7	4	11	30	212	241	39	237	7	2.7
巴林	7	9	0.7	2	31	12	43	90	48	635	8	2.5
孟加拉国	7	19	30.6	8	245	11	201	372	41	1,442	6	4.0
白俄罗斯	5	5	1.3	2	10	13	140	254	29	275	7	5.8
比利时	3	4	5.2	8	64	12	169	88	26	505	8	0.9
贝宁	6	29	149.9	4	120	12	372	158	42	795	6	4.0
玻利维亚	15	50	90.4	7	92	14	249	42	40	591	1	1.8
波斯尼亚和黑塞哥维那	12	40	17.0	7	33	18	181	125	37	595	3	3.3
博茨瓦纳	10	61	1.8	5	16	22	145	121	28	625	7	1.7
巴西	13	119	5.4	13	39	17	469	34	45	731	6	4.0
保加利亚	4	18	1.5	8	15	23	120	130	39	564	10	3.3
布基纳法索	3	13	47.7	4	59	12	98	158	37	446	6	4.0
布隆迪	9	14	116.8	5	94	22	135	188	44	832	8	..
柬埔寨	9	85	109.7	7	56	21	652	183	44	401	5	6.0
喀麦隆	5	15	45.5	5	93	11	147	67	43	800	6	3.2
加拿大	1	5	0.4	6	17	12	73	168	36	570	8	0.8
中非共和国	7	21	175.5	5	75	18	203	102	43	660	6	4.8
乍得	11	66	208.5	6	44	13	154	67	41	743	6	4.0
智利	7	7	5.1	6	31	17	155	31	36	480	8	4.5
中国	14	38	3.5	4	29	33	311	145	34	406	10	1.7
中国香港	3	3	1.9	5	36	6	67	43	26	280	10	1.1
哥伦比亚	9	14	8.0	7	15	8	46	165	34	1,346	8	1.3
刚果民主共和国	10	65	551.4	6	54	11	117	58	43	610	3	5.2
刚果共和国	10	160	85.2	6	55	14	186	129	44	560	6	3.3
哥斯达黎加	12	60	11.1	5	20	20	188	62	40	852	2	3.5
科特迪瓦	10	32	132.6	6	62	18	583	33	33	770	6	2.2
克罗地亚	6	7	8.6	5	104	12	317	70	38	561	1	3.1
古巴	..	..	..	..	..	..	..	..	..	..	..	..
塞浦路斯	6	8	13.1	6	42	9	677	247	43	735	8	1.5
捷克共和国	9	20	8.4	4	25	33	120	279	27	611	2	3.2
丹麦	4	6	0.0	3	16	5	67	38	35	410	7	1.0
多米尼加共和国	7	19	18.2	7	60	14	216	87	34	460	5	3.5
厄瓜多尔	13	56	28.8	9	16	16	128	89	39	588	1	5.3
埃及	6	7	5.6	7	72	22	218	54	41	1,010	8	4.2
萨尔瓦多	8	17	45.1	5	31	33	157	78	34	786	3	4.0
厄立特里亚	13	84	62.6	11	78	..	..	59	39	405	4	..
爱沙尼亚	5	7	1.8	3	18	13	148	111	35	425	8	3.0
埃塞俄比亚	5	9	12.8	10	41	9	128	95	37	620	4	3.0
芬兰	3	14	1.0	3	14	16	66	53	33	375	6	0.9
法国	5	7	0.9	8	59	10	184	123	29	331	10	1.9
加蓬	9	58	17.3	7	39	13	201	160	38	1,070	6	5.0
冈比亚	8	27	206.1	5	66	14	143	78	33	434	2	3.0
格鲁吉亚	2	2	4.3	1	2	9	74	97	36	285	9	3.3
德国	9	15	4.6	5	40	9	97	17	30	394	5	1.2
加纳	7	12	17.3	5	34	16	218	78	36	487	7	1.9
希腊	10	10	20.1	11	18	14	169	77	39	819	1	2.0
危地马拉	12	37	52.5	4	23	19	165	39	31	1,459	3	3.0
几内亚	12	40	118.0	6	59	29	287	69	49	276	6	3.8
几内亚比绍	9	9	49.8	8	210	12	170	455	40	1,715	6	..
海地	12	105	314.2	5	301	9	1,129	66	35	530	2	5.7

	创办企业			财产注册登记		建筑许可证的办理		通电	履行合同		保护投资者	关闭企业
	程序数量	所需要的时间(天)	创办成本占人均收入的百分比	程序数量	所需时间	创建仓库的程序数量	创建仓库所需要的时间(天)	所需要的时间(天)	程序数量	所需要的时间(天)	披露指数 0(更少)至10(更多)	破产清算时间(天)
	2011年6月	2011年6月	2011年6月	2011年6月	2011年6月	2011年6月	2011年6月	2011年6月	2011年6月	2011年6月	2011年6月	2011年6月
洪都拉斯	13	14	46.7	7	23	14	94	33	47	920	0	3.8
匈牙利	4	4	7.6	4	17	29	102	252	35	395	2	2.0
印度	12	29	46.8	5	44	34	227	67	46	1,420	7	7.0
印度尼西亚	8	45	17.9	6	22	13	158	108	40	570	10	5.5
伊朗	6	8	3.8	9	36	16	320	140	39	505	5	4.5
伊拉克	11	77	115.7	5	51	13	187	47	51	520	4	..
爱尔兰	4	13	0.4	5	38	10	141	205	21	650	10	0.4
以色列	5	34	4.4	7	144	19	212	132	35	890	7	4.0
意大利	6	6	18.2	7	27	11	258	192	41	1,210	7	1.8
牙买加	6	7	7.2	6	37	8	145	96	35	655	4	1.1
日本	8	23	7.5	6	14	14	193	117	30	360	7	0.6
约旦	7	12	13.9	7	21	17	70	43	38	689	5	4.3
哈萨克斯坦	6	19	0.8	4	40	32	189	88	36	390	9	1.5
肯尼亚	11	33	37.8	8	64	8	125	163	40	465	3	4.5
朝鲜	..	..	..	..	..	..	..	..	..	..	..	..
韩国	5	7	14.6	7	11	12	30	49	33	230	7	1.5
科索沃	10	58	26.7	8	33	17	301	60	53	420	3	2.0
科威特	12	32	1.2	8	47	24	130	42	50	566	7	4.2
吉尔吉斯斯坦	2	10	3.5	4	5	12	142	337	38	260	8	4.0
老挝	7	93	7.6	5	98	23	108	134	42	443	2	..
拉脱维亚	4	16	2.6	5	18	23	205	108	27	369	5	3.0
黎巴嫩	5	9	67.1	8	25	19	219	75	37	721	9	4.0
莱索托	7	40	24.9	6	101	12	510	140	40	785	2	2.6
利比里亚	4	6	68.4	10	50	23	75	586	41	1,280	4	3.0
利比亚	..	..	..	..	..	..	..	..	..	..	..	..
立陶宛	6	22	2.8	3	3	15	142	148	30	275	7	1.5
前南斯拉夫马其顿共和国	3	3	2.4	4	40	10	117	151	37	370	9	2.0
马达加斯加	3	8	12.1	6	74	16	172	450	38	871	5	2.0
马拉维	10	39	90.9	6	69	18	200	244	42	312	4	2.6
马来西亚	4	6	16.4	5	48	22	260	51	29	425	10	1.5
马里	4	8	90.5	5	29	11	179	120	36	620	6	3.6
毛里塔尼亚	9	19	48.3	4	49	18	119	75	46	370	5	8.0
毛里求斯	5	6	3.6	4	22	16	136	91	36	645	6	1.7
墨西哥	6	9	11.2	7	74	10	81	114	38	415	8	1.8
摩尔多瓦	7	9	9.1	5	5	27	291	140	30	352	7	2.8
蒙古	7	13	2.9	5	11	19	208	156	32	314	5	4.0
摩洛哥	6	12	15.7	8	75	15	97	71	40	510	7	1.8
莫桑比克	9	13	11.7	8	42	13	370	117	30	730	5	5.0
缅甸	..	..	..	..	..	..	..	..	..	..	..	..
纳米比亚	10	66	17.2	7	39	12	139	55	33	270	5	1.5
尼泊尔	7	29	37.4	3	5	13	222	70	39	910	6	5.0
荷兰	6	8	5.5	5	7	15	176	143	26	514	4	1.1
新西兰	1	1	0.4	2	2	6	64	50	30	216	10	1.3
尼加拉瓜	8	39	107.9	8	49	16	218	70	37	409	4	2.2
尼日尔	9	17	114.4	4	35	12	326	120	39	545	6	5.0
尼日利亚	8	34	70.6	13	82	15	85	260	40	457	5	2.0
挪威	5	7	1.8	1	3	11	250	66	34	280	7	0.9
阿曼	5	8	3.1	2	16	14	174	62	51	598	8	4.0
巴基斯坦	10	21	11.2	6	50	11	222	206	46	976	6	2.8
巴拿马	6	8	9.9	8	32	17	113	35	31	686	1	2.5
巴布亚新几内亚	6	51	15.6	4	72	21	219	66	42	591	5	3.0
巴拉圭	7	35	47.2	6	46	12	137	53	38	591	6	3.9
秘鲁	5	26	11.9	4	7	16	188	100	41	428	8	3.1
菲律宾	15	35	19.1	8	39	30	85	50	37	842	2	5.7
波兰	6	32	17.3	6	152	30	301	143	37	830	7	3.0
葡萄牙	5	5	2.3	1	1	14	255	64	31	547	6	2.0
波多黎各	6	6	0.6	8	194	18	189	32	39	620	7	3.8
卡塔尔	8	12	8.3	7	13	17	70	90	43	570	5	2.8

5.3 工商业环境：运营指标

	创办企业			财产注册登记		建筑许可证的办理		通电	履行合同		保护投资者	关闭企业
	程序数量	所需要的时间(天)	创办成本占人均收入的百分比	程序数量	所需时间	创建仓库的程序数量	创建仓库所需要的时间(天)	所需要的时间(天)	程序数量	所需要的时间(天)	披露指数0(更少)至10(更多)	破产清算时间(天)
	2011年6月	2011年6月	2011年6月	2011年6月	2011年6月	2011年6月	2011年6月	2011年6月	2011年6月	2011年6月	2011年6月	2011年6月
罗马尼亚	6	14	3.0	8	26	16	287	223	31	512	9	3.3
俄罗斯联邦	9	30	2.0	5	43	51	423	281	36	281	6	2.0
卢旺达	2	3	4.7	5	25	12	164	30	24	230	7	3.0
沙特阿拉伯	3	5	5.9	2	2	9	75	71	43	635	9	1.5
塞内加尔	3	5	68.0	6	122	13	210	125	43	780	6	3.0
塞尔维亚	7	13	7.8	6	11	19	279	131	36	635	7	2.7
塞拉利昂	6	12	93.3	7	86	20	238	137	39	515	6	2.6
新加坡	3	3	0.7	3	5	11	26	36	21	150	10	0.8
斯洛伐克共和国	6	18	1.8	3	17	11	286	177	32	565	3	4.0
斯洛文尼亚	2	6	0.0	5	110	13	199	38	32	1,290	3	2.0
索马里	..	..	..	..	..	..	..	..	..	..	..	..
南非	5	19	0.3	6	23	13	127	226	29	600	8	2.0
南苏丹	..	..	..	..	..	..	..	..	..	..	..	..
西班牙	10	28	4.7	5	13	8	182	101	39	515	5	1.5
斯里兰卡	4	35	4.7	8	83	18	217	132	40	1,318	6	1.7
苏丹	10	36	31.4	6	9	16	270	70	53	810	0	2.0
斯威士兰	12	56	29.2	9	21	13	95	137	40	972	2	2.0
瑞典	3	15	0.6	1	7	7	116	52	30	508	8	2.0
瑞士	6	18	2.1	4	16	13	154	39	32	390	0	3.0
阿拉伯叙利亚共和国	7	13	17.1	4	19	23	104	71	55	872	7	4.1
塔吉克斯坦	5	24	33.3	6	37	26	228	238	35	430	8	1.7
坦桑尼亚	12	29	28.8	9	73	19	303	109	38	462	3	3.0
泰国	5	29	6.2	2	2	8	157	35	36	479	10	2.7
东帝汶	10	103	4.5	..	..	19	238	63	51	1,285	3	..
多哥	7	84	177.2	5	295	12	309	74	41	588	6	3.0
特立尼达和多巴哥	9	43	0.9	8	162	17	297	61	42	1,340	4	4.0
突尼斯	10	11	4.2	4	39	17	88	65	39	565	5	1.3
土耳其	6	6	11.2	6	6	24	189	70	36	420	9	3.3
土库曼斯坦	..	..	..	..	..	..	..	..	..	..	..	..
乌干达	16	34	84.5	13	48	15	125	91	38	490	2	2.2
乌克兰	9	24	4.4	10	117	21	375	274	30	343	5	2.9
阿拉伯联合酋长国	7	13	5.6	1	2	14	46	55	49	537	4	5.1
英国	6	13	0.7	6	29	9	99	109	28	399	10	1.0
美国	6	6	1.4	4	12	15	26	68	32	300	7	1.5
乌拉圭	5	7	24.9	8	66	27	234	48	41	720	3	2.1
乌兹别克斯坦	6	14	6.4	12	78	25	243	117	42	195	4	4.0
委内瑞拉	17	141	26.1	8	38	10	381	125	30	510	3	4.0
越南	9	44	10.6	4	57	10	200	142	34	295	6	5.0
西岸和加沙	11	49	96.0	7	47	18	119	63	44	540	6	..
也门共和国	6	12	83.8	6	19	12	116	35	36	520	6	3.0
赞比亚	6	18	27.4	5	40	14	196	117	35	471	3	2.7
津巴布韦	9	90	148.9	5	31	12	614	125	38	410	8	3.3
全世界	**7 u**	**31 u**	**36.2 u**	**6 u**	**55 u**	**16 u**	**193 u**	**111 u**	**38 u**	**610 u**	**5 u**	**2.9 u**
低收入国家	8	33	106.0	6	86	15	260	167	39	662	5	3.7
中等收入国家	8	36	28.0	6	51	17	188	102	39	626	5	3.1
中低收入国家	8	34	40.9	6	66	16	181	98	40	662	4	3.3
中高收入国家	8	38	13.9	6	36	17	195	106	38	588	6	2.8
低收入和中等收入国家	8	35	46.3	6	60	16	205	117	39	634	5	3.2
东亚和太平洋地区	8	39	26.4	5	80	17	172	98	37	548	5	3.2
欧洲和中亚	6	16	8.0	6	29	21	214	168	37	390	7	2.8
拉丁美洲和加勒比地区	9	57	40.8	7	56	14	221	66	40	699	4	3.1
中东和北非	8	23	50.4	7	41	17	166	84	42	692	6	3.5
南亚	7	23	21.6	6	103	16	222	145	43	1,075	5	3.4
撒哈拉以南非洲地区	8	34	80.8	6	66	15	212	138	39	657	5	3.4
高收入国家	6	17	6.8	5	44	14	159	93	35	539	6	2.1
欧元区	6	12	5.4	5	32	12	210	111	32	600	6	1.7

注：地区合计值不同于《全球工商企业运营报告》网站上公布的数据，因为《全球工商企业运营报告》网站上公布的地区合计值包括发达国家。

关于数据的说明

一国经济运营状况不仅是通过宏观经济概念来衡量，其他因素也深深地影响了经济活动，如法律、规章和制度安排。运营指标衡量了运营监管、规范监管的结果，并衡量了知识产权保护的程度、就业监管的灵活性以及企业的税务负担。

本表列出了运营指标的一个子集，其覆盖了 11 套指标中的 7 套：创办企业、财产注册登记、建筑许可处理、通电、履行合同、保护投资者和关闭企业等。表 5.5 包括对获取信贷的运营状况衡量，表 5.6 列出了缴纳税款的数据。

运营项目的基本前提是经济活动需要良好的法规和监管，使其变得高效，让每个需要使用的人都可以使用，并且执行简单。因此，经营指标对监管给予更多关注，例如，对关联方交易的更严格的信息披露；其还更加关注监管的简化，例如，一站式完成业务启动手续。

在构建指标时，我们假定企业家知晓并遵守所有的规章；在实践中，企业家可能无法了解所有必要的程序，或者试图避免法律所规定的程序。但监管越重，非正式的程度就越高，这就带来了代价：非正式部门的企业成长缓慢，其获得的融资较少，雇佣的员工较少——这些员工不受劳动法的保护。本表中的指标可以帮助决策者了解一国的经商环境，并且在还从其他渠道（如世界银行企业调查）获取信息的情况下，洞察需要改革的潜在领域。

运营数据是由标准化的调查收集的，后者使用简单的商业案例来保证跨经济体和时间的可比性——即对业务的法律形式、业务规模、业务所在地和其操作状况给出假设。183 个国家的调查有超过 9,000 个当地专家参与，其中包括律师、商业顾问、会计师、货运代理、政府官员和其他参与例行管理或就法律和监管要求提供咨询意见的专业人士。

运营项目包括两类数据：来自法律和监管议案的数据和来自时间和动态指标的数据，后者衡量了达到某个监管目标的效率。时间和动态指标成本估计是在使用情况下所记录的官方收费标准。来自调查的数据受到众多实验的修正，从而导致信息收集的修订或扩大。

当解释这些数据时，我们应当考虑到运营方法的局限性。第一，数据来自经济体中最大的城市的运营情况，其可能无法代表该经济体其他地区的监管状况。为了解决这一问题，部分经济体的地方指标正在收集之中。这些次级研究指向改革速度的显著差异，且便利同一经济体跨城市通商。第二，这些数据经常集中于特定的商业形式（通常是特定规模的有限责任公司），且不代表对其他商业形式（如独资经营）监管。第三，标准化商业案例中的交易所指的是一系列特定问题，可能不代表企业所遇到的所有问题。第四，时间的衡量涉及专家答辩所作出的判定。当资料表明不同估计时，运营时间指标代表了标准案例假定下某些回复的中间值。第五，该方法假设企业拥有其所需要的所有信息，并且在完成程序时不耗费时间。

定义

• **创办企业的手续数量**包括为创办企业履行的手续，其中包括为获取必要的许可证，为完成创办营业所需要的所有注册登记、认证以及通告所履行的手续。数据是关于企业在所有权、规模和生产类型方面所具有的特定特征的数据。 • **创办企业的时间**是指为完成企业合法经营所需要的程序必须花费的天数。如果花费额外费用能够加快手续的办理，一般选用最快的程序，而不考虑费用。 • **创办企业的成本**通常以其占人均国民总收入的百分比加以标准化。其中包括法律上需要的专业服务和法定服务的所有官方费用。 • **财产注册登记的手续数量**是指企业为合法划拨财产所需要办理的手续数量。 • **财产注册登记所需要的时间**是指企业为合法划拨财产保障产权所需要的天数。 • **创建仓库时涉及的建筑许可的手续数量**是指企业职工或者管理者与外部机构人员交涉所需要的手续数量，其中包括政府官员、公共监管人员、公证机构人员、土地登记注册机构人员以及工程建筑机构的技术专家。 • **创建仓库时涉及的建筑许可所需要的时间**是指完成创建仓库所需要的程序必须花费的天数。如果花费额外费用能够加快手续的办理，一般选用最快的程序，而不考虑费用。 • **通电所需要的时间**是指一个企业为获得永久性的电力连接和供应所需要的日历天数。 • **履行合同的手续数量**是由法律和法院批准办理的手续的数量。它要求合同相关方之间或者合同相关方与法官、法院官员相互配合。 • **履行合同所需要的时间**是指从原告向法院提出诉讼到作出终审判决以及支付相关费用（有关案件）所需要的天数。 • **披露指数**衡量的是通过所有权和财务信息的披露，投资者受保护的程度。较高的数值表明更多的披露。 • **破产清算时间**是指从向法院提出破产申请到清算不良资产、支付给债权人所需要的年数。

数据资料来源

工商业运营环境数据都是来自世界银行的《全球工商企业运营报告》项目（www.doingbnsiness.org/）。

	市场资本总额				市场流动性		周转率		国内上市公司		S&P全球股权指数	
	百万美元		占GDP的百分比		交易额占GDP的百分比		成交股票金额占资本总市值的百分比		数量		变动百分比	
	2005	2011	2005	2010	2005	2010	2005	2011	2005	2011	2010	2011
阿富汗	..	..	..	..	..	..	..	..	..	..	..	..
阿尔巴尼亚	..	..	..	..	..	..	..	..	..	..	..	..
阿尔及利亚	..	..	..	..	..	..	..	..	..	..	..	..
安哥拉	..	..	..	..	..	..	..	..	..	..	..	..
阿根廷	61,478	43,580	33.6	17.3	9.0	0.7	30.4	4.8	101	99	55.3[a]	–30.2[a]
亚美尼亚	43	44	0.9	0.3	0.0	*0.0*	3.7	1.5	198	12	..	..
澳大利亚	804,074	1,198,164	115.4	128.5	88.5	108.0	78.0	94.0	1,643	1,922	12.5	–15.7
奥地利	124,390	82,374	40.8	17.9	15.1	12.7	43.6	51.6	92	73	10.9	–35.8
阿塞拜疆	..	..	..	..	..	..	..	..	..	..	..	..
巴林	17,364	17,152	129.0	*82.2*	5.3	*4.2*	4.6	1.5	47	44	10.0[a]	–14.4[a]
孟加拉国	3,035	23,546	5.0	15.6	1.7	14.6	31.5	92.6	262	216	37.6[a]	–42.3[a]
白俄罗斯	..	..	..	..	..	..	..	..	..	..	..	..
比利时	288,515	229,896	76.5	57.4	33.3	23.7	44.8	43.0	222	158	0.5	–15.1
贝宁	..	..	..	..	..	..	..	..	..	..	..	..
玻利维亚	2,200	4,125	23.0	17.2	0.0	0.1	0.1	0.4	36	40	..	..
波斯尼亚和黑塞哥维那	..	..	..	..	..	..	..	..	..	..	..	..
博茨瓦纳	2,437	4,107	23.8	27.4	0.4	0.9	1.8	3.6	18	23	–6.8[a]	–7.5[a]
巴西	474,647	1,228,969	53.8	74.0	17.5	43.2	38.3	69.3	381	366	6.5	–24.4
保加利亚	5,086	8,253	17.6	15.2	4.8	0.4	35.2	3.4	331	393	–15.2[a]	–22.1[a]
布基纳法索	..	..	..	..	..	..	..	..	..	..	..	..
布隆迪	..	..	..	..	..	..	..	..	..	..	..	..
柬埔寨	..	..	..	..	..	..	..	..	..	..	..	..
喀麦隆	..	..	..	..	..	..	..	..	..	..	..	..
加拿大	1,480,891	1,906,589	130.6	137.0	74.5	86.6	63.6	74.8	3,721	3,932	22.0	–14.7
中非共和国	..	..	..	..	..	..	..	..	..	..	..	..
乍得	..	..	..	..	..	..	..	..	..	..	..	..
智利	136,446	270,289	115.4	160.6	16.0	25.5	14.9	18.6	245	229	47.2	–24.1
中国	780,763	3,389,098	34.6	80.4	26.0	135.5	82.5	188.2	1,387	2,342	6.9	–21.7
中国香港	693,486	889,597	390.1	481.0	165.4	711.7	43.3	157.6	1,020	1,472	21.3	–20.2
哥伦比亚	46,016	201,296	31.4	72.3	4.3	8.0	17.9	13.3	114	79	44.1	–12.0
刚果民主共和国	..	..	..	..	..	..	..	..	..	..	..	..
刚果共和国	..	..	..	..	..	..	..	..	..	..	..	..
哥斯达黎加	1,478	1,443	7.4	4.0	0.1	0.1	1.7	2.6	19	9	..	..
科特迪瓦	2,327	6,288	14.2	31.2	0.2	0.6	1.4	1.8	39	33	19.3[a]	–15.2[a]
克罗地亚	12,918	21,796	28.8	40.9	1.8	1.7	6.7	4.1	145	209	–0.4[a]	–30.3[a]
古巴	..	..	..	..	..	..	..	..	..	..	..	..
塞浦路斯	6,583	2,853	38.7	29.5	2.4	2.7	7.1	10.0	144	117	..	–71.9[a]
捷克共和国	38,345	38,352	30.8	22.4	33.0	7.3	118.6	38.0	36	15	0.2	–15.0
丹麦	178,038	179,529	69.1	74.3	59.0	46.3	92.3	73.2	179	186	25.1	–17.3
多米尼加共和国	..	..	..	..	..	..	..	..	..	..	..	..
厄瓜多尔	3,214	5,779	8.7	9.1	0.4	0.2	5.0	1.9	32	41	9.7[a]	–9.6[a]
埃及	79,672	48,683	88.8	37.7	28.3	17.0	43.0	33.5	744	231	11.5	–49.1
萨尔瓦多	3,623	5,474	21.2	19.9	0.4	0.2	2.3	1.6	35	65	..	..
厄立特里亚	..	..	..	..	..	..	..	..	..	..	..	..
爱沙尼亚	3,495	1,611	25.1	11.8	17.8	1.7	51.1	12.6	15	15	56.0[a]	–23.3[a]
埃塞俄比亚	..	..	..	..	..	..	..	..	..	..	..	..
芬兰	209,504	143,081	107.0	49.6	139.7	42.8	139.1	133.5	134	121	10.7	–33.1
法国	1,758,721	1,568,730	82.3	75.3	71.4	57.3	92.0	84.4	885	893	–9.9[b]	–19.5[b]
加蓬	..	..	..	..	..	..	..	..	..	..	..	..
冈比亚	..	..	..	..	..	..	..	..	..	..	..	..
格鲁吉亚	355	796	5.5	9.1	0.6	0.0	13.6	0.2	257	135	..	..
德国	1,221,250	1,184,459	44.1	43.6	63.7	42.8	146.0	134.5	648	670	7.4[c]	–16.6[c]
加纳	1,661	3,097	15.5	11.3	0.6	0.3	3.2	4.1	30	36	94.1[a]	–22.8[a]
希腊	145,013	33,648	60.4	24.1	27.2	14.3	48.3	46.5	307	275	–43.8	–58.3
危地马拉	..	..	..	..	..	..	..	..	..	..	..	..
几内亚	..	..	..	..	..	..	..	..	..	..	..	..
几内亚比绍	..	..	..	..	..	..	..	..	..	..	..	..
海地	..	..	..	..	..	..	..	..	..	..	..	..

	市场资本总额				市场流动性		周转率		国内上市公司		S&P全球股权指数	
	百万美元		占GDP的百分比		交易额占GDP的百分比		成交股票金额占资本总市值的百分比		数量		变动百分比	
	2005	2011	2005	2010	2005	2010	2005	2011	2005	2011	2010	2011
洪都拉斯	..	..	..	..	..	..	..	..	..	..	..	..
匈牙利	32,576	18,773	29.5	21.5	21.7	20.6	78.0	83.9	44	52	−10.8	−35.3
印度	553,074	1,015,370	66.3	93.6	52.0	61.2	92.2	56.3	4,763	5,112	18.7	−38.0
印度尼西亚	81,428	390,107	28.5	51.0	14.7	18.3	54.2	37.2	335	440	37.9	1.1
伊朗	38,724	107,249	20.2	*19.1*	4.3	*5.2*	19.1	20.7	420	347	..	..
伊拉克	..	..	..	..	..	..	..	..	..	..	..	..
爱尔兰	114,134	35,363	56.1	16.3	31.8	8.1	56.7	45.3	53	48	−7.7	−1.5
以色列	120,114	144,970	89.5	100.3	44.6	61.4	55.5	64.7	572	576	7.4	−29.7
意大利	798,167	431,471	44.7	15.4	62.4	26.2	140.5	236.8	275	287	−17.4	−27.6
牙买加	13,028	7,223	116.8	46.5	3.9	1.5	3.1	3.1	39	37	22.4[a]	28.4[a]
日本	4,736,513	3,540,685	104.0	75.1	109.8	78.4	118.8	108.9	3,279	3,961	9.6[d]	−12.2[d]
约旦	37,639	27,183	299.0	111.9	189.1	34.3	85.0	13.9	201	247	−8.6[a]	−16.2[a]
哈萨克斯坦	10,521	43,301	18.4	40.8	1.9	1.5	14.9	2.1	62	63	−1.0[a]	−36.4[a]
肯尼亚	6,384	10,203	34.1	46.0	2.7	3.5	9.8	7.1	47	58	33.8[a]	−31.6[a]
朝鲜	..	..	..	..	..	..	..	..	..	..	..	..
韩国	718,180	994,302	85.0	107.4	142.4	160.3	209.8	195.1	1,620	1,792	25.3	−10.9
科索沃	..	..	..	..	..	..	..	..	..	..	..	..
科威特	130,080	100,869	161.0	*87.6*	116.4	*63.9*	94.3	19.4	143	206	29.1[a]	−21.4[a]
吉尔吉斯斯坦	42	165	1.7	1.7	0.5	0.2	34.1	2.7	8	34	..	..
老挝	..	..	..	..	..	..	..	..	..	..	..	..
拉脱维亚	2,527	1,076	15.8	5.2	0.6	0.1	4.6	4.4	45	32	39.4[a]	−17.3[a]
黎巴嫩	4,929	10,164	22.5	32.3	4.2	4.8	25.5	4.5	11	10	−8.7[a]	−22.2[a]
莱索托	..	..	..	..	..	..	..	..	..	..	..	..
利比里亚	..	..	..	..	..	..	..	..	..	..	..	..
利比亚	..	..	..	..	..	..	..	..	..	..	..	..
立陶宛	8,183	4,075	31.5	15.6	2.9	0.8	10.1	5.0	43	33	44.0[a]	−16.1[a]
前南斯拉夫马其顿共和国	646	2,504	10.8	28.8	1.6	0.4	18.3	2.0	57	32	..	..
马达加斯加	..	..	..	..	..	..	..	..	..	..	..	..
马拉维	230	1,384	8.4	26.7	0.3	0.4	4.1	3.9	9	13	..	..
马来西亚	181,236	395,083	131.4	172.6	36.2	37.9	26.9	32.0	1,020	941	35.1	−1.1
马里	..	..	..	..	..	..	..	..	..	..	..	..
毛里塔尼亚	..	..	..	..	..	..	..	..	..	..	..	..
毛里求斯	2,617	6,540	41.7	66.9	2.4	3.7	6.0	8.0	42	86	8.2[a]	−2.5[a]
墨西哥	239,128	408,691	28.2	43.9	6.2	10.5	25.7	26.0	151	128	26.6	−14.8
摩尔多瓦	..	..	..	..	0.6	*0.2*	..	..	..	..	..	..
蒙古	46	1,579	1.8	17.6	0.1	0.8	6.1	3.4	392	332	..	..
摩洛哥	27,220	60,088	45.7	76.2	7.0	11.8	15.9	9.8	56	75	13.1	−17.7
莫桑比克	..	..	..	..	..	..	..	..	..	..	..	..
缅甸	..	..	..	..	..	..	..	..	..	..	..	..
纳米比亚	415	1,152	5.7	9.7	0.1	0.2	1.5	1.2	13	7	24.2[a]	6.2[a]
尼泊尔	1,344	4,529	16.5	30.8	0.6	0.6	4.4	1.7	125	181	..	..
荷兰	592,906	594,732	92.9	84.8	130.9	76.0	147.7	88.3	237	108	1.2	−16.4
新西兰	43,409	71,657	39.1	52.9	15.7	*14.2*	40.0	39.6	154	144	5.2	−3.8
尼加拉瓜	..	..	..	..	..	..	..	..	..	..	..	..
尼日尔	..	..	..	..	..	..	..	..	..	..	..	..
尼日利亚	19,356	39,270	17.2	26.3	1.7	2.7	11.5	9.2	214	196	20.3[a]	−29.5[a]
挪威	190,952	219,245	62.8	60.1	64.1	52.0	117.2	88.6	191	192	13.7	−18.1
阿曼	15,269	19,719	49.4	36.9	10.4	*12.4*	29.8	12.9	96	136	12.2[a]	−14.1[a]
巴基斯坦	45,937	32,764	41.9	21.6	128.6	7.3	376.3	28.6	661	638	15.3[a]	−18.8[a]
巴拿马	5,074	10,682	32.8	40.9	0.5	0.7	1.8	0.6	24	21	12.8[a]	18.0[a]
巴布亚新几内亚	3,166	8,999	64.6	102.8	0.4	0.2	0.6	0.6	9	11	..	..
巴拉圭	257	958	3.4	0.2	0.0	0.1	0.6	3.0	54	66	..	..
秘鲁	35,995	79,329	45.3	63.6	2.5	2.5	7.2	5.5	196	202	51.3	−21.3
菲律宾	40,153	165,380	39.0	78.8	6.7	13.4	20.1	20.4	235	251	56.7	0.2
波兰	93,873	138,246	30.9	40.5	9.9	16.5	36.3	58.4	248	757	11.3	−33.4
葡萄牙	66,981	61,688	34.9	35.9	21.7	13.7	60.7	50.3	48	46	−16.6	−31.0
波多黎各	..	..	..	..	..	..	..	..	..	..	..	..
卡塔尔	87,316	125,413	202.9	*89.4*	65.2	25.9	40.0	18.6	31	42	27.7[a]	3.3[a]

	市场资本总额				市场流动性		周转率		国内上市公司		S&P全球股权指数	
	百万美元		占GDP的百分比		交易额占GDP的百分比		成交股票金额占资本总市值的百分比		数量		变动百分比	
	2005	2011	2005	2010	2005	2010	2005	2011	2005	2011	2010	2011
罗马尼亚	20,588	21,197	20.8	20.0	3.4	1.1	21.0	12.0	3,747	1,267	–6.6[a]	–18.2[a]
俄罗斯联邦	548,579	796,376	71.8	67.9	20.9	54.0	39.0	127.3	296	327	21.7	–23.4
卢旺达	..	..	..	..	..	..	..	..	..	..	..	..
沙特阿拉伯	646,104	338,873	204.7	81.3	349.7	46.7	231.7	84.6	77	150	9.0[e]	–3.9[e]
塞内加尔	..	..	..	..	..	..	..	..	..	..	..	..
塞尔维亚	5,409	8,365	21.4	25.2	2.6	0.6	15.3	3.7	864	1,322	..	..
塞拉利昂	..	..	..	..	..	..	..	..	..	..	..	..
新加坡	316,658	308,320	256.4	177.3	97.0	135.1	40.4	74.8	685	462	18.4	–21.2
斯洛伐克共和国	4,393	4,736	7.2	4.8	0.1	0.2	1.6	10.2	209	81	5.4[a]	3.0[a]
斯洛文尼亚	7,899	6,326	22.1	20.1	2.2	0.6	9.0	6.5	116	66	–20.3[a]	–30.7[a]
索马里	..	..	..	..	..	..	..	..	..	..	..	..
南非	565,408	855,711	228.9	278.4	81.2	93.5	39.3	39.8	388	355	32.1	–17.4
南苏丹	..	..	..	..	..	..	..	..	..	..	..	..
西班牙	960,024	1,030,951	84.9	83.2	137.8	96.7	163.9	128.9	3,300	3,241	–24.5	–16.8
斯里兰卡	5,720	19,437	23.4	40.2	4.7	6.7	24.3	25.1	239	253	84.6[a]	–23.0[a]
苏丹	..	..	..	..	..	..	..	..	..	..	..	..
斯威士兰	197	..	7.8	..	0.0	..	0.0	..	6	5	..	..
瑞典	403,948	470,122	109.0	126.7	125.2	95.9	118.9	96.2	252	340	32.6	–18.5
瑞士	938,624	932,207	252.0	232.9	237.1	164.7	100.1	85.9	263	246	11.0	–9.4
阿拉伯叙利亚共和国	..	..	..	..	..	..	..	..	..	..	..	..
塔吉克斯坦	..	..	..	..	..	..	..	..	..	..	..	..
坦桑尼亚	588	1,539	4.2	5.5	0.1	0.1	2.3	2.5	6	17	..	..
泰国	124,864	268,489	70.8	87.2	50.6	68.4	73.9	85.1	504	545	52.1	–4.7
东帝汶	..	..	..	..	..	..	..	..	..	..	..	..
多哥	..	..	..	..	..	..	..	..	..	..	..	..
特立尼达和多巴哥	16,972	14,725	106.2	59.0	3.9	0.7	3.7	1.2	37	37	0.8[a]	26.7[a]
突尼斯	2,876	9,662	8.9	24.1	1.4	3.8	16.5	11.0	46	57	11.7[a]	–13.4[a]
土耳其	161,537	201,817	33.4	41.8	41.7	57.4	154.9	162.7	302	362	21.4	–37.0
土库曼斯坦	..	..	..	..	..	..	..	..	..	..	..	..
乌干达	103	7,727	1.1	10.5	0.0	0.1	3.1	..	5	8	..	..
乌克兰	24,976	25,558	29.0	28.6	0.8	1.5	3.6	14.1	221	195	53.8[a]	–36.3[a]
阿拉伯联合酋长国	225,568	93,767	124.9	35.2	79.2	9.2	89.6	15.9	79	104	–6.8[a]	–16.5[a]
英国	3,058,182	1,202,031	134.1	137.4	182.7	132.9	141.9	137.9	2,759	2,001	5.2[f]	–6.1[f]
美国	16,970,865	15,640,707	134.9	117.5	171.0	208.8	129.2	187.6	5,143	4,171	12.8[g]	0.0[g]
乌拉圭	96	175	0.6	0.4	0.0	0.0	1.1	0.4	9	6	..	..
乌兹别克斯坦	37	..	0.3	..	0.3	0.1	184.7	..	114	132	..	..
委内瑞拉	5,017	5,143	3.4	1.0	0.2	0.0	4.5	0.9	50	36	..	..
越南	461	18,316	0.9	19.2	0.2	16.2	24.8	29.5	33	301	0.5[a]	–26.8[a]
西岸和加沙	4,461	2,532	111.1	..	52.2	..	75.4	14.7	28	45	..	..
也门共和国	..	..	..	..	..	..	..	..	..	..	..	..
赞比亚	989	4,009	13.8	17.4	0.2	1.6	2.0	..	15	20	17.4[a]	–1.3[a]
津巴布韦	2,402	10,903	43.0	153.6	5.9	15.3	15.3	..	79	75	..	..
全世界	**43,319,352 s**	**45,082,821 s**	**96.6 w**	**88.7 w**	**105.7 w**	**106.4 w**	**116.3 w**	**133.4 w**	**50,936 s**	**49,553 s**		
低收入国家	..	59,995		*26.6*	..	..	15.3	48.6	..	602		
中等收入国家	4,426,053	10,282,607	49.3	72.6	24.9	67.7	58.4	103.0	19,925	18,737		
中低收入国家	898,133	1,854,685	48.0	65.9	35.2	34.2	86.4	44.8	8,741	8,653		
中高收入国家	3,527,921	8,427,921	49.6	74.4	22.2	76.5	51.4	116.1	11,184	10,084		
低收入和中等收入国家	4,440,182	10,342,602	48.8	72.1	24.6	67.0	58.3	102.8	20,466	19,339		
东亚和太平洋地区	1,212,704	4,638,422	40.1	79.9	25.6	113.3	68.4	154.3	3,931	5,181		
欧洲和中亚	789,576	1,116,849	48.7	51.8	22.7	42.7	61.6	121.1	6,564	4,368		
拉丁美洲和加勒比地区	1,028,157	2,274,194	40.5	57.6	9.9	22.9	28.4	46.4	1,504	1,446		
中东和北非	*135,018*	265,561	*36.8*	*34.6*	*7.2*	*7.5*	39.3	19.4	*1,531*	1,012		
南亚	609,110	1,095,645	58.8	81.9	55.7	52.6	111.6	55.4	6,050	6,400		
撒哈拉以南非洲地区	605,113	951,930	128.6	149.5	43.3	46.6	37.3	37.2	911	932		
高收入国家	38,879,170	34,740,219	108.8	95.9	126.3	123.5	122.4	143.0	30,470	30,214		
欧元区	6,357,326	5,482,967	62.7	51.7	73.1	47.1	120.5	110.4	6,737	6,250		

a. 数据为标准普尔待开发市场 BMI 指数。b. 数据为法国 CAC 40 指数。c. 数据为德国 DAX 指数。d. 数据为东京证券交易所 225 指数。e. 数据为沙特阿拉伯国家指数。f. 金融时报 100 指数。g. 数据为标准普尔 500 指数。

关于数据的说明

一个经济体金融市场的发展是与该经济体的总体发展密切相关的。运行良好的金融体系能够提供既良好又容易获得的信息。这有助于降低交易成本，反过来又能改善资源的配置，进而促进经济增长。不仅银行系统而且股票市场都能促进经济增长，而经济增长又是减贫的主要因素。在低水平的经济发展阶段，商业银行一般在整个金融系统中处于主导地位。在高水平的经济发展阶段，相对于国内银行业，国内股票市场一般更为活跃、更为有效。

开放的经济加上健全的宏观经济政策、健全的法律系统和对股东的保护，都能够吸引资本，进而形成规模更大的金融市场。近期对股票市场发展的研究表明，新的通信技术以及金融一体化的不断增强使跨国资金流动进一步增加，并在全球形成了强大的金融企业，促进了国际市场上股票交易业务的流动。目前，新兴市场上的许多企业已经在国际交易市场上跨国交互上市，从而获得了成本更低的资金以及流动性更好并且易于交易的股票。然而，这也意味着新兴市场上的股票交易不具有使其得以维持的足够的金融活动，进而迫使其重新考虑自身的经营业务。

本表给出的指标来自标准普尔新兴市场数据库，包括了对规模（市场资本总额和国内上市公司的数量）和流动性（交易值占国内生产总值的百分比和交易值占市场资本总额的百分比）的衡量。各国之间这些指标的可比性可能因概念和统计上的缺陷（例如，报告不精确和会计准则方面的差异）而受到限制。以美元表示的发展中经济体股票市场价格的百分比变化，来自标准普尔全球股权指数（S&P IFCI）和标准普尔待开发市场指数（BMI），法国、德国、日本、英国和美国的百分比变化来自当地的股票市场价格。该指标是一个重要的测量总体业绩的指数。规章和制度方面的因素都能够影响投资者的信心，例如，进入和退出的限制、证券交易委员会的存在以及保护投资者的法律质量，这些都有可能影响股票市场的运行，但是本表没有包括。

尽管股票市场的规模可以用许多方法加以衡量，但是这些方法对各国的排序不同。市场资本总额表明以美元表示的股票市场总体规模以及占 GDP 的百分比。国内上市公司的数量是另一个衡量市场规模的指标。市场规模与资本活动能力、风险分散能力正相关。

市场流动性，即为证券买卖提供方便的能力，可以用交易总额除以 GDP 的方法衡量。周转率——即股票交易总额占市场资本总额的百分比——也是一个测量流动性和交易成本的指标（周转率高则表明交易成本低）。周转率可以作为交易额与 GDP 比率的补充，因为周转率同市场规模和交易额与经济规模的比率相关。规模小、流动性好的市场，其周转率高，但是交易额与经济规模的比率小。流动性是股票市场发展的重要因素，因为从理论上来讲，流动性好的市场可以改善资本的配置，并且能够强化长期经济增长的前景。一个更为综合的衡量流动性的方法应该包括交易成本和时间，以及交易过程中寻找对手的不确定性。

标准普尔的新兴市场数据库（S&P/EMDB）是本表全部数据的来源，它提供了 21 个新兴股票市场和 36 个待开发市场定期更新的数据。标准普尔为对投资于发展中国家股票市场感兴趣的投资者开发了一系列指数。S&P/IFCG 指数、标准普尔先导新兴市场指数旨在追踪那些在法律上和实践上向外国组合投资开放的新兴市场股票的组合。标准普尔 BMI 指数衡量的是 36 个具流动性的小型市场的表现。个别国家指数包括了所有上市公司，反映了各个市场至少 80% 或者 80% 以上的市场资本化。对国际证券管理来讲，这些指数都是广泛使用的基准。若想获得关于这些指数的进一步信息，见 www. standardandpoors. com。

由于标准普尔的新兴市场分类中所包含的市场在发展水平上各不相同，如欲掌握最为重要的市场趋势，最好参阅整个分类。股票市场的趋势可能会因为货币兑换率问题而扭曲，尤其当一种货币大幅度贬值时，记住这一点是非常有用的。

“关于数据说明”以 Demirgüc - Kunt 和 Levine（1996），Beck 和 Levine（2001），以及 Classens、Klingebiel 和 Schmukler（2002）为依据。

定义

- **市场资本总额**（也称作市值）为股票价格乘以已公开发行的股票数量。
- **市场流动性**是交易总额除以 GDP。交易总额指某一期间股票买卖的总额。通过表明市场规模是否与交易相匹配，该指标为市场资本化率提供了补充。
- **周转率**为某一期间股票买卖的总额除以该期间平均市场资本总额。平均市场资本总额按本期期末市值和上期市值的平均数计算。
- **国内上市公司**是指年末在一国股票市场上市的国内注册公司。该指标不包括投资公司、共同基金或者其他集体投资工具。
- **S&P/全球股权指数**衡量以美元表示的股票市场价格变化。

数据资料来源

股票市场数据来自标准普尔的《2011 年全球股票市场纪实》，该纪实以 EMDB 为数据来源，由标准普尔提供的其他数据作补充。标准普尔通过每年一次对世界各股票交易所进行的调查收集数据，另外辅之以其通信网络和路透社提供的信息。GDP 数据来自世界银行的国民账户数据档案。

资金的获取、稳定与效率

	获取信贷		金融服务可及性				银行资本与资产的比率	银行不良贷款与毛贷款总额的比率	由银行部门提供的国内信贷	利率差价	贷款的风险溢价
	法定权利强度指数由0(弱)到10(强)	信贷信息深度指数由0(低)到6(高)	商业银行的存款账户	商业银行的贷款账户	商业银行分支机构	自动柜员机				贷款利率减去存款利率的百分点	基本贷款利率减去短期国库券利率的百分点
			每一千成年人	每一千成年人	每10万成年人	每10万成年人	百分比	百分比	占GDP的百分比		
	2011年6月	2011年6月	2010	2010	2010	2010	2010	2010	2010	2010	2010
阿富汗	6	0	100	4	2.2	0.50	..	..	2.1	..	..
阿尔巴尼亚	9	4	..	118	22.6	31.96	8.5	13.9	67.5	6.4	7.0
阿尔及利亚	3	3	346	23	5.2	6.07	..	..	–7.4	6.3	7.7
安哥拉	3	4	97	86	1.3	12.66	..	..	22.9	9.8	..
阿根廷	4	6	702	285	13.3	42.45	11.9	1.8	29.2	1.4	..
亚美尼亚	6	6	589	202	17.5	32.11	20.4	3.0	25.8	10.3	8.6
澳大利亚	9	5	..	..	31.6	162.38	5.7	2.2	147.6	3.1	2.8
奥地利	7	6	1,376	..	11.4	*48.16*	7.5	2.8	137.5	..	..
阿塞拜疆	6	5	41	256	10.4	28.43	..	..	23.5	9.1	18.9
巴林	4	3	..	..	..	..	..	..	*79.3*	6.0	6.4
孟加拉国	7	2	418	81	6.9	1.93	6.5	*11.2*	65.9	5.9	..
白俄罗斯	3	5	..	..	3.1	37.17	13.7	3.5	45.7	0.1	..
比利时	7	4	..	..	*48.0*	*86.37*	5.0	2.8	117.1	..	8.9
贝宁	6	1	..	..	..	..	..	..	18.1	..	..
玻利维亚	1	6	..	..	..	..	8.4	2.2	49.4	8.9	9.8
波斯尼亚和黑塞哥维那	5	5	914	251	30.9	34.47	17.6	11.4	67.2	4.7	..
博茨瓦纳	7	4	*496*	*238*	*8.6*	..	..	..	9.4	5.9	..
巴西	3	5	..	194	13.8	120.62	11.1	3.1	97.8	31.1	29.1
保加利亚	8	6	1,958	421	91.2	80.53	10.5	11.9	71.0	7.1	8.6
布基纳法索	6	1	..	..	..	..	..	..	16.4	..	..
布隆迪	3	1	..	..	..	..	..	..	40.1	..	..
柬埔寨	8	0	108	29	4.0	5.07	..	..	22.7	..	..
喀麦隆	6	2	*72*	*17*	*1.4*	*1.40*	..	..	9.0	..	..
加拿大	7	6	..	..	24.3	220.02	4.7	1.2	*177.6*	2.6	2.0
中非共和国	6	2	*3*	*1*	*0.6*	..	..	..	18.8	..	..
乍得	6	2	*24*	*3*	*0.6*	*0.36*	..	..	9.3	..	..
智利	6	5	2,134	310	17.6	62.51	8.3	2.7	90.3	3.0	..
中国	6	4	..	..	..	..	6.1	1.1	146.4	3.1	..
中国香港	10	5	..	..	23.6	..	12.3	0.8	199.0	5.0	4.7
哥伦比亚	5	5	..	..	..	..	14.3	2.9	65.7	5.7	..
刚果民主共和国	3	0	..	..	..	..	..	..	1.0	39.7	..
刚果共和国	6	2	*20*	*3*	*2.4*	*1.23*	..	..	–16.4	..	..
哥斯达黎加	3	5	..	..	19.2	..	14.4	1.9	51.3	11.8	..
科特迪瓦	6	1	..	..	..	..	..	..	25.1	..	..
克罗地亚	6	5	..	..	..	100.86	13.9	11.2	82.2	8.6	..
古巴	..	..	..	..	..	..	..	..	..	..	..
塞浦路斯	9	0	..	..	*151.5*	*87.58*	5.9	5.6	315.8	..	..
捷克共和国	6	5	..	..	22.5	41.65	6.5	6.2	64.7	4.8	5.0
丹麦	9	4	..	..	41.1	63.55	5.5	4.1	215.3	..	..
多米尼加共和国	3	6	..	..	..	..	9.3	2.9	39.6	7.3	..
厄瓜多尔	3	6	..	..	..	..	8.9	3.5	26.4	..	..
埃及	3	6	..	..	..	..	6.2	11.0	69.4	4.8	1.7
萨尔瓦多	5	6	..	..	..	..	13.9	3.9	45.1	..	..
厄立特里亚	2	0	..	..	..	..	..	..	114.4	..	..
爱沙尼亚	7	5	1,993	542	19.3	88.09	9.3	5.4	97.6	6.7	..
埃塞俄比亚	4	2	107	2	1.8	0.31	..	..	*37.1*	*3.3*	*7.3*
芬兰	8	4	..	..	15.6	*91.72*	5.5	0.6	100.8	..	..
法国	7	4	..	..	43.1	110.07	4.4	4.2	134.4	..	..
加蓬	6	2	*95*	*46*	*4.7*	*8.62*	11.3	9.9	10.2	..	..
冈比亚	5	0	..	..	..	..	..	..	45.4	12.4	..
格鲁吉亚	8	6	697	377	18.6	42.34	16.9	12.5	33.8	15.0	14.7
德国	7	6	..	..	17.6	*116.80*	4.3	*3.3*	132.0	..	..
加纳	8	3	*324*	*33*	*5.0*	..	7.9	17.6	28.3	..	..
希腊	4	5	..	..	*41.2*	*78.24*	6.9	10.4	145.5	..	..
危地马拉	8	6	..	..	36.5	..	10.3	2.1	38.5	7.9	..
几内亚	6	0	..	..	..	..	..	..	..	..	..
几内亚比绍	6	1	..	..	..	..	..	..	7.7	..	..
海地	3	2	*339*	*12*	*2.8*	..	..	..	19.9	16.7	..

资金的获取、稳定与效率

	获取信贷		金融服务可及性				银行资本与资产的比率	银行不良贷款与毛贷款总额的比率	由银行部门提供的国内信贷	利率差价	贷款的风险溢价
	法定权利强度指数 由0(弱)到10(强)	信贷信息深度指数 由0(低)到6(高)	商业银行的存款账户	商业银行的贷款账户	商业银行分支机构	自动柜员机				贷款利率减去存款利率的	基本贷款利率减去短期国库券利率的
			每一千成年人	每一千成年人	每10万成年人	每10万成年人	百分比	百分比	占GDP的百分比	百分点	百分点
	2011年6月	2011年6月	2010	2010	2010	2010	2010	2010	2010	2010	2010
洪都拉斯	8	6	..	..	..	..	..	..	52.3	9.0	..
匈牙利	7	4	1,072	..	16.6	56.73	9.8	9.7	81.7	2.7	2.2
印度	8	4	747	137	10.9	..	7.1	2.4	71.1	..	..
印度尼西亚	3	4	..	275	8.3	13.37	11.4	2.6	36.5	6.2	..
伊朗	4	4	..	..	26.6	30.95	..	..	37.2	0.1	..
伊拉克	3	0	..	..	4.2	1.09	..	..	–2.1	8.3	8.0
爱尔兰	9	5	..	..	28.6	92.47	4.4	8.6	233.2	..	..
以色列	9	5	..	927	19.9	102.35	6.8	1.4	85.7	2.9	2.3
意大利	3	5	1,307	480	66.9	98.56	9.3	7.8	154.6	..	2.9
牙买加	8	0	..	..	6.7	25.98	..	..	48.1	14.1	11.2
日本	7	6	7,169	171	34.0	132.96	4.8	1.8	326.6	1.1	1.5
约旦	4	2	..	..	18.1	..	10.5	7.9	96.0	5.5	..
哈萨克斯坦	4	5	874	..	3.3	62.75	10.9	23.8	45.4	..	..
肯尼亚	10	4	370	73	4.4	7.27	13.2	6.3	51.0	9.8	10.8
朝鲜	..	..	..	..	..	..	..	..	..	..	..
韩国	8	6	4,522	..	18.6	250.29	7.6	1.9	103.2	1.7	..
科索沃	8	5	770	54	17.5	22.86	..	4.4	17.8	10.9	..
科威特	4	4	..	..	..	..	12.6	8.9	84.0	2.6	4.3
吉尔吉斯斯坦	10	4	181	26	6.2	7.45	..	..	..	27.4	27.0
老挝	4	0	44	4	2.6	4.33	..	..	26.1	19.6	14.6
拉脱维亚	10	5	1,286	273	31.7	69.98	7.3	19.0	89.6	7.7	7.1
黎巴嫩	4	5	873	276	29.7	38.25	7.3	4.3	164.4	2.1	4.2
莱索托	6	0	291	39	3.5	7.28	8.4	3.7	–6.2	7.5	5.0
利比里亚	7	1	..	..	..	..	..	..	148.9	10.1	..
利比亚	..	..	..	..	10.5	3.61	..	..	–65.9	3.5	..
立陶宛	5	6	..	..	27.3	55.29	8.9	19.7	64.6	3.6	–0.1
前南斯拉夫马其顿共和国	7	6	..	291	26.6	51.88	10.6	9.0	48.2	2.4	..
马达加斯加	2	0	45	18	1.6	1.49	..	..	10.5	38.5	39.7
马拉维	7	0	..	..	..	..	..	..	28.4	21.0	17.5
马来西亚	10	6	1,458	280	10.4	46.38	9.1	3.4	132.2	2.5	2.4
马里	6	1	..	..	..	..	..	..	12.5	..	..
毛里塔尼亚	3	1	..	32	4.3	..	..	..	52.9	9.0	8.5
毛里求斯	6	3	465	2,168	23.0	1,009.32	7.3	2.8	110.8	0.5	..
墨西哥	6	6	1,205	344	15.2	47.28	10.4	2.0	45.0	4.1	0.9
摩尔多瓦	8	4	1,197	38	10.3	143.38	16.0	13.3	37.2	8.7	9.2
蒙古	6	4	1,339	706	53.6	..	..	..	29.9	8.2	..
摩洛哥	3	5	694	..	21.0	..	8.4	4.4	106.0	..	..
莫桑比克	2	4	..	..	3.4	5.70	8.0	1.9	24.1	6.6	4.3
缅甸	..	..	..	..	..	..	..	..	25.1	5.0	..
纳米比亚	8	5	624	213	7.6	30.49	8.4	2.0	48.4	4.7	3.3
尼泊尔	7	3	..	..	..	..	..	..	68.6	4.4	1.2
荷兰	6	5	1,769	832	23.2	58.27	4.4	2.8	212.1	–0.6	..
新西兰	10	5	..	..	34.7	72.75	..	..	157.8	1.7	3.5
尼加拉瓜	3	5	..	..	..	..	..	..	63.4	10.3	..
尼日尔	6	1	..	..	..	..	..	..	12.8	..	..
尼日利亚	9	0	..	..	..	..	3.2	17.2	36.3	11.1	13.7
挪威	7	4	529	..	7.6	56.07	6.4	1.5	..	2.0	..
阿曼	4	4	1,012	401	22.9	..	13.5	3.3	41.3	3.5	..
巴基斯坦	6	4	249	28	8.8	4.40	9.8	14.7	46.3	5.9	1.5
巴拿马	5	6	..	..	..	..	12.5	1.1	88.0	4.7	..
巴布亚新几内亚	5	3	178	23	1.8	5.25	..	..	35.7	9.1	5.8
巴拉圭	3	6	..	..	..	..	9.4	1.3	32.5	24.8	..
秘鲁	7	6	436	139	49.5	25.21	9.5	2.6	18.0	17.4	..
菲律宾	4	3	488	..	7.7	14.88	11.7	3.8	49.2	4.5	4.2
波兰	9	5	..	..	45.8	52.10	9.1	8.8	63.6	..	..
葡萄牙	3	4	2,806	413	75.9	197.05	6.4	3.3	209.2	..	..
波多黎各	8	5	..	..	..	..	..	..	..	..	..
卡塔尔	4	4	770	315	23.4	67.00	..	..	75.7	4.4	..

	获取信贷		金融服务可及性				银行资本与资产的比率	银行不良贷款与毛贷款总额的比率	由银行部门提供的国内信贷	利率差价	贷款的风险溢价
	法定权利强度指数 由0(弱)到10(强)	信贷信息深度指数 由0(低)到6(高)	商业银行的存款账户	商业银行的贷款账户	商业银行分支机构	自动柜员机				贷款利率减去存款利率的	基本贷款利率减去短期国库券利率的
			每一千成年人	每一千成年人	每10万成年人	每10万成年人	百分比	百分比	占GDP的百分比	百分点	百分点
	2011年6月	2011年6月	2010	2010	2010	2010	2010	2010	2010	2010	2010
罗马尼亚	9	5	..	222	33.2	55.48	8.9	11.9	54.9	6.8	6.9
俄罗斯联邦	3	5	..	..	..	*76.58*	14.0	8.2	38.6	4.8	..
卢旺达	8	6	*218*	*29*	*2.2*	*0.81*	11.4	10.8	..	9.6	9.2
沙特阿拉伯	5	6	*780*	*181*	*9.0*	*57.97*	12.6	3.0	−0.2	..	..
塞内加尔	6	1	..	..	..	..	10.0	20.2	29.0	..	..
塞尔维亚	8	5	..	186	10.2	47.43	19.7	16.9	57.8	6.0	3.1
塞拉利昂	7	0	190	12	2.9	0.43	17.5	15.6	18.4	12.3	4.0
新加坡	10	4	2,134	968	10.3	58.57	9.6	1.8	85.7	5.2	5.0
斯洛伐克共和国	9	4	..	..	26.5	*50.38*	9.7	5.8	*54.0*	*2.0*	..
斯洛文尼亚	4	4	..	..	*39.5*	103.04	8.2	3.6	97.4	*4.5*	*4.8*
索马里	..	..	..	..	..	..	..	..	..	..	..
南非	10	6	978	*415*	10.1	59.58	7.0	5.8	182.2	3.4	3.4
南苏丹	..	..	..	..	..	..	..	..	..	..	..
西班牙	6	5	*775*	*337*	*38.3*	*153.63*	6.2	4.6	231.4	..	..
斯里兰卡	4	5	..	..	..	..	..	..	40.5	3.3	1.7
苏丹	4	0	..	..	..	..	..	..	20.5	..	..
斯威士兰	6	5	455	185	5.7	21.43	12.2	8.0	17.2	5.9	3.1
瑞典	7	4	..	..	..	..	*5.0*	*2.0*	143.5	..	..
瑞士	8	5	..	..	52.8	97.47	5.4	*0.4*	191.1	2.7	2.7
阿拉伯叙利亚共和国	1	2	220	67	3.8	7.35	..	..	47.7	3.7	..
塔吉克斯坦	2	0	..	..	..	..	..	..	..	18.0	..
坦桑尼亚	8	0	*131*	*30*	*1.8*	*3.30*	..	..	21.1	8.0	10.7
泰国	5	5	1,120	237	11.2	77.69	11.3	3.9	135.5	4.9	4.5
东帝汶	2	3	..	..	..	..	..	..	−31.6	10.2	..
多哥	6	1	*181*	*0*	*3.7*	..	..	..	31.9	..	..
特立尼达和多巴哥	8	4	..	..	..	..	..	..	*32.4*	7.8	8.4
突尼斯	3	5	..	148	16.6	20.84	..	12.1	73.7	..	..
土耳其	4	5	*1,265*	*719*	*17.4*	*43.74*	13.4	3.8	69.3	..	..
土库曼斯坦	..	..	..	..	..	..	..	..	..	..	..
乌干达	7	4	192	18	2.5	3.58	13.9	2.1	17.1	12.5	15.2
乌克兰	9	4	3,220	..	2.3	76.13	14.6	15.3	78.6	5.3	..
阿拉伯联合酋长国	4	5	..	..	*21.7*	*96.81*	17.7	5.6	92.3	..	..
英国	10	6	..	..	*25.5*	*64.58*	5.4	4.0	222.6	..	0.0
美国	9	6	..	..	35.7	*173.75*	11.1	4.9	231.4	..	3.1
乌拉圭	4	6	*538*	*426*	*13.5*	*30.38*	9.5	1.0	32.4	6.2	1.3
乌兹别克斯坦	2	3	957	37	47.5	2.52	..	..	..	..	..
委内瑞拉	1	0	..	..	..	..	9.9	3.4	22.6	3.5	..
越南	8	5	..	..	3.3	17.64	..	..	135.8	1.9	*2.0*
西岸和加沙	1	3	*543*	*68*	*10.3*	*13.68*	..	..	..	..	..
也门共和国	3	2	*101*	*2*	*2.0*	*2.75*	..	..	19.3	5.2	2.9
赞比亚	9	5	..	..	..	..	..	..	18.9	13.5	14.6
津巴布韦	7	0	..	..	..	..	..	..	..	..	..
全世界	**5.9 u**	**3.2 u**	**.. w**	**.. w**	***13.7* w**	***44.00* w**	**9.4 m**	**4.0 m**	**167.9 w**	**6.2 m**	
低收入国家	5.8	1.3	..	..	..	..	..	..	37.2	*11.4*	
中等收入国家	5.5	3.3	..	*167*	12.2	*29.02*	10.2	3.9	90.8	6.3	
中低收入国家	5.3	2.8	..	..	*5.6*	*9.77*	..	..	57.1	8.7	
中高收入国家	5.7	3.7	..	*238*	16.6	47.36	10.4	3.7	100.5	5.8	
低收入和中等收入国家	5.6	2.8	..	..	*8.1*	*18.23*	..	3.9	90.0	7.3	
东亚和太平洋地区	6.2	2.0	..	*221*	*7.4*	*14.09*	..	..	131.8	6.9	
欧洲和中亚	6.5	4.7	894	212	18.1	44.89	13.6	12.2	50.8	6.9	
拉丁美洲和加勒比地区	5.3	3.4	..	..	..	..	10.1	2.4	66.7	7.3	
中东和北非	2.8	3.2	*443*	66	10.9	*6.84*	..	..	51.9	5.0	
南亚	5.6	2.8	249	28	7.8	1.93	*7.3*	*10.5*	67.4	5.9	
撒哈拉以南非洲地区	5.8	1.8	*167*	*27*	*2.7*	..	..	..	81.6	9.7	
高收入国家	6.9	4.3	..	..	23.9	*90.08*	6.8	4.1	205.6	..	
欧元区	6.4	4.1	..	..	24.9	*91.72*	6.2	4.4	156.1		

关于数据的说明

获取金融服务在拓宽融资获取渠道的同时，提高了银行服务的可及性，并且降低了人们和企业获得融资的障碍，扩大了所有人的机遇。一个能够促进有效储蓄和投资的稳定的金融体系，对于振兴民主和市场经济来说，也是至关重要的。

金融服务的可及性涉及几个方面：服务的可获得性、成本以及质量。信贷市场的发展和增长有赖于及时、可靠的服务获取渠道以及有关借款者信用情况的准确数据。改善信贷可及性的有效途径就是更容易地制订和实施抵押协议，以及增强有关潜在借款人信贷价值的信息。当增加贷款时，贷款人就会关注借款人的信贷历史和抵押资产。在那些缺少信用登记及其有效的担保抵押法的地方——许多发展中国家——银行很少贷款。这些指标涵盖了信贷的获取，其中包括法定权利指数和信贷信息深度指数。

“无银行账户”必须利用非正式的方式来管理它们的资金——垫子下的积蓄、向家庭或者朋友的借款或者贷给他人的款项——这些通常都不可靠，而且相对于正式的银行机构成本更高。本表提供了有关金融服务获取（包括存款和贷款）和覆盖面指标（例如，分支机构、自动柜员机、销售点终端机的数量）的数据。有关金融服务获取和覆盖面指标的数据来自国际货币基金组织的金融服务获取调查数据库，该资料来源不同于2011年版的资料来源。

国际游资的规模和流动性使人们越来越认识到，对金融体系的稳健状况加以监督是何等重要。金融体系的繁荣有助于增强经济活动，并提高福利，但是金融体系不稳也会干扰经济活动，并给经济带来巨大而广泛的压力。银行资本与总资产的比率作为衡量银行清偿力和适应力的尺度，还提供了一个衡量银行应对意外损失的能力的尺度。资本包括第一层次的资本（认缴的份额和普通股），它在所有国家的银行系统中具有共同的特征，以及总调控资本，包括几个特殊类型的附属债务工具，如果为保持最低资本水平（由第2层次和第3层次的资本构成）而需要资金时，这些附属债务无须偿还。总资产包括金融与非金融的所有资产。数据来自内部一致的财务报表。

银行不良贷款占总贷款额的份额，是衡量银行健康状况和效率的一个尺度。它有助于甄别贷款组合中与资产质量有关的问题。较高的该比率可能是信贷投资组合质量恶化的信号。国际指导原则建议，当本利的支付超过到期日90天及其以上，或者当没有充分的收入来保证未来本利的支付时，该贷款即可界定为不良贷款。

由银行部门提供的国内信贷占GDP的份额，是衡量银行部门的金融深度和以规模衡量的金融部门发展状况的一个尺度。只有很少国家的政府会在银行系统而不是在中央银行中将国际储备作为存款来持有。由于对中央政府的债权是一项净额（对中央政府的债权减去中央政府的存款），该净值可能是负数，从而导致银行部门提供的国内信贷呈现负数。

利率差价——债务筹集的成本与资产赢利之间的差幅——衡量的是金融部门融通资金时的效率。利率差价小意味着交易成本低，降低投资基金的总成本，进而对于经济增长至关重要。

贷款的风险溢价是向私营部门贷款的利率与向政府的“无风险的”贷款利率之间的差价。差价小表明市场认为其最佳的公司客户的风险较小。利率差价用年度平均值表示。在某些国家，该差价可能是负数，表明市场认为其最佳公司客户的风险比政府的风险小。

定义

• **法定权利指数**主要用来衡量有利于借贷的抵押担保法和破产法对贷款人和借款人权利的保护程度。指数越大表明为增加信贷的获取而设计的这些法律越好。 • **信贷信息深度指数**主要用来衡量影响通过公共和私营征信机构获得信贷信息的范围、渠道及其质量的规则。指数越大表明可以从公共征信机构或者私营信贷所获得更多的信贷信息。 • **商业银行存款账户**是指商业银行的账户，账户持有者可以在其中存钱，也可以从中取钱。主要的几类存款账户包括：支票账户、储蓄账户和定期存款账户。 • **商业银行贷款账户**包括银行向个人、企业以及其他机构的贷款，其中包括家庭抵押贷款、消费贷款、商业贷款、贸易贷款、学生贷款、应急贷款、农业贷款以及类似的贷款。 • **商业银行分支机构**是指能够提供各式各样的人工和自动金融服务的业务受理点。 • **自动柜员机**是指在公共地点由计算机控制的向金融机构客户提供金融交易服务的计算机电信设备。 • **银行资本与资产的比率**是银行资本与总资产储备的比率。资本与储备包括所有者捐缴的基金、留存收益、一般和专项储备、准备金以及对估价的调整。 • **银行不良贷款与毛贷款总额的比率**为不良贷款与贷款组合（包括扣除特别贷款损失准备金之前的不良贷款额）的总价值之比。就像资产负债表中记录的一样，报告为不良贷款的贷款额应该是贷款的毛值，而不只是逾期的贷款额。 • **由银行部门提供的国内信贷**包括向各个部门提供的所有以毛值计的信贷，向中央政府的信贷除外（该信贷是净值）。银行部门包括货币当局、存款银行以及其他可获得数据的银行机构。 • **利率差价**是银行向主要客户的贷款收取的利率，减去商业银行或类似机构为活期、定期或储蓄存款而支付的利率之间的差额。 • **贷款的风险溢价**是银行向主要私人部门客户的贷款收取的利率减去“无风险的”国库券利率的差价，国库券利率是以市场上发行或交易的短期政府债券的利率计价的。

数据资料来源

信贷获取数据来自世界银行的《全球工商企业运营报告》项目（www.doingbusiness.org/）。关于资金获取和金融覆盖面的数据来自国际货币基金组织的金融服务获取调查数据库（http://fas.imf.org）。有关银行资本与不良贷款的数据，来自国际货币基金组织的金融健全指标数据库（http://fsi.imf.org）。有关信贷与利率的数据，来自国际货币基金组织的《国际金融统计》。

	中央政府征收的税收收入		企业应纳税总额					
	占 GDP 的百分比		支付次数	准备、归档和纳税的时间(小时)	利润税占商业利润的百分比	劳务税及捐献占商业利润的百分比	其他税收占商业利润的百分比	总税收占商业利润的百分比
	2005	2010	2011年6月	2011年6月	2011年6月	2011年6月	2011年6月	2011年6月
阿富汗	*6.3*	8.3	8	275	0.0	0.0	36.4	36.4
阿尔巴尼亚	*17.3*	..	44	371	8.7	25.0	4.8	38.5
阿尔及利亚	*40.7*[a]	*34.9*[a]	29	451	6.6	29.7	35.7	72.0
安哥拉	..	..	31	282	24.6	9.0	19.5	53.2
阿根廷	*14.2*[a]	..	9	415	2.8	29.4	76.1	108.2
亚美尼亚	14.3	16.9	34	500	16.8	23.0	1.1	40.9
澳大利亚	24.7[a]	*22.1*[a]	11	109	26.0	20.4	1.3	47.7
奥地利	20.1[a]	*18.7*[a]	14	170	15.0	34.8	3.4	53.1
阿塞拜疆	..	*15.9*	18	225	12.9	24.8	2.2	40.0
巴林	1.4[a]	..	25	36	0.0	14.7	0.4	15.0
孟加拉国	8.2	*8.6*	21	302	25.7	0.0	9.2	35.0
白俄罗斯	20.1	17.1	18	654	20.2	39.0	3.5	62.8
比利时	26.0[a]	24.6[a]	11	156	5.2	50.4	1.7	57.3
贝宁	15.5[a]	16.2[a]	55	270	14.8	27.3	23.9	66.0
玻利维亚	16.2[a]	..	42	1,080	0.0	15.5	64.6	80.0
波斯尼亚和黑塞哥维那	20.7[a]	20.4[a]	40	422	7.1	12.6	5.3	25.0
博茨瓦纳	..	..	19	152	15.9	0.0	3.6	19.4
巴西	16.7	*15.6*	9	2,600	22.4	40.9	3.8	67.1
保加利亚	21.6	*21.0*	17	500	4.9	19.2	4.1	28.1
布基纳法索	11.8[a]	13.0[a]	46	270	14.8	22.6	6.2	43.6
布隆迪	..	..	24	274	37.4	7.8	1.0	46.2
柬埔寨	7.9[a]	10.1[a]	39	173	18.9	0.1	3.5	22.5
喀麦隆	..	..	44	654	29.9	18.3	0.9	49.1
加拿大	13.7[a]	11.9[a]	8	131	9.3	12.6	6.8	28.8
中非共和国	6.2	..	54	504	0.0	19.8	34.8	54.6
乍得	..	..	54	732	31.3	28.4	5.7	65.4
智利	18.7[a]	17.8[a]	9	316	18.0	3.8	3.2	25.0
中国	8.7	*10.5*	7	398	5.9	49.6	7.9	63.5
中国香港	12.7[a]	*12.8*[a]	3	80	17.6	5.3	0.1	23.0
哥伦比亚	12.8[a]	11.5[a]	9	193	18.9	28.8	27.1	74.8
刚果民主共和国	10.0	13.7	32	336	58.9	7.9	272.8	339.7
刚果共和国	6.2	..	61	606	18.1	32.5	15.4	65.9
哥斯达黎加	..	*13.9*[a]	31	246	18.9	29.5	6.6	55.0
科特迪瓦	9.8[a]	*16.6*[a]	62	270	8.8	20.1	15.4	44.3
克罗地亚	20.0	18.8	17	196	11.5	19.4	1.5	32.3
古巴	..	..	..	..	..	..	..	..
塞浦路斯	45.4[a]	*25.8*[a]	27	149	9.1	11.8	2.2	23.1
捷克共和国	15.6	13.9	8	557	7.5	38.4	3.2	49.1
丹麦	32.6[a]	*34.3*[a]	10	135	20.1	3.6	3.8	27.5
多米尼加共和国	14.6[a]	*13.1*[a]	9	324	21.3	18.6	1.8	41.7
厄瓜多尔	..	..	8	654	18.4	14.2	2.7	35.3
埃及	14.1	14.1	29	433	13.0	27.1	3.6	43.6
萨尔瓦多	12.5[a]	13.7[a]	53	320	16.5	17.2	1.3	35.0
厄立特里亚	..	..	18	216	8.8	0.0	75.8	84.5
爱沙尼亚	16.1[a]	*17.4*[a]	8	85	8.0	39.4	11.2	58.6
埃塞俄比亚	8.8	..	19	198	26.8	0.0	4.3	31.1
芬兰	22.6[a]	*21.2*[a]	8	93	13.7	24.2	1.2	39.0
法国	22.4[a]	*19.8*[a]	7	132	8.2	51.7	5.7	65.7
加蓬	..	..	26	488	18.4	22.7	2.3	43.5
冈比亚	..	..	50	376	6.1	12.8	264.6	283.5
格鲁吉亚	12.1	22.1	4	387	14.3	0.0	2.2	16.5
德国	11.1[a]	*12.2*[a]	12	221	19.0	21.8	5.9	46.7
加纳	21.3	*12.6*	33	224	18.4	14.7	0.5	33.6
希腊	20.3[a]	*19.6*[a]	10	224	13.4	31.7	1.4	46.4
危地马拉	11.2	*10.3*	24	344	25.9	14.3	0.7	40.9
几内亚	..	..	56	416	20.9	22.8	10.6	54.3
几内亚比绍	..	..	46	208	14.9	24.8	6.1	45.9
海地	..	..	46	184	24.1	12.4	4.3	40.8

	中央政府征收的税收收入		企业应纳税总额					
	占 GDP 的百分比		支付次数	准备、归档和纳税的时间(小时)	利润税占商业利润的百分比	劳务税及捐献占商业利润的百分比	其他税收占商业利润的百分比	总税收占商业利润的百分比
	2005	2010	2011年6月	2011年6月	2011年6月	2011年6月	2011年6月	2011年6月
洪都拉斯	14.5[a]	14.8[a]	47	224	24.7	10.7	8.6	44.0
匈牙利	20.3[a]	*23.9*[a]	13	277	14.8	34.1	3.5	52.4
印度	9.9	9.5	33	254	24.7	18.2	19.0	61.8
印度尼西亚	12.5	10.9	51	266	23.7	10.6	0.1	34.5
伊朗	7.9	*9.3*	20	344	17.8	25.9	0.4	44.1
伊拉克	..	..	13	312	14.9	13.5	0.0	28.4
爱尔兰	24.9[a]	*21.2*[a]	8	76	11.9	11.6	2.7	26.3
以色列	26.9[a]	24.3[a]	33	235	22.8	5.3	3.1	31.2
意大利	21.1[a]	*22.9*[a]	15	285	22.8	43.4	2.2	68.5
牙买加	25.5[a]	*21.0*[a]	72	414	25.6	13.0	7.0	45.6
日本	*10.9*[a]	*8.7*[a]	14	330	27.0	16.5	5.7	49.1
约旦	24.4	15.3	25	116	13.0	12.4	2.3	27.7
哈萨克斯坦	17.1	8.9	7	188	15.9	11.2	1.6	28.6
肯尼亚	18.7	19.5	41	393	33.1	6.8	9.7	49.6
朝鲜	..	..	..	..	..	..	..	..
韩国	14.7	15.2	12	225	15.1	13.0	1.5	29.7
科索沃	..	..	33	164	9.1	5.6	0.6	15.4
科威特	1.0	*0.9*	15	118	4.7	10.7	0.0	15.5
吉尔吉斯斯坦	*14.2*	15.6	52	210	6.2	19.5	43.4	69.0
老挝	*10.4*	12.7	34	362	24.8	5.6	2.9	33.3
拉脱维亚	15.1	12.8	7	290	6.1	27.2	4.7	37.9
黎巴嫩	14.9[a]	*17.1*[a]	19	180	6.1	24.1	0.0	30.2
莱索托	46.6	*59.8*	21	324	13.1	0.0	3.0	16.0
利比里亚	0.2	*0.3*	33	158	0.0	5.4	38.3	43.7
利比亚	..	..	..	..	..	..	..	..
立陶宛	17.3[a]	13.4[a]	11	175	5.7	35.1	3.1	43.9
前南斯拉夫马其顿共和国	19.3	*19.1*	28	119	6.3	0.0	3.4	9.7
马达加斯加	10.1[a]	*13.0*[a]	23	201	14.7	20.3	1.6	36.6
马拉维	..	..	19	157	23.6	1.1	3.5	28.2
马来西亚	15.4	14.3	13	133	17.0	15.6	1.4	34.0
马里	15.7[a]	*14.7*[a]	59	270	10.8	34.3	6.6	51.8
毛里塔尼亚	..	..	37	696	0.0	17.6	50.7	68.3
毛里求斯	..	18.5[a]	7	161	11.6	6.1	7.3	25.0
墨西哥	..	..	6	347	24.5	26.8	1.4	52.7
摩尔多瓦	18.5	18.2	48	228	0.0	30.6	0.7	31.3
蒙古	*28.7*	22.7	41	192	10.2	12.4	2.0	24.6
摩洛哥	22.0[a]	23.4[a]	17	238	25.2	22.7	1.8	49.6
莫桑比克	..	..	37	230	27.7	4.5	2.1	34.3
缅甸	3.9	..	..	..	..	..	..	..
纳米比亚	25.8	..	37	375	4.0	1.0	4.8	9.8
尼泊尔	9.2	13.3	34	326	17.2	11.3	3.0	31.5
荷兰	22.6[a]	22.6[a]	9	127	20.9	18.1	1.5	40.5
新西兰	30.8[b]	..	8	172	29.9	2.9	1.7	34.4
尼加拉瓜	16.7	18.3	42	207	24.5	20.3	22.0	66.8
尼日尔	10.1[b]	..	41	270	17.3	20.1	6.3	43.8
尼日利亚	0.2	*0.3*	35	938	22.3	9.7	0.7	32.7
挪威	28.7[a]	26.9[a]	4	87	24.4	15.9	1.3	41.6
阿曼	..	..	14	62	10.0	11.8	0.1	22.0
巴基斯坦	9.6	10.0	47	560	17.9	15.1	2.3	35.3
巴拿马	..	..	53	482	13.7	21.7	9.7	45.2
巴布亚新几内亚	..	..	33	194	22.0	11.7	8.6	42.3
巴拉圭	11.8	13.1	35	387	9.6	18.6	6.7	35.0
秘鲁	13.5	14.5	9	309	26.6	11.0	3.1	40.7
菲律宾	12.4	12.1	47	195	21.0	11.3	14.2	46.5
波兰	16.7[a]	*16.3*[a]	29	296	17.4	23.6	2.6	43.6
葡萄牙	20.6[a]	*19.6*[a]	8	275	15.1	26.8	1.5	43.3
波多黎各	..	..	16	218	28.3	14.4	20.5	63.1
卡塔尔	21.0	*19.8*	3	36	0.0	11.3	0.0	11.3

	中央政府征收的税收收入		企业应纳税总额					
	占GDP的百分比		支付次数	准备、归档和纳税的时间(小时)	利润税占商业利润的百分比	劳务税及捐献占商业利润的百分比	其他税收占商业利润的百分比	总税收占商业利润的百分比
	2005	2010	2011年6月	2011年6月	2011年6月	2011年6月	2011年6月	2011年6月
罗马尼亚	12.2[a]	17.9[a]	113	222	10.4	31.8	2.2	44.4
俄罗斯联邦	16.6[a]	13.4[a]	9	290	8.9	32.1	5.8	46.9
卢旺达	..	..	18	148	21.2	5.7	4.4	31.3
沙特阿拉伯	..	..	14	79	2.1	12.4	0.0	14.5
塞内加尔	..	..	59	666	14.8	24.1	7.0	46.0
塞尔维亚	23.6	22.0	66	279	11.6	20.2	2.2	34.0
塞拉利昂	10.8	11.0	29	357	17.6	11.3	3.3	32.1
新加坡	11.8	13.8	5	84	6.5	15.9	4.7	27.1
斯洛伐克共和国	14.9[a]	12.4[a]	31	231	7.2	39.6	2.0	48.8
斯洛文尼亚	20.5	17.1	22	260	14.1	18.2	2.4	34.7
索马里	..	..	..	..	..	..	..	..
南非	26.9[a]	25.5[a]	9	200	24.4	4.1	4.6	33.1
南苏丹	..	..	..	..	..	..	..	..
西班牙	12.9[a]	11.2[a]	8	187	1.2	36.7	0.7	38.7
斯里兰卡	13.7	13.3	71	256	26.7	16.9	61.6	105.2
苏丹	..	..	42	180	13.8	19.2	3.1	36.1
斯威士兰	26.1	..	33	104	28.1	4.0	4.7	36.8
瑞典	22.6[a]	21.6[a]	4	122	15.7	35.5	1.6	52.8
瑞士	10.3	10.9	19	63	8.9	17.5	3.6	30.1
阿拉伯叙利亚共和国	..	..	19	336	20.0	19.3	0.5	39.7
塔吉克斯坦	9.8	..	69	224	0.0	28.5	56.0	84.5
坦桑尼亚	..	..	48	172	20.1	18.0	7.3	45.5
泰国	17.2[a]	16.0[a]	23	264	28.8	5.7	3.0	37.5
东帝汶	..	..	6	276	0.0	0.0	0.2	0.2
多哥	13.9[a]	15.8[a]	53	270	9.3	26.5	13.7	49.5
特立尼达和多巴哥	26.4	26.2	39	210	21.6	5.8	1.8	29.1
突尼斯	18.9	20.1	8	144	15.2	25.2	22.5	62.9
土耳其	19.7[a]	20.5[a]	15	223	17.9	18.8	4.4	41.1
土库曼斯坦	..	..	..	..	..	..	..	..
乌干达	11.8	12.2	32	213	23.3	11.3	1.1	35.7
乌克兰	17.1	16.4	135	657	12.2	43.3	1.6	57.1
阿拉伯联合酋长国	..	..	14	12	0.0	14.1	0.0	14.1
英国	27.2[a]	26.0[a]	8	110	23.1	11.0	3.2	37.3
美国	11.2[a]	9.3[a]	11	187	27.6	10.0	9.1	46.7
乌拉圭	17.9	19.5	53	336	23.6	15.6	2.9	42.0
乌兹别克斯坦	..	..	41	205	1.1	28.2	68.1	97.5
委内瑞拉	15.5	..	70	864	6.9	18.0	38.5	63.5
越南	..	..	32	941	17.2	22.6	0.3	40.1
西岸和加沙	..	..	27	154	16.2	0.0	0.6	16.8
也门共和国	..	..	44	248	20.0	11.3	1.5	32.9
赞比亚	17.2	16.6	37	132	1.5	10.4	2.5	14.5
津巴布韦	..	..	49	242	20.3	5.1	10.1	35.6
全世界	**15.4 w**	**13.5 w**	**29 u**	**277 u**	**16.0 u**	**16.2 u**	**12.6 u**	**44.8 u**
低收入国家	10.7	11.8	38	271	18.7	13.0	36.1	67.8
中等收入国家	12.9	13.0	32	327	16.5	15.5	9.2	41.1
中低收入国家	11.1	10.9	36	324	16.0	13.7	10.7	40.4
中高收入国家	13.5	13.4	26	330	17.0	17.3	7.5	41.9
低收入和中等收入国家	12.8	13.0	33	314	17.0	14.9	15.5	47.4
东亚和太平洋地区	10.0	11.0	27	232	17.9	10.5	7.9	36.2
欧洲和中亚	16.5	15.5	39	314	9.2	22.2	10.2	41.6
拉丁美洲和加勒比地区	..	..	33	404	20.2	15.2	12.4	47.8
中东和北非	18.7	17.5	24	253	15.5	19.1	6.0	40.6
南亚	9.9	9.5	28	281	18.6	7.7	18.2	44.4
撒哈拉以南非洲地区	17.5	..	37	314	18.5	13.2	25.6	57.3
高收入国家	16.0	13.6	15	169	13.0	20.2	4.2	37.4
欧元区	18.1	17.2	14	171	11.8	29.7	3.0	44.5

注：地区合计值不同于《全球工商企业运营报告》网站上公布的数据，因为《全球工商企业运营报告》网站上公布的地区合计值包括发达国家。
a. 数据基于现金收付制公布，并根据国际货币基金组织《2001 年政府财政统计手册》中的权责发生制进行了调整。

关于数据的说明

税收是大多数政府的主要收入来源。税收收入的来源和这些来源的相对贡献取决于政府针对何处征税和如何征税的政策选择以及经济结构的变化。税收政策可以反映人们对分配效果、经济效率（包括对外部性的更正）以及税收体系管理中的现实问题的关注。不存在理想的税收水平。但是税收可以影响激励机制，从而影响经济主体的行为和经济体的竞争力。

税收水平通常以税收收入占国内生产总值的份额衡量。对各国税收水平的比较，给私人部门面临的财政负担和激励提供了一个快速的评估。本表仅仅给出了中央政府的数据，这些数据可能大大低估了总的税收负担，尤其那些省政府和市政府规模较大的国家或者税收机构庞大的国家。

税收收入与 GDP 的低比率可能反映了管理力量的薄弱或者存在大规模的逃税和偷税现象。低比率也可能说明存在着大规模的地下经济，其收入既没有记录，也没有披露。税收收入比率倾向于随着收入的提高而增加，相对于低收入国家所能提供的社会服务和社会保障，高收入国家依靠其税收，能够为更多的社会服务和社会保障融资。

企业应支付的总税率提供了一个全面衡量企业承担的所有税收成本的尺度。该指标不同于法定税率，法定税率是一个用于课税的基础因素。在计算企业税率时，是以实际应支付税额除以商业利润得出。

涵盖企业税收的指标衡量了政府（任何层次的政府——联邦政府、州政府和地方政府）强制收取的所有税收和缴费，该指标可以应用于定型的企业进而对其损益表产生影响。税收涵盖的范围不仅超过了政府国民账户中税收的定义（向一般政府强制性的支付和无偿支付），而且还衡量了影响企业账户的任何关税，其主要差别在于劳动缴费和增值税。上述指标给出了由雇主支付的政府强制性交费，其中包括无偿的个人养老金和工人保险金，但是不包括增值税，因为它们不影响企业会计上核算的利润——也就是说它们没有反映在损益表中。

为了使各国之间的数据具有一定的可比性，需要对企业作出一些假定，其中主要对有限责任公司做一些假定，这些公司的业务都在该国人口最多的城市，都由国内拥有，它们通常开展一些工业活动或者商业活动，拥有一定的启动资本、员工以及营业额。有关假定更详细的资料见世界银行的《2012 年全球工商企业运营报告》。

关于企业税收的《全球工商企业运营报告》方法与普华永道公司创建的总税负分析模型是一致的，该分析模型衡量了企业承担的并影响其损益表的税收。然而，普华永道公司用于计算的基础数据都是来自各经济体最大的公司，尽管《全球工商企业运营报告》主要关注标准化的中型企业。

定义

• **向中央政府上交的税收收入**是指为公共目的向中央政府递交的强制性转移支付。不包括一定形式的强制性支付，例如，罚款、罚金以及社会保障缴款。退税以及对误征税款的退还以负收入对待。国际货币基金组织的《2001 年政府金融统计手册》（GFSM，2001）是以权责发生制和收支平衡表为基础。对于那些仍以现金为基础提供政府金融数据的国家，国际货币基金组织依据《2001 年政府金融统计手册》中的权责发生制框架调整了数据。这些国家在本表脚注中给出。 • **企业支付的税负**是企业在 1 年内支付的税负总数。如果可以获得电子文档，即便缴税是经常发生的，税负也是按照一年的交付额计算的。 • **缴税与准备的时间**是每年为缴纳公司利得税、增值或销售税和劳工税（包括工资税和社会保障缴费）等三种主要税收而用于准备、填报申报表和支付（或待支付）所需的时间。 • **利润税**是企业支付的针对企业利润征收的税额。

• **劳务税及捐献**是企业支付的针对劳务的税费及其强制性捐献的税费。 • **其他税收**包括支付的财产税、流转税以及其他小额税费（例如，市政税费、车船税以及燃油税）税额。 • **总税率**衡量了一个企业在运营的第二年所应支付的税收和强制性捐献的税费，以占商业利润的份额表示。《2011 年全球商业环境报告环境》公布了 2009 财政年度的总税率。公司不支付的代缴税收（例如，销售税、增值税和个人所得税）不包括在内。有关评估应纳税总额所使用方法的详情，见《2012 年全球商业环境报告环境》。

数据资料来源

中央政府税收收入数据来自于国际货币基金组织的《政府金融统计手册》（印刷版和电子版）。有关企业支付的税收数据来自《2012 年全球工商企业运营报告》（www. doingbusiness. org/）。

5.7 军事开支与武器交易

	军费开支				武装部队人员				武器交易			
									趋势指标值 1990年百万美元			
	占GDP的百分比		占中央政府支出的百分比		千人		占劳动力的百分比		出口额		进口额	
	2005	2010	2005	2010	2005	2010	2005	2010	2005	2010	2005	2010
阿富汗	1.6	*1.8*	*8.7*	*4.6*	27	307	0.4	3.4	..	..	42	407
阿尔巴尼亚	1.3	1.6	*6.2*	..	23	15	1.6	1.0	..	..	42	13
阿尔及利亚	2.9	3.5	*13.8*	*15.0*	319	317	3.2	2.8	..	..	155	791
安哥拉	4.5	4.4	..	..	118	117	1.9	1.6	..	..	40	*20*
阿根廷	0.9	0.9	*5.2*	..	102	104	0.6	0.6	*2*	..	3	17
亚美尼亚	2.9	4.5	15.8	19.8	49	56	3.4	3.9	..	..	*120*	36
澳大利亚	1.9	2.0	7.3	*7.3*	53	57	0.5	0.5	50	119	467	1,677
奥地利	0.9	0.9	2.2	*2.2*	40	26	1.0	0.6	3	33	22	5
阿塞拜疆	2.3	2.9	..	*22.5*	82	82	2.0	1.8	..	..	45	62
巴林	3.6	*3.7*	17.6	..	21	19	6.2	2.7	..	..	63	71
孟加拉国	1.2	1.2	12.4	*10.2*	252	221	0.4	0.3	..	..	9	45
白俄罗斯	1.5	1.3	5.0	4.2	183	183	3.9	4.1	24	*42*	6	*3*
比利时	1.1	1.1	2.5	2.5	37	36	0.8	0.7	161	7	0	30
贝宁	1.1	*1.0*	8.1	*6.8*	8	7	0.3	0.2	..	..	*2*	0
玻利维亚	1.9	1.6	7.2	..	70	83	1.7	1.8	..	..	1	1
波斯尼亚和黑塞哥维那	1.6	1.4	4.7	3.4	12	11	0.9	0.7	..	..	..	..
博茨瓦纳	2.9	2.7	..	..	11	11	1.2	1.0	..	..	*8*	10
巴西	1.5	1.6	6.0	*6.3*	673	713	0.7	0.7	1	179	223	314
保加利亚	2.4	1.4	7.6	*6.3*	85	65	2.5	1.9	66	*14*	149	17
布基纳法索	1.2	1.5	10.2	12.4	11	11	0.2	0.2	..	..	19	*2*
布隆迪	6.2	*3.8*	..	..	82	51	2.3	1.2	..	..	..	*2*
柬埔寨	1.1	*1.8*	14.8	*16.6*	191	191	2.8	2.4	..	..	*12*	28
喀麦隆	1.3	1.6	..	..	23	23	0.3	0.3	..	..	5	9
加拿大	1.1	1.4	6.3	7.5	71	66	0.4	0.3	226	258	116	373
中非共和国	1.1	2.6	*12.3*	..	3	3	0.2	0.2	..	..	*9*	*0*
乍得	1.0	3.0	..	..	35	35	0.9	0.8	..	..	9	17
智利	3.6	3.2	20.0	15.5	116	104	1.7	1.3	..	*133*	460	434
中国	2.1[a]	2.0[a]	15.3[a]	*16.1*[a]	3,755	2,945	0.5	0.4	303	1,423	3,536	559
中国香港	..	..	..	..	..	..	..	..	..	..	..	..
哥伦比亚	3.4	3.7	12.7	20.3	336	442	1.7	2.0	..	..	15	172
刚果民主共和国	2.3	1.4	10.5	10.2	65	159	0.3	0.6	..	..	*17*	25
刚果共和国	1.3	1.1	8.8	..	12	12	0.8	0.7	..	..	4	*1*
哥斯达黎加	..	..	..	..	*10*	10	*0.5*	0.4	..	*0*	..	..
科特迪瓦	1.5	*1.6*	9.0	*8.8*	19	*19*	0.3	*0.2*	..	..	*10*	..
克罗地亚	1.6	1.7	4.7	4.6	31	22	1.6	1.1	..	..	*8*	10
古巴	3.8	*3.2*	..	..	76	76	1.6	1.4	..	..	..	..
塞浦路斯	2.2	2.2	3.1	*4.7*	11	13	2.1	2.2	..	..	20	..
捷克共和国	2.0	1.3	5.4	3.6	28	29	0.5	0.5	66	3	621	73
丹麦	1.3	1.4	4.1	*3.3*	21	19	0.7	0.6	9	11	124	16
多米尼加共和国	0.8	0.6	5.6	*4.4*	40	40	1.0	0.9	..	..	2	33
厄瓜多尔	2.6	3.8	..	..	47	59	0.7	0.9	..	..	48	116
埃及	2.9	2.0	10.4	6.9	799	836	3.3	3.1	..	..	641	681
萨尔瓦多	0.6	0.6	3.6	3.0	16	33	0.7	1.3	..	..	*9*	*4*
厄立特里亚	*20.9*	..	..	..	202	202	9.3	7.8	..	..	69	..
爱沙尼亚	1.9	1.7	7.2	6.2	8	6	1.2	0.8	..	..	17	1
埃塞俄比亚	2.8	1.1	18.6	..	183	138	0.5	0.3	..	..	*240*	..
芬兰	1.4	1.5	3.9	*3.8*	31	25	1.2	0.9	27	34	99	72
法国	2.5	2.3	5.4	*5.3*	359	342	1.2	1.1	1,724	834	*60*	120
加蓬	1.3	1.0	..	..	7	7	1.4	1.1	..	..	*17*	*17*
冈比亚	0.6	..	..	..	1	1	0.1	0.1	..	..	*5*	..
格鲁吉亚	3.3	3.9	19.3	14.8	23	32	1.0	1.4	*17*	..	74	*34*
德国	1.4	1.4	4.4	*4.5*	285	251	0.7	0.6	2,080	2,340	195	101
加纳	0.6	0.4	2.6	*2.4*	7	16	0.1	0.1	..	..	0	*6*
希腊	2.9	3.1	6.9	*6.3*	168	150	3.3	2.8	13	..	389	703
危地马拉	0.4	0.4	2.9	*3.1*	48	34	1.0	0.6	..	..	..	*0*
几内亚	*2.2*	..	..	..	13	19	0.4	0.5	..	..	1	..
几内亚比绍	2.1	..	..	..	9	6	1.6	1.0	..	..	..	..
海地	..	..	..	..	5	0	*0.1*	0.0	..	..	..	..

军事开支与武器交易

	军费开支				武装部队人员				武器交易			
									趋势指标值 1990年百万美元			
	占GDP的百分比		占中央政府支出的百分比		千人		占劳动力的百分比		出口额		进口额	
	2005	2010	2005	2010	2005	2010	2005	2010	2005	2010	2005	2010
洪都拉斯	0.8	1.6	3.9	6.8	20	20	0.8	0.7	..	..	..	*0*
匈牙利	1.4	1.0	3.4	*2.5*	44	35	1.0	0.8	82	..	13	18
印度	2.7	2.4	18.3	16.0	3,047	2,626	0.7	0.6	19	4	1,059	3,337
印度尼西亚	1.1	1.0	6.9	7.1	582	582	0.5	0.5	8	..	32	198
伊朗	3.5	*1.9*	15.3	*8.6*	585	563	2.4	2.2	2	5	66	88
伊拉克	3.6	6.0	..	..	227	802	3.6	10.6	..	..	165	464
爱尔兰	0.6	0.6	1.8	*1.4*	10	10	0.5	0.5	..	*4*	4	1
以色列	7.6	6.5	16.7	15.7	176	185	6.4	5.8	368	472	1,133	43
意大利	1.9	1.8	4.8	*4.1*	445	359	1.8	1.4	774	627	150	85
牙买加	0.5	0.8	1.7	*2.3*	3	3	0.2	0.2	..	..	13	2
日本	1.0	1.0	..	..	272	260	0.4	0.4	..	..	375	369
约旦	4.8	5.2	13.5	20.1	111	111	8.0	7.1	17	88	35	114
哈萨克斯坦	1.0	0.9	5.7	5.5	101	81	1.3	0.9	*12*	..	42	57
肯尼亚	1.7	1.9	9.3	8.3	29	29	0.2	0.2	..	..	*8*	73
朝鲜	..	..	..	..	1,295	1,379	9.2	9.5	*40*	..	5	1
韩国	2.6	2.7	13.3	13.7	693	660	2.9	2.7	48	95	796	1,131
科索沃	..	..	..	..	..	..	..	..	..	..	..	..
科威特	4.3	*4.0*	16.7	10.2	23	23	2.0	1.7	..	..	16	17
吉尔吉斯斯坦	3.1	*3.6*	*20.0*	*18.9*	18	20	0.8	0.8	*92*	*14*	3	..
老挝	0.4	*0.3*	*3.8*	*2.7*	129	129	4.7	4.1	..	..	4	*26*
拉脱维亚	1.7	1.1	5.9	3.0	5	5	0.4	0.4	..	..	7	15
黎巴嫩	4.4	4.2	16.7	*14.0*	85	79	6.5	5.4	..	..	1	60
莱索托	2.5	*2.7*	5.9	*3.1*	2	2	0.2	0.2	..	..	*1*	..
利比里亚	1.5	*0.8*	..	..	15	2	1.4	0.1	..	..	..	..
利比亚	1.5	*1.2*	..	..	76	*76*	3.6	*3.2*	113	28	*2*	7
立陶宛	1.6	1.3	5.7	3.4	29	25	1.8	1.5	..	..	15	81
前南斯拉夫马其顿共和国	2.1	1.5	7.0	5.8	19	8	2.2	0.8	..	..	*0*	..
马达加斯加	1.1	0.7	9.7	*9.3*	22	22	0.3	0.2	..	..	..	..
马拉维	1.2	..	..	..	7	5	0.1	0.1	..	..	..	*2*
马来西亚	2.3	1.5	12.3	7.8	135	134	1.2	1.1	..	*0*	49	411
马里	2.3	1.9	15.0	*13.3*	12	12	0.3	0.3	..	..	13	9
毛里塔尼亚	3.1	*3.8*	..	..	21	21	2.2	1.9	..	..	7	4
毛里求斯	0.2	*0.2*	..	..	2	2	0.4	0.3	..	..	6	..
墨西哥	0.4	0.5	..	..	204	332	0.5	0.7	..	..	36	188
摩尔多瓦	0.4	0.3	1.4	0.9	10	8	0.7	0.6	18	*20*	..	..
蒙古	1.2	0.9	*4.9*	3.3	16	17	1.5	1.5	..	..	..	13
摩洛哥	3.4	3.5	11.4	11.4	251	246	2.3	2.2	..	..	87	138
莫桑比克	0.9	*0.9*	..	..	11	11	0.1	0.1	..	..	*1*	0
缅甸	..	..	..	..	483	513	1.9	1.8	..	..	65	76
纳米比亚	2.6	3.3	10.3	..	15	15	1.9	1.6	..	..	*72*	*14*
尼泊尔	1.9	1.5	12.8	..	131	158	0.9	1.0	..	..	5	*1*
荷兰	1.5	1.4	3.8	*3.4*	60	43	0.7	0.5	583	503	96	162
新西兰	1.0	1.1	3.1	..	9	10	0.4	0.4	0	..	8	71
尼加拉瓜	0.7	0.7	4.0	3.4	14	12	0.7	0.5	..	..	..	..
尼日尔	1.0	0.9	10.6	..	10	11	0.2	0.2	..	..	*14*	*1*
尼日利亚	0.6	1.0	12.1	*10.8*	161	162	0.4	0.3	..	..	*14*	189
挪威	1.6	1.6	4.9	4.5	47	24	1.9	0.9	12	141	14	205
阿曼	11.8	*9.6*	..	..	46	47	5.1	3.9	1	..	164	36
巴基斯坦	4.0	3.2	27.6	18.5	921	946	1.8	1.6	22	..	406	2,580
巴拿马	..	..	..	..	12	12	0.8	0.7	..	..	..	*5*
巴布亚新几内亚	0.6	0.5	..	..	3	3	0.1	0.1	..	..	..	..
巴拉圭	0.8	0.9	4.8	5.8	25	25	0.9	0.8	..	..	1	3
秘鲁	1.5	1.4	8.5	8.3	157	192	1.2	1.2	*5*	..	368	60
菲律宾	0.8	0.8	4.9	4.8	147	166	0.4	0.4	*4*	..	14	8
波兰	1.9	1.9	5.3	*5.1*	162	121	0.9	0.7	17	8	95	142
葡萄牙	2.1	2.2	5.1	*4.8*	93	90	1.7	1.6	..	0	172	941
波多黎各	..	..	..	..	..	..	..	..	..	..	..	..
卡塔尔	2.5	*2.3*	12.1	*15.4*	12	12	2.3	0.9	6	..	*11*	20

5.7 军事开支与武器交易

	军费开支				武装部队人员				武器交易 趋势指标值 1990年百万美元			
	占GDP的百分比		占中央政府支出的百分比		千人		占劳动力的百分比		出口额		进口额	
	2005	2010	2005	2010	2005	2010	2005	2010	2005	2010	2005	2010
罗马尼亚	2.0	1.4	8.3	*4.4*	177	154	1.8	1.5	2	*4*	491	109
俄罗斯联邦	3.7	4.0	18.7	14.1	1,452	1,430	2.0	1.9	5,134	6,039	*5*	19
卢旺达	1.7	1.4	..	..	53	35	1.2	0.7	..	..	*3*	*13*
沙特阿拉伯	8.0	10.4	..	..	216	249	2.7	2.6	..	58	150	787
塞内加尔	1.4	1.6	..	..	19	19	0.4	0.3	..	..	15	4
塞尔维亚	2.5	2.2	*6.5*	5.5	110	29	2.8	0.8	*4*	5	..	14
塞拉利昂	1.9	2.3	8.3	*11.2*	13	11	0.7	0.5	..	..	*10*	..
新加坡	4.4	3.8	33.9	28.2	167	148	7.4	5.3	3	27	537	1,078
斯洛伐克共和国	1.7	1.1	4.9	*3.7*	20	16	0.8	0.6	7	8	4	8
斯洛文尼亚	1.4	1.6	3.6	3.8	12	12	1.2	1.2	..	..	2	73
索马里	..	..	..	..	..	2	..	0.1	..	..	..	..
南非	1.5	1.2	5.1	*4.1*	56	77	0.3	0.4	26	80	262	183
南苏丹	..	..	..	..	..	140	..	..	..	..	*37*	*1*
西班牙	1.0	1.1	4.2	3.6	220	223	1.0	1.0	108	513	339	313
斯里兰卡	2.6	2.8	13.1	*19.3*	200	223	2.5	2.6	..	..	33	5
苏丹	4.3	..	..	..	123	127	1.0	0.9	..	..	104	14
斯威士兰	2.3	3.4	*7.0*	..	..	..	..	..	..	..	..	..
瑞典	1.5	1.2	..	..	29	21	0.6	0.4	538	806	82	35
瑞士	0.9	0.9	4.9	*4.8*	109	25	2.6	0.6	246	137	164	34
阿拉伯叙利亚共和国	5.0	3.9	..	..	416	403	8.0	7.4	*3*	25	7	167
塔吉克斯坦	*2.2*	..	*15.8*	..	13	16	0.5	0.6	..	..	*13*	..
坦桑尼亚	1.0	*1.0*	..	..	28	28	0.1	0.1	..	..	9	*9*
泰国	1.1	1.5	6.7	8.2	421	420	1.1	1.1	*8*	..	63	83
东帝汶	2.5	2.8	..	..	*1*	1	*0.3*	0.4	..	..	..	20
多哥	1.6	*1.8*	9.8	*13.0*	10	9	0.4	0.3	..	..	..	1
特立尼达和多巴哥	..	..	..	..	3	4	0.4	0.6	..	..	*6*	45
突尼斯	1.5	1.2	5.6	4.5	47	48	1.4	1.2	..	..	168	2
土耳其	2.5	2.4	*11.5*	9.4	617	613	2.7	2.3	47	31	1,065	468
土库曼斯坦	..	..	..	..	26	22	1.3	1.0	..	..	*22*	29
乌干达	2.4	1.7	14.4	*15.3*	47	47	0.4	0.3	..	..	9	1
乌克兰	2.8	2.7	7.7	*7.0*	273	215	1.2	0.9	290	201	..	..
阿拉伯联合酋长国	4.2	5.4	..	..	51	51	2.0	1.0	11	37	2,199	493
英国	2.4	2.6	5.9	*5.7*	217	174	0.7	0.5	1,039	1,054	27	518
美国	4.0	4.8	18.9	17.9	1,546	1,569	1.0	1.0	6,700	8,641	520	893
乌拉圭	1.3	1.5	5.0	5.0	25	25	1.6	1.5	..	..	20	36
乌兹别克斯坦	*0.5*	..	..	..	91	87	0.9	0.7	4	90	..	..
委内瑞拉	1.4	0.9	5.6	..	82	115	0.7	0.9	*7*	*40*	23	365
越南	1.9	2.2	..	..	495	522	1.1	1.0	*12*	..	328	515
西岸和加沙	..	..	..	..	56	56	7.1	5.7	..	..	*2*	4
也门共和国	4.9	*4.4*	..	..	138	138	2.6	2.1	..	..	306	7
赞比亚	2.0	1.7	8.5	10.0	16	17	0.3	0.3	..	..	0	..
津巴布韦	2.3	1.3	..	..	51	51	0.8	0.8	..	..	25	..
全世界	**2.5 w**	**2.6 w**	**10.8 w**	***10.0* w**	**28,539 s**	**27,994 s**	**0.9 w**	**0.9 w**	**.. s**	**.. s**	**20,973 s**	**24,960 s**
低收入国家	1.6	1.4	12.0	..	3,330	3,714	1.1	1.0	..	..	..	..
中等收入国家	2.1	2.0	12.5	*12.3*	19,030	18,527	0.9	0.8	..	..	10,757	13,328
中低收入国家	2.4	2.1	13.8	12.7	8,635	8,858	0.9	0.9	..	..	3,334	8,426
中高收入国家	2.0	2.0	12.3	*12.4*	10,395	9,669	0.8	0.7	*6,188*	*7,020*	7,423	4,902
低收入和中等收入国家	2.1	2.0	12.5	*12.2*	22,360	22,241	0.9	0.8	..	..	11,031	14,002
东亚和太平洋地区	1.9	1.9	13.9	*14.6*	7,656	7,005	0.7	0.6	311	1,423	4,096	1,912
欧洲和中亚	2.9	3.0	15.2	11.9	3,398	3,169	1.9	1.6	5,585	6,380	*1,152*	920
拉丁美洲和加勒比地区	1.3	1.4	..	..	2,072	2,439	0.8	0.9	..	..	1,213	1,739
中东和北非	3.2	3.3	*12.5*	..	3,123	3,611	3.3	3.5	..	..	1,639	2,523
南亚	2.8	2.4	18.7	16.2	4,578	4,480	0.7	0.7	41	4	1,554	6,378
撒哈拉以南非洲地区	1.7	1.6	..	..	1,533	1,536	0.5	0.5	..	..	*986*	530
高收入国家	2.6	2.9	10.5	*10.0*	6,179	5,753	1.1	1.0	14,880	16,758	9,942	10,958
欧元区	1.7	1.6	4.5	*4.3*	1,802	1,606	1.2	1.0	5,473	4,891	1,527	2,620

注：某些国家的数据是部分或者不确定的数据，或者粗略的估计数据。见斯德哥尔摩和平研究所（2011）。

a. 估计值不同于中国政府官方统计值中公布的下列估计值：军费开支占GDP的百分比（2005年为1.4%，2009年为1.5%），军费开支占中央政府支出的百分比（2005年为7.3%，2009年为6.5%），见中国国家统计局，www. stats. gov. cn。

关于数据的说明

尽管国防是政府的一项重要职能——抵御外来威胁有利于经济发展，但是用于国防和国内冲突的高额军事开支给经济带来了负担，进而有可能阻碍经济增长。作为国内生产总值一部分的军费开支数据不仅是衡量用于军事行动的国内资源的大体指标，也是衡量给国民经济造成的负担的大致指标。军费开支即便用“投入”衡量，军费开支也不直接与军事行动、军事能力或者军事安全的“产出”相关。对各国国防开支的比较应当考虑影响脆弱性和风险的许多因素，其中包括历史和文化传统，需要防御的边境长度，与邻国关系的质量以及武装力量在国家政治中的角色。

大约60个政府向联合国裁军事务办公室提供了军事开支数据。因为各国不愿公布军事信息，所以国防开支数据并没有运用标准定义进行汇编，进而这些数据往往是不完整的，也是不可靠的。即使在那些由国会对政府预算和开支进行谨慎审核的国家，国防开支和武器交易也往往不会受到详细严密的审查，并且也不会向公众披露（见 Ball，1984；Happe 和 Wakeman－Linn，1994）。然而，斯德哥尔摩国际和平研究所（SIPRI）采取了北大西洋公约组织（NATO）对军费开支的定义（见定义）。有关军费开支占 GDP 的份额以及军费开支占中央政府支出的份额由斯德哥尔摩国际和平研究所估计。中央政府开支数据来自国际货币基金组织。进而本表给出的数据可能不同于国家政府公布的具有可比性的数据。

斯德哥尔摩国际和平研究所有关军费开支数据的原始资料来源是各国政府提供的官方数据。这些数据来自各国预算文件、国防白皮书以及政府官方机构颁布的其他公开文件，其中包括各国政府对斯德哥尔摩国际和平研究所、联合国或者欧洲安全与合作组织的问卷答复。第二手来源包括国际统计数据，例如，NATO 的统计数据和 IMF 的《政府金融统计年鉴》等国际统计资料。其他二手来源包括经济学人智库的国别报告、IMF 工作人员的国别报告以及专业期刊和报纸。

在许多情况下，斯德哥尔摩国际和平研究所不能作出独立估计时，就使用各国提供的数据。因为定义的不同以及对数据的准确性和完整性很难进行核实，所以关于军费开支的数据在各国之间并不具有严格的可比性。然而，斯德哥尔摩国际和平研究所最为优先考虑的是确保各国数据序列在时间上的可比性。有关 SIPRI 的军费开支项目的更多信息请登录网站 www. sipri. org/contents/milap/。

关于武装力量的数据是指现役的军事人员，其中包括准武装力量。因为数据不包括非现役人员，所以这些数据低估了为国防建设工作的劳动力份额。由于各国政府很少公布其武装力量规模的数据，因此，这些数据一般来自情报单位。

斯德哥尔摩国际和平研究所的武器交易项目从公开资源收集了武器交易的数据。由于可以获得的公开信息不足以追踪所有武器和其他军事装备，SIPRI 仅仅将其称作的大宗常规武器包括在内。数据包括通过销售、援助、赠予以及生产许可提供的武器，因此，与其说是武器交易，还不如说是武器贸易。斯德哥尔摩国际和平研究所的数据还包括武器冲突中提供给或者来自反叛力量的武器，以及在一个可以接受的范围内提供给无论是供应人或者接受人都无法确认的武器；这些数据在斯德哥尔摩国际和平研究所的数据库中都可以获得。

斯德哥尔摩国际和平研究所对武器交易的估计值被指定为测定相关趋势的工具，其中相似的武器具有相似的价值，以反映交易的武器的数量和质量。SIPRI 告诫，这些估计值并不反映金额（对武器交易的付款），其理由有三：可靠的交易价值数据无法获得；甚至即使知道交易值，但是所包含的通常要比实际常规武器多，例如，备件、支持系统和培训；甚至在知道交易值的情况下，财务安排更详细的细节仍然无从知晓，例如，信贷和贷款条件以及折扣等。

鉴于这些衡量测算问题，SIPRI 估计军事资源交易的方法纳入了对武器技术参数的评估。如果不知道武器的价格，则将其与相同的、可以获得实际购买价格的武器（核心武器）比较，或者与最为匹配的武器相比较。这些武器都被制订了一个价值指数，该指数反映了与“核心武器”相比，其军事资源的价值。这些相关的协调匹配都是基于诸如规模、性能和电子种类等特征，对二手武器则要做一些调整。关于斯德哥尔摩国际和平研究所武器交易项目的更多信息可从 www. sipri. org/research/armaments/transfers 获取。

定义

• **军费开支**来自从北大西洋公约组织的前期定义（直到 2002 年都在使用）中得出的 SIPRI 数据。包括用于武装力量的所有日常开支和资本开支，武装力量包括维和部队、国防部以及从事国防项目的其他政府机构、准武装力量（如果他们受过训练并装备了武器）以及军事空间活动等。这些开支包括军职人员和文职人员，其中包括军事人员的退休金以及向军事人员提供的社会服务、运转和维护费用、采购、军事研究与开发以及军事援助（包括在援助国的军费开支内）等。民间防御以及用于以往军事活动的日常开支不包括在内，例如，退役军人的福利、复员、转业以及武器的销毁等。该定义并不适用于所有国家，然而，这需要更为详细的信息，而不仅仅是军费预算和预算外军费开支项目中所包含的内容（例如，军费预算是否包括民间防御、后备军和辅助部队、警察和准武装力量以及军事人员退休金）。 • **武装部队人员**是指现役军人，其中包括准军事人员，如果对这些人员的训练、组织、装备以及控制表明可以用作支持或者替换正规军事部队。和平时期的非全职储备力量不包括在内。这些数据也不包括国防建设中的文职人员，所以与用于军事人员的军费开支数据不一致。 • **武器交易**包括通过销售、援助以及赠予供应的武器，还包括通过生产许可制造的武器。交易的武器必须是供应商自愿交易的，必须用于军事目的，并且必须是提供给武装力量或者准武装力量的，或者另一国家情报部门的。本表给出的趋势仅仅基于实际提供的数量。数据囊括了大宗常规武器，例如，飞机、装甲车、火炮、雷达系统、导弹和军用船只等。其他军事装备的交易不包括在内，例如，小型和轻型武器、卡车、小型火炮、弹药、支持设备、技术转移以及其他服务等。

数据资料来源

有关军费开支的数据来自斯德哥尔摩国际和平研究所的军事开支数据库（www. sipri. org/databases/milex）。有关武装力量的数据来自国际战略研究所的《2012 年军事收支》。有关武器交易的数据来自斯德哥尔摩国际和平研究所的武器交易数据库（www. sipri. org/databases/armstransfers）。

	国际开发协会资源配置指数	和平建设与和平维护		与战争相关的死亡	故意杀人	军费开支	工商业环境		
	1–6 低至高	组织名称[a]	部队、警察和军事观察员	人数	每10万人所有资料来源的合计值[b]	占GDP的百分比	调查年份	由偷盗、破坏和纵火造成的损失 占销售额的百分比	开始经营业务时就正式注册登记的公司 占企业数量的百分比
	2010	2011年12月	2011年12月	2000–2010[c]	2008	2010			
阿富汗	2.6	UNAMA	15	35,460	2.4	*1.8*	2008	1.5	88.0
安哥拉	2.8		..	2,620	19.0	4.4	2010	1.5	62.7
波斯尼亚和黑塞哥维那	3.7		..	..	1.7	1.4	2009	0.4	98.6
布隆迪	3.1	BNUB	1	6,413	21.7	*3.8*	2006	1.1	..
中非共和国	2.8	BINUCA	4	544	29.3	2.6		..	..
乍得	2.4		..	4,238	15.8	3.0	2009	2.5	77.1
科摩罗	2.5		..	..	12.2	..		..	..
刚果民主共和国	2.7	MONUSCO	18,928	6,348	21.7	1.4	2010	1.8	61.9
刚果共和国	2.9		..	167	30.8	1.1	2009	3.3	84.3
科特迪瓦	2.7	UNOCI	10,999	809	56.9	*1.6*	2009	3.4	56.4
厄立特里亚	2.2		..	25,057	17.8	..	2009	0.0	100.0
格鲁吉亚	4.4		..	648	4.1[h]	3.9	2008	0.7	99.6
几内亚	2.8		..	647	22.5	..	2006	2.0	..
几内亚比绍	2.7	UNIOGBIS	17	0	20.2	..	2006	1.1	..
海地	2.9	MINUSTAH	11,611	244	6.9[h]	..		..	..
伊拉克	..	UNAMI	361	24,088	2.0	6.0		..	..
基里巴斯	3.0		..	..	7.3	..		..	..
科索沃	3.4	UNMIK	16	..	..	..	2009	0.3	89.2
利比里亚	2.9	UNMIL	9,206	2,427	10.1	*0.8*	2009	2.8	73.8
缅甸	..		..	..	..	..		..	..
尼泊尔	..		..	..	0.9	..	2009	2.1	96.9
圣多美和普林西比	..		..	1,590	10.2	..		..	..
塞拉利昂	3.3		..	9,418	2.8[i]	1.5	2009	0.9	94.0
所罗门群岛	3.3		..	156	14.9	*2.3*	2009	0.8	89.2
索马里	2.8	RAMSI	468	..	3.7	..		..	..
苏丹	..	UNPOS	6	7,574	1.5	..		..	..
塔吉克斯坦	2.4		..	17,658	24.2	..		..	..
东帝汶	3.0	UNMIT	1,216	..	6.9	2.8	2009	2.7	91.8
多哥	2.9		..	..	10.9	*1.8*	2009	2.4	75.8
西岸和加沙	..		..	..	..	..	2006	1.2	..
西撒哈拉[m]	..	MINURSO	228	..	..	..		..	..
也门	3.2		..	259	4.2[i]	*4.4*	2010	0.6	81.7
津巴布韦	2.0		..	..	14.3	1.3		..	..
脆弱的局势			..	**82,763 s**	**15.8 w**	**3.8 w**			
低收入经济体			..	..	17.5	1.4			

注：表中列举的局势脆弱的国家和地区为符合国际开发协会援助条件的国家和地区，过去3年中这些国家和地区在国家政策和制度评估（CPIA）方面的调和平均分只有3.2分，甚至更低。负责给这些国家评分的机构除世界银行之外，还有其他相应的地区性开发银行、肩负着联合国或地区性和平建设和政治使命的机构（如非盟、欧盟和美洲国家组织）以及维和机构（如非盟、欧盟、北约和美洲国家组织）。这一定义是依照世界银行和其他多边发展银行在2007年国际开发协会第15轮会议达成的协议。局势脆弱的国家和地区名单是有缺点的，这儿只是用于反映一个复杂的概念。进而世界银行及其合作伙伴将一起更新脆弱的定义。

a. UNAMA代表联合国阿富汗支援团。BNUB代表联合国驻布隆迪办公室。BINUCA代表联合国驻中非共和国综合维和办公室。MONUSCO代表联合国组织驻刚果民主共和国稳定特派团。UNOCI代表联合国科特迪瓦维和行动。UNIOGBIS代表联合国驻几内亚比绍综合维和办公室。MINUSTAH代表联合国海地稳定特派团。UNAMI代表联合国驻伊拉克援助特派团。UNMIK代表联合国驻科索沃临时行政特派团。UNMIL代表联合国利比里亚特派团。RAMSI代表所罗门区域援助团。UNPOS代表联合国驻索马里政治办公室。UNMIT代表联合国东帝汶综合特派团。MINURSO联合国西撒哈拉全民投票特派团。b. 最为准确的估计值来自联合国毒品和犯罪问题办公室的故意杀人统计数据库。这一估计值利用了各种资料来源，其中主要是公共医疗卫生数据资料、法律执行和刑事审判数据资料。c. 该时期内的总数。d. 数据为最近年份可获得的数据。e. 该时期内的平均值。f. 仅包括安哥拉安全地区。g. 包括10—14岁儿童。h. 2010年的数据。i. 2009年的数据。j. 仅包括南苏丹。k. 数据为国内流离失所检测中心（IDMC）较高的估计值；较低的估计值是4,500,000。l. 包括联合国近东巴勒斯坦难民救济和工程处授权的巴基斯坦难民，但是这些难民不包括来自联合国难民高级委员会的数据中。m. “西撒哈拉”替代了“前西属撒哈拉”（更改后名称在地图的封面和封底处使用），联合国安理会第690/1991号决议同意在这一地区成立联合国维和部队，这一名称为维和部队对该地区的习惯称呼。这一称谓并不代表世界银行对如此确定的版图地位的看法。n. 国内流离失所检测中心（IDMC）较高的估计值；较低的估计值是570,000。

	童工		难民		国内流民	获得改善的水源	获得改善的医疗卫生设施	孕产妇死亡率		5岁以下儿童死亡率	饥饿深度	小学总入学率
								每10万例活产儿				
	调查年份	占7—14岁儿童的百分比	按来源国计 2010	按庇护国计 2010	人数 2010	占人口的百分比 2010	占人口的百分比 2010	国家估算 2005–2010[d]	模型估算 2008	每千例活产儿 2010	每日每人千卡 2006–2008[e]	占适龄人群的百分比 2010
阿富汗		..	3,054,709	6,434	352,000	50	37	..	1,400	149	..	97
安哥拉	2001	30.1[f]	134,858	15,155	..	51	58	..	610	161	320	124
波斯尼亚和黑塞哥维那	2006	10.6	63,004	7,016	113,400	99	95	3	9	8	140	88
布隆迪	2005	11.7	84,064	29,365	100,000	72	46	620	970	142	390	156
中非共和国	2000	67.0	164,905	21,574	192,000	67	34	540	850	159	300	93
乍得	2004	60.4	53,733	347,939	171,000	51	13	..	1,200	173	320	90
科摩罗		..	368	..	..	95	36	..	340	86	300	*104*
刚果民主共和国	2000	39.8[g]	476,693	166,336	1,700,000	45	24	550	670	170	..	94
刚果共和国	2005	30.1	20,679	133,112	7,800	71	18	780	580	93	230	115
科特迪瓦	2006	45.7	41,758	26,218	*621,000*	80	24	540	470	123	230	88
厄立特里亚		..	222,460	4,809	10,000	*61*	*14*	..	280	61	350	45
格鲁吉亚	2006	31.8	10,640	639	258,000	98	95	52	48	22	160	109
几内亚	1994	48.3	11,985	14,113	..	74	18	980	680	130	260	94
几内亚比绍	2006	50.5	1,127	7,679	..	64	20	410	1,000	150	250	123
海地	2005	33.4	25,892	*3*	..	69	17	630	300	165	420	..
伊拉克	2006	14.7	1,683,579	34,655	2,800,000	79	73	84	75	39	..	..
基里巴斯		..	33	..	..	..	..	..	..	49	180	*113*
科索沃		..	..	..	18,300	..	..	..	..	..	..	..
利比里亚	2007	37.4	70,129	24,743	..	73	18	990	990	103	330	96
缅甸		..	..	..	..	94	75	..	..	26	..	*102*
尼泊尔		..	..	*1*	..	..	..	..	..	42	..	..
圣多美和普林西比		..	415,670	..	446,000	83	76	320	240	66	..	126
塞拉利昂	1999	47.2	5,889	89,808	50,000	89	31	280	380	50	220	..
所罗门群岛	2007	14.9	11,275	8,363	..	55	13	860	970	174	340	*125*
索马里		..	75	..	..	..	..	..	100	27	190	..
苏丹	2006	43.5	770,154	1,937	1,500,000	29	23	1,000	1,200	180	..	..
塔吉克斯坦	2000	19.1[j]	387,288	178,308	5,200,000[k]	58	26	1,100	750	103	240	*73*
东帝汶		..	8	1	*400*	69	47	560	370	81	260	117
多哥	2006	38.7	18,330	14,051	..	61	13	..	350	103	280	140
西岸和加沙		..	93,323	1,910,677[l]	160,000	85	92	..	..	22	190	91
西撒哈拉[m]		..	..	..	..	..	..	..	..	..	..	..
也门	2006	18.3	2,076	190,092	250,000	55	53	..	210	77	260	87
津巴布韦	1999	14.3	24,089	4,435	1,000,000[n]	80	40	730	790	80	300	..
脆弱的局势			**7,848,793 s**	**3,237,459 s**	**14,328,500 s**	**65 w**	**41 w**	**..**	**650 w**	**120 w**	**271 w**	**102 w**
低收入经济体			5,650,811	1,873,979	*7,113,000*	65	37	..	590	108	281	*104*

关于数据的说明

本表主要关注局势脆弱的国家和地区，重点说明不牢固的制度、较差的发展成果、脆弱的局势和冲突的风险之间的联系。许多国家和地区糟糕的制度安排无法应对经济冲击、自然灾害、非法贸易，或者平息冲突，使得这些灾难蔓延至其他国家。包括暴力犯罪在内的有组织暴力使得人力资本和社会资源流失、服务供给混乱、百姓流离失所、未来投资信心下降，从而阻断了经济和社会发展。自然而然，局势脆弱的国家大都很难取得发展成果，千年发展目标进程也不尽如人意。

根据武装暴力与发展的日内瓦宣言，全球每年超过52.6万人死于暴力武装冲突和各种规模的暴力犯罪。恢复和重建需要时日，而且困难重重：基础设施需要重建、犯罪率居高不下、卫生问题四处泛滥、教育体系有待重整、遗留地雷急需清除。绝大多数经历过冲突的国家都没有能力重建经济。因此，要实现增长首先就要建设这些国家的能力，而且能力建设还关系着和平建设，并为可持续减贫创造环境。虽然世界银行和其他国际机构可以提供援助，但是局势脆弱的国家需要根据自身情况量身订制符合本国国情的各项制度。在战后地区开展维和行动可以有效地避免冲突再次发生。

表中列举的局势脆弱的国家和地区主要是符合国际开发协会援助条件的国家以及过去3年中在国家政策和制度评估（CPIA）方面的调和平均分只有3.2分甚至更低的世界银行非成员国或者无行动的国家和地区。负责给这些国家评分的机构除世界银行外还有其他相应的地区性开发银行、肩负着联合国或地区性和平建设任务的机构（如非盟、欧盟和美洲国家组织）以及维和机构（如非盟、欧盟、北约和美洲国家组织）。和平建设与和平维护需要军队、警察和民众等各方面力量协同一致，才能为可持续的和平事业打下坚实基础。局势脆弱的国家和地区名单是不完善的，这儿只是用于反映一个复杂的概念。世界银行与其伙伴和客户将不断完善这一概念。

关于数据的说明（续）

势不两立的两方对抗最终会演化成武装冲突，这一问题一直困扰着部分国家和地区，势力双方（其中一方为政府）的武装力量每年都会造成至少25人阵亡。2010年共发生了30起武装冲突。本表给出的数据来自乌普萨拉冲突数据计划（UCDP）与战争相关的阵亡数据组（v.5 2011），该数据组主要关注那些势不两立的国家以及报告与战争相关的阵亡的国家和地区。当不止一个国家列在该数据组时，本表中与战争相关的阵亡数据就按照战争地点划分。更详细的资料见各国的脚注。

有关故意杀人的数据来自联合国毒品和犯罪问题办公室（UNODC），该机构利用各种有关故意杀人的国家资料和国际资料——主要是刑事审判资料以及来自世界卫生组织和泛美卫生组织的公共医疗卫生数据——以及联合国刑事审判体系中的犯罪趋势和行动调查提供的准确并具有可比性的统计数据。联合国毒品和犯罪问题办公室将故意杀人定义为“一人故意非法剥夺他人生命的行为”。该定义不包括武装冲突导致的死亡。更多的信息见联合国毒品和犯罪问题办公室的故意杀人统计数据库 www.unodc.org/unodc/en/data-and-analysis/homicide.html。

各国政府公开的军费开支不但没有统一的统计口径，而且往往也不完整可靠。即便国家议会对预算开支的控制紧之又紧，军费开支和武器转让也很难得到严密监控和充分披露。数据来自斯德哥尔摩国际和平研究所（SIPRI），该研究所采用了北大西洋公约组织（NATO）对军费开支的定义（直到2002年还在使用，见“定义”）。因此，表中数据可能与各国政府的公开数据存在一定出入。关于军费开支的详细内容参见表5.7中的“关于数据的说明”。

除公共部门的努力之外，私人部门发展壮大和私人投资——尤其在竞争性市场进行投资——也能够极大地推动增长和减贫。世界银行企业调查评估了私人部门的商业环境以及阻碍私人部门增长和运营的瓶颈因素。在部分国家，商人只有进行了非正常支付后，才能在海关、税收、执照、法规、服务等环节顺利过关。此外，犯罪、盗窃和动乱也加重了商业和社会的负担。而且许多发展中国家都存在无证经营的非正规企业，这些企业无法获得金融支持和公共服务，合同类型和投资方式也很单一，这些因素都制约了企业发展。表中数据给出了因盗窃、抢劫、破坏、纵火等原因遭受损失的非正规企业比例以及受损金额。有关企业调查的详细信息参见表5.2中的“关于数据的说明”。

从表中数据我们可以看出，无论在什么情况下，武装暴力造成的人员伤亡都是非常严重的。除此之外，局势脆弱的国家的国内制度也往往比较脆弱，其直接后果就是增长乏力以及各项服务质量低下。无法提供用水、卫生和教育等服务无疑会让已经摇摇欲坠的政府更加被动。图表列举了一些衡量脆弱局势下的生活条件的指标：童工、难民数量、国内难民、用水和医疗卫生供给情况、孕产妇以及5岁以下儿童死亡率、饥饿深度以及小学入学率。有关这些指标的详细信息参见以下数据说明：表2.6（童工）、表6.14（难民）、表2.18（获得改善的水源和医疗卫生设施）、表2.19（孕产妇死亡率）、表2.23（5岁以下儿童死亡率）和表2.12（小学入学率）。

定义

• **国际开发协会资源配置指数**来自于国家政策和制度评估，取宏观经济、治理、社会和发展结构4个指标集的平均值。其中发展结构包括经济管理、结构政策、社会包容度和平等性政策以及公共部门管理与制度（见表5.9）。最低分为1，最高分为6。 • **和平建设与和平维护**是指加强国家的冲突管理能力以防卷入或再次卷入冲突，为可持续和平与发展奠定基础；为停战地区提供必要保护以巩固和平成果，辅助停战协议缔约各方履行协议。联合国维和行动由联合国秘书长授权，由联合国维持和平行动部和外勤资助部负责规划、管理、指导和提供支持。联合国宪章赋予了安理会维护国际和平和安全的基本职责，其中就包括开展联合国维和行动。 • **和平建设与和平维护行动中的部队、警察和军事观察员**是指参与官方和平建设与维和行动的人员。维和人员被部署在战后地区，否则这些地区没有人愿意或者能够阻止冲突发生或升级。 • **阵亡人员**是指冲突双方的死亡人员，往往是由对立双方的武装冲突（正面交火、游击战以及针对军事驻地、城市和村庄制造的各类爆炸）造成的。武装交火、不定向爆破以及其他军事行动的破坏目标一般是军事基地及其配套设施、国家机构和国家代表处，但往往也会造成大量平民伤亡。在这种情况下出现的所有死亡（包括平民和军人）都算作与战争相关的阵亡。 • **故意杀人**是指故意非法剥夺他人生命。这种行为一般发生于因争夺土地产生的家庭纠纷、肢体对抗和暴力冲突，以及争夺势力范围或控制权引发的群体暴力，或者武装力量发动的掠夺和杀戮。并不是所有的蓄意杀害都是故意杀人，两者的区别在于实施杀害行动的组织方不同。个人或者小型组织采取的杀害行动才是故意杀人，而数百人集聚起来爆发武装冲突造成的人员死亡则不包含在内。 • **军费开支**是斯德哥尔摩国际和平研究所根据北大西洋公约组织前的定义（直到2002年还在使用）获取，该定义涵盖了用于武装部队的当期全部资金支出，包括维和部队、国防部和其他负责防御计划的机构、受过训练可以开展军事行动的准军事力量以及军事空间项目。这部分开支也包括军职人员和部分平民的人力成本，包括退休金和军职人员应享受的社会服务、运行和维护、采购、军事研发和军事援助（包含在援助国的军费开支中）。民用防御开支以及由前期军事行动引起的当期军费开支不包含在内，例如，退伍军人的福利、遣散复员、武器改装和销毁等。但是，由于缺乏部分军费预算和预算外军费开支的细节信息（例如，军费预算是否包含民用防御开支、预备人员和后备人员费用、警察和准武装力量以及军队抚恤金等），这一定义并不是对于每个国家都适用。 • **调查年份**是指采集收集第一手数据的年份。 • **偷盗、抢劫、恶意破坏以及纵火导致的损失**是指企业出现上述情况导致的估计损失占年度销售额的百分比。 • **开始经营业务时就正式注册登记的公司**是指在一个国家开始经营业务时就正式登记注册的公司比例。 • **童工**是指在调查期间（一周内）至少从事一小时经济活动的儿童。 • **难民**是指被1951年《关于难民地位的公约》及其1967年《议定书》、1969年《非洲统一组织关于非洲难民问题某些特定方面的公约》以及联合国难民署认定为难民的人，以及获得难民待遇和受到临时保护的人。正在寻求庇护的人——已经申请庇护或难民地位但还没有被确认的人以及被认为是庇护寻求者的人——不包括在内。巴勒斯坦难民是指在1946年6月至1948年5月间生活在巴勒斯坦地区并在1948年中东战争中失去家园和生计的人（以及他们的后代）。 • **来源国**是指申请人的国籍或公民身份所在国。 • **庇护国**是指收容申请审核国和难民地位授予国。 • **国内流民**是指因为武装冲突、战争避难、大规模暴力、人权危机、天灾人祸等原因被迫离开或者逃离家园或居住地、但尚未越出国境的个人或群体。 • **获得改善的水源**是指人们可以通过适当的渠道获得改善的水源，例如，房宅管道水、公共水龙头、井水以及收集的雨水。适当的渠道是指在房宅周边1公里范围内能够找到水源，保证每人每天至少20升水。 • **获得改善的卫生设施**是指人们有足够的厕所，防止人类、家畜和蚊虫与粪便相互接触。从旱厕到卫生间都属于改善设施。 • **孕产妇死亡率**是指每10万例活产中死于与妊娠有关的各种原因的孕产妇人数。国家估计数据根据全国性调查、人口注册记录、监管数据以及社区和医院记录产生。抽样估计数据来自于WHO、联合国儿童基金会、联合国人口基金会和世界银行的抽样调查。详细信息见表2.19中的"关于数据的说明"。 • **5岁以下儿童死亡率**是指按照特定年份特定年龄的死亡率，该年份出生的儿童5岁之前死亡的概率，该概率取自生命表，即每千例活产儿在5岁之前死亡的概率。 • **饥饿深度**又称食物匮乏度，是指个体能够获得的食物量与最低食物需求（以食物能量计算）之间的差距。其计算方法是：营养不良人群从摄入食物中获得的平均食物能量/维持体重和从事轻体力劳动所需的最低食物能量。饥饿深度的衡量标准是：每人每日缺口在200千卡以内为低，超过300千卡为高。 • **小学总入学率**是指入学总人数（不考虑年龄）与应该接受小学教育的适龄人口比例。通过小学教育儿童应具备基本的读、写和运算能力，以及初步了解历史、地理、自然科学、社会科学、美术和音乐等课程。

数据资料来源

有关国际开发协会资源配置指数的数据来自世界银行集团所属的国际开发协会数据库（www. worldbank. org/ida）。有关和平建设与和平维护的数据来自联合国维持和平行动部。有关阵亡人数的数据主要来自和乌普萨拉冲突数据计划1989—2010年的武装冲突数据组（v. 5 2011）。有关故意杀人的数据来自联合国毒品和犯罪问题办公室国际命案统计数据库（www. unodc. org/unodc/en/data - and - analysis/homicide. html）。有关军费开支的数据来自斯德歌尔摩国际和平研究所军费开支数据库（www. sipri. org/databases/milex）。有关工商业环境的数据来自世界银行的《企业调查》（www. enterprisesurveys. org）。有关雇佣儿童的数据是由"理解儿童的工作"项目组根据家庭调查的有效数据进行的估算，家庭调查的数据来源有：国际劳工组织"儿童劳工的统计监测计划"项目下的"消除儿童劳工国际计划"、联合国儿童基金会的多指标汇集调查报告、世界银行生活水平测量法研究计划以及各国的国家统计局（见表2.6）。有关难民的数据来自联合国难民署《2010年统计年鉴》，后经联合国近东巴勒斯坦难民救济和工作处网站（www. unrwa. org）授权后根据该网站的巴勒斯坦难民统计数据进行了补充。国际流民数据来自国际流民监测中心。获得水源和医疗卫生设施的数据来自世界卫生组织和联合国儿童基金会的《卫生进展和饮用水》（2012年）。有关孕产妇死亡人数的国家估计数据来自联合国儿童基金会《2009年世界儿童状况报告》）和宏观国际的儿童信息和人口与健康调查报告。抽样估计数据来自世界卫生组织、联合国儿童基金会、联合国人口基金会和世界银行的《1990—2008年孕产妇死亡率趋势》（2010）。关于5岁以下儿童死亡率的数据由机构间儿童死亡率估计小组（包括联合国儿童基金会、世界卫生组织、世界银行、联合国人口署以及大学与研究机构）估算得到，主要依据家庭调查、人口普查和出生登记数据，并由世界银行人力开发网络根据出生登记和抽样登记数据（见表2.23）进行补充。有关饥饿深度数据来自联合国粮食与农业组织的《粮食安全统计》数据库（www. fao. org/economic/ess/ess - fs/fs - data/ess - fadata/en/）。有关小学总入学率的数据来自联合国教科文组织统计研究所。

	IDA资源分配指数 1(低)到6(高)	经济管理 1(低)到6(高)				结构性政策 1(低)到6(高)			
		宏观经济管理	财政政策	债务政策	平均	贸易	金融部门	商业监管环境	平均
	2010	2010	2010	2010	2010	2010	2010	2010	2010
阿富汗	2.6	3.5	3.0	2.5	3.0	3.0	2.0	2.5	2.5
安哥拉	2.8	3.0	3.0	3.0	3.0	4.0	2.5	2.0	2.8
亚美尼亚	4.1	4.5	5.0	4.5	4.7	4.5	3.5	4.0	4.0
阿塞拜疆	3.7	4.0	4.5	4.5	4.3	3.5	3.0	4.0	3.5
孟加拉国	3.5	4.0	4.0	4.0	4.0	3.0	3.5	3.5	3.3
贝宁	3.5	4.0	3.0	3.5	3.5	4.0	3.5	3.5	3.7
不丹	3.9	4.5	4.5	4.5	4.5	3.0	3.0	3.5	3.2
玻利维亚	3.7	4.0	4.0	4.5	4.2	5.0	3.5	2.5	3.7
波斯尼亚和黑塞哥维那	3.7	4.0	3.5	4.0	3.8	4.0	4.0	4.0	4.0
布基纳法索	3.8	4.5	4.5	4.0	4.3	4.0	3.0	3.5	3.5
布隆迪	3.1	3.5	3.5	3.0	3.3	4.0	2.5	2.5	3.0
柬埔寨	3.4	4.5	4.0	3.5	4.0	4.0	2.5	3.5	3.3
喀麦隆	3.2	4.0	3.5	3.0	3.5	3.5	3.0	3.0	3.2
佛得角	4.1	4.5	4.5	4.0	4.3	4.0	4.0	3.5	3.8
中非共和国	2.8	3.5	3.5	3.0	3.3	3.5	2.5	2.0	2.7
乍得	2.4	2.5	2.5	2.5	2.5	3.0	2.5	2.0	2.5
科摩罗	2.5	3.0	2.0	2.0	2.3	3.5	2.5	2.5	2.8
刚果民主共和国	2.7	3.5	3.5	3.0	3.3	3.0	2.0	2.0	2.3
刚果共和国	2.9	3.5	3.0	3.0	3.2	3.5	3.0	2.5	3.0
科特迪瓦	2.7	3.5	2.5	2.0	2.7	4.0	3.0	3.0	3.3
吉布提	3.2	3.5	3.0	2.5	3.0	4.0	3.0	3.5	3.5
多米尼克	3.8	4.0	4.5	3.0	3.8	4.0	3.5	4.5	4.0
厄立特里亚	2.2	2.0	2.0	1.5	1.8	1.5	1.0	2.0	1.5
埃塞俄比亚	3.4	3.5	4.0	3.5	3.7	3.0	3.0	3.5	3.2
冈比亚	3.4	4.0	3.5	3.0	3.5	3.5	3.5	3.5	3.5
格鲁吉亚	4.4	4.5	4.5	5.0	4.7	6.0	3.5	5.5	5.0
加纳	3.9	3.5	3.5	4.0	3.7	4.0	4.0	4.5	4.2
格林纳达	3.8	3.5	3.0	3.0	3.2	4.5	4.0	4.5	4.3
几内亚	2.8	2.5	2.5	2.0	2.3	4.0	3.0	2.5	3.2
几内亚比绍	2.7	3.0	2.5	2.0	2.5	4.0	2.5	2.5	3.0
圭亚那	3.4	3.5	3.5	4.0	3.7	4.0	3.5	3.0	3.5
海地	2.9	4.0	3.5	2.5	3.3	4.0	3.0	2.5	3.2
洪都拉斯	3.6	3.5	3.5	4.0	3.7	4.5	3.0	3.5	3.7
印度	3.7	4.5	3.5	4.0	4.0	3.5	4.0	3.5	3.7
肯尼亚	3.8	4.5	4.0	4.0	4.2	4.0	4.0	4.0	4.0
基里巴斯	3.0	2.5	3.0	3.5	3.0	3.0	3.0	3.0	3.0
科索沃	3.4	3.5	3.0	3.5	3.3	5.0	3.5	3.5	4.0
吉尔吉斯斯坦	3.7	4.5	4.0	4.0	4.2	5.0	3.0	3.5	3.8

关于数据的说明

国际开发协会（IDA）是世界银行集团的一部分，为旨在促进经济增长、改善生活条件的项目提供优惠贷款和赠款，帮助最贫困的国家减轻贫困。IDA 的援助资金帮助这些国家应对在实现千年发展目标的过程中所面临的复杂挑战。

如上表所示的世界银行国际发展协会资源分配指数（IRAI），是基于实施年度国家政策和制度评估（CPIA）的结果，包括符合国际发展协会条件的国家。本表不包括缅甸和索马里，因为这些国家在2010年没有进行评估，尽管它们也是符合国际发展协会条件的国家。自20世纪70年代中期以来，世界银行工作人员开始实施对国家的年度评估。随着时间的流逝，评估的标准也不断加以修订，从主要集中在宏观经济，到包括治理和更广泛的社会和结构方面。国家表现将根据分成4类的16种指标进行评估：经济管理、结构政策、促进社会包容和平等的政策、公共部门的管理和制度。就人均资源而言，IDA 资源是根据 IDA 的发展评估对国家进行分配，在有限的程度上是基于人均国民总收入。这确保了发展良好的国家能够获得更多的 IDA 人均资源分配。IRAI 是评定国家表现的关键因素。

CPIA 的运用旨在了解一个国家政策和制度安排的本质特点。CPIA 的运用集中在国家控制之内的关键要素，而不受结果的影响（例如，经济增长率），因为这些结果受到国家控制之外事件的影响。更具体来说，CPIA 衡量了一个国家的政策和制度框架支持持续增长和减贫的程度，以及使用发展援助的有效性。

每一类中的所有标准都将获得同等的权重，在所有分数中，每一类包括 25% 的权重，这是通过将 4 类的平均分加以平均得来

	IDA资源分配指数 1(低)到6(高)	经济管理 1(低)到6(高)				结构性政策 1(低)到6(高)			
		宏观经济管理	财政政策	债务政策	平均	贸易	金融部门	商业监管环境	平均
	2010	2010	2010	2010	2010	2010	2010	2010	2010
老挝	3.3	4.0	4.0	3.0	3.7	3.5	2.0	3.0	2.8
莱索托	3.5	4.0	3.5	4.0	3.8	3.5	3.0	3.0	3.2
利比里亚	2.9	3.5	3.5	3.0	3.3	3.0	2.5	3.0	2.8
马达加斯加	3.4	3.5	3.0	4.0	3.5	4.0	3.0	3.0	3.3
马拉维	3.3	3.0	3.5	3.0	3.2	3.5	3.0	3.0	3.2
马尔代夫	3.4	2.5	2.0	2.5	2.3	4.0	3.0	4.0	3.7
马里	3.6	4.5	4.0	4.0	4.2	4.0	3.0	3.5	3.5
毛里塔尼亚	3.2	3.5	3.0	3.5	3.3	4.0	2.5	3.0	3.2
摩尔多瓦	3.7	3.5	3.5	4.0	3.7	4.5	3.5	3.5	3.8
蒙古	3.4	3.5	3.0	3.5	3.3	4.5	2.5	3.5	3.5
莫桑比克	3.7	4.5	4.5	4.5	4.5	4.5	3.5	3.0	3.7
尼泊尔	3.3	3.5	4.0	3.0	3.5	3.5	3.0	3.0	3.2
尼加拉瓜	3.7	4.0	4.0	4.5	4.2	4.5	3.0	3.5	3.7
尼日尔	3.4	4.0	3.5	4.0	3.8	4.0	3.0	3.0	3.3
尼日利亚	3.4	4.0	4.0	4.5	4.2	3.5	3.5	3.5	3.5
巴基斯坦	3.1	2.5	2.5	3.5	2.8	3.5	3.5	3.5	3.5
巴布亚新几内亚	3.3	4.0	3.5	4.5	4.0	4.5	3.0	3.0	3.5
卢旺达	3.8	4.0	4.0	3.5	3.8	4.0	3.5	4.0	3.8
萨摩亚	4.1	4.0	4.0	5.0	4.3	5.0	4.0	3.5	4.2
圣多美和普林西比	3.0	3.0	3.0	2.5	2.8	4.0	2.5	2.5	3.0
塞内加尔	3.7	4.0	4.0	4.0	4.0	4.0	3.5	4.0	3.8
塞拉利昂	3.3	4.0	3.5	3.5	3.7	3.5	3.0	3.0	3.2
所罗门群岛	2.8	3.5	2.5	3.0	3.0	3.0	3.0	2.5	2.8
斯里兰卡	3.5	3.0	3.0	3.5	3.2	3.5	4.0	4.0	3.8
圣卢西亚	3.8	4.0	3.5	3.5	3.7	4.0	3.5	4.5	4.0
圣文森特和格林纳丁斯	3.8	4.0	3.5	3.5	3.7	4.0	3.5	4.5	4.0
苏丹	2.4	3.5	3.0	1.5	2.7	2.5	2.5	2.5	2.5
塔吉克斯坦	3.3	4.0	3.5	3.5	3.7	4.0	2.5	3.0	3.2
坦桑尼亚	3.8	4.5	4.0	4.0	4.2	4.0	4.0	3.5	3.8
东帝汶	3.0	3.0	3.5	4.0	3.5	4.5	2.5	1.5	2.8
多哥	2.9	3.0	3.0	3.0	3.0	4.0	2.5	3.0	3.2
汤加	3.5	3.0	3.0	2.5	2.8	5.0	3.5	3.0	3.8
乌干达	3.8	4.5	4.0	4.5	4.3	4.0	3.5	4.0	3.8
乌兹别克斯坦	3.4	4.0	4.0	4.0	4.0	2.5	3.0	3.0	2.8
瓦努阿图	3.4	4.0	3.5	4.5	4.0	3.0	3.0	3.5	3.2
越南	3.8	4.0	4.5	4.0	4.2	3.5	3.0	3.5	3.3
也门共和国	3.2	3.5	3.0	3.0	3.2	4.5	2.5	3.5	3.5
赞比亚	3.4	4.0	3.0	3.5	3.5	4.0	3.5	3.5	3.7
津巴布韦	2.0	2.0	2.0	1.0	1.7	3.0	2.0	2.0	2.3

的。对于16个标准中的每一个标准，各国根据从规模1（低）到6（高）的顺序进行等级评定。分数取决于一个国家在给定年份根据标准的发展情况评估，而不是与前一年相比发展变化情况。所有16个CPIA标准包括每一等级的详细描述。在评估国家的发展情况时，世界银行的工作人员按照每一标准和分配等级，评估了国家的实际情况。该等级反映了基于国家知识和相关公开可获得指标的多种指标、观察和判断情况。在说明这些评估分数时，是以一种处于发展状态的中立行为标准来设计标准的。相应的，一个国家拥有更加强劲促进增长和减贫的政策和制度框架，在给定的发展阶段就能够获得更高的分数。

准备进行评估的国家小组对于需评估的国家非常了解，评估小组的评估基于对该国的诊断研究（由世界银行和其他发展组织准备）和他们自身的专业知识。早期协商由国家授权进行，以确保评估随时获悉最新信息。为确保分数一直被这些国家所了解，这一过程包括两个关键阶段：在基准阶段，从所有国家提取少量有代表性的样本国家进行评定。首先在地区层面对国家小组准备的建议进行评审，随后在银行进行评审。相似的过程将用于评审剩余的国家，并将基准国家的得分作为评定的准则。最终的评定由随后的银行评估所决定。数字IRAI总得分和单独的标准得分在2006年6月首次公开公布。

欲获得更多信息，见IDA的网站www. worldbank. org/ida。

	社会包容和平等 1(低)到6(高)						公共部门管理和制度 1(低)到6(高)					
	性别平等 2010	公共资源使用的公平 2010	人力资源积累 2010	社会保护和劳动力 2010	使环境具有可持续性的政策和制度 2010	平均 2010	财产权和基于制度的治理 2010	预算和金融管理的质量 2010	税收流通的效率 2010	公共管理质量 2010	政府部门的透明度、责任感和腐败程度 2010	平均 2010
阿富汗	2.0	3.0	3.0	2.5	2.5	2.6	1.5	3.5	3.0	2.0	2.0	2.4
安哥拉	3.5	2.5	2.5	2.5	3.0	2.8	2.0	2.5	2.5	2.5	2.5	2.4
亚美尼亚	4.5	4.5	4.0	4.5	3.0	4.1	3.5	4.5	3.5	4.0	3.0	3.7
阿塞拜疆	4.0	4.0	4.0	4.0	3.0	3.8	3.0	3.5	3.5	3.0	2.5	3.1
孟加拉国	4.0	3.5	4.0	3.5	3.0	3.6	3.0	3.0	3.0	3.0	3.0	3.0
贝宁	3.5	3.5	3.5	3.0	3.5	3.4	3.0	3.5	3.5	3.0	3.5	3.3
不丹	4.0	4.0	4.5	3.5	4.5	4.1	3.5	3.5	4.0	4.0	4.5	3.9
玻利维亚	4.0	4.0	4.0	3.5	3.5	3.8	2.5	3.5	4.0	3.0	3.5	3.3
波斯尼亚和黑塞哥维那	4.5	3.5	3.5	3.5	3.5	3.7	3.0	3.5	4.0	3.0	3.0	3.3
布基纳法索	3.5	4.0	3.5	3.5	3.5	3.6	3.5	4.5	3.5	3.5	3.5	3.7
布隆迪	4.0	3.5	3.5	3.0	3.0	3.4	2.5	3.0	3.0	2.5	2.0	2.6
柬埔寨	4.0	3.5	3.5	3.0	3.0	3.4	2.5	3.5	3.0	2.5	2.0	2.7
喀麦隆	3.0	3.0	3.5	3.0	3.0	3.1	2.5	3.0	3.5	3.0	2.5	2.9
佛得角	4.5	4.5	4.5	4.5	3.5	4.3	4.0	4.0	3.5	4.0	4.5	4.0
中非共和国	2.5	2.5	2.5	2.0	3.0	2.5	2.0	3.0	2.5	2.5	2.5	2.5
乍得	2.5	2.0	2.5	2.5	2.0	2.3	2.0	2.0	2.5	2.5	2.0	2.2
科摩罗	3.0	2.5	3.0	2.5	2.0	2.6	2.5	2.0	2.5	2.5	2.5	2.4
刚果民主共和国	2.5	3.0	3.5	2.5	2.5	2.8	2.0	2.5	2.5	2.0	2.0	2.2
刚果共和国	3.0	2.5	3.5	2.5	2.5	2.8	2.5	2.5	3.0	2.5	2.5	2.6
科特迪瓦	2.5	2.0	2.5	2.5	2.5	2.4	2.0	2.5	3.5	2.0	2.0	2.4
吉布提	3.0	3.0	3.5	3.5	3.5	3.3	2.5	3.0	3.5	2.5	2.5	2.8
多米尼克	3.0	3.5	4.0	3.5	3.5	3.5	4.0	4.0	4.0	3.5	4.0	3.9
厄立特里亚	3.5	2.5	3.5	2.5	2.0	2.8	2.5	2.5	3.5	3.0	2.0	2.7
埃塞俄比亚	3.0	4.5	4.0	3.5	3.0	3.6	3.0	3.5	3.5	3.5	2.5	3.2
冈比亚	3.5	4.0	3.5	2.5	3.5	3.4	3.0	3.5	3.5	3.0	2.0	3.0
格鲁吉亚	4.5	4.5	4.5	4.5	3.0	4.2	3.5	4.0	4.5	4.0	3.5	3.9
加纳	4.0	4.0	4.5	4.0	3.5	4.0	3.5	3.5	4.0	3.5	4.0	3.7
格林纳达	4.5	3.5	4.0	3.5	4.0	3.9	3.5	4.0	3.5	3.5	4.0	3.7
几内亚	3.5	3.0	3.0	3.0	2.5	3.0	2.0	3.0	3.0	3.0	2.0	2.6
几内亚比绍	2.5	3.0	2.5	2.5	3.0	2.7	2.5	2.5	3.0	2.5	2.5	2.6
圭亚那	3.5	3.5	4.0	3.0	3.0	3.4	3.0	3.5	3.5	2.5	2.5	3.0
海地	3.0	3.0	2.5	2.5	2.5	2.7	2.0	3.0	2.5	2.5	2.5	2.5
洪都拉斯	4.0	4.0	4.0	3.0	3.5	3.7	3.0	3.5	4.0	3.0	3.0	3.3
印度	3.5	4.0	4.0	3.5	3.5	3.7	3.5	3.5	4.0	3.5	3.5	3.6
肯尼亚	3.5	4.0	4.0	3.5	3.5	3.7	2.5	3.5	4.0	3.5	3.0	3.3
基里巴斯	2.5	4.0	2.5	3.0	3.0	3.0	3.5	3.0	3.0	3.0	3.0	3.1
科索沃	3.5	3.5	2.5	3.5	3.0	3.2	3.0	4.0	3.5	2.5	3.0	3.2
吉尔吉斯斯坦	4.5	3.5	3.5	3.5	3.0	3.6	2.5	3.5	3.5	3.0	2.5	3.0

定义

• **IDA资源分配指数**计算每一类的平均分数，然后再将这些分数加以平均。对于16个标准中的每一标准，各国按照1（低）到6（高）的顺序进行等级评定。 • **经济管理类**： • **宏观经济管理**评估货币、汇率和政策框架的总需求。 • **财政政策**评估中、短期财政政策的可持续性及其对增长的影响（考虑货币和汇率政策以及公共债务的可持续性）。 • **债务政策**评估债务管理战略是否有助于使预算风险最小化并确保长期债务的可持续性。 • **结构政策类**： • **贸易**评估政策框架如何促进商品贸易。 • **金融部门**评估金融部门的结构、政策以及影响金融部门的规章制度。 • **商业监管环境**评估法律、制度和政策环境在多大程度上有助于或阻碍了私营行业的投资、就业岗位的产生和获得更高产量。 • **社会包容和平等类**： • **性别平等**评估国家制定的制度和计划，在多大程度上强化了旨在促进男女在教育、健康保健、经济和保护平等方面的法律和政策。 • **公共资源使用的公平**评估公共支出和税收征收模式对穷人的影响以及与优先保证国家减贫的一致程度。 • **人力资源积累**评估国家政策和公共、私营部门所提供的服务，这些服务影响了获得卫生保健（包括HIV/AIDS、肺结核和疟疾的治疗和预防）和教育等服务。 • **社会保护和劳动力**评估政府在社会保护和劳动力市场制度的政府政策，这些政策旨在降低成为穷人的风险并帮助那些穷人更好地管理未来风险，确保所有人拥有最低的福利水平。 • **使环境具有可持续性的政策和制度**评估环境政策促进自然资源保护和可持续使用以及污染管理的程度。 • **公共部门管理和制度类**： • **财**

	社会包容和平等 1(低)到6(高)						公共部门管理和制度 1(低)到6(高)					
	性别平等	公共资源使用的公平	人力资源积累	社会保护和劳动力	使环境具有可持续性的政策和制度	平均	财产权和基于制度的治理	预算和金融管理的质量	税收流通的效率	公共管理质量	政府部门的透明度、责任感和腐败程度	平均
	2010	2010	2010	2010	2010	2010	2010	2010	2010	2010	2010	2010
老挝	3.5	4.0	3.5	2.5	4.0	3.5	3.0	3.5	3.5	3.0	2.5	3.1
莱索托	4.0	3.0	3.5	3.0	3.0	3.3	3.5	3.5	4.0	3.0	3.5	3.5
利比里亚	2.5	3.5	2.5	2.5	2.5	2.7	2.5	2.5	3.5	2.5	3.0	2.8
马达加斯加	3.5	4.0	3.5	3.5	3.5	3.6	3.0	2.5	3.5	3.5	2.5	3.0
马拉维	3.5	3.5	3.5	3.5	3.5	3.5	3.5	3.0	4.0	3.5	3.0	3.4
马尔代夫	4.0	4.0	4.0	3.5	4.0	3.9	3.5	3.0	4.5	3.5	3.0	3.5
马里	3.5	4.0	3.5	3.5	3.0	3.5	3.5	3.5	3.5	3.0	3.5	3.4
毛里塔尼亚	4.0	3.5	3.0	2.5	3.0	3.2	3.0	3.0	3.5	3.0	2.5	3.0
摩尔多瓦	5.0	3.5	4.0	3.5	4.0	4.0	3.5	4.0	3.5	3.0	3.0	3.4
蒙古	3.5	3.5	3.5	3.5	3.0	3.4	3.0	4.0	3.5	3.5	3.0	3.4
莫桑比克	3.5	3.5	3.5	3.0	3.5	3.4	3.0	4.0	4.0	3.0	3.0	3.4
尼泊尔	4.0	4.0	4.0	3.0	3.5	3.7	2.5	2.5	3.5	3.0	2.5	2.8
尼加拉瓜	3.5	4.0	3.5	3.5	3.5	3.6	2.5	4.0	4.0	3.0	2.5	3.2
尼日尔	2.5	3.5	3.5	3.0	3.5	3.2	3.0	3.5	3.5	3.0	3.0	3.2
尼日利亚	3.0	3.5	3.0	3.5	3.0	3.2	2.5	3.0	3.0	3.0	3.0	2.9
巴基斯坦	2.0	3.5	3.0	3.5	2.5	2.9	3.0	3.5	3.0	3.5	2.5	3.1
巴布亚新几内亚	2.5	4.0	2.5	3.0	2.0	2.8	2.0	3.0	3.5	3.0	3.0	2.9
卢旺达	4.0	4.5	4.5	3.5	3.5	4.0	3.5	4.0	3.5	4.0	3.5	3.7
萨摩亚	3.5	4.5	4.0	3.5	4.0	3.9	4.0	3.5	4.5	4.0	4.0	4.0
圣多美和普林西比	3.0	3.0	3.5	2.5	3.0	3.0	2.5	3.0	3.5	3.0	3.5	3.1
塞内加尔	3.5	3.5	3.5	3.0	3.5	3.4	3.5	3.5	4.0	3.5	3.0	3.5
塞拉利昂	3.0	3.5	3.5	3.5	2.5	3.2	2.5	3.5	3.0	3.0	3.0	3.0
所罗门群岛	3.0	2.5	3.0	2.5	2.0	2.6	3.0	2.5	3.0	2.0	3.0	2.7
斯里兰卡	4.0	3.5	4.5	3.5	3.0	3.7	3.5	4.0	3.5	3.0	3.0	3.4
圣卢西亚	3.5	4.0	4.0	3.5	3.5	3.7	4.0	3.5	4.5	3.5	4.5	4.0
圣文森特和格林纳丁斯	4.0	3.5	4.0	3.5	3.5	3.7	4.0	3.5	4.0	3.5	4.0	3.8
苏丹	2.5	2.5	2.5	2.5	2.0	2.4	2.0	2.0	3.0	2.5	1.5	2.2
塔吉克斯坦	4.0	3.5	3.0	3.5	3.0	3.4	2.5	3.5	3.0	3.0	2.0	2.8
坦桑尼亚	3.5	4.0	3.5	4.0	3.5	3.7	3.5	3.5	4.0	3.0	2.5	3.3
东帝汶	3.5	3.0	3.0	2.5	2.5	2.9	2.0	3.0	3.0	2.5	3.0	2.7
多哥	3.0	2.5	3.0	3.0	2.5	2.8	2.5	3.0	3.0	2.0	2.5	2.6
汤加	3.0	4.0	4.0	3.0	3.0	3.4	4.0	3.5	4.5	3.5	3.5	3.8
乌干达	3.5	4.0	3.5	3.5	4.0	3.7	3.5	3.5	3.5	3.0	2.5	3.2
乌兹别克斯坦	4.0	4.0	4.0	3.5	3.5	3.8	2.5	3.5	3.5	3.0	1.5	2.8
瓦努阿图	3.5	3.5	2.5	2.5	3.0	3.0	3.5	4.0	3.5	3.0	3.0	3.4
越南	4.5	4.5	4.0	3.5	3.5	4.0	3.5	4.0	4.0	3.5	3.0	3.6
也门共和国	2.0	3.5	3.0	3.5	3.5	3.1	2.5	3.5	3.0	3.0	2.5	2.9
赞比亚	3.5	3.5	4.0	3.0	3.5	3.5	3.0	3.5	3.5	3.0	2.5	3.1
津巴布韦	2.5	2.0	1.5	1.0	2.0	1.8	1.5	2.0	3.5	2.0	1.5	2.1

产权和基于制度的治理评估有效的法律体系和基于制度的治理结构对于私营经济活动的促进程度，在有效的法律体系和基于制度的治理结构中，财产权和合同权得到可靠的尊重和强化。 • **预算和金融管理的质量**评估全面、可信的预算与政策重点的联系程度，金融管理体系的有效性，及时准确地会计和金融报告包括及时地审计公共账目的联系程度。 • **税收流通的效率**评估税收流通的整体模式，不仅包括实际的税收结构，而且包括实际征收的来自所有渠道的收入。 • **公共管理质量**评估文职中央政府工作人员制定、实施政府政策和提供有效服务的组织程度。 • **政府部门的透明度、责任感和腐败程度**评估行政部门对资金使用以及选民、立法机关和法院对其行动结果负责的程度，行政部门内雇员需要对管理决策进行说明的程度，资源使用和获得结果的程度。这3个主要方面评估了行政部门对其雇员表现的制度监督、使全民社会获得公共事务信息、国家是否归属狭隘的利益集团所统治。

数据资料来源

公共政策和制度数据来源于世界银行小组 CPIA 数据库，可在其网站 www.worldbank.org/ida 上获得。

5.10 交通运输服务

	公路				铁路			港口	航空		
	公路网络总量 公里	铺敷的道路 百分比	客运量 百万人一公里	货运量 百万吨一公里	铁路线总长度 公里	客运量 百万人一公里	货运量 百万吨一公里	集装箱运输 (千 TEUs)	离港飞机数 千架次	客运量 千人	货运量 百万吨一公里
	2000–2010[a]	2000–2010[a]	2000–2010[a]	2000–2010[a]	2000–2010[a]	2000–2010[a]	2000–2010[a]	2010	2010	2010	2010
阿富汗	42,150	29.3	232	6,575	..	..	..	..	..	..	..
阿尔巴尼亚	18,000	39.0	197	2,200	423	32	46	87	10	920	0
阿尔及利亚	112,039	74.0	..	..	3,512	1,045	1,281	266	44	3,686	6
安哥拉	51,429	10.4	166,045	4,709	..	..	..	..	14	1,283	91
阿根廷	231,374	30.0	..	..	25,023	6,979	12,025	2,018	100	10,030	178
亚美尼亚	7,705	93.6	2,356	182	826	50	346	..	9	757	6
澳大利亚	817,089	43.5	301,524	189,847	8,615	1,500	64,172	6,536	418	45,268	2,380
奥地利	106,840	100.0	69,000	16	5,066	10,306	23,104	350	184	13,869	430
阿塞拜疆	52,942	50.6	15,291	10,634	2,079	917	8,250	..	10	801	8
巴林	4,083	82.1	..	..	..	..	..	290	58	5,339	843
孟加拉国	239,226	9.5	..	..	2,835	7,305	710	1,356	12	2,177	85
白俄罗斯	94,797	88.6	8,184	22,767	5,503	7,578	46,224	..	13	888	2
比利时	153,872	78.2	131,470	36,174	3,578	10,493	5,439	10,985	143	7,263	1,274
贝宁	19,000	9.5	..	..	758	..	36	278	..	..	..
玻利维亚	80,294	7.9	..	..	2,866	313	1,060	..	36	1,916	14
波斯尼亚和黑塞哥维那	21,846	52.3	1,959	1,711	1,026	59	1,227	..	2	133	0
博茨瓦纳	25,798	32.6	..	..	888	94	674	..	8	290	0
巴西	1,751,868	5.5	..	..	29,817	..	267,700	8,121	885	77,255	976
保加利亚	40,231	98.4	13,839	17,742	4,098	2,100	3,061	143	31	2,243	2
布基纳法索	92,495	4.2	..	..	622	..	..	..	4	254	0
布隆迪	12,322	10.4	..	..	..	..	..	..	..	..	..
柬埔寨	38,257	6.3	201	..	650	45	92	224	5	312	18
喀麦隆	28,857	17.0	..	..	977	377	978	250	*10*	466	*23*
加拿大	1,409,000	39.9	493,814	129,600	58,345	2,875	322,741	4,813	1,235	67,325	2,011
中非共和国	24,307	..	..	..	..	..	..	..	..	..	..
乍得	40,000	0.8	..	..	..	..	..	..	..	..	..
智利	78,425	22.5	..	..	5,352	840	4,032	3,172	109	10,234	1,400
中国	3,860,823	53.5	1,351,144	3,718,882	66,239	791,158	2,451,185	129,611	2,391	267,691	17,441
中国香港	2,050	100.0	..	..	..	..	..	23,699	151	25,383	7,970
哥伦比亚	129,485	..	157	39,726	1,672	..	9,049	2,444	180	15,111	1,576
刚果民主共和国	153,497	1.8	..	..	3,641	37	193	..	..	..	..
刚果共和国	17,000	7.1	..	..	795	211	234	297	..	..	..
哥斯达黎加	39,039	26.0	27	1	..	..	..	1,013	49	1,747	20
科特迪瓦	81,996	7.9	..	..	639	10	675	608	..	..	..
克罗地亚	29,343	90.5	3,438	9,429	2,722	1,742	2,618	137	26	1,641	2
古巴	..	49.0	6,634	2,315	5,076	1,285	1,351	228	10	862	16
塞浦路斯	12,380	64.9	..	944	..	..	..	349	22	2,363	38
捷克共和国	130,573	100.0	88,352	44,955	9,569	6,553	13,592	..	94	7,103	23
丹麦	73,330	100.0	68,907	10,003	2,131	7,405	2,030	709	4[b]	519[b]	0[b]
多米尼加共和国	12,600	49.4	..	..	..	..	..	1,383	..	..	..
厄瓜多尔	43,670	14.8	11,819	1,193	..	..	..	1,222	50	4,461	115
埃及	100,472	89.4	12,793	..	5,195	40,837	3,840	6,709	113	9,637	188
萨尔瓦多	10,029	19.8	..	..	..	..	..	146	20	2,150	17
厄立特里亚	4,010	21.8	..	..	..	..	..	..	..	..	..
爱沙尼亚	58,382	28.6	2,453	5,249	787	248	6,261	152	11	809	1
埃塞俄比亚	44,359	13.7	219,113	2,456	..	..	..	..	48	3,141	672
芬兰	78,925	65.5	72,700	25,200	5,919	3,959	9,760	1,247	183	11,578	736
法国	951,260	100.0	773,000	265,000	33,608	86,853	22,840	5,323	751	65,401	5,081
加蓬	9,170	12.0	..	..	810	111	2,238	136	1	96	2
冈比亚	3,742	19.3	16	..	..	..	..	..	..	..	..
格鲁吉亚	20,329	94.1	5,724	611	1,566	655	6,228	226	6	328	15
德国	643,969	100.0	949,306	427,300	33,708	78,582	105,794	14,625	1,086	112,399	9,245
加纳	109,515	12.6	..	..	953	85	181	514	..	..	..
希腊	116,929	91.8	..	28,585	2,552	1,413	538	1,165	148	15,588	37
危地马拉	14,095	34.5	..	..	..	..	..	1,012	..	..	..
几内亚	44,348	9.8	..	..	..	..	..	..	..	..	..
几内亚比绍	3,455	27.9	..	..	..	..	..	..	..	..	..
海地	4,160	24.3	..	..	..	..	..	..	..	..	..

	公路				铁路			港口	航空		
	公路网络总量 公里	铺敷的道路 百分比	客运量 百万人-公里	货运量 百万吨-公里	铁路线总长度 公里	客运量 百万人-公里	货运量 百万吨-公里	集装箱运输 (千TEUs)	离港飞机数 千架次	客运量 千人	货运量 百万吨-公里
	2000-2010[a]	2000-2010[a]	2000-2010[a]	2000-2010[a]	2000-2010[a]	2000-2010[a]	2000-2010[a]	2010	2010	2010	2010
洪都拉斯	13,600	20.4	..	..	..	..	..	620	..	..	..
匈牙利	197,519	38.0	20,449	35,373	7,893	5,398	1,000	..	118	11,829	8
印度	4,109,592	49.5	..	..	63,974	903,465	600,548	9,753	630	64,144	1,720
印度尼西亚	476,337	56.9	..	..	3,370	14,344	4,390	8,371	405	35,321	660
伊朗	192,685	73.3	..	..	6,073	16,814	20,247	2,593	152	17,585	131
伊拉克	40,988	84.3	..	..	2,025	54	121	..	..	..	..
爱尔兰	96,424	100.0	..	12,787	1,919	1,678	92	773	683	76,488	350
以色列	18,318	100.0	..	..	1,034	1,986	1,062	2,282	54	6,141	865
意大利	487,700	100.0	97,560	192,700	18,011	44,535	12,037	9,787	364	48,748	1,164
牙买加	22,121	73.3	..	..	..	..	..	1,892	8	974	6
日本	1,207,867	80.1	905,907	334,667	20,035	244,235	20,432	18,060	650	94,212	8,380
约旦	7,878	100.0	..	..	294	..	353	619	39	2,972	219
哈萨克斯坦	96,846	88.5	110,475	66,254	14,202	15,448	213,174	..	27	2,426	48
肯尼亚	61,945	14.3	..	22	1,917	226	1,399	696	36	3,284	258
朝鲜	25,554	2.8	..	..	..	..	..	..	1	84	7
韩国	104,983	79.3	100,617	12,545	3,379	33,027	9,452	18,538	483	42,763	12,802
科索沃	..	..	..	..	..	..	..	..	..	..	..
科威特	6,524	85.0	..	..	..	..	..	888	22	2,741	274
吉尔吉斯斯坦	34,000	91.1	6,745	912	417	99	738	..	5	270	1
老挝	39,568	13.7	2,113	287	..	..	..	..	11	645	0
拉脱维亚	69,148	20.9	14,625	8,115	1,897	79	17,164	257	66	4,466	23
黎巴嫩	6,970	..	..	..	..	..	..	949	17	1,600	43
莱索托	5,940	18.3	..	..	..	..	..	..	..	..	..
利比里亚	10,600	6.2	..	..	..	..	..	..	..	..	..
利比亚	83,200	57.2	..	..	..	..	..	162	25	2,345	17
立陶宛	81,331	29.4	20,376	17,757	1,767	373	13,431	295	5	167	120
前南斯拉夫马其顿共和国	13,940	57.6	1,239	3,978	699	155	497	..	2	137	0
马达加斯加	49,827	11.6	..	..	854	10	12	141	12	417	22
马拉维	15,451	45.0	..	..	797	44	33	..	3	172	4
马来西亚	98,722	81.3	..	..	1,665	1,527	1,384	18,247	240	26,255	2,451
马里	22,474	24.6	..	..	733	196	189	..	..	..	..
毛里塔尼亚	11,066	26.8	..	..	728	47	7,566	66	1	154	0
毛里求斯	2,066	98.0	..	..	..	..	..	445	12	1,268	179
墨西哥	366,807	35.3	436,900	211,600	26,704	178	71,136	3,694	186	13,608	1,380
摩尔多瓦	12,779	85.8	2,268	2,714	1,157	399	927	..	6	455	1
蒙古	49,250	3.5	1,215	782	1,814	1,220	10,287	..	8	417	3
摩洛哥	58,216	70.3	..	800	2,109	4,398	5,572	2,058	92	8,971	11
莫桑比克	30,331	20.8	..	..	3,116	114	695	223	14	553	8
缅甸	27,000	11.9	..	..	..	4,163	885	167	8	396	2
纳米比亚	42,100	14.7	47	591	..	..	..	256	9	488	0
尼泊尔	19,875	53.9	..	..	..	..	..	..	2	288	4
荷兰	136,827	90.0	..	72,675	3,016	15,400	4,331	11,331	243	27,554	5,028
新西兰	94,301	66.2	..	..	..	..	4,078	2,427	186	10,128	668
尼加拉瓜	21,975	11.6	133	..	..	..	..	68	..	..	..
尼日尔	18,948	20.7	..	..	..	..	..	..	..	..	..
尼日利亚	193,200	15.0	..	..	3,528	174	77	90	17	1,555	1
挪威	93,853	80.7	64,014	16,109	4,114	2,674	2,092	331	3[b]	399[b]	0[b]
阿曼	56,361	46.0	..	..	..	..	..	3,893	35	4,068	27
巴基斯坦	258,350	65.4	263,788	129,249	7,791	24,731	6,187	2,149	50	6,012	310
巴拿马	13,974	42.0	..	..	..	..	..	5,906	81	7,366	2
巴布亚新几内亚	19,600	3.5	..	..	..	..	..	269	20	1,158	26
巴拉圭	31,531	50.8	..	..	..	..	..	7	6	606	0
秘鲁	126,500	13.9	..	..	2,020	76	900	1,534	68	6,130	248
菲律宾	200,037	9.9	..	..	479	83	1	4,947	169	18,933	472
波兰	384,104	69.9	24,386	191,484	19,702	15,715	34,266	1,045	91	5,466	91
葡萄牙	82,900	86.0	..	35,808	2,843	3,718	1,932	1,610	171	11,124	375
波多黎各	26,677	95.0	..	10	..	..	..	1,526	..	..	..
卡塔尔	7,790	90.0	..	..	..	..	..	346	91	12,391	2,946

交通运输服务

	公路				铁路			港口	航空		
	公路网络总量 公里	铺敷的道路 百分比	客运量 百万人—公里	货运量 百万吨—公里	铁路线总长度 公里	客运量 百万人—公里	货运量 百万吨—公里	集装箱运输 (千 TEUs)	离港飞机数 千架次	客运量 千人	货运量 百万吨—公里
	2000–2010[a]	2000–2010[a]	2000–2010[a]	2000–2010[a]	2000–2010[a]	2000–2010[a]	2000–2010[a]	2010	2010	2010	2010
罗马尼亚	198,817	30.2	12,805	20,878	13,620	5,248	9,134	557	66	3,996	5
俄罗斯联邦	982,000	80.1	139,034	180,135	85,292	139,028	2,011,308	3,130	673	56,848	4,614
卢旺达	14,008	19.0	..	..	..	..	..	..	..	..	..
沙特阿拉伯	221,372	21.5	..	..	1,020	337	1,748	5,313	163	18,998	1,336
塞内加尔	14,825	32.0	..	..	906	129	384	349	0	573	0
塞尔维亚	44,334	63.2	4,169	1,184	4,058	658	3,868	..	18	1,059	2
塞拉利昂	11,300	8.0	..	..	..	..	..	..	0	24	9
新加坡	3,356	100.0	5,762	..	..	..	..	29,179	81	25,319	4,004
斯洛伐克共和国	43,879	87.1	31,093	27,484	3,587	2,291	7,669	..	14	991	0
斯洛文尼亚	38,927	100.0	777	14,762	1,228	813	3,283	477	25	1,170	2
索马里	22,100	11.8	..	..	..	..	..	..	..	..	..
南非	362,099	17.3	..	434	22,051	18,865	113,342	3,806	210	16,779	1,107
南苏丹	..	..	..	..	..	..	..	..	..	..	..
西班牙	667,064	99.0	410,192	211,891	15,317	22,304	7,844	12,608	606	58,563	1,684
斯里兰卡	97,286	81.0	21,067	..	1,463	4,767	135	4,080	17	2,800	329
苏丹	11,900	36.3	..	..	4,508	34	766	439	6	602	13
斯威士兰	3,594	30.0	..	..	300	0	776	..	..	..	..
瑞典	582,950	24.4	109,100	35,000	9,957	6,774	11,500	1,391	3[b]	363[b]	0[b]
瑞士	71,371	100.0	95,090	16,734	3,543	17,609	8,725	99	220	21,477	1,275
阿拉伯叙利亚共和国	68,157	90.3	589	..	2,139	1,120	2,370	649	11	1,018	3
塔吉克斯坦	27,767	..	8,591	5,013	621	33	808	..	5	951	5
坦桑尼亚	103,706	6.7	8	7	2,600[c]	475[c]	728[c]	427	21	749	2
泰国	180,053	98.5	..	..	4,429	8,037	3,161	6,649	122	20,303	3,133
东帝汶	..	..	..	..	..	..	..	..	..	..	..
多哥	11,652	21.0	..	..	..	..	..	..	..	..	..
特立尼达和多巴哥	8,320	51.1	..	..	..	..	..	573	25	1,721	13
突尼斯	19,371	75.2	..	16,611	1,119	1,493	2,073	466	44	5,464	21
土耳其	362,660	88.7	212,464	176,455	9,594	5,491	11,030	5,547	400	51,590	1,101
土库曼斯坦	24,000	81.2	..	..	3,115	1,811	11,992	..	3	399	6
乌干达	70,746	23.0	..	..	259	..	218	..	0	70	32
乌克兰	169,495	97.8	54,631	33,193	21,705	50,240	218,091	660	84	5,679	598
阿拉伯联合酋长国	4,080	100.0	..	..	..	..	..	15,174	261	42,555	10,126
英国	419,665	100.0	736,000	143,453	31,471	55,019	12,512	7,389	1,173	123,972	8,555
美国	6,545,839	67.4	7,874,329	1,889,923	228,513	9,518	2,468,738[d]	42,190	8,934[e]	707,426[e]	50,743[e]
乌拉圭	77,732	10.0	2,588	..	2,993	15	284	672	19	744	0
乌兹别克斯坦	81,600	87.3	56,674	21,038	4,227	2,905	22,282	..	24	2,167	166
委内瑞拉	96,155	33.6	..	..	336	..	81	1,216	125	5,881	5
越南	160,089	47.6	59,735	30,261	2,347	4,378	3,901	5,984	103	14,099	428
西岸和加沙	5,588	91.7	..	..	..	..	..	..	..	..	..
也门共和国	71,300	8.7	..	..	..	..	..	370	11	1,134	28
赞比亚	66,781	22.0	..	..	1,273	183	..	..	4	62	..
津巴布韦	97,267	19.0	..	..	2,583	..	1,580	..	5	302	12
全世界		**64.9 m**	**.. m**	**.. m**	**.. s**	**2,134 m**	**4,532 m**	**538,284 s**	**28,078 s**	**2,595,449 s**	**189,325 s**
低收入国家		20.7	..	..	..	..	..	..	182	13,444	1,142
中等收入国家		53.5	..	..	..	1,220	4,802	260,211	8,539	834,810	41,820
中低收入国家		48.6	..	..	..	1,120	3,910	51,323	1,973	185,587	5,190
中高收入国家		57.6	..	..	..	1,269	4,032	208,887	6,566	649,224	36,630
低收入和中等收入国家		44.8	..	..	..	..	3,127	263,722	8,721	848,254	42,962
东亚和太平洋地区		30.7	..	..	..	4,248	3,384	174,467	3,572	388,023	24,716
欧洲和中亚		85.8	14,625	9,375	177,892	658	8,250	10,901	1,464	136,681	6,725
拉丁美洲和加勒比地区		22.5	..	..	..	..	..	36,495	1,974	160,869	5,967
中东和北非		75.2	..	..	..	1,493	2,222	15,441	547	54,412	668
南亚		53.9	..	..	..	24,731	6,187	17,396	719	75,735	2,453
撒哈拉以南非洲地区		18.8	..	..	..	..	..	..	445	32,534	2,432
高收入国家		81.1	..	28,585	..	7,090	8,285	274,561	19,357	1,747,195	146,364
欧元区		87.3	69,000	28,035	131,414	10,306	7,669	73,233	4,711	457,356	30,754

a. 该期间最近年份可获得的数据。b. 仅包括国际不定期航班。斯堪的纳维亚国家国际和国内定航班总数为世界范围内登记离港航班 621, 715 次、48, 916, 632 人次、583, 140, 000 公里吨。c. 包括坦赞铁路。d. 仅指第一类铁路。e. 数据只包括由美国交通部指定的主要的和国有的航空公司。

关于数据的说明

交通运输基础设施——公路、铁路、港口和水路、机场和空中交通控制系统——以及由此带来的服务，对家庭、生产者和政府的活动具有至关重要的作用。因为业绩指标由于运输方式和侧重点（无论是有形基础设施，还是来自这些基础设施的服务）的不同而存在显著差异，所以制定高度专业化和精心划分的指标就是必须的。本表给出了有关公路、铁路和航空运输系统的规模、范围和生产率指标，以及这些运输方式和港口运输量的指标。表3.15给出了有关交通和拥挤的相关指标，表6.18给出了有关物流的相关指标。

运输部门的数据并不总是具有国际可比性。与人口统计数据、国民收入核算数据以及国际贸易数据不同，基础设施数据的收集尚未做到“国际化”。但是公路数据已由国际公路联合会（IRF）收集，航空运输数据已由国际民航组织（ICAO）收集。

各国公路协会是国际公路联合会数据的主要来源。对于那些尚未建立此类协会或者未给予答复的国家，国际公路联合会则向其他部门索取数据，例如，公路理事会、交通部或者公共事务部以及中央统计办公室等。然而，结果将会带来定义、数据收集方法以及汇集的数据质量的参差不齐。除此之外，虽然很少衡量运输服务的质量（可靠性、运送时间和货物递送状况），但是对于评价一个经济体的运输系统来讲，质量可能与数量同等重要。

不像公路部门，大量合格的汽车司机可以在公路网络的任何地方驾驶，而对于铁路来讲，则不像公路部门，铁路是一个受到限制的交通体系，其车辆限制在固定的轨道上。考虑到其成本和服务特征，铁路通常最适合于运载——具有有效的竞争力——距离为500—5,000公里的大批量商品和集装箱货物以及距离为50—1,000公里的乘客。低于这一限制，公路运输似乎更具有竞争力，而高于这一限制，乘客和货物的航空运输或者货物的海洋运输似乎更具有竞争力。本表给出的铁路指标主要关注规模和产出的衡量：路程—公里、乘客—公里，货物以吨—公里拉进。

港口集装箱运输的衡量，可以提供一些有关一国经济增长的指标，因为其运送的货物大都具有中等到较高的附加值。但是，当运输仅仅是转运时，则大部分经济利益会归终点运作公司以及为轮船和集装箱提供辅助性服务的公司所有，而不是广泛落入该国手中。在各转运中心，空箱可能占到运输的40%之多。

航空运输数据包括在一国国内登记注册的航空运输机构承担的（国际和国内）定期航班的总数。各国根据ICAO颁布的标准规定和定义向其上报航空运输数据。然而，在许多情况下，数据还包括ICAO对未上报的航空运输机构的估计数。只要可能，这些估计数均基于以前几次上报的数据，再辅之以该航空运输机构公布的信息，例如，航班表。

尽管数据包括定期航班的航空运输量，但是欧洲对航空运输规章的修改使人们更加难以对定期与非定期航班分类。因此，近期一些欧洲国家航空运输量的增加，可能就是由于航空运输分类的变化所致，而不是实际的增长。对于那些只有几家或者仅有一家航空运输机构的国家来讲，以本国为基地的航空运输机构航班的增加或者中断，都可能致使航空运输量发生显著变化。

定义

• **公路网络总量**包括高速公路、公路、干线或者国道、二级道路和区级道路以及国内其他一切道路。 • **铺敷道路**是指用碎石块（碎石）与焦油或者沥青做黏合剂的搅拌料、混凝土或者卵石铺敷路面的道路。 • **公路客运量**是公路运载客人数量乘以运载公里数。 • **公路货运量**是公路运载工具运载的货物数量，以公吨乘以运载公里数衡量。 • **铁路线**是指用于列车运行服务的铁路线路长度，不考虑平行铁轨的数量。 • **铁路客运量**是铁路运载客人数量乘以运载公里数。 • **铁路货运量**是铁路运载的货物数量，以公吨乘以运载公里数衡量。 • **港口集装箱运输**衡量的是集装箱从陆地到海上运输模式的流量，反之亦然，计量单位是相当于20次（TEUs）的标准集装箱。数据包括沿海航运和国际航运。倒装指的是在中间港的二次吊装（一次是卸吊，一次是装吊），空箱也包括在内。 • **离港飞机数**是指在国内注册登记的航空运输机构起飞离港的国内和国际航班。 • **航空客运量**包括在国内注册登记的航空运输机构国内和国际航班的乘客数。 • **航空货运量**是指在国内注册登记的航空运输机构每一个航次（指飞机起飞后到下一次着陆之间的运营）承运的货物、快件和外交包裹，以公吨乘以运载公里数衡量。

数据资料来源

道路数据来自国际公路联合会的《世界公路统计》，由世界银行工作人员的估计加以补充。铁路数据来自世界银行交通运输、水资源、信息和通讯技术部下属的交通运输处维护的数据库，其中主要基于国际铁路联盟的数据。港口集装箱运输数据来自国际集装箱化的《国际集装箱化年鉴》和联合国贸易与发展会议的统计数据库（http：//unctadstat. unctad. org）。航空运输数据来自国际民航组织的《世界民用航空统计》和国际民航组织工作人员的估计。

5.11 电力与通信

	电力		电话[a]								
			可及性和使用				质量	经济承受能力和效率			
			每百人		每人的国际通话量			美元/月			
	人均消费千瓦时	输配损耗占发电量的百分比	固定电话	移动电话用户	固定电话	合计	移动蜂窝网络覆盖的人口百分比	居民固定电话费用	移动电话预付费用	电信收入占GDP的百分比	移动和固定电话用户/雇员
	2009	2009	2010	2010	2010	2010	2010	2010	2010	2010	2010
阿富汗	..	..	0	38	..	..	75	..	..	..	..
阿尔巴尼亚	1,747	21	10	142	46	201	98	6.4	25.8	4.7	1,151
阿尔及利亚	971	21	8	92	17	36	..	5.4	12.5	3.6	..
安哥拉	202	10	2	47	..	..	..	16.5	19.2	..	..
阿根廷	2,759	15	25	142	44	..	..	3.8	30.7	3.2	..
亚美尼亚	1,550	15	19	125	185	233	99	4.2	8.8	4.4	969
澳大利亚	11,113	7	39	101	..	..	99	27.6	27.7	..	315
奥地利	7,944	5	39	146	..	..	99	25.3	13.9	1.8	961
阿塞拜疆	1,620	22	17	101	20	74	100	2.5	6.9	2.7	645
巴林	9,214	12	18	124	..	..	100	4.8	15.0	4.4	698
孟加拉国	252	2	1	46	..	..	..	1.3	2.0	..	..
白俄罗斯	3,299	11	44	109	98	25	100	1.3	7.9	3.1	..
比利时	7,903	5	43	112	..	..	100	31.4	40.2	2.6	907
贝宁	91	..	2	80	12	52	90	9.0	13.0	5.4	3,146
玻利维亚	558	11	9	72	84	..	..	23.7	11.3	7.3	..
波斯尼亚和黑塞哥维那	2,867	12	27	83	190	73	100	9.3	15.4	5.3	499
博茨瓦纳	1,503	79	7	118	113	..	99	18.7	13.2	3.5	4,031
巴西	2,206	17	22	104	..	..	100	23.0	57.2	4.9	..
保加利亚	4,401	11	30	135	70	84	100	12.5	30.6	3.2	543
布基纳法索	..	..	1	35	..	..	..	10.9	21.2	..	2,306
布隆迪	..	..	0	14	..	..	83	..	..	3.1	838
柬埔寨	131	18	3	58	..	..	99	7.4	6.7	5.5	1,333
喀麦隆	271	9	3	44	3	26	..	15.0	20.1	3.8	2,251
加拿大	15,471	8	50	70	..	..	99	19.4	34.3	2.7	..
中非共和国	..	..	0	22	0	12	55	10.1	12.9	2.9	..
乍得	..	..	0	24	..	..	..	16.7	15.4	..	..
智利	3,283	11	20	116	30	9	100	25.0	23.7	..	646
中国	2,631	5	22	64	9	..	99	4.7	6.0	2.0	1,254
中国香港	5,925	13	62	195	1,463	504	100	8.5	1.4	3.5	1,066
哥伦比亚	1,047	15	16	96	83	..	..	5.9	16.9	4.2	466
刚果民主共和国	104	5	0	18	0	7	50	..	..	4.9	5,538
刚果共和国	146	73	0	94	..	..	..	..	..	..	..
哥斯达黎加	1,813	11	32	65	141	77	70	6.9	3.4	2.1	498
科特迪瓦	203	25	1	76	30	47	92	19.6	13.6	6.7	3,912
克罗地亚	3,712	16	42	144	248	66	100	17.0	17.1	4.6	945
古巴	1,348	14	10	9	19	16	78	0.3	33.9	..	129
塞浦路斯	4,620	4	37	94	367	504	100	23.8	7.7	3.6	458
捷克共和国	6,114	5	23	137	90	80	100	26.8	28.1	3.4	778
丹麦	6,246	6	47	125	189	186	..	27.8	9.8	2.3	616
多米尼加共和国	1,358	11	10	90	322	..	81	15.5	15.6	2.2	1,394
厄瓜多尔	1,115	14	14	102	55	20	93	14.1	13.8	..	..
埃及	1,549	11	12	87	11	22	100	2.9	7.0	3.2	1,217
萨尔瓦多	845	12	16	124	..	..	..	10.2	9.5	3.5	2,748
厄立特里亚	51	12	1	4	6	18	90	..	..	3.2	149
爱沙尼亚	5,950	10	36	123	85	99	100	11.5	22.3	4.9	631
埃塞俄比亚	46	10	1	8	6	4	..	1.0	4.1	1.5	604
芬兰	15,242	4	23	156	..	..	100	16.8	13.1	2.7	708
法国	7,488	6	54	97	288	74	99	26.6	48.6	2.3	789
加蓬	922	18	2	107	26	23	..	..	..	..	..
冈比亚	..	..	3	86	..	..	..	2.4	6.3	..	..
格鲁吉亚	1,585	13	25	89	56	64	99	2.3	11.6	3.7	697
德国	6,779	4	56	128	..	43	99	27.0	13.1	2.4	851
加纳	265	23	1	71	10	60	77	7.3	7.4	3.7	3,764
希腊	5,540	5	46	109	185	114	100	23.8	38.5	3.0	804
危地马拉	548	14	10	126	..	..	..	5.6	7.8	..	..
几内亚	..	..	0	40	..	..	80	1.6	4.1	..	..
几内亚比绍	..	..	0	39	..	..	..	..	..	..	..
海地	36	51	1	40	..	..	..	..	..	..	..

	电力		电话[a]								
			可及性和使用				质量	经济承受能力和效率			
			每百人		每人的国际通话量			美元/月			
	人均消费千瓦时	输配损耗占发电量的百分比	固定电话	移动电话用户	固定电话	合计	移动蜂窝网络覆盖的人口百分比	居民固定电话费用	移动电话预付费用	电信收入占GDP的百分比	移动和固定电话用户/雇员
	2009	2009	2010	2010	2010	2010	2010	2010	2010	2010	2010
洪都拉斯	678	22	9	125	39	197	..	6.3	8.9	6.2	..
匈牙利	3,773	10	30	120	..	..	99	21.2	25.7	3.8	1,127
印度	571	24	3	61	..	..	83	3.3	3.4	2.3	..
印度尼西亚	590	10	16	92	..	..	..	5.0	7.8	..	..
伊朗	2,238	17	36	91	..	..	..	0.2	3.6	..	..
伊拉克	1,069	40	5	75	0	..	..	..	..	..	1,466
爱尔兰	6,034	8	46	105	..	..	99	26.3	37.3	2.5	534
以色列	6,608	3	43	130	413	..	100	15.7	34.1	4.0	..
意大利	5,271	7	36	150	..	..	99	25.6	29.8	2.1	1,341
牙买加	1,902	7	10	118	119	978	..	11.6	12.0	5.4	..
日本	7,819	5	32	95	..	..	100	26.4	55.9	3.0	1,304
约旦	2,112	14	8	109	23	217	99	9.5	10.5	5.9	1,499
哈萨克斯坦	4,448	8	25	119	23	54	95	2.4	14.4	2.2	463
肯尼亚	147	16	1	62	1	23	89	14.2	10.8	6.3	2,546
朝鲜	733	16	5	2	..	..	..	..	..	..	..
韩国	8,980	4	58	104	24	45	100	5.3	14.4	4.6	703
科索沃	..	..	..	..	..	..	..	..	..	..	..
科威特	17,610	12	21	161	..	..	100	8.6	7.8	..	..
吉尔吉斯斯坦	1,386	30	9	97	40	19	96	1.2	3.6	7.9	442
老挝	..	..	2	65	..	..	80	4.0	6.3	3.8	1,283
拉脱维亚	2,875	13	24	103	..	..	..	10.1	10.1	3.6	661
黎巴嫩	3,130	13	21	68	..	..	95	10.3	27.3	..	..
莱索托	..	..	2	45	..	26	..	13.0	24.1	3.1	6,933
利比里亚	..	..	0	39	..	52	..	..	..	..	..
利比亚	4,170	14	19	172	..	..	98	..	..	..	..
立陶宛	3,431	7	22	149	49	61	100	13.1	9.6	2.7	..
前南斯拉夫马其顿共和国	3,442	17	20	105	165	86	100	11.9	23.4	5.7	329
马达加斯加	..	..	1	37	1	6	..	18.2	15.4	2.8	3,203
马拉维	..	..	1	20	5	1	85	4.3	21.2	3.6	..
马来西亚	3,614	4	16	119	85	..	95	5.1	7.5	..	..
马里	..	..	1	48	2	21	..	8.5	14.4	6.1	4,091
毛里塔尼亚	..	..	2	79	4	..	62	18.0	14.6	6.9	2,842
毛里求斯	..	..	30	93	105	148	99	5.1	6.8	2.4	..
墨西哥	1,943	16	18	81	159	..	100	18.9	17.4	3.0	918
摩尔多瓦	1,018	40	33	89	126	133	..	1.9	12.6	8.5	461
蒙古	1,411	12	7	91	4	48	85	0.7	3.6	5.6	372
摩洛哥	756	12	12	100	66	63	98	21.3	33.1	4.7	2,770
莫桑比克	453	9	0	31	..	9	32	12.4	17.0	3.9	2,430
缅甸	104	16	1	1	..	..	..	0.9	12.8	..	83
纳米比亚	1,576	15	7	67	..	..	..	15.1	17.0	..	..
尼泊尔	91	31	3	31	..	..	35	3.1	2.7	..	981
荷兰	6,896	4	44	115	..	84	98	22.4	33.2	2.3	..
新西兰	9,346	7	43	115	..	..	97	34.1	47.2	3.2	600
尼加拉瓜	460	24	4	65	39	..	100	4.5	13.2	..	..
尼日尔	..	..	1	25	..	..	..	11.7	20.8	..	..
尼日利亚	121	6	1	55	1	30	90	14.0	13.7	3.4	..
挪威	23,550	8	34	116	..	..	..	32.7	20.5	1.3	..
阿曼	5,724	13	10	166	24	406	98	13.1	9.1	3.5	1,275
巴基斯坦	449	20	2	57	5	33	92	3.3	2.5	2.4	1,888
巴拿马	1,735	13	16	185	53	77	91	12.0	8.5	3.3	712
巴布亚新几内亚	..	..	2	28	..	..	..	4.5	23.3	..	..
巴拉圭	1,056	6	6	92	41	21	94	6.8	8.6	4.0	..
秘鲁	1,136	8	11	100	..	..	97	14.6	43.2	2.9	2,512
菲律宾	593	12	7	86	..	..	99	15.3	10.1	..	4,504
波兰	3,591	8	20	123	..	..	99	20.2	15.8	3.0	945
葡萄牙	4,815	8	42	143	..	121	99	25.3	22.9	4.5	1,507
波多黎各	..	..	22	74	..	..	68	..	..	..	411
卡塔尔	14,421	7	17	132	..	..	100	9.1	18.4	1.6	927

	电力		电话[a]								
			可及性和使用				质量	经济承受能力和效率			
			每百人		每人的国际通话量			美元/月			
	人均消费千瓦时	输配损耗占发电量的百分比	固定电话	移动电话用户	固定电话	合计	移动蜂窝网络覆盖的人口百分比	居民固定电话费用	移动电话预付费用	电信收入占GDP的百分比	移动和固定电话用户/雇员
	2009	2009	2010	2010	2010	2010	2010	2010	2010	2010	2010
罗马尼亚	2,267	12	21	115	49	97	100	13.3	21.8	3.0	883
俄罗斯联邦	6,136	11	32	168	..	..	..	6.2	9.2	2.8	820
卢旺达	..	..	0	33	0	15	96	13.2	13.9	3.0	3,892
沙特阿拉伯	7,427	8	15	188	..	..	99	9.2	14.1	3.8	2,381
塞内加尔	196	17	3	67	12	101	90	10.3	12.7	9.9	3,710
塞尔维亚	4,224	16	43	136	125	59	97	5.4	11.6	5.1	865
塞拉利昂	..	..	0	34	..	..	..	..	..	..	..
新加坡	7,949	5	39	145	..	..	100	8.2	8.1	4.0	..
斯洛伐克共和国	4,925	3	20	109	170	109	100	20.4	38.2	3.0	688
斯洛文尼亚	6,103	5	44	104	81	117	100	17.9	20.8	3.6	552
索马里	..	..	1	7	..	..	..	..	..	..	..
南非	4,532	10	8	101	..	..	..	25.0	23.3	..	..
南苏丹	..	..	..	..	..	..	..	..	..	..	..
西班牙	6,006	3	44	112	163	..	100	27.0	53.2	2.7	923
斯里兰卡	408	15	17	83	..	..	98	4.9	1.9	..	1,524
苏丹	114	28	1	41	6	..	*66*	*3.9*	*3.4*	*3.2*	*2,168*
斯威士兰	..	..	4	69	..	..	*91*	5.0	24.2	*4.5*	*2,000*
瑞典	14,142	7	53	116	..	..	99	25.5	17.2	1.6	*813*
瑞士	8,021	6	56	122	..	..	100	29.4	57.0	3.2	599
阿拉伯叙利亚共和国	1,563	28	20	58	35	74	98	1.3	19.9	*11.7*	..
塔吉克斯坦	1,985	17	5	86	..	..	..	0.9	1.8	..	..
坦桑尼亚	86	19	0	47	0	7	85	8.8	9.7	..	..
泰国	2,045	6	10	104	..	..	..	8.8	8.7	..	..
东帝汶	..	..	0	53	*98*	*22*	*69*	17.3	16.1	*8.1*	*1,751*
多哥	111	*53*	4	41	4	42	75	11.0	19.9	9.5	1,896
特立尼达和多巴哥	5,662	2	22	141	..	..	100	19.5	12.1	*2.8*	1,862
突尼斯	1,311	13	12	105	*21*	*52*	100	2.5	10.0	*3.9*	*1,130*
土耳其	2,298	15	22	85	73	29	100	16.8	43.9	2.0	2,069
土库曼斯坦	2,446	14	10	63	..	..	..	..	..	..	..
乌干达	..	..	1	38	..	..	*100*	8.8	12.2	4.3	*2,046*
乌克兰	3,200	12	28	118	..	..	100	3.0	7.5	4.0	..
阿拉伯联合酋长国	11,464	12	20	145	..	..	100	4.1	8.6	*3.6*	1,094
英国	5,692	7	54	130	..	..	100	21.0	31.0	4.5	..
美国	12,914	6	49	90	..	..	100	12.8	32.7	*2.0*	478
乌拉圭	2,671	13	29	132	..	..	100	13.3	17.8	*3.1*	*765*
乌兹别克斯坦	1,636	9	7	74	..	..	*93*	1.1	3.0	..	*739*
委内瑞拉	3,152	27	25	97	46	..	..	1.7	22.3	3.3	1,490
越南	918	10	19	177	..	..	..	2.4	5.4	*7.1*	..
西岸和加沙	..	..	*9*	*45*	..	..	..	..	..	..	..
也门共和国	219	24	4	46	20	61	84	1.1	8.1	*3.3*	1,273
赞比亚	635	23	1	42	..	..	90	24.1	16.9	..	..
津巴布韦	1,026	7	3	61	15	23	80	9.1	20.5	..	2,369
全世界	**2,803 w**	**8 w**	**17 w**	**78 w**	**.. w**	**.. w**	**93 w**	**11.3 m**	**14.4 m**	**2.7 w**	***887 m***
低收入国家	229	12	1	33	..	..	..	8.8	13.0	..	*2,306*
中等收入国家	1,675	11	14	78	..	..	*92*	7.1	12.6	*3.2*	*1,044*
中低收入国家	644	19	6	72	..	..	*86*	5.3	10.7	*3.4*	..
中高收入国家	2,714	9	22	84	*30*	..	99	9.8	14.9	2.4	*765*
低收入和中等收入国家	1,525	11	12	72	..	..	*91*	8.8	12.7	*3.2*	*1,168*
东亚和太平洋地区	2,095	5	19	73	*11*	..	99	5.1	7.7	2.1	*1,283*
欧洲和中亚	3,859	12	26	124	..	..	..	4.8	10.8	2.7	697
拉丁美洲和加勒比地区	1,892	16	18	98	..	..	98	10.9	14.7	*4.2*	..
中东和北非	1,497	18	16	86	*17*	..	..	4.1	11.5	..	*1,131*
南亚	517	23	3	59	..	..	*84*	3.3	2.5	*2.3*	*1,363*
撒哈拉以南非洲地区	511	11	1	45	..	21	..	12.0	15.0	..	*1,840*
高收入国家	9,064	6	44	111	..	..	100	21.2	22.3	*2.6*	784
欧元区	6,592	5	46	122	..	..	99	25.3	29.8	2.4	789

a. 数据来自国际电信联盟（ITU）的《世界电信发展报告》数据库。第三方引用这些数据时，请注明引自国际电信联盟。

关于数据的说明

一个经济体基础设施的质量，其中包括电力和通信设施，是本国投资者和外国投资者投资决策时考虑的主要因素。在满足对现代基础设施的投资需求方面，单靠政府的力量是不够的。国家与私人之间的合作，尤其当地供应商和金融家的参与对降低成本和实现资金的价值是至关重要的。在电信部门，市场的竞争和健全的规章制度都能够降低成本，改善全球电信服务的质量并且使服务的获得更为容易。

一个经济体的发电量和消费量是其发展规模和发展水平的基本指标。尽管少数几个国家出口电力，但是大部分发电量也都是用于国内消费。增加电力供应，以满足日新月异的城市化和工业化经济不断增长的需要，而又无须付出不可接受的社会、经济和环境代价，乃是发展中国家面临的巨大挑战之一。

有关电力生产和消费的数据由国际能源组织（IEA）取自各国能源部门，并由国际能源组织进行调整以适用于国际定义（有关电力生产的数据，见表 3.8）。电力消费量等于发电量减去发电厂自用电量和输配电与变压器的损耗，再减去出口加上进口。它包括辅助性变电站的消费量、作为变电站一个组成部分的变压器的损耗以及抽水蓄能电站生产的电力。如果数据可以获得，它将涵盖初级能源，即煤、石油、煤气、核能、水力、地热、风能和潮汐、海浪以及可再生燃料生产的电力。无论是生产数据还是消费数据，均不反映供电的可靠性，包括停电次数、超负荷以及断电的频率。

在过去 10 年中，新资金的投入、新技术的运用、私有化和自由化共同使许多国家的电信业取得了惊人发展。随着移动电话的迅速发展，国际互联网的全球扩张，信息通信技术作为一种重要的发展工具越来越得到人们的认可，进而有助于推动全球一体化，增强公共部门的效率和透明度。本表给出了一些电信的指标，其中包括准入和使用、质量、支付能力以及效率。

在过去 15 年，人们获得的电话服务所提升的幅度是史无前例的。这种增长主要是由移动电话和电信市场的自由化驱动，移动电话和电信市场的自由化使网络的运行更快，网络部署成本更低。发展中国家占世界移动电话用户的份额已经从 2005 年的 53% 上升到 2010 年的 73%。全球短信发送数量在 2007—2010 年间上升了 3 倍，从 1.8 万亿条上升到 6.1 万亿条。国际电信联盟估计 2011 年全球移动电话用户将达到 59 亿。技术在全世界从来没有传播得如此之快。移动通讯对农村地区带来了极其重大的影响。无线技术的移动性、方便使用、携带灵活、成本较低以及网络部署城的下降使无线电话很容易到达收入和文化水平较低的农村地区。未来 10 亿移动电话用户仍将主要集中在农村地区。

尽管可及性是向人们提供通信服务的关键，但是如果大多数人无经济力量承担这种服务，就不能实现普及使用通信的目标。本表给出了衡量通信的经济承受能力的两个指标：固定电话服务的一篮子价格、移动通信服务预付一篮子价格。通信的效率是用通信业务的总收入占 GDP 的百分比，以及每名雇员服务的移动电话和固定电话用户总数来衡量的。

运营商是有关通信数据的传统主要来源，因而对大多数国家来说，有关用户的信息是广泛可获得的。这里给出了衡量可及性的一般思路，但是更精确的衡量尺度是渗透率——即可获得通信服务的居民户所占的份额。在过去几年，有关信息通讯技术使用的更多信息已可以从家庭和企业调查中获取。同样重要的是有关通信设施的实际使用情况。关于通信的理想的统计数据（和其他信息以及电信技术）应该从三个方面的测算值来收集整理，即订购与租用、可及性以及使用情况。由于各国涵盖数据提供条款的法规存在差异，在提供报告的国家中，数据的质量也存在差异。

定义

• **人均电力消费量**衡量的是发电厂和热电厂的发电量减去输电、变电和配电的损耗以及热电厂的自用量，然后除以年中人口数。 • **电力输配损耗**是指供电来源地至配电站以及配电站至用户之间的输电损耗，其中包括窃电。 • **固定电话用户**是指连接到电话干线上的在用电话、网络电话、固定无线商务电话、综合业务数字网电话语音设备以及固定公共电话的总数。 • **移动电话用户**是指利用公共移动电话服务的用户，这些移动电话服务都是利用蜂窝技术，而蜂窝技术提供公共交换电话网接入服务。预付费用用户和后付费用用户都包括在内。 • **国际通话费率**是国际电话费（按分钟计）收入和支出之和除以总人口的比率。 • **移动蜂窝网络覆盖的人口**是指生活在提供移动蜂窝信号的地区的人口所占百分比，不管其是否使用该服务。 • **居民固定电话费用**是以月租费和 30 次 3 分钟市话费成本（15 次高峰期电话，15 次非高峰期电话）计算的。 • **移动电话预付费用**是按经济合作与发展组织对低频用户的定义来计算的，即每月为 25 次拨打预付的费用，它包括同一移动网络内的、其他移动电话网络的和移动电话向固定电话的拨打，以及高峰期、非高峰期和周末的拨打。还包括每月发 30 个短信。 • **通信收入**是从提供诸如固定电话、移动电话和数字电话的服务中得到的收入除以 GDP 的比率。 • **每名雇员服务的电话用户**是电话用户（固定电话加移动电话）除以电信系统雇员总数之值。

数据资料来源

电力消费和损耗数据来自国际能源署（IEA）的《2011 年非经济合作与发展组织成员国的能源统计和收支》和 IEA 的《2011 年经济合作与发展组织成员国的能源统计》以及联合国统计署的《能源统计年鉴》。电信数据来自国际电信联盟（ITU）的《世界电信/信息通讯技术指标》数据库和电信地理公司。

5.12 信息时代

	日报	电视用户[a]	个人计算机和互联网						信息与通信技术贸易		
			可及性和使用		质量		花费	运用	商品		
	每千人拥有的份数	百分比	每百人 个人计算机[a]	每百人 互联网用户[a]	每百人固定宽带网用户[a]	人均每秒国际互联网带宽[a]	固定宽带网接入费用[a] 美元/月	每百万人的互联网安全服务器	出口占商品总出口的百分比	进口占商品总进口的百分比	服务出口占服务总出口的百分比
	2000–2005[b]	2010	2010	2010	2010	2010	2010	2011年12月	2010	2010	2010
阿富汗	..	..	..	3.7	0.00	58	..	1	..	0.4	..
阿尔巴尼亚	24	..	..	45.0	3.29	5,304	11	14	0.8	4.1	4.8
阿尔及利亚	..	98	..	12.5	2.54	1,015	15	1	0.0	3.0	3.5
安哥拉	2	38	..	10.0	0.10	63	133	3	..	..	5.4
阿根廷	36	..	..	36.0	9.56	9,898	26	34	0.1	9.1	11.7
亚美尼亚	8	97	..	44.0	2.75	3,411	32	28	0.8	4.7	16.8
澳大利亚	155	..	..	75.9	24.15	31,392	37	2,006	1.0	10.6	4.9
奥地利	311	..	77.8	72.7	23.86	53,635	26	996	3.9	5.8	6.2
阿塞拜疆	16	100	38.6	46.7	5.08	4,524	12	5	0.0	3.5	4.0
巴林	..	..	72.0	55.0	5.36	7,924	27	118	0.9	4.4	..
孟加拉国	..	36	..	3.7	0.04	103	15	1	..	..	13.0
白俄罗斯	81	98	..	32.1	17.55	7,060	18	12	0.5	2.4	8.8
比利时	165	..	78.8	73.7	30.96	82,599	25	604	2.3	3.5	9.2
贝宁	0	25	..	3.1	0.04	70	50	1	..	..	..
玻利维亚	..	69	..	20.0	0.97	854	35	10	0.0	3.4	11.8
波斯尼亚和黑塞哥维那	..	97	..	52.0	8.18	8,138	14	20	0.1	2.9	..
博茨瓦纳	41	..	..	6.0	0.60	386	30	9	0.3	3.1	5.5
巴西	36	98	44.1	40.7	6.81	5,130	17	54	1.0	9.5	2.0
保加利亚	79	99	48.0	46.0	14.44	29,520	13	139	2.5	5.6	8.9
布基纳法索	..	18	..	1.4	0.09	49	83	1	0.0	2.5	10.5
布隆迪	..	..	..	2.1	0.00	2	..	0	0.4	5.8	..
柬埔寨	..	60	..	1.3	0.25	354	47	3	0.1	2.5	5.5
喀麦隆	..	33	..	4.0	0.01	16	80	1	0.0	2.6	3.6
加拿大	175	99	..	81.3	29.71	43,955	26	1,369	2.8	8.4	11.4
中非共和国	..	..	..	2.3	0.00	4	1,329	0	0.0	6.8	..
乍得	..	..	..	1.7	0.00	2	12	..	..	..	..
智利	51	..	42.8	45.0	10.45	8,613	39	67	0.4	8.2	2.2
中国	74	..	..	34.4	9.44	821	18	2	29.1	20.4	6.1
中国香港	222	..	70.0	71.8	29.87	557,998	19	568	44.2	42.8	1.8
哥伦比亚	23	91	43.1	36.5	5.60	3,739	35	21	0.1	9.6	6.2
刚果民主共和国	..	..	..	0.7	0.01	2	..	0	..	..	..
刚果共和国	..	38	..	5.0	0.00	2	..	1	..	..	..
哥斯达黎加	65	96	42.6	36.5	6.19	4,630	7	111	19.9	17.7	26.6
科特迪瓦	..	..	..	2.6	0.04	203	40	1	0.2	3.3	11.0
克罗地亚	..	97	58.0	60.1	18.19	25,804	18	225	2.1	5.5	3.6
古巴	65	..	..	15.9	0.03	35	1,753	0	..	..	..
塞浦路斯	..	100	57.2	53.0	17.63	27,380	21	1,121	9.1	4.8	2.3
捷克共和国	183	..	70.7	68.6	14.46	47,529	31	387	15.0	17.8	8.6
丹麦	353	98	89.9	88.8	37.72	126,194	44	2,185	3.6	7.9	..
多米尼加共和国	39	86	..	39.5	3.63	4,029	19	20	2.3	4.8	4.5
厄瓜多尔	99	85	37.5	29.0	1.37	2,394	20	20	0.1	6.3	..
埃及	..	94	21.6	26.7	1.79	1,762	8	3	0.1	3.7	4.2
萨尔瓦多	38	83	21.0	15.9	2.83	242	25	17	0.3	5.6	17.7
厄立特里亚	..	..	..	5.4	0.00	6	..	..	..	..	..
爱沙尼亚	191	99	75.6	74.2	25.10	17,164	21	534	7.8	9.5	8.9
埃塞俄比亚	5	..	..	0.7	0.00	40	294	0	0.2	8.4	4.5
芬兰	431	..	88.7	86.9	28.57	93,214	35	1,489	6.4	8.2	24.5
法国	164	99	78.0	77.5	32.89	53,933	30	356	4.4	7.3	4.2
加蓬	..	..	..	7.2	0.27	3,767	..	8	0.0	3.5	..
冈比亚	..	76	..	9.2	0.02	98	307	3	0.4	1.5	17.8
格鲁吉亚	4	94	..	26.3	5.70	5,615	39	19	0.2	5.3	2.2
德国	267	95	85.4	82.5	31.90	61,142	39	1,026	5.1	9.2	9.1
加纳	..	47	..	9.5	0.21	139	32	2	0.0	7.1	..
希腊	..	100	49.5	44.6	19.95	13,816	19	154	2.5	5.0	2.4
危地马拉	..	71	..	10.5	1.80	417	33	14	0.9	6.8	14.3
几内亚	..	..	..	1.0	0.01	15	800	0	0.0	5.2	21.6
几内亚比绍	..	..	..	2.5	0.00	1	..	1	..	..	..
海地	..	..	..	8.4	0.00	9	..	1	..	..	..

	日报	电视用户[a]	个人计算机和互联网						信息与通信技术贸易		
			可及性和使用		质量		花费	运用	商品		
	每千人拥有的份数	百分比	每百人 个人计算机[a]	每百人 互联网用户[a]	每百人固定宽带网用户[a]	人均每秒国际互联网带宽[a]	固定宽带网接人费用[a] 美元/月	每百万人的互联网安全服务器	出口占商品总出口的百分比	进口占商品总进口的百分比	服务出口占服务总出口的百分比
	2000–2005[b]	2010	2010	2010	2010	2010	2010	2011年12月	2010	2010	2010
洪都拉斯	..	*69*	..	11.1	1.00	658	22	8	*0.1*	*6.3*	25.2
匈牙利	217	*99*	67.1	65.2	19.56	6,500	21	220	25.6	21.3	8.5
印度	71	*60*	..	7.5	0.90	437	5	3	2.0	6.6	47.0
印度尼西亚	..	*72*	..	9.9	0.79	292	22	3	5.1	8.6	7.4
伊朗	..	*97*	..	13.0	0.68	406	*30*	1	0.0	3.6	..
伊拉克	..	*98*	*13.5*	2.5	0.00	2	..	0	..	..	*0.6*
爱尔兰	182	..	72.0	69.8	21.04	44,693	33	1,145	7.5	10.2	39.0
以色列	..	*90*	65.6	65.4	24.46	5,247	8	471	12.3	9.2	33.0
意大利	137	..	55.7	53.7	21.92	33,067	26	192	2.1	7.4	8.9
牙买加	..	88	..	26.5	4.32	5,551	25	48	0.4	3.9	6.4
日本	551	*99*	66.9	77.6	26.71	12,293	23	743	10.7	12.0	1.3
约旦	..	*98*	*56.0*	38.9	3.24	2,481	19	25	1.3	4.3	..
哈萨克斯坦	..	*87*	..	33.4	8.74	2,868	13	6	*0.1*	*2.9*	2.4
肯尼亚	..	*28*	..	25.9	0.01	499	38	3	1.4	7.2	9.8
朝鲜	..	..	..	*0.0*	*0.00*	..	..	*0*	..	..	..
韩国	..	..	*81.5*	82.5	35.18	9,802	24	2,536	21.4	11.9	1.2
科索沃	..	..	..	..	..	..	..	..	..	..	..
科威特	..	..	..	38.3	1.68	3,655	*19*	180	*0.3*	*6.4*	..
吉尔吉斯斯坦	1	..	..	19.6	0.28	55	55	3	0.6	2.7	3.3
老挝	3	..	..	7.0	0.19	161	140	1	..	..	..
拉脱维亚	154	..	69.7	71.5	19.42	21,438	13	205	5.8	6.4	6.2
黎巴嫩	54	..	..	31.0	4.73	591	23	41	7.1	2.8	3.0
莱索托	..	..	..	3.9	0.02	12	51	*0*	*20.9*	*2.7*	4.5
利比里亚	..	9	..	7.0	0.00	14	..	1	..	..	..
利比亚	..	..	..	14.0	1.15	1,574	..	1	..	..	..
立陶宛	108	99	64.2	62.8	20.81	28,533	10	237	2.7	4.1	3.7
前南斯拉夫马其顿共和国	89	..	*57.5*	51.9	12.47	8,738	13	29	*0.4*	*4.7*	14.1
马达加斯加	..	*16*	..	1.7	0.03	94	91	1	0.2	3.1	..
马拉维	..	..	..	2.3	0.03	*1*	562	0	0.4	5.2	..
马来西亚	109	..	..	56.3	7.32	6,443	20	54	34.0	29.8	*7.0*
马里	..	*31*	..	2.7	0.02	50	50	1	0.1	2.6	*23.2*
毛里塔尼亚	..	*25*	..	3.0	0.19	81	24	2	..	0.9	..
毛里求斯	77	*97*	*35.8*	28.7	6.18	2,646	16	117	1.1	5.1	3.8
墨西哥	93	95	40.1	31.1	9.98	2,272	17	27	20.2	19.2	..
摩尔多瓦	..	*93*	*42.4*	40.1	7.55	26,390	6	20	0.7	3.9	22.7
蒙古	20	89	..	12.9	2.60	6,237	*8*	14	..	..	2.0
摩洛哥	12	*93*	50.9	49.0	1.56	2,347	12	4	3.8	5.9	8.0
莫桑比克	3	..	..	4.2	0.06	55	22	1	0.1	1.8	7.0
缅甸	..	..	..	*0.2*	0.03	21	*28*	0	..	..	..
纳米比亚	28	*42*	..	6.5	0.42	287	95	20	*0.5*	*4.0*	1.7
尼泊尔	..	36	..	7.9	0.20	134	23	2	0.4	7.2	..
荷兰	307	99	91.7	90.7	38.10	139,986	33	2,757	12.5	14.5	11.7
新西兰	182	97	82.7	83.0	24.93	16,026	29	1,597	1.2	8.3	4.6
尼加拉瓜	..	66	..	10.0	0.82	864	34	10	0.1	4.8	..
尼日尔	0	*10*	0.9	0.8	0.02	19	60	0	0.3	1.9	12.8
尼日利亚	..	*41*	..	28.4	0.06	32	53	2	0.0	6.6	..
挪威	516	..	93.8	93.3	35.26	102,270	49	1,822	1.4	7.5	9.5
阿曼	..	..	..	62.0	1.63	3,786	31	53	0.1	3.1	..
巴基斯坦	50	68	..	16.8	0.31	435	14	1	0.2	3.3	6.6
巴拿马	65	*92*	..	42.7	7.84	9,096	17	143	9.6	9.6	4.8
巴布亚新几内亚	9	..	..	1.3	0.09	41	140	7	..	..	0.7
巴拉圭	..	88	..	19.8	0.44	1,644	19	10	0.1	27.0	1.4
秘鲁	..	77	..	34.3	3.14	2,911	42	19	0.1	7.4	3.1
菲律宾	79	*74*	..	25.0	1.85	2,681	22	8	35.6	31.6	12.6
波兰	114	..	65.4	62.5	12.99	23,570	18	270	9.5	9.7	6.4
葡萄牙	..	..	58.2	51.3	19.30	75,202	26	224	4.0	5.7	4.2
波多黎各	..	..	61.3	42.7	13.86	57,818	..	98	..	..	..
卡塔尔	..	95	84.6	81.6	8.19	13,930	55	126	*0.0*	4.3	..

	日报	电视用户[a]	个人计算机和互联网						信息与通信技术贸易		
			可及性和使用		质量		花费	运用	商品		
	每千人拥有的份数	百分比	每百人 个人计算机[a]	每百人 互联网用户[a]	每百人固定宽带网用户[a]	人均每秒国际互联网带宽[a]	固定宽带网接人费用[a] 美元/月	每百万人的互联网安全服务器	出口占商品总出口的百分比	进口占商品总进口的百分比	服务出口占服务总出口的百分比
	2000–2005[b]	2010	2010	2010	2010	2010	2010	2011年12月	2010	2010	2010
罗马尼亚	70	..	45.9	40.0	13.90	20,571	5	54	8.4	9.3	18.0
俄罗斯联邦	92	99	40.3	43.4	11.08	13,346	10	27	0.2	7.9	6.0
卢旺达	..	3	..	13.0	0.02	155	86	1	0.6	11.7	4.4
沙特阿拉伯	..	..	..	41.0	5.45	11,584	27	22	0.1	7.2	..
塞内加尔	9	57	29.9	16.0	0.63	386	36	1	0.4	3.3	12.9
塞尔维亚	..	..	54.5	43.1	11.77	20,241	15	29	1.6	4.2	9.2
塞拉利昂	..	10	..	0.3	..	29	..	1	..	..	..
新加坡	361	..	69.1	71.1	24.99	122,454	27	607	34.3	27.9	2.8
斯洛伐克共和国	126	..	82.4	79.9	12.79	9,208	26	164	19.3	15.4	9.2
斯洛文尼亚	173	..	71.0	69.3	24.02	48,804	34	433	2.2	4.6	7.3
索马里	..	..	..	1.2	0.00	..	..	0	..	..	..
南非	30	75	..	12.3	1.49	211	27	74	1.0	9.4	3.7
南苏丹	..	..	..	..	..	..	..	..	..	..	..
西班牙	144	..	69.7	65.8	22.87	36,900	26	284	2.2	6.7	6.9
斯里兰卡	26	..	..	12.0	1.09	398	5	6	0.5	2.9	14.1
苏丹	..	..	..	10.2	0.38	305	23	0	0.0	3.3	25.8
斯威士兰	24	..	..	9.0	0.15	52	875	15	..	..	9.0
瑞典	481	..	92.8	90.0	31.85	213,265	35	1,455	9.8	11.3	13.9
瑞士	420	..	..	82.2	37.16	127,779	33	2,153	1.6	5.9	..
阿拉伯叙利亚共和国	..	..	..	20.7	0.33	280	22	0	0.0	1.1	1.9
塔吉克斯坦	..	..	..	11.5	0.07	..	362	1	..	..	37.0
坦桑尼亚	2	10	..	11.0	0.01	77	21	0	0.4	3.8	2.1
泰国	..	97	30.9	21.2	4.61	2,296	19	17	18.9	14.2	..
东帝汶	..	..	..	0.2	0.04	28	99	3	..	..	..
多哥	2	..	..	5.4	0.06	230	166	2	0.2	5.1	18.6
特立尼达和多巴哥	149	..	..	48.5	10.81	8,656	13	85	0.2	3.0	..
突尼斯	23	..	..	36.6	4.57	4,854	11	19	6.5	6.3	5.9
土耳其	..	..	41.0	39.8	9.73	7,601	19	143	1.8	4.5	1.6
土库曼斯坦	9	..	..	2.2	0.01	77	..	0	..	..	..
乌干达	..	6	..	12.5	0.16	108	14	2	5.7	7.4	5.2
乌克兰	131	95	..	44.6	6.44	2,616	8	18	1.1	3.2	5.5
阿拉伯联合酋长国	..	96	74.0	78.0	10.47	13,991	41	180	2.0	4.5	..
英国	290	..	86.7	84.7	31.46	112,482	25	1,594	5.9	9.3	8.8
美国	193	..	..	74.2	27.71	29,093	20	1,562	10.5	14.2	4.6
乌拉圭	..	94	49.1	47.9	10.95	11,004	19	70	0.1	6.4	8.2
乌兹别克斯坦	..	..	..	19.4	0.32	53	200	0	..	..	..
委内瑞拉	93	96	..	35.9	5.40	2,428	16	8	0.0	7.6	8.2
越南	..	87	..	27.9	4.18	1,546	10	5	5.8	8.6	..
西岸和加沙	10	96	55.6	36.4	..	..	..	4	0.9	3.2	6.0
也门共和国	4	..	..	12.3	0.35	133	119	0	0.0	2.0	..
赞比亚	5	27	..	10.1	0.08	39	59	2	0.0	2.3	8.0
津巴布韦	..	..	..	11.5	0.26	35	406	1	0.0	3.6	..
全世界	104 w	.. m	.. w	30.2 w	7.75 w	8,662 w	26 m	184 w	11.1 w	12.7 w	9.3 w
低收入国家	..	..	..	5.6	0.05	93	55	1	..	..	..
中等收入国家	68	87	..	23.8	4.65	1,856	20	12	14.2	14.2	13.6
中低收入国家	..	72	..	13.5	1.04	656	32	3	8.3	10.4	27.9
中高收入国家	69	96	..	34.1	8.36	3,084	18	20	15.5	15.0	5.8
低收入和中等收入国家	65	84	..	21.5	4.05	1,628	23	10	14.1	14.0	13.5
东亚和太平洋地区	74	..	..	29.8	7.18	992	22	4	26.2	21.3	7.1
欧洲和中亚	..	..	40.9	39.3	9.12	9,777	13	48	1.2	5.5	5.9
拉丁美洲和加勒比地区	64	87	..	34.0	6.59	4,062	23	36	10.3	14.0	..
中东和北非	..	97	..	20.9	1.36	1,139	17	3	..	4.2	..
南亚	68	48	..	8.1	0.73	394	14	2	1.6	5.7	43.8
撒哈拉以南非洲地区	..	26	..	11.3	0.18	116	52	6	0.5	7.0	..
高收入国家	255	..	..	73.4	26.46	44,235	26	1,068	10.4	12.5	8.1
欧元区	201	..	73.7	71.2	27.65	53,594	26	647	5.2	8.2	10.7

a. 数据来自国际电信联盟（ITU）的《世界电信发展报告》数据库。第三方引用这些数据时，请注明引自国际电信联盟。b. 最近年份可获得的数据。

关于数据的说明

数字和信息革命已经改变了全球学习、交流、商业环境和治病的方式。新的信息和通信技术（ICT）为各国生活的各个方面的进步提供了众多的机会——促进经济增长、增进健康、提供更好的服务、通过远程教育进行学习以及促进社会和文化进步的机会。

需要有关信息通信技术准入、使用、质量以及可负担性的比较统计数据来阐述能够带动该部门增长的政策，进而监视和评估该部门对发展的影响。虽然从许多国家都可以获得基本的准入数据，但是在大多数发展中国家很少有人知道谁在使用信息通信技术，他们用这些技术干什么（学校、工作、企业、研究和政府），以及这些技术是如何对人们和企业产生影响的。衡量信息通信技术对发展影响的全球战略伙伴关系项目正帮助发展中国家建立相关标准，统一信息通信技术的统计数据，建立汇集统计数据的能力。更多的信息见 www. itu. int/ITU – D/ict/partnership/。

关于报纸发行数量的数据来自联合国教科文组织（UNESCO）统计研究所的报纸统计数据调查。

有关电视用户的估计来自家庭调查。一些国家仅仅提供了彩色电视的数据，因此，实际数量可能高于国家提供的数据。

有关计算机用户、互联网用户以及相关指标（宽带和带宽）的数据由各国统计局通过家庭调查收集。由于调查中的问题和定义存在差异，因此，各国之间的估计数可能并不具有严格的可比性。尤其在“后 PC 时代”，计算机由什么组成已经变得很难定义。今天的“智能手机”和“平板电脑”所具有的计算机功能与过去的计算机基本相同，可以提供一系列类似的功能。因此，设计趋同使得传统的定义变得模糊。对于那些没有实施调查的国家来讲，其估计数通常来自互联网服务提供商上报的用户人数乘以主机的使用人数。这种方法有可能低估了使用互联网的实际人数，尤其在发展中国家，因为在这些国家存在许多商业用户出租与互联网连接的计算机，或者使用预先付费的上网卡接入互联网。

宽带是指提供网络上传或者下载的技术，其速度至少达到 256k/秒。这些技术包括数字用户线、电缆调制解调器、卫星宽带网络、光纤到户网络接入、以太网当地接入网络和无线网络。宽带就是可利用信号的频率范围。宽带的频率越高，同时可传递的信息量就越大。因为报告国对宽带的定义可能存在差异，所以数据不具有严格的可比性。

根据 Netcraft 的安全服务器调查得出的安全服务器的数量，提供了一个衡量许多公司如何在互联网上进行秘密交易的指标。通过自身广泛的探索、记录使用安全套接层的网站数量，Netcraft 的调查检测了互联网上秘密交易的状况。150 万明显有效的第三方认证大约 1/3 的起源国都无法识别。一些国家，例如，韩国，通过使用应用接层（就是安全套接层）建立了秘密渠道。这些数据都在本表予以公布。

信息通信技术产品的进出口定义是由信息社会指标的工作组给出的，并上报经济合作与发展组织的《信息社会衡量指南》（2005）。信息通信技术产品的出口数据是基于 IMF《国际收支统计年鉴》的分类。

定义

• **日报**是指每周至少出版 4 期的报纸，报道印刷之前 24 小时内的事件，并按每千人中的平均发行量（或者印刷份数）计算。
• **电视用户**是指拥有电视的家庭百分比。
• **计算机用户**是指在过去 12 个月中使用过电脑的个人（任何地方）。计算机包括台式机、便携式电脑和笔记本（例如，个人数字助理），不包括连接到主机的设备（例如，移动电话和电视设备）。 • **互联网用户**是指在过去 12 个月中利用相关设备（例如，计算机、智能手机和数字电视）经固定网络或者移动网络登录互联网的个人（任何地方）。互联网可以连接到全球网络。 • **固定宽带用户**是指拥有数字用户线路、电缆调制解调器或者其他高速技术（不包括无线）的宽带用户的总数量。 • **国际互联网带宽**是指国与国之间通过互联网传输信息的既定能力。 • **固定互联网宽带接入价格**是指每秒 100 千比特带宽的每月最低成本，并根据每月服务从低速到高速变化的费用来计算。每月费用不包括安装费或调制解调器出租费。 • **互联网安全服务器**是指在互联网交易中使用保密技术的器件。 • **信息通信技术产品的进出口**包括电信、视频和音频、计算机和相关设备、电子零件和其他信息通信技术产品，不包括软件。
• **信息通信技术服务出口**包括计算机和通信服务（电信、邮政和信使服务），以及信息服务（数据库、数据加工、软件设计与开发、维护与维修以及与新闻相关的服务交易）。

数据资料来源

有关报纸的数据由联合国教科文组织（UNESCO）统计研究所汇集。有关电视机、计算机用户、互联网用户、互联网宽带用户及成本以及互联网带宽的数据均来自国际电信联盟的《世界电信发展报告》数据库和电信地理公司。有关互联网安全服务的数据均来自 Netcraft（www. netcraft. com）和官方政府渠道。有关信息通信技术产品贸易的数据来自联合国贸易与发展会议的统计数据库（http：//unctadstat. unctad. org）。信息通信技术服务的出口数据来自 IMF 的《国际收支统计》数据库。

	研究与开发(R&D) 全日制或转换成全日制每百万人 研究人员	技术人员	发表于科技刊物上的论文	R&D支出 占GDP的百分比	高科技出口 百万美元	占制成品出口的百分比	版税与许可费 百万美元 收入额	支付额	提交的专利申请[a, b] 居民	非居民	提交的商标申请[a, c] 总计
	2005–2009[d]	2005–2009[d]	2009	2005–2009[d]	2010	2010	2010	2010	2010	2010	2010
阿富汗	..	..	12	..	..	..	..	..	..	..	..
阿尔巴尼亚	147	38	8	0.15	9	0.9	1	12	..	361	2,920
阿尔及利亚	170	34	607	0.07	5	0.5	2	17	76	730	5,632
安哥拉	..	..	6	..	..	..	12	6	..	..	..
阿根廷	1,046	207	3,655	0.52	1,635	7.5	119	1,541	801	4,781	69,565
亚美尼亚	..	..	164	0.27	4	1.8	..	..	136	6	4,620
澳大利亚	4,259	1,144	18,923	2.35	3,826	11.9	703	3,026	2,409	22,478	59,459
奥地利	4,122	1,959	4,832	2.75	13,721	11.9	646	1,403	2,424	249	10,375
阿塞拜疆	..	..	151	0.26	6	1.1	0	17	222	5	3,310
巴林	..	..	36	..	1	0.1	..	..	..	..	2,044
孟加拉国	..	..	260	..	134	1.2	1	18	66	276	10,231
白俄罗斯	..	..	380	0.64	408	3.0	9	101	1,759	174	10,695
比利时	3,491	1,406	7,218	1.96	32,227	10.5	2,138	1,904	620	140	25,799[e]
贝宁	..	..	48	..	..	..	0	3	..	..	..
玻利维亚	..	..	45	..	37	8.6	3	20	..	..	6,081
波斯尼亚和黑塞哥维那	197	71	64	0.02	71	2.6	15	5	56	9	4,730
博茨瓦纳	..	..	45	0.52	15	0.4	0	11	..	..	674
巴西	696	560	12,306	1.08	8,122	11.2	397	2,850	2,705	19,981	125,654
保加利亚	1,587	492	735	0.53	802	7.9	34	115	243	17	7,140
布基纳法索	..	..	50	0.21	3	7.8	0	1	2	..	34
布隆迪	..	..	3	..	1	8.5	..	..	..	..	..
柬埔寨	..	..	27	..	5	0.1	0	6	..	..	2,866
喀麦隆	..	..	145	..	14	4.9	0	12	..	..	..
加拿大	4,335	1,740	29,017	1.95	23,966	14.1	3,813	8,665	4,550	30,899	45,220
中非共和国	..	..	4	..	..	..	..	..	..	..	..
乍得	..	..	2	..	..	..	..	..	..	..	..
智利	355	293	1,868	0.39	483	5.5	64	496	328	748	45,104
中国	1,199	..	74,019	1.47	406,090	27.5	830	13,040	293,066	98,111	1,057,480
中国香港	2,759	352	..	0.79	1,106	16.1	383	1,700	133	11,569	28,872
哥伦比亚	157	..	608	0.16	425	5.1	56	362	133	1,739	25,990
刚果民主共和国	..	..	19	0.48	..	..	..	..	..	..	..
刚果共和国	..	..	18	..	..	..	..	..	..	..	..
哥斯达黎加	257	..	98	0.40	2,193	40.0	8	64	8	1,212	11,265
科特迪瓦	70	..	56	..	126	8.2	0	21	..	..	..
克罗地亚	1,571	636	1,164	0.83	732	9.2	32	225	257	21	7,950
古巴	..	..	222	0.49	..	..	..	..	59	172	1,397
塞浦路斯	752	216	195	0.46	140	37.1	8	31	4	4	2,381
捷克共和国	2,755	1,533	3,946	1.53	17,469	15.3	105	771	868	114	11,048
丹麦	6,390	2,628	5,306	3.02	8,291	14.2	..	..	1,626	142	5,788
多米尼加共和国	..	..	6	..	102	2.9	..	63	..	..	6,453
厄瓜多尔	106	31	68	0.26	145	8.4	..	54	4	690	16,195
埃及	420	394	2,247	0.21	96	0.9	122	226	605	1,625	3,955
萨尔瓦多	..	..	6	0.11	186	5.8	0	31	..	..	..
厄立特里亚	..	..	4	..	..	..	..	..	..	..	..
爱沙尼亚	3,210	627	518	1.44	721	9.1	20	60	84	13	3,140
埃塞俄比亚	21	13	175	0.17	6	3.1	0	1	12	25	719
芬兰	7,647	..	4,949	3.96	5,776	10.8	2,340	1,236	1,731	102	5,504
法国	3,690	1,872	31,748	2.23	99,736	24.9	10,407	5,559	14,748	1,832	93,187
加蓬	..	..	18	0.64	7	3.0	..	..	..	..	..
冈比亚	..	..	20	0.02	0	1.1	..	..	..	..	327
格鲁吉亚	..	..	129	0.18	11	1.8	5	7	179	180	4,301
德国	3,780	1,329	45,003	2.82	158,507	15.3	14,384	13,051	47,047	12,198	74,339
加纳	17	15	102	0.23	8	2.0	..	..	..	..	884
希腊	1,849	756	4,881	0.58	1,090	10.2	69	627	728	16	6,559
危地马拉	39	35	22	0.06	205	5.7	13	94	7	374	9,175
几内亚	..	..	3	..	0	0.1	0	1	..	..	..
几内亚比绍	..	..	6	..	..	..	..	0	..	..	6
海地	..	..	7	..	..	..	..	0	..	..	..

	研究与开发(R&D) 全日制或转换成全日制每百万人 研究人员 2005–2009[d]	技术人员 2005–2009[d]	发表于科技刊物上的论文 2009	R&D支出 占GDP的百分比 2005–2009[d]	高科技出口 百万美元 2010	占制成品出口的百分比 2010	版税与许可费 百万美元 收入额 2010	支付额 2010	提交的专利申请[a,b] 居民 2010	非居民 2010	提交的商标申请[a,c] 总计 2010
洪都拉斯	..	..	6	..	*12*	*1.3*	..	30	..	..	*7,403*
匈牙利	2,006	553	2,397	1.15	18,771	24.2	1,051	1,386	649	47	6,298
印度	136	93	19,917	0.76	10,087	7.2	129	2,438	*7,262*	*27,025*	*141,943*
印度尼西亚	90	..	262	0.08	6,673	11.4	60	1,616	..	..	47,794
伊朗	751	..	6,313	0.79	584	4.5	..	..	..	..	3,096
伊拉克	49	26	70	..	*0*	*0.1*	*1,312*	*396*	..	..	..
爱尔兰	3,373	742	2,799	1.77	21,232	21.2	2,252	37,823	733	59	3,769
以色列	..	..	6,304	4.27	7,979	14.7	849	860	1,450	5,856	8,614
意大利	1,690	..	26,755	1.27	26,366	7.2	3,603	6,986	*8,814*	903	4,387
牙买加	..	..	51	..	3	0.6	5	36	..	..	*1,708*
日本	5,189	597	49,627	3.45	122,047	18.0	26,680	18,769	290,081	54,517	124,726
约旦	..	..	383	0.42	122	2.9	..	..	45	429	5,971
哈萨克斯坦	..	..	99	0.23	2,110	*29.9*	..	86	*11*	162	3,615
肯尼亚	56	63	291	0.42	100	5.7	54	18	77	120	4,321
朝鲜	..	..	8	..	..	..	..	..	8,018	39	1,231
韩国	4,947	825	22,271	3.36	*92,856*	*28.7*	3,146	8,965	131,805	38,296	129,486
科索沃	..	..	..	..	..	..	..	..	..	..	..
科威特	152	35	214	0.11	*16*	*0.5*	..	..	..	..	..
吉尔吉斯斯坦	..	..	15	0.16	2	1.0	1	3	134	6	2,535
老挝	..	..	12	..	..	..	..	..	..	..	..
拉脱维亚	1,601	561	162	0.46	396	7.6	12	33	178	7	3,589
黎巴嫩	..	..	256	..	279	12.8	7	13	..	..	..
莱索托	21	22	4	0.03	*0*	*0.2*	..	3	..	..	566
利比里亚	..	..	0	..	..	..	..	..	..	..	612
利比亚	..	..	34	..	..	..	..	..	..	..	..
立陶宛	2,541	445	388	0.84	1,190	10.6	1	35	108	6	4,351
前南斯拉夫马其顿共和国	472	82	57	0.23	*40*	*2.9*	7	18	*34*	*406*	3,436
马达加斯加	46	25	35	0.15	5	1.0	..	..	9	34	1,773
马拉维	30	58	53	..	1	1.3	..	*0*	..	..	..
马来西亚	365	43	1,351	0.63	59,332	44.5	*266*	*1,133*	1,233	5,230	26,370
马里	38	12	25	0.25	2	2.4	*0*	*3*	..	..	..
毛里塔尼亚	..	..	3	..	..	..	..	..	..	..	..
毛里求斯	..	..	22	0.37	6	0.7	1	12	*2*	*22*	2,032
墨西哥	347	183	4,128	0.37	37,657	16.9	..	..	951	13,625	94,457
摩尔多瓦	794	78	80	0.53	17	8.3	5	13	*134*	*5*	5,459
蒙古	..	..	42	0.24	*7*	*7.4*	0	3	110	69	2,403
摩洛哥	661	61	391	0.64	897	7.7	4	30	152	882	11,030
莫桑比克	16	35	29	0.21	1	1.3	0	4	*18*	*22*	891
缅甸	..	..	10	..	..	..	..	..	..	..	..
纳米比亚	..	..	14	..	*19*	*0.9*	*0*	8	..	..	804
尼泊尔	..	..	56	..	4	0.6	..	..	..	..	*1,132*
荷兰	2,818	1,131	14,866	1.84	59,510	21.3	5,491	3,707	*2,575*	*279*	..
新西兰	4,324	886	3,188	1.17	548	9.0	183	669	1,585	5,051	17,124
尼加拉瓜	..	..	12	..	6	4.8	..	..	..	..	*5,975*
尼日尔	8	11	16	..	4	6.6	*0*	*2*	..	..	..
尼日利亚	39	13	462	0.22	63	1.1	..	224	..	..	..
挪威	5,504	..	4,440	1.80	3,830	16.1	498	536	1,117	696	13,835
阿曼	..	..	114	..	18	0.6	..	..	..	..	1,913
巴基斯坦	162	64	1,043	0.46	262	1.7	4	123	*170*	*1,375*	*15,734*
巴拿马	111	..	73	0.21	1	0.8	..	46	..	468	9,629
巴布亚新几内亚	..	..	17	..	..	..	..	..	*1*	*45*	*612*
巴拉圭	75	..	11	0.06	32	6.6	254	3	18	347	22,102
秘鲁	..	..	159	..	252	6.6	3	197	39	261	23,120
菲律宾	78	11	223	0.11	29,792	67.8	4	445	166	3,223	16,838
波兰	1,598	189	7,355	0.68	8,378	6.6	237	2,248	3,203	227	18,251
葡萄牙	4,308	383	4,157	1.66	1,213	3.4	41	548	499	46	19,636
波多黎各	668	..	..	0.49	..	..	..	..	..	..	..
卡塔尔	..	..	64	..	1	*0.0*	..	..	..	..	..

	研究与开发(R&D) 全日制或转换成全日制每百万人		发表于科技刊物上的论文	R&D支出	高科技出口		版税与许可费 百万美元		提交的专利申请[a,b]		提交的商标申请[a,c]
	研究人员	技术人员		占GDP的百分比	百万美元	占制成品出口的百分比	收入额	支付额	居民	非居民	总计
	2005–2009[d]	2005–2009[d]	2009	2005–2009[d]	2010	2010	2010	2010	2010	2010	2010
罗马尼亚	895	185	1,367	0.48	4,249	10.9	466	453	1,382	36	12,063
俄罗斯联邦	3,091	475	14,016	1.25	5,193	8.8	625	5,066	28,722	13,778	56,856
卢旺达	12	..	12	..	1	5.9	0	0	..	..	238
沙特阿拉伯	..	..	710	0.08	201	0.7	..	..	288	643	..
塞内加尔	384	53	56	0.37	9	1.2	1	12	..	..	..
塞尔维亚	1,060	224	1,173	0.89	..	..	39	156	290	39	7,005
塞拉利昂	..	..	3	..	..	..	1	0	..	..	676
新加坡	5,834	597	4,187	2.66	126,982	49.9	1,867	15,857	895	8,878	17,504
斯洛伐克共和国	2,438	345	1,000	0.48	3,921	7.0	45	147	234	48	5,027
斯洛文尼亚	3,679	1,863	1,234	1.86	1,131	5.5	69	369	442	11	3,894
索马里	..	..	1	..	..	..	..	..	..	..	..
南非	396	124	2,864	0.93	1,420	4.3	59	1,941	821	5,562	30,549
南苏丹	..	..	..	..	..	..	..	..	..	..	..
西班牙	2,932	1,148	21,543	1.38	11,290	6.4	877	2,649	3,566	213	47,120
斯里兰卡	96	77	135	0.11	57	1.0	..	..	225	235	6,244
苏丹	..	..	63	0.29	10	29.4	3	11	3	13	1,026
斯威士兰	..	..	8	..	1	0.1	0	16	..	..	659
瑞典	5,018	2,006	9,478	3.62	16,133	13.9	6,133	1,383	2,196	353	12,662
瑞士	3,320	2,874	9,469	3.00	42,820	24.8	..	..	1,622	533	27,972
阿拉伯叙利亚共和国	..	..	72	..	86	1.8	1	37	..	..	2,362
塔吉克斯坦	..	..	12	0.09	..	..	1	0	7	3	2,293
坦桑尼亚	..	..	152	0.43	25	3.5	0	0	..	..	556
泰国	316	140	2,033	0.21	34,156	24.0	153	3,084	1,214	723	37,656
东帝汶	..	..	..	..	..	..	..	..	..	..	..
多哥	38	18	7	..	0	0.1	..	5	..	..	..
特立尼达和多巴哥	..	..	48	0.04	3	0.2	..	..	1	280	..
突尼斯	1,863	43	1,022	1.10	611	4.9	25	15	..	..	..
土耳其	804	122	8,301	0.85	1,714	1.9	..	816	2,555	177	8,241
土库曼斯坦	..	..	1	..	..	..	..	..	..	..	2,245
乌干达	..	..	143	0.41	6	2.4	4	4	6	1	..
乌克兰	1,353	288	1,639	0.86	1,441	4.3	132	744	2,556	2,756	28,915
阿拉伯联合酋长国	..	..	265	..	50	3.2	..	..	..	..	..
英国	3,947	871	45,649	1.87	59,447	20.9	13,822	8,499	15,490	6,439	36,484
美国	4,673	..	208,601	2.79	145,498	19.9	105,583	33,450	241,977	248,249	281,867
乌拉圭	346	..	246	0.66	79	5.8	0	17	23	761	5,730
乌兹别克斯坦	..	..	139	..	..	..	..	..	370	262	4,863
委内瑞拉	183	..	354	..	145	5.1	..	340	..	..	..
越南	..	..	326	..	2,101	6.2	..	..	306	3,276	32,289
西岸和加沙	144	27	..	..	..	..	0	0	..	..	..
也门共和国	..	..	25	..	0	0.4	33	5	20	55	4,165
赞比亚	43	67	35	0.34	4	1.0	..	1	..	..	765
津巴布韦	..	..	56	..	9	0.8	..	..	..	..	..
全世界	1,269 w	.. w	788,333 s	2.15 w	1,572,076 s	17.5 w	210,577 s	216,352 s	1,060,313 s	621,207 s	3,023,628 s
低收入国家	..	..	1,561	..	..	3.1	62	56	..	..	..
中等收入国家	591	..	167,803	1.07	490,375	17.9	3,612	37,290	281,357	190,556	1,826,974
中低收入国家	..	..	28,049	0.61	46,413	11.0	665	6,170	11,816	44,547	352,071
中高收入国家	1,197	..	139,753	1.10	569,935	19.5	2,947	31,120	333,407	164,472	1,737,397
低收入和中等收入国家	574	..	169,364	1.07	527,339	17.8	3,674	37,346	289,428	191,053	1,850,304
东亚和太平洋地区	1,199	..	78,373	1.47	..	28.7	1,049	18,196	304,113	110,671	1,222,061
欧洲和中亚	2,006	329	29,089	0.96	17,622	6.7	1,352	7,678	36,143	17,415	187,119
拉丁美洲和加勒比地区	482	346	23,970	0.65	51,633	10.9	970	6,291	4,216	40,206	466,522
中东和北非	..	..	11,421	..	1,572	3.2	37	326	..	..	36,211
南亚	129	86	21,432	0.75	..	6.7	142	2,578	7,519	27,500	172,509
撒哈拉以南非洲地区	..	..	5,079	0.58	2,570	2.8	124	2,277	..	..	..
高收入国家	3,982	..	618,970	2.44	1,081,514	17.4	206,903	179,006	775,219	450,049	1,183,907
欧元区	3,119	1,355	171,873	2.09	439,190	14.9	42,900	76,676	72,951	14,959	305,982

a. 关于专利和商标的原始信息由世界知识产权组织（WIPO）提供。世界知识产权组织国际局对这些数据的使用和转化不承担任何责任。b. 不包括欧洲专利局（非居民提出的申请为150,961份）和欧亚专利组织（非居民提出的申请为3,329份）赞助下提出的申请。c. 不包括内部市场协调局赞助下提出的申请（98,616份）。d. 最近年份可获得的数据。e. 包括卢森堡和荷兰。

关于数据的说明

联合国教科文组织（UNESCO）统计研究所通过两年一次的研究与开发调查，从世界各国、各地区收集了有关研究人员、技术人员以及研究与开发支出的数据，并辅之以其他国际合作伙伴的信息，例如，经济合作与发展组织、欧洲统计局和科学与技术指标网络——伊比利亚美洲和泛美洲国家之间。

经济合作与发展组织的《2002 年弗拉斯卡蒂研究与发展调查手册》（OECD，2002）将研究与开发定义为“在科学技术领域，为增加知识总量（包括人类文化和社会知识的总量），以及运用这些知识去创造新的应用所进行的系统的创造性的活动。”研究与开发包括基础研究、应用研究和试验发展。研究人员与技术人员数据通常以全日制或者转换成全日制和职员总数（仅在全日制中给出）计算。

科技论文数量都是来自所划分的一系列期刊，科学信息研究所的科学论文索引（SCI）和社会科学论文索引（SSCI）囊括了这一系列期刊。论文数量基于相关部分进行划分，例如，一篇文章具有来自不同国家的两个作者，那么这篇文章每个国家就要各分一半（见“定义”中的相关部分）。尽管 SCI 和 SSCI 数据库囊括了一套核心科技期刊，但是可能并没有把某些地区或者当地的重要刊物包括进去。并且这两个数据库也可能反映出对英文刊物的某种偏向。

研究与开发支出是指一个国家内所有的研究与开发项目开支，其中包括资本开支和日常开支（每年的工资、薪水以及与研究人员、技术人员、员工资助相关的费用，以及材料、供应品和研发设备的非资本性购买，例如，设备、参考资料、图书馆和科学会馆的图书订阅以及实验室材料）。

用于测定一国高技术出口的方法是由经济合作与发展组织与欧洲统计局合作开发的。这一方法称为“产品方法”，以区别于“部门方法”，这一方法是基于对 6 国（德国、意大利、日本、荷兰、瑞典和美国）在各类产品上的研究与开发力度（研究与开发支出除以销售总额）的计算。因为以生产高技术产品为特征的工业部门也可以生产许多低技术产品，所以产品法比部门法更适用于国际贸易。尽管这种方法仅仅考虑了研究与开发的力度，但是高技术的其他特征，例如，技术诀窍、科技人员数量以及专利的技术含量，也是非常重要的。如果把这些特征都考虑进去，那么就会有另一份不同的清单（见 Hatzichronoglou，1997）。

专利是为某一项发明授予一定时期的专有权（通常为 20 年），它为制造某种物品提出了新的方法，或者为某种问题提出了新的技术解决方案。该专利实际必须能够应用，并且在其技术领域现存的知识中拥有一种不为人知的新的特征。大多数国家都已经实施了保护专利发明的制度。国际专利合作条约（www. wipo. int/pct）为专利申请的提交提供了一个两阶段的国际体系。2011 年 144 个合格国家提交的国际申请都将自动被指定。在该条约下的国际申请仅仅为国家专利认定作了规定——没有国际专利。对于一个给定的区域，国家阶段的提交代表了部分积极寻求专利保护申请的行动，而对于国际阶段的提交而言，尽管他们代表一种合法权利，但是并不能准确地反映专利保护最终寻求的地方。居民提交的申请主要来自所涉及国家或者地区的居民申请者。非居民提交的申请主要来自相关国家或者地区之外的申请者。对于地区办公室的情况，来自地区专利协定任何一个成员国的居民专利申请都被看做非居民提交的申请。一些办公室（尤其是美国专利商标办公室）则使用发明者的住处，而不是将申请划分为居民提交的申请和非居民提交的申请。

商标是鉴别由特定的人或者企业生产的商品和服务的标识。商标通过确保使用上的专有权来给商标所有者提供保护，以区分货物和服务，或者授权他人以支付费用的方式使用。尽管商标保护期限存在不同，但是在到期之后可以重新交纳费用无限期地申请延长。商标申请的详细材料可以在《世界发展指标》的 CD - ROM 和《世界发展指标》在线中获得，其中包括居民的直接申请（国内申请者可以在指定的国家知识产权局申请）；非居民的直接申请（外国申请者可以在指定的国家知识产权局申请）；集体直接申请（国家知识产权局不能鉴别的本国居民和外国居民申请者）；马德里体系（国际申请和国际知识产权组织（WIPO）——认定马德里体系为国家或者地区知识产权局）。数据基于年度调查中各知识产权局向 WIPO 提供的信息，再由各知识产权局的报告加以补充。可能缺失一些知识产权局或者一些时期的数据。

定义

• **从事研究与开发的研究人员**是指从事新知识、新产品、新程序、新方法或者新制度的构思和创造的专业人员，以及从事相关项目管理的专业人员。从事研究与开发的博士研究生也包括在内（1997 年版《国际教育标准分类》，第 6 类）。 • **从事研究与开发的技术人员**是指其主要工作需要工程、自然生命科学（技术人员）或者社会科学和人文科学（类似员工）方面的技术知识的人士。这些人士所从事的研究与开发工作，主要是在研究人员的监督下，通过执行科学技术任务参与相关构思和运作方法的应用。 • **发表于科技刊物上的论文**是指就下列领域发表的科学与工程学论文：物理、生物、化学、数学、临床医学、生物医学研究、工程和制造工艺以及地球和空间科学。 • **研究与开发支出**是指为增加知识存量，系统性地承担创造性工作的日常开支和资本开支，其中这些知识包括人类学、文化学和社会学知识以及知识的新应用。 • **高科技出口**是指研究与开发力度大的产品。例如，航空航天产品、计算机、药品、科学仪器以及电子设备。 • **版税与许可费**是指居民和非居民之间为得到无形资产、非生产资产、非金融资产及其产权（专利、版权、商标和工业处理方法），以及通过许可协议是用原样和原机（胶卷和手稿）而支付和收取的费用。 • **提交的专利申请**包括国家或者地区办公室的专利申请和国际专利申请（专利合作条约）仅提供国家专利赠予。 • **提交的商标申请**是指向国家或者地区商标局登记注册商标而提出的申请。

数据资料来源

有关研究与开发支出的数据来自联合国教科文组织统计研究所。有关科学技术期刊论文的数据来自美国国家科学基金会的《2012 年科学和工程学指标》。有关高技术出口的数据来自联合国统计署的商品贸易（COMTRADE）数据库。有关版税和许可费的数据来自国际货币基金组织的《国际收支统计年鉴》。有关专利和商标的数据来自世界知识产权组织（www. wipo. int/ipstats）。

全球联系

6

商品和服务贸易、资金流动和人口迁移将世界各国经济联系在一起。随着经济的发展，各国之间的联系也在扩大，并且日益错综复杂。本章涵盖的指标包括贸易、资金和人口的规模和流动方向，以及政策干预情况，例如，关税、贸易便利和援助。

经济危机时期，一个国家或地区的贸易和资金的下滑以及人口流动的变化会传导至其他国家和地区。最近的金融危机就是一个例子，2007 年爆发于美国的金融危机迅速在欧洲蔓延。但同样的危机传导链也能在新兴市场国家之间传导经济扩张和新的资金源，从而抵消危机的负面影响。随着世界多极化进程的不断深入，发展中国家之间的贸易和投资日益增加，降低了这些国家对高收入经济体的依存度。本章中的数据表展现了这些变化。

2010 年全球资本流入强劲反弹，尤其是流入低收入国家和中等收入国家的净负债和净权益上升了 37%，达到 7,990 亿美元。外国直接投资（FDI）增长了 3%——但不同收入群体之间的差异很大。流向高收入经济体的 FDI 下降了 7%，欧元区的净流入量下降了 13%。但是，全球最大的 FDI 流入国——美国——的流入量却大幅上升。低收入经济体和中等收入经济体的 FDI 净流入增长了 27%，达到 5,140 亿美元，这些经济体占全球 FDI 的比重也从 2009 年 29% 的基础上增加了 36%。投资环境改善、企业盈利复苏、发展中国家采掘业投资增加和基础设施建设是 FDI 反弹的有力支撑。其中，中国的作用不可小觑，该国 2010 年净 FDI 上升了 62%，达到 1,850 亿美元。

随着全球金融危机的逐渐平息，证券投资资金规模也迅速回升，尤其在增长前景良好的新兴市场国家。低收入经济体和中等收入经济体的证券投资资金规模增长了 19%，至 1,300 亿美元，其中印度净资金流入攀升了 89%。高收入经济体的情况差异较大——尤其是欧元区，该地区的资金净流入增长了 13%。

2010 年，私人债权人向低收入经济体和中等收入经济体投入的连带债务的资金增长至 1,110 亿美元，达到 2009 年水平的两倍以上，其中大部分资金用于购买公共部门和私人部门发行的债券。同样，来自银行及其他私人贷款者的净资金流也显示出复苏迹象，从 2009 年的低谷 200 亿美元增长至 440 亿美元，上升了 123%。但来自双边和多边贷款者（贷款和捐赠）的净资金流却下降了 11%，主要因为国际货币组织的贷款改变了方向，流入了欧元区国家。

2010 年，低收入经济体和中等收入经济体的债务总额上升了 4,370 亿美元，至 4 万亿美元，但仍在可控范围内，相当于国民总收入的 21% 和出口收入的 69%。其中，短期债务增速最快，2010 年上升了 34%，而同期长期债务只增长了 6%。截至 2010 年底，短期债务在这些经济体债务总额中的比例高达 25%，但这些经济体充足的国际储备——相当于总债务余额的 137%——在一定程度上缓解了短期债务比例过高的风险。

6.1 全商品贸易的增长

	出口量	进口量	出口额	进口额	净易货贸易条件指数
	年均增长百分比	年均增长百分比	年均增长百分比	年均增长百分比	2000年=100
	2000–2010	2000–2010	2000–2010	2000–2010	2010
阿富汗	9.9	4.4	20.1	11.0	146.5
阿尔巴尼亚	15.0	11.6	20.2	17.5	95.3
阿尔及利亚	0.0	12.2	14.4	17.9	177.5
安哥拉	11.4	22.0	27.6	26.4	210.9
阿根廷	5.9	11.7	11.9	14.6	126.6
亚美尼亚	3.6	12.6	12.3	19.4	126.2
澳大利亚	2.3	8.3	14.0	13.1	178.9
奥地利	5.9	4.5	9.9	9.7	91.1
阿塞拜疆	22.3	14.1	38.6	20.8	160.3
巴林	0.6	3.5	11.7	11.9	114.5
孟加拉国	11.4	5.0	13.0	13.3	59.0
白俄罗斯	6.8	8.7	16.4	18.3	102.8
比利时	2.5	3.0	9.7	10.1	100.8
贝宁	6.6	7.1	15.5	16.2	103.5
玻利维亚	9.4	8.2	21.2	13.7	152.4
波斯尼亚和黑塞哥维那	13.4	5.1	20.4	11.5	101.1
博茨瓦纳	3.5	5.7	7.1	11.6	84.7
巴西	6.6	8.1	15.5	14.9	125.1
保加利亚	7.9	9.3	18.0	18.4	108.8
布基纳法索	11.8	7.9	19.3	14.5	120.9
布隆迪	–3.1	9.7	7.9	15.8	153.1
柬埔寨	12.7	9.3	15.0	15.3	75.9
喀麦隆	–2.5	5.2	9.8	13.9	143.8
加拿大	–0.9	2.5	4.9	6.4	119.9
中非共和国	–4.3	6.6	–0.4	13.1	85.9
乍得	23.9	11.6	42.2	17.4	180.0
智利	4.3	11.2	17.1	14.9	204.0
中国[†]	20.5	15.0	22.4	20.9	77.4
中国香港	6.7	6.6	7.8	8.3	96.0
哥伦比亚	6.2	11.0	14.7	15.3	133.9
刚果民主共和国	10.1	14.9	20.9	21.8	137.9
刚果共和国	1.4	16.6	15.9	22.4	182.3
哥斯达黎加	7.3	6.8	7.0	9.2	78.2
科特迪瓦	–0.1	5.1	11.6	13.7	161.6
克罗地亚	6.3	6.0	12.5	12.2	100.7
古巴	0.5	8.9	11.2	12.4	..
塞浦路斯	0.3	5.5	5.7	10.9	103.5
捷克共和国	9.9	8.0	18.5	15.7	106.4
丹麦	2.1	2.9	8.3	8.7	106.6
多米尼加共和国	–0.8	3.3	2.1	6.7	98.4
厄瓜多尔	7.5	12.2	16.4	17.5	121.9
埃及	9.0	10.2	23.5	17.9	152.4
萨尔瓦多	2.6	3.4	4.8	6.6	91.3
厄立特里亚	–10.9	–3.8	–6.7	3.6	77.2
爱沙尼亚	3.3	4.1	13.3	11.4	144.4
埃塞俄比亚	9.1	16.5	19.2	23.6	127.5
芬兰	2.6	2.9	6.7	10.0	77.1
法国	1.5	2.9	6.2	8.0	98.2
加蓬	0.1	7.2	14.4	11.9	195.8
冈比亚	–3.7	0.9	2.7	8.4	93.3
格鲁吉亚	8.9	19.5	19.8	27.5	132.2
德国	5.2	4.9	10.3	9.9	103.3
加纳	5.2	9.2	17.2	16.3	175.4
希腊	0.8	1.2	9.1	10.3	92.7
危地马拉	7.9	5.1	12.4	10.5	92.6
几内亚	–0.2	2.8	8.5	9.6	110.2
几内亚比绍	1.8	7.9	9.0	17.5	83.5
海地	4.9	4.0	8.2	11.2	77.9
[†]中国台湾	7.5	2.4	8.0	8.0	66.0

	出口量	进口量	出口额	进口额	净易货贸易条件指数
	年均增长百分比	年均增长百分比	年均增长百分比	年均增长百分比	2000年=100
	2000–2010	2000–2010	2000–2010	2000–2010	2010
洪都拉斯	3.5	4.7	6.2	9.7	83.4
匈牙利	10.5	7.6	15.1	12.8	95.4
印度	11.4	19.5	19.9	24.2	127.2
印度尼西亚	0.8	6.5	11.0	14.4	127.3
伊朗	2.9	7.6	17.5	14.8	157.9
伊拉克	1.7	9.2	16.8	15.1	184.3
爱尔兰	1.7	0.0	4.7	3.8	95.4
以色列	3.3	1.5	8.1	6.4	98.1
意大利	–0.1	0.4	8.1	9.1	99.0
牙买加	0.0	0.0	4.0	7.7	70.7
日本	5.2	1.8	6.3	8.0	67.8
约旦	3.9	5.1	15.0	15.6	85.4
哈萨克斯坦	8.6	14.2	25.3	20.7	192.6
肯尼亚	5.1	8.9	12.2	17.1	91.7
朝鲜	7.1	–1.7	13.5	7.5	77.0
韩国	12.1	7.1	12.4	12.6	68.0
科索沃	..	..	..	..	..
科威特	4.1	9.2	18.7	13.8	187.3
吉尔吉斯斯坦	7.7	16.4	16.8	26.0	107.6
老挝	11.1	9.3	19.6	16.0	119.5
拉脱维亚	9.6	7.3	20.5	17.1	105.2
黎巴嫩	13.4	4.4	20.6	12.1	95.5
莱索托	12.8	7.3	13.5	12.0	66.2
利比里亚	–7.4	4.5	0.5	10.4	146.7
利比亚	4.2	13.5	19.4	20.8	162.5
立陶宛	12.7	10.7	21.0	18.3	103.8
前南斯拉夫马其顿共和国	6.2	6.0	13.4	14.3	89.1
马达加斯加	1.5	8.6	4.8	15.2	76.3
马拉维	6.9	9.9	12.2	16.6	87.7
马来西亚	5.5	5.1	9.2	8.6	100.2
马里	2.9	7.7	13.7	14.6	158.7
毛里塔尼亚	11.2	11.3	23.6	18.0	132.7
毛里求斯	3.2	6.0	2.9	9.1	73.2
墨西哥	2.9	3.4	7.0	6.8	104.5
摩尔多瓦	11.3	18.8	12.6	20.2	104.8
蒙古	3.9	12.4	21.2	20.5	215.6
摩洛哥	0.6	8.1	10.9	15.4	134.2
莫桑比克	10.0	7.3	19.1	14.6	108.9
缅甸	7.4	0.3	17.3	7.6	110.2
纳米比亚	6.2	10.6	14.5	15.4	120.3
尼泊尔	–2.9	4.5	2.5	14.0	78.3
荷兰	5.2	5.7	11.5	11.3	101.8
新西兰	3.3	5.5	9.5	9.5	124.4
尼加拉瓜	9.5	5.6	12.9	10.7	81.7
尼日尔	4.0	14.4	16.4	21.2	160.1
尼日利亚	3.0	13.9	18.4	20.3	186.9
挪威	–0.1	5.0	11.3	11.1	140.4
阿曼	–0.2	11.1	14.8	17.1	193.1
巴基斯坦	5.8	4.6	9.6	16.8	51.9
巴拿马	0.0	9.7	1.7	13.7	87.5
巴布亚新几内亚	–1.1	6.0	14.0	15.1	150.4
巴拉圭	14.8	16.1	19.1	19.9	102.9
秘鲁	7.2	9.8	20.6	17.4	152.5
菲律宾	2.8	–0.1	3.4	4.9	68.6
波兰	10.0	7.4	19.8	16.5	101.9
葡萄牙	5.1	3.4	9.0	9.0	88.0
波多黎各	..	..	..	..	..
卡塔尔	8.1	23.0	23.3	27.9	187.8

6.1 全商品贸易的增长

	出口量	进口量	出口额	进口额	净易货贸易条件指数
	年均增长百分比	年均增长百分比	年均增长百分比	年均增长百分比	2000年=100
	2000–2010	2000–2010	2000–2010	2000–2010	2010
罗马尼亚	12.4	13.7	18.5	19.9	99.9
俄罗斯联邦	3.6	16.8	17.7	21.1	197.3
卢旺达	1.0	17.0	18.3	23.4	234.4
沙特阿拉伯	0.3	10.8	16.1	16.3	222.6
塞内加尔	1.1	5.7	9.3	14.4	98.9
塞尔维亚	..	..	..	..	..
塞拉利昂	25.9	4.5	32.7	15.2	70.2
新加坡	10.2	7.5	12.0	11.4	83.2
斯洛伐克共和国	17.1	13.8	21.7	19.6	90.0
斯洛文尼亚	11.2	8.6	15.5	14.5	89.3
索马里	−0.2	4.0	7.7	11.6	106.2
南非	1.5	7.4	12.2	14.6	139.4
南苏丹共和国	..	..	..	..	..
西班牙	3.1	3.9	9.5	9.9	104.5
斯里兰卡	2.5	2.1	5.9	9.2	75.7
苏丹	8.0	17.0	23.5	22.1	196.8
斯威士兰	−2.2	−0.9	5.0	5.8	110.1
瑞典	2.8	3.0	8.3	9.9	88.6
瑞士	6.8	3.3	10.4	9.1	81.0
阿拉伯叙利亚共和国	0.7	11.7	12.5	19.2	139.5
塔吉克斯坦	−1.0	9.3	7.0	18.9	96.8
坦桑尼亚	7.0	12.3	18.2	19.9	139.2
泰国	7.2	7.5	12.6	12.7	98.0
东帝汶	..	..	..	..	..
多哥	2.0	−2.2	10.1	12.4	30.7
特立尼达和多巴哥	0.7	1.4	14.4	10.1	133.5
突尼斯	6.6	4.8	12.4	11.2	95.2
土耳其	10.4	9.2	17.4	17.0	91.8
土库曼斯坦	−0.6	8.4	14.0	13.1	195.6
乌干达	13.0	8.9	21.7	15.7	111.1
乌克兰	4.7	9.9	15.1	18.7	118.9
阿拉伯联合酋长国	6.5	14.6	19.3	20.2	163.3
英国	0.4	2.0	4.9	6.1	103.3
美国	3.9	2.5	6.6	5.9	97.1
乌拉圭	8.5	7.6	14.3	14.3	99.6
乌兹别克斯坦	7.6	10.6	18.9	16.0	151.6
委内瑞拉	−2.5	10.8	12.2	14.3	216.3
越南	11.4	12.6	19.4	20.6	100.6
西岸和加沙	..	..	..	..	..
也门共和国	−4.1	9.7	9.7	18.2	149.6
赞比亚	9.4	14.1	25.9	20.8	189.0
津巴布韦	−4.9	−1.3	4.5	7.5	106.7

关于数据的说明

国际货物贸易的数据在各国的国际收支平衡表中和海关都有记录。尽管国际收支表关注的是伴随贸易产生的金融交易，但是海关数据则记录了贸易的方向和进入或者离开关税区的货物的实物数量与价值。由于估算上存在着差异，记录的时间也不同，海关数据可能与国际收支平衡表中的数据存在差异。尽管2008年国民经济核算体系和国际货币基金组织的《国际收支手册》第5版（1993年）都试图统一国际贸易统计的定义和报告标准，但是资料来源、报告时间以及各国习惯做法的差异限制了它们之间的可比性。因此，由贸易量指数以及基于单位价格指数的贸易条件推出的实际经济增长率就可能不同于从国民经济总量中得出的数据。

货物贸易或者商品贸易包括所有会增加或者减少一个经济体原材料资源的货物。贸易数据都是在一个国家关税区的基础上收集的，在大多数情况下，关税区与地理区域相同。尽管外国援助所提供的货物也包括在内，但是供给本国领土之外机构（例如，大使馆）的货物不算在内。

收集贸易统计数据和制表是比较困难的。一些发展中国家缺乏及时报告数据的能力，尤其对于那些内陆国家和领土边界不清的国家来讲，更是困难。因此，必须根据其贸易伙伴国提供的数据估算这些国家的贸易状况（关于使用贸易伙伴国提供的数据的进一步讨论，见表6.2“关于数据的说明”）。属于共同关税联盟的一些国家的数据可能必须通过直接的咨询公司来收集数据。在一些情况下，可能出于经济上或者政治上的考虑隐瞒或者误报一定的贸易数据，例如，石油、军事装备或者居于支配地位的生产者的出口。其他情况包括为了实现资本转移或者逃避税收而有意低开或者高开发票，结果可能扭曲所提供的贸易数据。此外，在某些地区，走私和黑市交易也会导致无法提供贸易数据。

根据国际协议，海关数据应向联合国统计署提供，该署维护着商品贸易（COM—TRADE）数据库和月度统计公报数据库。联合国贸易与发展会议（UNCTAD）根据一些国际和国内资料来源编制了各种国际贸易统计数据，其中包括价格、价值和数量指数，例如，国际货币基金组织的统计数据库、联合国拉丁美洲和加勒比地区经济委员会、美国劳动统计署、日本海关和日本银行、联合国贸易与发展会议的商品价格统计数据。国际货币基金组织也根据国际金融统计数据库编制贸易价格与数量的数据。

本表给出的贸易增长率和贸易条件都是从UNCTAD编制的指数中计算出来的。

贸易条件衡量的是一个国家进出口的相对价格。计算贸易条件的方法存在若干种。最通用的就是净易货贸易条件或者商品贸易条件，即出口价格指数与进口价格指数之比。当一个国家的净易货贸易条件上升时，则意味着该国的出口更加值钱或者进口更加便宜。

定义

• **进出口量**是货物贸易数量指数。这些指数来自于联合国贸易与发展会议的数量指数系列，是进口或者出口价值指数与相应的单位价值指数的比率。单位价值指数是以各国提供的数据为基础（这些国家在联合国贸易与发展会议的质量控制之下，并表明与其一致），并由联合国贸易与发展会议的估计作补充，这些估计是利用前年的贸易额（以国际贸易标准分类三位数水平作权重）得出的。为改善数据的覆盖范围，尤其是最近一段时期的数据，联合国贸易与发展会议利用联合国贸易与发展会议的商品价格统计数据库、国际和国内资料来源以及联合国贸易与发展会议秘书处的估计，依据国际贸易标准分类（第三次修订版）三位数分类产品，创建了一系列平均价格指数，并且以当年的贸易额作权重计算出国家层面的单位价值指数。 • **进出口额**是出口（离岸价）和进口（到岸价）的当前价值，都转换成了美元，并以占基期（2000年）平均值的百分比表示。联合国贸易与发展会议的出口值或者进口值指数都是来自大多数经济体。

• **净易货贸易条件**是出口价格指数与其相应的进口价格指数之比，其中进出口价格指数均以2000年为基年。

数据资料来源

贸易指数数据来源于UNCTAD每年编制的《统计手册》。

贸易方向

出口来源	低收入和中等收入进口方 占世界贸易的百分比，2010年 东亚和太平洋地区	欧洲和中亚	拉丁美洲和加勒比地区	中东和北非	南亚	撒哈拉以南非洲地区	所有低收入和中等收入经济体	高收入进口方 占世界贸易的百分比，2010年
高收入经济体	9.2	2.6	3.5	1.4	1.6	1.0	19.3	47.6
欧盟	1.2	1.9	0.7	0.7	0.3	0.5	5.3	26.1
日本	1.6	0.1	0.3	0.0	0.1	0.1	2.1	3.0
美国	0.9	0.1	1.9	0.1	0.2	0.1	3.4	5.2
其他高收入经济体	5.6	0.5	0.6	0.5	1.0	0.3	8.5	13.3
低收入和中等收入经济体	3.3	1.9	2.0	0.9	1.2	0.9	10.5	20.9
东亚和太平洋地区	1.9	0.5	0.7	0.3	0.6	0.4	4.4	10.8
中国	0.7	0.5	0.6	0.3	0.4	0.3	2.8	7.8
欧洲和中亚	0.3	1.1	0.0	0.3	0.1	0.0	1.8	2.9
俄罗斯联邦	0.2	0.4	0.0	0.1	0.0	0.0	0.7	1.5
拉丁美洲和加勒比地区	0.6	0.1	1.1	0.1	0.1	0.1	2.0	3.6
巴西	0.2	0.0	0.3	0.1	0.0	0.0	0.7	0.6
中东和北非	0.2	0.1	0.0	0.2	0.2	0.1	0.8	1.4
阿尔及利亚	0.0	0.0	0.0	0.0	0.0	0.0	0.1	0.3
南亚	0.2	0.1	0.1	0.1	0.1	0.1	0.6	1.2
印度	0.2	0.0	0.0	0.1	0.1	0.1	0.5	0.9
撒哈拉以南非洲地区	0.1	0.0	0.1	0.0	0.2	0.2	0.9	1.1
南非	0.1	0.0	0.0	0.0	0.0	0.1	0.2	0.3
全世界	12.5	4.5	5.5	2.3	2.9	1.8	29.7	68.5

贸易的名义增长

出口来源	低收入和中等收入进口方 2000—2010年年均增长百分比 东亚和太平洋地区	欧洲和中亚	拉丁美洲和加勒比地区	中东和北非	南亚	撒哈拉以南非洲地区	所有低收入和中等收入经济体	高收入进口方 2000—2010年年均增长百分比
高收入经济体	15.1	17.3	8.8	13.7	21.4	12.5	14.1	7.5
欧盟	15.0	16.7	9.5	11.4	15.5	11.3	13.8	8.2
日本	12.5	24.8	11.1	12.5	14.1	11.2	12.7	3.4
美国	12.1	14.0	7.2	12.9	21.1	13.2	9.4	5.2
其他高收入经济体	16.5	21.0	13.4	20.1	25.7	15.0	17.4	8.2
低收入和中等收入经济体	22.3	20.8	18.1	22.7	27.0	21.5	21.7	13.9
东亚和太平洋地区	20.9	34.8	27.7	25.9	28.1	27.1	24.9	15.5
中国	26.1	37.2	31.5	30.3	35.0	31.0	31.0	20.4
欧洲和中亚	19.4	17.8	20.5	22.4	24.3	21.9	19.0	16.7
俄罗斯联邦	17.4	15.8	21.0	19.8	20.5	14.0	16.9	16.4
拉丁美洲和加勒比地区	30.5	19.5	14.5	18.0	29.4	20.9	18.2	8.6
巴西	31.8	20.4	16.6	21.8	25.6	22.4	20.9	12.1
中东和北非	22.0	16.4	14.4	22.5	37.9	18.5	23.4	13.9
阿尔及利亚	32.5	11.2	8.6	19.0	64.1	15.9	16.0	14.3
南亚	25.8	17.5	23.3	21.5	19.2	23.7	22.5	15.4
印度	27.2	16.0	25.2	23.8	19.8	24.7	23.8	18.2
撒哈拉以南非洲地区	22.6	24.5	20.4	13.8	21.7	16.1	21.8	13.5
南非	31.2	23.9	12.3	19.5	29.0	13.8	19.8	12.4
全世界	16.5	18.6	11.4	16.6	23.5	15.8	16.3	9.1

关于数据的说明

本表给出了不同组别经济体之间商品贸易流量的估计数。这些数据来源于国际货币基金组织的贸易方向数据库。所有的高收入经济体和发展中经济体都及时地报送了数据，大约涵盖了近年来贸易额的85%。不及时提供和完全不提供数据的国家，其贸易数据则依据贸易伙伴国报告的数据估计得出。由于一些最大的出口国和进口国所报告的数据都比较可靠，因此，大部分未统计的贸易流量可以通过贸易伙伴的报告估计得出。由于走私、机密性、不同的汇率、过境贸易的重复统计、是否包含运费以及不同的评估地点和记录时间，贸易伙伴国所提供的数据可能存在差异。

大多数国家都是以本币报告其贸易数据，这些数据都是依据国际货币基金组织发布的针对报告国家的每期平均汇率（rf或者rh序列，市场或者官方月度平均汇率）进行换算。如果这些汇率无法获得，则以纽约的月度平均汇率进行换算。由于进口以成本、保险费和运费的到岸价报告，而出口则以离岸价报告，因此，国际货币基金组织以进口值除以1.10来估计相应的出口值，进而调整各国的报告。该近似值是否准确，取决于贸易伙伴的贸易形式和贸易项目。影响贸易数据准确性的其他因素包括报告不及时、各国之间记录的不同，以及一国是按照一般的制度还是特殊的贸易制度来报告贸易数据（关于出口和进口测算方法的进一步讨论，见表4.4和表4.5中的“关于数据的说明”）。

本表给出的区域贸易流量是按现行价格计算的。给出的增长率是名义上的，因此，贸易增长率包括了贸易量和价格变化的影响。

定义

- **商品贸易**包括所有的货物贸易，但是不包括服务贸易。
- **高收入经济体**是世界银行所列出的那些高收入经济体（见内封）。
- **欧盟**是指所有高收入的欧盟成员国，包括奥地利、比利时、塞浦路斯、捷克共和国、丹麦、爱沙尼亚、芬兰、法国、德国、希腊、匈牙利、爱尔兰、意大利、卢森堡、马耳他、荷兰、葡萄牙、斯洛伐克共和国、斯洛文尼亚、西班牙、瑞典和英国。
- **其他高收入经济体**包括除欧盟、日本和美国之外的所有高收入经济体（OECD成员国和非OECD成员国）。
- **低收入和中等收入经济体组别**都是基于世界银行的分类（见封三列示的区域集团），可能与其他机构的分类有所不同。

数据资料来源

商品贸易的方向和增长数据是依据国际货币基金组织的贸易方向数据库计算得出的。按地区和收入对经济体进行的分类主要依据世界银行2010年7月1日的经济体分类，见本书的封二和封三。

6.3 高收入经济体与低收入经济体和中等收入经济体的贸易

	高收入经济体		欧盟		日本		美国	
	2000	2010	2000	2010	2000	2010	2000	2010
向低收入经济体的出口								
总计(10亿美元)	**19.5**	**53.9**	**8.8**	**19.3**	**2.3**	**5.3**	**1.9**	**7.3**
占出口总额的百分比								
粮食	11.8	9.8	13.8	12.0	0.5	0.3	27.5	15.1
农业原材料	2.5	2.1	2.1	2.1	1.3	1.4	7.2	4.5
矿石和有色金属	1.0	0.9	0.6	0.7	0.5	1.1	0.4	0.5
燃料	5.6	8.7	2.9	10.2	0.4	0.2	1.3	1.7
制成品	74.1	64.8	77.7	71.0	94.7	95.2	54.6	56.7
杂项货物	5.1	13.7	2.9	4.0	2.6	1.8	9.0	21.5
来自低收入经济体的进口								
总计(10亿美元)	**19.6**	**45.9**	**10.5**	**23.9**	**1.1**	**1.5**	**5.6**	**11.7**
占出口总额的百分比								
粮食	20.9	14.0	24.2	17.5	42.7	26.3	8.0	5.0
农业原材料	6.1	3.6	8.6	4.9	3.3	2.7	1.4	1.4
矿石和有色金属	5.7	11.5	5.3	11.7	21.6	12.2	2.8	1.7
燃料	2.9	7.6	0.4	2.5	1.1	0.0	3.3	22.8
制成品	62.8	58.1	59.4	61.8	30.8	58.5	83.6	67.5
杂项货物	1.6	5.2	2.2	1.6	0.5	0.2	0.9	1.6
来自低收入经济体的简单应用进口关税税率(%)[a]								
平均值	**4.2**	**2.5**	**0.8**	**0.9**	**3.1**	**0.5**	**5.2**	**3.3**
粮食	5.9	4.4	3.2	0.3	10.9	1.2	2.8	1.9
农业原材料	5.2	1.5	0.0	0.2	0.4	0.1	0.2	0.1
矿石和有色金属	1.2	0.7	0.3	0.2	1.4	0.2	0.0	0.1
燃料	3.2	1.5	0.0	1.2	0.0	0.0	0.0	0.2
制成品	4.0	2.3	0.5	1.1	1.9	0.4	5.8	3.8
杂项货物	0.6	0.8	0.1	0.2	0.0	0.0	0.0	0.1
向低收入经济体的出口								
总计(10亿美元)	**737.3**	**2,225.7**	**252.8**	**846.5**	**107.1**	**314.4**	**216.6**	**436.2**
占出口总额的百分比								
粮食	6.1	6.3	7.0	6.1	0.3	0.4	7.8	12.0
农业原材料	1.9	2.2	1.4	1.5	1.0	1.1	2.4	4.1
矿石和有色金属	2.1	5.1	1.8	3.0	1.9	3.4	1.6	4.2
燃料	3.9	6.9	2.2	3.8	0.5	1.5	3.1	9.6
制成品	81.5	74.3	83.4	82.0	93.5	89.5	80.3	61.3
杂项货物	4.3	5.3	4.3	3.5	2.8	4.1	4.9	8.8
来自低收入经济体的进口								
总计(10亿美元)	**1,231.2**	**3,446.5**	**362.3**	**1,229.0**	**136.2**	**318.9**	**453.1**	**1,004.2**
占出口总额的百分比								
粮食	8.0	6.8	10.3	7.9	12.9	8.0	5.4	5.3
农业原材料	2.1	1.3	3.2	1.7	3.6	2.1	1.0	0.9
矿石和有色金属	4.7	4.2	5.9	4.5	8.8	10.5	2.7	1.9
燃料	17.0	20.5	24.2	26.4	16.4	18.3	15.5	20.3
制成品	65.9	64.4	53.1	56.8	56.9	59.5	72.8	69.2
杂项货物	2.3	2.9	3.3	2.7	1.5	1.6	2.6	2.4
来自低收入经济体的简单应用进口关税税率(%)[a]								
平均值	**5.1**	**3.7**	**2.5**	**1.6**	**2.7**	**2.3**	**3.4**	**2.5**
粮食	8.8	6.0	10.4	3.2	12.9	7.1	3.7	2.9
农业原材料	2.7	2.1	0.5	0.4	1.1	0.5	0.4	0.4
矿石和有色金属	1.8	1.4	0.9	0.8	0.1	0.1	0.3	0.4
燃料	3.2	1.7	0.0	0.3	0.8	0.2	0.6	1.3
制成品	4.8	3.5	1.7	1.5	1.4	1.9	3.6	2.6
杂项货物	1.9	1.0	0.9	0.5	0.0	0.0	0.5	0.3

a. 包括特定税率的从价税等值。

高收入经济体与低收入经济体和中等收入经济体的贸易

关于数据的说明

发展中经济体在全球贸易体系中的重要性日益加强。自20世纪90年代初期以来，高收入经济体与中、低收入经济体之间的贸易增长速度就快于高收入经济体之间的贸易增长。贸易的增长有利于消费者和生产者。但是正如世界贸易组织2001年10月在卡塔尔多哈、2003年9月在墨西哥坎昆、2005年12月在中国香港、2009年12月和2011年12月在瑞士日内瓦召开的部长级会议所表明的，要从贸易中取得更有利于发展的成果仍然面临着挑战。我们需要加强国际之间的磋商以妥善处理这一问题。多哈会议之后的谈判将（或继续）主要围绕服务业、农业、制造业、WTO规则、环境、争端解决、知识产权保护以及区域一体化规则等问题展开。最近在瑞士日内瓦的谈判，贸易部长重申发展是世界贸易组织工作的核心，世界贸易组织需要帮助发展中国家进一步融入多边贸易体系。

高收入经济体与中、低收入经济体之间的贸易流量反映出向发展中经济体出口以及从发展中经济体进口组合的变化。尽管在高收入经济体的进口中食品和初级产品所占份额持续下降，但是从中、低收入经济体进口的制成品占进口的份额却在增长。此外，发展中经济体之间的贸易在过去10年内也大幅度增长，这是发展中经济体占世界产出份额的上升、发展中经济体的贸易自由化以及其他影响的结果。

但是贸易壁垒依然很高。表中给出了部分产品组别关税税率的信息。应用关税税率是在一些优惠贸易协定中实际对伙伴国采用的关税，例如，北美自由贸易协定。当这些数据无法得到时，则采用最惠国关税税率。最惠国关税税率与应用关税税率之间有可能存在巨大差别。由于通常认为相对于加权平均关税税率，应用关税税率能够更好地体现关税保护，因此，表中给出了应用关税税率的简单平均值。

贸易流量数据来自于联合国统计署商品贸易数据库。由高收入经济体提供的贸易伙伴国的报告既被用于计算出口，也被用于计算进口。由于数据来源、时间以及对未统计数据的处理方式的不同，本表中的数据可能与表6.2和表6.4用于计算贸易方向的数据或者表4.4、表4.5和表6.1中的总流量数据不完全一致。关税数据来自联合国贸易与发展会议贸易分析和信息系统（TRAINS）数据库。关于商品贸易统计数据进一步的讨论，见表4.4、表4.5、表6.2和表6.4中的“关于数据的说明”；关于关税壁垒的信息，见表6.7。

定义

表中的产品分类是按照国际贸易标准分类（SITC）第2次修订版确定的： • **食品**（0、1、22和4）2； • **农业原材料**（2，不包括22、27和28）； • **矿石和有色金属**（27、28和68）； • **燃料**（3）； • **制成品**（5-8，不包括68）以及 • **杂项货物**（9）。 • **出口**是指联合国统计署商品贸易数据库中记录的高收入经济体向中、低收入经济体出口的商品总额。出口按离岸价计算。 • **进口**是指联合国统计署商品贸易数据库中记录的高收入经济体从中、低收入经济体进口的商品总额。进口包括保险与货运费（到岸价）。 • **高收入经济体、中等收入经济体和低收入经济体**是世界银行2011年7月1日对各国所做的分类（见封三）。 • **欧盟**是指所有高收入的欧盟成员国，包括奥地利、比利时、塞浦路斯、捷克共和国、丹麦、爱沙尼亚、芬兰、法国、德国、希腊、匈牙利、爱尔兰、意大利、卢森堡、马耳他、荷兰、葡萄牙、斯洛伐克共和国、斯洛文尼亚、西班牙、瑞典和英国。

数据资料来源

贸易额来自联合国统计署商品贸易数据库。关税税率来自联合国贸易与发展会议贸易分析和信息系统（TRAINS）数据库，并由世界银行工作人员利用世界综合贸易方案（WITS）系统计算得出。

发展中经济体的贸易流向

	出口						进口					
	占商品总出口的百分比						占商品总进口的百分比					
	向发展中经济体的出口				向高收入经济体的出口		来自发展中经济体的进口				来自高收入经济体的进口	
	区域内		区域外				区域内		区域外			
	2000	2010	2000	2010	2000	2010	2000	2010	2000	2010	2000	2010
东亚和太平洋地区	**8.9 w**	**12.4 w**	**7.3 w**	**16.6 w**	**83.3 w**	**70.3 w**	**11.7 w**	**16.3 w**	**8.5 w**	**18.5 w**	**78.1 w**	**62.8 w**
柬埔寨	7.4	6.1	0.2	2.3	91.6	91.6	39.7	55.4	1.0	2.1	58.5	42.5
中国	4.9	7.0	8.9	19.0	86.2	73.7	7.8	9.6	10.4	18.0	78.4	63.4
斐济	10.9	21.1	2.0	2.2	74.5	48.2	8.3	16.7	2.6	3.2	88.1	78.1
印度尼西亚	11.5	22.6	7.6	14.3	80.8	63.1	14.1	28.4	7.5	9.7	77.4	61.8
朝鲜	7.5	50.8	43.9	36.7	48.6	12.5	34.9	62.3	32.9	30.3	32.3	7.4
老挝	..	..	0.5	1.1	34.6	15.4	78.4	87.1	1.3	0.5	18.7	11.0
马来西亚	11.1	24.6	5.9	11.6	83.1	63.8	13.7	28.3	2.8	7.1	81.6	64.0
蒙古	..	..	9.5	3.4	40.6	14.7	19.1	42.7	37.2	30.3	43.7	27.0
缅甸	22.6	59.4	10.6	20.2	56.6	14.5	48.0	70.0	2.7	4.6	49.3	25.4
巴布亚新几内亚	9.0	12.1	0.1	1.5	58.5	48.0	11.2	19.8	1.8	1.1	85.8	77.9
菲律宾	9.2	19.3	1.6	2.9	88.8	77.0	11.2	27.6	4.2	4.4	83.9	68.1
泰国	15.0	29.1	6.2	11.8	78.3	58.5	15.9	26.5	7.2	7.3	74.8	64.8
越南	22.6	22.3	6.1	8.3	70.6	69.4	20.2	38.8	4.6	6.7	74.4	54.5
欧洲和中亚	**24.7 w**	**20.7 w**	**9.6 w**	**14.0 w**	**63.0 w**	**56.6 w**	**31.3 w**	**25.6 w**	**11.8 w**	**14.7 w**	**57.9 w**	**52.5 w**
阿尔巴尼亚	3.9	10.7	0.0	7.4	96.0	81.9	14.0	16.1	2.7	10.6	83.3	73.3
亚美尼亚	25.0	38.7	10.5	13.1	54.2	47.1	25.2	43.0	13.6	22.6	55.8	34.3
阿塞拜疆	21.0	13.2	2.3	13.9	76.2	73.0	44.4	44.6	11.4	16.4	44.1	39.0
白俄罗斯	72.2	60.3	7.5	11.9	20.0	26.8	71.8	61.0	3.2	11.1	23.8	24.4
波斯尼亚和黑塞哥维那	6.6	6.5	..	..	90.3	90.3	5.4	12.6	..	..	94.4	86.4
保加利亚	29.0	29.9	5.3	7.1	56.6	61.2	36.1	36.4	6.0	7.3	56.0	55.7
塞浦路斯	..	..	35.1	21.1	52.9	66.9	..	..	20.3	14.9	79.7	83.3
克罗地亚	64.7	61.3	5.9	6.5	29.2	32.2	52.6	54.1	3.7	11.9	42.0	34.0
格鲁吉亚	25.2	18.8	11.3	22.8	42.3	47.1	57.6	33.2	7.0	36.3	35.2	30.5
哈萨克斯坦	45.3	80.9	..	..	43.1	7.0	59.1	29.2	10.1	63.5	30.8	7.2
立陶宛	33.2	37.6	1.2	1.6	65.5	60.8	34.1	43.2	3.9	4.4	60.5	52.4
前南斯拉夫马其顿共和国	31.7	27.7	1.0	3.2	67.1	55.9	36.5	34.1	4.1	11.5	59.4	54.0
摩尔多瓦	69.4	64.3	1.8	2.7	28.8	32.2	54.0	50.1	1.5	12.3	44.4	37.5
罗马尼亚	14.3	18.3	7.6	6.1	77.6	75.5	16.4	16.6	5.5	8.9	74.4	74.4
俄罗斯联邦	21.6	14.1	10.1	12.0	68.1	60.3	36.8	13.3	10.5	26.6	52.5	58.1
塞尔维亚	..	32.5	..	2.3	..	56.5	..	21.2	..	5.3	..	61.0
塔吉克斯坦	56.2	46.9	..	..	41.0	4.7	91.2	65.3	..	..	5.8	14.5
土耳其	9.2	14.5	9.8	24.5	75.4	57.9	12.8	19.7	13.7	25.4	70.4	53.9
土库曼斯坦	60.5	26.9	..	..	26.2	24.5	54.3	51.0	..	..	32.2	32.8
乌克兰	42.6	47.2	18.5	22.2	37.8	29.7	60.8	48.7	4.7	13.6	34.2	36.7
乌兹别克斯坦	57.0	56.5	..	..	36.4	10.2	45.3	40.2	..	..	51.2	42.6
拉丁美洲和加勒比地区	**15.4 w**	**18.9 w**	**3.8 w**	**15.6 w**	**77.6 w**	**63.0 w**	**15.2 w**	**19.4 w**	**3.4 w**	**14.8 w**	**75.0 w**	**58.4 w**
阿根廷	48.1	41.9	14.5	26.0	35.6	30.3	34.3	39.9	9.9	19.3	53.5	36.5
玻利维亚	44.5	64.4	1.0	3.7	53.4	31.5	51.2	73.3	4.5	4.4	44.1	22.2
巴西	22.9	22.7	8.6	29.8	57.3	45.5	20.8	16.6	12.5	28.5	66.4	54.5
智利	21.1	18.2	8.6	30.4	65.3	51.3	32.2	29.3	10.9	22.1	46.4	47.9
哥伦比亚	27.2	25.0	1.2	8.3	70.7	66.1	28.0	27.4	3.9	18.4	66.8	51.0
哥斯达黎加	17.9	28.5	2.7	6.3	79.4	65.2	22.3	22.8	3.9	10.1	38.9	65.5
古巴	8.8	21.6	31.9	35.2	59.4	43.2	40.3	47.4	12.7	21.8	47.0	30.8
多米尼加共和国	3.9	24.9	0.7	3.0	95.3	65.3	20.7	25.2	3.0	8.5	76.2	63.8
厄瓜多尔	31.4	39.8	3.0	7.4	62.1	52.4	41.4	37.6	3.7	11.9	51.5	49.6
萨尔瓦多	27.7	42.8	0.9	1.1	70.8	56.1	30.8	40.3	2.0	7.1	64.2	52.6
危地马拉	40.4	43.3	2.7	3.7	56.4	52.7	36.2	33.8	2.6	10.7	60.2	54.5
海地	4.4	5.1	0.8	3.3	94.7	91.3	21.8	38.7	4.5	10.8	72.1	50.4
洪都拉斯	24.3	29.5	0.8	3.4	69.7	67.1	31.9	40.6	3.5	6.6	62.8	52.8
牙买加	3.5	10.1	2.5	6.8	93.5	81.8	15.3	24.8	3.4	7.4	78.3	65.3
墨西哥	3.1	6.9	0.3	2.1	96.1	90.2	2.5	4.2	4.3	20.2	91.1	74.2
尼加拉瓜	30.5	20.3	0.0	1.4	64.0	77.9	45.8	52.7	0.0	9.5	42.6	37.5
巴拿马	22.3	20.3	0.4	7.5	70.3	70.0	30.6	21.3	1.4	7.5	55.2	42.9
巴拉圭	74.5	67.8	1.9	13.7	20.7	17.3	49.5	46.1	12.5	37.2	38.0	16.5
秘鲁	18.0	18.4	11.6	21.9	68.8	59.7	38.0	32.3	8.1	21.1	53.1	46.5
乌拉圭	53.9	43.5	9.7	24.6	35.4	29.0	51.7	48.1	12.3	23.7	35.6	28.0
委内瑞拉	19.7	12.0	0.5	16.0	74.2	52.7	21.1	34.8	2.4	11.5	57.1	52.2

发展中经济体的贸易流向

	出口						进口					
	占商品总出口的百分比						占商品总进口的百分比					
	向发展中经济体的出口				向高收入经济体的出口		来自发展中经济体的进口				来自高收入经济体的进口	
	区域内		区域外				区域内		区域外			
	2000	2010	2000	2010	2000	2010	2000	2010	2000	2010	2000	2010
中东和北非	**3.9 w**	**7.4 w**	**15.6 w**	**27.0 w**	**76.0 w**	**60.4 w**	**5.1 w**	**7.9 w**	**18.2 w**	**26.5 w**	**71.6 w**	**61.3 w**
阿尔及利亚	1.4	3.2	15.3	14.7	83.4	82.1	1.4	2.9	16.7	28.2	81.8	68.2
巴林	..	..	13.6	11.4	24.4	17.1	..	..	12.8	26.4	86.7	73.0
埃及	6.9	19.2	9.8	24.0	73.5	53.1	1.1	3.2	19.6	35.2	72.7	61.2
伊朗	1.4	1.3	22.8	42.3	63.3	40.9	0.9	0.5	30.1	24.7	68.3	73.2
伊拉克	7.3	3.7	7.4	31.3	85.3	65.0	10.1	24.1	38.5	48.2	51.4	27.7
约旦	22.8	30.1	35.9	25.6	38.9	42.9	18.0	10.0	18.1	28.0	61.0	61.9
黎巴嫩	17.8	39.6	13.0	14.4	68.2	45.1	7.9	15.5	20.1	26.6	70.6	56.0
利比亚	3.5	3.3	7.5	13.7	89.1	83.0	12.1	13.4	10.0	29.5	77.7	57.0
摩洛哥	2.8	3.8	10.9	22.4	83.1	70.2	10.2	7.1	13.0	23.5	75.2	69.2
阿拉伯叙利亚共和国	8.7	49.5	12.5	6.6	75.9	43.9	3.6	18.4	23.6	35.7	54.5	45.9
突尼斯	7.5	11.3	5.6	9.5	83.2	79.2	6.6	7.4	9.4	16.6	82.4	74.7
也门共和国	0.5	2.2	56.3	70.2	40.4	26.8	4.4	4.0	22.9	39.6	70.1	55.4
南亚	**4.6 w**	**5.8 w**	**16.0 w**	**28.4 w**	**75.3 w**	**63.9 w**	**4.3 w**	**4.0 w**	**12.8 w**	**17.0 w**	**58.2 w**	**56.9 w**
阿富汗	42.4	52.6	18.2	16.7	39.4	30.6	27.3	28.4	35.5	26.9	37.2	44.7
孟加拉国	1.7	2.9	4.1	9.6	79.7	83.5	11.8	15.8	18.3	37.0	53.1	40.4
印度	4.3	5.0	18.8	30.4	73.4	63.2	0.9	0.6	20.0	39.2	55.6	59.7
尼泊尔	42.9	65.9	..	..	55.3	27.8	37.4	57.5	..	..	40.5	15.1
巴基斯坦	4.6	12.4	14.3	27.2	80.6	58.5	2.7	6.3	22.3	36.0	74.7	57.0
斯里兰卡	3.5	7.4	10.5	16.4	79.9	65.5	10.6	25.7	16.7	32.3	64.2	39.8
撒哈拉以南非洲地区	**10.5 w**	**12.4 w**	**14.7 w**	**32.2 w**	**63.2 w**	**53.5 w**	**12.0 w**	**13.0 w**	**18.2 w**	**31.0 w**	**70.0 w**	**50.0 w**
安哥拉	0.2	3.7	25.0	54.1	74.7	42.1	19.8	7.3	13.8	31.8	66.2	60.7
贝宁	10.7	29.9	65.9	57.1	23.4	13.0	22.2	7.7	15.8	57.5	61.5	34.8
布基纳法索	22.0	13.7	0.0	43.0	76.5	39.2	31.0	43.4	11.7	10.8	52.6	37.3
布隆迪	17.0	12.0	0.0	20.4	61.9	51.3	23.8	28.6	8.1	17.4	46.7	44.4
喀麦隆	7.0	13.6	9.4	20.5	77.9	62.8	27.3	21.2	8.8	29.5	54.7	48.7
中非共和国	1.5	10.2	7.9	40.7	90.7	49.1	12.2	12.3	7.0	11.2	57.0	55.3
乍得	6.0	0.4	..	..	82.3	82.2	13.7	19.2	..	..	81.7	45.4
科摩洛	..	..	..	..	96.2	59.3	..	..	..	..	52.4	46.4
刚果民主共和国	2.2	25.7	0.4	48.3	97.2	25.8	43.2	50.3	6.8	18.8	49.4	30.8
刚果共和国	3.0	1.1	17.4	38.7	79.5	60.0	13.2	6.3	11.2	31.4	68.5	60.4
科特迪瓦	27.5	30.6	10.4	13.0	50.2	51.6	28.1	29.1	13.1	28.0	46.2	34.7
埃塞俄比亚	0.6	5.3	18.3	26.0	81.1	55.2	1.8	2.8	39.6	28.6	48.9	35.1
加蓬	1.1	2.4	9.3	28.1	83.7	55.8	4.8	10.9	3.4	18.8	90.6	68.3
冈比亚	18.0	7.0	10.7	48.4	71.3	44.7	16.0	16.9	37.2	56.1	46.8	27.0
加纳	5.3	10.7	11.6	24.4	74.8	52.8	22.1	24.9	15.7	33.5	61.3	40.7
几内亚	6.4	2.3	13.0	46.9	80.6	35.1	24.4	6.4	13.8	21.1	61.5	26.2
几内亚比绍	1.2	30.5	..	..	6.9	4.0	13.6	22.1	..	..	48.5	38.8
肯尼亚	40.0	37.4	18.7	15.6	39.6	38.2	8.4	12.3	16.0	38.4	75.0	48.3
利比里亚	1.2	32.2	14.6	9.4	84.2	58.4	1.3	0.9	5.7	29.6	93.0	69.6
马达加斯加	3.0	4.9	3.5	13.1	88.4	72.1	6.2	12.9	33.0	27.3	52.6	48.2
马拉维	15.6	22.3	14.7	28.1	69.2	49.1	71.8	61.8	6.9	16.0	20.0	21.5
马里	6.4	6.6	40.5	41.5	50.7	43.9	26.0	30.9	7.5	12.5	32.7	28.1
毛里塔尼亚	20.4	14.4	8.3	44.4	70.2	40.0	4.4	4.7	21.0	33.5	65.8	51.9
毛里求斯	7.6	14.6	0.9	4.6	91.5	80.8	18.3	11.5	26.8	48.6	54.9	39.8
莫桑比克	36.0	25.9	7.0	8.3	36.7	64.0	51.8	38.1	7.4	15.9	28.6	39.6
尼日尔	48.5	77.6	0.5	5.6	51.0	16.7	13.2	21.1	5.8	29.8	80.5	49.1
尼日利亚	7.0	9.6	22.3	25.1	70.4	64.3	4.1	4.9	20.1	28.5	75.2	49.6
卢旺达	7.3	58.4	16.1	21.2	42.6	19.7	33.9	50.1	5.4	12.7	37.6	36.1
塞内加尔	27.7	50.2	15.5	14.9	48.7	26.9	19.2	15.2	17.4	32.8	58.8	51.7
塞拉利昂	4.2	8.0	2.4	25.8	91.2	63.1	6.4	24.8	8.8	34.9	81.3	35.5
索马里	4.0	4.1	21.2	23.9	74.9	71.9	13.4	8.8	50.9	64.8	24.7	13.7
南非	12.9	14.9	7.2	28.9	52.9	56.1	2.0	7.9	15.5	32.3	82.1	59.8
苏丹	0.2	1.6	50.6	78.6	49.2	19.7	3.5	7.4	36.6	49.6	59.9	39.2
坦桑尼亚	18.2	19.6	17.8	33.3	63.1	38.4	20.2	16.6	21.1	42.1	58.6	37.1
多哥	40.4	63.2	30.2	25.2	25.1	11.2	22.1	13.6	12.1	34.1	62.6	50.9
乌干达	30.9	50.9	2.2	6.8	63.8	39.3	39.9	27.1	15.6	23.3	44.4	49.5
赞比亚	41.8	19.1	1.8	21.5	49.8	59.4	69.0	63.6	3.7	9.6	26.4	26.8
津巴布韦	17.4	47.3	8.9	23.1	29.4	29.4	49.6	69.2	6.3	13.0	33.0	13.6

注：东帝汶、科索沃、西岸和加沙、博茨瓦纳、厄立特里亚、莱索托、纳米比亚、南苏丹和斯威士兰的双边贸易数据不可获得。由于存在与非特定贸易伙伴的贸易或者存在与世界银行分类中未包括的经济体的贸易，因此，各部分之和未必等于100%。

6.4 发展中经济体的贸易流向

关于数据的说明

发展中经济体是全球贸易体系一个日益重要的组成部分。2009—2010 年全球商品贸易出口量增长 14.5%，发展中国家增长 12.9%；全球商品贸易进口量增长 13.5%，发展中国家增长 10.7%。高收入经济体和中、低收入经济体之间的贸易增长速度要快于高收入经济体之间的增速。这使得发展中经济体和高收入经济体国家的生产者和消费者都从贸易增长中获益。

本表给出了同一地区和其他地区的发展中经济体，以及发展中经济体和高收入经济体之间的货物贸易往来。进口和出口的数据来自国际货币基金组织（IMF）的贸易方向数据库，并且应与其他数据来源（例如，联合国统计署的商品贸易数据库）大体一致。所有高收入经济体以及大部分发展中经济体都是按时向国际货币基金组织提供贸易数据，其中囊括了近几年大约 85% 的贸易数据。没有按时提供贸易数据的国家以及没有提供贸易数据的国家都是依据贸易伙伴国提供的数据加以估算。因此，发展中经济体和高收入经济体之间的贸易数据一般而言都是完整的。但是，许多发展中国家——尤其是撒哈拉以南的非洲国家——它们之间贸易流向并未被很好地记录，而且发展中国家的贸易总价值也可能被低估。该表不包括某些发展中经济体，因为其双边贸易流动的数据无法获得。部分高收入经济体之间贸易方向的数据在表 6.2 和表 6.3 中给出，并加以讨论。

在区域层面上，尽管大多数发展中经济体的出口是流向高收入国家，但是区域间的贸易份额正在增加。地理贸易格局因国家和商品的不同而存在很大差异。产油国和资源密集型经济体更多的出口是流向高收入经济体。

相对内陆国家、与区域内最大的经济体有着密切贸易往来的小国而言，区域内贸易更重要一些。对大多数发展中经济体（尤其是较小的经济体）而言，存在一种“地理偏见”，即支持区域内贸易。尽管存在全球化和削减贸易壁垒的大趋势，在 1999—2010 年期间，大多数国家区域内贸易的相对份额还是有所增加。这部分是因为其与贸易有关的优势，例如，地理位置相近、运输成本降低、不断交流带来知识的增加以及文化和历史之间的密切联系。贸易方向还受一国与其他经济体签署的贸易互惠协定的影响。虽然贸易自由化的正式协议并不自动增加贸易量，但是还是会影响加入协议的经济体的贸易方向。表 6.6 给出了正式签署贸易互惠协定的现存区域贸易集团的规模。

尽管全球一体化在上升，但是发展中经济体还是面临其他市场准入的贸易壁垒（见表 6.7）。

定义

• **向区域内发展中经济体的出口**是指在世界银行所划分的相同区域内，从所报告经济体出口至其他发展中经济体的总额占该经济体总商品出口的百分比。 • **向区域外发展中经济体的出口**是指所报告经济体出口到世界银行划分的其他区域的发展中经济体的总额占该经济体总商品出口的百分比。 • **向高收入经济体的出口**是指所报告经济体出口至高收入经济体的总额占该经济体总商品出口的百分比。

• **来自区域内发展中经济体的进口**是指在世界银行划分的相同区域内，所报告经济体从区域中其他经济体的进口占该经济体商品进口总量的百分比。 • **来自区域外发展中经济体的进口**是指世界银行所划分的其他经济体向所报告经济体的进口总额占该经济体总商品进口的百分比。 • **来自高收入经济体的进口**是指高收入经济体向所报告经济体进口的总额占该经济体商品进口总额的百分比。

数据资料来源

商品贸易流动的数据公布于 IMF 的《贸易方向统计年鉴》和《贸易方向统计季刊》。表中的数据是通过运用 IMF 的贸易数据库指南计算得出。区域集团和收入集团的分类是参照世界银行 2011 年 7 月 1 日对各经济体的分类，并列示于本书的封三。

	1970	1980	1990	1995	2000	2005	2006	2007	2008	2009	2010	2011
世界银行商品价格指数												
(2005年=100)												
能源	11	87	45	32	60	100	115	120	156	105	128	153
非能源商品	138	134	87	92	81	100	122	139	156	130	154	171
农业	155	157	94	104	88	100	110	124	146	136	151	170
饮料	182	207	94	113	86	100	105	114	129	144	161	169
粮食	165	163	94	100	86	100	108	128	159	142	150	171
脂肪和油类	190	158	85	105	86	100	102	145	178	151	163	181
谷类	176	166	103	110	89	100	116	139	190	155	152	194
其他粮食	124	168	97	83	83	100	110	96	106	120	131	136
原材料	115	116	93	109	95	100	115	119	122	118	147	168
木材	94	89	85	107	102	100	112	115	117	116	116	125
其他原材料	138	144	102	111	87	100	119	123	128	121	182	215
化肥	61	117	68	75	75	100	102	137	341	186	166	217
金属和矿产	112	89	75	69	67	100	151	171	154	110	159	167
基金金属	125	97	81	76	71	100	162	171	142	109	150	157
钢铁产品[a]	..	77	76	71	61	100	95	90	133	112	110	117
商品价格												
(2005年价格)												
能源												
煤，澳大利亚(美元/吨)	29	53	41	37	29	48	48	61	109	66	88	98
天然气，欧洲(美元/mmBtu)	2	6	3	3	4	6	8	8	11	8	7	9
天然气，美国(美元/mmBtu)	1	2	2	2	5	9	7	6	8	4	4	3
液化天然气，日本(美元/mmBtu)	..	7	4	3	5	6	7	7	11	8	10	12
石油现货平均价(美元/桶)	4	48	24	16	32	53	63	66	83	56	70	85
饮料(美分/千克)												
咖啡	249	342	131	133	101	154	156	180	220	264	277	242
咖啡，阿拉比卡	423	455	204	309	215	253	247	251	263	290	383	486
咖啡，罗巴斯达	337	426	122	257	102	111	146	176	198	150	154	196
茶叶，三次拍卖平均价	308	218	213	138	210	165	183	188	207	249	255	238
茶叶，科伦坡拍卖价	231	146	194	132	201	184	187	232	238	287	291	266
茶叶，加尔各答拍卖价	365	269	290	162	202	162	172	177	193	230	248	226
茶叶，蒙巴萨拍卖价	327	238	154	121	227	148	191	153	189	230	227	221
粮食												
脂肪和油类(美元/吨)												
椰油	1,464	884	348	621	504	617	594	846	1,046	664	995	1,407
干椰子油[a]	829	594	239	407	341	414	394	559	697	439	664	941
落花生油	1,395	1,127	997	920	799	1,060	950	1,245	1,821	1,083	1,243	1,615
棕榈油	959	766	300	583	347	422	468	719	810	625	798	915
棕榈仁油[a]	..	..	..	..	496	627	569	818	965	640	1,049	1,341
大豆	431	389	255	241	237	275	263	354	447	400	398	440
豆粕	378	344	207	183	212	214	205	284	363	373	335	324
豆油	1,056	784	463	580	378	545	586	812	1,075	776	890	1,057
谷类(美元/吨)												
大麦	..	103	83	97	86	95	114	159	171	117	140	169
玉米	215	164	113	115	99	99	119	151	191	151	165	237
大米，泰国，5%	466	539	280	298	227	286	298	301	555	508	433	442
大米，泰国，25%[a]	..	..	270	276	193	265	271	282	289	419	391	412
大米，泰国，A1[a]	..	..	209	269	187	218	215	251	412	299	340	373
大米，越南，5%	..	..	..	..	..	258	255	284	485	..	380	418
高粱[a]	191	169	107	110	99	96	120	150	178	138	146	219
小麦，加拿大[a]	231	250	162	192	165	198	212	277	388	275	277	358
小麦，美国，硬红冬小麦	210	221	133	155	111	136	156	220	232	170	203	233
小麦，美国，软红冬小麦[a]	202	227	140	164	128	152	188	235	279	205	198	257

6.5 初级商品价格

	1970	1980	1990	1995	2000	2005	2006	2007	2008	2009	2010	2011
商品价格(续)												
(2005年价格)												
粮食(续)												
其他粮食												
香蕉，美国(美元/吨)	612	495	559	413	475	603	663	622	721	775	769	787
牛肉(美分/千克)	481	362	265	177	216	262	249	240	268	241	297	329
鸡肉(美分/千克)	..	99	112	114	147	163	149	159	159	173	168	157
鱼粉(美元/吨)[a]	726	662	426	459	462	731	1,142	1,084	968	1,125	1,494	1,251
柑橘(美元/吨)	619	513	549	493	407	875	812	881	946	832	915	725
虾，墨西哥(美分/千克)	..	1,511	1,106	1,401	1,696	1,034	1,002	930	913	865	890	971
糖，欧盟国内(美分/千克)	41	64	60	64	62	67	63	63	60	48	39	37
糖，美国国内(美分/千克)	61	87	53	47	48	47	48	42	40	50	70	68
糖，世界(美分/千克)	30	83	29	27	20	22	32	20	24	37	42	47
农业原材料												
棉花，指数A(美分/千克)	249	271	188	197	146	122	124	129	134	126	202	271
棉花，孟菲斯(美分/千克)	..	..	191	200	164	130	131	132	138	133	207	59
原木，喀麦隆(美元/立方米)[a]	159	330	355	315	308	334	312	351	450	386	380	394
原木，马来西亚(美元/立方米)	159	257	183	237	213	203	234	247	250	263	246	318
橡胶，新加坡(美分/千克)	150	187	89	147	75	149	203	208	221	176	324	392
橡胶，TSR20(美分/千克)[a]	0	0	0	0	70	139	190	199	216	165	299	368
橡胶，US(美分/千克)[a]	170	213	106	168	93	166	226	228	243	196	342	421
胶合板(美分/张)[a]	380	359	367	542	502	509	583	590	551	517	504	494
锯木，马来西亚(美元/立方米)	647	520	551	687	666	659	734	743	760	737	751	764
锯木，喀麦隆(美元/立方米)	..	..	..	553	547	559	610	700	819	685	720	672
烟草(美元/吨)[a]	3,967	2,986	3,508	2,453	3,332	2,790	2,906	3,054	3,066	3,880	3,812	3,641
木质纸浆(美元/吨)[a]	654	704	842	792	744	635	684	706	701	562	768	732
化肥(美元/吨)												
磷酸二铵	199	292	177	201	173	247	255	398	826	296	443	503
磷酸盐岩	41	61	42	32	49	42	43	65	295	111	109	150
氯化钾	116	152	101	109	137	158	171	184	487	577	294	354
过磷酸钙	157	237	136	139	154	201	197	312	751	235	338	438
尿素	67	252	123	174	113	219	218	285	421	228	256	342
金属和矿产												
铝(美元/吨)	2,050	1,910	1,695	1,676	1,734	1,898	2,516	2,430	2,198	1,523	1,924	1,953
铜(美元/吨)	5,219	2,863	2,752	2,724	2,030	3,679	6,580	6,557	5,943	4,711	6,672	7,181
黄金(美元/toz)[a]	132	798	397	357	312	445	592	642	745	890	1,084	1,276
铁矿石现货价格，CFR中国(美分/dmtu)	..	..	..	..	..	..	68	113	133	73	129	136
铅(美分/千克)	112	119	84	59	51	98	126	238	179	157	190	195
镍(美元/吨)	10,492	8,553	9,167	7,636	9,669	14,744	23,742	34,293	18,035	13,406	19,313	18,637
银(美分/toz)[a]	653	2,708	498	482	560	734	1,132	1,235	1,281	1,344	1,789	2,868
锡(美分/千克)	1,354	2,201	629	577	608	738	860	1,339	1,581	1,242	1,807	2,119
锌(美分/千克)	109	100	157	96	126	138	321	299	160	151	191	178
MUV G15指数(2005年=100)	27	76	97	108	89	100	102	109	117	109	113	123
MUV G5指数(2005年=100)	26	74	93	109	91	100	102	106	114	107	110	115

注：bbl = 桶，cu. m = 立方米，dmtu = dry metric ton unit，kg = 千克，mmBtu = million British thermal units（百万英国热量单位），toz = troy ounce（金衡盎司）。

a. 数据序列不包括非能源指数。

关于数据的说明

初级商品——将被转化为最终产品的原材料或者经部分加工的材料——通常是发展中国家出口最重要的部分，从商品中获得的收入会影响这些国家的生活水平。初级商品价格的数据是通过多种途径收集的，其中包括国际商品研究机构、政府机构、行业贸易期刊以及彭博资讯和 Datastream 这样的资料提供系统。价格不是通过美元计价汇集，就是通过将当地物价转换为美元计值。

本表是根据经常性的价格更新报告编制的。在数据可以获得的条件下，就使用出口商得到的价格，否则使用进口商支付的价格或贸易单位价格。一般情况下，年度价格序列是依据频度更高的数据计算得出的简单平均数。表中的不变价格数列是按十五国集团国家制成品单位价值（MUV）减缩后得出的（见下文）。

商品价格指数是根据拉斯佩雷斯（Laspeyres）指数计算得出的，其中以 2002—2004 年中、低收入经济体的出口值（基于 2001 年的国民总收入）为固定权数，基年则重新确定为 2005 年。出口数据是通过多种渠道收集的，其中包括联合国统计署的商品贸易数据库国际标准贸易分类（STIC）第三次修订版、联合国粮食与农业组织的 FAOSTAT 数据库、国际能源机构数据库、BP 公司的《世界能源统计评论》、世界金属统计局以及世界银行工作人员的估算。

表中的每个指数都代表过去一段时间一个固定的初级商品出口篮子。非能源商品价格指数包括 39 种非能源商品的 38 种价格序列。石油和钢铁产品的价格指数是单独编制的，其不包括在非能源商品价格指数中。

十五国集团国家制成品单位价值指数（MUV G－15）指数是 15 个主要发达经济体和新兴经济体（巴西、加拿大、中国、法国、德国、印度、意大利、日本、韩国、墨西哥、南非、西班牙、泰国、英国和美国）向中、低收入经济体出口的制成品的价格综合指数，以美元计价。对于 MUV G－15 指数，每个国家以当地货币计价的单位价值指数要利用市场汇率转换成美元计价，然后根据某一基年（2005 年）内各国的出口份额确定权数，然后将各国的单位价值指数综合在一起。MUV G－5 指数是 5 个主要工业化国家（法国、德国、日本、英国和美国）出口的制成品的价格综合指数，为了便于比较，本表将其纳入。

定义

• **能源价格指数**是煤炭、石油和天然气的复合指数，根据中、低收入国家出口的上述每种商品确定权重。 • **非能源商品价格指数**包括 38 种非能源初级商品，它们构成农产品、化肥以及金属与矿产指数。 • **农业**包括除饮料、食品和农业原材料。 • **饮料**包括可可、咖啡和茶叶。 • **食品**包括油脂、谷物和其他食品。油脂包括椰子油、花生油、棕榈油、大豆、豆粕油和豆粕。谷物包括大麦、玉米、大米和小麦。其他食品包括香蕉、牛肉、鸡肉、橙子、虾和糖。 • **农业原材料**包括木材和其他原材料。木材又分为原木和锯木。其他原材料包括棉花、天然橡胶和烟草。 • **化肥**包括磷酸、磷矿石、钾和氮肥产品。 • **金属和矿产品**包括铝、铜、铁矿石、铅、镍和锌。 • **钢铁产品价格指数**是 8 种钢铁产品的综合价格指数，以 2002 年以前不包括运往美国的日本离岸价格（f. o. b.）为基础，以德国、日本和美国明显的消费总量（发运量）中产品所占的份额为权数。 • **商品价格**——关于其定义和资料来源，见全球展望网站（网址：www. worldbank. org/prospects）中的“商品价格数据”（也被称为“粉红单”）网页。 • **十五国集团国家制成品单位价值指数**（MUV G－15 指数）指十五国集团中各国出口到中、低收入经济体的制成品单位价值指数。

数据资料来源

商品价格数据和十五国集团国家制成品单位价值指数是由世界银行发展展望小组编制的。商品价格的月度更新数据可从网址 http：//data. worldbank. org 中获得。

区域贸易集团

	创立年份	最新协定生效的年份	最新协定的类型[a]	集团内的商品出口		集团的商品出口
				百万美元 2010	占集团总出口的百分比 2010	占世界出口的百分比 2010
高收入和中低收入经济体						
APEC[b]	1989		None	4,868,838	67.5	47.3
EEA	1994	1994	EIA	3,519,827	68.7	33.6
EFTA	1960	2002	EIA	2,096	0.6	2.2
欧盟	1957	1958	EIA, CU	3,356,310	67.3	32.7
NAFTA	1994	1994	FTA	955,598	48.7	12.9
SPARTECA	1981	1981	PTA	20,717	8.1	1.7
Trans-Pacific SEP	2006	2006	EIA, FTA	3,969	0.9	3.0
东亚、太平洋地区和南亚						
APTA	1975	1976	PTA	278,451	12.1	15.1
ASEAN	1967	1992	FTA	262,270	25.0	6.9
MSG	1993	1994	PTA	99	0.8	0.1
PICTA	2001	2003	FTA	308	2.6	0.1
SAARC	1985	2006	FTA	15,702	5.8	1.8
欧洲、中亚和中东						
阿加迪尔自由贸易协议	2004		NNA	2,068	3.2	0.4
CEFTA	1992	1994	FTA	5,229	17.5	0.2
CEZ	2003	2004	FTA	18,065	4.0	2.9
CIS	1991	1994	FTA	68,596	12.9	3.5
白俄罗斯、哈萨克斯坦和俄罗斯联邦关税同盟	2010		CU	18,065	4.0	2.9
EAEC	1997	2000	CU	21,200	4.7	2.9
ECO	1985	2003	PTA	27,654	8.8	2.1
GCC	1981	2003[c]	CU	28,623	4.8	3.9
PAFTA	1997	1998	FTA	81,816	9.7	5.5
UMA	1989	1994[c]	NNA	3,926	2.9	0.9
拉丁美洲和加勒比地区						
安第斯集团	1969	1988	CU	7,825	8.5	0.6
CACM	1961	1961	CU	6,330	22.5	0.2
CARICOM	1973	1997	EIA	3,356	15.2	0.1
LAIA	1980	1981	PTA	128,829	15.9	5.3
MERCOSUR	1991	2005	EIA	44,239	15.7	1.9
OECS	1981	1981[c]	NNA	132	17.5	0.0
撒哈拉以南非洲地区						
CEMAC	1994	1999	CU	383	1.2	0.2
CEPGL	1976		NNA	81	1.5	0.0
COMESA	1994	1994	CU	8,158	7.7	0.7
EAC	1996	2000	CU	1,997	20.3	0.1
ECCAS	1983	2004[c]	NNA	483	0.6	0.6
ECOWAS	1975	1993	PTA	8,911	8.8	0.7
印度洋委员会	1984	2005[c]	NNA	184	5.3	0.0
SADC	1992	2000	FTA	14,576	9.8	1.0
UEMOA	1994	2000	CU	2,250	14.6	0.1

注：APEC 为亚太经合组织；EEA 为欧洲经济区；EFTA 为欧洲自由贸易联盟（EFTA）；NAFTA 为北美自由贸易协定（NAFTA）；SPARTECA 为南太平洋地区经济贸易合作协定（SPARTECA）；Trans－Pacific SEP 为泛太平洋战略经济伙伴关系协定；APTA 为亚太贸易协定；ASEAN 为东南亚国家联盟；MSG 为美拉尼西亚先锋集团；PICTA 为太平洋岛国贸易协定；SAARC 为南亚地区合作联盟；CEFTA 为中欧自由贸易区；CEZ 为共同经济区（CEZ）；CIS 为独联体；EAEC 为欧亚经济共同体；ECO 为经济合作组织；GCC 为海湾合作委员会；PAFTA 为泛阿拉伯自由贸易区；UMA 为阿拉伯马革里布同盟；CACM 为中美洲共同市场；CARICOM 为加勒比共同体和共同市场；LAIA 为拉丁美洲一体化协会；MERCOSUR 为南方共同市场；OECS 为东加勒比国家组织；CEMAC 为中非经济与货币共同体；CEPGL 为大湖国家经济共同体；COMESA 为东部和南部非洲共同市场；EAC 为东非共同体；ECCAS 为中非国家经济共同体；ECOWAS 为西非国家经济共同体；SADC 为南部非洲发展共同体；UEMOA 为西非经济与货币联盟。有关区域集团成员国的信息，见世界贸易组织的区域贸易协定信息系统，http：//rtais. wto. org/UI/PublicMaintainRTAHome. aspx。

a. CU：关税同盟（customs union）；EIA：经济一体化协定（economic integration agreement）；FTA：自由贸易协定（free trade agreement）；PTA：优惠贸易协定（preferential trade agreement）；NNA：非通告协定（not notified agreement），即未向世界贸易组织通告的、成员国之间建立的优惠贸易协定（这些协定功能上类似于其他协定）。b. 非优惠贸易协定。c. 最近一些协定签订的年份是从官方贸易集团网站收集的。

关于数据的说明

贸易集团是指已经制订了监督成员国之间贸易的特定优惠安排的国家组成的集团。虽然在一些条件下这些优惠条款——例如，较低的关税或者免受数量限制等——可能并不比其他贸易伙伴得到的优惠多，但是这些安排的目的在于鼓励集团成员国之间的出口——有时被称作区域内部贸易。绝大多数国家都是区域贸易集团的成员国，而且自20世纪90年代早期以来，参与这种贸易安排的国家剧增，并且持久不衰。尽管贸易集团在结构上存在较大差别，但是它们都有一个共同的目标，即减少成员国之间的贸易壁垒。不过有效的一体化所需要的远不止是削减关税和配额。除非分割市场和阻碍商品、服务和投资自由流动的其他障碍也被消除，否则由竞争和规模所带来的收益可能无法获得。例如，许多区域性贸易集团仍然对集团内贸易实施临时性保护或者限制，其中包括反倾销、补偿性关税，以及为解决国际收支问题或者为保护国内工业免受进口大量增加的影响而实施的“紧急保护”等。其他壁垒包括不同的产品标准、政府采购的歧视性待遇以及繁杂并且成本较高的清关手续等。此外，成为贸易集团的成员国有可能导致贸易转换，其成员国从一个贸易集团外相对有效、低成本的生产国变成一个贸易集团内低效、高成本的生产国。从全球视角来讲，这有可能导致资源的错误配置。

成为区域贸易集团的成员国不仅可以降低贸易摩擦的成本，增加其改革倡议的可信度，而且还可以加强贸易伙伴之间的安全。但是要使区域贸易集团有效地发挥作用，这对任何一个政府来讲，都是一个挑战。一国经济中的所有部门都可能会受到影响，一些部门可能会扩张，而另一些部门可能会萎缩，因此，重要的是权衡成为贸易集团成员国可能带来的潜在成本与收益。本表给出了一些重要区域贸易集团的内部商品贸易（不包括服务出口）的价值，以及区域内部贸易相对于每个集团总的商品出口的规模，集团总出口占世界出口的份额等。虽然亚太经合组织（APEC）并没有任何优惠安排，但是本表也将其包括进来，因为该集团成员国之间的贸易非常大。

有关各国出口的数据来源于国际货币基金组织贸易方向数据库，这些数据大体上应该与其他来源的数据一致，例如，联合国商品贸易数据库（COMTRADE）。所有高收入经济体以及大部分发展中经济体都是按时向国际货币基金组织提供贸易数据，其中囊括了近几年大约85%的贸易数据。没有按时提供贸易数据的国家以及没有提供贸易数据的国家都是依据贸易伙伴国提供的数据加以估算。因此，发展中经济体和高收入经济体之间的贸易数据一般而言是完整的。但是，许多发展中国家之间的贸易流量记录不佳，撒哈拉以南非洲地区尤其如此，进而发展中国家之间的贸易额可能被低估。

本表给出的贸易集团成员国都是基于最近可以获得的信息（见“数据资料来源”）。其他类型的优惠贸易协定生效的时间可能比本表给出的协定要早，并且仍然有效。有关贸易协定的类型和执行日期的信息都是基于世界贸易组织（WTO）的区域贸易协定名单，除非脚注中另有说明。没有在世界贸易组织注册的贸易协定信息来自全球优惠贸易协定数据库（见专栏6.6a）和贸易集团的官方网站。

一些国家加入了一个以上的贸易集团，重复计算会导致世界贸易份额超过100%。区域集团的出口包括所有商品贸易，这可能包括集团贸易协定外的项目。现在与过去所公布估计数的区别可能要归因于成员国的变化或基本数据的修正。

定义

- **最新协定的类型**包括关税同盟（其成员国大大消除了它们之间的所有关税和非关税壁垒，并且对所有非会员国设置了统一的对外关税）、经济一体化协定（其使得成员国之间的劳务贸易自由化，并涵盖大量部门，对贸易额和贸易模式有重大影响，而它是非歧视性的，与服务供应商的待遇相同）；自由贸易协定（协定下的成员国大大削减了它们之间的关税和非关税壁垒，但对来自非成员国的进口设置了壁垒）；优惠贸易协定（一种上报WTO的贸易协定，它并非自由贸易协定，也不是关税同盟或经济一体化协定）；非上报协定（成员国之间签署的贸易优惠安排，不上报WTO，其职能可能与其他任何协定相同）。
- **集团内商品出口**是指贸易集团内成员国对其他成员国出口的总和。表中既给出了以美元表示的商品出口，也给出了占集团商品总出口的百分比。
- **集团商品出口**总额占世界出口的份额是指集团商品出口总额（既包括集团内部的出口，也包括对世界其他地区的出口）占全世界所有经济体出口总额的比率。

全球优惠贸易协定数据库 6.6a

全球优惠贸易协定数据库（GPTAD）提供了世界范围内优惠贸易协定的信息，其中包括那些没有在世界贸易组织（WTO）注册的协定。其创建主要是为了便于政策制定者、学者以及商业人士更好地理解和运用世界范围内的优惠贸易协定。该数据库定期更新，并且当前就涵盖了330多项优惠贸易协定，这些协定都以当地语言起草，以世界贸易组织的标准检索，并且可以下载其pdf文件。使用者可以通过相关条款或者关键词、多边协定之间的比较条款、成员国间的协定类型、签订日期以及其他主要标准进行搜索。该数据库由世界银行和达特茅斯大学塔克商学院国际商务中心联合开发，并得到了多方捐助贸易与发展信托基金的支持，该基金由芬兰、挪威、瑞典和英国政府提供资金。该数据库与世界贸易整合解决方案数据库进行了整合，已成为世界银行公开数据倡议的一部分（http://wits.worldbank.org/gptad/）。

数据资料来源

商品贸易流动数据发布在国际货币基金组织的《贸易方向统计年鉴》和《贸易方向统计季刊》上；本表中的数据是利用国际货币基金组织贸易方向数据库的数据计算得出。贸易集团成员国的数据来自世界银行（2000）、联合国贸易与发展会议的《2007年贸易与发展报告》、世界贸易组织的区域贸易协定信息系统（http://rtais.wto.org/UI/PublicMaintainRTAHome.aspx）、世界银行和达特茅斯大学塔克商学院国际商务中心的全球优惠贸易协定数据库。

6.7 关税壁垒

	最近的年份	所有产品 约束范围	百分比 简单平均约束税率	简单平均关税	加权平均关税	达到国际最高关税水平的关税种类所占比例	特定关税种类所占比例	初级产品 百分比 简单平均关税	加权平均关税	制成品 百分比 简单平均关税	加权平均关税
阿富汗	2008	..	..	6.2	6.4	4.4	0.7	7.0	6.7	6.1	6.3
阿尔巴尼亚	2009	100.0	7.1	5.7	5.1	0.0	0.0	6.8	5.4	5.6	5.0
阿尔及利亚	2009	..	..	14.2	8.6	53.2	0.0	14.5	7.8	14.2	8.9
安哥拉	2009	100.0	59.2	7.4	7.4	23.4	0.6	11.6	13.9	6.8	5.9
安提瓜和巴布达	2009	97.9	58.7	13.8	14.6	49.4	0.1	17.2	14.8	13.1	14.5
阿根廷	2010	100.0	31.9	11.4	6.2	24.3	0.0	7.5	1.6	11.9	7.0
亚美尼亚	2008	100.0	8.5	3.7	2.3	0.0	0.4	5.6	2.2	3.5	2.4
澳大利亚	2010	97.0	10.0	2.8	1.9	0.0	0.2	1.3	0.4	3.0	2.5
阿塞拜疆	2009	..	..	8.3	3.9	46.5	2.3	9.5	3.8	8.1	4.0
巴哈马	2010	..	..	33.2	21.5	68.8	0.5	21.9	7.6	36.1	32.6
巴林	2009	73.6	34.8	4.4	3.6	0.3	0.2	7.0	6.9	4.0	3.1
孟加拉国	2008	15.9	169.9	13.9	13.0	38.0	0.9	16.3	8.8	13.6	14.0
巴巴多斯	2007	97.8	78.1	15.1	14.8	44.9	1.0	26.3	21.9	13.4	12.3
白俄罗斯	2010	..	..	6.7	2.1	4.5	14.0	6.3	0.9	6.8	3.4
伯利兹	2010	97.9	58.4	11.5	6.4	31.9	1.9	17.5	4.0	10.6	10.1
贝宁	2010	39.5	28.7	13.3	15.4	50.2	0.0	15.5	12.4	12.9	17.0
百慕大	2010	..	..	18.0	26.1	64.3	2.8	10.0	14.3	19.4	27.7
不丹	2007	..	..	18.2	17.8	50.7	0.0	43.5	44.9	15.5	16.0
玻利维亚	2010	100.0	40.0	9.6	5.4	11.9	0.0	8.4	5.8	9.7	5.2
波斯尼亚和黑塞哥维那	2010	..	..	3.3	1.8	0.0	4.2	1.4	1.1	3.6	2.3
博茨瓦纳	2010	96.1	19.0	8.8	5.2	20.2	1.0	6.1	0.5	9.0	6.6
巴西	2010	100.0	31.4	13.4	7.6	26.4	0.0	8.1	1.5	14.0	9.8
文莱	2010	95.3	24.1	3.8	4.1	20.8	1.2	0.2	0.1	4.4	5.0
保加利亚	2010	39.4	42.5	12.4	8.8	44.5	0.0	11.4	8.1	12.5	9.2
布基纳法索	2010	22.3	67.8	9.8	5.5	29.8	0.1	15.4	9.4	9.1	4.6
布隆迪	2008	100.0	19.1	12.4	9.9	19.7	0.0	13.8	11.8	12.2	9.6
柬埔寨	2009	13.7	79.9	18.4	15.0	52.5	0.0	20.5	12.9	18.1	15.9
喀麦隆	2010	99.7	5.2	2.9	0.9	6.5	3.4	1.7	0.3	3.2	1.1
加拿大	2010	100.0	15.8	14.7	11.6	44.3	0.0	16.2	12.2	14.4	11.0
中非共和国	2007	62.5	36.0	17.5	13.6	47.4	0.1	18.9	13.8	17.3	13.3
乍得	2009	13.9	79.9	17.6	14.7	47.4	0.3	22.5	17.2	16.8	13.8
智利	2010	100.0	25.1	4.9	4.0	0.0	0.0	4.4	2.7	4.9	4.8
中国†	2010	100.0	10.0	7.7	4.0	11.2	0.2	8.1	1.8	7.7	5.6
中国香港	2010	45.8	0.0	0.0	0.0	0.0	0.0	0.0	0.0	0.0	0.0
中国澳门	2010	28.2	0.0	0.0	0.0	0.0	0.0	0.0	0.0	0.0	0.0
哥伦比亚	2010	100.0	43.1	11.2	8.9	19.8	0.0	10.9	8.8	11.3	8.9
科摩洛	2010	..	..	7.6	8.1	1.5	0.3	4.5	3.9	8.4	11.2
刚果民主共和国	2009	100.0	96.2	12.9	11.0	42.5	0.2	14.2	10.8	12.6	11.1
刚果共和国	2007	16.5	27.4	18.6	14.7	52.6	0.2	21.9	18.6	18.2	14.1
哥斯达黎加	2009	100.0	43.2	4.8	2.4	0.7	0.0	6.3	3.3	4.6	2.1
科特迪瓦	2010	33.8	11.2	13.1	7.3	47.9	0.0	15.1	5.4	12.8	9.3
克罗地亚	2010	100.0	6.0	2.4	1.2	4.1	5.2	4.5	1.9	2.1	1.0
古巴	2010	31.7	21.4	10.5	8.7	11.6	0.0	11.1	6.2	10.4	9.8
塞浦路斯	2010	100.0	4.2	1.9	1.6	1.9	7.8	2.5	0.5	1.9	2.3
吉布提	2009	100.0	41.2	20.6	15.2	69.4	0.5	15.9	8.7	21.3	18.6
多米尼克	2007	94.7	58.7	11.9	7.9	43.3	0.0	19.2	5.7	10.6	9.3
多米尼加共和国	2010	100.0	34.9	8.3	6.1	30.1	0.0	11.8	4.6	7.8	6.9
厄瓜多尔	2010	100.0	21.7	9.3	6.0	20.2	0.0	9.0	4.3	9.4	6.7
埃及	2009	99.3	37.3	12.6	8.1	18.4	0.2	37.6	6.4	9.4	9.5
萨尔瓦多	2010	100.0	36.9	5.1	5.5	1.9	0.0	8.4	7.4	4.7	4.3
赤道几内亚	2007	..	..	18.3	15.6	52.3	0.2	21.5	21.4	17.8	14.3
厄立特里亚	2006	..	..	9.6	5.4	22.4	0.0	9.2	3.5	9.6	7.2
埃塞俄比亚	2010	..	..	18.1	10.5	55.6	0.0	19.7	5.1	18.0	13.2
欧盟	2010	100.0	4.2	1.9	1.6	1.9	7.8	2.5	0.5	1.9	2.3
斐济	2010	51.4	40.1	11.9	11.0	23.3	1.9	13.5	9.8	11.6	12.2
玻里尼西亚	2009	..	..	6.8	4.2	28.0	0.0	4.1	2.7	7.3	5.2
加蓬	2009	100.0	21.4	18.7	14.5	53.1	0.1	21.2	15.1	18.4	14.3
冈比亚	2009	13.7	101.8	18.7	14.8	91.2	0.1	16.9	12.8	19.2	17.0
格鲁吉亚	2010	100.0	7.2	0.5	0.4	0.0	1.0	4.0	1.0	0.1	0.0
加纳	2009	14.4	92.5	13.0	8.6	40.5	1.2	16.6	8.9	12.5	8.4
†中国台湾	2010	100.0	6.0	5.3	2.5	6.0	1.7	8.4	2.0	4.8	2.9

	最近的年份	所有产品						初级产品		制成品	
		约束范围	简单平均约束税率	简单平均关税	加权平均关税	达到国际最高关税水平的关税种类所占比例	特定关税种类所占比例	简单平均关税	加权平均关税	简单平均关税	加权平均关税
		百分比						百分比		百分比	
格林纳达	2010	100.0	56.8	8.9	7.7	36.7	0.0	10.1	7.0	8.6	8.3
危地马拉	2010	100.0	42.3	4.1	2.4	16.0	0.0	4.8	1.7	4.0	2.8
几内亚	2010	38.6	20.3	13.5	11.9	56.1	0.0	15.6	13.9	13.2	10.2
几内亚比绍	2010	97.6	48.6	13.3	9.9	51.8	0.0	14.6	10.0	12.9	9.7
圭亚那	2010	100.0	56.8	10.1	6.9	39.2	0.0	15.5	5.9	9.4	7.7
海地	2009	89.8	17.6	3.0	5.1	5.1	0.3	5.8	4.1	2.5	5.9
洪都拉斯	2009	100.0	32.5	6.4	6.5	0.5	0.1	9.9	8.1	6.0	5.5
冰岛	2010	95.0	13.5	1.8	1.1	5.2	3.4	2.3	1.1	1.7	1.1
印度	2009	74.5	50.2	11.5	8.2	10.4	4.7	20.1	7.5	10.3	8.3
印度尼西亚	2010	96.6	37.5	4.8	2.5	7.0	0.5	3.2	1.6	5.0	2.9
伊朗	2008	..	..	24.8	19.6	56.5	0.3	21.7	12.5	25.1	21.2
伊拉克		..	..	..	..	..	..	..	..	..	..
以色列	2009	75.2	22.0	6.0	3.5	2.9	4.1	8.8	3.3	5.6	3.7
牙买加	2010	100.0	49.7	8.4	7.5	42.6	0.0	13.9	6.1	7.7	8.9
日本	2010	99.7	3.0	2.6	1.6	8.6	3.3	5.1	1.6	2.1	1.7
约旦	2009	100.0	16.3	9.7	5.2	29.5	0.6	14.2	3.9	9.0	6.1
哈萨克斯坦	2010	..	..	6.4	3.4	19.6	16.4	6.1	0.9	6.4	4.0
肯尼亚	2010	15.2	95.3	12.1	9.2	36.6	0.1	16.0	12.6	11.7	6.7
朝鲜		..	..	..	..	..	..	..	..	..	..
韩国	2010	95.1	16.1	10.3	8.7	7.0	0.6	26.3	12.7	7.4	5.1
科索沃		..	..	..	..	..	..	..	..	..	..
科威特	2009	99.9	100.0	4.1	4.1	0.0	0.3	3.4	3.0	4.2	4.4
吉尔吉斯斯坦	2010	99.9	7.5	3.3	2.3	1.8	1.7	4.5	0.9	3.1	3.6
老挝	2008	..	..	9.3	13.2	20.4	0.1	16.0	14.2	8.4	12.6
黎巴嫩	2007	..	..	5.6	4.8	11.6	10.9	8.2	5.0	5.2	5.1
莱索托	2010	100.0	78.9	9.5	10.5	21.6	1.4	9.2	1.6	9.5	10.9
利比里亚		..	..	..	..	..	..	..	..	..	..
利比亚	2006	..	..	0.0	0.0	0.0	0.0	0.0	0.0	0.0	0.0
前南斯拉夫马其顿共和国	2010	100.0	6.9	3.6	2.7	14.5	2.5	7.4	5.7	3.2	1.8
马达加斯加	2010	30.5	27.3	10.6	7.7	38.3	0.2	12.6	3.3	10.3	8.9
马拉维	2010	32.0	75.9	11.7	6.6	42.7	0.3	13.4	6.0	11.5	6.8
马来西亚	2009	83.9	14.6	6.8	4.0	16.9	0.8	10.1	5.0	6.1	3.7
马尔代夫	2009	97.0	37.2	21.7	20.6	88.1	0.0	17.5	18.4	22.8	22.6
马里	2010	40.5	28.9	12.8	8.4	47.9	0.0	12.8	7.9	12.8	8.7
毛里塔尼亚	2007	39.4	19.6	12.6	10.1	49.0	0.0	11.1	9.2	12.9	11.0
毛里求斯	2010	17.7	98.3	2.0	1.1	10.4	8.7	1.2	0.4	2.1	1.6
马约特岛	2010	..	..	5.1	1.8	1.4	0.0	3.7	1.5	5.3	1.9
墨西哥	2010	100.0	35.1	7.4	2.2	6.1	0.1	9.3	1.5	7.2	2.4
摩尔多瓦	2010	99.9	6.7	4.6	2.5	8.4	2.8	7.0	2.3	4.3	2.6
蒙古	2009	100.0	17.5	4.9	5.1	0.1	0.0	5.1	5.4	4.9	4.9
黑山共和国	2010	..	..	3.0	3.5	4.5	2.9	5.8	4.8	2.7	2.8
摩洛哥	2009	100.0	41.3	9.1	7.1	23.6	0.0	18.0	8.9	8.2	5.8
莫桑比克	2010	14.0	97.4	7.7	4.8	23.9	0.1	8.7	4.7	7.5	4.7
缅甸	2008	17.6	83.8	4.0	3.2	4.1	0.0	5.1	2.7	3.9	3.4
纳米比亚	2010	96.1	19.4	6.3	1.8	16.7	2.0	4.1	2.1	6.7	1.6
尼泊尔	2010	99.4	26.2	12.6	12.1	46.3	1.2	12.9	10.3	12.6	14.4
新西兰	2010	100.0	10.0	2.5	1.6	0.0	2.9	1.4	0.4	2.6	2.1
尼加拉瓜	2010	100.0	41.7	4.2	2.3	16.2	0.0	5.6	2.8	4.0	1.9
尼日尔	2010	96.6	44.9	13.0	9.1	48.9	0.0	14.0	10.7	12.8	7.6
尼日利亚	2010	19.5	119.4	10.9	10.6	34.9	0.0	11.8	9.1	10.7	10.8
挪威	2010	100.0	3.0	0.5	0.4	0.5	6.9	2.0	1.2	0.3	0.2
阿曼	2009	100.0	13.9	3.7	3.2	0.3	0.2	5.0	3.3	3.5	3.2
巴基斯坦	2009	98.6	60.0	14.8	9.5	45.3	0.3	14.5	6.5	14.8	12.3
帕劳共和国	2010	..	..	2.7	1.0	1.3	6.6	0.7	0.1	3.3	3.1
巴拿马	2009	99.9	23.5	7.6	7.6	2.8	0.0	11.5	8.4	7.1	7.3
巴布亚新几内亚	2010	100.0	31.5	4.4	2.5	23.3	1.0	11.8	1.8	3.4	2.8
巴拉圭	2010	100.0	33.5	8.1	3.7	18.3	0.0	5.8	0.8	8.2	4.8
秘鲁	2010	100.0	30.1	4.8	2.5	10.0	0.0	3.8	1.3	4.9	3.0
菲律宾	2010	67.2	25.8	5.3	4.8	5.4	0.0	6.8	5.1	5.1	4.7
波多黎各		..	..	..	..	..	..	..	..	..	..

	最近的年份	所有产品：约束范围	所有产品：简单平均约束税率	所有产品：简单平均关税	所有产品：加权平均关税	所有产品：达到国际最高关税水平的关税种类所占比例	所有产品：特定关税种类所占比例	初级产品：简单平均关税	初级产品：加权平均关税	制成品：简单平均关税	制成品：加权平均关税
		百分比						百分比		百分比	
卡塔尔	2009	100.0	16.0	4.2	3.8	0.2	0.2	5.1	4.0	4.1	3.8
俄罗斯	2010	..	..	6.0	3.8	17.4	15.4	5.8	3.4	6.0	3.9
卢旺达	2010	100.0	89.3	9.9	6.0	31.4	0.1	11.5	6.4	9.7	5.9
沙特阿拉伯	2009	100.0	10.8	4.1	3.9	0.0	0.3	3.5	2.8	4.1	4.2
塞内加尔	2010	100.0	30.0	13.4	8.9	50.5	0.0	14.1	7.7	13.3	10.2
塞尔维亚	2005[a]	..	..	8.1	6.0	17.8	0.0	10.9	4.5	7.8	6.8
塞锡尔群岛	2007	..	..	6.5	28.3	12.8	2.0	14.0	50.5	4.8	6.4
塞拉利昂	2004	100.0	47.4	..	..	..	..	..	..	..	..
新加坡	2010	69.6	7.0	0.0	0.0	0.0	0.1	0.0	0.0	0.0	0.0
索罗门群岛	2010	100.0	78.8	9.2	8.7	0.0	4.4	9.3	8.5	9.2	8.8
索马里		..	..	..	..	..	..	..	..	..	..
南非	2010	96.1	19.4	7.6	4.4	17.9	1.8	5.4	1.9	7.9	5.7
南苏丹		..	..	..	..	..	..	..	..	..	..
斯里兰卡	2010	38.1	30.1	9.4	6.9	23.8	1.0	15.3	9.6	8.8	5.7
圣基茨和尼维斯	2010	97.8	76.1	9.6	10.5	36.1	0.5	9.9	7.0	9.6	11.8
圣卢西亚	2007	99.6	61.9	9.6	9.0	39.9	0.0	12.7	4.9	9.1	12.2
圣文森多格瑞纳	2007	99.7	62.5	11.3	8.4	44.4	0.5	15.1	7.8	10.6	8.6
苏丹	2010	..	..	13.3	14.8	28.3	0.1	16.6	10.9	12.9	15.8
苏里南	2010	27.6	18.1	11.6	11.9	36.2	0.1	18.3	15.0	10.4	10.4
斯威士兰	2010	96.1	19.4	10.9	10.2	26.2	3.2	9.7	1.3	11.1	16.2
瑞士	2010	99.8	0.0	0.0	0.0	0.0	26.9	0.0	0.0	0.0	0.0
阿拉伯叙利亚共和国	2010	..	..	6.7	6.1	27.6	0.0	6.5	6.1	6.7	6.1
塔吉克斯坦	2010	..	..	4.4	5.9	8.2	0.8	3.5	1.1	4.5	7.8
坦桑尼亚	2010	13.8	120.0	12.9	8.2	39.9	0.1	17.5	8.7	12.4	8.0
泰国	2009	74.7	26.1	11.2	4.9	20.5	5.2	15.9	2.9	10.5	6.1
东帝汶		..	..	..	..	..	..	..	..	..	..
多哥	2010	14.3	80.0	12.8	14.2	47.3	0.0	14.4	12.4	12.6	14.9
汤加	2010	100.0	17.6	10.9	7.2	65.6	0.3	11.9	5.1	10.6	9.0
特立尼达和多巴哥	2008	100.0	55.8	8.7	10.0	43.6	0.5	16.6	3.1	7.6	17.4
突尼斯	2008	58.3	58.0	21.9	16.0	57.8	0.0	26.8	12.0	21.4	18.2
土耳其	2010	50.3	29.2	2.5	2.4	5.4	0.2	14.4	4.8	1.2	1.3
土库曼斯坦	2002	..	..	5.4	2.9	14.8	3.2	14.7	12.6	3.8	1.1
乌干达	2010	16.1	73.5	12.1	8.2	37.5	0.2	15.7	8.8	11.6	7.9
乌克兰	2010	100.0	5.8	4.5	2.8	1.1	0.4	5.9	2.5	4.3	3.1
阿拉伯联合酋长国	2009	100.0	14.8	4.5	3.7	0.3	0.3	6.0	2.8	4.2	4.4
美国	2010	100.0	3.7	2.9	1.8	3.4	6.9	2.6	1.2	3.0	2.0
乌拉圭	2010	100.0	31.6	9.6	3.6	29.3	0.0	5.6	1.1	10.0	5.3
乌兹别克斯坦	2009	..	..	11.8	6.9	20.1	10.9	12.6	3.9	11.7	7.4
瓦努阿图	2009	..	..	18.2	18.5	66.6	3.4	26.7	27.8	16.5	14.6
委内瑞拉	2010	100.0	36.5	13.1	10.6	21.9	0.0	12.2	10.0	13.2	10.8
越南	2010	100.0	11.5	7.1	5.7	23.6	0.5	8.6	6.0	6.9	5.6
西岸和加沙		..	..	..	..	..	..	..	..	..	..
也门共和国	2009	..	..	5.5	4.2	1.4	0.8	7.1	3.8	5.2	4.6
赞比亚	2009	17.1	106.9	10.8	3.8	51.2	0.0	9.2	3.1	11.0	4.2
津巴布韦	2007[b]	22.2	91.4	16.7	17.3	38.8	6.5	19.6	20.4	16.3	15.1
全世界		**78.3 w**	**31.2**	**6.9**	**3.1**	**15.0**	**2.0**	**9.0**	**2.7**	**6.6**	**3.3 w**
低收入国家		48.3	52.3	12.5	9.2	41.4	0.2	14.3	7.9	12.3	9.8
中等收入国家		87.7	32.9	8.5	5.0	20.1	0.8	10.8	3.4	8.2	5.7
中低收入国家		80.6	37.3	9.1	6.3	20.0	0.8	13.2	5.6	8.6	6.6
中高收入国家		90.3	29.3	8.3	4.6	20.7	0.8	9.3	2.7	8.1	5.5
低收入和中等收入国家		76.5	36.5	9.0	5.1	21.5	0.8	11.3	3.5	8.7	5.8
东亚和太平洋地区		84.2	22.3	8.3	4.2	15.8	0.9	10.6	2.3	7.9	5.4
欧洲和中亚		91.7	8.9	4.9	4.1	13.1	0.9	7.7	3.1	4.6	4.5
拉丁美洲和加勒比地区		96.1	36.6	8.1	4.9	18.1	0.4	7.9	3.1	8.1	5.5
中东和北非		99.9	30.4	10.6	7.4	25.0	0.0	17.2	6.8	9.7	7.8
南亚		81.5	41.6	13.7	8.5	39.6	2.7	17.8	7.6	13.1	8.7
撒哈拉以南非洲地区		53.4	48.4	11.4	7.2	36.7	1.0	12.8	6.1	11.3	7.7
高收入国家		90.3	17.3	3.6	2.2	5.0	4.2	6.4	2.4	3.1	2.1
欧元区		89.6	7.4	3.3	2.2	5.1	5.4	7.1	2.6	2.6	2.0
非欧元区		73.1	9.1	2.9	0.8	4.9	0.0	3.2	0.8	2.8	0.8

a. 包括黑山。b. 税率为最惠国关税税率。

关于数据的说明

发展中国家的穷人基本上从事农业和劳动力密集型制造业，而这些部门面临的贸易壁垒却最多。取消商品贸易壁垒可以使这些国家的经济增长率提高——甚至如果服务贸易也实施自由化，那么经济增长率将会进一步提高。

从总体上来看，虽然高收入国家对来自发展中国家的进口征收的关税并不高，但仍然是对来自其他高收入国家的进口所征收的关税的两倍。不过贸易保护对于发展中国家而言也是一个问题，发展中国家自身对于农业商品、劳动力密集型制成品以及其他产品和服务也征收较高的关税。

各国通常会结合关税和非关税措施来管制进口。最常用的关税种类是从价税，即基于进口额，但关税也可以基于特定的基础或者按每单位商品征收，或者同时使用从价税和特定税率。征收关税的目的可能是增加财政收入，或者保护国内产业免受外国竞争，或者两者兼而有之。非关税壁垒的作用在于限制特定商品进口的数量，其中包括配额、禁止进口、许可证制度、出口限制安排以及卫生与检疫措施等。由于非关税壁垒很难综合成一个总指标，因此，本表没有包括非关税壁垒。

本表中计算各种指标所采用的关税税率均为实际应用关税税率，除非另有说明是最惠国贸易伙伴的关税税率。实际应用关税税率是在诸如北美自由贸易协定等优惠贸易协定下，针对贸易伙伴所实际采用的关税税率。最惠国贸易伙伴的关税税率与实际应用关税税率之间可能存在很大差异。由于目前越来越多的国家公布了其自由贸易协定、关税削减以及其他一些特定优惠安排，因此，本年度的《世界发展指标》针对大多数国家都纳入了实际应用关税税率。所有的估计值都是以最新的信息计算的，但每年的信息不一定都是最新的。因此，与前几年的出版物相比，相同年份的数据可能不同。

本表给出了衡量平均关税的3种措施：简单约束税率、简单平均关税和加权平均关税。约束税率是基于一国关税税目中的所有产品计算出来的，而最惠国关税税率或者实际应用关税税率则是采用所有贸易产品计算出来的。加权平均关税的权重则依据一国与每个贸易伙伴的贸易额进行衡量。与加权平均关税相比，简单平均关税可以更好地体现关税保护水平，加权平均关税一般偏低，因为较高的税率不利于开展贸易，从而降低了采用这些税率的权重。约束税率是因贸易谈判而产生的，并且已经纳入了一国贸易许可的时间表，因此，这种税率具有强制性。

一些国家对所有进口商品实行基本统一的关税税率。其他国家则更多地实施选择性关税，对某些产品制定高关税以保护国内支持的产业。达到国际最高关税水平的关税种类所占比例表明了如何选择性地应用关税。如果关税体系能够系统性地区分原材料、中间产品以及最终产品，那么有效保护率——产业附加值受保护的程度——就可能超过名义关税税率。

特定关税种类所占比例表明一国利用以实物数量或者其他非从价措施为基础的关税程度。一些国家只征收特定关税，例如，瑞士就是如此。这些特定关税已经尽可能地转换成等值的从价税，并包含在简单加权关税的计算中。

数据采用协调系统的6位或者8位数字进行分类。关税税率数据来自联合国贸易与发展会议（UNCTAD）的贸易分析和信息系统数据库和世界贸易组织（WTO）的整合数据库和综合关税减让表数据库。有关关税的数据是与国际贸易标准分类（SITC）第2次修订版一致的，以确定商品种类和进口权重。进口权重采用联合国统计署商品贸易数据库（COMTRADE）中的数据计算得出。本表给出了3类商品的关税税率：所有产品、初级产品和制成品。6位或者8位数字产品的实际应用关税税率是每个商品组产品的平均值。当不能获得实际应用关税税率时，则使用最惠国关税税率加以替代。

表中只提供那些最后1年具有完整数据的经济体的数据。欧盟成员国使用欧盟统一给出的关税税率，而不是各自的关税税率。

定义

• **约束范围**是指达成约束关税税率的产品所占的比例。 • **简单平均约束关税**是关税进度表中给出的所有约束关税的未加权平均数。 • **简单平均关税**是为所有贸易商品计算的有效应用关税税率的未加权平均数或者所有课税产品最惠国关税税率的未加权平均数。 • **加权平均关税**是以每个贸易伙伴国的产品进口份额为权重，计算得出的有效应用税率或者最惠国关税税率的平均关税。 • **达到国际最高关税水平的关税种类所占比例**是指关税税率超过15%的关税所占比例。 • **特定关税种类所占比例**是指按照从量税征收或者从量税与从价税一起计征的关税所占比例。 • **初级产品**是国际贸易标准分类（SITC）第2次修订版中第0—4类，加上第68部分（有色金属）。 • **制成品**是国际贸易标准分类（SITC）第2次修订版中第5—8类，不包括第68部分。

数据资料来源

本表中的所有指标均由世界银行工作人员采用世界综合贸易方式（WITS）系统计算得出，见 http://wits.worldbank.org。关税税率数据由联合国贸易与发展会议（UNCTAD）的贸易分析和信息系统数据库和世界贸易组织（WTO）的整合数据库和综合关税减让表数据库提供。全球进口数据来源于联合国统计署商品贸易数据库。

	后勤绩效指数	海关手续负担	交期		单据		班轮运输相关性指数	港口设施质量	向美国运输货物的费率
	1—5 (最差到最好)	1—7 (最差到最好)	天数		数量		0—100 (低到高)	1—7 (最差到最好)	1千克DHL空运包裹 美元
			出口	进口	出口	进口			
	2010	2010–2011[b]	2010	2010	June 2011	June 2011	2011	2010–2011	2012
阿富汗	2.24	..	2.0	4.0	10	10	..	..	148.25
阿尔巴尼亚	2.46	4.2	1.7	2.0	7	8	4.5	3.9	163.10
阿尔及利亚	2.36	2.8	4.6	7.1	8	9	31.1	3.0	162.00
安哥拉	2.25	2.7	6.0	8.0	11	8	11.3	2.3	162.00
阿根廷	3.10	2.7	3.7	3.8	7	7	30.6	3.7	92.30
亚美尼亚	2.52	2.9	..	..	5	8	..	2.7[c]	148.25
澳大利亚	3.84	5.1	2.6	2.8	6	5	28.3	5.1	102.10
奥地利	3.76	5.0	2.0	3.7	4	5	..	4.7[c]	142.10
阿塞拜疆	2.64	3.5	7.0	3.0	8	10	..	4.1[c]	163.10
巴林	3.37	5.5	1.0	2.0	6	7	9.8	6.0	148.25
孟加拉国	2.74	3.4	1.4	1.4	6	8	8.2	3.4	102.10
白俄罗斯	2.53	..	..	..	9	10	..	..	163.10
比利时	3.94	4.6	1.7	1.6	4	5	88.5	6.5	116.75
贝宁	2.79	3.7	*3.0*	*7.0*	7	8	12.7	3.9	162.00
玻利维亚	2.51	3.0	15.0	28.3	8	7	..	3.1[c]	92.30
波斯尼亚和黑塞哥维那	2.66	3.4	2.0	2.0	8	9	..	1.7	163.10
博茨瓦纳	2.32	4.7	..	..	6	8	..	3.9[c]	162.00
巴西	3.20	3.1	2.8	3.9	7	8	34.6	2.7	92.30
保加利亚	2.83	3.5	2.0	3.9	5	6	5.4	3.8	142.10
布基纳法索	2.23	4.0	4.0	14.0	10	10	..	3.7[c]	162.00
布隆迪	2.29	2.9	..	..	9	10	..	3.0[c]	162.00
柬埔寨	2.37	3.7	1.3	4.0	9	10	5.4	4.0	111.40
喀麦隆	2.55	4.0	3.4	8.9	11	12	11.4	3.5	162.00
加拿大	3.87	4.9	2.8	3.7	3	4	38.4	5.8	76.15
中非共和国	..	..	..	..	9	17	..	..	162.00
乍得	2.49	2.8	74.0	*35.0*	8	11	..	2.7[c]	162.00
智利	3.09	5.5	3.5	3.0	6	6	22.8	5.2	92.30
中国	3.49	4.4	2.8	2.6	8	5	152.1	4.5	86.75
中国香港	3.88	6.2	1.7	1.6	4	4	115.3	6.6	92.75
哥伦比亚	2.77	4.0	*7.0*	*7.0*	5	6	27.3	3.4	92.30
刚果民主共和国	2.68	..	2.0	3.0	8	9	3.7	..	162.00
刚果共和国	2.48	..	..	..	11	10	10.8	..	162.00
哥斯达黎加	2.91	3.9	2.0	2.0	6	7	10.7	2.3	92.30
科特迪瓦	2.53	3.9	1.0	1.0	10	9	17.4	4.9	162.00
克罗地亚	2.77	4.1	1.0	1.0	7	8	21.8	4.0	163.10
古巴	2.07	..	..	..	..	..	6.6	..	80.30
塞浦路斯	3.13	4.9	1.0	2.0	5	7	17.1	5.1	142.10
捷克共和国	3.51	4.4	2.5	3.5	4	7	0.4	4.7[c]	142.10
丹麦	3.85	5.7	1.0	1.0	4	3	26.4	6.2	142.10
多米尼加共和国	2.82	4.4	2.2	3.5	6	7	22.9	4.4	80.30
厄瓜多尔	2.77	3.5	2.1	3.4	8	7	22.5	3.8	92.30
埃及	2.61	4.1	1.3	3.1	8	9	51.2	4.0	148.25
萨尔瓦多	2.67	3.9	2.0	*2.0*	8	8	12.0	3.8	92.30
厄立特里亚	1.70	..	3.0	3.0	10	12	4.0	..	162.00
爱沙尼亚	3.16	5.2	4.0	4.0	3	4	5.8	5.6	142.10
埃塞俄比亚	2.41	3.5	5.0	6.0	7	9	..	3.9[c]	162.00
芬兰	3.89	6.0	1.6	1.8	4	5	11.3	6.2	142.10
法国	3.84	4.9	*3.2*	*4.5*	2	2	71.8	5.6	116.75
加蓬	2.41	..	4.3	13.0	7	8	8.0	..	162.00
冈比亚	2.49	5.2	4.6	3.5	6	7	5.4	4.9	162.00
格鲁吉亚	2.61	4.9	..	..	4	4	3.8	4.2	163.10
德国	4.11	4.7	3.6	*2.4*	4	5	93.3	6.1	116.75
加纳	2.47	3.6	2.9	6.8	6	7	18.0	4.2	162.00
希腊	2.96	4.0	*3.0*	*3.5*	5	6	32.2	4.1	142.10
危地马拉	2.63	4.2	2.6	3.4	10	9	20.9	4.3	92.30
几内亚	2.60	..	*3.5*	*3.9*	7	9	6.2	..	162.00
几内亚比绍	2.10	..	..	..	6	6	4.1	..	162.00
海地	2.59	2.5	*4.2*	*5.3*	8	10	4.8	1.8	80.30

	后勤绩效指数	海关手续负担	交期		单据		班轮运输相关性指数	港口设施质量	向美国运输货物的费率
	1—5 (最差到最好)	1—7 (最差到最好)	天数		数量		0—100 (低到高)	1—7 (最差到最好)	1千克DHL空运包裹 美元
			出口	进口	出口	进口			
	2010	2010–2011[b]	2010	2010	June 2011	June 2011	2011	2010–2011	2012
洪都拉斯	2.78	4.0	2.4	3.2	6	8	9.4	5.1	92.30
匈牙利	2.99	4.5	3.5	5.0	6	7	..	4.0[c]	142.10
印度	3.12	3.8	2.3	5.3	8	9	41.5	3.9	102.10
印度尼西亚	2.76	3.9	2.1	5.4	4	7	25.9	3.6	102.10
伊朗	2.57	3.5	2.6	28.3	7	8	30.3	3.9	148.25
伊拉克	2.11	..	..	..	10	10	4.2	..	148.25
爱尔兰	3.89	5.2	1.0	1.0	4	4	5.9	5.2	116.75
以色列	3.41	4.7	2.0	2.0	5	4	28.5	4.2	148.25
意大利	3.64	4.0	2.6	3.0	4	4	70.2	3.9	116.75
牙买加	2.53	3.7	10.0	10.0	6	6	28.2	5.3	80.30
日本	3.97	4.7	1.0	1.0	3	5	67.8	5.2	124.90
约旦	2.74	4.4	3.2	4.6	6	7	16.7	4.3	148.25
哈萨克斯坦	2.83	3.5	2.8	11.5	9	12	..	3.6[c]	163.10
肯尼亚	2.59	3.3	3.0	5.9	8	7	12.0	3.8	162.00
朝鲜	..	..	..	..	..	..	..	..	111.40
韩国	3.64	4.4	1.6	2.0	3	3	92.0	5.5	102.10
科索沃	..	..	..	..	8	8	..	..	163.10
科威特	3.28	4.1	2.0	3.0	7	10	5.6	4.2	148.25
吉尔吉斯斯坦	2.62	2.8	2.0	..	8	9	..	1.5[c]	163.10
老挝	2.46	..	..	..	9	10	..	..	111.40
拉脱维亚	3.25	4.1	1.3	1.6	5	6	5.5	4.7	142.10
黎巴嫩	3.34	3.5	3.4	2.2	5	7	35.1	4.3	148.25
莱索托	2.30	3.7	..	..	8	8	..	3.4[c]	162.00
利比里亚	2.38	..	4.0	5.0	10	9	6.2	..	162.00
利比亚	2.33	3.5	3.2	10.0	..	..	6.6	3.2	162.00
立陶宛	3.13	4.5	2.0	2.3	6	6	9.8	4.9	142.10
前南斯拉夫马其顿共和国	2.77	4.2	..	..	6	6	..	4.1[c]	163.10
马达加斯加	2.66	3.4	..	..	4	9	7.7	3.3	162.00
马拉维	2.42	3.8	4.2	3.7	10	9	..	3.6[c]	162.00
马来西亚	3.44	5.0	2.6	2.8	6	7	91.0	5.7	102.10
马里	2.27	4.1	5.0	4.0	6	9	..	3.7[c]	162.00
毛里塔尼亚	2.63	4.1	2.0	3.0	8	8	5.6	3.3	162.00
毛里求斯	2.72	4.6	3.0	2.4	5	6	15.4	4.7	162.00
墨西哥	3.05	4.1	2.1	2.5	5	4	36.1	4.0	51.15
摩尔多瓦	2.57	3.5	..	..	6	7	..	2.9	163.10
蒙古	2.25	3.3	14.0	12.0	8	8	..	2.8[c]	111.40
摩洛哥	2.38	4.4	2.0	3.2	6	8	55.1	4.5	162.00
莫桑比克	2.29	3.7	..	..	7	10	10.1	3.4	162.00
缅甸	2.33	..	4.6	8.4	..	..	3.2	..	111.40
纳米比亚	2.02	4.1	3.0	3.0	9	7	12.0	5.5	162.00
尼泊尔	2.20	3.4	1.8	6.3	9	9	..	2.6[c]	111.40
荷兰	4.07	5.2	1.8	1.9	4	5	92.1	6.6	116.75
新西兰	3.65	5.8	1.3	1.6	7	5	18.5	5.5	102.10
尼加拉瓜	2.54	3.0	3.2	3.2	5	5	8.4	2.7	92.30
尼日尔	2.54	..	..	..	8	10	..	..	162.00
尼日利亚	2.59	3.5	2.5	4.1	10	9	19.9	3.3	162.00
挪威	3.93	5.2	1.0	2.0	4	4	7.3	5.5	142.10
阿曼	2.84	5.0	..	..	8	8	49.3	5.4	148.25
巴基斯坦	2.53	3.6	2.3	1.6	7	8	30.5	4.1	148.25
巴拿马	3.02	4.2	1.4	1.4	3	4	37.5	6.4	92.30
巴布亚新几内亚	2.41	..	..	..	7	9	8.8	..	111.40
巴拉圭	2.75	3.9	1.0	4.0	8	10	0.0	3.4[c]	92.30
秘鲁	2.80	4.4	2.0	3.8	6	8	21.2	3.5	92.30
菲律宾	3.14	3.0	1.8	5.0	7	8	18.6	3.0	102.10
波兰	3.44	4.4	3.0	3.6	5	5	26.5	3.4	142.10
葡萄牙	3.34	4.7	2.5	5.0	4	5	21.1	4.9	116.75
波多黎各	..	4.6	..	..	6	10	..	5.3	..
卡塔尔	2.95	4.8	3.8	2.3	5	7	3.6	5.4	148.25

	后勤绩效指数	海关手续负担	交期		单据		班轮运输相关性指数	港口设施质量	向美国运输货物的费率[a]
	1—5 (最差到最好)	1—7 (最差到最好)	天数		数量		0—100 (低到高)	1—7 (最差到最好)	1千克DHL空运包裹 美元
	2010	2010–2011[b]	出口 2010	进口 2010	出口 June 2011	进口 June 2011	2011	2010–2011	2012
罗马尼亚	2.84	3.3	2.0	2.0	5	6	21.4	2.8	142.10
俄罗斯联邦	2.61	2.8	4.0	2.9	8	10	20.6	3.7	163.10
卢旺达	2.04	5.3	..	..	8	8	..	3.2	162.00
沙特阿拉伯	3.22	5.0	2.3	6.3	5	5	60.0	5.4	148.25
塞内加尔	2.86	4.7	1.4	2.7	6	5	12.3	4.5	162.00
塞尔维亚	2.69[d]	3.7	2.0[d]	3.0[d]	6	6	..	2.7	163.10
塞拉利昂	1.97	..	2.0	32.0	7	7	5.4	..	162.00
新加坡	4.09	6.2	2.2	1.8	4	4	105.0	6.8	92.75
斯洛伐克共和国	3.24	4.3	3.0	5.0	6	7	..	3.9[c]	142.10
斯洛文尼亚	2.87	5.0	1.0	2.0	6	8	21.9	5.2	142.10
索马里	1.34	..	..	..	..	..	4.2	..	162.00
南非	3.46	4.2	2.3	3.3	8	8	35.7	4.7	162.00
南苏丹共和国	..	..	..	..	..	..	..	..	..
西班牙	3.63	4.5	4.0	7.1	6	7	76.6	5.8	116.75
斯里兰卡	2.29	4.4	1.3	2.5	6	6	41.1	4.9	102.10
苏丹	2.21	..	39.0	5.0	7	7	9.3	..	162.00
斯威士兰	..	3.4	..	..	9	9	..	4.2	162.00
瑞典	4.08	5.8	1.0	2.6	3	3	30.0	6.0	142.10
瑞士	3.97	5.1	2.6	2.6	4	5	1.9	5.2[c]	142.10
阿拉伯叙利亚共和国	2.74	2.9	2.5	3.2	8	9	16.8	3.4	148.25
塔吉克斯坦	2.35	3.6	7.0	..	11	9	..	1.8[c]	163.10
坦桑尼亚	2.60	3.6	3.2	7.1	6	6	11.5	3.3	162.00
泰国	3.29	3.9	1.6	2.6	5	5	36.7	4.7	102.10
东帝汶	1.71	3.4	..	..	6	7	..	2.6	111.40
多哥	2.60	..	..	..	6	8	14.1	..	162.00
特立尼达和多巴哥	..	3.0	..	..	5	6	17.9	3.9	80.30
突尼斯	2.84	4.6	1.7	7.0	4	7	6.3	4.6	162.00
土耳其	3.22	3.7	2.2	3.8	7	8	39.4	4.2	148.25
土库曼斯坦	2.49	..	3.0	..	..	..	..	..	163.10
乌干达	2.82	4.4	5.5	14.0	7	9	..	3.7[c]	162.00
乌克兰	2.57	2.8	1.7	7.0	6	8	21.4	3.7	163.10
阿拉伯联合酋长国	3.63	5.6	2.5	2.0	4	5	62.5	6.2	148.25
英国	3.95	4.9	3.3	1.9	4	4	87.5	5.6	116.75
美国	3.86	4.3	2.8	4.0	4	5	81.6	5.5	..
乌拉圭	2.75	4.2	3.0	3.0	9	9	24.4	5.1	92.30
乌兹别克斯坦	2.79	..	1.4	2.0	10	11	..	..	163.10
委内瑞拉	2.68	2.3	9.4	12.1	8	9	20.0	2.5	92.30
越南	2.96	3.4	1.4	1.7	6	8	49.7	3.4	102.10
西岸和加沙	..	..	..	..	6	6	..	..	..
也门共和国	2.58	2.9	3.1	3.6	6	9	11.9	2.9	148.25
赞比亚	2.28	4.1	9.2	4.0	6	8	..	4.0[c]	162.00
津巴布韦	2.29	3.8	25.0	18.0	8	9	..	4.4[c]	162.00
全世界	**2.87[e] u**	**4.1 u**	**3.8[e] u**	**4.6[e] u**	**7 u**	**7 u**	**..**	**4.3 u**	
低收入国家	2.38	3.7	7.3	7.8	8	9	..	3.3	
中等收入国家	2.68	3.8	3.7	4.9	7	7	..	3.9	
中低收入国家	2.54	3.6	4.8	5.3	7	8	..	3.6	
中高收入国家	2.80	3.9	2.9	4.6	6	7	..	4.1	
低收入和中等收入国家	2.60	3.7	4.5	5.5	7	8	..	3.7	
东亚和太平洋地区	2.73	3.8	3.6	4.9	7	7	..	3.8	
欧洲和中亚	2.71	3.7	2.8	3.0	7	8	..	3.4	
拉丁美洲和加勒比地区	2.74	3.7	3.9	5.5	6	7	..	3.8	
中东和北非	2.60	3.7	2.7	7.2	7	8	..	3.9	
南亚	2.49	3.7	1.9	3.3	8	9	..	3.8	
撒哈拉以南非洲地区	2.42	3.9	8.1	7.0	8	9	..	3.8	
高收入国家	3.54	4.9	2.1	2.7	5	5	..	5.3	
欧元区	3.55	4.9	2.3	3.0	4	5	..	5.3	

a. 仅指运输费用，不包括燃料费用、审核费用/超载罚款、关税和税收。b. 2010 年和 2011 年调查评级的平均值。c. 内陆国家。d. 包括黑山。e. 合计值依据世界银行于 2011 年 7 月 1 日对各经济体的分类加以计算，可能不同于原始资料来源公布的数据。

关于数据的说明

贸易便利涵盖了贸易发生地的通关效率及其他自然环境和监管环境、各项标准与国际准则的协调程度以及在国家和港口间运输货物及相关单据的物流保障。尽管在过去十年中有关贸易便利的数据日益增多，但具有较高评估价值尤其是针对发展中国家的数据仍然匮乏。目前，有关贸易便利的数据主要来自私人机构和国际机构的研究报告，其中大多数都是企业主管人员和专业人士的主观评价。由于被调查人员具有不同的背景、价值观和性格，对于同一情形作出的判断可能截然不同。因此，当解释各项具有主观色彩的指标时，需要谨慎。但无论如何，这些数据传递了有关贸易便利的必要信息。

表中数据来自物流绩效调查报告，该调查由世界银行携同国际物流领域的学术机构和国际机构、私人公司以及个人共同发起。物流绩效指数对构成物流环境的6个方面（见定义）进行了评估，综合了近1,000家国际货运代理商的5,000余份国家评估问卷。被调查者对8个市场的6项核心构成要素从1（最低）到5（最高）打分。这些市场有被调查者所在国家最重要的进出口市场、随机选择的市场以及连接内陆国家与国际市场的邻国市场。调查者取6个方面得分的平均值，将其整合为一个综合得分。调查方法和指数构成法的详细内容见Arvis等（2010）。

有关通关手续的数据来自世界经济论坛企业高层主管意见调查。2011年调查涵盖了来自142个国家的15000余位受访者，在取样过程中根据公司规模和执行部门对样本进行分层。调查数据来自网络采访和面对面的采访，调查结果通过部门加权平均予以整合。最近一年的数据要结合上一年数据得出一个两年的移动平均值。被调查者分别评估各自所在国的海关通关效率。最低得分（1）意味着海关效率极低，最高得分（7）则意味海关效率极高。

跨境贸易的直接成本包括运费、关税和储存费。间接成本包括进出口货物的时间价值以及货物延期和海损风险。交期过长以及冗繁的手续会削弱贸易的竞争力。有关交期的数据来自LPI调查。被调查者分别给最好情形（占运输贸易的10%）和中间情形（占运输贸易的50%）打分，调查者则取这两项得分的对数，经指数平均处理后得到最终数据。

有关进出口单据数量的数据来自世界银行工商业运营环境调查，汇总了海路运输标准单位货物在当地货运代理商、航运公司、报关行、港口官员和银行等各个环节需要出具的各类单证。为了使不同经济体之间的数据便于比较，调查设计者对商业经营和贸易物品设定了若干假设前提（见www.doingbusiness.org）。

能否接入全球海运、空运网络以及港口和道路的质量和覆盖率都会影响物流绩效。本表给出了两项与贸易和交通运输服务基础设施有关的指标：班轮运输相关性指数和港口设施质量评级。班轮运输相关性指数在于衡量各个国家与全球海运网络接合的程度，该指数由联合国贸易与发展大会根据海运部门的5个构成部分设计而成：班轮数量、班轮装载集装箱能力、船舶最大吨位、班轮业务数量以及使用港口调度集装箱运货船的公司数量。一个国家的每一分项得分要先除以2004年该国对应分项的最高分，5个分项得分再取平均数得到该国平均分，班轮运输相关性指数=（该国平均分/2004年最高平均分）×100。一个国家2004年在该指数上具有最高均值，其得分为100。

港口设施质量衡量的是企业家对本国港口设施的评价。该项指标分值最低为1（港口设施极端落后），最高为7（按国际标准衡量的港口设施发达高效）。内陆国家的企业主管则需回答“通往港口的交通状况如何（1=极不方便，7=极方便）”。

交通运输的服务成本对出口竞争力具有决定性影响。本表采用的替代指标为国际运输公司通过海路向美国运输货物的费率。

定义

• **物流绩效指数**反映的是一个国家的物流服务总体情况，包括海关通关效率、贸易和交通运输设施质量、货物运输竞争程度、物流服务质量、追踪在途货物的难易程度以及货物按时送达收货人处的概率。该指数分值从1到5，得分越高绩效越好。 • **海关手续负担**反映了企业家对本国海关办事效率的评价。分值从1到7，得分越高效率越高。 • **出口交期**是指从装船地点到卸货地点所需的中位时间（50%的运输所耗用的时间）。 • **进口交期**是指从发货地点到收货地点所需的中位时间（50%的运输所耗时间）。 • **出口单据和进口单据**是指进出口各环节需出具的各类单据，这些环节包括政府部门、海关当局、港口和集装箱集散站、卫生和技术监控机构以及进出口银行。需每年更新的单据和一次性单据不包括在内。 • **班轮运输相关性指数**是根据一国海运部门的情况衡量该国与全球海运网络的接合程度。2004年的最高值为100。 • **港口设施质量**衡量企业家对本国港口设施的评价。分值从1到7，得分越高港口设施越发达。 • **向美国运输货物的费率**是美国DHL国际运输公司在全球范围内向美国空运1公斤包裹收取的一口价费率。不包括燃料、审核费/附加费、关税和税收。

数据资料来源

有关物流绩效指数和进出口交期的数据来自Arvis等（2010）。有关海关手续负担和港口设施质量评级的数据来自世界经济论坛《2011—2012年全球竞争力报告》。有关进出口单据数量的数据来自世界银行工商业运营环境项目（www.doingbusiness.org）。有关班轮运输相关性指数的数据来自UNTCTAD的《世界海运回顾》（2011年）。有关向美国运输货物运费的数据来自DHL公司《2012年DHL货运公司标准运费指南》（2012年）。

6.9 外　　债

	外债总额		长期债务		短期债务			债务还本付息总额	债务现值	
			百万美元							
	百万美元	占GNI的百分比	政府债务和政府担保债务	私人无担保债务	百万美元	占总债务的百分比	占总储备的百分比	占货物、服务及收入出口的百分比[a]	占GNI的百分比[a]	占货物、服务及收入出口的百分比[a]
	2010	2010	2010	2010	2010	2010	2010	2010	2010	2010
阿富汗	2,297	..	2,076	..	102	4.4	..	..	6.5	21.1
阿尔巴尼亚	4,736	40.5	2,972	1,133	573	12.1	22.6	11.1	29.5	87.6
阿尔及利亚	5,276	3.4	2,530	968	1,778	33.7	1.0	1.0	3.0	5.4
安哥拉	18,562	24.6	15,440	..	2,241	12.1	11.3	4.5	22.1	22.3
阿根廷	127,849	36.1	67,331	25,514	35,005	27.4	67.1	16.7	37.5	150.3
亚美尼亚	6,103	64.8	2,557	2,187	618	10.1	33.1	33.4	46.5	182.6
澳大利亚	..	..	..	..	..	..	..	..	..	..
奥地利	..	..	..	..	..	..	..	..	..	..
阿塞拜疆	6,974	14.9	3,892	2,158	878	12.6	13.7	1.4	9.1	13.7
巴林	..	..	..	..	..	..	..	..	..	..
孟加拉国	24,963	22.8	21,371	..	2,974	11.9	26.6	4.7	16.2	84.3
白俄罗斯	25,726	46.8	7,850	2,401	11,980	46.6	238.4	4.6	41.8	74.8
比利时	..	..	..	..	..	..	..	..	..	..
贝宁	1,221	18.4	1,134	..	32	2.7	2.7	..	12.8[b]	70.1[b]
玻利维亚	5,267	27.8	2,806	2,358	103	2.0	1.1	9.3	17.4[b]	40.9[b]
波斯尼亚和黑塞哥维那	8,457	48.8	3,751	3,149	1,037	12.3	23.7	19.9	37.3	95.0
博茨瓦纳	1,709	11.6	1,352	..	357	20.9	4.5	1.5	8.7	18.9
巴西	346,978	16.9	96,542	184,940	65,496	18.9	22.7	19.0	18.8	146.0
保加利亚	48,077	104.8	4,466	28,238	15,373	32.0	89.3	14.2	94.9	159.1
布基纳法索	2,053	23.3	1,925	..	0	0.0	0.0	..	18.6[b]	168.7[b]
布隆迪	537	33.8	412	..	16	2.9	4.7	..	14.3[b]	151.5[b]
柬埔寨	4,676	43.4	4,414	..	262	5.6	6.9	..	35.8	58.6
喀麦隆	2,964	13.5	2,185	577	31	1.0	0.8	3.6	5.3[b]	19.1[b]
加拿大	..	..	..	..	..	..	..	..	..	..
中非共和国	385	19.2	218	..	77	19.9	42.3	..	12.4[b]	75.9[b]
乍得	1,733	25.7	1,708	..	8	0.5	1.3	..	28.3[b]	57.3[b]
智利	86,349	45.9	12,929	47,541	25,879	30.0	93.0	15.2	47.7	98.9
中国	548,551	9.3	90,180	110,847	347,524	63.4	11.9	3.3	10.1	31.2
中国香港	..	..	..	..	..	..	..	..	..	..
哥伦比亚	63,064	22.8	36,777	18,078	8,209	13.0	29.2	21.0	37.5	211.9
刚果民主共和国	5,774	47.1	4,957	..	494	8.6	38.0	3.8	27.0[b]	77.8[b]
刚果共和国	3,781	43.9	3,531	..	222	5.9	5.0	..	19.5[b]	19.2[b]
哥斯达黎加	8,849	26.8	3,725	2,693	2,431	27.5	52.5	7.7	26.8	59.1
科特迪瓦	11,430	52.6	10,416	280	351	3.1	9.7	..	48.0[b]	88.2[b]
克罗地亚	..	..	..	..	..	..	..	..	..	..
古巴	..	..	..	..	..	..	..	..	..	..
塞浦路斯	..	..	..	..	..	..	..	..	..	..
捷克共和国	..	..	..	..	..	..	..	..	..	..
丹麦	..	..	..	..	..	..	..	..	..	..
多米尼加共和国	13,045	26.2	9,115	843	1,948	14.9	55.6	11.0	23.7	89.1
厄瓜多尔	14,815	23.1	8,598	5,848	369	2.5	14.1	9.4	22.1	64.3
埃及	34,844	16.2	31,641	54	3,149	9.0	8.5	6.0	15.2	46.0
萨尔瓦多	11,069	53.2	6,394	3,569	1,105	10.0	38.1	19.0	46.5	177.1
厄立特里亚	1,010	48.2	1,003	..	7	0.7	6.3	..	33.8[b]	731.6[b]
爱沙尼亚	..	..	..	..	..	..	..	..	..	..
埃塞俄比亚	7,147	24.1	6,545	..	314	4.4	..	..	13.3[b]	106.7[b]
芬兰	..	..	..	..	..	..	..	..	..	..
法国	..	..	..	..	..	..	..	..	..	..
加蓬	2,331	20.3	2,158	..	174	7.5	10.0	..	18.7	16.2
冈比亚	470	63.3	395	..	44	9.4	21.9	7.2	29.5[b]	72.6[b]
格鲁吉亚	9,238	80.4	4,081	3,143	963	10.4	42.6	18.1	65.0	183.9
德国	..	..	..	..	..	..	..	..	..	..
加纳	8,368	27.2	5,727	0	2,249	26.9	..	3.4	17.5[b]	61.0[b]
希腊	..	..	..	..	..	..	..	..	..	..
危地马拉	14,340	35.9	5,527	7,218	1,595	11.1	26.8	14.3	31.7	117.6
几内亚	2,923	69.1	2,752	..	123	4.2	..	5.6	53.6[b]	145.2[b]
几内亚比绍	1,095	124.8	963	..	128	11.7	81.6	..	14.6[b]	86.6[b]
海地	492	7.3	479	..	0	0.0	0.0	15.7	4.3[b]	31.7[b]

	外债总额		长期债务		短期债务			债务还本付息总额	债务现值	
			百万美元							
	百万美元	占GNI的百分比	政府债务和政府担保债务	私人无担保债务	百万美元	占总债务的百分比	占总储备的百分比	占货物、服务及收入出口的百分比[a]	占GNI的百分比[a]	占货物、服务及收入出口的百分比[a]
	2010	2010	2010	2010	2010	2010	2010	2010	2010	2010
洪都拉斯	4,168	28.2	2,798	942	398	9.6	14.7	7.6	14.0[b]	26.9[b]
匈牙利	..	..	..	..	..	..	..	..	..	..
印度	290,282	16.9	106,205	127,629	56,448	19.4	18.8	5.6	17.7	79.4
印度尼西亚	179,064	26.1	91,024	56,785	31,255	17.5	32.5	16.6	28.2	102.0
伊朗	12,570	..	6,411	0	6,159	49.0	..	2.0	3.3	..
伊拉克	..	..	..	..	..	..	..	..	..	..
爱尔兰	..	..	..	..	..	..	..	..	..	..
以色列	..	..	..	..	..	..	..	..	..	..
意大利	..	..	..	..	..	..	..	..	..	..
牙买加	13,865	104.2	7,593	4,307	1,180	8.5	47.2	27.9	102.2	221.3
日本	..	..	..	..	..	..	..	..	..	..
约旦	7,822	27.9	6,504	..	1,310	16.7	9.6	4.9	25.9	51.2
哈萨克斯坦	118,723	94.3	3,842	105,844	9,037	7.6	32.0	71.4	89.1	154.7
肯尼亚	8,400	26.9	6,978	0	1,005	12.0	23.3	4.4	19.6	71.8
朝鲜	..	..	..	..	..	..	..	..	..	..
韩国	..	..	..	..	..	..	..	..	..	..
科索沃	342	6.0	342	..	0	0.0	0.0	1.6	4.2	24.8
科威特	..	..	..	..	..	..	..	..	..	..
吉尔吉斯斯坦	3,984	89.2	2,442	1,171	195	4.9	11.3	21.9	37.8[b]	66.0[b]
老挝	5,559	79.0	2,939	2,610	0	0.0	0.0	..	65.4	210.8
拉脱维亚	39,555	164.3	6,891	18,428	12,723	32.2	167.3	76.4	129.1	260.0
黎巴嫩	24,293	60.7	20,213	500	3,482	14.3	7.8	19.1	67.1	98.4
莱索托	726	28.4	698	..	0	0.0	..	1.9	17.1	23.6
利比里亚	228	28.3	184	..	0	0.0	..	1.3	11.7[b]	13.8[b]
利比亚	..	..	..	..	..	..	..	..	..	..
立陶宛	29,602	83.0	11,664	12,468	5,469	18.5	80.0	34.3	68.7	107.1
前南斯拉夫马其顿共和国	5,804	65.1	1,865	1,885	2,054	35.4	90.2	15.2	57.0	118.4
马达加斯加	2,295	26.6	1,981	3	214	9.3	18.3	2.6	20.8[b]	60.2[b]
马拉维	922	18.5	715	..	61	6.6	18.7	..	15.7[b]	63.4[b]
马来西亚	81,497	35.4	25,795	20,626	35,076	43.0	32.9	5.2	35.7	33.1
马里	2,326	26.1	2,271	..	6	0.3	0.5	2.5	16.5[b]	57.6[b]
毛里塔尼亚	2,461	67.0	2,174	..	237	9.6	82.4	..	68.4[b]	126.1[b]
毛里求斯	1,076	11.0	972	100	3	0.3	0.1	2.4	8.5	15.2
墨西哥	200,081	19.5	111,467	49,600	39,013	19.5	32.4	9.8	18.0	60.5
摩尔多瓦	4,615	73.5	817	1,906	1,564	33.9	91.1	12.8	65.5	135.9
蒙古	2,444	44.3	1,795	221	230	9.4	10.1	5.0	33.1	57.9
摩洛哥	25,403	28.1	21,015	2,589	1,800	7.1	7.6	10.7	23.4	67.1
莫桑比克	4,124	43.8	2,960	..	975	23.6	43.0	2.9	20.9[b]	65.6[b]
缅甸	6,352	..	4,395	..	1,956	30.8	..	..	..	..
纳米比亚	..	..	..	..	..	..	..	..	..	..
尼泊尔	3,702	23.4	3,527	..	61	1.6	2.1	10.5	19.9[b]	150.6[b]
荷兰	..	..	..	..	..	..	..	..	..	..
新西兰	..	..	..	..	..	..	..	..	..	..
尼加拉瓜	4,786	76.9	2,668	1,255	697	14.6	38.7	14.3	36.8[b]	70.7[b]
尼日尔	1,127	20.5	972	0	94	8.4	12.4	..	10.5[b]	53.2[b]
尼日利亚	7,883	4.5	4,686	..	3,197	40.6	8.9	0.4	3.2	7.4
挪威	..	..	..	..	..	..	..	..	..	..
阿曼	..	..	..	..	..	..	..	..	..	..
巴基斯坦	56,773	31.3	43,202	2,544	2,291	4.0	13.3	15.2	24.1	158.8
巴拿马	11,412	45.8	10,421	991	0	0.0	0.0	5.7	43.7	54.7
巴布亚新几内亚	5,822	62.9	1,030	4,400	392	6.7	12.6	12.9	54.9	79.1
巴拉圭	4,938	25.3	2,369	1,421	1,147	23.2	27.5	4.6	25.7	47.7
秘鲁	36,271	24.6	20,027	10,189	6,055	16.7	13.7	16.7	24.9	88.9
菲律宾	72,337	36.2	44,641	21,402	6,295	8.7	10.1	18.4	34.6	99.6
波兰	..	..	..	..	..	..	..	..	..	..
葡萄牙	..	..	..	..	..	..	..	..	..	..
波多黎各	..	..	..	..	..	..	..	..	..	..
卡塔尔	..	..	..	..	..	..	..	..	..	..

	外债总额		长期债务		短期债务			债务还本付息总额	债务现值	
			百万美元							
	百万美元	占GNI的百分比	政府债务和政府担保债务	私人无担保债务	百万美元	占总债务的百分比	占总储备的百分比	占货物、服务及收入出口的百分比[a]	占GNI的百分比[a]	占货物、服务及收入出口的百分比[a]
	2010	2010	2010	2010	2010	2010	2010	2010	2010	2010
罗马尼亚	121,505	76.4	20,557	60,826	25,029	20.6	52.1	31.2	58.1	170.9
俄罗斯联邦	384,740	26.9	162,924	183,059	38,756	10.1	8.1	12.8	24.7	72.1
卢旺达	795	14.2	766	..	14	1.8	1.7	2.3	11.5[b]	102.7[b]
沙特阿拉伯	..	..	..	..	..	..	..	..	..	..
塞内加尔	3,677	28.5	3,155	308	0	0.0	0.0	..	20.0[b]	67.3[b]
塞尔维亚	32,222	84.3	9,477	17,912	2,798	8.7	21.0	30.9	67.1	201.2
塞拉利昂	778	40.8	661	..	4	0.5	1.0	2.6	22.8[b]	115.1[b]
新加坡	..	..	..	..	..	..	..	..	..	..
斯洛伐克共和国	..	..	..	..	..	..	..	..	..	..
斯洛文尼亚	..	..	..	..	..	..	..	..	..	..
索马里	2,942	..	1,990	..	780	26.5	..	..	..	..
南非	45,165	12.7	17,753	15,107	12,305	27.2	28.1	4.9	14.7	45.4
南苏丹共和国	..	..	..	..	..	..	..	..	..	..
西班牙	..	..	..	..	..	..	..	..	..	..
斯里兰卡	20,452	41.8	16,449	919	1,773	8.7	24.6	13.0	36.6	156.1
苏丹	21,846	39.1	14,444	0	7,012	32.1	676.7	4.2	70.2[b]	339.2[b]
斯威士兰	616	17.2	385	..	231	37.5	30.5	..	19.5	26.3
瑞典	..	..	..	..	..	..	..	..	..	..
瑞士	..	..	..	..	..	..	..	..	..	..
阿拉伯叙利亚共和国	4,729	8.2	4,171	0	558	11.8	2.7	..	7.9	23.1
塔吉克斯坦	2,955	53.1	1,806	927	122	4.1	..	44.8	42.4	145.9
坦桑尼亚	8,664	37.7	5,572	1,224	1,515	17.5	38.8	3.0	22.8[b]	84.7[b]
泰国	71,263	23.4	11,357	21,434	38,471	54.0	22.4	4.8	24.2	31.2
东帝汶	..	..	..	..	..	..	..	..	..	..
多哥	1,728	61.1	1,534	..	61	3.5	8.5	..	13.9[b]	34.9[b]
特立尼达和多巴哥	..	..	..	..	..	..	..	..	..	..
突尼斯	21,584	51.1	14,609	1,996	4,979	23.1	51.0	10.4	47.5	77.1
土耳其	293,872	40.4	93,088	117,035	78,123	26.6	90.9	36.7	39.4	165.0
土库曼斯坦	422	2.1	359	7	55	13.0	..	..	2.2	2.5
乌干达	2,994	17.9	2,671	..	314	10.5	11.1	1.8	7.1[b]	33.1[b]
乌克兰	116,808	85.9	16,246	59,858	26,459	22.7	76.5	40.7	75.0	144.0
阿拉伯联合酋长国	..	..	..	..	..	..	..	..	..	..
英国	..	..	..	..	..	..	..	..	..	..
美国	..	..	..	..	..	..	..	..	..	..
乌拉圭	11,347	29.0	9,704	93	1,550	13.7	20.2	12.4	30.6	101.6
乌兹别克斯坦	7,404	19.0	3,426	3,741	238	3.2	..	..	18.1	45.3
委内瑞拉	55,572	14.3	37,086	3,060	15,426	27.8	52.0	..	..	..
越南	35,139	36.5	28,145	..	6,949	19.8	55.7	1.7	28.9	37.1
西岸和加沙	..	..	..	..	..	..	..	..	..	..
也门共和国	6,324	..	5,933	..	313	5.0	5.3	2.8	15.2	44.4
赞比亚	3,689	25.8	1,309	794	1,191	32.3	56.9	1.9	12.0[b]	26.6[b]
津巴布韦	5,016	71.8	3,686	378	843	16.8	..	..	110.3	275.3
全世界	..	..	..	..	..	..	..	..	..	..
低收入国家	116,593	28.5	95,929	3,703	12,806	11.0	19.0	..	..	..
中等收入国家	3,959,705	20.8	1,486,657	1,388,971	1,023,572	25.8	18.3	..	..	..
中低收入国家	1,021,016	24.7	518,320	308,804	163,917	16.1	21.9	..	..	..
中高收入国家	2,938,688	19.7	968,337	1,080,167	859,655	29.3	17.7	..	..	..
低收入和中等收入国家	4,076,298	21.0	1,582,586	1,392,674	1,036,378	25.4	18.3	..	..	..
东亚和太平洋地区	1,013,971	13.5	306,774	238,402	468,525	46.2	13.8	..	..	..
欧洲和中亚	1,273,418	43.0	366,663	627,496	234,232	18.4	31.1	..	..	..
拉丁美洲和加勒比地区	1,038,725	21.7	457,714	370,470	208,277	20.1	32.3	..	..	..
中东和北非	143,595	14.1	113,766	6,106	23,528	16.4	5.3	..	..	..
南亚	400,596	19.2	194,376	131,428	63,879	15.9	18.7	..	..	..
撒哈拉以南非洲地区	205,992	20.0	143,293	18,772	37,936	18.4	21.8	..	..	..
高收入国家	..	..	..	..	..	..	..	..	..	..
欧元区	..	..	..	..	..	..	..	..	..	..

a. 分子为2010年的数据，而分母为2008—2010年3年的平均值。b. 数据来自低收入国家的债务可持续性分析。包括传统债务减免、重债穷国倡议下的债务减免以及多边债务减免倡议下的债务减免的影响。对这些国家的现值估算只涉及政府债务和政府担保的债务。

关于数据的说明

一国的外债状况影响其信誉和投资者的看法。发展中国家的外债数据由世界银行通过其债务人报告系统（DRS）收集。债务状况则是通过各国逐项提交的长期政府债务和政府担保债务的报告，辅之以各国或者债权人通过国际清算银行和经济合作与发展组织的报告体系收集到的短期债务信息来计算的。这些数据再通过来自主要多边银行的借贷信息、来自主要债权国家官方贷款机构的贷款报告以及来自世界银行和国际货币基金组织工作人员估计的信息加以补充。

目前，有129个发展中国家向债务人报告系统（DRS）通报数据。那些不通报数据的国家可能与世界银行、其他国际金融机构和私人债权人有未偿付的贷款。

因为债务数据一般以偿付货币报告，所以编制汇总表时必须将其转换为美元。存量数据（未偿还债务额）按国际货币基金组织出版的《国际金融统计》（ae行）中公布的期末汇率转换。流量数据按年平均汇率（rf行）转换。预计偿债金额用期末汇率转换。可使用多种货币、货物和服务偿付的债务以及附带保值条款的债务以账面价值列示。

一国的外债负担（包括未偿还债务和债务还本付息额）影响该国的信誉和脆弱性。本表给出了相对于国家规模（国民总收入，GNI）总的外债。尽管与政府债务和政府担保债务相关的数据都逐项提交给债务人报告系统（DRS）。对于总长期私人无担保债务数据，各国每年都会予以公布，或者对于那些外债类型非常重要的国家，世界银行工作人员则对其进行估计。基于各国数据的估计值来自世界银行的《外债季度统计》。

债务人报告系统鼓励债务国自愿提供有关其短期外部债务的信息。从本质上来讲，短期外部债务难以监控：贷款逐项登记一般是不切实际的，监控系统通常还依赖于中央银行向银行部门要求定期提供的信息。世界银行认为债务国是其短期债务信息最权威的资料来源。然而，这些信息却无法从债务国获取，资料来源于债权国的数据通常可能被用作大量国家短期外部债务数据的替代指标。这些数据来自国际清算银行基于初定偿还期到期期限的国际银行贷款数据。尽管该数据根据剩余期限公布，但是依据初定偿还期的短期外部债务的估计值可以从1年内到期（或者早于12个月到期，或者1—2年内到期）的债权中推算得出。然而，并不是所有商业银行都以一种到期期限分布完全确定的方式向国际清算银行提供数据，而且国际清算银行的数据只包括国际清算银行报告区内的银行债务。在解释结果时，应谨慎对待。因为短期债务是一种即期负担并且对于监控脆弱性非常重要，所以可以与说明这种债务的承担状况的债务总额和外汇储备相比较。

债务还本付息总额是与一国通过商品、服务的出口、收入以及劳工侨汇获取外汇的能力相对应的。外债现值提供了衡量未来债务偿付情况的尺度。其是通过对长期外债贷款期限内的债务还本付息额（利息加上分期偿还额）贴现后计算的。短期债务按其面值计算。长期债务使用的贴现率由偿付贷款的货币决定，并以经济合作与发展组织提供的商业参考利率为基础。来自国际复兴开发银行的贷款和来自国际开发协会的信贷都使用特别提款权参考利率贴现，对国际货币基金组织的债务也是这样计算。当贴现率比贷款利率高时，现值比未来债务还本付息总额的名义值低。

债务比率通常用于评估一国债务偿还的可持续性，但是没有一个绝对的规则能够决定什么样的值过高。对发展中国家的经历及其债务偿付表现的实证分析表明，当债务现值与出口之比达到200%时，债务还本付息的困难可能会变得日益恶化。此外，可持续的债务负担结构国与国之间也不同。经济增长和出口快速增长的国家一般都能够维持较高的债务水平。

定义

• **外债总额**是一个国家的政府或者个人拖欠非居民债权人的、以外币、货物和服务形式偿付的债务。外债总额是政府债务、政府担保债务和私人无担保长期债务、国际货币基金组织贷款的使用和短期债务的总和。 • **长期债务**是原始期限或者延长期限超过一年的债务。它由政府债务、政府担保债务和私人无担保债务三部分组成。 • **政府债务以及政府担保的债务**由政府债务人的长期外债和政府实体担保偿付的私人债务人的外债组成，其中政府债务人包括一国政府、政治上的次级单位（或者任一机构）和自治政府实体。 • **私人无担保外债**由私人债务人的长期外债组成，它没有政府实体提供的偿付担保。 • **短期债务**是拖欠非居民的原始期限为一年或者不足一年的债务、长期债务和IMF贷款拖欠的利息。 • **储备总额**包括持有的货币黄金、特别提款权、IMF持有的IMF成员国的储备以及货币当局持有的外汇。 • **债务还本付息总额**是以外币、货物和服务形式实际偿付的本金和利息之和，其中包括长期债务、短期债务的利息支付以及对IMF的偿还（回购和费用）。 • **货物、服务和收入的出口**是指商品和服务出口、非居民劳工的报酬收入和投资收入的总额。 • **债务现值**是短期外债总额加上政府债务和政府担保债务偿付总额的贴现值、整个贷款期限内私人无担保的长期外债贴现值之和。

数据资料来源

外债数据的主要来源是接受国际复兴开发银行贷款或者国际开发协会信贷的成员国通过债务人报告系统向世界银行报告的数据。额外信息来自世界银行、国际货币基金组织、非洲开发银行和非洲开发基金、亚洲开发银行和亚洲开发基金、泛美洲开发银行的档案。发展中国家的外债简表每年公布在世界银行的《全球发展融资》、《全球发展融资》的CD－ROM和全球发展融资数据库中。

6.10 全球私人资金流量

	股权净流量			债务流量	
	外国直接投资			百万美元	
	百万美元	净流入占GDP的百分比	证券投资 百万美元	债券	商业银行和其他贷款
	2010	2010	2010	2010	2010
阿富汗	76	0.4	..	0	0
阿尔巴尼亚	1,110	9.4	8	398	–35
阿尔及利亚	2,291	1.4	..	0	–398
安哥拉	–3,227	–3.8	0	0	–1,553
阿根廷	7,055	1.9	–208	–1,660	–2,477
亚美尼亚	570	6.1	0	0	703
澳大利亚	30,576	2.7	9,974	..	..
奥地利	–25,636	–6.8	–385	..	..
阿塞拜疆	563	1.1	1	0	2,021
巴林	156	..	1,653	..	..
孟加拉国	917	0.9	0	0	–11
白俄罗斯	1,403	2.6	1	1,777	702
比利时	72,914	15.5	–1,837	..	..
贝宁	111	1.7	..	0	0
玻利维亚	622	3.2	0	0	–359
波斯尼亚和黑塞哥维那	232	1.4	0	–25	–913
博茨瓦纳	265	1.8	18	0	–1
巴西	48,506	2.3	37,684	24,086	19,981
保加利亚	2,355	4.9	9	0	–1,820
布基纳法索	37	0.4	..	0	–2
布隆迪	1	0.1	0	0	0
柬埔寨	783	7.0	0	0	0
喀麦隆	–1	0.0	0	0	–32
加拿大	23,587	1.5	17,775	..	..
中非共和国	72	3.6	..	0	0
乍得	781	10.3	..	0	–2
智利	15,095	7.1	1,748	4,867	3,813
中国	185,081	3.1	31,357	11,112	2,066
中国香港	71,066	31.7	18,534	..	..
哥伦比亚	6,914	2.4	1,351	972	4,302
刚果民主共和国	2,939	22.4	..	0	–4
刚果共和国	2,816	23.7	..	0	–24
哥斯达黎加	1,466	4.1	0	0	313
科特迪瓦	418	1.8	..	0	–58
克罗地亚	408	0.7	112	..	..
古巴	86	..	..	..	..
塞浦路斯	1,886	8.2	440	..	..
捷克共和国	6,720	3.5	287	..	..
丹麦	–7,697	–2.5	7,262	..	..
多米尼加共和国	1,626	3.1	0	645	–85
厄瓜多尔	167	0.3	0	–6	–3
埃及	6,386	2.9	1,724	1,500	19
萨尔瓦多	–6	0.0	0	0	131
厄立特里亚	56	2.6	..	0	0
爱沙尼亚	1,539	8.0	15	..	..
埃塞俄比亚	288	1.0	0	0	647
芬兰	7,072	3.0	1,980	..	..
法国	33,672	1.3	–8,442	..	..
加蓬	170	1.3	..	–23	189
冈比亚	37	4.6	0	0	6
格鲁吉亚	817	7.0	–20	250	100
德国	46,127	1.4	–1,991	..	..
加纳	2,527	8.1	0	0	251
希腊	430	0.1	–1,459	..	..
危地马拉	881	2.1	0	0	–88
几内亚	101	2.3	0	0	4
几内亚比绍	9	1.0	..	0	0
海地	150	2.2	0	0	0

	股权净流量			债务流量	
	外国直接投资			百万美元	
	百万美元	净流入占GDP的百分比	证券投资 百万美元	债券	商业银行和其他贷款
	2010	2010	2010	2010	2010
洪都拉斯	797	5.2	0	0	30
匈牙利	–42,283	–32.9	–143	..	..
印度	24,159	1.4	39,972	10,339	12,971
印度尼西亚	13,371	1.9	2,132	2,329	3,563
伊朗	3,617	..	..	0	–1,084
伊拉克	1,426	1.7	..	..	..
爱尔兰	27,085	13.1	152,236	..	..
以色列	5,152	2.4	–612	..	..
意大利	9,594	0.5	3,826	..	..
牙买加	228	1.6	0	1,007	146
日本	–1,359	0.0	40,328	..	..
约旦	1,701	6.2	–20	733	2
哈萨克斯坦	10,677	7.2	131	–1,053	7,156
肯尼亚	186	0.6	33	0	8
朝鲜	38	..	..	..	..
韩国	–150	0.0	23,026	..	..
科索沃	481	8.7	0	0	0
科威特	81	..	–815	..	..
吉尔吉斯斯坦	438	9.5	–18	0	97
老挝	279	3.8	54	0	–14
拉脱维亚	369	1.5	9	0	–4,045
黎巴嫩	4,280	11.0	163	–396	5
莱索托	117	5.5	0	0	0
利比里亚	453	45.9	0	0	0
利比亚	1,784	..	0	..	..
立陶宛	748	2.1	37	2,458	–3,897
前南斯拉夫马其顿共和国	207	2.3	–4	0	36
马达加斯加	860	9.9	..	0	–1
马拉维	140	2.7	..	0	0
马来西亚	9,167	3.9	..	2,024	2,017
马里	148	1.6	..	0	–1
毛里塔尼亚	14	0.4	..	0	–11
毛里求斯	431	4.4	–40	0	27
墨西哥	19,792	1.9	641	13,338	643
摩尔多瓦	193	3.3	6	0	119
蒙古	1,455	23.5	680	–75	151
摩洛哥	1,241	1.4	132	1,327	77
莫桑比克	789	8.2	0	0	71
缅甸	910	..	..	0	–546
纳米比亚	796	6.5	4	..	..
尼泊尔	88	..	..	0	0
荷兰	–15,597	–2.0	11,327	..	..
新西兰	701	..	–298	..	..
尼加拉瓜	508	7.8	0	0	–63
尼日尔	947	17.1	..	0	–7
尼日利亚	6,049	3.1	2,161	0	–33
挪威	11,747	2.8	1,993	..	..
阿曼	2,333	..	703	..	..
巴基斯坦	2,022	1.1	524	–1,200	–227
巴拿马	2,350	8.8	0	–150	0
巴布亚新几内亚	29	0.3	..	0	2,418
巴拉圭	345	1.9	0	0	426
秘鲁	7,328	4.7	87	4,635	971
菲律宾	1,713	0.9	503	2,712	3,767
波兰	9,104	1.9	7,875	..	..
葡萄牙	1,476	0.7	–1,628	..	..
波多黎各	..	..	..	..	..
卡塔尔	5,534	..	..	..	..

	股权净流量			债务流量	
	外国直接投资			百万美元	
	百万美元	净流入占GDP的百分比	证券投资百万美元	债券	商业银行和其他贷款
	2010	2010	2010	2010	2010
罗马尼亚	2,941	1.8	–25	–929	–858
俄罗斯联邦	43,288	2.9	–4,808	14,900	–6,734
卢旺达	42	0.8	21	0	0
沙特阿拉伯	21,560	5.0	..	..	..
塞内加尔	237	1.8	..	0	–63
塞尔维亚	1,340[a]	3.5	84	0	312
塞拉利昂	87	4.6	0	0	0
新加坡	38,638	18.5	3,559	..	..
斯洛伐克共和国	553	0.6	25	..	..
斯洛文尼亚	366	0.8	169	..	..
索马里	112	..	..	0	0
南非	1,224	0.3	5,826	1,422	795
南苏丹共和国	..	..	..	..	..
西班牙	24,658	1.8	–4,790	..	..
斯里兰卡	478	1.0	–1,049	1,000	72
苏丹	2,064	3.3	1	0	0
斯威士兰	136	3.7	5	0	0
瑞典	5,847	1.3	5,474	..	..
瑞士	21,707	4.1	–7,210	..	..
阿拉伯叙利亚共和国	1,469	2.5	..	0	0
塔吉克斯坦	16	0.3	0	0	50
坦桑尼亚	433	1.9	3	0	137
泰国	9,679	3.0	2,606	1,730	–452
东帝汶	280	39.9	..	..	..
多哥	41	1.3	..	0	0
特立尼达和多巴哥	549	2.7	..	..	..
突尼斯	1,401	3.2	–26	0	–550
土耳其	9,084	1.2	3,468	5,961	–8,310
土库曼斯坦	2,083	10.4	..	0	–39
乌干达	817	4.8	–70	0	0
乌克兰	6,495	4.7	290	3,089	6,892
阿拉伯联合酋长国	3,948	1.3	..	..	..
英国	52,968	2.3	–11,488	..	..
美国	236,226	1.6	172,376	..	..
乌拉圭	1,627	4.2	–12	–93	7
乌兹别克斯坦	822	2.1	..	0	534
委内瑞拉	1,209	0.3	10	1,141	–264
越南	8,000	7.5	2,383	981	129
西岸和加沙	..	..	..	..	..
也门共和国	56	0.2	0	0	–1
赞比亚	1,041	6.4	101	0	–21
津巴布韦	105	1.4	..	0	289
全世界	**1,430,438 s**	**2.3 s**	**779,547 s**	**.. s**	**.. s**
低收入国家	13,017	3.4	–31	0	733
中等收入国家	501,236	2.6	129,690	111,383	43,393
中低收入国家	90,233	2.1	49,598	22,252	29,824
中高收入国家	411,003	2.8	80,092	89,130	13,569
低收入和中等收入国家	514,253	2.6	129,660	111,383	44,126
东亚和太平洋地区	231,299	3.1	39,715	20,813	13,127
欧洲和中亚	86,991	2.8	–840	27,091	–7,863
拉丁美洲和加勒比地区	117,368	2.4	41,302	48,776	27,376
中东和北非	25,688	2.7	1,973	3,164	–1,933
南亚	27,923	1.3	39,447	10,139	12,751
撒哈拉以南非洲地区	24,984	2.3	8,063	1,400	669
高收入国家	916,185	2.1	649,887	..	..
欧元区	395,004	3.3	359,369	..	..

a. 包括黑山。

关于数据的说明

私人资金流量解释了金融的巨大发展，其被分为两大类——股权和债务。股权流量包括外国直接投资（FDI）和证券投资。债务流量是通过债券发行、银行贷款和供应商信用融资的。有关股权的数据是基于国际货币基金组织（IMF）所公布的国际收支数据，并以世界银行工作人员的估算作为补充，而世界银行工作人员所用的数据来自联合国贸易与发展会议和各国的官方数据。

FDI 的国际公认定义来自 IMF《国际收支手册》第五版（1993）。FDI 由 3 部分组成：股权投资、收益的再投资、母公司与国外子公司间短期贷款和长期贷款。有别于其他形式的国际投资，FDI 作为一种投资旨在对他国公司建立长期利益联系或者有效控制管理。具有代表性的是，投资企业一直感兴趣的是在海外创建仓库、制造设备以及其他永久性或者长期组织机构。直接投资可能会采取绿地投资、合资经营以及兼并和收购的形式，其中，绿地投资就是投资者通过在东道国购置新的运营设备来创立新的投资项目，合资经营就是投资者与外国公司签订合作协议来创建新的企业，兼并和收购就是投资者在国外收购现存的企业。IMF 建议将持有超过 10% 有表决权的股份视作 FDI。在实践中，许多国家设置了更高的门槛。此外，许多国家未能公布收益的再投资，而不同国家对长期贷款的定义也不相同。

FDI 数据并不能完全反映对某一经济体的国际投资情况。国际收支平衡表中关于外国直接投资的数据不包括国内筹集的资本，在一些发展中国家，国内资本已成为投资项目融资的主要来源。此外，FDI 数据只是反映了涉及参股的跨境投资流量，而没有反映非股权跨境交易，例如，企业之间的货物和服务流动。对数据问题更详细的讨论，见世界银行的《全球发展融资》。

债券、银行贷款、供应商信贷的统计信息，是通过政府债务、政府担保的债务以及私人未担保债务的个别交易汇总所得。政府债务和政府担保的债务的交易额是由世界银行成员经济体通过债务人报告系统提供的，这些成员经济体或者接受了国际复兴开发银行贷款，或者接受了国际开发协会的信贷。这些报告结果经来自市场渠道的信息核实，这些渠道同样提供交易信息。当一些国家未向债务人报告系统提供数据时，私人未担保债券和银行贷款的信息则通过市场渠道收集。

本表给出是所有能够获得数据的国家的股权流量数据；同时，本表仅仅给出了向债务人报告系统通报的 129 个发展中国家的债务流量数据；未通报国家可能同样存在债务流动。

世界银行所公布的全球私人资金流量通常与其他渠道所公布的不同，其原因在于数据来源、经济体的分类以及对所报告的信息资料进行调整和分类加工的方法都有所不同。此外，尤其对于债务资金而言，其差异同样来自是否包含交易的特定分期付款，以及如何对待某些离岸发行的做法。

定义

• **外国直接投资**是指为获取长期管理收益，运作于一个经济体的企业和投资者投资的净流入量。它是国际收支平衡表中给出的权益资本、收益再投资、其他长期资本和短期资本的总和。净流入量是指新的投资减去缩减投资后的净额。 • **证券投资**包括股权证券（而非那些以直接投资为名公布的投资）的净流入，以及股份、股票、托付凭证和外国投资者在当地股市直接购买的股份。 • **债券**是以固定利率发行的期限在一年以上的证券，其中包括跨国的政府债券和政府担保的债券，以及私人非担保债券三者的净流量。 • **商业银行和其他贷款**包括净商业银行贷款（公共部门发行的和公共部门担保的，以及私人部门未担保的）和其他私人信贷。

数据资料来源

有关股权和债务流量的数据依据多种公共渠道和私人渠道汇编而成，包括世界银行的债务人报告系统、国际货币基金组织的国际金融统计数据库、国际收支数据库和 Dealogic 数据库。这些数据每年还公布在世界银行的《全球发展融资》、《全球发展融资》的 CD - ROM 和全球发展融资数据库中。

6.11 净官方资金流量

	总额		国际金融机构						
	百万美元		百万美元						
			世界银行		IMF		地区性开发银行[a]		
	来自双边机构	来自多边机构[a]	IDA	IBRD	优惠性	非优惠性	优惠性	非优惠性	其他机构
	2010	2010	2010	2010	2010	2010	2010	2010	2010
阿富汗	0.0	77.8	8.4	..	8.6	..	64.9	..	4.5
阿尔巴尼亚	–7.1	102.5	15.1	3.1	–12.1	–0.2	..	1.9	82.3
阿尔及利亚	–142.4	–2.3	..	–0.5	..	..	..	..	–1.7
安哥拉	3,372.3	1.5	–0.7	..	..	524.2	3.0	–0.4	–0.5
阿根廷	–249.8	788.3	..	46.2	..	..	..	609.9	136.7
亚美尼亚	64.9	109.5	20.3	52.4	35.5	127.4	22.3	8.7	5.9
澳大利亚	..	..	..	..	..	..	..	..	..
奥地利	..	..	..	..	..	..	..	..	..
阿塞拜疆	147.7	310.4	35.9	101.2	–14.7	..	5.1	33.6	134.6
巴林	..	..	..	..	..	..	..	..	..
孟加拉国	–112.3	352.1	83.5	..	–45.6	0.0	75.0	166.1	27.6
白俄罗斯	1,589.5	33.6	..	35.7	..	668.3	..	–2.1	..
比利时	..	..	..	..	..	..	..	..	..
贝宁	19.2	144.2	78.3	..	16.2	..	40.1	..	25.7
玻利维亚	45.8	297.4	44.0	0.0	..	..	86.2	29.7	140.8
波斯尼亚和黑塞哥维那	65.5	277.4	97.2	25.7	..	237.4	..	58.6	100.7
博茨瓦纳	–13.6	–24.8	–0.5	6.5	..	..	–1.8	–3.0	–26.0
巴西	3,615.0	5,069.6	..	3,511.7	..	..	..	951.3	589.8
保加利亚	–52.6	–8.6	..	–69.9	..	..	..	–11.8	73.0
布基纳法索	16.5	228.4	66.6	..	20.2	..	63.4	..	98.5
布隆迪	..	33.9	17.8	..	20.1	..	1.6	..	14.4
柬埔寨	262.7	50.6	9.0	..	..	..	35.1	..	6.6
喀麦隆	34.8	119.4	80.6	–5.4	0.0	..	50.3	–9.7	3.6
加拿大	..	..	..	..	..	..	..	..	..
中非共和国	–0.1	5.1	5.0	..	13.2	..	0.0	..	0.1
乍得	–4.1	17.9	–16.0	..	–11.1	..	3.8	..	30.2
智利	36.9	–44.8	–0.7	–25.8	..	..	..	–18.3	..
中国	–123.3	828.7	–348.4	195.6	..	..	..	1,033.3	–51.8
中国香港	..	..	..	..	..	..	..	..	..
哥伦比亚	–81.8	1,094.1	–0.7	937.2	..	..	–1.6	188.0	–28.7
刚果民主共和国	–23.4	–15.8	17.5	..	18.9	..	17.5	–38.1	–12.7
刚果共和国	–42.4	–11.2	1.5	..	1.8	..	–0.2	–8.3	0.2
哥斯达黎加	10.1	527.6	–0.2	512.3	..	..	–8.2	18.6	5.0
科特迪瓦	–36.3	–81.3	–0.9	–24.9	44.4	..	–2.2	–32.5	–5.0
克罗地亚	..	..	..	..	..	..	..	..	..
古巴	..	..	..	..	..	..	..	..	..
塞浦路斯	..	..	..	..	..	..	..	..	..
捷克共和国	..	..	..	..	..	..	..	..	..
丹麦	..	..	..	..	..	..	..	..	..
多米尼加共和国	362.0	470.1	–0.7	116.2	..	382.9	–21.2	359.5	16.2
厄瓜多尔	890.3	826.1	–1.1	–85.5	..	..	–26.7	64.0	455.4
埃及	–1,015.2	772.7	–44.1	693.6	..	..	–6.0	140.5	–11.2
萨尔瓦多	–44.4	365.8	–0.8	345.5	..	..	–23.2	26.0	18.3
厄立特里亚	–4.1	0.1	–0.5	..	..	..	3.7	..	–3.1
爱沙尼亚	..	..	..	..	..	..	..	..	..
埃塞俄比亚	510.7	472.1	384.7	..	122.4	..	80.8	–6.7	13.3
芬兰	..	..	..	..	..	..	..	..	..
法国	..	..	..	..	..	..	..	..	..
加蓬	15.9	–7.4	..	5.6	..	..	–0.2	2.6	–15.4
冈比亚	6.5	18.5	1.9	..	3.0	..	2.3	..	14.3
格鲁吉亚	36.1	294.0	52.9	72.8	–21.5	296.9	38.3	118.7	11.2
德国	..	..	..	..	..	..	..	..	..
加纳	357.9	427.0	304.8	..	124.4	..	130.0	0.0	–7.1
希腊	..	..	..	..	..	..	..	..	..
危地马拉	–14.6	631.0	..	260.0	..	..	–18.3	320.8	68.5
几内亚	–9.0	–11.0	0.0	..	–10.2	..	6.3	–4.6	–12.7
几内亚比绍	..	–2.5	–1.0	..	15.7	–8.1	–2.4	..	0.8
海地	121.4	42.3	–35.9	..	124.8	..	69.5	..	8.8

	总额		国际金融机构						
	百万美元		百万美元						
			世界银行		IMF		地区性开发银行[a]		
	来自双边机构	来自多边机构[a]	IDA	IBRD	优惠性	非优惠性	优惠性	非优惠性	其他机构
	2010	2010	2010	2010	2010	2010	2010	2010	2010
洪都拉斯	2.4	388.9	108.7	..	-1.6	..	101.0	36.1	143.2
匈牙利	..	..	..	..	..	..	..	..	..
印度	826.1	4,575.8	231.5	2,795.2	..	..	..	1,440.1	97.2
印度尼西亚	-8.2	1,367.1	110.0	1,177.4	..	..	66.1	13.6	0.0
伊朗	-289.5	73.4	..	64.2	..	..	..	..	..
伊拉克	..	..	..	..	..	..	..	..	..
爱尔兰	..	..	..	..	..	..	..	..	..
以色列	..	..	..	..	..	..	..	..	..
意大利	..	..	..	..	..	..	..	..	..
牙买加	32.1	835.2	..	180.6	..	778.1	-4.2	559.8	99.1
日本	..	..	..	..	..	..	..	..	..
约旦	13.1	153.9	-2.6	-68.5	..	-3.9	..	..	225.0
哈萨克斯坦	-195.0	1,436.1	..	1,283.0	..	..	-0.2	101.9	51.3
肯尼亚	40.4	223.3	132.4	..	-25.5	..	83.7	-2.4	9.6
朝鲜	..	..	..	..	..	..	..	..	..
韩国	..	..	..	..	..	..	..	..	..
科索沃	..	-16.3	..	-16.3	..	..	..	..	..
科威特	..	..	..	..	..	..	..	..	..
吉尔吉斯斯坦	101.3	7.7	5.4	..	12.4	..	-8.5	2.3	8.5
老挝	57.3	-31.2	-12.6	..	-5.5	..	-11.1	0.2	-7.6
拉脱维亚	-17.6	1,086.1	..	117.6	..	409.6	..	-1.8	970.3
黎巴嫩	-71.8	-26.3	..	3.0	..	-19.4	..	..	-29.3
莱索托	0.6	20.9	22.3	-0.7	4.4	..	-1.6	..	0.9
利比里亚	3.7	-3.7	-1.7	..	13.6	..	-2.1	0.0	..
利比亚	..	..	..	..	..	..	..	..	..
立陶宛	..	446.0	..	-3.1	..	..	..	-4.9	454.0
前南斯拉夫马其顿共和国	0.0	85.4	-8.2	61.6	..	..	..	-5.8	37.9
马达加斯加	68.9	106.4	74.6	..	-1.7	..	12.5	..	19.3
马拉维	22.8	44.8	33.8	..	21.2	..	4.9	-2.1	8.2
马来西亚	-599.4	-69.9	..	-38.5	..	..	..	-21.5	-10.0
马里	42.9	230.6	151.3	..	5.9	..	65.5	..	13.8
毛里塔尼亚	97.6	249.4	38.7	..	33.7	..	9.9	-8.1	209.0
毛里求斯	110.7	136.8	-0.6	-3.0	..	..	-0.2	153.9	-13.3
墨西哥	464.4	3,580.4	..	2,255.6	..	..	..	1,299.1	25.7
摩尔多瓦	-6.8	48.8	59.4	-17.8	113.6	61.0	..	-3.1	10.2
蒙古	11.6	20.2	17.3	..	-4.6	23.4	0.5	..	2.3
摩洛哥	504.5	625.7	-1.4	69.2	..	..	-1.1	160.3	398.7
莫桑比克	7.8	237.6	157.7	..	21.4	..	68.4	..	11.4
缅甸	-103.6	-0.8	..	..	..	..	0.0	..	-0.8
纳米比亚	..	..	..	..	..	..	..	..	..
尼泊尔	-4.2	-11.1	-32.6	..	39.4	..	15.8	..	5.7
荷兰	..	..	..	..	..	..	..	..	..
新西兰	..	..	..	..	..	..	..	..	..
尼加拉瓜	-3.1	215.0	36.2	..	19.5	..	97.3	43.7	37.4
尼日尔	14.7	64.1	14.1	..	4.9	..	10.4	..	33.7
尼日利亚	-28.7	866.5	975.4	-70.8	..	..	21.9	-65.2	5.1
挪威	..	..	..	..	..	..	..	..	..
阿曼	..	..	..	..	..	..	..	..	..
巴基斯坦	-8.4	439.4	204.9	-127.1	-264.6	1,633.8	87.5	148.2	126.0
巴拿马	87.2	188.1	..	-14.8	..	..	-5.6	214.9	-6.5
巴布亚新几内亚	-21.9	-2.1	4.6	-10.6	..	..	-5.5	13.1	-3.8
巴拉圭	-62.9	142.4	-1.5	-25.0	..	..	-11.3	140.4	43.3
秘鲁	-841.9	-527.3	..	118.9	..	..	..	-755.5	109.3
菲律宾	-292.0	-179.9	-6.9	58.9	..	..	-41.1	-203.2	12.5
波兰	..	..	..	..	..	..	..	..	..
葡萄牙	..	..	..	..	..	..	..	..	..
波多黎各	..	..	..	..	..	..	..	..	..
卡塔尔	..	..	..	..	..	..	..	..	..

6.11 净官方资金流量

	总额		国际金融机构						
	百万美元		百万美元						
			世界银行		IMF		地区性开发银行[a]		
	来自双边机构	来自多边机构[a]	IDA	IBRD	优惠性	非优惠性	优惠性	非优惠性	其他机构
	2010	2010	2010	2010	2010	2010	2010	2010	2010
罗马尼亚	84.4	3,374.6	..	−74.6	..	5,664.3	4.7	−51.5	3,496.0
俄罗斯联邦	−297.2	−659.5	..	−596.4	..	..	..	−61.1	−2.1
卢旺达	17.1	36.0	9.4	..	−0.1	..	14.8	..	11.9
沙特阿拉伯	..	..	..	..	..	..	..	..	..
塞内加尔	68.0	204.8	108.5	..	48.9	..	63.0	−12.7	46.2
塞尔维亚	142.5	708.5	16.4	172.0	..	457.6	..	181.4	326.2
塞拉利昂	6.1	55.5	32.1	..	40.7	..	14.9	..	8.6
新加坡	..	..	..	..	..	..	..	..	..
斯洛伐克共和国	..	..	..	..	..	..	..	..	..
斯洛文尼亚	..	..	..	..	..	..	..	..	..
索马里	0.0	0.0	0.0	..	..	..	0.0	0.0	0.0
南非	..	872.8	..	363.1	..	..	..	509.8	..
南苏丹共和国	..	..	..	..	..	..	..	..	..
西班牙	..	..	..	..	..	..	..	..	..
斯里兰卡	1,002.8	293.8	82.9	..	−11.7	608.5	18.0	184.6	8.3
苏丹	471.9	65.9	0.0	..	..	−5.8	0.0	0.0	65.9
斯威士兰	0.9	−19.8	−0.3	−5.2	..	..	−1.4	−7.8	−5.1
瑞典	..	..	..	..	..	..	..	..	..
瑞士	..	..	..	..	..	..	..	..	..
阿拉伯叙利亚共和国	−309.3	98.3	−1.5	0.0	0.0	0.0	0.0	0.0	99.8
塔吉克斯坦	83.7	129.8	10.7	..	59.8	..	33.0	−0.9	17.1
坦桑尼亚	143.5	817.7	650.0	..	29.9	..	138.6	−1.0	30.2
泰国	−352.5	−21.2	−3.4	−1.7	..	..	..	−4.8	−11.3
东帝汶	..	..	..	..	..	..	..	..	..
多哥	36.7	20.9	−22.0	..	43.6	..	−2.0	..	34.7
特立尼达和多巴哥	..	..	..	..	..	..	..	..	..
突尼斯	83.8	547.3	−1.9	76.4	..	..	..	103.6	369.3
土耳其	174.9	3,657.1	−5.9	2,094.3	..	−2,170.8	..	..	1,533.7
土库曼斯坦	−75.8	−2.9	..	−1.4	..	..	..	..	−1.5
乌干达	25.5	421.2	323.0	..	−0.3	..	92.0	0.0	6.3
乌克兰	−148.3	−6.1	..	−84.7	..	3,433.3	..	−11.9	90.5
阿拉伯联合酋长国	..	..	..	..	..	..	..	..	..
英国	..	..	..	..	..	..	..	..	..
美国	..	..	..	..	..	..	..	..	..
乌拉圭	−20.6	−175.0	..	−42.0	..	..	−1.8	−408.4	279.2
乌兹别克斯坦	72.7	106.3	32.1	−27.6	..	..	36.3	55.0	10.5
委内瑞拉	−78.7	895.0	..	..	..	..	..	425.5	469.4
越南	588.6	1,924.7	800.9	700.0	−37.9	..	171.4	170.3	82.0
西岸和加沙	..	..	..	..	..	..	..	..	..
也门共和国	−15.2	148.6	28.2	..	26.0	..	..	..	120.4
赞比亚	59.3	70.6	29.9	..	55.3	..	51.7	−3.2	−7.9
津巴布韦	18.7	−0.2	0.0	−0.1	−4.0	..	0.0	−0.1	0.0
全世界	.. s	.. s	.. s	.. s	.. s	.. s	.. s	.. s	.. s
低收入国家	1,525.0	3,790.5	2,155.6	−0.1	559.7	−8.1	1,008.3	112.5	434.0
中等收入国家	10,366.5	41,745.3	3,190.5	17,081.8	143.2	13,125.0	986.7	8,277.1	11,723.0
中低收入国家	5,826.9	14,764.8	3,365.2	5,803.1	163.2	6,702.9	1,026.0	2,747.0	1,839.5
中高收入国家	4,539.6	26,980.5	−174.8	11,278.7	−20.0	6,422.2	−39.2	5,530.1	9,883.5
低收入和中等收入国家	11,891.5	45,535.8	5,346.1	17,081.7	702.8	13,116.9	1,995.0	8,389.7	12,157.0
东亚和太平洋地区	−498.0	3,926.3	589.6	2,081.2	−38.5	23.4	230.9	1,012.0	12.7
欧洲和中亚	1,760.8	11,516.2	334.3	3,121.8	172.9	9,184.9	130.9	408.2	7,408.4
拉丁美洲和加勒比地区	4,312.3	15,755.4	163.8	8,090.7	146.7	1,161.0	276.8	4,120.5	2,659.8
中东和北非	−1,234.4	2,401.1	−24.0	837.3	22.7	−23.2	−5.4	404.3	1,179.7
南亚	1,841.2	5,802.0	594.6	2,668.1	−272.4	2,247.8	301.2	1,960.1	266.3
撒哈拉以南非洲地区	5,709.6	6,134.8	3,687.8	282.7	671.5	523.1	1,060.6	484.6	630.0
高收入国家	..	..	..	..	..	..	..	..	..
欧元区	..	..	..	..	..	..	..	..	..

a. 合计数包括未在其他地方明确的经济体的数据。

关于数据的说明

本表给出了来自官方双边渠道、主要国际金融机构的优惠和非优惠的资金流量。国际金融机构主要通过销售低利息、高评级的债券为非优惠贷款业务融资，这些债券依托于其成员机构谨慎的借贷和融资政策，并获得它们财务上的大力支持。这些资金随后以略高于资金成本的利率、贷款期限相对较长（15—20 年）的条件贷给发展中国家。贷款条件由于市场条件和各机构政策的不同会有所不同。

来自国际金融机构的优惠资金流量是通过优惠性贷款便利提供的信用。来自捐助者或其他渠道的补贴降低了这些贷款的成本。赠款不包括在净流量中。根据经济合作与发展组织（OECD）发展援助委员会（DAC）的定义，来自于双边援助国的优惠资金必须至少含有 25% 的赠款成分。在进行评估时，所假定的名义市场利率为 10%。

世界银行提供的所有优惠贷款都是由国际开发协会（IDA）来实施的，其依据是国民总收入（GNI）的人均资本与绩效的标准，这些标准由世界银行的工作人员评估。自 2010 年 7 月 1 日起，世界银行在其每个财政年度所设置的 IDA 信贷资格为人均 GNI 不低于 1175 美元，该指标的衡量采用的是世界银行的 Atlas 方法（参见《用户指南》），并以 2010 年的美元值计算。在一些特殊情况下，对正在进行重大经济调整但是不符合国际复兴开发银行贷款条件（IBRD）的国家，也会临时性地发放 IDA 信贷。对一些小型岛屿经济体的贷款也有特例。IBRD 以初始利率向信誉良好国家的贷款包括 6 个月期限的伦敦银行间同业拆借利率（LIBOR）的可变基础利率、可变期限或者固定期限贷款的利差。贷款利率基于利率的支付期限每 6 个月重新设定一次，并且应用于这一时期开始的利率期限。虽然一些 IBRD 未偿贷款其利率已经很低，如果按照 DAC 的定义，则可以划分为优惠性贷款，但是本表给出的 IBRD 贷款都被划分为非优惠性贷款。本表不包括国际金融公司、多边投资担保机构和国际投资争端解决中心所提供的贷款。

国际货币基金组织通过中期贷款（2010 年取代了减贫与增长基金）、备用贷款和迅速贷款发放优惠性贷款。一个国家是否符合获得优惠贷款的条件主要取决于其人均收入以及 IDA 贷款的条件。来自国际货币基金组织的非优惠性贷款主要通过备用安排、灵活信贷额度和中期贷款的形式提供。针对其成员国的特殊情况，国际货币基金组织的贷款工具随着时间的推移已做了变更。

地区性开发银行也存在提供优惠资金的窗口。本表记录的主要地区性开发银行的贷款是依据每个机构的分类，而不是依据 DAC 的定义。

对于 129 个向世界银行债务人系统通报的国家，其来自国际金融机构的流量数据是可得的。未通报国家可能有来自其他国际金融机构的净流量。

定义

• **净官方资金流量总额**是指公共贷款或者公共担保贷款和信贷的拨付额减去贷款偿还额。 • **IDA** 即国际开发协会，世界银行集团提供优惠性贷款的机构。 • **IBRD** 即国际复兴开发银行，世界银行集团的创始成员，也是最大的成员。 • **IMF** 即国际货币基金组织，其优惠性贷款通过中期贷款、备用贷款和迅速贷款的形式提供，向成员国的非优惠性贷款在于满足这些国家国际收支平衡的需要。 • **地区性开发银行**包括非洲开发银行，向包括北非在内的整个非洲提供贷款；亚洲开发银行，为南亚、中亚、东亚和太平洋地区的国家服务；欧洲复兴与开发银行，为东欧和中亚地区的国家提供服务；泛美开发银行，为美洲国家提供贷款。 • **优惠性**资金流量包括通过优惠贷款安排进行的资金支付额。 • **非优惠性**资金流量包括所有其他支付额。 • **其他机构**是指其他多边机构，其中包括加勒比开发银行、欧洲委员会、欧洲开发基金、伊斯兰开发银行和北欧开发基金等机构。

数据资料来源

国际金融机构的净资金流量数据来自于世界银行的债务人报告系统，并且公布在世界银行的《2012 年全球发展融资》、《2012 年全球发展融资》的 CD－ROM 和全球发展融资数据库中。

6.12 援助依存度

	净官方发展援助				援助依存度比率			
					净官方发展援助			
			百万美元					
	总计 百万美元	人均 美元	赠款	技术合作	占GNI的 百分比	占资本形成 总额的百分比	占货物、服务 和收入进口的 百分比	占中央政府 支出的 百分比
	2010	2010	2010	2010	2010	2010	2010	2010
阿富汗	6,374	185	5,476	982	42.0	227.0	..	80.2
阿尔巴尼亚	357	112	160	101	2.9	11.1	5.0	..
阿尔及利亚	319	9	74	185	0.1	0.3	..	..
安哥拉	239	13	207	42	0.3	1.9	0.5	..
阿根廷	127	3	36	69	0.0	0.2	0.2	..
亚美尼亚	526	170	159	32	3.5	10.9	7.0	15.9
澳大利亚								
奥地利								
阿塞拜疆	232	26	84	53	0.3	1.8	1.1	..
巴林	..	..	..	..	..	..	..	..
孟加拉国	1,226	8	1,082	218	1.3	5.8	4.6	..
白俄罗斯	98	10	105	37	0.3	0.6	0.4	0.8
比利时								
贝宁	682	79	462	92	10.4	40.4	..	69.7
玻利维亚	725	74	527	133	3.6	20.2	9.5	..
波斯尼亚和黑塞哥维那	414	110	214	138	2.9	15.2	4.9	7.3
博茨瓦纳	279	141	141	21	1.1	2.9	2.5	..
巴西	337	2	413	237	0.0	0.2	0.2	..
保加利亚	..	..	..	..	..	..	..	..
布基纳法索	1,083	68	766	125	12.1	..	..	99.6
布隆迪	561	69	525	74	39.8	..	102.2	..
柬埔寨	721	52	453	186	6.9	37.7	8.7	58.1
喀麦隆	648	34	358	155	2.4	..	8.0	..
加拿大								
中非共和国	242	56	241	17	13.1	..	..	..
乍得	561	51	453	40	7.3	17.6	..	..
智利	79	5	83	65	0.1	0.4	0.2	0.4
中国	1,129	1	459	960	0.0	0.0	0.0	..
中国香港	..	..	..	..	..	..	..	..
哥伦比亚	1,059	23	669	141	0.3	1.3	1.5	1.7
刚果民主共和国	2,357	37	5,480	234	27.8	..	..	189.1
刚果共和国	283	72	1,574	24	15.2	44.3	..	..
哥斯达黎加	109	24	75	29	0.3	1.3	0.6	..
科特迪瓦	2,402	124	646	54	3.9	26.9	..	..
克罗地亚	169	38	106	39	0.3	1.0	0.6	0.7
古巴	115	10	96	33	..	..	..	..
塞浦路斯	..	..	..	..	..	..	..	..
捷克共和国	..	..	..	..	..	..	..	..
丹麦								
多米尼加共和国	119	12	197	41	0.4	2.1	0.9	..
厄瓜多尔	208	15	166	81	0.3	1.0	0.6	..
埃及	999	13	655	165	0.3	1.4	0.9	0.9
萨尔瓦多	276	45	331	59	1.4	10.1	2.9	6.4
厄立特里亚	144	28	147	7	7.7	..	..	..
爱沙尼亚	..	..	..	..	..	..	..	..
埃塞俄比亚	3,819	47	2,628	264	11.9	55.3	35.3	..
芬兰								
法国								
加蓬	77	52	56	41	0.9	3.1	..	..
冈比亚	127	76	94	9	16.3	57.8	36.6	..
格鲁吉亚	907	206	377	122	5.5	27.5	9.1	20.4
德国								
加纳	1,582	66	920	123	5.5	24.2	11.7	..
希腊								
危地马拉	376	27	297	119	1.0	6.6	2.4	..
几内亚	214	22	167	62	5.1	23.6	11.3	..
几内亚比绍	147	99	270	18	16.0	..	..	..
海地	1,120	114	3,496	269	..	183.4	75.1	..

	净官方发展援助				援助依存度比率			
			百万美元		净官方发展援助			
	总计 百万美元 2010	人均 美元 2010	赠款 2010	技术合作 2010	占GNI的 百分比 2010	占资本形成 总额的百分比 2010	占货物、服务 和收入进口的 百分比 2010	占中央政府 支出的 百分比 2010
洪都拉斯	456	61	279	55	3.9	16.3	5.5	16.0
匈牙利	..	..	..	..	..	..	..	..
印度	2,500	2	1,007	283	0.2	0.5	0.6	1.1
印度尼西亚	1,047	4	851	520	0.2	0.6	0.8	1.4
伊朗	92	1	78	73	..	..	..	..
伊拉克	2,791	90	1,881	126	2.8	..	..	..
爱尔兰								
以色列	..	..	..	..	..	..	..	..
意大利								
牙买加	149	55	152	15	1.0	4.8	2.0	..
日本								
约旦	740	125	762	73	3.4	22.6	5.2	13.4
哈萨克斯坦	298	18	186	50	0.2	0.6	0.3	0.9
肯尼亚	1,776	45	1,228	153	5.2	24.4	11.8	22.6
朝鲜	65	3	72	5	..	..	..	..
韩国								
科索沃	781	433	318	275	10.3	35.0	..	..
科威特	..	..	..	..	..	..	..	..
吉尔吉斯斯坦	313	58	296	58	8.7	28.4	8.6	36.8
老挝	419	69	281	110	6.0	21.9	16.9	52.8
拉脱维亚	..	..	..	..	..	..	..	..
黎巴嫩	580	138	343	90	1.2	3.5	1.4	..
莱索托	122	57	219	12	10.1	35.7	9.0	..
利比里亚	513	134	1,698	30	176.8	..	78.7	..
利比亚	41	7	12	9	..	..	0.0	..
立陶宛	..	..	..	..	..	..	..	..
前南斯拉夫马其顿共和国	192	94	97	68	2.0	7.6	2.8	..
马达加斯加	444	22	307	67	5.5	..	..	..
马拉维	771	53	880	85	20.6	82.2	..	..
马来西亚	143	5	50	49	0.0	0.0	0.0	0.0
马里	984	66	741	128	12.3	..	..	..
毛里塔尼亚	373	111	120	53	10.2	36.6	..	..
毛里求斯	155	122	73	20	1.3	5.7	2.0	5.7
墨西哥	184	2	286	112	0.0	0.2	0.1	..
摩尔多瓦	244	68	241	54	7.5	34.1	9.7	23.0
蒙古	371	137	189	96	5.4	12.0	6.7	18.4
摩洛哥	930	29	424	291	1.1	3.1	2.4	3.6
莫桑比克	2,012	88	1,443	171	20.8	86.2	39.9	..
缅甸	356	7	339	57	..	..	5.1	..
纳米比亚	326	145	194	44	2.1	9.1	4.0	..
尼泊尔	854	29	684	125	..	..	13.7	..
荷兰								
新西兰								
尼加拉瓜	773	135	316	98	10.0	34.9	10.9	47.8
尼日尔	469	31	589	105	13.6	..	..	..
尼日利亚	1,657	11	827	198	1.2	..	2.2	..
挪威								
阿曼	154	57	18	3	..	..	–0.1	..
巴基斯坦	2,769	16	2,743	232	1.6	11.1	6.9	9.7
巴拿马	65	19	27	18	0.5	1.8	0.6	..
巴布亚新几内亚	412	61	221	313	5.5	30.4	7.4	..
巴拉圭	148	23	104	53	0.6	2.9	0.9	3.8
秘鲁	441	15	327	173	–0.2	–0.7	–0.6	–1.0
菲律宾	309	3	429	212	0.3	1.3	0.7	1.6
波兰	..	..	..	..	..	..	..	..
葡萄牙								
波多黎各	..	..	..	..	..	..	..	..
卡塔尔	..	..	..	..	..	..	..	..

6.12 援助依存度

	净官方发展援助				援助依存度比率			
					净官方发展援助			
	总计 百万美元	人均 美元	百万美元 赠款	 技术合作	占GNI的 百分比	占资本形成 总额的百分比	占货物、服务 和收入进口的 百分比	占中央政府 支出的 百分比
	2010	2010	2010	2010	2010	2010	2010	2010
罗马尼亚	..	..	..	..	..	..	..	..
俄罗斯联邦	..	..	..	..	..	..	..	..
卢旺达	934	91	848	153	18.5	..	60.9	..
沙特阿拉伯	..	..	..	..	..	..	..	..
塞内加尔	1,016	84	449	195	7.2	24.8	..	..
塞尔维亚	614	84	444	127	1.7	7.4	3.1	4.3
塞拉利昂	448	78	301	75	24.9	158.2	50.6	..
新加坡	..	..	..	..	..	..	..	..
斯洛伐克共和国	..	..	..	..	..	..	..	..
斯洛文尼亚	..	..	..	..	..	..	..	..
索马里	662	73	470	30	..	..	..	..
南非	1,075	22	841	161	0.3	1.1	0.9	..
南苏丹共和国	..	..	..	..	..	..	..	..
西班牙								
斯里兰卡	703	34	332	78	1.2	4.2	3.6	..
苏丹	2,351	55	1,760	228	3.7	14.2	14.9	..
斯威士兰	56	54	90	8	2.6	15.3	3.0	..
瑞典								
瑞士								
阿拉伯叙利亚共和国	208	10	203	119	0.2	1.2	0.6	..
塔吉克斯坦	408	60	267	40	7.7	33.4	12.6	..
坦桑尼亚	2,933	67	1,814	214	12.9	42.0	31.7	..
泰国	–78	–1	167	115	0.0	0.0	0.0	0.0
东帝汶	216	197	144	149	10.8	..	..	..
多哥	499	84	455	52	14.9	..	..	92.1
特立尼达和多巴哥	7	5	3	2	0.0	..	..	..
突尼斯	503	48	142	162	1.3	4.7	2.1	4.6
土耳其	1,362	19	340	154	0.1	0.7	0.5	0.6
土库曼斯坦	40	8	24	20	0.2	0.4	..	..
乌干达	1,785	55	1,189	105	10.3	42.8	26.9	..
乌克兰	666	14	338	239	0.5	2.3	0.8	..
阿拉伯联合酋长国	..	..	..	..	..	..	..	..
英国								
美国								
乌拉圭	50	15	30	24	0.1	0.7	0.4	0.4
乌兹别克斯坦	190	7	70	53	0.6	2.2	..	..
委内瑞拉	66	2	36	19	0.0	0.1	0.1	..
越南	3,732	43	656	378	2.9	7.1	3.2	..
西岸和加沙	2,817	697	2,345	169	..	..	..	..
也门共和国	558	24	523	63	2.3	18.3	5.2	..
赞比亚	1,267	100	706	72	6.4	25.2	12.1	32.9
津巴布韦	736	59	669	78	10.6	1,860.4	..	..
全世界	**126,968 s**	**19 w**	**..**	**..**	**0.2 w**	**0.9 w**	**0.6 w**	**..**
低收入国家	36,252	46	..	..	9.6	40.9	24.6	..
中等收入国家	54,621	11	..	..	0.3	0.8	0.9	..
中低收入国家	40,510	16	..	..	0.9	3.0	2.6	..
中高收入国家	13,151	5	..	..	0.1	0.2	0.3	..
低收入和中等收入国家	126,593	22	95,651	19,564	0.7	2.0	2.1	..
东亚和太平洋地区	10,165	5	..	..	0.1	0.3	0.4	..
欧洲和中亚	8,087	20	..	..	0.2	1.0	0.7	..
拉丁美洲和加勒比地区	9,036	16	..	..	0.2	1.0	0.9	..
中东和北非	13,383	41	..	..	0.9	..	3.1	..
南亚	14,591	9	..	..	0.7	2.3	2.7	..
撒哈拉以南非洲地区	44,582	54	..	..	4.3	18.8	9.9	..
高收入国家	374	0	..	..	0.0	0.0	0.0	..
欧元区	..	..	..	..	..	..	..	..

注：地区合计数包括未在本表列出的经济体的数据。世界和各收入组别总数包括未落实到国家或地区的援助额——包括行政成本、有关发展问题的研究以及对非政府组织的援助。因此，地区和收入组别的合计数并不等于世界总数。

关于数据的说明

OECD 发展援助委员会（DAC）的成员国向发展中经济体提供的官方资金流量和私人资金流量的数据由 DAC 根据 DAC 成员国利用 DAC 秘书处发布的标准调查问卷所提供的报告而汇编的。

DAC 的目的是帮助其成员国协调其发展援助，鼓励流向援助接收经济体的总的援助资源，并提高资源使用的有效性。在这项职能中，尽管 DAC 监控所有金融资金的流动，但是主要关注于官方发展援助（ODA）。对 DAC 接受援助的名单中的国家或者地区的赠款或者贷款必须符合以下三条标准，才算作官方发展援助：由官方机构提供，例如，中央政府、地方政府或者其行政机构；将推动发展中国家的经济发展并促进其福利增长作为主要目标；援助资金以优惠条件提供，贷款中至少包括 25% 以上的赠款成分（以 10% 的折现率计算）。DAC 的《统计报告指南》为这一定义及其所有与 ODA 相关的规则提供了最为详细的解释。

官方发展援助的这一定义排除了官方债权人提供的非优惠贷款和军事援助，前者属于"其他官方援助"或者用于军事和反恐目的的援助。提供给私人个人的转移支付，例如，养老金、赔款以及保险支出通常不包括在内。除了资金流量，ODA 还包括技术合作。大部分联合国委派的维和行动支出及其向难民提供的援助都包括在 ODA 内。同时 ODA 还包括对诸如联合国及其专门机构之类的多边机构的捐助，以及向多边发展银行提供的优惠资金。

资金流量就是资源的转移支付，或者以现金的形式，或者以货物和服务（以现金为基础来衡量）的形式。短期资本交易（1 年内或者未到期）并不包括在内。ODA 贷款本金（不包括利息）的偿付将以负资金流量来记录。在发展中国家进行官方证券投资的收益记作 ODA，尽管其随后出售的收益将记作负资金流量。

本表给出了援助接受国官方发展援助的数据。援助数据包括发展援助委员会成员国、多边组织和一些非发展援助委员会成员国提供的贷款和赠款，它们并没有反映受援国给予其他发展中国家的援助。其结果是，一些净援助方（例如，沙特阿拉伯）在表中被划为受援国（见表 6.13a）。

本表数据未区分不同类型的援助（计划贷款、项目贷款、粮食援助、紧急救助、维和行动或者技术合作），不同的援助类型对经济的影响可能大不相同。

援助相对于国民总收入（GNI）、总投资额、进口额和政府支出的比率给出了衡量受援国对援助的依存度的指标。但如果以此得出政策结论，则必须小心谨慎。由于外交政策上的原因，一些国家传统上获得了大量援助。因此，援助依存度既反映了受援国的需求，也在同样程度上反映了援助国的利益。总体而言，撒哈拉以南非洲地区的援助依存度比率要高于其他地区，而且这一比率在 20 世纪 80 年代还在提高。这些高比率只能部分归因于援助资金流量的增加。在 20 世纪 80 年代，许多非洲国家的贸易条件严重恶化，再加上政策的不力，进而导致了收入、进口和投资的下降。因此，援助依存度的提高所反映的只是那些既影响分子（援助）又影响分母（GNI）的事件。

由于本表依据的是援助国提供的信息，因此，与受援国国际收支平衡表中记录的信息并不必然一致，后者通常不包括全部的或者部分的技术援助——尤其是援助国直接向移民支付的款项。同样，商品援助捐赠可能有时不计入贸易数据或者国际收支账户之中。此外，发展援助委员会的统计数据不包括用于军事和反恐目的的援助。

这里所使用的名义值一般会高估受援国接受援助的实际价值。国际价格和汇率的变化会降低援助的购买力。实践中，尽管有附加条件的援助的重要性在不断下降，并且还会降低援助款的购买力，但是仍然流行。限制用途的援助需要受援国从捐助国或特定的类型国家购买货物和服务。尽管这种安排可能会防止受援国滥用援助或者对援助管理不当，但是限制用途的援助同样受到捐助国的援助提供者希望获益愿望的推动。

由于总数参考了世界银行对各经济体的分类，因此，有可能不同于 OECD 的数据。

定义

• **净官方发展援助**包括满足发展援助委员会所定义的官方发展援助的资金流量（净偿还额），并且要拨付给发展援助委员会受援国名单上的国家和地区。 • **人均净官方发展援助**是净官方发展援助额除以年中人口数。 • **赠款**是指具有法律约束力的承诺，承诺拨付特定金额的资金而无需偿还。 • **技术合作**指资源供应，其主要目的在于增加受援国的人员智力资本储备，例如，知识水平、技能、专门技术和创新型人口数量（包括相关设备成本）。捐助主要采取捐助国提供人力资源形式或采取针对人力资源的行动（例如，训练或建议）。还包括促进发展援助和提供给援助国难民的援助。专门用于促进资本计划实施的援助并不包括在内。 • **援助依存度比率**是以官方汇率换算后的美元值计算的。货物、服务和收入的进口是指涉及一般商品所有权变更、送去加工和维修的货物、非货币黄金、服务、非居民劳工的报酬收入以及投资收入的国际交易。关于国民总收入、国内总投资、货物和服务进口以及中央政府支出的定义，见表 1.1、表 4.8 和表 4.10 中的"定义"部分。

数据资料来源

资金流量数据由 OECD 发展援助委员会提供，并在其年度统计报告《流向发展中国家的资金流量的地理分布》及其年度报告《发展合作报告》中公布。用户还可以从 OECD 发展援助委员会的《国际发展统计》的 CD－ROM 和 OECD 的网站 http://www.oecd.org/dac/stats/idsonline 中查询有关数据。关于人口、国民总收入、国内总投资、货物和服务的进口以及用于计算援助依存度的中央政府支出数据都是来自世界银行和国际货币基金组织的数据库。

6.13 发展援助委员会成员国提供的净援助分布

	总额	10个主要的DAC捐赠国										其他DAC捐赠国
		百万美元										
	总额 百万美元 2010	美国 2010	欧盟 2010	德国 2010	英国 2010	法国 2010	日本 2010	荷兰 2010	西班牙 2010	加拿大 2010	挪威 2010	其他DAC捐赠国 百万美元 2010
阿富汗	5,701.3	2,893.4	285.0	469.8	234.8	58.6	745.7	59.2	60.8	267.1	120.2	506.8
阿尔巴尼亚	301.6	30.1	75.0	35.4	0.9	4.3	2.4	4.0	4.8	0.0	2.5	142.2
阿尔及利亚	194.7	8.6	51.8	10.2	2.2	69.8	15.5	0.2	9.5	–0.5	1.0	26.5
安哥拉	174.0	54.8	24.4	7.1	16.7	4.1	37.6	–2.7	5.5	0.7	13.2	12.7
阿根廷	149.4	3.9	8.0	21.9	0.5	13.5	73.8	0.5	23.0	1.0	0.1	3.2
亚美尼亚	238.8	91.6	33.4	16.7	0.5	4.5	77.5	1.2	0.3	0.0	3.6	9.7
澳大利亚												
奥地利												
阿塞拜疆	81.2	35.9	20.8	15.9	0.9	5.1	–11.0	0.0	0.1	0.0	3.4	10.2
巴林	..	..	..	..	..	..	..	..	..	..	..	..
孟加拉国	1,071.6	124.7	188.7	65.1	228.3	–3.0	24.2	78.0	5.5	86.1	16.9	257.2
白俄罗斯	96.0	27.2	15.2	18.0	0.4	4.1	1.4	0.0	0.3	0.0	2.2	27.2
比利时												
贝宁	461.8	98.9	122.8	34.7	0.0	48.8	29.1	31.3	1.1	6.4	0.1	88.7
玻利维亚	521.4	86.1	64.7	42.5	0.1	12.2	54.2	46.9	69.0	19.0	5.9	120.8
波斯尼亚和黑塞哥维那	348.2	28.3	105.1	30.0	9.7	3.5	2.2	14.3	20.2	0.4	18.2	116.4
博茨瓦纳	145.4	77.0	39.3	2.4	1.1	6.5	10.7	0.0	0.0	1.5	0.6	6.3
巴西	632.3	24.4	21.3	247.5	40.7	46.6	–62.7	0.4	26.4	7.1	245.4	35.2
保加利亚	..	..	..	..	..	..	..	..	..	..	..	..
布基纳法索	619.9	62.1	164.1	52.5	0.1	63.8	41.6	51.4	12.3	30.8	0.8	140.4
布隆迪	413.8	43.5	131.2	29.5	20.1	15.2	39.1	19.1	1.2	4.7	19.5	90.8
柬埔寨	544.8	84.7	27.3	41.3	26.0	26.6	147.5	1.3	23.1	8.2	4.7	154.3
喀麦隆	340.7	18.0	74.2	90.5	1.0	82.1	42.0	0.2	9.0	7.2	0.4	16.0
加拿大												
中非共和国	197.6	20.5	84.8	3.1	3.0	24.5	8.1	2.0	3.3	1.4	0.0	46.9
乍得	386.9	134.6	101.9	20.1	2.9	40.7	13.8	4.9	7.8	11.7	1.7	47.1
智利	173.4	13.3	16.2	71.8	0.7	10.1	15.9	0.3	11.3	2.7	13.1	18.2
中国	745.4	86.5	42.6	321.5	86.7	316.7	–192.7	4.0	1.4	9.0	22.6	47.1
中国香港	..	..	..	..	..	..	..	..	..	..	..	..
哥伦比亚	840.7	424.0	53.7	45.3	2.6	160.3	–26.2	26.3	56.2	22.6	14.2	61.8
刚果民主共和国	2,750.9	277.9	364.3	77.1	250.8	13.5	80.0	420.5	306.2	26.5	28.3	905.9
刚果共和国	1,247.5	21.4	32.2	9.4	78.8	909.4	6.0	0.0	0.5	21.9	0.6	167.4
哥斯达黎加	94.2	0.7	4.2	21.9	0.8	4.8	63.7	3.4	5.2	0.7	0.5	–11.8
科特迪瓦	504.5	76.3	66.9	92.6	26.0	138.5	81.3	5.5	–7.6	6.9	1.7	16.5
克罗地亚	142.2	0.2	105.4	22.5	1.1	3.8	1.9	0.2	0.4	0.0	3.5	3.3
古巴	112.4	16.4	24.9	2.5	0.4	2.7	5.2	0.1	42.8	5.7	1.1	10.6
塞浦路斯	..	..	..	..	..	..	..	..	..	..	..	..
捷克共和国	..	..	..	..	..	..	..	..	..	..	..	..
丹麦												
多米尼加共和国	172.5	35.5	80.7	0.9	0.1	1.0	–1.9	0.2	49.9	1.3	0.3	4.6
厄瓜多尔	160.8	33.0	24.7	27.8	0.0	0.5	–5.2	0.5	55.3	1.4	3.1	19.7
埃及	502.8	52.7	136.9	104.5	9.0	140.1	–17.7	11.0	7.2	8.9	0.7	49.7
萨尔瓦多	291.1	151.3	52.5	17.1	–48.8	3.3	8.8	0.1	85.5	2.0	1.1	18.2
厄立特里亚	70.8	0.9	37.1	1.1	5.5	0.7	9.9	0.5	0.2	0.0	9.6	5.4
爱沙尼亚	..	..	..	..	..	..	..	..	..	..	..	..
埃塞俄比亚	2,164.3	875.3	237.6	96.5	407.0	13.3	93.9	53.2	39.5	140.4	32.6	175.1
芬兰												
法国												
加蓬	96.9	1.5	13.1	–1.3	0.2	58.1	24.8	0.0	0.2	0.1	0.0	0.3
冈比亚	56.0	6.5	22.7	0.6	2.0	0.4	17.2	0.0	4.0	0.5	0.1	2.1
格鲁吉亚	504.7	202.2	154.7	82.0	3.4	6.2	6.5	3.2	0.1	0.0	10.0	36.4
德国												
加纳	1,005.2	208.1	105.6	58.2	166.6	33.8	70.0	72.9	14.3	114.2	3.6	158.1
希腊												
危地马拉	390.3	105.0	37.4	13.5	0.2	3.3	41.2	19.6	92.9	10.3	9.4	57.6
几内亚	164.1	21.7	72.4	13.3	0.0	36.0	10.8	0.0	2.1	2.2	0.0	5.6
几内亚比绍	70.4	6.5	16.6	1.3	0.1	1.8	16.1	0.0	8.3	0.5	0.0	19.1
海地	2,612.1	1,106.9	284.3	43.6	26.2	144.1	72.0	19.2	155.8	458.9	66.8	234.6

发展援助委员会成员国提供的净援助分布

	总额 百万美元	10个主要的DAC捐赠国 百万美元										其他DAC捐赠国 百万美元
		美国	欧盟	德国	英国	法国	日本	荷兰	西班牙	加拿大	挪威	
	2010	2010	2010	2010	2010	2010	2010	2010	2010	2010	2010	2010
洪都拉斯	339.0	102.9	58.5	14.1	25.3	1.4	16.0	0.3	69.1	17.6	1.5	32.4
匈牙利	..	..	..	..	..	..	..	..	..	..	..	..
印度	2,313.5	57.4	94.3	396.9	650.3	2.8	981.1	2.5	11.4	7.9	24.0	84.8
印度尼西亚	1,093.5	180.3	105.5	–12.6	26.9	262.5	61.1	34.1	–10.6	10.9	41.9	393.6
伊朗	76.1	1.6	3.4	45.8	0.0	14.2	–7.1	3.4	0.2	0.1	7.3	7.3
伊拉克	2,059.3	1,622.9	54.1	36.9	31.0	9.6	144.4	2.6	0.4	6.3	7.7	143.5
爱尔兰												
以色列	..	..	..	..	..	..	..	..	..	..	..	..
意大利												
牙买加	104.5	–3.6	106.4	–6.2	3.9	–0.4	–2.1	–2.9	0.5	4.1	0.1	4.7
日本												
约旦	544.4	371.6	129.9	39.4	2.6	6.2	–50.9	1.0	9.2	7.1	0.4	27.9
哈萨克斯坦	112.7	68.1	17.4	13.6	0.3	4.1	–1.8	0.4	0.1	0.1	4.3	6.2
肯尼亚	1,260.5	565.9	101.6	79.8	105.2	123.4	36.7	17.6	8.3	25.9	13.4	182.6
朝鲜	42.6	5.4	14.8	2.5	0.4	0.7	0.0	0.1	0.0	0.0	2.5	16.2
韩国												
科索沃	558.2	101.0	279.3	30.6	9.5	1.7	1.1	3.2	0.1	0.0	24.2	107.5
科威特	..	..	..	..	..	..	..	..	..	..	..	..
吉尔吉斯斯坦	182.9	56.0	24.4	25.3	7.3	1.5	23.2	0.6	0.9	2.0	6.3	35.6
老挝	301.9	12.8	16.0	24.8	0.1	15.0	121.5	0.1	0.0	0.6	2.6	108.5
拉脱维亚	..	..	..	..	..	..	..	..	..	..	..	..
黎巴嫩	316.9	84.1	53.4	28.1	4.0	59.7	3.2	1.0	23.4	5.3	9.3	45.7
莱索托	168.4	57.5	74.3	5.0	4.8	–1.4	8.8	0.0	0.0	0.4	1.1	17.9
利比里亚	793.4	131.4	90.9	50.1	25.6	232.0	134.3	40.0	1.8	1.1	22.8	63.3
利比亚	18.4	6.6	1.1	3.5	1.6	3.8	0.1	0.1	0.2	0.0	0.0	1.5
立陶宛	..	..	..	..	..	..	..	..	..	..	..	..
前南斯拉夫马其顿共和国	150.1	20.4	55.1	14.1	1.2	2.9	23.1	2.3	0.4	0.0	7.5	23.2
马达加斯加	254.5	77.0	40.1	13.1	–0.3	84.0	9.6	0.0	0.3	1.9	13.0	15.7
马拉维	725.5	126.3	208.3	41.9	148.0	–1.0	69.5	0.0	0.6	16.5	64.7	50.5
马来西亚	–13.7	18.6	1.2	11.2	–0.8	1.0	–53.2	0.2	0.1	0.0	0.8	7.2
马里	782.4	197.9	98.5	60.3	0.1	77.6	38.3	56.1	28.4	96.0	16.0	113.2
毛里塔尼亚	130.9	11.4	25.3	7.7	0.0	32.2	14.6	0.0	34.7	0.5	0.6	4.0
毛里求斯	126.0	0.5	67.9	–0.2	5.5	54.0	–2.9	0.0	0.0	0.0	0.3	0.8
墨西哥	428.6	205.6	7.5	35.5	9.4	205.8	–46.7	–0.3	5.3	1.4	0.1	5.0
摩尔多瓦	228.4	19.4	138.0	8.7	14.5	6.4	0.9	5.6	0.1	0.2	3.0	31.7
蒙古	232.1	47.2	13.4	29.1	0.8	5.0	53.9	8.8	–0.3	8.3	1.7	64.2
摩洛哥	822.3	47.7	223.4	38.9	3.2	254.4	121.2	1.1	90.6	3.1	0.0	38.6
莫桑比克	1,549.7	277.9	192.3	76.9	104.4	38.1	62.9	81.8	43.9	82.0	73.7	515.7
缅甸	304.1	31.3	55.9	18.3	44.2	2.0	46.8	2.7	0.0	0.6	21.7	80.5
纳米比亚	222.1	117.2	10.8	24.0	0.6	0.4	40.6	1.6	8.5	0.5	–3.0	20.9
尼泊尔	521.9	51.9	46.2	42.0	105.2	–3.2	81.2	0.0	0.2	11.8	47.2	139.4
荷兰												
新西兰												
尼加拉瓜	416.2	54.5	21.9	27.7	7.3	1.0	34.4	26.3	106.2	12.5	18.5	106.1
尼日尔	531.6	102.6	150.8	22.6	3.2	50.0	25.2	2.8	25.9	53.7	3.5	91.4
尼日利亚	909.5	445.9	60.3	39.0	264.6	8.9	23.9	9.1	0.5	12.6	14.1	30.7
挪威												
阿曼	7.6	2.9	0.0	1.0	0.9	0.8	1.5	0.4	0.0	0.0	0.0	0.0
巴基斯坦	2,586.5	1,196.8	172.3	142.1	298.5	14.4	207.9	52.1	22.7	101.9	83.1	294.8
巴拿马	125.3	11.9	1.5	1.4	0.0	0.1	101.8	0.0	5.9	0.5	2.4	–0.3
巴布亚新几内亚	490.8	2.3	50.1	0.8	1.0	0.2	22.2	0.0	0.2	0.1	1.8	412.2
巴拉圭	97.4	28.0	29.9	5.4	0.0	0.1	–3.7	0.0	21.8	0.5	1.0	14.4
秘鲁	–288.2	130.6	25.8	51.9	1.3	10.1	–711.6	0.3	118.1	22.2	3.8	59.5
菲律宾	505.0	114.8	51.9	26.3	0.6	189.4	–87.7	0.4	27.0	16.7	17.6	148.1
波兰	..	..	..	..	..	..	..	..	..	..	..	..
葡萄牙												
波多黎各	..	..	..	..	..	..	..	..	..	..	..	..
卡塔尔	..	..	..	..	..	..	..	..	..	..	..	..

6.13 发展援助委员会成员国提供的净援助分布

	总额 百万美元 2010	10个主要的DAC捐赠国 百万美元 美国 2010	欧盟 2010	德国 2010	英国 2010	法国 2010	日本 2010	荷兰 2010	西班牙 2010	加拿大 2010	挪威 2010	其他DAC捐赠国 百万美元 2010
罗马尼亚	..	..	..	..	..	..	..	..	..	..	..	..
俄罗斯联邦	..	..	..	..	..	..	..	..	..	..	..	..
卢旺达	652.1	140.6	104.4	48.3	106.2	4.1	22.8	39.4	1.8	58.7	4.4	121.5
沙特阿拉伯	..	..	..	..	..	..	..	..	..	..	..	..
塞内加尔	618.4	101.4	84.1	23.1	0.9	157.2	55.2	30.0	45.6	56.7	0.3	64.0
塞尔维亚	603.2	57.9	290.1	126.3	5.4	14.0	5.2	3.8	0.4	0.8	20.2	79.2
塞拉利昂	279.9	29.8	80.3	13.3	84.8	0.3	12.2	1.1	1.9	33.0	3.0	20.1
新加坡	..	..	..	..	..	..	..	..	..	..	..	..
斯洛伐克共和国	..	..	..	..	..	..	..	..	..	..	..	..
斯洛文尼亚	..	..	..	..	..	..	..	..	..	..	..	..
索马里	435.5	59.4	127.1	12.5	62.3	3.5	29.1	9.3	5.9	4.4	31.6	90.5
南非	974.7	529.5	153.1	39.5	39.3	47.6	7.1	36.1	1.1	16.5	24.7	80.1
南苏丹共和国	..	..	..	..	..	..	..	..	..	..	..	..
西班牙												
斯里兰卡	433.8	26.1	48.1	−6.4	−8.5	45.1	155.4	3.6	−0.7	11.5	29.0	130.6
苏丹	1,793.4	726.4	284.2	39.2	119.1	10.1	119.1	57.6	23.0	108.3	116.7	189.9
斯威士兰	52.6	23.6	21.5	−0.6	0.0	0.2	4.4	0.0	0.0	0.8	1.6	1.3
瑞典												
瑞士												
阿拉伯叙利亚共和国	95.7	6.9	51.6	45.9	2.0	23.1	−54.7	0.1	6.1	0.1	1.3	13.4
塔吉克斯坦	201.2	45.9	36.6	34.7	12.5	0.2	43.4	0.6	0.0	0.7	3.2	23.3
坦桑尼亚	1,848.1	457.4	192.6	134.5	240.9	21.3	104.6	59.2	3.2	111.6	124.0	398.8
泰国	−76.1	47.2	24.1	−23.2	7.2	−13.6	−143.5	0.3	0.6	−0.6	0.3	25.3
东帝汶	272.7	27.3	14.6	9.4	0.0	0.1	27.7	0.0	6.0	1.1	7.8	178.7
多哥	301.7	4.0	48.9	8.8	−0.1	168.0	7.5	17.6	1.6	23.1	0.1	22.1
特立尼达和多巴哥	4.1	1.3	0.6	0.4	0.2	0.5	0.1	0.0	0.1	0.3	0.0	0.6
突尼斯	447.6	−3.3	92.3	23.9	2.5	126.8	35.9	−0.7	158.0	−2.9	0.0	15.1
土耳其	1,029.7	6.4	295.2	−10.3	3.8	88.4	543.5	0.3	56.0	−2.6	0.1	49.0
土库曼斯坦	17.0	8.4	5.7	1.8	0.1	0.1	−0.9	0.0	0.0	0.0	0.6	1.4
乌干达	1,162.0	378.1	128.9	40.9	179.3	1.8	71.2	36.7	4.3	5.7	71.5	243.6
乌克兰	545.6	140.2	153.0	89.1	0.8	21.5	53.2	0.1	0.3	20.2	3.8	63.4
阿拉伯联合酋长国	..	..	..	..	..	..	..	..	..	..	..	..
英国												
美国												
乌拉圭	40.0	1.2	7.1	0.8	0.1	1.2	11.4	0.1	8.4	0.5	0.1	9.4
乌兹别克斯坦	90.8	13.4	6.5	25.0	1.2	2.3	7.0	0.0	0.2	0.0	0.3	34.9
委内瑞拉	43.4	8.6	5.9	7.0	1.1	6.9	3.1	0.1	8.2	0.4	0.1	2.0
越南	1,866.5	93.1	41.9	96.4	82.2	242.4	807.8	21.2	16.0	25.0	20.2	420.3
西岸和加沙	2,069.2	720.8	441.1	104.6	97.6	69.3	78.6	33.7	97.6	65.1	109.5	251.4
也门共和国	322.8	45.4	40.7	82.1	63.9	7.0	26.7	26.5	1.1	2.6	0.4	26.4
赞比亚	685.5	225.1	92.5	33.3	79.3	0.8	46.1	36.1	0.2	8.7	54.1	109.3
津巴布韦	630.8	175.2	109.5	33.1	108.0	3.0	18.9	11.1	3.6	9.3	24.5	134.6
全世界	**103,174.7 s**	**26,586.4 s**	**12,428.0 s**	**8,035.5 s**	**8,016.8 s**	**7,786.7 s**	**7,331.1 s**	**4,644.2 s**	**3,998.9 s**	**3,919.6 s**	**3,560.9 s**	**16,866.6 s**
低收入国家	29,779.4	8,672.4	4,003.4	1,708.5	2,544.1	1,313.1	2,186.9	1,117.1	763.8	1,583.6	848.0	5,038.5
中等收入国家	41,152.0	10,211.0	6,373.5	3,372.7	2,351.5	4,952.3	3,460.9	724.8	1,637.4	844.5	1,103.9	6,119.4
中低收入国家	29,587.9	7,602.4	3,681.5	1,899.4	2,088.0	2,899.8	3,710.9	519.5	868.2	696.2	671.5	4,950.4
中高收入国家	10,377.3	2,549.0	2,088.8	1,312.3	254.1	1,954.3	−252.0	178.7	715.0	107.2	410.5	1,059.4
低收入和中等收入国家	102,918.5	26,581.7	12,301.2	8,011.3	8,014.4	7,778.5	7,326.1	4,643.7	3,978.6	3,918.5	3,557.5	16,807.2
东亚和太平洋地区	7,875.1	1,032.2	530.7	565.1	281.2	1,221.0	973.2	73.1	88.4	116.2	151.5	2,842.4
欧洲和中亚	5,556.1	979.9	1,754.1	664.7	72.5	173.7	780.3	41.4	97.7	37.0	120.8	834.1
拉丁美洲和加勒比地区	9,201.1	2,720.6	1,268.2	912.0	179.2	664.2	−311.4	223.2	1,369.9	807.1	434.2	933.9
中东和北非	8,009.6	3,006.8	1,441.4	622.9	229.7	859.7	335.8	80.1	462.6	123.5	150.0	697.3
南亚	12,867.1	4,383.0	850.7	1,127.7	1,510.9	115.4	2,277.8	200.0	108.8	498.1	324.5	1,470.1
撒哈拉以南非洲地区	32,263.2	7,637.2	4,788.9	1,736.0	3,003.3	3,526.9	1,694.5	1,313.7	912.0	1,512.0	945.2	5,193.7
高收入国家	256.2	4.7	126.9	24.3	2.4	8.2	5.0	0.5	20.3	1.0	3.5	59.4
欧元区	..	..	..	..	..	..	..	..	..	..	..	..

a. 地区合计数包括未在其他地方明确的经济体的数据。世界和各收入组别总数包括未落实到国家或地区的援助额。

发展援助委员会成员国提供的净援助分布

关于数据的说明

本表给出的是 OECD 发展援助委员会（DAC）成员国向低收入经济体和中等收入经济体提供的净双边援助。DAC 拥有 24 个成员，其中 23 个是经济体，1 个是多边机构（欧盟）。

由于表中的数据是基于援助国的双边计划报告编制的，可能与受援国的报告不一致。受援国可能缺乏一些援助支出的信息，例如，发展研究资金、援助国由援助资金资助的学生的薪水和日常开支以及援助国聘用专家的支出等。此外，完整的数据记录应该包括援助国向多边机构提供的捐赠、多边机构向受援国提供的援助资金流量以及非 DAC 成员国提供的援助资金流量。

本表中的数据不包括发展援助委员会的多边援助（向多边机构的常规预算拨款），这些数据都包括在表 6.14 公布的数据中。多边机构和非政府组织代表发展援助委员会成员国执行的项目被划归为双边援助（因为援助国可以有效地控制资金的使用），并且包含在本表公布的数据中。

数据还包括本表未给出的向一些国家和地区提供的援助，以及向未注明的经济体提供的援助，这些援助只在地区或者全球层次上记录。对本表未给出的向一些国家和地区提供的援助，根据世界银行的地区分类系统，已经归总到各地区的总额之中。向未注明的经济体提供的援助，也包括在地区总额之中，如果有可能，也包括在收入组别的总额之中。不按国家或者地区分配的援助——包括行政管理费用、对发展问题的研究以及向非政府组织提供的援助等——都包括在全世界的援助总额之中；因此，地区和收入组别的援助总额与全世界的援助总额并不一致。

本表所给出的一些受援国本身又是援助国。近几年非 DAC 成员国的发展合作行动有所增加，而且在一些情况下都超过了个别 DAC 成员国。一些非 DAC 成员国自愿向 DAC 提供了其发展合作行动数据，而其他许多非 DAC 成员国则没有向 DAC 提供援助数据。非 DAC 成员国提供的官方发展援助的汇总见表 6.13a。

2006—2010 年，非 DAC 援助方提供的官方发展援助 6.13a

净拨付（百万美元）

	2006 年	2007 年	2008 年	2009 年	2010 年
OECD 成员国（非 DAC 国家）					
捷克共和国	161	179	249	215	228
匈牙利	149	103	107	117	114
冰岛	42	48	48	34	29
波兰	297	363	372	375	378
斯洛伐克共和国	55	67	92	75	74
土耳其	714	602	780	707	967
阿拉伯国家					
科威特	158	110	283	221	211
沙特阿拉伯	2,025	1,551	4,979	3,134	3,480
阿拉伯联合酋长国	783	2,426	1,266	834	412
其他援助方					
以色列[a]	90	111	138	124	145
中国台湾	513	514	435	411	381
泰国	74	67	178	40	10
其他[b]	121	188	343	385	808
总计	5,181	6,329	9,271	6,672	7,235

注：本表没有给出一些主要的新兴市场经济体（非 OECD 国家）提供的援助，因为这些国家并不披露其援助信息。
a. 以色列的统计数据由以色列相关当局提供，并由其负责。OECD 对这些数据的运用，并没有对戈兰高地、东耶路撒冷以及以色列依据国际法在西岸的驻地存在偏见。b. 包括塞浦路斯、爱沙尼亚、拉脱维亚、列支敦士登、立陶宛、马耳他、罗马尼亚、俄罗斯和斯洛文尼亚。

定义

- **净援助**包括满足发展援助委员会官方发展援助定义的净双边官方发展援助，同时要拨付给发展援助委员会受援国名单上的国家和地区。
- **其他 DAC 援助国**包括澳大利亚、奥地利、比利时、丹麦、芬兰、希腊、爱尔兰、意大利、韩国、卢森堡、新西兰、葡萄牙、瑞典和瑞士。

数据资料来源

资金流量数据由 OECD 发展援助委员会提供，并在其年度统计报告《流向发展中国家的资金流量的地理分布》及其年度报告《发展合作报告》中公布。用户还可以从发展援助委员会的《国际发展统计》的 CD - ROM 和 OECD 的网站 http://www.oecd.org/dac/stats/idsonline 中查询有关数据。

	净移民	国际移民存量	受过高等教育的人口向OECD国家的移民	难民		劳工侨汇和雇员报酬	
	千人	千人	占25岁及以上受过高等教育人口的百分比	千人 按来源国划分	千人 按庇护国划分	百万美元 收到	百万美元 支付
	2005–2010	2010	2000	2010	2010	2010	2010
阿富汗	–381	91	22.6	3,054.7	6.4	..	..
阿尔巴尼亚	–48	89	17.5	14.8	0.1	1,156	24
阿尔及利亚	–140	242	9.5	6.7	94.1	2,044[a]	46
安哥拉	82	65	3.7	134.9	15.2	82	716
阿根廷	–200	1,449	2.8	0.6	3.3	641	993
亚美尼亚	–75	324	8.9	17.5	3.3	996	157
澳大利亚	1,125	4,711	2.7	0.0	21.8	4,840[a]	3,776[a]
奥地利	160	1,310	13.5	0.0	42.6	3,220	3,453
阿塞拜疆	53	264	1.8	16.8	1.9	1,432	961
巴林	448	315	5.1	0.1	0.2	..	1,642
孟加拉国	–2,908	1,085	4.4	10.0	229.3	10,852	9
白俄罗斯	–50	1,090	3.2	5.7	0.6	376	105
比利时	200	975	5.5	0.1	17.9	10,178	4,040
贝宁	50	232	8.7	0.4	7.1	248[a]	88
玻利维亚	–165	146	5.8	0.6	0.7	1,088	104
波斯尼亚和黑塞哥维那	–10	28	20.3	63.0	7.0	1,905	54
博茨瓦纳	19	115	5.1	0.1	3.0	100	102
巴西	–500	688	2.0	1.0	4.4	4,000	1,198
保加利亚	–50	107	9.6	2.6	5.5	1,387	25
布基纳法索	–125	1,043	2.6	1.1	0.5	95[a]	100
布隆迪	370	61	9.3	84.1	29.4	28	1
柬埔寨	–255	336	21.5	16.3	0.1	369	215
喀麦隆	–19	197	17.3	15.0	104.3	195	54
加拿大	1,098	7,202	4.7	0.1	165.5	..	..
中非共和国	5	80	7.3	164.9	21.6	..	..
乍得	–75	388	9.1	53.7	347.9	..	..
智利	30	320	6.0	1.2	1.6	3	5
中国	–1,884[b]	686[b]	3.8	199.7[c]	301.0	53,038[a]	1,754
中国香港	176	2,742	29.6	0.0	0.2	347	433
哥伦比亚	–120	110	10.4	395.6	0.2	4,058	112
刚果民主共和国	–24	445	14.9	476.7	166.3	..	..
刚果共和国	50	143	28.2	20.7	133.1	15[a]	102
哥斯达黎加	76	489	7.1	0.4	19.5	552	271
科特迪瓦	–360	2,407	6.2	41.8	26.2	179	754
克罗地亚	10	700	24.6	65.9	0.9	1,315	164
古巴	–190	15	28.8	7.5	0.4	..	..
塞浦路斯	44	154	34.2	0.0	3.4	146	404
捷克共和国	240	453	8.5	0.8	2.4	1,122	1,812
丹麦	90	484	7.8	0.0	17.9	633	3,184
多米尼加共和国	–140	434	22.4	0.2	0.6	3,369	29
厄瓜多尔	–120	394	9.5	0.9	121.2	2,569	81
埃及	–347	245	4.7	6.9	95.1	7,725	255
萨尔瓦多	–292	40	31.7	5.0	0.0	3,449	23
厄立特里亚	55	16	35.2	222.5	4.8	..	..
爱沙尼亚	0	182	9.9	0.2	0.0	322	94
埃塞俄比亚	–300	548	9.8	68.8	154.3	225	27
芬兰	73	226	7.2	0.0	8.7	826	437
法国	500	6,685	3.5	0.1	200.7	15,629	5,264
加蓬	5	284	14.6	0.2	9.0	..	..
冈比亚	–14	290	67.8	2.2	8.4	116	58
格鲁吉亚	–150	167	2.8	10.6	0.6	806	50
德国	550	10,758	5.8	0.2	594.3	11,338	15,908
加纳	–51	1,852	44.7	20.2	13.8	136	..
希腊	154	1,133	12.2	0.1	1.4	1,499	1,932
危地马拉	–200	59	23.9	5.7	0.1	4,229	21
几内亚	–300	395	4.7	12.0	14.1	60	43
几内亚比绍	–10	19	27.7	1.1	7.7	48	17[a]
海地	–240	35	83.4	25.9	0.0	1,499	135

	净移民	国际移民存量	受过高等教育的人口向OECD国家的移民	难民		劳工侨汇和雇员报酬	
	千人	千人	占25岁及以上受过高等教育人口的百分比	千人 按来源国划分	千人 按庇护国划分	百万美元 收到	百万美元 支付
	2005–2010	2010	2000	2010	2010	2010	2010
洪都拉斯	–100	24	24.8	1.3	0.0	2,649	12
匈牙利	75	368	12.8	1.4	5.4	2,265	1,265
印度	–3,000	5,436	4.3	17.8	184.8	54,035	3,888
印度尼西亚	–1,293	123	2.9	16.9	0.8	6,916	2,840
伊朗	–186	2,129	14.3	68.8	1,073.4	1,181[a]	..
伊拉克	–150	83	10.9	1,683.6	34.7	71	32[a]
爱尔兰	100	899	33.7	0.0	9.1	601	1,751
以色列	274	2,940	7.8	1.3	25.5	1,411	3,739
意大利	1,999	4,463	9.7	0.1	56.4	6,803	12,201
牙买加	–100	30	84.7	1.1	0.0	2,011	314
日本	270	2,176	1.2	0.2	2.6	1,802	4,474
约旦	203	2,973	7.4	2.3	2,455.7[d]	3,641	495
哈萨克斯坦	7	3,079	1.2	3.6	4.4	291	3,021
肯尼亚	–189	818	38.5	8.6	402.9	1,777[a]	61
朝鲜	0	37	..	0.9	..	..	..
韩国	–30	535	7.5	0.6	0.4	8,708	11,385
科索沃	..	..	..	..	..	932	146
科威特	278	2,098	7.1	1.0	0.2	..	11,770
吉尔吉斯斯坦	–132	223	0.9	2.7	2.5	1,275[a]	297
老挝	–75	19	37.2	8.4	..	41	8
拉脱维亚	–10	335	8.5	0.7	0.1	614	43
黎巴嫩	–13	758	43.9	15.9	435.1[d]	7,558	3,737
莱索托	–20	6	4.1	0.0	..	746	19
利比里亚	300	96	44.3	70.1	24.7	27[a]	1
利比亚	–20	682	4.3	2.3	7.9	17[a]	1,361
立陶宛	–35	129	8.4	0.5	0.8	1,575	538
前南斯拉夫马其顿共和国	2	130	29.4	7.9	1.4	388	23
马达加斯加	–5	38	7.7	0.3	..	..	..
马拉维	–20	276	20.9	0.2	5.7	..	..
马来西亚	84	2,358	10.5	0.6	81.5	1,301	6,528
马里	–101	163	14.8	3.7	13.6	436[a]	167
毛里塔尼亚	10	99	8.6	37.7	26.7	..	..
毛里求斯	0	43	56.0	0.0	..	226[a]	13
墨西哥	–1,805	726	15.5	6.8	1.4	22,048	..
摩尔多瓦	–172	408	4.1	6.2	0.1	1,370	117
蒙古	–15	10	7.4	1.7	0.0	277	169
摩洛哥	–675	49	18.6	2.3	0.8	6,423	62
莫桑比克	–20	450	22.6	0.1	4.1	132	80
缅甸	–500	89	3.9	415.7	..	133[a]	..
纳米比亚	–1	139	3.4	1.0	7.3	15	16
尼泊尔	–100	946	4.0	5.9	89.8	3,468	32
荷兰	50	1,753	9.6	0.1	75.0	3,834	12,923
新西兰	65	962	21.8	0.0	2.3	843	1,167
尼加拉瓜	–200	40	30.2	1.4	0.1	823	..
尼日尔	–28	202	5.5	0.8	0.3	88	22[a]
尼日利亚	–300	1,128	10.5	15.6	8.7	10,045[a]	48
挪威	171	485	6.2	0.0	40.3	680	4,045
阿曼	153	826	0.4	0.1	0.1	39	5,704
巴基斯坦	–2,000	4,234	12.7	40.0	1,900.6	9,690	19
巴拿马	11	121	16.7	0.1	17.1	231	248
巴布亚新几内亚	0	25	27.8	0.1	9.7	15	323
巴拉圭	–40	161	3.8	0.1	0.1	673	..
秘鲁	–725	38	5.8	5.8	1.1	2,534	122
菲律宾	–1,233	435	13.6	1.0	0.2	21,423	62
波兰	56	827	14.3	1.8	15.6	7,614	1,575
葡萄牙	150	919	19.0	0.0	0.4	3,540	1,406
波多黎各	–145	324	..	..	..	..	..
卡塔尔	857	1,305	2.1	0.1	0.1	..	..

	净移民	国际移民存量	受过高等教育的人口向OECD国家的移民	难民		劳工侨汇和雇员报酬	
	千人	千人	占25岁及以上受过高等教育人口的百分比	千人 按来源国划分	千人 按庇护国划分	百万美元 收到	百万美元 支付
	2005–2010	2010	2000	2010	2010	2010	2010
罗马尼亚	–100	133	11.3	3.9	1.0	3,883	355
俄罗斯联邦	1,136	12,270	1.4	111.9	4.9	5,264	18,796
卢旺达	15	465	31.7	114.8	55.4	92	71
沙特阿拉伯	1,056	7,289	0.9	0.7	0.6	236	27,069
塞内加尔	–133	210	17.2	16.3	20.7	1,346	144[a]
塞尔维亚	0	525	..	183.3	73.6	3,351[a]	70
塞拉利昂	60	107	49.2	11.3	8.4	58	6
新加坡	722	1,967	14.5	0.1	0.0	..	..
斯洛伐克共和国	37	131	14.3	0.2	0.5	1,591	70
斯洛文尼亚	22	164	11.0	0.0	0.3	309	158
索马里	–300	23	34.5	770.2	1.9	..	..
南非	700	1,863	7.4	0.4	57.9	1,119	1,372
南苏丹共和国	..	..	..	..	..	..	..
西班牙	2,250	6,378	4.2	0.0	3.8	10,507	12,227
斯里兰卡	–250	340	28.2	141.1	0.2	4,155	545
苏丹	135	753	6.8	387.3	178.3	1,974[a]	1[a]
斯威士兰	–6	40	5.4	0.0	0.8	109	11
瑞典	266	1,306	4.5	0.0	82.6	688	695
瑞士	183	1,763	9.6	0.0	48.8	2,619	21,668
阿拉伯叙利亚共和国	–56	2,206	6.2	18.5	1,483.2[d]	1,646[a]	214[a]
塔吉克斯坦	–296	284	0.6	0.6	3.1	2,254	856
坦桑尼亚	–300	659	12.1	1.1	109.3	25	127
泰国	492	1,157	2.2	0.4	96.7	1,764	..
东帝汶	–50	14	16.5	0.0	0.0	..	..
多哥	–5	185	16.5	18.3	14.1	333[a]	72[a]
特立尼达和多巴哥	–20	34	78.9	0.3	0.0	120[a]	..
突尼斯	–20	34	12.6	2.2	0.1	1,970	13
土耳其	–50	1,411	5.8	146.8	10.0	874	175
土库曼斯坦	–54	208	0.4	0.7	0.1	..	..
乌干达	–135	647	36.0	6.4	135.8	915	602
乌克兰	–40	5,258	4.3	25.1	3.0	5,607	24
阿拉伯联合酋长国	3,077	3,293	0.7	0.4	0.5	..	..
英国	1,020	6,452	17.1	0.2	238.2	7,532	3,528
美国	4,955	42,813	0.5	3.0	264.6	5,277	51,597
乌拉圭	–50	80	9.0	0.2	0.2	103	7
乌兹别克斯坦	–518	1,176	0.8	8.8	0.3	..	..
委内瑞拉	40	1,007	3.8	6.7	201.5	143	805
越南	–431	69	27.0	338.7	1.9	8,260[a]	..
西岸和加沙	–90	1,924	12.0	93.3	1,910.7[d]	1,151[a]	9[a]
也门共和国	–135	518	6.0	2.1	190.1	1,240	337
赞比亚	–85	233	16.4	0.2	47.9	44	68
津巴布韦	–900	372	13.1	24.1	4.4	..	..
全世界	..[e] s	213,397[f] s	5.4 w	15,369.9[d,g] s	15,369.9[d] s	449,197 s	303,799 s
低收入国家	–6,818	11,158	11.8	5,650.8	1,874.0	24,553	3,088
中等收入国家	–16,342	70,369	6.8	4,518.3	11,535.2	300,725	55,580
中低收入国家	–12,613	31,148	8.0	3,223.5	6,412.2	161,464	11,579
中高收入国家	–3,729	39,220	6.1	1,294.8	5,123.0	139,262	44,001
低收入和中等收入国家	–23,160	81,527	7.1	10,169.1	13,409.2	325,278	58,668
东亚和太平洋地区	–5,221	5,434	7.0	1,002.3	492.0	93,957	11,945
欧洲和中亚	–595	27,681	3.5	637.2	140.8	36,037	25,865
拉丁美洲和加勒比地区	–5,088	6,569	10.6	470.4	373.8	57,275	4,603
中东和北非	–1,628	11,957	10.5	1,905.3	7,795.9	34,700	6,566
南亚	–8,622	12,175	5.3	3,344.6	2,411.2	82,209	4,687
撒哈拉以南非洲地区	–2,006	17,710	12.6	2,809.5	2,195.6	21,101	5,002
高收入国家	22,906	131,871	4.1	79.4	1,960.7	123,919	245,131
欧元区	6,336	36,317	7.1	1.0	1,023.9	71,976	82,745

a. 世界银行的估计。b. 包括中国台湾。c. 包括藏族人，联合国难民署将其单独列出。d. 包括在联合国近东巴勒斯坦难民救济和工作处委托管辖下的巴勒斯坦难民，但这并不包括在联合国难民署的数据中。e. 尽管世界总数由联合国计算并且其总数为零，但是由于此处给出的合计数是参照世界银行的定义，因此，各地区和各收入组别的合计数并不等于零。f. 世界总数由世界银行计算并且仅仅包括《世界发展指标》涵盖的经济体，所以数据可能不同于联合国人口署公布的数据。g. 包括没有特定来源国的难民、联合国近东巴勒斯坦难民救济和工作处委托管辖下的巴勒斯坦难民，因此，各地区和各收入组别的合计数并不等于世界总数。

关于数据的说明

通常以移民方式实现的人口流动已经成为一体化的重要组成部分。移民对于东道国的经济和母国的经济来讲都具有帮助。但是关于移民的可靠的统计数据不仅非常难以收集，而且还经常不完整，这使国际比较面临着挑战。

联合国人口署提供了有关净移民和移民存量的数据。因为移民存量数据对各国来讲都难以收集，所以联合国人口署考察了一个国家或者一个地区过去的移民历史、一个国家的移民政策以及最近时期流入的难民，以得到净移民的估计值。计算这些估计值的数据来自不同的渠道，其中包括边境统计、行政记录、调查以及人口普查。

当数据不充分时，净移民就通过同一期间的总人口增长率减去自然增长率（出生率与死亡率之差）获得。这种计算方法通常用于两次人口普查之间。该估计值还可以从外国出生的人口（这些外国出生的人口居住的国家不是其出生的国家）数据中获得。当外国出生人口数据无法获得时，则使用外国人口（这些人不是居住国的公民，而是其他国家的公民）数据加以估计。

对于那些至少在两个时间点上拥有国际移民存量信息的国家来讲，归纳或者添补通常用于估计指定年份的7月1日的国际移民存量。对于那些只有一个观察点的国家来讲，指定年份的估计值都是利用前年或者后年可获得的单个观察点的移民存量的变化率推出。模型通常用于估计那些没有数据的国家的移民。

移民的一个负面影响就是“人才流失”——受过高等教育的人口移民。本表给出了有关受过高等教育的人口移民的数据，数据来自 Docquier、Marfouk 和 Lowell（2007），其利用 OECD 国家的人口普查数据和注册登记数据分析了高技术移民，并提供了1990年和2000年按性别划分的数据。

因为难民已成为移民存量的重要组成部分，所以本表给出了难民数据。这儿给出的难民是指那些跨越国际边境去寻求避难所进而被认定为难民或者类似难民身份或者寻求临时保护的人口。寻求庇护者（已经申请庇护或者难民身份，但是还没有接到最终决定进而将其注册为寻求庇护者）和国内流离失所人口——经常被误认为难民——不包括在内。国内流离失所人口不像难民，他们依然是在本国政府的保护下，尽管他们逃离的原因与难民类似。巴勒斯坦难民（和其子孙后代）是指在1946年6月至1948年5月期间由于阿以冲突导致其丢失家园和谋生手段的巴基斯坦居民。

注册登记与其他资料来源——包括估计和调查——成为难民数据的主要资料来源。但是在收集准确的统计收据方面还存在一些困难。许多难民可能并没有意识到注册的必要性，或者可能选择不这样做，同时因为注册要比取消注册容易，所以行政管理记录通常会高估难民的实际数量。联合国难民署（UNHCR）收集并维护有关难民的数据，除了在联合国近东巴勒斯坦难民救济与工作署（UNRWA）委托管辖下的巴勒斯坦难民。注册是自愿的，UNRWA 对巴勒斯坦难民人数的估计并不准确。本表给出了 UNHCR 收集的难民估计数，并由对 UNRWA 委托管辖下的巴勒斯坦难民的估计作了补充。因此，这儿的总数不同于 UNHCR 公布的其他数据。

劳工侨汇和雇员报酬数据都是来自国际货币基金组织《国际收支统计年鉴》。世界银行员工的估计弥补了国际货币基金组织数据中所缺乏的一些国家的数据，而劳工侨汇对于这些国家来讲，是非常重要的。构成劳工侨汇、雇员报酬以及移民的转移支付3个项目的数据都是取自国际货币基金组织的《国际收支手册》（第5版）。

定义

• **净移民**是指每年移入移民的数量减去每年移出移民的数量，其中包括公民和非公民。表中给出的数据是5年的估计数。 • **国际移民存量**是指在一个国家出生而不在这个国家生活的人口数量，也包括难民。 • **受过高等教育的人口向 OECD 国家的移民**是指年龄在25岁及以上、至少接受过1年高等教育、定居在 OECD 国家但出生在其他国家的移民存量。 • **难民**是指根据1951年的《难民地位公约》、1967年的《年民地位草案》以及1969年的《非洲难民问题特殊方面公约》被认作难民的人口、依据联合国难民事务高级专员办事处的条例被认作难民的人口、被授予视同难民的人道主义身份的人口以及被提供了临时性保护的人口。寻求庇护者和国内流离失所人口不包括在内。 • **来源国**是指那些提出庇护要求的国家。 • **庇护国**通常是指那些给予提出要求庇护者公民身份的国家。 • **劳工侨汇和雇员报酬**（收到的和支付的）包括移民劳工的经常性转移支付和非居民劳工赚取的工资和薪水。劳工侨汇被划分为移民劳工作为东道国的居民向其母国接收者提供的经常性私人转移支付，其中仅仅包括那些在东道国居住了一年以上的劳工的转移支付，而不管是何种移民身份。雇员报酬是指在东道国居住时间少于一年的移民所获取的报酬。

数据资料来源

净移民数据来自联合国人口署的《世界人口展望》（2010年修订版）。国际移民存量数据来自于联合国人口署的《总移民存量趋势》（2008年修订版）。受过高等教育的人口移民数据来自 Docquier、Lowell 和 Marfouk（2009）。难民数据来自于联合国难民事务高级委员会的《2010年统计年鉴》，并由联合国近东巴勒斯坦难民救济与工作署在其网站上公布的巴勒斯坦难民统计数据作补充。侨汇数据来自国际货币基金组织的《国际收支统计年鉴》，并由世界银行工作人员的估计作补充。

	国际旅游				入境旅游支出				出境旅游支出			
	千人											
	入境旅游		出境旅游		百万美元		占出口的百分比		百万美元		占进口的百分比	
	2000	2010	2000	2010	2000	2010	2000	2010	2000	2010	2000	2010
阿富汗	..	..	..	..	..	..	..	..	..	..	..	..
阿尔巴尼亚	317[a,b]	2,417[a,b]	..	3,443	398	1,780	56.6	47.0	290	1,454	19.3	23.0
阿尔及利亚	866[a,c]	..	1,006	..	102[d]	..	..	..	193[e]	..	..	..
安哥拉	51	425	..	..	34[e]	726	0.4	1.4	146	275	2.5	0.8
阿根廷	2,909	5,325	4,953	5,307	3,195	5,629	10.2	6.9	5,460	6,375	16.5	9.4
亚美尼亚	45	..	111	..	52	456	11.6	23.5	56	466	5.8	11.1
澳大利亚	4,931[a,b]	5,885[a,b,e]	3,498	7,111	13,016	..	15.5	..	8,780	..	10.0	..
奥地利	17,982[f]	22,004[f]	7,528	9,882	11,382	20,931	13.0	10.3	7,001	12,215	8.2	6.5
阿塞拜疆	..	1,280	1,326	3,176	68	792	3.2	2.8	138	856	6.8	8.1
巴林	2,420	..	..	..	854	2,163	11.9	12.1	425	684	8.3	5.2
孟加拉国	199	..	1,128	..	50[d]	103[d]	0.7	0.5	471	835	4.9	2.8
白俄罗斯	60	119	1,289	415	188	662	2.5	2.2	247	738	3.1	2.0
比利时	6,457[f]	7,186[f]	7,932	10,170	6,592[d]	11,431	..	3.1	9,429[d,e]	20,558	..	5.7
贝宁	96	199	..	..	77	134	14.6	..	50	97	7.1	..
玻利维亚	319	807	201	708	101	339	6.9	5.0	116	421	5.6	6.8
波斯尼亚和黑塞哥维那	171[f]	365[f]	..	..	246	668	15.6	10.7	92	244	2.2	2.5
博茨瓦纳	1,104	2,145	..	..	227	222	7.6	4.4	209	26	9.0	0.5
巴西	5,313	5,161	3,228	5,305	1,969	6,181	3.0	2.6	4,548	19,340	6.3	7.9
保加利亚	2,785	6,047	2,337	3,676	1,364	4,035	19.5	14.8	764	1,382	10.0	4.9
布基纳法索	126[g]	274[g]	..	..	23	..	9.7	..	30	..	4.6	..
布隆迪	29[c]	..	28	..	1	2	2.6	1.2	14[d]	35	9.3	5.8
柬埔寨	..	2,399	41	505	345	1,412	18.9	20.5	52	268	2.3	3.4
喀麦隆	277[g]	..	..	..	132	171	4.9	3.0	241	265	9.6	4.1
加拿大	19,627	16,097	19,182	28,678	13,035	18,281	4.0	4.0	15,125	36,677	5.3	7.4
中非共和国	11[h]	..	..	..	5[e]	..	..	..	33[e]	..	..	..
乍得	43[g]	..	27	..	14[e]	..	..	..	56[e]	..	..	..
智利	1,742	2,766	1,830	3,348	1,179	2,413	5.1	2.9	904	2,339	4.1	3.5
中国	31,229	55,664	10,473	57,386	17,318	50,154	6.2	2.9	14,169	59,840	5.7	3.9
中国香港	8,814	20,085	..	84,442	8,198[e]	27,028[e]	3.4	5.4	12,502[d,e]	17,461[d,e]	5.3	3.6
哥伦比亚	557	..	1,235	..	1,313	2,797	8.3	6.2	1,452	2,368	10.1	5.1
刚果民主共和国	103	..	..	..	..	..	..	..	..	..	..	..
刚果共和国	19[g]	..	..	..	12	..	0.5	..	59	..	4.9	..
哥斯达黎加	1,088	2,100	381	662	1,477	2,189	19.1	16.0	551	534	7.6	3.6
科特迪瓦	..	..	..	..	53	..	1.2	..	291	..	8.0	..
克罗地亚	5,831[f]	9,111[f]	..	1,873	2,871	8,209	33.2	35.5	634	853	6.6	3.6
古巴	1,741[h]	2,507[h]	139	251	1,948[e]	2,396[e]	..	..	..	..	..	..
塞浦路斯	2,686	2,173	503	1,067	2,137	2,416	42.6	24.8	543	1,436	10.6	12.8
捷克共和国	..	8,185	..	6,429	2,973[d]	8,017	8.3	5.8	1,276[d]	4,166	3.4	3.2
丹麦	3,535[f]	8,744[f]	5,011	..	3,671[d]	5,704[e]	5.0	3.7	4,669[d]	9,082[d]	7.2	6.5
多米尼加共和国	2,978[c,h]	4,125[c,h]	360	401	2,860[d]	4,209[d]	31.9	36.0	440	542	4.1	3.1
厄瓜多尔	627[a,b]	1,047[a,b]	520	899	451	786	7.6	4.0	416	862	8.4	3.8
埃及	5,116	14,051	2,964	..	4,657	13,633	27.6	27.9	1,206	2,696	5.3	4.5
萨尔瓦多	795	1,150	923	..	437	646	11.9	11.6	219	280	3.9	3.0
厄立特里亚	70[a,c]	84[a,c]	..	..	36[e]	..	36.8	..	..	..	..	..
爱沙尼亚	1,220	2,120	1,800	955	657	1,412	13.7	8.7	253	719	5.1	4.9
埃塞俄比亚	136[c]	..	..	..	205	1,434	20.7	30.9	80	143[d]	4.9	1.4
芬兰	2,714	3,670	5,914	6,633	2,035	4,362	3.8	4.5	2,293	5,202	5.7	5.5
法国	77,190	77,148	19,886	21,609	38,534	56,654	10.1	8.6	26,703	46,227	7.3	6.4
加蓬	155[h]	..	168	..	99	..	2.8	..	183	..	11.1	..
冈比亚	79	91	..	..	..	38	..	14.9	..	11[d]	..	3.6
格鲁吉亚	387[a]	2,033[a]	315	2,089	107	738	12.5	18.2	129	328	9.8	5.3
德国	18,983[f]	26,875[f]	74,400	..	24,943	49,133	4.0	3.2	57,601	91,208	9.2	6.7
加纳	399[c]	..	..	..	357	706	14.6	7.5	162	882	4.8	6.3
希腊	13,096	15,007	..	..	9,262	12,579	31.5	20.9	4,564	2,874	10.9	3.6
危地马拉	826[a]	1,876[a]	488	1,136	498	1,378	12.9	12.7	216	1,033	3.9	6.8
几内亚	33[h]	..	..	..	8	2	1.1	0.1	13	17	1.5	0.9
几内亚比绍	..	..	..	..	..	..	..	..	..	..	..	..
海地	140[h]	..	..	..	128[d]	167[d]	25.4	20.9	173	431	12.6	10.6

	国际旅游				入境旅游支出				出境旅游支出			
	千人											
	入境旅游		出境旅游		百万美元		占出口的百分比		百万美元		占进口的百分比	
	2000	2010	2000	2010	2000	2010	2000	2010	2000	2010	2000	2010
洪都拉斯	471	896	274	429	263	652	6.8	9.6	198	406	4.2	4.1
匈牙利	..	9,510	11,065	16,082	3,809	6,346	11.0	5.7	1,722	2,867	4.7	2.8
印度	2,649[b]	5,776[b]	4,416	12,988	3,598	14,673	6.0	4.2	3,686	13,746	5.0	3.1
印度尼西亚	5,064	7,003	2,205	6,235	4,975[d]	7,618	7.0	4.4	3,197[d]	8,432	5.7	5.5
伊朗	1,342	..	2,286	..	677	..	2.3	..	671	..	3.8	..
伊拉克	78[a]	1,518[a]	..	..	2[d]	..	..	..	9[d]	..	..	..
爱尔兰	6,646	..	3,783	..	3,517	8,071	3.8	3.9	2,626	7,798	3.3	4.6
以色列	2,417[b]	2,803[b]	3,530	4,269	4,611	5,474	9.9	6.8	3,733	4,433	8.0	5.8
意大利	41,181	43,626	21,993	29,823	28,706	40,058	9.7	7.3	18,169	33,053	6.3	5.6
牙买加	1,323[c,h]	1,922[c,h]	..	..	1,577	2,095	43.9	52.3	238	235	5.4	3.6
日本	4,757[a,b]	8,611[a,b]	17,819	16,637	5,970	15,356	1.1	1.8	42,643	39,306	9.3	4.9
约旦	1,580[c]	4,557[c]	1,625	2,917	935	4,018	26.4	33.0	387	1,605	6.7	8.9
哈萨克斯坦	1,471	3,393	1,247	..	403	1,236	3.9	1.9	483	1,437	5.4	3.3
肯尼亚	899	1,469	..	..	500	1,620	18.0	18.2	156	212[d]	4.1	1.6
朝鲜	..	..	..	..	..	..	..	..	..	..	..	..
韩国	5,322[a,c]	8,798[a,c]	5,508	..	8,527	13,805	4.1	2.5	7,945	19,695	4.1	3.8
科索沃	..	..	..	..	..	..	..	..	..	..	..	..
科威特	78[g]	207[g]	1,236	..	394	510	1.8	0.7	2,852	7,419	25.1	22.7
吉尔吉斯斯坦	59	1,316	47	1,296	20	336	3.5	13.6	28	398	4.3	10.2
老挝	191	1,670	..	..	114[d]	385[d]	22.5	17.1	8	215[d]	1.4	9.3
拉脱维亚	509	1,373	2,596	3,332	172	963	5.3	7.5	281	771	7.4	5.9
黎巴嫩	742	2,168	..	..	742	8,174	..	38.5	..	5,080	..	16.4
莱索托	..	414	..	..	18[d]	34[d]	6.7	3.8	12	..	1.1	..
利比里亚	..	..	..	..	..	12[d]	..	3.0	..	134	..	7.4
利比亚	..	..	..	..	84	170	0.7	0.3	495	2,184	9.9	7.1
立陶宛	1,083	1,507	3,632	1,411	430	1,097	8.4	4.4	261	786	4.5	3.1
前南斯拉夫马其顿共和国	224[f]	262[f]	..	..	88	209	5.4	5.0	58	141	2.5	2.3
马达加斯加	160[h]	196[h]	..	..	152	633	12.8	..	139	110[d]	9.1	..
马拉维	228	746	..	..	29	..	6.6	..	53	..	8.4	..
马来西亚	10,222	24,577	30,532	..	5,873	18,315	5.2	7.9	2,543	7,943[d]	2.7	4.2
马里	86[g,h]	169[g]	..	..	47	296	7.3	..	66	235	7.1	..
毛里塔尼亚	30	..	..	..	..	..	..	..	..	..	..	..
毛里求斯	656	935	163	212	732	1,585	27.9	32.0	203	423	7.5	6.9
墨西哥	20,641[c]	22,260[c]	11,079	14,395	9,133	12,417	5.1	4.0	6,365	9,075	3.3	2.8
摩尔多瓦	18	8	32	117	57	233	8.9	10.2	86	329	8.8	7.2
蒙古	137	457	..	..	43	288	7.0	8.5	54	319	7.0	8.2
摩洛哥	4,278[c]	9,288[c]	1,508	..	2,280	8,176	21.8	27.1	506	1,879	4.0	4.7
莫桑比克	..	..	..	..	74[d]	230	10.7	7.7	122	285	8.2	6.1
缅甸	208	311	..	..	195	92	9.1	1.1	30[d]	54	1.2	1.0
纳米比亚	656	984	..	..	193[d]	560[d]	13.0	11.2	86[d]	145	5.3	2.6
尼泊尔	464	603	155	765	219	378	17.1	24.0	109	528	6.1	9.0
荷兰	10,003[f]	10,883[f]	13,896	18,430	11,285	18,690	4.4	3.2	13,649	19,772	5.7	3.9
新西兰	1,780	2,492	1,283	2,026	2,272[d]	4,907[d]	12.7	12.0	1,235[d]	3,038[d]	7.1	7.8
尼加拉瓜	486	1,011[c]	486	908	129[d]	309[d]	11.7	8.5	126	323	5.9	5.9
尼日尔	50	..	..	..	23[d]	..	7.2	..	32	..	7.0	..
尼日利亚	813	..	..	..	186	738	0.9	1.0	610	8,379	5.1	11.1
挪威	3,104	4,767	2,394	..	2,521	5,083	3.2	2.9	4,893	13,971	9.9	11.9
阿曼	571[g]	1,048[g]	..	..	377	1,251	3.2	3.3	629[d]	1,768	9.9	7.2
巴基斯坦	557	..	..	..	551	998	5.4	3.6	574	1,370	4.7	3.4
巴拿马	484	1,324	216	392	628	2,552	8.0	13.9	241	575	3.0	2.9
巴布亚新几内亚	58	..	52	..	7[d]	2[d]	0.3	0.0	50[d]	138	2.8	2.2
巴拉圭	289[b]	465	175	313	88	243	3.0	2.4	154	269	4.7	2.5
秘鲁	800	2,299	730	2,058	861	2,741	10.1	6.9	641	1,646	6.6	4.7
菲律宾	1,992[c]	3,520[c]	1,670	..	2,334	3,228	5.7	5.0	1,841	4,253	3.8	5.8
波兰	17,400	12,470	56,677	42,760	6,128	9,986	13.2	5.0	3,417	9,100	6.0	4.4
葡萄牙	5,599[f]	6,756[f]	..	..	6,027	12,969	17.7	18.0	2,754	4,691	5.8	5.4
波多黎各	3,341[h]	3,679[h]	1,259	1,357	2,388[e]	3,598[e]	..	..	1,333[e]	1,723[e]	..	..
卡塔尔	378[g,i]	1,866[g,i]	..	..	128	..[e]	..	..	307[d,e]	..	..	..

旅游和旅游业

	国际旅游				入境旅游支出				出境旅游支出			
	千人 入境旅游		出境旅游		百万美元		占出口的百分比		百万美元		占进口的百分比	
	2000	2010	2000	2010	2000	2010	2000	2010	2000	2010	2000	2010
罗马尼亚	5,264[a]	..	6,388	..	394	1,653	3.3	2.8	447	1,897	3.2	2.8
俄罗斯联邦	21,169[a]	22,281[a]	18,371	39,323	3,429[d]	13,379	3.0	3.0	8,848[d]	29,993	14.5	9.3
卢旺达	..	666	..	..	27	218[d]	21.1	35.9	35	94	8.3	5.7
沙特阿拉伯	6,585	10,850	..	7,233	..	7,655	..	2.9	..	22,803	..	13.1
塞内加尔	..	..	..	..	152	..	11.6	..	125	..	7.2	..
塞尔维亚	..	683	..	..	..	951	..	7.1	..	1,106	..	5.6
塞拉利昂	16[h]	39[f,h]	13	76	10[d]	26[d]	18.2	6.1	35	22	13.8	2.5
新加坡	6,062	9,161	4,444	7,342	5,142[d]	14,181[d]	2.8	3.0	4,535[d]	16,770[d]	2.7	4.1
斯洛伐克共和国	1,053[f]	..	..	..	441	2,335	3.1	3.3	341	2,146	2.3	3.0
斯洛文尼亚	1,090[f]	1,869[f]	1,965	2,874	1,016	2,735	9.5	9.0	544	1,377	4.8	4.5
索马里	..	..	..	..	..	..	..	..	..	..	..	..
南非	5,872	8,074	3,834	5,165	3,338	10,308	9.0	10.3	2,684	8,139	8.1	8.1
南苏丹共和国	..	..	..	..	..	..	..	..	..	..	..	..
西班牙	46,403	52,677	4,100	..	32,656	58,810	19.4	15.6	7,710	22,800	4.1	5.7
斯里兰卡	400[b]	654[b]	524	1,122	388	1,044	6.1	9.7	383	828	4.7	5.4
苏丹	38	..	..	..	5[d]	94[d]	0.3	0.8	55[d]	1,116[d]	2.7	10.0
斯威士兰	281[i]	868[g]	..	1,141	24	51	1.9	2.5	32	87	2.2	3.3
瑞典	3,828[f]	4,951[f]	10,147	13,042	4,825	13,316	4.3	5.9	8,959	14,878	9.2	7.6
瑞士	7,821[g]	8,628[g]	12,240	..	8,988	17,847	7.2	5.2	7,360	13,317	6.9	4.7
阿拉伯叙利亚共和国	2,100[c,f]	8,546	3,863	6,259	1,082[d]	6,308	15.8	32.2	669[d]	1,598	12.4	8.2
塔吉克斯坦	..	..	6	..	..	32	..	2.1	..	18[d]	..	0.5
坦桑尼亚	459	783	..	..	381	1,279	28.0	20.0	369	861	18.0	9.6
泰国	9,579[c]	15,936	1,909	5,451	9,935	23,407	12.2	10.3	3,218	6,582	4.5	3.2
东帝汶	..	40	..	..	..	21	..	..	..	72	..	..
多哥	60[g]	..	..	..	11	..	2.6	..	15	..	2.5	..
特立尼达和多巴哥	399[h]	..	..	..	371	..	7.7	..	190	..	5.1	..
突尼斯	5,058[b]	6,903[b]	1,632	2,250	1,977	3,477	23.0	15.6	310	611	3.3	2.5
土耳其	9,586	27,000	5,284	11,002	7,636[d]	24,784	15.2	15.9	1,713[d]	5,451	2.8	2.8
土库曼斯坦	3	..	78	..	..	..	..	..	..	..	..	..
乌干达	193	946	153	324	165[d]	762	24.9	21.9	..	389	..	6.4
乌克兰	6,431	21,203	13,422	17,180	563	4,696	2.9	6.8	561	4,134	3.1	5.6
阿拉伯联合酋长国	3,907[c,i]	..	..	..	1,063[e]	8,577[e]	..	..	3,019[e]	11,818[e]	..	..
英国	23,212	28,295	56,837	55,562	29,978	39,945	7.4	6.0	47,009	60,291	10.8	8.2
美国	51,238	59,791	61,327	..	120,912	165,777	11.3	9.0	91,473	109,975	6.3	4.7
乌拉圭	1,968	2,353	667	1,027	827	1,607	22.6	15.2	381	534	9.1	5.5
乌兹别克斯坦	302	975	217	1,610	63[e]	121[d,e]	..	..	..	..	..	..
委内瑞拉	469	..	954	..	469	672	1.4	1.0	1,647	2,196	7.7	4.4
越南	2,140[a]	..	..	..	..	..	..	..	..	..	..	..
西岸和加沙	310[g]	522[g]	..	..	283[d]	..	28.0	..	316	..	9.7	..
也门共和国	73	536	..	..	73[d]	622[d]	1.8	6.7	127	252	3.9	2.3
赞比亚	457	815	..	..	67[d]	125[d]	7.7	1.6	102	128	7.8	2.3
津巴布韦	1,967[a]	2,239[a]	..	650	125[e]	634[e]	..	..	..	..	..	..
全世界	**681,151 t**	**941,666 t**	**730,907 t**	**.. t**	**572,408 t**	**1,111,919 t**	**7.4 w**	**5.9 w**	**531,843 t**	**996,273 t**	**6.8 w**	**5.4 w**
低收入国家	7,122	16,234	..	..	3,304	11,469	11.0	11.2	2,837	7,086	6.0	4.3
中等收入国家	196,996	360,007	179,453	370,724	112,754	304,678	7.2	5.5	82,078	261,770	5.6	4.8
中低收入国家	39,368	98,178	45,422	86,323	26,019	77,617	7.7	6.8	17,992	65,963	5.0	4.7
中高收入国家	157,416	261,779	124,379	..	86,796	227,263	7.0	5.2	64,076	196,511	5.8	4.8
低收入和中等收入国家	207,153	380,843	196,477	409,004	115,911	315,502	7.2	5.6	84,837	269,032	5.6	4.8
东亚和太平洋地区	62,673	117,829	51,581	..	42,855	109,418	7.0	4.3	26,308	91,275	4.8	4.1
欧洲和中亚	52,830	106,138	59,247	114,685	16,274	60,832	6.5	6.1	15,983	56,988	7.2	5.9
拉丁美洲和加勒比地区	47,146	64,289	29,567	43,711	30,617	53,813	6.9	5.2	25,096	50,734	5.7	5.0
中东和北非	21,987	53,132	18,577	..	12,902	48,730	12.9	20.9	5,237	23,279	5.5	6.8
南亚	4,839	9,330	7,137	20,157	5,152	18,026	6.0	4.3	5,333	17,625	5.0	3.3
撒哈拉以南非洲地区	17,703	31,646	..	..	8,000	24,873	7.2	7.0	7,133	32,518	6.9	6.9
高收入国家	470,103	558,474	481,718	..	456,489	796,198	7.4	6.0	446,402	730,544	7.1	5.7
欧元区	254,371	282,908	179,060	..	181,607	307,946	8.4	6.2	155,713	275,992	7.1	5.8

注：合计数是根据世界银行的国家分类，不同于世界旅游组织。地区和收入组别的合计数包括没有在本表中列出的国家其可以获得的数据。

a. 指国家边界上的非居民到访者。b. 不包括居住在国外的国民。c. 包括居住在国外的国民。d. 仅指有关旅游项目的支出，不包括乘客的交通费用。e. 数据来自各国资料来源。f. 所有住处的到访者。g. 旅店或者类似住处的到访者。h. 仅包括旅店的到访者。i. 仅包括乘坐飞机的到访者。

关于数据的说明

旅游被定义为人们在通常居住的环境之外的地方旅行和居住，连续时间不超过1年，其目的在于消遣、商务以及与从访问地点获取报酬无关的其他目的。在过去25年中，旅游的社会和经济影响都极大地提高了。

关于旅游的统计信息主要来源于与国际收支信息一致的旅客到达和隔夜停留的数据。但这些数据不仅不能完全反映旅游的经济影响，而且也无法给政府部门、商业界以及居民个人提供制定有效的公共政策、进行有效的商业运作的必要信息。可信的数据必须基于旅游业的规模和重要性。而且关于旅游业在世界各国经济中充当的角色的信息尤其缺乏。虽然世界旅游组织报告宣称在使各国关于旅游数据的定义和计算单位保持一致方面取得了进展，但是由于各国在做法上的不同，这些数据仍然不具有完全的国际可比性。

一个国家通常的环境是旅游统计数据中的主要概念，并且被定义为一定的地理区域，在该区域内个人能够例行日常事务。这一概念排除了访问旅行者在其通常的居住地点和工作地点或者学习地点往返；其日常事务中经常访问的地点——例如，朋友家或者亲戚家、购物中心、教堂、医院以及其他远距离的地方；经常有规律访问的不同行政区域。

本表给出的数据来源于联合国的一个专门机构——世界旅游组织。有关国际入境旅游和出境旅游的数据是指考察期内到达和离开的游览者的数量，而不是游客的数量。因此，如果一个人在既定的时间内多次到该国旅行，其每次入境都记作新到达者。除非脚注中另有说明，国家旅游数据是跨越国界的非居民游客人数（隔夜访问者）。当国际游客数据不能获得或者不完全时，本表则给出访问者的数量，其中包括游客、单日游览者、闲散游客及其随队服务人员。

有关来访者的资料来源和数据的收集方法各国不同。在一些情况下，数据是从更广泛的统计数据中获得的（政策、移民以及类似的），并由更广泛的调查作补充。在其他情况下，数据来自旅游住宿机构。对于一些国家来讲，来访者的数量仅限于乘坐飞机的来访者和住在旅馆的来访者。一些国家包括居住在国外的本国来访者，而另一些国家则不包括。国家之间来访者的比较应当谨慎。

世界旅游组织正在完善旅游支出数据的覆盖范围，正利用从各个国家收集的数据来弥补国际货币基金组织的国际收支数据。表中给出的这些新的数据目前包括国际货币基金组织《国际收支手册》（第五版）中所定义的旅游与乘客运输项目。当国际货币基金组织没有给出乘客运输项目数据时，则给出旅游项目支出数据。

旅游要么是国内旅游，要么是国际旅游。本表给出了与国际旅游相关的数据，其中游客的居住国并不是正在旅游的国家。国际旅游包括入境旅游和出境旅游。

本表中的汇总数据是利用世界银行的加权汇总方法（见“统计方法”）计算出来的，因此，与世界旅游组织提供的总数有所不同。

定义

• **国际入境旅游人数**（隔夜访问者）是指到非常住国家旅行的旅行人员的数量，这些访问者在非常住国家停留时间不超过12个月，其主要目的不是从事从访问国获取报酬的活动。当游客的数量不能获得时，则给出访问者的数量，其中包括游客、单日游览者、闲散游客及其随队服务人员。 • **国际出境旅游人数**是指从常住国家到其他国家旅行的出境次数，其访问的目的不在于从事从访问国获取报酬的活动。 • **入境旅游支出**是指国际入境访问者的支出，包括对承担国际运输的该国运输企业的支付。这种收入不仅包括在目的地国家对所获得的货物和服务的其他预付款项，而且还可能包括来自短暂停留旅客的收入，除非这些收入非常重要以至于需要单独分类。对于一些国家来讲，并没有包括乘客运输项目。其在出口中的份额是指它与货物和服务出口（包括一国居民与其他国家居民之间所有的涉及一般商品、送去加工和维修的货物、非货币黄金和服务的从居民到非居民的所有权变更的交易）之比。 • **出境旅游支出**是指国际出境访问者在其他国家的支出，包括对承担国际运输的外国运输企业的支付。这种支出可能还包括居民到国外短暂停留旅游的支出，除非这些支出非常重要以至于需要单独分类。对于一些国家来讲，并没有包括乘客运输项目。其在进口中的份额是指它与货物和服务进口（包括一国居民与其他国家居民之间所有的涉及一般商品、送去加工和维修的货物、非货币黄金和服务的从非居民到居民的所有权变更的交易）之比。

数据资料来源

到访者和旅游支出数据来自世界旅游组织的《2011年旅游业统计年鉴和概要》。表中数据根据世界旅游组织提供的电子文件进行了更新。进出口数据来源于国际货币基金组织的《国际收支统计年鉴》及其数据档案。

基本数据文献

作为社会经济数据的主要使用者，世界银行认识到数据文献对使用不同方法和准则的使用者的重要性，即主要的数据收集机构——通常是各国统计机构、中央银行和海关部门——和国际组织，它们所提供的统计数据都包含在《世界发展指标》数据库中。所使用的方法和准则的差异可能使一段时期内各国国内和国家之间的数据产生重大分歧。数据报告时的拖延以及使用旧的调研资料作为估算当前数据的基础，都可能严重损害各国数据的质量。

本部分中的各表提供了《世界发展指标》有关主要人口统计、经济与环境指标的资料来源、数据收集计算方法以及报告标准。除此之外的文献，可见 www. worldbank. org/data 上登载的世界银行国别统计信息数据库。

对高质量统计数据的需求与日俱增。统计数据为完善政策决策、证明结果以及加强公共责任提供了证据。我们需要完善统计数据以监控千年发展目标，我们要共同努力支持基于结果的管理文化，这也激励我们数十年努力完善统计数据。我们已经取得了巨大成果，但我们还需更加努力。

因此，2011 年 11 月 29 日至 12 月 1 日，新的统计行动计划“透明的、有责任的、有成效的统计学：釜山统计行动计划”在韩国釜山举行的第四次援助有效性高级论坛上得到了釜山有效发展合作伙伴关系的支持。尽管新的行动计划是建立在2004 年开始的第一次改善国家统计和国际统计全球计划——2004 年 Marrakech 统计行动计划取得进展的基础上的，但是许多方面都已经超越了它。新计划的主要目标就是将统计数据融入政策决策，推动政府统计数据向所有使用者开放，增加统计体系在新的投资能力和维护当前运作两个方面的资源。

基本数据文献

	各经济体货币	国民账户						国际收支和贸易			政府财政	IMF数据公布标准
		基年	参考年份	国民账户体系	SNA价格评估	替代转换系数	PPP调查年份	使用的《国际收支手册》	外债	贸易制度	会计概念	
阿富汗	阿富汗尼	2002/2003			VAB				实际数	G	C	G
阿尔巴尼亚	阿尔巴尼亚列克	[a]	1996	[b]	VAB		2005	BPM5	实际数	G	C	G
阿尔及利亚	阿尔及利亚第纳尔	1980			VAB			BPM5	实际数	S	B	G
东萨摩亚	美元									S		
安道尔	欧元									S		
安哥拉	安哥拉宽扎	1997			VAP	1991–1996	2005	BPM5	实际数	S		G
安提瓜和巴布达	东加勒比元	2006			VAB			BPM5		G		G
阿根廷	阿根廷比索	1993		[b]	VAB	1971–1984	2005	BPM5	实际数	S	C	S
亚美尼亚	亚美尼亚德拉姆	[a]	1996	[b]	VAB	1990–1995	2005	BPM5	实际数	S	C	S
阿鲁巴岛	阿鲁巴弗罗林	1995						BPM5		S		
澳大利亚	澳大利亚元	[a]	2009	[b]	VAB		2005	BPM5		G	C	S
奥地利	欧元	2005		[b]	VAB		2005	BPM5		S	C	S
阿塞拜疆	阿塞拜疆马纳特	[a]	2003	[b]	VAB	1992–1995	2005	BPM5	实际数	G	B	G
巴哈马	巴哈马元	2006		[b]	VAB			BPM5		G	B	G
巴林	第纳尔	1985			VAP		2005	BPM5		G	B	G
孟加拉国	孟加拉塔卡	1995/1996		[b]	VAB		2005	BPM5	实际数	G	C	G
巴贝多	巴贝多美元	1974			VAB			BPM5		G	B	G
白俄罗斯	白俄罗斯卢布	[a]	2000	[b]	VAB	1990–1995	2005	BPM5	实际数	G	C	S
比利时	欧元	2005		[b]	VAB		2005	BPM5		S	C	S
伯利兹	伯利兹美元	2000		[b]	VAB			BPM5	实际数	G	B	G
贝宁	非洲法郎	1985			VAP	1992	2005	BPM5	实际数	S	B	G
百慕大群岛	百慕大元	1996			VAB			BPM5		G		
不丹	努扎姆	2000		[b]	VAB		2005	BPM5	实际数	G	C	G
玻利维亚	玻利维亚诺货币	1990		[b]	VAB	1960–1985	2005	BPM5	实际数	G	C	G
波斯尼亚和黑塞哥维那	可兑换马克	a [a]	1996	[b]	VAB		2005	BPM5	实际数	S	C	
波茨瓦纳	波札那普拉	1993/1994		[b]	VAB		2005	BPM5	实际数	G	B	G
巴西	巴西雷亚尔	2000		[b]	VAB		2005	BPM5	实际数	G	C	S
文莱	文莱元	2000			VAP		2005			S		G
保加利亚	保加利亚列瓦	[a]	2002	[b]	VAB	1978–1989, 1991–1992	2005	BPM5	实际数	S	C	S
布基纳法索	非洲法郎	1999			VAB	1992–1993	2005	BPM5	实际数	G	B	G
布隆迪	布隆迪法郎	1980			VAB		2005	BPM5	估计数	S	C	G
柬埔寨	柬埔寨瑞尔	2000			VAB		2005	BPM5	实际数	S	C	G
喀麦隆	非洲法郎	2000		[b]	VAB		2005	BPM5	实际数	S	B	G
加拿大	加拿大元	2005		[b]	VAB		2005	BPM5		G	C	S
佛得角	埃斯库多	1980			VAP		2005	BPM5	实际数	G	C	G
开曼群岛	岛元									G		
中非共和国	非洲法郎	2000			VAB		2005	BPM5	估计数	S	B	G
乍得	非洲法郎	1995		[b]	VAB		2005	BPM5	实际数	S		G
海峡群岛	泽西镑和根西镑	2007, 2003	2007	[b]	VAB							
智利	智利比索	2003		[b]	VAB		2005	BPM5	实际数	S	C	S
中国	人民币	2000		[b]	VAP	1978–1993	2005	BPM5	估计数	S	B	G
中国香港	港元		2009	[b]	VAB		2005	BPM5		G	C	S
中国澳门	澳门元		2009		VAB		2005	BPM5		G	C	G
哥伦比亚	哥伦比亚比索	2005		[b]	VAB	1992–1994	2005	BPM5	实际数	G	B	S
科摩罗	非洲法郎	1990			VAP		2005		实际数	S		
刚果民主共和国	刚果法郎	1987			VAB	1999–2001	2005	BPM4	初步数	S	C	G
刚果共和国	非洲法郎	1978			VAP	1993	2005	BPM5	初步数	S	C	G
哥斯达黎加	哥斯达黎加科郎	1991		[b]	VAB			BPM5	实际数	S	C	S
科特迪瓦	非洲法郎	1996			VAP		2005	BPM5	初步数	S	C	G
克罗地亚	克罗地亚库那	[a]	2000	[b]	VAB		2005	BPM5		G	C	S
古巴	古巴比索	1990			VAB					S		
阿鲁巴	荷兰 安第列斯群岛盾											

基本数据文献

	最新人口普查	最新人口、教育或健康家庭调查	最新收入和支出数据来源	人口动态登记的完整性	最新农业人口普查	最新工业数据	最新贸易数据	最新水资源使用数据
阿富汗	1979	MICS, 2003; Special Survey, 2010	IHS, 2008			2010	2010	2000
阿尔巴尼亚	2001	DHS, 2008/2009	LSMS, 2008	是	1998	2010	2010	2000
阿尔及利亚	2008	MICS, 2006	IHS, 1995		2001	2009	2010	2000
东萨摩亚	2010			是	2007		2009	
安道尔	1989			是			2006	
安哥拉	1970	MICS, 2001; MIS, 2006/2007	IHS, 2000		1964–1965	2010	1991	2000
安提瓜和巴布达	2011			是	2007	2010	2010	1990
阿根廷	2010		IHS, 2010	是	2007	2010	2010	2000
亚美尼亚	2001	DHS, 2005	IHS, 2010	是		2010	2010	2006
阿鲁巴岛	2010			是			2010	
澳大利亚	2006		ES/BS, 1994	是	2011	2010	2010	2000
奥地利	2011		IS, 2000	是	2010	2010	2010	2000
阿塞拜疆	2009	DHS, 2006	ES/BS, 2008	是		2010	2010	2005
巴哈马	2010					2006	2010	
巴林	2010			是		1995	2010	2003
孟加拉国	2011	DHS, 2007	IHS, 2010		2008	2010	2007	2008
巴贝多	2010			是		2005	2010	2000
白俄罗斯	2009	MICS, 2005	ES/BS, 2009	是	1994	2010	2010	2000
比利时	2011		IHS, 2000	是	1999–2000	2009	2010	2007
伯利兹	2010	MICS, 2006	ES/BS, 1999			2008	2010	2000
贝宁	2002	DHS, 2006	CWIQ, 2003		2011–2012	2005	2006	2001
百慕大群岛	2010			是			2009	
不丹	2005	MICS, 2010	IHS, 2007		2008	2009	2010	2008
玻利维亚	2001	DHS, 2008	IHS, 2008		2008	2010	2010	2000
波斯尼亚和黑塞哥维那	1991	MICS, 2006	LSMS, 2007	是		2010	2010	2009
波茨瓦纳	2011	MICS, 2000	ES/BS, 2003		1993	2010	2010	2000
巴西	2010	DHS, 1996	LFS, 2009		2006	2010	2011	2006
文莱	2001			是		2008	2006	1994
保加利亚	2011		ES/BS, 2007	是	2010	2010	2010	2009
布基纳法索	2006	MICS, 2006	CWIQ, 2009		2010	2006	2010	2000
布隆迪	2008	MICS, 2005	CWIQ, 2006			2005	2010	2000
柬埔寨	2008	DHS, 2010	IHS, 2008		2012	2010	2010	2006
喀麦隆	2005	MICS, 2006	PS, 2007		1984	2007	2010	2000
加拿大	2011		LFS, 2000	是	2011	2007	2010	2000
佛得角	2010	DHS, 2005	ES/BS, 2007	是	2004	2009	2010	
开曼群岛	2010			是				
中非共和国	2003	MICS, 2006	PS, 2008		1985	2006	2009	2000
乍得	2009	DHS, 2004	PS, 2002/2003		2011	2008	1995	2000
海峡群岛	2001							
智利	2002		IHS, 2009	是	2007	2010	2010	2000
中国	2010	NSS, 2007	IHS, 2008		2007	2010	2010	2005
中国香港	2006			是		2010	2010	
中国澳门	2011			是		2009	2010	
哥伦比亚	2006	DHS, 2010	IHS, 2010		2001	2010	2010	2000
科摩罗	2003	MICS, 2000	IHS, 2004			2009	2007	1999
刚果民主共和国	1984	MICS, 2010	1-2-3, 2005/2006		1990	2009	1986	2000
刚果共和国	2007	AIS, 2009; DHS, 2005	CWIQ/PS, 2005		1985–1986	2010	2005	2002
哥斯达黎加	2011	RHS, 1993	LFS, 2010	是	1973	2010	2010	2000
科特迪瓦	1998	MICS, 2006	IHS, 2008		2001	2010	2010	2000
克罗地亚	2011		ES/BS, 2008	是	2003	2010	2011	2009
古巴	2002	MICS, 2006		是		2008	2006	2000
阿鲁巴								

基本数据文献

各经济体	货币	国民账户 基年	参考年份	国民账户体系	SNA价格评估	替代转换系数	PPP调查年份	国际收支和贸易 使用的《国际收支手册》	外债	贸易制度	政府财政 会计概念	IMF数据公布标准
塞浦路斯	欧元	[a]	2000		VAB		2005	BPM5		G	C	S
捷克	捷克克朗	2000	1995	[b]	VAB		2005	BPM5		S	C	S
丹麦	丹麦克朗	2005		[b]	VAB		2005	BPM5		S	C	S
吉布提	非洲法郎	1990			VAB		2005	BPM5	实际数	G		G
多米尼克	东加勒比元	2006		[b]	VAB			BPM5	实际数	S		G
多米尼加共和国	多米加比索	1991			VAB			BPM5	实际数	G	C	G
厄瓜多尔	美元	2000		[b]	VAB		2005	BPM5	实际数	G	B	S
埃及	埃及镑	1991/1992			VAB		2005	BPM5	实际数	G	C	S
萨尔瓦多	萨尔瓦多科郎	1990			VAB			BPM5	实际数	S	C	S
赤道几内亚	西非法郎	2000			VAB	1965–1984	2005			G		
厄立特里亚	厄立特里亚纳克法	1992			VAB			BPM4	实际数			
爱沙尼亚	爱沙尼亚克朗	2000		[b]	VAB	1987–1995	2005	BPM5		S	C	S
埃塞俄比亚	埃塞俄比亚比尔	1999/2000		[b]	VAB		2005	BPM5	实际数	G	B	G
法罗群岛	丹麦克朗				VAB			BPM5		G		
斐济	斐济元	2005			VAB		2005	BPM5	实际数	G	B	G
芬兰	欧元	2005		[b]	VAB		2005	BPM5		G	C	S
法国	欧元	[a]	2005	[b]	VAB		2005	BPM5		S	C	S
法属玻利尼西亚	非洲法郎									S		
加蓬	非洲法郎	1991			VAP	1993	2005	BPM5	实际数	S		G
冈比亚	冈比亚达拉西	1987			VAB		2005	BPM5	实际数	G	C	G
格鲁吉亚	格鲁吉亚瓦瑞	[a]	1996	[b]	VAB	1990–1995	2005	BPM5	实际数	G	C	S
德国	欧元	2005		[b]	VAB		2005	BPM5		S	C	S
加纳	加纳塞迪	2006			VAB	1973–1987	2005	BPM5	实际数	G	B	G
直布罗陀	直布罗陀镑											
希腊	欧元	[a]	2005		VAB		2005	BPM5		S	C	S
格陵兰	丹麦克朗									G		
格林纳达岛	东加勒比元	2006			VAB			BPM5	实际数	S	B	G
关岛	美元									G		
危地马拉	危地马拉格查尔	2001		[b]	VAB			BPM5	实际数	S	B	G
几内亚	几内亚法郎	1996			VAB		2005	BPM5	初步数	S	B	G
几内亚比绍	非洲法郎	2005			VAB		2005	BPM5	初步数	G		G
圭亚那	圭亚那元	2006			VAB			BPM5	实际数	S		G
海地	海地古德	1986/1987			VAB	1991		BPM5	实际数	G		G
洪都拉斯	洪都拉斯伦皮拉	2000		[b]	VAB	1988–1989		BPM5	实际数	S	C	G
匈牙利	匈牙利福林	[a]	2005	[b]	VAB		2005	BPM5		S	C	S
冰岛	冰岛克朗	2005			VAB		2005	BPM5		G	C	S
印度	印度卢比	2004/2005		[b]	VAB		2005	BPM5	实际数	G	C	S
印度尼西亚	印度尼西亚卢比	2000			VAP		2005	BPM5	实际数	S	B	S
伊朗	伊朗里亚尔	1997/1998			VAB	1980–2002	2005	BPM4	实际数	S	C	
伊拉克	伊拉克第纳尔	1997			VAB	1997, 2004	2005	BPM5				G
爱尔兰	欧元	2005		[b]	VAB		2005	BPM5		G	C	S
马恩岛	马恩镑	2005	2003									
以色列	以色列新谢克尔	2005		[b]	VAP		2005	BPM5		S	C	S
意大利	欧元	2005		[b]	VAB		2005	BPM5		S	C	S
牙买加	牙买加元	2003			VAB			BPM5	实际数	G	C	G
日本	日元	2005			VAB		2005	BPM5		G	C	S
约旦	约旦第纳尔	1994			VAB		2005	BPM5	实际数	G	B	S
哈萨克斯坦	哈萨克斯坦滕戈	[a]	2000	[b]	VAB	1987–1995	2005	BPM5	实际数	G	C	S
肯尼亚	肯尼亚先令	2001		[b]	VAB		2005	BPM5	实际数	G	B	G
基里巴斯	澳元	2006			VAB			BPM5		G		G
朝鲜	朝鲜圆							BPM4				
韩国	韩圆	2005		[b]	VAB		2005	BPM5		G	C	S
科索沃	欧元								实际数			G
科威特	科威特第纳尔	1995			VAP		2005	BPM5		S	B	G
吉尔吉斯斯坦	吉尔吉斯索姆	[a]	1995	[b]	VAB	1990–1995	2005	BPM5	实际数	S	B	S
老挝	老挝基普	1990			VAB		2005	BPM5	估计数	S	B	
拉脱维亚	拉脱维亚拉特	2000		[b]	VAB	1987–1995	2005	BPM5	实际数	S	C	S
黎巴嫩	黎巴嫩镑	1997			VAB		2005	BPM5	实际数	G	B	G

基本数据文献

	最新人口普查	最新人口、教育或健康家庭调查	最新收入和支出数据来源	人口动态登记的完整性	最新农业人口普查	最新工业数据	最新贸易数据	最新水资源使用数据
塞浦路斯	2001			是		2008	2010	2009
捷克	2011	RHS, 1993	IS, 1996	是	2010	2010	2010	2007
丹麦	2011		ITR, 1997	是	2010	2010	2010	2009
吉布提	2009	MICS, 2006	PS, 2002			2007	2009	2000
多米尼克	2011			是		2010	2010	2004
多米尼加共和国	2010	DHS, 2007	IHS, 2010		1971	2010	2010	2000
厄瓜多尔	2010	RHS, 2004	LFS, 2010		2012	2010	2010	2000
埃及	2006	DHS, 2008	ES/BS, 2008	是	2010	2010	2010	2000
萨尔瓦多	2007	RHS, 2008	IHS, 2009	是	2007–2008	2010	2010	2000
赤道几内亚	2002					2009		2000
厄立特里亚	1984	DHS, 2002				2009	2005	2004
爱沙尼亚	2000		ES/BS, 2004	是	2010	2009	2011	2007
埃塞俄比亚	2007	DHS, 2005	ES/BS, 2005		2001–2002	2010	2011	2002
法罗群岛	2011			是			2009	
斐济	2007		ES/BS, 2009	是	2009	2010	2010	2000
芬兰	2010		IS, 2000	是	2010	2010	2010	2005
法国	2006[c]		ES/BS, 1994/1995	是	2010	2009	2010	2007
法属玻利尼西亚	2007			是			2010	
加蓬	2003	DHS, 2000	CWIQ/IHS, 2005		1974–1975	2010	2010	2000
冈比亚	2003	MICS, 2005/2006	IHS, 2003		2001–2002	2010	2010	2000
格鲁吉亚	2002	MICS, 2005; RHS, 2005	IHS, 2009	是	2004	2010	2010	2005
德国	2011		IHS, 2000	是	2010	2010	2010	2007
加纳	2010	DHS, 2008	LSMS, 2006		2011	2010	2010	2000
直布罗陀	2001			是				
希腊	2011		IHS, 2000	是	2009	2009	2010	2007
格陵兰	2010			是			2007	
格林纳达岛	2011			是	2011	2010	2009	2005
关岛	2010			是				
危地马拉	2002	RHS, 2002	LSMS, 2006	是	2008	2010	2010	2000
几内亚	1996	DHS, 2005	CWIQ, 2007		2000–2001	2010	2008	2000
几内亚比绍	2009	MICS, 2010	CWIQ, 2002		1988	2002	2005	2000
圭亚那	2002	DHS, 2009	IHS, 1998			2010	2010	2000
海地	2003	DHS, 2005/2006	IHS, 2001		2009		1997	2000
洪都拉斯	2001	DHS, 2005/2006	IHS, 2009		2013	2010	2009	2000
匈牙利	2001		ES/BS, 2007	是	2007	2010	2010	2007
冰岛	[d]			是	2010	2009	2010	2005
印度	2011	DHS, 2005/2006	IHS, 2010		2011	2010	2010	2010
印度尼西亚	2010	DHS, 2007	IHS, 2011		2003	2010	2010	2000
伊朗	2006	DHS, 2000	ES/BS, 2005	是	2003	2007	2010	2004
伊拉克	1997	MICS, 2006	IHS, 2007		2011	2003	2009	2000
爱尔兰	2011		IHS, 2000	是	2010	2009	2010	2000
马恩岛	2006			是				
以色列	2009		ES/BS, 2001	是	1981		2010	2004
意大利	2012		ES/BS, 2000	是	2010	2010	2010	2000
牙买加	2011	MICS, 2005	LSMS, 2007		2007	2010	2010	2000
日本	2010		IS, 1993	是	2010	2009	2011	2001
约旦	2004	DHS, 2009	ES/BS, 2010		2007	2010	2010	2005
哈萨克斯坦	2009	MICS, 2006	ES/BS, 2009	是		2010	2009	2000
肯尼亚	2009	DHS, 2008/2009; MIS, 2010	IHS, 2005/2006		1977–1979	2010	2010	2003
基里巴斯	2005					2009	2009	
朝鲜	2009	MICS, 2010						2005
韩国	2010		ES/BS, 1998	是	2000	2010	2010	2002
科索沃	1981		IHS, 2009			2010		
科威特	2010	FHS, 1996		是	1970	2003	2009	2002
吉尔吉斯斯坦	2009	MICS, 2005/2006	ES/BS, 2010	是	2002	2010	2010	2000
老挝	2005	MICS, 2006	ES/BS, 2008		2010–2011	2010	1975	2005
拉脱维亚	2011		IHS, 2008	是	2010	2010	2010	2000
黎巴嫩	1970	MICS, 2000		是	2010	2010	2010	2005

基本数据文献

	各经济体货币	国民账户						国际收支和贸易			政府财政	IMF数据公布标准
		基年	参考年份	国民账户体系	SNA价格评估	替代转换系数	PPP调查年份	使用的《国际收支手册》	外债	贸易制度	会计概念	
莱索托	莱索托洛蒂	1995		[b]	VAB		2005	BPM5	实际数	G	C	G
利比里亚	利比里亚第纳	1992			VAP		2005	BPM5	实际数	S	B	G
利比亚	利比亚第纳尔	1999			VAB	1986		BPM5		G		G
列支敦士登	瑞士法郎				VAB					S		
立陶宛	立陶宛立特	2000		[b]	VAB	1990–1995	2005	BPM5	实际数	G	C	S
卢森堡	欧元		2005		VAB		2005	BPM5		S	C	S
前南斯拉夫马其顿共和国	马其顿第纳尔	1997	1995	[b]	VAB		2005	BPM5	实际数	S		S
马达加斯加	马尔加什法郎	1984			VAB		2005	BPM5	实际数	S	C	G
马拉维	马拉维克瓦查	1994			VAB		2005	BPM5	实际数	G		G
马来西亚	马来西亚林吉特	2000			VAP		2005	BPM5	初步数	G	B	S
马尔代夫	马尔代夫卢比	2003			VAB		2005	BPM5	实际数	G	C	G
马里	非洲法郎	1987			VAB		2005	BPM5	实际数	S	B	G
马耳他	欧元	2005			VAB		2005	BPM5		G	C	S
马绍尔群岛	美元	2004			VAB					G		
毛里塔尼亚	毛里塔尼亚乌吉亚	2004			VAB		2005	BPM4	实际数	S		G
毛里求斯	毛里求斯卢比	2006			VAB		2005	BPM5	实际数	G	C	G
马约特岛	欧元									G		
墨西哥	墨西哥新比索	2003		[b]	VAB		2005	BPM5	实际数	G	C	S
密克罗尼西亚	美元	2004			VAB							
摩尔多瓦	摩尔多瓦列伊	[a]	1996	[b]	VAB	1990–1995	2005	BPM5	实际数	G	C	S
摩纳哥	欧元									S		
蒙古	蒙古图格里克	2005		[b]	VAB		2005	BPM5	实际数	G	C	G
黑山	欧元	2000		[b]	VAB		2005	BPM5	实际数	S		G
摩洛哥	摩洛哥迪拉姆	1998			VAB		2005	BPM5	实际数	S	C	S
莫桑比克	莫桑比克梅蒂卡尔	2003			VAB	1992–1995	2005	BPM5	实际数	S		G
缅甸	缅元	2005/2006			VAP			BPM5	初步数	G	C	
纳米比亚	纳米比亚元	2004/2005		[b]	VAB		2005	BPM5		G	B	G
尼泊尔	非洲法郎	2000/2001			VAB		2005	BPM5	实际数	G	C	G
荷兰	欧元	[a]	2005	[b]	VAB		2005	BPM5		S	C	S
新卡里多尼亚	非洲法郎									S		
新西兰	新西兰元	2005/2006			VAB		2005	BPM5		G	C	
尼加拉瓜	尼加拉瓜金科多	1994		[b]	VAB	1965–1995		BPM5	实际数	G	B	G
尼日尔	非洲法郎	1987			VAP	1993	2005	BPM5	实际数	S	B	G
尼日利亚	尼日利亚奈拉	2002			VAB	1971–1998	2005	BPM5	实际数	G	B	G
北马里亚纳群岛	美元											
挪威	挪威克郎	[a]	2005	[b]	VAB		2005	BPM5		G	C	S
阿曼	阿曼里亚尔	1988			VAP		2005	BPM5		G	B	G
巴基斯坦	巴基斯坦卢比	1999/2000		[b]	VAB		2005	BPM5	实际数	G	B	G
帕劳	美元	1995			VAB					S		
巴拿马	巴拿马巴波亚	1996		[b]	VAB			BPM5	实际数	S	C	G
巴布亚新几内亚	巴布亚新几内亚基那	1998			VAB	1989		BPM5	实际数	G	B	G
巴拉圭	巴拉圭瓜拉尼	1994			VAP		2005	BPM5	实际数	S	B	G
秘鲁	科鲁新索尔	1994			VAB	1985–1990	2005	BPM5	实际数	S	C	S
菲律宾	菲律宾比索	2000			VAP		2005	BPM5	实际数	G	B	S
波兰	波兰兹罗提	[a]	2005	[b]	VAB		2005	BPM5		S	C	S
葡萄牙	欧元	2005		[b]	VAB		2005	BPM5		S	C	S
波多黎各	美元	1954			VAP					G		
卡塔尔	卡塔尔里亚尔	2001			VAP		2005			S	B	G
罗马尼亚	卢旺达法郎	[a]	2005	[b]	VAB	1987–1989, 1992	2005	BPM5	实际数	S	C	S
俄罗斯联邦	俄罗斯卢布	2000		[b]	VAB	1987–1995	2005	BPM5	估计数	G	C	S
卢旺达	卢旺达法郎	1995			VAP	1994	2005	BPM5	实际数	G	C	G
萨摩亚群岛	萨摩亚塔拉	2002			VAB			BPM5	实际数	S		
圣马力诺	挪威克郎	1995	2000	[b]	VAB						C	G
圣多美和普林西比	多布腊	2001			VAP		2005	BPM4	实际数	S		G

基本数据文献

	最新人口普查	最新人口、教育或健康家庭调查	最新收入和支出数据来源	人口动态登记的完整性	最新农业人口普查	最新工业数据	最新贸易数据	最新水资源使用数据
莱索托	2006	DHS, 2009/2010	ES/BS, 2002/2003		2010	2010	2008	2000
利比里亚	2008	DHS, 2007; MIS, 2009	CWIQ, 2007			2008	1985	2000
利比亚	2006	MICS, 2000			2001	2008	2004	2000
列支敦士登	2010			是				
立陶宛	2011		ES/BS, 2008	是	2010	2009	2010	2007
卢森堡	2011			是	2010	2010	2010	1999
前南斯拉夫马其顿共和国	2010	MICS, 2005	ES/BS, 2009	是	2007	2010	2009	2007
马达加斯加	1993	DHS, 2008/2009	PS, 2010		2004	2009	2010	2000
马拉维	2008	DHS, 2010	LSMS, 2004/2005		2006–2007	2010	2010	2000
马来西亚	2010		ES/BS, 2009	是	2012	2010	2010	2005
马尔代夫	2011	DHS, 2009	IHS, 2004	是		2010	2010	2008
马里	2009	DHS, 2006; Special, 2010	IHS, 2010			2007	2010	2000
马耳他	2005			是	2010	2009	2010	2002
马绍尔群岛	2011							
毛里塔尼亚	2000	MICS, 2007	IHS, 2008			2010	2010	2000
毛里求斯	2011			是		2010	2010	2003
马约特岛	2007			是			2009	
墨西哥	2010	ENPF, 1995	LFS, 2010		2007	2010	2010	2008
密克罗尼西亚	2000		IHS, 2000			1983		
摩尔多瓦	2004	DHS, 2005	ES/BS, 2010	是	2011	2010	2010	2000
摩纳哥	2008			是				
蒙古	2010	MICS, 2010	LSMS, 2007/2008	是	2011	2010	2007	2005
黑山	2011	MICS, 2005/2006	ES/BS, 2008	是	2010	2010		
摩洛哥	2004	MICS, 2006	ES/BS, 2007		2012	2010	2010	2000
莫桑比克	2007	DHS, 2003; AIS, 2009	ES/BS, 2008		2009–2010	2010	2010	2000
缅甸	1983	MICS, 2000			2010–2011	2010	2001	2000
纳米比亚	2001	DHS, 2006/2007; HIV/MCH SPA, 2009	ES/BS, 2004		1996–1997	2010	2008	2000
尼泊尔	2001	MICS, 2010	LSMS, 2010		2011–2012	2010	2010	2005
荷兰	2011		IHS, 1999	是	2010	2010	2010	2008
新卡里多尼亚	2009			是		1997	2010	
新西兰	2006		IS, 1997	是	2012	2006	2010	2002
尼加拉瓜	2005	RHS, 2006/2007	LSMS, 2005		2011	2010	2010	2000
尼日尔	2001	DHS, 2006	CWIQ/PS, 2008		2005–2007	2003	2010	2000
尼日利亚	2006	DHS, 2008	IHS, 2010		2007	2006	2010	2000
北马里亚纳群岛	2010							
挪威	2001		IS, 2000	是	2010	2010	2010	2006
阿曼	2010	FHS, 1995			1978–1979	2004	2010	2003
巴基斯坦	1998	MICS, 2010	IHS, 2008		2000	2010	2010	2008
帕劳	2010			是		2007		
巴拿马	2010	LSMS, 2003	LFS, 2010		2011	2010	2010	2000
巴布亚新几内亚	2000	DHS, 1996	IHS, 1996			2010	2005	2005
巴拉圭	2002	RHS, 2004	IHS, 2010		2008	2010	2011	2000
秘鲁	2007	DHS, 2007/2008	IHS, 2010		2012	2010	2010	2000
菲律宾	2010	DHS, 2008	ES/BS, 2009	是	2012	2010	2010	2009
波兰	2011		ES/BS, 2009	是	2010	2010	2010	2009
葡萄牙	2011		IS, 1997	是	2009	2010	2010	2002
波多黎各	2010	RHS, 1995/1996		是	2007	2010		2005
卡塔尔	2010			是	2000–2001		2009	2005
罗马尼亚	2011	RHS, 1999	LFS, 2009	是	2010	2010	2010	2009
俄罗斯联邦	2010	RHS, 1996	IHS, 2009	是	2006	2010	2010	2001
卢旺达	2002	DHS, 2007/2008	IHS, 2011		2008	2009	2010	2000
萨摩亚群岛	2006	DHS, 2009			2009	2010	2010	
圣马力诺	2010			是				
圣多美和普林西比	2001	DHS, 2008/2009	PS, 2000/2001		2011	2005	2010	1993

基本数据文献

各经济体	货币	国民账户						国际收支和贸易			政府财政	IMF数据公布标准
		基年	参考年份	国民账户体系	SNA价格评估	替代转换系数	PPP调查年份	使用的《国际收支手册》	外债	贸易制度	会计概念	
沙特阿拉伯	沙特阿拉伯里亚尔	1999			VAP		2005	BPM5		S		G
塞内加尔	非洲法郎	1999	1987	b	VAB		2005	BPM5	实际数	G	B	G
塞尔维亚	南斯拉夫新第纳尔	a	2002	b	VAB		2005	BPM5	实际数	S	C	G
塞舌尔	塞舌尔卢比	1986			VAP			BPM5	实际数	G	C	G
塞拉利昂	塞拉利昂利昂	1990		b	VAB		2005	BPM5	实际数	S	B	G
新加坡	新加坡元	2005		b	VAB		2005	BPM5		G	C	S
荷属圣马丁	荷兰质安提尔斯											
斯洛伐克共和国	欧元	2005		b	VAB		2005	BPM5		S	C	S
斯洛文尼亚	欧元	a	2005	b	VAB		2005	BPM5		S	C	S
所罗门群岛	所罗门群岛元	2004			VAB			BPM5	实际数	S		G
索马里	索马里先令	1985			VAB	1977–1990			初步数			
南非	南非兰特	2005		b	VAB		2005	BPM5	估计数	G	C	S
南苏丹	南苏丹磅											
西班牙	欧元	2005		b	VAB		2005	BPM5		S	C	S
斯里兰卡	斯里兰卡卢比	2002			VAP		2005	BPM5	实际数	G	B	G
圣基茨和尼维斯	东加勒比元	2006		b	VAB			BPM5	实际数	S	C	G
圣卢西亚	东加勒比元	2006			VAB			BPM5	实际数	S		G
圣马丁岛	欧元											
圣文森岛	东加勒比元	2006			VAB			BPM5	实际数	S	B	G
苏丹	苏丹第纳尔	1981/1982[e]	1996		VAB		2005	BPM5	实际数	G	B	G
苏里南	苏里南盾	1990		b	VAB			BPM5		G		G
斯威士兰	里兰吉尼	2000			VAB		2005	BPM5	实际数	G	B	G
瑞典	瑞典克朗	a	2005		VAB		2005	BPM5		G	C	S
瑞士	瑞士法朗	2005			VAB		2005	BPM5		S	C	S
阿拉伯叙利亚共和国	叙利亚镑	2000			VAB	1970–2010	2005	BPM5	实际数	S	C	G
塔吉克斯坦	塔吉克索莫尼	a	2000	b	VAB	1990–1995	2005	BPM5	实际数	G	C	G
坦桑尼亚	坦桑尼亚先令	a	2001		VAB		2005	BPM5	实际数	G		G
泰国	泰铢	1988			VAP		2005	BPM5	实际数	S	C	S
东帝汶	美元	2000			VAP					G		
多哥	非洲法朗	1978			VAP		2005	BPM5	实际数	S	B	G
汤加	潘比	2000/2001			VAB			BPM5	实际数	G		G
特立尼达和多巴哥	特立尼达和多巴哥元	2000		b	VAB			BPM5		S	C	G
突尼斯	突尼斯第纳尔	1990			VAB		2005	BPM5	实际数	G	C	S
土耳其	土耳其里拉	1998			VAB		2005	BPM5	实际数	S	B	S
土库曼斯坦	土库曼斯坦马纳特	a	2007	b	VAB	1987-1995, 1997–2007		BPM4	初步数	G		
特克斯和凯科斯群岛	美元									G		
图瓦卢	澳大利亚元				VAP					G		
乌干达	乌干达先令	2001/2002			VAB		2005	BPM5	实际数	G	B	G
乌克兰	乌克兰格里夫尼亚	a	2003	b	VAB	1987–1995	2005	BPM5	实际数	G	C	S
阿拉伯联合酋长国	阿联酋迪拉姆	2007			VAP			BPM5		G	B	G
英国	英镑	2005		b	VAB		2005	BPM5		G	C	S
美国	美元	a	2005		VAB		2005	BPM5		G	C	S
乌拉圭	乌拉圭比索	2005			VAB		2005	BPM5	实际数	G	C	S
乌兹别克斯坦	乌兹别克苏姆	a	1997	b	VAB	1990–1995		BPM4	实际数	G		
瓦努阿图	瓦图	2006			VAB			BPM5	初步数	G	C	G
委内瑞拉	委内瑞拉博利瓦	1997			VAB		2005	BPM5	实际数	G	C	G
越南	越南盾	1994		b	VAP	1991	2005	BPM5	估计数	G		G
美属维尔京群岛	美元	1982								G		
西岸和加沙	以色列谢克尔	1997			VAB			BPM5		S	B	G
也门共和国	也门里亚尔	1990			VAP	1990–1996	2005	BPM5	实际数	S	B	G
赞比亚	赞比亚克瓦查	1994			VAB	1990–1992	2005	BPM5	估计数	S	B	G
津巴布韦	津巴布韦元	2009			VAB	1991, 1998	2005	BPM4	实际数	G	C	G

基本数据文献

	最新人口普查	最新人口、教育或健康家庭调查	最新收入和支出数据来源	人口动态登记的完整性	最新农业人口普查	最新工业数据	最新贸易数据	最新水资源使用数据
沙特阿拉伯	2010	Demographic survey, 2007			2010	2010	2010	2006
塞内加尔	2002	DHS, 2005; MIS, 2008/2009	PS, 2005		2011–2012	2010	2011	2002
塞尔维亚	2011	MICS, 2005/2006	IHS, 2009	是	2012	2010	2008	2009
塞舌尔	2010		IHS, 2007	是	2011	2009	2008	2005
塞拉利昂	2004	DHS, 2008	IHS, 2003		1984–1985	2003	2002	2000
新加坡	2010	General household, 2005		是		2010	2010	
荷属圣马丁								
斯洛伐克共和国	2011		IS, 2009	是	2001	2010	2010	2007
斯洛文尼亚	2011		ES/BS, 2004	是	2010	2010	2010	2009
所罗门群岛	2009				2012	2009	2007	
索马里	1987	MICS, 2006				1990	1982	2003
南非	2001	DHS, 2003	ES/BS, 2009		2012	2010	2010	2000
南苏丹	2008							
西班牙	2001		IHS, 2000	是	1999	2009	2010	2008
斯里兰卡	2001	DHS, 2006/2007	ES/BS, 2007	是	2012	2010	2010	2005
圣基茨和尼维斯	2011			是		2010	2008	
圣卢西亚	2010		IHS, 1995	是		2010	2008	2005
圣马丁岛								
圣文森岛	2011			是		2010	2010	1995
苏丹	2008	MICS, 2010	ES/BS, 2009			2010	2009	2000 f
苏里南	2004	MICS, 2006	ES/BS, 1999	是	2008	2009	2010	2000
斯威士兰	2007	MICS, 2010	ES/BS, 2010		2003	2010	2007	2000
瑞典	d		IS, 2000	是	2010	2010	2010	2007
瑞士	2010		ES/BS, 2000	是	2008	2010	2010	2000
阿拉伯叙利亚共和国	2004	MICS, 2006	ES/BS, 2004		2014	2002	2008	2005
塔吉克斯坦	2010	MICS, 2005	LSMS, 2009		2013	2010	2000	2000
坦桑尼亚	2002	DHS, 2010	ES/BS, 2007		2007–2008	2010	2011	2002
泰国	2010	MICS, 2005/2006	IHS, 2009		2013	2010	2010	2007
东帝汶	2010	DHS, 2009/2010	LSMS, 2007		2012	2000	2005	2004
多哥	2010	MICS, 2010	CWIQ, 2006		2011–2012	2005	2010	2002
汤加	2006			是	2011–2012	2010	2010	
特立尼达和多巴哥	2011	MICS, 2006	IHS, 1992	是	2004	2010	2010	2000
突尼斯	2004	MICS, 2006	IHS, 2005/2006		2004	2010	2010	2001
土耳其	2000	DHS, 2003	LFS, 2008		2001	2010	2010	2003
土库曼斯坦	1995	MICS, 2006	LSMS, 1998	是		2004	2000	2000
特克斯和凯科斯群岛 s	2001			是			2009	
图瓦卢	2002					2008	2008	
乌干达	2002	DHS, 2006; MIS, 2009/2010	PS, 2009		2008	2010	2010	2002
乌克兰	2001	DHS, 2007	ES/BS, 2009	是	2011	2010	2010	2000
阿拉伯联合酋长国	2010				2012	2010	2009	2005
英国	2011		IS, 1999	是	2010	2010	2010	2006
美国	2010	CPS (monthly)	LFS, 2000	是	2007	2010	2010	2005
乌拉圭	2004		IHS, 2010	是	2011	2010	2009	2000
乌兹别克斯坦	1989	MICS, 2006	ES/BS, 2003	是		2010		2000
瓦努阿图	2009	MICS, 2007			2007	2009	2007	
委内瑞拉	2001	MICS, 2000	IHS, 2009	是	2007	2007	2010	2000
越南	2009	MICS, 2006	IHS, 2008	是	2011	2010	2009	2005
美属维尔京群岛	2010			是	2007			
西岸和加沙	2007	PAPFAM, 2006	IHS, 2009		1971		2008	
也门共和国	2004	MICS, 2006	ES/BS, 2005		2002	2010	2009	2005
赞比亚	2010	DHS, 2007	IHS, 2006		1990	2010	2010	2000
津巴布韦	2002	DHS, 2005/2006	IHS, 2003		1960	2010	2010	2002

注：表中使用的缩略语的解释，见表后的说明。

a. 重新调整的原不变价格数据。b. 使用1993年国民账户体系方法的国家。c. 以注册为基础。d. 投票。e. 从1996年起，报告期由财政年度改为日历年度。1996年之前的数据已转换为日历年度数据。

• **基年**是在各国的国民经济账户计算中用以作为不变价格基期的年份。来自国民经济账户加总数值的价格指数，如GDP隐含平减指数，以相对于基年价格的当年价格表示。• **参考年份**是指评估一国本币、不变价格序列的年份。在通常情况下，参考年份是与基年相同的，同样用于报告不变价格序列。然而，当不变价格数据是连接的链时，基年每年都会变化，所以针对特定的参考年份，需要重新调整数据，以便提供一致的时间序列。当一国没有对基年的数据做出以上调整时，世界银行的工作人员就会重新调整数据，以便维持较长的历史时间序列。为了进行跨国之间的比较或者对数据进行加总，《世界发展指标》提供的不变价格数据都会重新调整为共同的参考年份（2000年）和共同的货币（美元）。• **国民账户体系**区分了使用1993年国民账户体系的国家（1993年，SNA）。自2001年以来，《世界发展指标》所使用的术语都汇编在了国民账户中。虽然越来越多的国家采用了1993年的国民账户体系，但是仍有许多国家在使用1968年的国民账户体系，甚至一些低收入国家还在使用1953年国民账户体系的概念。• **SNA价格评估**表明国民账户中的增加值是以基本价格（VAB）来报告，还是以生产者价格（VAP）来报告。生产者价格中包括了生产者缴纳的税值，因而一般会夸大生产中的实际增加值。然而，对于那些农业补贴较高的国家来讲，其基本价格可能高于生产者价格。如欲了解更多的有关国民账户的评估，请参阅表4.1和表4.2中的“关于数据的说明”。• **替代转换系数**确认的是那些以世界银行估算的转换系数替代了官方汇率（IMF的《国际金融统计》）的国家和年份。更多有关转换系数的讨论，见“统计方法”。• **购买力平价（PPP）调查年份**指的是可获得国际比较项目的购买力平价（PPPs）估测值的最近调查年份。更多有关购买力平价的详细描述，见表1.1中的“关于数据的说明”。• **使用的《国际收支手册》**指的是在表4.17中为编制和报告国际收支数据项目而采用的分类体系。BPM4指IMF的《国际收支手册》第4版（1977年），BPM5指第5版（1993年）。• **外债**表明的是2010年的债务报告情况。“实际数”表明已报告数据，“初步数”表明数据是初步的，基于报告或者收集的信息，并包含有世界银行工作人员的估算。“估算值”是指世界银行工作人员估算的数据。• **贸易制度**指一般贸易制度（G）或特别贸易制度（S）。在一般贸易制度下，直接由国内消费或存放在海关货栈中的货物都在第一次到达时被记录为进口。在特别贸易制度下，当货物入境或从海关货栈移出时如申报用于国内消费，则记录为进口。一般贸易制度下的出口包括以下向外运送的货物：（1）全部或部分由该国生产的货物；（2）既未申报为，也不会转化为用于国内消费的从海关货栈外运的外国货物；（3）申报用于国内消费的在未转化的情况下外运的本国化了的货物。在特别贸易制度下，出口包括（1）类和（3）类。按某些编制方法，（2）类和（3）类被列为再出口。由仅出于运输目的而进入和离开的货物组成的直接过境贸易不包括在进出口贸易统计中，有关进一步的详细资料，请参阅表4.4、表4.5和表6.2中的“关于数据的说明”。• **政府财务会计概念**描述了中央政府财政数据报告的会计基础。大多数国家的政府财政数据已将（C）并入一套会计账户中，它包括所有中央政府的财政活动。中央政府预算账户（B）不包括中央政府单位。有关进一步的详细资料，请参阅表4.12、表4.13和表4.14中的“关于数据的说明”。• **IMF数据公布标准**列示了赞同IMF的特别数据公布标准（SDDS）或者一般数据公布标准（GDDS）的国家。“S”指赞同SDDS并且赞同在互联网公布标准公告板上公布数据的国家（公布的数据，见http://dsbb.imf.org）；而“G”指赞同GDDS的国家。对那些已得到或正式寻求进入国际资本市场途径的成员国，IMF建立SDDS以引导它们向公众提供经济和金融数据。GDDS有助于指导成员国向公众及时公布综合的、可以获得的、可靠的经济、金融和社会人口统计资料。IMF的成员国可以自愿选择参与SDDS或GDDS。GDDS和SDDS两者有望提高及时、完整数据的可获得性，从而有助于健康的宏观经济政策的执行。SDDS有望改善金融市场的功能。• **最新的人口普查**表明了进行人口普查的最近年份并至少公布了初步结果。在基本数据（例如，按年龄和性别划分的人口，以及会计账目、覆盖面和完整性的详细定义）可得的情况下，我们能够通过及时的修订版本反映最近人口普查的初步结果。基于登记制度进行普查的国家每隔5年或者10年也会生成类似人口普查的表格，而不是执行传统的人口普查。德国2001年的人口普查是利用1.2%的人口进行的以注册为基础的测试普查。法国的情况较为罕见，其自2004年以来每年都开展滚动普查，其最新的同时覆盖全部人口的普查是1999年的全民人口普查（www.insee.fr/en/recensement/page_accueil_rp.htm）。• **最新人口统计、教育或健康家庭调查**提供了在第二部分编制人口、教育和健康数据时使用的有关调查的信息。AIS是艾滋病指标调查，CPS是当前人口调查，DGHS是人口和综合卫生调查，DHS是人口和卫生调查，ENPF是国家家庭计划调查，FHS是家庭健康调查，LSMS是生活水平衡量调查，MICS是多指标汇集调查，MIS是疟疾指标调查，NSS是人口变化的全国抽样调查，PAPFAM是泛阿拉伯家庭卫生项目，RHS是生殖卫生调查以及SPA是服务供应评估。有关AIS、DHS、MIS和SPA的详细信息，见www.measuredhs.com/aboutsurveys；有关MICS的详细信息，见www.childinfo.org；有关RHS的详细信息，见www.cdc.gov/reproductivehealth/surveys。• **最新收入和支出数据来源**是为采集收入和支出数据而进行的家庭调查。家庭调查的名称详细信息，见国际家庭调查的网站（www.surveynetwork.org）。核心福利指标问卷调查（CWIQ）是世界银行开发的，其衡量的是不同人口组别的关键社会指标，尤其是对核心社会和经济服务的获取、使用和满意度的指标。支出调查/预算调查（ES/BS）收集了家庭消费和人口、社会和经济总体特点的详细信息。家庭综合调查（IHS）收集了各种项目的详细信息，包括卫生、教育、经济活动、住房和公共事业。收入调查（IS）收集了关于家庭收入和财富以及各种社会和经济特点的信息。劳动力核心调查（LFS）收集的信息包括就业、失业、劳动小时数、收入和工资。生活水平衡量调查（LSMS）是由世界银行开发的，它提供了家庭财富及其影响因素的全面图景，通常合并了个人、家庭和社区层面的数据。优先调查（PS）是由世界银行设计的根据监测结果显示的调查，其高效快捷地收集了大量家庭的成本数据。收入税登记（ITR）提供了关于人口收入和补贴的信息，如不同社会组别的总收入、应税收入和税收。1－2－3 调查（1－2－3）的实施分为三个阶段，其收集的是社会人口和就业数据、非正规部门的数据，以及生活条件和家庭消费的信息。• **人口动态登记完整性**经由联合国统计署确认，人口动态登记至少达到 90% 的国家被认定有完整的人口动态登记（出生与死亡）统计，并公布在《人口与人口动态统计报告》中。相对于其他国家，拥有完整的人口动态统计登记的国家能够提供更准确、更及时的人口统计指标。• **最新农业人口调查**列举了进行最近一次农业人口调查并报告给联合国粮食与农业组织的年份。• **最新产业数据**指在联合国工业发展组织数据库中可得到按国际标准产业分类（第 2 或第 3 次修订版）三位数水平的制造业增加值数据的最近年份。• **最新贸易数据**指从联合国商品贸易统计数据库获得的最近年份的有关商品贸易的数据。• **最新水资源使用数据**指根据不同来源编制的数据的最近年份。请参阅表 3.5 中的“关于数据的说明”以了解更多的情况。

特殊报告时期

大多数经济体的财政年度是与日历年一致的，本表给出了例外情况。财政年度的截止期是中央政府财政年度结束的日期。其下属各级政府的财年和统计调查的报告年份可能不同。

国民账户的报告期数据被指定为基于日历年度（CY）或者财政年度（FY）。大多数经济体用日历年度来报告其国民账户和国际收支数据，但也有一些国家使用跨两个日历年的财政年度。在《世界发展指标》中，财年的数据被指定为占该财年较大部分时间的日历年的数据。如果某个国家的财年截止期在 6 月 30 日前，其数据将列在该财年期间日历年的第一年中；如果财年截止期在 6 月 30 日或以后，该数据将列在第二年。在《世界发展指标》中国际收支数据按日历年列示。

特殊报告期的经济体

经济体	财政年度结束期	国民账户数据报告期
阿富汗	3 月 20 日	FY
澳大利亚	6 月 30 日	FY
孟加拉国	6 月 30 日	FY
博茨瓦纳	6 月 30 日	FY
加拿大	3 月 31 日	CY
埃及	6 月 30 日	FY
埃塞俄比亚	7 月 7 日	FY
冈比亚	6 月 30 日	CY
海地	9 月 30 日	FY
印度	3 月 31 日	FY
印度尼西亚	3 月 31 日	CY
伊朗	3 月 20 日	FY
日本	3 月 31 日	CY
肯尼亚	6 月 30 日	CY
科威特	6 月 30 日	CY
莱索托	3 月 31 日	CY
马拉维	3 月 31 日	CY
缅甸	3 月 31 日	FY
纳米比亚	3 月 31 日	CY
尼泊尔	7 月 14 日	FY
新西兰	3 月 31 日	FY
巴基斯坦	6 月 30 日	FY
波多黎各	6 月 30 日	FY
塞拉利昂	6 月 30 日	CY
新加坡	3 月 31 日	CY
南非	3 月 31 日	CY
斯威士兰	3 月 31 日	CY
瑞典	6 月 30 日	CY
泰国	9 月 30 日	CY
乌干达	6 月 30 日	FY
美国	9 月 30 日	CY
津巴布韦	6 月 30 日	CY

对国民账户数据的修订

当改变方法或者完善数据资料来源时，各国统计机构就会对其国民账户数据进行修订。当数据资料来源发生改变时，《世界发展指标》中的国民账户数据也会修订。以下的注释尽管不全面，但是也提供了对以前数据修订的信息。

• **安提瓜和巴布达**：基于官方统计数据，修订了 2000 年以来的国民账户数据；新的基年为 2006 年。• **阿塞拜疆**：修订了以不变价格计算的国民账户历史支出数据序列，以便与国家统计委员会的数据（先前不可获得）保持一致。• **博茨瓦纳**：中央统计办公室修订了 2004 年以来的国民账户数据序列。• **多米尼加**：基于官方统计数据，修订了 2000 年以来的国民账户数据；新的基年为 2006 年。• **格林纳达**：基于官方统计数据，修订了 2000 年以来的国民账户数据；新的基年为 2006 年。• **匈牙利**：基于经济合作与发展组织的数据，修订了 1991 年以来的国民账户数据。• **前南马其顿**：基于官方统计数据，修订了 2003 年以来的国民账户数据。• **马尔代夫**：国家规划部门修订了 2000 年以来的国民账户数据；新的基年为 2003 年。• **毛利塔尼亚**：基于官方统计数据，修订了 1991 年以来的国民账户数据；不变价格数据序列新的基年为 2004 年。• **菲律宾**：修订了 1998 年以来的国民账户数据。因为知识产权产品目前被算作总固定资本投资的一部分，以不变价格计算的 GDP 平均要比先前的估计值高 4%。• **波多黎各**：基于波多黎各的官方数据，修订了 2001 年以来的国民账户数据。• **塞尔维亚**：统计局已经完善了 2003 年以来的国民账户数据的核算方法。尤其重新修订了部门分类，目前 GDP 是用 2005 年价格衡量的生产链计算的。• **新加坡**：官方统计数据已经替代了国民账户时间序列数据。• **圣基茨和尼维斯、圣卢西亚、圣文森特和格林纳达**：基于官方统计数据，修订了 2000 年以来的国民账户数据；新的基年为 2006 年。• **斯威士兰**：中央统计办公室修订了 1990 年以来的国民账户数据。• **叙利亚**：中央统计局修订了 2003 年以来的国民账户数据。• **突尼斯**：基于中央银行及其《统计月报》的数据，修订了 1997 年以来的国民账户数据。• **乌干达**：统计局修订了 1998 年以来的国民账户数据序列，不变价格数据序列新的基年为 2001/2002 年。• **阿拉伯联合酋长国**：国家统计局修订了 2001 年以来的国民账户数据，新的基年为 2007 年。• **乌拉圭**：中央银行修订了 2006 年以来的国民账户数据。• **也门**：基于官方统计数据和国际货币基金组织的数据，修订了 1990 年以来的国民账户数据。

统计方法

本部分将介绍编写《世界发展指标》时使用的一些统计方法。内容包括：计算地区和收入组别的合计数所使用的方法以及计算增长率所使用的方法；还介绍了为得到用于测算以美元计的国民总收入（GNI）和人均 GNI 估算值的转换系数而使用的世界银行图表集法。每张表格后的“关于数据的说明”还介绍了其他统计方法和计算方法。

合计原则

在大多数表格的末尾都有按世界银行对各经济体的地区和收入分类而进行的加总。在本书封面和封底的勒口处，可找到世界银行的地区和收入分类一览表。大多数表格中包含了欧元区的合计数。这一合计数包括欧盟中的经济及货币联盟（EMU）成员国，这些成员国都采用欧元作为其货币：奥地利、比利时、塞浦路斯、爱沙尼亚、芬兰、法国、德国、希腊、爱尔兰、意大利、卢森堡、马耳他、荷兰、葡萄牙、斯洛伐克共和国、斯洛文尼亚和西班牙。其他一些分类，例如，欧盟和区域性贸易集团，则在其所在表格后面的“关于数据的说明”中作了说明。

由于数据缺失，有些经济体组别的合计数只能看作是未知总额或平均值的近似值。地区和收入组别的合计数根据尽可能多的可得数据算出，包括主要表格中出现的 158 个经济体、表 1.6 中出现的其他经济体，以及中国台湾的数据。使用合计原则是为了得到固定不变的一组经济体从一个时期到另一个时期的估算值以及所有指标的估算值。由于使用了近似值，子组别合计值与总计值及平均值之间可能会出现微小的差异。此外，汇编错误和数据报告的实际做法也可能使理论上应该完全一致的合计值（例如，世界出口额和进口额）存在差异。

《世界发展指标》中使用的主要加总方法有 5 种：

- **对于在表格中标以字母“t”的各组别和世界总计数**，缺失的数据是根据可获得数据的总值和上一年度估算数总值的关系计算出来的。从 2000 年往前和往后进行计算加工。2000 年的缺失数据是根据数据最齐全的那一年的替代变量之一计算而得。计算得出的数据值（或其替代变量）与可获得数据的总值具有相同的关系。如果缺失数据占基准年度数据总量的 1/3 以上，则不予计算。用作替代的变量有：以美元计值的 GNI、总人口、以美元计算的货物和劳务进出口值，以及以美元计值的农业、工业、制造业和服务业的增加值。
- **标有字母“s”的合计值**是全部可获得数据之和。缺失的数据不予估算。如果某一给定年份的系列观测数据或系列数据的替代值缺失 1/3 以上，则该年的总计值不予计算。
- **加总比率（标以字母“w”）**通常是按票面价值计算为这些比率的加权平均值，有时也使用其他指标作为权数。当计算为未加权平均值时，**标以字母“u”**。加总比率按可获得数据计算得出，其中包括未在主要表格中出现的经济体的数据。缺失数据被假定为与可获得数据相同的平均值。如果缺失数据在基准年度中占权数值的 1/3 以上，则加总比率不予计算。在极少数情况下，加总比率可以这样计算：根据前述计算总额的原则算出缺失数据值之后，再算出该组别总值的比率。
- **加总增长率（标以字母“w”）**通常是增长率的加权平均数值。在极少数情况下，增长率可以根据该组别总值的时间序列来计算。如果某个时期内缺失一半以上的观察数据，则不计算增长率。有关增长率计算方法进一步的讨论，参见后文。
- **标有字母“m”的合计数**是表格中所列数值的中位数。如果人口超过 100 万的国家缺失的观察数据在一半以上，则数值不予列示。

以上合计原则在全书中都有例外之处。根据世界银行分析人员的判断，合计数可以只按可获数据的 50% 来计算。在其他情况下，如果缺失或被剔除的数值被认为微不足道或具有很大随机性时，合计数则仅仅根据表格中列出的数据计算得出。

增长率

增长率是年平均增长率，并以百分数来表示。除非特别注明，否则价值增长率是依据不变价格序列计算得出的。计算增长率的方法主要有 3 种：最小二乘方法、指数端点法和几何端点法。从一个时期到下一个时期的变化率是按与前一时期成比例的变化计算得出的。

最小二乘方法增长率。只要有足够长的时间序列使计算变得可靠，就使用最小二乘方法增长率。如果某个时期内的观测数据缺失一半以上，则不计算增长率。最小二乘方法增长率 r 按如下方法计算：把变量在相关时期内的每年数据的对数拟合成一条线性回归曲线。回归方程的形式如下：

$$\ln X_t = a + bt$$

这相当于下面这个复合增长方程的对数变形：

$$X_t = X_0 \ (1+r)^t$$

在这一方程中，X 是变量，t 是时间，$a=\ln X_0$ 和 $b=\ln\ (1+r)$ 均为待估参数。如果 b^* 是 b 的最小二乘方估计值，则年均增长率 r 等于 $[\exp(b^*)-1]$，再乘以 100 即可取得百分数。算出的增长率为平均增长率，它代表的是整个时期内所获得的观测数据。它不一定与任何两个时期之间的实际增长率相等。

指数增长率。某些人口指标，特别是劳动力和人口数量，在两个时间点之间的增长率是按如下方程计算的：

$$r=\ln\ (p_n/p_0)/n$$

其中，p_n 和 p_0 分别是这段时期内最后一个和第一个观测数据，n 是这一时期内的年数，ln 是自然对数算子。这个增长率是按两个时间点之间连续的指数增长模型计算的。它不考虑这个序列的中间值。指数增长率与根据一年间隔期测算的年度变化比率并不相同，后者假设为 $(p_n-p_n-1)/p_n-1$。

几何增长率。几何增长率可用于衡量不连续阶段内的复合增长，例如，利息或红利的支付与再投资。尽管以指数增长率代表的持续增长可能更符合实际情况，但大多数经济现象只是每隔一段时间后估量一次，因此，宜使用复合增长模型。在 n 个时期内的平均增长率按如下方程计算：

$$r=\exp[ln\ (p_n/p_0)/n]-1$$

世界银行图表集法

在出于某些实用目的计算用美元计值的 GNI 和人均 GNI 时，世界银行使用图表集转换系数。使用这一转换系数的目的是为了在对国民收入进行跨国比较时减少汇率波动的影响。

每年的图表集转换系数都是一个国家当年的汇率（或替代转换系数）和前两年汇率的平均值，同时还应按该国与日本、英国、美国和欧元区的通货膨胀率之间的差别进行调整。一个国家的通货膨胀率是用 GDP 平减指数来衡量的。

日本、英国、美国和欧元区的通货膨胀率代表着国际通货膨胀，是以 SDR 平减指数的变化来衡量的（SDR：特别提款权，它是国际货币基金组织的记账单位）。SDR 平减指数是这些国家以 SDR 表示的 GDP 平减指数的加权平均数。权数由一个 SDR 单位中所含的各国货币量来决定。权数随时间而改变，因为每种货币出现价值波动时，SDR 的构成及每种货币的相对汇率都要改变。SDR 平减指数先以 SDR 为单位进行计算，然后再按 SDR 对美元的图表集转换系数转换成美元计算。于是该转换系数可用于算出一国的 GNI。把以美元计值的 GNI 除以年中的人口数，得出人均 GNI。

如果一国的官方汇率被认为不可靠或不能代表这一时期的实际汇率，就要使用图表集公式中汇率的替代估计值（参见下文）。

以下的两个公式分别用于计算 t 年的图表集转换系数：

$$e_t^*=\frac{1}{3}\left[e_{t-2}\left(\frac{p_t}{p_{t-2}}\bigg/\frac{p_t^{s\$}}{p_{t-2}^{s\$}}\right)+e_{t-1}\left(\frac{p_t}{p_{t-1}}\bigg/\frac{p_t^{s\$}}{p_{t-1}^{s\$}}\right)+e_t\right]$$

和以美元计值的 t 年人均 GNI：

$$Y_t^{\$}=(Y_t/N_t)/e_t^*$$

其中，e_t^* 是 t 年的图表集转换系数（本国货币对美元），e_t 是 t 年的年度平均汇率（本国货币对美元），p_t 是 t 年的 GDP 平减指数，$p_t^{\$\$}$ 是 t 年的以美元计值的 SDR 平减指数，$Y_t^{\$}$ 是 t 年的以美元计值的图表集人均 GNI，Y_t 是 t 年的以本国货币计值的现值 GNI，N_t 是 t 年的年中人口数。

替代转换系数

世界银行对官方汇率是否适宜于做转换系数进行了系统性地评估。当官方汇率被认为严重偏离了国内的外币交易中和贸易产品交易中使用的实际汇率时，需使用另一种替代转换系数。这一点只适用于在“基本数据文献”中列出的少数几个国家。在图表集法以及《世界发展指标》其他地方使用的替代转换系数仅用作单一年份转换系数。

作出贡献的其他人员

1．世界概览

第一部分由 Eric Swanson 领导的团队撰写。Eric Swanson 起草了导言部分，参与的人员还有 Neil Fantom、Shota Hatakeyama、Masako Hiraga、Wendy Huang、Hiroko Maeda、Johan Mistiaen、Sulekha Patel、William Prince、Evis Rucaj 和 Emi Suzuki；此外，Jose Alejandro Quijada、Sachin Shahria、Jos Verbeek 以及《2012 年全球监控报告》研讨系列的参与者提出了宝贵建议。Bala Bhaskar Naidu Kalimili 整理了表 1.1 和表 1.6。Shota Hatakeyama、Masako Hiraga、Hiroko Maeda 和 Johan Mistiaen 准备了表 1.2 和表 1.5。Mahyar Eshragh - Tabary、Shota Hatakeyama、Masako Hiraga、Buyant Erdene Khaltarkhuu 和 Hiroko Maeda 准备了表 1.3。Wendy Huang 准备了表 1.4，并得到 Azita Amjadi 的帮助。世界银行经济政策与债务处的 Signe Zeikate 提供了重债穷国债务倡议和多边债务减免倡议下的债务减免估计值。

2．人口

第二部分由 Shota Hatakeyama、Masako Hiraga、Hiroko Maeda、Sulekha Patel 与世界银行人类发展网络、发展经济学副行长手下的发展研究组合作起草。Masako Hiraga、Sulekha Patel 和 Johan Mistiaen 撰写了引言，Eric Swanson 也提供了有价值的信息和评论。Emi Suzuki 准备了人口估计值和预测值。全球贫困工作小组——来自贫困削减与平等网络、发展研究组和发展数据组的贫困专家组根据国家贫困线整理了贫困估计值。世界银行发展研究组的 Shaohua Chen 和 Prem Sangraula 根据国际贫困线准备了贫困估计值。来自理解儿童工作情况项目的 Lorenzo Guarcello 和 Furio Rosati 准备了有关童工的数据。为本部分做出贡献的人士还有 Emi Suzuki（医疗卫生和营养）；Montserrat Pallares - Miralles 和 Carolina Romero Robayo（脆弱性和安全）；国际劳工组织的 Theo door Sparreboom 和 Alan Wittrup（劳动力）；联合国教科文组织统计研究所的 Amelie Gagnon、Said Ould Voffal 和 Weixin Lu（教育和识字率）；世界卫生组织的 Chandika Indikadahena（医疗卫生支出）；Charu Garg（国民卫生账户）；Monika Bloessner 和 Mercedes de Onis（营养不良和超重）；Teena Kunjument（医疗卫生工作者）；Jessica Ho（医院病床）；Rifat Hossain（水和卫生设施）；Hazim Timimi（肺结核）；国际糖尿病联盟的 Leonor Guariguata（糖尿病）；联合国儿童基金会的 Colleen Murray（医疗卫生）。Eric Swanson 给引言以及整个过程提出了宝贵的建议和评论。

3．环境

第三部分由 Mahyar Eshragh - Tabary 与世界银行可持续发展副行长手下的环境部合作起草。Mahyar Eshragh - Tabary 撰写了引言，参与的人员还有 Neil Fantom 和 Eric Swanson；Jane Ebinger、Tim Herzog、Glenn - Marie Lange 和 Soong Sup Lee 提出了有价值的建议；Esther G. Naikal 和 William Prince 对本部分也做出了贡献；其他做出贡献的人员包括 Kirk Hamilton、联合国粮食与农业组织的 Carola Fabi 和 Edward Gillin、国际能源署的 Ricardo Quercioli 和 Karen Treanton、世界保护监测中心的 Laura Battlebury、德国国际合作公司（GTZ）的 Gerhard Metchies 和 Armin Wagner、国际自然保护联盟的 Craig Hilton - Taylor 和 Caroline Pollock。世界银行环境局为本部分的撰写提供了大量的人力资源。

4．经济

在世界银行发展数据组可持续发展和经济数据小组的密切配合下，第四部分由 Bala Bhaskar Naidu Kalimili 起草，Liu Cui 和 William Prince 提出了宝贵意见。引言由 Bala Bhaskar Naidu Kalimili 撰写，Eric Swanson 提出了宝贵意见。Azita Amjadi 和 Esther G. Naikal 也为本部分做出了贡献。低收入经济体和中等收入经济体国民核算账户数据由世界银行地区工作人员通过年度统一调查汇集得出。Maja Bresslauer、Mahyar Eshragh - Tabary、Bala Bhaskar Naidu Kalimili、Buyant Khaltarkhuu 和 Maurice Nsabimana 进行了国民账户数据库的更新、估算和确证工作。本编写组感谢欧洲统计局、国际货币基金组织、经济合作与发展组织、联合国工业发展组织、世界贸易组织提供的数据。

5．政府与市场

在世界银行金融与私营部门发展网络、减贫与经济管理网络、可持续发展网络、国际金融公司以及外部合作伙伴的协助下，第五部分由 Buyant Erdene Khaltarkhuu 起草。David Cieslikowski 和 Buyant Erdene Khaltarkhuu 在 Eric Swanson 的帮助下撰写了引言。为本部分做出贡献的其他人员还有 Ada Karina Izaguirre（私有化和基础设施项目）；Leora Klapper（营业登记）；Federica Saliola 和 Joshua Wimpey（企业调查）；Carolin Geginat 和 Frederic Meunier（全球工商业运营环境）；Alka Banerjee、Trisha Malinky 和 Michael Orzano（标准普尔全球股票市场指数）；Oya Pinar Ardic Alper（金融准入）；Gary Milante、Holly Benner 和 Kenneth Anya（脆弱的制度）；Satish Mannan（公共政策和制度）；国际战略研究所的 James Hackett（军事人员）；斯德哥尔摩国际和平研究所的 Sam Perlo - Freeman（军费开支和武器交易）；国际道路联合会的 Christian Gonzalez、国际民用航空组织的 Narjess Teyssier 和 Zubair Anwar、Hélène Stephan 和 Marc Juhel（交通）；国际集装箱化杂志的 Jane Degerlund 和联合国贸易与发展会议的 Vincent Valentine（港口）；Azita Amjadi（高科技出口）；国际电信联盟的 Vanessa Grey、Esperanza Magpantay 和 Susan Teltscher，联合国贸易与发展会议的 Torbjörn Fredriks - son 和 Rémi Lang（信息通讯技术商品贸易）；联合国教科文组织统计研究所的 Martin Schaaper（研究与发展、研究人员和技术人员）；世界知识产权组织的 Ryan Lamb（专利和商标）。

6. 全球联系

在世界银行发展数据组的金融数据小组、发展研究组（贸易）、发展展望组（商品价格和侨汇）、国际贸易组（贸易便利）和外部合作伙伴的协助下，Wendy Huang 和 Evis Rucaj 起草了第 6 部分。Malvina Pollock 和 Evis Rucaj 在 Eric Swanson 的大力帮助下撰写了本部分的引言。Azita Amjadi（贸易和关税）和 Rubena Sukaj（外债和金融数据）在数据和图表方面提供了大量帮助。为本部分做出贡献的其他人员还有 Frederic Docquier（移民率）；联合国贸易与发展会议的 Flavine Creppy、Yumiko Mochizuki 和国际贸易中心的 Mondher Mimouni（贸易）；Cristina Savescu（商品价格）；DHL 的 Jeff Reynolds 和 Joe Siegel（运输成本）；OECD 的 Yasmin Ahmad 和 Elena Bernaldo（援助）；Ibrahim Levent、Hiroko Maeda 和 Maryna Taran（外债）；Sanket Mohapatra 和 Ani Rudra Silwal（侨汇）；世界旅游组织的 Teresa Ciller（旅游）；Ramgopal Erabelly、Shelley Lai Fu 和 William Prince 提供了有价值的技术援助。

其他部分

内封的地图由世界银行地图设计单位的 Jeff Lecksell 协调完成。“使用指南”由 William Prince 撰写。“统计方法”由 Eric Swanson 撰写。Maja Bresslauer、Federico Escaler 和 Buyant Erdene Khaltarkhuu 撰写了基本数据文献的说明。Alison Kwong 撰写了《世界发展指标》的“合作者”和“索引”部分。

数据管理

世界发展指标数据库管理工作在 William Prince 在 Liu Cui 的帮助下协调完成。Reza Farivari 领导下的数据和信息系统小组，包括 Ramgopal Erabelly 和 Shelley Fu，负责数据库管理系统的运作。

设计、制作与编辑

Azita Amjadi 和 Alison Kwong 协调了制作的各个方面。在 Meta de Coquereaumont、Bruce Ross – Larson 和 Christopher Trott 的领导下，通信发展公司提供了全面的设计指导和编辑，Rob Elson 也提供了一定的帮助。Elaine Wilson 制作了封面和地图，并对本书进行了排版。Joseph Caponio 在生产方面提供了帮助。通信发展公司在伦敦的合作伙伴 Peter Grundy of Peter Grundy Art & Design 对本报告进行了设计。

客户服务

在 Azita Amjadi 的领导下，发展数据组的客户服务与通讯组（Federico Escaler、Alison Kwong、Beatriz Prieto – Oramas、Maryna Taran、Jomo Tariku 和 Vera Wen）对本书的设计和规划做出了贡献，并帮助协调了出版局的工作。

行政助理、办公技术和系统支持

Awatif Abuzeid、Elysee Kiti、Premi Ratham Raj 和 Estela Zamora 提供了行政方面的援助。信息技术支持由 Jean – Pierre Djomalieu、Gytis Kanchas 和 Nacer Megherbi 提供。Ramvel Chandrasekaran、Ugendran Makhachkala、Shanmugam Natarajan、Atsushi Shimo 和 Malarvizhi Veerappan 为《世界发展指标》的数据平台应用提供了系统支持。

出版与发行

由 Carlos Rossel 领导的出版局在整个制作过程中提供了有价值的帮助。Denise Bergeron、Dina Towbin、Stephen McGroarty 和 Nora Ridolfi 协调了印刷工作，并监督了营销与发行。发展经济学副行长办公室的 Merrell Tuck – Primdahl 对通信战略进行了管理。

《世界发展指标》CD – ROM

在 Ramgopal Erabelly、Parastoo Oloumi 和 William Prince 的帮助下，光盘的制作和测试由 Vilas Mandlekar 管理。Reza Farivari 领导的数据和信息系统小组承担了系统创建工作。William Prince 协调了使用者界面的设计、整个制作过程，并提供了质量保证，Jomo Tariku 提供了帮助。

《世界发展指标》移动申请

软件的制作和测试由 Vilas Mandlekar 和 Shelley Fu 管理，提供帮助的人员还有 Azita Amjadi、Prashant Chaudhari、Ying Chi、Liu Cui、Ghislaine Delaine、Ramgopal Erabelly、Federico Escaler、Buyant Erdene Khaltarkhuu、Maurice Nsabimana Parastoo Oloumi、Beatriz Prieto Oramas、William Prince、Virginia Romand、Jomo Tariku 和 Vera Wen。Reza Farivari 领导的数据和信息系统小组承担了系统创建工作。William Prince 提供了质量保证。

数据开放与在线获取

Neil Fantom 对开放数据网站（data. worldbank. org/）进行了协调。由 Reza Farivari 及其领导的小组负责设计、编程和测试。该小组的成员有：Azita Amjadi、Ramvel Chandrasekaran、Ying Chi、Federico Escaler、Shelley Fu、Buyant Erdene Khaltarkhuu、Ugendran Machakkalai、Shanmugam Natarajan、Atsushi Shimo、Sun Hwa Song、Lakshmikanthan Subramanian、Maryna Taran、Jomo Tariku、Malarvizhi Veerappan 和 Vera Wen。William Prince 协调了制作工作并提供了质量保证。来自对外关系部公关处的支持由 George Gongadze 和 Jeffrey Mccoy 组成的小组提供。James Edward Rosenberg 领导了多语种网站小组。

客户反馈

编写组还要感谢不辞辛苦为本书提供帮助的许多人士，他们的反馈意见和建议有助于我们改进今年的版本。请联系我们 data@ worldbank. org。

参考文献

African Union and United Nations Economic Commission for Africa. 2005. "Transport and the Millennium Development Goals in Africa." Background document for the meeting of experts preceding the meeting of African transport ministers on the role of transport in achieving the Millennium Development Goals, April 4–5, Addis Ababa.

Anderson, Kym, Marianne Kurzweil, Will Martin, Damiano Sandri, and Ernesto Valenzuela. 2008. "Measuring Distortions to Agricultural Incentives, Revisited." Policy Research Working Paper 4612. World Bank, Development Research Group, Washington, D.C.

Arvis, Jean-François, Monica Alina Mustra, Lauri Ojala, Ben Shepherd, and Daniel Saslavsky. 2010. *Connecting to Compete 2010: Trade Logistics in the Global Economy: The Logistics Performance Index and Its Indicators.* Washington, D.C.: World Bank, International Trade Department.

Ball, Nicole. 1984. "Measuring Third World Security Expenditure: A Research Note." *World Development* 12 (2): 157–64.

Bates, Bryson, Zbigniew Kundzewicz, Shaohong Wu, and Jean Palutikof, eds. 2008. *Climate Change and Water.* Technical Paper IV. Geneva: Intergovernmental Panel on Climate Change.

Beck, Thorsten, and Ross Levine. 2001. "Stock Markets, Banks, and Growth: Correlation or Causality?" Policy Research Working Paper 2670. World Bank, Development Research Group, Washington, D.C.

Caiola, Marcello. 1995. *A Manual for Country Economists.* Training Series 1, Vol. 1. Washington, D.C.: International Monetary Fund.

CDIAC (Carbon Dioxide Information Analysis Center). n.d. Online database. [http://cdiac.ornl.gov/home.html]. Oak Ridge National Laboratory, Environmental Sciences Division, Oak Ridge, Tenn.

Chen, Shaohua, and Martin Ravallion. 2011. "The Developing World is Poorer than We Thought, but No Less Successful in the Fight against Poverty." *Quarterly Journal of Economics* 125 (4): 1577–1625.

Chomitz, Kenneth M., Piet Buys, and Timothy S. Thomas. 2005. "Quantifying the Rural-Urban Gradient in Latin America and the Caribbean." Policy Research Working Paper 3634. World Bank, Development Research Group, Washington, D.C.

CIESIN (Center for International Earth Science Information Network). 2005. Gridded Population of the World. Columbia University and Centro Internacional de Agricultura Tropical. [http://sedac.ciesin.columbia.edu/gpw/].

———. 2007. "National Aggregates of Geospatial Data: Population, Landscape and Climate Estimates, v.2 (PLACE II)." Columbia University, Earth Institute, Palisades, N.Y.

CIIFAD (Cornell International Institute for Food, Agriculture and Development). n.d. "The System of Rice Intensification." [http://ciifad.cornell.edu/sri/index.html]. Ithaca, N.Y.

Claessens, Stijn, Daniela Klingebiel, and Sergio L. Schmukler. 2002. "Explaining the Migration of Stocks from Exchanges in Emerging Economies to International Centers." Policy Research Working Paper 2816. World Bank, Washington, D.C.

Containerisation International. 2010. *Containerisation International Yearbook 2010.* London: Informa Maritime and Transport.

Corrao, Marlo Ann, G. Emmanuel Guindon, Namita Sharma, and Dorna Fakhrabadi Shokoohi. 2000. *Tobacco Control Country Profile.* Atlanta, Ga.: American Cancer Society.

Dealogic. n.d. M&A Analytics. Online database. [www.dealogic.com].

Demirgüç-Kunt, Asli, and Ross Levine. 1996. "Stock Market Development and Financial Intermediaries: Stylized Facts." *World Bank Economic Review* 10 (2): 291–321.

De Onis, Mercedes, and Monika, Blössner. 2003. "The WHO Global Database on Child Growth and Malnutrition: Methodology and Applications." *International Journal of Epidemiology* 32: 518–26.

De Onis, Mercedes, Adelheid W. Onyango, Elaine Borghi, Cutberto Garza, and Hong Yang. 2006. "Comparison of the World Health Organization (WHO) Child Growth Standards and the National Center for Health Statistics/WHO International Growth Reference: Implications for Child Health Programmes." *Public Health Nutrition* 9 (7): 942–47.

Development Committee (Joint Ministerial Committee of the Boards of Governors of the Bank and the Fund on the Transfer of Real Resources to Developing Countries). 2011. "Operationalizing the 2011 World Development Report: Conflict, Security, and Development." Development Committee, Washington, D.C.

DHL. 2012. "DHL Rate and Transit Guide 2012." Bonn, Germany.

Docquier, Frédéric, B. Lindsay Lowell, and Abdeslam Marfouk. 2009. "A Gendered Assessment of Highly Skilled Emigration." *Population and Development Review* 35 (2): 297–322.

Docquier, Frédéric, and Abdeslam Marfouk. 2006. "International Migration by Educational Attainment (1990–2000) – Release 1.1." In Caglar Ozden and Maurice Schiff, eds., *International Migration, Remittances and Development.* New York: Palgrave Macmillan.

Eurostat (Statistical Office of the European Communities). n.d. *Demographic Statistics.* [http://epp.eurostat.ec.europa.eu/portal/page/portal/eurostat/home/]. Luxembourg.

———. n.d. National Accounts database. Luxembourg. [http://epp.eurostat.ec.europa.eu/portal/page/portal/balance_of_payments/data/database]. Paris.

———. Various years. *Statistical Yearbook.* Luxembourg.

Fankhauser, Samuel. 1995. *Valuing Climate Change: The Economics of the Greenhouse.* London: Earthscan.

FAO (Food and Agriculture Organization of the United Nations). 2001. "Global Estimates of Gaseous Emissions of NH3, NO and N2O from Agricultural Land, 2001." Food and Agriculture Organization of the United Nations, Rome.

———. 2003. "How the World Is Fed." In *Agriculture, Food and Water.* Rome: Food and Agriculture Organization.

———. 2007. *Coping with Water Scarcity: Challenge of the Twenty-First Century.* Report for World Water Day 2007. Rome: Food and Agriculture Organization.

———. 2008a. "Climate Change Adaptation and Mitigation in the Food and Agriculture Sector." Technical background document from the expert consultation, March 5–7, Rome.

———. 2008b. "Climate Change and Food Security: A Framework Document." Food and Agriculture Organization, Rome.

———. 2009a. "2050: A Third More Mouths to Feed." Press release, September 23. Food and Agriculture Organization, Rome.

———. 2009b. "More People Than Ever Are Victims of Hunger." Press release, June 19. Food and Agriculture Organization, Rome.

———. 2010a. *Global Forest Resources Assessment 2010*. Rome: Food and Agriculture Organization.

———. 2010b. "Water and Poverty: An Issue of Life and Livelihoods." [www.fao.org/nr/water/issues/scarcity.html]. Rome.

———. n.d. AQUASTAT. [www.fao.org/nr/water/aquastat/data/query/index.html]. Rome.

———. n.d. FAOSTAT. http://faostat.fao.org.

———. n.d. Food Security Statistics database. [www.fao.org/economic/ess/food-security-statistics/]. Rome.

———. Various years. *The State of Food Insecurity in the World*. Rome: Food and Agriculture Organization.

Faurès, Jean-Marc, Jippe Hoogeveena, and Jelle Bruinsmab. 2004. "The FAO Irrigated Area Forecast for 2030." Food and Agriculture Organization, Rome.

Fredricksen, Birger. 1993. *Statistics of Education in Developing Countries: An Introduction to Their Collection and Analysis*. Paris: United Nations Educational, Scientific, and Cultural Organization.

Froese, R., and D. Pauly, eds. n.d. FishBase database. [www.fishbase.org]. Manila.

g7+. 2011. " The g7+ and the International Dialogue on Statebuilding and Peacebuilding." [www.g7plus.org/dialogue-state-peace-building/]. Dili.

Geneva Declaration. 2011. *Global Burden of Armed Violence*. Geneva: Geneva Declaration.

Global Transport Knowledge Partnership. 2008. "Transport and the Millennium Development Goals." [www.gtkp.com]. Geneva.

GTZ (Deutsche Gesellschaft für Technische Zusammenarbeit). 2005. "Why Transport Matters: Contributions of the Transport Sector towards Achieving the Millennium Development Goals." Deutsche Gesellschaft für Technische Zusammenarbeit, Eschborn, Germany.

Hamilton, Kirk, and Michael Clemens. 1999. "Genuine Savings Rates in Developing Countries." *World Bank Economic Review* 13 (2): 333–56.

———. 2006. *Where Is the Wealth of Nations? Measuring Capital for the 21st Century*. Washington, D.C.: World Bank.

Hamilton, Kirk, and Eduardo Ley. 2010. "Measuring National Income and Growth in Resource-Rich, Income-Poor Countries." Economic Premise 28. World Bank, Poverty Reduction and Economic Management Network, Washington, D.C.

Hamilton, Kirk, and Giovanni Ruta. 2008. "Wealth Accounting, Exhaustible Resources and Social Welfare." *Environmental and Resource Economics* 42 (1): 53–64.

Hanushek, A. Eric. 2002. *The Long-Run Importance of School Quality*. NBER Working Paper 9071. Cambridge, Mass.: National Bureau of Economic Research.

Hanushek, A. Eric, and Wössman, Ludger. 2007. *Education Quality and Economic Growth*. Washington, D.C.: World Bank.

Happe, Nancy, and John Wakeman-Linn. 1994. "Military Expenditures and Arms Trade: Alternative Data Sources." Working Paper 94/69. International Monetary Fund, Policy Development and Review Department, Washington, D.C.

Hatcher, Jeffrey. 2009 "Securing Tenure Rights and Reducing Emissions from Deforestation and Degradation (REDD): Costs and Lessons Learned." Social Development Paper 120. World Bank, Development Research Group, Washington, D.C.

Hatzichronoglou, Thomas. 1997. "Revision of the High-Technology Sector and Product Classification." STI Working Paper 1997/2. Organisation for Economic Co-operation and Development, Directorate for Science, Technology, and Industry, Paris.

Hausman, Warren H., Hau L. Lee, and Uma Subramanian. 2005. "Global Logistics Indicators, Supply Chain Metrics, and Bilateral Trade Patterns." Policy Research Working Paper 3773. World Bank, Development Research Group, Washington, D.C.

Heston, Alan. 1994. "A Brief Review of Some Problems in Using National Accounts Data in Level of Output Comparisons and Growth Studies." *Journal of Development Economics* 44 (1): 29–52.

Hettige, Hemamala, Muthukumara Mani, and David Wheeler. 1998. "Industrial Pollution in Economic Development: Kuznets Revisited." Policy Research Working Paper 1876. World Bank, Development Research Group, Washington, D.C.

Hinz. Richard P., Montserrat Pallares-Miralles, Carolina Romero, and Edward Whitehouse. 2011. "International Patterns of Pension Provision II: Facts and Figures of the 2000s." Social Protection Discussion Paper. World Bank, Washington, D.C.

ICAO (International Civil Aviation Organization). 2011. *Civil Aviation Statistics of the World*. Montreal: International Civil Aviation Organization.

ICF International. Various years. *Demographic and Health Surveys*. [www.measuredhs.com]. Calverton, Md.: ICF International.

IEA (International Energy Agency). 2009. "World Energy Outlook 2009 Fact Sheet: Why Is Our Current Energy Pathway Unsustainable?" International Energy Agency, Paris.

———. 2010. *World Energy Outlook 2010*. Paris: International Energy Agency.

———. n.d. Carbon Dioxide Emissions (CO_2) from Fuel Combustion database. Paris.

———. Various years. *Energy Balances of Non-OECD Countries*. Paris: International Energy Agency.

———. Various years. *Energy Balances of OECD Countries*. Paris: International Energy Agency.

参考文献

———. Various years. *Energy Statistics of Non-OECD Countries*. Paris: International Energy Agency.

———. Various years. *Energy Statistics of OECD Countries*. Paris: International Energy Agency.

ILO (International Labour Organization). 2009a. *Guide to the New Millennium Development Goals Employment Indicators*. Geneva: International Labour Office.

———. 2009b. Resolution concerning statistics of child labour. Resolution II, Rpt. ICLS/18/2008/IV/FINAL, 18th International Conference of Labour Statisticians, Geneva.

———. 2010. *Accelerating Action Against Child Labour*. Geneva: International Labour Office.

———. Various years. *Key Indicators of the Labour Market*. Geneva: International Labour Office.

———. Various years. *Yearbook of Labour Statistics*. Geneva: International Labour Office.

IMF (International Monetary Fund). 1977. *Balance of Payments Manual*. 4th ed. Washington, D.C.: International Monetary Fund.

———. 1993. *Balance of Payments Manual*. 5th ed. Washington, D.C.: International Monetary Fund.

———. 1995. *Balance of Payments Compilation Guide*. Washington, D.C.: International Monetary Fund.

———. 1996. *Balance of Payments Textbook*. Washington, D.C.: International Monetary Fund.

———. 2000. *Monetary and Financial Statistics Manual*. Washington, D.C.: International Monetary Fund.

———. 2001. *Government Finance Statistics Manual*. Washington, D.C.: International Monetary Fund.

———. 2004. *Compilation Guide on Financial Soundness Indicators*. Washington, D.C.: International Monetary Fund.

———. 2008. *Monetary and Financial Statistics Compilation Guide*. Washington, D.C.: International Monetary Fund.

———. 2009a. *Global Financial Stability Report*. Washington, D.C.: international Monetary Fund.

———. 2009b. *World Economic Outlook: Sustaining the Recovery*. Washington, D.C.: International Monetary Fund.

———. n.d. Financial Access Survey database. [http://fas.imf.org]. Washington, D.C.

———. n.d. Financial Soundness Indicators database. [fsi.imf.org]. Washington, D.C.

———. Various issues. *Direction of Trade Statistics Quarterly*. Washington, D.C.: International Monetary Fund.

———. Various issues. *Government Finance Statistics Yearbook*. Washington, D.C.: International Monetary Fund.

———. Various issues. *International Financial Statistics*. Washington, D.C.: International Monetary Fund.

———. Various years. *Balance of Payments Statistics Yearbook. Parts 1 and 2*. Washington, D.C.: International Monetary Fund.

———. Various years. *Direction of Trade Statistics Yearbook*. Washington, D.C.: International Monetary Fund.

———. Various years. *International Financial Statistics Yearbook*. Washington, D.C.: International Monetary Fund.

Internal Displacement Monitoring Centre. 2011. *Internal Displacement: Global Overview of Trends and Developments in 2010*. Geneva: Internal Displacement Monitoring Centre.

International Diabetes Federation. Various years. *Diabetes Atlas*. Brussels: International Diabetes Federation.

International Institute for Strategic Studies. 2012. *The Military Balance 2012*. London: Oxford University Press.

International Trade Centre, UNCTAD (United Nations Conference on Trade and Development), and WTO (World Trade Organization). n.d. The Millennium Development Goals database. [www.mdg-trade.org]. Geneva.

International Working Group of External Debt Compilers. 1987. *External Debt Definitions*. Washington, D.C.: International Working Group of External Debt Compilers.

Inter-Secretariat Working Group on National Accounts. 1993. *United Nations Systems of National Accounts*. New York.

IPCC (Intergovernmental Panel on Climate Change). 2007. *Climate Change 2007: The Physical Science Basis. Contribution of Working Group I to the Fourth Assessment Report of the Intergovernmental Panel on Climate Change*. Cambridge, U.K.: Cambridge University Press.

IRF (International Road Federation). 2011. *World Road Statistics 2011*. Geneva: International Road Federation.

ITU (International Telecommunication Union). n.d. World Telecommunication/ICT Indicators database. Geneva: International Telecommunication Union.

IUCN (International Union for Conservation of Nature). 2011. *2011 IUCN Red List of Threatened Species*. Gland, Switzerland: International Union for Conservation of Nature.

Karl, T.R., N. Nicholls, and J. Gregory. 1997. "The Coming Climate." *Scientific American* 276: 78–83.

Kattenberg, A., F. Giorgi, H. Grassl, G.A. Meehl, J.F.B. Mitchell, R.J. Stouffer, T. Tokioka, A.J. Weaver, and T.M.L. Wigley, 1996. "Climate Models: Projections of Future Climate." In J.T. Houghton, L.G.M. Filho, B.A. Callander, N. Harris, A. Kattenberg, and K. Maskell, eds., *Climate Change 1995: The Science of Climate Change*. Cambridge, UK: Cambridge University Press.

Kundzewicz, Zbigniew W., and Luis José Mata. 2007. "Freshwater Resources and Their Management." In S. Solomon, D. Qin, M. Manning, Z. Chen, M. Marquis, K.B. Averyt, M. Tignor and H. L. Miller, eds., *Climate Change 2007: Climate Change Impacts, Adaptation and Vulnerability. Working Group II Contribution to* the Fourth Assessment Report of the Intergovernmental Panel on Climate Change. Cambridge, U.K.: Cambridge University Press.

Kunte, Arundhati, Kirk Hamilton, John Dixon, and Michael Clemens. 1998. "Estimating National Wealth: Methodology and Results." Environmental Economics Series 57. World Bank, Environment Department, Washington, D.C.

Luxembourg Income Study. n.d. Online database. [www.lisproject.org]. Luxembourg.

Meehl, G. A., C. Covey, T. Delworth, M. Latif, B. McAvaney, J. F. B. Mitchell, R. J. Stouffer, and K. E. Taylor. 2007. "The WCRP CMIP3 Multi-Model Dataset: A New Era in Climate Change Research." *Bulletin of the American Meteorological Society* 88: 1383–94.

Mitchell, T. D., T. R. Carter, P. D. Jones, M. Hulme, M. New, M. 2003. "A Comprehensive Set of High-Resolution Grids of Monthly Climate for Europe and the Globe: the Observed Record (1901-2000) and 16 Scenarios (2001-2100)." Working Paper 55. Tyndall Centre for Climate Change Research, Norwich, U.K.

Morgenstern, Oskar. 1963. *On the Accuracy of Economic Observations*. Princeton, N.J.: Princeton University Press.

Netcraft. 2011. "Netcraft Secure Server Survey." [www.netcraft.com].

Njinkeu, Dominique, John S. Wilson, and Bruno Powo Fosso. 2008. "Expanding Trade within Africa: The Impact of Trade Facilitation." Policy Research Working Paper 4790. World Bank, Development Research Group, Washington, D.C.

OECD (Organisation for Economic Co-operation and Development). 2002. *Frascati Manual: Proposed Standard Practice for Surveys on Research and Experimental Development*, 6th edition. Paris: Organisation for Economic Co-operation and Development.

———. 2005. *Guide to Measuring the Information Society.* DSTI/ICCP/ISS (2005)/6. Paris: Organisation for Economic Co-operation and Development.

———. 2008a. *The Paris Declaration on Aid Effectiveness and the Accra Agenda for Action.* Paris: Organisation for Economic Co-operation and Development. [www.oecd.org/dataoecd/11/41/34428351.pdf].

———. 2008b. *A Profile of Immigrant Populations in the 21st Century: Data from OECD countries.* Paris.

———. 2009. *Agricultural Policies in OECD Countries: Monitoring and Evaluation*. Paris: Organisation for Economic Co-operation and Development.

———. 2010a. *OECD Economic Surveys: China 2010*. Paris: Organisation for Economic Co-operation and Development.

———. 2010b. *Restoring Fiscal Sustainability: Lessons for the Public Sector*. Paris: Organisation for Economic Co-operation and Development.

———. 2011. "International Dialogue on Peacebuilding and Statebuilding: Civil Society Input to the Monrovia Meeting." [www.oecd.org/dataoecd/39/42/48153591.pdf]. Paris.

———. n.d. Creditor Reporting System database. [http://stats.oecd.org/Index.aspx?DatasetCode=CRSNEW]. Paris.

———. n.d. International Direct Investment database. [http://stats.oecd.org]. Paris.

———. n.d. International Trade by Commodity Statistics. [http://stats.oecd.org]. Paris.

———. n.d. Monthly Statistics of International Trade. [http://stats.oecd.org]. Paris.

———. n.d. National Accounts Statistics database. Paris.

———. n.d. Producer and Consumer Support Estimates. Online database. [www.oecd.org/tad/support/psecse]. Paris.

———. n.d. Trade in Services database. [http://stats.oecd.org]. Paris.

———. Various issues. *Main Economic Indicators.* Paris: Organisation for Economic Co-operation and Development.

———. Various years. *Geographical Distribution of Financial Flows to Developing Economies.* Paris: Organisation for Economic Co-operation and Development.

———. Various years. *National Accounts*. Vol. 1, Main Aggregates. Paris: Organisation for Economic Co-operation and Development.

———. Various years. *National Accounts*. Vol. 2, Detailed Tables. Paris: Organisation for Economic Co-operation and Development.

———. Various years. *OECD Health Data*. Paris: Organisation for Economic Co-operation and Development.

OECD (Organisation for Economic Co-operation and Development) DAC (Development Assistance Committee). 1996. *Shaping the 21st Century: The Contribution of Development Cooperation.* Paris: Organisation for Economic Co-operation and Development.

———. n.d.. International Development Statistics. [www.oecd.org/dac/stats/idsonline]. Paris.

———. Various years. *Development Cooperation Report*. Paris: Organisation for Economic Co-operation and Development.

———. Various years. *Geographical Distribution of Financial Flows to Developing Economies*. Paris: Organisation for Economic Co-operation and Development.

———. Various years. International Development Statistics. CD-ROM. Paris: Organisation for Economic Co-operation and Development.

OFDA (Office of U.S. Foreign Disaster Assistance)/CRED (Center for Research on the Epidemiology of Disaster). n.d. International Disaster Database. [www.emdat.be.] Brussels.

Ozden, Caglar, Christopher R. Parsons, Maurice Schiff and Terrie L. Walmsley. 2011. "Where on Earth Is Everybody? The Evolution of Global Bilateral Migration 1960–2000." *World Bank Economic Review.*

Pandey, Kiran D., Piet Buys, Kenneth Chomitz, and David Wheeler. 2006a. "Biodiversity Conservation Indicators: New Tools for Priority Setting at the Global Environmental Facility." World Bank, Development Economics Research Group and Environment Department, Washington, D.C.

Pandey, Kiran D., David Wheeler, Bart Ostro, Uwe Deichmann, Kirk Hamilton, and Katie Bolt. 2006b. "Ambient Particulate Matter Concentrations in Residential and Pollution Hotspots of World Cities: New Estimates Based on the Global Model of Ambient Particulates (GMAPS)." World Bank, Development Economics Research Group and Environment Department, Washington, D.C.

Pandey, Kiran D., Katharine Bolt, Uwe Deichmann, Kirk Hamilton, Bart Ostro, and David Wheeler. 2006c. "The Human Cost of Air Pollution: New Estimates for

参考文献

Developing Countries." World Bank, Development Research Group and Environment Department, Washington, D.C.

PARIS21 (The Partnership in Statistics for Development in the 21st Century). 2009a. *Dakar Declaration On The Development Of Statistics.* Paris: Organisation for Economic Co-operation and Development. [www.paris21.org/sites/default/files/DDDS-en.pdf].

———. 2009b. *PARIS21 at Ten: Improvements in statistical capacity since 1999.* Paris: Organisation for Economic-Coperation and Development. [www.paris21.org/sites/default/files/P21-at-10.pdf].

Partnership on Measuring ICT for Development. 2008. *The Global Information Society: A Statistical View.* Santiago: United Nations.

Patterson, Neil, Marie Montanjees, John Motala, and Colleen Cardillo. 2004. "Foreign Direct Investment: Trends, Data Availability, Concepts, and Recording Practices." International Monetary Fund, Washington D.C.

Porta, Emilio, Gustavo Arcia, Kevin Macdonald, Sergiy Radyakin, and Michael Lokshin. 2011. *Assessing Sector Performance and Inequality in Education.* World Bank: Washington D.C.

PwC, International Finance Corporation, and World Bank. 2011. *Paying Taxes 2012: The Global Picture.* London and Washington, D.C. [www.pwc.com/payingtaxes].

RAMSI (Regional Assistance Mission to Solomon Islands). 2012. "Fact Sheets." [www.ramsi.org]. Honiara.

Ratha, Dilip, and William Shaw. 2007. "South–South Migration and Remittances." Working Paper 102. World Bank, Washington, D.C.

Ravallion, Martin, and Shaohua Chen. 1996. "What Can New Survey Data Tell Us about the Recent Changes in Living Standards in Developing and Transitional Economies?" Policy Research Working Paper 16943. World Bank, Development Research Group, Washington, D.C.

Ravallion, Martin, Shaohua Chen, and Prem Sangraula. 2009. "Dollar a Day Revisited." *World Bank Economic Review* 23 (2): 163–84.

Ravallion, Martin, Gaurav Datt, and Dominique van de Walle. 1991. "Quantifying Absolute Poverty in the Developing World." *Review of Income and Wealth* 37(4): 345–61.

Ruggles, Robert. 1994. "Issues Relating to the UN System of National Accounts and Developing Countries." *Journal of Development Economics* 44 (1): 77–85.

Ryten, Jacob. 1998. "Fifty Years of ISIC: Historical Origins and Future Perspectives." ECA/STAT.AC. 63/22. United Nations Statistics Division, New York.

SIPRI (Stockholm International Peace Research Institute). n.d. Arms Transfers database. [www.sipri.org/databases/armstransfers]. Solna, Sweden.

———. n.d. Military Expenditure database. [www.sipri.org/databases/milex]. Solna, Sweden.

Smith, Kimberly, Talita Yamashiro Fordelone, and Felix Zimmermann. 2010. "Beyond the DAC: Welcome Role of Other Providers of Development Co-operation." OECD Development Co-operation Directorate, Paris.

Smith, Lisa, and Laurence Haddad. 2000. "Overcoming Child Malnutrition in Developing Countries: Past Achievements and Future Choices." 2020 Brief 64. International Food Policy Research Institute, Washington, D.C.

SPC (Secretariat of the Pacific Community). n.d. Online Statistics and Demography. [www.spc.int]. Nouméa.

Srinivasan, T. N. 1994. "Database for Development Analysis: An Overview." *Journal of Development Economics* 44 (1): 3–28.

Standard & Poor's. 2000. *The S&P Emerging Market Indices: Methodology, Definitions, and Practices.* New York: Standard & Poor's.

———. 2012. *Global Stock Markets Factbook 2011.* New York: Standard & Poor's.

Takle, Eugene, and Don Hofstrand. 2008. "Global Warming: Agriculture's Impact on Greenhouse Gas Emissions." *Ag Decision Maker*, April.

UCDP (Uppsala Conflict Data Program)/PRIO (Peace Research Institute Oslo). 2011. Armed Conflict Dataset v.4-2011, 1946–2010. [www.pcr.uu.se/research/ucdp/datasets/ucdp_prio_armed_conflict_dataset/]. Uppsala, Sweden.

UNAIDS (Joint United Nations Programme on HIV/AIDS) and WHO (World Health Organization). Various years. *Global Report: UNAIDS Report on the Global AIDS Epidemic.* Geneva: Joint United Nations Programme on HIV/AIDS.

UNCTAD (United Nations Conference on Trade and Development). 2001. *Electronic Commerce and Development Report 2001.* New York and Geneva: United Nations Conference on Trade and Development.

———. 2007. *Trade and Development Report 2007: Regional Cooperation for Development.* New York and Geneva: United Nations Conference on Trade and Development.

———. 2008. *Trade and Development Report 2008: Commodity Prices, Capital Flows and the Financing of Investment.* New York and Geneva: United Nations Conference on Trade and Development.

———. 2009a. *UNCTAD Training Manual on Statistics for FDI and the Operations of TNCs, Volumes I, II, and III.* Geneva: United Nations Conference on Trade and Development.

———. 2009b. *Transport Newsletter.* Issue 43.

———. 2010. *Review of Maritime Transport 2011.* Geneva: United Nations Conference on Trade and Development.

———. n.d. Transnational Corporations Statistics database. [www.unctad.org/Templates/Page.asp?intItemID=3159&lang=1]. Geneva.

———. n.d. UNCTADStat. Information Economy. [http://unctadstat.unctad.org]. Geneva.

———. n.d. UNCTADStat Maritime Transport. [http://unctadstat.unctad.org]. Geneva.

———. Various years. *Handbook of Statistics.* New York and Geneva: United Nations Conference on Trade and Development.

———. Various years. *World Investment Report.* Geneva: United Nations Conference on Trade and Development.

UNCTAD (United Nations Conference on Trade and Development) and UNEP (United Nations Environment Programme). 2008. *Organic Agriculture and Food Security in Africa.* UNCTAD-UNEP Capacity Building Task Force on Trade, Environment and Development. New York: United Nations.

Understanding Children's Work (UCW). n.d. Online database. [www.ucw-project.org]. Rome.

UNDP (United Nations Development Programme). 1990. *Human Development Report 1990.* New York: Oxford University Press.

———. 2005. *Human Development Report 2005: International Cooperation at a Crossroads: Aid, Trade and Security in an Unequal World.* New York: United Nations Development Programme.

———. 2006. *Asia-Pacific Human Development Report 2006: Trade on Human Terms: Transforming Trade for Human Development in Asia and the Pacific.* Colombo: Macmillan India Ltd.

UNEP (United Nations Environment Programme) and WCMC (World Conservation Monitoring Centre). 2011. Species database. [www.unep-wcmc-apps.org/species/dbases/about.cfm]. Nairobi.

UNESCO (United Nations Educational, Scientific, and Cultural Organization). 1997. *International Standard Classification of Education.* Paris: United Nations Educational, Scientific, and Cultural Organization.

———. 2009. *World Water Development Report 3: Water in a Changing World.* 2009. Paris: United Nations Educational, Scientific, and Cultural Organization.

———. 2010. *UNESCO Science Report 2010.* Paris: United Nations Educational, Scientific, and Cultural Organization.

———. Various years. *EFA Global Monitoring Report.* Paris: United Nations Educational, Scientific, and Cultural Organization.

UNESCO (United Nations Educational, Scientific, and Cultural Organization) Institute for Statistics. n.d. Online database. [www.uis.unesco.org]. Montreal.

———. Various years. *Global Education Digest.* Paris.

UNHCR (Office of the United Nations High Commissioner for Refugees). Various years. *Statistical Yearbook.* Geneva: Office of the United Nations High Commissioner for Refugees.

UNICEF (United Nations Children's Fund). Various years. Multiple Indicator Cluster Surveys. [www.childinfo.org]. New York.

———. Various years. *The State of the World's Children.* New York: Oxford University Press.

UNICEF (United Nations Children's Fund), WHO (World Health Organization), World Bank, and United Nations Population Division. 2010. "Levels and Trends of Child Mortality in 2010: Estimates Developed by the UN Inter-Agency Group for Child Mortality Estimation." Working Paper. United Nations, New York.

UNIDO (United Nations Industrial Development Organization). Various years. *International Yearbook of Industrial Statistics.* Vienna: United Nations Industrial Development Organization.

UNIFEM (United Nations Development Fund for Women). 2005. *Progress of the World's Women.* New York: United Nations Development Fund for Women.

UN Inter-agency Group for Child Mortality Estimation. n.d. Child Mortality Estimation Info database. [www.childmortality.org]. New York.

———. 2011. *Levels and Trends in Child Mortality: Report 2011.* New York.

UNISDR (United Nations International Strategy for Disaster Reduction). Various years. *Progress Reports.* Geneva.

United Nations. 1990. *International Standard Industrial Classification of All Economic Activities*, Third Revision. Statistical Papers Series M, No. 4, Rev. 3. New York: United Nations.

———. 1992. "Kyoto Protocol to the United Nations Framework Convention on Climate Change. United Nations, New York.

———. 2009a. "Copenhagen Accord." December 18. United Nations Framework Convention on Climate Change, Copenhagen.

———. 2009b. "Fact Sheet: Stepping Up International Action on Climate Change: The Road to Copenhagen. United Nations Framework Convention on Climate Change, New York.

United Nations Department of Peacekeeping Operations. n.d. "Current Operations." [www.un.org/en/peacekeeping/currentops.shtml]. New York.

United Nations Population Division. 2009. *Trends in Total Migrant Stock: 2008 Revision.* New York: United Nations, Department of Economic and Social Affairs.

———. 2011. *World Population Prospects: The 2010 Revision.* New York: United Nations, Department of Economic and Social Affairs.

———. Various years. *World Urbanization Prospects.* New York: United Nations, Department of Economic and Social Affairs.

United Nations Statistics Division. 2010. "Implementation of Population Census Topics in the 2010 Round." [http://unstats.un.org/unsd/demographic/sources/census/2010_phc/census_clock/TopicsPerCountry.pdf]. New York.

———. n.d. Comtrade database. New York.

———. n.d. *International Standard Industrial Classification of All Economic Activities, Third Revision.* [http://unstats.un.org/unsd/cr/registry/]. New York.

———. n.d. National Accounts Official Country Data database. New York.

———. n.d. World Energy Data Set. New York: United Nations.

———. Various issues. *Monthly Bulletin of Statistics.* New York: United Nations.

———. Various issues. *Population and Vital Statistics Report.* New York: United Nations.

———. Various years. *Demographic Yearbook.* New York: United Nations.

———. Various years. *International Trade Statistics Yearbook.* New York: United Nations.

———. Various years. *Energy Statistics Yearbook.* New York: United Nations.

———. Various years. *National Accounts Statistics: Main Aggregates and Detailed Tables. Parts 1 and 2.* New York: United Nations.

———. Various years. *National Income Accounts.* New York: United Nations.

———. Various years. *Statistical Yearbook.* New York: United Nations.

University of California, Berkeley, and Max Planck Institute for Demographic Research. n.d. Human Mortality Database. [www.mortality.org or www.humanmortality.de]. Berkeley, Calif., and Rostock, Germany.

UNODC (United Nations Office on Drugs and Crime). n.d. International Homicide Statistics database. [www.unodc.org/unodc/en/data-and-analysis/homicide.html]. Vienna.

参考文献

Uppsala University. 2011. Battle-Related Deaths Dataset v.5 2011, 1989–2010. Uppsala University, Sweden.

USAID (U.S. Agency for International Development). 2007. "Calculating Tariff Equivalents for Time in Trade." U.S. Agency for International Development, Washington, D.C.

U.S. Bureau of Mines. n.d. Cement Manufacturing Data Set. Washington, D.C.

U.S. Census Bureau. n.d. International Data Base (IDB). [www.census.gov/ipc/www/idb/]. Washington, D.C.

U.S. Centers for Disease Control and Prevention. Various years. *International Reproductive Health Surveys.* [www.cdc.gov/reproductivehealth/Surveys/]. Atlanta, Ga.

U.S. National Science Board. 2012. *Science and Engineering Indicators 2012.* Arlington, Va.: National Science Foundation.

Vandermoortele, Jan. 2009. "Taking the MDGs Beyond 2015: Hasten Slowly." European Association for Development Research and Training Institutes, Bonn, Germany.

Watkins, Kevin. 2008. *The Millennium Development Goals: Three Proposals for Renewing the Vision and Reshaping the Future.* Paris: United Nations Educational, Scientific, and Cultural Organization.

WHO (World Health Organization). 2008a. *Health Metrics Network Framework and Standards for Country Health Information Systems.* Geneva: World Health Organization.

———. 2008b. "Measuring Health System Strengthening and Trends: A Toolkit for Countries." World Health Organization, Geneva.

———. 2008c. *Worldwide Prevalence of Anemia 1993–2005.* Geneva: World Health Organization.

———. 2011. *WHO Report on the Global Tobacco Epidemic 2011: Implementing Smoke-Free Environments.* Geneva: World Health Organization.

———. n.d. Global Atlas of the Health Workforce. [http://apps.who.int/globalatlas/]. Geneva.

———. n.d. Global Database on Child Growth and Malnutrition. [www.who.int/nutgrowthdb]. Geneva.

———. n.d. Health Statistics and Health Information Systems [www.who.int/healthinfo/global_burden_disease/estimates_country/en/index.html]. Geneva.

———. n.d. Mediacenter factsheets. [www.who.int/mediacentre/factsheets]. Geneva.

———. n.d. National Health Account database. [www.who.int/nha/en/]. Geneva.

———. n.d. Topics [www.who.int/topics]. Geneva.

———. Various years. *World Health Report.* Geneva: World Health Organization.

———. Various years. *World Health Statistics.* Geneva: World Health Organization.

———. Various years. *Global Tuberculosis Control Report.* Geneva: World Health Organization.

WHO (World Health Organization) and UNICEF (United Nations Children's Fund). 2003. *Antenatal Care in Developing Countries: Promises, Achievements, and Missed Opportunities.* Geneva: World Health Organization.

———. 2012. *Progress on Drinking Water and Sanitation.* Geneva: World Health Organization.

———. Various years. WHO-UNICEF estimates of national immunization coverage database. [www.who.int/immunization_monitoring/routine/immunization_coverage/en/index4.html]. Geneva.

WHO (World Health Organization), UNICEF (United Nations Children's Fund), UNFPA (United Nations Population Fund), and World Bank. 2010. *Trends in Maternal Mortality 1990–2008: Estimates Developed by WHO, UNICEF, UNFPA, and the World Bank.* Geneva: World Health Organization.

WIPO (World Intellectual Property Organization). 2011. *World Intellectual Property Indicators.* Geneva: World Intellectual Property Organization.

World Bank. 1990. *World Development Report 1990: Poverty.* Washington, D.C.: World Bank.

———. 1992. *Poverty Reduction Handbook.* Report no. 10730. Washington, DC: World Bank.

———. 2000a. *Making Transition Work for Everyone: Poverty and Inequality in Europe and Central Asia.* Washington, D.C.: World Bank.

———. 2000b. *Trade Blocs.* New York: Oxford University Press.

———. 2001. *World Development Report 2000/2001: Attacking Poverty.* New York: Oxford University Press.

———. 2002. *Global Economic Prospects 2002: Making Trade Work for the World's Poor.* Washington, D.C.: World Bank.

———. 2007a. *Healthy Development: The World Bank Strategy for Health, Nutrition, and Population Results.* Washington, D.C.: World Bank.

———. 2007b. *Sanitation and Water Supply: Improving Services for the Poor.* IDA at Work. Washington, D.C.: World Bank, Sustainable Development Network.

———. 2008a. "Brazil Country Partnership Strategy 2008–2011." World Bank, Latin America and the Caribbean Region, Washington, D.C.

———. 2008b. "Improving Trade and Transport for Landlocked Developing Countries: World Bank Contributions to Implementing the Almaty Programme of Action: A Report for the Mid-Term Review October 2008." World Bank, International Trade Department, Washington, D.C.

———. 2008c. "Safe, Clean, and Affordable . . . Transport for Development: The World Bank Group's Transport Business Strategy for 2008–2012." World Bank, Transport Sector Board, Washington, D.C.

———. 2008d. *World Development Report 2009: Reshaping Economic Geography.* Washington, D.C.: World Bank.

———. 2009a. *Africa's Development in a Changing Climate: Act Now, Act Together, Act Differently.* Washington, D.C.: World Bank.

———. 2009b. "Air Freight: A Market Study with Implications for Landlocked Countries." Transport Paper 26. World Bank, Washington, D.C.

———. 2009c. *Development Outreach.* October.

———. 2009d. *Energy: Improving Services for the Poor.* IDA at Work. Washington, D.C.: World Bank, Sustainable Development Network.

———. 2009e. "Infrastructure Financing Gap Endangers Development Goals." Press release, April 23. World Bank, Washington, D.C.

———. 2009f. "Private Activity in Infrastructure Down, But Still Around Peak Levels." Private Participation in Infrastructure Data Update Note 28. World Bank, Washington, D.C.

———. 2009g. *Protecting Progress: The Challenge Facing Low-Income Countries in the Global Recession*. Washington, D.C.: World Bank.

———. 2009h. "Reduced Emissions and Enhanced Adaptation in Agricultural Landscapes." *Agriculture and Rural Development Notes*, Issue 50.

———. 2009i. "World Bank to Invest $45 Billion in Infrastructure to Help Create Jobs and Speed Crisis Recovery." Press release, April 23. World Bank, Washington, D.C.

———. 2009j. *World Development Report 2010: Development and Climate Change*. Washington, D.C.: World Bank.

———. 2009k. *Information and Communications for Development: Extending Reach and Increasing Impact*. Washington, D.C.: World Bank.

———. 2010a. *Global Economic Prospects 2010: Crisis, Finance, and Growth*. Washington, D.C.: World Bank.

———. 2010b. *The World Bank's Country Policy and Institutional Assessment: An IEG Evaluation*. Washington, D.C.: World Bank.

———. 2010c. "The World Bank Group Entrepreneurship Snapshots." [http://go.worldbank.org/C8Q8EGTTH0]." Washington, D.C.

———. 2011a. *Doing Business 2012*. Washington, D.C.: World Bank.

———. 2011b. "Fragility and Conflict: Supporting Peace and Development in Situations of Fragility and Conflict." World Bank, Washington, D.C.

———. 2011c. *The Changing Wealth of Nations: Measuring Sustainable Development in the New Millennium*. Washington, D.C.: World Bank.

———. 2011d. *World Development Report 2011: Conflict, Security, and Development*. [http://wdr2011.worldbank.org/]. Washington, D.C.

———. 2012. *Global Economic Prospects 2012: Uncertainties and Vulnerabilities*. Washington, D.C.: World Bank.

———. n.d. Enterprise Surveys Online. [www.enterprisesurveys.org]. Washington, D.C.

———. n.d. Entrepreneurship Snapshots. [http://econ.worldbank.org/research/entrepreneurship]. Washington, D.C.

———. n.d. National Global Health Expenditure database. [www.who.int/nha/expenditure_database/en/]. Geneva.

———. n.d. Performance Assessments and Allocation of IDA Resources database. [www.worldbank.org/ida]. Washington, D.C.

———. n.d. PovcalNet online database. [http://iresearch.worldbank.org/PovcalNet]. Washington, D.C.

———. n.d. Private Participation in Infrastructure Database. [http://ppi.worldbank.org/]. Washington, D.C.

———. n.d. World Trade Indicators Online database. [www.worldbank.org/wti]. Washington, D.C.

———. Various issues. *Commodity Market Review*. Washington, D.C.: World Bank, Development Prospects Group.

———. Various issues. *Commodity Price Data*. Washington, D.C.: World Bank, Development Prospects Group.

———. Various issues. *Migration and Development Briefs*. Washington, D.C.: World Bank, Development Prospects Group.

———. Various years. *Global Development Finance: External Debt of Developing Countries*. Washington, D.C.: World Bank.

———. Various years. *World Development Indicators*. Washington, D.C.: World Bank.

———. Various years. *World Debt Tables*. Washington, D.C.: World Bank.

World Bank and Center for International Business, Tuck School of Business at Dartmouth Colleges. n.d. Global Preferential Trade Agreements database. [http://wits.worldbank.org/gptad/]. Washington, D.C.

World Bank and IFPRI (International Food Policy Research Institute). 2006. *Agriculture and Achieving the Millennium Development Goals*. Report 32729-GLB. Washington, D.C.: World Bank.

World Bank and IMF (International Monetary Fund). 2007. *Global Monitoring Report 2007: Millennium Development Goals: Confronting the Challenges of Gender Equality and Fragile States*. Washington, D.C.: World Bank.

———. 2008. *Global Monitoring Report 2008: MDGs and the Environment*. Washington, D.C.: World Bank.

———. 2009. *Global Monitoring Report 2009: A Development Emergency*. Washington, D.C.: World Bank.

———. 2011. "Heavily Indebted Poor Countries (HIPC) Initiative and Multilateral Debt Relief Initiative (MDRI)—Status of Implementation." Washington, D.C.

———. n.d. Quarterly Public Sector Debt database. [http://databank.worldbank.org/ddp/home.do?Step=12&id=4&CNO=3009]. Washington, D.C.

World Economic Forum. 2011. *The Global Competitiveness Report 2011–2012*. Geneva: World Economic Forum.

World Tourism Organization. Various years. *Compendium of Tourism Statistics*. Madrid: World Tourism Organization.

———. Various years. *Yearbook of Tourism Statistics. Vols. 1 and 2*. Madrid: World Tourism Organization.

WTO (World Trade Organization). n.d. Regional Trade Agreements Gateway. [www.wto.org/english/tratop_e/region_e/region_e.htm]. Geneva.

———. n.d. Regional Trade Agreements Information System. Online database. [http://rtais.wto.org/]. Geneva.

———. Various years. *Annual Report*. Geneva.